LES BRUITS DE VOISINAGE

AFDRU
Association Française
de Droit
de l'Urbanisme

BIBLIOTHÈQUE
DE DROIT
PRIVÉ
TOME 8

SFDE
Société Française
pour le Droit
de l'Environnement

LES BRUITS DE VOISINAGE

Véronique Jaworski
Maître de conférences à l'Université Robert Schuman de Strasbourg

Préface de
Marie-José Littmann-Martin
Professeur émérite à l'Université de Strasbourg
et Georges Wiederkehr
Professeur à l'Université de Strasbourg

Ouvrage honoré d'un prix de thèse 2001 AFDRU/SFDE et du prix de la meilleure thèse, décerné par la Faculté de Droit, URS (2000)

L.G.D.J

31, rue Falguière, 75741 Paris Cedex 15
I.S.B.N. : 2-275-02485-9

PRÉFACE

La presse a largement fait écho aux enquêtes qui ont établi que la nuisance affectant le plus la majorité de la population en France dans sa vie quotidienne est le bruit. Et l'on ne peut ignorer les effets néfastes particulièrement graves du bruit qui dégrade l'agrément de vie, détériore la qualité de l'environnement, atteint la faune sauvage, les animaux domestiques aussi bien que l'homme, a des conséquences perturbatrices sur la santé des personnes exposées, mais a aussi des répercussions malheureuses sur l'économie et les patrimoines, en ruinant la valeur des biens immobiliers et en conduisant à la faillite des entreprises agricoles ou touristiques entre autres.

Mais le bruit est aussi nécessaire : presque toutes les activités humaines produisent du bruit et l'absence de celui-ci manifesterait une paralysie totale de toute vie. D'ailleurs, le bruit ne provient pas seulement des activités de l'être humain. La nature elle-même est bruyante. Au demeurant, le silence absolu serait insupportable à l'homme et sans doute aussi aux animaux : ne l'a-t-on pas utilisé comme instrument de torture ?

Entre le bruit néfaste et le bruit nécessaire, la fonction du droit est de composer, et il ne peut régir la question qu'avec infiniment de nuances. Le rôle du juriste est donc en la matière rien moins que simple. Pourtant, la difficulté pour lui ne résulte pas seulement, ni même principalement, dans l'obligation d'établir un juste équilibre entre nocivité et nécessité du bruit : le droit a toujours pour fonction de chercher un équilibre entre des intérêts opposés, mais également légitimes.

Mais en matière de bruit, cette difficulté est multipliée par l'extrême diversité des sources sonores et par la nature indéfiniment variée des bruits qui ne sont, en conséquence, pas susceptibles d'être traités de manière uniforme par le droit. Quoi de commun entre le bruit d'une télévision réglée trop fort, ou celui d'un cyclomoteur privé de son pot d'échappement, ou les cris d'une dispute conjugale ou ceux d'enfants jouant dans une cour, ou les vociférations d'un ivrogne titubant dans une rue, ou les aboiements incessants d'un chien, ou le concert de klaxons des invités de la noce et le vacarme enduré par les riverains d'une autoroute ou d'un établissement industriel, le tapage des clients aux abords d'une boîte de nuit, les ondes sonores s'élevant d'une cave ou émanant d'un chapiteau où s'exercent des musiciens appuyés par une sonorisation assourdissante ou même les clameurs et les huées dont le son se propage aux alentours d'un stade de football ? Et quoi de commun entre tous ces bruits et le fracas d'un orage violent, les hurlements d'une tempête, voire le crépitement d'une cascade ou d'une chute d'eau ?

Or les règles de droit ne peuvent être les mêmes dans tous les cas, et l'équilibre à trouver est toujours différent. En outre, le droit ne peut se contenter de poursuivre un seul objectif qui serait la réduction du bruit : il doit, en effet, non seulement viser à interdire la production du bruit ou du moins le dépassement d'un certain seuil, mais aussi se préoccuper de limiter l'exposition aux bruits qui ne peuvent être empêchés et exiger des protections contre la propagation du bruit. Et le droit doit non seulement chercher à prévenir le mal, mais, si celui-ci s'est réalisé, il doit aussi en ordonner la réparation ou du moins la compensation et en interdire la perpétuation, sans pour autant paralyser toute activité économique, ni brider exagérément la liberté individuelle.

La complication résulte encore des différences qu'il faut nécessairement faire selon les lieux où le bruit se propage. On ne peut pas, fut-ce pour une même catégorie de bruit, fixer un seuil unique qui s'imposerait partout, car même si les conséquences peuvent souvent en paraître injustes, il faut à l'évidence tenir compte de l'environnement.

Enfin, celui qui prétend faire le tour de la question et se livrer à une étude complète du sujet se heurte à deux difficultés majeures et qui, *a priori*, semblent même insurmontables. Tout d'abord, pour le juriste, le bruit constitue un sujet transversal, car il relève en même temps du droit civil, du droit pénal et du droit administratif, pour ne même pas évoquer le droit international. Or il est aujourd'hui devenu pour le meilleur des juristes de dominer simultanément ces diverses disciplines. Ensuite, le législateur lui-même complique à l'infini le sujet en poussant en la matière au paroxysme sa manie d'édicter trop de lois, trop de règlements, sans le moindre souci de cohérence et de les remanier sans cesse, de sorte que le juriste se trouve confronté à un magma informe, confus et gigantesque de textes en constante évolution, derrière lesquels il semble impossible de déceler des lignes directrices.

C'est pourquoi les signataires de ces quelques lignes de préface qui avaient eu la grande imprudence de proposer ce sujet de thèse à une jeune doctorante, certes brillante, en ont dans un premier temps éprouvé un vif remords, craignant de l'avoir engagée dans une voie sans issue. Le soulagement et une certaine fierté ont succédé au sentiment de culpabilité, au vu des résultats de l'étude, résultats dont le mérite revient bien sûr exclusivement à Véronique Jaworski qui a su faire d'un sujet impossible un ouvrage réussi.

Certes, Véronique Jaworski traite plus spécifiquement des bruits de voisinage. Mais le sujet s'en trouve-t-il pour autant restreint ? Quel bruit n'est pas de voisinage ? Du moment qu'il est susceptible de nuire à quelqu'un, c'est qu'il est de voisinage, le voisinage étant en la matière entendu extensivement et n'ayant, en vérité, d'autre limite que celle de la propagation du bruit.

Véronique Jaworski a su surmonter toutes les difficultés que l'on pouvait croire insurmontables. Elle réalise ainsi un ouvrage qui paraîtra rapidement indispensable, puisque le bruit ne cesse de susciter des litiges et que, grâce à cet ouvrage, il sera plus facile non seulement de les régler, mais aussi de les prévenir. Tout en ne laissant rien ignorer du caractère hétéroclite de la législation, elle parvient à dégager des principes et, d'un sujet qui, à première vue, ne permettait qu'un traitement descriptif, elle a réussi à tirer une véritable réflexion et à faire œuvre de doctrine.

Marie-José LITTMANN et Georges WIEDERKEHR

SOMMAIRE

ABRÉVIATIONS

I. Explication des abréviations :

- **al.** : alinéa
- **anc.** : ancien
- **A.P.J.** : agent de police judiciaire
- **arr.** : arrêté
- **art.** : article
- **Ass. Nat.** : Assemblée Nationale
- **c/.** : contre
- **C.A.** : arrêt d'une Cour d'appel
- **C.A.A.** : arrêt d'une Cour administrative d'appel
- **C.A.C.** : Code de l'aviation civile
- **Cass. crim.** : arrêt de la chambre criminelle de la Cour de cassation
- **Cass. civ. (1ere/2e/3e)** : arrêt de la (1ere/2e/3e) chambre civile de la Cour de cassation
- **C.C.** : Code civil
- **C.C.H.** : Code de la construction et de l'habitation
- **ccl.** : conclusions
- **C.communes** : Code des communes
- **CE** : arrêt du Conseil d'État
- **C. envir.** : Code de l'environnement
- **C.G.C.T.** : Code général des collectivités territoriales
- **ch.** : chambre
- **chap.** : chapitre
- **ch. correct.** : chambre correctionnelle
- **chron.** : chronique
- **comm.** : commentaire
- ***contra*** : solution contraire
- **C.P.** : Code pénal
- **nv. C.P.C.** : nouveau Code de procédure civile
- **C.P.P.** : Code de procédure pénale
- **C.route** : Code de la route
- **C.rur.** : Code rural

- **C.S.P. :** Code de la santé publique
- **C.urb. :** Code de l'urbanisme
- **dB :** décibel
- **décr. :** décret
- **déb. :** débats
- **doc. :** document
- **doctr. :** doctrine
- **éd. :** édition
- **ex. :** exemple
- **F :** francs
- **fasc. :** fascicule
- ***ibidem :*** référence précédente
- ***infra :*** ci-dessous
- **I.R. :** informations rapides du Recueil Dalloz
- **jurispr. :** jurisprudence
- **Min. Int. :** Ministre de l'Intérieur
- **modif. :** modifié
- **N° /n° :** numéro
- **N.C.P. :** nouveau Code pénal
- **N.C.P.C. :** nouveau Code de procédure civile
- **N.R.A. :** nouvelle réglementation acoustique
- **obs. :** observations
- **O.P.J. :** officier de police judiciaire
- **p. :** page
- **P.A.Z. :** plan d'aménagement de zone
- **P.E.B. :** plan d'exposition au bruit
- **P.G.S. :** plan de gêne sonore
- **Pj. L. :** projet de loi
- **P.O.S. :** plan d'occupation des sols
- **préc. :** précité(e)
- **Q :** question
- **rect. :** rectifié
- **Rép. min. :** réponse ministérielle
- **req. :** requête
- **s. :** suivants
- **S.A.G.E. :** schéma d'aménagement et de gestion des eaux
- **S.D. :** schéma directeur
- **S.D.A.G.E. :** schéma directeur d'aménagement et de gestion des eaux
- **sect. :** section
- **somm. :** sommaire

- **Sté/soc.** : société
- ***supra*** *:* ci-dessus
- **T.G.I.** : jugement d'un tribunal de grande instance
- **T.I.** : jugement d'un tribunal d'instance
- **T.A.** : jugement d'un tribunal administratif
- **Trib. confl.** : jugement du tribunal des conflits
- **Trib. corr.** : jugement d'un tribunal correctionnel
- **Trib. pol.** : jugement d'un tribunal de police
- **V.** : voyez
- **Z.A.C.** : zone d'aménagement concerté

II. Liste des publications citées :

- **A.J.D.A.** : Revue d'actualité juridique de droit administratif
- **B.J.D.U.** : Bulletin jurisprudentiel de droit de l'urbanisme
- **BOMELT** : Bulletin officiel du ministère de l'équipement, du logement et des transports
- **Bull. civ.** : Bulletin des arrêts de la chambre civile de la Cour de cassation
- **Bull. crim.** : Bulletin des arrêts de la chambre criminelle de la Cour de cassation
- **C.P.E.N.** : Code permanent Environnement et Nuisances
- **D.** : Recueil Dalloz
- **D.P.** : Recueil périodique et critique mensuel Dalloz (années antérieures à 1941)
- **Dr. adm.** : Revue de droit administratif
- **Dr. pén.** : Revue de Droit pénal
- **D. S.** : Recueil Dalloz Sirey
- **EDCE** : Etudes et Documents du Conseil d'État
- **Gaz. Pal.** : Gazette du Palais
- **J.C.P.** : Juris-Classeur périodique (La semaine juridique)
- **J.C.P. éd. G.** : Juris-Classeur périodique édition générale
- **J.C.P. éd. N.** : Juris-Classeur périodique édition notariale
- **J.C.P. éd. T.** : Juris-Classeur périodique édition technique
- **JO** : Journal officiel de la République française
- **JO AN** : Journal officiel des débats de l'Assemblée Nationale
- **JO CE** : Journal officiel de la Communauté Européenne
- **JO NC** : Journal officiel de la République française, numéro complémentaire
- **L.G.D.J.** : Librairie Générale de Droit et de Jurisprudence
- **M.T.P.** : Moniteur des Travaux Publics
- **P.P.S.** : Publications périodiques spécialisées
- **Rec.** : Recueil Lebon des arrêts du Conseil d'État
- **Rev. dr. immob.** : Revue de droit immobilier
- **Rev. sc. crim.** : Revue de science criminelle et de droit pénal comparé (Sirey)

- **R.J.E.** : Revue Juridique de l'Environnement
- **R.T.D.C.** : Revue trimestrielle de droit civil
- **S.** : Recueil Sirey

III. Liste des organismes cités :

- **A.A.E.** : association des acousticiens de l'environnement
- **A.C.N.U.S.A.** : Autorité de contrôle des nuisances sonores aéroportuaires
- **A.D.E.M.E.** : Agence de l'Environnement et de la Maîtrise de l'Energie
- **A.D.V.T.V.** : association des victimes de troubles de voisinage
- **A.F.M.E.** : Agence pour la maîtrise de l'énergie
- **A.F.N.O.R.** : association française de normalisation
- **A.N.R.E.D.** : Agence nationale pour la récupération et l'élimination des déchets
- **A.Q.A.** : Agence pour la qualité de l'air
- **C.A.B.R.** : Centre Antibruit du Bas-Rhin
- **C.A.U.E.** : Conseil d'architecture, d'urbanisme et l'environnement
- **C.E.R.T.U.** : Centre d'études sur les réseaux, les transports, l'urbanisme et les constructions publiques
- **C.E.S.** : Conseil Economique et Social
- **C.I.D.B.** : Centre d'information et de documentation sur le bruit
- **C.I.P.E.** : Comité interministériel pour l'environnement
- **C.N.B.** : Conseil National du Bruit
- **C.N.F.P.T.** : Conseil National de la Fonction Publique Territoriale
- **C.S.T.B.** : Centre Scientifique et Technique du Bâtiment
- **D.D.A.F.** : Direction Départementale de l'Agriculture et de la Forêt
- **D.D.A.S.S.** : Direction Départementale des Affaires Sanitaires et Sociales
- **D.D.E.** : Direction Départementale de l'Equipement
- **D.G.A.D.** : Direction Générale de l'Administration et du Développement
- **D.I.R.E.N.** : Direction Régionale de l'Environnement
- **D.R.A.S.S.** : Direction Régionale des Affaires Sanitaires et Sociales
- **D.R.I.R.E.** : Direction Régionale de l'Industrie, de la Recherche et de l'Environnement
- **F.I.Q.V.** : Fonds d'intervention pour la qualité de la vie
- **I.F.E.N.** : Institut Français de l'Environnement
- **M.I.R.E.** : Mission Interservices pour le Respect de l'Environnement
- **O.A.C.I.** : Organisation de l'aviation civile internationale
- **O.C.D.E.** : Organisation de la coopération et du développement économique
- **S.C.H.S.** : Service Communal d'Hygiène et de Santé
- **S.F.A.** : Société française d'acoustique
- **S.P.P.P.I.** : secrétariat permanent pour la prévention des pollutions industrielles

INTRODUCTION

1. « *Nous vivons dans des caisses de résonance. La maison, la rue, le ciel vibrent partout de leurs sons discordants. Le monde devient une grosse caisse qui se remplit de bruit au fur et à mesure qu'il se vide de sens* »[1]. Cette vision de notre environnement sonore date d'il y a plus d'un quart de siècle. Pourtant, elle résume toujours parfaitement la situation dans laquelle nous vivons aujourd'hui et augure des années à venir si nous ne réagissons pas. Vrombissements de voitures, claquements de portes, fracas des réacteurs d'avions, pétarades de pots d'échappement, éclats de voix, hurlements de chaînes hi-fi et de transistors... -la liste est infinie!- rythment notre existence.

2. Est-ce à dire que le bruit est forcément mauvais, malsain et qu'il ne se conçoit qu'en tant que charivari, potin, tapage ou vacarme ? Serait-il synonyme d'enfer et donc de mort, alors que son antithèse, le silence, nous apporterait le calme et une paix salvatrice ? Si cet épilogue est tentant dans ce qu'il semble, *a priori,* refléter la réalité telle que nous la vivons au quotidien, il n'en est pas moins simpliste et par là-même erroné. Le bruit, envisagé sous tous ses angles, est un phénomène intrinsèquement complexe qui, avant toute chose, pose l'épineux problème de sa définition et de sa terminologie. C'est à ce stade que s'est établie une vision négative, non qu'elle soit incorrecte mais pour le moins réductrice, du phénomène « bruit ». Chacun de nous, dans son expérience quotidienne, va le définir à sa manière, en le qualifiant de brouhaha, d'hurlements ou autre tintamarre, en fonction des circonstances et de notre perception personnelle. Mais quel que soit le qualificatif -substantif ou adjectif- employé, il renverra toujours à la même idée de sensation désagréable, indésirable, que l'on souhaiterait faire cesser.

3. Une telle approche n'a rien d'étonnant. Elle est largement cautionnée par les multiples dictionnaires et encyclopédies de la langue française, qui nous offrent non pas une, mais diverses définitions du mot « bruit ». Ainsi, d'après le dictionnaire Larousse, il s'agit d'« *un ensemble de sons sans harmonie* ». Le Petit Robert l'envisage comme *« ce qui, dans ce qui est perçu par l'ouïe, n'est pas senti comme son musical ».* Les définitions techniques renforcent cette conception négative et forcément subjective du phénomène, parce qu'elle fait appel à un de nos cinq sens : l'ouïe. Selon l'Organisation Mondiale de la Santé (O.M.S.), le bruit est *« un phénomène acoustique produisant une sensation auditive désagréable ou gênante ».* De même, l'Association française de normalisation (A.F.N.O.R.), qui en donne la définition probablement la plus complète, le présente comme *« toute sensation auditive désagréable ou gênante, tout phénomène acoustique produisant cette sensation, tout son ayant un caractère aléatoire qui n'a pas de composantes définies ».*

4. Quant au droit, bien qu'il appréhende ce concept dans de nombreux textes et depuis longtemps, il n'en donne pas une définition juridique, estimant peut-être

---

[1] A. ALEXANDRE et J.-P. BARDE, Le temps du bruit, Flammarion, 1973, p. 8.

suffisantes les définitions proposées par ailleurs. Une telle démarche nous semble des plus critiquables. Génératrice de bien des incertitudes, elle porte préjudice à la crédibilité du droit et à sa mise en œuvre. En effet, nous verrons que les imprécisions et ambiguïtés de terminologie suscitent des incertitudes quant à l'application des réglementations et des régimes de responsabilité.

5. *« Désagréable », « gênant », « sans harmonie »*, telles sont les caractéristiques principales du bruit, dans le langage courant et l'opinion commune. Cette approche négative paraît bien constituer la plus fidèle représentation de notre paysage sonore. Elle en est la vision sociale, la manière dont nous *vivons* le bruit dans notre existence de tous les jours. Et c'est justement là que le bruit nous offre son plus grand paradoxe. A n'en pas douter, de l'explosion volcanique au bang supersonique du Concorde[1], il est, d'une façon ou d'une autre, avant tout une manifestation de la vie. Les cris du nouveau né en sont le premier témoignage. De surcroît, bien des bruits sont utiles, voire dans certaines hypothèses vitaux, lorsqu'ils servent, par exemple, à nous prévenir d'un danger. Aussi ne nous leurrons pas : alors que l'on parle de *« silence de mort »*, le bruit, lui, est absolument nécessaire à la vie. D'ailleurs, le silence n'existe pas, à moins d'être dans une chambre sourde et l'homme qui s'y trouve perd alors tous ses repères.

6. Pour quelles raisons le bruit n'est-il plus considéré que dans son aspect négatif ? Pourquoi ne reconnaissons-nous pas ou si peu son utilité et ses manifestations agréables ? Qu'en est-il du doux bruissement des feuilles, du murmure d'un ruisseau, du gazouillis des oiseaux, des rires d'enfants ? L'homme d'aujourd'hui ne semble plus les entendre ou peut-être ne sait-il plus les apprécier, car toute son attention se porte désormais sur les agressions sonores dont il est la victime jour après jour. Le bruit, expression de la vie, s'est transformé en véritable nuisance qui peut rendre notre existence invivable. Tous les sondages et enquêtes le confirment : le bruit est devenu la première nuisance de la vie quotidienne dont se plaignent les Français[2]. Plus de six millions d'entre eux vivent dans un environnement trop bruyant qui perturbe leur sommeil, les conversations, l'écoute de la radio et de la télévision. Dans le choix d'un logement, l'isolation acoustique serait devenu le critère numéro un pour près de la moitié de la population. Après l'ère de l'isolation thermique, nous entrons dans l'ère de l'isolation phonique !

7. Le bruit, *« nuisance suprême »*[3], serait-il le nouveau fléau des sociétés modernes ? Les écrits qui nous parviennent des temps anciens réfutent cette croyance. Des œuvres latines d'Horace, de Sénèque, de Martial ou de Juvénal aux descriptions de certains lettrés fleurissant à partir du XVIIe siècle, le bruit est omniprésent dans les cités - lieux de rassemblements humains- et depuis toujours, ressenti comme une nuisance majeure[4]. Les Romains, dans l'Antiquité, vivaient dans le charivari diurne et nocturne provoqué par le retentissement des chariots sur les pavés, les cris des marchands, les

---

[1] V. sur ce point : C. DELSOL, La fin du ciel bleu - les supersoniques, Fayard, Les Amis de la Terre, 1972.

[2] V. : Plaquette du Ministère de l'Environnement réalisée par l'ADEME pour la campagne contre le bruit « Nos oreilles ne sont pas des poubelles à décibels ! » ; Le bruit, première nuisance pour les Français (selon l'enquête permanente sur les conditions de vie des ménages, janvier 1996), Echo Bruit n° 76-77, septembre 1996, p. 2 ; Guide pratique de la FRAPNA, Des outils pour l'environnement, 1995 ; Rapports sur le projet de loi relative à la lutte contre le bruit, de B. HUGO, Doc. Sénat, Séance du 2 décembre 1992, n° 75 et de R. LERON, Doc. Ass. Nat., Séance du 11 décembre 1992, n° 3133.

[3] Y.-B. BRETT, Le bruit : la nuisance suprême, L'Environnement Magazine n° 1538, juin 1995, p. 31-36.

[4] Il était une fois... le bruit, Repères pour l'éducation à l'environnement n° 9, Dossier « Les bruits au fil du temps », juillet 1996, Fiche technique p. 2.

enclumes des forgerons, le marteau des chaudronniers..., d'autant que les fenêtres des bâtiments n'avaient pas de vitres ![1] Les villes médiévales n'étaient pas plus silencieuses[2]. Tout y était prétexte à cris et à bruits. Ainsi, le roi Philippe-Auguste avait ordonné, à la fin du XIIe siècle, de paver toutes les rues de Paris et utilisait des crieurs pour annoncer les actes officiels, le prix des diverses marchandises, les mariages, enterrements, et autres événements...

8. Que dire, enfin, de cette description du XIXe siècle, faite par l'architecte Cresswell, selon laquelle *« le bruit dépassait toute imagination ; le martèlement d'une multitude de talons ferrés sur le pavé des rues, le tambourinage assourdissant des roues cerclées de fer cognant le pavé, les craquements, gémissements et grincements des véhicules, et puis les chaînes des harnais qui cliquetaient, et tout le reste, tout ce qui pouvait sonner et résonner... tout cela atteignait un niveau de vacarme dont on n'a pas idée... une véritable immensité sonore »[3] ?* Une première conclusion s'impose : le bruit a toujours existé, s'amplifiant et se propageant au gré des regroupements humains et des cultures. En cela, le phénomène est immuable et n'est pas nouveau. Il est le lot de chaque civilisation et de chaque époque, un produit de la société et de ses évolutions. Mais c'est sa nature qui a changé, l'homme ayant su créer d'autres sources sonores. Les bruits des roues de chars sur la chaussée et des cris des marchands ambulants sont aujourd'hui remplacés par ceux des moteurs des véhicules terrestres et aériens et de la Musak[4].

9. Nos villes ne sont pas plus bruyantes que celles d'antan ; elles le sont différemment. Avec le développement de la mobilité grâce aux transports modernes, l'extension des zones urbanisées, la multiplication des loisirs motorisés (U.L.M., karting, scooters des neiges, motos des neiges...), le bruit a changé de dimension. Il a envahi les villes, menace les campagnes et gêne une majorité de personnes. Sa perception, aussi bien physique que psychologique, a fortement évolué et a conduit progressivement à une sensibilisation accrue de l'opinion publique à ce problème. Il est alors légitime de se demander pourquoi cette prise de conscience, cette mise au premier plan de l'importance de la qualité sonore de notre environnement intervient précisément maintenant ? Différents facteurs entrent en jeu et se combinent.

10. D'un point de vue sociologique, l'homme, pour les multiples raisons que nous a révélé le « Contrat social »[5], a toujours recherché la compagnie de ses congénères. La nécessité d'une vie en société, d'une organisation réglementée et hiérarchisée des relations humaines est ancrée de manière irrépressible dans ses gènes. L'aboutissement concret de ce besoin se traduit par un regroupement toujours plus important d'individus dans des espaces de plus en plus confinés, par un développement effréné de l'urbanisation avec son lot de désagréments et de nuisances. Une concentration humaine de plus en plus forte dans un milieu donné induit inévitablement une augmentation des activités et des besoins.

11. A ce stade intervient la technique qui, dans l'optique du gain de temps et d'argent, va permettre d'accomplir plus facilement les diverses tâches ménagères ou professionnelles de la vie quotidienne, de se déplacer plus rapidement et à une plus grande distance. Les limites temporelles et géographiques sont sans cesse repoussées.

---

[1] L. HAMAYON, Le bruit n'est plus ce qu'il était : 1- La Rome Antique, Echo Bruit, Rubrique du spécialiste n° 40, février-mars 1991.

[2] L. HAMAYON, Le bruit n'est plus ce qu'il était : 2- Du Moyen-Age au début du XXe siècle, Echo Bruit, Rubrique du spécialiste n° 41, mai 1991.

[3] H.-B. CRESSWELL, cité in Courrier de l'UNESCO, novembre 1976 et Silence n° 67, p. 7.

[4] Musak est un service sonore qui équipe les bureaux, usines, hôpitaux, parkings, magasins...

[5] J.-J. ROUSSEAU, *Le contrat social.*

Mais en contre partie, il est un prix à payer, car toutes ces facilités, ces performances technologiques ont un coût sonore non négligeable. Les appareils ménagers (aspirateurs, lave-linge, mixeurs...), les outils de jardinage et de bricolage (tondeuses, tronçonneuses, perceuses...), les moteurs des véhicules de transport sont, certes, de plus en plus perfectionnés et performants, mais en même temps ils produisent une avalanche de décibels incontrôlables.

12. Et c'est bien là le problème : la machine du développement et du progrès s'est emballée et l'homme ne maîtrise plus -si tant est qu'il ait jamais réussi à le faire- toutes les nuisances, en l'occurrence sonores, qu'elle entraîne. Soyons précis : le bruit en tant que concept global n'est pas incriminé ; c'est uniquement son expression négative, lorsqu'il devient nuisance, qui est au centre de tous les débats -et de notre débat- et qui est décriée. Le phénomène a pris une telle ampleur : sources sonores de plus en plus nombreuses, puissantes, dispersées dans l'espace et étalées dans le temps, que la réaction était inévitable. Psychologiquement -et le processus est en marche depuis un moment-, la perception du problème s'est faite plus aiguë. Sollicité sans relâche dans sa vie de tous les jours, la sensibilité du public s'en est trouvée exacerbée, ce qui conduit à des attentes et des revendications de plus en plus exigeantes.

13. Parmi les multiples sources de nuisances sonores, celles que l'on a coutume de regrouper sous la dénomination de « bruits de voisinage » viennent en tête de la gêne exprimée par la population. Ainsi, sur la totalité des plaintes déposées en France chaque année auprès des commissariats et mairies, la moitié concernerait cette seule catégorie. Les enquêtes et documents officiels faisant état de la situation ne manquent jamais de préciser la nature et la proportion des bruits visés. D'après une étude menée en 1989 et 1990 par l'Association des services communaux d'hygiène et de santé, les plaintes pour bruits de voisinage se répartiraient de la façon suivante : 20 % concernent les aboiements de chiens, 20 % les bruits de comportements et 10 % les bruits d'équipement d'immeubles (ascenseurs, chaufferies). Pour le reste, les établissements recevant du public (bars, restaurants, discothèques...) représenteraient 15 % des plaintes, les bruits de chantiers et de circulation 11 %, ceux des établissements artisanaux et commerciaux 8 % et les installations classées 6 %.

14. Le descriptif n'est pas anodin : la notion de « bruits de voisinage » est aussi équivoque que celle de « bruit ». Aucune définition précise ne vient régler la question et mettre tout le monde d'accord sur ce qu'il est convenu d'inclure dans le domaine des bruits de voisinage. Chacun, professionnels ou particuliers, en parle à sa manière, guidé par son expérience et son intérêt personnel. Le débat et les enjeux qui en découlent n'en sont que plus confus et complexes. L'approche juridique de la notion révèle d'ailleurs toute la complexité du problème, qu'il n'est pourtant pas possible d'occulter, car on ne peut lutter efficacement que contre ce que l'on connaît parfaitement.

15. Face aux bruits de voisinage, il a été adopté une démarche que l'on pourrait qualifier de coutumière au droit de l'environnement. Le secteur considéré est tellement vaste et imprécis que le juriste, allant contre sa nature, va tenter de l'appréhender de façon concrète au travers d'une énumération d'exemples. C'est ainsi que la circulaire du 27 février 1996[1] distingue deux sortes de bruits de voisinage, soumises chacune à un régime juridique propre. La première catégorie vise les bruits de *« comportement d'une personne ou d'une chose dont elle a la garde ou d'un animal placé sous sa*

---

[1] Circulaire du 27 février 1996 relative à la lutte contre les bruits de voisinage (*JO* du 7 avril 1996, p. 5474). Notons que cette circulaire reprend les termes d'une circulaire antérieure en date du 25 octobre 1995 (Code Permanent Environnement et Nuisances).

responsabilité ». Concrètement il pourra s'agir de bruits provenant *« des cris d'animaux et principalement les aboiements des chiens ; des appareils de diffusion du son et de la musique ; des outils de bricolage, de jardinage ; des appareils électroménagers (...) »*. La deuxième catégorie concerne les *« activités organisées professionnelles, culturelles, sportives ou de loisirs »*, comme par exemple *« les activités du secteur tertiaire ; les lieux diffusant de la musique ; les compétitions de sports mécaniques ; les chantiers (...) »*.

16. Mais comme l'indique le texte, les listes données ne sont pas exhaustives ; elles sont fournies *« à titre indicatif »*, pour *« permettre de mieux cerner quel type de bruit entre dans cette catégorie »*, celle des bruits de voisinage. Une telle démarche n'est pas à l'abri de critiques : elle ne permet pas de déterminer, sans ambiguïté aucune, la totalité des bruits faisant partie de ce qui est communément appelé *« bruit de voisinage »*. On serait alors tenté de dire qu'elle est, si ce n'est vaine, puisqu'elle n'aboutit pas à une définition précise de la notion, du moins totalement insuffisante et inadaptée à une approche cohérente du problème. Trop d'incertitudes subsistent et vont se retrouver au moment de la mise en œuvre des normes de droit et de la répartition des compétences et obligations de chacun.

17. La difficulté majeure réside dans l'incroyable multiplicité de formes que peut revêtir ce type de bruits et de sources qui les produisent. Il apparaît impossible de recenser définitivement l'ensemble des bruits de voisinage existants. Aussi, une approche plus conceptuelle et plus globale est-elle préférable. La méthode consiste à distinguer les bruits, non pas en fonction de leur nature (bruits professionnels, bruits des transports, bruits de loisirs, bruits de comportements...) ou de leur caractère (bruits intenses, continus, intermittents ou répétitifs), mais de les apprécier selon le cadre auquel ils font référence. Les bruits de voisinage sont, d'après leur dénomination, ceux qui proviennent *du voisinage*, qui ont été produits et perçus *dans le voisinage*. Ils sont donc *a priori* aisément localisables et identifiables[1]. Il suffit de poser les bornes de ce voisinage pour aboutir à une vision plus claire de ce qui entre dans cette catégorie de bruits.

18. Une définition précise et universelle du terme *« voisinage »* réglerait la question une fois pour toute. Mais là encore, nous évoluons dans un univers d'imprécisions et de flou le plus total. Qu'est-ce que le voisinage ? Le terme est des plus vagues et sujet à bien des interprétations. En droit, nous le verrons, il a donné lieu à des analyses doctrinales extrêmement variées[2], et les juges de la réparation qui l'ont mis en avant dans leur théorie des troubles de voisinage ont bien été obligés de le cerner. Dans le langage courant, il peut revêtir deux sens, qui en fait se combinent et se complètent.

19. Tout d'abord, il se conçoit en terme de délimitation spatiale. Il s'agit alors de *« l'espace qui se trouve à proximité, à faible distance »*[3] : une aire géographique, caractérisée par la proximité de sa localisation. Cette définition n'est pas totalement satisfaisante puisque la notion de proximité est elle-même on ne peut plus imprécise et fluctuante. Le voisinage renvoie, ensuite, à l'ensemble des voisins, à l'entourage. Si l'idée de repère spatial est toujours présente, elle est assortie d'un nouveau concept, celui de rapports humains, de coexistence sociale dans un espace proche. Dans la réalité, le voisinage ne se réduit pas à un endroit dont les frontières sont plus ou moins établies. C'est aussi, et surtout, le lieu privilégié de relations interpersonnelles, d'interconnexion entre différents modes de vie et de cultures. En somme, c'est l'état de proximité d'un

---

[1] Cela explique en partie le nombre majoritaire de plaintes déposées contre ce type de bruits.

[2] V. notamment la thèse de M. BLOCAILLE-BOUTELET, Le voisinage : Etude comparée en droit privé et en droit public, Dijon, mai 1981.

[3] Définition donnée par le dictionnaire « Le Petit Robert ».

lieu, d'une personne, d'une chose, par rapport à un autre lieu, une autre personne, une autre chose, avec toutes les interrelations que cela implique.

20. La diversité des situations qu'une telle notion induit, tant au niveau des acteurs qu'elle fait intervenir que des rapports susceptibles d'en découler, fait prendre conscience de la dimension quantitative que peuvent atteindre les bruits de voisinage. Ces derniers, entendus au sens large, recouvrent un domaine multiforme. Ils désignent toutes les sources sonores rencontrées dans le voisinage, lui-même de plus en plus étendu. Mais ce n'est pas tant la quantité des sources sonores qu'ils représentent que leurs caractères qualitatif et subjectif qui importent, c'est-à-dire la façon dont ils se manifestent et dont ils sont ressentis. Les préjudices qu'ils sont susceptibles de porter à l'homme sont multiples -à l'image de la diversité de leurs sources potentielles- et les répercussions bien plus étendues qu'on ne pourrait l'imaginer. En raisonnant dans le cadre de notre environnement local quotidien, les bruits de voisinage peuvent devenir la pire des nuisances, parce qu'ils atteignent l'homme dans ce qu'il a de plus précieux : sa santé et sa qualité de vie.

21. Les conséquences des nuisances sonores sur la santé et le comportement sont nombreuses et parfois graves, au point de parler de *« fléau social »*[1] qui coûterait environ 125 milliards de francs par an à la collectivité[2]. Si des incertitudes scientifiques demeurent, toutes les études confirment aujourd'hui que le bruit ne cantonne pas ses effets à l'appareil auditif, mais affecte l'ensemble de l'organisme[3]. Outre les « effets spécifiques » sur l'oreille, se traduisant par la perte d'audition qui peut être passagère (fatigue auditive) ou irréversible et inguérissable (surdité) lorsque le niveau sonore atteint une certaine intensité, le bruit provoque des effets psychologiques et physiologiques, à des niveaux modérés non traumatisants pour l'oreille qui sont ceux de la vie de tous les jours. Il agit, ainsi, sur le système nerveux et cardio-vasculaire -notamment sur le rythme cardiaque et la tension artérielle-, perturbe le fonctionnement de l'appareil digestif et nuit à la perception visuelle. Une exposition au bruit peut entraîner des troubles généraux, tels que la fatigue, la diminution de l'attention et de la concentration intellectuelle, des troubles du sommeil et une augmentation de l'agressivité.

22. L'ampleur du problème est considérable, car c'est l'individu dans son intégralité qui est touché, cela à différents points de vue. Non seulement *« le bruit ravage la santé »*[4], mais il a des conséquences néfastes pour l'homme dans ses activités et ses rapports sociaux. Chez l'enfant, il a des répercussions sur le développement du langage et l'apprentissage de la lecture. Les enfants qui vivent dans des milieux bruyants ne peuvent développer suffisamment leur capacité d'écoute et deviennent inattentifs aux signaux sonores en général. Phénomène aggravant, toutes les études démontrent que l'adaptation au bruit n'est qu'une illusion. Alors que les personnes pensent s'être habituées à leur environnement sonore, en réalité il n'y a pas d'accoutumance physiologique, notre organisme continuant à subir les multiples agressions des nuisances acoustiques et leurs effets nocifs.

---

[1] R. LERON, Rapport sur le projet de loi relative à la lutte contre le bruit, préc., p. 8. Selon ce rapport, le bruit serait à l'origine de 11 % des accidents du travail et de 20 % des internements psychiatriques.

[2] Selon le rapport de B. HUGO (préc., p. 13), l'incidence du bruit sur la santé est estimée par les chercheurs à 25 milliards de francs, soit l'équivalent du tabagisme, et son coût social à 100 milliards de francs.

[3] V. : Les effets du bruit sur la santé, Ministère des Affaires Sociales, de la Santé et de la Ville, 1995 ; P. PICHOT, Bruit, sommeil et comportement, Le Concours médical n° 115-06, 13 février 1993, p. 453-455.

[4] P. SAINT-MARC, L'homme est malade de son environnement, Combat Nature n° 113, mai 1996, p. 5.

23. Répondant à la définition de l'O.M.S. qui affirmait, dès 1948, que *« la santé est un état de complet bien-être physique, mental et social et non pas simplement l'absence de maladie ou d'infirmité »*, le bruit pose un problème de santé publique, contribuant au « mal-être » de la majorité des individus. Au-delà des lésions purement médicales qui font du bruit un élément pathogène, ce sont de manière plus générale les conditions d'existence, la « qualité de la vie » qui sont en jeu. Mais là encore, la notion n'est pas clairement définie, pas plus qu'elle n'est consacrée juridiquement par la Constitution, le législateur ou la jurisprudence. *« La qualité de la vie ne constitue ni une liberté publique ni même un droit au sens juridique du terme mais une simple notion qui rassemble diverses aspirations »*[1]. De portée extrêmement large, elle englobe tout ce qui caractérise le déroulement de la vie quotidienne[2].

24. Elle peut non seulement varier d'un individu à l'autre, mais également se confondre ou se mêler à d'autres notions, telles que le « cadre de vie » ou le « niveau de vie ». A notre sens, alors que le cadre de vie renvoie plutôt à l'aspect physique et social de notre environnement, la qualité de vie, comme le souligne M. Prieur[3], exprime la recherche du qualitatif (par opposition au critère quantitatif contenu dans la notion de niveau de vie). Elle traduit cette volonté commune de réunir toutes les conditions optimales en vue de s'épanouir dans sa vie de tous les jours. Cette quête se situe à un niveau très personnel de l'individu, tout comme la perception du bruit est éminemment subjective. Elle met en jeu la vie privée de chacun, que l'on cherche à préserver dans une espèce de cocon de protection que nous nous fabriquons et dans lequel nous habitons. Elle exprime cette recherche du bien-être propre à tous les individus.

25. Selon la circulaire du 31 décembre 1985 relative à l'accueil et au traitement des plaintes consécutives aux nuisances sonores[4], *« le confort sonore est devenu le principal critère de la qualité de la vie quotidienne »*. Un bruit de voisinage, trop élevé ou répétitif, a la capacité de s'insinuer dans notre domaine privatif et de détruire ce à quoi nous aspirons le plus : le repos, la tranquillité ou tout simplement l'intimité, que nous sommes en droit d'exiger dans notre domicile. Or, de telles aspirations sont-elles devenues vaines aujourd'hui ? Avec toutes les prouesses dont l'homme est capable, n'y a-t-il aucun espoir d'accéder à un confort acoustique digne d'une société « avancée » qui entre dans le troisième millénaire ? L'heure n'est plus aux interrogations et aux hésitations. La dégradation de la situation et les revendications de l'opinion publique sont telles que le problème doit être pris de front. Koch n'a-t-il pas prédit que *« l'homme devra un jour lutter contre le bruit aussi inexorablement que contre la peste et le choléra »*[5] *?*

26. L'enjeu est de taille. Les bruits de voisinage n'atteignent pas seulement les individus pris isolément. Ils alimentent un malaise général de la société, provoquant des crises de plus en plus graves et mettant les relations humaines en péril. C'est la société dans son ensemble qui est en danger. A force de faire du bruit de manière incontrôlée, de ne pas se soucier d'autrui, on risque de ne plus s'entendre, de ne plus communiquer et de ne plus se comprendre. La civilisation du bruit entraîne des attitudes antisociales, des réactions extrêmes, allant du repli sur soi pour certaines personnes, à une agressivité exacerbée pour d'autres, menant jusqu'au suicide ou à la violence et l'homicide. Or, tout

---

[1] T.G.I. de Bourgoin-Jallieu, 30 mai 1975, R.J.E. 1-1975, p. 51.

[2] Sur cette notion, voir : W. COULET, Qualité de la ville et qualité de la vie, Droit et Ville n° 35, 1993, p. 103-125 ; C. TOBELEM-ZANIN, La qualité de la vie dans les villes françaises, Publications de l'Université de Rouen, 1995.

[3] M. PRIEUR , Droit de l'environnement, Précis Dalloz, 5e éd., 2004, p. 4 et s.

[4] *JO* du 15 mars 1986.

[5] R. KOCH (1843-1910), Prix Nobel de Médecine, découvrit le bacille de la tuberculose.

comme l'homme a besoin de bruit pour vivre, il lui faut la compagnie des autres, une reconnaissance sociale pour pouvoir s'épanouir.

27. Aussi, ne considérons pas le bruit comme la rançon inévitable du progrès qui accompagne le développement des sociétés. Il est un phénomène comportant des aspects à la fois positifs et négatifs, qu'il faut apprendre à maîtriser et à gérer au sein de notre microcosme quotidien que constitue le voisinage. Il doit, par conséquent, être appréhendé pour ce qu'il est, c'est-à-dire comme un problème de société, de santé, de qualité de la vie et d'exercice des droits individuels, autant de préoccupations prises en compte par le droit qui se soucie des conditions d'existence des personnes. Ainsi, de très nombreux textes existent en la matière. Outre certaines mesures institutionnelles, pas moins de 600 pages de Journal Officiel contiennent des dispositions législatives et réglementaires -plus de 200 décrets, arrêtés et circulaires- relatives au problème du bruit, dans des domaines aussi divers que ceux des transports, de l'urbanisme, des activités et des objets bruyants...

28. Cette accumulation de textes qui se caractérisent par leur hétérogénéité s'est faite sur une période assez longue et n'est pas encore achevée. Elle démontre la difficulté des pouvoirs publics à appréhender la question des nuisances sonores. La lutte contre le bruit a tardé à s'organiser parce que ce type de nuisance, diffuse et non spectaculaire, n'était pas -mais l'est-elle aujourd'hui ?- considérée à sa juste valeur. Pendant longtemps, les décideurs institutionnels comme la population, y compris les victimes, identifiaient le bruit à la vie moderne, à un mal nécessaire et inévitable de la société de consommation, voire le symbole du progrès qui facilite les déplacements, diminue les temps de transport et remplace la force humaine et animale par des machines. Cette conception n'est plus de mise aujourd'hui, sauf pour ceux qui ne veulent pas consentir les efforts nécessaires contre ce fléau. Le bruit n'est pas la rançon du progrès. Au contraire, il est signe d'archaïsme et source d'inégalités, les couches sociales défavorisées, qui n'ont pas les moyens matériels de se protéger contre cette nuisance, en souffrant le plus.

29. Marquée dans un premier temps par l'indifférence des pouvoirs publics, la prise de conscience de l'importance du problème et de la nécessité d'y apporter des solutions s'est faite progressivement. Depuis une dizaine d'années, les ministres successifs en charge de l'environnement reconnaissent ouvertement que le bruit est la principale cause d'insatisfaction des Français dans leur vie de tous les jours et affirment avec constance le caractère prioritaire des actions à engager en la matière. A treize mois d'intervalle, Mesdames Lepage puis Voynet ont exprimé la volonté du gouvernement de mettre en place une politique efficace de lutte, passant par la réglementation et l'information. Les orientations retenues s'inscrivent dans le cadre législatif institué par leur prédécesseur, Madame Royal, qui a ouvert la voie en dotant le pays d'une **loi consacrée exclusivement à la lutte contre le bruit : la loi n° 92-1444 du 31 décembre 1992**[1]**.** Cette loi spéciale donne la priorité aux actions de prévention, de contrôle et de surveillance, nouveaux principes directeurs d'une politique d'ensemble de la lutte contre les nuisances sonores qui se veut ambitieuse. Texte charnière dans l'évolution législative, elle offre un cadre légal aux actions de lutte qu'elle organise sur le long terme.

30. La loi de 1992 sur le bruit s'inscrit désormais parmi les grandes lois environnementales qui constituent le Code de l'environnement[2], issu de l'ordonnance

---

[1] Loi n° 92-1444 du 31 décembre 1992 relative à la lutte contre le bruit (*JO* du 1er janvier 1993).

[2] En ce qui concerne le contenu du Code de l'environnement, le Gouvernement, assisté par la Commission supérieure de codification, a retenu « *les textes qui tendent principalement à la lutte contre*

n° 2000-914 du 18 septembre 2000[1]. Les dispositions de cette loi ont été insérées dans le titre VII intitulé « Prévention des nuisances acoustiques et visuelles », du Livre V consacré à la « Prévention des pollutions, des risques et des nuisances ». La codification ayant été faite à « droit constant », les dispositions de la loi n° 92-1444 du 31 décembre 1992 sont reprises sans changements majeurs, hormis quelques mises en conformité avec les dispositions nouvelles du Code pénal. Elles n'échappent donc pas aux travers de cette méthode de codification dite « à droit constant » qui ne permet pas de remédier aux malfaçons multiples qui existent -et que nous soulignerons- dans ce domaine. Les articles 1 à 8, 12, 13, 16, 19, 21 à 25 et 27 de la loi cadre sur le bruit -qui sont actuellement en vigueur- deviennent ainsi les articles L. 571-1 à L. 571-26 du Code de l'environnement.

31. Une réglementation européenne et internationale en pleine évolution vient compléter le dispositif juridique français. A l'instar des autres problèmes d'environnement, le bruit est une nuisance sans frontière, prise en compte par les instances aussi bien nationales que supranationales. Ainsi, la limitation des nuisances sonores autour des aéroports repose largement sur des normes et des règlements élaborés au niveau mondial et européen[2]. L'Organisation de l'aviation civile internationale (O.A.C.I.), qui rassemble les autorités aéronautiques de tous les pays, a été la première organisation internationale à intervenir, en créant en 1972 des normes de bruit pour les nouveaux types d'avions[3]. D'autres normes sont actuellement en préparation pour les appareils qui seront mis sur le marché au cours de la prochaine décennie. L'O.A.C.I. a, en outre, établi un classement des aéronefs existant, dans trois catégories, allant du plus bruyant au moins bruyant. Sur la base de ce classement, la Communauté européenne a adopté un calendrier d'élimination progressive des avions les plus bruyants, ceux de la première catégorie étant déjà interdits de vol depuis le 1er janvier 1998.

32. En application du principe de subsidiarité, la Communauté européenne a pendant longtemps limité son champ d'intervention dans le domaine de la lutte contre le bruit. Jusqu'à présent, elle s'était bornée à fixer des niveaux sonores maximum concernant les voitures, les avions, les engins de chantier et autres machines qui peuvent s'échanger dans le cadre du Marché unique et à arrêter des procédures de certification destinées à garantir la conformité des nouveaux véhicules et équipements aux normes fixées dans les directives. Puis, dans son cinquième programme d'action environnementale intitulé « Vers un développement durable »[4], la Communauté européenne a considéré la lutte contre le bruit comme l'un des principaux sujets figurant dans les champs d'action prioritaire. Le « développement durable » signifie que *« nul ne doit être exposé* -actuellement et dans le futur- *à des niveaux sonores tels qu'ils mettent en danger sa santé et sa qualité de vie ».*

33. La mise au point de ce cinquième programme a débuté par l'élaboration d'un Livre vert intitulé « la politique future de lutte contre le bruit », destiné à stimuler le débat public sur la question. Ce « Livre Vert du Bruit » trace les grandes lignes des actions à engager pour définir les objectifs à atteindre, adopter les mesures qui

---

les pollutions, les risques naturels et technologiques, et à la protection de la qualité des milieux naturels ».

[1] *JO* du 21 septembre 2000, p. 14792.

[2] D. GARDIN, La maîtrise des nuisances sonores autour des aéroports : évolutions en Europe et dans le monde, Echo Bruit n° 88, décembre-janvier 1999, Dossier « Bruit des transports », p. 32-33.

[3] Ces normes sont définies dans l'annexe XVI de la Convention de l'aviation civile internationale.

[4] *JO* des Communautés, n° 138, du 17 mai 1993, et confirmé dans le 6e programme d'action communautaire pour l'environnement (Déc. n° 1600/2002/CE, 22 juillet 2002 : *JOCE* n° L 242, 10 sept. p. 1).

s'imposent et suivre les progrès accomplis. Sa publication, en 1996, a été suivie par l'annonce, lors de la Conférence de lancement de la nouvelle politique européenne en matière de bruit[1], d'un programme de travail pour les années à venir, visant à harmoniser l'indice d'exposition au bruit ainsi que les méthodes de calcul et de mesure pour l'évaluation, la cartographie, la planification et la réduction du bruit à la source. Plusieurs groupes de travail techniques ont été créés par la Commission européenne afin d'aider à la préparation de futures directives. Au terme de cinq années de travail, une première directive cadre relative à l'évaluation et à la gestion du bruit dans l'environnement a été publiée[2] et sera suivie de directives sur les émissions sonores, à paraître dans les prochaines années.

34. Mais qu'il se situe au niveau international, européen ou national, le travail normatif se heurte à l'extrême complexité des problèmes du bruit, qui occupent une position particulière à la frontière des sciences humaines et des sciences mathématiques. Les individus -Français ou Européens- ne souffrent pas *du bruit* mais *des bruits.* Aucun pays ni même aucune personne n'a la même notion du mot. Selon les populations, les classes sociales, les modes de vie et les cultures, la gêne est ressentie à des niveaux très différents. Elle pourra apparaître pour des niveaux de bruit très faibles. Ce n'est pas alors l'intensité sonore, scientifiquement mesurable et limitée dans les textes juridiques au moyen de valeurs chiffrées, qui sera l'élément déterminant. D'autres caractéristiques du bruit sont à prendre en compte, telles que son caractère répétitif ou impulsionnel, mais aussi les conditions dans lesquelles il survient, le moment et le lieu, l'impossibilité de pouvoir le contrôler ou encore la réceptivité personnelle à chaque individu, liée à son état de santé, son âge, son activité, etc.

35. La sensation du bruit, et donc sa perception comme phénomène agréable ou désagréable, varie d'une personne à l'autre. Tout dépend du contexte et de la signification qui est donnée à la manifestation sonore perçue. Ainsi, les cheminots trouvent le bruit des trains moins gênant que peuvent le juger d'autres personnes. L'existence d'un lien de dépendance économique à la source sonore agit donc dans le sens d'une meilleure acceptation du bruit. La réaction est identique lorsqu'il s'agit d'un bruit que l'on a choisi et que l'on contrôle. La secrétaire est moins gênée par les sonorités de sa machine à écrire que par celles de la machine voisine. A l'inverse, le jazz du voisin constituera un bruit pour celui qui préfère la musique classique et aspire au silence. Certains bruits provoquent des agressions plus fortes que ne le laisserait présager leur intensité, en raison de leur contenu informationnel ou de la charge émotionnelle qu'ils véhiculent. Les bruits d'avions, par exemple, comme le bang supersonique, provoquent des réactions très supérieures à ce qui pourrait être attendu, parce qu'ils sont associés à l'idée d'une explosion ou d'une chute, à la crainte des accidents.

36. Les réponses individuelles au phénomène « bruit » sont donc d'une très grande variabilité, de même que les facteurs qui les conditionnent sont nombreux et complexes. Les moyens de lutter contre les nuisances sonores sont d'autant plus malaisés à mettre en place que la sensation de gêne est subjective. Deux personnes peuvent réagir très différemment au même stimulus sonore et ces réactions sont extrêmement difficiles à prévoir et à évaluer. L'intensité sonore ne peut fournir l'unique critère de définition de la

---

[1] La Conférence de lancement de la nouvelle politique européenne en matière de bruit s'est tenue à Copenhague (Danemark), les 7 et 8 septembre 1998, et a réuni près de 250 experts représentant tous les pays de la Communauté européenne. V. : Dossier « Le bruit en Europe », Echo Bruit n° 87, octobre 1998, p. 12-14 ; Table ronde : le bruit en Europe, Echo Bruit n° 89, juin 1999, p. 37.

[2] Directive n° 2002/49/CE du Parlement européen et du Conseil, 25 juin 2002 (*JOCE* n° L 189, 18 juillet, p. 12).

nuisance, car une émission acoustique même faible, si elle est répétée, pourra occasionner une gêne.

37. Aussi, existe-t-il principalement deux méthodes pour étudier les effets du bruit sur l'homme et évaluer la nuisance. La première consiste à l'appréhender de manière objective, en recherchant les niveaux traumatisant ou engendrant des effets physiologiques, car à partir d'un certain niveau sonore, un bruit devient dangereux, nuisible pour la santé de l'homme. La seconde consiste à déterminer la gêne éprouvée du fait d'un bruit qui perturbe les conditions d'existence des personnes en portant atteinte à leur tranquillité. Le dispositif juridique institué en la matière combine ces deux approches complémentaires, qui permettent d'appréhender le bruit dans son aspect quantitatif et qualitatif.

38. D'un point de vue quantitatif, de nombreux textes imposent des niveaux sonores à ne pas dépasser. Ils fixent des normes techniques qui traduisent l'intensité maximale légalement admissible pour certaines sources sonores déterminées. Cette approche objective présente le bruit comme un phénomène purement physique, c'est-à-dire un ensemble de sons, que l'on sait mesurer et quantifier à l'aide d'un sonomètre. L'intensité d'un bruit, à un instant donné et en un point précis, est exprimée en décibel, que l'on va pondérer afin de l'adapter à la sensibilité de l'oreille humaine. On obtient ainsi le décibel A -dB(A)- qui traduit en valeur chiffrée le niveau sonore effectivement perçu par l'homme. L'oreille humaine distingue des sons variant entre 0 dB(A), qui est le seuil d'audibilité, et 120 dB(A), qui est le seuil de la douleur[1]. A titre d'exemple, on estime qu'un bruit extérieur compris entre 55 et 60 dB(A) provoque une gêne et des troubles du sommeil ; au-delà de 65 dB(A), il se produit des modifications du comportement qui sont symptomatiques de graves dommages causés par le bruit.

39. Mais dans la majorité des cas, les bruits auxquels nous sommes soumis ne sont pas stables. Leur niveau varie, fluctue au cours du temps. Le meilleur exemple de bruit fluctuant est celui du trafic routier, qui ne peut être caractérisé par un niveau sonore instantané. Afin d'intégrer la durée de l'émission sonore, on utilise un indicateur appelé « Niveau énergétique équivalent » et noté Leq (t1, t2). L'indice actuellement utilisé en France pour caractériser le bruit routier est le Leq (6h - 22h), exprimé en dB(A). Il a été retenu comme étant caractéristique de la gêne au bruit routier sur toute le journée (comprise entre 6 heures et 22 heures). Le Leq représente donc le niveau moyen des variations d'intensité d'un bruit au cours d'une période déterminée (t1, t2).

40. A l'exception des bruits de la circulation aérienne traduits par des unités encore plus complexes, toute la réglementation française fait appel à ces deux unités de mesure que sont le dB(A) et le Leq. Cette caractérisation scientifique de l'environnement sonore est indispensable pour établir et faire respecter des limitations, ainsi que pour évaluer *a priori* quel sera l'impact de telle décision visant à limiter ou à diminuer le bruit. Elle n'est toutefois pas exempte d'inconvénients. D'une part, les différents pays n'utilisent pas encore, dans tous les secteurs, les mêmes méthodes de mesure et de calcul à partir d'indicateurs communs. D'autre part, le recours au « niveau énergétique équivalent Leq » ne permet pas d'observer les fortes différences de niveaux sonores et de savoir à quel moment, au cours de la période d'observation, le bruit a été particulièrement élevé ou au contraire très faible. La quantification opérée est objective et ne fournit qu'une valeur moyenne, éloignée de l'environnement sonore tel qu'il est réellement perçu.

---

[1] V. : L'échelle des bruits, extraite d'un article de M. J. LAROCHE, Les méfaits du bruit, Rev. « Produits et problèmes pharmaceutiques », 1970.

41. Les méthodes scientifiques de quantification du bruit trouvent leurs limites dans le caractère éminemment subjectif et donc variable de la gêne induite par l'émission sonore. L'intensité physique d'un bruit, celle qui peut être chiffrée par un sonomètre, ne doit pas être confondue avec son « intensité physiologique », son effet subjectif ressenti différemment par chaque individu dans sa vie de tous les jours. A côté des normes acoustiques, le législateur et le juge se doivent d'intégrer dans les textes, procédures et moyens mis en œuvre, l'aspect qualitatif du problème, c'est-à-dire le concept de gêne et les divers facteurs qui la conditionnent. Les différents aspects du bruit : scientifiques, techniques, sociologiques, économiques..., sont fortement ancrés dans le dispositif juridique de lutte contre le bruit et apparaîtront, par conséquent, en filigrane dans nos développements consacrés aux éléments juridiques des politiques de lutte contre cette nuisance.

42. Toute la difficulté du droit consiste à appréhender et à intégrer cet aspect qualitatif du phénomène bruit, son caractère subjectif qui fait que le même bruit constituera pour les uns une véritable nuisance et pour les autres une sensation agréable. L'enjeu est de déterminer avec justesse les caractéristiques d'un bruit gênant et d'y apporter des remèdes qui se révéleront efficaces de manière durable. Il implique de s'accorder, en premier lieu, sur ce qui est réellement recherché en matière de bruit. **Quels doivent être les objectifs de la lutte contre les bruits de voisinage,** compte tenu de la diversité des perceptions, des intérêts et des échelles de valeur qui entrent en jeu ?

43. D'emblée, deux voies peuvent être exclues. D'une part, il est impossible d'offrir un milieu sonore répondant à la sensibilité de chacun, d'autant que tout le monde peut être à son tour gêneur -« bruiteur »- et gêné. Mais nous pouvons et devons au moins veiller à mettre un frein à la tendance actuelle. D'autre part, ce n'est pas le silence qui est recherché, mais l'établissement ou le rétablissement d'ambiances sonores satisfaisantes pour tous. La lutte contre le bruit n'est pas la lutte pour le silence, mais la revendication d'un droit au calme, à une certaine qualité de la vie.

44. Dans cette optique, l'objectif de chacun, décideur public ou particulier, élu ou simple citoyen, est clair : il s'agit de lutter contre les bruits inutiles, agressifs, nuisibles à la santé, de modérer ceux qui sont désagréables pour autrui, tout en acceptant ceux qui font partie de la vie de tous les jours et qui sont l'expression d'un environnement sonore maîtrisé au sein d'un voisinage équilibré. Le but est donc de supprimer le côté négatif du bruit, c'est-à-dire la nuisance sonore. Notre étude se concentrera, par conséquent, sur cet aspect négatif du bruit qui en fait une nuisance pour l'homme dans son environnement quotidien (à la maison, dans la rue, dans le ciel...) qu'est le voisinage[1]. Le bruit sera analysé comme *« un phénomène acoustique produisant une sensation auditive désagréable ou gênante »,* selon la définition de l'O.M.S. L'ensemble des sources sonores susceptibles de sévir dans le voisinage entrent dans le champ de notre étude, à l'exclusion du bruit au travail qui relève d'une autre problématique et qui fait l'objet d'une réglementation spécifique.

45. La première difficulté consiste à identifier et « débusquer » cette nuisance aussi insaisissable que subjective. **Quand le bruit remplit-il les caractères qui le transforment en une véritable nuisance pour le voisinage et nécessite-t-il d'engager des mesures de lutte ?** Des critères à la fois objectifs, par le biais de normes acoustiques limitant l'intensité du bruit, et subjectifs, rattachés à des valeurs sociales telles que la vie

---

[1] Il serait alors plus juste de parler de « nuisances sonores », plutôt que d'employer le terme générique de « bruit » qui comprend également les aspects positifs du phénomène. Aussi, le terme « bruit », utilisé ici comme dans l'opinion commune, devra être pris au sens de la nuisance qu'il s'agit de combattre.

en société, le respect d'autrui, la tranquillité, la qualité de la vie, serviront de références. Mais le traitement des bruits de voisinage est d'autant plus délicat qu'il doit se faire en fonction du contexte et de l'environnement à la fois géographique, humain, économique et sociologique.

46. Dans une situation de voisinage qui a vocation à durer, il importe d'assurer une coexistence paisible entre tous les voisins et de bannir les querelles permanentes. Tenant compte de la diversité des intérêts des individus, inhérente au contexte du voisinage, le droit va s'efforcer d'établir un équilibre entre eux et de réduire les émissions sonores jusqu'à un niveau qui soit acceptable pour tous. Le voisin présente dans cette perspective une double qualité : celle d'un individu qui a des droits en matière de tranquillité et de repos, et celle de membre de la collectivité qui a des exigences mais aussi des devoirs envers les autres. Le droit doit, par conséquent, concilier le respect de l'individu et les exigences de la collectivité. Le problème est bien, avant toute chose, d'apprécier et de déterminer ce « niveau sonore acceptable » qui permettra de concilier les différentes activités et d'assurer une certaine qualité de vie au sein d'un environnement sonore satisfaisant.

47. Une fois ces objectifs définis et quantifiés, la deuxième difficulté consiste à déterminer comment les remplir. **Quelle est la stratégie de lutte la plus efficace pour ramener le bruit à un niveau acceptable pour tous dans le voisinage ? Quelles politiques, quelles solutions concrètes nous apporte le droit dans ce domaine ?** Comment entend-il marquer de son empreinte cette réalité sociale que sont les nuisances sonores et quelle est sa contribution aux côtés des autres éléments de la lutte (scientifiques, techniques, économiques...) auxquels il s'associe pour une protection plus efficace ? A ce stade, il s'agit d'analyser l'efficacité des différents instruments juridiques de lutte contre les nuisances sonores et d'établir la meilleure approche du problème, compte tenu de la multiplicité des bruits de voisinage, de la multiplication de leurs sources, de leur évolution, ainsi que de la multitude de personnes concernées, en tant que victimes ou responsables.

48. Dans le contexte du voisinage où les relations présentent un caractère durable, face aux nuisances sonores qui causent des dommages souvent difficilement réparables ou créent des situations inextricables, il importe sans aucun doute de prévenir. La prévention est le mode d'intervention à privilégier, à développer en priorité. La profusion de règles applicables en matière de bruit tend ainsi à instituer au sein du voisinage un *modus vivendi,* censé prévenir matériellement les « débordements acoustiques » producteurs de gêne. Malgré tout, hors de ces hypothèses, il peut être nécessaire de réagir à une atteinte contre le repos ou la tranquillité du voisin par le jeu de la responsabilité et l'application d'une sanction. Le droit contre les nuisances sonores joue donc sur deux plans : **la prévention des bruits de voisinage,** qui fera l'objet d'une première partie, et **la sanction des bruits de voisinage,** à laquelle nous consacrerons la deuxième partie de notre étude.

49. Cette étude n'a pas la prétention de traiter la totalité des bruits de voisinage entendus au sens large et des moyens de lutte possibles, l'étendue de la matière ne le permettant pas. Elle portera sur les « éléments juridiques des politiques de lutte » qui nous ont paru déterminants pour une amélioration future de l'environnement sonore et donc de la qualité de vie de nos concitoyens. En conséquence, notre analyse ne saurait être exhaustive -*notamment,* le contentieux administratif, abondant dans ce domaine, n'a pas été étudié-, et a nécessité des choix -subjectifs, tout comme l'est la notion de nuisance sonore qui en est le sujet-, dans les développements qui suivent.

50. Ces derniers ont ainsi pour vocation de définir les deux orientations principales de l'intervention juridique dans le domaine des bruits de voisinage : d'une part, la prévention et d'autre part, la sanction. Ces deux orientations ne sont toutefois pas totalement distinctes et séparées dans la pratique. Dans le cadre de politiques globales de lutte, elles peuvent se combiner et se compléter, être successives ou simultanées. Chacune de ces orientations nécessitera, dans un premier temps, une présentation des niveaux d'intervention et des outils juridiques existant. Ainsi, face à la multitude de textes hétéroclites et épars -qui implique inévitablement une étude analytique-, peut-on parler d'un « droit du bruit » en terme général ? Les limites d'un tel droit découlent directement du manque d'unité et de principes généraux qui caractérise la matière, ce qui sera illustré dans le contenu de nos développements. Dans un second temps, l'examen de la mise en œuvre de ce cadre juridique permettra d'évaluer les forces et faiblesses respectives des politiques menées, ainsi que leurs combinaisons possibles pour des solutions d'avenir satisfaisantes.

Première partie

LA PRÉVENTION DES BRUITS DE VOISINAGE

51. La lutte contre les nuisances sonores, dont la nécessité et l'urgence ne sont plus à démontrer, pose de nombreuses exigences pour être efficace et permettre d'atteindre l'objectif de qualité de la vie, d'environnement sonore sain et paisible dans le voisinage. Les actions traditionnellement menées jusqu'à ces dernières années, -ou devrait-on parler de *quelques réactions épisodiques et éphémères-,* n'ont fait que révéler l'extrême difficulté à gérer ce type de nuisance et à freiner sa progression. Parce que dans ce domaine, comme pour les différentes atteintes à l'environnement, la dégradation une fois amorcée est difficile à enrayer et les dommages sont souvent réparés de manière imparfaite, la priorité doit être donnée à l'action préventive. Tout doit être mis en œuvre pour éviter la production de nuisances sonores dans le voisinage et inverser la progression des bruits existants.

52. La prévention est, par conséquent, la première orientation à donner au traitement du problème posé par les bruits de voisinage. Tout comme les bruits auxquels elle s'applique, qui englobent l'ensemble des sources sonores rencontrées dans le voisinage et susceptibles de devenir des nuisances, la démarche de prévention est entendue au sens large. D'une part, il s'agit d'empêcher la création de nouvelles nuisances sonores : c'est la *prévention stricto sensu* des bruits, avant leur existence, avant leur « invasion » du voisinage. D'autre part, les populations doivent être protégées contre les bruits existants, par des actions de limitation voire, lorsque cela est possible, de suppression de la source sonore en cause. On parle alors de *protection préventive,* dont le but est de mettre un terme à la gêne causée aux voisins et de prévenir des dommages futurs.

53. Ce sont donc les principes généraux du droit de l'environnement, ceux de prévention, de précaution et de correction à la source qui en sont des variantes, que l'on appliquera en matière de bruit. Leur mise en œuvre doit s'inscrire dans une démarche de « développement durable » -thème directeur de la Conférence de Rio de juin 1992-, parce que le bruit, de par son caractère transversal et évolutif, met en jeu de nombreux intérêts, notamment économiques et sociaux, et qu'il nécessite des actions à long terme, tournées vers l'avenir.

54. Le développement de la prévention des bruits de voisinage s'exprime, dans un premier temps, par une profusion de règles et d'obligations, de textes et d'instruments juridiques, de procédures et d'institutions, qui en constituent le cadre juridique (Titre I). Une étude inévitablement analytique de ces « éléments juridiques », afin d'en percevoir tout le potentiel mais également les limites, d'en déceler les forces et les faiblesses, pose,

dans un second temps, la question de leur application et de leur coordination. L'enjeu est de faire une bonne utilisation de ce cadre juridique dans toutes les étapes du processus de prévention. C'est donc la mise en œuvre des outils juridiques dont nous disposons aujourd'hui (Titre II) qui est déterminante des « politiques de lutte » menées -ou à développer- dans ce domaine.

Titre I

LE CADRE JURIDIQUE DE LA PRÉVENTION CONTRE LES BRUITS DE VOISINAGE

55. La complexité du phénomène « bruit » vient, en grande partie, de la variété des sources sonores susceptibles de créer une gêne dans le voisinage. Face à cette nuisance protéiforme, il est difficile de fixer des normes et règles juridiques à la fois adaptées au problème de *tous* les bruits de voisinage incriminés et cohérentes entre elles. Les mesures de prévention contre les nuisances sonores ne pourront se concevoir qu'en fonction de « repères », faisant l'objet de compromis entre les différents intérêts mis en jeu par les bruits de voisinage. Le droit contre le bruit les énonce de deux manières : soit sous forme de normes objectives et chiffrées, soit de façon plus ou moins vague, « littéraire », par le biais d'interdictions ou d'obligations générales.

56. Compte tenu de la diversité des situations rencontrées dans le voisinage, l'action préventive va se décliner de différentes façons et intervenir à plusieurs niveaux. D'une part, elle pourra opérer à la *source* du problème, par l'établissement de normes et de règles concernant les techniques de fabrication des objets, matériels et engins, bruyants. Elle pourra, également, s'appuyer sur des normes « d'émission », fixant des valeurs limites ou modulables, afin de restreindre les manifestations sonores de certaines activités, ou sur des normes de « qualité » visant à maintenir ou à rétablir une certaine qualité sonore du milieu ambiant. D'autre part, la prévention pourra agir à la *réception* des nuisances acoustiques, à leur « point d'impact », grâce à des mesures d'isolation phonique, de protection des riverains des grandes sources de bruit, à des programmes de rattrapage des points noirs. A la multitude de sources sonores génératrices de nuisances correspond donc une multitude de textes, comprenant normes et obligations générales, qui constituent les outils juridiques de la prévention des bruits de voisinage (Chapitre I).

57. Mais l'aspect normatif, réglementaire, de la prévention contre les bruits de voisinage n'est pas tout ; il n'est pas une fin en soi. Son importance quantitative ne doit pas occulter la dimension « humaine » que présente le cadre juridique des actions préventives. En effet, les textes et mesures de prévention n'existent que par l'entremise des différents acteurs intervenant dans les politiques de lutte contre les nuisances sonores, chargés de leur élaboration et de leur application. Le bruit, phénomène de société, nécessite la mobilisation de tous, une pratique de la démocratie visant à associer l'ensemble des acteurs, publics et privés, institutionnels, associatifs et individuels, à la recherche d'un environnement sonore de qualité.

58. L'enjeu consiste à mener une démarche partenariale et interdisciplinaire, combinant des actions de réglementation, de contrôle, d'incitation, d'information, d'éducation et de sensibilisation de tous les citoyens à la question des nuisances acoustiques. La prévention des bruits de voisinage repose donc sur une organisation structurelle (chapitre II), en vue de donner une cohérence et une stabilité aux politiques de lutte contre les bruits de voisinage et d'assurer la participation active de tous les acteurs concernés.

Chapitre I

LES OUTILS JURIDIQUES DE LA PRÉVENTION

59. Le dispositif législatif et réglementaire applicable aux bruits de voisinage est impressionnant. A l'heure actuelle, nous disposons d'un nombre très important de textes qui semblent recouvrir l'ensemble des nuisances sonores en provenance du voisinage. Le travail normatif a été d'une telle ampleur au fil des années qu'il est possible aujourd'hui d'avancer qu'il n'existe pratiquement aucun vide juridique en la matière[1]. Il est intéressant de constater que l'approche du problème a fortement évolué, notamment depuis 1992, révélant une attitude progressiste et volontariste de la part des pouvoirs publics. Cela a demandé du temps, mais la complexité du débat et l'imbroglio des intérêts mis en cause l'expliquent, sans pour autant néanmoins le justifier.

60. Face à la multitude de formes que peut revêtir cette catégorie de bruit, la démarche, au plan national, a été, pendant longtemps, d'envisager et de réglementer isolément chaque secteur spécifique, générateur de nuisances sonores. Il en est résulté une accumulation de dispositions spéciales portant sur telle ou telle source particulière de bruit, comme les tondeuses à gazon, les engins de chantier, les véhicules motorisés, etc. En soi, une telle approche n'est guère satisfaisante parce qu'insuffisante. Elle aboutit à une inflation illimitée de textes disparates et trop sectoriels pour régler la question dans une perspective globale et à long terme. C'est, semble-t-il, ne pas reconnaître les véritables proportions du problème et ne pas l'estimer à sa juste valeur.

61. Aussi, la lutte contre les nuisances sonores a-t-elle été très tôt intégrée, de façon plus ou moins directe et sensible, dans des politiques plus vastes mais non spécifiques à ce problème, comme celle de l'urbanisme, ou encore la protection de certains droits fondamentaux, tels que la santé, la tranquillité publique ou la liberté individuelle. Compte tenu de la diversité des bruits de voisinage et de leur impact pluridisciplinaire, ne pas les envisager dans les différents domaines qu'ils touchent eut été une grave lacune. On trouve dès lors des mesures générales relatives au bruit, insérées dans des réglementations aussi variées que celles visant la construction, l'urbanisme, l'habitat, la police municipale ou la santé publique. Cette démarche quoique fragmentaire a pourtant le mérite d'envisager le problème à tous les niveaux où les bruits de voisinage sont susceptibles de se produire. Pendant longtemps, cela a été la manière la plus complète, sur le plan juridique, d'appréhender ce type de nuisance, à défaut d'une véritable législation d'ensemble.

62. Mais ce tissu de textes épars, qu'aucune logique ne lie entre eux, ne brille guère par son homogénéité et sa cohérence. Peut-on véritablement parler d'un droit du bruit, comme on parle, avec plus ou moins de fierté, mais sans aucune hésitation, du droit de la nature ou du droit des installations classées pour la protection de l'environnement ? L'objectif de protection a-t-il des chances d'être rempli grâce à cet ensemble normatif

---

[1] V. : M. PRIEUR, Droit de l'environnement, « Les nuisances sonores », Précis Dalloz, 5e éd., 2004, p. 601 et s.

totalement éclaté ? D'ailleurs est-il seulement à l'ordre du jour alors qu'en matière d'activités industrielles (exception faite de celles soumises au régime de la loi sur les installations classées), commerciales et de loisirs bruyants, aucune action -quelle qu'elle soit- n'est possible avant leur fonctionnement ? Incontestablement, cette « *atomisation* », selon l'expression de M. Léron[1], des outils juridiques susceptibles de s'appliquer aux bruits de voisinage ne permet pas dans tous les cas d'agir en amont de la production du bruit, alors qu'il s'agit là du stade d'intervention à privilégier pour une prévention efficace. A n'en pas douter, c'est d'un texte général, envisageant de manière exclusive et globale le problème des nuisances sonores et posant les principes directeurs de la protection, dont il faut se doter.

63. Le pas a été franchi par Madame le ministre Ségolène Royal, qui a « *fait de la lutte contre le bruit l'une des priorités d'intervention du Ministère de l'Environnement* ». L'une des premières étapes de cette politique ministérielle ambitieuse a été de publier la loi n° 92-1444 du 31 décembre 1992 relative à la lutte contre le bruit, premier texte consacré exclusivement à ce problème. Qualifiée bien à propos de « *cadre juridique unificateur* »[2], elle vient s'ajouter et se combiner aux diverses dispositions éparpillées qui existaient avant son entrée en vigueur, pour tenter de créer un ensemble cohérent digne de constituer un droit du bruit, dont le premier objectif sera d'organiser la prévention et la protection contre les nuisances sonores.

64. Aujourd'hui, le dispositif juridique de prévention contre les bruits de voisinage s'articule donc de la façon suivante. La loi n° 92-1444 du 31 décembre 1992, fer de lance des stratégies de lutte, pose un cadre général et novateur d'intervention pour prévenir ou limiter le bruit (section I). Elle laisse cependant subsister les dispositions antérieures des diverses réglementations, qui à un moment ou à un autre font apparaître le problème des nuisances sonores et prévoient des mesures générales de lutte. C'est ce que l'on pourrait appeler le cadre traditionnel de la prévention contre les bruits de voisinage (section II), par opposition aux innovations apportées depuis 1992. Toute la réglementation sectorielle antibruit, celle antérieure à la loi de 1992 et celle élaborée par la suite, vient compléter cet arsenal juridique (section III).

Section I
Les principes directeurs de la prévention : les innovations de la loi n° 92-1444 du 31 décembre 1992

65. De l'avis de l'Association de défense des victimes de troubles de voisinage (A.D.V.D.T.), la loi n° 92-1444 du 31 décembre 1992 « *est essentiellement préventive, c'est-à-dire vise à éviter que se présentent à l'avenir (...) toutes les situations que nous connaissons actuellement dans ces différents types de nuisances sonores* »[3]. L'orientation principale de la loi, ainsi résumée, ne fait aucun doute. Devant le Parlement, Madame Ségolène Royal, ministre de l'Environnement de l'époque, a

---

[1] Rapport LERON sur le projet de loi relatif à la lutte contre le bruit, Ass. Nat., Doc. Annexe, n° 3133, Séance du 11 décembre 1992, p. 10.

[2] G. CONSEIL, D. DEPORCQ, A. VIANES, Environnement : les conséquences de la loi antibruit, Le Moniteur des travaux publics et du bâtiment n° 4653, 29 janvier 1993, Paris, p. 30-32.

[3] La Lettre de l'Association de défense des victimes de troubles de voisinage, La Celle-Saint-Cloud, décembre 1993, p. 4.

clairement exposé la ligne directrice de son projet : *« instaurer un droit égal pour tous à la prévention et à la protection contre les nuisances sonores »*[1].

66. Première innovation du dispositif mis en place, l'action préventive, entendue au sens large, devient la priorité, le bastion de la lutte engagée par les pouvoirs publics. Il ne s'agit plus seulement de combattre des nuisances bel et bien existantes et dont les effets néfastes sont déjà ressentis, mais de les traiter avant qu'elles ne se manifestent pour en empêcher, ou du moins en limiter, les conséquences préjudiciables. Lorsque l'on connaît la difficulté, voire souvent l'impossibilité de réparer intégralement les dommages causés par les nuisances sonores, il est tout à fait légitime de penser qu'*« il vaut mieux prévenir que guérir »*, la guérison n'étant absolument pas assurée en la matière !

67. La prévention est organisée de manière structurée au travers de principes directeurs, applicables par et pour tous. C'est là, la deuxième avancée significative du système. La volonté d'établir une égalité écologique se concrétise par l'adoption de principes généraux qui visent tout le monde, à la fois en tant que créancier de droits et débiteur d'obligations.

68. La loi n° 92-1444 du 31 décembre 1992 fixe un cadre général et universel de prévention, qui a pour but d'étendre la protection de manière uniforme à toutes les couches de la population. La stratégie de lutte préventive concerne quatre domaines principaux. Premièrement, la loi s'attache à limiter à la source les émissions de bruits (§1). Elle prévoit ensuite des mesures de protection préventive pour les populations les plus exposées, c'est-à-dire d'une part, les personnes habitant aux abords des infrastructures de transports terrestres (§2) et d'autre part, les riverains des grands aérodromes (§3). Enfin, la loi soumet désormais les bâtiments dits *« sensibles »* ou constructions publiques à des normes de qualité sonore, destinées à la fois à protéger les usagers et le voisinage (§4).

§1. LA LIMITATION À LA SOURCE DE L'ÉMISSION DU BRUIT : LA RÉGLEMENTATION DES MATÉRIELS ET ACTIVITÉS BRUYANTS

69. La réglementation mise en place par la loi n° 92-1444 du 31 décembre 1992 dans ce domaine permet d'agir directement sur les bruits de voisinage entendus au sens strict. Sont ainsi visés des objets très courants et fréquemment utilisés, tels que les appareils électroménagers, les matériels de bricolage et de jardinage, les équipements modernes des immeubles, les engins de chantier... Les activités bruyantes (discothèques, bars, cafés, sports, loisirs, etc.), installées aux abords des habitations, sont désormais prises en compte en tant que telles par le législateur. Le but est de réduire à la source la production de décibels en imposant, d'une part, aux matériels les plus bruyants, des niveaux sonores (A) et en soumettant, d'autre part, les activités bruyantes à certaines prescriptions et procédures (B). Tout ceci s'inscrit dans le Titre 1er de la loi, intitulé *« Prévention des nuisances sonores »*, ce qui ne laisse aucun doute quant à la démarche adoptée et à l'importance accordée à cette nouvelle approche du problème.

A. LA RÉGLEMENTATION DES MATÉRIELS BRUYANTS

70. Réfrigérateurs, machines à laver le linge, aspirateurs, sèche-cheveux..., ne sont que quelques exemples de la longue liste d'objets bruyants que nous utilisons ou subissons chaque jour, et la liste ne cesse de s'accroître ! Ces divers appareils ménagers

---

[1] Plaquette du Ministère de l'Environnement réalisée par l'A.D.E.M.E. pour la campagne contre le bruit « Nos oreilles ne sont pas des poubelles à décibels ! », préc.

sont devenus banals. Ils ont aujourd'hui leur place dans la quasi-totalité des foyers. Leur démocratisation, si elle est synonyme de progrès social et d'un « mieux-vivre », entraîne également une diffusion et une amplification des nuisances sonores qu'ils occasionnent de par leur multiplication au sein de chaque logement et leur emploi massif. L'utilisation de certains de ces appareils, notamment les lave-linge ou lave-vaisselle, la nuit, afin de bénéficier des « heures creuses » d'E.D.F., accroît encore la sensibilité de tous au problème du bruit de voisinage.

71. De fait, ces équipements ont progressivement et de manière insidieuse et agressive envahi notre espace vital privatif, créant des ambiances sonores parfois difficilement supportables. Une exigence nouvelle s'est faite jour vis-à-vis de ces biens dont nous ne pouvons pourtant plus nous passer : celle du silence. Les consommateurs incluent désormais le confort acoustique dans la valeur ajoutée des produits qu'ils achètent. Plus de 60 % des personnes interrogées sont d'accord pour payer plus cher des appareils silencieux, *« le taux d'acceptation variant entre 62 % pour le lave-linge et 75 % pour la hotte aspirante »*[1].

72. Sous la pression directe des consommateurs, certains fabricants ont entrepris de leur propre chef, alors qu'aucun texte ne leur en faisait l'obligation, d'importantes recherches pour diminuer le bruit de leurs appareils. Entre autres, les résultats du géant Moulinex méritent d'être rapportés. L'industriel est parvenu à réduire le bruit des centrifugeuses de 87 dB (en 1976) à 66,5 dB, des robots de 79 dB à 56 dB, des sèche-cheveux de 63 dB à 56 dB, des aspirateurs de 78 dB à 76 dB et des moulinettes de 89 dB à 72 dB[2]. Les effets sont appréciables lorsque l'on sait qu'une diminution de 3 dB entraîne une baisse de moitié du niveau sonore perçu.

73. Cependant, ces initiatives individuelles ne suffisent pas à rétablir de façon uniforme un confort acoustique acceptable. Une réglementation du bruit à la source doit imposer des normes à tous les fabricants d'objets bruyants. Une première tentative a été faite avec le décret n° 75-960 du 17 octobre 1975 relatif à la limitation des niveaux sonores (modifié le 27 février 1981)[3]. Ce texte très général prévoit pour toute une série d'appareils, de matériels et d'équipements énumérés dans son article 1er[4], une limitation à la source de leur niveau acoustique. Le principe, énoncé à l'article 3, est qu'ils *« ne doivent pas émettre de bruit susceptible de causer une gêne excessive »*. Pour cela, des arrêtés interministériels devaient définir, pour chaque catégorie de biens visés, les seuils à ne pas dépasser. Or, depuis 1975, un seul arrêté, relatif au niveau de puissance acoustique admissible des tondeuses à gazon[5], a été pris en application de l'article 3 du décret du 17 octobre 1975. En vérité, le domaine du décret est tellement étendu qu'il est

---

[1] Plaquette du Ministère de l'Environnement, pour la campagne contre le bruit « Nos oreilles ne sont pas des poubelles à décibels ! », préc.

[2] Le bruit en chiffres, Echo Bruit n° 55-56, octobre 1992, p. 23.

[3] Décret n° 75-960 du 17 octobre 1975 relatif à la limitation des niveaux sonores (*JO* du 19 octobre 1975), modifié par le décret n° 81-195 du 27 février 1981 (*JO* du 3 mars 1981).

[4] L'article 1er du décret du 17 octobre 1975 modifié vise les appareils domestiques ou non d'entretien et de nettoyage, de préparation et de conservation des aliments, de production et de diffusion de calories et de frigories, de conditionnement d'air, les ascenseurs, monte-charge et autres appareils de même nature, les matériels et équipement de bureau, les matériels ou véhicules équipés de moteurs thermiques non soumis au décret du 18 avril 1969 et destinés à circuler hors des voies ouvertes à la circulation publique, ainsi que les dispositifs d'échappement destinés à être montés sur les véhicules à moteur thermique quelle que soit la destination de ces véhicules.

[5] Arrêté du 7 septembre 1979, modifié par l'arrêté du 28 septembre 1983, remplacé par l'arrêté du 17 juin 1987 (*JO* du 11 septembre 1987), modifié par les arrêtés du 24 décembre 1987 (*JO* du 17 janvier 1988), du 13 juin 1989 (*JO* du 2 février 1989) et du 12 juillet 1993 (*JO* du 10 novembre 1993).

impossible matériellement d'édicter tous les arrêtés spéciaux nécessaires à sa mise en œuvre. Exception faite des tondeuses à gazon, cette réglementation n'a donc jamais trouvé d'application.

74. C'est la loi n° 92-1444 du 31 décembre 1992 qui pose désormais le cadre de la réglementation des objets susceptibles de provoquer des nuisances sonores élevées (art. 2 à 5, devenus les art. L. 571-2 à L. 571-5 C. env.) et va tenter de combler les lacunes de la réglementation antérieure. En application de l'article 2 de cette loi (art. L. 571-2 C. env.), des décrets en Conseil d'État définissent les niveaux sonores admissibles (1), les règles de fabrication, d'importation et de mise sur le marché de ces objets (2) et les modalités d'information du public (3). Il est précisé que ces dispositions ne s'appliqueront pas aux objets et dispositifs conçus pour l'accomplissement des missions de défense nationale et que les mesures plus protectrices du Code de l'aviation civile, de la route ou du travail demeurent.

1- Les niveaux sonores admissibles

75. Le décret n° 95-79 du 23 janvier 1995[1] fixe les prescriptions prévues par l'article 2 de la loi n° 92-1444 du 31 décembre 1992 (art. L. 571-2 C. env.) et relatives aux niveaux sonores admissibles. En vertu de l'article 1er-I de ce décret, il est désormais interdit de fabriquer, de mettre en vente, de vendre, de louer, de détenir ou d'exposer en vue de la vente, de mettre à disposition, de céder ou d'utiliser tout objet susceptible de provoquer des nuisances sonores élevées ou tout dispositif d'insonorisation qui ne répond pas aux prescriptions qu'il impose.

76. Pratiquement, l'interdiction de ces activités ou comportements concerne tout le monde. La réglementation s'adresse aussi bien à des personnes agissant dans un cadre professionnel (fabrication, vente, louage...) qu'aux simples particuliers qui utilisent chez eux des objets bruyants. Une lutte efficace passe en effet par une « responsabilisation » généralisée à tous les niveaux de production des nuisances sonores, en partant du producteur de la source sonore jusqu'à son utilisateur, sans oublier tous les intermédiaires de la chaîne du bruit.

77. Le champ d'application du décret est d'autant plus vaste que les objets visés sont des plus variés et utilisés dans tous les secteurs de la vie. La liste est à la fois très étendue et imprécise, à l'image de celle qui avait été donnée par le décret du 17 octobre 1975 aujourd'hui abrogé[2]. Sont ainsi soumis aux dispositions du nouveau décret tendant à limiter leurs émissions sonores, les :

« *a) Engins, matériels, machines et appareils utilisés ou susceptibles d'être utilisés dans les activités industrielles, artisanales, commerciales, agricoles, de services, de loisirs (...) ;*

(le texte précise ces termes par une énumération donnée à titre indicatif, et donc non exhaustive, des objets pouvant entrer dans ce groupe. Notons qu'il reprend entre autre l'ancienne liste du décret du 17 octobre 1975, en l'élargissant)

b) Matériels et engins de jardinage, de bricolage et appareils domestiques ;

---

[1] Décret n° 95-79 du 23 janvier 1995 fixant les prescriptions prévues par l'article 2 de la loi n° 92-1444 du 31 décembre 1992 relative à la lutte contre le bruit et relatif aux objets bruyants et aux dispositifs d'insonorisation (*JO* du 25 janvier 1995, p. 1354).

[2] L'article 13 du décret n° 95-79 du 23 janvier 1995 abroge le décret n° 75-960 du 17 octobre 1975 relatif à la limitation des niveaux sonores. Il est précisé que les arrêtés pris en application du décret de 1975, ainsi que les sanctions pénales instituées par ce décret, demeurent applicables jusqu'à l'entrée en vigueur des arrêtés prévus par le décret n° 95-79 du 23 janvier 1995.

c) Dispositifs sonores de protection des biens et des personnes, en particulier les dispositifs d'alarme.

Elles s'appliquent également aux silencieux et dispositifs d'échappement des engins et véhicules et aux capotage et dispositifs d'insonorisation des machines et matériels. » (art. 1er-II du décret n° 95-79 du 23 janvier 1995).

78. Une démarche aussi générale présente au moins l'avantage de pouvoir inclure les nouvelles sources sonores au fur et à mesure de leur création, ne laissant pas la réglementation en marge des innovations techniques. De surcroît, comme nous avons déjà pu le constater, il est impossible de désigner nommément tous les objets susceptibles d'occasionner des nuisances sonores élevées. Cependant, le risque est de retomber dans le même travers résultant du décret de 1975, c'est-à-dire une situation de vide juridique sur le plan de la mise en œuvre des normes. En effet, le législateur de 1992 adopte une démarche tout à fait similaire de ce point de vue.

79. Le décret d'application de 1995 prévoit que pour chacune des catégories mentionnées dans son article 1er, les objets bruyants seront regroupés par type ou famille, pour lesquels des arrêtés interministériels préciseront les caractéristiques acoustiques et fixeront les valeurs limites admissibles. Celles-ci sont déterminées en fonction de l'intensité sonore et de l'impact sur les personnes ou sur l'environnement. Notons que cette méthode pragmatique de détermination des seuils paraît tout à fait judicieuse puisqu'elle tient compte des caractéristiques de chaque objet et des conditions d'utilisation, ce qui permet de fixer des normes parfaitement adaptées aux circonstances de l'espèce.

80. La zone d'ombre vient de ce que la mise en place de ces normes sonores à ne pas dépasser est subordonnée à de multiples textes d'application. Une fois encore, l'efficacité de la nouvelle réglementation, ses effets concrets dépendent entièrement de la diligence que mettra le pouvoir exécutif à publier les mesures qui s'imposent. L'expérience nous enseigne malheureusement qu'en la matière il ne faut point se montrer trop impatient. La loi n° 92-1444 du 31 décembre 1992, dont la mise en œuvre est subordonnée à la publication de 15 décrets d'application, n'est, 10 ans plus tard, toujours pas applicable dans la totalité de ses dispositions faute de textes ! A l'heure actuelle, seulement deux familles d'objets bruyants se sont vues assigner des niveaux sonores limites par des arrêtés pris en application du décret n° 95-79 du 23 janvier 1995. Il s'agit, d'une part, des réfrigérateurs, congélateurs et appareils combinés électriques réglementés par l'arrêté du 7 juillet 1995[1] et, d'autre part, des matériels et engins de chantier, pour lesquels un premier texte fixe les règles communes de procédure, suivi de six arrêtés indiquant les normes propres à chaque type d'engin[2]. A ces sept textes

---

[1] Arrêté du 7 juillet 1995 relatif aux réfrigérateurs, congélateurs et appareils combinés électriques (*JO* du 28 septembre 1995).

[2] Arrêté du 12 mai 1997 fixant les dispositions communes applicables aux matériels et engins de chantier et 6 arrêtés du même jour : relatifs à la limitation des émissions sonores des motocompresseurs ; des groupes électrogènes de puissance ; des groupes électrogènes de soudage ; des grues à tour ; des marteaux piqueurs et des brise-béton ; des pelles hydrauliques, des pelles à câbles, des bouteurs, des chargeuses et des chargeuses-pelleteuses (*JO* du 3 juin 1997, p. 8949). Sont par là-même expressément abrogés les arrêtés du 2 janvier 1986 et l'arrêté du 18 septembre 1987 qui règlementaient la même matière. Les nouveaux arrêtés relatifs à la limitation des émissions sonores de chacun des matériels et engins de chantier précités comportent en annexe la méthode de mesure du bruit aérien émis, un modèle de fiche de renseignement à fournir en vue de l'examen CEE de type, le certificat de conformité CEE et enfin un modèle de la mention indiquant le niveau de puissance acoustique ou celui de pression acoustique.

s'ajoute un arrêté du 18 mars 2002 applicable à certaines catégories de matériels mis sur le marché depuis le 3 mai 2002[1].

81. Après avoir indiqué les niveaux à ne pas dépasser ainsi que les méthodes de mesure, les textes déterminent la procédure à suivre pour que la fabrication, l'importation ou la mise sur le marché des objets visés soient conformes aux exigences nationales et harmonisées sur le plan européen.

2- Les règles de fabrication, d'importation et de mise sur le marché national

82. Afin d'assurer la conformité des objets fabriqués, importés ou mis pour la première fois sur le marché aux prescriptions techniques imposées par les textes, trois procédures de contrôle préalable sont prévues par l'article 3 du décret n° 95-79 du 23 janvier 1995 et détaillées à l'article suivant. Il s'agit de l'homologation (a), de l'attestation (b) et de la déclaration (c). A l'instar du régime des installations classées pour la protection de l'environnement, le choix de la procédure applicable est fonction de la gravité du risque sonore que chaque type d'objets provoque.

a) La procédure d'homologation

83. Les objets les plus bruyants, c'est-à-dire ceux qui présentent *« un danger ou un risque très élevé »*, sont soumis à cette procédure qui est la plus contraignante et la plus longue des trois. Elle suppose à la fois le concours d'un organisme agréé, choisi par le fabricant, son mandataire ou le responsable de la première mise sur le marché et la décision finale du ministre compétent, qui vérifie le respect des valeurs limites admissibles.

84. Dans son contenu, la demande d'homologation est très proche du dossier d'autorisation que tout exploitant d'une installation classée doit déposer auprès du préfet. Le demandeur est tenu de fournir diverses informations le concernant (nom, adresse...), les références et caractéristiques de l'objet ou dispositif en question et son lieu de fabrication. Un dossier technique décrivant les phases de construction de l'objet ou du dispositif et faisant état des moyens mis en œuvre pour assurer sa conformité aux règles applicables accompagne la demande. Le tout est transmis à l'organisme agréé avec un exemplaire de l'objet afin qu'il puisse procéder à des mesures et rédiger un rapport d'essais.

85. Ultime phase de la procédure -et non des moindres puisqu'elle est décisive-, l'organisme agréé transmet au ministre de l'environnement le rapport d'essais ainsi que le dossier technique de construction. Si les essais sont satisfaisants, c'est-à-dire attestent de la conformité de l'objet aux normes, l'homologation est prononcée par arrêté du ministre de l'environnement, co-signé, le cas échéant, par le ou les ministres compétents. Dans le cas contraire, l'homologation n'est pas accordée. Le ministre est alors tenu de motiver sa décision de refus.

b) La procédure d'attestation

86. Cette procédure est beaucoup moins contraignante que la précédente puisqu'elle ne nécessite pas d'intervention ministérielle. Elle s'applique à des objets moins bruyants qui offrent simplement *« un risque élevé »*. Les mêmes formalités que pour l'homologation sont à remplir concernant le dépôt de la demande.

87. C'est à l'organisme agréé seul que revient la décision finale. Si les valeurs limites ont été respectées, il délivre l'attestation, après avoir notifié au demandeur son

---

[1] *JO* du 3 mai 2002, p. 8192.

rapport d'essais. Par contre, si le rapport d'essais révèle la non-conformité de l'objet ou du dispositif testé, il notifie au demandeur son refus motivé.

c) La procédure de déclaration

88. Une simple déclaration du fabricant, mandataire ou responsable de la première mise sur le marché, par laquelle il s'engage à ce que les valeurs limites soient respectées, atteste de la conformité des objets présentant seulement « *un risque important ou un trouble excessif* ». Elle consiste, à peine de nullité, à établir un dossier technique, descriptif de la construction et des moyens mis en œuvre pour assurer la conformité aux règles applicables, et à faire procéder par un organisme agréé à des mesures consignées dans un rapport d'essais.

89. Pour ces trois procédures, le recours à un organisme ayant obtenu un agrément, dans les conditions posées par l'article 9 du décret n° 95-79 du 23 janvier 1995, est obligatoire. L'agrément délivré par arrêté interministériel constitue une garantie solide des compétences (personnel qualifié, moyens suffisants pour accomplir les tâches techniques et administratives, appareillage de mesure approprié...) et de l'entière indépendance de l'organisme retenu. En effet, celui-ci ne doit présenter aucun lien direct ou indirect avec l'objet ou le dispositif contrôlé : il ne peut intervenir en aucune façon dans la conception, la construction, la commercialisation, l'installation ou l'entretien de l'objet ou du dispositif. De telles exigences sont un gage de la rigueur et de l'efficacité des mesures effectuées.

90. Les organismes agréés peuvent encore être sollicités à l'occasion de contrôles administratifs postérieurs aux procédures d'homologation, d'attestation ou de déclaration, et organisés par le ou les ministres compétents. Il s'agit de vérifier que tous les exemplaires des objets ou dispositifs ayant été jugés conformes selon l'une ou l'autre procédure, répondent bien aux exigences réglementaires comme le modèle d'origine qui a subi les tests. Pour cela, l'organisme agréé est autorisé, dans un délai déterminé, à prélever sur la chaîne de fabrication ou dans les lieux de stockage un ou plusieurs de ces objets ou dispositifs en vue de procéder à « *des essais non destructifs* ». Ceux-ci peuvent revêtir deux formes :

> « *a) Un examen de la construction de l'objet ou du dispositif en vue de vérifier sa conformité aux spécifications du dossier technique de construction ;* (et/ou)

b) Une mesure des caractéristiques acoustiques, effectuée selon la méthode de mesure retenue pour la délivrance de l'homologation, de l'attestation ou de la déclaration. » (art. 6 du décret n° 95-79 du 23 janvier 1995).

91. *A priori* le décret n° 95-79 du 23 janvier 1995 prévoit un dispositif efficace en vue d'assurer, dès la conception (ou en tout cas le plus tôt possible), le respect des normes sonores. Mais là encore, l'exercice effectif de ces contrôles est subordonné pour chaque famille d'objets ou de dispositifs à ces mêmes arrêtés qui, après avoir fixé les valeurs limites admissibles, précisent les procédures applicables. En l'absence de ces textes, le décret reste lettre morte, état qui malheureusement est encore à déplorer, exception faite des matériels et engins de chantier pour lesquels cinq arrêtés du 12 mai 1997 fixent les procédures applicables aux motocompresseurs, groupes électrogènes de puissance, groupes électrogènes de soudage, grues à tour, marteaux-piqueurs et brise-béton[1].

92. La prévention passe enfin par l'information de tous et une parfaite transparence dans les documents qui la véhiculent. L'information devient ici très importante car elle

---

[1] *JO* du 3 juin 1997, p. 8949. V. *supra* n° 80.

intéresse tous les acquéreurs de matériels bruyants, à quelque titre que ce soit. Autant dire que tout le monde, à un moment ou à un autre, est concerné, d'autant plus que le décret de 1995 formule, sous peine de sanctions pénales (V. *infra* n° 1167 et s.), l'interdiction d'utiliser des objets ou dispositifs non conformes aux exigences dudit texte. Le consommateur doit donc se montrer extrêmement vigilant et procéder à des vérifications concernant les caractéristiques acoustiques de l'objet qu'il compte acquérir. La loi le lui permet puisqu'elle a prévu des modalités spécifiques d'information.

3- Les modalités d'information du public

93. L'article 3 de la loi n° 92-1444 du 31 décembre 1992 (art. L. 571-3 C. env.) pose une obligation d'information à la charge des vendeurs ou loueurs professionnels de matériels réglementés par le décret n° 95-79 du 23 janvier 1995. Désormais, tout acheteur ou preneur de ce type d'objets est averti du bruit qu'il produit grâce à un marquage obligatoire (art. 5 du décret). Ce marquage faisant état de la caractéristique acoustique de l'objet et de sa conformité aux normes en vigueur est garanti par le fabricant, son mandataire ou le responsable de la première mise sur le marché national. Ces derniers établissent, à ce titre, un document qui sert en quelque sorte de carte d'identité sonore du bien et qui est remis à tout détenteur d'un objet ou dispositif bruyant. Des arrêtés ministériels -à paraître- interviennent pour indiquer la nature et la forme du marquage requis.

94. Ce dispositif vient compléter la politique menée au niveau européen, concernant l'information des utilisateurs d'objets bruyants. Une directive de la CEE n° 86-594 du 1er décembre 1986[1], entrée en vigueur en droit interne le 4 décembre 1989, a pour but d'harmoniser l'information sur le bruit aérien émis par les appareils domestiques. Elle ne fixe pas de valeurs limites pour ces émissions sonores, mais énonce des principes généraux quant à l'information du public sur les niveaux sonores, les méthodes de mesure et les dispositifs de contrôle. Elle vise également à encourager les fabricants à produire des appareils moins bruyants.

95. Le décret n° 94-566 du 7 juillet 1994 relatif à l'indication de la consommation en énergie et des nuisances sonores des appareils à usage domestique[2], modifié par le décret n° 98-281 du 8 avril 1998[3], opère la transposition dans notre droit national d'une deuxième directive de la CEE en date du 22 septembre 1992[4]. En vertu de ce texte, les appareils conçus pour un usage domestique et destinés à la vente, à la location ou à la location-vente doivent être munis d'une étiquette et d'une fiche indiquant les nuisances sonores qu'ils engendrent. Sont ainsi concernés les réfrigérateurs, congélateurs et appareils combinés ; les machines à laver le linge, sèche-linge et appareils combinés ; les machines à laver la vaisselle ; les fours ; les appareils de production d'eau chaude et appareils de stockage d'eau chaude ; les sources lumineuses ; les appareils individuels de conditionnement d'air.

96. Pour l'heure, cinq arrêtés portant application du décret n° 94-566 du 7 juillet 1994 ont été publiés. Ils prévoient l'indication du niveau sonore sur l'étiquetage des

---

[1] Directive 86/594/CEE du Conseil, du 1er décembre 1986, concernant le bruit aérien émis par les appareils domestiques (*JOCE* n° L344 du 6 décembre 1986, p. 24).

[2] *JO* du 9 juillet 1994, p. 9941.

[3] *JO* du 16 avril 1998, p. 5857.

[4] Directive 92/75/CEE du Conseil, du 22 septembre 1992 concernant l'indication de la consommation des appareils domestiques en énergie et en autres ressources par voie d'étiquetage et d'informations uniformes relatives aux produits (*JOCE* n° L297 du 13 octobre 1992, p. 16).

réfrigérateurs, congélateurs et appareils combinés électriques[1], des sèche-linge à tambour[2], des machines à laver le linge domestiques[3], des lave-vaisselle domestiques[4] et des lavantes-séchantes domestiques combinées[5]. On constate toutefois avec regret que dans tous les cas, la mention du niveau de bruit de l'appareil visé[6] est devenue simplement facultative, ce qui en réduit considérablement la portée.

97. C'est en vue d'agir sur les sources bruyantes, d'attirer l'attention sur le problème des nuisances acoustiques et finalement d'orienter le choix du public au profit des appareils domestiques les mieux insonorisés que l'accent a été mis sur l'information. Celle-ci, pour être efficace et atteindre l'objectif recherché, doit remplir plusieurs conditions. Elle doit avant tout être exacte et aussi compréhensible que possible. La production de décibels relève d'un domaine hautement technique que seuls des acousticiens confirmés maîtrisent totalement. Il est donc indispensable que l'information soit simplifiée afin d'être accessible à tous et de constituer une référence qui ait un sens pour le commun des acheteurs. En outre, elle doit être uniforme pour tous les objets concernés afin qu'une étude comparative entre les différents modèles proposés sur le marché soit possible et aisée. Compte tenu de la circulation des marchandises, de l'interpénétration des différents marchés au sein de la Communauté européenne, des directives se sont chargées de mettre en place le schéma général d'une telle information. C'est sur ce schéma que se calque la loi française de 1992 relative à la lutte contre le bruit pour les produits qu'elle réglemente.

98. S'il est vrai que le nouveau critère de qualité réside aujourd'hui dans les caractéristiques acoustiques du produit proposé, le consommateur est, de ce côté-là, parfaitement renseigné et guidé grâce à la réglementation existante. Dès lors il n'a plus d'excuse *a priori* pour ne pas opter pour l'appareil qui se révèle être le plus performant en terme d'insonorisation. Le but ultime de l'information et de la réglementation qui l'impose est d'agir sur les comportements, d'éduquer les consommateurs pour arriver à ce que tous, sans exception, ne portent plus leur choix que sur les objets les moins bruyants. La tâche est des plus ardues, mais en cela, l'information constitue un excellent outil de prévention contre les nuisances sonores produites par ses voisins. Le tout est de parvenir à introduire une nouvelle donnée dans les habitudes de consommation des Français.

99. Dans la considération « rapport qualité-prix », le niveau sonore doit devenir l'un des principaux critères de la qualité recherchée et peser de manière effective sur la

---

[1] Arrêté du 16 février 1995 portant application du décret n° 94-566 du 7 juillet 1994 en ce qui concerne l'indication de la consommation d'énergie des réfrigérateurs, des congélateurs et des appareils combinés électriques (*JO* du 12 mars 1995, p. 3880).

[2] Arrêté du 6 mars 1996 portant application du décret n° 95-566 du 7 juillet 1994 en ce qui concerne l'indication de la consommation d'énergie des sèche-linge à tambour (*JO* du 2 avril 1996, p. 5083).

[3] Arrêté du 3 juin 1998 portant application du décret n° 94-566 du 7 juillet 1994 modifié en ce qui concerne l'indication de la consommation d'énergie des machines à laver le linge domestiques (*JO* du 28 juin 1998, p. 9908).

[4] Arrêté du 3 juin 1998 portant application du décret n° 94-566 du 7 juillet 1994 modifié en ce qui concerne l'indication de la consommation d'énergie des lave-vaisselle domestiques (*JO* du 28 juin 1998, p. 9911).

[5] Arrêté du 3 juin 1998 portant application du décret n° 94-566 du 7 juillet 1994 modifié en ce qui concerne l'indication de la consommation d'énergie des lavantes-séchantes domestiques combinées (*JO* du 28 juin 1998, p. 9914).

[6] L'étiquette apposée sur ces appareils ainsi que la fiche l'accompagnant indiquent, entre autres informations, le niveau de bruit mesuré conformément à l'arrêté du 23 juillet 1987, modifié par l'arrêté du 5 novembre 1992 puis par l'arrêté du 16 juillet 1996 (*JO* du 9 août 1996, p. 12121).

décision finale, avant même peut-être la question du prix. Convaincre chaque individu que le choix qu'il fait lors de l'achat d'un appareil domestique est décisif dans la lutte contre les bruits de voisinage, tel est l'enjeu de l'information publiée sur les niveaux sonores des objets. L'orientation des comportements est tout aussi importante dans l'exercice de certaines activités.

B. La réglementation des activités bruyantes

100. La loi n° 92-1444 du 31 décembre 1992 relative à la lutte contre le bruit réalise un véritable progrès dans ce domaine. Jusqu'alors, seules les activités particulièrement polluantes et bruyantes étaient réglementées en tant qu'« installations classées pour la protection de l'environnement ». Il fallait donc que l'activité en cause soit jugée suffisamment nuisible au regard des critères sélectifs de la police des installations classées, pour qu'elle soit inscrite à la nomenclature et soumise à prescriptions. Or, de nombreuses activités artisanales, commerciales ou de loisirs ne constituent pas des installations classées, alors même qu'elles sont génératrices de nuisances sonores importantes. Nous verrons en effet qu'une installation est rarement classée uniquement en raison du bruit qu'elle occasionne. Ces activités bruyantes sont désormais prises en compte par la loi de 1992 qui instaure, à l'image de la législation sur les installations classées pour la protection de l'environnement, une nouvelle police administrative spéciale.

101. Si la police spéciale des activités bruyantes, contenue dans l'article 6 de la loi n° 92-1444 du 31 décembre 1992 (art. L. 571-6 C. env.), s'inspire très largement de la police des installations classées, elle ne s'y substitue pas. En effet, la finalité de la loi de 1992 n'est pas d'instituer un droit du bruit totalement nouveau, mais d'améliorer le dispositif existant en le complétant et en le renforçant. Pour ce qui est des activités bruyantes, la loi, dans un souci de cohérence, comble bien des lacunes s'agissant du champ d'application de la réglementation existante (1) et prévoit un régime astucieux et, semble-t-il, plutôt efficace, puisqu'il est calqué sur le modèle déjà ancien et probant des installations classées (2).

1- Le champ d'application de la police spéciale des activités bruyantes

102. La nouvelle police administrative mise en place par la loi n° 92-1444 du 31 décembre 1992 se caractérise surtout par son domaine qui est on ne peut plus vaste et dont les contours, une fois encore, ne sont pas définis avec précision. Mise à part la limitation incontestable qui exclut les installations classées, les termes du texte ne désignent pas clairement les activités désormais soumises à cette réglementation qui paraît pour le moins hypothétique compte tenu de la formule permissive employée : *«les activités bruyantes (...) peuvent être soumises... »*. Le législateur a certainement voulu se donner la possibilité de cerner le problème des nuisances sonores de toute part, en ouvrant la voie à un maximum d'activités actuelles et futures. En outre, n'oublions pas que la loi se contente de fixer le cadre général de la prévention et que là aussi, elle renvoie à des décrets le soin d'apporter les précisions nécessaires à sa mise en œuvre.

103. L'article 6 de la loi de 1992 (art. L. 571-6 C. env.) écarte donc expressément de son champ d'application les activités des installations classées pour la protection de l'environnement. Pour ces dernières, les règles destinées à prévenir et contrôler les nuisances sonores sont exclusivement fixées par la loi n° 76-663 du 19 juillet 1976 (V. *infra* n° 359 et s.). Du fait de la spécificité de leur mission, sont également exclues les activités et installations relevant de la défense nationale, des services publics de

protection civile et de lutte contre l'incendie. Enfin, les aménagements et infrastructures de transports terrestres et aériens font l'objet de dispositions spécifiques, contenues dans les titres suivants de la loi de 1992.

104. Mises à part ces restrictions clairement établies, sont susceptibles d'être réglementées au titre de l'article 6 de la loi de 1992 (art. L. 571-6 C. env.) les activités bruyantes exercées dans les entreprises, les établissements, centres d'activités ou installations publiques ou privées établis à titre permanent ou temporaire, ainsi que les activités de loisir (activités sportives et de plein air susceptibles de causer des nuisances sonores). Toutes sortes d'activités peuvent être concernées, qu'elles soient exercées à titre professionnel ou privé, dans les différents secteurs économiques, des services ou des loisirs.

105. Aujourd'hui, toutes les activités génératrices de nuisances sonores et qui n'étaient jusque là régies par aucune réglementation spécifique au problème du bruit, sont prises en compte par la loi. La démarche est appréciable dans bien des domaines et notamment en matière de loisirs, avec le développement des sports motorisés, tels que le motocross ou le karting. Pour toutes ces activités, des mesures adaptées vont pouvoir prévenir les manifestations sonores trop élevées.

2- Le régime des activités bruyantes

106. La police des activités bruyantes s'inspire largement des dispositions préventives relatives aux installations classées pour la protection de l'environnement. La loi de 1992 prévoit un régime progressif pour protéger le voisinage des activités bruyantes, en fonction de la gravité de la nuisance produite.

107. Toutes les activités bruyantes entrant dans le champ d'application de l'article 6 de la loi (art. L. 571-6 C. env.) *pourront* être soumises à des *« prescriptions générales »*. Celles-ci détermineront les mesures de prévention, d'aménagement ou d'isolation phonique applicables aux activités, les conditions d'éloignement de ces activités des habitations et les modalités des contrôles techniques. De telles prescriptions ne sont aujourd'hui imposées qu'aux lieux musicaux, tels que les discothèques, pianos-bars, salles de concerts... En effet, actuellement seul le décret n° 98-1143 du 15 décembre 1998 *relatif aux prescriptions applicables aux établissements ou locaux recevant du public et diffusant à titre habituel de la musique amplifiée, à l'exclusion des salles dont l'activité est réservée à l'enseignement de la musique et de la danse*[1], a été pris en application de l'article 6 de la loi de 1992. Une circulaire du 15 décembre 1998 précise que ces établissements entrent dans le champ du décret même s'ils ne sont exploités que certains jours de la semaine, ou certains mois de l'année[2].

108. Afin de protéger l'audition du public qui fréquente ces établissements, l'article 2 du décret prévoit une limitation du niveau sonore à l'intérieur de bâtiments, fixée à 105

---

[1] *JO* du 16 décembre 1998, p. 18955. Précisons que les dispositions de ce décret s'appliquent immédiatement aux établissements ou locaux ouverts depuis le 16 décembre 1998. En ce qui concerne les établissements existant avant cette date, les exploitants ont eu jusqu'au 16 décembre 1999 pour se mettre en conformité avec la réglementation.

[2] *« S'agissant, en revanche, des salles affectées à la représentation d'œuvres audiovisuelles ou cinématographiques, le fait que la bande sonore qui accompagne ces oeuvres puisse intégrer des éléments musicaux ne paraît pas, à lui seul, de nature à faire entrer les lieux dont il s'agit dans le champ d'application du décret »*. V. : Circulaire du 15 décembre 1998 relative aux conditions de mise en oeuvre du décret relatif aux prescriptions applicables aux établissements ou locaux recevant du public et diffusant à titre habituel de la musique amplifiée (BO min. Envir. n° 99/2 du 25 mars 1999 ; C.P.E.N., textes « Bruit », 1214).

dB(A) en niveau moyen et à 120 dB(A) en niveau de crête. Le décret prévoit également de préserver le voisinage de ces établissements en imposant un isolement minimal si le local est *« contigu »* -entendu au sens de « proche, voisin de »- à une habitation (art. 3). L'exploitant pourra soit installer un limitateur de niveau sonore sur le dispositif de sonorisation, soit procéder à l'isolation du bâtiment. En outre, il est tenu de réaliser une étude de l'impact des nuisances sonores, comprenant notamment la description des dispositions prises pour atteindre les valeurs limites définies par la réglementation[1]. Un arrêté du même jour[2] apporte des précisions sur les méthodes de mesurage des niveaux sonores, les exigences d'isolation et de mise en place du limitateur de pression acoustique.

109. Pour les activités les plus nuisibles -dont on aurait pu penser que les discothèques et assimilés en feraient partie-, la loi n° 92-1444 du 31 décembre 1992 institue, en plus, une procédure d'autorisation préalable. L'article 6 de la loi (art. L. 571-6 C. env.) vise les activités produisant des bruits de nature à présenter des dangers, à causer un trouble excessif aux personnes, à nuire à leur santé ou à porter atteinte à l'environnement. Elles sont énumérées dans une nomenclature particulière, établie par un décret en Conseil d'État pris après avis du Conseil national du bruit, dont on attend toujours la publication ! On retrouve ici le système de nomenclature créé pour les installations classées, qui indique nommément quelles sont les installations soumises à la procédure d'autorisation et celles subordonnées à une simple déclaration.

110. Ne préjugeant pas du texte qui *devrait* être publié, il semblerait que figureront dans cette nomenclature des activités bruyantes les ateliers tels que les tôleries-carrosseries, les stations de lavage de voitures, les imprimeries, les circuits de sports mécaniques, les stands de tir, ball-traps, les hélistations, les plates-formes d'U.L.M., les activités de loisirs aériens[3]. Gage d'efficacité de ce dispositif - à condition d'être *effectivement* applicable-, la délivrance de l'autorisation doit être précédée d'une étude d'impact, telle que prévue par la loi du 10 juillet 1976 relative à la protection de la nature[4]. Concrètement, une étude acoustique est réalisée, accompagnée le cas échéant de travaux et suivie d'une consultation du public, dans les conditions fixées par décret.

111. La loi étend ces nouvelles prescriptions aux activités bruyantes antérieures à son entrée en vigueur, dans des délais et conditions déterminés par décret en Conseil d'État. L'efficacité de la réglementation est d'ailleurs entièrement subordonnée à un nombre incroyable de décrets d'application qui se font toujours attendre ! Ainsi, le 5 août 1996, le Ministre de l'Environnement avait déclaré qu'en application de l'article 6 de la loi sur le bruit, un décret concernant les pistes de karting était en cours d'élaboration[5]. Or, rien n'a été publié pour l'instant à ce sujet.

112. La lenteur dont fait preuve le pouvoir exécutif dans son travail normatif est des plus regrettables, car elle porte atteinte à la crédibilité de la loi. Le phénomène n'est cependant pas nouveau et le législateur aurait été bien inspiré d'imposer, par exemple,

---

[1] V. : S. AUZILLEAU, Acoustique des lieux musicaux : présentation du décret du 15 décembre 1998, Echo Bruit n° 90, septembre 1990, p. 9-11.

[2] Arrêté du 15 décembre 1998 pris en application du décret n° 98-1143 du 15 décembre 1998 relatif aux prescriptions applicables aux établissements ou locaux recevant du public et diffusant à titre habituel de la musique amplifiée, à l'exclusion des salles dont l'activité est réservée à l'enseignement de la musique et de la danse (*JO* du 16 décembre 1998, p. 18957).

[3] Source : Echo Bruit n° 57, décembre-janvier 1993, dossier sur la loi cadre antibruit, p. 10 et s.

[4] L'étude d'impact est prévue par l'article 2 de la loi n° 76-629 du 10 juillet 1976 relative à la protection de la nature et son contenu détaillé dans le décret n° 77-1141 du 12 octobre 1977 pris pour l'application de l'article 2 de ladite loi (devenu l'art. L. 122-1 C. env.).

[5] Rép. Min. n° 39113 JOAN Q du 5 août 1996.

une date « butoir » pour ces décrets d'application. Toujours est-il qu'en l'absence de ces textes -exception faite du décret n° 98-1143 du 15 décembre 1998 concernant les discothèques et assimilés -, l'article 6 de la loi n° 92-1444 du 31 décembre 1992 (art. L. 571-6 C. env.) reste lettre morte en pratique.

113. Ambitieuse dans les principes généraux qu'elle pose en matière de limitation à la source des émissions de bruit produites par certains objets et activités, la loi n° 92-1444 du 31 décembre 1992 n'aura, toutefois, aucun impact concret dans la lutte contre les bruits de voisinage tant que les nombreux textes réglementaires prévus pour son application n'auront pas été publiés. L'enjeu est identique concernant les mesures de protection préventive des populations exposées aux nuisances sonores provenant des infrastructures de transports terrestres.

§2. L'ÉLOIGNEMENT RÉCIPROQUE DES HABITATIONS ET DES INFRASTRUCTURES DE TRANSPORTS TERRESTRES : UNE RÉGLEMENTATION COMBINÉE DE LA CONSTRUCTION ET DES TRANSPORTS

114. La croissance du trafic et l'évolution de l'urbanisation sont deux traits marquants de notre société moderne. En matière de nuisances sonores, ils sont fortement liés puisque le bruit des transports n'est jamais aussi gênant que lorsqu'il s'insinue dans les logements et envahit l'espace privatif de chacun. A l'origine de zones d'habitation que l'on pourrait qualifier d'« infernales » sur le plan des ambiances sonores, ce type de bruit est néanmoins supporté tant bien que mal, parce que considéré comme la rançon inévitable du progrès et d'un monde tourné vers les échanges et la communication. A une époque où les frontières s'ouvrent, les distances s'allongent et le temps est compté, le fait de disposer d'une voiture n'est souvent plus un luxe mais bien une nécessité. C'est l'utilisation qui en est faite qui pose véritablement problème : les déplacements s'intensifient, malheureusement pas de la meilleure manière qu'il soit. Le nombre de personnes qui utilisent individuellement un véhicule à moteur -et donc bruyant- augmente d'année en année, et ce pour des trajets de plus en plus courts. Le recours aux véhicules motorisés individuels est devenu abusif et anarchique.

115. Les stratégies de lutte contre ce type de bruit qui est le premier décrié dans les sondages sont, nous le verrons, multiples, tout comme les textes. Mais la loi n° 92-1444 du 31 décembre 1992 apparaît ici particulièrement innovante et ambitieuse dans les principes généraux qu'elle pose. Elle organise un droit effectif à la protection de tous contre le bruit des transports, entièrement fondé sur la prévention. Dans son titre II relatif aux infrastructures de transports, à l'urbanisme et à la construction, la loi prévoit des prescriptions pour l'avenir, dotant la politique qu'elle institue et les objectifs qui la caractérise d'une vision à long terme. Partant de la concomitance du problème de l'urbanisme et de l'intégration des infrastructures de transports, elle envisage la protection des riverains sous deux angles. D'une part, elle conçoit ce que l'on pourrait appeler la *« stratégie infrastructure »*, c'est-à-dire des règles au stade de la construction des infrastructures, dans le but de prévenir à la source le bruit des transports (A). D'autre part, elle prévoit des mesures qui s'appliquent aux habitations à construire et qui supposent l'éloignement des façades des voies de circulation, réalisant ainsi la *« stratégie urbanisme »*[1] (B).

---

[1] Les termes « stratégie infrastructures » et « stratégie urbanisme » sont inspirés de l'article de P. JOSSERAND, Aspects techniques et stratégiques de la lutte contre le bruit en milieu urbain, Droit et Ville n° 10, 1980, Colloque « Le bruit et la ville », Toulouse 14 et 15 octobre 1980, p. 93-105.

A. La prévention au stade de la construction des infrastructures de transports terrestres

116. Afin de renforcer la lutte contre ce type de bruit et de mieux protéger les riverains, la loi n° 92-1444 du 31 décembre 1992 prévoit une approche du problème le plus en amont possible. L'article 12 de ladite loi (devenu l'art. L. 571-9 C. env.) pose l'obligation générale de prendre en compte les nuisances sonores dans les projets d'aménagement et de réalisation des infrastructures de transports terrestres. La question du bruit intervient dès la conception et l'étude de ces projets et accompagne leur réalisation, en vue de limiter autant que possible les nuisances sonores produites dans le voisinage, non seulement à l'occasion de la construction ou de l'aménagement de ces infrastructures, mais également lors de leur utilisation future.

117. Des textes d'application sont chargés de concrétiser cette nouvelle obligation mise à la charge des maîtres d'ouvrage des travaux. Le décret n° 95-22 du 9 janvier 1995 relatif à la limitation du bruit des aménagements et infrastructures de transports terrestres[1] vient préciser les prescriptions de la loi. Les données techniques, et notamment les niveaux admissibles de bruit, sont, elles, définies dans deux arrêtés : l'un du 5 mai 1995 *relatif au bruit des infrastructures routières*[2] et l'autre du 8 novembre 1999 *relatif au bruit des infrastructures ferroviaires*[3].

118. L'innovation de cette réglementation et le progrès qui en résulte résident à la fois dans l'étendue des infrastructures visées (1) et dans le contenu des prescriptions auxquelles elles sont désormais soumises (2).

1- Les infrastructures de transports terrestres réglementées par la loi n° 92-1444 du 31 décembre 1992

119. Elles renvoient à deux grandes catégories de travaux ou aménagements : d'une part, les infrastructures nouvelles (a) et d'autre part, les modifications ou transformations significatives d'infrastructures existantes (b). La nouvelle réglementation s'applique à toutes ces infrastructures dont l'acte décidant l'ouverture d'une enquête publique ou prorogeant les effets d'une déclaration d'utilité publique est postérieur au 10 novembre 1995. La même date est retenue pour le début des travaux d'infrastructures ne faisant pas l'objet d'enquête publique[4].

a) Les infrastructures nouvelles

120. L'article 12 de la loi n° 92-1444 du 31 décembre 1992 (art. L. 571-9 C. env.) vise en premier lieu les créations d'infrastructures, et ceci de la façon la plus générale qu'il soit. L'obligation de prendre en compte les nuisances sonores concerne toutes les nouvelles infrastructures de transports terrestres, qu'elles soient routières ou ferroviaires et quel que soit leur statut : national, départemental ou communal.

121. Pour les voies ferroviaires, l'avancée est d'importance puisque, aussi paradoxal que cela puisse paraître (les habitations voisines des gares seraient exposées à des niveaux sonores allant jusqu'à 100 dBA), aucun texte ne prévoyait de normes en matière de chemin de fer. Jusqu'à présent, la S.N.C.F. échappait à toute réglementation

---

[1] *JO* du 10 janvier 1995, p. 456.

[2] *JO* du 10 mai 1995.

[3] *JO* du 10 novembre 1999, p. 16754.

[4] Article 10 du décret n° 95-22 du 9 janvier 1995 relatif à la limitation du bruit des aménagements et infrastructures de transports terrestres, préc.

concernant le niveau sonore des trains. La loi de 1992 comble là un vide juridique fâcheux, soumettant à prescriptions les infrastructures ferroviaires et les T.G.V., au même titre que les voies de circulation routière.

122. La législation opère également un renforcement du dispositif de lutte dans la mesure où il s'étend aussi bien aux voies routières nationales que départementales ou communales. Avant la loi de 1992, l'obligation de prendre en compte le problème des nuisances sonores n'incombait qu'à l'État, puisqu'elle concernait uniquement le réseau national. Les pouvoirs publics avaient commencé à se préoccuper des nuisances engendrées par les infrastructures routières au courant des années 70, fixant un niveau sonore maximum de 70 dB(A) le long des voies nationales. Deux circulaires du ministre des transports[1] sont ensuite venues expliciter les modalités de l'intervention de l'État dans la mise en œuvre des objectifs fixés et ont ramené le seuil initial à 65 dB(A). Aujourd'hui, la loi antibruit ne distingue pas et pose par conséquent une obligation à vocation générale en ce qui concerne le statut de l'infrastructure en cause, obligation d'autant plus importante qu'elle a désormais une base législative.

b) Les infrastructures modifiées ou transformées de façon significative

123. L'obligation de prendre en compte les nuisances sonores s'applique, en deuxième lieu, *« aux modifications ou transformations significatives d'infrastructures existantes »*, qui selon le décret n° 95-22 du 9 janvier 1995, tout comme les infrastructures nouvelles, doivent être *« accompagnées de mesures destinées à éviter que le fonctionnement de l'infrastructure ne crée des nuisances sonores excessives »*[2]. Devançant les interrogations qu'une telle formule ne manquerait pas de soulever, l'article 2 du décret indique ce qu'il faut entendre par modification ou transformation significative[3].

124. En termes simples, seraient visés les travaux qui provoquent une augmentation de plus de 2dB(A) de la gêne sonore déjà subie par les riverains du fait des infrastructures de transports terrestres. Cela suppose bien évidemment que cette gêne soit mesurée et transcrite en termes techniques, alors même qu'il s'agit d'une notion intrinsèquement subjective et variable d'un individu à l'autre. A cet effet, des *« indicateurs »* servent à établir les niveaux sonores produits par les infrastructures de transports terrestres sur ce que le texte appelle *« des périodes représentatives de la gêne des riverains du jour et de la nuit »* (art. 4 du décret). Il s'agit en fait de traduire au mieux, sous forme de normes objectives, l'intensité de la gêne ressentie par la majorité des personnes. Cette évaluation est capitale puisqu'elle constitue la référence de base qui permet ensuite le calcul des niveaux maxima admissibles fixés par l'arrêté du 5 mai 1995 relatif au bruit des infrastructures routières.

---

[1] Circulaire n° 82-57 du 25 juin 1982 relative aux travaux de protection phonique et d'isolation de façades nécessités par les infrastructures routières (*JO* de la République Française n° 1383 - « Bruit » - édition août 1989 - p. 37) ; Circulaire du 2 mars 1983 relative à la protection contre le bruit aux abords des infrastructures routières du réseau national (*JO* du 9 mars 1983 et rectificatif *JO* du 18 mai 1983).

[2] Article 1er du décret n° 95-22 du 9 janvier 1995 relatif à la limitation du bruit des aménagements et infrastructures de transports terrestres, préc.

[3] Il est à noter que la distinction entre une modification et une transformation n'est pas clairement établie. L'enjeu de la question n'est probablement pas capital et ne porte pas à conséquence ; le silence des textes sur ce point en témoigne ! L'essentiel en la matière est de déterminer quand l'aspect significatif de cette modification ou de cette transformation pourra être retenu. Mais il est tout de même permis de se demander dans quel but la loi opère alors une telle distinction.

125. Pour des raisons obscures, le décret exclut du domaine des transformations et modifications significatives les travaux d'entretien, de réparation, d'électrification (pour les transports guidés tels que les chemins de fer, les tramways), de renouvellement des infrastructures ferroviaires, de renforcement des chaussées et les aménagements ponctuels des voies routières ou des carrefours non dénivelés (art. 3). De tels travaux ne sont donc pas soumis aux nouvelles prescriptions de la loi, ce qui ne paraît absolument pas justifié dans la mesure où ils peuvent être tout aussi bruyants que ceux entrant dans le cadre légal. La raison en est peut-être que de tels travaux demeurent soumis à la réglementation spécifique des engins de chantier (V. *infra* n° 389 et s.).

126. Ces deux grandes catégories de travaux ou aménagements sont donc désormais strictement encadrées par la loi de 1992 et ses textes d'application. La législation met à la charge des maîtres d'ouvrage une obligation générale de protection des riverains contre les nuisances sonores par le biais de multiples prescriptions.

2- Les nouvelles obligations incombant aux maîtres d'ouvrage des travaux

127. L'obligation générale de prendre en compte le problème du bruit doit être réalisée par des *« mesures destinées à éviter que le fonctionnement de l'infrastructure ne crée des nuisances sonores excessives »*. Notons que si le décret n° 95-22 du 9 janvier 1995 est on ne peut plus vague quant à la nature de ces mesures -il ne les définit pas-, c'est qu'il pose une obligation de résultat à la charge des maîtres d'ouvrage, leur laissant le choix des moyens[1]. La réglementation mise en place est contraignante dans les objectifs qu'elle fixe, mais laisse toute liberté dans la manière de les atteindre.

128. Pour tout projet de construction, modification ou transformation significative des infrastructures régies par la loi de 1992, le maître d'ouvrage est tenu de prévoir et de prendre en charge les protections acoustiques[2]. A cette fin, une information préalable propre à l'aspect acoustique des projets lui est imposée (a). L'objectif est ensuite de limiter les nuisances sonores occasionnées par les routes ou voies ferrées *« à des niveaux compatibles avec le mode d'occupation ou d'utilisation normale des bâtiments riverains ou des espaces traversés »*. Ces niveaux constituent de nouvelles normes particulièrement protectrices que les constructeurs ne doivent pas dépasser (b).

a) L'obligation d'informer

129. La construction ou la modification ou transformation significative d'une infrastructure de transport terrestre est subordonnée à une déclaration d'utilité publique précédée d'une enquête publique. Le dossier d'enquête doit, en application de l'article 12 de la loi n° 92-1444 du 31 décembre 1992 (art. L. 571-9 C. env.), présenter les mesures envisagées par le maître d'ouvrage pour supprimer ou, le cas échéant, réduire les conséquences dommageables des nuisances sonores. A cet effet, le contenu de l'étude ou de la notice d'impact comprise dans le dossier d'enquête a été renforcé par le nouvel article 8-1 du décret n° 77-1141 du 12 octobre 1977[3], créé par le décret n° 95-22 du 22

---

[1] Cela semble tout à fait logique dans la mesure où les moyens à mettre en oeuvre pour limiter les nuisances sonores ne sont pas juridiques dans ce domaine, mais font largement appel à la technique. Une obligation de moyens n'aurait donc aucun sens dans le cadre réglementaire.

[2] ...sauf si l'une des cinq mesures énumérées à l'article 9 du décret n° 95-22 du 9 janvier 1995 est intervenue.

[3] Article 8-1 du décret n° 77-1141 du 12 octobre 1977, pris pour l'application de l'article 2 de la loi n° 76-629 du 10 juillet 1976 relative à la protection de la nature, et créé par l'article 7 du décret n° 95-22

janvier 1995. Le minimum d'informations relatives à l'aspect acoustique du projet dépasse largement le cadre de l'étude d'impact traditionnelle qui, parce qu'elle soulève la question des conséquences sur l'environnement *en général,* n'insiste pas *particulièrement* sur le problème du bruit.

130. Le dossier « bruit » désormais requis pour les infrastructures de transports terrestres doit détailler les hypothèses de trafic et de conditions de circulation que le maître d'ouvrage a retenues pour déterminer de façon prospective les nuisances sonores de l'infrastructure en question. En outre, il comprend obligatoirement les principes des mesures de protection qui seront mis en œuvre lors de l'exécution du projet. Ces indications qui, rappelons-le, ne constituent qu'un minimum réglementaire et peuvent par conséquent être étayées, sont également à porter dans la notice explicative exigée par l'article R111-3 du Code de l'expropriation pour cause d'utilité publique.

131. Une fois que l'autorisation d'effectuer les travaux est délivrée, le maître d'ouvrage est soumis à un certain nombre de contraintes supplémentaires, préalables au démarrage du chantier de construction, de modification ou de transformation significative de l'infrastructure de transport terrestre. Dans un délai d'un mois minimum, il doit informer le préfet et les maires des communes concernées[1] sur la nature et la durée du chantier, les nuisances sonores prévisibles et les mesures prises pour les limiter. Cette procédure spéciale organisée par l'article 8 du décret n° 95-22 du 9 janvier 1995 permet au préfet de prendre par arrêté motivé, après avis des maires informés et du maître d'ouvrage, des mesures particulières de fonctionnement du chantier, lorsqu'il les estime nécessaires pour la tranquillité du voisinage. Le plus souvent, le préfet imposera alors des horaires de travail qui débuteront à une heure raisonnable le matin et ne se prolongeront pas trop tard la nuit, ou encore réglementera les accès au chantier pour éviter des allers et venues incessants. Les riverains seront donc non seulement protégés du bruit de la circulation automobile sur les voies nouvelles ou modifiées, mais également des nuisances ponctuelles produites durant la phase des travaux.

132. Parce que la prévention passe par une bonne information, la loi antibruit n'a pas négligé cet aspect du problème. Au contraire, elle l'a développé. Les nouvelles contraintes imaginées dans cette optique produisent plusieurs effets positifs. Tout d'abord, l'ensemble des intéressés est mis au courant de manière préalable (à la décision d'autorisation du projet et au démarrage des travaux) des répercussions potentielles du projet sur le paysage sonore environnant. Cela permet encore des correctifs à la base, souvent utiles. L'administration compétente exerce un contrôle renforcé et efficient puisque, disposant de tous les éléments d'appréciation, elle est en mesure de pallier l'insuffisance des protections envisagées à l'origine par le maître d'ouvrage. Les riverains de l'infrastructure à construire ou à modifier ont, de leur côté, la possibilité de participer au projet et à la prise de décision lors de l'enquête publique, quand l'étude d'impact est achevée. En outre, ils sont informés par le maître d'ouvrage, *« par tout moyen approprié »*, des circonstances dans lesquelles s'est déroulée la procédure préalable au démarrage du chantier et des mesures qui l'accompagnent. Ensuite, et cet aspect n'est pas négligeable, grâce à ce dispositif renforcé d'information, l'auteur du projet est de manière incontournable mis face à ses responsabilités. Forcé d'analyser à l'avance les conséquences sonores de son projet et d'y remédier de façon satisfaisante, car le double contrôle de l'administration et du public est là pour y veiller, il ne peut que réaliser des travaux et une infrastructure

du 9 janvier 1995 relatif à la limitation du bruit des aménagements et infrastructures de transports terrestres, préc.

[1] Il s'agit des communes sur le territoire desquelles sont prévus les travaux et les installations de chantier.

acoustiquement acceptables pour les proches voisins. Il est d'ailleurs guidé en cela par les normes techniques fixées par la nouvelle réglementation.

b) Le respect des niveaux sonores

133. Compte tenu des spécificités liées aux bruits ferroviaires qui nécessitent des indicateurs de mesure particuliers, deux textes distincts ont été pris en application de l'article 4 du décret n° 95-22 du 9 janvier 1995. L'**arrêté du 8 novembre 1999 relatif au bruit des infrastructures ferroviaires** prévoit ainsi des modalités d'évaluation des niveaux sonores différentes de celles retenues par l'**arrêté du 5 mai 1995 relatif au bruit des infrastructures routières.** Toutefois, mise à part cette distinction concernant les méthodes de contrôle *in situ,* les deux textes établissent les mêmes niveaux maxima de bruit que ne doivent pas dépasser les nouvelles infrastructures -routières ou ferroviaires- et celles préexistantes qui subissent une transformation ou une modification significative. Ces deux catégories d'infrastructure -nouvelles et transformées- ne répondent pas forcément aux mêmes normes acoustiques, dont le calcul prend en considération divers paramètres (période du jour et de la nuit, météorologie, nature du voisinage...) et fait appel à des connaissances techniques certaines, susceptibles de laisser quelque peu perplexe le juriste qui aurait l'ambition de vouloir décoder seul ces textes.

134. Les valeurs limites tiennent compte, tout d'abord, de la période au cours de laquelle l'infrastructure routière ou ferroviaire apporte sa *« contribution sonore »* dans le voisinage. Contrairement à la réglementation antérieure relative aux infrastructures routières, les arrêtés de 1995 et de 1999 utilisent un double indicateur de bruit, distinguant la période diurne comprise entre 6 heures et 22 heures et la période nocturne de 22 heures à 6 heures. Les valeurs limites sont, ensuite, calculées sur la base d'une circulation moyenne représentative de l'ensemble de l'année pour chacune de ces deux périodes. L'évaluation, effectuée à deux mètres en avant de la façade des bâtiments et fenêtres fermées, fait également entrer en jeu les conditions météorologiques qui ont une forte influence sur la propagation des sons, selon des méthodes de calcul précisées par chacun des arrêtés. Enfin, les niveaux maxima admissibles diffèrent selon la nature et l'usage des locaux exposés. Il apparaît logique qu'une route ou une voie ferrée construite dans une zone industrielle n'a pas à remplir les mêmes exigences phoniques que si elle se situe dans un quartier accueillant un hôpital ou des écoles.

135. Compte tenu de tous ces facteurs qui conditionnent le plafond du niveau de bruit des infrastructures routières et ferroviaires et du développement des techniques et des matériaux, les constructeurs sont tenus de respecter des normes toujours plus sévères, qui correspondent à la demande sociale actuelle en matière de tranquillité. Les niveaux imposés par l'arrêté du 5 mai 1995, et repris par l'arrêté du 8 novembre 1999, manifestent un réel progrès en comparaison des objectifs qui avaient été fixés par la circulaire du 2 mars 1983 relative à la protection contre le bruit aux abords des infrastructures routières du réseau national[1], qui de surcroît n'avait pas de valeur obligatoire. Les limites de bruit en façade sont non seulement appréciées de manière différenciée, ce qui permet une adéquation précise à chaque problème localisé, mais également fixées à des niveaux très exigeants, gages d'une meilleure protection.

---

[1] La circulaire du 2 mars 1983 relative à la protection contre le bruit aux abords des infrastructures routières du réseau national (*JO* du 9 mars 1983) prévoit un objectif contenant le niveau sonore équivalent L_{eq} (8h-20h) engendré par la voie dans une fourchette comprise entre 60 et 65 dB(A) s'agissant de la création d'une voie nouvelle. Lorsque le niveau sonore préexistant est supérieur à 75 dB(A), l'objectif est de limiter la contribution de la voie nouvelle à 65 dB(A).

136. Aux abords des établissements de santé, de soins et d'action sociale, des établissements d'enseignement (à l'exclusion des ateliers bruyants et des locaux sportifs) et des logements en zone d'ambiance sonore préexistante modérée[1], le niveau sonore maximum autorisé en période diurne (6h-22h) est dorénavant de 60 dB(A). Pour les salles de soins ou celles réservées au séjour de malades, ce niveau est abaissé à 57 dB(A), ce qui correspond à une diminution de moitié de la contribution sonore de la nouvelle infrastructure. En période nocturne (22h-6h), le niveau passe de 60 dB(A) à 55 dB(A). Les autres logements et les locaux à usage de bureaux en zone d'ambiance sonore préexistante modérée renvoient à des niveaux de 65 dB(A) le jour et 60 dB(A) la nuit. Précisons que pour les voies ferroviaires parcourues exclusivement par des T.G.V. à des vitesses supérieures à 250 km/h, ces valeurs limites sont diminuées de 3 dB(A), ce qui correspond à un abaissement de moitié des niveaux sonores perçus.

137. Le calcul des niveaux sonores admissibles n'est pas le même lors d'une modification ou transformation significative des infrastructures existantes retenues par le décret n° 95-22 du 9 janvier 1995 et peut aboutir à des valeurs différentes de celles retenues pour les nouvelles voies routières ou ferroviaires. Les arrêtés du 5 mai 1995 et du 8 novembre 1999 posent deux règles : si la contribution sonore de l'infrastructure avant travaux était inférieure aux valeurs limites désormais prévues pour les nouvelles infrastructures, elle ne doit pas excéder ces valeurs après travaux ; dans le cas contraire, la contribution sonore, après travaux, ne doit pas dépasser la valeur existant avant travaux, sans pouvoir excéder 65 dB(A) en période diurne et 60 dB(A) en période nocturne[2]. Ces valeurs sont à nouveau diminuées de 3 dB(A) pour les lignes parcourues exclusivement par des T.G.V. à des vitesses supérieures à 250 km/h.

138. Les protections acoustiques mises en œuvre par les maîtres d'ouvrage des travaux concernant les infrastructures routières et ferroviaires devront être particulièrement adaptées en vue d'observer ces nouvelles normes[3]. Si l'action à la source préconisée par la réglementation -c'est-à-dire le traitement direct de l'infrastructure ou de ses abords immédiats- n'est pas possible au vu des objectifs fixés (techniques et pécuniaires), un traitement du bâti par des travaux d'isolation effectués conformément aux prescriptions contenues dans l'article 4 de chacun des arrêtés pourra prendre le relais. Le traitement acoustique des habitations à construire aux abords de ces infrastructures fait, quant à lui, l'objet d'un second décret, n° 95-21, du 9 janvier 1995.

---

[1] Selon l'article 2 de l'arrêté du 5 mai 1995 relatif au bruit des infrastructures routières, *« une zone est d'ambiance sonore modérée si le niveau de bruit ambiant existant avant la construction de la voie nouvelle, à deux mètres en avant des façades des bâtiments est tel que L_{aeq} (6h-22h) est inférieur à 65 dB(A) et L_{aeq} (22h-6h) est inférieur à 60 dB(A) »*. L'arrêté du 8 novembre 1999 relatif au bruit des infrastructures ferroviaires reprend cette même définition dans son article 2.

[2] A titre de comparaison, la circulaire du 2 mars 1983 (préc.) visait les objectifs suivants. Lorsque la contribution sonore initiale de la voie, avant transformation, est inférieure à 65 dB(A), l'objectif, après transformation, est que cette contribution n'excède pas un L_{eq} (8h-20h) compris entre 60 et 65 dB(A), par assimilation aux cas de création de voie nouvelle. Si la contribution sonore initiale de la voie, avant transformation, est comprise entre 65 et 70 dB(A), l'objectif consiste au minimum à ne pas augmenter cette contribution du fait de l'aménagement. Enfin, si la contribution sonore initiale de la voie, avant transformation, est supérieure à 70 dB(A), il faut s'attacher à la réduire autant que possible.

[3] Les seuils fixés dans l'arrêté du 5 mai 1995 ont été retenus pour tenir les engagements du gouvernement lors des débats parlementaires sur la loi bruit : *« en adoptant la loi vous donnez ainsi à la France un droit d'accès à la meilleure catégorie des pays industrialisés dans le domaine de la lutte contre le bruit et vous répondez à une revendication largement exprimée par nos concitoyens de bénéficier d'un véritable droit au calme, en particulier au sommeil »* (Assemblée nationale - 19.12.92).

B. LA PRÉVENTION AU STADE DE LA CONSTRUCTION DES HABITATIONS

139. Seize ans après l'arrêté ministériel du 6 octobre 1978 relatif à l'isolement acoustique des bâtiments d'habitation contre les bruits de l'espace extérieur[1], la loi cadre sur le bruit reprend à son compte le système imaginé alors. Le dispositif qui en ressort aujourd'hui est certes nettement amélioré du fait des progrès de la science et des techniques en matière d'acoustique, ce qui permet de fixer des objectifs plus ambitieux en termes de normes réglementaires. En outre, le support législatif qui lui est désormais conféré permet de l'imposer, de façon encore plus contraignante, à tous et notamment aux collectivités locales spécialement concernées.

140. L'objet de l'article 13 de la loi n° 92-1444 du 31 décembre 1992 (devenu l'art. L. 571-10 C. env.) est de protéger les riverains des infrastructures de transports terrestres par un traitement direct du bâti. Il s'agit d'éviter la création de nouveaux points noirs résultant de constructions trop rapprochées des voiries bruyantes, sans précautions minimales d'insonorisation, et d'inciter les maîtres d'ouvrage de bâtiments nouveaux à concevoir leurs aménagements de façon adaptée aux contraintes de bruit. S'inspirant très directement de la démarche élaborée en 1978, la loi de 1992 impose ainsi aux constructeurs de bâtiments d'habitation des prescriptions d'isolation acoustique (2), déterminées à partir d'un classement des infrastructures en cause (1).

1- Le classement des infrastructures de transports terrestres

141. L'article 13 de la loi n° 92-1444 du 31 décembre 1992 (art. L. 571-10 C. env.) met à la charge des préfets de département l'obligation de recenser puis de classer les infrastructures de transports terrestres en fonction de leurs caractéristiques sonores et des conditions de circulation. Ce classement local des voies routières et ferroviaires par un arrêté préfectoral servira de base à la détermination de l'isolement acoustique minimum requis pour les bâtiments d'habitation à construire dans le voisinage. Deux lettres circulaires du ministère de l'Environnement et une lettre du ministère de l'Equipement[2] ont été adressées aux préfets -ou plus exactement aux directions départementales de l'équipement mobilisées pour effectuer le classement-, pour l'organisation de cette opération. Elles rappellent notamment les principes posés par le décret n° 95-21 du 9 janvier 1995 relatif au classement des infrastructures de transports terrestres et modifiant le code de l'urbanisme et le code de la construction et de l'habitation[3], et indiquent les outils (guide méthodologique, logiciel « cartobruit »[4], note sur le contenu de l'arrêté de classement) pouvant aider les préfets dans l'accomplissement de leur tâche.

142. Le décret n° 95-21 du 9 janvier 1995 réglemente la réalisation du recensement et du classement des voies par les préfets. Seules les infrastructures d'une certaine importance, existantes ou projetées au sens de l'article 1er dudit décret[5], ainsi que les

---

[1] Arrêté du 6 octobre 1978 relatif à l'isolement acoustique des bâtiments d'habitation contre les bruits de l'espace extérieur (*JO* du 11 novembre 1978), modifié par arrêté du 23 février 1983 (*JO* du 5 mars 1983).

[2] Lettres-circ. (Env/DPPR/MB) du 15 mars et du 26 avril 1996 et lettre-circ. (Equip/DR/VN376) du 28 juin 1996 (non publiées au JO).

[3] *JO* du 10 janvier 1995, p. 454.

[4] Ce logiciel, accessible à tous dans les D.D.E., a été élaboré par la direction des routes. Il permet de réaliser des cartographies du bruit des infrastructures routières de façon extrêmement simple (gestion des données nécessaires au classement, calcul des catégories d'infrastructures, représentation graphique des classements).

[5] Le classement des infrastructures doit se faire le plus en amont possible, c'est-à-dire à partir de la date de publication de l'acte décidant l'ouverture d'une enquête publique, ou de l'institution d'un projet

modifications ou transformations significatives d'une infrastructure au sens du décret n° 95-22 du même jour (V. *supra* n° 119 et s.) sont concernées. Le recensement et le classement portent ainsi sur les voies routières d'un trafic supérieur à 5 000 véhicules par jour, les lignes ferroviaires assurant un trafic journalier moyen supérieur à cinquante trains, les lignes en site propre de transports en commun et les lignes ferroviaires urbaines de plus de cent autobus ou trains par jour (art. 2 du décret n° 95-21 du 9 janvier 1995).

143. Les critères du classement ainsi que les secteurs affectés par le bruit sont définis par un arrêté du 30 mai 1996[1]. Ce texte détermine cinq catégories de voies en fonction de niveaux sonores de référence diurnes (L_{Aeq}(6h-22h)) et nocturnes (L_{Aeq}(22h-6h)), calculés en tenant compte des conditions du trafic (débit, vitesse, type de circulation...) et des caractéristiques géographiques (profil en « U » ou ouvert, existence de rampe...). Il indique de façon précise les modalités de mesure de ces niveaux sonores de référence et les méthodes de calcul prévisionnelles, propres à évaluer le plus justement possible, au regard des circonstances de l'espèce, la contribution sonore de chaque infrastructure (art. 2 et 3 du décret n° 95-21 du 9 janvier 1995).

144. Le classement type est transcrit dans un tableau (art. 4 de l'arrêté du 30 mai 1996) qui présente de manière claire les cinq catégories d'infrastructure répondant aux niveaux sonores de référence retenus et les largeurs maximales des secteurs affectés par le bruit, de part et d'autre des voies, avec un maximum de 300 mètres. Les préfets n'ont plus alors qu'à classer, dans ces cinq catégories, les infrastructures recensées dans leur département. L'opération ne présente en pratique pas de difficultés particulières, l'arrêté du 30 mai 1996 réglant d'emblée certaines situations qui pourraient se révéler ambiguës. Il est ainsi précisé que si, sur un tronçon de l'infrastructure, il existe une protection acoustique par couverture ou tunnel, il n'y a pas lieu de classer le tronçon considéré. En outre, si les niveaux sonores de référence évalués pour chaque période diurne et nocturne conduisent à classer une infrastructure ou un tronçon d'infrastructure dans deux catégories différentes, l'infrastructure doit être classée dans la catégorie la plus bruyante.

145. L'arrêté préfectoral de classement est porté à la connaissance de tous puisqu'il est publié au Recueil des actes administratifs du département (consultable dans les DDE) et affiché, durant un mois, à la mairie des communes préalablement consultées et concernées par les secteurs affectés par le bruit. Sur la base de ce classement, le préfet arrête les mesures d'isolement acoustique des bâtiments d'habitation à construire dans les secteurs affectés par le bruit.

2- *Les mesures spéciales d'isolement acoustique des bâtiments d'habitation à construire*

146. A partir du classement local des infrastructures de transports terrestres, le préfet détermine successivement et en application de l'article 5 du décret n° 95-21 du 9 janvier 1995 :

« 1° Les secteurs affectés par le bruit situés au voisinage des infrastructures recensées ;

2° Les niveaux sonores que les constructeurs sont tenus de prendre en compte pour la construction des bâtiments inclus dans ces secteurs ;

---

d'intérêt général dès lors que celui-ci prévoit l'inscription en emplacement réservé, ou de l'inscription en emplacement réservé.

[1] Arrêté du 30 mai 1996 relatif aux modalités de classement des infrastructures de transports terrestres et à l'isolement acoustique des bâtiments d'habitation dans les secteurs affectés par le bruit (*JO* du 28 juin 1996).

3° Les isolements acoustiques de façade ».

Ces diverses mesures doivent entrer en vigueur dans un délai de deux ans à compter du 28 juin 1996, date de publication de l'arrêté interministériel qui définit les cinq catégories de voies et de niveau sonore de référence. Ce délai est reporté à trois ans pour les classements d'infrastructures effectués, avant cette date, en application de l'arrêté du 6 octobre 1978.

147. L'arrêté préfectoral applique, en fonction du classement qu'il établit, les prescriptions techniques de référence fournies par l'arrêté interministériel du 30 mai 1996. Celui-ci impose un isolement acoustique minimal afin de protéger les occupants des bâtiments d'habitation à construire contre les bruits extérieurs. Le niveau de bruit à l'intérieur des pièces principales et des cuisines ne doit pas dépasser 35 dB(A) le jour et 30 dB(A) la nuit. L'isolement acoustique requis pour chaque habitation à construire prise individuellement dépend *notamment* du classement de l'infrastructure, de la nature et de la hauteur du bâtiment, de la distance séparant le bâtiment de la voie classée et, le cas échéant, de l'occupation du sol entre le bâtiment et l'infrastructure. Les méthodes d'évaluation sont détaillées aux articles 6 à 9 de l'arrêté de 1996.

148. A titre transitoire, il est prévu que les normes de l'ancienne réglementation, contenues dans l'article 3 et l'annexe I de l'arrêté modifié du 6 octobre 1978, continuent à s'appliquer jusqu'à la parution des arrêtés préfectoraux exigés par la loi de 1992. La nouvelle réglementation ne prend donc effet qu'à compter de la publication de ces textes, arrêtés par les préfets. En outre, elle ne peut devenir effective qu'à la condition d'être portée à la connaissance de ceux pour qui elle a été prise, c'est-à-dire les maîtres d'ouvrage du bâtiment. Aussi est-il fait obligation aux maires des communes concernées de reporter les secteurs et prescriptions acoustiques ainsi déterminées dans les plans d'occupation des sols (P.O.S.). Ces derniers étant consultables en mairie, les constructeurs ont la possibilité de s'y référer pour prévoir les protections phoniques adéquates et bâtir dans le respect de la loi. Les constructeurs, ainsi que les futurs habitants, sont ainsi informés, avant la construction des logements, des nuisances existantes ou prévues en provenance des routes et voies ferrées.

149. L'information est donc à nouveau un des facteurs[1] essentiels du strict respect des normes réglementaires mises en place. A cette fin, elle est développée dans tous les documents d'urbanisme sur lesquels s'appuient les professionnels du bâtiment. Le classement des voies et les prescriptions acoustiques correspondantes sont indiqués dans les documents graphiques et annexes du P.O.S. et dans les Z.A.C. (art. R123-19, R123-24 et R311-10-2 C. urb., modifiés par l'art. 9 du décret n° 95-21 du 9 janvier 1995). Le certificat d'urbanisme informe que le terrain se trouve dans un secteur affecté par le bruit (art. R410-13 modifié C. urb.). Enfin, un nouvel article R111-4-1 a été inséré dans le Code de la construction et de l'habitation : il précise que l'isolement acoustique des logements contre les bruits des transports terrestres doit être au moins égal aux valeurs déterminées par arrêté préfectoral dans le département concerné conformément à l'article 13 de la loi n° 92-1444 du 31 décembre 1992 (art. L. 571-10 C. env.).

150. Tout semble donc prévu et mis en œuvre pour que les riverains d'infrastructures routières et ferroviaires soient protégés dans l'espace privatif qu'est leur logement. La sévérité toujours plus grande des normes imposées témoigne d'un réel progrès en terme de technique et de maîtrise des matériaux. Pour autant, la deuxième

[1] Le deuxième facteur assurant le respect de la loi est bien entendu, et de manière générale, la mise en place d'un contrôle *a posteriori* de l'application des règles assorti le cas échéant de sanctions dissuasives. Ce point sera traité dans la deuxième partie de cet ouvrage.

catégorie d'infrastructure, celle des transports aériens, n'est pas laissée pour compte. La loi n° 92-1444 du 31 décembre 1992 consacre un chapitre entier à la protection des populations exposées à ce type spécifique de nuisance dont la gestion se révèle particulièrement ardue.

§3. LA PROTECTION DES RIVERAINS DES GRANDS AÉRODROMES

151. L'importance des infrastructures et transports aériens en terme d'économie, d'emploi et de communication est à la mesure des nuisances sonores qui en sont le produit. Depuis les années soixante, l'industrie aéronautique a connu un développement prodigieux, accompagné de progrès technologiques considérables qui ont permis d'augmenter le nombre des vols, la vitesse des appareils, la sécurité et le confort des passagers. Tous les efforts ont été orientés vers la satisfaction maximale des usagers de ce type de transport. La démarche apparaît on ne peut plus louable, encore faut-il qu'elle n'ait pas pour effet d'occulter totalement les intérêts des riverains proches des aérodromes qui ne sont pas forcément des usagers privilégiés. De ce point de vue, de nombreuses erreurs ont été commises par le passé, conduisant à des abus de situation et de pouvoir. La conjonction de nombreux intérêts -économiques, pécuniaires, politiques- a conduit à exposer une population toujours plus importante à des niveaux de bruits élevés, aggravés par une croissance ininterrompue du trafic aérien. Il n'est pas excessif de constater que *« pendant que l'on insonorisait l'avion pour les passagers, les riverains des aéroports subissaient un bruit de plus en plus intense »*[1].

152. Face à cette situation critique pour le voisinage, la réglementation n'est pourtant pas en reste. Au niveau international, des normes de certification acoustique des aéronefs, régulièrement adaptées aux nouveaux progrès techniques, ont été mises en place par l'Organisation de l'Aviation Civile Internationale (O.A.C.I.)[2], en vue de limiter le bruit à la source. Ces règles ont été transposées en droit français sous la forme du certificat de limitation de nuisance dont doit être doté tout avion pour avoir le droit de voler (art. R133-2 C.A.C.). Les normes de l'O.A.C.I. servent également de base à l'élaboration des directives communautaires visant à réduire le bruit produit par les avions[3]. Sur le plan strictement interne, de nombreuses dispositions contenues notamment dans le Code de l'aviation civile et dans le Code de l'urbanisme, comme nous le verrons, ont pour objet de réduire à la source les nuisances sonores des aéronefs, de gérer le trafic de manière optimale pour l'environnement, de limiter l'urbanisation au voisinage des aéroports et de permettre une isolation acoustique des bâtiments situés dans les zones bruyantes.

---

[1] A. ALEXANDRE et J.-P. BARDE, Le temps du bruit, Flammarion, 1973.

[2] Annexe 16 de la Convention de Chicago de 1944 sur l'aviation civile internationale, adoptée par les États membres le 2 avril 1971.

[3] Directive 80/51/CEE du Conseil, du 20 décembre 1979, concernant les avions subsoniques (*JOCE* n° L18 du 24 janvier 1980, p. 26), modifiée par la directive 83/206/CEE du Conseil du 21 avril 1983 (*JOCE* n° L117 du 4 mai 1983, p. 15) / directive 89/629/CEE du Conseil, du 4 déc. 1989, relative aux avions civils subsoniques (*JOCE* n° L363 du 13 déc. 1989, p. 27) / directive 92/14/CEE du Conseil du 2 mars 1992, modifiée par la directive 99/28/CE du 21 avril 1999 (*JOCE* n° L118 du 6 mai 1999, p. 53). La directive 92/14/CEE du 2 mars 1992 a été transposée dans notre droit interne par l'arrêté du 14 décembre 1993 relatif au retrait progressif d'exploitation des avions à réaction subsoniques non conformes aux normes du chapitre III de l'annexe 16 de la convention relative à l'aviation civile internationale (*JO* du 22 décembre 1993), modifié par l'arrêté du 18 février 1999 (*JO* du 23 mars 1999, p. 4355), modifié par l'arrêté du 22 juin 1999 (*JO* du 23 juillet 1999, p. 10952).

153. C'est cette dernière orientation qui a été développée par la loi cadre sur le bruit. Le but poursuivi par le législateur de 1992 a été d'atténuer les nuisances sonores subies au voisinage des grands aérodromes au moyen d'un programme pluriannuel d'aide aux riverains. La stratégie de lutte élaborée à cet effet n'est pas préventive au sens strict du terme, pas plus qu'innovante. Elle ne vise pas à empêcher la survenance du bruit -un avion par nature produira toujours des décibels quels que soient les progrès de la technologie-, mais à assurer une protection contre le bruit existant, avant que des dommages irréparables ne soient causés. En ce sens, on peut parler d'une protection préventive qui tend à la fois à limiter la gêne ressentie et à inciter les compagnies aériennes à réduire le niveau sonore de leurs appareils. Dans cette optique, la loi de 1992 applique directement le principe « pollueur-payeur », par le biais d'un outil maint fois utilisé en France avec plus ou moins de succès : la taxation. Siège légal d'un nouveau dispositif, les articles 16 à 20 de la loi n° 92-1444 du 31 décembre 1992 ont fixé le mécanisme d'une nouvelle taxe d'atténuation des nuisances sonores au voisinage des aérodromes (A) et ses modalités de gestion (B).

A. L'INSTAURATION PAR LA LOI N° 92-1444 DU 31 DÉCEMBRE 1992 D'UNE TAXE D'ATTÉNUATION DES NUISANCES SONORES AU VOISINAGE DES AÉRODROMES

154. Le recours à la fiscalité pour lutter contre le bruit des avions est d'usage courant dans notre pays, usage ponctué d'embûches et d'échecs, tant dans les systèmes mis en place que dans leur finalité. Au début des années 70, face à la pression des associations et des particuliers, une taxe parafiscale *« en vue d'atténuer les nuisances subies par les riverains d'Orly et de Roissy-en-France »* a été instituée par le décret n° 73-193 du 13 février 1973[1], modifié par le décret n° 78-160 du 10 février 1978. Versée par les exploitants des aéronefs pour tout passager embarqué et perçue par l'Aéroport de Paris, elle était destinée à financer, à hauteur de 50 %, l'insonorisation des bâtiments proches des aérodromes (à titre exceptionnel ceux à usage d'habitation) ou à racheter ces immeubles en vue de les démolir ou de les réutiliser à d'autres fins que celles pour lesquelles ils avaient été construits. Après une dizaine d'années de fonctionnement, pendant lesquelles près de 260 millions de francs ont été récoltés, le système fut abandonné parce que jugé non satisfaisant[2]. Une redevance spéciale pour atténuation des nuisances phoniques, créée par deux décrets du 11 janvier 1984[3], vint en remplacement de l'ancienne taxe parafiscale et en complément de la redevance d'atterrissage qui avait été mise en place dès 1956 et modulée en fonction du bruit des avions en 1983[4]. Là encore, le système fut voué à l'échec, censuré par le Conseil d'État pour défaut de légalité[1].

---

[1] *JO* du 27 février 1973, p. 2179.

[2] La taxe créée en 1973 était critiquable à bien des points de vue. Tout d'abord, elle était limitée aux seuls aéroports parisiens et ne concernait pas le fret. Ensuite, son mode de calcul n'avait aucun caractère incitatif vis-à-vis des compagnies aériennes et n'aboutissait à financer que 66 % du montant total des travaux. Enfin, la légalité même de cette taxe était sujette à caution du fait de l'ambiguïté qui entoure la nature juridique d'Aéroport de Paris.

[3] Décret n° 84-28 du 11 janvier 1984 modifiant les articles R224-1 et R224-2 du Code de l'aviation civile et relatif à la création d'une redevance complémentaire à la redevance d'atterrissage, dite redevance pour atténuation des nuisances phoniques (*JO* du 15 janvier 1984, p. 315) et décret n° 84-29 du 11 janvier 1984 relatif à la redevance pour atténuation des nuisances phoniques sur les aérodromes d'Orly et de Roissy-Charles-de-Gaulle (*JO* du 15 janvier 1984, p. 316).

[4] La redevance d'atterrissage a été instituée par l'arrêté du 24 janvier 1956. Un arrêté du 23 décembre 1983 (JONC du 30 décembre 1983), qui abroge la taxe parafiscale créée en 1973, est venu modifier les conditions de fixation de cette redevance de manière à la moduler en fonction du bruit des aéronefs.

155. Jusqu'à la loi n° 92-1444 du 31 décembre 1992, il n'y a plus eu de dispositif spécifique permettant de mobiliser des fonds pour les affecter à des opérations de lutte contre les nuisances phoniques des avions. A titre transitoire, un décret du 25 novembre 1988[2] avait prévu la gestion du produit de la taxe parafiscale perçu jusqu'au 31 décembre 1983 et non encore utilisé. Mais il fallut attendre le 1er janvier 1993 pour qu'un système d'aide aux riverains des grands aérodromes soit à nouveau opérationnel, cette fois-ci en toute légalité. En effet, la loi cadre de 1992 a rétabli une taxe proche de la précédente mais que l'on a voulu exempte des imperfections du passé. Bien des aspects de cette taxe, que ce soit dans son objet (1) ou dans son assiette (2) témoignent d'une amélioration certaine du mécanisme, sans pour autant lui ôter son rôle de simple palliatif.

1- L'objet de la taxe instituée par la loi n° 92-1444 du 31 décembre 1992

156. L'article 16 de la loi n° 92-1444 du 31 décembre 1992 a créé une taxe au décollage, payable par les compagnies aériennes et destinée à alimenter un fonds d'aide aux riverains des grands aéroports. Ce nouveau dispositif a été envisagé dans une double perspective. Face à la problématique aéroportuaire, les pouvoirs publics ont choisi de pérenniser le mécanisme qui avait été mis en place en 1984, tout en y apportant les améliorations nécessaires pour éviter les anciennes critiques et causes d'abandon. Il en est résulté, à l'appui de tous les textes pris en application de la loi de 1992, un système plus satisfaisant dans son objet, parce que plus général et ambitieux, mais dont les effets demeurent tout de même limités.

157. L'une des avancées majeures du dispositif d'aide est sans nul doute son extension à certains aérodromes civils[3] de province, en sus de ceux de Paris-Orly et Paris-Charles-de-Gaulle. Jusqu'à présent, en effet, seuls les aéroports parisiens avaient fait l'objet d'une taxation en vue d'atténuer les nuisances phoniques, ceci en réponse directe aux pressions exercées par les campagnes de protestation menées dans la capitale. Or, avec le temps, la situation est devenue tout aussi insupportable pour les riverains

---

Ceux-ci sont répartis en cinq groupes dans l'arrêté du 28 décembre 1983 (JONC du 5 janvier 1984), remplacé par l'arrêté du 29 décembre 1995 (*JO* du 31 décembre 1995), qui reprend cette classification mais fait varier les coefficients de modulation applicables aux redevances selon les aéroports concernés et pour les plates-formes parisiennes, selon qu'il s'agit d'atterrissage de jour ou de nuit.

[1] Le Conseil d'État a annulé le 13 novembre 1987 les décrets n° 84-28 et n° 84-29 du 11 janvier 1984 qui avaient mis en place la redevance pour atténuation des nuisances phoniques pour les aéroports d'Orly et de Roissy. La Haute Juridiction a estimé que la redevance litigieuse *« n'est la contrepartie d'aucune prestation servie par l'exploitant d'aérodrome aux exploitants d'aéronefs ; que par suite, elle n'a pas le caractère d'une redevance pour service rendu mais celui d'une imposition qui ne pouvait être instituée qu'en vertu d'une loi »* (CE, 13 novembre 1987, Syndicat national des transporteurs aériens, req. n° 57652 et 57653, Rec. p. 355 ; R.J.E. 2-1988, p. 149, note Dufau). V. sur ce point : R. HERTZOG, Le régime financier de la lutte contre le bruit autour des aéroports : condamnation provisoire ou disparition définitive ?, R.J.E. 2-1988, p. 117 et s.

[2] Décret n° 88-1063 du 25 novembre 1988 relatif à l'utilisation du reliquat des fonds perçus au titre de la taxe parafiscale instituée pour l'atténuation des nuisances phoniques subies par les riverains des aérodromes d'Orly et Charles-de-Gaulle (*JO* du 27 novembre 1988) et ses textes d'application : l'arrêté du 25 novembre 1988 définissant la composition et les règles de fonctionnement de la commission instituée par le décret n° 88-1063 du 25 novembre 1988... (*JO* du 27 novembre 1988), abrogé par l'arrêté du 21 septembre 1994, et l'arrêté du 25 novembre 1988 relatif à la détermination des zones où pourront être effectuées les dépenses prévues par le décret n° 88-1063 du 25 novembre 1988 (*JO* du 27 novembre 1988).

[3] Il est à noter que, compte tenu de leur spécificité, les aérodromes militaires ne sont pas concernés par cette taxe. Les règles spécifiques d'exploitation doivent permettre de limiter les nuisances sonores subies par les riverains.

d'autres aéroports de France, dont les voix protestataires ont peut-être plus de mal à se faire entendre des responsables politiques. Le législateur de 1992 a pris acte de cet état de fait et en a tiré les conséquences dans son texte de loi. Fixant le seuil de la taxe à un trafic supérieur à 40 000 mouvements annuels d'avions de 20 tonnes au moins, il en fait bénéficier les aérodromes de province les plus fréquentés, à savoir ceux de Nice, Marseille, Toulouse et Lyon. La loi de finances pour 1998[1] est venue élargir le champ d'application de la taxe en abaissant ce seuil à 20 000 mouvements, de façon à faire entrer les aéroports de Bordeaux-Mérignac, Mulhouse-Bâle et Strasbourg-Entzheim dans le cadre légal de la taxe. En dernier lieu, l'aéroport de Nantes-Atlantique a été ajouté à la liste des aéroports soumis à cette taxe.

158. Les exploitants d'aéronefs de plus de vingt tonnes qui utilisent les pistes des aérodromes visés par la loi sont donc tenus de payer une taxe à l'occasion de chaque décollage. Le produit de cette taxe est alors consigné dans un compte spécial destiné à financer des opérations d'aide au riverains. Ces dernières ont été définies par le décret n° 94-503 du 20 juin 1994[2] modifié par le décret n° 98-1077 du 27 novembre 1998[3] et finalement remplacé par le décret n° 99-457 du 1er juin 1999[4]. Les textes successifs mettent en place des programmes prioritaires d'insonorisation des locaux d'habitations (autres que les hôtels) et des bâtiments publics sensibles que constituent les établissements d'enseignement et les locaux à caractère sanitaire et social. Notons qu'un réel progrès a été accompli vis-à-vis des riverains dans la mesure où, jusqu'à présent, la prise en charge de l'isolation des logements contre les bruits des avions n'était qu'exceptionnelle. Lorsque l'insonorisation des bâtiments ne peut être menée à bien compte tenu des critères fixés par le texte, le produit de la taxe peut, à titre subsidiaire, être utilisé pour leur acquisition, leur démolition, le relogement des occupants et le réaménagement des terrains.

159. La mise en œuvre de ce système a permis de recueillir et de brasser des sommes importantes. En 1995, la taxe avait atteint un montant de 57,6 millions de francs pour les deux aéroports parisiens ; 3,4 millions pour Marseille ; 2,6 millions pour Nice ; 2,3 millions pour Toulouse et 0,1 million pour Lyon[5]. Son calcul est fondé sur différents paramètres fixés par l'article 16 de la loi de 1992 (modifiée sur ce point par l'article 97 de la loi n° 92-1476 du 31 décembre 1992) et précisés par deux arrêtés du 2 septembre 1993.

2- Le calcul de la taxe

160. Le législateur a défini lui-même, sans délégation au pouvoir réglementaire, les différents paramètres pris en compte pour le calcul de la taxe. Celle-ci est modulée suivant quatre éléments : la masse de l'avion, son groupe acoustique, le type d'aérodrome et l'heure de décollage. Ces critères de calcul justifient à l'égard des

[1] Art. 103 de la loi de finances pour 1998, n° 97-1269 du 30 décembre 1997 (*JO* du 31 décembre 1997).

[2] Décret n° 94-503 du 20 juin 1994 relatif aux opérations d'aide aux riverains des aérodromes sur lesquels est perçue la taxe instituée à l'article 16 de la loi n° 92-1444 du 31 décembre 1992 relative à la lutte contre le bruit (*JO* du 22 juin 1994, p. 8992).

[3] Décret n° 98-1077 du 27 novembre 1998 modifiant le décret n° 94-503 du 20 juin 1994 relatif aux opérations d'aide aux riverains des aérodromes sur lesquels est perçue la taxe instituée à l'article 16 de la loi n° 92-1444 du 31 décembre 1992 relative à la lutte contre le bruit (*JO* du 29 novembre 1998).

[4] Décret n° 99-457 du 1er juin 1999 relatif aux modalités de contribution de l'Agence de l'environnement et de la maîtrise de l'énergie aux dépenses engagées par les riverains des aérodromes en vue de l'atténuation des nuisances sonores (*JO* du 4 juin 1999).

[5] Article paru dans le journal « L'Alsace » du 30 janvier 1997 : « Une taxe contre le bruit ».

débiteurs que sont les compagnies aériennes le montant qui leur est exigé, dans la mesure où ils constituent les vecteurs directs de production des nuisances phoniques et permettent de reproduire fidèlement les conditions d'exploitation propres à chaque aérodrome.

161. Le premier élément retenu par la loi est la masse de l'aéronef exprimée en tonnes, car les avions les plus gros sont semble-t-il aussi les plus bruyants compte tenu de leur puissance. Cette masse a été déterminée, pour chaque type d'avions, par un arrêté du 2 septembre 1993 portant application de l'article 16 de la loi n° 92-1444 du 31 décembre 1992 relative à la lutte contre le bruit et relatif à la masse des aéronefs à prendre en compte pour le calcul de la taxe d'atténuation des nuisances sonores[1]. Le texte s'est en fait contenté de renvoyer à la classification des avions figurant déjà dans l'arrêté du 24 janvier 1956 modifié concernant la redevance d'atterrissage[2]. La même technique a été adoptée s'agissant du deuxième critère de calcul qu'est le groupe acoustique de l'aéronef. En application d'un deuxième arrêté du 2 septembre 1993[3], c'est au classement établi par l'arrêté du 28 décembre 1983, relatif à la répartition des aéronefs en cinq groupes acoustiques et à la fixation des coefficients de modulation de la redevance d'atterrissage[4], qu'il faut se référer.

162. Les caractéristiques de l'implantation de l'aérodrome sont également déterminantes. Les aérodromes assujettis à la taxe sont répartis dans trois groupes, affectés chacun d'un taux unitaire spécifique qui varie selon le groupe acoustique de l'aéronef et l'heure de décollage. Mais ce taux est avant tout fonction de l'emplacement de l'aéroport. Il suit une progression proportionnelle au degré d'urbanisation de la zone en question et donc au nombre de personnes exposées aux nuisances acoustiques des avions. Les aérodromes de Paris-Orly et Paris-Charles-de-Gaulle forment ainsi le premier groupe où le taux unitaire est de 10,37 euros ; le deuxième groupe constitué des aérodromes de Nice-Côte d'Azur, Marseille-Provence, Toulouse-Blagnac, Bordeaux-Mérignac, Mulhouse-Bâle, Nantes-Atlantique et Strasbourg-Entzheim est à un taux de 3,81 euros et le troisième groupe comprenant l'aérodrome de Lyon-Saint-Exupéry à 0,76 euros.

163. Le montant de la taxe ainsi déterminé, il faut définir ensuite les modalités d'utilisation des ressources qui en découlent. C'est à l'Agence de l'Environnement et de la Maîtrise de l'Energie (A.D.E.M.E.), en position de neutralité dans le conflit, que le législateur de 1992 a confié la gestion de la taxe d'atténuation des nuisances sonores au voisinage des aérodromes. Ce choix paraît bien plus pertinent que n'avait été la désignation de l'Aéroport de Paris, partie prenante, pour gérer l'ancienne taxe parafiscale.

B. La gestion de la taxe par l'A.D.E.M.E.

164. L'article 20 de la loi n° 92-1444 du 31 décembre 1992 a posé les conditions de recouvrement de la taxe par l'agent comptable de l'A.D.E.M.E., assorties d'un contrôle effectué par des agents assermentés de l'agence et, le cas échéant, de sanctions issues du Code général des impôts. Des conventions peuvent être passées entre l'agence et les

---

[1] *JO* du 11 septembre 1993.

[2] Préc.

[3] Arrêté du 2 septembre 1993 portant application de l'article 16 de la loi n° 92-1444 du 31 décembre 1992 relative à la lutte contre le bruit, relatif à la classification acoustique des aéronefs à prendre en compte pour le calcul de la taxe d'atténuation des nuisances sonores (*JO* du 11 septembre 1993).

[4] JONC du 5 janvier 1984. La liste des aéronefs classés en groupes acoustiques a été remplacée par une liste publiée, en application de l'article 4 de l'arrêté du 28 décembre 1983, au *Journal Officiel* du 8 juin 1990.

gestionnaires des aérodromes concernant les modalités selon lesquelles ceux-ci apportent leur concours, conformément à la loi, pour la détermination de l'assiette de la taxe. La répartition du produit de cette taxe (2) est décidée sur la base d'un outil de planification appelé «*plan de gêne sonore* » faisant l'objet d'une définition négociée (1).

1- La concertation autour des plans de gêne sonore (P.G.S.)

165. Chacun des aérodromes visés par la loi se voit doté d'un plan de gêne sonore, que l'on peut rapprocher des S.A.G.E.[1], S.D.A.G.E[2]. et plans « déchets ». Ces outils de planification des luttes contre les pollutions et nuisances sont désormais courants en droit de l'environnement. L'objet des P.G.S. est de constater la gêne réelle subie par le voisinage, en vue de déterminer quels riverains peuvent prétendre à l'aide financière produite par la taxe. La procédure d'établissement et de révision de ces plans est précisée par un décret n° 94-236 du 18 mars 1994, modifié à plusieurs reprises[3]. Elaborés sous l'autorité du préfet coordinateur qui n'est autre que celui de chaque département concerné, ils présentent une délimitation géographique en trois zones des alentours des sites aéroportuaires. Seuls les locaux situés en tout ou partie dans les zones I, II ou III des P.G.S. pourront bénéficier de l'aide à l'insonorisation.

166. Une fois établis, les plans sont transmis aux maires et conseillers municipaux des communes concernées, pour d'éventuelles observations. Leur contenu fait ensuite l'objet d'un examen par une commission consultative d'aide aux riverains des aérodromes, instituée par l'article 19-II de la loi n° 92-1444 du 31 décembre 1992 (devenu l'art. L. 571-16 C. env.) et organisée, à l'origine, par un arrêté interministériel du 21 septembre 1994[4]. La loi n° 99-588 du 12 juillet 1999[5] est venue modifier le troisième alinéa du II de l'article 19 de la loi sur le bruit, prévoyant que la composition et les règles de fonctionnement de cette commission seraient définies par décret en Conseil d'État : le décret n° 2000-128 du 16 février 2000[6], dont les dispositions « *s'appliquent à chacune des commissions existantes à l'expiration du mandat de son président* » (art. 2 du décret).

167. Une commission d'aide aux riverains des aérodromes a été mise en place dans chaque aérodrome concerné par les P.G.S., par arrêté du préfet coordinateur. Elle donne son avis non seulement sur le zonage opéré par le P.G.S. mais également sur la répartition des aides qui en découle. Le public peut d'ailleurs prendre connaissance de ces informations en consultant la copie du plan approuvé dans les mairies de chaque commune concernée ou dans les locaux de l'aérodrome en question. Les demandes d'aide sont traitées dans le cadre d'un programme pluriannuel d'aide aux riverains défini

---

[1] Schémas de gestion et d'aménagement des eaux.

[2] Schémas directeurs de gestion et d'aménagement des eaux.

[3] Décret n° 94-236 du 18 mars 1994 relatif aux modalités d'établissement des plans de gêne sonore institués par l'article 19-I de la loi n° 92-1444 du 31 décembre 1992 relative à la lutte contre le bruit (*JO* du 25 mars 1994), modifié par le décret n° 97-607 du 31 mai 1997 relatif aux règles de protection contre le bruit et à l'aide aux riverains des aérodromes (*JO* du 1er juin 1997, p. 8601), par le décret n° 98-335 du 30 avril 1998 (*JO* du 7 mai 1998, p. 6954-6955) et par le décret n°2002-626 du 26 avril 2002 (*JO* du 28 avril 2002, p. 7738).

[4] Arrêté du 21 septembre 1994 définissant la composition et les règles de fonctionnement de la commission consultative d'aide aux riverains des aérodromes (*JO* du 23 septembre 1994).

[5] Article 2-II de la loi n° 99-588 du 12 juillet 1999 portant création de l'Autorité de contrôle des nuisances sonores aéroportuaires (*JO* du 13 juillet 1999, p. 10400).

[6] Décret n° 2000-128 du 16 février 2000 définissant la composition et les règles de fonctionnement des commissions consultatives d'aide aux riverains des aérodromes (*JO* du 17 février 2000, p. 2514).

pour chaque aérodrome par l'A.D.E.M.E. et établissant des priorités en fonction de l'importance de la nuisance et de l'utilisation du local concerné. Après avoir consulté la commission sur chacun des dossiers pris individuellement, l'agence procède à la distribution des fonds.

2- Les modalités d'octroi de l'aide aux riverains des aérodromes

168. L'aide financière produite par la taxe est accordée dans les limites des conditions fixées par le décret n° 99-457 du 1er juin 1999, qui remplace le décret modifié n° 94-503 du 20 juin 1994[1]. Le texte est relativement restrictif. Seuls les riverains qui subissent une gêne réelle constatée par le plan de gêne sonore, -autrement dit ceux qui résident dans l'une des trois zones reconnues comme étant exposées aux bruits de l'aérodrome-, peuvent prétendre à une aide pour insonoriser leur logement. Cela concernerait plus de 500 000 personnes, dont 300 000 en région parisienne[2]. Les opérations d'insonorisation ne sont prises en charge que si elles portent sur des locaux ou établissements existants ou autorisés, situés en tout ou partie dans les zones I, II ou III des P.G.S. à la date de leur publication. Sont toutefois exclus les bâtiments qui, à la date de la délivrance de l'autorisation de construire, entraient dans le plan d'exposition au bruit alors en vigueur (art. 2 du décret).

169. La somme allouée ne couvre pas la totalité des frais engagés pour l'insonorisation. Il ne s'agit que d'une aide limitée à 80 % du montant des prestations réellement exécutées[3]. Ce montant est en outre plafonné en fonction des caractéristiques du logement et de sa situation. Les 20 % restants sont payés par le particulier qui a sollicité l'aide à l'insonorisation, ce qui, dans certains cas, peut représenter des sommes assez importantes au vu des travaux à entreprendre.

170. Ce mécanisme qui laisse en fin de compte à la charge des particuliers des frais plus ou moins élevés alors qu'ils sont victimes de nuisances graves a été, pour cela, vivement critiqué par certaines associations, qui l'ont qualifié de *« faux semblant »*[4]. Cependant, il ne faut pas se tromper sur la nature de l'aide accordée. Le système mis en place par la loi de 1992 ne constitue pas une procédure d'indemnisation des riverains des grands aérodromes au sens du droit civil, ce qui supposerait une indemnisation intégrale du préjudice subi. Le produit de la taxe fait partie intégrante d'une stratégie de protection contre le bruit des avions basée sur l'octroi d'une simple aide, entendue au sens strict du terme. Lorsque l'appui financier se révèle impossible compte tenu justement du coût de l'opération, l'acquisition, la démolition ou le réaménagement des locaux existants à la date de publication des P.G.S. et situés en zone I (la plus bruyante) peuvent être

---

[1] Dans tous les textes où il en est fait mention, la référence au décret n° 94-503 du 20 juin 1994 est remplacée par la référence aux dispositions correspondantes du décret n° 99-457 du 1er juin 1999 relatif aux modalités de contribution de l'Agence de l'environnement et de la maîtrise de l'énergie aux dépenses engagées par les riverains des aérodromes en vue de l'atténuation des nuisances sonores (art. 8-II dudit décret, préc.).

[2] Pour l'aérodrome Charles-de-Gaulle, 41 communes étaient, en 1996, concernées par l'aide financière, et 26 pour Orly. V. : Echo Bruit, numéro spécial « Bruit des avions », n° 74-75, juin 1996.

[3] Ce taux peut être porté à 90 %, voire à 100 %, lorsque les bénéficiaires sont des personnes aux revenus les plus faibles (art. 3 du décret n° 99-457 du 1er juin 1999 relatif aux modalités de contribution de l'Agence de l'environnement et de la maîtrise de l'énergie aux dépenses engagées par les riverains des aérodromes en vue de l'atténuation des nuisances sonores, préc.).

[4] V. l'article de l'association Bruit et Environnement : « Un projet de loi qui déçoit », Echo Bruit n° 47, février-mars 1991, p. 5-6.

envisagés comme solution de rechange. Le relogement des habitants dans des ambiances sonores plus « acceptables » est alors prévu.

171. La protection du voisinage ne passe pas par une suppression de la nuisance qui paraît totalement irréalisable en matière de bruits aériens. La solution de compensation retenue par la loi de 1992 semble un compromis raisonnable entre les différents intérêts en jeu. Elle n'est pourtant pas une fin en soi, mais plutôt un palliatif en attendant des solutions de rechange plus drastiques, qui ne seront pas nécessairement du ressort du droit.

172. L'article 16 de la loi n° 92-1444 du 31 décembre 1992 qui a créé la taxe sur le bruit des aéronefs a finalement été modifié par la loi de finances pour 1999[1]. Cette loi a institué, à compter du 1er janvier 1999, une taxe générale sur les activités polluantes (T.G.A.P.) aux articles 266 *sexies* à 266 *duodecies* du Code des douanes[2] (V. *infra* n° 1047 et s.). La nouvelle taxe n'est, en réalité, qu'un regroupement de différentes taxes en vigueur depuis quelques années dans le domaine de l'environnement, parmi lesquelles celle de la loi cadre de 1992 sur le bruit, dont l'objet et l'assiette demeurent inchangés. La T.G.A.P. ne fait qu'intégrer dans un cadre général la taxe « bruit » de la loi de 1992, sans aucun changement quant aux modalités de calcul et d'assujettissement. La seule nouveauté du système réside dans le circuit de perception. A partir du 1er janvier 2000, la gestion de la taxe a été confiée à la Direction générale des douanes et des droits indirects. Pour les décollages d'aéronefs qui sont intervenus entre le 1er janvier 1999 et le 31 décembre 1999, l'ADEME a néanmoins continué de contrôler, liquider et recouvrer cette taxe.

173. Le législateur a traité à part les nuisances sonores produites par les hélicoptères. Des dispositions spécifiques réglementant ce type de trafic et renforçant la protection du voisinage sont contenues dans le chapitre relatif aux activités, à l'article 7 de la loi n° 92-1444 du 31 décembre 1992, modifié par la loi n° 99-588 du 12 juillet 1999 (art. 3 de la loi préc.) et devenu l'article L. 571-7 du Code de l'environnement. En vertu de ce texte, il est interdit d'effectuer, dans des zones fortement peuplées, des vols d'entraînement et des vols touristiques circulaires de moins d'une heure. Un décret en Conseil d'État doit déterminer les limitations que peut fixer le ministre chargé de l'aviation civile au trafic d'hélicoptère dans ces zones. Il précisera notamment le nombre de mouvements, les plages horaires, la répartition des survols dans le temps, le niveau sonore à ne pas dépasser, le type d'appareils autorisés, ou encore les procédures de décollage ou d'atterrissage. Dans les autres zones, le survol des agglomérations doit se faire à des hauteurs minima qui sont également à définir dans un décret en Conseil d'État. Toutes ces mesures ne sont pas applicables aux transports sanitaires et aux missions urgentes de protection civile.

174. La protection des bâtiments dits « sensibles », dernier domaine pris en compte par la loi-cadre, suit la même finalité prioritaire que celle qui était visée par l'affectation de la taxe d'atténuation des nuisances sonores au voisinage des grands aérodromes : le traitement direct du bâti.

---

[1] Art. 45 de la loi de finances pour 1999, n° 98-1266 du 30 décembre 1998 (*JO* du 31 décembre 1998, p. 20050).

[2] V. : R. HERTZOG, La taxe générale sur les activités polluantes (TGAP) : un revirement dans la fiscalité de l'environnement ?, Droit et Ville n° 47-1999, Colloque « Entreprise et environnement », Toulouse 17 mai 1999, p. 105-131.

§4. LA LIMITATION DU BRUIT DANS LES BÂTIMENTS PUBLICS DITS « SENSIBLES »

175. Si les logements font l'objet d'une réglementation acoustique très élaborée, paradoxalement tous les autres bâtiments, qui ont vocation à accueillir du public, peuvent être construits sans que la protection contre le bruit, interne comme externe, soit prise en compte. Or, quoi de plus bruyant et vibrant qu'une salle des fêtes organisant régulièrement des concerts de musique moderne ? Quoi de plus résonnant qu'une piscine ou qu'une salle de sport ? De tels locaux d'activités sont de gros producteurs de décibels, qu'il est souvent difficile d'intégrer tels quel dans l'environnement, sans gêne pour le voisinage. Il arrive d'ailleurs que des salles municipales publiques soient fermées du fait des troubles causés au voisinage immédiat. A l'inverse, d'autres établissements requièrent une certaine « dose » de silence ou du moins de calme. L'intelligibilité de la parole dans les salles de classe, le respect du silence dans un hôpital ou une maternité sont essentiels mais combien fragiles face aux diverses manifestations sonores de la rue et des alentours.

176. Jusqu'à présent, la réalisation d'un environnement sonore, à la fois adapté aux usagers de ces établissements et satisfaisant pour les riverains proches, ne se faisait que par le biais d'opérations de rattrapage, plus onéreuses, parfois complexes et moins efficaces. Chaque année le ministère de l'Environnement verse ainsi des sommes importantes aux collectivités locales, pour le rattrapage acoustique de bâtiments publics. A titre d'exemple, l'opération « 1 000 établissements scolaires insonorisés », lancée en septembre 1992, lui a coûté 75 millions de francs. D'autres ministères ont également émis des recommandations portant sur l'isolement acoustique de certains types de locaux. Le secrétariat d'État à la jeunesse et aux sports a publié en 1989, conjointement avec le secrétariat d'État à l'environnement, un guide intitulé *« Maîtrise de l'acoustique dans les équipements de sport »*. Cependant, ces recommandations sont souvent méconnues et donc mal ou pas appliquées du tout, d'autant plus qu'elles n'ont aucune force obligatoire.

177. La loi n° 92-1444 du 31 décembre 1992 comble ici un vide juridique important puisqu'elle impose des objectifs de qualité acoustique aux maîtres d'œuvre de bâtiments autres que d'habitation. Désormais ces règles de construction et d'aménagement figurent dans le Code de la construction et de l'habitation, à des articles créés par la loi de 1992 pour ce qui est du principe directeur (A) et par des textes d'application pour la définition des objectifs et des normes sonores (B).

A. LE PRINCIPE DE PROTECTION ACOUSTIQUE DANS LES BÂTIMENTS AUTRES QUE D'HABITATION

178. L'article 14 de la loi de 1992 fixe le cadre légal d'une protection préventive des bâtiments, autres que d'habitation, contre les nuisances sonores. Deux textes, insérés dans le Code de la construction et de l'habitation, posent les exigences de la loi en matière de confort acoustique. Les bâtiments nouveaux et parties nouvelles des bâtiments existants sont désormais soumis, en vertu de l'article L. 111-11-1 du C.C.H., à des règles spéciales de construction et d'aménagement. L'article L. 111-11-2 du C.C.H. vise, quant à lui, les ouvrages et locaux existants et prévoit que des prescriptions relatives aux caractéristiques acoustiques *pourront* être imposées aux travaux soumis à autorisation ou à déclaration préalable, ou réalisés avec l'aide de l'État, d'une collectivité publique ou d'un organisme assurant une mission de service public. De nombreux établissements publics particulièrement sensibles, tels que les écoles, les crèches, les hôpitaux, sont directement concernés.

179. La mise en œuvre de ces principes est du ressort du pouvoir réglementaire, l'article 14 de la loi n'étant pas d'application directe. Un décret n° 95-20 du 9 janvier 1995[1], pris en Conseil d'État, organise, aux articles R111-23-1 à R111-23-3 du Code de la construction et de l'habitation, le traitement phonique des bâtiments nouveaux et parties nouvelles de bâtiments existants. Il s'agit précisément de tous les locaux affectés à l'enseignement, la santé, les soins, l'action sociale, les loisirs, le sport ainsi que les hôtels et établissements d'hébergement à caractère touristique. Dès la conception de ces bâtiments et pour tout aménagement, les maîtres d'œuvre ont l'obligation de prévoir une isolation acoustique afin de limiter les bruits à l'intérieur des locaux. L'insonorisation se fait vis-à-vis de l'extérieur et entre locaux, notamment par la recherche des conditions d'absorption acoustique et par la limitation des bruits des équipements. Elle doit être adaptée à la nature particulière de l'activité pour laquelle l'établissement est construit. En effet, les paramètres d'une bonne isolation ne sont pas les mêmes pour une salle de classe, une chambre d'hôpital ou encore une salle de concerts.

180. C'est ainsi que des arrêtés spécifiques à chaque type de locaux établissent les normes de qualité acoustique à respecter. Fruit d'un travail conjoint entre les ministres chargés de la construction, de l'environnement, de l'intérieur et, selon le cas, les autres ministères intéressés, ils sont pris après consultation du Conseil national du bruit et déterminent les prescriptions qui permettront d'atteindre les objectifs fixés par le décret n° 95-20 du 9 janvier 1995.

B. Des normes adaptées à chaque type de locaux

181. La nouvelle réglementation imposée par la loi n° 92-1444 du 31 décembre 1992 est subordonnée, pour sa mise en œuvre concrète, à de multiples textes. Pour chacune des catégories de locaux énumérées à l'article R111-23-1 du Code de la construction et de l'habitation, un arrêté fixe, en fonction de leur utilisation, les seuils et les exigences techniques applicables aux bâtiments qui font l'objet d'une demande de permis de construire, d'une demande de prorogation de permis de construire ou de la déclaration prévue à l'article L. 422-2 du Code de l'urbanisme. L'efficacité et la crédibilité de la loi dépendent là encore du travail normatif accompli par le pouvoir exécutif.

182. Celui-ci, devant l'ampleur de la tâche, a voulu donner la priorité aux établissements d'enseignement. Les informations fournies par des études récentes menées dans ce domaine parlent d'elles-mêmes[2] et expliquent l'empressement du gouvernement à réglementer la construction de ce genre de local. Elles révèlent sans équivoque les conséquences néfastes d'une mauvaise acoustique des salles de classe sur le travail scolaire : retards dans l'acquisition des connaissances, dans l'apprentissage de la lecture, troubles du langage parlé ou écrit, etc. Aussi, le premier arrêté d'application date du 9 janvier 1995[3], puis a été abrogé et remplacé par un arrêté du 25 avril 2003[4]. Il contient les normes retenues pour l'ensemble des *« établissements d'enseignement »*, c'est-à-dire *« les écoles maternelles, les écoles élémentaires, les collèges, les lycées, les*

---

[1] Décret n° 95-20 du 9 janvier 1995 pris pour l'application de l'article L111-11-1 du code de la construction et de l'habitation et relatif aux caractéristiques acoustiques de certains bâtiments autres que d'habitation et de leurs équipements (*JO* du 10 janvier 1995, p. 454).

[2] V. sur ce point : Moins de bruit à l'école, Echo Bruit n° 67, janvier 1995, p. 2-3.

[3] Arrêté du 9 janvier 1995 relatif à la limitation du bruit dans les établissements d'enseignement (*JO* du 10 janvier 1995, p. 457).

[4] Arrêté du 25 avril 2003 relatif à la limitation du bruit dans les établissements d'enseignement (*JO* du 28 mai 2003, p. 9102).

universités et établissements d'enseignement supérieur, d'enseignement général, technique ou professionnel, publics ou privés ». Le champ d'application de ce texte est le plus large qu'il soit puisque tous les degrés de la scolarité sont pris en compte, quel que soit le statut de l'établissement. Les seuils fixés constituent des valeurs minimales d'isolation acoustique permettant de rétablir un confort acoustique satisfaisant au vu des exigences liées aux différentes activités menées dans les locaux (enseignement, sports, musique, cantine...). Cependant, rien n'interdit aux architectes de concevoir des bâtiments offrant des qualités phoniques supérieures à celles prévues par la réglementation. Bien au contraire, le juridique ne doit être qu'un tremplin au potentiel technique et non un carcan totalement rigide.

183. Deux autres arrêtés du 25 avril 2003[1] viennent préciser les normes applicables aux hôtels et aux établissements de santé. Ils devraient être suivis de plusieurs textes concernant les locaux de sport et de loisirs (et plus précisément les gymnases, les piscines, les patinoires et les salles polyvalentes à dominante sportive neufs), les hôpitaux et établissements de soins...

184. Les nombreuses délégations au pouvoir réglementaire confèrent à la loi cadre sur le bruit un caractère aléatoire quant à sa portée réelle. De la rigueur des textes d'application dépendent la cohérence et l'efficacité de cette nouvelle dynamique, dont les bases ont été posées par le législateur de 1992. Aujourd'hui, le processus est bien avancé et témoigne d'une évolution incontestable en matière de stratégies de lutte contre les nuisances sonores. Tout d'abord, la loi n° 92-1444 du 31 décembre 1992 offre un cadre juridique général qui faisait tant défaut au droit français. Le bruit, cause de tant de troubles et de revendications, fait *enfin* l'objet d'un texte spécifique, dont l'assise législative ouvre un large éventail d'actions à répercuter au niveau du voisinage. C'est là le premier indice d'une prise de conscience par les pouvoirs publics de la vraie dimension du problème. Ensuite, parce que l'action la plus efficace est celle qui traite le mal à sa source, la priorité est donnée à la prévention. Il s'agit là d'une innovation capitale, révélatrice d'une réflexion globale menée à long terme et devant se concrétiser par un engagement plus volontariste et précoce. La loi crée des obligations et outils nouveaux, accompagnés de mesures d'incitation économique et fiscale. Elle renforce les exigences de protection préventive et comble les lacunes de la réglementation antérieure, sans pour autant s'y substituer. En effet, le dispositif mis en place ne restructure en aucun cas l'arsenal juridique existant déjà en matière de bruit. Il fixe simplement un cadre adapté dans les domaines non encore pourvus, qui vient compléter les diverses mesures mises en œuvre jusque là -et celles à venir- pour lutter contre les bruits de voisinage.

Section II
Le cadre traditionnel de la prévention contre les bruits de voisinage : les mesures générales de protection

185. Parce qu'il est étendu dans son impact et qu'il met en cause de nombreux intérêts, le bruit a pu être intégré dans des réglementations qui ne sont pas focalisées sur ce type précis de nuisance, mais qui protègent des valeurs sociales s'y référant d'une manière ou d'une autre. Les notions de liberté individuelle, de tranquillité publique, de santé publique, de troubles apportés à la commodité du voisinage et au droit à la

[1] Arrêtés du 25 avril 2003 relatifs à la limitation du bruit dans les établissements de santé et dans les hôtels (*JO* du 28 mai 2003, p. 9104 et 9106). V. aussi : circ. du 25 avril 2003 relative à l'application de la réglementation acoustique des bâtiments autres que d'habitation (*JO* du 28 mai 2003, p. 9107).

jouissance paisible de sa propriété (art. 544 C.civ.) posent la question de la prévention du bruit. Dès lors, des *mesures générales* relatives aux nuisances sonores ont été progressivement insérées dans ces textes plus vastes (éparpillés dans différents codes). De telles « *dispositions sont dites générales parce qu'elles visent en théorie toutes les pollutions sonores, quelle que soit l'origine du bruit* »[1]. De façon plus ou moins directe, elles permettent de prendre en compte tous les bruits de voisinage -entendus au sens large-, qu'ils soient d'origine extérieure ou intérieure aux immeubles d'habitation.

186. Chaque voisin, victime potentielle, peut en premier lieu se prémunir contre les activités bruyantes venant de l'extérieur grâce à un choix judicieux dans l'emplacement de son habitation. Des règles générales d'occupation et d'utilisation du sol, contenues dans le Code de l'urbanisme, sont destinées à prévenir les implantations de constructions qui se révéleraient désastreuses sur le plan des ambiances sonores (§1). Les règles générales de construction prennent aussi en compte les bruits d'origine interne, à savoir non seulement ceux qui ont leur source dans les parties communes d'un immeuble, mais également les bruits entre deux logements ou entre deux pièces d'un même logement. La prévention passe ici par une isolation adéquate des habitations, en application des dispositions du Code de l'habitation et de la construction et de la nouvelle réglementation acoustique (N.R.A.) qui en découle (§2). Enfin, l'extension des notions de tranquillité et de santé publiques au problème des nuisances sonores permet une protection générale de tous les individus dans leur espace privatif (§3).

§1. LES RÈGLES D'OCCUPATION ET D'UTILISATION DU SOL : L'EMPLACEMENT DES CONSTRUCTIONS

187. *Pour se protéger du bruit, il faut s'en éloigner.* Telle pourrait être la maxime des règles d'urbanisme en matière de nuisances acoustiques. Quoi de plus logique, en effet, que de se prémunir contre les bruits de voisinage en choisissant tout simplement un voisinage pas ou peu bruyant. Mais face à la multitude des sources sonores susceptibles de se manifester et l'évolution, pour ne pas dire la dégradation, de notre cadre de vie, le choix en réalité n'est guère facile. Aussi, le droit est-il intervenu dans l'organisation de l'espace urbain afin d'éviter de créer des situations de conflit liées à la cohabitation de locaux d'habitation et d'installations productrices de bruit.

188. Toutefois, la protection contre l'exposition au bruit n'est pas l'un des objectifs principaux du droit de l'urbanisme. Celui-ci a été créé et développé en réponse à une nécessité sociale qui devenait de plus en plus pressante. Pendant longtemps en effet, le développement urbain s'est fait de manière spontanée, au gré des besoins en tout genre générés par l'évolution démographique et économique. Aucune cohérence ni réflexion d'ensemble n'étaient venues orienter la création des agglomérations et autres regroupements architecturaux d'activités humaines dans un périmètre donné. Inévitablement, cette construction anarchique des ensembles urbains a généré un nombre incalculable de situations conflictuelles, de pollutions et de nuisances (promiscuité, violence, spéculation foncière, circulation, pollution atmosphérique...). Le but premier des politiques d'urbanisme finalement mises en place par les pouvoirs publics a donc été de maîtriser cet état chaotique et d'organiser de façon cohérente et harmonieuse l'espace urbain[2].

---

[1] J. LAMARQUE, Le droit contre le bruit, préc., p. 19.

[2] V. : P. LOUIS-LUCAS, Soixante années de planification urbaine : 1919-1979, Droit et Ville n° 9-1980, p. 77-105.

189. Les préoccupations d'environnement ne sont véritablement apparues dans le droit de l'urbanisme qu'au courant des années 70, au travers de la notion plus large de qualité de la vie. La loi n° 76-1285 du 31 décembre 1976 portant réforme de l'urbanisme[1] prend ainsi en compte de façon générale les nuisances, et notamment le bruit. Depuis, la tendance semble s'être confirmée, le droit de l'urbanisme étant soumis à un nouvel impératif : celui de réaliser la meilleure adéquation possible entre le type d'habitat et le paysage sonore. A cet effet, des *règles générales* d'occupation du sol (A) fournissent de bons outils de prévention, renforcées de *prescriptions spéciales* à certaines zones particulièrement bruyantes (B).

A. Les règles générales d'urbanisme

190. Globalement elles ont pour finalité un aménagement harmonieux des villes. De façon spécifique, certaines d'entre elles peuvent assurer la protection des immeubles -et de leurs occupants- contre les bruits du voisinage, par la distance et par certains obstacles. Il s'agit, en effet, de rechercher non seulement l'éloignement des constructions nouvelles, en particulier celles à usage d'habitation, par rapport aux sources de bruit, mais aussi de manière réciproque et complémentaire, l'éloignement des sources de bruit par rapport aux habitations existantes. C'est donc au stade des décisions concernant l'utilisation du sol et l'implantation des constructions que la protection contre l'exposition aux nuisances sonores sera la plus efficace. La prise en compte du bruit par le droit de l'urbanisme s'effectue soit de manière générale à travers le plan d'occupation des sols (1), soit individuellement lors de la procédure de délivrance du permis de construire (2).

1- La prise en compte du bruit dans le plan d'occupation des sols (P.O.S.)

191. Instrument de base de la planification urbaine à l'échelon local, le P.O.S. est, comme le souligne le professeur Bouyssou[2], un document synthétique qui prend *théoriquement* en considération toutes les préoccupations d'urbanisme, parmi lesquelles figure l'environnement[3]. Le bruit, par conséquent, fait partie des nombreux paramètres retenus par les auteurs de ce plan, qui offre un vaste domaine d'intervention aux politiques de lutte. Selon l'article L. 123-1 du Code de l'urbanisme, le P.O.S. fixe les règles générales et les servitudes d'utilisation des sols, qui peuvent notamment comporter l'interdiction de construire. En application de ce texte général, une réglementation spécifique au problème des nuisances sonores pourra s'inscrire dans les différents éléments composant le dossier de P.O.S.

192. Le rapport de présentation qui constitue « l'exposé des motifs » du P.O.S. doit, selon l'article R123-17 du Code de l'urbanisme, analyser *« en fonction de la sensibilité du milieu, l'état initial du site et de l'environnement »* et les *« incidences de la mise en œuvre du plan sur leur évolution »* ainsi que *« les mesures prises pour la préservation et la mise en valeur de l'environnement »*. Cependant, ce document n'a pas de valeur juridique propre. Il a simplement pour objet d'expliciter les options d'aménagement retenues et peut aider à interpréter les documents graphiques et les prescriptions édictées par le règlement du plan.

193. C'est le zonage, obligatoirement contenu dans les documents graphiques du P.O.S., qui constitue le support privilégié des politiques de lutte préventive contre les

---

[1] *JO* du 1er janvier 1977 et rectif. 5 mars et 7 avril 1977.

[2] F. BOUYSSOU, Le bruit dans le droit de l'urbanisme, Droit et Ville n° 10-1980, p. 51-66.

[3] V. : P. MINDU, Plan d'occupation des sols et environnement, R.J.E. 4-1995, p. 537-557.

bruits de voisinage. Divisant le territoire couvert par le P.O.S. en zones affectées à des usages différents, il permet d'organiser l'utilisation de l'espace en séparant les activités et occupations incompatibles, comme les établissements sensibles producteurs de décibels et les habitations par exemple, et en réunissant celles qui le sont, telles l'ensemble des activités industrielles. Aux termes de l'article R123-18 du Code de l'urbanisme, les documents graphiques délimitent donc les différentes zones constructibles ou non de la commune, indiquant au minimum les zones urbaines (dites *« zones U »*) et les zones naturelles (dites *« zones N »*)[1]. Ils font en outre apparaître, *s'il y a lieu*, toute partie de zone où les nécessités de la protection contre les nuisances, et notamment les nuisances sonores, justifient que soient interdites ou soumises à des conditions spéciales les constructions et installations de toute nature. Il est ainsi possible de déterminer des zones particulières -soit que le paysage sonore y est devenu impropre à l'habitation, soit au contraire qu'il répond à des exigences plus élevées-, pouvant faire l'objet d'une réglementation spécifique au regard du bruit.

194. Le règlement, pièce maîtresse du P.O.S., *« fixe les règles applicables aux terrains compris dans les diverses zones du territoire couvert par le plan »* (art. R123-21 C.urb.). Il précise l'affectation dominante des sols et la nature des activités qui peuvent être interdites ou soumises à des conditions particulières dans une zone donnée, telles que l'ouverture ou l'extension d'établissements industriels bruyants et l'éloignement des habitations. A cette fin, il est nécessaire de prendre en considération toutes les données du paysage sonore couvert par la planification, c'est-à-dire les divers besoins et intérêts entrant en jeu. Le règlement se doit ainsi d'intégrer les principales sources de bruit rencontrées dans les zones retenues, à savoir : les infrastructures de transport, les activités industrielles, les établissements commerciaux et artisanaux, les équipements de sports et de loisirs. Dans le même temps, il convient d'évaluer et de satisfaire les exigences de bâtiments qui sont au contraire demandeurs de calme, comme les logements, les établissements de soins et de santé, les écoles...

195. Une première réponse à l'antinomie des besoins sur le plan des ambiances sonores peut consister en la séparation radicale de ces différentes catégories d'activités, par le biais de mesures d'interdiction contenues dans le règlement. Certaines constructions pour des raisons nées du bruit pourront de la sorte être interdites dans telle zone ou à l'inverse seules autorisées, comme par exemple dans les zones industrielles. Cependant une telle solution n'est pas toujours satisfaisante, la stricte séparation des fonctions urbaines pouvant engendrer des situations de carence d'un point de vue économique et social. La vie en société tend plutôt vers une réunion d'activités de nature différente dans une même zone, permettant de répondre promptement aux besoins en matière de transports, de loisirs, de services, etc. Habitat, industrie, activités de loisirs doivent pouvoir coexister de manière harmonieuse dans la ville moderne. L'organisation de cette *mixité*[2] dans l'affectation de l'espace est tout à fait possible. Le règlement peut prévoir que pour ces zones, toute demande concernant l'implantation d'une activité bruyante doit être accompagnée d'une notice relative à l'insertion du projet dans son environnement sonore.

---

[1] Conformément aux dispositions de l'article R123-2 du Code de l'urbanisme.

[2] Cette mixité semble même imposée dans certaines zones par la loi n° 91-662 du 13 juillet 1991 d'orientation pour la ville (*JO* du 19 juillet 1991 et rectif. 29 octobre 1991) qui a modifié en ce sens l'article L. 123-1 du Code de l'urbanisme. Aux termes de ce texte, les P.O.S. doivent *« délimiter des zones urbaines ou à urbaniser prenant notamment en compte les besoins en matière d'habitat, d'emploi, de services et de transport des populations actuelles et futures. »*.

196. La loi n° 83-8 du 7 janvier 1983 relative à la répartition des compétences entre les communes, les départements, les régions et l'État[1] a transféré aux communes la responsabilité de l'établissement des plans d'occupation des sols. Si toutes les communes sont désormais libres de choisir de se doter ou non d'un P.O.S., l'intérêt d'un tel instrument pour la prévention des bruits de voisinage ne doit pas s'en trouver amoindri. Plus que tout autre document d'urbanisme, il donne aux élus municipaux les moyens de réglementer en amont de l'urbanisation et de façon globale l'implantation des constructions au regard des nuisances acoustiques. Le permis de construire constitue un deuxième outil de prévention, intervenant cette fois à titre individuel.

2- Le bruit et le refus du permis de construire

197. La construction de tous bâtiments neufs, quelle que soit leur affectation (habitations, bureaux, commerces, industries...), de même que les modifications de constructions existantes sont, sous réserve des exceptions prévues par les articles L. 422-1 à L. 422-5 du Code de l'urbanisme[2], subordonnées à l'obtention d'un permis de construire. Délivrée par le maire de la commune sur le territoire de laquelle sont projetés les travaux, cette autorisation individuelle et préalable a un caractère absolument général. Non seulement elle est exigée en tout lieu, c'est-à-dire dans toutes les communes, mais elle s'impose aussi à tous les constructeurs, qu'ils soient personnes publiques (services publics de l'État, des départements et des communes et concessionnaires de service public) ou personnes privées (art. L. 421-1 C.urb.).

198. L'objet du permis de construire a été limité par la loi d'orientation foncière du 30 décembre 1967 au contrôle préalable de l'application des règles d'occupation des sols, à l'exclusion des règles de construction[3]. L'autorité administrative doit, avant de rendre sa décision, vérifier que les constructions projetées sont conformes aux dispositions législatives et réglementaires *« concernant l'implantation des constructions, leur destination, leur nature... »*[4]. Ces règles sont celles édictées par les documents locaux d'urbanisme -et notamment le P.O.S., avec toutes les mesures nées du bruit qui y figurent (V. *supra* n° 191 et s.)- ou prises au niveau central par le règlement national d'urbanisme lorsqu'il n'existe pas de P.O.S. rendu public ou approuvé depuis plus de six mois ou d'un document en tenant lieu (art. L. 111-1 al.3 et R111-1 et s. C.urb.). La prise en compte des nuisances sonores pour la délivrance du permis intervient expressément dans le Code de l'urbanisme à deux niveaux : d'une part, en raison du caractère nuisible de l'ouvrage à construire (a), d'autre part, en raison de l'implantation d'une construction à proximité d'une source de nuisance (b).

---

[1] *JO* du 9 janvier 1983 et rectif. 6 mars 1983.

[2] Notons qu'en vertu de l'article R421-1 du Code de l'urbanisme, les ouvrages d'infrastructure des voies de communication ferroviaires (voies ferrées et leurs accessoires), fluviales, routières (routes, autoroutes, voirie locale) ou piétonnières publiques ou privées, ainsi que les aéroports (pistes d'envol ou d'atterrissage) sont exclus du champ d'application du permis de construire.

[3] Jusqu'à la loi d'orientation foncière n° 67-1253 du 30 décembre 1967 (*JO* du 3 janvier et rectif. 12 janvier 1968), l'application des règles de construction relatives notamment à l'isolation phonique des habitations était contrôlée au stade de la délivrance du permis de construire. C'est pour alléger la procédure d'instruction des permis et raccourcir leur délai de délivrance que la loi de 1967 a décidé que le respect de ces règles ne ferait plus, sauf exception, l'objet d'un contrôle a priori. L'autorité administrative qui délivre le permis de construire vérifie simplement si le demandeur *s'engage* à respecter les règles générales de construction prises en application des articles L. 111-1 et L. 111-41 du Code de la construction et de l'habitation.

[4] Article L. 421-3 du Code de l'urbanisme.

a) Les constructions sources de nuisances sonores

199. L'article R111-2 du Code de l'urbanisme dispose que « *le permis de construire peut être refusé ou n'être accordé que sous réserve de l'observation de prescriptions spéciales si les constructions, par leur situation ou leurs dimensions, sont de nature à porter atteinte à la salubrité ou à la sécurité publique* ». L'interprétation jurisprudentielle qui en a été faite a permis de l'appliquer aux situations de nuisances sonores. Par un arrêt rendu en section du contentieux le 21 mars 1980[1], le Conseil d'État a consacré l'extension de la notion de « salubrité » au problème du bruit. En l'espèce, le juge administratif avait annulé le permis de construire un lotissement sur un terrain situé à proximité immédiate d'une porcherie. L'intérêt de cette décision est double : non seulement elle fait entrer dans le domaine de l'article R111-2 la préoccupation des nuisances acoustiques, mais elle étend en plus ses dispositions à tous les projets de construction que celle-ci soit à l'origine des nuisances ou qu'elle en soit la victime, alors que le texte ne vise *a priori* que la première situation. De nombreuses décisions de refus ou d'annulation de permis de construire viennent confirmer la portée générale qui a été donnée à ce texte, qui concerne toutes les communes qu'elles soient ou non dotées d'un P.O.S., et son rôle dans la prévention des bruits de voisinage[2].

200. Cependant, l'impact réel d'une telle règle concernant le problème du bruit doit être apprécié avec circonspection. S'agissant d'une disposition permissive doublée d'une option, elle présente des avantages mais également certains inconvénients. Ainsi, l'appréciation de l'atteinte à la salubrité relève, dans chaque cas particulier, de l'autorité administrative qui dispose en la matière d'un pouvoir discrétionnaire[3], ce qui ne garantit pas forcément une protection contre les nuisances acoustiques. Si l'Administration estime qu'il y a effectivement atteinte à la salubrité au sens de l'article R111-2, elle bénéficie alors d'un triple choix : refuser de délivrer le permis de construire, l'accorder tout en l'assortissant de prescriptions spéciales de nature à supprimer ou limiter les nuisances sonores, ou encore délivrer l'autorisation nonobstant les nuisances puisque les deux premières options ne sont jamais une obligation pour elle, mais une simple faculté. Le pouvoir d'appréciation de l'Administration comporte toutefois une limite concernant les prescriptions spéciales qu'elle peut décider d'imposer. Celles-ci doivent avoir un fondement législatif ou réglementaire exprès et donc être prévues par les règles locales (P.O.S. ou document en tenant lieu) ou générales (R.N.U.[4]) d'utilisation du sol.

---

[1] CE sect., 21 mars 1980, Peyrusque, A.J.D.A. 1981, p. 108, note Bouyssou.

[2] A titre d'exemples : T.A. de Poitiers 5 juin 1991, Sté Dautel Distribution, J.C.P. éd. G., 1992, jurispr. p. 26 : nuisances sonores liées au fonctionnement de la construction projetée ; CE, 22 juillet 1992, Sté d'exploitation des établissements Marchais, req. n° 107373 et 107490 : extension d'un silo de céréales aggravant le bruit et les poussières ; CE, 10 mai 1995, Bozec, req. n° 130205 : nuisances sonores que subirait une construction à usage d'habitation édifiée à proximité d'un parc de stationnement pour les véhicules d'une entreprise de transport.

[3] Ce pouvoir d'appréciation laissé à l'Administration est d'autant plus étendu que le juge administratif n'exerce qu'un contrôle minimum -ne sanctionnant que l'« erreur manifeste d'appréciation »- en cas de délivrance du permis. Ainsi, il a été jugé qu'était entachée d'erreur manifeste d'appréciation la délivrance du permis de construire entraînant l'extension d'un silo aggravant le bruit (CE, 22 juillet 1992, préc.). En revanche, il n'y a pas d'erreur manifeste en cas de délivrance du permis pour un transformateur, si le permis est subordonné à ce que les nuisances sonores ne soient pas accrues (CE, 29 juin 1990, Assoc. sites et monuments de la Dombe).

[4] Le R.N.U. contient notamment une disposition d'ordre public, codifiée à l'article R111-14-2 du Code de l'urbanisme et concernant le respect des préoccupations d'environnement par les autorisations de construire.

201. De même, on retrouve les conséquences de cette formulation permissive en cas d'implantation de constructions à proximité d'une source de nuisances sonores.

b) L'implantation de constructions à proximité de nuisances sonores

202. Le champ d'application de l'article R111-3-1 est moins étendu que celui de l'article R111-2, mais a le mérite de contenir une référence expresse au problème du bruit, ce qui lève toute ambiguïté quant à son domaine d'application. Aux termes de ce texte, introduit par le décret n° 77-755 du 7 juillet 1977, « *le permis de construire peut être refusé ou n'être accordé que sous réserve de prescriptions spéciales si les constructions sont susceptibles, en raison de leur localisation, d'être exposées à* ***des nuisances graves, dues notamment au bruit*** »[1].

203. Littéralement, cette disposition concerne uniquement les projets de construction à proximité de nuisances sonores préexistantes. En outre, elle n'est applicable qu'en l'absence de P.O.S. ou document assimilé. L'ensemble de ces constatations ainsi que l'interprétation qui a été donnée en 1980 à l'article R111-2 englobant les mêmes situations, laissent planer un doute quant à l'utilité de ce texte dont on aurait pu faire, selon le professeur Bouyssou, « *l'économie* »[2]. Au pire l'article R111-3-1 n'est que très exceptionnellement utilisé[3], comme l'atteste le peu de jurisprudence sur ce fondement, au mieux il fait double emploi avec l'article R111-2 du Code de l'urbanisme.

204. Toujours est-il que ces règles générales d'occupation du sol, intégrant de façon plus ou moins directe la préoccupation des nuisances acoustiques, assurent en principe l'application des prescriptions spéciales existantes qui intéressent les zones particulièrement bruyantes. Mais n'est-ce pas là l'aveu du caractère illusoire des réglementations préétablies ? Comme le souligne M. Prieur[4], elles marquent l'échec des techniques de réduction du bruit à la source et consacrent en même temps « *une sorte de droit acquis au profit du pollueur* », dans la mesure où l'unique solution juridique proposée par le droit de l'urbanisme est l'éloignement des sources de bruit.

B. LES PRESCRIPTIONS SPÉCIALES AUTOUR DES ZONES OU DES ACTIVITÉS BRUYANTES

205. Parmi les multiples sources de nuisances sonores susceptibles de poser des problèmes de voisinage, il en est trois principales que le droit de l'urbanisme permet de gérer à sa manière. Il s'agit des installations classées (1) dont le fonctionnement peut provoquer un concert de décibels mais qui ne semblent pas les premières en cause puisque les divers trafics, celui des véhicules terrestres (2) et surtout celui des avions (3) arrivent largement en tête des catégories de bruit décriées. Des règles spécifiques viennent organiser l'implantation de ces activités en fonction de la contrainte acoustique.

1- L'implantation de constructions au voisinage des installations classées

206. Dès sa création, le régime juridique de prévention des pollutions et nuisances d'origine industrielle a toujours prôné, de façon plus ou moins impérative, l'éloignement des établissements nuisibles par rapport aux autres constructions. Un décret du 15

---

[1] A l'origine, l'article R111-3-1 du Code de l'urbanisme concernait notamment le bruit autour des aéroports, mais le texte est applicable à tous les bruits du voisinage.

[2] BOUYSSOU, note sous CE sect., 21 mars 1980, Peyrusque, préc.

[3] V. cependant : CE, 19 mars 1982, Mme Peyrard, R.J.E. 1982, p. 293.

[4] M. PRIEUR, Droit de l'environnement, préc., p. 604.

octobre 1810, complété par une ordonnance du 15 janvier 1815 relative aux manufactures et ateliers insalubres, incommodes ou dangereux, divisait les établissements en trois classes en fonction de leur éloignement par rapport aux habitations. La loi du 19 décembre 1917 relative aux établissements dangereux, insalubres ou incommodes reprit ce système de classification et imposa l'éloignement à la première classe d'établissements jugés les plus nuisibles. L'actuelle législation[1] basée sur deux catégories d'installations classées prévoit également cette possibilité, mais à titre facultatif.

207. Si l'implantation d'installations classées à proximité des habitations se trouve donc réglementée par ce droit spécial, en revanche, aucune règle n'empêchait la construction dans le voisinage de tels établissements. La loi n° 76-1285 du 31 décembre 1976 portant réforme de l'urbanisme[2] a comblé cette lacune en introduisant des servitudes dans les permis de construire, sur le fondement de l'article L. 421-8 du Code de l'urbanisme. Désormais, le préfet *peut*, en-dehors des zones couvertes par un P.O.S. rendu public ou approuvé[3], délimiter un périmètre à l'intérieur duquel l'implantation de constructions subordonnées à un permis de construire sera soumise à des règles particulières rendues nécessaires par l'existence d'installations classées. Ce zonage spécial et les règles imposées aux constructions qui y seraient autorisées sont fixés par arrêté préfectoral, après consultation des services intéressés, enquête publique -qui peut d'ailleurs être confondue avec l'enquête préalable à l'autorisation d'ouverture d'une installation classée- et avis du conseil municipal (art. R421-52 C.urb.). Le préfet a ainsi la possibilité d'imposer des servitudes propres à répondre aux situations de gêne sonore générées par l'activité d'installations classées. Ces servitudes peuvent prendre la forme d'une obligation d'éloignement, de mesures d'isolation phonique, voire même d'une interdiction de construire. Aux termes de l'article R421-52 du Code de l'urbanisme, elles doivent être, le cas échéant, explicitement mentionnées dans le permis de construire en vue d'informer les acquéreurs des terrains en cause.

208. La réglementation particulière prise en application de l'article L. 421-8 du Code de l'urbanisme a été prévue par le législateur afin de prévenir les conflits d'utilisation du sol entre les installations classées et les tiers. Si l'ensemble des pollutions et nuisances d'origine industrielle et artisanale -et elles sont nombreuses- sont concernées par ce texte, le bruit y trouve un large terrain de prédilection. Cependant en pratique, la procédure laissée à la discrétion du préfet est très peu utilisée[4]. Elle est d'ailleurs sujette à caution dans la mesure où, comme le fait remarquer M. Prieur, *« ce type de servitude qui est imposé aux pollués sans indemnisation consacre la reconnaissance d'un droit à nuire au profit des installations classées et est directement contraire au principe pollueur-payeur »*[5]. Mais n'est-ce pas là l'inclination du droit de l'urbanisme dans son ensemble qui, face aux nuisances existantes, se contente de rechercher l'éloignement des nouvelles constructions dans un souci de protection des

---

[1] Loi n° 76-663 relative aux installations classées pour la protection de l'environnement (*JO* du 20 juillet 1976) et ses textes d'application, V. *infra* n° 359 et s.

[2] *JO* du 1er janvier 1977 et rectif. 5 mars et 7 avril 1977.

[3] Comme le souligne le professeur Bouyssou (« Le bruit dans le droit de l'urbanisme », Droit et Ville, préc.), il semblerait que le fait que les dispositions de l'article L. 421-8 ne soient pas applicables dans les communes dotées d'un P. O.S. signifie que ce dernier est suffisant pour protéger les tiers des installations nuisibles existantes, en imposant par le zonage un éloignement.

[4] Elle n'aurait été mise en oeuvre qu'à sept occasions : Rép. min. n° 47.579, *JO* AN, Séance du 23 décembre 1991, n° 5353.

[5] M. PRIEUR, Droit de l'environnement, La police des installations classées, Précis Dalloz, préc., p. 492, n° 698.

riverains, en même temps qu'il légitime les activités nuisibles ? Cette tendance s'affirme en matière de bruit des transports.

2- L'implantation des constructions de part et d'autre des voies publiques

209. La règle de l'éloignement revêt ici une forme plus drastique puisque de part et d'autre des grands itinéraires est instituée une *servitude non aedificandi.* L'étendue de la zone d'interdiction de construire varie en fonction de l'importance de la voie et de la destination de la construction. L'article R111-5 du Code de l'urbanisme s'applique aux habitations, qu'il s'agisse d'immeubles ou de maisons individuelles. Il pose le principe selon lequel le permis de construire doit être refusé pour toute construction de cette nature à moins de cinquante mètres de part et d'autre de l'axe des autoroutes et à moins de trente-cinq mètres de part et d'autre de l'axe des grands itinéraires ainsi que des routes assimilées ou des voies inscrites sur une liste publiée par décret[1]. Les distances sont respectivement ramenées à quarante et vingt-cinq mètres pour les constructions destinées à un autre usage que l'habitation (art. R111-6 C.urb.).

210. Ces dispositions sont impératives : l'autorité administrative est tenue de refuser le permis de construire si les règles de recul ne sont pas respectées. Néanmoins, des dérogations peuvent être autorisées par le préfet, sur proposition du directeur départemental de l'équipement, *« en raison notamment d'une topographie particulière »* (art. R111-5 al. C C.urb.). La portée de la servitude s'en trouve nettement affaiblie, d'autant plus qu'elle cesse également de s'appliquer à l'intérieur des parties agglomérées, des villes et bourgs, c'est-à-dire dans l'espace *« sur lequel sont groupés des immeubles bâtis rapprochés et dont l'entrée et la sortie sont signalées par des panneaux placés à cet effet le long de la route qui le traverse ou qui le borde »* (selon la définition du terme *« agglomération »* donnée par l'article R1^er^ du Code de la route). Dans ce cas, il faudra se tourner vers d'autres documents d'urbanisme susceptibles d'imposer des marges minimales de recul en vue d'atténuer la gêne sonore produite par les grandes voies de circulation à l'égard des riverains.

211. Les distances minimales de recul fixées en 1976[2] aux articles R111-5 et R111-6 du Code de l'urbanisme ont depuis lors été révisées à la hausse, parce que jugées insuffisantes pour assurer une protection efficace des riverains contre les nuisances dues au trafic. Il est vrai que ce dernier n'a cessé de s'amplifier, entraînant dans le même temps un accroissement des bruits de la circulation routière et une aggravation de la sensation de gêne. L'article L. 111-1-4 du Code de l'urbanisme, créé par la loi n° 95-101 du 2 février 1995 relative au renforcement de la protection de l'environnement[3], instaure donc une nouvelle marge de retrait le long des routes importantes. A compter du 1er janvier 1997, *« en-dehors des espaces urbanisés[4] des communes, les constructions ou installations sont interdites dans une bande de cent mètres de part et d'autre de l'axe des autoroutes, des routes expresses et des déviations au sens du code de la voirie routière et de soixante-quinze mètres de part et d'autre de l'axe des autres routes classées à grande circulation »*. La nature de la construction -à usage ou non d'habitation- n'est plus prise en considération dans le calcul des distances de recul. Celles-ci s'imposent à toutes *« les*

---

[1] V. : décret modifié du 13 décembre 1952 (*JO* du 4 janvier 1953).

[2] Par le décret n° 76-276 du 29 mars 1976 (*JO* du 30 mars 1976).

[3] Article 52 de la loi n° 95-101 du 2 février 1995 relative au renforcement de la protection de l'environnement (*JO* du 3 février 1995, p. 1840).

[4] La notion d'*« espaces urbanisés »* pourrait s'apprécier par référence à la jurisprudence qui s'est développée autour de l'article L. 111-1-2 du Code de l'urbanisme qui parle de *« parties actuellement urbanisées de la commune »*.

constructions ou installations », ce qui ouvre un large domaine d'application, compte tenu notamment de la définition extensible que l'on peut donner à la notion d'installation.

212. Certaines constructions, limitativement énumérées, échappent cependant à l'interdiction de l'article L. 111-1-4. Il s'agit des constructions ou installations liées ou nécessaires aux infrastructures routières, des services publics exigeant la proximité immédiate des infrastructures routières, des bâtiments d'exploitation agricole et des réseaux d'intérêt public. Les travaux de réfection, d'adaptation ou d'extension de constructions existantes sont également exclus du champ d'application de ce texte. Ce sont là les seules dérogations légales et possibles. Contrairement à l'article R111-5, il n'est pas prévu que le préfet puisse en autoriser de sa propre initiative. Néanmoins, et c'est une entorse de taille, les P.O.S. ou documents d'urbanisme assimilés peuvent écarter ces dispositions nationales dès lors que les règles qu'ils édictent à propos des zones visées *« sont justifiées et motivées au regard notamment des nuisances, de la sécurité, de la qualité architecturale, ainsi que de la qualité de l'urbanisme et des paysages »*. Ces règles d'urbanisme, qu'elles soient nationales ou locales, permettent ainsi d'affaiblir le bruit de la circulation tel qu'il est perçu au niveau des façades des immeubles. Le même objectif est poursuivi concernant le trafic aérien.

3- Les zones de bruit au voisinage des aérodromes

213. L'urbanisation autour des aérodromes s'est pendant longtemps développée en-dehors de toute contrainte légale. Paradoxalement, alors que le bruit des avions est l'un des plus assourdissants qui soient, une population toujours plus importante s'y trouvait exposée sans protection particulière aucune. Au début des années soixante-dix, les premiers procès en indemnisation ont été intentés contre les compagnies aériennes, compte tenu de l'aggravation des nuisances produites et de l'augmentation du nombre des victimes. C'est à ce moment là que les pouvoirs publics décidèrent d'intervenir, afin d'enrayer le processus d'exposition et de calmer le mouvement protestataire dont l'écho se faisait de plus en plus retentissant. Une circulaire du Premier Ministre, datée du 30 juillet 1973, prévoit alors pour la première fois des mesures spécifiques aux zones de bruit situées autour des aérodromes, basées sur « une obligation d'éloignement » des constructions nouvelles.

214. Ce texte qui, compte tenu de sa nature, n'avait aucune portée réglementaire, a été annulé quelques années plus tard par le Conseil d'État, pour un vice de forme[1]. L'intégralité de ses dispositions fut reprise dans une directive d'aménagement national du territoire, approuvée par le décret n° 77-1066 du 22 septembre 1977[2], qui au terme de sa validité, a été remplacée et perfectionnée par la loi n° 85-696 du 11 juillet 1985 relative à l'urbanisme au voisinage des aérodromes[3], modifiée en dernier lieu par la loi n° 99-588 du 12 juillet 1999 portant création de l'Autorité de contrôle des nuisances aéroportuaires[4].

---

[1] La circulaire du 30 juillet 1973 a été annulée par le Conseil d'État pour défaut de contre-seing du ministère de l'Equipement : CE Sect., 31 décembre 1976, Comité de défense des riverains de l'aéroport de Paris-Nord, D.1977, p. 313, note F. Moderne ; A.J.D.A. 1977, p. 136, note Neuwelaers et Fabius ; RA 1978, p. 400, note Plouvin.

[2] Modifié par le décret n° 81-533 du 12 mai 1981.

[3] *JO* du 12 juillet 1985.

[4] *JO* du 13 juillet 1999, p. 10400.

215. Edictée dans le cadre de l'article L. 111-1-1 du Code de l'urbanisme, la loi n° 85-696 du 11 juillet 1985 vaut loi d'aménagement et d'urbanisme, ce qui signifie qu'elle s'impose notamment aux P.O.S. ou documents en tenant lieu et aux autorisations d'utilisation des sols, lesquels doivent être compatibles avec ses dispositions. Ces dernières font l'objet d'un chapitre du Code de l'urbanisme intitulé *« Dispositions particulières aux zones de bruit des aérodromes »* (art. L. 147-1 à L. 147-6 C.urb., chap. VI, titre IV, Livre I). Un décret d'application n° 87-340 du 21 mai 1987[1] crée un chapitre analogue dans la partie réglementaire du code, composé des articles R147-1 à R147-11.

216. Comme le précise la circulaire interministérielle du 19 janvier 1988[2], la loi de 1985 *« confirme l'objectif d'intérêt national de maîtriser l'urbanisation autour des aérodromes afin, d'une part, d'éviter d'exposer immédiatement ou à terme de nouvelles populations aux nuisances de bruit et, d'autre part, de préserver l'activité aéronautique et l'équipement aéroportuaire ».* C'est donc un compromis entre les intérêts des populations riveraines et l'activité économique des aérodromes qui est recherché. La protection des individus n'est envisagée qu'au travers d'un impératif : la nécessaire activité aéronautique avec toutes les conséquences qu'elle implique. L'un et l'autre des intérêts en présence doivent en principe être conciliés de façon à atteindre un équilibre le plus satisfaisant possible pour tous.

217. Dans cette optique, la loi fixe les conditions d'utilisation des *sols « autour des aérodromes classés selon le Code de l'Aviation civile* (art. R222-5*) en catégorie A, B, C, ainsi qu'autour des aérodromes civils et militaires figurant sur une liste établie par l'autorité administrative*[3] *»* (art. L. 147-2 C.urb.). Les règles d'urbanisme qu'elle édicte à l'article L. 147-5 (b) sont de portée supracommunale et visent à interdire ou à limiter les possibilités de construction dans les zones soumises au bruit des aéronefs. Ces zones sont délimitées par un plan d'exposition au bruit (P.E.B.), propre à chaque aérodrome concerné et établi sous la responsabilité de l'État (a).

218. L'article L. 147-4 du Code de l'urbanisme distingue trois zones diversement exposées au bruit engendré par les aéronefs : les zones de bruit fort, dites A et B qui sont les plus proches de l'aérodrome et une zone de bruit modéré, dite C, plus éloignée. L'article L. 147-5 nouveau (modifié par la loi n° 99-588 du 12 juillet 1999, préc.) prévoit la création d'une quatrième zone, dite D, obligatoire pour les aérodromes assujettis à la taxe générale sur les activités polluantes (ceux visés à l'art. 266 *septies* 3 du Code des douanes). Ces zones sont définies à partir des valeurs d'un indice, l'indice *Lden*[4], qui évalue la gêne due au bruit. Les valeurs sont fixées, pour chaque zone de bruit, par l'article R147-2 du Code de l'urbanisme, mais peuvent être modulées en fonction du contexte régional, conformément aux dispositions des articles R147-3 et R147-4.

---

[1] Décret n° 87-340 du 21 mai 1987 fixant les conditions d'établissements des plans d'exposition au bruit des aérodromes (*JO* du 22 mai 1987), modifié par le décret n° 97-607 du 31 mai 1997 relatif aux règles de protection contre le bruit et à l'aide aux riverains des aérodromes (*JO* du 1er juin 1997, p. 8601).

[2] Circulaire du 19 janvier 1988 relative à l'urbanisme au voisinage des aérodromes (*JO* du 2 mars 1988).

[3] Arrêté du 28 mars 1988 (*JO* du 6 avril 1988) et arrêté du 17 janvier 1994 (*JO* du 25 janvier 1994).

[4] Le décret n°2002-626 du 26 avil 2002 (*JO* du 28 avril 2002, p. 7738) a substitué l'indice *Lden* à l'indice psophique (et modifie les articles R147-1, R147-2 et R147-5 à R147-8 C.urb.).

a) La délimitation des zones de bruit : les plans d'exposition au bruit des aérodromes (P.E.B.)

219. Instruments indispensables à la mise en œuvre de la loi n° 85-696 du 11 juillet 1985, les plans d'exposition au bruit déterminent *in concreto* les zones de bruit propres à chaque aérodrome entrant dans le champ d'application de la loi.

220. A cet effet, ils sont composés d'un rapport de présentation et d'un document graphique. Le rapport de présentation doit exposer clairement les éléments pris en compte pour évaluer, à partir des objectifs de développement des fonctions de l'aérodrome et, éventuellement, d'extension de ses infrastructures, les conséquences du niveau de gêne due au bruit des aéronefs, qui en résulteront pour les territoires concernés. C'est donc une vision à long terme basée sur des données prospectives et non sur la situation existant au moment de l'élaboration du plan qui est donnée. Le rapport devra en outre justifier le choix de délimitation de la zone C de bruit modéré, car c'est dans cette zone que certaines constructions à usage d'habitation seront exceptionnellement admises. Comme le souligne la circulaire de 1988, l'aspect pédagogique de ce rapport est primordial car, d'une part, il est essentiel pour la bonne application des prescriptions de la loi et, d'autre part, il permet d'expliquer et de justifier devant les communes et populations concernées les contraintes qui en découlent et qui sont souvent mal acceptées. Tout aussi important est le document graphique qui illustre le P.E.B. Il s'agit d'une carte à l'échelle 1/25000 sur laquelle sont reportés les limites de l'aérodrome, le tracé des pistes et les courbes délimitant les zones de protection A, B, C et D.

221. Contrairement à la directive d'aménagement national de 1977 qui ne faisait que les recommander, la loi de 1985 rend obligatoire les P.E.B. autour de chacun des aérodromes visés. Les anciens plans pris sous l'empire de la directive -environ 150- demeurent néanmoins en vigueur jusqu'à leur révision et valent dans cette attente P.E.B. au titre de la loi n° 85-696 du 11 juillet 1985. La procédure d'élaboration et de révision des plans, décrite aux articles R147-6 à R147-11 du Code de l'urbanisme, est largement consultative[1] et conduite sous l'autorité du préfet[2]. Après avoir obtenu l'accord exprès soit du ministre de la défense pour les aérodromes militaires, soit du ministre chargé de l'aviation civile pour les aérodromes civils les plus importants, le préfet notifie pour avis sa décision d'établir ou de réviser le P.E.B., accompagnée d'un projet de document graphique, aux maires des communes concernées. Cette décision est portée à la connaissance de tous par voie d'affichage dans les mairies et de publication dans deux journaux locaux ou régionaux. A compter de la notification de la décision, les conseils municipaux ont deux mois pour faire connaître leur avis qui sera réputé favorable en l'absence de réponse dans le délai imparti.

222. L'article R147-8 organise le cas échéant -et dans les mêmes conditions- la consultation de la commission consultative de l'environnement, instance de concertation

---

[1] La loi n° 99-588 du 12 juillet 1999 (préc.) prévoit, désormais, la consultation de l'Autorité de contrôle des nuisances sonores aéroportuaires qu'elle institue, pour les aérodromes visés au 3 de l'art. 266 *septies* du Code des douanes. V. : art. L. 147-3 al.1 C.urb., modifié par l'art. 4 de la loi n° 99-588 du 12 juillet 1999.

[2] L'art. R147-6 C.urb. précise que lorsque l'emprise d'un aérodrome sur les communes exposées au bruit ou susceptibles de l'être est située sur le territoire de plusieurs départements, la décision d'établir ou de réviser un P.E.B. est prise conjointement par les préfets des départements concernés. L'art. L. 147-7 nouveau C.urb. prévoit qu'à compter de cette décision, *« l'autorité compétente peut, par arrêté, délimiter les territoires à l'intérieur desquels s'appliqueront par anticipation, pour une durée maximale de deux ans, les dispositions de l'article L147-5 concernant les zones C et D ».*

instaurée, en application de l'article 2 de la loi de 1985, par le décret n° 78-341 du 21 mai 1987[1] récemment modifié par le décret n° 2000-127 du 16 février 2000[2]. La création de ces commissions par le préfet qui en assure la présidence est en principe facultative, sauf lorsqu'une commune concernée par le P.E.B. en fait la demande. En outre, la loi n° 99-588 du 12 juillet 1999, qui modifie l'article 2 de la loi n° 85-696 du 11 juillet 1985, prévoit que leur création est de droit, également, pour les aérodromes mentionnés au 3 de l'article 266 *septies* du Code des douanes, c'est-à-dire ceux assujettis à la taxe générale sur les activités polluantes (*infra* n° 1047 et s.).

223. La composition de ces commissions met en présence toutes les parties intéressées par le projet. Elle comprend, chaque fois pour un tiers de ses membres, des représentants des personnels, des usagers et de l'exploitant de l'aérodrome ; des représentants des collectivités locales concernées, comprenant des représentants des conseils régionaux et généraux ; des représentants des associations de riverains de l'aérodrome et des associations de protection de l'environnement concernées par l'environnement aéroportuaire. Elle est consultée à l'occasion de l'établissement d'un P.E.B., mais également pour toute question d'importance touchant l'exploitation des aérodromes et ayant une incidence significative sur les zones affectées par le bruit. La loi n° 99-588 du 12 juillet 1999 (art. 2-I) est venue renforcer le rôle de ces commissions en les dotant d'une instance permanente de travail, le comité permanent, et de moyens de fonctionnement correspondants. Les commissions sont chargées d'élaborer et d'assurer le suivi de la mise en œuvre d'une charte de qualité de l'environnement sonore et peuvent saisir l'Autorité de contrôle des nuisances sonores aéroportuaires (*infra* n° 566 et s.) de toute question relative au respect de cette charte et de toute demande d'étude ou d'expertise.

224. Le projet de P.E.B., éventuellement modifié pour tenir compte des avis exprimés, est ensuite soumis à enquête publique par le préfet, dans les conditions prévues par le décret n° 87-339 du 21 mai 1987 relatif aux modalités de l'enquête publique relative aux P.E.B et récemment modifié par le décret n° 2002-626 du 26 avril 2002[3]. Depuis le 1er novembre 2002, le dossier d'enquête publique doit comprendre une notice explicative précisant l'objet de l'enquête et la portée des P.E.B., le plan d'exposition au bruit, l'avis des communes intéressées, de la commission consultative et de l'Autorité de contrôle des nuisances sonores aéroportuaires pour les aérodromes visés au 3 de l'article 266 *septies* du Code des douanes.

225. Puis, conformément aux dispositions de l'article R147-10 du Code de l'urbanisme, le plan est approuvé par arrêté motivé du préfet ou, si plusieurs départements sont intéressés, par arrêté conjoint des préfets concernés, après accord exprès des ministres chargés de la défense ou de l'aviation civile selon le cas. Une copie de l'arrêté et du P.E.B. est notifiée aux maires des communes concernées, lesquelles ont l'obligation de tenir ces documents à la disposition du public. La mention des lieux où ils peuvent être consultés est insérée dans deux journaux à diffusion régionale et locale et affichée dans les mairies. Le plan est annexé au P.O.S. dont les dispositions doivent être compatibles avec les prescriptions définies à l'article L. 147-5 du Code de l'urbanisme.

---

[1] Décret n°87-341 du 21 mai 1987 relatif aux commissions consultatives de l'environnement des aérodromes (*JO* du 22 mai 1987).

[2] Décret n°2000-127 du 16 février 2000 modifiant le décret n°87-341 du 21 mai 1987 relatif aux commissions consultatives de l'environnement des aérodromes (*JO* du 17 février 2000, p. 2512).

[3] Préc.

b) Les prescriptions d'urbanisme dans les zones de bruit (art. L. 147-5 C.urb.)

226. Ces prescriptions ayant valeur de loi d'aménagement et d'urbanisme au sens de l'article L. 111-1-1 du Code de l'urbanisme, elles s'imposent non seulement aux documents d'urbanisme (S.D., P.O.S., P.A.Z.), mais sont aussi opposables « *à toute personne publique ou privée pour l'exécution de tous travaux, constructions, affouillements ou exhaussements des sols, pour la création de lotissements et l'ouverture des installations classées* ». L'article L. 147-1 alinéa 3 vise ainsi la délivrance des autorisations d'utilisation des sols.

227. La protection des populations contre les nuisances sonores générées par les aérodromes s'exprime par l'interdiction générale posée à l'article L. 147-5 d'étendre, dans les zones délimitées par le P.E.B., l'urbanisation et de créer ou de développer des équipements publics susceptibles d'exposer immédiatement ou à terme de nouvelles populations au bruit. Cet objectif doit être intégré dans tous les documents d'urbanisme auxquels la loi s'impose, ainsi que dans les permis de construire délivrés à titre individuel. Cependant, à cette interdiction de principe sont apportés des tempéraments en vue de ne pas occulter la deuxième orientation de la loi qui est de préserver les activités aéronautiques et de ne pas paralyser leur développement. Ces tempéraments varient en fonction du type de construction envisagé, c'est-à-dire selon qu'il s'agit de constructions nouvelles, d'opérations concernant l'habitat existant ou encore d'équipements publics ou collectifs.

228. S'agissant des **constructions nouvelles à usage d'habitation,** elles sont interdites dans les zones de bruit sous réserve de trois exceptions. Tout d'abord, dès lors qu'il s'agit de logements nécessaires à l'activité aéronautique ou liés à celle-ci (tels que les logements de fonction, de gardiennage, les hôtels pour les voyageurs en transit), ils sont autorisés dans les trois zones. Ensuite, sont admis dans les zones B et C et dans les secteurs déjà urbanisés de la zone A les logements de fonction nécessaires aux activités industrielles ou commerciales admises dans la zone, et les immeubles d'habitation directement liés ou nécessaires à l'activité agricole. Enfin, pourront être construites en zone C des maisons d'habitation individuelles non groupées, situées dans des secteurs déjà urbanisés et desservis par des équipements publics, dès lors qu'elles n'entraînent qu'un faible accroissement de la capacité d'accueil d'habitants exposés aux nuisances, de même que des immeubles collectifs à usage d'habitation s'ils « *s'accompagnent d'une réduction équivalente, dans un délai n'excédant pas un an, de la capacité d'accueil d'habitants dans des constructions existantes situées dans la même zone* ».

229. Sont donc exclus les parcs résidentiels de loisirs et toute autre forme d'opération groupée, telle que les lotissements ou les associations foncières urbaines. En revanche, comme le précise la circulaire du 19 janvier 1988, les constructions autres que celles destinées à l'habitation, « *notamment à usage industriel, commercial ou de bureaux, peuvent être admises en toutes zones de bruit si elles sont compatibles avec une utilisation rationnelle des terrains et des infrastructures situés autour des aérodromes et qu'elles ne risquent pas d'entraîner, dans l'immédiat ou à terme, l'implantation d'une population permanente* ».

230. Les **opérations de rénovation des quartiers ou de réhabilitation de l'habitat existant** sont autorisées dans les centres anciens des villes situés en zone de bruit, mais à la condition de ne pas entraîner une augmentation du nombre d'habitants soumis aux nuisances. En zone C cependant, dans les secteurs déjà urbanisés et desservis par des équipements publics, ces opérations sont admises de manière plus souple puisque la loi tolère un « *faible accroissement de la capacité d'accueil d'habitants exposés aux*

nuisances ». Le législateur n'ayant pas donné de précisions, toute latitude est laissée aux préfets pour apprécier ce critère.

231. A titre d'exemple, le Conseil d'État a estimé qu'il n'y a pas *« un faible accroissement de la capacité d'accueil »* en cas d'extension de la surface d'un pavillon de 24 à 99 mètres carrés et en conséquence a annulé le permis de construire[1]. De même, il a été jugé qu'un permis autorisant la construction, en zone B, d'un pavillon supplémentaire d'une maison de retraite abritant 41 lits qui n'est pas indispensable aux populations existantes, entraîne une augmentation de la population exposée au bruit et méconnaît les dispositions de l'article L. 147-5[2]. Enfin, la section des travaux publics du Conseil d'État a considéré que *« la notion de capacité d'accueil doit être appréciée au regard du nombre d'habitants susceptibles d'être hébergés dans les constructions envisagées, pour lesquelles la surface hors nette bâtie n'est qu'un élément qui peut être modulé par les variations de confort et d'habitabilité des bâtiments »*[3]. A partir du moment où ils sont destinés à accueillir moins de personnes, les bâtiments pourraient donc être reconstruits avec une surface bâtie supérieure à celle d'origine.

232. En ce qui concerne les **équipements publics ou collectifs,** ne sont admis dans les zones A et B que ceux qui sont nécessaires à l'activité aéronautique ou indispensables aux populations existantes. La circulaire de 1988 précise que les équipements de la deuxième catégorie -qui comprend par exemple les écoles, crèches indispensables pour le quartier concerné- *« ne doivent en aucun cas être dimensionnés de telle sorte qu'ils induisent ou imposent un apport d'habitants nouveaux »*. Ces limitations ne s'appliquent pas en zone de bruit C où les créations ou extensions d'équipements publics ne sont interdites que si elles conduisent à exposer immédiatement ou à terme de nouvelles populations aux nuisances de bruit, comme l'a rappelé la section des travaux publics du Conseil d'État dans son avis du 16 novembre 1993 précité. Cependant, la différence entre ces deux situations n'est pas très marquée, ce qui peut susciter des incertitudes dans la pratique.

233. Toutes les constructions qui seront exceptionnellement autorisées dans les zones de bruit en application de l'article L. 147-5 du Code de l'urbanisme sont protégées par une obligation légale d'isolation acoustique. L'article L. 147-6 dispose en effet que ces constructions doivent faire l'objet *« de mesures d'isolation acoustique, dans les conditions prévues par les dispositions législatives et réglementaires en matière d'urbanisme, de construction et d'habitation »*. Il est précisé que le certificat d'urbanisme doit signaler l'existence de la zone de bruit et l'obligation de respecter les règles d'isolation acoustique.

§2. LES RÈGLES DE CONSTRUCTION : L'ISOLATION ACOUSTIQUE DES LOGEMENTS

234. Si la protection contre les bruits de voisinage passe -entre autres actions- par une bonne maîtrise de l'urbanisation, seuls les bruits extérieurs aux bâtiments sont alors pris en compte. En outre, quelles que soient les règles d'urbanisme, il ne sera jamais possible de créer des zones d'habitations totalement aseptisées sur le plan phonique, ce qui d'ailleurs n'est pas le but recherché. Les manifestations sonores nées des diverses

---

[1] CE, 21 juillet 1989, Commune de Villeneuve-Saint-Georges c. Violet, req. n°87-133, Rec., p. 166 ; A.J.D.A. 1990, p. 72, note J.-B. Auby ; R.J.E. 1989, p. 437.

[2] CE, 25 mars 1994, Stern : Rec., T, p. 1228 ; B.J.D.U. 3-1994, p. 92, concl. Scanvic.

[3] CE, Avis de la section des travaux publics du 16 novembre 1993, Projet de reconstruction de l'hôpital Joffre de Perpignan, E.D.C.E. n°45, 1993, p. 389.

activités humaines sont inéluctables ; elles sont l'expression même de la vie en société et de son développement. Mais lorsqu'elles se révèlent trop prolixes, c'est de façon instinctive que nous cherchons refuge dans notre logement. Dernier havre de paix et de tranquillité dans la cacophonie environnante, il doit être conçu de manière à préserver notre intimité à tous points de vue, et notamment au niveau des ambiances sonores[1]. C'est donc non seulement des bruits provenant du monde extérieur (circulation, industries, commerces, activités de sport et de loisir...), mais aussi de tous ceux qui naissent dans les immeubles et s'y propagent (bruits de comportement, d'équipement...) qu'il doit être isolé.

235. L'insonorisation des logements s'attaque à tous les bruits de voisinage quelle que soit leur origine. Agissant directement sur les milieux récepteurs des nuisances sonores, elle peut être utilisée soit comme mesure de rattrapage, notamment aux abords des grandes infrastructures de transports ou des industries, lorsque l'action à la source n'est pas possible ou insuffisante, soit en complément des autres stratégies de lutte en vue d'apporter un confort acoustique supplémentaire. Mais comme le font très justement remarquer MM. Alexandre et Barde[2], l'isolation acoustique des habitations ne doit en aucun cas être considérée comme la panacée des problèmes de bruits de voisinage. Non seulement sur le plan pécuniaire, une généralisation de cette politique conduirait à des coûts prohibitifs, mais surtout elle transformerait les logements en des cages totalement hermétiques aux bruits externes -et de façon globale à tout ce qui vient de l'extérieur-, amplifiant la perception des bruits internes de façon démesurée. La mise en œuvre de cette solution doit donc se faire de manière mesurée, accompagnant les progrès de la technique dans des proportions raisonnables.

236. Des normes impératives d'isolation acoustique ont été édictées à l'adresse des professionnels du bâtiment, en particulier des architectes, parce que c'est dès la conception des immeubles qu'il faut agir. En application de l'article L. 111-4 du Code de la construction et de l'habitation qui précise que *« les règles générales de construction applicables aux bâtiments d'habitation (...)* -tels que définis par l'article R111-1 C.C.H.- *sont fixées par décret en Conseil d'État »*, l'article R111-4 du même code renvoie à un arrêté conjoint du ministre chargé de la construction et de l'habitation et du ministre chargé de la santé le soin d'établir les valeurs limites à ne pas dépasser à l'intérieur de chaque logement. Ces règles techniques prennent en compte tous les bruits dans l'habitation, qu'ils soient d'origine extérieure ou d'origine intérieure. Aujourd'hui, la législation sur l'isolation acoustique des logements comprend, d'une part, des mesures spécifiques contre les bruits des transports terrestres et aériens (A), en complément exprès des règles d'urbanisme et, d'autre part, une nouvelle réglementation acoustique (N.R.A.), soumettant tous les bâtiments d'habitation neufs, quel que soit le lieu de leur implantation, à des normes renforcées (B).

A. Les normes spécifiques aux bruits des transports

237. En complément des règles d'urbanisme, l'arrêté du 6 octobre 1978 relatif à l'isolement acoustique des bâtiments d'habitation contre les bruits de l'espace extérieur[3] vise à apporter *« un degré supplémentaire dans la protection acoustique des occupants*

[1] Un sondage SOFRES, réalisé en septembre 1992, révèle qu'« avoir moins de bruit chez soi est une préoccupation des Français : la recherche du calme est le premier critère de choix des Français quand ils cherchent un logement, avant même la taille du logement ou sa localisation ; par ailleurs le bruit est leur premier motif d'insatisfaction quand ils parlent de leur logement actuel ».

[2] A. ALEXANDRE et J.-P. BARDE, Le temps du bruit, Flammarion, 1973, p. 104.

[3] *JO* NC du 11 novembre 1978.

des logements exposés aux bruits des transports aériens et terrestres ». Il soumet à des normes impératives d'isolation acoustique les habitations dont la demande de permis de construire ou de prorogation de permis de construire a été déposée à partir du 11 mai 1979 (soit six mois après la publication de l'arrêté), ainsi que celles faisant l'objet d'une déclaration d'achèvement des travaux postérieure au 1er janvier 1982 quelle que soit la date de la demande du permis de construire (art. 8 de l'arrêté du 6 octobre 1978).

238. Ces normes ont depuis lors été révisées à la baisse par un arrêté du 23 février 1983[1] qui, aux termes de la circulaire du 30 mars 1983[2], *« a pour objet d'atténuer la rigueur du texte initial »* en réduisant les exigences d'isolation dans les zones les plus exposées au bruit. Il a été jugé, en effet, que la sévérité des normes d'origine pouvait constituer un obstacle à la mise en application de l'arrêté, alors qu'il était parfaitement possible de conserver l'objectif de dissuasion souhaité par la réglementation avec des valeurs inférieures. Ces dernières concernent, d'une part, le bruit autour des aérodromes (1) et, d'autre part, le bruit des transports terrestres (2).

1- L'isolement acoustique des habitations contre le bruit autour des aérodromes

239. En application de l'article L. 147-6 du Code de l'urbanisme, toutes les constructions exceptionnellement admises dans les zones de bruit des aérodromes doivent faire l'objet de mesures d'isolation acoustique *« dans les conditions prévues par les dispositions législatives et réglementaires en matière d'urbanisme, de construction et d'habitation ».* Ces normes d'isolation sont fixées à l'article 2 de l'arrêté du 6 octobre 1978 modifié. Toutefois, elles ne concernent que les constructions à usage d'habitation. Pour les autres bâtiments (locaux d'enseignement et de soins, locaux à usage de bureaux ou recevant du public), il faudra se référer aux *recommandations* figurant en annexe de la circulaire du 19 janvier 1988 relative à l'urbanisme au voisinage des aérodromes[3], aucun texte spécifique de nature législative ou réglementaire ne traitant cette question par ailleurs.

240. L'article 2 de l'arrêté du 6 octobre 1978 impose donc un isolement acoustique des pièces principales et des cuisines vis-à-vis des bruits extérieurs égal à 35 dB(A), avec une tolérance de 3 dB(A) pour tenir compte des incertitudes liées aux mesures (art. 4 de l'arrêté du 6 octobre 1978). Cette valeur limite s'applique aux constructions à usage d'habitation exceptionnellement autorisées dans la zone de protection C définie par les plans d'exposition au bruit des aérodromes, étant entendu que dans les zones A et B de telles constructions sont en principe interdites. Elle vient en complément des règles d'urbanisme basées sur l'éloignement des habitations et constitue l'ultime moyen de protection lorsque le traitement à la source des nuisances sonores est un échec.

2- L'isolement acoustique des habitations contre le bruit des transports terrestres

241. L'article 3 de l'arrêté du 6 octobre 1978, modifié par l'arrêté du 23 février 1983, indique quel doit être l'isolement acoustique des pièces principales et des cuisines exposées directement ou indirectement au bruit des transports terrestres, c'est-à-dire des routes et chemins de fer. Le texte ne fixe pas directement la ou les normes à respecter

---

[1] *JO* NC du 5 mars 1983.

[2] Circulaire n°83-19 du 30 mars 1983 relative à l'isolation acoustique des bâtiments d'habitation vis-à-vis des bruits de l'espace extérieur (BOMELT n° 370-83/14 ; *JO* de la République Française n°1383 - « Bruit » - édition juin 1995 - p. 69).

[3] Préc. Ces normes établies par une simple circulaire n'ont aucune valeur réglementaire ; leur portée est donc extrêmement limitée.

comme le fait l'article 2 à propos du bruit autour des aérodromes. Il définit quatre niveaux d'isolation minimum, de *« 45 dB(A), 40 dB(A), 35 dB(A), 30 dB(A) »*, à déterminer en fonction *« de la nature et de la typologie des voies de circulation avoisinantes, de la distance du bâtiment par rapport à ces voies et de la hauteur de la construction »*. Compte tenu des incertitudes liées aux mesures, une marge de tolérance de 3 dB(A) est là aussi admise, en application de l'article 4 de l'arrêté du 6 octobre 1978.

242. Les paramètres de calcul des valeurs d'isolement requis sont détaillés dans l'annexe I de l'arrêté du 6 octobre 1978. Le texte opère un classement des voies de circulation routières et ferroviaires selon le bruit de leur trafic (voies de type I qui sont les plus bruyantes et voies de type II) et caractérise la notion d'exposition directe ou indirecte des bâtiments en fonction du tissu urbain environnant. Ces différents critères permettent ensuite de calculer le degré d'exposition d'une façade au bruit, compte tenu de la situation de chaque bâtiment d'habitation donné. Un tableau final établit les normes d'isolation applicables à la façade considérée, selon le type de la voie (I ou II), le type d'exposition au bruit de la voie considérée (directe ou indirecte) et le caractère continu ou discontinu du tissu environnant de la voie.

243. Mais la réglementation imposée par l'arrêté du 6 octobre 1978 ayant été de façon générale peu ou mal appliquée, de nouvelles normes nettement plus sévères ont été mises en place sous l'impulsion du législateur de 1992. Comme nous l'avons vu, un décret du 9 janvier 1995 (n° 95-21) pris en application de la loi n° 92-1444 du 31 décembre 1992 relative à la lutte contre le bruit, impose aux maîtres d'ouvrage de respecter les isolements acoustiques de façade définis par arrêtés préfectoraux (V. *supra* n° 146 et s.). Dans l'attente de ces textes, les valeurs d'isolement au bruit des transports terrestres définis par l'arrêté de 1978 demeurent toutefois en vigueur.

244. De façon générale, la recherche du meilleur isolement phonique contre les bruits de l'espace extérieur ne doit pas se faire au détriment d'autres données techniques de confort des habitations, telles que l'aération des pièces, le confort thermique, la sécurité, etc. Cet aspect du problème a été pris en compte par l'arrêté du 6 octobre 1978 qui, dans son article 7, précise que les solutions retenues pour assurer la qualité acoustique des logements doivent être compatibles avec les exigences de pureté de l'air et de confort thermique en saison chaude. L'isolation imposée par la réglementation doit de la sorte être assurée dans le respect de l'arrêté du 24 mars 1982 modifié relatif à l'aération des logements[1]. De pareilles exigences sont contenues dans la nouvelle réglementation acoustique introduite par deux arrêtés du 28 octobre 1994, puis remplacés par deux arrêtés du 30 juin 1999, qui visent à protéger tous les logements neufs contre tous les bruits de voisinage, internes comme externes.

B. LA NOUVELLE RÉGLEMENTATION ACOUSTIQUE (N.R.A.)

245. Critère de choix des logements à venir, la question de l'isolation phonique fait son apparition dans la législation française avec le décret n° 55-1394 du 22 octobre 1955, qui établit le premier règlement national de construction. L'article 2 de ce règlement disposait ainsi qu'*« un isolement sonore suffisant, compte tenu de leur destination, doit être assuré aux pièces de l'habitation »*, sans toutefois quantifier l'isolement requis, ce qui laissait place à une grande incertitude quant à l'application du principe posé. L'introduction de normes précises et impératives par le décret n° 69-596 du 14 juin

[1] *JO* du 27 mars 1982. L'article 1er de l'arrêté du 24 mars 1982 précise que dans les bâtiments soumis à un isolement acoustique renforcé, en application de l'arrêté du 6 octobre 1978, l'aération doit pouvoir être générale et permanente en toute saison.

1969[1], remplaçant le règlement de 1955, constitue une avancée majeure en la matière. Codifié aux articles R111-1 et suivants du Code de la construction et de l'habitation, il précise aujourd'hui que « *compte tenu des modes d'occupation normalement admissibles, l'isolation phonique des logements doit être telle que le niveau du bruit transmis à l'intérieur de chaque logement ne dépasse pas les limites fixées par un arrêté conjoint du ministre chargé de la construction et de l'habitation et du ministre chargé de la santé. Le bruit engendré par un équipement quelconque du bâtiment ne doit pas dépasser les limites fixées dans la même forme* » (art. R111-4 C.C.H.). L'arrêté d'application, en date du 14 juin 1969 et modifié le 22 décembre 1975[2], établit les seuils à ne pas dépasser selon la nature du bruit produit (aérien, d'impact ou d'équipement).

246. Vingt années de mise en œuvre ont révélé non seulement les limites originelles de la réglementation de 1969, mais également son caractère obsolète au vu de l'évolution des modes de vie et des technologies. En réponse directe à une demande sociale de plus en plus exigeante sur le plan du confort acoustique des logements et parce que les progrès techniques réalisés dans ce domaine -notamment au début des années 90- le permettent, les pouvoirs publics ont entrepris une refonte ambitieuse de la réglementation existante. L'élaboration de nouveaux critères d'isolation plus sévères et conformes aux exigences actuelles et à venir de la population s'est faite de façon particulièrement mesurée et pragmatique. La nouvelle réglementation acoustique (N.R.A.), introduite par deux arrêtés du 28 octobre 1994[3] pris en application du Code de la construction et de l'habitation, est le fruit d'un vaste programme de travail réunissant plus de cent trente professionnels du bâtiment. Elle résulte à la fois de la concertation de tous les acteurs de la construction qui sont amenés à l'appliquer, de plusieurs études sociologiques, techniques et économiques et de chantiers expérimentaux qui ont servi de tests pratiques aux nouvelles normes mises en place[4].

247. De façon générale, elle aboutit à un **renforcement progressif** des niveaux d'isolation acoustique et définit de **nouveaux critères de qualité**. La mise en œuvre de ces nouvelles exigences réglementaires, **à partir du 1er janvier 1996** (délai nécessaire pour que l'ensemble des professionnels concernés s'adaptent[5]), se fait dans le cadre d'une obligation de résultat sur le logement terminé. Cela signifie que concepteurs et bâtisseurs disposent d'une pleine liberté dans le choix des moyens -techniques et économiques- qui leur permettront de remplir les objectifs fixés. Ces derniers ne concernent que les logements neufs, à l'exclusion du secteur de l'habitat existant. Ainsi, tous les bâtiments d'habitation ayant fait l'objet d'une demande de permis de construire

---

[1] Décret n°69-596 du 14 juin 1969, modifié par les décrets n° 73-525 du 12 juin 1973, n°74-306 du 10 avril 1974, n°74-553 du 24 mai 1974 et n° 83-510 du 22 juin 1983 (*JO* du 22 juin 1983).

[2] Arrêté du 14 juin 1969 relatif à l'isolation acoustique dans les bâtiments d'habitation (*JO* du 24 juin 1969), modifié par l'arrêté du 22 décembre 1975 (*JO* du 7 janvier 1976). Une circulaire relative à l'application de la réglementation en matière d'acoustique à l'intérieur des bâtiments d'habitation neufs (circulaire n°88-91 du 17 novembre 1988, *JO* de la Rép. Fr. n°1383, p. 367) est intervenue en réponse aux nombreuses divergences d'interprétation qui étaient apparues dans la mise en oeuvre des textes.

[3] L'un relatif aux caractéristiques acoustiques des bâtiments d'habitation, qui abroge l'arrêté du 14 juin 1969 modifié et l'autre relatif aux modalités d'application de la réglementation acoustique (*JO* du 25 nov. 1994).

[4] V. sur ce point : Dossier « Habitat », Echo Bruit n°58, avril 1993, p. 8-10 ; Dossier « N.R.A. », Echo Bruit n°65-66, novembre 1994, p. 10 et s. ; Dossier « L'acoustique, un thème majeur de Batimat 95 », Echo Bruit n°70-71, novembre 1995, p. 18 et s.

[5] En outre, compte tenu du caractère particulièrement exigeant des mesures introduites, des dispositions transitoires ont été prévues afin que les nouvelles dispositions puissent être acceptées par l'ensemble des techniques de construction.

ou d'une déclaration de travaux pour les surélévations et additions aux bâtiments existants, déposée à compter du 1er janvier 1996, doivent répondre aux caractéristiques acoustiques contenues dans le premier arrêté du 28 octobre 1994. Le second arrêté du 28 octobre 1994 en précise les modalités techniques d'application. Les logements anciens ne bénéficient donc pas de ces nouvelles mesures. Néanmoins les constructions réalisées avant le 1er janvier 1996 et après l'entrée en vigueur du décret du 14 juin 1969, codifié à l'article R111-4 du C.C.H., doivent *en principe* présenter une isolation conforme aux anciennes normes -il est vrai moins sévères- posées par l'arrêté du 14 juin 1969.

248. **Depuis le 1er janvier 2000,** de nouvelles méthodes d'évaluation des performances acoustiques sont imposées dans tous les pays membres de l'Union européenne, remplaçant les normes nationales. Cette uniformisation des normes de calcul opérée par le Comité européen de normalisation (C.E.N.) a nécessité une modification de la réglementation acoustique issue des arrêtés de 1994[1]. En effet, le changement des méthodes de calcul utilisées pour évaluer la qualité acoustique d'un bâtiment doit s'accompagner d'une réévaluation de certaines valeurs réglementaires, afin que les objectifs de qualité définis en 1994 soient toujours respectés. Ces modifications, introduites par deux arrêtés du 30 juin 1999[2] qui abrogent les arrêtés de 1994, portent uniquement sur l'affichage des valeurs réglementaires, sans rien changer sur le fond. Ainsi, à partir du 1er janvier 2000, les valeurs réglementaires pour les bruits aériens intérieurs et les bruits d'impact sont toutes diminuées de 1 dB(A) par rapport aux valeurs définies dans l'arrêté de 1994. Les critères de qualité, ainsi que les techniques permettant de les respecter, sont toujours les mêmes. Simplement, la valeur des exigences réglementaires a été adaptée aux nouvelles méthodes de contrôle.

249. Instituée dans le cadre de la politique gouvernementale en faveur de la réduction du bruit dans les logements, la N.R.A. se voit doter d'une ligne directrice ambitieuse et tournée vers l'avenir. Elle apporte non seulement des **améliorations** à la réglementation antérieure jugée désuète (1), mais introduit en plus des **nouveautés** qui entraînent un élargissement des éléments du confort acoustique (2).

1- Les améliorations apportées par la N.R.A.

250. L'arrêté du 28 octobre 1994 relatif aux caractéristiques acoustiques des bâtiments d'habitation, remplacé par l'arrêté du 30 juin 1999, a opéré un renforcement très net des exigences d'isolation concernant trois types de bruit : les bruits aériens, les bruits d'impact et les bruits d'équipements. L'application des nouvelles normes variant non seulement en fonction de la nature du bruit produit mais également d'après le local émetteur ou récepteur des nuisances sonores, la réglementation s'appuie sur une classification des locaux à partir des catégories définies à l'article R111-1 du Code de la construction et de l'habitation[3]. Cette classification s'inspire directement de la circulaire

---

[1] V. sur cette question : C. OSWEILLER, Les conséquences du changement d'indices sur la réglementation acoustique, Echo Bruit n°89, juin 1999, p. 15-16.

[2] L'un relatif aux caractéristiques acoustiques des bâtiments d'habitation, qui abroge l'arrêté du 14 juin 1969 modifié et l'autre relatif aux modalités d'application de la réglementation acoustique (*JO* du 17 juillet 1999, p. 10658).

[3] Au terme de l'article R111-1 du C.C.H., *« un logement ou habitation comprend, d'une part, des pièces principales destinées au séjour ou au sommeil, éventuellement des chambres isolées et, d'autre part, des pièces de service, telles que cuisines, salles d'eau, cabinets d'aisance, buanderies, débarras, séchoirs, ainsi que, le cas échéant, des dégagements et des dépendances ».*

d'application de l'arrêté du 14 juin 1969[1] et sert de base à la détermination des seuils à respecter.

251. S'agissant des **bruits aériens intérieurs au bâtiment** (bruits de voix, de télévision, de transistor...), la nouvelle réglementation issue des textes de 1994 et de 1999 renforce l'isolation acoustique en moyenne de 3 dB(A), d'une part entre les logements, d'autre part entre les logements et circulations communes, garages individuels des logements voisins, locaux d'activité du bâtiment (art. 2 du 1er arrêté du 28 octobre 1994 et du 30 juin 1999). Elle donne directement l'isolement minimal à respecter, alors que l'arrêté du 14 juin 1969 fixait le niveau de pression acoustique maximal dans les pièces des logements pour certains niveaux de bruit émis dans les autres locaux, ce qui permettait de déduire l'isolement minimal demandé.

252. Les valeurs affichées par l'arrêté de 1994 sont, pour ce type de bruit, diminuées de 1 dB(A) par l'arrêté de 1999, afin d'intégrer les nouvelles normes européennes de calcul des indices. Ainsi, depuis le 1er janvier 2000, l'isolement acoustique normalisé entre deux logements est de 53 dB(A). Entre une circulation commune (local d'émission) et la pièce d'un logement (local de réception), l'isolement demandé est différent selon le nombre de portes séparant les deux locaux. Les valeurs limites se situent aujourd'hui à 40 dB(A) pour les pièces principales et 37 dB(A) pour les cuisines et salles d'eau, lorsque la circulation commune et la pièce du logement ne communiquent que par la porte palière ou bien par deux portes. Dans tous les autres cas, lorsque la circulation commune et la pièce du logement sont séparées par plus de deux portes, l'isolement acoustique exigé est de 53 dB(A) pour les pièces principales et de 50 dB(A) pour les cuisines et salles d'eau.

253. Pour les **bruits d'impact**, comme les bruits de pas ou de chute d'objets produits dans des locaux extérieurs au logement, le renforcement de l'isolation est également sensible par rapport à la réglementation acoustique datant de 1969. Il s'est fait de manière progressive. L'article 4 de l'arrêté du 28 octobre 1994 prévoyait que l'isolation des planchers, y compris les revêtements de sols, devait être telle que le niveau de pression acoustique perçu ne dépasse pas 65 dB(A), ce qui correspond à une amélioration de 5 dB(A). A partir du 1er janvier 1999, le seuil a été abaissé à 61 dB(A). Cette deuxième étape se trouve confirmée par l'arrêté du 30 juin 1999 qui, adaptant cette exigence aux nouvelles normes, impose, depuis le 1er janvier 2000, la valeur limite de 58 dB.

254. Enfin, concernant les équipements des habitations (chauffage, climatisation, ventilation, robinetterie, etc.), le **bruit des équipements individuels provenant des logements voisins** est davantage limité dans les pièces principales et les cuisines et celui des **équipements collectifs** (tels qu'ascenseurs, chaufferies, transformateurs, vide-ordures...) est davantage limité dans les cuisines. Pour ce type de bruit, les valeurs réglementaires définies par l'arrêté du 28 octobre 1994 n'ont nécessité aucune modification. L'article 6 du premier arrêté du 30 juin 1999, désormais applicable, regroupe toutes les dispositions réglementaires concernant le bruit engendré par les installations de ventilation mécanique, celui des équipements individuels des logements voisins et celui des équipements collectifs. Le niveau de pression acoustique ne devra pas dépasser 30 dB(A) en pièce principale et 35 dB(A) en cuisine pour ces équipements situés en-dehors du logement récepteur.

[1] Circulaire n°88-91 du 17 novembre 1988 relative à l'application de la réglementation en matière d'acoustique à l'intérieur des bâtiments d'habitation neufs, préc.

2- Les innovations de la N.R.A.

255. La N.R.A. corrige à différents points de vue le caractère trop restrictif de l'arrêté du 14 juin 1969 qui excluait de son champ d'application les maisons individuelles et les bruits provenant de l'espace extérieur. Elle a pour effet d'étendre désormais les éléments du confort acoustique aux parties communes d'un immeuble, à l'équipement individuel à l'intérieur du logement en question et aux bruits extérieurs, créant par là même de nouveaux critères de qualité acoustique (a) à la charge des professionnels du bâtiment (b).

a) Les nouveaux critères de qualité : des niveaux d'exigence quantitatifs et qualitatifs

256. **Les circulations communes** (halls d'entrée des immeubles, couloirs, cages d'escalier... qui sont des amplificateurs de bruits) doivent, depuis la N.R.A., faire l'objet d'un traitement acoustique par la pose de revêtements absorbants, afin de limiter la réverbération dans les locaux. L'article 3 du premier arrêté du 30 juin 1999 précise toutefois que les halls d'entrée et circulations communes sur lesquels ne donnent ni logement, ni loge de gardien, les circulations ayant une face à l'air libre, les escaliers encloisonnés et les ascenseurs ne sont pas concernés par cette nouvelle **exigence de correction acoustique,** qui a été introduite par l'arrêté du 28 octobre 1994. Contrairement aux autres contraintes réglementaires exprimées en terme de seuils à ne pas dépasser ou d'isolements minima à respecter, il s'agit ici d'une **obligation de moyens**. Il est impérativement demandé de prévoir des revêtements absorbants dont la quantité à poser est fonction de la surface au sol des circulations communes, ceci en application des dispositions de l'article 3 de l'arrêté du 30 juin 1999, reprenant les termes de l'arrêté du 28 octobre 1994.

257. Le degré très élevé de qualité acoustique atteint grâce aux nouvelles normes imposées à compter du 1er janvier 1996, et maintenues par l'arrêté de 1999, fait que la perception des bruits intérieurs aux logements devient plus subtile. Ayant entrevu cet « effet secondaire », la nouvelle réglementation prend également en compte le bruit des équipements intérieurs au logement considéré comme local récepteur et non plus seulement celui des équipements extérieurs. Le **bruit des équipements individuels de chauffage et de climatisation du logement** se trouve dorénavant limité à un niveau de pression acoustique de 35 dB(A) dans les pièces principales et de 50 dB(A) dans la cuisine de ce même logement, sous réserve de certaines dérogations prévues à l'article 5 du 1er arrêté du 30 juin 1999. Des dispositions transitoires, moins sévères, sont en effet prévues concernant le bruit de l'appareil individuel de chauffage lorsque la cuisine est ouverte sur une pièce principale.

258. Enfin, en réponse aux nombreuses plaintes proférées à l'encontre des **bruits extérieurs** produits à proximité des habitations, et notamment ceux de la circulation routière, un isolement minimal des façades a été introduit par l'article 7 de l'arrêté du 28 octobre 1994 et repris par l'actuel texte. Cet isolement acoustique doit correspondre à un minimum de 30 dB(A) vis-à-vis de bruits extérieurs ayant un spectre de bruit routier. A partir du moment où la construction du bâtiment d'habitation se fait à proximité d'infrastructures de transport bruyantes (transports terrestres ou aériens), la N.R.A. se trouve complétée par la réglementation spécifique existant dans ce domaine, à savoir l'arrêté du 6 octobre 1978 relatif à l'isolement acoustique des bâtiments d'habitation contre les bruits de l'espace extérieur et les nouvelles dispositions introduites par la loi n° 92-1444 du 31 décembre 1992 relative à la lutte contre le bruit (V. *supra* n° 139 et s.), renforçant les normes actuelles.

b) Le respect des nouvelles exigences réglementaires

259. Le contrôle du respect de la réglementation acoustique ne peut se faire *qu'a posteriori,* une fois les logements terminés. A l'instar des textes précédents, le premier arrêté du 30 juin 1999 introduit une « incertitude » à prendre en compte pour tous les types de bruit au moment de ce contrôle (art. 9). Il s'agit d'un **seuil de tolérance dans l'application des normes**, prévu en raison des incertitudes liées aux mesures des niveaux d'isolement ou de pression acoustique. Cette incertitude est fixée à 3 dB(A) par l'article 7 du deuxième arrêté du 30 juin 1999 relatif aux modalités d'application de la réglementation acoustique. Mais cette valeur pourrait être révisée ultérieurement en fonction de l'état des connaissances. Pour l'heure, un logement sera donc considéré comme conforme aux exigences minimales imposées par la N.R.A. lorsque d'une part, le résultat de mesure des isolements acoustiques atteint au moins les limites fixées, diminuées de 3 dB(A) et d'autre part, le résultat de mesure des niveaux de pression acoustique atteint au plus les limites fixées, augmentées de 3 dB(A). En résumé, la valeur de l'isolement acoustique doit être la plus grande possible, alors que celle du niveau de pression acoustique reçu doit être la plus petite possible.

260. Parce que le passage de ces exigences réglementaires à la conception des bâtiments est particulièrement ardu en matière d'acoustique, plusieurs documents édités par la Direction de l'Habitat et de la Construction du ministère du Logement ont accompagné, en 1994, la sortie de la N.R.A. Un guide composé de fiches pratiques rédigées par des professionnels du bâtiment aide les concepteurs et les constructeurs à comprendre les nouveaux objectifs de la réglementation et à les intégrer de manière satisfaisante dans leur projet de construction. Il détaille le contenu de la N.R.A. et les changements qu'elle apporte par rapport à l'ancienne réglementation de 1969, ses incidences sur la conception architecturale et technique, la prise en compte de la qualité acoustique pour chaque partie du bâtiment, pour différents matériaux et par corps d'État. En complément, un recueil d'exemples de solutions acoustiques, élaboré et diffusé par le Centre Scientifique et Technique du Bâtiment (C.S.T.B.), propose des réponses techniques aux obligations réglementaires[1]. Ces documents restent d'actualité, puisque les nouveaux arrêtés du 30 juin 1999 ne modifient pas les critères réglementaires de qualité acoustique ni les procédés permettant de les satisfaire.

261. L'intégration du savoir-faire des divers partenaires de la construction pendant la phase d'élaboration des normes, associée à une information pratique largement diffusée au moment de leur entrée en vigueur garantissent une application par tous les professionnels de ces nouvelles exigences qui profiteront ainsi à tous les occupants de logements neufs. Mais si les performances induites par la N.R.A. sont une réussite en terme de confort acoustique des habitations à construire, il ne faut pas oublier tout le parc de logements anciens qui eux ne sont pas soumis à de tels critères de qualité. Il faut espérer que l'habitat existant bénéficiera, à l'occasion d'opérations de réhabilitation, des progrès technologiques en la matière dus au renforcement des exigences d'isolation des logements neufs.

262. En tout état de cause, un traitement direct du local de réception des bruits par l'isolation acoustique n'est pas une solution satisfaisante en soi et surtout pas *la* solution aux bruits de voisinage. Cette forme de protection ne résout aucunement le problème dans la mesure où elle se contente d'en atténuer les effets perçus sans aborder le phénomène à sa source. D'autres outils de lutte contre les bruits de voisinage doivent être

---

[1] Ces exemples de solutions acoustiques n'ont pas de caractère réglementaire contrairement aux exemples de solutions thermiques.

recherchés dans des législations plus générales qui ont intégré la question des nuisances sonores et qui permettent de les réglementer à leur émission. Il s'agit de toutes les mesures de protection contre les atteintes à la tranquillité et à la santé publiques.

§3. LES MESURES DE PROTECTION CONTRE LES ATTEINTES À LA TRANQUILLITÉ ET À LA SANTÉ PUBLIQUES

263. Nuisance de proximité, les bruits de voisinage nécessitent en toute logique un traitement local. C'est donc aux autorités locales de police administrative générale : les préfets et les maires, qu'il revient de mener la politique de prévention qui s'impose, compte tenu des circonstances de chaque espèce. Les fondements juridiques de cette intervention et son régime peuvent être trouvés dans des législations générales dont la vocation est de protéger des valeurs sociales multiples et variées, et en tout cas plus larges que la seule considération des nuisances sonores. Le caractère transversal des bruits de voisinage, tant sur le plan de leurs origines qu'au niveau de leurs manifestations, ainsi que l'impact de leurs effets, permettent effectivement de les intégrer dans le champ d'application de ces législations.

264. Ainsi, depuis longtemps il est établi que les bruits du voisinage, de par la proportion qu'ils sont susceptibles de prendre, constituent une atteinte grave à la tranquillité publique. Les études sociologiques et les enquêtes de proximité témoignent à l'unanimité de la dégradation continuelle de la qualité de la vie qu'ils infligent à tous les citoyens. Des constats scientifiques -et notamment médicaux- ont de leur côté révélé la gravité des nuisances engendrées par le bruit sur la santé de l'homme. A côté de la préoccupation qualitative des conditions de vie est donc venu se poser un problème de santé publique, témoignant d'une prise de conscience plus aiguë des dangers que présentent les nuisances sonores. C'est ainsi que, dès 1989, une circulaire ministérielle[1] constate que le bruit *« atteint les citoyens dans leurs droits fondamentaux au repos et à la tranquillité et porte préjudice à la santé »*. Plus récemment, dans une circulaire du 27 février 1996[2], les pouvoirs publics ont confirmé que *« de simple désagrément il est devenu un problème de santé publique »*.

265. La prévention des bruits de voisinage relève par conséquent à la fois de la police générale de la tranquillité publique, fondée sur le Code général des collectivités territoriales, (A) et de la police spéciale de l'hygiène publique, fondée sur le Code de la santé publique (B).

A. LA POLICE GÉNÉRALE DE LA TRANQUILLITÉ PUBLIQUE

266. La commune constitue le cadre juridique à l'intérieur duquel s'organise en principe la police administrative générale de la tranquillité publique, qui inclut la police du bruit. Les fondements légaux de cette police sont désormais contenus dans le Code général des collectivités locales (C.G.C.T.), créé par la loi n° 96-142 du 21 février 1996 qui reprend, selon la technique dite « à droit constant », la partie législative du Code des communes[3]. La nouvelle codification reproduit fidèlement le partage des compétences résultant de nombreuses modifications et opéré entre les deux autorités locales de police

---

[1] Circulaire du 7 juin 1989 relative à la lutte contre le bruit (*JO* du 9 juillet 1989).

[2] Circulaire du 27 février 1996 relative à la lutte contre les bruits de voisinage (*JO* du 7 avril 1996).

[3] Articles 11 et 12 de la loi n°96-142 du 21 février 1996 relative à la partie Législative du Code général des collectivités publiques (*JO* du 24 février 1996). Les dispositions du Code des communes concernant la lutte contre le bruit sont abrogées et remplacées par des dispositions correspondantes du Code général des collectivités locales.

que sont le maire et le préfet. Ces modifications sont l'aboutissement d'un désir législatif de simplifier le jeu complexe de répartition des pouvoirs en matière de police de la tranquillité publique.

267. *A priori* l'articulation des différents textes, fondements légaux de l'intervention locale, ne pose plus de problème majeur, le législateur ayant eu le soin de lever une après l'autre les ambiguïtés existant dans la détermination du domaine de compétence de chacun. Mais l'absence de définition juridique précise des notions de *tranquillité publique* et de *bruits de voisinage*, qui sont à la base de l'exercice de la police administrative générale, complique considérablement l'application pratique des textes. C'est pourquoi, même après avoir délimité les compétences textuelles de chaque autorité (1), il n'est pas toujours aisé d'en déterminer les modalités pratiques et le cadre exact d'intervention (2).

1- Les fondements légaux de l'intervention

268. Conformément aux articles L. 2212-1 et L. 2212-2 du C.G.C.T., la police de la tranquillité publique relève en premier lieu du maire. Les différentes modifications législatives qui ont entraîné une nouvelle répartition des pouvoirs entre ce dernier et le préfet, tous deux autorités de police générale, vont toutes dans le même sens : elles placent les maires devant leurs responsabilités en élargissant le domaine de leurs compétences et renforcent en même temps la protection du public.

a) La répartition des compétences entre maire et préfet

269. L'article L. 2212-2-2° du C.G.C.T. (anciennement art. L. 131-2-2° C.communes) sert de fondement légal à l'intervention du maire, en vertu de ses pouvoirs de police municipale. Il lui confie *« le soin de réprimer* ***les atteintes à la tranquillité publique*** *telles que rixes et disputes accompagnées d'ameutement dans les rues, le tumulte excité dans les lieux d'assemblée publique, les attroupements,* ***les bruits, y compris les bruits de voisinage,*** *les rassemblements nocturnes qui troublent le repos des habitants et tous actes de nature à compromettre la tranquillité publique »*. La loi n° 90-1067 du 28 novembre 1990[1] a modifié le texte d'origine, ajoutant le terme de *« bruits de voisinage »* dans l'énumération de l'ancien article L. 131-2-2° du Code des communes[2].

270. **Dorénavant la police de la tranquillité publique inclut donc expressément les bruits de voisinage.** Cependant, une telle précision semble quelque peu superflue, dans la mesure où la liste donnée par l'ancien article L. 131-2-2° n'était en aucun cas limitative. L'emploi de la locution *« telles que... »* confère à cette énumération un caractère purement indicatif, renforcé par l'expression extrêmement vague de *« tous actes de nature à compromettre la tranquillité publique »*, susceptible d'englober toutes sortes de bruit. Par conséquent, quel besoin y avait-il d'introduire expressément dans le texte une catégorie de bruits qui, dès le début, était implicitement prévue ? L'intention du législateur a peut-être été ici de porter l'attention sur une catégorie bien précise de bruits dont le traitement serait réservé de façon exclusive aux maires.

---

[1] Article 26 de la loi n°90-1067 du 28 novembre 1990 relative à la fonction publique territoriale (*JO* du 2 décembre 1990).

[2] Notons que la loi n°83-8 du 7 janvier 1983 a modifié le 6° de l'ancien article L. 132-2 du Code des communes, devenu l'article L. 2212-2-5° du C.G.C.T., pour donner au maire la charge de prévenir les *« pollutions de toute nature »*. Toutefois, le Conseil d'État a interprété cette modification comme ne concernant pas les nuisances sonores. V. : Avis du CE du 8 novembre 1988 annexé à la circulaire du 14 juin 1989 relative aux règles d'hygiène (*JO* du 26 juillet 1989).

271. La loi n° 90-1067 du 28 novembre 1990[1] apporte la même modification à l'article L. 2214-4 du C.G.C.T. (anc. art. L. 132-8 C.communes). Elle revêt cette fois une importance indéniable, puisqu'elle a pour but d'étendre les pouvoirs du maire. Le texte modifié transfère les pouvoirs de police de la tranquillité publique au seul préfet dans les communes où la police est étatisée, ***« sauf en ce qui concerne les bruits de voisinage ».*** Selon la circulaire du 15 juillet 1991[2], qui commente les dispositions de la loi du 28 novembre 1990, cette modification apporte une simplification à l'exercice des compétences du maire dans les communes à police étatisée. Elle met surtout fin à une situation paradoxale qui, selon les termes de M. Antonini, aboutissait à ce que *« les maires des petites communes pouvaient exercer leur pouvoir de police dans ce domaine* (en matière de lutte contre les bruits de voisinage), *alors que ceux des communes urbaines, où la police est étatisée, ne pouvaient exercer cette compétence, bien que disposant en général de techniciens spécialisés et de matériel de mesure »*[3].

272. L'institution de la police d'État dans les plus grandes villes date d'avant la première guerre mondiale. Elle manifeste la volonté de l'État d'assurer directement dans ces agglomérations le maintien du bon ordre, en raison des implications nationales qui en découlaient. Le système a été généralisé à toutes les communes de plus de 10 000 habitants par la loi n° 1803 du 23 avril 1941 et a été étendu depuis. Il en résulte que, jusqu'à la loi de 1990, « *dans les communes où la police est étatisée* », la prévention des atteintes à la tranquillité publique incombe *« à l'État seul »,* représenté à l'échelon local par le préfet. En vertu de l'article L. 2214-4 du C.G.C.T. qui reprend les dispositions *modifiées* de l'article L. 132-8 du Code des communes, les maires des communes à police étatisée ont maintenant compétence en matière de bruits de voisinage. **La prévention des bruits de voisinage incombe donc aujourd'hui à tous les maires de toutes les communes, sans aucune distinction.**

273. Le préfet, dans ce domaine, n'est pourtant pas en reste. Il dispose de pouvoirs propres en matière de police du bruit. Conformément à l'article L. 2214-4 du C.G.C.T. précité, il a en charge, et de manière exclusive, la prévention de la tranquillité publique dans les communes à police étatisée, exception faite du domaine des bruits de voisinage. Dans ces mêmes communes, il assure également le *« bon ordre quand il se fait occasionnellement de grands rassemblements d'hommes ».*

274. De plus, le préfet peut prendre pour toutes les communes du département ou plusieurs d'entre elles, *en cas de carence du maire*, les mesures nécessaires au maintien de la tranquillité publique, **y compris pour lutter contre les bruits de voisinage** (art. L. 2215-1 C.G.C.T., anc. art. L. 131-13 C.communes). Ce droit peut être exercé par le préfet à l'égard d'une seule commune, mais seulement après mise en demeure du maire restée sans résultat. Lorsque le maintien de l'ordre est menacé dans deux ou plusieurs communes limitrophes, le préfet peut, par arrêté motivé, *se substituer* aux maires intéressés pour exercer les pouvoirs de police de la tranquillité publique, incluant la prévention des bruits de voisinage et le maintien du bon ordre dans les endroits où il se fait de grands rassemblements d'hommes. Cette situation ne vise pas forcément une carence des maires, les mesures préfectorales pouvant se substituer à des arrêtés municipaux existants.

---

[1] *Ibidem.*

[2] Circulaire DGS/PGE/1 B n°48 du 15 juillet 1991 relative à la modification des compétences en matière de bruit de voisinage (*JO* de la République Française n°1383 - « Bruit » - édition juin 1995 - p. 17 et s.).

[3] J.-C. ANTONINI, Les maires placés devant leur responsabilité, Echo Bruit n°46, décembre 1990, p. 1-2.

275. Le préfet peut aussi, concurremment avec le maire et en vertu de l'article L. 2215-3 du C.G.C.T. (anc. art. L.131-14 C.communes), soumettre à des prescriptions particulières, relatives notamment aux niveaux sonores admissibles, les activités s'exerçant sur la voie publique dans certains secteurs des communes du département. Enfin, la loi du 18 mars 2003 pour la sécurité intérieure[1] a inséré un 4° à l'article L. 2215-1 du C.G.C.T. qui crée une procédure d'urgence lorsque l'atteinte à l'ordre public l'exige et que les pouvoirs de police traditionnels du préfet sont insuffisants. Dans ce cadre, le préfet dispose désormais, outre de son pouvoir de substitution, d'un large pouvoir de réquisition

276. Ces modifications apportées par la loi n° 90-1067 du 28 novembre 1990 ont suscité de nombreuses interrogations s'agissant de leurs répercussions sur le droit spécifique auquel demeurent soumis les départements du Bas-Rhin, du Haut-Rhin et de la Moselle.

b) La spécificité du droit local relatif à la tranquillité publique ?

277. Par une modification des articles L. 131-2 et L. 131-8 du Code des communes, la loi n° 90-1067 du 28 novembre 1990 a donné compétence aux maires des communes à police étatisée en matière de prévention des atteintes à la tranquillité publique provoquées par des bruits de voisinage, alors que cette compétence était auparavant exercée par le préfet. Or, ces textes, repris aux articles L. 2212-2 et L. 2214-4 du Code général des collectivités territoriales, sont applicables dans la France dite de l'intérieur *à l'exclusion de l'Alsace-Moselle.* En effet, des dispositions propres à l'Alsace-Moselle, codifiées aux articles L. 181-40 et suivants du Code des communes et reprises par le Code général des collectivités territoriales, régissent les pouvoirs généraux de police municipale dans les trois départements du Bas-Rhin, du Haut-Rhin et de la Moselle[2]. La question était alors de savoir si la modification apportée par la loi n° 90-1067 du 28 novembre 1990 valait aussi pour les trois départements de l'Est.

278. Dans la stricte application du droit, la réponse devait être négative. En effet, les pouvoirs des préfets dans les communes à police étatisée résultent, en Alsace-Moselle, de deux ordonnances n° 45-1968 et n° 45-1969 du 1er septembre 1945. Comme l'explique M. Woehrling, *« si les dispositions de ces ordonnances sont, en ce qui concerne les pouvoirs de police des maires dans les communes à police étatisée, codifiées à l'article L181-47 du code des communes, lequel renvoie à l'article L131-2, cette codification n'a pas fait l'objet d'une validation législative et, dès lors, les modifications de l'article L131-2 du code des communes ne peuvent équivaloir à une modification de ces ordonnances »*[3]. Par conséquent, les modifications affectant le régime de la police étatisée en droit général ne sont pas applicables dans les trois départements de l'Est. Cela signifie que le préfet demeure la seule autorité compétente en matière de lutte contre les bruits de voisinage dans les communes à police étatisée.

279. Mais dans un souci d'uniformité et de cohérence juridique, le législateur a mis fin à cette situation particulière et injustifiée, que seule une omission dans le travail normatif -nouvel exemple des malfaçons qu'engendrent les codifications « à droit constant »- pouvait expliquer. Ainsi, l'article 11 de la loi n° 92-1444 du 31 décembre

[1] Loi n°2003-239 du 19 mars 2003 pour la sécurité intérieure (*JO* du 19 mars 2003, p. 4761).

[2] V. sur ce point J.-M. WOEHRLING, Matières régies par le droit public alsacien-mosellan, Juris-Classeur Alsace-Moselle, éd. T, Fasc. 210, 1991 ; Droit communal d'Alsace-Moselle - Questions générales, Juris-Classeur Alsace-Moselle, éd. T, Fasc. 220, 1993.

[3] J.-M. WOEHRLING, Droit communal d'Alsace-Moselle - Questions générales, préc.

1992 relative à la lutte contre le bruit a rajouté les mots *« bruits de voisinage »* au troisième alinéa de l'article L. 180-40 du Code des communes, devenu l'article L. 2542-4 du C.G.C.T. et présentant des dispositions identiques à celles de l'article L. 2212-2 du même code. Mais il fallut attendre la loi n° 95-101 du 2 février 1995 relative au renforcement de la protection de l'environnement[1] pour préciser dans les deux ordonnances de 1945 et dans l'article L. 181-47 du Code des communes, devenu l'article L. 2542-10 du C.G.C.T., que les maires des communes à police étatisée restent investis des pouvoirs de police en ce qui concerne les bruits de voisinage.

280. Désormais les maires d'Alsace-Moselle disposent des mêmes compétences en matière de police de la tranquillité publique que dans le reste de la France. Les dispositions de droit général relatives à la tranquillité publique trouvent donc leurs homologues dans celles du droit local. Toutefois, s'agissant des préfets alsaciens-mosellans, il semblerait qu'ils ne disposent pas du pouvoir de substitution que l'article L. 2215-1 du C.G.C.T. confère à leurs homologues du reste du territoire français, faute de dispositions expresses venant opérer une harmonisation du droit commun et du droit local sur ce point. Une réforme du droit local devrait être envisagée en ce sens.

281. Si en définitive, les préfets détiennent plus ou moins autant de pouvoirs que les maires au titre de la police de la tranquillité publique, il est dorénavant un domaine réservé aux maires : celui de la lutte contre les bruits de voisinage. Cet état de fait ne souffre plus d'aucune discussion. En revanche, les notions de *« tranquillité publique »* et de *« bruits de voisinage »*, qui fondent l'exercice de ces pouvoirs de police, posent en elles-même un problème de délimitation, ajoutant aux difficultés pratiques de mise en œuvre des textes par les autorités locales.

2- L'exercice des compétences

a) La définition conceptuelle du domaine de compétence

282. L'exercice de ces compétences suppose avant tout une définition non équivoque des notions de *« tranquillité publique »* et de *« bruits de voisinage »*, qui constituent le cadre légal de la police générale du bruit. Or les textes ne sont pas très explicites à ce sujet, ce qui a nécessité le relais de la jurisprudence et de la doctrine. Il en résulte une vision assez large et souple de la notion de tranquillité publique, qui va au-delà de celle de bruit, même si cette dernière y est toujours implicitement présente[2]. D'un point de vue strictement limité à la prévention du bruit, on peut dire qu'elle couvre l'ensemble des nuisances sonores sur la voie publique et dans les lieux publics, qu'elles soient générées par des activités autorisées ou des événements occasionnels. Elle vise également le maintien du bon ordre dans les endroits où il se fait de grands rassemblements d'hommes, tels que les foires, marchés, réjouissances et cérémonies publiques, spectacles, jeux, cafés, églises et autres lieux publics, où des débordements de décibels sont à craindre.

283. L'introduction expresse des *« bruits de voisinage »* permet d'étendre le champ d'application de la police de la tranquillité publique aux activités de la vie quotidienne, qu'elles soient publiques ou privées. Cependant, en l'absence de définition juridique de

---

[1] Articles 70 et 71 de la loi n° 95-101 du 2 février 1995 relative au renforcement de la protection de l'environnement (*JO* du 3 février 1995).

[2] L'article L. 2212-2 du C.G.C.T. vise expressément dans son énumération, en plus du bruit pris en tant que tel, *« les rixes et disputes accompagnées d'ameutement dans les rues, le tumulte excité dans les lieux d'assemblée publique, les attroupements »*, qui s'accompagnent forcément de manifestations sonores.

cette notion, l'appréciation du domaine d'intervention du maire, puisqu'ils sont de son ressort exclusif, se révèle des plus hasardeuses. Elle varie en fonction de l'interprétation plus ou moins large qui peut être donnée au terme de *« bruits de voisinage »*. Entendus au sens large, les bruits de voisinage représentent toutes les catégories de bruit, quelle que soit leur origine, dès lors qu'ils remplissent la condition découlant du terme *« voisinage »*, c'est-à-dire dès lors qu'ils se produisent dans une certaine zone géographique, caractérisée par sa proximité au point de réception des effets du bruit. Seraient alors pris en compte tous les bruits domestiques, les bruits de sports et de loisirs, mais aussi ceux générés par les activités commerciales et industrielles, ainsi que les nuisances sonores des infrastructures de transports. Or une telle approche des bruits de voisinage en matière de police municipale n'est juridiquement pas concevable.

284. En effet, en vertu des règles administratives qui gouvernent les relations entre police générale et polices spéciales, le maire, autorité de police générale, ne peut s'immiscer dans les domaines relevant de polices spéciales, comme celle des aérodromes et des installations aéronautiques par exemple. Aussi, les textes relatifs à la police générale de la tranquillité publique n'ont pu faire référence qu'à une conception restrictive des bruits de voisinage, telle qu'elle nous est donnée par le décret n° 95-408 du 18 avril 1995[1]. En application de ce texte, sont exclus de la notion de *« bruits de voisinage »* tous les bruits relevant de réglementations spécifiques, c'est-à-dire *« ceux qui proviennent des infrastructures de transports et des véhicules qui y circulent, des aéronefs, des activités et installations particulières de la défense nationale et des installations classées pour la protection de l'environnement »*. Mises à part ces exceptions, sont retenus comme bruits de voisinage les bruits *« de nature à porter atteinte à la tranquillité du voisinage ou à la santé de l'homme »* par leur durée, leur répétition ou leur intensité. Concrètement, sont visés d'une part, les bruits de comportement (bruits domestiques, aboiements de chiens, bruits de jardinage et de bricolage, etc.), qui sont constatés sans mesure acoustique et d'autre part, les bruits liés à des activités culturelles, sportives ou de loisirs organisées ou à des activités professionnelles, constatées avec mesure de l'émergence du bruit en cause par rapport à des valeurs limites admissibles.

285. Le manque de précision des textes est source de bien des incertitudes dans la pratique, d'autant plus qu'après avoir déterminé si tel bruit entre bien dans le domaine de compétence du maire en tant que *« bruit de voisinage »* ou atteinte à la *« tranquillité publique »*[2], il convient de s'interroger sur l'opportunité et les formes de l'intervention.

b) L'exercice de police de la tranquillité publique

286. L'autorité de police municipale, que ce soit le maire ou le préfet, n'a pas à intervenir pour n'importe quel type de bruit. Elle est tenue de réglementer les bruits lorsqu'ils sont *« de nature à compromettre la tranquillité publique »* (art. L. 2212-2 C.G.C.T.). Or quoi de plus indéfini qu'un bruit de nature à compromettre la tranquillité publique ? Quels caractères doit-il présenter pour entrer dans ce cas de figure ? Encore

---

[1] Décret n°95-408 du 18 avril 1995 relatif à la lutte contre les bruits de voisinage et modifiant le code de la santé publique (*JO* du 19 avril 1995). Ce texte est essentiellement répressif et est le seul, en l'état actuel du droit, a donné une *pseudo* définition des *« bruits de voisinage »*, qu'il a reproduite du décret n° 88-523 du 5 mai 1988 qu'il abroge.

[2] S'il s'avère que le maire est intervenu à la place du préfet, sa décision doit être annulée parce qu'entachée d'incompétence. La jurisprudence est constante sur ce point. V. par ex. : CE, 20 décembre 1995, Commune de Bourg en Bresse, n° 145908 ; CE, 29 décembre 1995, Commune de la Baule, n° 123691.

une fois, les textes sont muets. D'une manière générale, il est permis d'avancer que le bruit doit générer un *minimum de nuisance* et causer un *trouble réel.* A partir de là, on est forcé de s'en remettre à l'appréciation subjective et variable selon les circonstances de l'espèce, de l'autorité compétente. Il n'est pratiquement pas possible de contraindre un maire ou un préfet à user de ses pouvoirs de police, dans la mesure où l'opportunité de l'intervention relève de son appréciation souveraine et quasi-discrétionnaire[1].

287. L'incertitude des interventions en matière de lutte contre les bruits résulte non seulement du caractère intrinsèquement subjectif des phénomènes en cause, mais également des multiples motivations et intérêts en jeu. Elle est d'autant plus grande lorsqu'il s'agit pour l'autorité compétente de définir les mesures à prendre. De nombreuses limites viennent entraver l'exercice de son pouvoir. Tout d'abord, la lutte préventive contre les bruits de voisinage -entendus au sens large en tant qu'atteinte à la tranquillité publique- implique obligatoirement de réglementer et le plus souvent d'interdire certains comportements ou activités jugés nuisibles et donc *« hors-la-loi ».* De telles mesures viennent plus ou moins entraver les libertés publiques et individuelles, qui comprennent la liberté du commerce et de l'industrie (pour les entreprises bruyantes), la liberté de réunion et d'aller et de venir (pour les concerts, les spectacles, la circulation routière...), la liberté de religion (pour les sonneries de cloches), etc. Ces libertés consacrées sur le plan juridique sont multiples. Or, les pouvoirs de police du maire ou du préfet peuvent être utilisés non seulement pour édicter un règlement permanent, mais aussi pour réglementer ou interdire une activité individuelle. C'est pourquoi, **toute interdiction générale et absolue est prohibée,** parce que la réglementation édictée ne doit pas aboutir à supprimer la liberté en cause.

288. Ainsi, un arrêté municipal ou préfectoral ne peut pas interdire, d'une façon générale, tous les bruits de moteurs[2], ni tous les aboiements de chiens[3], ni les activités musicales de toute nature dans les zones piétonnes[4], ou encore de façon absolue les sonneries de cloches[5]. En fait, le degré de sévérité que pourra prendre une mesure de lutte contre les bruits de voisinage varie à la fois en fonction de la valeur accordée à la liberté en jeu et selon les circonstances propres à chaque espèce. Ainsi, est légal l'arrêté municipal qui ramène de 4 à 2 heures du matin la fermeture d'une discothèque alors que

---

[1] En cas de carence d'un maire, il pourra toujours être fait appel à son supérieur hiérarchique, à savoir le préfet qui pourra agir, *s'il l'estime opportun,* en application de ses pouvoirs de substitution. De jurisprudence constante, la décision de refus d'un maire de faire usage de ses pouvoirs de police que lui confère l'article L. 2212-2 du C.G.C.T. n'est entachée d'illégalité que si elle présente le caractère d'une faute lourde. V. sur ce point : CE, 14 décembre 1962, Doublet, Rec. p. 680 ; D. 1963, jurispr. p. 117, ccl. Combarnous ; A.J.D.A. 1963, 85, note Gentot et Fourré.

[2] CE, 7 avril 1967, Maire de Passage d'Agen, Rec. p. 567.

[3] Est illégal l'arrêté du maire décidant de façon générale et absolue que seront réprimés les aboiements et les hurlements des chiens de garde et des chiens particuliers, en refuge ou en chenil, sur le territoire de la commune, CE, 5 février 1960, Commune des Mougins, Rec. p. 83 ; Rev. adm. 1960, 101, note Hourticq. En revanche, est légal l'arrêté qui ne comporte pas d'interdiction générale et absolue, mais vise seulement le cas où les aboiements de ces animaux sont de nature à troubler la tranquillité publique : Cass. crim., 19 juin 1968, Bull. crim. n°197, p. 478 ; D. 1968, jurispr. p. 549 ; Gaz. Pal. 1968, 2, 226.

[4] CE, 4 mai 1984, Préfet de police de Paris c. Guez, Rec. p. 164 ; A.J.D.A. n°6, 1984, ccl. Dutheillet de Lamothe.

[5] CE, 5 août 1908, Leclercq, Rec. p. 866 ; CE, 8 juillet 1910, Abbé Carlin, Rec. p. 566. Si l'article 27 de la loi sur les cultes de 1905 autorise le maire à réglementer les sonneries de cloches, il ne peut le faire *« dans des conditions telles que la pratique du culte s'en trouve entravée ».* Le Conseil d'État a jugé que la sonnerie de l'angélus ayant un caractère religieux et aussi d'usage local, un maire avait pu refuser d'interdire la sonnerie de l'angélus à 7 h du matin, laquelle ne portait pas atteinte à la tranquillité publique. V. : CE, 11 mai 1994, M. Larcena, req. n°137 612.

les habitants du quartier s'étaient regroupés en association de défense et produisaient des P.V. de gendarmerie[1] ou, cas extrême, est justifiée l'interdiction générale de sonner les cloches compte tenu du danger présenté par l'absence de solidité dûment constatée du clocher[2]. En tout état de cause, il n'est pas aisé de déterminer à partir de quand une mesure sera jugée excessive et deviendra illégale aux yeux du juge de l'excès de pouvoir.

289. L'interdiction de mesures générales et absolues renvoie également au respect de la **règle de *« l'économie des moyens »*.** Celle-ci implique **une absence de disproportion entre les moyens utilisés et le but recherché.** La réglementation ne doit prévoir que les moyens strictement nécessaires pour atteindre l'objectif fixé. Concrètement, cela signifie que le maire ne doit pas édicter une réglementation générale alors qu'une réglementation individuelle ou limitée suffirait. Est ainsi illégale l'interdiction générale de *« l'usage de pétards, feux d'artifice et engins analogues »*[3] ou la *« détention de canards appelants »*, même si cette interdiction a été limitée à certaines zones de la commune définies dans le P.O.S[4]. Cela signifie également que l'activité en cause ne doit être restreinte que dans la stricte mesure où cela est nécessaire. Par exemple, en interdisant l'usage d'appareils d'aéromodélisme, les dimanches et jours fériés toute la journée et après 18 heures, les autres jours de la semaine, du 1er avril au 31 octobre, le maire n'a pas pris une mesure excessive[5].

290. Le maire doit, en outre, tenir compte de l'impact éventuel de ses mesures sur les communes avoisinantes, alors même que l'exercice de ses pouvoirs de police est strictement limité au territoire de la commune. Ce nouveau paramètre à prendre en considération dans l'élaboration d'un arrêté municipal a été posé par le Conseil d'État à propos d'une interdiction de passage des poids lourds dans une agglomération qui a entraîné une modification du trafic ainsi détourné dans d'autres communes[6]. La légalité de la réglementation municipale dépendra du caractère excessif ou non des répercussions que peut avoir la mesure dans d'autres communes. Comme le fait remarquer M. le Conseiller d'État Marillia, c'est *« en quelque sorte, l'application dans le domaine des pouvoirs de police du maire de la théorie du bilan coûts-avantages que l'on rencontre en matière d'expropriation »*[7]. Il s'agit surtout d'une nouvelle limite portée aux interventions des autorités de police municipale.

291. Enfin, il est des domaines de police spéciale dans lesquels le maire ne peut pas intervenir, sauf exception. Il en va ainsi concernant le bruit de la circulation ferroviaire, du trafic aérien, de la navigation fluviale, des installations classées pour le protection de l'environnement, secteurs qui relèvent de la compétence d'une autre autorité. Ainsi, dans le cadre de la police des installations classées, le maire ne peut normalement pas agir, sauf en cas de *« péril imminent ou d'urgence »*[8] et seulement par des mesures de

---

[1] CE, 20 décembre 1995, Commune de Ville sur Illon, req. n° 144143.

[2] En l'espèce il s'agissait de circonstances exceptionnelles qui posaient plus un problème de sécurité publique que de tranquillité publique : CE, 12 février 1909.

[3] TA de Rouen, 23 novembre 1994, req. n° 94-790 : les circonstances particulières de la ville du Havre justifiaient une réglementation plus sévère que celle édictée par le décret du 1er octobre 1990 relatif aux feux d'artifice. Mais l'interdiction de l'usage de pétards, feux d'artifice et engins analogues dans tous les lieux publics est une interdiction générale et absolue et par là-même illégale.

[4] TA de Caen, janvier 1993, Lefèvre, req. n° 93-1375.

[5] CE, 8 mars 1993, Commune des Molières, req. n° 102027.

[6] CE, 18 oct. 1989, Commune d'Aigueperse, req. n° 97656.

[7] G.D. MARILLIA, Le maire et le bruit - les limites de l'intervention du maire, La Vie Communale et Départementale n° 809, avril 1996, p. 103 et s.

[8] CE, 22 janvier 1965, Consorts Alix, Rec. p. 45 ; CE, 15 janvier 1986, Sté Pec Engineering, A.J.D.A. 1986, p. 191.

caractère provisoire, dans l'attente de l'intervention du préfet qui est l'autorité de police spéciale compétente en la matière. Néanmoins il a été admis par la jurisprudence que le maire peut poursuivre l'exécution des mesures prescrites par l'autorité de police spéciale. C'est notamment le cas lorsqu'un aspect de la police générale du maire est repris par la police spéciale. De cette manière, lorsqu'un maire réglemente les bruits nocturnes, sa réglementation s'imposera même aux installations classées qui relèvent pourtant du préfet[1].

292. L'exercice des pouvoirs de police de la tranquillité publique n'est pas totalement exempt d'ambiguïtés ; il est, nous venons de le voir, semé de bien des embûches dans la pratique. C'est pourtant dans ce domaine et à ce niveau d'action que sont susceptibles d'être prises les mesures les plus efficaces en matière de prévention contre les bruits de voisinage. Le Code de la santé publique prévoit également l'intervention des maires et des préfets pour prendre des arrêtés de lutte contre le bruit. Ces derniers sont pris au titre de la police de l'hygiène publique.

B. La police spéciale de l'hygiène publique

293. Le Conseil Supérieur d'Hygiène Publique de France, dans un avis du 4 avril 1996, rappelle l'extrême nocivité du bruit sur la santé et le nombre grandissant de personnes exposées aux nuisances sonores, ce qui fait de ce phénomène un problème de santé publique. Il insiste sur le caractère prioritaire de l'action préventive -*le bruit doit être si possible traité à la source*-, qui doit être sous-tendue par une approche sanitaire. La réglementation du bruit en tant que problème médical ne date pourtant pas d'hier. Mais la prise de conscience de plus en plus aiguisée des dangers de ce type de nuisance a entraîné des changements importants dans les moyens légaux imaginés et mis en œuvre.

294. L'étape décisive a été la loi n° 86-17 du 6 janvier 1986[2], qui modifie -dans son article 67- le cadre légal de la police de l'hygiène publique contenu aux articles L. 1 et L. 2 du Code de la santé publique, pour lui donner *« une valeur juridique plus forte »*, selon les termes de la circulaire du 14 juin 1989 relative aux règles d'hygiène[3]. Cette loi remplace le système des règlements sanitaires (1) par celui de décrets pris en Conseil d'État et complétés par des arrêtés pris au niveau local (2), pour la fixation de règles propres à préserver la santé de l'homme, notamment en matière de lutte contre les bruits de voisinage.

1- Les règles générales d'hygiène avant 1986 : le règlement sanitaire départemental

295. Le système du règlement sanitaire a été mis en place au début du siècle, par une loi du 15 février 1902 qui attribuait des compétences assez étendues au maire chargé

---

[1] Cette solution est justifiée dès lors que la réglementation municipale ne vise pas uniquement le bruit industriel mais a un caractère plus général et qu'elle n'est pas en contradiction et ne forme pas double emploi avec les prescriptions préfectorales régissant l'établissement au titre de la police spéciale des installations classées pour la protection de l'environnement.

[2] Loi n° 86-17 du 6 janvier 1986 adaptant la législation sanitaire et sociale aux transferts de compétences en matière d'aide sociale et de santé (*JO* du 8 janvier 1986).

[3] Circulaire du 14 juin 1989 relative aux règles d'hygiène : application des dispositions des articles L1, L2, L48, L49 et L772 du Code de la santé publique (*JO* du 26 juillet 1989). Ce texte donne des précisions sur l'élaboration, la mise en oeuvre et le contrôle des règles d'hygiène fondées sur les articles L1 et L2 du Code de la santé publique. Il fait le point sur la combinaison des polices dont sont investis les préfets et les maires : police spéciale de l'hygiène publique et police générale de la tranquillité publique.

d'une façon générale de la police de l'hygiène publique. Paradoxalement, alors que cette police était organisée dans le cadre du département, la loi ne conférait aucun pouvoir au préfet. Pour combler cette lacune et combattre l'inertie municipale qui avait tendance à se développer, un décret-loi du 30 octobre 1935 *« prévoyant l'institution d'un règlement sanitaire départemental »* est venu reconnaître au représentant local de l'État une compétence directe dans ce domaine, codifiée aux articles L. 1 et suivants du Code de la santé publique. La lutte contre le bruit, au travers de mesures de protection de la santé publique, disposait désormais d'une base réglementaire unifiée, applicable à tout le département.

296. Jusqu'en 1986, c'est donc sur le règlement sanitaire départemental que se fonde l'intervention de l'État pour réglementer le bruit au niveau départemental. L'article L. 1 du Code de la santé publique prévoit que, dans tous les départements, le préfet est *tenu*, afin de protéger la santé publique, d'établir un règlement sanitaire applicable à toutes les communes du département. Réalisé sur proposition du directeur départemental de la Santé et après avis du Conseil départemental d'hygiène, chaque règlement s'inspire du règlement type annexé à la circulaire du ministère de la santé du 24 mai 1963 (et qui remplace le précédent texte mis au point le 1er avril 1937).

297. Donné à titre de modèle, le règlement sanitaire départemental type contenait un certain nombre de dispositions relatives au bruit, regroupées dans deux articles et censées régler les problèmes de bruits de voisinage. L'article 11 portait sur l'isolement phonique de certains équipements à l'intérieur des immeubles d'habitation. L'article 103 *bis*, qui a été introduit par une circulaire du 17 novembre 1966, interdisait, afin de protéger *la santé du voisinage*, tout bruit causé sans nécessité ou dû à un défaut de précaution.

298. Une énumération non limitative fournissait de nombreux exemples de bruits prohibés de manière plus ou moins absolue, dans des domaines extrêmement variés. Le texte interdisait ainsi les réparations et mises au point abusives et répétées de véhicules à moteur exécutées sur la voie publique, la publicité sur la voie publique, l'usage dans les fêtes foraines d'orgues, grosses caisses, haut-parleurs, sirènes, sifflets, etc. Il permettait également de réglementer l'activité de tous les établissements ouverts au public (dancings, cabarets, bals...), de prendre des mesures à l'égard des propriétaires ou possesseurs de chiens et de chats et d'interdire l'usage des haut-parleurs sur la voie publique. Etaient également visés l'emploi, dans les agglomérations, de *« machines parlantes »* (c'est-à-dire des radio-transistors, des magnétophones portatifs...) sur les parties du domaine public accessibles au public, les activités professionnelles bruyantes pour le voisinage ainsi que les chantiers et travaux publics. Enfin, il était prévu que *« les bruits faits à l'intérieur des propriétés, des habitations ou de leurs dépendances, tels que ceux qui proviennent de phonographes, magnétophones, appareils de radiodiffusion et de télévision, haut-parleurs, instruments de musique, tirs d'artifice, de pétards, d'armes à feu, travaux industriels, commerciaux ou ménagers »* pouvaient être *« interdits réglementairement, compte tenu du lieu et de l'heure »*.

299. Les mesures édictées par les préfets, suivant l'orientation du règlement type, pouvaient être aggravées par des règlements sanitaires municipaux. En effet, l'article L. 3 du Code de la santé publique (abrogé par l'art. 80 de la loi n° 86-17 du 6 janvier 1986) reconnaissait aux maires *« le droit de prendre après avis du conseil municipal tous arrêtés ayant pour objet telle disposition particulière qu'il jugera utile dans sa commune, en vue d'assurer la santé publique. Ces arrêtés doivent toutefois être approuvés par le préfet après avis du Conseil départemental et d'hygiène »*. C'est donc à

titre subsidiaire qu'interviennent les maires, la police de l'hygiène publique étant une police spéciale relevant en premier lieu de la compétence du préfet.

300. Jusqu'en 1986, la réglementation du bruit, en tant qu'atteinte à la santé, s'est exclusivement bâtie sur des textes émanant d'autorités locales. Or la loi n° 86-17 du 6 janvier 1986, souhaitant renforcer l'assise juridique des mesures sanitaires en vue d'accroître leur efficacité d'un point de vue réglementaire et pratique, a modifié dans ce sens la rédaction des articles L. 1 et L. 2 du Code de la santé publique. Le règlement sanitaire départemental cède alors la place à des décrets pris en Conseil d'État fixant au niveau national les règles générales d'hygiène.

2- Les règles générales d'hygiène depuis la loi n° 86-17 du 6 janvier 1986 : décrets en Conseil d'État et arrêtés locaux

301. Suite à la nouvelle rédaction des articles L. 1 et L. 2 du Code de la santé publique, introduite par l'article 67 de la loi n° 86-17 du 6 janvier 1986[1], les règles générales d'hygiène publique, notamment en matière de lutte contre les bruits de voisinage, sont désormais fixées au niveau national, par des décrets pris en Conseil d'État. L'article L. 1 du Code de la santé publique (devenu l'article L. 1311-1 depuis l'ordonnance n° 2000-548 du 15 juin 2000) dispose que *« sans préjudice de l'application de législations spéciales et des pouvoirs reconnus aux autorités locales, des décrets en Conseil d'État, pris après consultation du Conseil supérieur d'hygiène publique de France, fixent les règles générales d'hygiène et toutes autres mesures propres à préserver la santé de l'homme, notamment en matière de lutte contre les bruits de voisinage »*. Le décret n° 88-523 du 5 mai 1988[2] a été le premier texte pris en application de cet article en ce qui concerne le bruit. Il remplace les dispositions du réglement sanitaire départemental relatives au bruit devenues ainsi caduques.

302. Fixant les règles propres à préserver la santé de l'homme contre les bruits de voisinage, le décret du 5 mai 1988 met en place un mécanisme essentiellement répressif. Il réglemente l'ensemble des bruits auxquels sont exposées des personnes dans les lieux qu'elles fréquentent, à l'exception de ceux visés par une législation ou une réglementation spécifiques. La publication de ce texte avait été annoncée comme marquant un réel progrès dans la mesure où il précisait, mesures acoustiques à l'appui, à partir de quelles limites et dans quelles conditions une situation sonore est jugée inacceptable d'un point de vue légal et devient donc pénalement répréhensible. Ces précisions n'existaient pas dans le réglement sanitaire départemental et devaient permettre d'éclairer l'exercice des pouvoirs de police dans ce domaine[3]. Or, la mise en œuvre de ces règles a révélé des difficultés pratiques quasi insurmontables, notamment en ce qui concerne la constatation et la caractérisation des infractions (V. *infra* n° 1199 et s.).

303. Objet de nombreuses critiques, le décret du 5 mai 1988 a finalement été abrogé et remplacé par le décret n° 95-408 du 18 avril 1995 relatif à la lutte contre les bruits de voisinage et modifiant le Code de la santé publique[4]. C'est désormais ce texte, pris en application de l'article 21-I *in fine* de la loi cadre n° 92-1444 du 31 décembre 1992 (art. L. 571-18-II C. env.) et visant notamment les articles L. 1 et L. 2 du Code de la santé

---

[1] *JO* du 8 janvier 1986.

[2] Décret n° 88-523 du 5 mai 1988 pris pour l'application de l'article L1 du Code de la santé publique et relatif aux règles propres à préserver la santé de l'homme contre les bruits de voisinage (*JO* du 6 mai 1988).

[3] Commentaire de la circulaire du 7 juin 1989 relative à la lutte contre le bruit (*JO* du 9 juillet 1989).

[4] *JO* du 19 avril 1995.

publique, qui fixe les règles générales d'hygiène en matière de bruits de voisinage, insérant un nouveau dispositif répressif sous les articles R48-1 à R48-5 du Code de la santé publique. Si son champ d'application est sensiblement le même que celui de l'ancien décret ainsi que l'orientation principalement répressive de ses dispositions, il apporte les simplifications qui s'imposaient au texte de 1988 pour pouvoir être applicable (V. *infra* n° 1215 et s.).

304. Il résulte de l'article L. 2 du Code de la santé publique (devenu l'article L. 1311-2) que les préfets et les maires *peuvent* compléter ce décret par des arrêtés *« ayant pour objet d'édicter des dispositions particulières en vue d'assurer la protection de la santé publique dans le département ou la commune »*. Les autorités locales de police sont donc habilitées à prendre des arrêtés de lutte contre les bruits de voisinage sur le fondement des articles L. 1 et L. 2 du Code de la santé publique (nouveaux articles L. 1311-1 et 1311-2), renforçant les prescriptions nationales à la lumière du contexte local spécifique. La circulaire ministérielle du 27 février 1996[1] invite d'ailleurs les représentants de l'État ainsi que les élus locaux à prendre de telles mesures réglementaires, tout comme l'avait fait la circulaire du 7 juin 1989 à la sortie du décret du 5 mai 1988[2].

305. La circulaire du 27 février 1996 précise, en outre, que les anciens arrêtés préfectoraux et municipaux relatifs à la lutte contre le bruit, pris en application de l'article L. 2 du Code de la santé publique et complétant le décret n° 88-523 du 5 mai 1988 -remplacé par le décret n° 95-408 du 18 avril 1995-, restent applicables sous réserve qu'ils ne comportent aucune disposition contraire à la loi n° 92-1444 du 31 décembre 1992 relative à la lutte contre le bruit. En cas de mise à jour et dans les nouveaux arrêtés, ce sont les articles R48-1 à R48-5 du Code de la santé publique, créés par le décret n° 95-408 du 18 avril 1995, qui doivent être visés à la place du décret n° 88-523 du 5 mai 1988 abrogé.

306. L'ensemble juridique établi aujourd'hui au titre de la police spéciale de l'hygiène publique prévoit l'adoption de textes réglementaires par diverses autorités, situées à des échelons différents. Il est entendu que ce travail normatif doit s'effectuer tout en respectant le principe de non-contradiction du texte de l'autorité supérieure. Ainsi, au sommet de la hiérarchie des normes se trouve le décret pris en Conseil d'État du 18 avril 1995 relatif à la lutte contre les bruits de voisinage et modifiant le Code de la santé publique, conformément aux dispositions de l'article L. 1311-1 de ce code et de l'article 21-I *in fine* de la loi n° 92-1444 du 31 décembre 1992 (art. L. 571-18-II C. env.). En application de l'article L. 1311-2 du Code de la santé publique, les préfets peuvent seulement prendre dans leurs arrêtés des mesures particulières plus rigoureuses que celles du décret pris en Conseil d'État. Il en est de même pour les maires qui, dans les arrêtés municipaux pris en application de l'article L. 311-2, ne peuvent que renforcer les dispositions du décret n° 95-408 du 18 avril 1995 et des arrêtés préfectoraux qu'ils ne doivent pas contredire.

307. Si les articles L. 1311-1 et L. 1311-2 du Code de la santé publique instituent une police spéciale caractérisée par un champ d'application bien défini et des compétences particulières données à des autorités de police, ils n'entraînent pas pour autant le dessaisissement des autorités de police générale. Les deux polices : celle générale de la tranquillité publique fondée sur le C.G.C.T et celle spéciale de l'hygiène

---

[1] Circulaire du 27 février 1996 relative à la lutte contre les bruits de voisinage (*JO* du 7 avril 1996).

[2] La circulaire comporte notamment en annexe 3 un arrêté préfectoral type, pris sur la base du décret n° 88-523 du 5 mai 1988 et destiné à se substituer à la section 6 du chapitre III du titre II et au titre V du règlement sanitaire départemental type.

publique fondée sur le Code de la santé publique, se combinent entre elles. Ainsi aujourd'hui, tous les maires peuvent prendre des arrêtés de lutte contre les bruits de voisinage sur le double fondement de l'article L. 1311-2 du Code de la santé publique et du Code général des collectivités territoriales, et les faire appliquer. Il en est de même pour l'exercice des pouvoirs de police du préfet. A côté de ces règles générales, il existe d'autres polices spéciales en matière de lutte contre le bruit, qui apparaissent beaucoup plus sectorielles dans leur approche des nuisances sonores et ne cessent d'évoluer.

Section III : Les mesures sectorielles contre le bruit

308. Le dispositif juridique antérieur à la promulgation de la loi n° 92-1444 du 31 décembre 1992 a été qualifié de *« droit éclaté »* ou encore de *« tissu de réglementations »*, qui pour être abondantes ne présentent toutefois entre elles aucune cohésion. Cette situation, à laquelle la loi cadre n'a apporté aucune amélioration, est en fait le reflet du monde sonore dans lequel nous vivons. Le bruit est partout et donc général, mais sous des formes les plus variées et donc spécifiques. Objet de discorde, il trouve depuis toujours son terrain de prédilection dans l'univers privatif et privilégié de chacun, au sein du voisinage. Aussi, sa prise en compte sur le plan juridique est-elle née au fur et à mesure des réclamations et des situations de conflit -souvent passionnelles-, qui ont pu être suscitées dans des domaines très divers.

309. Bien avant d'imaginer et d'organiser des politiques de lutte contre le bruit, les mesures sectorielles ont constitué la première réponse juridique à des nuisances sonores ressenties comme étant de moins en moins acceptables dans la vie de tous les jours. Régissant des sources de bruit bien spécifiques par des mesures de restriction voire d'interdiction, elles sont apparues dans le même temps que les nuisances correspondantes, au fur et à mesure de leurs manifestations et en réponse aux plaintes qu'elles suscitaient. Comme le souligne le professeur Lamarque, parce que *« les manifestations et la nocivité du bruit sont fort différents suivant ses origines, on ne peut organiser de la même manière la lutte contre les bruits dans l'habitation, les bruits des engins de chantier ou des véhicules de transport, les bruits d'origine industrielle... »*[1]. C'est donc tout naturellement que la prévention du bruit a été, dès le début, organisée dans des cadres sectoriels.

310. Aujourd'hui, de telles mesures particulières forment un ensemble non négligeable -tant en volume que du point de vue des objectifs poursuivis- de réglementations portant sur tel ou tel objet particulier de l'environnement responsable de l'ambiance sonore. Elles complètent efficacement les règles générales du dispositif de prévention des bruits de voisinage, en encadrant de façon très précise certains comportements ou activités particulièrement bruyants. Ces dispositions spéciales concernent les secteurs les plus décriés par la population, c'est-à-dire, d'une part, celui des véhicules de transport (§1) et, d'autre part, un certain nombre d'activités occasionnant une gêne certaine pour le voisinage, telles que les activités industrielles ou commerciales ou encore les chantiers (§2).

§1. LES BRUITS DES TRANSPORTS

311. D'après les enquêtes d'opinion menées dans la plupart des pays industrialisés, le bruit des transports apparaît comme la principale nuisance, parmi toutes les sources de

[1] J. LAMARQUE, Le droit contre le bruit, L.G.D.J., 1975, p. 17.

bruit[1]. En France comme ailleurs, l'exposition des populations urbaines ne cesse de s'accroître en raison de l'évolution rapide et incontrôlée du trafic qui suit le développement de l'urbanisation. Les véhicules à moteur, que ce soit sur terre pour les voitures, camions, deux-roues..., ou dans les airs pour les avions, hélicoptères..., engendrent inévitablement une gêne considérable pour le voisinage. Les nuisances qu'ils produisent se propagent non seulement dans l'espace et envahissent les derniers endroits calmes, mais s'étendent également dans le temps, prolongeant les périodes d'exposition du jour et de la nuit

312. Cet état de fait résulte d'une constante détérioration de notre milieu sonore, mise en lumière dès le début des années 70 par un rapport de l'O.C.D.E. qui relevait que la circulation des véhicules à moteur est *« la source prédominante et la plus répandue du bruit dans les villes »*[2]. Loin d'être isolé, le phénomène touche tous les pays ayant réussi leur développement économique, la progression du trafic étant très directement liée à la croissance du pays. C'est la raison pour laquelle la prise en compte de ce type de bruit a largement dépassé les frontières nationales et fait l'objet d'une concertation inter-étatique sur les possibilités de limitation à la source. Il en résulte depuis une trentaine d'années des normes de plus en plus sévères mises au point au niveau européen pour les véhicules routiers et au niveau mondial pour les aéronefs, intégrées au fur et à mesure dans notre droit français. Ces normes constituent en quelque sorte les bases des polices spéciales de la circulation routière (A) et de l'aviation civile (B), qu'elles continuent de renforcer et d'améliorer eu égard à l'évolution des techniques et à la demande sociale.

A. La police de la circulation routière

313. Les bruits imputables à la circulation routière sont de nature variée. En premier lieu sont incriminés les bruits mécaniques de moteur et d'échappement produits directement par les véhicules, ceux occasionnés lors des démarrages et des freinages effectués de manière plus ou moins discrète et les coups d'avertisseurs sonores utilisés à plus ou moins bon escient. A cela s'ajoutent également le ronronnement du moteur laissé en marche dans un véhicule en stationnement, le claquement des portières, les auto-radios fonctionnant à plein volume. Ensuite, le type de nuisance engendré par les engins à moteur et donc son approche peuvent être sensiblement différents selon la catégorie de véhicule en cause. Les engins à quatre roues posent principalement un problème de nuisance acoustique lié au flux de la circulation qui ne cesse d'augmenter à la fois en volume, dans le temps et dans l'espace. Le problème des deux-roues motorisés n'est pas le même. Il provient de véhicules isolés qui provoquent des bruits de crête particulièrement désagréables et pouvant causer de graves troubles.

314. Il est donc nécessaire d'allier à la fois une réglementation du bruit à l'émission, en saisissant le bruit au niveau de chaque véhicule et de chaque conducteur et de traiter les causes de ce bruit, c'est-à-dire le flux de la circulation, par une gestion appropriée du trafic. La police spéciale de la circulation routière, contenue dans le Code de la route et complétée par divers arrêtés ministériels et locaux, s'emploie à prévenir les nuisances sonores engendrées par les engins motorisés par une action à la source de la production de bruit. Font ainsi l'objet de mesures réglementaires les organes moteurs et

---

[1] V. sur ce point : A. ALEXANDRE et J.-P. BARDE, Le bruit : une pollution sans écho, L'Observatoire de l'O.C.D.E., Paris n° 167, décembre 1990-janvier 1991 ; La lutte contre le bruit, La Documentation française n° 734, septembre 1994, p. 11-17.

[2] « Le bruit dû à la circulation urbaine - Une stratégie pour l'amélioration de l'environnement », Rapport établi par le Groupe Consultatif sur la Recherche en matière de Transport, O.C.D.E., Paris, 1971.

dispositifs d'échappement (1), les avertisseurs sonores (2) et les manifestations automobiles (3).

1- La limitation du bruit des organes moteurs et d'échappement

a) La réglementation des organes moteurs

315. L'article R318-3, alinéa 1er du Code de la route pose la règle générale selon laquelle « *les véhicules à moteur ne doivent pas émettre de bruits susceptibles de causer une gêne aux usagers de la route ou aux riverains* ». Les modalités de mise en œuvre de ce principe directeur sont précisées par l'arrêté du 13 avril 1972 relatif au bruit des véhicules automobiles, modifié en dernier lieu par un arrêté du 10 octobre 1996[1]. Le texte fixe les valeurs maximales des niveaux sonores admissibles -avec une tolérance d'un décibel dans certains cas- pour les différentes catégories de véhicules (voitures particulières, véhicules utilitaires, véhicules de transport en commun...). Il opère ainsi la transposition dans notre droit national des normes établies au niveau européen par une directive du 6 février 1970, plusieurs fois modifiée[2].

316. Intégrant les progrès techniques réalisés en matière de mécanique, ces normes sont régulièrement renforcées pour aboutir à des niveaux sonores de plus en plus bas. Actuellement, la valeur limite pour les voitures particulières est fixée à 74dB(A), ce qui correspond à une diminution de moitié du niveau sonore en huit ans[3]. Des dispositions transitoires sont néanmoins prévues pour les véhicules mis en circulation ou réceptionnés avant certaines dates (art. 13 à 13-3 de l'arrêté du 13 avril 1972). Les conditions de mesure du bruit du véhicule sont détaillées en annexe I de l'arrêté du 13 avril 1972. Afin de vérifier et d'attester leur conformité avec les normes imposées, les véhicules sont soumis à un régime de *réception CE* dans le cadre de l'arrêté du 7 janvier 1985[4] et fondé sur les articles R321-6 et suivants du Code de la route. Seuls les véhicules respectant les limitations de niveau sonore seront alors autorisés sur le marché, afin d'être commercialisés et mis en circulation.

317. En sus des véhicules automobiles, sont également visés par l'arrêté du 13 avril 1972 les deux-roues motorisés : motocyclettes, cyclomoteurs[5] et vélomoteurs, ainsi que

---

[1] L'article R318-3, al. 4 du Code de la route prévoit que « *le ministre chargé des transports, le ministre chargé de la santé et le ministre chargé de l'environnement fixent par arrêté les conditions d'application du présent article* ». A été ainsi publié l'arrêté du 13 avril 1972 relatif au bruit des véhicules automobiles (*JO* du 9 juin 1972), modifié en dernier lieu par l'arrêté du 10 octobre 1996 (*JO* du 5 novembre 1996, p. 16098).

[2] Directive 70/157/CEE du Conseil, du 6 février 1970, concernant le rapprochement des législations des États membres relatives au niveau sonore admissible et au dispositif d'échappement des véhicules à moteur (*JOCE* n° L42 du 23 février 1970), modifiée par les directives 77/212/CEE du 8 mars 1977 (*JOCE* n° L66 du 12 mars 1977), 81/334/CEE du 13 avril 1981 (*JOCE* n° L131 du 18 mai 1981), 84/372/CEE du 3 juill. 1984 (*JOCE* n° L196 du 26 juillet 1984), 84/424/CEE du 3 septembre 1984 (*JOCE* n° L238 du 6 septembre 1984), 89/491/CEE (*JOCE* n° L238 du 15 août 1989), 92/97 du 10 novembre 1992 (*JOCE* n° L371 du 19 décembre 1992) et par une directive de la COM n° 96/20 du 27 mars 1996 (*JOCE* n° L92 du 13 avril 1996).

[3] Un arrêté du 27 janvier 1988, modifiant l'arrêté du 13 avril 1972, fixait la limite maximum des bruits produits par les voitures particulières à 77 dB(A).

[4] Arrêté du 7 janvier 1985 relatif à la réception C.E.E. des véhicules en ce qui concerne le niveau sonore admissible et le dispositif d'échappement des véhicules à moteur (*JO* du 10 février 1985).

[5] L'article R311-1 du Code de la route donne une définition des termes « motocyclette » et « cyclomoteur ».

les tracteurs agricoles. Là encore, le texte français reprend les valeurs limites d'émission sonore définies et régulièrement abaissées par des directives européennes successives[1]. Selon la catégorie de véhicule, l'arrêté du 13 avril 1972 fixe des niveaux sonores compris entre 72 et 80 dB(A) pour les engins à deux roues et entre 84 à 91 dB(A) pour les tracteurs (sous réserve de dispositions transitoires). A titre d'information, l'article R317-9-III du Code de la route exige que les cyclomoteurs portent sur une plaque métallique, entre autres indications, celle concernant le niveau sonore à l'arrêt et le régime moteur correspondant. Un arrêté du 8 juin 1979[2], intégrant la législation communautaire dans ce domaine, fixait les conditions (autorité compétente et laboratoires agréés) dans lesquelles le certificat de conformité pouvait être délivré. Il a été modifié par un arrêté du 7 juillet 1995[3], qui donne les définitions des différents véhicules concernés et détaille les procédures de réception (CE, nationale, à titre isolé) et d'agrément de prototype. Il apparaît que le régime de réception CEE des motocycles est identique à celui prévu par l'arrêté du 7 janvier 1985 pour les véhicules automobiles. A compter du 9 novembre 2003, l'arrêté de 1995 est remplacé par un arrêté du 2 mai 2003[4], mais les véhicules immatriculés conformément à l'arrêté de 1995 peuvent être utilisés jusqu'au 8 novembre 2004. A partir de cette date, l'arrêté de 1995 sera abrogé et les certificats de conformité émis par les constructeurs devront respecter le nouveau texte qui transpose en droit interne la directive 2002/24/CE du 18 mars 2002 relative à la réception des véhicules à moteur à deux ou trois roues[5].

318. S'agissant du respect des niveaux sonores, l'arrêté du 13 avril 1972 prévoit des procédures techniques de contrôle distinctes pour chaque catégorie de véhicules visés, afin de tenir compte des caractéristiques propres à chaque type de moteur. Le système qui en résulte étant relativement compliqué, un arrêté du 18 juillet 1985[6] est venu le simplifier en instituant un contrôle unifié des véhicules à moteur en circulation. La mesure du bruit est ainsi effectuée près de l'échappement, le véhicule étant au point fixe. Les prescriptions de l'arrêté du 13 avril 1972 seront considérées comme satisfaites si le niveau sonore relevé lors de la mesure ne dépasse pas de plus de 5 dB(A) la valeur

---

[1] En ce qui concerne les deux-roues, c'est la directive 78/1015/CEE du 23 novembre 1978 (*JOCE* n° L349 du 13 décembre 1978), modifiée par la directive 87/56/CEE du 18 décembre 1987 (*JOCE* n° L24 du 27 janvier 1987) qui fixe les niveaux d'émission sonore maximaux autorisés. La directive 77/311/CEE du 29 mars 1977 (*JOCE* n° L105 du 28 avril 1977), modifiée par la directive 89/235/CEE du 13 mars 1989 (*JOCE*n° L98 du 11 avril 1989), vise les tracteurs.

[2] Arrêté du 8 juin 1979 relatif à l'application de la directive du Conseil des communautés européennes 78/1015/CEE du 23 novembre 1978 concernant le rapprochement des législations des États membres relatives au niveau sonore admissible et au dispositif d'échappement des motocycles (JONC du 13 juillet 1979), modifié par les arrêtés du 27 janvier 1988 (*JO* du 5 février 1988) et du 25 septembre 1989 (*JO* du 4 octobre 1989).

[3] Arrêté du 7 juillet 1995 relatif à la réception et à la réglementation technique des véhicules à moteur à deux ou trois roues et des quadricycles à moteur, et de leurs systèmes et équipements (*JO* du 2 août 1995), modifié par les arrêtés du 11 juillet 1996, du 3 septembre 1997 (*JO* du 26 septembre 1997, p. 13986), du 25 novembre 1998 (*JO* du 24 décembre 1998, p. 19513) et du 22 septembre 2000 (*JO* du 5 octobre 2000). Le texte intègre en droit français les dispositions de la directive 97/24/CE du Parlement européen et du Conseil du 17 juin 1997 relative à certains éléments ou caractéristiques des véhicules à moteur à deux ou trois roues. Il reprend les règles s'appliquant à ces véhicules et notamment concernant leurs dispositifs d'échappement et avertisseurs sonores.

[4] *JO* du 31 mai 2003, p. 9272.

[5] *JOCE*n° L 124, 9 mai 2002, p. 1 et rect. *JOCE* n° L 49, 22 février 2003, p. 23.

[6] Arrêté du 18 juillet 1985 relatif au contrôle au point fixe du niveau sonore des véhicules à moteur (*JO* du 17 septembre 1985).

correspondante mesurée sur un véhicule de même type, lors d'un essai de référence effectué conformément aux dispositions des articles 2 et 3 de l'arrêté du 18 juillet 1985. En outre, le texte présente en annexe un cahier des charges explicitant la méthode de contrôle du niveau sonore au point fixe des véhicules à moteur. Rappelons enfin que dans le cadre du contrôle technique obligatoire des véhicules de plus de cinq ans, le niveau du bruit produit par le véhicule doit être vérifié[1].

b) La réglementation des dispositifs d'échappement

319. En complément des limitations de niveau sonore fixées par l'arrêté modifié du 13 avril 1972, les moteurs des véhicules automobiles doivent être munis *« d'un dispositif d'échappement silencieux en bon état de fonctionnement sans possibilité d'interruption par le conducteur. Toute opération tendant à supprimer ou à réduire l'efficacité du dispositif d'échappement silencieux est interdite »* (art. R318-3, al. 2 et 3 C.route). Il est regrettable de constater qu'en pratique, bon nombre de conducteurs de véhicules à deux roues auquels pourtant ces textes s'appliquent, procèdent à des modifications du pot d'échappement de leur engin ou encore le démontent afin de le rendre plus bruyant[2]. Des dispositions spéciales ont d'ailleurs été introduites dans les articles 7 à 9 de l'arrêté de 1972 à propos des silencieux des cyclomoteurs à deux roues, pour renforcer la prévention des nuisances sonores qu'ils occasionnent.

320. Les dispositifs d'échappement, et notamment *« les silencieux de remplacement »*, doivent être conformes à un type homologué par l'Administration (art. 6 et 7 de l'arrêté du 13 avril 1972). Ils doivent en outre porter en évidence -dans les conditions fixées par les articles 8, 15 et 15-1 de l'arrêté du 13 avril 1972- des marques d'identification attestant de la conformité du dispositif aux normes. L'homologation de ces dispositifs s'effectue désormais sur la base des prescriptions contenues dans l'arrêté du 20 février 1991 qui a remplacé l'arrêté du 27 février 1981[3], afin d'intégrer la réglementation communautaire (préc.). Elle concerne *« tout dispositif d'échappement susceptible d'être adapté à un ou plusieurs types de véhicules réceptionnés en application du code de la route,* ***même si cette adaptation n'est prévue que pour une circulation hors des voies ouvertes à la circulation publique »***. L'article 2 de l'arrêté interdit de fabriquer, d'importer, de vendre ou de louer, d'utiliser de tels équipements qui ne seraient pas conformes à un type homologué ou réceptionné par le ministère des transports ou par une administration d'un État des communautés européennes. La conformité est attestée par le procès-verbal de réception par type ou la décision d'homologation et par les marques de l'arrêté du 13 avril 1972 ou encore par la fiche de réception CEE et par les marques établies par les directives européennes. L'importation de ces dispositifs est subordonnée à la présentation de l'un de ces documents.

321. Rappelons enfin que le décret n° 95-79 du 23 janvier 1995, pris en application de la loi n° 92-1444 du 31 décembre 1992 et relatif aux objets bruyants et aux dispositifs d'insonorisation vise également les silencieux et dispositifs d'échappement des

---

[1] Arrêté du 18 juin 1991 (*JO* du 18 juillet 1991) modifié par les arrêtés du 8 juin 2001 (*JO* du 18 juillet 2001) et du 27 juillet 2001 (*JO* du 22 août 2001) et circulaire n° 91-72 du 10 octobre 1991 (BOMELT n° 1194-91/32 du 20 novembre 1991).

[2] V. sur ce problème : Quest. Min. n° 4471 JOAN du 20 septembre 1993, publiée dans Droit de l'Environnement n° 21, octobre-novembre 1993, p. 100.

[3] Arrêté du 27 février 1981 relatif à l'homologation des dispositifs d'échappement adaptables aux véhicules réceptionnés au titre du code de la route (*JO* du 3 mars 1981), abrogé par l'arrêté du 20 février 1991 relatif à l'homologation des dispositifs d'échappement susceptibles d'être adaptés aux véhicules réceptionnés au titre du code de la route (*JO* du 15 mars 1991).

véhicules. Les arrêtés d'application à venir devraient permettre de renforcer la lutte en la matière.

2- L'emploi des avertisseurs sonores

322. Si tous les véhicules en circulation doivent être munis d'un avertisseur sonore, comme le prescrit l'article R313-33 du Code de la route, son utilisation est par ailleurs étroitement encadrée par les articles R416-1 à R416-3 du même code. De façon générale, *« l'usage des signaux sonores n'est autorisé que pour donner les avertissements nécessaires aux autres usagers de la route »*, l'article R416-1, alinéa 1 faisant ici principalement référence à la sécurité routière. En vue de protéger, cette fois-ci, les riverains des voies de circulation contre la gêne sonore occasionnée par un usage abusif ou intempestif de leurs dispositifs sonores par les conducteurs, des limitations beaucoup plus précises aboutissent à n'autoriser leur emploi que lorsque cela est strictement nécessaire, c'est-à-dire dans des situations d'urgence. Ainsi, l'article R416-1, alinéa 2 pose l'**interdiction générale d'utiliser son avertisseur sonore dans les agglomérations, sauf en cas de danger immédiat.** Est-il besoin de faire remarquer que cette prescription est quotidiennement et cela, à multiples reprises, transgressée. A cette restriction géographique, vient s'ajouter une restriction dans le temps puisque **l'usage des signaux sonores est interdit la nuit** (entendue *« entre la chute et le lever du jour »*, art. R416-2 C.route), **sauf nécessité absolue.**

323. Ces mesures ne sont pas applicables aux conducteurs de véhicules de la police, de la gendarmerie, des pompiers et aux ambulances (véhicules dits *« d'intérêt général prioritaire »*), *« lorsqu'ils font usage de leurs avertisseurs spéciaux dans les cas justifiés par l'urgence de leur mission et sous réserve de ne pas mettre en danger les autres usagers de la route »* (art. R432-1 C.route). Cela signifie qu'en situation normale, ils sont soumis aux mêmes restrictions que les autres véhicules. Le Code de la route permet à ces types particuliers de véhicules, utilisés pour remplir des missions de service public, d'être équipés d'avertisseurs spéciaux, en plus des avertisseurs courants, eu égard aux nécessités de la profession en cause. Il pourra très bien s'agir de trompes à sons multiples, sirènes ou sifflets, dont l'usage est interdit par l'article R416-3 du Code de la route aux autres véhicules. Les ambulances pourront ainsi être munies d'avertisseurs à timbres spéciaux, dont les caractéristiques sont définies par un arrêté modifié du 3 juillet 1974[1].

324. Tous ces avertisseurs, de types normaux ou spéciaux, sont soumis à une *homologation communautaire*, dont les modalités sont fixées par un arrêté du 13 mars 1972[2]. Leur niveau sonore, mesuré en essai à deux mètres de distance, doit être compris entre 105 et 118 dB(A). Un arrêté du 20 avril 1995[3] opère la transcription dans notre droit national de la directive 92/61/CEE du 30 juin 1992 relative à la réception des véhicules à moteur à deux ou trois roues[4], abrogée et remplacée par la directive du 18 mars 2002 (préc.). Au terme de ce texte, l'homologation communautaire est accordée par le ministre chargé des Transports aux dispositifs répondant aux prescriptions de la

---

[1] Arrêté du 3 juillet 1974 relatif aux avertisseurs sonores spéciaux des véhicules équipés des feux spéciaux de catégorie B prévus à l'art. R92 (5°) du Code de la route (*JO* du 23 juillet 1974), modifié par l'arrêté du 2 novembre 1987 (*JO* du 20 novembre 1987).

[2] *JO* du 20 juin 1972.

[3] Arrêté du 20 avril 1995 relatif à l'homologation communautaire en ce qui concerne l'avertisseur acoustique des véhicules à moteur à deux ou trois roues et son installation sur les véhicules (*JO* du 6 mai 1995).

[4] *JOCE* n° L225 du 10 août 1992.

directive du Conseil 93/30/CEE du 14 juin 1993 relative à l'avertisseur acoustique des véhicules à moteur à deux ou trois roues[1]. Pour l'installation de l'avertisseur, l'homologation européenne est accordée par le directeur régional de l'industrie, de la recherche et de l'environnement (D.R.I.R.E.) d'Ile-de-France. S'agissant des avertisseurs spéciaux, un arrêté du 30 octobre 1987[2] a prévu qu'à partir du 1er juillet 1988, ils doivent être conformes à un type agréé. Les conditions de leur homologation sont détaillées dans un arrêté du 3 novembre 1987[3]. Compte tenu de l'usage abusif qui est de plus en plus fréquemment fait des sirènes et avertisseurs spéciaux, plusieurs circulaires[4] sont venues rappeler que ces dispositifs ne devaient être utilisés qu'en cas de nécessité absolue, sur des interventions particulièrement urgentes, entrant dans le cadre strict des missions du conducteur.

325. Enfin, concernant les alarmes sonores antivols des automobiles, qui connaissent un réel succès, un arrêté du 18 février 1971[5] les soumet à des contraintes particulières pour leur installation et les signaux qu'elles émettent. Ceux-ci doivent être brefs et s'interrompre automatiquement après 30 secondes au plus. L'arrêté du 28 septembre 1988[6] précise quant à lui les conditions d'homologation, d'installation et d'utilisation auxquelles doivent satisfaire les alarmes supplémentaires de protection. La réception communautaire des systèmes d'alarme est réglementée par l'arrêté du 21 octobre 1996[7] et les homologations sont délivrées conformément aux dispositions de l'arrêté du 12 novembre 1996[8].

3- La réglementation des manifestations automobiles

326. De manière plus occasionnelle mais au combien marquante, des manifestations sportives motorisées (courses de voitures, moto-cross, karting...) peuvent créer des ambiances sonores extrêmes et être à l'origine d'une gêne voire de troubles importants pour les riverains plus ou moins proches. Il est donc apparu indispensable de réglementer ce genre d'activités afin de réduire au maximum les inévitables nuisances qu'elles engendrent pour le voisinage. Le décret n° 58-1430 du 23 décembre 1958[9] soumet toutes

---

[1] *JOCE*n° L188 du 29 juillet 1993.

[2] Arrêté du 30 octobre 1987 relatif aux dispositifs spéciaux de signalisation des véhicules d'intervention urgente (*JO* du 20 novembre 1987).

[3] Arrêté du 3 novembre 1987 portant approbation du cahier des charges relatif à l'homologation des rampes spéciales de signalisation et des signaux sonores des véhicules prioritaires (*JO* du 20 novembre 1987).

[4] Circulaires des 23 juillet 1987 et 5 août 1987 et note du 6 août 1987 relatives à la lutte contre l'usage abusif des avertisseurs sonores et lumineux (*JO* de la République Française n° 1383 -» Bruit »- édition juin 1995 -p. 274 et s.), confirmées par la circulaire n° 3845/SG du 2 avril 1993 (BO PRM n° 93-2 du 28 juillet 1993).

[5] Arrêté du 18 février 1971 relatif à l'homologation des véhicules à moteur en ce qui concerne leur protection contre une utilisation non autorisée (*JO* du 24 mars 1971).

[6] Arrêté du 28 septembre 1988 relatif aux dispositifs complémentaires de protection contre une utilisation non autorisée destinés aux véhicules (*JO* du 22 octobre 1988).

[7] Arrêté du 21 octobre 1996 relatif à la réception communautaire des dispositifs de protection contre une utilisation non autorisée des véhicules à moteur (*JO* du 5 novembre 1996, p. 16100).

[8] Arrêté du 12 novembre 1996 relatif à l'homologation des systèmes d'alarme pour véhicules et à l'homologation des véhicules en ce qui concerne leurs systèmes d'alarme conformément aux dispositions du règlement n° 97 annexé à l'accord de Genève du 20 mars 1958 (*JO* du 26 novembre 1996, p. 17201).

[9] Décret n° 58-1430 du 23 décembre 1958 relatif à la réglementation des épreuves ou manifestations organisées dans les lieux non ouverts à la circulation publique et comportant la participation de véhicules à moteur (*JO* du 3 janvier 1959), modifié par le décret n° 61-904 du 10 août 1961 (*JO* du 11 août 1961).

les épreuves, compétitions ou manifestations de caractère sportif ou non, organisées dans un lieu non ouvert à la circulation publique, à une autorisation préalable du préfet dès lors que le public est admis à y assister, gratuitement ou non (art. 1er dudit décret). En application de ce texte, un arrêté du 17 février 1961[1] détermine les garanties minimales exigées de la part des organisateurs de ces manifestations pour assurer la tranquillité publique, ainsi que les modalités de délivrance de l'autorisation requise.

327. Les manifestations sont classées en trois catégories soumises à des prescriptions spécifiques. Le critère principal de classement est la vitesse susceptible d'être atteinte par les véhicules participant à l'épreuve, qui conditionne le niveau sonore produit. Les manifestations de la 2e catégorie par exemple, c'est-à-dire celles qui comportent des véhicules circulant à moins de 70 km/h et qui mettent en jeu la vitesse de l'engin ou l'habileté du conducteur (moto-cross, stock-cars, karting, etc.), ne peuvent se dérouler que sur des terrains homologués et sont soumises à autorisation préfectorale. Le préfet pourra toujours retirer l'homologation s'il s'avère que les garanties de maintien de la tranquillité publique ne sont plus remplies. Chaque manifestation doit en outre faire l'objet d'un règlement qui sera conforme à un règlement type établi à l'échelon national et agréé par le ministre de l'Intérieur. Le règlement national des circuits de karting a ainsi été agréé par arrêté du 16 octobre 1996[2].

328. Les épreuves et compétitions sportives *sur la voie publique* sont également soumises à autorisation préfectorale, par le décret n° 55-1366 du 18 octobre 1955[3]. Cependant, le texte ne contient, cette fois, aucune disposition spéciale visant à assurer la tranquillité publique. C'est donc par l'exercice de leurs pouvoirs de police générale que les maires des communes traversées ou, le cas échéant, les préfets des départements concernés pourront lutter contre les nuisances sonores que de telles manifestations ne manqueront pas d'occasionner. En outre, en application de l'article 6 de la loi n° 92-1444 du 31 décembre 1992 relative à la lutte contre le bruit (art. L. 571-6 C. env.), des décrets réglementant les circuits de sports mécaniques et spécifiques au problème du bruit devraient bientôt paraître (V. *supra* n° 110) et renforcer le dispositif de lutte.

329. Les articles R411-1 et suivants du Code de la route rappellent que les maires et préfets disposent de pouvoirs de réglementation qui leur permettent de prescrire, dans la limite de leurs pouvoirs de police générale, des mesures plus rigoureuses que celles prévues par le Code de la route, lorque l'intérêt de la sécurité routière ou de l'ordre public l'exige. L'article L. 2213-1 du C.G.C.T. attribue en effet au maire l'exercice de la police de la circulation sur les routes nationales, les routes départementales et les voies de communication à l'intérieur des agglomérations, sous réserve des pouvoirs dévolus au préfet sur les routes à grande circulation. Le maire peut ainsi, par arrêté motivé, *« interdire à certaines heures l'accès de certaines voies de l'agglomération ou de certaines portions de voie ou réserver cet accès, à certaines heures, à diverses catégories d'usagers ou de véhicules ; réglementer l'arrêt et le stationnement des véhicules ou de certaines catégories d'entre eux, ainsi que la desserte des immeubles*

---

[1] Arrêté du 17 février 1961 relatif à la réglementation des épreuves et manifestations organisées dans les lieux non ouverts à la circulation (*JO* du 22 février 1961), modifié par les arrêtés du 22 août 1961 (*JO* du 23 août 1961), du 13 février 1962 (*JO* du 21 février 1962), du 30 mai 1969 (*JO* du 6 juin 1969), du 6 juillet 1978 (*JO* du 18 juillet 1978).

[2] *JO* du 1er novembre 1996.

[3] Décret n° 55-1366 du 18 octobre 1955 portant réglementation générale des épreuves et compétitions sportives sur la voie publique (*JO* du 19 octobre 1955).

riverains » (art. L. 2213-2 C.G.C.T.). Il a, en outre, la possibilité d'instituer dans certaines villes des « *aires piétonnes*[1] » (art. R411-3 C.route).

B. LA POLICE DE L'AVIATION CIVILE

330. Plus encore peut-être que les véhicules terrestres à moteur, les transports aériens, de par les distances géographiques qu'ils couvrent et le marché qu'ils représentent, posent un problème de dimension mondiale. C'est donc avec un accord international, pris par l'O.A.C.I. (l'Organisation de l'Aviation Civile Internationale) et contenu dans l'annexe 16 de la Convention de Chicago du 7 décembre 1944, qu'a débuté la lutte contre le bruit des aéronefs. L'annexe 16 de la Convention contient des normes qui servent de base à l'élaboration des réglementations nationales de chaque État-membre. Elle expose, en outre, des pratiques recommandées ainsi que des principes directeurs, donnés à titre indicatif et destinés à être utilisés par les États. Si à l'origine, ces normes constituent de simples recommandations et non des obligations, elles posent en fait les fondements des politiques nationales de lutte contre les nuisances sonores produites par les avions et conditionnent leur évolution.

331. Ainsi l'utilisation d'appareils de plus en plus silencieux, grâce à un renforcement continuel des normes, a entraîné une diminution significative des niveaux de bruit, constatée à la fin des années 70 et au début des années 80. Cependant, la réduction du bruit à la source (1), en diminuant le niveau sonore des appareils eux-mêmes et en retirant de la circulation les avions les plus bruyants, a ses limites. Elle est, d'une part, complexe d'un point de vue de la technologie et, d'autre part, coûteuse d'un point de vue économique. En outre, la croissance rapide du trafic depuis 1985, qui ne cesse de s'enfler, provoque une dégradation des ambiances sonores qui amoindrissent l'effet des progrès techniques et des réglementations. Un aménagement du temps par une gestion du trafic (2) et de l'espace concernant l'implantation des aérodromes (3) est apparu nécessaire pour répondre à l'évolution de l'industrie aéronautique et aux exigences de tranquillité de plus en plus poussées de la part du voisinage.

1- La limitation à la source du bruit des aéronefs : le certificat de limitation de nuisances

332. Le bruit des avions, un des plus assourdissants qui soient, provient essentiellement des moteurs à réaction lors des phases de décollage, d'atterrissage et de survol des habitations. La lutte à la source par un traitement direct des appareils semble donc la plus efficace pour réduire les nuisances acoustiques produites. La Convention de Chicago du 7 décembre 1944 (annexe 16), publiée en France par le décret n° 69-1158 du 18 décembre 1969[2], fixe des valeurs limites pour différents types d'avions lors des manœuvres les plus bruyantes, c'est-à-dire au décollage et à l'atterrissage. Ces normes sont établies en fonction du poids de l'appareil et du nombre de ses moteurs et régulièrement renforcées compte tenu des progrès techniques réalisés en la matière.

[1] Selon l'article R110-2 du Code de la route, le terme « *aire piétonne* » désigne une « *emprise affectée, de manière temporaire ou permanente, à la circulation des piétons et à l'intérieur du périmètre de laquelle la circulation des véhicules est soumise à des prescriptions particulières* ».

[2] Décret n° 69-1158 du 18 décembre 1969 portant publication du protocole concernant le texte authentique trilingue de la convention relative à l'aviation civile internationale (Chicago 1944) signé à Buenos Aires le 24 septembre 1968 (*JO* du 25 décembre 1969). Le texte de la Convention de Chicago figure en annexe au Code de l'aviation civile, 1re partie législative.

S'inspirant très largement de la Convention de Chicago, des directives européennes[1] ont subordonné l'exploitation des aéronefs à la délivrance d'un *certificat acoustique* qui atteste que l'appareil respecte les normes qu'elles fixent.

333. Le droit français a intégré les prescriptions internationales de la Convention de Chicago et communautaires des directives précitées aux articles R133-1 à R133-10 du Code de l'aviation civile. Il prévoit que les aéronefs (avions, hélicoptères, U.L.M.) de certaines catégories, définies par arrêté ministériel, ne peuvent être utilisés pour la circulation aérienne que s'ils sont munis d'un *« certificat individuel de limitation de nuisances »* (art. R133-2 C.A.C.). Ce certificat atteste de leur conformité, du point de vue du bruit, avec un type déjà certifié. La règle générale est donc que tout aéronef, pour avoir le droit de voler, doit être doté d'un certificat individuel de limitation de nuisances. Des aménagements sont néanmoins apportés à ce principe sous la forme de *« certificat spécial de limitation de nuisances attestant qu'il* (l'aéronef) *satisfait à des conditions qui lui sont propres »* ou de *« laissez-passer provisoire »*. La mise en œuvre de ces règles a nécessité la publication de plusieurs arrêtés ministériels.

334. Un arrêté du 30 juillet 1975 fixe les conditions de délivrance des certificats de limitation de nuisances des aéronefs[2] appartenant aux catégories définies par le ministre chargé de l'aviation civile. Quatre catégories de certificats sont visées et requises selon le type d'aéronef en cause : le certificat de type, le certificat individuel, le certificat spécial et le laissez-passer. Le **certificat de type** est le *« document par lequel le ministre chargé de l'aviation civile reconnaît que les conditions de certification relatives à la limitation de nuisances notifiées au postulant sont remplies pour un type d'aéronef »* (art. 5 de l'arr. du 30 juill. 1975). Valable cinq ans, il est délivré à la condition que le postulant ait démontré la conformité du type d'aéronef à toutes les conditions notifiées. Le ministre chargé de l'aviation civile peut le suspendre ou le retirer si l'une de ces conditions n'est plus remplie. Le **certificat individuel** atteste, lui, de la conformité de l'aéronef au type certifié. Lorsqu'un aéronef n'est pas conforme à un type certifié, il peut néanmoins être mis en exploitation dès lors que le ministre chargé de l'aviation civile reconnaît, par le biais d'un **certificat spécial,** qu'il satisfait aux conditions relatives à la limitation de nuisances notifiées par lui au postulant. Enfin, le **laissez-passer** est un document provisoire permettant aux aéronefs non munis d'un certificat de voler. Cela concerne notamment les vols d'expérimentation ou de contrôle d'aéronefs dont la conformité n'est pas assurée. Ce document peut être assorti de toutes restrictions jugées utiles.

335. Un arrêté du 19 février 1987[3] définit les catégories d'aéronefs soumis à l'obligation de certificats de limitation de nuisances et fixe les conditions techniques de délivrance de ces certificats. Sont concernés les avions à hélices de masse maximale au décollage inférieure ou égale à 5 700 kg, les avions à hélices de masse maximale au décollage supérieure à 5 700 kg et exigeant une longueur de piste supérieure à 610

---

[1] Directive n° 80/51/CEE du 20 décembre 1979 relative à la limitation des émissions sonores des aéronefs subsoniques (*JOCE* n° L18 du 24 janvier 1980, p. 26), modifiée par la directive n° 83/206/CEE du 21 avril 1983 (*JOCE* n° L117 du 4 mai 1983, p. 15).

[2] *JO* du 1er octobre 1975.

[3] Arrêté du 19 février 1987 relatif aux catégories d'aéronefs soumis à l'obligation des certificats de limitation de nuisances (*JO* du 8 avril 1987). Il abroge l'arrêté du 3 avril 1980 relatif aux certificats de limitation de nuisances destinés aux avions à hélices de masse maximale au décollage inférieure ou égale à 5 700 kg, l'arrêté du 26 novembre 1981 relatif aux certificats de limitation de nuisances destinés aux avions à hélices de masse maximale au décollage supérieure à 5 700 kg, l'arrêté du 26 novembre 1981 relatif aux certificats de limitation de nuisances destinés aux avions à réaction subsoniques et l'arrêté du 13 avril 1982 relatif aux certificats de limitation de nuisances destinés aux hélicoptères.

mètres, les avions à réaction subsoniques (classés en cinq groupes) et les hélicoptères. L'arrêté du 12 novembre 1980[1] interdit, sous réserve de certaines dérogations, d'inscrire au registre français d'immatriculation les avions à réaction subsoniques quelle que soit leur masse et les avions à hélices de masse maximale au décollage inférieure ou égale à 5 700 kg, dépourvus du certificat de limitation de nuisances. En revanche, les aéronefs ultra-légers motorisés (U.L.M.) sont exemptés de certificat s'ils satisfont aux conditions de l'arrêté du 17 juin 1986[2], remplacé par l'arrêté du 23 septembre 1998[3], lui-même modifié par l'arrêté du 15 mai 2001[4]. Ce texte leur impose seulement, en-dehors des manœuvres de décollage et d'atterrissage et des vols rasants autorisés, de ne pas produire en vol un niveau sonore supérieur à 65 dB(A).

336. S'agissant des avions à réaction subsoniques, un arrêté du 16 novembre 1990 transpose dans notre droit national les normes fixées par la directive n° 89/629/CEE du 4 décembre 1989[5]. Il précise ainsi les règles d'exploitation de cette catégorie d'aéronef, en vue de limiter leurs émissions sonores et d'exclure les avions les plus anciens et les plus bruyants. Pour pouvoir être utilisé sur le territoire français, tout avion subsonique doit être muni d'un certificat acoustique attestant de sa conformité à des normes au moins égales à celles imposées par la Convention de Chicago (chap. II de la deuxième partie du volume I de l'annexe 16, 2e édition, 1988). Le certificat de limitation de nuisances doit être délivré en application des arrêtés des 30 juillet 1975 et 19 février 1987 précités, pour les avions immatriculés sur le registre français. Les appareils immatriculés en France ou dans l'un des États-membres de la Communauté européenne après le 1er novembre 1990 doivent répondre à des normes plus sévères, contenues dans le chapitre III de la Convention de Chicago, pour pouvoir circuler sur le territoire européen. Ces mêmes normes s'appliquent aux appareils utilisés sur le territoire européen par les exploitants français, dans le cadre de contrats de location ou de fret conclus après le 1er novembre 1990. Des dérogations et des dispenses sont toutefois prévues aux articles 6 à 11 de l'arrêté de 1990.

337. Un renforcement de la réglementation a été opéré par une nouvelle directive n° 92/14/CEE du 2 mars 1992 elle-même modifiée[6], introduite par l'arrêté du 14 décembre 1993 relatif au retrait progressif d'exploitation des avions à réaction subsoniques non conformes aux normes du chapitre III de l'annexe 16, volume 1, 2e

---

[1] Arrêté du 12 novembre 1980 portant interdiction d'inscription au registre français d'immatriculation des avions à réaction subsoniques quelle que soit leur masse et des avions à hélices de masse maximale au décollage inférieure ou égale à 5 700 kg dépourvus de certificats de limitation de nuisances (JONC du 20 décembre 1980), modifié par l'arrêté du 5 juillet 1982 (*JO* du 24 novembre 1982).

[2] Arrêté du 17 juin 1986 relatif au bruit émis par les aéronefs ultra-légers motorisés (U.L.M.) (*JO* du 31 juillet 1986).

[3] *JO* du 1er novembre 1998.

[4] *JO* du 30 mai 2001.

[5] Arrêté du 16 novembre 1990 relatif à l'exploitation des avions à réaction subsoniques en vue de limiter leurs émissions sonores (*JO* du 28 novembre 1990), transposant la directive n° 89/629/CEE du Conseil des communautés européennes du 4 décembre 1989 relative à la limitation des émissions sonores des avions à réaction subsoniques (*JOCE* n° L363 du 13 décembre 1989, p. 27).

[6] Directive n° 92/14/CEE du Conseil du 2 mars 1992 relative à la limitation de l'exploitation des avions relevant de l'annexe 16 de la convention relative à l'aviation civile internationale, volume 1, 2e partie, chapitre 2, deuxième édition (1988) (*JOCE* n° L76 du 23 mars 1992), modifiée par la directive 99/28/CE du 21 avril 1999 (*JOCE* n° L118 du 6 mai 1999, p. 53).

édition (1988), de l'Organisation de l'aviation civile internationale[1]. Petit à petit les appareils les plus bruyants sont retirés de la circulation et les nouveaux modèles mis en exploitation se voient imposer des normes de limitation des niveaux sonores de plus en plus sévères, intégrant au fur et à mesure les progrès techniques. Les avions décollant et atterrissant dans le voisinage et survolant nos habitations sont donc de moins en moins bruyants, pour autant que la technologie le permette. Malheureusement, ils sont dans le même temps toujours plus nombreux et remplissent des plages horaires de plus en plus étendues, de jour comme de nuit. La tranquillité du voisinage est par conséquent également tributaire d'une gestion appropriée du trafic aérien.

2- Les règles de trafic aérien : l'exploitation à moindre bruit

338. Les solutions destinées à diminuer les nuisances sonores engendrées par les aéronefs sont d'autant plus difficiles à trouver et à mettre en œuvre dans ce domaine que les données du problème laissent entrevoir des situations tout à fait spécifiques et d'une complexité extrême. A titre d'exemple, les éventuelles mesures de limitation ou d'interdiction des vols de nuit vont se heurter au problème du décalage horaire pour les grands vols internationaux. Dans un autre registre, alors que les manœuvres de décollage, d'atterrissage et de franchissement du mur du son des avions militaires produisent le plus agressif de tous les bruits aériens, l'armée bénéficie ici de privilèges qui apparaissent totalement injustifiés. De façon générale, la réglementation du trafic aérien devient de plus en plus malaisée face à l'inflation galopante des appareils mis en circulation.

339. Si dans un premier temps, l'article L. 131-1 du Code de l'aviation civile dispose que les aéronefs peuvent circuler librement au-dessus du territoire français, l'article L. 131-2 limite ce droit de survoler les propriétés privées à des conditions telles qu'elles n'entraveront pas l'exercice du droit du propriétaire, ce qui devrait inclure le droit au calme. Sauf pour les besoins du décollage ou de l'atterrissage, des hauteurs minima de vol sont imposées aux aéronefs, à l'exception des hélicoptères, par l'arrêté du 10 octobre 1957 relatif au survol des agglomérations et des rassemblements de personnes ou d'animaux[2]. Cette réglementation édictée à l'origine dans un but de sécurité publique, tend indirectement à éviter le bruit. Ainsi par exemple, le survol d'une ville dont la largeur moyenne est supérieure à 3 600 mètres ou de tout rassemblement supérieur à 100 000 personnes environ doit se faire à une hauteur minimale de 1 500 mètres.

340. La circulation des hélicoptères -aéronefs particulièrement bruyants- est, comme le prévoit l'arrêté précité du 10 octobre 1957, soumise à une réglementation spéciale. L'arrêté modifié du 17 novembre 1958[3] définit les couloirs de cheminement devant être empruntés par ce type d'appareil et établis en accord avec les préfets des départements intéressés. D'autre part, la loi n° 92-1444 du 31 décembre 1992 relative à la lutte contre le bruit contient des dispositions spécifiques aux hélicoptères (V. *supra* n° 173). Les modalités d'application de ces mesures seront précisées par décrets en Conseil d'État qui ne sont toujours pas parus.

341. Le survol de Paris connaît également des règles particulières contenues dans l'arrêté du 20 janvier 1948[4]. L'article 1er de ce texte interdit le survol de la capitale à tous

---

[1] Arrêté du 14 décembre 1993 (*JO* du 22 décembre 1993), modifié par les arrêtés du 18 février 1999 (*JO* du 23 mars 1999, p. 4355) et du 22 juin 1999 (*JO* du 23 juillet 1999, p. 10952).

[2] *JO* du 5 novembre 1975.

[3] Arrêté du 17 novembre 1958 portant réglementation de la circulation aérienne des hélicoptères (*JO* du 10 janvier 1959), modifié par arrêté du 5 juin 1978 (*JO* du 20 juillet 1978).

[4] Arrêté du 20 janvier 1948 relatif au survol de Paris, Code de l'environnement Dalloz.

les aéronefs, à l'exception des aéronefs de transports publics effectuant un service régulier et des avions militaires assurant un service de transport, à condition qu'ils volent à une altitude minimale de 2 000 mètres. Des dérogations exceptionnelles à cette interdiction peuvent néanmoins être accordées (art. 2 de l'arr. du 20 janv. 1948). De façon plus générale, s'agissant du problème des vols supersoniques qui sont essentiellement le fait des avions militaires, les règles de vol ont été fixées par une simple mesure d'ordre intérieure (lettre du Directeur de la circulation aérienne militaire du 27 décembre 1983), sans qu'il y ait de véritable réglementation au sens juridique du terme. Il en ressort une interdiction générale des vols supersoniques au-dessus du territoire français, ou à moins de 35 km de ses côtes, de 18h à 6h l'été et de 19h à 7h l'hiver, sauf dérogation expresse. En outre, ces vols sont interdits de façon absolue, c'est-à-dire à toute heure du jour ou de la nuit, lorsqu'ils ont lieu en palier ou en montée au-dessous de 10 000 mètres, en piqué accentué à toutes altitudes, dans certaines zones définies par l'autorité militaire ainsi qu'au-dessus des plages durant la période du 15 juin au 15 septembre.

342. S'agissant du trafic aérien civil, sa gestion se fait par le biais d'arrêtés ministériels spécifiques aux plus grands aéroports de France. Tenant compte des caractéristiques propres à chaque aéroport, ces textes limitent le nombre de mouvements aériens autorisés, interdisent certains vols, prévoient des aménagements d'horaires. Pour limiter les nuisances sonores subies par les riverains, un arrêté du 6 octobre 1994[1] a fixé le trafic de l'aéroport d'Orly à 200 000 mouvements par an et interdit les vols entre 23h30 et 6h, sauf dérogation. En réponse à un député qui soulignait l'importance des nuisances subies pendant l'été 1996 et lui demandait combien de dérogations avaient été accordées et selon quels critères, le ministre de l'Equipement a assuré que ces dérogations n'étaient accordées qu'en cas d'« *événement imprévisible* » et si le déroulement ou l'annulation du vol pouvait entraîner des inconvénients majeurs pour un grand nombre de passagers. En outre, il a tenu à rappeler que cette mesure de couvre-feu était unique en Europe pour cette catégorie d'aéroport et que le nombre de dérogations était en forte diminution[2]. Il est vrai que l'interdiction de survol de nuit ne constitue pas une obligation et le refus d'interdire le trafic aérien de nuit sur un aéroport n'est pas en soi illégal[3].

343. A titre d'exemple en ce qui concerne d'autres grands aéroports français, quatre arrêtés du 31 août 1999[4] portent, respectivement, restriction d'usage des aérodromes de Paris-Charles-de-Gaulle, de Paris-le-Bourget, de Toulouse-Blagnac et de Nice-Côte-d'Azur, alors que les prescriptions d'usage de l'aérodrome de Lyon Saint Exupéry, en vue de réduire les nuisances sonores, sont contenues dans un arrêté du 30 juin 1999[5]. Un arrêté du 6 novembre 2003[6] précise les créneaux horaires la nuit sur l'aéroport Paris-Charles-de-Gaulle. Le ministre de l'Aviation civile peut également définir, par arrêté, les

---

[1] Arrêté du 6 octobre 1994 relatif aux créneaux horaires sur l'aéroport d'Orly (*JO* du 9 octobre 1994), complété par l'arrêté du 29 septembre 1999 portant restriction d'usage de l'aérodrome de Paris-Orly (*JO* du 3 octobre 1999, p. 14707).

[2] V. Rép. Min. n° 42608 JOAN Q du 2 décembre 1996.

[3] CE, 6 juillet 1984, Comité de Sauvegarde contre les nuisances de Roissy en France, req. n° 35723, 35763 et 35764.

[4] *JO* du 10 septembre 1999, p. 13589.

[5] Arrêté du 30 juin 1999 portant restriction d'usage de l'aérodrome de Lyon-Satolas (Rhône) (*JO* du 2 juillet 1999, p. 9765).

[6] Arrêté du 6 novembre 2003 relatif à l'attribution de créneaux horaires la nuit sur l'aérodrome de Paris-Charles-de-Gaulle (*JO* du 7 novembre 2003, p. 19026).

procédures et trajectoires d'envol et d'atterrissage sur les aérodromes et les conditions dans lesquelles l'utilisation des aéronefs relevant de certaines catégories acoustiques peut être limitée ou interdite sur le territoire français ou une partie de celui-ci[1].

344. Enfin, les manifestations aériennes sont réglementées par un arrêté du 4 avril 1996[2], applicable depuis le 1er mai 1996 et qui abroge toutes les dispositions spécifiques antérieures portant sur cette activité. Le texte ne traite pas exclusivement du problème des nuisances sonores engendrées par de telles manifestations. Il impose un ensemble de règles de sécurité parmi lesquelles est expressément prévue la prévention du bruit. Les évolutions d'aéronefs constituant un spectacle public sont soumises à autorisation préfectorale (art. 11). Après avoir défini les manifestations entrant dans son champ d'application et les avoir classées en trois catégories par ordre d'importance, l'arrêté fixe les conditions de délivrance de l'autorisation qui pourra être assortie de dispositions de protection contre le bruit. Une copie de la demande et du dossier doit être envoyée au directeur régional de l'environnement si la manifestation est classée de grande importance ou si, quel que soit son classement, elle comporte plus de trente passages au-dessus ou au voisinage de lieux habités (à moins de 300 mètres de distance et/ou à moins de 300 mètres de hauteur). Le directeur régional de l'environnement est alors chargé de fournir son avis -apparemment simple- sur les nuisances sonores (art. 14). L'article 36 prévoit que toute manifestation aérienne pourra faire l'objet de contrôle des mesures de prévention concernant les nuisances sonores contenues dans l'autorisation préfectorale.

345. Compte tenu des contraintes économiques de plus en plus fortes auxquelles les transports aériens doivent répondre, les possibilités de restreindre les mouvements des avions sont elles-mêmes limitées. La gestion du trafic doit se doubler d'un aménagement urbain approprié à ce type de nuisance, ce qui suppose une réglementation de l'installation ou de l'extension des aérodromes ou autres aires d'atterrissage.

3- L'implantation des aérodromes et autres aires d'atterrissage

346. Les communes sont tenues de prendre en compte dans leur politique d'urbanisme et d'aménagement du territoire l'impact environnemental des infrastructures aéronautiques et toutes les conséquences à plus ou moins long terme qui peuvent en découler. Une circulaire du 20 juillet 1979[3] vient préciser les informations à intégrer dans les documents d'urbanisme, concernant l'emprise publique des aérodromes civils. Schémas directeurs d'aménagement et d'urbanisme et P.O.S. doivent comporter des dispositions concernant l'implantation ou l'extension d'aérodromes ouverts à la circulation aérienne publique ou à usage restreint. Ils indiquent les conditions de l'insertion actuelle ou à terme de l'aérodrome dans son environnement. Doivent donc être traités les problèmes éventuels posés par la création ou l'existence des aérodromes et leurs perspectives d'évolution, notamment sur le plan des nuisances produites et des enjeux économiques. Les documents graphiques reproduisent les zones exposées au bruit et celles soumises à des prescriptions spéciales de protection contre les nuisances sonores. En outre, les servitudes aéronautiques sont annexées au P.O.S.

347. Les règles d'implantation et d'extension de ces infrastructures aéronautiques sont susceptibles de varier selon le type d'appareils auxquels elles sont destinées. On

---

[1] Article R133-3 du Code de l'aviation civile modifié par le décret n°2003-230 du 13 mars 2003 (*JO* du 16 mars 2003, p. 4592).

[2] Arrêté du 4 avril 1996 relatif aux manifestations aériennes (*JO* du 28 avril 1996, p. 6518).

[3] Circulaire n° 79-71 et 67 AC du 20 juillet 1979 relative à la situation des aérodromes civils dans les documents d'urbanisme (BOMELT n° 837-79/32).

peut ainsi distinguer les aérodromes (a) des autres aires d'atterrissage, comme les hélistations ou les hélisurfaces (b).

a) Les règles de création ou d'extension des aérodromes

348. En application de l'article R221-5 du Code de l'aviation civile, la création d'un aérodrome ou l'extension des aérodromes existants sont soumises à *l'enquête publique* prévue par la loi n° 83-630 du 12 juillet 1983 et son décret d'application n° 85-453 du 23 avril 1985[1]. Le dossier d'enquête doit contenir une information sur l'exposition au bruit. Il est consultable en mairie par toute personne intéressée qui peut y apporter ses observations. Lorsque les travaux doivent donner lieu à déclaration d'utilité publique, l'enquête est alors organisée conformément aux dispositions des articles R11-14-1 et R11-14-15 du Code de l'expropriation publique. En outre, une *étude d'impact* précède les travaux de création ou d'extension les plus importants, c'est-à-dire ceux dont le coût global est supérieur à 12 millions de francs (1 829 388 euros), montant fixé à l'article 3 C du décret n° 77-1141 du 12 octobre 1977[2], décret qui définit par ailleurs les conditions de réalisation de cette étude.

349. Rappelons encore que la création ou l'extension d'une piste d'aérodrome échappe à l'exigence du permis de construire et de l'étude d'impact qui y est jointe le cas échéant[3]. De même, il faut préciser que si, à l'intérieur d'un aéroport, de nombreuses installations (ateliers d'essais de moteurs d'avions, parcs de stationnement de véhicules automobiles, compresseurs d'air et de gaz...) relèvent de la réglementation spéciale des installations classées (V. *infra* n° 359 et s.), notamment en raison du bruit qu'elles risquent d'engendrer, l'aérodrome en lui-même ne constitue pas une installation classée[4].

350. Conformément aux dispositions de l'article D211-3 du Code de l'aviation civile, le ministère des Transports publie chaque année la liste des aérodromes dont la création et la mise en service ont été autorisées par arrêté ministériel. Les hélicoptères peuvent atterrir ou décoller sur les aérodromes utilisés par les avions, *« le cas échéant à des emplacements réservés ou désignés à cet effet »*. Ils peuvent en outre utiliser des *« hélistations »* qui sont des aérodromes équipés pour les recevoir exclusivement ou encore des *« hélisurfaces »*, emplacements situés en-dehors des aérodromes.

b) Les règles de création ou d'extension des aires d'atterrissage autres que les aérodromes

351. En vertu de l'article D132-6 du Code de l'aviation civile, les hélistations sont soumises aux mêmes règles de création et de mise en service que les aéroports, sous réserve de dispositions particulières aux hélistations spécialement destinées au transport

---

[1] Loi n° 83-630 du 12 juillet 1983 relative à la démocratisation des enquêtes publiques et à la protection de l'environnement (*JO* du 13 juillet 1983) et décret n° 85-453 du 23 avril 1985 pris pour l'application de la loi n° 83-630 du 12 juillet 1983 relative à la démocratisation des enquêtes publiques et à la protection de l'environnement (*JO* du 24 avril 1985).

[2] Décret n° 77-1141 du 12 octobre 1977 pris pour l'application de l'article 2 de la loi n° 76-629 du 10 juillet 1976 relative à la protection de la nature (*JO* du 13 octobre 1977). Le montant fixé par l'article 3 C de ce décret, qui était de 6 millions de francs, a été réévalué par le décret n° 93-245 du 25 février 1993 et est passé à 12 millions de francs à compter du 1er mai 1993 (soit 1 829 388 euros).

[3] CE, 5 décembre 1984, Union régionale d'action contre les nuisances des avions, req. n° 25060, Rec. Lebon, Tables, p. 774.

[4] CE, 25 janvier 1989, Liblin, Roudier, Comité de défense des riverains de l'aéroport de Paris-Nord, Association SOS Villeneuve-Saint-Georges et Verger, Rec. Lebon, Tables ; CE, 15 février 1991, Association de défense contre les nuisances et pour la qualité de la vie de Saint-Mard et autres, n° 109540.

public à la demande. Ces dispositions sont contenues dans l'arrêté interministériel du 6 mai 1995[1], qui « *prend en compte notamment l'impact sur l'environnement en matière de nuisances sonores* ». Le dossier de demande d'autorisation doit comprendre une note d'impact sur l'environnement en matière de nuisances sonores, contenant l'état des niveaux sonores avant la mise en place de l'hélistation, un état prévisionnel à terme des mouvements journaliers d'hélicoptères et les niveaux sonores prévisibles autour de l'hélistation, lors des atterrissages et des décollages (art. 8-3). La décision d'autorisation ou de refus de création est prise par arrêté motivé du préfet. L'arrêté d'autorisation peut être assorti de restrictions d'usage portant sur les types d'hélicoptères utilisés, la nature des activités ou les horaires. La création pourra être refusée « *si l'utilisation de l'hélistation est susceptible d'engendrer des nuisances phoniques de nature à porter une atteinte grave à la tranquillité du voisinage* » (art. 9). De même, le préfet pourra dans ce cas-là ou lorsque les niveaux prévus dans la note d'impact ne sont pas respectés, modifier ou retirer l'autorisation délivrée.

352. S'agissant des hélisurfaces, elles ne peuvent être utilisées qu'à titre occasionnel avec l'accord des propriétaires. Elles sont en principe interdites à l'intérieur des agglomérations et des aérodromes, sauf autorisation préfectorale exceptionnelle (art. 15). Les personnes habitant à proximité (à moins de 150 mètres) peuvent demander au préfet de faire cesser les nuisances phoniques répétitives qu'elles peuvent occasionner. L'utilisation de l'hélistation pourra également être interdite à tel pilote s'il cause une atteinte grave à la tranquillité du voisinage (art. 11).

353. De manière générale, des restrictions d'utilisation des aires d'atterrissage des hélicoptères sont susceptibles d'être apportées, notamment pour des motifs de tranquillité publique et de protection de l'environnement (art. 18). Le préfet pourra limiter le volume du trafic des hélistations spécialement destinées au transport public à la demande. Si cette limitation est laissée à l'appréciation de l'autorité préfectorale, qui prendra en compte les critères d'environnement et d'usage propres à chaque plate-forme, elle est néanmoins plafonnée à 5 000 mouvements maximum par an et 100 mouvements par jour. Une circulaire du 6 mai 1995[2] apporte encore des précisions sur les modalités de création, de mise en service et d'utilisation de ces aires d'atterrissage.

354. Enfin, un arrêté du 13 mars 1986[3] vient fixer les conditions dans lesquelles les aéronefs ultra légers motorisés peuvent atterrir et décoller ailleurs que sur un aérodrome. Les plates-formes spécifiques aux U.L.M. sont, tout comme les hélisurfaces, interdites à l'intérieur des agglomérations et à proximité des aérodromes, sous réserve d'une autorisation exceptionnelle. Lorsqu'elles sont utilisées à titre occasionnel, à des fins de vols privés ou d'épandage agricole, elles doivent être déclarées en mairie. Celles destinées à une utilisation permanente sont soumises à autorisation préfectorale qui est toujours révocable. L'article 5 de l'arrêté du 13 mars 1986 précise que cette autorisation *pourra* être refusée « *notamment si l'usage de la plate-forme est susceptible d'engendrer des nuisances phoniques de nature à porter une atteinte grave à la tranquillité du voisinage* ».

355. Dans leur grande majorité, les textes qui réglementent l'implantation et l'exploitation des zones accueillant les transports aériens intègrent, si ce n'est l'objectif de maintien de la tranquillité publique, du moins et de manière plus générale, les

---

[1] Arrêté du 6 mai 1995 relatif aux aérodromes et autres emplacements utilisés par les hélicoptères (*JO* du 7 mai 1995).

[2] Circulaire du 6 mai 1995 relative aux hélistations et hélisurfaces (*JO* du 7 mai 1995).

[3] Arrêté du 13 mars 1986 fixant les conditions dans lesquelles les aérodynes ultra-légers motorisés, ou U.L.M., peuvent atterrir et décoller ailleurs que sur un aérodrome (*JO* du 19 mars 1986).

préoccupations d'environnement qui comprennent la lutte contre les nuisances sonores. Ils contribuent à diminuer l'exposition des populations par un contrôle administratif préalable et une politique d'éloignement des aires de bruit aérien. Ce niveau de réglementation vient se combiner aux limitations portant sur les appareils eux-mêmes et sur le trafic. Le renforcement progressif de ces dernières se trouve de plus en plus en conflit avec d'autres intérêts, notamment pécuniaires et commerciaux, qui mettent un frein aux mesures de lutte contre le bruit des aéronefs. Le même cas de figure se pose dans le domaine des transports routiers. Là où la croissance économique du pays est en jeu, il est difficile de concilier des objectifs aussi antagonistes.

356. A côté du bruit des transports, de nombreuses activités sont susceptibles d'occasionner une gêne sonore difficilement supportable par le voisinage, compte tenu de l'intensité des niveaux acoustiques atteints, de leur durée ou du moment de leur manifestation. Des mesures spécifiques ont été prises à leur égard. Elles concernent des secteurs bien définis d'activités.

§2. LES ACTIVITÉS BRUYANTES

357. Qu'elles soient professionnelles ou de loisirs, certaines activités produisent un tel désagrément acoustique voire présentent un réel danger pour le voisinage qu'un encadrement réglementaire s'est avéré indispensable. Néanmoins, jusqu'à la loi n° 92-1444 du 31 décembre 1992 qui institue dans son article 6 (devenu l'art. L. 571-6 C. env.) une *police spéciale des activités bruyantes*, il n'existait pas de réglementation d'ensemble dans ce domaine. Seules les activités les plus bruyantes se sont vues doter de textes spéciaux afin de limiter les nuisances sonores produites. Pour les autres, c'est essentiellement dans le cadre de la police générale de la tranquillité publique que des mesures de lutte et de protection étaient prises, de façon tout à fait ponctuelle.

358. Le dispositif institué par le législateur de 1992 permet de combler la situation de carence juridique qui excluait bon nombre d'activités bruyantes de tout texte spécifique au problème du bruit. Néanmoins, les dispositions spéciales à certains types d'activités demeurent applicables et complètent efficacement la législation d'ensemble désormais établie. Ainsi, les activités des installations classées (c'est-à-dire industrielles, artisanales, agricoles, commerciales...) relèvent à titre exclusif de la police des installations classées pour la protection de l'environnement (A), issue de la loi n° 76-663 du 19 juillet 1976 et de son décret d'application n° 77-1133 du 21 septembre 1977. L'article 6 de la loi n° 92-1444 du 31 décembre 1992 (art. L. 571-6 C. env.) écarte, en effet, expressément de son champ d'application ce type d'activités pour lesquelles le contrôle des nuisances phoniques s'effectue suivant les procédures propres à cette police spéciale. De même, une réglementation isolée aborde les bruits des engins de chantier (B), qui peuvent être utilisés dans l'enceinte des installations classées mais sont tout aussi gênants -si ce n'est plus- pour les riverains parce que plus proches, lors de travaux sur la voie publique. Enfin, les établissements recevant du public, tels que les bars, cafés, restaurants, discothèques, font l'objet de mesures spécifiques destinées à tempérer les manifestations sonores de leurs usagers. Ces mesures sont contenues dans le Code des débits de boissons (C).

A. LA POLICE DES INSTALLATIONS CLASSÉES POUR LA PROTECTION DE L'ENVIRONNEMENT

359. Elle est sans aucun doute la police spéciale la plus ancienne et la plus importante en matière de prévention de tous les troubles de voisinage. Le développement industriel, avec son lot de pollutions et de nuisances, est à l'origine de cette

réglementation spécifique mise en place par un décret du 15 octobre 1810, refondue par une loi du 19 décembre 1917 sur les *« établissements dangereux, insalubres et incommodes »* et finalement remplacée par la loi n° 76-663 du 19 juillet 1976 relative aux installations classées pour la protection de l'environnement (dont les dispositions ont été codifiées aux articles L. 511-1 à L. 517-2 du Code de l'environnement). Cette loi, modifiée à plusieurs reprises, établit un ensemble particulièrement complexe et imposant de textes (multiples arrêtés ministériels et préfectoraux, circulaires et instructions ministérielles), propres à garantir une *certaine* protection du voisinage contre les pollutions et nuisances les plus graves, parmi lesquelles figurent les nuisances sonores.

360. Néanmoins, il n'est guère facile d'isoler le problème du bruit des autres pollutions et nuisances prises en compte par la législation des installations classées. Il est rare, en effet, qu'un établissement relève de cette police uniquement à cause des nuisances acoustiques qu'il produit. De même, la prévention du bruit entraîne tout aussi rarement le refus d'une autorisation d'exploitation. Quelques prescriptions spécifiques à la nuisance « bruit » sont cependant contenues dans cette police, destinées à limiter dans une *certaine mesure* les manifestations sonores considérées comme excessives pour le voisinage.

361. Sont concernées toutes les installations fixes exploitées ou détenues par une personne physique ou morale, publique ou privée, qui peuvent présenter des dangers ou des inconvénients notamment pour la *commodité du voisinage* ou pour la *santé publique* (art. 1er de la loi devenu l'art. L. 511-1 C. env.). Le champ d'application, on ne peut plus vaste, de cette législation permet d'englober de nombreuses activités génératrices de bruit, qu'elles soient industrielles, artisanales, commerciales ou agricoles. Le critère de soumission repose sur la nuisance générée et son degré de gravité ; il ne tient pas compte de la nature de l'activité exercée par l'installation. Mais encore faut-il que l'activité en question soit inscrite sur la liste officielle, à savoir la « nomenclature des installations classées », établie par le décret du 20 mai 1953[1] qui est régulièrement révisé pour tenir compte de l'évolution des procédés technologiques et industriels. Cette nomenclature établit un régime différencié selon la gravité des nuisances produites, soumettant à autorisation les activités les plus nuisibles (environ 10 % du nombre total) et à simple déclaration celles qui le sont moins.

362. Environ 220 rubriques de la nomenclature ont trait à des activités en partie source de bruit. A ce titre, ces activités se voient appliquer les prescriptions spéciales prévues par la police des installations classées, propres à limiter les nuisances phoniques qu'elles occasionnent (1). Toutefois et de façon assez paradoxale, le législateur de 1976 ne s'est pas contenté de ce système de classement des installations et a prévu une espèce de « soupape de sûreté » qui permet de faire bénéficier d'un régime de protection les victimes de bruit particulièrement abusif produit par une installation qui ne serait pas classée (2).

1- La limitation du bruit des installations classées pour la protection de l'environnement

363. L'objet de la police spéciale des installations classées est d'assurer un contrôle préventif de certaines activités nuisibles. Ce contrôle se manifeste à deux niveaux et par le biais de deux instruments de prévention. D'une part, la création de l'installation est soumise à différentes formalités administratives que l'exploitant est tenu de remplir

---

[1] V. : Code Permanent Environnement et Nuisances, éditions législatives, « Installations classées », Feuillets 4823 et s. sur la nomenclature et les arrêtés types.

avant la mise en service (a). La prise en compte du problème du bruit se fera dès ce stade. D'autre part, le fonctionnement de l'installation classée est étroitement encadré par des prescriptions techniques (b). En matière de nuisances sonores, les modalités de ce contrôle reposent sur des textes spécifiques.

a) Le contrôle de la création des installations classées

364. Selon le classement de l'installation dans la nomenclature, le contrôle opéré sera plus ou moins strict. Les installations bruyantes relevant du régime de l'autorisation constituent la catégorie d'activités la plus sévèrement contrôlée dans la mesure où leur mise en exploitation est subordonnée à de sérieuses vérifications acoustiques, effectuées sur la base d'une **étude d'impact**. L'autorisation d'exploiter est délivrée par le préfet après **enquête publique** relative aux incidences éventuelles du projet et après avis des conseils municipaux intéressés ainsi que du conseil départemental d'hygiène. Elle ne pourra être accordée que si les dangers ou inconvénients que présente l'installation peuvent être prévenus par des mesures spéciales, comprenant, notamment, l'éloignement de la source de nuisances des habitations. L'article 8 de la loi n° 76-663 du 19 juillet 1976 (art. L. 514-19 C. env.) précise enfin que *« les autorisations sont accordées sous réserve des droits des tiers »*. Littéralement, cela voudrait dire qu'une activité trop bruyante causant un trouble anormal de voisinage ne peut être autorisée. Concrètement, cela signifie qu'en cas de gêne excessive, les victimes pourront obtenir réparation de leur préjudice, sans pour autant aller jusqu'à la fermeture de l'installation (*infra* n° 2199 et s.).

365. Le préfet se prononce au vu de l'étude d'impact que le pétitionnaire doit obligatoirement joindre à sa demande d'autorisation et qui doit comporter un volet « bruit »[1]. Conformément à l'article 3-4° du décret n° 77-1133 du 21 septembre 1977, l'étude indiquera l'origine, la nature et l'importance des inconvénients susceptibles de résulter de l'exploitation de l'installation, et notamment le niveau acoustique des appareils employés. Le pétitionnaire doit également indiquer de façon détaillée les mesures concrètes qu'il envisage de prendre pour supprimer, limiter ou compenser les inconvénients de l'installation (murs anti-bruit, isolation phonique...).

366. A différents points de vue, l'étude d'impact exigée par la législation des installations classées semble constituer un outil efficace de prévention des nuisances sonores qui seraient inacceptables pour le voisinage. Sa réalisation implique forcément une prise de conscience doublée d'une prise de responsabilité de la part de son auteur qui envisage d'exploiter une installation génératrice de bruit. La prise de conscience s'opère au stade de l'analyse de l'état initial du site sur le plan acoustique et des mesures prospectives que le pétitionnaire doit effectuer afin d'évaluer les effets prévisibles de l'installation sur l'environnement sonore du voisinage. Doivent être prises en compte non seulement les nuisances issues de l'installation elle-même mais encore celles résultant de son activité, même si elles se produisent en-dehors de l'établissement. L'étude d'impact relative à l'ouverture d'une laiterie, par exemple, doit intégrer le bruit occasionné par le chargement et le trafic des camions de livraison. Connaissant les implications que contient son projet, le pétitionnaire est ensuite mis face à ses responsabilités puisqu'il doit proposer des dispositifs concrets de lutte contre le bruit

[1] Notons que cette procédure ne concerne pas uniquement la création d'installations classées mais s'applique également aux hypothèses de transfert, d'extension ou de transformation d'installations existantes pour lesquelles l'article 4 de la loi du 19 juillet 1976 impose un renouvellement de la demande d'autorisation. Néanmoins, cette obligation est très atténuée par les dispositions de l'art. 20 du décret du 21 septembre 1977 qui la soumettent à « l'arbitrage du préfet » dans les cas de « changements notables des éléments du dossier ».

qu'il s'engage à réaliser une fois l'autorisation d'exploiter délivrée. Les nombreux cas d'annulation de l'autorisation d'exploiter pour insuffisance de l'étude d'impact témoignent de l'importance qui est accordée à cet instrument de prévention[1]. Le contrôle exercé par le préfet et le cas échéant par le juge administratif en garantit l'efficacité.

367. La procédure de déclaration, en revanche, ne prévoit pas une telle analyse des risques futurs de nuisances sonores. Une simple déclaration adressée au préfet avant l'ouverture de l'installation est suffisante pour la mise en service, en l'absence de toute consultation ou enquête. Cette déclaration doit tout de même comporter des indications sur l'emplacement de l'installation ainsi que sur la nature et le volume des activités que le déclarant se propose d'exercer (art. 25 du décret n° 77-1133 du 21 septembre 1977). S'il estime la déclaration incomplète sur ces points, le préfet pourra toujours demander à son auteur de rajouter les éléments manquants qui pourront le renseigner sur les caractéristiques phoniques de l'activité en cause et éventuellement orienter la nature des prescriptions techniques applicables à l'installation régulièrement déclarée.

b) Les prescriptions de fonctionnement : le respect des normes d'émission sonore

368. Toutes les installations classées régulièrement déclarées ou autorisées sont soumises à des prescriptions de fonctionnement destinées à prévenir ou pallier les nuisances résultant inévitablement de leur exploitation. Pour les installations relevant du régime de la déclaration, un arrêté du préfet fixe les *« prescriptions générales »* qui leur sont applicables et qui sont inspirées d'arrêtés types établis par le ministre de l'Environnement[2] pour chaque catégorie d'activités. Ces textes incluent toute une série de dispositions relatives à la mesure et à la limitation de la gêne sonore. Si ces mesures générales se révèlent toutefois insuffisantes, le préfet a la possibilité, en vertu de l'article 11 de la loi n° 76-663 du 19 juillet 1976 (art. L. 512-12 C. env.), d'imposer des *prescriptions spéciales* dans un arrêté complémentaire pris après avis du conseil départemental d'hygiène. Les installations soumises à autorisation bénéficient, de leur côté, de *prescriptions particulières* adaptées à leur situation propre. Elles sont contenues dans l'arrêté préfectoral d'autorisation et, le cas échéant, dans un ou plusieurs arrêtés complémentaires. Exceptionnellement, un arrêté ministériel pourra fixer des règles techniques visant certaines catégories d'installations classées, qu'elles soient soumises à autorisation ou à déclaration. C'est le cas pour le bruit émis par les installations classées.

369. Pendant longtemps, les prescriptions relatives au problème du bruit ont été formulées de façon extrêmement vague, sans se référer à des valeurs précises et chiffrées. Les textes se bornaient le plus souvent à poser une obligation générale de

---

[1] V. : T.A. de Grenoble, 13 avril 1988, Bost, n° 88-39210 et 211 : l'autorisation d'une installation d'élevage et de garde de chiens a été annulée pour insuffisance de l'étude d'impact spécialement concernant le bruit ; T.A. de Grenoble, 13 avril 1994, Madame Jolivet, n° 921035 et 921741 : l'autorisation accordée pour l'extension d'un élevage a été annulée en raison notamment de l'insuffisance de l'étude d'impact qui ne prenait pas en compte les nuisances sonores générées par l'installation existante ; C.A.A. Bordeaux, 21 novembre 1996, Soc. Boisliveau, n° 94BX00731 : la cour a confirmé un jugement ayant annulé l'autorisation d'une centrale d'enrobage à chaud remplaçant un équipement vétuste au motif que l'étude d'impact ne donnait aucune indication chiffrée sur le volume sonore de l'installation, ni de l'effet de son intégration dans un site complexe comportant une station de concassage dont les nuisances sonores n'étaient pas décrites (C.P.E.N., jurispr. « Bruit », 1545).

[2] V. pour exemples les arrêtés du 30 juin 1997 relatifs aux prescriptions générales applicables aux installations classées soumises à déclaration, pour certaines rubriques de la nomenclature (*JO* du 30 juillet 1997, p. 11359). Les prescriptions concernant le bruit reprennent les définitions des zones à émergence réglementée et les valeurs d'émergence de l'arrêté du 23 janvier 1997.

fonctionner sans bruits gênants pour le voisinage ou adressaient des injonctions portant, par exemple, sur les horaires de fonctionnement, le nombre de machines ou de postes de travail, les mesures d'insonorisation, etc. A défaut de limites clairement établies, l'appréciation du caractère excessif de la gêne sonore était laissée à l'arbitraire de l'autorité publique, situation qui caractérise toujours la police de la « tranquillité publique ». Ce manque de précision dans les obligations juridiques était préjudiciable non seulement à l'exploitant, pour le bon exercice de son activité dans des conditions compatibles avec les objectifs de la législation, mais également aux riverains, pour la protection de leurs intérêts. Il fallut attendre une circulaire du 16 juin 1976 pour que des normes d'émission sonore soient fixées, établissant à titre indicatif le plafond légal de la production de bruit par les installations classées.

370. C'est l'arrêté ministériel du 20 août 1985[1] pris en application de l'article 7 de la loi n° 76-663 du 19 juillet 1976 (art. L. 512-5 C. env.) et spécifique au bruit, qui a instauré des normes *impératives*, fournissant aux exploitants des limites précises aux nuisances qu'ils produisent. Remplacé par un arrêté du 23 janvier 1997[2], le texte de 1985 demeure toutefois applicable aux installations classées autorisées ou modifiées jusqu'au 1er juillet 1997[3]. Après cette date, -à l'exclusion toutefois de certaines activités déjà réglementées par des arrêtés spécifiques limitativement énumérés à l'article 1er de l'arrêté de 1997[4]-, les installations nouvelles soumises à autorisation ainsi que les modifications autorisées d'installations existantes se voient imposer les nouvelles prescriptions établies par le texte de 1997. L'arrêté du 23 janvier 1997 relatif à la limitation des bruits émis dans l'environnement par les installations classées pour la protection de l'environnement -tout comme l'arrêté de 1985- a pour objet de fixer, d'une part, les valeurs limites d'émission sonore à respecter et, d'autre part, la méthode de mesure du bruit pour évaluer ses effets sur le voisinage. Il en résulte que l'arrêté préfectoral autorisant

---

[1] Arrêté du 20 août 1985 relatif aux bruits aériens émis dans l'environnement par les installations classées pour la protection de l'environnement (*JO* du 10 novembre 1985), avec instruction technique jointe en annexe. Une lettre-circulaire du 20 août 1985 relative aux installations classées pour la protection de l'environnement, émanant du ministre de l'environnement est venue annoncer et présenter cet arrêté, suivie d'une circulaire du 20 septembre 1985 pour l'application de l'arrêté du 20 août 1985 relatif aux installations classées pour la protection de l'environnement (*JO* de la République Française n° 1383 - « Bruit » - édition juin 1995, p. 145).

[2] Arrêté du 23 janvier 1997 relatif à la limitation des bruits émis dans l'environnement par les installations classées pour la protection de l'environnement (*JO* du 27 mars 1997, p. 4785), complété par l'arrêté du 2 février 1998 relatif aux prélèvements et à la consommation d'eau ainsi qu'aux émissions de toute nature des installations classées pour la protection de l'environnement soumises à autorisation (*JO* du 3 mars 1998). Pour ce qui concerne les émissions sonores, l'article 47 de l'arrêté de 1998 rappelle qu'elles doivent respecter les dispositions de l'arrêté du 23 janvier 1997.

[3] Il convient de préciser que l'arrêté du 20 août 1985 n'est pas abrogé, mais simplement modifié, à compter du 1er juillet 1997, par l'art. 7 de l'arrêté du 23 janvier 1997. En effet, les dispositions de l'instruction technique jointe à l'arrêté du 20 août 1985 s'appliquent désormais à toutes les installations classées existantes qui ne sont pas soumises aux dispositions de l'arrêté du 23 janvier 1997. V. : L. CHABANNE-POUZYNIN, Nouvel arrêté « Bruit », Droit de l'environnement n° 48, mai 1997, p. 5.

[4] Pour ce qui est de l'industrie du verre qui faisait partie de ces activités énumérées à l'art. 1er de l'arrêté de 1997, les émissions sonores provenant d'installations nouvelles, autorisées à compter du 1er juillet 2000, et d'installations modifiées après cette date, devront respecter les dispositions de l'arrêté du 23 janvier 1997. V. : Arrêté du 15 novembre 1999 modifiant l'arrêté du 23 janvier 1997 relatif à la limitation des bruits émis dans l'environnement par les installations classées pour la protection de l'environnement et l'arrêté du 14 mai 1993 relatif à l'industrie du verre (*JO* du 3 décembre 1999, p. 17995).

l'ouverture d'une installation devra obligatoirement mentionner ces normes et les conditions de contrôle acoustique prévues.

371. Les installations existantes au 1er juillet 1997 restent donc soumises au décret du 20 août 1985 pour ce qui est des niveaux sonores à ne pas dépasser et contenus dans l'instruction jointe en annexe. Une tolérance de 3 dB(A) sur ces seuils est admise pour la conformité de l'exploitation à la réglementation. Notons que le nouvel arrêté de 1997 est plus sévère sur ce point puisqu'il ramène le niveau de tolérance à 2 dB(A). Toujours est-il que les deux textes ne prévoient pas une protection absolue du voisinage, le bruit étant *toléré* jusqu'à un certain niveau jugé acceptable eu égard aux intérêts en présence. L'instruction technique annexée à l'arrêté du 20 août 1985 précise bien qu'elle a *« pour finalité de rechercher la protection des riverains des installations classées* ***sans imposer pour autant aux industriels des prescriptions qui seraient irréalisables »***. Les niveaux limites admissibles de bruit varient, entre autres considérations, selon la situation géographique de l'installation classée, la nature du local récepteur des nuisances et la période de la journée.

372. A titre d'exemple, en application des prescriptions de l'arrêté du 20 août 1985 auxquelles demeurent soumises les installations existantes au 1er juillet 1997, lorsque l'installation est située dans un immeuble habité ou occupé par des tiers, les niveaux à ne pas dépasser à l'intérieur des locaux sont de 35 dB(A) de jour (7h-20h) et 30 dB(A) de nuit (22h-6h) et en période intermédiaire (de 6h à 7h et de 20h-22h et pour les dimanches et jours fériés, de 6h à 22h) pour les locaux d'habitation, de soin, de repos et d'enseignement, de 45 dB(A) pour toutes les périodes de la journée pour les locaux à activité de type tertiaire et de 55 dB(A) également pour toutes les périodes de la journée pour les locaux industriels non bruyants[1].

373. Comme le souligne M. Prieur, *« tous ces éléments ne constituent que des bases de référence au-delà desquelles on suppose qu'il existe une gêne. Mais celle-ci n'est appréciée que sur des moyens et des périodes assez longues sans rendre compte des gênes instantanées »*[2]. Notamment le phénomène des niveaux de crête produits épisodiquement et de façon limitée en durée n'est pas intégré dans ces normes, alors qu'il est la cause principale du désagrément subi par le voisinage. Les nouvelles prescriptions fixées par l'arrêté du 23 janvier 1997 présentent le même travers, aggravé par le fait que les valeurs limites imposées sont moins sévères. Après avoir défini de manière plus explicite les *« zones à émergence réglementée »*[3], le texte fixe dans un tableau les valeurs admissibles d'émergence, en fonction du niveau de bruit ambiant existant dans ces zones (et qui inclut le bruit de l'installation) et de la période jour ou

---

[1] Pour une explication des modalités d'application de l'arrêté du 20 août 1985 et de son instruction technique, voir : G. MOTTARD, Réglementation relative aux bruits émis par les installations classées, Echo Bruit n° 40-41, novembre 1989, p. 23-25.

[2] M. PRIEUR, Le bruit et les installations classées, Droit et Ville n° 10, 1980, Colloque « Le bruit et la ville », Toulouse, 14 et 15 octobre 1980, p. 67-89.

[3] L'article 2 de l'arrêté du 23 janvier 1997 définit trois catégories de zones à émergence réglementée :

« - l'intérieur des immeubles habités ou occupés par des tiers, existant à la date de l'arrêté d'autorisation de l'installation et leurs parties extérieures éventuelles les plus proches (cour, jardin, terrasse) ;

- les zones constructibles définies par des documents d'urbanisme opposables aux tiers et publiés à la date de l'arrêté d'autorisation ;

- l'intérieur des immeubles habités ou occupés par des tiers qui ont été implantés après la date de l'arrêté d'autorisation dans les zones constructibles définies ci-dessus et leurs parties extérieures éventuelles les plus proches (cour, jardin, terrasse), à l'exclusion de celles des immeubles implantés dans les zones destinées à recevoir des activités artisanales ou industrielles ».

nuit (art. 3 de l'arrêté du 23 janvier 1997). Ainsi, pour un bruit ambiant compris entre 35 et 45 dB(A), les émissions sonores ne doivent pas engendrer d'émergence supérieure à 6 dB(A) le jour (7h-22h, sauf dimanches et jours fériés) et à 4 dB(A) la nuit (22h-7h, ainsi que les dimanches et jours fériés). Pour un niveau de bruit ambiant supérieur à 45 dB(A), la valeur limite d'émergence est de 5 dB(A) le jour et de 3 dB(A) la nuit[1].

374. L'arrêté préfectoral d'autorisation fixera au cas par cas les niveaux de bruit à ne pas dépasser en limite de propriété de l'établissement en cause, de sorte que les valeurs d'émergence admissibles soient respectées. Le préfet dispose donc en la matière d'un large pouvoir d'appréciation, auquel l'arrêté du 23 janvier 1997 apporte toutefois une limitation puisqu'il prévoit que les niveaux de bruit ne doivent pas excéder 70 dB(A) le jour et 60 dB(A) la nuit, sauf si le bruit résiduel est supérieur à ces chiffres. Une dérogation est prévue pour la modification d'établissement existant dont la limite de propriété est située à moins de 200 mètres d'une zone réglementée. Il est en outre précisé que si l'installation produit un *bruit à tonalité marquée* (au sens de l'annexe dudit arrêté), son apparition ne pourra dépasser 30 % de la durée de fonctionnement de l'établissement dans chaque période diurne ou nocturne.

375. Précisons que si plusieurs installations classées sont regroupées au sein d'un même établissement, ces dispositions réglementaires s'appliquent au bruit global émis par l'ensemble des activités exercées. Sont également pris en compte les bruits engendrés par les véhicules de transport, les matériels de manutention et les engins de chantier utilisés à l'intérieur de l'établissement qui doivent être conformes aux dispositions spéciales les concernant (V. *infra* n° 389 et s.). Tout comme dans le texte de 1985, l'usage de sirènes, avertisseurs ou haut-parleurs gênants pour le voisinage est interdit, sauf dans les cas de prévention ou d'accidents.

376. Enfin, parallèlement aux normes d'émission sonores imposées aux installations relevant du régime de la loi n° 76-663 du 19 juillet 1976, l'arrêté du 23 janvier 1997 (art. 3) conserve l'ancienne obligation générale de ne pas gêner le voisinage, tout comme l'avait déjà fait l'arrêté du 20 août 1985. Il est ainsi prescrit aux préfets de reproduire dans leurs arrêtés l'article imposant que : *« l'installation sera construite, équipée et exploitée de façon que son fonctionnement ne puisse être à l'origine de bruits transmis par voie aérienne ou solidienne susceptibles de compromettre la santé ou la sécurité du voisinage ou de constituer une nuisance pour celui-ci »*. L'appréciation d'une telle gêne, non chiffrée, sera beaucoup plus aléatoire que dans le cas d'un dépassement des niveaux fixés en dB(A). Elle est néanmoins constitutive à elle seule d'une infraction à la législation des installations classées, alors même qu'aucun dépassement des normes n'aura pu être constaté (*infra* n° 1362-1363).

377. La condition *sine qua non* de l'application du régime général des installations classées et des prescriptions prises à ce titre afin de prévenir et limiter l'émission des nuisances sonores est l'inscription à la nomenclature. Cette dernière est subordonnée au degré de gravité de la nuisance produite, critère sélectif évalué au travers d'une appréciation globale de la gêne subie par la population sur des périodes assez longues. Les établissements faisant l'objet d'un classement sont donc ceux dont l'exploitation présente une potentialité de gêne continue et durable. En revanche, les manifestations instantanées de forts troubles sonores ne sont pas prises en compte parce qu'elles ne correspondent pas à la notion de gravité retenue par la législation des installations

---

[1] Sur la nouvelle réglementation issue de l'arrêté du 23 janvier 1997, voir : A. LE DOSSEUR, La réglementation du bruit des installations classées pour la protection de l'environnement soumises à autorisation conformément à l'arrêté ministériel du 23 janvier 1997, Echo Bruit n° 86, juin 1998, p. 38-42.

classées. Elles sont pourtant tout aussi mal ressenties par le voisinage du fait de leur intensité. Aussi, le législateur de 1976 a-t-il prévu des dispositions spécifiques pour ces cas particuliers de nuisances graves occasionnées par des « installations non classées ».

2- La limitation du bruit des installations non classées : l'article 26 de la loi du 19 juillet 1976

378. La loi n° 76-663 du 19 juillet 1976 prévoit dans son article 26 (devenu l'art. L. 514-4 C. env.) ce que la doctrine présente comme une *« soupape de sûreté »*. En vertu de ce texte, *« lorsque l'exploitation d'une installation non comprise dans la nomenclature des installations classées présente* **des dangers ou des inconvénients graves** *pour les intérêts mentionnés à l'article 1*[er] *de la présente loi* (art. L. 511-1 C. env.), *le préfet, après avis -sauf cas d'urgence- du maire et du conseil départemental d'hygiène, met l'exploitant en demeure de prendre les mesures nécessaires pour faire disparaître les dangers ou les inconvénients dûment constatés (...) »*. Or, le bruit entre bien dans les prévisions de l'article 1er de la loi de 1976 qui prend en compte, notamment, *« la commodité du voisinage »* et *« la santé publique »*.

379. Par dérogation au régime général, le législateur permet donc une intervention exceptionnelle de l'administration sur une installation non classée, qui produit néanmoins, dans le cas particulier de l'espèce, un bruit particulièrement abusif - constituant *un danger ou un inconvénient* ***grave-*** et incompatible avec les objectifs de *« commodité du voisinage »* et de *« santé publique »* posés par l'article 1er de la loi de 1976 (art. L. 511-1 C. env.). Pour faire cesser les nuisances sonores en provenance d'une telle installation, le préfet peut mettre en demeure l'exploitant de prendre les mesures nécessaires. Sauf cas d'urgence, l'arrêté préfectoral de mise en demeure doit être précédé de l'avis du maire et du conseil départemental d'hygiène. Il pourra imposer toute sorte de mesures de limitation ou de contrôle en vue de protéger les intérêts garantis par la police des installations classées. Afin d'assurer l'exécution effective de cette injonction, le préfet est habilité, en cas d'inaction de l'exploitant, à mettre en jeu les mêmes sanctions administratives que pour une installation classée. Ces sanctions sont prévues à l'article 23 de la loi de 1976 (devenu l'art. L. 514-1 C. env.) et constituent un gage de garantie pour l'élimination des nuisances constatées[1].

380. L'unique critère d'application de l'article 26 de la loi n° 76-663 du 19 juillet 1976 (art. L. 514-4 C. env.) est la gravité de la nuisance sonore. Le texte vise les installations non comprises dans la nomenclature des installations classées et présentant des dangers et inconvénients graves pour les intérêts mentionnés à l'article 1er de la loi (art. L. 511-1 C. env.). Cependant, la jurisprudence administrative a étendu son application à toutes les installations, c'est-à-dire à celles qui, bien que mentionnées dans la nomenclature ne sont pas soumises au régime de la déclaration ou de l'autorisation,

---

[1] En vertu de l'article 23 de la loi du 19 juillet 1976 (art. L. 514-1 C. env.), si à l'expiration du délai fixé dans l'arrêté de mise en demeure, l'exploitant n'a pas satisfait à l'injonction formulée, le préfet peut :

« a) Obliger l'exploitant à consigner entre les mains d'un comptable public une somme répondant au montant des travaux à réaliser, laquelle sera restituée à l'exploitant au fur et à mesure de l'exécution des mesures prescrites (...) ;

b) Faire procéder d'office, aux frais de l'exploitant, à l'exécution des mesures prescrites ;

c) Suspendre par arrêté, après avis du conseil départemental d'hygiène, le fonctionnement de l'installation, jusqu'à exécution des conditions imposées et prendre les dispositions provisoires nécessaires. »

comme à celles qui ne sont pas inscrites dans ladite nomenclature[1]. Cela concerne donc également les établissements qui existaient avant le classement de leur activité et qui peuvent continuer à fonctionner sous réserve de respecter les dispositions de l'article 16 de la loi n° 76-663 du 19 juillet 1976 (art. L. 513-1 C. env.) qui fixe le régime des droits acquis. En revanche, à partir du moment où l'exploitation de l'installation est subordonnée à la procédure de déclaration ou d'autorisation, l'article 26 (art. L. 514-4 C. env.) est inapplicable puisque remplacé par le régime général de la police des installations classées.

381. Les possibilités d'action offertes par l'article 26 (art. L. 514-4 C. env.) revêtent un caractère particulièrement important lorsqu'elles trouvent à s'appliquer aux aérodromes, grands producteurs de décibels et qui, pourtant, n'entrent pas dans le champ d'application de la loi n° 76-663 du 19 juillet 1976. De jurisprudence constante, il est en effet établi que les aéroports ne présentent pas par eux-mêmes le caractère d'installation classée, même s'ils comprennent dans leur enceinte diverses installations classées (ateliers d'essais de moteurs ou de réacteurs, parcs de stationnement de véhicules automobiles...) soumises aux prescriptions du régime général[2].

382. Affinant cette position, la Cour administrative d'appel de Paris[3] a récemment jugé que l'article 26 de la loi n° 76-663 du 19 juillet 1976 était susceptible de trouver à s'appliquer aux aérodromes, ce qui est tout à fait conforme à la lettre du texte qui vise les installations non classées gravement gênantes. L'exercice des pouvoirs préfectoraux qui en découlent est ensuite subordonné à une appréciation souveraine (d'abord par le préfet, puis, le cas échéant, par le juge administratif saisi d'un recours contentieux contre l'inaction du premier) du caractère de gravité de la nuisance engendrée. La Cour de Paris a, en l'espèce, estimé que s'agissant de l'aéroport de Roissy-Charles-de-Gaulle, les troubles de voisinage causés par son fonctionnement normal ne présentaient pas un caractère de gravité justifiant l'application de l'article 26. La Cour a ainsi justifié le refus implicite que le préfet avait opposé à la demande des riverains regroupés en association.

383. Cet arrêt reflète un peu la pratique générale qui a cours en matière de bruit. Force est de constater qu'une installation non classée est rarement considérée comme *« gravement gênante »*, au sens de l'article 26 (art. L. 514-4 C. env.), du seul fait des nuisances acoustiques qu'elle engendre[4]. Les moyens juridiques d'action ne font pourtant pas défaut, même s'ils sont à chercher ailleurs que dans la police des installations classées, ce qui paraîtrait plutôt logique s'agissant d'installations non classées. Rappelons que le maire peut intervenir au titre de son pouvoir de police générale de la

---

[1] CE, 7 janvier 1983, Sté Sogeba, Rec., p. 1 ; CE, 12 juin 1989, Sté Alsace Récupération, Dr. adm. 1989, n° 403.

[2] V. : CE, 25 janvier 1989, Liblin, Roudier, Comité de défense des riverains de l'aéroport de Paris-Nord, Associations SOS Villeneuve-Saint-Georges et Verger, Rec. Lebon, Tables ; CE, 15 février 1991, Association de défense contre les nuisances et pour la qualité de la vie de Saint-Mard et autres, n° 109540 et confirmé depuis par T.A. de Versailles, 26 octobre 1993, Comité de défense des riverains de l'aéroport de Paris-Nord c/ Préfet du Val d'Oise, n° 874610.

[3] C.A.A. Paris, 3 juin 1997, Comité de défense des riverains de l'aéroport Paris-Nord, n° 96 PA 00287, Droit de l'environnement n° 51, 1997, p. 8, note R. Léost.

[4] V. par ex. : CE, 26 juillet 1985, Chevalier, R.J.E. 1985, p. 479 : les seules nuisances provoquées par des machines destinées à travailler le bois étant d'ordre sonore et n'entraînant pas pour le voisinage un danger ou des inconvénients graves, seuls de nature à permettre au préfet d'user des pouvoirs qu'il tient de l'article 26 de la loi du 19 juillet 1976, est légale la décision par laquelle il rejette une demande qui lui avait été présentée à l'effet de prendre les mesures nécessaires pour mettre en demeure l'exploitant de faire cesser ces nuisances et dans le même sens : CE, 15 janvier 1986, Roger, Dr. adm. 1986, n° 115 (à propos d'un parc de stationnement).

tranquillité publique, prérogative qu'il détient de l'article L. 2212-2-2° du C.G.C.T. (V. *supra* n° 266 et s.). Il a même été admis qu'un arrêté municipal limitant le bruit dans une commune à certaines heures était applicable à un établissement industriel classé qui faisait fonctionner de nuit des machines bruyantes contrairement à cet arrêté[1]. Il semblerait toutefois qu'une telle solution n'est valable qu'à partir du moment où l'arrêté municipal ne réglemente pas uniquement le bruit industriel mais a un caractère plus général. Dans le cas contraire, un tel texte constituerait un excès de pouvoir de la part du maire qui n'a pas qualité pour réglementer les installations classées, celles-ci relevant de la police spéciale du préfet. C'est pourquoi l'arrêté en question doit, en outre, ne pas être en contradiction ou former double emploi avec les prescriptions préfectorales régissant l'établissement au titre de la législation des installations classées.

384. Enfin, et c'est là une grande avancée en matière de prévention des bruits de voisinage, l'article 6 de la loi n° 92-1444 du 31 décembre 1992 relative à la lutte contre le bruit (art. L. 571-6 C. env.) institue une police spéciale des activités bruyantes qui permet de soumettre les installations *« ne figurant pas à la nomenclature des installations classées pour la protection de l'environnement »* à des prescriptions générales, voire à une procédure d'autorisation lorsqu'elles sont susceptibles de provoquer un bruit dangereux pour la santé ou causant un trouble excessif aux personnes (V. *supra* n° 100 et s.). L'articulation de cette nouvelle police avec les dispositions de l'article 26 de la loi sur les installations classées (art. L. 514-4 C. env.) mérite une mise au point. La loi de 1992 sur le bruit vient compléter la police des installations classées et comble les domaines d'activités où cette dernière n'intervient pas. Elle précise toutefois que les mesures de l'article 6 (art. L. 571-6 C. env.) s'appliquent *« sans préjudice des autres dispositions législatives et réglementaires applicables »*. Il peut donc y avoir coexistence des deux dispositions en matière d'installations non classées bruyantes, ce qui n'est pas sans entraîner en pratique un certain climat de confusion.

385. La certitude réside dans le fait que la police des activités bruyantes instaurée par le législateur de 1992 ne concerne pas les installations déclarées ou autorisées au titre de la loi n° 76-663 du 19 juillet 1976. Sont également exclues les installations qui, bien qu'inscrites à la nomenclature, sont exemptées de la procédure d'autorisation ou de déclaration par effet des « droits acquis » de l'article 16 de la loi de 1976 (art. L. 513-1 C. env.) (*supra* n° 330). Pour de tels établissements, on l'a vu, l'article 26 (art. L. 514-4 C. env.) permet au préfet de prescrire les mesures propres à limiter les nuisances phoniques. En revanche, les installations restantes, celles qui ne sont pas mentionnées dans la nomenclature des installations classées, pourront relever de la police des activités bruyantes, dès lors qu'elles figurent dans la nouvelle nomenclature des activités fixée en annexe de chacun des décrets pris en application de l'article 6 de la loi sur le bruit (art. L. 571-6 C. env.). Dans cette hypothèse, l'utilité de l'article 26 de la loi sur les installations classées (art. L. 514-4 C. env.) peut être remise en cause. La mise en œuvre de la nouvelle police des activités bruyantes pourrait conduire à réduire le champ d'application de ce texte qui avait été prévu pour les installations non classées mais néanmoins particulièrement bruyantes. Celui-ci cèderait sa place pour les cas où le pouvoir réglementaire estime qu'un régime spécial plus rigide (celui de l'article 6) leur est à présent nécessaire eu égard aux considérations spécifiques liées au bruit. Textuellement, l'article 26 de la loi du 19 juillet 1976 demeure néanmoins applicable, concurremment avec l'article 6 de la loi sur le bruit, même si en pratique la raison d'être du premier disparaît avec l'intervention du deuxième.

---

[1] Trib. corr. de Lyon, 3 juillet 1958, J.C.P. 1958, II, 10869 ; C.P.E.N., jurispr. « Bruit », 1517.

386. En tant qu'outil de prévention contre les bruits de voisinage, la police des installations classées présente un double visage. De par l'étendue gargantuesque de son domaine, tant au niveau des intérêts qu'elle protège que des activités qu'elle réglemente, elle offre une potentialité de mesures et d'actions extrêmement large. Dans ce sens, l'article 15 de la loi n° 76-663 du 19 juillet 1976 (art. L. 514-7 C. env.) permet de prendre une mesure radicale de suppression des nuisances sonores puisqu'« *un décret en Conseil d'État, pris après avis du conseil supérieur des installations classées, peut ordonner la fermeture ou la suppression de toute installation, figurant ou non à la nomenclature, qui présente, pour les intérêts mentionnés à l'article 1er (art. L. 511-1 C. env.), des dangers ou inconvénients tels que les mesures prévues par la présente loi ne puissent les faire disparaître* ». Ce texte apparaît comme l'ultime solution à mettre en œuvre lorsqu'il n'y a vraiment plus aucune possibilité de faire disparaître les nuisances sonores d'une entreprise. Cependant, aucun décret en Conseil d'État ne semble jamais avoir été pris afin de fermer une installation dont on ne parvient pas à supprimer le bruit. Surtout, cette mesure extrême tranche totalement avec la ligne directrice qui a présidé à la mise en place de cette législation et qui prend une importance de plus en plus marquée dans la pratique : la recherche d'un *compromis* entre les différents intérêts en présence.

387. La législation des installations classées, si elle a vocation à s'étendre à un nombre toujours plus grand d'établissements, n'instaure pas une protection *absolue* des intérêts qu'elle vise. Elle tente simplement de concilier les intérêts antagonistes pour parvenir à une solution qui serait *acceptable* pour tous[1]. La prise en compte des nuisances acoustiques produites par les installations classées nous le montre de manière frappante. Dans ce domaine, peut-être plus que pour les autres troubles de voisinage, le préfet dispose d'un pouvoir d'appréciation qui lui permet de moduler les mesures de protection en fonction des intérêts en jeu. Il n'est pas sûr alors que le besoin de tranquillité et de calme exprimé par les riverains pèse bien lourd face aux exigences économiques que présente l'installation génératrice de nuisances sonores. Le compromis préconisé par la législation -qui en fournit tous les moyens légaux- aboutit bien souvent à délivrer un véritable permis de nuire. L'efficacité de la police des installations classées est alors bien aléatoire en matière de bruit.

388. Qu'ils soient utilisés à l'intérieur d'une installation classée ou sur la voie publique pour des travaux publics ou privés, les engins de chantier sont eux aussi soumis à une réglementation spécifique axée sur la prévention du bruit.

B. LA RÉGLEMENTATION DES ENGINS DE CHANTIER

389. Les bruits causés par les matériels et engins de chantier, ainsi que la gêne qui en résulte, sont tout à fait particuliers. Si les travaux de voirie ou de construction au cours desquels de tels engins sont utilisés sont limités dans le temps -la plupart ne durent que quelques heures ou quelques jours-, l'agression sonore qu'ils portent au voisinage est des plus intenses. Quoi de plus assourdissant qu'un marteau-piqueur ou un motocompresseur. Ils rendent impossible toute activité de travail ou de loisir et pertubent fortement les tâches et le bien-être quotidiens.

390. Pour la qualité de la vie urbaine, une réglementation propre à répondre à la spécificité de ces nuisances s'imposait donc. Mais cette évidence n'est apparue que tardivement aux yeux des autorités concernées et même du public. Pendant longtemps,

---

[1] En ce sens : P. LASCOUMES, La justice de l'environnement industriel : une place à prendre et à inventer, Justice n° 122, novembre 1988, p. 30 et s. ; Un droit de l'environnement négocié, volet discret d'une politique publique, Piren - C.N.R.S., 1990.

les chantiers de travaux ont été considérés comme un mal nécessaire et inévitable, qu'il convenait de supporter patiemment dans la mesure où les désagréments n'étaient que passagers. Un droit temporaire de nuire était tacitement reconnu pour ce type d'activité qui dérogeait au droit commun. Les seules mesures en vue de protéger un tant soit peu les riverains émanaient des autorités locales, préfets puis maires, au titre de leurs pouvoirs de police générale.

391. Il fallut attendre 1969 pour qu'un texte général -un simple décret sans aucune base législative- soit pris à l'échelon national. Aujourd'hui, les textes portant sur le bruit des matériels et engins de chantier sont innombrables et participent d'une volonté d'harmonisation sur le plan européen des règles imposées dans ce domaine. L'objectif était -et demeure- de mettre en place *« une réglementation purement contraignante, sans contrepartie mesurable »*[1] pour ceux à qui elle doit s'appliquer et d'assurer une protection uniforme des états membres de l'Union européenne. Aucune marge d'appréciation n'est ici tolérée tant dans le respect des normes acoustiques auxquelles doivent répondre les différents matériels (1) que dans les procédures de contrôle auquelles ils sont obligatoirement soumis (2).

1- La limitation des niveaux sonores émis par les matériels et engins de chantier

392. Le décret n° 69-380 du 18 avril 1969 relatif à l'insonorisation des engins de chantier[2] est le premier texte de portée nationale relatif aux bruits de chantier[3]. Il pose le principe selon lequel les matériels utilisés ou destinés à être utilisés sur les chantiers de travaux, publics ou non, ne doivent pas émettre de bruits *« susceptibles de causer une gêne excessive »*. A cet effet, des dispositifs particuliers d'insonorisation doivent être mis en place. L'obligation générale de *« non-gêne excessive »* étant en elle-même extrêmement vague, le décret n° 69-380 du 18 avril 1969 renvoie à des arrêtés ministériels le soin d'en préciser le contenu et les modalités d'application. Ces textes fixent ainsi, pour chaque catégorie de matériel de chantier, les niveaux sonores à ne pas dépasser.

393. Or la réglementation nationale instituée en 1969 est restée lettre morte durant trois ans. Ce n'est que le 2 mai 1972 qu'ont été publiés au Journal Officiel les deux premiers arrêtés ministériels d'application, en date du 11 avril 1972. L'un, à caractère général, limite le niveau sonore des bruits émis par les moteurs à explosion ou à combustion interne qui équipent la plupart des engins de chantier[4] ; l'autre est spécifique aux groupes moto-compresseurs[5]. Trois autres textes ont suivi en 1975 concernant les

---

[1] A. CONSOLI, Bruits des engins de chantier - La nouvelle réglementation, Echo Bruit, Rubrique du spécialiste n° 21, novembre 1986.

[2] Décret n° 69-380 du 18 avril 1969 relatif à l'insonorisation des engins de chantier (*JO* du 25 avril 1969), modifié par le décret n° 93-726 du 29 mars 1993 (*JO* du 30 mars 1993 et rectif. au *JO* du 26 février 1994) et par le décret n° 95-79 du 23 janvier 1995 (*JO* du 25 janvier 1995).

[3] Il a été relevé, s'agissant de ce décret de 1969 et de ses arrêtés d'application du 11 avril 1972, que c'était la première fois, dans le monde, qu'était mise en place une réglementation de portée nationale contre le bruit. V. : M.T.P., 6 mai 1972, p. 40.

[4] Arrêté du 11 avril 1972 relatif à la limitation du niveau sonore des bruits aériens émis par le ou les moteurs à explosion ou à combustion interne de certains engins de chantier (*JO* du 2 mai 1972), modifié par arrêtés du 5 mai 1975 (*JO* du 11 mai 1975) et du 19 décembre 1977 (*JO* du 20 janvier 1978).

[5] Arrêté du 11 avril 1972 relatif à la limitation du niveau sonore des bruits aériens émis par les groupes moto-compresseurs (*JO* du 2 mai 1972), modifié par arrêté du 19 décembre 1977 (*JO* du 20 janvier 1978).

brise-béton et marteaux-piqueurs[1], les groupes électrogènes de soudage[2] et les groupes électrogènes de puissance[3]. Tous ces arrêtés ont été remplacés en 1986 par de nouveaux textes réalisant la transposition dans notre droit interne de six directives européennes adoptées dans ce domaine.

394. La prise en compte au niveau communautaire du problème des bruits de chantier s'est faite à partir de 1974. Après dix années de travaux de réflexion et de rédaction, une directive-cadre fixant les dispositions communes applicables aux matériels et engins de chantier a été adoptée le 17 septembre 1984[4]. Elle a été complétée par cinq autres directives particulières -de même date- relatives à la limitation de l'émission sonore des groupes motocompresseurs, des marteaux-piqueurs et brise-béton, des groupes électrogènes de puissance, des groupes électrogènes de soudage et des grues à tour. Ces textes ont ensuite été adaptés aux progrès techniques par quatre directives du 11 juillet 1985 et une directive du 25 juin 1987[5], fixant des niveaux de puissance acoustique. L'harmonisation de ces normes avec notre droit interne a été effectuée par un arrêté interministériel du 2 janvier 1986 fixant les dispositions communes applicables aux matériels et engins de chantier[6]. Cinq autres arrêtés du même jour viennent préciser les niveaux sonores admissibles pour chaque type de matériel, abrogeant à partir du 26 mars 1986 les dispositions des textes antérieurs correspondants relatives à la construction et à la vente.

395. Les arrêtés du 2 janvier 1986 prévoient un abaissement progressif des niveaux sonores admissibles selon un calendrier comportant deux phases : la première à compter du 26 mars 1986, la deuxième à compter du 26 septembre 1989. Les motocompresseurs construits ou mis en vente à partir de cette dernière date ne devront pas émettre un bruit supérieur à 104 dB(A) pour un *« débit nominal normalisé de plus de 30 m^3 par minute »*[7], cette limite étant fixée pour les marteaux-piqueurs et brise-béton dans une fourchette de 108 à 114 dB(A) suivant leur masse[8], pour les groupes électrogènes de

[1] Arrêté du 4 novembre 1975 relatif à la limitation du niveau sonore des bruits aériens émis par les brise-béton ou les marteaux-piqueurs (*JO* du 11 décembre 1975).

[2] Arrêté du 26 novembre 1975 relatif à la limitation du niveau sonore des bruits aériens émis par les groupes électrogènes de soudage (*JO* du 16 décembre 1975), modifié par arrêté du 19 décembre 1977 (*JO* du 20 janvier 1978).

[3] Arrêté du 10 décembre 1975 relatif à la limitation du niveau sonore des bruits aériens émis par les groupes électrogènes de puissance (*JO* du 23 janvier 1976), modifié par arrêtés du 24 octobre 1977 (*JO* du 15 novembre 1977) et du 19 décembre 1977 (*JO* du 20 janvier 1978).

[4] Directive « cadre » du Conseil n° 84/532/CEE du 17 septembre 1984 (*JOCE* n° L300 du 19 novembre 1984), directive du Conseil n° 84/533/CEE concernant les motocompresseurs, n° 84/534/CEE concernant les grues à tour, n° 84/535/CEE concernant les groupes électrogènes de soudage, n° 84/536/CEE concernant les groupes électrogènes de puissance, n° 84/537/CEE concernant les brise-béton et marteaux-piqueurs.

[5] Directives de la Commission n° 85/406 à 409/CEE du 11 juillet 1985 (*JOCE* L233 du 30 août 1985) et directive du Conseil n° 87/405/CEE du 25 juin 1987 (*JOCE* L220, du 8 août 1987).

[6] *JO* du 26 janvier 1986.

[7] Arrêté du 2 janvier 1986 relatif à la limitation du niveau sonore des bruits aériens émis par les motocompresseurs (*JO* du 26 janvier 1986). Ce texte remplace à compter du 26 mars 1986 l'arrêté du 11 avril 1972 sur le même objet.

[8] Arrêté du 2 janvier 1986 relatif à la limitation du niveau sonore des bruits aériens émis par les marteaux piqueurs et les brise béton (*JO* du 26 janvier 1986). Ce texte remplace à compter du 26 mars 1986 l'arrêté du 4 novembre 1975 sur le même objet.

puissance entre 102 et 100 dB(A) suivant leur puissance électrique[1], pour les groupes électrogènes de soudage entre 101 et 100 dB(A) suivant le courant utilisé[2]. L'arrêté relatif à la limitation du niveau sonore des bruits aériens émis par les grues à tour[3] ayant été modifié par arrêté du 13 janvier 1988 pour intégrer les prescriptions d'une directive concernant le niveau du bruit au poste de conduite, la valeur limite à ne pas dépasser est de 85 dB(A) à partir du 26 juin 1988, abaissée à 80 dB(A) dès le 26 juin 1992. Enfin, un arrêté du 18 septembre 1987, modifié en 1990[4], est venu réglementer les bruits des engins de terrassement, abrogeant à compter du 24 décembre 1988 l'arrêté du 11 avril 1972 sur le même objet. De nouvelles normes plus sévères doivent venir renforcer les niveaux actuellement imposés à cette catégorie d'engins.

396. Sept arrêtés en date du 12 mai 1997, pris en application du décret n° 95-79 du 23 janvier 1995 fixant les prescriptions prévues par l'article 2 de la loi n° 92-1444 du 31 décembre 1992 relative à la lutte contre le bruit et relatif aux objets bruyants et aux dispositifs d'insonorisation, sont venus remplacer les textes de 1986 et 1987 concernant la limitation des émissions sonores de ces catégories spécifiques (*supra* n° 80). Néanmoins, les engins et matériels mis sur le marché avant l'entrée en vigueur de ces nouveaux textes restent soumis à la réglementation antérieure. Il en est de même pour les procédures de contrôle prévues pour de tels engins. Un arrêté unique du 18 mars 2002 se substitue aujourd'hui à ces sept arrêtés de 1997. Pris en application lui aussi du décret du 23 janvier 1995, il transpose en droit interne la directive du 8 mai 2000 concernant le rapprochement des législations des Etats membres relatives aux émissions sonores dans l'environnement des matériels destinés à être utilisés à l'extérieur des bâtiments[5]. Cette directive a abrogé à compter du 3 janvier 2002 les six directives précitées. Toutefois, elle n'opère pas un bouleversement dans la réglementation actuelle. Si elle abaisse le niveau sonore de 57 types de matériels, elle ne fait au fond que reprendre les procédures existantes concernant les exigences, l'étiquetage et l'évaluation de la conformité. Les matériels visés sont notamment ceux utilisés pour les chantiers de bâtiment et de travaux publics et pour l'entretien des extérieurs (tondeuses, motoculteurs, débroussailleuses...). Ils devront porter le marquage CE ainsi que l'indication du niveau de puissance acoustique garanti et faire l'objet pour certains d'une procédure d'évaluation de conformité. Ces nouvelles dispositions ne valent que pour les matériels mis sur le marché depuis le 3 mai 2002, les matériels anciens restant régis par les textes antérieurs

---

[1] Arrêté du 2 janvier 1986 relatif à la limitation du niveau sonore des bruits aériens émis par les groupes électrogènes de puissance (*JO* du 26 janvier 1986). Ce texte remplace à compter du 26 mars 1986 l'arrêté du 10 décembre 1975 sur le même objet.

[2] Arrêté du 2 janvier 1986 relatif à la limitation du niveau sonore des bruits aériens émis par les groupes électrogènes de soudage (*JO* du 26 janvier 1986). Ce texte remplace à compter du 26 mars 1986 l'arrêté du 26 novembre 1975 sur le même objet.

[3] Arrêté du 2 janvier 1986 relatif à la limitation du niveau sonore des bruits aériens émis par les grues à tour (*JO* du 26 janvier 1986), modifié par arrêté du 13 janvier 1988 (*JO* du 11 mars 1988) qui intègre les prescriptions de la directive n° 87/405/CEE du 25 juin 1987 (*JOCE* L220 du 8 août 1987).

[4] Arrêté du 18 septembre 1987 relatif à la limitation des émissions sonores des pelles hydrauliques, des pelles à câbles, des bouteurs, des chargeuses et des chargeuses-pelleteuses (*JO* du 5 décembre 1987), modifié par arrêté du 9 mars 1990 (*JO* du 23 juin 1990).

[5] Directive 2000/14/CE du 8 mai 2000 (*JOCE*L 162 du 3 juillet 2000). Les dipositions de cette directive sont effectives depuis le 3 janvier 2002, les Etats membres étant tenus de les transposer avant le 3 janvier 2001.

2- Les procédures de contrôle des matériels et engins de chantier

397. Les dispositions des arrêtés du 2 janvier 1986 portant sur les procédures de contrôle et d'homologation continuent de régir les catégories de matériels et d'engins de chantier expressément visés par ces textes et dont la première mise sur le marché est intervenue entre le 26 mars 1986 et la date d'entrée en vigueur des nouveaux arrêtés, à savoir le 3 juin 1997. En application de la directive-cadre n° 84-532 qui prévoit des procédures CEE communes à tous les États-membres, l'arrêté du 2 janvier 1986 *fixant les dispositions communes applicables aux matériels et engins de chantier* précise dans un premier temps et de façon générale le contenu de ces diverses procédures. Il s'agit notamment de savoir dans quelles conditions et par qui les contrôles de fabrication sont effectués et les homologations octroyées, refusées, suspendues ou retirées. Les cinq autres arrêtés du 2 janvier 1986, spécifiques aux cinq familles de matériels ou d'engins, fixent ensuite la procédure CEE qui leur est applicable.

398. Tous ces textes prévoient l'homologation des appareils autorisant leur utilisation (*« Homologation CEE »*) et des contrôles de conformité de fabrication avant la mise en service (*« Vérification CEE »*). C'est le ministre de l'Environnement qui délivre cette homologation par type d'appareils ou à titre isolé, après essais effectués par un organisme agréé[1]. La construction, l'importation et la mise en service sont soumises à un *« Examen CEE de type »*. Cette procédure suppose que chaque appareil, pris individuellement, soit conforme à un type bénéficiant d'une *« attestation d'examen CEE de type »*. L'attestation est accordée par un organisme agréé, à tout type de matériels ou d'engins qui respecte les valeurs limites d'émission sonore. Elle est valable cinq ans, avec une prorogation possible de cinq ans, dans tous les États-membres. Le constructeur ou l'importateur d'un engin conforme au type bénéficiant d'une attestation CEE de type est alors tenu de délivrer, sous sa responsabilité, un *« certificat de conformité CEE » (ou « Autocertification »)* à l'acquéreur. Seuls les appareils homologués peuvent être importés et utilisés sur les chantiers.

399. Les méthodes de mesure utilisées par les organismes agréés pour les contrôles et l'homologation -de même que pour les niveaux sonores- sont en principe détaillées dans les annexes des arrêtés réglementant chacune des catégories de matériels ou d'engins de chantier. Pour ceux pour lesquels les méthodes n'ont pas été précisées, un arrêté du 3 juillet 1979 modifié[2] a édicté un code général de mesure, en application de la directive CEE n° 79/113 du 19 décembre 1978, elle-même modifiée[3]. Les niveaux sonores mesurés étant fortement influencés par des paramètres externes, tels que les propriétés du sol, les conditions climatiques (vitesse du vent, température, pression atmosphérique...), un arrêté du 7 novembre 1977[4] fixe les conditions d'environnement à

---

[1] Ainsi par exemple, une série d'arrêtés en date du 26 juin 1992 relatifs à la limitation du niveau sonore des bruits aériens émis par des engins de chantier (*JO* du 7 août 1992, p. 10686) a permis l'homologation d'un certain nombre de matériels.

[2] Arrêté du 3 juillet 1979 fixant le code général de mesure relatif au bruit aérien émis par les matériels et engins de chantier (JONC du 18 août 1979), modifié par arrêtés du 6 mai 1982 (JONC du 30 mai 1982) et du 2 janvier 1986 (*JO* du 26 janvier 1986).

[3] Directive CEE n° 79/113 du 19 décembre 1978 concernant le rapprochement des législations des États membres relative à la détermination de l'émission sonore des engins et matériels de chantier (*JOCE* n° L33 du 8 février 1979), modifiée par celles n° 81/1051/CEE du 7 décembre 1981 (*JOCE* n° L376 du 30 décembre 1981) et n° 85/405/CEE du 11 juillet 1985 (*JOCE* n° L233 du 30 août 1985) et aujourd'hui abrogée par la directive du 8 mai 2000 (préc.).

[4] Arrêté du 7 novembre 1977 fixant les conditions d'environnement pour l'exécution des mesures du niveau sonore des bruits aériens émis par les engins de chantier (JONC du 18 décembre 1977).

réunir pour une exécution correcte des mesures du niveau sonore émis par les engins de chantier.

400. Afin de garantir une bonne application de cette réglementation et de réduire les nuisances provoquées par les chantiers de travaux, une circulaire du 16 mars 1978[1] a invité les préfets à rappeler aux services techniques de l'État, aux collectivités locales et aux entreprises utilisatrices de ces matériels de vérifier qu'ils sont bien conformes aux exigences réglementaires. Ces vérifications sont notamment effectuées à l'occasion de la délivrance des autorisations d'ouverture de chantier. Les importations de ces appareils sont de leur côté strictement contrôlées. Les services des douanes doivent exiger la preuve de la conformité du matériel importé avec les types homologués. Ainsi, devra être joint à la déclaration en douane soit l'attestation d'examen CEE de type, soit le certificat de conformité CEE à un type examiné, soit une attestation délivrée par le ministre de l'Environnement. Toute importation de motocompresseurs, marteaux-piqueurs et brise-béton, groupes électrogènes de puissance, groupes électrogènes de soudage et grues à tour n'ayant pas fait l'objet d'un examen CEE de type est interdite à compter du 26 mars 1986 (arrêté du 7 mars 1986[2]). L'application de cette mesure a été étendue depuis le 24 décembre 1988 aux engins de terrassement (arrêté du 12 novembre 1987).

401. La réglementation spécifique aux matériels et engins de chantier, mise en place avant 1992, est purement contraignante. Les mesures de réduction du bruit à la source qu'elle établit ne laissent aucune marge de manœuvre à leurs destinataires, à savoir les constructeurs et utilisateurs de ces appareils. En outre, la prise en compte de ce type de bruit par les instances communautaires a été bénéfique à deux niveaux. D'une part, la réglementation européenne assure une protection uniforme des États-membres dans ce domaine. D'autre part, elle a conduit à une diminution sensible des niveaux d'émission en France compte tenu des normes beaucoup plus exigeantes mises en place à partir de 1986 et renforcées progressivement.

402. Néanmoins tous ces efforts orientés vers une diminution à la source du bruit des appareils ne suffisent pas à eux seuls à parvenir à un niveau *acceptable* des émissions sonores produites par les chantiers. Des mesures supplémentaires intégrant les différents aspects du chantier pris dans son ensemble, à savoir l'organisation, la gestion, l'utilisation des matériels, les relations avec les riverains..., sont nécessaires. L'article 6 de la loi n° 92-1444 du 31 décembre 1992 (art. L. 571-6 C. env.) qui prévoit que les activités bruyantes, permanentes ou temporaires, doivent faire l'objet de prescriptions générales en matière de bruit émis pourrait bien constituer la base légale de telles règles à venir.

403. En-dehors des lieux publics et indépendamment des installations classées soumises à une réglementation bien spécifique, diverses mesures administratives tendant à prévenir ou à limiter les nuisances sonores en provenance des établissements ouverts au public peuvent être prises en application de la police des débits de boissons.

---

[1] Circulaire du 16 mars 1978 relative aux bruits émis par les engins de chantier (*JO* du 29 mars 1978).

[2] Arrêté du 7 mars 1986 portant obligation d'application des dispositions de l'article 23 *bis* du Code des douanes pour l'importation des matériels et engins de chantier conformes à certaines dispositions communautaires (*JO* du 15 mars 1986), modifié par arrêté du 12 novembre 1987 (*JO* du 26 janvier 1988). Les matériels et engins autres que ceux visés dans l'arrêté du 7 mars 1986 demeurent soumis aux dispositions de l'arrêté du 8 décembre 1983 portant obligation d'application des dispositions de l'article 23 *bis* du Code des douanes pour l'importation des matériels et engins de chantier (*JO* du 17 décembre 1983).

C. La police des débits de boissons

404. C'est au titre de la police des débits de boissons que les autorités administratives sont amenées à réglementer les conditions d'exploitation des bars, cafés, restaurants, théâtres, cinémas, discothèques, etc. La notion de *« débits de boissons »* étant entendue de façon très large, elle permet d'englober tous les commerces où le public s'assemble pour consommer ou se distraire (les deux activités n'étant bien sûr pas exclusives l'une de l'autre) et par là même de régir une grande diversité de bruits excessifs pour les riverains.

405. La gêne du voisinage résultant de ce type d'établissements se situe à deux niveaux. D'une part, elle provient d'un isolement acoustique insuffisant entre le local en cause et les logements plus ou moins proches. Les habitants voisins supportent alors toutes les sonorités produites à l'intérieur du lieu-dit par le rassemblement d'un certain nombre de personnes : musique (et notamment les fréquences basses qui se transmettent le plus facilement et sont le plus durement ressenties), chants, conversations, bruits de vaisselle, râclements de chaises, bruits de ventilation, etc. D'autre part, les nuisances se poursuivent à l'extérieur lors de la sortie des clients qui ne manquent jamais de révéler bruyamment leur présence par des discussions à voix haute, des cris ou des chants. Les bruits de la circulation piétonne et automobile de la clientèle de ces établissements sont tous aussi importants que ceux de l'exploitation proprement dite et d'autant plus dérangeants que, très souvent, ils se prolongent jusqu'à des heures avancées de la nuit.

406. La police des débits de boissons prend en compte ces deux types de gêne par le biais d'une réglementation à la source des nuisances occasionnées. Elle résulte de la combinaison de deux polices administratives compétentes en ce domaine : la police générale (1) et la police spéciale des débits de boissons (2). Une circulaire du ministère de l'Intérieur[1], en date du 3 mars 1986, précise les conditions dans lesquelles s'appliquent et se combinent les règles de ces deux polices administratives propres à prévenir, limiter, voire supprimer les nuisances acoustiques des *« débits de boissons »*, entendus au sens large.

1- La police générale des débits de boissons

407. Les bruits de voisinage produits par les débits de boissons et assimilés créent des problèmes tout à fait locaux et spécifiques à chaque situation. C'est donc aux autorités administratives locales : préfet et maire, qu'il revient de prendre des mesures propres à assurer la sauvegarde de l'ordre et de la tranquillité publics dont ils ont la charge en vertu de leurs pouvoirs de police générale (*supra* n° 266 et s.). Les compétences qu'ils détiennent en la matière sont toutefois largement amputées par le jeu du principe de la liberté du commerce et de l'industrie qui domine le régime juridique des débits de boissons. Les règlements de police générale, dont l'objet est de prévenir ou limiter les nuisances sonores pouvant être provoquées par ces établissements, portent forcément atteinte à ce principe de valeur constitutionnelle. Aussi, doivent-ils être impérativement *« justifiés par les exigences de la sauvegarde de l'ordre, de la tranquillité ou de la salubrité publics et exactement proportionnés à ces exigences »*[2]. Un maire ne peut pas, par exemple, interdire de manière générale et absolue le

[1] Circulaire n° 86-78 du 3 mars 1986 relative à la police administrative des débits de boissons (*JO* de la République Française n° 1383 - « Bruit » - édition juin 1995, p. 224 et s.). Cette circulaire abroge et remplace la circulaire n° 72-416 du 3 août 1972.

[2] Circulaire n° 86-78 du 3 mars 1986 relative à la police administrative des débits de boissons, préc.

fonctionnement d'un bar, alors que des mesures pour réglementer l'usage des appareils bruyants et la circulation suffisent à assurer la tranquillité du voisinage[1].

408. Les débits de boissons sont soumis non seulement à des prescriptions communes à chaque département et fixées par arrêté du préfet (a), mais également, le cas échéant, à des mesures complémentaires ou plus restrictives arrêtées par le maire (b). Chacune de ces règles peut revêtir un caractère général ou particulier et comporter un effet collectif ou individuel.

a) L'arrêté préfectoral relatif à la police des débits de boissons

409. Dans chaque département, le préfet fixe les horaires d'exploitation (ouverture et fermeture) de ces établissements au public. Ils sont applicables à l'ensemble du territoire départemental, de même que les variations d'horaires pouvant être prescrites en fonction de critères généraux, tels que les jours de la semaine, les saisons de l'année ou la population des communes. Des dérogations à ces règles communes peuvent toutefois être accordées pour permettre l'activité nocturne de certains établissements, comme les discothèques. Elles sont toujours révocables en cas d'atteinte à la tranquillité publique. Les autorisations d'ouverture tardive ne signifient donc pas autorisation de faire du bruit.

410. L'arrêté préfectoral doit prévoir les conditions de ces dérogations, qui sont essentiellement de deux types. D'une part, des *« dérogations exceptionnelles collectives »* peuvent être accordées à l'occasion des fêtes, foires ou célébrations locales. Les débits de boissons de la commune où se déroulent ces manifestations pourront être autorisés à demeurer ouverts au-delà de l'heure de fermeture qui leur est normalement applicable. La circulaire du 3 mars 1986 précise que, dans ces cas-là, il est préférable que ce soit les maires qui délivrent les autorisations en question *« compte tenu des intérêts locaux en cause »*. Le préfet doit également réserver, dans son arrêté, la possibilité pour le maire d'autoriser, s'il y a lieu, la fermeture tardive des établissements qui accueillent à titre exceptionnel des manifestations collectives (assemblées d'associations), des réunions de caractère privé (mariages, banquets) ou des spectacles limités à une seule soirée.

411. D'autre part, un certain nombre d'établissements, assimilés aux débits de boissons pour ce qui est de leur régime mais proposant des services particuliers d'animation ou d'expression culturelle, peuvent bénéficier de *« dérogations horaires temporaires »* répondant à leur vocation. Il s'agit essentiellement des discothèques et des cabarets artistiques (cafés-théâtres, cabarets d'auteurs...). Pour ces derniers, une représentation effective et régulière de spectacles est la condition *sine qua non* à une dérogation temporaire d'exploitation tardive, faute de quoi ne pourra leur être appliqué que le régime des dérogations exceptionnelles. Le préfet désigne, dans son arrêté général, les catégories d'établissements susceptibles de bénéficier de ces dérogations et définit les modalités de leur délivrance, après examen particulier de la situation de chaque établissement et avis du maire.

412. Conformément aux dispositions de la loi n° 79-587 du 11 juillet 1979 relative à la motivation des actes administratifs et à l'amélioration des relations entre l'Administration et le public[2], le non-renouvellement des autorisations d'ouverture tardive et leur révocation doivent être motivés. Cette exigence a été étendue aux

---

[1] Par ex. : CE, 26 juin 1987, Guyot, req. n° 65074 ; CE, 14 décembre 1988, Min. Int. c/Epoux Lacour, req. n° 78485.

[2] *JO* du 12 juillet 1979.

décisions de refus d'autorisation depuis le 18 mai 1986 (date d'entrée en vigueur de l'article 26 de la loi n° 86-76 du 17 janvier 1986 qui complète la loi de 1979 précitée).

413. L'arrêté préfectoral relatif à la police des débits de boissons peut, enfin, comporter des prescriptions relatives aux instruments ou appareils susceptibles d'être utilisés ou mis en place dans ces établissements. Ainsi, l'installation et l'usage d'instruments de musique ou d'appareils diffusant de la musique enregistrée pourront être soumis à autorisation préalable ou assortis de restriction. De telles mesures combinées à la réglementation des horaires d'exploitation concourent au maintien de la tranquillité publique et au respect du proche voisinage. Toutefois, relevant dans une large mesure de circonstances locales propres à chaque établissement, c'est au maire qu'il reviendra de prendre l'initiative de les édicter. Ce dernier pourra de façon générale compléter ou renforcer la réglementation préfectorale tant au niveau des matériels et appareils utilisés dans l'enceinte des débits de boissons qu'au niveau des horaires d'ouverture et de fermeture.

b) Le renforcement de la réglementation préfectorale : les mesures de police édictées par le maire

414. Le maire, au titre de ses pouvoirs de police municipale (*supra* n° 266 et s.), est chargé d'assurer le maintien du bon ordre -notion qui englobe la tranquillité publique et donc le problème des bruits de voisinage- dans les cafés, spectacles et autres lieux publics. Les termes de l'article L. 2212-2 du Code général des collectivités territoriales sont assez vagues pour permettre une intervention du maire dans tous les débits de boissons, eux-mêmes entendus au sens large. Cependant, la police des débits de boissons relevant en premier lieu des attributions du préfet, la mise en œuvre du principe de la hiérarchie des actes administratifs vient encadrer strictement les conditions d'exercice des compétences du maire en ce domaine. Ainsi, l'élu local ne peut en aucun cas contredire, par ses décisions, les dispositions de l'arrêté préfectoral applicable à l'ensemble du département. Il ne peut apporter que des compléments ou restrictions justifiés par les circonstances de l'espèce, notamment en prescrivant des heures de fermeture moins tardives ou en réduisant la portée des dérogations préfectorales.

415. Le fondement de tous les arrêtés municipaux concernant les débits de boissons doit impérativement être la sauvegarde de l'ordre et de la tranquillité publics, condition expresse de leur légalité. Dans des situations exceptionnelles présentant un *« péril imminent »*, le maire pourra ordonner la fermeture de l'établissement qui en est la cause. Cette prérogative, qui, en principe, est du ressort du préfet, est dès lors strictement limitée, d'autant plus qu'elle porte atteinte à la liberté du commerce et de l'industrie. Elle ne peut avoir pour objet que la cessation des *« troubles à l'ordre public d'une gravité particulièrement caractérisée »*. Elle ne se justifie que par l'urgence de la situation qui ne permet pas d'attendre l'intervention du préfet et impose de prendre des mesures immédiates. C'est pourquoi la décision du maire n'a qu'un effet provisoire, jusqu'à ce que le préfet règle lui-même la question.

416. En pratique, il convient de se demander si des bruits particulièrement intenses ou prolongés sont susceptibles de constituer un *« péril imminent »* pour le voisinage de la discothèque ou du café, qui justifierait la fermeture de l'établissement. Cette question est laissée à l'appréciation souveraine des autorités de police, mais il paraît douteux qu'un maire prenne une telle décision uniquement en raison des nuisances sonores, aussi gênantes soient-elles. Plus probables seront les décisions de fermeture temporaire prises au titre de la police spéciale des débits de boissons, qui prend en compte les nuisances sonores et le tapage nocturne.

2- La police spéciale des débits de boissons

417. La principale mesure de police spéciale applicable aux débits de boissons et restaurants est la fermeture temporaire de ces établissements. Le préfet du département dans lequel est situé l'établissement en question est habilité par l'article L. 3332-15 du Code des débits de boissons à prendre un arrêté de fermeture pour une durée de six mois maximum. Cette décision peut intervenir dans deux hypothèses : *« soit à la suite d'infraction aux lois et règlements relatifs à ces établissements, soit en vue de préserver l'ordre, la santé ou la moralité publics »*. Les nuisances sonores occasionnées par un restaurant ou un bar sont ainsi susceptibles d'être à l'origine d'une telle mesure, soit qu'elles aient été produites à une heure de la nuit où le débit ne devait plus être ouvert, soit qu'elles portent atteinte à l'ordre public (pour les bruits produits à la sortie des établissements par la clientèle) ou qu'elles causent un préjudice grave à la santé des riverains (et clients) de par leur intensité.

418. Véritable sanction pour les exploitants, cette fermeture administrative, quoique provisoire, n'en a pas moins un effet fortement dissuasif. Non seulement elle permet la cessation complète des nuisances pendant le délai prescrit pas le préfet (ce qui donne un répit aux riverains), mais surtout elle incite l'intéressé à prendre, avant la réouverture, toutes mesures propres à diminuer ou supprimer les nuisances. La sanction peut encore être aggravée par l'intervention du ministre de l'Intérieur qui, aux termes de l'article L. 3332-16 du Code des débits de boissons, a la possibilité de prononcer, dans les mêmes cas, la fermeture des établissements pour une durée allant de trois mois à un an. Il est précisé que la durée de fermeture fixée dans l'arrêté préfectoral s'imputera le cas échéant sur celle prévue par le ministre. La menace d'une fermeture pouvant aller jusqu'à un an et demi au pire des cas constituerait donc *a priori* une bonne garantie du respect de la réglementation et d'autrui par les exploitants de débits de boissons et de restaurants.

419. Comprise dans les limites légales des articles L. 3332-15 et L. 3332-16, la durée de fermeture tiendra compte des circonstances locales propres à chaque établissement, afin d'être proportionnée à son objet. A titre indicatif, la circulaire du 3 mars 1986 donne tout de même des critères d'appréciation homogènes pour qu'à situations comparables les différentes mesures ne soient pas trop inégales. Une fermeture allant jusqu'à un mois sera ainsi motivée par une ouverture tardive, des nuisances sonores (mais à partir de quel degré de gêne ?) ou un tapage nocture. A chaque renouvellement de ces faits, l'exploitant franchit un pallier supplémentaire dans la durée de la sanction, à savoir une fermeture de un à trois mois, puis de trois à six mois et enfin une fermeture de durée supérieure à six mois.

420. Toute la difficulté de la réglementation des débits de boissons réside dans la conciliation -dans la mesure du possible- de deux intérêts opposés : d'un côté la sauvegarde de l'ordre et de la tranquillité publics, de l'autre côté les besoins collectifs de détente et de distraction offerts par ces établissements. Si l'on peut limiter les bruits à la source, c'est-à-dire ceux produits dans le local même par une réglementation des horaires et de l'utilisation des appareils bruyants, il est en revanche beaucoup plus difficile de lutter contre le bruit qui provient des conversations, claquements de portières et démarrage en trombe des véhicules à la sortie des bars et discothèques et résultant du comportement inconsidéré des personnes. En outre, la protection des riverains dépendra une fois encore de la diligence plus ou moins grande des autorités publiques à prendre en considération le problème des bruits de voisinage et de leur détermination à les combattre.

421. S'il est un domaine que le droit n'a pas omis de prendre en compte, c'est bien celui du bruit. Le nombre de textes juridiques orientés vers la seule prévention des bruits de voisinage ne se calcule plus. A chaque source spécifique de bruit susceptible de se produire dans l'enceinte du « voisinage » correspondent ses normes et prescriptions, particulièrement adaptées à la problématique que pose la nuisance sonore émise. La loi n° 92-1444 du 31 décembre 1992 est encore venue combler les lacunes qui pouvaient exister en la matière. Notre arsenal législatif et réglementaire couvre donc aujourd'hui tous les secteurs du bruit et permet de combattre la totalité des bruits de voisinage quelles qu'en soient les causes.

422. Aussi, est-il à présent nécessaire de ne pas tomber dans l'excès et de ne pas se laisser aller à une inflation incontrôlée de textes, dont les effets pervers au niveau de l'application pratique sont inévitables. Comme le souligne M. Prieur à propos du droit de l'environnement -et cela est d'autant plus vrai en ce qui concerne le « droit du bruit » - *« étant par essence un droit de superposition à des droits préexistants, son allure générale faite de strates successives, de règles techniques complexes, de double-emploi, de textes épars, n'est pas favorable à l'édification d'un ensemble cohérent (...) »*[1]. Il est incontestable qu'une mise en ordre de ces outils, en vue d'une application cohérente et efficace, est indispensable au regard de l'urgence de la situation créée par les nuisances sonores. La loi de 1992 qui trace la ligne directrice de la prévention et offre une assise législative aux politiques de lutte menées dans ce domaine ne l'a pas véritablement opérée puisque les dispositions sectorielles éparses subsistent.

423. En outre, les politiques de lutte contre les bruits de voisinage doivent désormais s'inscrire dans une stratégie de développement durable que le législateur a mise en place avec le renforcement des obligations de protection préventive dans tous les secteurs concernés : habitat, infrastructures de transport, activités et matériels bruyants. Sur ce point, l'avancée est indéniable. La loi-cadre de 1992 expose clairement les contours des politiques publiques, par une énonciation plus ou moins précise des objectifs poursuivis, des principes qui les gouvernent, mais également des moyens créés pour les mener à bien, sans négliger pour autant les acquis des textes qui l'ont précédée. L'enjeu est donc de coordonner les divers outils juridiques de prévention.

424. Il est alors permis de s'interroger sur les effets réels de cette loi et du système global qu'elle a établi et qu'elle dirige. La situation des riverains d'aéroports ou de grandes voies de circulation a-t-elle véritablement changé et dans quelle proportion ? De façon générale, la vie quotidienne des gens se déroule-t-elle dans une ambiance sonore répondant mieux aux aspirations de calme et de sérénité ? La dynamique déclenchée par la loi n° 92-1444 du 31 décembre 1992 doit être suivie dans les faits, sinon le législateur aura travaillé pour rien (ce que l'on a malheureusement déjà eu l'occasion de déplorer dans d'autres domaines). Or, les nombreuses délégations concédées au pouvoir réglementaire et la lenteur dont celui-ci fait preuve dans sa mission normative constituent un premier obstacle à l'application effective de la loi.

425. Mais la lutte contre le bruit ne dépend pas uniquement des textes. Encore faut-il la volonté d'utiliser les outils juridiques existants, ce qui suppose une mobilisation de tous les acteurs. Le droit n'est rien sans son application concrète. Face aux moyens qu'il propose, des instruments d'application doivent être institués et surtout être opérationnels. Ces instruments d'application des lois sont extrêmement variés en matière de lutte préventive contre les bruits de voisinage. Il s'agit de tous les acteurs, institutions et personnes physiques, engagés à un titre ou à un autre dans cette dynamique de

[1] M. PRIEUR, Droit de l'environnement, préc., p. 9.

protection. Leur organisation et les modes de leur intervention conditionnent l'efficacité de la réglementation en la matière et des politiques de lutte dans leur ensemble. Ils sont tout simplement indispensables à la vérification de l'affirmation de Von Ihering selon laquelle *« le droit n'est pas une pure théorie, mais une force vive »*[1]. L'étude de l'organisation de la prévention des bruits de voisinage sur le plan des structures nous le dira.

---

[1] VON IHERING, Le combat pour le droit.

Chapitre II

L'ORGANISATION STRUCTURELLE : LES ACTEURS DE LA PREVENTION

426. Les règles de droit sont faites par l'homme et pour l'homme. Cela signifie qu'elles exigent une mise en œuvre par leurs concepteurs et leurs destinataires. La multiplicité des sources de nuisances sonores dans le voisinage entraîne de manière corrélative une multiplicité des intervenants au stade de la prévention. Mais décideurs et exécutants n'interviennent pas de la même façon. A chaque niveau d'action -et ils sont nombreux parce qu'aussi bien verticaux qu'horizontaux- correspond son domaine de compétences et de responsabilités. De même que la notion de bruits de voisinage prise au sens large permet de recouvrir l'ensemble des émissions sonores, de même le bruit, dans sa production et dans sa réception, est l'affaire de tous. Etant un phénomène complexe par nature -tant au niveau de ses manifestations que de ses effets-, il nécessite une organisation rigoureuse et cohérente de tous les acteurs engagés dans le mouvement de lutte.

427. Les acteurs de la prévention sont donc tout aussi divers que les outils juridiques qu'ils ont la charge d'appliquer. Cette diversité des « instruments » se retrouve dans leurs rapports avec la réglementation de la matière. Chacun a son rôle à jouer dans la stratégie de lutte : un rôle spécifique répondant à ses compétences et ses actions, mais devant être complémentaire et coordonné pour pouvoir s'inscrire dans la logique d'ensemble posée par la loi-cadre de 1992. Dès lors, l'objectif est, d'une part, de délimiter avec précision les pouvoirs, compétences et obligations de chacun au travers de structures plus ou moins apparentes et élaborées. En effet, une intervention effective et efficace suppose une connaissance exacte des attributions de tous les acteurs. Il s'agit là de déterminer leurs rapports respectifs avec le « droit du bruit ». Il convient, d'autre part, de développer les relations entre ces différents intervenants, afin de coordonner leurs actions et d'éviter les situations de totale inertie ou au contraire d'enchevêtrement des interventions (ce qui en matière de bruit, convenons-en, est plutôt rare !). La multitude des acteurs ne se justifie que par la complémentarité des actions qu'elle induit et qui découle de la complexité du problème.

428. L'organisation rationnelle des instruments d'application des moyens juridiques de prévention apparaît extrêmement ardue, en raison du nombre de participants et de structures qu'elle implique et des interelations qui doivent en découler. Quantitativement comme qualitativement, l'entreprise présente de sérieuses difficultés. Mais l'efficacité de la lutte contre les bruits de voisinage repose entièrement sur ce facteur humain de mise en œuvre des outils créés. Une présentation pertinente de cette organisation est tout aussi malaisée à opérer. La distinction décideurs-exécutants ne se prête pas à la complexité de la matière, beaucoup d'intervenants cumulant ces deux fonctions. Les niveaux d'action sont en outre à la fois horizontaux et verticaux, faisant apparaître des liens de subordination -ou pour le moins une certaine hiérarchie- ainsi que des compétences étroites propres à chaque secteur.

429. Cependant, l'évolution qui marque depuis quelques décennies l'organisation structurelle de la prévention des bruits de voisinage permet de distinguer, dans une

perspective d'ensemble, deux groupes principaux d'acteurs, au sein desquels s'opère une répartition plus ou moins organisée des pouvoirs. Il est de coutume de présenter au premier plan l'action des pouvoirs publics au travers du système complexe de l'administration de l'environnement, où domine l'État central autour duquel gravite un ensemble important d'institutions dépendantes ou périphériques (section I). La participation de plus en plus accentuée de ce que l'on appelle « la société civile » dans les politiques de lutte contre les bruits de voisinage est, en revanche, un phénomène plus récent. L'ampleur qu'il prend et qu'on veut bien lui accorder aujourd'hui fait de cette catégorie d'intervenants, des partenaires à part entière de l'administration française de l'environnement, sous quelque forme qu'ils soient (section II).

430. Si le champ d'actions et de responsabilités des diverses structures administratives, d'une part, et des partenaires civils, d'autre part, ainsi qu'au sein même de chacune de ces entités, est plus ou moins étendu comme nous allons le voir, nul doute que la participation des uns et des autres est à mettre au même plan s'agissant de son importance. Chacun doit contribuer, à sa manière et dans le cadre de ses compétences, à prévenir le fléau sonore et constitue donc un maillon essentiel de la chaîne dans la lutte contre les bruits de voisinage.

Section I : Les structures administratives

431. La gestion publique des nuisances sonores s'inscrit dans le cadre global et alambiqué de l'administration de l'environnement, qui regroupe un certain nombre d'agents évoluant dans des structures plus ou moins élaborées et adaptées aux tâches pour lesquelles elles ont été mises en place. Elle en subit nécessairement l'évolution mouvementée et continue, déclenchée au début des années 70 et se caractérisant tout à la fois par une instabilité chronique sur le plan politique et institutionnel et par une étonnante constance des structures de base. Ces dernières, à l'instar des textes juridiques applicables aux bruits de voisinage, sont multiples et variées. Leur prise en charge du secteur des nuisances sonores présente en pratique de réelles difficultés compte tenu de la complexité du phénomène lui-même et de la dispersion des responsabilités administratives.

432. Globalement, les structures de l'administration de l'environnement ont connu un développement important, témoignant de la volonté des pouvoirs publics de mettre en place des instruments adaptés à la spécificité des problèmes à traiter. Organismes, institutions et services divers foisonnent dans tous les secteurs de l'environnement. Bon nombre sont chargés d'intervenir à un titre ou à un autre en matière de bruit, mais leur organisation et leur coordination sont loin d'être aisées. Ils cumulent à la fois les faiblesses traditionnelles et récurentes de toute administration et les obstacles *apparemment* insurmontables que soulève la maîtrise de ce fléau. Seule la volonté politique alliée à une mobilisation de tous les agents sur le terrain peut supprimer ces travers. L'action de chacun doit être mesurée et soupesée avec grand soin pour qu'elle puisse s'inscrire de la manière la plus harmonieuse et la plus efficace possible dans une dynamique d'ensemble.

433. Là encore, on retrouve à la base une répartition classique des pouvoirs et des tâches, nonobstant certaines innovations particulières à la problématique environnementale visant à une adéquation plus appropriée de l'organisation structurelle. Ainsi, malgré la déconcentration intervenue à partir de 1982[1] en vue d'opérer un partage

[1] Loi n° 82-213 du 2 mars 1982 relative aux droits et libertés des communes, des départements et des régions (*JO* du 3 mars 1982 et rect. le 6 mars 1982), dont l'article 1er prévoit que *« des lois détermineront la répartition des compétences entre les communes, les départements, les régions et l'État (...), ainsi que*

des compétences entre l'État, les régions, les départements et les communes concernant « la protection de l'environnement et de l'amélioration du cadre de vie », l'administration de l'environnement reste très centralisée. L'administration centrale (§1) joue donc un rôle moteur d'impulsion, de décision et de coordination, en direction de services extérieurs, plus ou moins rattachés à l'État et qui forment une administration déconcentrée de l'environnement (§2). A côté de ces deux structures classiques, l'importance et l'urgence des questions d'environnement ont fait naître des agences spécialisées, indépendantes ou rattachées à l'État, et qui apportent leurs compétences propres en matière de nuisances sonores (§3).

§1. L'ADMINISTRATION CENTRALE : MOTEUR DE L'ACTION PRÉVENTIVE CONTRE LES BRUITS DE VOISINAGE

434. Conséquence logique de la politique présidentielle amorcée en 1970 au travers du « programme de l'environnement » et concrétisée en Conseil des ministres par l'adoption des « Cent mesures pour que les Français vivent mieux »[1], une administration centrale spécialement chargée de l'environnement est créée. Le 7 janvier 1971, le Président de la République nomme M. Poujade, ministre délégué auprès du premier ministre, chargé de la protection de la nature et de l'environnement. L'objectif politique alors clairement avoué est de répondre *« aux voeux d'une grande partie de l'opinion excédée par les pollutions »,* parmi lesquelles le bruit occupe une place croissante.

435. Après maintes hésitations, multiples remaniements et divers rattachements hasardeux pendant plus de vingt ans, l'administration centrale trouve sa consécration structurelle dans un ministère spécifique et *a priori* classique puisque disposant de compétences propres. Mais l'impact pluridisciplinaire de la matière et les enjeux socio-politiques qu'elle suscite ont abouti à la mise en place d'une construction profondément complexe, à l'image des problèmes -et notamment celui du bruit- dont elle a la charge. Cet aboutissement structurel est en fait le fruit d'un savant dosage entre les deux options principales qui ont présidé à la mise en place d'une administration de l'environnement. A l'origine, la question se posait en ces termes : voulait-on véritablement instaurer une politique de l'environnement globale et prioritaire organisée sous la forme d'un ministère indépendant, ou allait-on se contenter d'une prise en compte de l'environnement par les différents ministères déjà existants et concernés, et par leurs divers services ?

436. L'administration centrale de l'environnement réalise aujourd'hui une combinaison parfaite de ces deux orientations, gage -comme le fait remarquer M. Prieur[2]- de son efficacité. Le bruit, de par sa complexité et son caractère transversal, s'accommode parfaitement de cette organisation. Il est pris en charge à titre principal par le ministère chargé de l'environnement (A), à la fois administration de gestion et

---

les modalités de la coopération entre communes, départements et régions et le développement de la participation des citoyens à la vie locale ». En application de ce texte, a été publiée la loi n° 83-8 du 7 janvier 1983 relative à la répartition des compétences entre les communes, les départements, les régions et l'État (*JO* du 9 janvier 1983 et rect. le 6 mars 1983). Cette loi institue une coresponsabilité entre l'État et les collectivités locales, avec, selon les secteurs de l'environnement concernés, une compétence exclusive de l'État, ou une compétence partagée, ou encore une compétence transférée de façon automatique ou facultative.

[1] Ces mesures s'articulent en quatre grands types d'action : la recherche et les études ; l'information ; des actions concrètes sur le terrain et des actions législatives et réglementaires. La lutte contre le bruit est un domaine expressément couvert par ce programme.

[2] M. PRIEUR, Droit de l'environnement, « l'administration centrale », préc., p. 161.

administration de mission, assisté dans sa vocation de coordination interministérielle par des organes spécifiques (B) et s'appuyant sur tout un réseau d'organismes consultatifs (C).

A. LE MINISTÈRE CHARGÉ DE L'ENVIRONNEMENT : « *CHEF D'ORCHESTRE* »[1] NATIONAL DES POLITIQUES DE LUTTE

437. Depuis 1991, après une période de grande instabilité politique et institutionnelle, l'environnement se voit doter d'un ministère de plein exercice. Regroupant les compétences de pas moins de quatorze portefeuilles -voire quinze si l'on inclut le nouveau ministre délégué à la ville-, le ministère chargé de l'environnement tiendrait-il aujourd'hui le rôle d'un « super-ministère » supervisant tous les domaines que touchent les problèmes environnementaux ? On aimerait penser que tel est le cas, s'agissant notamment de la lutte contre le bruit qui est un exemple type de nuisance à multiples facettes et sans frontière.

438. La réalité est à nuancer. Si ce ministère a bénéficié d'un élargissement progressif de ses compétences et de son pouvoir d'influence (1), les moyens (2) qui lui sont donnés, tant au niveau de l'organisation des structures et des personnels que des ressources budgétaires et matérielles, ne semblent pas toujours à la hauteur de l'enjeu et des ambitions exprimées publiquement par les différents titulaires qui se sont succédés. Mais quels que soient les handicaps et les obstacles, le bruit ne doit plus être considéré comme une fatalité : il *suffit* d'une véritable volonté politique émanant du sommet de la hiérarchie institutionnelle pour donner l'impulsion et imposer clairement et sans atermoiement la marche à suivre.[2]

1- Les missions, compétences et pouvoirs en matière de bruit

439. Alors que l'ancien décret n° 97-715 du 11 juin 1997 relatif aux attributions du ministre de l'aménagement du territoire et de l'environnement ne visait pas explicitement le bruit, le décret n° 2002-895 du 15 mai 2002 relatif aux attributions du ministre de l'écologie et du développement durable[3] précise qu'« *au titre de la politique de l'environnement (...) il veille, en liaison avec les ministres intéressés, à la réduction des nuisances sonores* ».

440. Pour remplir cette mission, le ministre dispose de compétences qui ont été progressivement élargies, renforçant par là son pouvoir d'influence. En matière de lutte contre le bruit, ses responsabilités ont été accrues avec le décret n° 76-1085 du 29 avril 1976 qui le charge expressément de **l'animation et de la coordination de toutes les actions de l'État** en ce domaine (art. 4). Le problème des nuisances sonores entre ainsi *nommément* dans le cadre des attributions du ministère qui, dès l'origine, combine à la fois les compétences d'une administration de mission et celles d'une administration de gestion.

---

[1] Selon l'expression du rapporteur Jean-Pierre GUALEZZI, auteur du Rapport officiel du Conseil économique et social intitulé **« Le bruit dans la ville »** et remis le 14 avril 1998 à Dominique Voynet, ministre de l'Aménagement du Territoire et de l'Environnement. Jean-Pierre GUALEZZI souligne la nécessité de *« désigner un chef d'orchestre unique, qui devrait être, cela semble évident, le ministère de l'Environnement »*.

V. également : F. GRUHIER, Le bruit, ennemi public numéro un, le Nouvel Observateur, 16-22 avril 1998, p. 104-105.

[2] *JO* du 12 juin 1997, p. 9349.

[3] *JO* du 16 mai 2002, p. 9253.

441. En tant qu'administration de mission, le ministère chargé de l'environnement poursuit son œuvre de « prédicateur » auprès de ses homologues gouvernementaux et de l'ensemble des acteurs sociaux. Chargé, à sa création, de *« créer et répandre une sorte de morale de l'environnement imposant à l'État, aux collectivités, aux individus le respect de quelques règles élémentaires ...»*[1], il remplit tant bien que mal son rôle d'impulsion et de coordination de l'action du Gouvernement en matière de lutte contre le bruit. A cette fin, il dispose à la fois d'attributions conjointes et d'une compétence générale de coordination des politiques menées dans ce domaine. Les compétences qu'il exerce conjointement avec ses collègues du Gouvernement sont extrêmement nombreuses, le problème des nuisances sonores touchant tous les secteurs existants

442. A côté de cette ambitieuse mission, le ministre chargé de l'environnement se voit doter de compétences propres, faisant de lui l'autorité supérieure d'une véritable administration de gestion. A ce titre, il est officiellement chargé de **favoriser les actions d'initiation, de formation et d'information des citoyens en matière d'environnement et de proposer les mesures propres à améliorer la qualité de la vie.** La lutte préventive contre les bruits de voisinage entre dans ce cadre d'intervention. Ces pouvoirs propres résultent en fait d'un transfert de compétences retirées à des ministères déjà existants et opéré lors de l'institution de ce nouveau ministère en 1971. Ainsi, l'application de la législation relative aux installations classées et la détermination des orientations générales en matière de pollutions industrielles, et notamment de pollution sonore, ont été retirées au ministre de l'industrie au profit du ministre chargé de l'environnement. Ce transfert de compétences s'est accompagné d'un transfert des services -au niveau central et déconcentré- de chaque secteur concerné. Certains d'entre eux ont été placés sous l'autorité du ministre de l'environnement, d'autres sont simplement mis à sa disposition, restant rattachés à leur ministère d'origine.

443. La principale forme d'intervention du ministère chargé de l'environnement, de par sa position au sommet de la hiérarchie, consiste à présenter au Gouvernement des projets de textes, lois ou décrets, tenant lieu de cadres juridiques aux différentes actions de lutte à mener sur le terrain. Comme le rappelle la circulaire du 6 juin 1997 relative à l'organisation du travail gouvernemental[2], si l'initiative des lois et le pouvoir réglementaire appartiennent au premier Ministre, il revient à chaque ministre (et secrétaires d'État), dans son secteur d'attributions, de préparer les avants-projets de lois et les projets de décrets. S'agissant du bruit, l'inscription d'un travail normatif dans un réel programme à long terme, témoignant d'une volonté politique de prendre ce problème à bras le corps, date du « ministère S. Royal » qui a eu le « courage » de franchir le pas et de doter notre pays d'une loi-cadre en la matière[3].

444. Les ministères suivants ont été -et malheureusement le sont toujours !- en charge de rendre applicable cette loi par les nombreux décrets qu'elle prévoit. Pourtant, il semblerait qu'à ce stade, la volonté publiquement exprimée et reprise en guise de leitmotiv de faire de la lutte contre le bruit l'une des priorités de ce ministère ne

[1] Déclaration du Président de la République Georges POMPIDOU lors d'une conférence donnée à Chicago, le 28 février 1970 et qui confirme la nouvelle volonté politique de prendre en compte, de façon plus précise et institutionnelle, les problèmes liés à l'environnement.

[2] *JO* du 7 juin 1997, p. 9170.

[3] Par décision du 28 janvier 2003, un programme de recherche intitulé « bruit et nuisances sonores » a été mis en place pour une durée de quatre ans. Il a pour objectif de répondre à la demande des pouvoirs publics en matière d'expertise, de conseil et de recherche finalisée sur la compréhension des mécanismes de l'émission, de la propagation et de la réception du bruit et sur les impacts des nuisances sonores (Déc. 28 janv. 2003, BO min. écologie n°2003/6, 31 mars 2003, p. 6).

s'accompagne pas toujours des textes qui en sont la démonstration, du moins pas dans les conditions de traitement d'une priorité. Cette carence de l'administration centrale met à mal les avancées présentées par la loi-cadre et de façon générale nuit à la crédibilité des pouvoirs publics. Elle apparaît d'autant plus inconcevable que le ministère regroupe en son sein plusieurs services spécialisés dans ce domaine.

2- L'organisation des services chargés de la lutte contre le bruit

445. A l'heure actuelle, elle résulte du décret n° 94-30 du 11 janvier 1994 portant organisation de l'administration centrale du ministère de l'environnement, ainsi que de deux arrêtés du même jour qui précisent l'organisation des directions, sous-directions et services -extrêmement nombreux- de cette administration centrale[1]. La création de « directions » au sein du ministère de l'environnement signifie bien que, s'il était possible de penser, qu'à l'origine, n'avait été créée qu'une administration de mission chargée d'apporter la bonne parole aux autres ministères qui géraient les problèmes d'environnement, aujourd'hui il s'agit bien d'une administration de gestion, investie d'un pouvoir décisionnel.

446. La question du bruit relève de la direction la plus importante et la plus puissante du ministère en charge de l'environnement[2] : la **Direction de la Prévention des Pollutions et des Risques.** Elle a pour mission de connaître et d'évaluer les nuisances sonores. Après ce premier travail de prospection, indispensable à une approche rationnelle du phénomène compte tenu de sa complexité, elle est chargée de définir les mesures propres à prévenir et à réduire les nuisances sonores, ainsi que les conditions de leur mise en œuvre. Enfin, elle suit l'application concrète de ces règles. Pour remplir ces attributions, elle dispose essentiellement de deux structures spécialisées : le **service de l'environnement industriel**, intervenant en matière de bruit industriel et la **mission bruit** qui s'occupe à titre exclusif de toutes les sources de bruit.

447. Le service de l'environnement industriel assume la compétence générale de la direction dont il fait partie, à savoir celle de connaître, d'évaluer et de prévenir les pollutions, notamment pour l'adoption d'une réglementation adéquate. Il veille, en particulier, à l'application de la législation sur les installations classées pour la protection de l'environnement. Parmi les huit bureaux le composant, celui du « bruit industriel » va préparer les prescriptions relatives aux nuisances sonores à intégrer dans les arrêtés d'autorisation ou dans les arrêtés-types des installations soumises à simple déclaration. Il définit en outre les règles d'organisation de l'inspection des installations classées pour assurer un contrôle efficient de l'application de la réglementation par les exploitants de ces installations.

448. La mission bruit, elle, ne se limite pas aux seules nuisances industrielles. Elle prend en charge l'ensemble des nuisances sonores, quelle que soit leur origine. Structure déjà ancienne, autrefois rattachée à la Délégation à la qualité de la vie, il lui incombe de définir les actions de prévention et de limitation des nuisances sonores, notamment de nature législative et réglementaire. Elle est donc la « tête pensante », l'« instrument juridique » du ministère chargé de l'environnement pour les questions relatives au bruit. Concrètement, elle est à l'origine des textes qui composent l'arsenal juridique de la lutte

[1] *JO* du 12 janvier 1994.

[2] L'administration centrale du ministère de l'Environnement comprend trois autres directions : la direction générale de l'administration et du développement, la direction de l'eau et la direction de la nature et des paysages.

contre les nuisances sonores. Autre mission d'importance, elle assure la coordination interministérielle des politiques de lutte menées dans ce domaine.

449. Mais face aux nombreux retards imputables au ministère chargé de l'environnement, le Conseil économique et social, qui s'est auto-saisi -procédure inhabituelle- de la question des nuisances sonores, préconise une nouvelle organisation institutionnelle de lutte contre le bruit. Il propose, notamment, de remplacer la mission bruit par une Délégation interministérielle de lutte contre le bruit qui *« aurait la responsabilité de coordonner la préparation et la mise en œuvre des différents programmes, tout en veillant à leur cohérence, en s'appuyant à la fois sur des correspondants bruit dans chaque ministère concerné et sur des pôles de compétence bruit constitués dans chaque département »*[1]. Cette nouvelle structure apporterait, peut-être, le remède à la *« recherche dispersée entre différents départements ministériels, mal coordonnée et sans suivi réel »*[2] dont souffre actuellement l'administration centrale dans son action préventive contre les nuisances acoustiques.

450. Le gouvernement n'étant absolument pas tenu par l'avis formulé dans le rapport officiel du Conseil économique et social, la coordination interministérielle continue d'être conduite par l'actuelle mission bruit sur le même schéma structurel.

B. L'ORGANISATION INTERMINISTÉRIELLE DE LA LUTTE CONTRE LE BRUIT

451. La vocation interministérielle du ministère chargé de l'environnement, intervenant ici en qualité d'administration de mission, se réalise pleinement en matière de lutte contre les nuisances sonores. Les bruits de voisinage, de par leur impact pluridisciplinaire, touchent de nombreux secteurs d'activités. Au niveau central, pas moins de quinze ministères[3] sont concernés à un titre ou à un autre par ce problème et sont obligés de l'intégrer dans leur politique. Les intérêts qu'ils sont chargés de défendre, ou du moins de concilier, peuvent être tout aussi nombreux et antagonistes.

452. La cohérence de la politique gouvernementale repose dès lors sur un travail commun entre tous les ministères associés (1). Cette *« coordination interministérielle* ***dans le domaine du bruit*** *»* a été expressément confiée au ministère chargé de l'environnement par le décret n° 73-355 du 27 mars 1973 portant réorganisation des services du ministère. Trois ans plus tard, le décret n° 76-1085 du 29 novembre 1976 confirme cette mission spécifique qui depuis, constitue la vocation première de ce ministère, aidé dans cette voie par une institutionnalisation de la coordination interministérielle au travers d'organes indépendants (2).

1- La collaboration des différents ministères intervenant dans le domaine du bruit

453. *« En France, c'est dans le cadre de différents ministères que les pouvoirs publics examinent les moyens de prévention contre le bruit sur le double plan technique et réglementaire »*[4]. Les décrets d'attributions des ministres du gouvernement Jospin puis Raffarin confient d'ailleurs expressément la mission de lutter contre le bruit aux ministères de l'Equipement, des Transports et du Logement[5] et au secrétariat d'État à la

---

[1] V. sur ce point : Les pistes de financement de lutte contre le bruit, Presse Environnement n° 584, 23 avril 1998, p. 8.

[2] *Ibidem.*

[3] Pour la liste des ministères intervenant dans le domaine du bruit, voir l'Annuaire du C.I.D.B. sur l'environnement sonore, publié chaque année.

[4] M. PRIEUR, Droit de l'environnement, préc., p. 152.

[5] Décret d'attributions n° 97-712 du 11 juin 1997 (*JO* du 12 juin 1997).

Santé[1], en collaboration avec le ministre de l'Environnement. Divers services techniques ont été créés à cet effet dans chaque ministère associé, apportant les connaissances et les moyens matériels nécessaires à la compréhension et au traitement de ce problème des plus complexes. Ainsi, le ministère de l'équipement, du logement, des transports et du tourisme réunit les compétences du Centre d'études sur les réseaux, les transports, l'urbanisme et les constructions publiques[2] (C.E.R.T.U.), du Laboratoire central des ponts et chaussées, du Service d'études techniques des routes et autoroutes, du Service technique des bases aériennes et du Service technique de la navigation aérienne.

454. Mais de façon générale, l'ensemble des portefeuilles ministériels en charge des activités humaines sont concernés par la question et sont amenés à apporter des éléments de réponse à ce facteur de perturbation que constituent les nuisances sonores. Cette démarche est incontournable. Elle correspond à la réalité des bruits de voisinage qui présentent une multiplicité de sources et d'impacts et se manifestent aux lieux de toutes les activités humaines. Aussi, tous les autres ministères ou secrétariats d'État (chargés de la culture, de l'intérieur, de la défense, du budget, de la jeunesse et des sports, de l'éducation nationale...) sont contraints, d'une façon ou d'une autre, d'intégrer cette donne dans leurs politiques.

455. Le bruit, nuisance sans frontière, fait donc intervenir la quasi-totalité des ministères existants. Or une telle dispersion des responsabilités administratives se double inévitablement d'un éparpillement des moyens et des services engagés à ce titre. Aussi une coordination de toutes les mesures intégrant le facteur bruit est indispensable si l'on veut éviter les doubles emplois et mener une action cohérente de prévention. Cette nécessité est apparue dans les années cinquante, bien avant la naissance du ministère de l'Environnement, mais sans être véritablement organisée. C'est le ministère de la Santé Publique qui fut d'abord choisi pour en être le siège. Un arrêté du 5 janvier 1951 institua ainsi une commission technique du bruit composée d'hygiénistes, d'acousticiens et de fonctionnaires. Puis le ministère de la Santé fut dessaisi de cette charge au profit du ministère de l'Intérieur qui se vit confier, par un décret du 24 octobre 1959, la responsabilité d'animer la commission centrale de lutte contre le bruit. Mais cette structure n'a pas survécu à la création du ministère de l'Environnement qui depuis lors assume cette mission au combien délicate.

456. Maître d'œuvre officiel de la collaboration interministérielle en matière de bruit, le ministère de l'environnement trouve ici sa mission la plus ardue. Dans l'optique spécifique de la lutte préventive contre les nuisances sonores, l'objectif doit être la réalisation -et surtout la concrétisation- d'un travail commun mené sans aucune concession, dans tous les secteurs et à tous les niveaux. Or cet objectif est-il suffisamment, voire clairement affiché, d'une part, par le ministre de l'environnement qui en est l'instigateur, d'autre part, par les ministres concernés qui y sont associés ?

457. Il est vrai que de nombreuses réalisations concertées, tant sur le plan des recherches scientifiques et techniques que du travail normatif, sont à relever. La loi-cadre du 31 décembre 1992 contraint de nombreux ministères, chacun dans leur domaine d'actions et de compétences, à fournir les données et édicter les mesures propres à rendre applicable la législation anti-bruit. S'agissant, par exemple, de la construction des

---

[1] Décret d'attributions n° 97-719 du 11 juin 1997 (*JO* du 12 juin 1997).

[2] *« Le département Environnement »* du C.E.R.T.U. *« a pour missions de développer les méthodologies d'approche des problèmes de nuisances provoquées par l'activité humaine en milieu urbain pour en réduire l'impact, en particulier dans le domaine (...) du bruit... »*, art. 7 de l'arrêté du 24 septembre 1996 portant organisation du centre d'études sur les réseaux, les transports, l'urbanisme et les constructions publiques (*JO* du 1er octobre 1996, p. 14435-14436).

infrastructures de transports terrestres, les indications techniques et les niveaux admissibles de bruit ont été définis conjointement par les services des ministères chargés des routes, des transports, de la construction et de l'environnement[1], mettant en commun leurs connaissances respectives de chaque aspect du problème. Interviennent également aux côtés du ministre de l'environnement, ses homologues en charge de l'aviation civile et de la défense pour les procédures d'élaboration et de révision des plans d'exposition au bruit des aérodromes, ceux chargés de la construction et de l'habitation et de la santé pour les règles d'isolation acoustique des logements, ou encore le ministre de l'intérieur pour assurer la police des débits de boissons. La collaboration entre ministères s'exprime par ailleurs par de nombreuses campagnes d'information, de sensibilisation et d'éducation portant sur le bruit (V. *infra* n° 1090 et s.).

458. Néanmoins, force est de constater que l'action conjointe des différents ministères dans la lutte contre les bruits de voisinage ne va pas de soi. Elle se trouve entravée par des considérations diverses qui bien souvent placent le problème acoustique au second plan, si tant est qu'il soit pris en compte dans le processus décisionnel. Comme le fait très justement remarquer M. Gualezzi, auteur du rapport « le Bruit dans la ville » du Conseil économique et social, *« les ministères les plus concernés par la lutte contre le bruit sont justement ceux qui ont le plus intérêt à en créer davantage »*[2]. Ainsi, comment demander au ministre des transports, chargé de l'expansion du trafic aérien dans l'optique du développement économique, de se rallier à la cause des riverains de l'aéroport de Roissy et de renoncer à la construction de pistes supplémentaires créatrices de richesses et d'emplois ? De même comment demander au ministre de l'industrie d'interdire l'implantation de toutes nouvelles usines éventuellement bruyantes, face au taux record de chômage que connaît la France ?

459. Placé au centre de ce dilemme cornélien, le ministre chargé de l'environnement ne semble toujours pas disposer de prérogatives suffisantes pour imposer sa perception du problème et des contraintes qui en découlent, en dépit du cadre structurel mis en place en vue de développer cette cohésion interministérielle des objectifs et des actions.

2- Les organes interministériels

460. Des « structures d'accueil » de cette coordination interministérielle ont été rapidement mises en place afin de résorber au mieux les difficultés pratiques que présente une telle mission. L'administration de l'environnement compte ainsi de nombreux organes indépendants, chargés spécifiquement d'épauler le ministère dans sa tâche et de lui offrir une assise solide de concertation.

461. Le plus important est le **Comité interministériel pour l'environnement** (C.I.P.E.) créé auprès du Premier ministre par le décret n° 93-276 du 3 mars 1993[3], en remplacement du Comité interministériel de la qualité de la vie. Organisme à vocation générale, il réunit l'ensemble des ministres intéressés par l'environnement -autant dire la plupart des membres du Gouvernement- dans le but de définir, d'animer et de coordonner la politique environnementale. Présidé par le Premier ministre, ou en son absence par le ministre chargé de l'environnement, il constitue en quelque sorte un Conseil des ministres spécialisé en environnement.

---

[1] V. l'arrêté conjoint du 5 mai 1995 relatif au bruit des infrastructures routières, préc.

[2] Cité par F. GRUHIER, Le bruit, ennemi public numéro un, Le Nouvel Observateur, préc.

[3] Décret n° 93-276 du 3 mars 1993 portant création du comité interministériel pour l'environnement (*JO* du 4 mars 1993, p. 3383).

462. Sa mission a été renforcée et s'avère plus ambitieuse que celle de l'ancien Comité interministériel de la qualité de la vie. En effet, il est à présent chargé d'adopter les programmes d'actions relatifs à l'intégration de l'environnement dans les politiques de l'État et d'examiner le rapport annuel d'exécution du plan national pour l'environnement. Il contrôle notamment la cohérence de l'action de chaque ministère avec la politique de l'environnement arrêtée par le Gouvernement. En matière de bruit, il doit donc vérifier l'adéquation des mesures prises par chacun des ministères concernés avec la politique générale de lutte préventive menée par le ministre de l'environnement.

463. Comme son prédécesseur, il décide également de l'utilisation du **fonds d'intervention pour la qualité de la vie** (F.I.Q.V.), mis en place pour financer les actions retenues. Le décret n° 93-276 du 3 mars 1993 précise que les ressources de ce fonds -toujours plus réduites[1]- doivent être utilisées pour favoriser les actions expérimentales et innovantes menées par les différents départements ministériels, notamment en liaison avec des collectivités locales, des entreprises ou des associations, en vue de protéger, d'améliorer ou de mettre en valeur l'environnement. A ce titre, les campagnes de sensibilisation des citoyens aux méfaits du bruit, les programmes éducatifs, les stages de formation des professionnels ou encore la recherche expérimentale et toutes les innovations technologiques dégagées par les entreprises devraient pouvoir trouver leur financement dans ce fonds d'aide. Toute la question est de savoir comment ces ressources sont réparties en pratique et selon quelles priorités dans le déferlement des problèmes environnementaux. Gageons que le bruit, nuisance qui *a priori* ne tue pas[2], n'apparaît pas -une fois encore- en tête de liste des urgences.

464. A côté de cet organe interministériel à vocation générale s'est développée toute une série d'organes du même type, mais à vocations spécifiques, selon le secteur environnemental pris en compte[3]. Le domaine du bruit ne bénéficie pourtant pas d'une telle structure spécialisée. La raison en est qu'en la matière, le ministère chargé de l'environnement dispose déjà de nombreux organes consultatifs de coordination et de concertation, lui permettant d'assurer sa mission interministérielle.

C. L'ADMINISTRATION CONSULTATIVE NATIONALE AU SERVICE DE LA PRÉVENTION DES BRUITS DE VOISINAGE

465. Phénomène marquant de notre pays, les structures de l'administration consultative de l'environnement ont été établies bien avant celles de l'administration « active ». Elles témoignent d'une grande tradition de consultation et de concertation auprès des différents partenaires intéressés. C'est principalement ce qui les distingue des organes interministériels. Le rôle majeur de ces organismes consultatifs est de mettre autour d'une table les principaux acteurs concernés par un sujet, qu'il s'agisse de représentants de la société civile, d'associations, de professionnels ou d'élus.

466. Amorcé dès le début du siècle, ce mouvement n'a cessé de s'accentuer depuis les années soixante-dix avec la volonté fermement affirmée d'intégrer le monde associatif dans ce type particulier d'administration. Cette tendance est plus que jamais à

---

[1] En 1990, le F.I.Q.V. a disposé de 84,2 millions de francs en crédits de paiement, 47 millions en 1994 et 22 millions en 1995. V. : M. PRIEUR, Droit de l'environnement, préc., p. 197.

[2] Pourtant, régulièrement des faits divers viennent nous prouver le contraire : le bruit entraîne une irritabilité et une agressivité excessives pouvant conduire en désespoir de cause jusqu'à l'homicide.

[3] Parmi les plus importants, on trouve notamment le comité interministériel des parcs nationaux, la mission interministérielle de l'eau, la commission interministérielle de lutte contre la pollution atmosphérique, la commission interministérielle dans le domaine de l'élimination des déchets, la mission interministérielle de l'effet de serre, etc.

l'ordre du jour. Elle doit présider à la préparation des décisions gouvernementales qui suppose « *qu'une concertation ait lieu avec les représentants des intérêts en cause dans la société* ». Le Premier ministre ajoute très justement que « *la qualité du dialogue que les pouvoirs publics entretiennent avec les représentants des diverses composantes de la société est (...) un gage de réussite de l'action de l'État* »[1].

467. Ainsi, alors qu'il n'existe pas d'organe interministériel permanent en matière de bruit, a été créée une instance spécialisée de consultation et de proposition au niveau central, au travers du Conseil national du bruit (1). Par ailleurs, le ministère chargé de l'environnement peut s'appuyer sur un certain nombre de conseils amenés à prendre en compte ce type de nuisance (2).

1- Le Conseil national du bruit : instance spécialisée dans la lutte contre le bruit

468. La création d'un Conseil national du bruit résulte de la prise de conscience tardive par le pouvoir central d'une situation de carence administrative inexplicable. Plus de onze ans après l'institution d'un ministère en charge de l'environnement, et dans le foisonnement général des organes consultatifs au sein de l'administration, il est apparu que le bruit demeurait la seule grande nuisance pour laquelle n'existait aucune instance nationale de consultation et de proposition. C'est donc en réponse directe à cette carence qu'a été mis en place, auprès du ministre chargé de l'environnement, le Conseil national du bruit (C.N.B.), par le décret n° 82-538 du 7 juin 1982[2].

469. Dès le départ, l'accent a été porté sur le rôle dynamique et novateur attribué à cette instance consultative. Sa première présidente, Mme Véronique Neiertz précisait que « *l'objectif du C.N.B. n'est pas de dresser une fois de plus un constat de la situation existante mais de faire au gouvernement des propositions concrètes d'action, à partir d'une confrontation des points de vue et expériences des diverses parties* »[3]. Il s'agit donc d'aborder les problèmes de façon pragmatique, à partir de situations vécues et de plaintes reçues et d'analyser les obstacles et raisons des multiples blocages.

470. Le C.N.B. permet une telle démarche en raison de sa composition particulièrement représentative de tous les intérêts en présence. Vaste organe consultatif, il réunit de façon équilibrée tous les partenaires concernés par les nuisances sonores : des représentants de l'État, des élus locaux et des parlementaires, des représentants d'associations et de syndicats salariés et patronaux, des producteurs « institutionnels » de bruit (S.N.C.F., Aéroports de Paris...), des organismes professionnels de l'isolation acoustique et enfin, des personnalités particulièrement compétentes. Cette participation active de tous les acteurs du « monde du bruit » constitue la force principale de cet organisme, donnant plus de poids et de crédibilité à son pouvoir purement consultatif.

471. Dans le cadre de sa triple mission de concertation, d'étude et d'avis, il est saisi par le ministre chargé de l'environnement de toute question relative à la lutte contre le bruit et pour un meilleur environnement sonore. Il peut être consulté sur les projets de lois et de décrets et émet des recommandations sur des sujets particuliers, tels que les alarmes sonores, les discothèques, l'aviation légère... Il est également l'auteur d'un rapport annuel comportant notamment des propositions de réformes. Ainsi, son premier

[1] Circulaire du 6 juin 1997 du Premier ministre, relative à l'organisation du travail gouvernemental, préc.

[2] Décret n° 82-538 du 7 juin 1982 portant création du conseil national du bruit (*JO* du 26 juin 1982 et rectif. *JO* du 28 juillet 1982), modifié par le décret n° 86-86 du 15 janvier 1986 (*JO* du 19 janvier 1986) et par le décret n°200-662 du 6 juillet 2000 (*JO* du 14 juillet 2000).

[3] Bulletin bibliographique du C.I.D.B. n° 27, mai-juin 1982.

rapport, rendu en octobre 1983, présentait toute une série de propositions de réformes très concrètes sur les bruits de voisinage, de logement et de transports. En outre, sa contribution à la préparation de la loi-cadre du 31 décembre 1992 a été déterminante[1]. Néanmoins, comme le souligne M. Prieur, *« il est regrettable que ses compétences soient aussi limitées et qu'il ne soit pas prévu d'avis sur les études d'impact dont le ministre est saisi »*[2].

472. Les actions concrètes réalisées par cette structure largement ouverte à tous les intérêts concernés témoignent du dynamisme qu'elle tente d'insuffler aux différents acteurs de la lutte contre les bruits de voisinage. Son terrain de prédilection, là où elle est susceptible d'atteindre effectivement le plus grand nombre, se situe dans la sensibilisation et l'incitation à prévenir les nuisances. C'est par la publication d'ouvrages comme « Le guide de jurisprudence commentée » ou « La charte de l'aviation légère », ou encore d'affiches à destination des particuliers et des gérants d'immeuble sur le thème « Votre plancher c'est le plafond du voisin » que l'action du C.N.B. est la plus tangible. Créateur du concours national « Le Décibel d'or » qui récompense chaque année des actions remarquables en matière de maîtrise ou de réduction du bruit (V. *infra* n° 1111 et s.), il incite également à la recherche et aux innovations dans ce domaine.

473. Sur le plan réglementaire, son autorité est plus limitée. Les avis qu'il communique au ministère chargé de l'environnement ne sont jamais que des avis simples qui ne lient pas les pouvoirs publics. Les diverses propositions de réforme ne sont donc pas assurées d'aboutir ou même d'être prises en considération à un degré ou à un autre. Finalement, l'insuffisance des pouvoirs du C.N.B., son faible pouvoir d'influence au niveau du travail normatif en ont fait la cible facile de critiques acerbes[3] dont les auteurs ne se basent que sur la dénomination, il est vrai très prometteuse mais pourtant trompeuse car exagérée, de « Conseil national du bruit ». C'est pourquoi, la suggestion du Conseil économique et social de confier dorénavant la présidence du C.N.B. au ministre chargé de l'environnement et non plus à un élu local (personnalité extérieure à l'Administration) permettrait peut-être de donner à cet organe consultatif plus de poids et de voir ses avis et programmes recueillis avec plus de considération et suivis de mesures concrètes.

474. Paradoxalement, alors que le Conseil national du bruit est *la* structure spécialisée dans ce type de nuisance et détenteur des attributions que l'on sait, d'autres organes à vocation plus générale (sur le plan des pollutions et nuisances) font entendre parfois de façon plus autoritaire leur voix sur ce sujet.

2- Les instances consultatives intervenant dans le domaine du bruit

475. Il en est principalement deux qui sont amenées à se prononcer sur le problème des nuisances sonores, l'une dans le domaine de la santé : le Conseil supérieur d'hygiène publique (a), l'autre concernant les installations classées pour l'environnement : le Conseil supérieur des installations classées (b).

---

[1] Rapport d'activité du conseil national du bruit, 1993-1995, Ministère de l'Environnement, juin 1995.

[2] M. PRIEUR, Droit de l'environnement, préc., p. 214.

[3] Dans l'article : Le bruit, ennemi public numéro un, du Nouvel Observateur, préc., il est écrit que *« notre pays dispose, (...), depuis seize ans, d'un Conseil national du bruit, dont -c'est un comble- personne n'a jamais entendu parler. C'est bien la preuve que, depuis seize ans, les membres de cette noble institution empochent à bas bruit leur traitement »*.

a) Le Conseil supérieur d'hygiène publique

476. Parmi les multiples effets et méfaits des bruits de voisinage, ceux sur la santé peuvent être extrêmement pernicieux. Phénomène de société, le bruit pose également un grave problème de santé publique. Il est donc indispensable de le traiter sous cet angle-là, afin de prévenir tout trouble excessif ou dommage incurable.

477. Le Conseil supérieur d'hygiène publique, mis en place par le décret n° 61-987 du 24 août 1961[1], est l'instance supérieure en matière de santé publique. Composé uniquement de professionnels de la santé choisis sur des listes présentées par les académies de médecine et de pharmacie et les conseils de l'ordre des médecins et des pharmaciens, il bénéficie de la réputation et de la crédibilité de ses membres prestigieux. Une telle composition confère à cet organe de consultation une autorité morale non négligeable qui lui permet d'appuyer ses avis et recommandations auprès des autorités qui font appel à lui, parmi lesquelles, notamment, le ministère chargé de l'environnement pour ce type de nuisance.

478. La compétence de ces praticiens au service de la lutte préventive contre les bruits de voisinage est d'un apport considérable dans l'approche scientifique du problème, pour sa compréhension et son traitement. Elle occupe aussi une place importante dans le travail normatif, le droit devant prendre en compte et gérer tous les aspects de ce fléau, dont l'aspect médical qui est souvent le déclencheur des actions menées par les riverains touchés dans leur intégrité physique ou psychique. A cet effet, le Conseil comporte une section de l'évaluation des risques de l'environnement sur la santé travaillant spécifiquement sur le bruit.

479. Les niveaux sonores admissibles ou à ne pas dépasser imposés dans les différents textes réglementaires portant sur les objets et activités bruyantes, la construction et l'isolation des logements, etc. sont établis à partir des données et évaluations du Conseil supérieur d'hygiène publique. En effet, les normes acoustiques ne peuvent être fixées qu'en référence à leur impact sur l'homme, c'est-à-dire dans la mesure où elles assurent des conditions saines de vie, car c'est bien le but recherché par la législation sur le bruit. L'avis de spécialistes est donc indispensable pour l'élaboration de ces valeurs limites.

480. Le Conseil supérieur d'hygiène publique constitue la structure offrant les bases de données utiles au travail normatif obligé d'intégrer l'aspect médical du problème. L'aspect économique est, quant à lui, apprécié par le Conseil supérieur des installations classées.

b) Le Conseil supérieur des installations classées

481. Institué auprès du ministre chargé de l'environnement par le décret n° 76-1323 du 29 décembre 1976[2], il est appelé de façon générale à étudier tous les projets de réforme de la législation et toutes les questions relatives aux installations classées pour la protection de l'environnement. Le ministre peut donc le consulter à propos des nuisances sonores produites par de telles installations et lui demander son avis sur les mesures propres à les supprimer ou à les atténuer.

---

[1] Modifié par le décret n° 76-975 du 19 octobre 1976 et abrogé par le décret n° 97-293 du 27 mars 1997 relatif au Conseil supérieur d'hygiène publique de France et modifiant le Code de santé publique (*JO* du 30 mars 1997, p. 5015).

[2] *JO* du 6 janvier 1977, modif. par le décret n° 98-811 du 2 novembre 1989 (*JO* du 9 novembre 1989).

482. Il détient également des attributions précises, déterminées par la loi n° 76-663 du 19 juillet 1976 et son décret d'application[1]. Il donne ainsi son avis sur les décrets en Conseil d'État relatifs à la nomenclature des installations classées (art. 2 de la loi, devenu l'art. L. 511-2 C. env.)[2], sur ceux supprimant une installation qui présente des dangers qu'il n'est pas possible de faire disparaître (art. 15 de la loi, devenu l'art. L. 514-7 C ; env.) ou encore sur les arrêtés ministériels fixant des règles techniques applicables à certaines catégories d'installations soumises à autorisation (art. 7 de la loi, devenu l'art. L. 512-5 C. env.) ou à déclaration (art. 10-1 de la loi, devenu l'art. L. 512-10 C. env.). Siègeant moins d'une dizaine de fois par an, sa mission principale est donc d'examiner les décrets, arrêtés ministériels ou même les circulaires ou instructions préparées en la matière et nécessitant ses compétences techniques. Dans le même temps, il exerce un rôle de conseil auprès du ministre chargé de l'environnement et de l'administration déconcentrée des installations classées.

483. Sa composition est ouverte à tous les intérêts concernés par les installations classées, ces dernières ne posant pas uniquement des problèmes de nuisances sonores. Une importance particulière est donnée aux représentants des autres administrations centrales : directeur de la prévention des pollutions et des nuisances, chef du service de l'environnement industriel, directeur général de la santé, directeur de la sécurité civile, directeur des mines et directeur des relations du travail au ministère du travail, qui sont membres de droit de cette instance. S'y ajoutent vingt-cinq personnes nommées pour trois ans par le ministre de l'environnement, qui représentent l'ensemble des acteurs intervenant à un titre ou à un autre dans ce domaine. Sont ainsi désignés sept personnalités choisies en raison de leur compétence en matière de nuisances ou d'hygiène publique, sept représentants des intérêts des exploitants des installations classées, sept inspecteurs (ou anciens inspecteurs) des installations classées, deux membres du Conseil supérieur d'hygiène publique proposés par le ministre de la Santé et deux membres -seulement !- d'associations de défense de l'environnement.

484. A l'instar du Conseil national du bruit, le Conseil supérieur des installations classées offre un large éventail de personnalités en rapport avec le sujet, ce qui permet de réunir les diverses compétences et de confronter les points de vue. Mais l'autorité morale de ce conseil est sensiblement plus importante que celle de son homologue en charge exclusive du bruit puisque le ministre passe rarement outre à ses avis qui pourtant sont simplement consultatifs.

485. Il apparaît nettement que *« le ministre de l'environnement du fait de sa vocation interministérielle est au centre d'un réseau particulièrement dense de conseils et de commissions »*[3]. La prolifération de ces organes de concertation et de consultation ne semble pas devoir s'arrêter, l'administration centrale prolongeant le mouvement en créant une nouvelle instance chargée d'une *« fonction de veille et d'alerte sur l'ensemble des questions d'environnement susceptibles d'avoir des incidences sur la santé humaine »*, laquelle porte notamment sur le bruit. Il s'agit du **Comité de la prévention et de la précaution** -qui sont des principes directeurs du droit de l'environnement-, créé

---

[1] Loi n° 76-663 du 19 juillet 1976 relative aux installations classées pour la protection de l'environnement et le décret d'application n° 77-1133 du 21 septembre 1977, préc.

[2] Notons qu'une installation est rarement classée uniquement en raison du bruit qu'elle émet. D'autres facteurs de pollutions ou de nuisances, auxquels les nuisances sonores viendront s'ajouter, détermineront la décision de classement.

[3] M. PRIEUR, Droit de l'environnement, préc., p. 194, n° 220.

par un arrêté du 30 juillet 1996[1]. L'intérêt de cette structure est qu'il lui est permis d'émettre des avis par auto-saisine. Le tout est de savoir ensuite quelle autorité leur attribuera le ministre chargé de l'environnement, pour déterminer son pouvoir d'influence dans la lutte contre les nuisances sonores.

486. Tout comme pour l'administration centrale, le ministre chargé de l'environnement, instigateur des politiques de lutte, a autorité sur l'administration déconcentrée de l'environnement. Il poursuit ainsi son action au niveau local, par l'intermédiaire de nombreux services extérieurs intervenant dans le domaine du bruit.

§2. L'ADMINISTRATION DÉCONCENTRÉE

487. Il y a plus de dix ans -en décembre 1989-, MM. J.-F. Lorit et M. Le Fur remettaient au Premier ministre un rapport peu élogieux, mais révélateur, sur l'administration territoriale de l'environnement. Il en ressortait un triple constat. Les structures apparaissaient d'abord complexes et pauvres en moyens ; les services manquaient ensuite de transparence et recelaient des contradictions internes ; les agents, enfin, souffraient d'un déficit de motivation. Une décennie plus tard, malgré la redéfinition des attributions relatives à l'environnement dans les services déconcentrés de l'État, il n'est pas certain que la situation se soit grandement améliorée, du moins dans le secteur de la protection contre le bruit.

488. Un nombre important de services extérieurs du ministère chargé de l'environnement -ou simplement rattachés à lui- intervient en matière de nuisances sonores, exerçant à l'échelon local les compétences administratives de l'État. Ils se situent à trois niveaux : régional (A), départemental (B) et local (C), circonscrivant de façon de plus en plus précise le cadre du « voisinage ». Prolongement déconcentré de l'Administration centrale, tous reproduisent les déficiences dont cette dernière souffre : contradiction des intérêts, ambiguïté dans les actions, problèmes de coordination. Pourtant, chacun de ces services remplit à son niveau et en fonction des moyens qui lui sont donnés un rôle spécifique et essentiel dans la lutte contre les bruits de voisinage.

A. LES ADMINISTRATIONS RÉGIONALES

489. A chaque niveau territorial correspondent son domaine d'intervention et son degré de compétence. La région, collectivité la plus proche géographiquement du pouvoir central et par conséquent la plus éloignée du « voisinage », semble constituer l'échelon de l'animation et de la coordination de la politique de l'État relative à l'environnement.

490. C'est pour assurer ces fonctions qu'a été créée, dans chaque région, une direction régionale de l'environnement qui appréhende les questions environnementales dans leur globalité (1). A côté de ce tout premier service déconcentré de l'environnement à part entière, l'administration régionale de l'environnement comporte un deuxième service plus spécialisé : la direction régionale de l'industrie, de la recherche et de l'environnement (2), intervenant dans ce domaine particulièrement sensible qu'est celui des relations entre industrie et environnement.

---

[1] *JO* du 8 août 1996. Le secrétariat du Comité de la prévention et de la précaution est assuré par le service de la recherche et des affaires économiques, dépendant de la direction générale de l'administration et du développement (D.G.A.D.) du ministère de l'environnement.

1- La Direction Régionale de l'Environnement (D.I.R.E.N.)

491. Instituée par le décret n° 91-1139 du 4 novembre 1991[1], la D.I.R.E.N. est *le* représentant du ministère de l'Environnement dans chaque région de France et dans tous les organismes travaillant sur les problèmes d'environnement. Sa création procède du constat d'une situation de carence administrative à ce stade d'intervention, selon laquelle *« faute de service extérieur véritable, le ministère de l'Environnement doit s'appuyer pour l'exécution de ses décisions sur les services des autres ministères (D.R.I.R.E., D.D.E., D.D.A.F., D.D.A.S.S...), sur les préfectures et les collectivités locales »*. Or, *« cet ensemble d'organismes ne fonctionne absolument pas en réseau et chacun privilégie ses priorités d'actions internes »*[2].

492. Une structure cohérente de mise en œuvre des décisions centrales, affirmant dans toutes les instances le rôle du ministère de l'Environnement sur le territoire et rationnalisant l'action des multiples acteurs de la vie publique était donc nécessaire. Les D.I.R.E.N. en sont le résultat direct. Elles ont pour mission générale d'assurer à l'échelon régional l'action de coordination et de coopération de tous les acteurs locaux menée à un autre niveau par le pouvoir central. Elles exercent ainsi, sous l'autorité du représentant de l'État, les attributions du ministre chargé de l'environnement en matière de *qualité de la vie*. La lutte contre les bruits de voisinage, critère prépondérant de la qualité de vie de chacun, entre donc tout naturellement dans leur champ de compétences.

493. Adoptant une approche globale des problèmes d'environnement orientée vers le long terme, les D.I.R.E.N. remplissent trois registres d'actions. Elles s'occupent tout d'abord de recueillir, regrouper, exploiter et diffuser l'ensemble des données et connaissances relatives aux problèmes d'environnement. Concernant les nuisances sonores, il s'agit notamment de prévoir des mesures visant à les réduire et de transmettre toutes les données disponibles aux différents acteurs locaux engagés dans la lutte.

494. Elles participent ensuite à la définition et à l'orientation des politiques territoriales dans le respect des législations environnementales. Elles instruisent les dossiers techniques en matière de bruit et veillent à ce que les documents de planification locale, tels que P.O.S. ou schémas directeurs d'aménagement et d'urbanisme -pour l'élaboration desquels elles sont obligatoirement consultées-, intègrent bien cette préoccupation et y apportent des solutions. Elles donnent également leur avis dans les procédures menées par d'autres services, sous la forme d'expertise écologique sur le problème en cause, d'un contrôle du respect des normes légales organisant l'activité et d'une appréciation en opportunité selon le contexte local et les différents intérêts et enjeux connexes.

495. Cette action réglementaire s'accompagne, enfin, d'une mobilisation transversale destinée à développer la concertation et la collaboration avec les divers interlocuteurs publics, autres services déconcentrés ou collectivités locales. *« L'accent est mis sur le maintien du caractère d'administration de mission agissant en transversalité en vue de susciter des coopérations et des partenariats au plan local »*[3]. Porte-parole régional du ministère de l'Environnement, les D.I.R.E.N. sont chargées de

---

[1] Décret n° 91-1139 du 4 novembre 1991 relatif à l'organisation et aux missions des directions régionales de l'environnement (*JO* du 5 novembre 1991). Le décret n° 94-37 du 12 janvier 1994 (*JO* du 14 janvier 1994) dote également les régions d'outre-mer de D.I.R.E.N.

[2] P. LASCOUMES et J.-P. LE BOURHIS, L'environnement ou l'administration des possibles - La création des Directions Régionales de l'Environnement, L'Harmattan, 1997, p. 18.

[3] P. LASCOUMES et J.-P. LE BOURHIS, L'environnement ou l'administration des possibles - La création des Directions Régionales de l'Environnement, préc., p. 16.

l'animation et de la promotion des politiques de l'État en matière d'environnement auprès de tous les acteurs concernés. A ce titre, elles s'engagent dans un partenariat actif avec les collectivités locales. Elles contribuent ainsi à la politique de développement des plans départementaux et communaux pour l'environnement, préparent et suivent l'exécution des contrats de plan État-régions et des chartes d'écologie urbaine, tous ces outils traitant, entre autres préoccupations environnementales, des nuisances sonores.

496. Prolongement institutionnel du ministère de l'Environnement au niveau régional, les D.I.R.E.N. perpétuent donc les vocations et décisions centrales en les adaptant au contexte territorial. Dans la pratique, elles se trouvent confrontées aux mêmes types d'obstacles aussi bien internes : la faiblesse des moyens humains et financiers[1], qu'externes : la difficile recherche d'une coordination des différentes actions locales menées par les divers acteurs. En tant que de besoin, elles sont mises à disposition des autres ministères qui peuvent avoir des actions liées à l'environnement, à savoir les ministères respectivement chargés de l'agriculture, de l'équipement, des transports et de la culture, qui sont tous concernés par la question des nuisances acoustiques.

497. Comme le soulignent très pertinemment MM. Lascoumes et Le Bourhis, *« par leurs interactions avec l'ensemble des enjeux et des acteurs présents sur un territoire donné, les D.I.R.E.N. contribuent à institutionnaliser l'action publique environnementale. C'est un travail qu'elles n'accomplissent pas seules, mais en relation plus ou moins étroite, et plus ou moins conflictuelle, avec un ensemble d'autres acteurs »*[2]. Au niveau régional, une autre structure administrative, à vocation spécialisée cette fois, est amenée à intervenir en matière de bruit. Il s'agit de la Direction régionale de l'industrie, de la recherche et de l'environnement.

2- La Direction Régionale de l'Industrie, de la Recherche et de l'Environnement (D.R.I.R.E.)

498. Cette direction régionale a subi de nombreuses transformations destinées à intégrer de façon expresse la dimension environnementale dans ses multiples activités. L'adjonction du terme « environnement » dans son appellation, consacrée officiellement par le décret n° 92-626 du 6 juillet 1992, marque son rattachement direct au ministère de l'Environnement qui désormais en assure la cotutelle avec ses homologues chargés de l'Industrie et de la Recherche. Service extérieur du ministère de l'Industrie en charge à ce titre du développement industriel, elle intervient donc parallèlement pour le compte de l'administration centrale de l'Environnement en ce qui concerne notamment le bruit et les installations classées pour l'environnement[3]. Pour ce faire, un **service régional de l'environnement industriel** a été institué au sein de chaque D.R.I.R.E., division spécialisée qui fait d'elle *« le véritable bras séculier du ministère de l'Environnement en région »*[4].

499. Ses actions pour la prévention du bruit sont, dans la forme, assez proches de celles menées par la D.I.R.E.N. Globalement, elle organise, d'une part, l'information, la

---

[1] V. sur ce point : P. LASCOUMES et J.-P. LE BOURHIS, L'environnement ou l'administration des possibles - La création des Directions Régionales de l'Environnement, préc., p. 84 et s.

[2] P. LASCOUMES et J.-P. LE BOURHIS, L'environnement ou l'administration des possibles - La création des Directions Régionales de l'Environnement, préc., p. 133.

[3] Décret n° 83-567 du 27 juin 1983 fixant le ressort territorial des services extérieurs de ministère de l'Industrie et de la Recherche (*JO* du 2 juillet 1983), modifié par le décret n° 92-626 du 6 juillet 1992 (*JO* du 9 juillet 1992).

[4] L'environnement dans les D.R.I.R.E, Environnement Magazine n° 1555, mars 1997, p. 6-7.

sensibilisation et la formation des acteurs impliqués et, d'autre part, mène une action réglementaire au travers de l'inspection des installations classées. Néanmoins, son domaine d'intervention est limité à un secteur bien précis : celui des nuisances -sonores en l'occurrence- d'origine industrielle, et notamment celles en provenance des installations classées pour l'environnement. C'est donc à elle que revient la délicate tâche de concilier et de coordonner l'antagonisme intrinsèque des actions pour le développement industriel et pour la protection de l'environnement et la défense de la qualité de la vie s'agissant des bruits perçus par les riverains.

500. Sur le plan réglementaire, elle exerce une mission de contrôle administratif et technique pour le compte de l'administration centrale de l'environnement. C'est elle en effet qui, sous l'autorité du préfet, organise l'Inspection des installations classées[1], corps de techniciens mis à la disposition du ministre de l'Environnement pour l'application de la législation sur les installations classées. Elle anime et coordonne l'action de ces inspecteurs dans chaque département, en vue d'une approche intégrée des nuisances et des risques pour chacun des établissements contrôlés. L'action préventive réside dans la recherche incessante des installations classables non autorisées ni déclarées et dans la rédaction de prescriptions techniques imposées aux activités concernées et propres à supprimer ou réduire les nuisances pour le voisinage. La tâche est d'autant plus difficile à remplir que pour les quelques 600 000 installations classées exploitées en France, la D.R.I.R.E. ne dispose que d'environ 600 inspecteurs (soit à peine un agent pour 100 installations !)[2]. Pour les installations importantes -celles soumises à autorisation du préfet-, la D.R.I.R.E. communique ses avis sur les études d'impact dans le rapport général qu'elle est chargée d'établir.

501. Autorité responsable -pour le moins moralement- du respect sur le terrain des procédures et des normes établies en matière de bruit, le service régional de l'environnement industriel poursuit son action de prévention du bruit en apportant son concours technique à la connaissance et à l'amélioration de l'environnement industriel. Dans cette optique, les D.R.I.R.E. sont le siège de nouvelles structures instituées par décret dans certaines zones très industrialisées et particulièrement exposées aux pollutions et nuisances : **les secrétariats permanents pour la prévention des pollutions industrielles** (S.P.P.P.I.)[3]. Ces secrétariats ont pour mission générale de favoriser la poursuite des actions destinées à réduire les pollutions et nuisances de toute nature résultant des activités industrielles.

502. La création d'un S.P.P.P.I. au sein de la D.R.I.R.E. d'Alsace répond ainsi à la *« nécessité de disposer d'un organe permanent de concertation »*, lieu de rencontre et de dialogue de tous les acteurs concernés (collectivités locales et services de l'État, industriels, scientifiques et médecins, associations de défense de l'environnement, etc.).

---

[1] En application de l'article 33 du décret n° 77-1133 du 21 septembre 1977 pris pour l'application de la loi n° 76-663 du 19 juillet 1976 relative aux installations classées pour la protection de l'environnement.

[2] De la confession d'un commissaire-enquêteur, cette insuffisance grave d'effectifs *« signifie forcément des choix à faire, qui peuvent varier dans leur application sur le terrain en fonction notamment des disponibilités, des compétences et de la diligence propre à chaque inspecteur. C'est ainsi qu'en matière de dossier de demande d'autorisation, les disparités, donc les inégalités de traitement, se révèlent, déjà à la source, très importantes. Ce qu'une D.R.I.R.E., en fonction de ses spécificités locales, acceptera (souvent d'ailleurs dans un sens conciliant) une autre ne l'acceptera pas. Mais cela est vrai aussi d'un inspecteur à un autre au sein d'une même D.R.I.R.E. »*. V. : G. ULLMANN, La loi du 19 juillet 1976 sur les installations classées, Combat Nature n° 118, août 1997, p. 56-57.

[3] Sous la présidence du préfet de région, les S.P.P.P.I. réunissent des élus, les administrations locales et des représentants du secteur industriel. La D.R.I.R.E. en assure le secrétariat général.

Il comprend notamment une commission « Air et **bruit** », mise en place afin d'aborder de manière efficace et coordonnée les trois objectifs de cette nouvelle structure : l'évaluation de la situation, la proposition d'actions nouvelles et l'information de la population. Concrètement, c'est un groupe de travail réduit, le groupe de projet **« émissions sonores et environnement »**, qui réfléchit sur le problème spécifique des nuisances sonores et élabore des projets afin de concilier activité industrielle et tranquillité du voisinage. L'information et la sensibilisation du public se fait par le biais d'un journal : « Questions environnement » et de la lettre du S.P.I. retraçant périodiquement les réflexions et réalisations menées par cet organisme.

503. Depuis quelques années, les D.R.I.R.E. semblent plus conscientes du rôle qui leur a été confié en matière d'environnement et s'investissent davantage dans ce domaine. La cotutelle à laquelle elles se trouvent soumises les met néanmoins dans une situation des plus inconfortables. Entre « Industrie » et « Environnement », il est souvent malaisé de trouver un terrain de conciliation et d'équilibre. En pratique, elles se heurtent donc principalement à un problème de coordination des différents services, doublé de difficultés dans le suivi de l'action administrative. Mais en tant que services extérieurs de l'État, tout comme les D.I.R.E.N., elles sont placées sous l'autorité du préfet, personnage central de l'administration déconcentrée, qui arbitre ces conflits interservices non seulement au niveau régional mais également au niveau départemental.

B. Les administrations départementales

504. L'échelon départemental constitue à n'en pas douter le niveau le mieux adapté à la mise en œuvre d'une politique globale de prévention des bruits de voisinage menée sur le long terme. A mi-chemin entre le pouvoir central et les autorités locales, il est à la fois le cadre territorial de l'application déconcentrée de la législation et le relais indispensable entre les différents niveaux d'intervention.

505. A sa tête, tenant les rennes de la machine administrative déconcentrée, le préfet tente de donner une certaine cohérence à l'ensemble structurel chargé de lutter contre le bruit. Dépositaire de l'autorité de l'État dont il est le représentant direct, il supervise tous les services impliqués, ceux de la Préfecture (1) directement rattachés à lui et les services techniques du pouvoir central (2) implantés dans les départements. Mais la difficulté de coordonner l'action de ces différents organes déconcentrés, souvent investis de missions contradictoires, a fait naître une nouvelle structure spécialisée, créée sous la responsabilité du préfet : le Pôle de compétence Bruit (3).

1- Le préfet et les services de la Préfecture

506. Chef de file de l'administration déconcentrée (a), le préfet dispose essentiellement de deux structures pour la mise en œuvre de ses attributions en matière de lutte contre le bruit : le Bureau de l'environnement (b) et le chargé du bruit dans la Préfecture (c).

a) Le rôle central du préfet

507. Comme l'a souligné M. Romi concernant l'environnement industriel et urbain, le préfet est probablement *« l'autorité administrative la mieux pourvue en moyens juridiques d'intervention »*[1]. S'il est compétent dans presque tous les domaines de

[1] R. ROMI, Droit et Administration de l'Environnement, 2e édition, Précis Domat, Montchrestien, 1997, p. 150.

l'environnement, il intervient principalement et à des degrés divers en matière de lutte contre le bruit. C'est en raison de sa qualité de représentant unique de l'État dans le département qu'il est omniprésent, à un titre ou à un autre, dans les différents secteurs touchés par cette nuisance et les procédures et réalisations accomplies pour y remédier. L'ambivalence de ses attributions, qui ont été augmentées en 1982 avec la décentralisation, fait du représentant de l'État le personnage central des politiques de lutte menées au niveau déconcentré.

508. Investi avant tout d'un rôle réglementaire, il dispose du pouvoir décisionnaire dans bon nombre de procédures, notamment celles régissant les installations classées, puisque c'est lui qui reçoit les déclarations d'exploitation, accorde les autorisations d'ouverture d'une installation et en détermine les règles de fonctionnement par voie de prescriptions générales et, le cas échéant, complémentaires[1]. A la fois « gardien et serviteur de la légalité », il veille en outre à la prise en compte du problème des nuisances sonores dans tous les actes et pratiques administratifs où il n'est pas compétent de façon exclusive (dans les domaines de l'aménagement, de l'urbanisme, des infrastructures, des activités humaines...), ainsi qu'au respect des multiples réglementations portant sur le bruit. C'est dans le cadre du contrôle de légalité que lui a confié la loi n° 82-213 du 2 mars 1982 relative aux droits et libertés des communes, des départements et des régions[2], qu'il vérifie notamment que les documents d'urbanisme décentralisés, les opérations publiques d'aménagement et les autorisations d'occupation du sol intègrent bien la préocupation de protection contre le bruit imposée par la loi.

509. Ses compétences consultatives et de proposition, extrêmement nombreuses, sont également d'une importance capitale. *« Il ne convient pas de les négliger, car elles peuvent être l'occasion pour le département de rappeler, budgets en main, que ses aides futures peuvent être conditionnées par le respect des orientations »*[3]. Le poids financier qu'il représente en fait un interlocuteur très écouté dans les conseils et commissions et confère à ses avis un ascendant certain dans les rapports de force. Il participe ainsi à toutes les commissions consultatives, permanentes ou *ad hoc*, existantes dans les principaux secteurs concernés par la nuisance, et notamment celles créées par la loi n° 92-1444 du 31 décembre 1992 relative à la lutte contre le bruit, pour chaque aérodrome.

510. Enfin, en tant que supérieur hiérarchique des différents services départementaux, il est chargé de l'animation, de la coordination des actions et de l'arbitrage des conflits nés de la dualité des intérêts et des missions. Sa fonction de grand coordinateur de tous les services et organismes oeuvrant dans le domaine de l'environnement se double d'un rôle spécifique d'impulsion en direction des communes et des maires qui sont les premiers intervenants locaux en matière de bruits de voisinage entendus au sens strict. A ce titre, il a la tâche d'aider et d'inciter les communes,

---

[1] Autorité de police exclusive en matière d'installations classées, le préfet préside en outre le **conseil départemental d'hygiène**, instance consultative donnant des avis -toujours suivis- sur les mesures réglementaires et les décisions individuelles prises en application de la législation sur les installations classées. Ce conseil entre dans la composition d'une nouvelle instance « transversale » de concertation, de médiation et d'expertise : le **conseil départemental de l'environnement** (créé par l'article 9 de la loi n° 95-101 du 2 février 1995 relative au renforcement de la protection de l'environnement). Son président, le préfet, peut le saisir, pour avis, de toute question relative à l'environnement ou au cadre de vie du département et qui ne relève pas de la compétence des commissions existantes.

[2] *JO* du 3 mars 1982 et rect. 6 mars 1982.

[3] R. ROMI, Droit et Administration de l'Environnement, préc., p. 167.

circonscriptions administratives les plus proches des troubles de voisinage, à instituer et développer une politique cohérente de lutte contre le bruit.

511. A la fois décideur, meneur, contrôleur et consultant, le préfet concentre en sa personne un nombre impressionnant d'attributions et de pouvoirs, d'autant plus qu'il ne représente pas uniquement le ministre chargé de l'environnement mais également tous les autres ministres. Rien qu'en matière de lutte contre le bruit, la tâche est considérable. Aussi confie-t-il à un service spécialisé, communément appelé « Bureau de l'Environnement »[1], le soin de l'aider à remplir ses fonctions.

b) Le Bureau de l'Environnement

512. Le préfet ne dispose au sein même de la Préfecture que de cette structure extrêmement légère à qui incombe d'exécuter toutes les compétences du représentant de l'État dans le domaine de l'environnement. La circulaire ministérielle n° 75-611 du 2 décembre 1975 qui prescrit la création de ces bureaux départementaux de l'environnement dresse la liste de toutes leurs attributions. Mais la pratique révèle que l'ampleur de la tâche s'accommode mal de la modestie des moyens, matériels et humains, dont est généralement doté ce service. Néanmoins, il a l'obligation d'être en rapport direct et permanent avec le préfet dont il accomplit les multiples missions touchant à la lutte contre le bruit.

513. Chargé des relations publiques, il constitue le relais indispensable entre tous les acteurs impliqués : du ministère et ses organes aux services extérieurs, sans oublier les élus locaux, les responsables socio-professionnels, les associations et le public. Point de liaison des différents niveaux d'intervention, il reçoit les directives et orientations du pouvoir central, qu'il diffuse à l'ensemble des intéressés. Dans le sens inverse, il réceptionne très souvent les plaintes et réclamations portant sur tel ou tel bruit et se charge de les orienter vers les structures compétentes en vue de leur traitement. A cette délicate mission de coordination des différents services déconcentrés et de répartition cohérente des tâches dans l'optique d'une politique globale, s'ajoute la préparation d'actions d'information, spontanées ou institutionnalisées telles que les enquêtes publiques, et de formation des agents sur le terrain.

514. Sur le plan réglementaire, son rôle consiste à appliquer et faire appliquer toutes les réglementations portant sur le bruit en liaison avec les services extérieurs de l'État, à savoir essentiellement les D.I.R.E.N. et les D.R.I.R.E. Pour le compte du préfet, il suit les aspects juridiques des diverses procédures administratives qui intègrent la préoccupation des nuisances sonores, comme par exemple lors de l'élaboration des schémas directeurs et des plans d'occupation des sols, de la délivrance des permis de construire ou autres autorisations d'utilisation du sol. Dans le domaine spécifique des installations classées, il instruit les dossiers de déclaration et d'autorisation, veillant à ce que les dispositions de la législation soient strictement respectées et soumet les installations les plus bruyantes à des prescriptions techniques spécifiques propres à limiter la gêne pour le voisinage. De même, il contrôle l'établissement et le contenu des études d'impact dans tous les cas où elles sont réglementairement exigées, c'est-à-dire pour les ouvrages ou aménagements publics ou privés pouvant avoir des incidences sur l'environnement, notamment en termes de nuisances sonores, comme pour les aérodromes. Enfin et surtout, il s'occupe de la rédaction de l'arrêté préfectoral « anti-bruit » qui fixe dans chaque département la politique générale de lutte.

---

[1] Le préfet peut nommer ce service comme il le veut. C'est ainsi que l'on trouve dans certaines Préfectures des « Bureaux de l'urbanisme et du cadre de vie ».

515. Malgré la faiblesse de leurs effectifs, les bureaux départementaux de l'environnement sont tenus de participer à toutes les commissions consultatives qui se réunissent au niveau local et se penchent, entre autres problèmes, sur celui des nuisances sonores. Parmi les plus concernées par la question, la commission consultative d'aide aux riverains des aérodromes, instituée par l'article 19-II de la loi n° 92-1444 du 31 décembre 1992 (art. L. 571-16 C. env.) pour chaque aérodrome pris en compte par la loi, est ainsi composée de *« représentants de l'État, des collectivités territoriales... »*[1]. A ce titre, ils se prononcent sur le contenu des plans de gêne sonore.

516. Enfin, ils participent activement aux actions partenariales lancées par le ministère de l'Environnement en direction des collectivités territoriales. Concrètement, ils s'associent au mouvement généralisé de planification des politiques de gestion et de protection de l'environnement intégrées dans les stratégies de développement durable des collectivités locales. Pour cela, ils s'occupent de la préparation, de l'élaboration, du suivi et de l'évaluation des divers outils établissant des programmes d'action à long terme, tels que les plans municipaux et départementaux de l'environnement, les chartes communales, intercommunales ou départementales pour l'environnement ou chartes d'écologie urbaine. Ils retrouvent là leur rôle de régularisation des relations et de coordination des actions entre les acteurs locaux et l'administration centrale du ministère chargé de l'environnement.

517. La tâche quotidienne de ces bureaux départementaux de l'environnement est titanesque alors que le personnel compétent et motivé fait souvent cruellement défaut. Face à la dégradation continue de l'environnement sonore et à la demande sociale de plus en plus forte dans ce domaine, le ministre de l'Environnement a décidé de mettre en place dans chaque Préfecture un « Monsieur Bruit », agent spécialisé s'occupant à titre exclusif et permanent de cette nuisance.

c) Le Chargé du bruit dans les Préfectures

518. La naissance de ce personnage résulte des conditions déplorables dans lesquelles se déroulent l'accueil des citoyens et le traitement de leurs plaintes par l'administration déconcentrée. La victime d'un bruit de voisinage ne sait d'abord pas vers qui se tourner pour trouver remède à son mal. Frappant au hasard à diverses portes administratives, elle se heurte bien souvent à un mur d'indifférence, chacun se renvoyant la responsabilité du problème. Dans cette partie de « ping-pong », il arrive fréquemment que le plaignant ne reçoive en définitive aucune réponse à sa requête et se tourne en désespoir de cause vers l'administration centrale qui n'a pas les moyens de lui répondre. Or, la localisation des bruits de voisinage pris un par un induit nécessairement un traitement localisé par des autorités locales proches de la source du problème.

519. Le manque total d'information du public sur ses droits et les démarches dont il dispose se double d'une déficience similaire au niveau des différents services qui ne connaissent pas toujours l'étendue de leurs compétences. Cette situation de blocage aggravée par le constat d'une mauvaise, voire d'une absence totale d'application de la réglementation en matière de bruit est inacceptable. Devant cet état de fait, le ministre chargé de l'environnement a décidé d'expérimenter une nouvelle « structure » administrative spécialement focalisée sur ce type de nuisance. Par une circulaire du 28 octobre 1981 et en accord avec le ministre de l'Intérieur et de la Décentralisation, il a

---

[1] Pour la composition et les règles de fonctionnement de cette commission consultative, voir désormais le décret n° 2000-128 du 16 février 2000 (*JO* du 17 février 2000, p. 2514). V. *supra* n° 166-167.

demandé aux préfets d'élaborer un schéma d'accueil et de traitement des plaintes et de désigner un « Chargé du bruit » pour le mener à bien.

520. Le rôle du chargé du bruit comporte trois volets complémentaires. La première étape consiste dans l'accueil des plaintes relatives aux bruits de voisinage et de leurs auteurs. Il s'agit ici de ne pas laisser de portes closes ou de dresser des murs infranchissables entre les citoyens et l'administration. Au contraire, l'objectif est de répondre à tous les plaignants sans aucune exception, de préciser comment va être traité chaque cas spécifique et en application de quels textes. Le dialogue ainsi instauré est d'un grand apport psychologique pour la victime du bruit et permet souvent de dénouer plus facilement ou plus rapidement la situation conflictuelle. Un tel dialogue peut également s'instaurer avec les nombreuses associations agissant dans ce domaine et avec lesquelles le chargé du bruit peut rechercher des solutions aux cas complexes.

521. Une fois les plaintes réceptionnées, le chargé du bruit a la délicate mission de les orienter correctement vers les différents services de l'État ou des communes compétents pour résoudre le problème posé. La tâche n'est pas simple dans ce dédale de services administratifs et suppose une bonne connaissance des responsabilités et compétences de chacun. C'est là qu'intervient le schéma départemental de traitement des plaintes établissant une prise en charge adaptée de tous les types de revendications. Les caractéristiques propres à chaque source sonore sont en effet déterminantes du service qui en a la charge[1]. Mais le travail du chargé du bruit ne s'arrête pas à cette répartition des plaintes, car encore faut-il que leur traitement soit effectif et convenablement mené. Il s'assure donc du suivi des affaires, c'est-à-dire qu'une enquête a bien été menée sur place et un constat établi pour aboutir finalement à une solution (arrangement à l'amiable, mise en demeure, procès-verbal). Il provoque également des réunions de travail pour résoudre les cas les plus complexes.

522. Le dernier volet de la mission du chargé du bruit -et non des moindres- consiste dans l'information du public et des responsables locaux. Les victimes de bruit se trouvent très souvent démunies face à cette nuisance parce qu'elles ignorent totalement les moyens d'action existants. Le chargé du bruit s'occupe donc de les renseigner, notamment en faisant appel à la presse locale. De même l'information se fait en direction des maires, chargés expressément par les textes des bruits de voisinage, mais souvent peu conscients des responsabilités qui leur incombent en la matière. Le chargé du bruit pourra parfois les conseiller sur certains problèmes ponctuels ou encore susciter et favoriser des campagnes de sensibilisation, en liaison avec d'autres administrations.

523. La mise en place dans chaque Préfecture d'un émissaire du bruit, investi d'une mission d'accueil, de coordination et d'information, permet d'apporter une certaine transparence dans l'action des différents services en charge du bruit et surtout de rendre plus humaine et plus efficace cette administration du bruit vis-à-vis de chaque citoyen qui la sollicite. L'expérience des départements de l'Essonne[2] ou de Loire-Atlantique[3] témoigne de l'importance et du succès de cet agent qui le plus souvent est le chef du

---

[1] Ainsi, lorsque les bruits de voisinage nécessitent des mesures acoustiques, c'est la D.D.A.S.S. ou le service communal d'hygiène et de santé, équipés de sonomètres, qui instruisent l'affaire. Les bruits produits par les installations classées sont eux du ressort exclusif du préfet qui travaille en collaboration avec la D.R.I.R.E et l'inspection des installations classées, alors que ce sont les services de police ou gendarmerie nationale qui interviennent en matière de bruits de véhicules et de tapage nocturne.

[2] V. : Le rôle du chargé du bruit et le schéma départemental d'accueil et de traitement des plaintes, Echo Bruit, Qui fait quoi ?, fiche n° 22, mars 1987.

[3] V. : Dossier « Les services de l'État - vers une meilleure coordination », Echo Bruit n° 68-69, juin 1995, p. 25.

Bureau de l'environnement de la Préfecture. Néanmoins, dans certains départements, le chargé du bruit sera un représentant de la D.D.A.S.S., un des services techniques de l'État compétent en matière de bruit.

2- Les services techniques de l'État dans le département

524. Il en est deux qui apportent leurs compétences techniques dans la lutte contre les nuisances sonores. Selon la nature du bruit incriminé pourront intervenir la Direction Départementale de l'Equipement (a) ou la Direction Départementale des Affaires Sanitaires et Sociales (b).

a) La Direction Départementale de l'Equipement (D.D.E.)

525. Si pendant longtemps, « Equipement » et « Environnement » ont été opposés ou encore artificiellement réunis pour aboutir à une absorption du second par le premier, l'évolution de la société et de ses conditions de vie a progressivement fait naître la nécessité d'une « alliance » entre ces deux centres d'intérêt. Suivant le courant de pensée amorcé par le Président de la République qui déclarait à Angers en 1976, devant les fonctionnaires de l'équipement et d'autres ministères, qu'*« il y a égalité de niveau entre l'intérêt économique et l'intérêt de l'environnement »*[1], les D.D.E. associent aujourd'hui développement urbain et prise en compte de l'environnement.

526. Services extérieurs du ministère de l'Equipement -l'un des plus puissants en nombre et en qualité-, ils sont ainsi mis, dans chaque département, à la disposition du ministre chargé de l'environnement. S'occupant des routes, ponts et chaussées et de l'urbanisme pour le compte de l'Equipement, ils intègrent la préoccupation environnementale dans toutes leurs actions en liaison avec le ministre de l'Environnement. Parmi les nuisances engendrées par les infrastructures et l'urbanisation, le bruit apparaît comme l'un des principaux problèmes que ces directions aient à traiter. Elles interviennent dans ce domaine à plusieurs niveaux et se sont vues confortées dans leur mission « Environnement » par la loi cadre sur le bruit.

527. Ainsi, les D.D.E. étudient et veillent à la prise en compte du paramètre bruit dans les aménagements routiers, en application de l'article 12 de la loi n° 92-1444 du 31 décembre 1992 relative à la lutte contre le bruit (art. L. 571-9 C. env.). A ce titre, elles interviennent dans les procédures d'études d'impact et d'enquêtes publiques auxquelles sont soumis les travaux relatifs aux aménagements et infrastructures. Elles apportent leurs compétences techniques en la matière et soumettent les mesures propres à supprimer ou à réduire les conséquences dommageables des nuisances sonores. Dans le processus de planification mis en place par la loi cadre sur le bruit[2], elles sont chargées sous la direction du préfet de recenser et de classer, dans chaque département, les infrastructures de transports terrestres en fonction de leurs caractéristiques sonores et du trafic. Sur la base de ce travail, le représentant de l'État fixe par arrêté les normes acoustiques applicables aux bâtiments à construire dans ces zones de bruit et les prescriptions techniques de nature à réduire la gêne.

528. Elles s'assurent également de la conformité des constructions à la réglementation et sont à la disposition des constructeurs pour les informer des nouvelles

---

[1] 1976, année de relance ?, Le Monde, 28 décembre 1976.

[2] Article 13 de la loi n° 92-1444 du 31 décembre 1992 relative à la lutte contre le bruit (*JO* du 1er janvier 1993) et décret n° 95-21 du 9 janvier 1995 relatif au classement des infrastructures de transports terrestres et modifiant le code de l'urbanisme et le code de la construction et de l'habitation (*JO* du 10 janvier 1995).

exigences réglementaires issues de la loi cadre de 1992 et de la façon de les remplir. Relais entre les professionnels de la construction et le législateur, elles contrôlent l'application concrète des normes sonores gages d'une amélioration des conditions de vie des riverains d'infrastructures de transports. Toujours dans cette optique, elles mettent enfin en œuvre les actions de rattrapage programmées par l'État dans le cadre de la politique des points noirs, de même que des opérations de traitement du bruit à la source.

529. Si les D.D.E. mettent toutes leurs compétences techniques au service de la réduction des bruits des infrastructures, première nuisance sonore dénoncée par les riverains, la D.D.A.S.S., autre service technique de l'État dans le département, appréhende le bruit dans son aspect sanitaire.

b) La Direction Départementale des Affaires Sanitaires et Sociales (D.D.A.S.S.)

530. La prise en compte du bruit en tant que problème sanitaire relève tout naturellement des services extérieurs du ministère chargé de la santé. Les D.D.A.S.S., dont *« l'activité est tournée vers l'étude des facteurs de l'environnement au regard d'une mission de santé publique »*[1], disposent aujourd'hui des moyens techniques et réglementaires adéquats pour mener une part active et efficace dans la lutte contre les bruits de voisinage. Alors qu'à l'échelon régional, les D.R.A.S.S. ont plus un rôle général d'animation et de coordination des actions, ce sont les D.D.A.S.S. qui mettent en œuvre concrètement les diverses actions dans le domaine sanitaire ou social. Bien que n'étant pas officiellement mises à disposition du ministre chargé de l'environnement, elles interviennent de façon déterminante dans le domaine du bruit.

531. Si la décentralisation opérée en 1982 leur a enlevé une partie de leurs compétences pour les confier aux Conseils généraux et aux mairies, elles demeurent néanmoins un acteur essentiel des politiques de lutte menées sur le terrain. Elles interviennent notamment à la demande des maires lorsque l'instruction des affaires nécessite des mesures acoustiques que les services communaux ne sont pas en mesure d'effectuer eux-mêmes. Certaines d'entre elles disposent en outre, au sein de leur service d'hygiène, d'un agent spécialisé dans la lutte contre le bruit. Leur activité revêt dans ce secteur essentiellement deux aspects : l'application de la réglementation relative aux bruits de voisinage et des actions de prévention.

532. Prenant en considération les facteurs santé et qualité de vie pour l'homme, les D.D.A.S.S. sont particulièrement compétentes pour traiter des bruits de voisinage entendus au sens strict. Chaque plainte qui parvient à leurs services d'hygiène fait l'objet d'une étude spécifique, mettant en œuvre les mesures acoustiques propres à préserver la santé de l'homme et contenues dans le décret n° 95-408 du 18 avril 1995 relatif à la lutte contre les bruits de voisinage et modifiant le code de la santé publique[2]. Equipées de matériels de mesure du bruit[3], elles assurent de façon efficace un travail de police et de contrôle des prescriptions réglementaires. A ce titre, elles peuvent être sollicitées pour des problèmes aussi divers que la multitude d'installations et d'activités n'entrant pas dans la nomenclature des installations classées pour la protection de l'environnement, mais qui néanmoins posent un sérieux problème de nuisances sonores pour le voisinage.

---

[1] Bruits de voisinage : le nouveau dispositif réglementaire, Echo Bruit n° 42, février 1990, p. 3-4.

[2] *JO* du 19 avril 1995. Ce texte a abrogé le décret n° 88-523 du 5 mai 1988 pris pour l'application de l'article L1 du code de la santé publique et relatif aux règles propres à préserver la santé de l'homme contre les bruits de voisinage (*JO* du 6 mai 1988), qui lui-même remplaçait le règlement sanitaire départemental dans ses dispositions portant sur le bruit.

[3] V. : Bruits de voisinage : le nouveau dispositif réglementaire, Echo Bruit n° 42, préc.

533. Pour la partie prévention proprement dite, les D.D.A.S.S. participent aux études de planification urbaine et industrielle et donnent des avis sur des dossiers ponctuels[1], en vue de réduire au maximum les nuisances acoustiques que toute activité humaine produit inévitablement. Elles s'attacheront, par exemple, à ce que des établissements susceptibles d'engendrer de telles nuisances ne s'installent pas dans des zones non adéquates ou alors, à condition que des mesures spéciales soient mises en œuvre pour la tranquillité du voisinage. L'exécution de ces dossiers d'aménagement et de construction suppose bien évidemment une parfaite connaissance de certaines données de base, telles que les caractéristiques du site en question. La description de l'état initial de l'environnement, phase préalable à la réalisation de tout projet afin de prévenir les nuisances, est effectuée par certaines D.D.A.S.S. Selon l'importance et la localisation du projet, ce travail sera accompli à une échelle plus ou moins grande, allant de l'étude acoustique d'un endroit particulier à la cartographie complète d'un site.

534. Le nombre et la complexité des affaires et dossiers posant le problème des nuisances sonores ont fait prendre conscience d'une évidence : une politique efficace de prévention et d'application de la réglementation doit passer obligatoirement par une circulation de l'information sur ce sujet et un échange des compétences. C'est ainsi qu'un réseau national d'échanges d'informations sur le bruit, appelé *« Réseau Bruit »*, s'est constitué à l'initiative d'agents des services Santé-Environnement des D.D.A.S.S. Conçu à l'origine pour mettre en rapport l'ensemble des services extérieurs du ministère de la Santé travaillant dans le domaine des nuisances sonores, le réseau s'est ouvert à d'autres personnes ayant à traiter des interventions similaires, comme les agents des services communaux d'hygiène et de santé ou encore les chargés du bruit des préfectures.

535. La création de ce réseau, qui *« ne constitue pas aujourd'hui une structure administrative identifiée »*[2], constitue à plusieurs niveaux un apport positif dans la lutte contre le bruit. Tout d'abord, à raison d'un correspondant privilégié dans chaque département, il apporte téléphoniquement à chaque acteur de terrain l'information, le conseil ou l'aide dont celui-ci a besoin. Ensuite, le réseau se positionne en tant qu'observateur du fonctionnement des acteurs sur le terrain. A partir du recueil des questions et problèmes les plus souvent posés, il engage une réflexion d'ensemble afin de dégager des solutions, parmi lesquelles une évolution des réglementations ou des pratiques pourrait être envisagée. De même, il sera possible d'identifier avec plus de justesse les besoins en formation des agents de terrain pour en faire part aux différents organismes formateurs et d'établir des protocoles d'intervention.

536. Composé uniquement de bénévoles -ce qui démontre bien la motivation et l'engagement de ces agents dans la lutte contre le bruit-, le réseau présente l'avantage de réunir les diverses compétences requises pour le traitement de ce problème : les compétences techniques, juridiques, administratives et de médiation des conflits. C'est d'ailleurs autour de certains de ces animateurs que s'articulent les « pôles de compétence » qui se mettent en place.

---

[1] Des études sur l'implantation ou les conditions d'exploitation de bases d'aéromodélisme, moto-nautisme ou circuits de moto-cross ont été menées. Les D.D.A.S.S. interviennent également au niveau des collectivités particulières, comme les écoles, les établissements sanitaires et sociaux..., pour vérifier l'acoustique des bâtiments et le cas échéant proposer des travaux d'amélioration.

[2] Echo des villes : un réseau pour échanger et s'informer, Echo Bruit n° 76-77, septembre 1996, p. 16.

3- Les Pôles de compétence Bruit : structures inter-services de coordination

537. De l'avis général des intervenants, les services de l'administration déconcentrée souffrent d'un manque évident de coordination, ceci malgré les efforts et prises en charge faits en la matière. De ce constat est partie une heureuse initiative de la D.D.A.S.S. du département de la Savoie qui a proposé au préfet de créer *« une structure inter-services dynamique, capable d'agir globalement dans divers domaines de la lutte contre le bruit à l'échelon départemental »*[1]. C'est ainsi qu'est né le premier « Pôle de compétence Bruit », légitimé par lettre de mission du préfet de Savoie. En application du décret n° 92-604 du 1er juillet 1992 relatif à la déconcentration, il a donné mission à la D.D.A.S.S., en qualité de chef de projet, d'animer et de coordonner l'action de l'ensemble des services de l'État du département dans le domaine de la lutte contre le bruit.

538. Bénéficiant du financement conjoint des ministères de l'Environnement et de la Santé, cette structure s'est très vite dotée des moyens matériels nécessaires à une action efficace sur le terrain (sonomètres, véhicules spéciaux...), moyens qu'elle tient à la disposition des collectivités qui lui en font la demande. Ces dernières ont immédiatement perçu l'intérêt d'une telle instance qui *« apporte une assistance aux élus locaux pour baser sur des relevés incontestables leurs arrêtés municipaux et les aider à intégrer dans les P.O.S. des dispositions concernant le bruit »*[2]. Les maires des stations de sports d'hiver ont ainsi eu recours à ses compétences à propos du problème des excès nocturnes dus aux discothèques et pour réduire les manifestations sonores des équipements de remontées mécaniques. De même, les communes de fond de vallées ont requis son aide pour certaines nuisances engendrées par l'activité économique.

539. Le succès de cette première expérience, récompensée en 1994 par un « Décibel d'Or » décerné par le Conseil National du Bruit dans la catégorie « Action Silence », a entraîné un mouvement spontané de généralisation de la structure dans les départements. Dans cette voie, plusieurs circulaires ministérielles[3] encouragent vivement la création des Pôles de compétence Bruit dans tous les départements. Plusieurs ont déjà été créés[4] -ou sont envisagés- sous la responsabilité des préfets et tous sont en principe pilotés par la D.D.A.S.S[5]. Réunissant diverses administrations de l'État (D.R.I.R.E., D.D.E., D.D.A.S.S., police, gendarmerie...), ils institutionnalisent une évolution vers un autre type d'organisation du travail entre les différents services chargés d'agir sur le terrain, assurant un suivi et un développement cohérent à l'échelle des départements de la politique nationale de lutte contre les nuisances sonores.

540. A l'image du modèle d'origine, une telle instance est amenée à intervenir à plusieurs niveaux, en vue d'une meilleure application des textes et une bonne

---

[1] Dossier « Les décibels d'or : Département de la Savoie - Des compétences contre le bruit », Echo Bruit n° 67, janvier 1995, p. 12-13.

[2] Y.-B. BRETT, Bruit, élus locaux vous n'êtes plus seuls..., L'Environnement Magazine n° 1536, avril 1995, p. 46.

[3] Circulaire du ministère de la Santé du 27 mars 1995 - Circulaire interministérielle du 27 février 1996 relative à la lutte contre les bruits de voisinage (*JO* du 7 avril 1996, p. 5474).

[4] Voir le témoignage du préfet de la Gironde qui a mis en place un pôle de compétences bruit intitulé « Qualité de l'espace sonore et lutte contre les bruits excessifs » : Les services locaux de l'État face au bruit, Echo Bruit n° 76-77, septembre 96, p. 23 et la mise en place de cette structure dans le département du Haut-Rhin : Lutte contre le bruit : création d'un pôle de compétence, L'Alsace, 29 juillet 1995.

[5] ... à l'exception des Pôles de compétence de Paris et des Côtes d'Armor pilotés respectivement par la Préfecture de Police et par la D.D.E.

coordination des services grâce à une répartition judicieuse des responsabilités. Le préfet de Savoie a fixé à son pôle six missions particulières :

- **Constituer et animer un groupe de pilotage comprenant les différents services de l'État concernés,** afin de regrouper les compétences, identifier les interlocuteurs et mettre en commun les connaissances, savoir-faire et matériels pour un travail efficace sur le terrain.

- **Améliorer la lisibilité de la réglementation pour les services de l'État impliqués, les élus, le personnel des collectivités territoriales, le public,** par la réalisation et la diffusion d'un annuaire départemental comprenant des fiches thématiques qui précisent « qui fait quoi et comment ».

- **Mettre en œuvre une action d'information et de formation technique, réglementaire et juridique des personnels de l'État, des collectivités territoriales et des élus.**

- **Amener l'intégration effective des problèmes de bruit dans les P.O.S.,** au travers d'un programme de formation des élus et des chargés d'études des P.O.S.

- **Instruire et répondre aux plaintes de toute nature relatives aux nuisances sonores, en liaison avec les différents services concernés,** par le développement d'un travail d'équipe opérant un véritable partenariat technique inter-services.

- **Réfléchir avec les partenaires de l'Education Nationale et mener avec l'aide des associations appropriées une action de sensibilisation en milieu scolaire.**

541. L'intérêt de cette structure et les progrès qu'elle apporte sont évidents. Cernant le bruit à tous les stades d'intervention, elle facilite son traitement par les services concernés, ainsi que l'identification des intervenants par le public. L'une des grandes innovations dans la pratique est que l'on ne parle plus *« d'un service en général mais d'une personne au sein de tel ou tel service »*[1]. Serait-on enfin en passe d'avoir une Administration plus « humaine », ouverte aux citoyens et à leurs problèmes ? Coordination, mobilisation, compétence et dialogue, le tout dans la cohérence et le dynamisme, deviennent les maîtres mots de l'action administrative locale par le biais de ces pôles de compétence. Face aux insuffisances et vices chroniques de l'administration en général -centrale comme déconcentrée-, ils pourraient bien être la solution pour une mise en œuvre effective de la loi cadre sur le bruit[2] et une politique globale de lutte menée à tous les niveaux. De nombreux décideurs en ont pris conscience et encouragent vivement le développement de ces « pôles sauveurs », qui sont tout désignés pour inculquer aux autorités communales la « préoccupation bruit » et les clés d'une politique efficace à l'échelle locale.

C. L'ADMINISTRATION LOCALE

542. Il n'existe pas à proprement parler d'administration de l'environnement au niveau communal. Mais cet état de fait ne préjuge en aucun cas de l'absence d'actions et de compétences des communes en matière d'environnement. Bien au contraire, leur rôle est d'une importance particulière dans ce domaine, notamment s'agissant de la lutte contre le bruit. Depuis la loi n° 90-1067 du 28 novembre 1990[3], la prévention des bruits de voisinage au niveau local n'est-elle pas placée sous la responsabilité unique du maire,

[1] Les services de l'État : vers une meilleure coordination, Echo Bruit n° 24, préc.

[2] ... à l'instar des missions interservices de l'eau (M.I.S.E.) créées pour la mise en oeuvre de la loi n° 92-3 du 3 janvier 1992 sur l'eau.

[3] Loi n° 90-1067 du 28 novembre 1990 relative à la fonction publique territoriale, préc.

ceci que la commune dispose d'une police étatisée ou non ? De façon plus générale, le maire est le garant de la tranquillité publique qui inclut la police du bruit et la loi cadre du 31 décembre 1992 a mis à sa charge de nouvelles obligations ou contraintes en la matière, à propos notamment des plans d'occupation des sols et de la réglementation des activités.

543. Face à toutes ces responsabilités, le maire a besoin de moyens de nature à répondre aux attentes des habitants, victimes de bruits de voisinage, et à permettre la mise en œuvre d'une véritable politique de lutte contre cette nuisance. Une réflexion a été engagée sur la question de l'organisation interne des services municipaux et il est rapidement apparu que les services traditionnels des mairies n'étaient pas adaptés aux besoins. Dans la majorité des cas, ils ne sont ni organisés ni dotés des moyens nécessaires pour remplir les missions qui leur sont assignées ou pour répondre aux revendications des administrés. Aussi, l'État encourage-t-il à promouvoir une organisation interne de qualité, afin de voir pérennisées les actions engagées par les communes dans ce domaine. Pour cela, une entière liberté leur est laissée, en raison des nombreux paramètres propres aux spécificités locales qui doivent être pris en compte.

544. L'organisation structurelle des communes, pour le traitement du problème des nuisances sonores, dépend en premier lieu de la volonté du « chef d'orchestre local » : le maire. C'est lui qui fait le choix de s'investir pleinement dans une véritable politique de lutte et c'est de lui que doivent venir l'impulsion et la motivation à transmettre et entretenir jour après jour. Les structures dont il s'entoure pour pouvoir remplir ses objectifs vont ensuite dépendre de plusieurs facteurs, tels que la taille de la commune -de grandes villes comme Paris, Strasbourg ou Lyon sont plus à même de se doter de structures de gestion importantes et diversifiées-, les moyens qui lui sont affectés -en termes de budget, de matériel et de personnel qualifié-, les spécificités locales propres à chaque commune, certaines devant porter leurs efforts sur les problèmes de circulation routière, d'autres sur le trafic aérien, d'autres encore doivent gérer des activités économiques particulièrement bruyantes, etc.

545. Il n'existe pas de modèle type d'organisation communale de la prévention des bruits de voisinage. Chaque commune est amenée à créer et adapter ses instruments de travail à ses besoins. C'est ainsi que l'organisation interne, expression de la volonté politique, pourra -cas extrême- revêtir la forme d'une véritable direction de l'environnement, structure de gestion très importante comme à Strasbourg qui réunit plus de mille agents intervenant dans les nombreux secteurs que compte la matière environnementale, parmi lesquels le bruit. Néanmoins, la plupart des communes semblent se tourner vers des structures plus légères et autonomes, mais de mission cette fois-ci. Elles sont alors chargées d'élaborer les orientations générales, de proposer les choix et actions à mettre en œuvre, de promouvoir et coordonner la politique municipale qui reste du ressort des services traditionnels de la commune. Mulhouse, par exemple, à l'instar d'autres grandes villes, a mis sur pied une Mission Interservices pour le Respect de l'Environnement (M.I.R.E.), à vocation transversale.

546. Dans beaucoup de grandes villes, le maire qui est également responsable de la salubrité et de l'hygiène publiques dispose d'un service spécialisé qui est à même d'apporter une forte contribution à la lutte préventive contre les bruits de voisinage en tant que problème de santé publique. Il s'agit du **Service Communal d'Hygiène et de Santé** (S.C.H.S.), dont les inspecteurs de salubrité -agents assermentés- sont habilités par l'article L. 772 du Code de la santé publique, sous l'autorité du maire et au nom de

l'État, à intervenir en matière de bruits de voisinage[1]. Dans ce domaine, leurs fonctions peuvent être extrêmement diverses et complémentaires : accueil et écoute du public, diffusion des connaissances et de la documentation (textes applicables, connaissances médicales, documents sur des problèmes particuliers), réception et instruction des plaintes avec suivi et enquêtes sur place, propositions d'arrêtés municipaux ou de règlements intérieurs, organisation de campagnes de promotion, de sensibilisation et d'éducation pour faire appliquer la législation et les règles de bon voisinage.

547. Le service Hygiène-Santé de la ville de Strasbourg nous fournit un bon exemple de la diversité des actions que peut mener une telle structure pour prévenir les nuisances sonores du voisinage. En application de la circulaire du 14 juin 1989, la priorité est donnée à la prévention, notamment par des actions d'éducation, de conseil, d'information et de formation des acteurs concernés. En effet, l'intervention de ce service ne consiste pas uniquement en la définition de certaines règles plus ou moins contraignantes et dans leur contrôle administratif ou technique. Il est régulièrement consulté pour donner son avis sur les autorisations d'ouvertures tardives des bars et discothèques ou sur certains permis de construire et dérogations aux permis de construire qui posent un problème de bruit[2]. Les inspecteurs de salubrité, hommes de terrain, formulent leurs avis après avoir établi un diagnostic sur le site ou sur plans. La question du bruit étant par nature complexe et/ou sensible, il est prévu qu'elle puisse faire l'objet d'une discussion au sein de la **commission de travail sur les nuisances sonores.**

548. Créée en mai 1992 à l'initiative du S.C.H.S., cette commission réunit chaque mois les élus chargés respectivement de l'Environnement, de la Réglementation et de la Police municipale et rurale, ainsi que des agents des différents services concernés. Elle est saisie des dossiers considérés comme délicats en matière de bruit. Chacun de ses membres prend position sur le projet ou la demande soumis pour avis au S.C.H.S. Ils s'expriment ainsi sur l'avis favorable ou au contraire défavorable destiné au Préfet qui décidera de l'exploitation ou non d'un débit de boissons, bar ou discothèque et de leur ouverture tardive jusqu'à 3 ou 4 heures du matin. Le champ d'activités de la commission de travail est des plus larges puisqu'elle traite de dossiers aussi nombreux que sont variées les nuisances sonores occasionnées dans le voisinage et relevant de la compétence du maire.

549. L'action préventive passe également par une certaine ligne de conduite dégagée par le S.C.H.C. de Strasbourg et imposée aux exploitants d'établissements potentiellement bruyants, tels que les bars, cafés, restaurants, terrasses, discothèques, etc. Préalablement à leur ouverture, le service impose au futur exploitant la réalisation d'expertises acoustiques et, en cas de besoin, des travaux d'insonorisation. Ces contraintes permettent d'éviter la production de bruits inutiles et anormaux qu'il serait plus coûteux de traiter *a posteriori* et réduit ainsi considérablement le nombre des plaintes dues aux bruits de voisinage. Elles se doublent d'une sensibilisation continue des clients de ces établissements à la préoccupation de la tranquillité des riverains, par des campagnes d'affichage dans la ville, des affiches intérieures, des messages électroniques, des cavaliers sur les tables, le placement d'un portier à la sortie de l'établissement...

---

[1] Les règles de répartition des compétences ont été posées par la loi n° 83-663 du 22 juillet 1983 (*JO* du 23 juillet 1983 et rectif. 25 juillet 1983). L'article L. 772 du Code de la santé publique fixe les attributions des services communaux d'hygiène et de santé en assurant une continuité d'attribution à ceux d'entre eux qui exerçaient effectivement des activités de contrôle des règles d'hygiène avant le 1er janvier 1984. Voir sur ce point la circulaire du 14 juin 1989 relative aux règles d'hygiène : application des dispositions des articles L1, L2, L48, L49 et L772 du Code de la santé publique (*JO* du 26 juillet 1989).

[2] Pour l'année 1994, le service Hygiène-Santé de Strasbourg a eu à répondre à 301 demandes d'avis.

550. L'engagement et le dynamisme dont fait preuve le service hygiène-santé de Strasbourg ne sont évidemment possibles qu'avec les moyens humains et matériels dont il bénéficie aujourd'hui. C'est grâce à l'augmentation d'un personnel formé en matière d'acoustique, accompagnée de matériels performants et suffisants en nombre que ce S.C.H.S. a su se renforcer et se spécialiser dans le domaine au combien complexe des nuisances sonores. Le même constat peut être fait pour la ville d'Antibes dont la politique du bruit est depuis 1996 gérée par une « cellule qualité de l'environnement sonore », qui relève du service communal de santé-protection de l'environnement. Cette structure de concertation, d'écoute et d'information -comparable à la commission de travail du S.C.H.S. strasbourgeois- intervient de façon active dans la prévention des bruits de voisinage parce qu'on lui en donne les moyens : moyens de fonctionnement en personnel, moyens financiers (une ligne budgétaire spéciale a été ouverte) et moyens en matériels (sonomètres, matériel informatique, matériel pédagogique...).

551. Le raisonnement est dès lors simple. Le maire est, à l'échelon local, l'acteur principal et prioritaire en matière de bruits de voisinage[1]. Ceci est d'autant plus vrai que la loi cadre de 1992 est encore venue augmenter ses charges. La volonté politique de cet élu est donc le centre névralgique de toute politique locale menée dans ce domaine. Mais cette volonté, aussi forte soit-elle, n'est rien sans des moyens adéquats pour la mettre en œuvre. Or, nombre de communes se trouvent dans une situation de blocage total, en raison de l'insuffisance de leur personnel, qui de surcroît n'est pas formé aux difficultés de leur mission, et d'un budget ridiculement bas qui ne leur permet pas de s'investir dans une véritable politique de lutte, de mettre sur pied des équipes spécialisées ou tout simplement d'acquérir du matériel nécessaire au travail sur le terrain. Ceci est d'autant plus grave et inquiétant que toutes les communes sans exception, -qu'elles soient petites, moyennes ou grandes-, connaissent inévitablement des problèmes de bruits de voisinage.

552. Cette situation n'est pas propre à l'échelon communal. Elle concerne l'administration déconcentrée dans son ensemble. Mais la loi du 12 mai 1992 relative à l'administration territoriale de la République offre peut-être une solution aux communes démunies, en créant deux institutions de coopération intercommunale : les communautés de communes et les communautés de villes (art. 71 et 72 de la loi). Elles peuvent ainsi choisir de rassembler leurs efforts et leurs moyens et de mettre en commun leur politique environnementale, notamment en matière de lutte contre le bruit. Après tout ne dit-on pas que « l'union fait la force » ! Toujours est-il que la complexité de la matière et les difficultés rencontrées par l'Administration « traditionnelle » ont fait naître un nouveau besoin sur le plan structurel : celui d'organismes spécialisés, réunissant les compétences spécifiques requises pour le problème des nuisances sonores. L'ensemble de ces organismes, qui se développent d'ailleurs dans tous les secteurs de l'environnement, forme en quelque sorte une Administration spécialisée qui apporte une aide précieuse en terme d'information, de savoir et de savoir-faire à l'Administration traditionnelle.

---

[1] La circulaire DGS/PGE/1 B N° 48 du 15 juillet 1991 relative à la modification des compétences en matière de bruits de voisinage (*JO* de la République Française n° 1383 - « Bruit » -édition juin 1995 - p. 17-18) précise bien qu'« *il convient (...) de laisser aux maires le soin d'agir contre les bruits de voisinage et de ne faire intervenir les services préfectoraux, tels que ceux de la D.D.A.S.S., que sur demande des maires dont les tentatives pour résoudre un problème sont restées infructueuses. Ces interventions sont effectuées soit en application du principe de substitution, soit pour apporter un conseil ou une aide technique si elle est nécessaire* ».

§3. L'ADMINISTRATION SPÉCIALISÉE : LES AGENCES DE PROTECTION DE L'ENVIRONNEMENT

553. L'une des tendances actuelles de l'État est de créer des institutions spécialisées dès qu'un problème spécifique est mis en lumière et semble dépasser les capacités de gestion de l'administration existante. C'est ainsi que l'Administration française de l'environnement se trouve enrichie d'un nombre important d'agences de protection de l'environnement, constituées sous forme d'établissements publics autonomes (à caractère administratif ou industriel et commercial). Ces agences forment aujourd'hui un ensemble important, non seulement quantitativement mais également de par les compétences techniques et la puissance financière qu'elles détiennent. Leur multiplication et montée en puissance dans le cercle des acteurs publics sont le témoignage *« d'une volonté* -au niveau central- *d'imaginer des structures administratives adaptées à la spécificité des problèmes à traiter »*[1]. Elles sont surtout l'aveu de l'impuissance et de l'inaptitude de l'Administration classique face aux questions d'environnement et de qualité de la vie.

554. *« Ces nouvelles agences peuvent être considérées comme une forme autonome de services extérieurs du Ministère de l'Environnement ou comme de véritables démembrements du Ministère lui-même dans un esprit de déconcentration des activités »*[2]. Elles sont placées soit sous la tutelle exclusive du ministre chargé de l'environnement, soit sous la tutelle conjointe de ce dernier avec d'autres ministres intéressés par l'objet particulier dont elles assurent la gestion. Au sein de cette armada d'institutions spécialisées, il en est principalement trois qui travaillent dans le domaine du bruit : l'Institut Français de l'Environnement (A), spécialisé dans l'information en matière d'environnement, l'Agence de l'Environnement et de la Maîtrise de l'Energie (B) ou la « grande Agence » et la dernière en date, spécialisée dans les nuisances sonores des avions, dénommée « Autorité de contrôle des nuisances sonores aéroportuaires » (C).

A. L'INSTITUT FRANÇAIS DE L'ENVIRONNEMENT (I.F.E.N.)

555. Observatoire de l'État dans le domaine de l'environnement, l'I.F.E.N. a été créé par le décret n° 91-1177 du 18 novembre 1991[3] sous la forme d'un établissement public administratif, placé sous la tutelle du ministre chargé de l'environnement. Selon les termes mêmes de son directeur[4], cet institut *« est chargé de diffuser des données scientifiques, statistiques et géographiques sur l'état de l'environnement et son évolution, il se positionne comme un outil d'aide à la décision pour les pouvoirs publics, les collectivités territoriales et les décideurs (aménageurs, industriels, bureaux d'études, etc.) qui souhaitent prendre en compte l'environnement dans leur politique »*[5]. En matière de bruit, il remplit un rôle de relais et de liaison avec tous les acteurs impliqués, personnes publiques et privées. Son action gravite autour de deux thèmes principaux et complémentaires : l'information et le partenariat.

---

[1] M. PRIEUR, Droit de l'environnement, préc., p. 157.

[2] M. PRIEUR, Droit de l'environnement, préc., p. 265.

[3] Décret n° 91-1177 du 18 novembre 1991 portant création de l'Institut français de l'environnement (*JO* du 19 novembre 1991, p. 15054).

[4] Nommé par décret sur rapport du ministre chargé de l'environnement, tout comme le président de l'I.F.E.N.

[5] J. VARET, L'I.F.E.N., un nouveau partenaire pour les collectivités territoriales : le rôle de l'Institut français de l'environnement dans le dispositif public national et européen, Les Cahiers du C.N.F.P.T. n° 38, avril 1993, p. 27.

556. L'information, en premier lieu, est particulièrement importante en matière de lutte contre le bruit, tant le problème des nuisances sonores est complexe et protéiforme et requiert des solutions variées. L'observation et l'étude du phénomène ne doivent donc pas être négligées mais au contraire se développer, car elles constituent l'étape préalable à toute action efficace. Ceci est aujourd'hui établi d'un point de vue structurel avec l'I.F.E.N. qui a *« pour mission d'élaborer et de diffuser la documentation et l'information à caractère scientifique et statistique »* dans tous les domaines de l'environnement et notamment concernant *« les émissions sonores »* (art. 2 du décret). L'Institut est non seulement, sur le plan national, le service statistique du ministère de l'Environnement[1], mais également à l'échelle internationale, le correspondant français de l'Agence européenne de l'environnement[2]. A ce titre, il a accès à toutes les informations collectées par les diverses administrations nationales et territoriales. C'est lui qui anime et coordonne cette collecte puis assure le traitement et la diffusion de toutes les données auprès des personnes intéressées. Il permet ainsi à tous les acteurs impliqués dans la lutte contre le bruit de disposer des éléments de connaissance nécessaires afin de cerner cette nuisance et de la maîtriser, ou du moins de la gérer au mieux.

557. A côté de ces activités de recensement, de collecte et de diffusion de la documentation, l'I.F.E.N. s'emploie à tisser des liens permanents et constructifs entre les différents intervenants. Il peut ainsi *« créer, éventuellement avec d'autres établissements, des laboratoires de terrain, des observatoires et des prototypes et assurer des réalisations expérimentales (...), apporter son concours financier ou technique aux personnes et établissements publics ou privés pour les études et investissements que ceux-ci entreprennent dans les domaines de son ressort et participer à l'activité de groupements d'intérêt économique, groupements d'intérêt public ou associations concourant aux mêmes fins »* (art. 3 du décret). Cette politique partenariale s'exerce notamment grâce à un réseau de cinquante partenaires thématiques nationaux et territoriaux (instituts de recherches, établissements nationaux, administrations...), animé et coordonné par l'I.F.E.N. et se prolonge au-delà des frontières nationales. L'Institut est en effet habilité à effectuer au profit de toute personne publique ou privée, française ou étrangère, des recherches, expertises ou études en matière d'émissions sonores, dans le cadre de conventions approuvées par son conseil d'administration.

558. La composition de ce dernier est le reflet de l'organigramme administratif dans sa globalité. On y note une forte présence de l'État par le biais de neufs représentants ministériels (un par ministères impliqués, à savoir ceux en charge de l'environnement, de l'économie, de la recherche, des affaires étrangères, de l'industrie, de l'agriculture, de l'équipement, de la santé et de la mer). C'est là *« la marque du statut public de l'établissement mais aussi, s'agissant du droit de l'environnement, le signe de la nature interministérielle de l'action gouvernementale en ce domaine »*[3]. Sont également représentés les secteurs de la société civile concernés par l'observation et l'évaluation de l'environnement, avec cinq personnalités qualifiées et deux membres d'organismes ou professions concernés par la collecte ou l'utilisation des informations sur l'état de l'environnement. L'administration déconcentrée est également présente puisque trois élus locaux sont nommés par arrêté conjoint des ministres chargés respectivement de

---

[1] Arrêté du 22 décembre 1993 (*JO* du 4 janvier 1994).

[2] L'Agence européenne de l'environnement a été créée par le règlement n° 1210/90/CEE du 7 mai 1990 (*JOCE* n° L120, 11 mai 1990). Son siège se trouve à Copenhague conformément à la décision du Conseil de l'Europe de Bruxelles du 29 octobre 1993 (*JOCE* n° C323, 30 novembre 1993). V. l'article de P. RENAUDIERE, L'Agence européenne de l'environnement, Aménagement Environnement 1990, p. 186.

[3] C. LAGIER, Etablissements publics et environnement, Juris-Classeur Environnement, fasc. 151, 1997.

l'environnement et des collectivités locales. La gestion interne de l'I.F.E.N. demeure donc sous le contrôle du gouvernement qui manifeste néanmoins -et cette tendance s'affirme de plus en plus- une certaine volonté d'ouverture de ses services administratifs à des membres choisis de la société civile[1], représentatifs des intérêts en jeu.

559. La qualité des services et prestations proposés et exécutés par l'I.F.E.N. est due à la compétence de son conseil scientifique dont les quinze membres[2] sont chargés d'émettre un avis sur les programmes d'observation et de surveillance et de formuler toutes propositions concernant les activités de l'établissement (art. 12 du décret). Un comité d'usagers, réunissant le même nombre de membres[3], s'occupe d'orienter et de suivre la politique de diffusion et de communication de l'Institut. Il contribue à la définition des informations diffusées et de façon générale veille au bon fonctionnement de l'Institut. La vocation de communication et d'ouverture vers l'extérieur de ce dernier a tout naturellement créé des liens avec la deuxième agence investie dans la lutte contre les nuisances sonores : l'A.D.E.M.E., dont le président est membre de droit du conseil d'administration de l'I.F.E.N.

B. L'Agence de l'Environnement et de la Maîtrise de l'Energie (A.D.E.M.E.)

560. C'est la loi n° 90-1130 du 19 décembre 1990[4], complétée par le décret n° 91-732 du 26 juillet 1991[5], qui institue l'Agence de l'Environnement et de la Maîtrise de l'Energie, sous la forme d'un établissement public à caractère industriel et commercial placé sous la tutelle des ministres chargés de l'environnement, de la recherche et de l'énergie. L'A.D.E.M.E. est née de la fusion de trois autres agences spécialisées : l'Agence pour la qualité de l'air (A.Q.A.), l'Agence nationale pour la récupération et l'élimination des déchets (A.N.R.E.D.) et l'Agence pour la maîtrise de l'énergie (A.F.M.E.). La « grande Agence » nouvellement constituée a hérité des biens, droits et obligations de ces trois établissements, ainsi que de leurs domaines d'intervention auxquels s'ajoute un nouveau champ d'action : ***« la lutte contre les nuisances sonores »***. Cette fusion résulte de la volonté de l'État de mettre en évidence et de réaliser la synergie entre les préoccupations de l'environnement et la nécessité des économies d'énergie. L'imbrication des différents secteurs désormais régis par une agence unique et globale se vérifie pleinement en matière de nuisances acoustiques, l'isolement thermique pour économiser l'énergie pouvant être un moyen de lutte contre le bruit[6].

---

[1] Le conseil d'administration de l'I.F.E.N. comporte en outre quatre membres de droit : le président de l'Office parlementaire d'évaluation des choix scientifiques et technologiques, le président du conseil scientifique de l'Institut, le directeur général de l'I.N.S.E.E. et le président de l'A.D.E.M.E., et deux membres du personnel de l'I.F.E.N.

[2] « personnalités scientifiques » nommées par arrêté conjoint du ministre de l'Environnement et du ministre chargé de la recherche, du 14 mai 1992 portant nomination au conseil scientifique (*JO* du 22 mai 1992).

[3] Arrêté du 5 octobre 1992 portant nomination au comité des usagers (*JO* du 13 octobre 1992).

[4] Loi n° 90-1130 du 19 décembre 1990 portant création de l'Agence de l'environnement et de la maîtrise de l'énergie (*JO* du 22 décembre 1990, p. 15859), modifiée par la loi n° 92-646 du 13 juillet 1992 (*JO* du 14 juillet 1992) et codifiée aux articles L. 131-3 à L. 131-7 du Code de l'environnement.

[5] Décret n° 91-732 du 26 juillet 1991 relatif à l'Agence de l'environnement et de la maîtrise de l'énergie (*JO* du 28 juillet 1991, p. 10056), modifié par les décrets n° 91-997 du 27 septembre 1991 (*JO* du 29 septembre 1991, p. 12762), n° 93-745 du 29 mars 1993 (*JO* du 30 mars 1993, p. 5610), n° 93-1206 du 2 novembre 1993 (*JO* du 3 novembre 1993, p. 15179), n° 2000-161 du 23 février 2000 (*JO* du 27 février 2000, p. 3095).

[6] Le ministre de l'environnement de l'époque, M. Brice Lalonde a parfaitement perçu le caractère transversal de la matière environnementale et des actions de protection : *« Même si les techniques de*

561. Aux termes de l'article 2 du décret n° 91-732 du 26 juillet 1991 modifié, la grande Agence a pour mission de *« susciter, animer, coordonner, faciliter et, le cas échéant, réaliser toutes opérations ayant pour but (...) la lutte contre les nuisances sonores »*. Son action gravite autour de quatre thèmes directeurs : l'orientation et l'animation de la recherche, la prestation de services, l'information et l'incitation. Elle répond ainsi parfaitement aux directives préalables énoncées par le ministre de l'Environnement qui précisait que *« l'Agence ne remplacera pas le Gouvernement ou l'administration (...). Elle n'est pas créée pour exercer la police de l'environnement et faire respecter la réglementation. Elle n'aura pas à définir les grandes priorités de l'action publique ; cela relève du rôle des ministères et de l'administration (...).* ***L'Agence ne sera pas un fourre-tout ou un substitut à l'action des administrations (...). L'Agence interviendra comme un outil dans ce dispositif »***[1]. Cet outil est chargé d'apporter un appui technique aux personnes publiques et privées, par l'organisation de la recherche technologique et des actions de formation initiale et continue, le développement, la démonstration et la diffusion des techniques applicables, le recueil de données, l'information et le conseil. Il a été également, jusqu'au 31 décembre 1999, le gestionnaire de la taxe d'atténuation des nuisances sonores au voisinage des aérodromes qui avait été instituée par la loi n° 92-1444 du 31 décembre 1992 (*supra* n° 163 et s.).

562. En sus de ses compétences techniques, l'A.D.E.M.E. présente un deuxième atout qui est généralement le talon d'achille de l'administration traditionnelle : ses ressources financières qu'elle met au service des acteurs de la lutte contre le bruit pour leur permettre de réaliser leurs projets dans ce domaine. L'Agence est habilitée à apporter un soutien financier sous la forme de subventions ou d'avances remboursables. C'est au sein d'une **Commission nationale des aides**, présidée par le directeur général de l'A.D.E.M.E., que sont examinés les projets de concours financiers de l'Agence dans le cadre défini par le conseil d'administration[2]. Ce dernier répond à la tendance actuelle de l'organisation et du fonctionnement des établissements publics. La présence du Gouvernement y est à nouveau fortement affirmée par sept de ses représentants nommés par décret pris sur rapport des ministres de tutelle sur propositions des ministères concernés par les domaines d'activité de l'Agence. Pour renforcer le poids de l'État, s'y ajoutent trois représentants des collectivités territoriales et un représentant de chacune des chambres parlementaires. La société civile, quant à elle, siège en la présence de cinq personnalités qualifiées et de six membres choisis au sein d'associations agréées de protection de l'environnement et de groupements professionnels intéressés. En outre, tout comme l'I.F.E.N., l'A.D.E.M.E. dispose d'un conseil scientifique, instance consultative qui examine les programmes d'études et de recherches entrepris pas l'Agence ou dans lesquels celle-ci intervient.

563. Mais *« l'un des éléments caractérisant l'identité même de la nouvelle agence doit être sa dimension régionale »*[3]. Amenée à intervenir sur le terrain, sa vocation est de

---

l'environnement comprennent différentes spécialités, aucune ne peut être séparée des autres. Tous les problèmes sont liés (...) Le lien entre l'environnement et l'énergie est sans doute l'un des plus importants depuis toujours ». S'agissant des nuisances sonores, nouveau domaine d'intervention depuis la fusion, il constate que *« l'action sera longue et difficile mais (...) des compétences existent déjà dans ce domaine (...) puisque l'isolement thermique pour économiser l'énergie par exemple, est aussi un moyen efficace de lutter contre le bruit »* (*JO* AN CR, 30 novembre 1990, p. 6192).

[1] *JO* AN CR, 30 novembre 1990, p. 6192.

[2] En cas d'avis défavorable de la commission (pris à la majorité des membres présents), l'attribution de l'aide financière ne pourra être décidée qu'après accord du conseil d'administration.

[3] J.-Y. FABERON, L'Agence de l'Environnement et de la Maîtrise de l'Energie, R.J.E. 2-1991, p. 153-170.

couvrir tout le territoire pour être efficace. Aussi, la loi n° 90-1130 du 19 décembre 1990 prévoit dans son article 1er *in fine* (devenu l'article L. 131-3-IV C. env.) que pour accomplir ses missions, l'A.D.E.M.E. disposera d'une délégation dans chaque région, qui réunit l'ensemble des compétences de l'Agence. Cette décentralisation à l'échelon régional, accompagnée de tous les pouvoirs et moyens détenus par l'Agence nationale, lui permet de se rapprocher des problèmes d'environnement dont elle a la charge, de les traiter à la source et sur place, ce qui est particulièrement adapté à la problématique des bruits de voisinage. C'est ainsi que chacune de ces délégations régionales se trouve secondée par une commission des aides et un comité d'orientation chargé d'examiner l'articulation entre les actions régionales de l'État et celles de l'Agence[1]. Elles sont alors en mesure de développer un partenariat actif avec les divers intervenants (élus, industriels, administrations...) et notamment avec les collectivités territoriales, avec lesquelles l'A.D.E.M.E. peut passer des conventions, en vue de définir une politique de la ville donnant la priorité à la qualité de la vie et reposant sur un développement urbain harmonieux.

564. A titre d'exemple, la délégation d'Alsace -située à Strasbourg- a mené des actions locales bien définies, grâce à un ambitieux programme établi pour la période 1994-1998. Ce programme a défini tout d'abord les enjeux, à savoir la réduction des nuisances sonores dans tous les secteurs où elles se manifestent (transports, industrie, bâtiment, etc.) ; le développement de la prise en compte du bruit dès le stade de la conception des objets, des bâtiments, de l'urbanisme ; la fourniture de moyens d'analyse et de diagnostic et la sensibilisation des différents acteurs (entreprises, maîtres d'ouvrage, élus...) à ce problème des ambiances sonores qui dégradent notre qualité de vie. Puis sont venus les objectifs à remplir qui, entrant dans la mission générale de développement des actions de lutte contre le bruit -objectif national-, ont consisté, d'une part, dans l'émergence de l'offre technologique par le développement des matériaux et des méthodes de lutte passive (isolation) et active pour limiter le bruit dans l'industrie, les transports et les bâtiments, des réseaux de mesure du bruit en milieu urbain et des méthodes de cartographie acoustique et, d'autre part, dans l'inflexion des décisions et des comportements par le développement d'une offre d'outils destinés à la prise de décision en matière d'urbanisme et par la sensibilisation des citoyens.

565. L'A.D.E.M.E. constitue donc *« un établissement public unique et global, puissant et décentralisé, chargé des différents secteurs concernés* -notamment de la lutte contre les nuisances sonores- *et des différents aspects de la politique à appliquer »*[2]. En cela, elle mérite bien son appellation de « grande Agence », chargée de promouvoir toutes les actions de lutte et de protection dans les domaines de sa compétence. Cette dernière s'étend à toutes les sources de nuisances sonores, contrairement à la troisième agence spécialisée en la matière -la dernière en date- qui s'occupe exclusivement des nuisances sonores en provenance des aérodromes.

C. L'« Autorité de contrôle des nuisances sonores aéroportuaires »

566. Le décret du 27 mars 1997 déclarant d'utilité publique et urgents les travaux nécessaires à l'aménagement des infrastructures aéroportuaires de l'aéroport Charles-de-Gaulle s'était accompagné d'un second décret créant une « Institution indépendante pour

---

[1] L'organisation et les modalités de fonctionnement de ce dispositif institutionnel régional sont précisées aux articles 17 à 21 du décret n° 91-732 du 26 juillet 1991 modifié, préc.

[2] J.-Y. FABERON, L'Agence de l'Environnement et de la Maîtrise de l'Energie, préc., p. 169.

la mesure et le contrôle des nuisances sonores autour de l'aéroport Charles-de-Gaulle »[1]. Cette nouvelle instance apparaissait clairement comme une contre-partie concédée aux riverains de l'aérodrome qui se voyaient imposer par le ministre des Transports deux pistes supplémentaires, avec l'augmentation des nuisances et de la gêne que cela implique. Pris entre deux feux, d'un côté la revendication d'un droit au calme émanant des riverains qui manifestent leur mécontentement, de l'autre les contraintes économiques et internationales qui se font de plus en plus exigeantes et pressantes, le Gouvernement a finalement donné son accord à l'extension de l'aéroport et donc de son trafic, tout en garantissant une protection, qualifiée de *« prioritaire »*, des riverains face aux nuisances sonores. L'outil de cette protection était cette « haute autorité indépendante » qui devait en superviser les mesures pratiques.

567. Quatre thèmes directeurs présidaient au fonctionnement de cette instance qui était placée sous la cotutelle des ministres chargés respectivement de l'aviation civile et de l'environnement : le contrôle, l'impartialité, le respect des engagements et la concertation. On les retrouvait dans la définition des missions énumérées à l'article 1er du décret n° 97-284 du 27 mars 1997[2]. L'étude de l'impact des nuisances sonores générées par l'exploitation de l'aéroport et la diffusion de toutes les informations aux diverses personnes intéressées par ce type de nuisance étaient les maîtres mots de l'action de l'Institution. Ils sont de façon générale les préalables indispensables à une politique de prévention efficace, parce que menée en connaissance de cause. Pour plus de transparence, il était prévu qu'un rapport annuel dans lequel elle présente le bilan de son activité soit publié.

568. Le concept d'une instance ainsi spécialisée dans ce type de nuisances acoustiques a été étendu aux autres aéroports français assujettis à la taxe générale sur les activités polluantes (*supra* n° 172). Cela paraît tout à fait légitime puisqu'il n'est point besoin d'une extension de ces plates-formes aéroportuaires pour qu'elles deviennent gênantes sur le plan des ambiances sonores. Mais c'est également le caractère indépendant de l'institution instituée en 1997, fortement contesté -à juste titre- qui a motivé une telle décision. En effet, non seulement, elle avait été créée par voie réglementaire et ses membres étaient nommés de la même façon, mais surtout elle dépendait entièrement du Gouvernement pour ses moyens[3]. Il était par conséquent

---

[1] Décret n° 97-284 du 27 mars 1997 portant création de l'Institution indépendante pour la mesure et le contrôle des nuisances sonores autour de l'aéroport Charles-de-Gaulle (*JO* du 28 mars 1997, p. 4838).

[2] Elles sont au nombre de cinq :

- recueillir et rendre publiques périodiquement, après un contrôle de leur fiabilité, toutes les informations sur le bruit dû au transport aérien autour de l'aéroport ;

- exécuter ou faire exécuter, à son initiative ou à la demande de personnes morales concernées par la maîtrise des nuisances sonores autour de l'aéroport, des études et expertises pour préciser l'impact sonore du transport aérien autour de l'aéroport et en analyser les causes;

- vérifier la bonne application des engagements pris par les diverses parties intéressées à l'exploitation de l'aéroport Charles-de-Gaulle pour maîtriser les nuisances sonores et rédiger un « contrat de maîtrise des nuisances sonores » ;

- apporter ses compétences techniques aux personnes morales concernées pour évaluer l'efficacité des mesures prévues ou mises en oeuvre, en proposer de nouvelles, surveiller le fonctionnement et le développement du réseau de mesure, donner son avis sur les projets de plans d'exposition au bruit et de gêne sonore ;

- émettre des recommandations concernant les éventuelles plaintes portées contre l'État au sujet des nuisances sonores autour de l'aéroport.

[3] L'article 7 du décret n° 97-284 du 27 mars 1997 prévoyait ainsi que *« les crédits nécessaires à l'institution indépendante pour l'accomplissement de ses missions proviennent du budget du ministère chargé de l'aviation civile et du budget du ministère chargé de l'environnement ».*

difficile de considérer un tel organisme comme totalement indépendant, son activité même étant conditionnée par le bon-vouloir ou simplement la capacité de financement de ses « co-tuteurs ministériels ». C'est pourquoi, une « autorité réellement indépendante », dont l'objet est d'assurer la maîtrise et le contrôle des nuisances sonores autour des plus grands aéroports commerciaux assujettis à la taxe de décollage a été instituée par la loi n° 99-588 du 12 juillet 1999 portant création de l'**Autorité de contrôle des nuisances aéroportuaires**[1]**.**

569. Cette loi ajoute un chapitre VII au titre II du Livre II du Code de l'aviation civile (première partie : Législative) intitulé *« Environnement des aérodromes »* (art. L. 227-1 à 9 C.A.C.) qui institue l'Autorité de contrôle des nuisances aéroportuaires et fixe sa composition, comprenant huit membres *« nommés en raison de leur compétence dans les domaines économique, juridique ou technique ou de leur connaissance en matière d'environnement, de santé humaine ou de transport aérien »* (art. L. 227-1 C.A.C.). Les missions de cette nouvelle Autorité (A.C.N.U.S.A.) sont précisées à l'article L. 227-3 du Code de l'aviation civile. De sa propre initiative, ou sur saisine du ministre chargé de l'aviation civile, de l'urbanisme et du logement ou de l'environnement, ou d'une commission consultative de l'environnement, ou encore d'une association concernée par l'environnement sonore aéroportuaire, l'A.C.N.U.S.A. émet des recommandations. Celles-ci portent sur toute question relative à la mesure du bruit, et notamment à la définition d'indicateurs de mesure adéquats, à l'évaluation de la gêne sonore, à la maîtrise des nuisances sonores du transport aérien et de l'activité aéroportuaire, et à la limitation de leur impact sur l'environnement, en particulier par les procédures de moindre bruit pour le décollage et l'atterrissage.

570. L'Autorité définit les prescriptions techniques applicables aux dispositifs de mesure de bruit et de suivi des trajectoires ainsi que les prescriptions d'exploitation et d'emplacement des stations de mesure (art. L. 227-5 C.A.C.). Elle s'assure du respect de ces prescriptions par l'exploitant de l'aérodrome et de la transparence de l'information, par le biais d'un programme de diffusion auprès du public des informations sur le bruit dû au transport aérien et à l'activité aéroportuaire. Elle est également consultée sur les projets de plan d'exposition au bruit, de plan de gêne sonore et sur tout projet de texte réglementaire concernant le bruit autour des aérodromes. L'article L. 227-7 du C.A.C. prévoit la publication annuelle d'un rapport rendant compte de son activité, qui sera remis au Gouvernement et au Parlement et rendu public. L'Autorité pourra suggérer dans ce rapport *« toute modification législative ou réglementaire que lui paraissent appeler notamment les évolutions techniques et l'approfondissement des connaissances en matière de santé humaine »* (art. L. 227-7 al. 2 C.A.C.).

571. Enfin, sur proposition de la « Commission nationale de prévention des nuisances » prévue à l'article L. 227-4 du Code de l'aviation civile[2], l'A.C.N.U.S.A. peut prononcer des amendes administratives à l'encontre des transporteurs dont les avions ne respectent pas les mesures prises par le ministre chargé de l'aviation civile fixant les restrictions permanentes ou temporaires d'usage, les procédures particulières de décollage ou d'atterrissage en vue de limiter les nuisances sonores engendrées par ces phases de vol, les règles relatives aux essais moteurs et les valeurs maximales de bruit à

---

[1] *JO* du 13 juillet 1999, p. 10400.

[2] Cette commission est chargée d'instruire les infractions relatives aux nuisances sonores et de proposer des sanctions. Selon les termes du ministre des transports, elle apprécie *« la gravité des faits et déterminera le montant de l'amende dans le sens du respect des riverains et dans l'intérêt même du développement du transport aérien »*. V. : « Le tribunal » des nuisances sonores de l'aviation installé, Presse Environnement n° 581, 26 mars 1998 ; Echo Bruit n° 87, octobre 1998, p. 21-23.

ne pas dépasser (art. L. 227-4 C.A.C.)[1]. La composition et les règles de fonctionnement de cette commission sont précisées par le décret n° 2000-126 du 16 février 2000[2] qui ajoute au titre II du livre II du Code de l'aviation civile (deuxième partie : Décrets en conseil d'État) un chapitre VII contenant les articles R227-1 à R227-6. L'article 4 de ce décret abroge le décret n° 97-284 du 27 mars 1997 portant création de l'Institution indépendante pour la mesure et le contrôle des nuisances sonores autour de l'aéroport Charles-de-Gaulle.

572. Le poids de ces agences spécialisées dans la lutte contre les nuisances sonores est considérable. Elles viennent renforcer l'action de l'administration traditionnelle en assumant des fonctions de surveillance générale, de conseil technique et de financement. Leurs compétences et moyens sont des réponses appropriées à la technicité du problème du bruit. Cependant leur multiplication -dans tous les secteurs de l'environnement- n'est pas sans susciter certaines critiques et soulever des craintes concernant la machine administrative dans sa globalité. Des auteurs avertis constatent que ces agences *« multiplient les circuits administratifs et compliquent les relations entre ministères et services extérieurs traditionnels »*[3] ou encore *« que leur multiplication risque de conduire à l'émergence d'une administration de l'environnement bis qui porterait ombrage au bon accomplissement des fonctions ministérielles et interministérielles du ministère »*[4]. Y-aurait-il là un risque que le ministère chargé de l'environnement perde de son pouvoir effectif, voire de ses compétences, d'autant plus que ces agences disposent de moyens financiers beaucoup plus importants que ceux du ministère lui-même ?

573. Mais l'enjeu est peut-être ailleurs, à savoir dans une meilleure coordination de l'action de tous ces acteurs administratifs qui évoluent dans la sphère du bruit. L'observation du système français d'administration de l'environnement, où l'État conserve toujours un rôle central malgré la déconcentration, nous donne une impression de complexité et d'opacité, que ce soit au niveau central ou local. Il faut avouer que dans ce foisonnement de structures, services et établissements de nature diverse (nous n'en avons présenté ici que les principaux), il est souvent bien difficile de déterminer les compétences et tâches de chacun. Et pour cause : la coordination des missions et interventions à tous niveaux n'est pas encore suffisamment développée, si tant est qu'elle existe. Le décloisonnement des services et l'ouverture des structures administratives en direction de toutes les personnes concernées par le problème sont des pratiques nouvelles à incorporer dans le fonctionnement quotidien de l'Administration. Ce processus doit s'opérer non seulement au sein du labyrinthe administratif, mais également vers la « société civile » qui regroupe un nombre incalculable d'acteurs engagés dans la lutte contre les bruits de voisinage et formant les nouveaux partenaires de l'administration française de l'environnement.

---

[1] Ces amendes administratives ne peuvent excéder, par manquement constaté, un montant de 1 500 euros pour une personne physique et de 12 000 euros pour une personne morale. Elles ne peuvent être prononcées plus de deux ans après la constatation du manquement et font l'objet d'une décision motivée, notifiée à la personne concernée (art. L. 227-4 C.A.C.).

[2] Décret n° 2000-126 du 16 février 2000 relatif à la Commission nationale de prévention des nuisances et modifiant le code de l'aviation civile (*JO* du 17 février 2000, p. 2511).

[3] M. PRIEUR, Droit de l'environnement, préc., p. 265-266, n° 371.

[4] J. FROMAGEAU et P. GUTTINGER, Droit de l'environnement, Eyrolles 1993, p. 105.

Section II : Les partenaires de l'administration : la société civile engagée dans la lutte contre les bruits de voisinage

574. La loi n° 95-101 du 2 février 1995 relative au renforcement de la protection de l'environnement[1] a inséré un article L. 200-2 dans le Code rural (devenu l'art. L. 110-2 C. env.) qui fait de la protection de l'environnement un devoir des citoyens : « *Les lois et règlements organisent le droit de chacun à un environnement sain et contribuent à assurer un équilibre harmonieux entre les zones urbaines et les zones rurales. Il est du devoir de chacun de veiller à la sauvegarde et de contribuer à la protection de l'environnement. Les personnes publiques et privées doivent, dans toutes leurs activités, se conformer aux mêmes exigences* ». Ce devoir légal de tout citoyen doit s'appliquer sans concession à l'environnement entendu dans son sens le plus large, c'est-à-dire dans tout ce qui entoure l'homme et conditionne sa vie. Le problème des pollutions et nuisances, et notamment des nuisances sonores qui portent atteinte à la qualité de vie, en fait donc partie.

575. Ce devoir universel de protection trouve également des racines sociologiques. « *Un problème n'acquiert le statut de problème environnemental qu'à partir du moment où il fait l'objet d'une appropriation sociale* »[2]. Une telle appropriation s'agissant des bruits de voisinage ne fait plus aucun doute aujourd'hui : les sondages, enquêtes, manifestations et plaintes nous le prouvent. Elle est nécessaire, car le bruit est non seulement une bataille de tous les instants, mais surtout l'affaire de tous. C'est donc la société génératrice de la nuisance, dans la totalité de ses membres, qui doit se mobiliser et s'investir dans le mouvement de lutte. Après la phase de prise de conscience du fléau où chacun aiguise sa perception du phénomène et exprime des revendications de plus en plus poussées, doit se développer à présent une phase de prise de responsabilité individuelle et de mobilisation permanente. Cela signifie que, à titre professionnel et/ou privé, chaque individu doit intervenir dans le processus de prévention des nuisances acoustiques, selon ses propres moyens, ses compétences, ses activités..., en somme dans sa vie de tous les jours.

576. Tout le secteur privé composé des professions, associations, groupements divers et de l'ensemble des citoyens pris individuellement, doit donc faire front aux côtés du secteur public agissant sous les traits de l'administration de l'environnement. L'aspect technique du bruit et des moyens pour le combattre confère aux techniciens, ingénieurs et autres industriels un rôle capital à remplir en collaboration avec les administrations. Ce premier groupe d'acteurs (§1) intervient dans le cadre de professions spécifiques qui intègrent *-bon gré mal gré-* à un niveau ou à un autre le paramètre bruit en vue de solutions techniques. Mais celles-ci ne sont pas la panacée de tous les bruits de voisinage puisque dans bien des cas, c'est plus d'un problème de comportement qu'il s'agit. Cet aspect-là est du ressort de chacun à titre privé, en sa qualité de citoyen qui peut trouver dans l'organisation associative un outil particulier de participation et de pression (§2). Les modes d'intervention de la société civile gravitent ainsi autour de deux notions principales : le professionnalisme et le civisme.

---

[1] *JO* du 3 février 1995, p. 1840-1856.

[2] J. FROMAGEAU et P. GUTTINGER, préc., p. 86.

§1. LES « PROFESSIONNELS DU BRUIT »

577. Il s'agit là de tous les acteurs économiques intervenant à titre professionnel dans la prévention des bruits de voisinage. Ils sont aussi nombreux que les sources et types de bruits que permet d'englober la notion de « bruits de voisinage » entendue dans son sens le plus large, c'est-à-dire dans sa conception géographique. Sont ainsi comprises les diverses professions spécialisées dans l'étude et le traitement du phénomène bruit en vue d'une protection adéquate, mais également toutes celles qui, de par leurs activités ou leur production orientées vers un autre objet, sont responsables des bruits perçus dans le voisinage et sont amenées aujourd'hui à intégrer le paramètre bruit dans leurs méthodes de travail.

578. Si toutes les professions sont concernées, sur le plan de la prévention, par le problème des nuisances sonores -l'existence d'une activité humaine quelle qu'elle soit produit forcément du bruit-, certaines jouent actuellement un rôle prépondérant en relation directe avec le nouveau cadre juridique de la lutte contre le bruit. La loi n° 92-1444 du 31 décembre 1992, avec son cortège de textes d'application -existants et à venir-, sans oublier la réglementation pré-existante, inclut explicitement certaines professions dans les stratégies de lutte qu'elle impose (A). Ces stratégies de prévention, basées sur des normes réglementaires de plus en plus sévères, supposent que les professionnels auxquels elles s'adressent puissent effectivement y répondre. Le respect de la réglementation dans un domaine aussi complexe que celui du bruit nécessite donc les compétences et explications techniques de spécialistes en la matière, à savoir d'experts en acoustique (B).

A. Les professions concernées par le bruit

579. Elles sont innombrables et ne pourraient être énumérées dans leur totalité (ce qui d'ailleurs ne présente guère d'intérêt). La loi cadre de 1992 a néanmoins prévu des mesures spéciales pour certaines professions auxquelles elle veut faire jouer une part active dans les nouvelles politiques de lutte qu'elle a mises en place. Il est ainsi deux catégories professionnelles particulièrement « sollicitées » par la réglementation : les fabricants et « utilisateurs institutionnels » d'objets et matériels bruyants (1), amenés à intervenir à la source des émissions sonores et dont l'action doit être complétée par une conception urbanistique et architecturale plus élaborée par les professionnels de la construction (2).

580. Ces secteurs professionnels, tenus de répondre à des exigences légales spécifiques, connaissent des rapports spéciaux avec le droit qui, conjugués avec un apport personnel (technique, économique, social...) de plus en plus poussé, en font des acteurs de poids et un chaînon essentiel dans la lutte contre les nuisances sonores.

1- Les fabricants et « utilisateurs institutionnels » d'objets et matériels bruyants

581. La politique de prévention la plus efficace, lorsqu'elle est possible, est celle qui traite la nuisance acoustique à sa source, c'est-à-dire à la conception des objets et matériels bruyants. C'est bien là l'orientation principale et prioritaire qui a été posée par la loi du 31 décembre 1992 dans ses articles 2 à 5 (art. L. 571-2 à 5 C. env.) consacrés aux *« objets susceptibles de provoquer des nuisances sonores élevées »*. Elle est suivie dans cette voie par plusieurs réglementations sectorielles pré-existantes, telles que les dispositions du Code de la route pour les véhicules terrestres, celles du Code de l'aviation civile pour les avions ou encore la réglementation relative aux matériels et engins de chantier. Niveaux sonores admissibles, règles de fabrication, d'importation et

de mise sur le marché, marquage des objets et information du public encadrent désormais la production de l'ensemble des objets particulièrement bruyants, comme les appareils domestiques, l'équipement des entreprises, les véhicules et matériels motorisés, etc.

582. C'est tout naturellement, action à la source de l'émission oblige, aux concepteurs et fabricants des objets incriminés que s'adresse et s'impose cette réglementation. Leur rôle est donc primordial. Une limitation à la source des nuisances sonores n'est possible qu'à la condition que les prescriptions légales soient respectées par leurs destinataires industriels. Mais encore faut-il leur donner les moyens juridiques pour répondre à ces exigences. Or on l'a vu, le décret n° 95-79 du 23 janvier 1995, pris pour l'application de l'article 2 de la loi n° 92-1444 du 31 décembre 1992 (art. L. 571-2 C. env.), prévoit des normes et prescriptions techniques à fixer, par type ou famille d'objets, par des arrêtés interministériels ... qui ne sont toujours pas parus dans leur totalité ! Les fabricants se trouvent donc devant une situation de vide juridique qui en théorie n'aurait pas lieu d'être, mais qui dans les faits se prolonge. En tout cas, ils ne sauraient être tenus pour responsables des lenteurs et maladresses du législateur. La seule obligation générale qui leur incombe est de respecter la réglementation en vigueur, dans la mesure où on leur en donne tous les moyens juridiques, c'est-à-dire dans la mesure où les textes d'application existent bel et bien.

583. Au-delà de ces problèmes juridiques d'application et de respect de la réglementation, sur le plan des réponses et solutions techniques à fournir, les industriels ne rencontrent en principe aucune difficulté. Les prescriptions légales tiennent compte des moyens techniques du moment et ne constituent que des exigences minimales que les concepteurs peuvent aisément dépasser. Tous les efforts doivent d'ailleurs être tendus vers ce but ; c'est là le rôle particulier que les industriels ont à jouer dans l'action globale de prévention. En effet, le droit à lui seul ne suffit pas à instaurer une action à la source totalement efficace. Dans ses rapports avec le monde de l'industrie productrice d'objets bruyants, il ne sert que de tremplin devant donner l'impulsion aux innovations et aux progrès techniques. A partir des bases légales qui leur sont imposées comme un minimum à atteindre, les concepteurs doivent tout faire pour aller au-delà et devancer la réglementation qui parfois se fait attendre mais qui surtout cherche à stimuler le potentiel technique que détiennent les industriels en posant des normes toujours plus ambitieuses.

584. Les fabricants d'objets et de matériels bruyants ont donc la tâche essentielle d'optimiser les exigences réglementaires qui ne doivent être considérées que comme des « minima temporairement acceptables ». La conjoncture actuelle ne leur laisse pas le choix. Comme le souligne M. Gualezzi dans son rapport « Le bruit dans la ville », *« en matière de bruit, la demande sociale, la sévérisation de la réglementation et l'exacerbation de la concurrence obligent ou incitent à la recherche et l'innovation dans un grand nombre de secteurs d'activités »*[1]. En réponse à une demande sociale de plus en plus pressante et exigeante et au développement d'une concurrence nationale et internationale en la matière, on constate que l'ensemble des industriels commencent à se mobiliser et à investir dans des études et des programmes de recherche afin de mettre sur le marché les produits les plus performants en terme de qualité acoustique. Celle-ci devient un facteur de développement et de positionnement sur le marché, conditionnant l'avenir économique des entreprises.

585. Le secteur des transports, comprenant les véhicules automobiles, les trains, les avions..., nous fournit les illustrations les plus significatives de la vague de recherche et d'initiatives technologiques qui déferle actuellement sur le monde industriel et qui

---

[1] J.-P. GUALEZZI, « Le bruit dans la ville », Rapport du Conseil Economique et Social, p. II-143.

touche non seulement les constructeurs, mais également ceux que l'on appelle les « utilisateurs institutionnels », tels que la S.N.C.F., la R.A.T.P. ou Aéroports de Paris (A.D.P.). De nombreuses recherches sont, par exemple, menées par les constructeurs automobiles Renault et P.S.A. Peugeot-Citroën pour réduire le bruit de leurs véhicules[1]. Tous les efforts sont déployés dans une *« optique d'optimisation acoustique de la production »*, notamment par des actions sur les moteurs et l'échappement. Mais une des solutions d'avenir pourrait bien venir des véhicules électriques qui présentent l'avantage tout à la fois de ne pas rejeter de polluants dans l'atmosphère et de n'émettre aucun bruit de moteur, en-dehors de quelques sifflements au démarrage qui n'atteignent cependant pas, loin s'en faut, le bourdonnement des moteurs classiques. De gros progrès ont été réalisés dans ce domaine depuis le début des années quatre-vingt-dix et restent à faire pour que ce type de véhicule recueille l'adhésion de tous. En effet, *« le développement de ce mode de propulsion continue (...) d'être conditionné par les progrès techniques et l'attitude des pouvoirs publics à son égard »*[2].

586. De même, des études sont menées pour tenter d'améliorer les performances acoustiques des aéronefs. Il en résulte que *« en trente ans, les progrès technologiques sur les moteurs ont permis de réduire d'un peu plus de 20 décibels le bruit des avions à réaction c'est-à-dire qu'un avion des années soixante, comme la Caravelle, produisait, selon la direction des programmes aéronautiques civils (DPCA), autant de bruit que 125 avions de la génération actuelle tels que l'Airbus A 320 ou A 321 »*[3]. La réglementation nationale et l'Organisation de l'aviation civile internationale (O.A.C.I) continuent d'inciter l'industrie aéronautique à fournir des engins et matériels encore plus silencieux, en fixant graduellement des normes plus sévères. Mais en raison d'exceptionnelles contraintes d'environnement et de la complexité particulière de la matière, l'action à la source des constructeurs ne peut se poursuivre dans de bonnes conditions et donner des résultats probants que si des moyens financiers suffisants l'accompagnent. Or, c'est bien là le frein essentiel mis aux démarches privées effectuées dans l'ensemble du secteur industriel, qu'il s'agisse de la construction d'avions ou encore de trains.

587. Concernant les transports ferroviaires, les principales études et recherches pour réduire le bruit des trains ont été effectuées par la S.N.C.F. et la R.A.T.P. Un « pôle acoustique » a été mis en place en 1993 afin de regrouper les compétences des différentes directions techniques et de piloter les programmes de recherche et de développement. Ces deux « utilisateurs institutionnels » ont été amenés à se doter des moyens matériels et humains nécessaires pour pouvoir continuer d'explorer toutes les possibilités d'améliorations techniques pour une réduction du bruit à la source. Mais compte tenu de l'importance des moyens requis, de plus en plus d'actions résultant de programmes de recherche ambitieux sont désormais envisagées dans le cadre européen. Même à ce niveau, des restrictions budgétaires viennent bloquer la recherche et le développement technologiques. La mise au point de systèmes de transport ferroviaire urbains et suburbains et de trains de marchandises « silencieux » n'a ainsi jamais pu aboutir faute de financements.

---

[1] Des progrès considérables ont été enregistrés au cours de ces vingt dernières années. S'agissant des voitures, 2 dB(A) ont été gagnés entre 1970 et 1982, puis 3 dB(A) dans les sept années suivantes, ce qui équivaut à une diminution de moitié de l'intensité sonore, puis 3 dB(A) à nouveau en six ans. Le prochain objectif est de baisser les niveaux sonores à 71 dB(A) d'ici l'an 2000. Des améliorations ont également été imposées pour les poids lourds. V. : J.-P. GUALEZZI, « Le bruit dans la ville », Rapport du Conseil Economique et Social, préc., p. II-156 et s.

[2] V. : J.-P. GUALEZZI, « Le bruit dans la ville », Rapport du Conseil Economique et Social, préc., p. II-161 et s.

[3] J.-P. GUALEZZI, « Le bruit dans la ville », Rapport du Conseil Economique et Social, préc., p. II-190.

588. La lutte contre le bruit par la recherche d'une *« optimisation acoustique de la production »* crée donc de nouveaux enjeux économiques, stimulant le développement et les innovations technologiques. Le droit sert de tremplin aux progrès techniques accomplis en la matière. Mais comme pour toutes activités, -on l'a vu à propos de l'administration de l'environnement-, rien ne peut être accompli sans la volonté des différents protagonistes et des moyens financiers. Si le premier de ces éléments se trouve en l'occurrence exacerbé par les exigences réglementaires et une concurrence de plus en plus âpre, l'apport monétaire fait toujours -une fois encore- cruellement défaut[1]. Le même constat peut dès à présent être fait s'agissant du rôle tenu par les professionnels de la construction dans l'action préventive contre les bruits de voisinage.

2- Les professionnels de la construction

589. Le secteur de la construction, nous l'avons vu, est particulièrement encadré par le droit sur le bruit qui prend en compte aujourd'hui tous les types de construction : bâtiments publics et privés de toute nature (logements, locaux de sports et de loisirs....), infrastructures de transports terrestres et aériens, etc. Quelle que soit la construction en cause, la réglementation attend de certaines catégories de professionnels qu'elles remplissent un rôle spécifique et actif dans la protection contre les bruits de voisinage. Tous les auteurs impliqués dans l'acte de construire sont visés, parce qu'ils participent, volontairement ou par omission, au résultat final. Il s'agit tout naturellement des constructeurs-maîtres d'ouvrage, des architectes qui interviennent au stade de l'élaboration du projet de construction, mais également des entrepreneurs et des vendeurs ou promoteurs immobiliers lorsque l'ouvrage est achevé[2]. Tous les stades de la construction sont donc concernés. Mais c'est dès la conception que la question des nuisances sonores et de la qualité acoustique doit être traitée.

590. Il est important de réaliser aujourd'hui des ouvrages de qualité afin de se prémunir demain contre des dépenses ou des inconvénients qui iront en s'aggravant. Les moyens pour y parvenir ne manquent pas. *« Il existe, dans le domaine du bâtiment, des solutions efficaces, élégantes et peu coûteuses pour le protéger du bruit si l'on prend en compte ce paramètre dès la conception. Cela nécessite une véritable prise de conscience des professionnels du bâtiment (architectes, ingénieurs) sur ce point ainsi qu'une véritable politique de maîtrise de l'urbanisation le long des grands axes de circulation »*[3]. Une telle démarche, en opposition totale avec les politiques de rattrapage trop onéreuses et souvent complexes, s'inscrit dans l'optique du « développement

---

[1] Dans son rapport « Le bruit dans la ville » (préc., p. II-180), J.-P. GUALEZZI relève que *« à l'instar de la S.N.C.F., les pouvoirs publics estiment que les industriels n'ont pas réalisé les efforts qui s'imposaient au cours de ces dernières années pour réduire le bruit des matériels, limitant au maximum leurs dépenses d'investissement et de recherche dans ce domaine »*. A titre d'exemple, la S.N.C.F. elle-même avait prévu de consacrer un budget de 90 millions de francs sur cinq ans (1993-1997) à son programme de recherche de réduction du bruit à la source. En définitive, les sommes réellement affectées à ce programme ne se sont élevées qu'à 70 millions de francs (p. II-177).

[2] L'article L. 111-11 du Code de la construction et de l'habitation (modifié par la loi n° 92-1444 du 31 décembre 1992 relative à la lutte contre le bruit) prévoit que les travaux de nature à satisfaire aux exigences légales et réglementaires requises en matière d'isolation acoustique relève de la garantie de parfait achèvement dont les entrepreneurs sont responsables à l'égard des maîtres d'ouvrage pendant une période d'un an à compter de la réception de l'ouvrage. Le vendeur ou le promoteur immobilier sont eux garants à l'égard du premier occupant de chaque logement de la conformité à ces exigences pendant un an à compter de sa prise de possession.

[3] C. LEYRIT, Le domaine routier : objectifs de la nouvelle réglementation sur le bruit, Echo Bruit n° 76-77, septembre 1996, p. 41.

durable » qui a été posée par le cadre unificateur de la loi n° 92-1444 du 31 décembre 1992. Toute la législation sur le bruit, portant sur la construction d'infrastructures nouvelles, la construction de bâtiments dans des zones bruyantes, l'isolation acoustique des immeubles, contient les prescriptions et les incitations propres à atteindre cet objectif de « qualité acoustique » des constructions.

591. Là encore, le droit donne l'impulsion aux améliorations techniques à apporter pour offrir une ambiance sonore de qualité aux occupants et riverains des diverses constructions. Le maître d'ouvrage est tenu, sous sa responsabilité, de se conformer à de nouvelles exigences légales qui ont été étendues et renforcées pour une meilleure qualité acoustique des bâtiments. Lorsqu'il dépose le permis de construire ou la déclaration de travaux, il s'engage à respecter les règles générales de construction, et notamment les normes acoustiques, contenues dans le Code de la construction et de l'habitation et les différents textes qui s'y rapportent[1]. Il est intéressant de constater combien l'engagement et la sensibilisation des professionnels du bâtiment ont été poussés lors de l'élaboration de la nouvelle réglementation acoustique introduite par les deux arrêtés du 28 octobre 1994 (*supra* n° 245 et s.). La N.R.A. est, en effet, le fruit d'une vaste concertation au cours de laquelle plusieurs professions ont pu se rencontrer et dialoguer sur ce sujet. *« Dans le domaine de la réduction du bruit dont le caractère scientifique reste encore très marqué, atteindre des objectifs satisfaisants sur une opération tout en maîtrisant ses coûts nécessite en effet que chacun des intervenants de l'acte de construire s'en préoccupe »*[2]. La mobilisation de tous les acteurs impliqués, la participation active des professionnels du bâtiment à ce projet aux côtés des pouvoirs publics, ont sans nul doute permis de fixer des objectifs et des normes répondant non seulement aux attentes des habitants, mais également au potentiel technique des maîtres d'ouvrage.

592. La N.R.A. est l'aboutissement juridique réussi d'une collaboration et d'un échange de compétences entre les instances légiférantes et les exécutants professionnels. Dans un domaine aussi complexe et technique que celui des nuisances acoustiques, il paraît judicieux d'associer toutes les catégories professionnelles concernées à l'élaboration des normes qu'elles seront tenues d'appliquer. Le but est d'imposer des contraintes légales correctes et acceptables du point de vue de leurs mises en œuvre pratiques et techniques. La N.R.A. a ainsi prévu un délai d'application suffisamment long -18 mois- pour permettre aux professionnels du bâtiment de s'adapter aux nouvelles exigences, *« même si en théorie, la qualité des produits et des techniques de construction permettaient, dès 1994, de réaliser des logements avec une acoustique supérieure à celle exigée par la N.R.A. »*[3]. Les objectifs ont été fixés, pour la plupart, en tenant compte des possibilités techniques et économiques du moment. Toutefois, la réglementation a également établi pour certaines rubriques un calendrier progressif de renforcement des exigences, afin d'inciter les professionnels à améliorer leurs capacités et rendement.

593. La recherche constante d'une meilleure qualité acoustique des constructions par les initiatives et innovations des professionnels est contenue dans l'esprit général de la législation. La plupart des règles d'acoustique fixent des exigences minimales à respecter, mais ne donnent pas d'indication sur les solutions techniques de nature à les

---

[1] Dispositions dans le Code de l'urbanisme, loi n° 92-1444 du 31 décembre 1992 relative à la lutte contre le bruit et ses textes d'application (décrets du 9 janvier 1995 et les arrêtés pris pour leur application), nouvelle réglementation acoustique (N.R.A. contenue dans les arrêtés du 28 octobre 1994, modifiés par les arrêtés du 30 juin 1999)..., dont la présentation a été faite dans le chapitre I de ce titre.

[2] C. VIROLE, Acoustique et nouvelle réglementation, un enjeu pour les professionnels du bâtiment, Echo Bruit n° 70-71, novembre 1995, p. 20.

[3] J.-P. GUALEZZI, « Le bruit dans la ville », Rapport du Conseil Economique et Social, préc., p. II-219.

remplir. Le législateur français, contrairement à son homologue allemand par exemple, a fait le choix très important de mettre à la charge des constructeurs une obligation de résultat et non une obligation de moyens. Selon lui, l'obligation de résultat de la réglementation acoustique permet de ne pas entraver la liberté de conception et le développement de techniques nouvelles. En fixant les objectifs à atteindre, sans dicter les moyens à utiliser, elle donne la possibilité aux professionnels du bâtiment de prouver leur savoir-faire et de rechercher des solutions innovantes, ce qui, en pratique, se traduit très souvent par un niveau acoustique *in situ* dépassant largement le niveau réglementaire.

594. Quant aux principaux intéressés, *« nombre d'industriels affirment d'ailleurs que la N.R.A. constitue un moteur pour la conception de matériaux et matériels plus performants sur le plan acoustique. D'autres, plus réservés, font valoir que pour susciter des innovations technologiques majeures, il aurait fallu sévériser les normes, la plupart des produits satisfaisant déjà aux exigences requises. Il reste que pour les industriels du secteur, les performances affichées dans la lutte contre le bruit sont devenues un argument de vente déterminant, dans un contexte de concurrence renforcée »*[1]. Les progrès technologiques de l'industrie de la construction induits par le renforcement des exigences d'isolation des logements neufs et l'obligation de résultat pesant sur les professionnels, devraient en outre se répercuter sur l'habitat existant lors des opérations de réhabilitation. Le défi lancé aujourd'hui à l'ensemble des professions n'est plus simplement de se conformer aux normes réglementaires, mais d'aboutir aux meilleures performances possibles en matière d'acoustique.

595. A cette fin, il est pour le moins utile, avant d'utiliser la technique et en vue de pouvoir déterminer celle qui sera la plus appropriée à chaque projet, d'évaluer la disposition optimale des constructions compte tenu de la localisation et de la propagation des bruits. En la matière, l'architecte, pour peu qu'il intègre la dimension acoustique dans sa conception architecturale, peut accomplir des merveilles en travaillant sur la forme et la hauteur des édifices, leur orientation, leur organisation interne... Après avoir évalué dans une perspective d'ensemble l'environnement sonore du site en question, il va pouvoir élaborer un programme acoustique intégrant toutes les données spécifiques du lieu et offrant les solutions les plus efficaces en terme de protection contre les bruits de voisinage. La rédaction d'un cahier des charges acoustiques par un architecte permet, au tout premier stade, d'informer les intervenants postérieurs au projet de construction, des difficultés particulières qu'ils pourront rencontrer dans leur obligation de se conformer à la réglementation et des solutions les plus harmonieuses à mettre en œuvre pour la dépasser.

596. L'article L. 111-2 du Code de la construction et de l'habitation, reprenant les dispositions de la loi n° 77-2 du 3 janvier 1977 sur l'architecture[2], prévoit expressément le recours à un architecte : *« Quiconque désire entreprendre des travaux soumis à une autorisation de construire doit faire appel à un architecte pour établir le projet architectural faisant l'objet de la demande de permis de construire, sans préjudice du recours à d'autres personnes participant, soit individuellement, soit en équipe, à la conception »*. Il est entendu que l'architecte pourra être requis pour des missions plus étendues. La loi précise que le projet architectural doit définir l'implantation des bâtiments, leur organisation, l'expression de leur volume et le choix des matériaux, autant de critères dans lesquels doit être intégrée la dimension acoustique. L'intérêt que présente l'intervention d'un architecte au stade initial de la construction a d'ailleurs

---

[1] J.-P. GUALEZZI, « Le bruit dans la ville », Rapport du Conseil Economique et Social, préc., p. II-221.

[2] *JO* du 4 janvier 1977 et rectif. les 5 et 21 janvier 1977.

entraîné la mise en place de Conseils d'architecture, d'urbanisme et de l'environnement (C.A.U.E.) en principe dans chaque département. Organismes consultatifs (de type association de la loi de 1901), ils sont chargés par la loi n° 77-2 du 3 janvier 1977 de conseiller les particuliers et les élus locaux sur des projets d'architecture, d'urbanisme et d'environnement et d'apporter leur assistance à la maîtrise d'ouvrage[1]. Ils ont été créés *« pour répandre dans le public, auprès des élus et des professionnels, la nouvelle volonté politique de faire de l'architecture un instrument efficace de l'environnement »*[2], lequel englobe, évidemment, la qualité acoustique des bâtiments.

597. Bien d'autres professions ont à apporter une contribution certaine dans la politique de prévention engagée par les pouvoirs publics : toutes celles directement impliquées dans les activités bruyantes encadrées par la législation (exploitation de bars, cafés, boîtes de nuit, salles des fêtes, de sport...), les professions de génie acoustique (entreprises d'isolation, fabricants d'appareils de mesure...), etc. La liste est illimitée, de même que la part de chacun propre au secteur de production et d'activités en cause. Toujours est-il que tous ces acteurs économiques ont au moins une obligation générale en commun dans leur action pour lutter contre le bruit : celle de respecter la législation qui leur est applicable, sinon de faire mieux. Or, à ce niveau, des difficultés peuvent surgir. Les architectes sont souvent peu ou mal formés aux arcanes de l'acoustique, les maîtres d'ouvrage peuvent se sentir désorientés face à l'aspect « mystérieux » de cette discipline qui utilise un vocabulaire spécial, des unités de mesure complexes et qui tourne autour du caractère subjectif de la gêne. Le recours à des « experts en acoustique », apportant leurs connaissances spécifiques en la matière, peut s'avérer salutaire pour expliquer, interpréter, définir en termes pratiques les exigences de la réglementation acoustique et les solutions techniques à leur opposer.

B. Les experts en acoustique

598. *« Délicat problème que celui de la délimitation des domaines de la science et de ceux de la réglementation (...) »*[3]. En matière de bruit, une frontière nette et radicale ne peut exister et chacun a tendance à étendre ses compétences, et donc ses pouvoirs, au-delà de ce qui est raisonnable. Il semble pourtant qu'un compromis ait été établi : *« au pouvoir réglementaire de fixer des seuils (...) et aux instances normatives de dire comment on les obtient »*[4]. Il serait pourtant utopique de dire que chacun puisse travailler efficacement de son côté. Les nuisances sonores posent souvent un problème de haute technicité dont l'approche et le traitement requièrent des compétences particulières. L'organisation de ce traitement qui est du ressort des autorités législatives et réglementaires nécessite les connaissances des experts scientifiques pour que les règles qui s'imposeront à la collectivité soient cohérentes et réalisables. Un partenariat doit

---

[1] Depuis la décentralisation, ils sont devenus de véritables auxiliaires des communes en matière d'urbanisme et d'environnement. Pour les petites communes rurales, ils interviennent souvent dans la conception même des opérations dans la mesure où elles ne disposent pas de services techniques suffisamment compétents et structurés pour gérer les projets. Les communes plus importantes font souvent appel à eux pour la conduite de réflexions larges, générales et prospectives sur l'évolution urbaine et la programmation des grands équipements. La fédération nationale des C.A.U.E. regroupe actuellement 86 organismes départementaux, de type association para-publique.

[2] M. PRIEUR, Droit de l'environnement, préc., p. 844, n° 1081.

[3] S. AUZOU, Normalisation et acoustique du bâtiment, Echo Bruit, Rubrique du spécialiste n° 24, mai 1987.

[4] *Ibidem.*

donc être instauré entre ces deux instances, chacune ayant besoin de l'autre pour l'accomplissement de sa tâche.

599. De même, doit s'établir une collaboration entre les spécialistes de l'acoustique et les différentes professions soumises aux nouvelles contraintes acoustiques posées par la législation et qui rencontrent des difficultés d'adaptation. Si l'intervention d'un spécialiste n'est pas encore systématique lors des opérations de fabrication ou de construction -souvent d'ailleurs pour des raisons d'honoraires-, de nombreuses erreurs de programmation, de conception ou de réalisation, difficilement rattrapables *a posteriori,* pourraient pourtant être évitées. Les politiques modernes de prévention des bruits de voisinage supposent un suivi sérieux de ces trois étapes par des experts. Le savoir spécifique *du* spécialiste en la matière, à savoir l'acousticien (1), associé au travail de diagnostic des organismes d'études et de recherche (2), garantit l'efficacité de l'action préventive menée dans la perspective d'un développement durable.

1- L'acousticien

600. L'acoustique est une matière des plus complexes, basée sur des évaluations, mesures et techniques qui sont totalement hors de portée du simple profane. Les juristes et industriels qui sont aujourd'hui amenés à intégrer cette discipline dans leurs activités ne peuvent pas s'en sortir seuls. L'acousticien, expert entre tous, se doit de traduire en langage courant le vocabulaire spécifique utilisé en acoustique, afin de le rendre compréhensible à tous les partenaires de la chaîne du bruit. Pour une bonne approche et une gestion satisfaisante du problème des nuisances sonores portées au voisinage, il est important de définir de façon pratique les critères acoustiques en cause, les exigences acoustiques qui s'imposent et les solutions concrètes à envisager. Une information, voire une formation de tous les acteurs dans ce domaine, doit donc se développer par le biais des acousticiens. La complexité de la matière et les nombreux enjeux et conséquences qui en découlent postulent un véritable travail de coopération et d'assistance, afin de mettre, dès le départ, tous les atouts dans la prévention.

601. L'intervention de l'acousticien dans les actions de protection contre les nuisances sonores est stratégiquement fondamentale puisqu'elle se situe tout en amont du problème. Dès la programmation d'un projet, il est utile de faire appel à ses conseils et de lui demander d'établir, à l'intention des concepteurs et donc dans un langage clair et précis, une notice acoustique, un cahier des charges techniques particulières et une première ébauche d'optimisation technique. Il réalisera ainsi des études d'impact ou de confort sonore pour les maîtres d'ouvrage de routes, de logements collectifs ou de bâtiments publics. L'acousticien doit également être présent au stade de la conception du projet et jusqu'à son aboutissement final pour éviter des erreurs de réalisation. En effet, la complexité de certaines solutions techniques, ou leur caractère non standard, nécessitent la présence effective du spécialiste lors de la mise au point de ces solutions.

602. Actuellement, le recours à un acousticien n'est pas systématique, d'une part, parce qu'aucune réglementation ne l'exige, d'autre part, et c'est la raison principale, parce qu'une telle intervention est toujours considérée comme entraînant une dépense supplémentaire et non supportable dans l'accomplissement du projet. On constate que souvent le travail d'un acousticien n'est pas prévu dans la rémunération de l'équipe conceptrice. Les membres de cette dernière se verront donc léser d'une partie de leurs honoraires pour pouvoir payer les services du spécialiste. L'argument monétaire est une fois encore incontournable. Pourtant, ici il n'a pas lieu d'être, car l'intervention de l'acousticien, dans la majorité des cas -s'il fait bien son travail- doit permettre aux concepteurs de réaliser des économies par la suite. En effet, avec les évaluations et

conseils de l'expert, il est possible de « payer les décibels » moins chers : si l'on se préoccupe d'assurer les performances acoustiques réglementaires dès les premières étapes de la conception, le budget global de l'opération s'en trouvera allégé. Grâce aux connaissances d'un acousticien, il est même possible de « gagner des décibels », c'est-à-dire d'améliorer la qualité acoustique sans augmentation de coût, voire en économisant de l'argent.

603. La France compte environ un millier d'acousticiens professionnels au service de tous ceux qui interviennent dans la modification de notre paysage sonore. C'est donc une évolution dans les pratiques et mentalités mêmes des professionnels concernés par les problèmes de bruit qui doit s'opérer sans plus tarder. Les industriels et constructeurs doivent enfin prendre conscience de l'importance du travail des acousticiens, de ce qu'ils peuvent leur apporter en terme de performances acoustiques et d'économies, grâce à leur savoir-faire et à leurs conseils. Sollicités en tout premier lieu, ils ne doivent plus être considérés comme ceux qui préconisent des solutions beaucoup trop onéreuses parce qu'intervenant *a posteriori* sur des erreurs de construction ou d'aménagement. La société française d'acoustique (S.F.A.)[1] œuvre en ce sens, pour que l'acoustique soit à portée de connaissance et de compréhension des principaux intéressés. Dans le même temps, des organismes d'études et de recherche, au sein desquels on trouve parfois des acousticiens, apportent également leur contribution dans ce domaine.

2- Les organismes d'études et de recherche

604. Laboratoires de recherche, bureaux de contrôle, bureaux d'études et ingénieurs conseils, tous ces organismes dont les frontières entre les domaines de compétences restent assez floues, sont aujourd'hui de plus en plus sollicités, compte tenu des exigences nouvelles de la législation sur le bruit. *« Dans l'application de certains textes réglementaires, il importe de caractériser la situation existante, son évolution prévisible et les moyens à mettre en œuvre pour les nuisances. Pour ce faire, on utilise les mesures, les calculs et les simulations »*[2]. L'expertise acoustique devient indispensable pour réaliser un projet dans des conditions optimales sur le plan de l'acoustique. L'objectif du ministère chargé de l'environnement est d'ailleurs, actuellement, de faire savoir et comprendre que le surcoût d'étude préalable permet souvent des économies par la suite. Le défi consiste à inculquer une nouvelle mentalité, une nouvelle façon de travailler et de faire les choses. Dans l'optique du développement durable, c'est d'actions préventives qu'il s'agit et non plus d'opérations de rattrapage. En d'autres termes, il faut désormais étudier et prévoir, au lieu d'attendre l'inévitable et d'essayer de racommoder tant bien que mal.

605. Pour optimiser les solutions, un diagnostic préalable est indispensable, même s'il n'est pas rendu obligatoire par une réglementation. Ainsi, s'agissant des projets de construction, la première étape est de bien connaître le site concerné en faisant analyser l'environnement sonore de manière suffisamment approfondie, c'est-à-dire en recensant les principales sources de bruit, avec leur niveau sonore et leur évolution temporelle prévisible, et les contraintes acoustiques. Après avoir évalué le site dans sa dimension sonore, il faut définir des objectifs acoustiques et élaborer un cahier des charges précis et quantifié. L'aide au diagnostic est notamment fournie par les bureaux d'études et

---

[1] Pour plus de précisions, consulter l'Annuaire du C.I.D.B. « Environnement sonore » (édition 1997, p. 81).

[2] J.-P. GUALEZZI, « Le bruit dans la ville », Rapport du Conseil Economique et Social, préc., p. II-209.

ingénieurs conseils en acoustique[1]. Enfin, il faut vérifier la compatibilité des objectifs avec le programme. On ne peut pas demander, par exemple, un bâtiment entièrement vitré -architecture, il est vrai, très à la mode actuellement- si l'on recherche un objectif d'isolation de 60 dB(A). Pour finir, l'équipe de maîtrise d'œuvre doit bien entendu réunir les compétences et moyens propres à remplir effectivement les objectifs visés.

606. *« L'ingénierie acoustique est généralement plus facile que ce que l'on croit, les solutions techniques sont en fait aisées à trouver. Ce qui est compliqué c'est de bien poser les problèmes et de fixer des objectifs précis »*[2]. C'est bien là le rôle de tous ces organismes d'études et de recherche chargés d'apporter leur savoir-faire dans ce domaine. Compte tenu de l'importance des enjeux, de la complexité et spécificité des problèmes et des exigences renforcées de la législation, l'assistance d'un tel partenaire s'avère souvent nécessaire. Le pouvoir central l'a vite réalisé, avant même les principaux intéressés. Aussi, le ministère de l'Environnement recommande vivement aux acteurs impliqués de faire appel à ces spécialistes, afin d'intégrer de la façon la plus juste possible le paramètre acoustique dans toutes les phases de leurs activités. La pratique démontre toute l'importance de ce partenariat. A titre d'exemple, la réhabilitation de quatre cent logements H.L.M. à Charenton-le-Pont a été résolue dans des conditions techniques et économiques particulièrement intéressantes. *« Les solutions préconisées par Placoplatre, le bureau d'études l'Arche et le bureau de contrôle Véritas, sur la base d'un diagnostic préalable ont permis d'obtenir des gains d'isolement de 7 dB(A) aux bruits aériens et de 15 dB(A) aux bruits d'impacts pour un coût TTC de 18000F par logement »*[3]. Cette opération a d'ailleurs été nominée aux Décibels d'Or de l'année 1992.

607. Mais comme le fait remarquer M. Lunven, ingénieur acousticien, *« pour que des solutions techniques soient préconisées et mises en œuvre, un énorme effort de clarification, de simplification, de sensibilisation et d'information des partenaires concernés reste à faire »*[4]. La création d'« Acoucité », dont l'idée est née en 1993 à Lyon, lors du congrès des Ingénieurs des villes de France, est une première concrétisation de ce besoin. Il s'agit d'un pôle de compétence en environnement sonore urbain qui regroupe autour de l'Institut national de génie urbain de Lyon des experts rhônalpins. Ce pôle a pour but de favoriser l'accès des collectivités locales à la recherche-développement, d'aider les élus et les responsables à formuler leurs demandes, de les informer, de former les techniciens des villes aux méthodes de traitement des problèmes de bruit[5]. Il serait bon que des structures similaires se développent sur tout le territoire national et s'ouvrent de façon plus large à tous les acteurs de la lutte contre le bruit.

608. Il est intéressant de constater que le regroupement, notamment sous forme d'associations professionnelles, est la voie choisie par la plupart de ces spécialistes. Il permet de rassembler les connaissances et compétences, ce qui est un gage d'efficacité, et de donner plus de poids sur le marché économique de la lutte contre les nuisances

---

[1] V. la liste donnée par l'Annuaire du C.I.D.B. « Environnement sonore » (édition 1997, p. 96-104). Il est précisé que le titre de bureau d'études ou d'ingénieurs conseils ne garantit pas forcément une compétence dans tous les domaines que couvre l'acoustique (habitat, salles de spectacles, industrie, équipements...). Il faut donc, selon le degré de complexité du problème, vérifier les références des prestataires de service.

[2] Dossier « La commune et le bruit », Echo Bruit n° 68-69, juin 1995, p. 32.

[3] T. LUNVEN, L'acoustique dans l'habitat existant : un marché potentiel à conquérir, Echo Bruit n° 63, avril 1994, p. 20-21.

[4] *Ibidem.*

[5] Acoucité pour combattre les bruits urbains, Presse-Environnement n° 410, 9 juin 1994, p. 4.

sonores. Les associations spécialisées comme l'A.F.N.O.R. (association française de normalisation), l'A.A.E. (association des acousticiens de l'environnement) ou l'Agence Qualité Construction[1], sont reconnues par tous pour la qualité de leurs prestations de service. Cette tendance, qui n'est pas étrangère au raisonnement bien connu selon lequel *« l'union fait la force »*, se développe d'ailleurs, comme nous allons le voir, au sein même des citoyens, simples particuliers, victimes de bruits de voisinage qu'ils ont décidé de ne plus supporter sans rien faire.

609. *« La qualité acoustique n'est plus un luxe. C'est une exigence des usagers, et depuis la loi du 31 décembre 1992, une obligation »*[2]. Les nouveaux textes sont précis et ambitieux. Ils lancent de véritables défis à l'ensemble des « professionnels du bruit ». Une mobilisation de tous ces techniciens sans exception, travaillant en partenariat uni et fort, est nécessaire afin d'apporter des solutions satisfaisantes pour le respect de la nouvelle législation. C'est à ce prix que l'on parviendra réellement à mettre en application les dispositions réglementaires qui découlent de la loi-cadre de 1992. Ces professionnels répondront ainsi par la technique à la demande sociale, traduite dans les textes au plan juridique, pour l'amélioration des conditions de vie. C'est là une des solutions au problème. Cependant, l'erreur serait de penser que la prévention des bruits de voisinage ne repose que sur la technologie et de tout miser sur cet aspect. Chacun, à titre individuel, doit prendre conscience que *« le bruit est un fait social et que, par conséquent, une réponse entièrement technique au problème acoustique ne suffira pas à ce qu'il n'y ait plus d'insatisfaction en matière de bruit »*[3]. La dimension sociale du bruit doit être prise en charge par les citoyens, agissant seuls ou se faisant représenter par des associations.

§2. LES CITOYENS ET LEURS REPRÉSENTANTS

610. La dimension sociale des bruits de voisinage est tout aussi importante que sa dimension technique. L'ensemble des citoyens, toutes catégories confondues (classe sociale, âge ou sexe), sont des acteurs à part entière de la lutte préventive. Ils sont les premiers désignés pour agir sur l'aspect sociologique du bruit. Tout à la fois auteur et victime potentiels, chacun est concerné à un moment ou à un autre dans sa vie de tous les jours. Il est donc pour le moins normal que chacun apporte sa contribution pour combattre les nuisances sonores. A n'en pas douter, l'efficacité des politiques de lutte dépend bien de la mobilisation et de l'implication du plus grand nombre d'acteurs sociaux, partenaires d'une même cause.

611. L'intervention des citoyens dans la croisade contre les nuisances sonores trouve certains appuis dans le droit, qui légitime et conforte leur participation dans la prévention des bruits de voisinage (A). De même, les mécanismes juridiques leur donnent les moyens de cette participation grâce à un outil institutionnel présentant un fort potentiel qu'il convient encore d'organiser et de développer : le regroupement associatif (B).

A. LE PRINCIPE DE PARTICIPATION DANS LA PRÉVENTION DES BRUITS DE VOISINAGE

612. Un tel principe n'est pas propre au problème des nuisances sonores, ni même au secteur environnemental. Il est l'expression d'une valeur fondamentale dans laquelle

---

[1] La liste est longue ! Elle est évoquée dans l'Annuaire du C.I.D.B. « Environnement sonore » (édition 1997, p. 68-72).

[2] Dossier « La commune et le bruit », Echo Bruit n° 68-69, préc., p. 32.

[3] Qualité acoustique : de nouvelles exigences, Echo Bruit n° 48, mai 1991, p. 1.

toute société développée et organisée devrait trouver son fondement : la « démocratie participative ». Cette dernière suppose une participation directe, c'est-à-dire en-dehors du système électoral classique, et active, à savoir concrète et permanente de l'ensemble des citoyens au bon fonctionnement de la collectivité. Elle est particulièrement de mise en matière de bruits de voisinage qui constituent une préoccupation immédiate touchant la vie quotidienne de tout un chacun. Sa mise en œuvre effective est facilitée par une reconnaissance expresse sur le plan juridique (1) et certains moyens donnés aux citoyens (2), pour qu'il ne s'agisse pas d'un principe abstrait totalement dénué d'application pratique.

1- La consécration d'un droit à la participation des citoyens

613. Le *« désir de démocratie participative visant à faire participer les citoyens de façon permanente sans avoir à recourir à l'intermédiaire des élus et sans être limité par la périodicité des élections »*[1] est né, assez naturellement et rapidement, en matière de protection de l'environnement, du cadre et de la qualité de vie, et a été dispensé dans bon nombre de discours politiques et de textes internationaux. La consécration juridique d'un droit à la participation des citoyens se double, tout à fait logiquement, d'un préalable indispensable : le droit à l'information. En effet, les citoyens ne peuvent réagir et intervenir en une matière ou face à un problème dont ils n'ont aucune connaissance. La prise de responsabilité ne peut être rendue possible que par une bonne information préalable.

614. C'est d'abord au niveau international que le principe de l'information et de la participation des citoyens a été reconnu et prescrit, de façon toujours plus explicite. Pour exemples, parmi les textes les plus célèbres, la déclaration de la conférence des Nations Unies sur l'environnement de Stockholm, de 1972, évoque les moyens pour le public d'exercer en pleine connaissance de cause sa responsabilité à l'égard de l'environnement[2]. Puis, l'Acte final de la conférence d'Helsinki de 1975 sur la sécurité et la coopération en Europe, en son point 5 du chapitre relatif à l'économie, la science et la technique, déclare que *« le succès d'une politique de l'environnement suppose que toutes les catégories de populations et toutes les forces sociales, conscientes de leurs responsabilités, contribuent à protéger et à améliorer l'environnement »*. Enfin, le principe 10 de la Déclaration de Rio 1992 proclame le droit à l'information de tous les citoyens et préconise la participation du public comme la meilleure façon de traiter les questions d'environnement.

615. Pour la première fois en 1995, le droit français consacre expressément le principe de participation dans l'article L. 200-1 du Code rural issu de la loi n° 95-101 du 2 février 1995 relative au renforcement de la protection de l'environnement[3] (devenu l'art. L. 110-1 C. env.). Fort de sa base législative, ce principe a vocation à s'étendre à toutes les facettes de l'environnement, et notamment à la problématique de la qualité de la vie qui intéresse la totalité des citoyens. Or, toutes les victimes de bruits de voisinage à un moment donné sont des responsables potentiels de cette même nuisance à un autre

---

[1] M. PRIEUR, Droit de l'environnement, préc., p. 112.

[2] V. les principes 4 et 19 de la déclaration de Stockholm. *« Le principe 19 invite à donner aux individus, aux entreprises et aux collectivités le sens de leurs responsabilités ; c'est l'enseignement et l'information sur les questions d'environnement qui devront permettre cette prise de responsabilité » :* article de M. PRIEUR, Le droit à l'environnement et les citoyens : la participation, R.J.E. 4-1988, p. 397-417.

[3] Article 1er de la loi « Barnier », préc. Notons la rédaction on ne peut plus maladroite de ce texte qui confond le principe de participation avec le droit à l'information : *« le principe de participation, selon lequel chaque citoyen doit avoir accès aux informations relatives à l'environnement... »*.

moment de leur existence. Cette double casquette signifie que l'ensemble des membres d'une société, sans exception aucune, sont concernés par le problème des nuisances sonores, qu'ils soient victimes ou « bruiteurs » et sont amenés à jouer un rôle dans le mouvement de prévention. La participation présente donc un double aspect : elle apporte à la fois des droits et des devoirs aux individus.

616. La première difficulté est de définir exactement le rôle à jouer par chacun dans la sphère de sa vie quotidienne et de ses rapports avec ses semblables. Les termes de la participation populaire ne sont pas aisés à définir, d'autant plus que face à la diversité des bruits de voisinage, de leurs origines et manifestations, cette participation est susceptible de revêtir des formes tout aussi étendues. Dans son sens commun, elle consiste à prendre part ou coopérer à quelque chose avec d'autres. Dans une optique générale, c'est bien ce qu'il convient aujourd'hui d'exiger de la part de l'ensemble de la population. De façon plus précise, elle doit être adaptée à la nature intrinsèque de la nuisance sonore en cause. En effet, de *simples* bruits de comportement n'exigent pas les mêmes réactions et interventions des voisins concernés que les nuisances sonores produites par de grandes opérations ou aménagements publics. Deux formes principales de participation peuvent ainsi être dégagées s'agissant de la problématique spécifique des bruits de voisinage : la participation à la vie civile et la participation à la vie administrative, en fonction de l'origine du bruit incriminé.

617. La participation à la vie civile est universelle et incontournable pour les membres d'une société. De fait, les bruits de voisinage *stricto sensu* posent avant tout un problème de civisme et de savoir-vivre. En effet, de nombreuses plaintes émanent de particuliers exaspérés par le comportement égoïste et inconsidéré de leurs voisins qui ne se préoccupent pas des gens qui les entourent. Claquements de portes, talons sur le carrelage, écoulement d'eau, sono poussée au maximum, cris, etc. sont autant de manifestations sonores de la vie de tous les jours qui peuvent se transformer en de véritables nuisances et entraîner une gêne réelle en fonction des circonstances de temps, de lieu, de perception dans lesquelles elles sont produites. Tous ces bruits de comportement sont extrêmement difficiles à réglementer parce qu'ils concernent chacun de nous dans notre vie privée, dans notre attitude individuelle et individualiste et sont souvent spontanés et imprévisibles. L'aspect réglementaire de la prévention cède alors la place à une action plus humaine reposant sur une prise de conscience personnelle de la gêne que l'on est susceptible d'occasionner et sur le souci altruiste et constant de ne pas créer une ambiance acoustique désagréable pour le voisinage. Chacun est amené ici à participer à la prévention en tant qu'auteur potentiel de nuisances sonores.

618. La participation à la vie administrative est en revanche celle qui est prévue par les textes et qui fait intervenir les citoyens aux côtés des pouvoirs publics dans l'organisation de la société. Elle peut être définie comme *« un principe d'aménagement du fonctionnement des institutions qui consiste à associer au processus de décision les intéressés ou leurs représentants »*[1]. Cette *« forme d'association et d'intervention des citoyens à la préparation et à la prise de décision administrative »*[2] est particulièrement importante pour tous les projets d'aménagement du cadre de vie pouvant avoir des répercussions sur le plan de l'environnement sonore. C'est d'ailleurs dans les secteurs de l'aménagement du territoire et de l'urbanisme que la participation des citoyens est la plus active. Il apparaît légitime que les riverains d'un aéroport ou d'une autoroute que les pouvoirs publics ont décidé d'étendre ou de construire, directement concernés par les nuisances qui risquent d'en découler, soient, d'une part, informés de tous les aspects du

[1] R. GUILLIEN et J. VINCENT, Lexique des termes juridiques, Dalloz 1988.

[2] M. PRIEUR, Le droit à l'environnement et les citoyens : la participation, préc., p. 398.

projet et, d'autre part, puissent faire entendre leurs opinions, suggestions voire contestations qui devront être prises en compte dans la décision finale. La participation directe des personnes intéressées est primordiale ; dans le domaine du bruit elle permet souvent d'améliorer l'environnement sonore du voisinage concerné que les pouvoirs publics n'avaient pas forcément jugé prioritaire.

619. L'importance de la participation des citoyens au bon fonctionnement de la société, et donc à la prévention des bruits de voisinage, n'est plus à démontrer. Sa consécration par le droit le prouve bien. Mais encore faut-il donner les moyens juridiques et directs de mettre en œuvre ce principe de participation qui, ne l'oublions pas, comprend non seulement des droits mais également des devoirs pour chaque citoyen dûment informés.

2- Les instruments juridiques et directs de participation

620. La participation populaire à l'action administrative se heurte, dans la pratique, à un certain nombre de restrictions et obstacles institutionnels et procéduraux. La prise en compte de l'opinion des citoyens dans les décisions ayant un impact sur leur cadre et qualité de vie n'est toujours pas acquise. Malgré les apparences, les pouvoirs publics continuent de se montrer réticents à l'égard de la véritable démocratie directe qui implique un partage du pouvoir de décision. Des modifications et innovations juridiques permettent néanmoins de s'en rapprocher, ou du moins d'étendre le droit des citoyens de se faire entendre sur tel ou tel projet qui les concernent, à défaut de leur reconnaître un pouvoir d'intervention décisif.

621. L'un des procédés habituels de participation des habitants à des autorisations d'aménagement ou aux processus d'élaboration des plans d'urbanisme réside dans l'enquête publique de la loi n° 83-630 du 12 juillet 1983[1] *relative à la démocratisation des enquêtes publiques et à la protection de l'environnement,* dernièrement aménagée par la loi « Barnier » du 2 février 1995 et codifiée aux articles L. 123-1 à L. 123-16 du Code de l'environnement. Cette procédure a pour objet d'informer le public de la réalisation d'aménagements, d'ouvrages ou de travaux susceptibles d'affecter l'environnement[2] et de recueillir au préalable ses appréciations, suggestions et contre-propositions. Les riverains d'un futur aérodrome, d'une voie ferrée, d'une autoroute ou d'une installation classée soumise à autorisation, ont ainsi la possibilité, d'une part, de prendre connaissance du projet qui risque fortement de leur apporter de nouvelles nuisances sonores et, d'autre part, de formuler leurs observations, critiques, voire opposition, à la réalisation en l'état d'un tel projet.

622. La loi n° 83-630 du 12 juillet 1983 traduit *a priori* la volonté politique de faire de l'enquête publique un instrument direct de participation et d'information de la population intéressée. Cependant la qualification de loi de *« démocratisation »* des enquêtes publiques va bien au-delà de la mise en œuvre de cet instrument. En réalité, il n'y a pas de démocratisation, c'est-à-dire de partage du pouvoir de décision entre le maître d'ouvrage et les habitants concernés, mais tout au plus un développement de la transparence des processus décisionnels au profit des citoyens. Comme le souligne très justement M. Colson, *« à la différence de certaines consultations étrangères, la loi*

---

[1] *JO* du 13 juillet 1983.

[2] La liste des aménagements, ouvrages et travaux soumis à enquête publique figure en annexe du décret n° 85-453 du 23 avril 1985 pris pour l'application de la loi n° 83-630 du 12 juillet 1983 relative à la démocratisation des enquêtes publiques et à la protection de l'environnement (*JO* du 24 avril 1985), modifié à plusieurs reprises. V. : Code de l'environnement Dalloz, édition 2002, 2e partie, 123.

française n'organise aucun système de butoir ou de veto populaire qui, au-delà de certains seuils d'opinions émises, lierait le commissaire-enquêteur »[1]. Les observations portées sur le registre du dossier d'enquête par le public ne lient aucunement le commissaire-enquêteur dans sa décision finale s'agissant du projet qu'il est chargé d'autoriser ou de rejeter. Toute liberté est laissée au commissaire-enquêteur qui, juridiquement, n'est pas tenu de suivre les opinions émises au cours de l'enquête.

623. En dépit de l'aménagement apporté par la loi « Barnier » qui confère au commissaire-enquêteur le pouvoir d'organiser sous sa présidence une *« réunion d'information et d'échange avec le public »*[2] en présence du maître d'ouvrage, l'écart entre les avis des citoyens et les conclusions formulées est toujours aussi grand. Si l'information du public est bien assurée, elle n'est pas suivie automatiquement d'une prise en compte effective des prétentions des personnes directement touchées par les nouvelles nuisances sonores induites par la réalisation de tel ou tel projet. La « démocratisation » des enquêtes publiques apparaît en réalité comme un faux semblant qui ne va pas plus loin qu'un simple droit de se faire entendre pour les citoyens, d'autant plus qu'il intervient souvent alors que ledit projet est déjà bien avancé et qu'il ne sera de toute façon pas abandonné.

624. L'instrument de la démocratie participative est peut-être alors à chercher au niveau local, dans la loi d'orientation n° 92-125 du 6 février 1992 relative à l'administration territoriale de la République[3]. Cette loi érige en *« principe essentiel de la démocratie locale » « le droit des habitants de la commune à être informés des affaires de celle-ci et à être consultés sur les décisions qui les concernent »* (art. 10 de la loi, codifié dans le C.G.C.T.). Mais là encore, l'important réside dans la portée exacte de la consultation des administrés. Il apparaît malheureusement qu'elle soit tout aussi limitée dans ses effets que ne l'est la participation ouverte aux citoyens dans le cadre de l'enquête publique. La consultation populaire, dont l'initiative n'appartient qu'au maire[4], n'est pas décisoire. Elle donne simplement l'occasion aux citoyens de faire connaître leur avis sur les affaires de la vie communale qui les touchent particulièrement. A l'instar des enquêtes publiques, le poids de l'opinion populaire risque fort de ne pas peser bien lourd dans les décisions de l'administration locale et la démocratie directe n'est, une fois de plus, rien moins qu'une utopie présentée par les textes.

625. L'une des toutes dernières innovations concernant la participation du public est contenue dans le chapitre Ier de la loi « Barnier » intitulé *« De la consultation du public et des associations en amont des décisions d'aménagement »*. L'article 2 de la loi de 1995 (art. L. 121-1 à 5 C. env.) introduit un nouveau droit : le droit au débat public, accompagné d'un instrument de mise en œuvre : la *« Commission nationale du débat*

---

[1] J.-P. COLSON, La réforme des enquêtes publiques en France, R.J.E. 2-1993, p. 223-230.

[2] Article 3-IV de la loi n° 95-101 du 2 février 1995 relative au renforcement de la protection de l'environnement (préc.), qui modifie l'article 4 de la loi n° 83-630 du 12 juillet 1983 (préc.) et l'article 18 du décret d'application n° 85-453 du 23 avril 1985. Avant cette réforme, l'article 4 alinéa 3 initial de la loi « Bouchardeau » subordonnait l'organisation d'une *« réunion publique »* à l'accord de *« l'autorité compétente »*, désignée comme étant le préfet par le décret n° 85-453. Désormais, le mécanisme de l'autorisation préalable est donc supprimé, renforçant par là les pouvoirs du commissaire-enquêteur qui a la possibilité de faciliter le dialogue avec les citoyens.

[3] *JO* du 8 février 1992 et rectif. 12 mai 1992.

[4] L'initiative de la consultation appartient également au tiers des membres du conseil municipal dans les communes de 3 500 habitants et plus et à la majorité du conseil dans les communes de moins de 3 500 habitants.

public » créée par le décret n° 96-388 du 10 mai 1996[1]. L'idée est d'organiser, pour les grandes opérations d'urbanisme et de construction, un débat le plus en amont possible de la décision publique. Le droit au débat public vient ainsi se combiner aux procédures préexistantes d'enquêtes publiques et de consultation, à l'occasion de « *grandes opérations publiques d'aménagement d'intérêt national* » présentant un fort enjeu socio-économique ou ayant un impact significatif sur l'environnement. Il pourra s'exercer, par exemple, lors de grands projets d'infrastructures, tels que les créations d'autoroutes, de routes express, de lignes ferroviaires, la création ou l'extension d'infrastructures de pistes d'aérodromes...[2], qui soulèvent forcément, parmi d'autres, un problème de nuisances sonores.

626. Mais là aussi, « débat public » ne signifie pas « démocratie participative ». Tout d'abord, les particuliers ne disposent pas de la faculté de saisir directement la Commission. Celle-ci, ensuite, ne fait participer les citoyens que par l'intermédiaire d'un nombre limité à deux (chiffre dérisoire !) représentants d'associations agréées de l'environnement exerçant leur compétence nationalement et ayant été choisis pour siéger en son sein. Enfin, la Commission, chargée d'organiser le débat public sur les objectifs et caractéristiques du projet, n'a aucun pouvoir de décision. Saisie d'un dossier, elle constituera une commission particulière chargée de mener la concertation auprès des associations, des élus, de la presse et de la population. Puis interviendra un débat qui débouchera sur la publication d'un rapport dressant le bilan, rendu public et mis à disposition du commissaire-enquêteur avant le démarrage de l'enquête publique. Mais la Commission n'a pas vocation à formuler un avis sur le projet en question. Selon les termes mêmes du ministre de l'Environnement, elle doit seulement « *vérifier que le débat a eu lieu, que tous les éléments ont été mis sur la table pour qu'ils soient sincères. La décision appartient ensuite non pas à ses membres, mais aux représentants des décideurs (collectivités territoriales, maîtres d'ouvrage), c'est la démocratie* »[3]... !

627. A chacun sa conception de la démocratie. Celle des pouvoirs publics apparaît quelque peu restrictive. Certes, un effort manifeste a été fait dans le domaine de l'information des citoyens sur les affaires qui les intéressent de près. Mais la participation directe qui suppose un partage du pouvoir décisionnel, ou pour le moins une prise en compte réelle de l'opinion de chacun, laisse encore à désirer. Si l'on peut parler d'une reconnaissance d'un droit de se faire entendre, celui-ci n'est pas automatiquement suivi d'effet. Le pouvoir d'intervention des citoyens demeure encore bien timoré, lorsqu'il n'est pas purement et simplement annihilé par les décideurs publics. Peut-être ne peut-il s'exercer pleinement qu'au travers d'un outil institutionnel reconnu et représentatif des intérêts des particuliers et de la collectivité, à savoir les associations de défense.

---

[1] Décret n° 96-388 du 10 mai 1996 relatif à la consultation du public et des associations en amont des décisions d'aménagement pris pour l'application de l'article 2 de la loi n° 95-101 du 2 février 1995 relative au renforcement de la protection de l'environnement (*JO* du 11 mai 1996, p. 7090).

[2] Pour les autoroutes et voies ferrées, le coût des travaux doit être supérieur à 4 milliards de francs et la longueur d'au moins 80 kilomètres. Pour les projets d'aérodromes, le coût doit être au minimum de 500 millions de francs. La Commission a déjà été saisie de plusieurs dossiers parmi lesquels l'extension du port du Havre, le doublement de l'autoroute A32 allant de Toul à la frontière Luxembourgeoise, la construction d'un troisième aéroport en région parisienne. V. : La commission nationale de débat public, Echo Bruit n° 86, juin 1998, p. 43.

[3] *JO* AN, 6 décembre 1994, p. 8320. Voir également sur ce point l'article de J.-C. HELIN, La loi Barnier et la participation du public : ajustements et innovation, R.J.E. 2-1995, p. 219-233.

B. L'OUTIL INSTITUTIONNEL DE PARTICIPATION : LES ASSOCIATIONS DE DÉFENSE

628. Le droit d'association, liberté fondamentale créée par la loi du 1er juillet 1901[1], offre aux citoyens un cadre juridique dans lequel peuvent s'inscrire leurs actions. Ce statut n'est certes pas obligatoire. Une association peut exister et agir sans déclaration préalable. Cependant, la personnalité morale qu'il confère aux regroupements de citoyens ouvre de nombreuses portes. Plus encore, la procédure d'agrément imaginée en 1976[2] pour favoriser la participation des associations les plus représentatives dans le domaine de la protection de l'environnement leur procure de réels avantages sur le plan juridique. Simplifiée et uniformisée par la loi Barnier du 2 février 1995 (art. L. 141-1, L. 141-2, L. 142-1 à L. 142-3 C. env.), elle donne aux associations qui remplissent les critères légaux de l'agrément, appelées désormais *« associations agréées de protection de l'environnement »,* plus de chances d'être consultées et d'être représentées dans une instance consultative ou un organisme public concernant l'environnement.

629. Toutefois, l'agrément n'entraîne en principe aucun monopole de participation au profit des seules associations qui l'ont obtenu. C'est essentiellement en matière de justice pénale, comme nous le verrons (*infra* n° 1629 et s.), qu'il revêt une importance décisive dans le processus de participation. Toujours est-il que les associations, qu'elles soient agréées ou non, ont un rôle capital à jouer dans la lutte préventive contre le bruit. Représentatives des intérêts particuliers de la collectivité, ne sont-elles pas l'expression de la démocratie participative ? C'est au niveau de leur champ de compétences et des actions concrètes menées sur le terrain qu'il convient de rechercher la réponse. S'agissant de la défense contre les bruits de voisinage, la variété du rôle pratique des associations (1) commence peu à peu à se concrétiser par des interventions pesant véritablement dans la balance décisionnelle (2).

1- La variété du rôle pratique des associations

630. Le rôle général des associations est de faire appliquer les droits et devoirs des citoyens. C'est là la vocation de toutes associations, qu'elles soient nationales et généralistes ou locales et défendant des intérêts particuliers, comme les comités de quartier à l'existence éphémère puisque créés pour un problème ponctuel. Pour remplir cet objet, elles disposent de plusieurs modes d'action. Certaines d'entre elles cumulent les activités et interviennent à différents niveaux, d'autres se sont spécialisées dans tel ou tel mode de participation.

631. Dans leurs rapports les plus directs avec les citoyens, les associations remplissent un rôle de **relais pour l'information et la formation.** En matière de prévention des bruits de voisinage, une telle fonction est primordiale. Dans un premier temps, les individus, en tant que « bruiteurs » potentiels, doivent être sensibilisés au problème des nuisances sonores et de la gêne qu'ils sont susceptibles de causer à leur entourage. Ceci n'est pas inutile, car souvent les gens ne sont pas conscients des troubles qu'ils occasionnent. Ainsi l'adepte du hard-rock à un volume poussé au maximum ne se rend pas forcément compte que son plaisir constitue un véritable calvaire imposé à ses voisins. S'agissant des bruits de comportement, il est important d'inculquer aux gens le souci d'autrui et l'automatisme de réfléchir aux conséquences des actes de la vie quotidienne que l'on accomplit machinalement et pour notre satisfaction personnelle.

---

[1] Loi relative au contrat d'association (*JO* du 2 juillet 1901, Brochure *JO* « Associations, régime général », n° 1068).

[2] La procédure d'agrément a été instaurée par la loi du 10 juillet 1976 relative à la protection de la nature et la loi du 31 décembre 1976 portant réforme de l'urbanisme (art. L. 252-1 à -4 C.rural).

C'est donc, dans un deuxième temps, une éducation au « réflexe bruit » qui doit être dispensée par les associations. Sensibilisation et éducation, par le biais de tracts, affiches, articles de presse écrite, conférences..., apparaissent comme de bonnes méthodes pour garantir la quiétude du voisinage.

632. Sur le plan réglementaire, il est important de convaincre les citoyens du bien-fondé des textes en matière de bruit, de l'intérêt qu'ils présentent pour la protection de leurs droits et de leur montrer la manière de les faire appliquer. En effet, le rapport entre le droit et le justiciable est souvent difficile à gérer, la matière juridique paraissant en général hors de portée, matériellement comme intellectuellement, du non-juriste. Face à un chien qui hurle à la mort toute la journée ou d'un plancher qui vibre au rythme des baffles de la boîte de nuit d'à côté, il existe des actions pour que cessent ces troubles *anormaux* de voisinage. Mais le simple particulier ne les connaît pas toujours, d'autant que la législation relative au bruit est, comme nous l'avons constaté, particulièrement abondante et disparate. Les associations sont là pour l'orienter, lui faire connaître ses droits mais aussi ses devoirs, lui proposer des solutions, lui indiquer les premiers responsables -publics ou privés- à contacter selon le type de nuisance sonore.

633. C'est ainsi qu'en février 1978, à l'initiative du ministère de la Culture et de l'Environnement, a été créée une association (selon la loi de 1901) chargée de promouvoir et de développer au niveau national un centre d'information et de documentation sur le bruit. Le C.I.D.B. regroupe environ six cents organismes publics ou privés intervenant dans la lutte contre le bruit. Après des premières années difficiles, en raison, d'une part, de la réticence des autres ministères concernés et des organismes privés, et, d'autre part, d'un manque de ressources, les activités du C.I.D.B. se sont finalement diversifiées et son audience s'est petit à petit étendue aux élus -notamment des collectivités locales- et au public.

634. L'information est diffusée par plusieurs magazines à destination des collectivités locales, des associations et du public, grâce à la revue d'information « Echo Bruit », ou à destination des professionnels de l'acoustique, avec le bulletin technique « Acoustique et Techniques »... L'association publie également divers documents destinés au grand public, comme la charte de bon voisinage, les fiches pratiques du C.I.D.B., les brochures Bruit et Santé, Bruit dans les logements collectifs, etc. Elle propose des campagnes d'information orientées vers des publics très différents (collectivités locales, entreprises, scolaires...), organise des colloques ou manifestations pour le compte d'organismes officiels, tels le concours du Décibel d'Or, et des stages de formation. La diffusion de l'information auprès de l'ensemble des acteurs impliqués dans la lutte contre le bruit se double d'une riche documentation (plusieurs milliers de documents) mise à disposition de tous dans la bibliothèque du C.I.D.B. et accessible à un plus grand nombre de personnes encore grâce à deux services télématiques[1].

635. Convenablement informé et éduqué en matière de bruit, chacun peut alors agir en conséquence sur son comportement de tous les jours, afin d'améliorer la qualité de vie et remédier aux excès de bruit. Beaucoup de troubles sonores produits dans le voisinage n'exigent pas d'autre solution et peuvent être évités de la sorte. Les pouvoirs publics en ont pris conscience. C'est pourquoi, ils utilisent de plus en plus les associations de défense, plus proches des citoyens et plus disponibles, comme relais de l'administration. Elles constituent alors de véritables **organes de consultation.** Devenues membres de différentes commissions administratives ou d'organes consultatifs nationaux ou locaux,

---

[1] Pour une présentation plus détaillée du C.I.D.B. et de ses activités, voir l'annuaire de l'environnement sonore.

elles participent directement à l'action de ces organismes en apportant leurs connaissances pratiques des problèmes et en proposant des solutions adéquates. L'article L. 141-2 du Code de l'environnement prévoit ainsi expressément que les associations agréées de protection de l'environnement sont appelées à participer à l'action des organismes publics concernant l'environnement. Des sièges leur sont, par exemple, réservés au sein de la Commission nationale du débat public, de l'A.D.E.M.E. ou du Conseil départemental d'hygiène. Mais les associations non agréées ne sont pas laissées pour compte. Elles peuvent siéger au sein du Conseil national du bruit, du Conseil supérieur des installations classées ou encore au C.A.U.E.

636. Enfin, les associations de défense de l'environnement ont une participation très active en matière d'urbanisme et d'aménagement du territoire. Elles peuvent être associées à l'élaboration des documents d'urbanisme, tels que les schémas directeurs (art. L. 122-1-1 C.urb.) ou les plans d'occupation des sols (art. L. 121-8 et L. 123-3, al.3 C.urb.), et interviennent dans la procédure des enquêtes publiques. Les mécanismes juridiques prévoient la consultation pour avis des associations ayant compétence en matière de construction, d'aménagement, d'urbanisme ou d'environnement. Elles sont donc des interlocuteurs à part entière dans les processus de décision, apportant leurs opinions et contre-propositions. Le nombre de personnes et d'intérêts collectifs qu'elles représentent donne certainement plus de poids à leurs interventions que celles de particuliers s'exprimant isolément. Du reste, actuellement, l'évolution des relations entre associations et vie administrative se fait dans le sens d'une reconnaissance accrue du mouvement associatif et de son rôle dans les décisions et actes ayant une incidence sur la qualité de la vie.

2- L'importance croissante du rôle des associations de défense : exemples concrets

637. Qu'elles aient une compétence nationale ou simplement locale et quelle que soit leur durée de vie, les associations intervenant dans le domaine du bruit -elles sont nombreuses[1]- se montrent de plus en plus entreprenantes et déterminées face aux pouvoirs publics et aux « bruiteurs » de toutes espèces. S'agissant de celles qui agissent à plusieurs niveaux combinés dans la lutte préventive, un certain nombre font désormais régulièrement parler d'elles. A titre d'exemple, la Ligue française contre le bruit est probablement l'une des premières associations nationales à avoir été créées -il y a quarante ans maintenant- dans ce domaine spécifique. Reconnue d'utilité publique par décret, elle mène de front diverses actions en vue d'aider les victimes de bruit et, comme le remarque Maître Jacob, membre de l'association, *« beaucoup plus rarement les bruiteurs soucieux de la gêne qu'ils pourraient occasionner »*[2].

638. Cette association est avant tout un lieu d'écoute, accueillant un nombre grandissant de personnes et réceptionnant des courriers de la France entière. En fonction des problèmes qui lui sont posés, elle tente d'organiser des concertations avec les responsables des nuisances pour qu'ils prennent conscience de la gêne qu'ils occasionnent. Elle cherche également à faire participer tous ceux qui peuvent aider les « bruiteurs » à remédier à ces nuisances et à ne plus en causer à l'avenir : le propriétaire en cas de conflit entre locataires, le syndic de copropriété en cas de conflits entre

---

[1] Le C.I.D.B. dresse la liste des associations de défense les plus connues grâce à leurs actions concrètes, dans l'annuaire de l'environnement sonore (édition 1997, p. 67).

[2] J.-M. JACOB, Action des associations contre le bruit, Aspects du droit de l'environnement, Extraits de la session de formation continue du 30 janvier au 3 février 1994, sous la direction de Michel DOUMENQ, premier semestre 1995, p. 7-12

propriétaires, les mairies et leurs conciliateurs, les services d'hygiène... Sur le plan de la prévention proprement dite, la Ligue participe à des instances de lutte contre le bruit, comme le Conseil national du bruit par exemple, à des séminaires, des émissions de radio et de télévision et mène des actions d'information et de sensibilisation en rédigeant régulièrement des articles de presse écrite.

639. Au niveau local, les associations de lutte contre les bruits de voisinage peuvent être tout aussi dynamiques, pour peu qu'elles disposent de moyens suffisants. Le Centre Antibruit du Bas-Rhin (C.A.B.R.) en est un exemple éloquent. Il trouve son origine en 1969, dans une action ponctuelle contre le bruit, à l'initiative de résidents d'un quartier de Strasbourg. Devant le succès de cette expérience et dans le souci d'en faire bénéficier un plus grand nombre de victimes potentielles de bruits de voisinage, le C.A.B.R. est créé le 21 janvier 1970, sous la forme d'une fédération de sections locales ayant mené des actions similaires. Association régie par la loi de 1901, son objet social représente véritablement un modèle à suivre par toutes les associations qui se sont investies dans ce domaine[1].

640. « *L'association a pour objet de promouvoir et d'entreprendre toute action, tant sur le plan de l'éducation, que sur celui de l'information et si nécessaire de la répression, soit sur initiative propre, soit par l'intermédiaire des instances concernées contre les bruits qui peuvent se manifester dans l'environnement de l'homme en général, dans les domaines de l'habitat, des transports, des chantiers et des industries en particulier,*

afin que :

- soit respecté comme une exigence morale, technique et juridique, le droit au silence pour chacun ;

- soient mises en application les dispositions légales et réglementaires existantes et prévues pour la lutte contre le bruit ;

- soient promulguées toutes les dispositions complémentaires et nouvelles dans le même sens ;

- et qu'enfin, au sein de multiples groupes locaux dont la création sert à encourager, naisse une vraie conscience de l'importance vitale que revêt la lutte contre le bruit et dont l'efficacité est fonction d'une action concertée et soutenue ». (art. 2 des statuts du C.A.B.R.).

641. Dans la pratique, le C.A.B.R. fait tout pour remplir le mieux possible les objectifs pour lesquels il a été créé. Il donne la priorité à la prévention par l'information et la sensibilisation des acteurs concernés. Dans cette optique, il communique au niveau départemental les campagnes contre le bruit organisées au niveau central. L'association est pour cela en relation avec de nombreux organismes administratifs ou associatifs, tels que l'A.D.E.M.E., auprès desquels elle se fournit en documents d'information divers qu'elle diffuse auprès du public. Elle publie également une revue trimestrielle traitant de cas concrets, exposant la législation et la jurisprudence et prodiguant des conseils pratiques pour la vie au quotidien. En sus de cette revue, un journal destiné à un large public paraît une fois par an et contient des articles de vulgarisation rédigés par des « spécialistes du bruit » (experts, médecins, acousticiens...). Information et

---

[1] Il est à noter que le Bas-Rhin est le seul département en France qui bénéficie d'une association de ce genre. Il est tout à fait regrettable qu'une telle structure ne soit pas étendue à toute la France, alors même qu'elle répond à un réel besoin, comme en témoignent les nombreuses demandes de victimes du bruit qui affluent des différents départements limitrophes.

sensibilisation sont donc les pièces maîtresses de l'action préventive menée par le C.A.B.R., qui non seulement constitue un interlocuteur privilégié des particuliers, une structure d'écoute et de conseils de tous les instants, mais aussi un intermédiaire de poids entre les citoyens, victimes de bruits de voisinage et l'administration jugée toujours trop rigide et inaccessible par les particuliers.

642. Plusieurs cas ponctuels ont par ailleurs mis en lumière, ces derniers temps, la détermination et l'impact que peut avoir le mouvement associatif lorsqu'il s'agit de défendre la santé et la qualité de vie des citoyens. Deux « affaires » ont défrayé la chronique, démontrant sans équivoque que, désormais, les pouvoirs publics ont bel et bien en la présence des associations de défense, des interlocuteurs décidés à prendre part aux projets porteurs de nouvelles nuisances sonores et à faire valoir les revendications des personnes les premières concernées, à savoir les riverains exposés. Toutes deux -est-ce un hasard ?- révèlent le mécontentement général et croissant des voisins d'aéroports que la concurrence mondiale ne cesse de développer au détriment de l'environnement sonore. De même, elles illustrent parfaitement la volonté de plus en plus marquée du public de participer activement à la prise de décision des grands projets et aménagements à réaliser dans le pays et de se faire les gardiens d'un bien précieux parce que menacé de disparaître : une certaine *qualité* de vie.

643. La première affaire concerne l'extension de l'aéroport de Roissy-Charles-de-Gaulle autorisée par le ministre des transports en contre-partie de mesures de protection des riverains. L'annonce de cette nouvelle a provoqué une mobilisation générale des personnes concernées qui ne se sont pas laissées convaincre ni abuser par ces promesses de maîtrise des nuisances sonores, qui en toute objectivité paraissent on ne peut plus difficiles à tenir. L'extension d'un aéroport entraîne inévitablement un renforcement des désagréments pour les riverains proches, quels que soient les efforts accomplis. Les citoyens ne sont pas dupes et l'ont fait savoir en manifestant leur opposition à la construction des deux pistes supplémentaires et en réclamant la réduction des nuisances actuelles au travers du slogan « Roissy ça suffit, arrêtez les vols de nuit ». C'est à l'appel de 160 associations écologiques de la région parisienne que, le 18 octobre 1997 à Paris, s'est tenue cette manifestation qui a réuni riverains, associations et élus locaux -10 000 personnes selon les organisateurs, 1 700 selon la police- autour des mêmes revendications. Véritable moteur de la participation populaire, ces associations ont donné l'impulsion, organisant le mouvement de protestation pour qu'il soit entendu de tous.

644. Plus encore, l'affaire D.H.L. de Strasbourg témoigne de la puissance que peuvent acquérir les associations de défense lorsqu'elles se mobilisent sérieusement. Elle constitue une première dans notre pays, tant pour le mouvement associatif que pour la protection de l'environnement, en l'occurrence la lutte pour la qualité de la vie. C'est bien *« une leçon de démocratie locale que la population strasbourgeoise a donnée au reste de la France en refusant des décisions prises au-dessus de sa tête »*[1]. Avec le soutien des élus locaux et à coups de puissantes manifestations, les résidents de la périphérie de l'aéroport de Strasbourg-Entzheim ont réussi à empêcher l'implantation par le géant mondial du fret express D.H.L. d'un centre de tri européen qui aurait entraîné une grave amplification des vols de nuit[2]. A l'annonce de la venue de D.H.L., vingt-cinq associations de défense -une par localité- se sont constituées et se sont regroupées en une

---

[1] Articles de P. MANIERE et C. PEGARD : « Spécial Strasbourg - L'affaire D.H.L. » et de F. DUFAY : « Psychodrame à l'alsacienne », Le Point n° 1254 du 28 septembre 1996, p. 61-66.

[2] Il était annoncé 16 mouvements d'avion au début, qui s'amplifieraient jusqu'à 34 décollages et atterrissages d'ici sept ans, imposés directement aux 123 mille personnes habitant dans la zone de l'aéroport.

fédération : l'Union pour la fermeture nocturne de l'aéroport de Strasbourg-Entzheim, qui a organisé des réunions, fait des pétitions et publié quotidiennement des lettres dans la presse locale. Le point d'orgue fut la marche silencieuse dans les rues de Strasbourg qui réunit 15 000 personnes le 14 septembre 1997[1]. Deux jours plus tard, au nom des collectivités locales, le maire de Strasbourg annonçait le rejet du projet d'implantation de D.H.L...

645. Jour après jour, les journaux locaux (« L'Alsace » et les « Dernières Nouvelles ») n'ont eu de cesse de relater jusqu'au dénouement final les épisodes mouvementés de la confrontation. Le magazine national « Le Point » a publié de son côté un numéro « Spécial Strasbourg » avec en couverture une photo des manifestants, alors que l'affaire était exposée visuellement à l'ensemble des Français dans l'émission « C'est à suivre » sur France 2, suivie d'un débat entre les principaux protagonistes (le P.D.G. de D.H.L., plusieurs représentants des associations, des riverains, le directeur général de la Chambre de commerce et de l'industrie). Le moins que l'on puisse dire est donc que cette affaire a fait beaucoup de bruit et chose plus importante encore, elle a sans nul doute créé un précédent en matière de démocratie participative. De part et d'autre, on a pris conscience du poids de plus en plus important des revendications des citoyens s'agissant de la lutte pour un environnement sonore *viable*. Le regroupement associatif leur donne une consistance et une crédibilité nécessaires à l'engagement dans un processus lent, mais inéluctable, de codécision.

646. La reconnaissance des associations comme vecteur de l'expression populaire se fait progressivement, grâce à de tels cas ponctuels. Mais comme le souligne M. Gualezzi dans son rapport *« Le bruit dans la ville »* et comme en témoigne la pratique, ce mouvement associatif doit à tout prix s'organiser et coordonner ses actions sur tout le territoire, pour être véritablement efficace dans la perspective de politiques de lutte globales menées sur le long terme. *« Les associations ne pourront progresser et être représentatives au plan national que lorsqu'elles auront trouvé un fonds commun pour lutter contre le bruit »*[2]. Pour être l'expression même de la démocratie participative, elles ont besoin de la confiance et du soutien -financier, matériel et humain- des citoyens qu'elles représentent, afin de servir de contre-poids aux pouvoirs publics et aux « producteurs » de nuisances acoustiques. Cette coordination interne au mouvement associatif doit donc, dans un même temps, se doubler d'une concertation et d'une collaboration avec tous les autres acteurs, administratifs et professionnels, impliqués.

647. L'application des outils juridiques de la prévention des bruits de voisinage implique une mobilisation de tous les acteurs de la société. La prise de responsabilité par l'ensemble des couches sociales doit se faire sans tarder si l'on veut obtenir des résultats probants et généralisés. Chacun, en tant qu'individu pris isolément et/ou membre d'une structure organisée, est appelé à prendre conscience du rôle spécifique et capital qu'il a à jouer dans la politique globale de lutte contre les nuisances sonores. A chaque niveau et dans chaque secteur d'activités correspond un domaine d'action plus ou moins étendu, compte tenu de la répartition des pouvoirs, des compétences et des contraintes techniques, économiques et sociales. Mais de façon générale, des politiques préventives efficaces, c'est-à-dire axées sur un développement durable, nécessitent une organisation

---

[1] Les manifestants, défilant en silence dans le centre-ville de Strasbourg avec des banderoles demandant l'arrêt des vols de nuit à l'aéroport de Strasbourg-Entzheim, étaient précédés par une voiture diffusant une bande sonore d'enregistrement d'avions, au moment du décollage et de l'atterrissage. Ces enregistrements avaient été réalisés par les riverains de l'aéroport pour montrer quel était leur supplice au quotidien...

[2] J.-P. GUALEZZI, « Le bruit dans la ville », Rapport du Conseil Economique et Social, préc., p. II-258.

cohérente et coordonnée de leurs acteurs. « *La gestion du bruit ne relève pas seulement des doctrines urbanistiques ni de normes techniques mais du bon fonctionnement d'un système d'acteurs, publics et privés, institutionnels et individuels* »[1]. Cela suppose bien évidemment une concertation ouverte et une collaboration active entre les différents niveaux d'intervention.

648. La clé d'une bonne gestion des nuisances sonores réside donc dans un **partenariat** intégrant tous les acteurs, afin que tous les niveaux d'intervention - horizontaux et verticaux- soient représentés de façon **égalitaire.** Un tel partenariat requiert la réunion d'un certain nombre de conditions primordiales. Il suppose, en premier lieu, une volonté d'agir émanant, d'une part, des pouvoirs publics qui doivent donner l'impulsion et le « bon exemple » et, d'autre part, des citoyens titulaires d'un droit de participation démocrative. Il s'agit là d'une condition *sine qua non*, qui pourtant continue de faire défaut tant au niveau de la volonté politique que de la volonté individuelle. La volonté d'agir ne peut, ensuite, se concrétiser que s'il existe une transparence totale dans l'information et dans l'action. Cette transparence doit s'opérer entre les différents services et à l'égard du public, ce qui signifie une pleine ouverture des structures entre elles et sur l'extérieur. Enfin, les différents pouvoirs et compétences détenus par les multiples partenaires doivent être parfaitement coordonnés afin de parvenir à une réelle complémentarité de chaque intervention.

649. La solution institutionnelle de mise en œuvre des outils juridiques et de politiques préventives efficaces pourrait bien, comme nous l'avons déjà observé, se trouver dans cette nouvelle structure de coordination et d'échanges que sont les pôles de compétence « bruit ». Pour cela, à bien des égards ils sont encore amenés à se développer et à s'améliorer. Avant tout, il est indispensable que la totalité des départements se voient doter d'une telle instance pour équilibrer les forces en présence sur l'ensemble du territoire national et mener en toute harmonie des actions locales conformes aux orientations de la politique décidée au niveau central. Les pôles de compétences doivent également s'ouvrir de façon plus large à tous les acteurs engagés dans la lutte contre les bruits de voisinage et notamment aux associations représentant les citoyens. Véritables réseaux d'experts locaux, ils pourront dans ces conditions devenir des instruments pratiques de définition des politiques locales pour une intervention raisonnée et efficace sur le terrain.

650. Mais aussi nombreux que sont les outils juridiques et acteurs engagés dans la lutte contre les bruits de voisinage, aussi variés peuvent se révéler les niveaux et modes d'intervention dans la pratique. Le cadre juridique de la prévention procure des moyens considérables pour la mise en place de véritables politiques de lutte. Le tout est de bien l'exploiter...

---

[1] J.-P. GUALEZZI, « Le bruit dans la ville », Rapport du Conseil Economique et Social, préc., p. II-212.

Titre II

LA MISE EN ŒUVRE DES OUTILS JURIDIQUES : LES NIVEAUX ET MODES D'INTERVENTION

651. *« Le monde du bruit est comme un immense archipel fait de millier de petites îles toutes différentes »*[1]. Cette comparaison poétique se prête parfaitement à la réalité des bruits de voisinage et se vérifie à deux points de vue. Tout d'abord, le problème numéro un posé par les nuisances sonores réside dans la très grande diversité de leurs sources et manifestations. En effet, qu'y a-t-il de comparable entre les éclats de voix quotidiens des voisins, le vrombissement des avions, les aboiements continus d'un chien, les pétarades d'une motocyclette ou encore les débordements musicaux d'une discothèque ? Mise à part la réalisation d'un trouble de voisinage en terme de gêne sonore, il n'y a, *a priori,* presqu'aucun point commun : ni la réglementation, ni les agents et services concernés, ni les traitements appropriés ne sont les mêmes. On ne règle pas le problème des riverains d'aéroport de la même façon que l'usage des tondeuses à gazon... Ensuite, le deuxième problème du bruit, d'ailleurs étroitement lié au premier, est que chacun entend *son* bruit, a *son* problème de bruit et ne cherche à résoudre que *son* problème. En somme, c'est *« chacun sur son île avec son bruit » !*

652. Cette réalité produite par les bruits de voisinage a conduit, assez logiquement, les pouvoirs publics à développer sur le terrain des politiques au *« coup par coup »,* en fonction des caractéristiques et exigences propres à chaque source sonore prise isolément. Appréhendant les nuisances acoustiques uniquement à la mesure des plaintes et conflits qu'elles suscitent, ils s'attachent à résoudre les problèmes les uns après les autres, au fur et à mesure de leur émergence et de l'urgence de la situation. Ce type de politique repose principalement sur une action de terrain, localisée à l'endroit dit du trouble de voisinage. Ce sont donc les autorités locales, les plus proches des problèmes, qui sont amenées à intervenir. Si *dans l'absolu,* une telle approche a le mérite de chercher *la* solution à *chaque* nuisance dénoncée, elle ne tient absolument pas compte du caractère global et transversal que présente dans le même temps la problématique des bruits de voisinage. Les efforts d'un seul individu, la solution à un seul problème, ne produiront pas l'effet escompté, à savoir une amélioration générale pour une *certaine* qualité de vie, si dans le même voisinage les autres sources de nuisances sonores ne sont pas traitées.

---

[1] B. DHON, La lutte contre le bruit : de l'action en miette à l'action globale, Echo Bruit n° 22, mai 1986, p. 5-6.

653. Une deuxième « philosophie » a dès lors été développée, fondée sur une logique tout à fait différente puisqu'elle place le problème des bruits de voisinage dans une vision globale et à long terme. Fer de lance de la nouvelle législation relative au bruit, elle intègre la notion de « développement durable » dans les politiques de lutte préventive. L'action se veut concertée et organisée, pour une démarche exhaustive et cohérente afin que les efforts des uns ne soient pas réduits à néant par l'inertie ou le sans-gêne des autres. C'est donc, en principe, au niveau central que s'organise cette stratégie et que sont définis les objectifs à remplir sur le terrain par les autorités compétentes. Il ne s'agit plus de traiter chaque « îlot » acoustique de façon séparée, mais d'envisager la problématique du bruit dans une perspective d'ensemble, considérant que chacun de ces îlots est interdépendant, formant un tout indissociable : un « archipel », constituant le voisinage.

654. Ces deux types de politiques préventives[1], actuellement mises en œuvre dans notre pays, soulèvent de multiples interrogations pratiques s'agissant de leurs conditions et de leurs effets. Elles constituent les deux orientations principales que les pouvoirs publics français ont choisies en vue d'exploiter pleinement le cadre juridique de la prévention des bruits de voisinage mis en place. Toutes deux posent la question des niveaux d'intervention, c'est-à-dire de la localisation du problème et de son traitement, ainsi que des modalités d'action. Qu'il s'agisse de la première approche traditionnelle (chapitre I) ou de la deuxième introduite expressément par la loi-cadre de 1992 (chapitre II), la question de leur contenu pratique -comment se présentent-elles concrètement, qui est chargé de les mener et comment ?-, de leurs points forts et insuffisances, de leur articulation, est déterminante d'une prévention contre les bruits de voisinage réellement efficace.

[1] Le rapport de l'O.C.D.E. présenté en 1991 distingue ces deux « philosophies » générales structurant les politiques de lutte contre le bruit dans ses pays membres. V. : Lutter contre le bruit dans les années 90, O.C.D.E., Paris, 1991.

Chapitre I

L'APPROCHE TRADITIONNELLE DES BRUITS DE VOISINAGE : LES ACTIONS PONCTUELLES ET SECTORIELLES

655. Il y plus de vingt ans, le professeur Lamarque affirmait qu'« *il est dans la nature des choses que la prévention du bruit soit organisée dans des cadres sectoriels, autrement dit qu'elle fasse l'objet de dispositions particulières* »[1]. Cette constatation part du principe selon lequel le traitement des nuisances sonores nécessite, d'une part, une action sur le terrain, au lieu d'impact de la nuisance et, d'autre part, une action personnalisée et flexible, c'est-à-dire parfaitement adaptée aux spécificités du problème posé. Elle se vérifie encore aujourd'hui dans la législation existante en matière de bruit et dans la manière de l'appliquer. En effet, dispose-t-on actuellement d'une réglementation de caractère général, propre à prévenir les effets nuisibles de tous les bruits de voisinage, au-delà d'un seuil d'intensité sonore identique en tous lieux ? Une telle prouesse juridique n'est concrètement pas possible compte tenu des caractères spéciaux du phénomène bruit. En outre, serait-elle vraiment souhaitable ?...

656. Les manifestations et la nocivité du bruit sont fortement variables suivant ses origines et le contexte dans lequel il se produit. C'est donc une politique « au coup par coup » tenant compte de ces spécificités qui paraît la plus à même de régler les problèmes soulevés dans le voisinage. Chaque nuisance acoustique (bruits dans l'habitat, bruits de circulation, bruits des chantiers...) constitue un cas particulier requérant une solution particulière. Aussi, dès que les pouvoirs publics ont commencé à prendre un tant soi peu en compte ce type de nuisance, ils ont privilégié la démarche ponctuelle et sectorielle répondant aux exigences du lieu et du moment. Ces politiques « au coup par coup » s'inscrivent dans la continuité logique de la réglementation sectorielle du bruit qui, avant l'instauration d'une loi-cadre, formait l'essentiel des outils juridiques de lutte. Elles sont toujours majoritairement pratiquées, lorsque le besoin s'en fait sentir au niveau local.

657. Or, qui dit intervention locale dit à titre principal compétence du maire qui, en vertu de l'article L. 2212-2-2° du Code général des collectivités territoriales, se trouve justement être le garant de la tranquillité publique et se voit confier la prévention des bruits de voisinage. D'un point de vue géographique, le maire semble effectivement le mieux placé pour remplir ce que le professeur Goy appelle *« un rôle (...) d'adaptation aux circonstances locales, car il* (lui) *appartient non pas de statuer d'une façon très générale, mais de répondre à des problèmes précis, concrets, locaux, à des aspirations locales »*[2]. Mais le bruit étant un sujet transversal qui recouvre les différents secteurs d'activités, le maire n'en maîtrise pas tous les aspects au niveau local, alors même que la commune se situe au carrefour de tous les projets conduits à l'échelon de la ville et apportant inévitablement des modifications pour le voisinage.

---

[1] J. LAMARQUE, Le droit contre le bruit, préc., p. 17.

[2] R. GOY, Les pouvoirs de police du maire et la réglementation du bruit de la circulation, Droit et Ville n° 10-1980, p. 35.

658. Ce n'est pas tant le niveau d'intervention : la démarche locale, sur le terrain, qui pose un problème d'efficacité, que les modalités de cette intervention définies et mises en œuvre par l'autorité compétente qui décideront d'une prévention des bruits de voisinage propre à garantir un environnement sonore *satisfaisant*. Les objectifs de protection poursuivis par le législateur et fixés dans cette optique peuvent être atteints de deux manières complémentaires : d'un côté, par des mesures d'application concrètes et adaptées de la législation bruit (section I), de l'autre, au travers d'actions de bon sens dans des domaines où le législateur est encore discret ou moins impératif et qui reposent sur de véritables stratégies antibruit élaborées par les autorités locales (section II).

Section I : Les mesures de mise en œuvre des réglementations : ponctuelles et localisées

659. La législation actuelle touchant au problème du bruit permet, nous l'avons vu, d'appréhender la totalité des sources sonores susceptibles de porter atteinte au voisinage. L'enjeu réside à présent dans une application effective de toutes ces mesures édictées. Comment en pratique utiliser de façon optimale l'arsenal juridique dont notre pays est aujourd'hui doté en matière de lutte contre le bruit ? Une utilisation concrète -surtout s'agissant des bruits de voisinage qui se caractérisent par leur proximité- suppose assurément une action sur le terrain, face aux différentes catégories de bruit rencontrées. Le niveau d'intervention privilégié, celui qui permet le mieux et le plus rapidement d'identifier les composantes des problèmes posés, de trouver et d'appliquer dans les plus brefs délais les solutions appropriées à chaque cas d'espèce, est bien le niveau local, lieu d'impact de la nuisance sonore.

660. Mais cette démarche, une fois entreprise, soulève à bien des égards de nombreuses interrogations et surtout se trouve confrontée à divers obstacles qui peuvent sérieusement entraver les mesures de prévention mises en place. Trois critères fondamentaux sous-tendent l'efficacité et le succès d'une telle politique. Tout d'abord, l'approche du bruit ne se fait pas au hasard, c'est-à-dire n'importe où et par n'importe qui. La localisation du problème et de son traitement ainsi que la désignation sans équivoque des autorités compétentes pour agir sont des préalables indispensables à l'action locale (§1). Ceux-ci étant précisés, il convient ensuite de s'interroger sur le caractère opportun des différentes actions à mener contre les bruits de voisinage. Quel est l'objectif poursuivi et avec quels moyens ? (§2) Enfin, la nécessité -voire l'urgence- de l'intervention ne faisant plus de doute, il faut en déterminer les modalités pratiques en vue d'une adéquation parfaite avec le but recherché (§3).

661. Ainsi, comme le fait très justement remarquer M. Goliard, *« la lutte contre le bruit ne dépend pas uniquement des textes. Encore faut-il que, sur le terrain, les différentes autorités administratives interviennent quand il le faut et de manière appropriée pour prévenir, faire cesser ou diminuer les nuisances sonores provoquées par les tiers »*[1].

§1. LE NIVEAU D'INTERVENTION PRIVILÉGIÉ : L'ACTION LOCALE

662. L'action locale est celle à laquelle le public est le plus sensible parce que proche d'eux, elle est immédiatement et facilement perceptible. Elle réalise la prise en compte directe des revendications qui sont l'expression aboutie d'une tolérance plus ou

[1] F. GOLIARD, Le juge administratif et le contentieux de la puissance publique contre le bruit, R.J.E. 3-1996, p. 263.

moins grande à la gêne sonore imposée au voisinage. Dans tous les cas, et quelles que soient les sources de bruit en cause, cette gêne varie selon le contexte local défini par un nombre considérable de caractéristiques propres et déterminantes. Les bruits de voisinage posent donc un problème essentiellement local qui, par voie de conséquence, justifie une action à la même échelle (A).

663. Pour qu'elle soit cohérente et acceptée de tous, cette action suppose une prise en charge par des autorités légitimes, proches des conflits et exigences des riverains et travaillant sur place. Elle nécessite surtout la présence de décideurs locaux à la tête de ce niveau d'intervention particulièrement sensible, puisqu'en contact direct et permanent avec les protagonistes des conflits créés par les nuisances sonores. Les textes, non dénués de certaines ambiguïtés à ce sujet, désignent deux responsables locaux en matière de lutte contre le bruit, qui se doivent de devenir de véritables « chefs d'orchestre » à cet échelon -à l'instar du ministre en charge de l'environnement sur le plan national-, afin que les actions ponctuelles et sectorielles dont ils sont les concepteurs s'inscrivent dans une démarche pondérée et correspondent à une véritable stratégie de lutte préventive (B).

A. La dimension intrinsèquement locale des bruits de voisinage

664. La première question pratique que pose la mise en œuvre des mesures de prévention est celle du niveau géographique d'intervention. Où doit-on agir pour assurer des ambiances sonores de qualité ? L'expression « bruits de voisinage » contient en elle-même la réponse. Partant de la définition et de la délimitation du voisinage, il est possible d'affirmer que les « bruits de voisinage » dénoncés pour la gêne qu'ils occasionnent constituent une nuisance de proximité (1) dont le trait local est déterminant du niveau d'intervention (2).

1- Les bruits de voisinage : une nuisance de proximité...

665. De façon générale, le bruit devient une nuisance à partir du moment où il occasionne une gêne difficilement supportable. Pour qu'une telle gêne soit ressentie, elle doit provenir d'une ou plusieurs sources sonores *relativement* proches. En effet, même si le bruit produit est d'une intensité très grande, jusqu'à 140 dB(A) par exemple pour un avion au décollage, sa perception se trouve limitée par la distance et décroît au fur et mesure de l'éloignement de son point d'émission. Ceci se vérifie pour toutes les sources de bruit. C'est l'intensité d'origine, à l'émission, qui conditionne le territoire plus ou moins étendu de réception. L'approche des bruits de voisinage suppose donc avant tout une définition géographique, permettant de déterminer leur domaine et de circonscrire le champ d'intervention des autorités chargées de leur traitement.

666. C'est à partir du point de production du bruit que l'on va délimiter le périmètre touché, le lieu particulier constituant le « voisinage » dans lequel la nuisance acoustique sévit et impose d'agir. Cette notion de « voisinage » est extrêmement difficile à définir en raison de l'intensité variable des multiples sources sonores produites et du caractère on ne peut plus subjectif de la gêne subie. Elle est ainsi tout aussi fluctuante, compte tenu des données spécifiques de chaque cas d'espèce : potentiel acoustique de chaque type de bruit, niveau d'intensité effectivement atteint, réceptivité des différents riverains... Elle établit néanmoins sans conteste le fait que les bruits de voisinage constituent bien une nuisance de proximité -cette proximité étant plus ou moins étendue !- et posent un problème local dans leur émission et leur réception, la prévention pouvant s'opérer de façon alternative ou combinée à ces deux stades.

667. La pratique ne dément pas cette conception des bruits de voisinage, qui est celle de l'ensemble de la population. Il s'agit bel et bien d'une nuisance de proximité, le problème ne se révélant à chaque individu qu'à partir du moment où ce dernier est assez proche pour en percevoir les effets. C'est ce qui est finalement ressorti de l'affaire « D.H.L. de Strasbourg » (*supra* n° 644-645). Un sondage de la SOFRES a montré que si les riverains immédiats de l'aéroport étaient hostiles au projet à 73 %, en revanche la majorité des habitants de la communauté urbaine de Strasbourg (58 %), plus éloignés du site aéroportuaire, étaient favorables à l'implantation de D.H.L[1]. Avec toute la circonspection qu'on se doit d'attacher aux résultats de sondages d'opinions[2], il est pourtant un constat qui s'impose et dont « l'affaire D.H.L. » n'est qu'un révélateur médiatisé parmi les nombreux cas de la vie quotidienne. Le bruit n'apparaît comme un réel problème à combattre que si ses lieux d'émission et d'impact sont géographiquement rapprochés. En effet, chacun ne se préoccupe que de *son* bruit, autrement dit celui qu'il entend et subit personnellement. Cela implique évidemment un certain « contact » qui n'est rendu possible que par la proximité.

668. Aussi certain que chacun n'entend que *son* bruit, chacun voudra une solution appropriée à *son* problème, apportée par une intervention directe menée sur place.

2- ...déterminante du niveau d'intervention

669. L'échelon local paraît en toute logique constituer le niveau d'intervention le plus efficace puisqu'il correspond parfaitement au trait caractéristique de tous les bruits de voisinage, à savoir leur dimension locale. Cela se vérifie aussi bien pour le traitement de nuisances sonores déjà subies par les riverains, traitement qui tendra à les supprimer ou du moins à empêcher une aggravation de la situation, que pour la prévention proprement dite de dégradations de l'environnement sonore non encore réalisées mais prévisibles. Comme le rapporte un spécialiste en la matière et homme de terrain, M. Esmenjaud qui est animateur du pôle de compétence Bruit en Isère, *« une grande partie des conflits dans ce domaine concerne des situations de voisinage immédiat. Pour cette raison la commune constitue le niveau irremplaçable pour déceler une situation de nuisances sonores potentielle dès l'élaboration d'un projet, pour rechercher avec le pétitionnaire et avec le concours des services de l'État compétents les prescriptions spéciales qui permettront de limiter ces nuisances »*[3].

670. Une gestion cohérente des bruits de voisinage nécessite, en effet, une analyse de chaque situation conflictuelle en tenant compte de l'environnement et du contexte dans lesquels les nuisances sonores sont véritablement ou simplement susceptibles d'être causées. Une telle appréciation se fait justement en fonction du « voisinage », envisagé dans la totalité de ses composantes : situation géographique, aménagement du territoire, catégories de population y habitant, nature et fonctionnement des activités, etc. Toutes ces données interviennent à un degré plus ou moins marqué dans la production et la perception des nuisances acoustiques. La gêne qu'elles engendrent est par conséquent variable selon le contexte local, tout comme les remèdes qu'elles réclament. L'approche du bruit sera donc différente selon les spécificités locales, l'état d'esprit des habitants, parfois même les traditions locales. La commune est le territoire politiquement et

---

[1] Source : article de F. DUFAY : « Psychodrame à l'alsacienne », Le Point n° 1254, 28 septembre 1996, p. 64.

[2] Quelle est la population interrogée, dans quelles proportion et représentation, comment les questions et réponses sont-elles formulées... ?

[3] M. ESMENJAUD, P. O.S. et permis de construire : des outils de prévention des nuisances sonores, Echo Bruit n° 80-81, avril-mai 1997, dossier « La commune et le bruit », p. 17.

juridiquement organisé qui répond le mieux à ce niveau d'intervention proche des réalités du terrain et donc du problème des bruits de voisinage.

671. La gestion du bruit à ce niveau est d'autant plus difficile que chaque ville a ses particularités. Il devient alors impossible de généraliser et d'appliquer à l'identique les solutions trouvées en tel lieu donné, car ailleurs des facteurs endémiques viendront modifier les termes du problème et fausser les résultats escomptés. Par exemple, la question du bruit ne pourra pas être traitée de la même façon à Paris, qui a un statut à part lié à sa taille, son rôle de capitale et sa vocation touristique, que dans une ville moyenne de province située en milieu rural et disposant de terrains libres dans sa périphérie pour accueillir des activités bruyantes. Si la ville de Strasbourg a à concilier la lutte contre les nuisances sonores avec sa fonction de capitale européenne, sa vocation touristique et les contraintes de la vie estudiantine, Antibes de son côté connaît les problèmes particuliers d'une station touristique. Pendant la saison estivale, elle voit sa population passer de 80 000 habitants permanents à 140 000 personnes, avec une multiplication des animations nocturnes (spectacles de plein air, terrasses de restaurant, karaoké...).

672. En fonction du contexte local, tel bruit de voisinage émanera d'activités industrielles, des animations touristiques ou encore du rythme de vie des étudiants. Les situations sont tout aussi nombreuses et complexes que les traitements et remèdes. Mais partout, elles imposent une approche analytique qui ne peut être menée que par des autorités légitimes, placées à ce niveau pour décider de la politique spécifique à suivre. L'échelon privilégié étant la commune, c'est donc en premier lieu au maire de *« s'ériger en élément central de la gestion du bruit dans la ville dont il a la charge »*[1], secondé ou chapeauté selon les cas, par son supérieur hiérarchique : le préfet, également investi d'un rôle actif dans la lutte contre le bruit.

B. LES ACTEURS LOCAUX : LE MAIRE ET LE PRÉFET

673. La gestion du bruit au niveau local doit être confiée à des autorités non seulement légitimes et compétentes, c'est-à-dire expressément reconnues comme telles par les textes, mais également physiquement présentes sur les lieux, pour être en mesure de définir et d'appliquer les solutions aux problèmes posés. Ces impératifs ont tout naturellement conduit à désigner comme responsables de la lutte contre le bruit les deux autorités de police administrative travaillant à cet échelon, à savoir le maire et le préfet.

674. La présence de deux décideurs locaux n'est certainement pas de trop, compte tenu de l'ampleur de la tâche que représente la prévention des bruits de voisinage entendus au sens large. Elle peut surtout être un gage d'efficacité si l'articulation de ces deux acteurs se fait dans de bonnes conditions (1). C'est bien l'un des principaux objectifs fixé par le législateur qui souhaite voir le dispositif national relayé sur le terrain par ces deux « chefs d'orchestre » locaux (2).

1- Le jeu combiné des deux décideurs locaux

675. L'échelon local, on vient de le voir, semble le niveau d'intervention le plus opportun pour cette nuisance de proximité que constituent les bruits de voisinage. Or, en vertu de la règle de la compétence territoriale (*rationae loci*), le maire exerce les pouvoirs de police administrative sur l'ensemble du territoire de la commune, aussi bien pour le domaine public communal, le domaine privé communal, que sur les propriétés

[1] J.-P. GUALEZZI, « Le bruit dans la ville », Rapport du Conseil Economique et Social, préc., p. II-100.

privées. Il apparaît donc comme l'interlocuteur le plus immédiat des citoyens, qui d'ailleurs s'adressent à lui spontanément lorsqu'un problème surgit au sein de la ville, même s'il n'en est pas directement responsable. La lutte contre le bruit faisant partie intégrante de ses attributions, il est le mieux placé pour apprécier chaque cas d'espèce et remplir cette délicate mission qui est de fixer les devoirs des « bruiteurs » et en même temps de poser des limites aux exigences des voisins en matière de tranquillité.

676. Comme le fait remarquer le rapporteur du Conseil Economique et Social, M. Gualezzi, *« le maire se retrouve, dans ce domaine comme dans beaucoup d'autres, politiquement comptable devant ses électeurs des réponses apportées et du degré de satisfaction ou d'insatisfaction de ses administrés »*[1]. Mais c'est avant tout au nom de la loi qu'il est le garant de la tranquillité publique et chargé à ce titre de la prévention des bruits de voisinage. Autorité la plus proche des voisins, c'est à lui que revient de définir et de diriger les politiques de lutte les plus appropriées, à mener dans sa commune. Dans l'hypothèse d'une extension du problème sur le territoire d'une commune voisine -par exemple lorsqu'une usine bruyante se trouve à la frontière de deux agglomérations-, la stricte application de la compétence *rationae loci* impose que soit pris un arrêté intermunicipal par les maires concernés ou une décision préfectorale.

677. Le préfet constitue, en effet, le deuxième acteur principal dans la lutte contre le bruit. D'un part, il détient des pouvoirs spécifiques dans ce domaine, au titre des polices spéciales (installations classées pour la protection de l'environnement, hygiène publique, débits de boissons), mais également de la police générale de la tranquillité publique[2]. En tant que supérieur hiérarchique du maire, il veille à la légalité des mesures prises au niveau de la commune et *peut* pallier l'inaction de l'élu local ou se substituer à lui. D'autre part, en sa qualité de représentant de l'État dans le département, il joue le rôle de relais sur le terrain de la politique nationale et assure la coordination des différents services de l'État intervenant à l'échelon déconcentré dans la lutte contre les nuisances sonores. Il est donc amené à exercer des attributions tout aussi importantes que celles du maire, pour une prévention efficace des bruits de voisinage entendus au sens large.

678. L'efficacité des politiques de prévention élaborées au niveau local dépend justement de l'articulation de ces deux décideurs locaux dans l'exercice de leurs compétences respectives. Les textes actuels, nous l'avons vu (*supra* n° 266 et s.), ont voulu réaliser une simplification dans la répartition des pouvoirs qui, cependant, ne se retrouve pas en pratique du fait du manque de précision dans la définition des notions de

---

[1] J.-P. GUALEZZI, « Le bruit dans la ville », Rapport du Conseil Economique et Social, préc., p. II-99.

[2] A ce titre, la loi n°2001-1062 du 15 novembre 2001 relative à la sécurité quotidienne (*JO* du 16 nov.) a doté les préfets de nouveaux pouvoirs relatifs à l'organisation des rassemblements exclusivement festifs à caractère musical (rave party). Elle insère dans la loi n°95-73 du 21 janvier 1995 d'orientation et de programmation relative à la sécurité un article 23-1 permettant de soumettre à déclaration préalable auprès du préfet du département : *« les rassemblements exclusivement festifs à caractère musical (non déjà soumis à une obligation de déclaration ou d'autorisation), organisés par des personnes privées, dans des lieux qui ne sont pas au préalable aménagés à cette fin et répondant à certaines caractéristiques fixées par décret en Conseil d'Etat tenant à leur importance »* (décret n°2002-887 du 3 mai 2002 : *JO* du 7 mai, p. 9027). La déclaration doit mentionner les mesures envisagées pour garantir la sécurité, la salubrité, l'hygiène et la tranquillité publiques et être accompagnée de l'autorisation d'occuper le terrain ou le local où est prévu le rassemblement, donnée par le propriétaire ou le titulaire d'un droit réel d'usage. Le préfet peut interdire le rassemblement s'il est de nature à troubler gravement l'ordre public ou si, en dépit d'une mise en demeure préalable adressée à l'organisateur, les mesures prises par celui-ci pour assurer le bon déroulement du rassemblement sont insuffisantes.

« tranquillité » et de « bruits de voisinage », fondements de l'intervention. En outre, les rapports qui lient les deux autorités de police sont extrêmement complexes, pouvant être variables et multiples selon les cas d'espèce. Qu'ils soient hiérarchiques, complémentaires ou subsidiaires, leur détermination est capitale pour les deux autorités concernées. Chacune doit connaître avec exactitude non seulement l'étendue de ses attributions, mais également le champ d'intervention de l'autre, afin qu'il n'y ait pas de situations de carence totale ou au contraire de chevauchement et d'opposition. Cela suppose bien évidemment une information précise et détaillée des intervenants, doublée d'un travail mené en concertation permanente, deux conditions qui encore aujourd'hui font défaut dans la pratique et qu'il convient de développer d'urgence.

679. La prévention des bruits de toute nature émis dans le voisinage impose une coordination sans faille des maires et préfets, « chefs d'orchestre » de la lutte locale. La meilleure stratégie réside dans la complémentarité et le renforcement des actions, chacun intervenant de manière effective dans son domaine de compétences, le tout s'inscrivant dans une véritable politique du bruit, globale et parfaitement coordonnée. Mais une telle démarche nécessite avant tout un changement important des mentalités de la part des autorités locales, afin qu'elles considèrent enfin le problème des bruits de voisinage à sa juste valeur et non pas comme un simple caprice de certains riverains particulièrement susceptibles ou comme un enjeu purement électoral.

680. De l'avis du président du Centre Antibruit du Bas-Rhin (C.A.B.R.), M. Lorentz, il semblerait que *« les collectivités locales commencent à prendre la mesure du problème. Certaines développent des actions, rénovent un langage, révisent des positions. Elles ont perçu l'évolution des mentalités et la perspective de sanctions électorales aide les plus rétives à cette conversion culturelle »*[1]. Cependant, le chemin à parcourir est encore long pour que maires et préfets dans leur totalité prennent bien conscience de la tâche qui leur incombe face aux nuisances sonores dont se plaignent leurs administrés et assument leurs responsabilités en la matière. Ils sont pourtant vivement encouragés dans cette voie par la législation actuelle qui met à leur charge de nouveaux pouvoirs ou obligations dans le domaine du bruit, les poussant à tenir un rôle de « chefs d'orchestre », chacun à leur niveau d'intervention.

2- La confirmation légale des deux responsables locaux dans leur fonction

681. La désignation de deux « chefs d'orchestre » locaux en la personne du maire et du préfet s'impose non seulement dans les faits mais également en droit. La loi-cadre de 1992 a, d'une part, élargi les pouvoirs de ces autorités administratives et, d'autre part, mis à leur charge des contraintes supplémentaires. Elle renforce considérablement leur responsabilité dans la lutte contre le bruit, notamment en matière d'urbanisme, d'infrastructures de transports, de réglementation des activités et de bruits de voisinage au sens juridique du terme. Rappelons à titre d'exemple que le préfet se voit ainsi confier le soin de mettre en œuvre les nouvelles mesures tendant à limiter les nuisances sonores provoquées à leurs abords par la réalisation et l'utilisation des aménagements et infrastructures de transports terrestres. L'article 13 de la loi n° 92-1444 du 31 décembre 1992 (art. L. 571-10 C. env.) le charge de recenser et de classer ces infrastructures, puis d'arrêter des prescriptions propres à atténuer les nuisances sonores qui en résultent. De leur côté, les maires ont désormais l'obligation de reporter ces informations dans les plans d'occupation des sols.

---

[1] J.-M. LORENTZ, Le bruit, une planète oubliée ?, Les Dernières Nouvelles D'Alsace, 25 juin 1993.

682. Une circulaire interministérielle du 27 février 1996 relative à la lutte contre les bruits de voisinage[1] vient confirmer la place centrale qu'occupent à présent le niveau local et les autorités administratives qui en ont la charge dans les politiques de prévention. Rappelant les pouvoirs réglementaires de chacune de ces autorités, l'accent est mis sur la responsabilité des maires dans la lutte contre les bruits de voisinage. Le niveau d'intervention à privilégier est l'échelon communal, en vue d'une action plus rapide et plus efficace. C'est là que les problèmes doivent se régler de façon concrète. Le maire est présenté comme le premier acteur de la lutte, car le plus proche des réalités du terrain, du « voisinage » et de ses conflits. Tous les moyens, semble-t-il, lui sont donnés pour exercer pleinement ses compétences en la matière : formation des agents communaux, matériel de mesure... En effet, la circulaire affirme que l'État mettra à la disposition des acteurs locaux tous les outils : pédagogiques, techniques, financiers, nécessaires à la lutte contre les bruits de voisinage.

683. Ainsi, le maire est sans conteste l'acteur principal chargé de gérer au plus près les bruits de voisinage existants dans sa commune. Le traitement direct des situations conflictuelles, avec la démarche d'analyse et d'adaptation qu'il nécessite, repose entièrement sur lui. La circulaire de 1996 affirme clairement la volonté gouvernementale d'un transfert total et concret des responsabilités au niveau local. Dans cette optique, le représentant de l'État à cet échelon et supérieur hiérarchique des élus locaux, le préfet, est chargé par le biais d'une circulaire de les informer de leurs nouvelles attributions et compétences en matière de bruits de voisinage, afin qu'ils interviennent effectivement et à bon escient.

684. Si l'accent est mis sur le rôle prépondérant que doivent aujourd'hui plus que jamais jouer les maires, n'oublions pas cependant que dans le même temps, la répartition des pouvoirs veut que le préfet, lui aussi, agisse pour garantir la tranquillité publique au sein du voisinage. C'est donc bien, en pratique, le problème de l'articulation et de la coordination des deux interventions qui paraît le plus délicat à résoudre. Il est la clé d'une prise en compte effective de la totalité des nuisances sonores qui portent atteinte à la qualité de vie des riverains.

§2. L'ÉTENDUE DES RESPONSABILITÉS LOCALES : L'OPPORTUNITÉ DES ACTIONS CONTRE LES BRUITS DE VOISINAGE

685. Après avoir établi où il faut intervenir et qui doit le faire, l'étape suivante est de déterminer quand il faut agir. C'est là toute la question de l'étendue des responsabilités des autorités locales dans le domaine de la lutte contre le bruit. Si les « chefs d'orchestre » locaux ont vu leurs pouvoirs renforcés par la nouvelle législation, c'est afin d'accroître la protection des personnes contre les bruits de voisinage dont elles sont les cibles actuelles ou potentiellement futures. Le fait est que le but premier de toute la réglementation du bruit est la protection des personnes[2]. La loi n° 92-1444 du 31 décembre 1992, posant le cadre général d'action, a bien pour objet *« de prévenir, supprimer ou limiter l'émission ou la propagation (...) des bruits (...) de nature à*

---

[1] *JO* du 7 avril 1996.

[2] Dans une perspective plus générale qui va au-delà du seul problème des nuisances acoustiques, Mme M. BLOCAILLE-BOUTELET écrit dans sa thèse que *« la protection des personnes apparaît comme le principal objectif de la prohibition de l'usage du voisin sur les biens proches »*. V. : M. BLOCAILLE-BOUTELET, Le voisinage - Etude comparée en droit privé et en droit public, Thèse Dijon, mai 1981, p. 428.

présenter des dangers, à causer un trouble excessif aux personnes, à nuire à leur santé ou à porter atteinte à l'environnement »[1].

686. Les interventions réglementaires vont dépendre de l'étendue de la protection des personnes, dans leur santé ou leur qualité de vie. Or, la prévention des bruits de voisinage ne signifie pas une protection absolue. Celle-ci supposerait la suppression totale du bruit ce qui, d'une part, serait physiquement impossible à réaliser et, d'autre part, n'est pas le but recherché parce que le bruit -correctement dosé- est indispensable à la vie. Il est donc nécessaire de déterminer jusqu'où va la protection des personnes, quels en sont les éléments qui s'intègrent dans les politiques de lutte préventive (A). Une telle définition de la finalité des actions devrait alors, en principe, régler la question de l'opportunité d'agir ou non. Mais les objectifs de protection poursuivis par le législateur sont laissés à l'appréciation discrétionnaire des autorités locales compétentes en la matière (B), en raison justement de la variabilité, selon les circonstances, du degré de protection des personnes.

A. L'ÉTENDUE DE LA PROTECTION CONTRE LES BRUITS DE VOISINAGE

687. Avant toute action, les autorités locales doivent reconnaître quels bruits nécessitent effectivement une réglementation à cet échelon. Il est certain que toutes les sources de nuisances sonores, avec les spécificités qui les caractérisent chacune, ne peuvent entraîner une intervention spéciale et isolée. Elles sont bien trop nombreuses, ponctuelles et inopinées. L'étendue de la protection des personnes donnera la réponse à la question de l'étendue des interdictions ou restrictions régissant les rapports de voisinage. Définie dans ses composantes, elle permet de déterminer quels sont les bruits à réglementer (1) et d'établir ainsi l'opportunité des actions locales.

688. Mais la nécessité d'une telle intervention pose encore la question de sa finalité. En effet, pourquoi réglementer tels bruits, alors que d'autres ne sont pas mis en cause ? Quel est l'objectif assigné à l'autorité locale chargée de gérer le phénomène bruit dans le voisinage et qui fait entrer tels bruits dans le cadre de cette protection prise en compte par le droit ? Là encore la définition de la protection, mais cette fois dans ses degrés, légitime l'action locale guidée par une certaine finalité (2).

1- Les éléments de la protection, déterminants des bruits de voisinage à réglementer

689. Quels sont les bruits à réglementer ? Quels sont ceux qui imposent une intervention concrète et directe des autorités locales ? D'un point de vue général et radical, on serait tenté de dire que **tous** les bruits, constituant une nuisance, doivent être encadrés par la loi, par le biais d'interdictions ou de limitations spatio-temporelles pour garantir un environnement sonore satisfaisant. Mais cela signifierait que chacune de nos activités, chacun de nos comportements les plus intimes et privés, créateurs par essence même de sonorités, seraient pré-définis et entravés afin de correspondre à la norme juridique. Or, quoiqu'on en dise, tous les bruits ne constituent pas une nuisance. Leur définition négative dépend des conditions dans lesquelles ils sont produits et perçus. Le droit qui s'accommode déjà très mal des bruits purement comportementaux, doit prendre en compte ces paramètres d'émission et de réception, sans quoi le moindre claquement de talons sur du carrelage, le moindre écoulement d'eau dans des canalisations nécessiteraient un texte.

---

[1] Article 1er de la loi n° 92-1444 du 31 décembre 1992 relative à la lutte contre le bruit, devenu l'article L. 571-1 du Code de l'environnement.

690. Si la protection des personnes est au centre de la législation sur le bruit, il suffit de déterminer ce que l'on cherche précisément à protéger pour pouvoir identifier les bruits entrant dans le cadre légal parce que portant atteinte aux éléments de cette protection. C'est le législateur qui en fixe le contenu dans les textes servant de fondements aux pouvoirs d'intervention des autorités locales. Dans une perspective globale, la prévention des bruits de voisinage a pour but suprême la protection de la **qualité de la vie** des voisins. Mais cette notion extrêmement vague n'est pas contenue en tant que telle dans les textes, parce qu'elle est trop générale et reflète de prime abord plus un intérêt individuel et privé que l'intérêt collectif qui justifie l'immixtion des autorités publiques. D'autres notions, plus « légitimes », ont donc été choisies pour y faire référence dans l'arsenal juridique mis en place pour lutter contre les nuisances acoustiques.

691. On trouve ainsi les termes de *« tranquillité publique »* dans le Code général des collectivités territoriales, de *« santé publique »* dans le Code la santé publique ou encore de *« commodité du voisinage »* dans la législation sur les installations classées pour la protection de l'environnement, autant de notions retenues au titre de la protection des personnes et de leur qualité de vie, mais dont les contours sont également des plus imprécis. N'est-il pas vrai que *« le confort, la commodité des personnes est un besoin qui croît à mesure qu'il est satisfait et dont le contenu est vague »*[1] ? Ces notions constituent en tout cas les fondements légaux des pouvoirs et attributions exercés par les autorités locales dans le domaine du bruit, indispensables compte tenu de l'exigence du respect de la légalité qui entoure tous les actes des pouvoirs locaux. Ainsi par exemple, dans un jugement du tribunal administratif de Rennes rendu le 19 décembre 1984, c'est la préoccupation de la qualité de vie qui a dicté la décision d'annulation d'un permis de construire prise par le juge soucieux de la *« commodité du voisinage »* et gardien du respect de la loi[2].

692. Qu'ils soient émis sur des lieux accessibles au public ou en-dehors de ceux-ci, comme dans des immeubles d'habitation par exemple, un certain nombre de bruits peuvent donc faire l'objet d'une réglementation locale s'ils sont *« de nature à compromettre la tranquillité publique »* ou encore à porter atteinte à la santé des individus. En effet, l'un des buts essentiels de la police générale exercée par le maire, mais aussi par le préfet, dans la commune est la protection de la santé et de la tranquillité des personnes. Il s'agit là d'une mission fondamentale de la puissance publique. Les autorités chargées de la police ont le devoir d'intervenir dans les situations présentant des risques pour la santé ou la tranquillité publiques. Dans ce cadre, elles doivent interdire toutes manifestations sonores dangereuses pour la santé ou troublant la tranquillité des voisins.

693. Tels sont les éléments de la protection des personnes contre les bruits de voisinage définis sur le plan juridique. Aussi imprécis soient-ils, ils constituent pourtant

---

[1] M. BLOCAILLE-BOUTELET, Le voisinage - Etude comparée en droit privé et en droit public, préc., p. 443.

[2] Dans cette espèce, le juge a annulé un permis de construire en vue de l'implantation dans une station balnéaire, d'une population municipale totale de 3 399 habitants, de trois immeubles comportant 97 logements, au motif que l'étude d'impact prévue par la loi du 10 juillet 1976 relative à la protection de la nature ne permettait pas : *« d'apprécier les effets sur l'environnement et sur la commodité du voisinage de la présence desdits immeubles et de l'accroissement sensible des populations devant résulter et les mesures envisagées par le pétitionnaire pour supprimer ou atténuer les nuisances que l'occupation de ces immeubles à usage d'habitation pouvait entraîner »*. V. : Y. PAULZE D'IVOY et J.-M. JACOB, Les nuisances sonores - Recueil de jurisprudence commentée, Conseil National du Bruit, 1992, p. 86.

les critères déterminants de l'action locale, sur lesquels les autorités de police administrative sont formellement tenues de se fonder, sous peine de censure par le juge de la légalité. C'est ce qui est arrivé au maire de Sainte-Geneviève-des-Bois qui, en raison de l'installation d'une grande surface dans un quartier très peuplé, avait par arrêté municipal modifié le plan de circulation en interdisant l'accès d'une rue *« à toute circulation »*. Mais le motif retenu : la *« nécessité de concilier l'intérêt du commerce et celui des riverains »* ne pouvait légalement fonder une telle interdiction. L'arrêté municipal a donc été annulé. Le maire en a aussitôt pris un second, fondé cette fois sur le *« facteur d'insécurité et de gêne permanente »* que l'utilisation de cette voie d'accès à la grande surface par les camions de livraison pouvait constituer. Le fondement allégué, en l'occurrence la sécurité et la tranquillité publiques, était cette fois légal[1].

694. De façon générale, les pouvoirs dévolus aux maires et aux préfets dans le domaine de la lutte contre le bruit apparaissent donc indissociables de ceux dont ils disposent pour la protection de la santé et de la tranquillité publiques. Chaque citoyen a droit à une telle protection, mais à des degrés variables suivant le contexte local et les circonstances de l'espèce. La réglementation qui en découle va transformer les rapports de voisinage dans un but bien précis : la recherche d'un équilibre propre à garantir cette qualité de vie menacée par les nuisances acoustiques.

2- Les degrés de la protection : à la recherche d'un équilibre au sein du voisinage

695. La protection des personnes contre le bruit n'est pas absolue. Elle ne peut pas l'être et ce, pour diverses raisons plus ou moins justifiées. La première -et elle semble suffisante en elle-même- découle tout simplement du bon sens. Une protection totale entraînerait des interdictions de même nature qui rendraient la vie en société impossible. La suppression de tous les bruits sans exception, car il s'agirait alors de protéger tous les individus des autres mais également d'eux-mêmes en tant que « bruiteurs », est synonyme d'absence de vie. Celle-ci en effet, dans ses plus infimes manifestations, est toujours plus ou moins sonore. Le droit vient d'ailleurs appuyer ce bon sens par la consécration constitutionnelle des libertés individuelles. Ces dernières, élevées au rang des droits reconnus à chaque citoyen par la Constitution, ne sauraient subir une atteinte qui aurait pour conséquence de les annihiler purement et simplement, ce qu'une protection absolue ne manquerait de faire.

696. Sur un plan plus pratique, des considérations d'ordre économique viennent tempérer le niveau de protection accordé aux voisins de sources sonores. La place substantielle et indispensable qu'occupe le développement économique en fait un enjeu central. Or, si l'on devait garantir une protection totale de la qualité de la vie, aucune activité économique ne serait plus possible. Certaines concessions doivent donc être faites par les riverains d'activités qui sont forcément bruyantes, mais en même temps nécessaires. Elles se trouvent légalisées dans la législation relative aux installations classées pour la protection de l'environnement qui essaie d'intégrer, au mieux de tous les intérêts en présence, les activités les plus nuisibles. Le préfet, autorité de police compétente en la matière, est donc chargé de concilier la *« commodité du voisinage »* et

[1] Cependant, si cet arrêté a été jugé légal dans son fondement, il ne l'était plus dans son application et a donc été annulé. Le juge a en effet observé que le nouvel itinéraire, le seul disponible pour les camions, avait pour conséquence de dévier le trafic vers une autre voie, mais sans que le maire ait pris des mesures suffisantes pour y faire face. L'interdiction d'accès ne pouvait dès lors être regardée comme appropriée aux buts recherchés : la sécurité et la tranquillité. L'arrêté a donc, pour ce motif, été déclaré illégal. V. : CE, 18 juin 1997, Commune de Sainte Geneviève des Bois, La Vie Communale et Départementale n° 826, septembre 1997, chronique de jurisprudence, p. 220.

les exploitations visées par la loi. Dans une perspective plus générale, la nouvelle législation issue de la loi-cadre de 1992 n'exige pas non plus la suppression totale des bruits. Elle n'impose aux activités ou objets bruyants que des mesures limites, compatibles à la fois avec les exigences de rentabilité et les aspirations au calme des riverains.

697. La limitation des interdictions peut enfin s'expliquer pour des raisons politiques. En sa qualité d'élu local, le maire se trouve dans une position qui peut se révéler des plus inconfortables. Tenu de répondre aux revendications de ses administrés, il est au centre des conflits de voisinage, entre les victimes de nuisances sonores et les fauteurs de bruit qui sont eux aussi des électeurs. Il peut arriver alors que certains maires craignent de voir leur mandat mis en péril par une utilisation trop « zélée » de leurs pouvoirs en matière de lutte contre les bruits de voisinage et soient tentés de faire la « sourde oreille » dans telle ou telle affaire « politiquement » sensible. De pareilles situations ne sont pas sans susciter certaines interrogations sur la position qu'occupe le maire. S'il est le plus près des problèmes de bruits de voisinage, en tant qu'autorité de police de la commune, n'est-il pas dans le même temps trop proche des administrés, victimes et responsables confondus, en sa qualité d'élu ? Toutefois, l'évolution actuelle de la société, avec ses aspirations de plus en plus unanimes et exigeantes en terme de tranquillité et de repos, semblerait plutôt conduire les élus locaux à mettre en œuvre leurs pouvoirs de police du bruit et à tout faire pour prévenir d'éventuels conflits.

698. Quelles que soient les raisons invoquées à la limitation de la protection des voisins, elles se rejoignent toutes autour d'une évidence : les bruits de voisinage soulèvent des intérêts contradictoires qu'il convient de concilier. Le degré de protection absolue ne pouvant être atteint -ce n'est pas le silence total qui est recherché-, il faut trouver un compromis acceptable pour tous. Le but est en effet de réaliser un équilibre au sein du voisinage qui soit l'expression d'une certaine qualité de vie et qui fasse cohabiter dans ce contexte les différents intérêts en présence. De ces derniers vont dépendre les degrés de protection à mettre en œuvre, car le compromis concerne le choix et la mesure des intérêts protégés.

699. Ainsi, de façon générale il apparaît que la santé des personnes, qui fait partie de l'ordre public, fera l'objet d'une protection quasi absolue, parce qu'elle constitue une des missions fondamentales de la puissance publique. En revanche, le confort acoustique des personnes, élément de leur qualité de vie, sera plus facilement mis en balance avec les intérêts économiques et financiers et bénéficiera d'une protection plus souple. Il est incontestable que *« la protection du confort des personnes n'est qu'une protection limitée. En cette matière plus qu'ailleurs, les règles de prévention des inconvénients de voisinage apparaissent comme un compromis entre les intérêts rivaux »*[1].

700. La recherche de cet équilibre est particulièrement délicate, parce qu'elle varie en fonction des spécificités locales, des intérêts en jeu et des sources de bruit incriminées. Elle nécessite par conséquent une appréciation au cas par cas et forcément subjective puisque les limites de la protection ne sont pas fixées de manière précise et universelle. Cette appréciation est faite par l'autorité locale chargée de la police du bruit qui, en l'absence de toute précision légale, détient en la matière un pouvoir que l'on pourrait qualifier de discrétionnaire.

---

[1] M. BLOCAILLE-BOUTELET, Le voisinage - Etude comparée en droit privé et en droit public, préc., p. 442.

B. Le pouvoir discrétionnaire des autorités locales : une nécessité « fâcheuse »

701. *« L'exercice des pouvoirs de police ou, plus exactement la faculté pour l'autorité de police d'agir ou de s'abstenir continue (...) de relever dans une très large mesure du pouvoir discrétionnaire »*[1]. Ce constat fait en 1980 reste d'actualité. Tout le système juridique de défense contre le bruit est fondé sur un tel pouvoir au niveau local. Des raisons particulières viennent, pour certaines, expliquer et, pour d'autres, justifier la reconnaissance de ce pouvoir (1). Mais aussi légitime et nécessaire soit-il, il ne s'accompagne pas moins de certains effets négatifs, susceptibles de porter préjudice aux politiques de lutte préventive contre les bruits de voisinage (2).

1- Les raisons de la reconnaissance d'un tel pouvoir

702. La question qui se pose n'est pas : quand l'autorité locale *doit-elle* agir, car les textes ne parlent pas d'obligation, mais : quand *faut-il* agir, car c'est la nécessité imposée par les faits de l'espèce qui va permettre d'apprécier l'opportunité de l'action. Le pouvoir discrétionnaire qui est laissé aux autorités de police administrative pour déterminer les cas d'intervention comporte donc à la fois des motifs de droit (a) et des motifs de fait (b).

a) Les raisons de droit

703. En présence de bruits gênants pour le voisinage, l'autorité de police administrative, de par les pouvoirs qui lui sont conférés par la loi, a-t-elle l'obligation d'agir ou ne s'agit-il pour elle que d'une simple faculté prévue par les textes, avec toute latitude de décision de sa part ?

704. D'un point de vue de la stricte application du droit, *« il est pratiquement impossible de contraindre l'autorité de police municipale à édicter une réglementation nouvelle dans le cas où ces prescriptions s'avéreraient pourtant nécessaires »*[2]. Cette situation, fâcheuse pour la protection des riverains de nuisances sonores, résulte directement de la rédaction des textes applicables en matière de lutte contre le bruit. Quel que soit le fondement légal invoqué, la mise en œuvre des compétences relève toujours d'une simple faculté et non d'une véritable obligation. Aucun texte, pas même la nouvelle législation issue de la loi-cadre de 1992, ne contraint véritablement le maire ou le préfet à prendre des mesures de prévention des bruits de voisinage.

705. Ainsi, le maire ou le représentant de l'État dans le département *« **peut** soumettre à des prescriptions particulières (...) les activités s'exerçant sur la voie publique... »* (art. L. 131-4-1 et art. L. 131-14-1 C. communes). De son côté, la loi n° 92-1444 du 31 décembre 1992 relative à la lutte contre le bruit prévoit, dans son article 6 (art. L. 571-6 C. env.), que *« les activités bruyantes (...) **peuvent** être soumises à prescriptions générales ou, lorsqu'elles sont susceptibles, par le bruit qu'elles provoquent, de présenter des dangers ou de causer les troubles mentionnés à l'article 1er (art. L. 571-1 C. env.), à autorisation »*. En matière d'urbanisme également, *« le permis de construire **peut** être refusé ou n'être accordé que sous réserve de l'observation de prescriptions spéciales... »* (art. R111-2 et R111-3-1 C.urb.). Même l'article L. 2212-2-2° du Code général des collectivités territoriales qui est le fondement général des

---

[1] J. LAMARQUE, La police municipale et la réglementation des activités et manifestations bruyantes, Colloque : « Le bruit et la ville », Toulouse 14 et 15 octobre 1980, Droit et Ville n° 10, 1980, p. 46.

[2] *Ibidem.*

pouvoirs de police municipale, confie simplement au maire *« le soin de réprimer les atteintes à la tranquillité publique... »*, ce qui n'équivaut pas à une obligation d'action.

706. Les réglementations locales ne sont donc jamais imposées par les textes qui, à aucun moment, n'affirment que les autorités de police administrative *sont tenues* de prendre telles ou telles mesures. Ce laxisme dans la formulation légale des missions incombant aux pouvoirs locaux est regrettable dans la mesure où il est susceptible d'entraîner un laxisme identique dans les faits, puisque l'obligation d'intervenir n'est même pas reconnue de façon formelle sur le plan juridique. *De jure,* les maires et préfets ont les pouvoirs d'intervenir en matière de bruit de voisinage, mais c'est à eux seuls que semble appartenir la décision de le faire effectivement. L'argument juridique n'est dès lors pas recevable pour les forcer à agir. Les victimes de bruits de voisinage devront alors se tourner vers d'autres moyens de pression qui aujourd'hui semblent avoir plus d'efficacité. Il s'agit notamment des pressions politiques -n'oublions pas que le maire est un élu sensible, en principe, aux exigences de ses électeurs- et de l'utilisation de l'instrument associatif qui permet de mieux faire entendre les revendications des victimes.

707. Les motifs textuels du pouvoir discrétionnaire des autorités locales en matière de prévention des nuisances sonores n'apparaissent pas très convaincants. La nécessité, ou du moins la justification d'un tel pouvoir, sont plutôt à rechercher du côté des situations factuelles engendrées par les bruits de voisinage.

b) Les raisons de fait

708. L'un des fondements légaux de l'intervention des pouvoirs locaux, celui d'ailleurs qui est le plus fréquemment invoqué dans les réglementations locales, est l'atteinte à la tranquillité des personnes. L'imprécision qui caractérise les textes faisant référence à cette notion est ici tout à fait justifiable dans la mesure où cette *« tranquillité »* suppose une appréciation subjective. La législation ne peut pas fixer de limites précises à la tranquillité protégée parce que la mesure objective du bruit, c'est-à-dire son émergence exprimée en décibel, ne correspond pas forcément à la gêne ressentie. Or, c'est la gêne subie qui va déterminer l'intervention ou non des autorités locales. En effet, le bruit illicite se définit pas ses effets : c'est celui qui est gênant pour le voisinage parce qu'il perturbe le repos et la tranquillité des personnes.

709. La gêne subie par les personnes soumises à certains bruits est éminemment subjective. Elle varie en fait selon les circonstances de chaque espèce : la source de l'émission sonore, les caractères du bruit émis, les conditions de temps et de lieu dans lesquelles il se produit, la réceptivité personnelle de chaque individu... C'est précisément à ce niveau que se trouve la vraie justification qui fait de ce pouvoir dévolu aux maires et préfets une nécessité en dépit de ses travers. L'extrême variabilité des situations conflictuelles créées par les bruits de voisinage impose une prise en considération minutieuse et personnalisée de chaque cas. *« L'étendue de l'obligation d'agir dépend des contingences de temps, de lieu et des facteurs humains de tolérance et d'appréciation par essence changeants... »*[1]. A partir de là, on mesure toute la difficulté du maire à poser des limites raisonnables et satisfaisantes pour tous à la tranquillité dont il est le garant.

710. L'étendue de la protection des voisins est donc à déterminer par le maire en fonction des spécificités locales. Il est établi que le bruit illicite, justifiant une intervention de sa part, doit avoir un *caractère excessif eu égard aux circonstances de l'espèce.* Si les notions de **répétition** et d'**intensité** de la nuisance acoustique

---

[1] R. ROMI, La responsabilité pour carence des autorités de police administrative, Les Cahiers du droit et de la jurisprudence, 1986, p. 64.

interviennent fréquemment[1], elles ne constituent cependant pas les critères absolus et universels des bruits portant atteinte à la tranquillité publique. Dans la pratique, le maire est obligé d'apprécier chaque situation au cas par cas. Son large pouvoir d'appréciation lui permettra ainsi de moduler les mesures de protection et de prévention en fonction des intérêts en présence. La tâche est des plus délicates, car il s'agit pour lui de définir dans chaque situation donnée le « seuil minimum » de trouble imposant une intervention au titre des pouvoirs de police du bruit. Ce seuil varie, non seulement en fonction de la nature du bruit produit, mais également selon les circonstances de temps et de lieu.

711. Ainsi, des différences assez nettes dans l'appréciation de l'opportunité des actions peuvent être relevées entre le milieu urbain et le milieu rural. S'agissant des activités professionnelles exercées en ville, le Conseiller d'État Marillia[2] relève que les commerces ne justifieront une telle intervention que *« s'ils entraînent des bruits exceptionnels, soit par leur nature même, soit alors même que sans être particulièrement sonores, ils occasionnent du bruit par le passage des clients venus s'approvisionner en-dehors des heures habituelles d'ouverture des magasins[3], ou même si ces clients ont un comportement anormalement bruyant, malgré les efforts du commerçant[4] »*. L'appréciation est analogue pour les activités industrielles, comme celles des entreprises de transport, en cas de passage et d'utilisation de leurs véhicules à des heures matinales et pendant les week-ends[5]. En milieu rural, le maire tiendra compte des caractéristiques propres à la vie à la campagne pour se montrer, soit plus indulgent lorsqu'il s'agit d'une activité professionnelle agricole[6], ou parfois plus sévère, s'il s'agit d'activités de loisirs par nature bruyantes, telles que l'aéromodélisme[7] ou les stands de tir[8].

---

[1] V. par exemple : CE, 17 mars 1989, Commune de Montcourt-Fromonville, n° 49367 : s'agissant de réunions dans un foyer *« situé à proximité immédiate d'une maison d'habitation », « se prolongeant tard dans la nuit », « à de nombreuses reprises »* et génératrices de *« bruits à caractère excessif »* ; C.A.A. Bordeaux, 19 mai 1994, Commune de Vivonne, n° 92BX648 et C.A.A. Lyon, 26 octobre 1994, Commune de Communay, n° 93LY312, Le Quotidien juridique n° 58, 20 juillet 1995, p. 2 : pour des bruits générés par des manifestations *« régulièrement organisées dans la salle des fêtes »*.

[2] V. : G.D. MARILLIA, Le maire et le bruit - Les modalités de l'intervention du maire, La Vie Communale et Départementale n° 808, mars 1996, p. 73 et s.

[3] V. pour exemple : CE, 7 juillet 1993, Cazorla, n° 139929 : concernant une boulangerie-croissanterie fonctionnant la nuit.

[4] CE, 21 janvier 1994, Commune de Dammarie Les Lys, n° 120043 : magasin situé dans une station service où se déroulaient des rixes et des violences fréquentes.

[5] V. pour exemple : C.A.A. Nantes, 8 juillet 1993, Commune de Saint Gerand, n° 91NT596 : pour les *« départs matinaux, les essais de frein effectués le samedi et le dimanche, les lavages à haute pression des camions »*, alors et surtout que les nuisances *« dépassaient, notamment entre 22 heures et 6 heures du matin, le seuil maximal prévu par le règlement sanitaire départemental »*.

[6] Comme le souligne le Conseiller d'État G.D. MARILLIA, *« il est normal, en dépit de ce que peuvent penser certains citadins fraîchement « décentralisés » d'entendre des bruits d'animaux ou de troupeaux ou les chants des coqs »*. Voir ainsi : CE, 23 décembre 1987, Germain, n° 65970 : concernant des bruits causés par le passage de troupeaux à proximité d'une maison d'habitation, non excessifs et ne justifiant donc pas l'intervention du maire.

[7] CE, 8 mars 1993, Commune des Molières, n° 102027 : *« les dispositions des articles L131-3 et R131-4 du Code de l'Aviation Civile confiant au ministre de l'aviation civile la faculté d'interdire le survol de certaines zones, n'ont pas pour objet et ne sauraient avoir pour effet de priver le maire de la possibilité d'user des pouvoirs de police qu'il tient de l'article L131-2 du Code des Communes de réglementer en vue d'assurer la tranquillité publique l'utilisation des appareils d'aéromodélisme sur le territoire de la commune »*.

[8] CE, 8 juillet 1992, Ville de Chevreuse, n° 80775, Rec. Lebon, p. 281 : en l'espèce, les nuisances sonores produites par le stand de tir causaient une *« atteinte d'une gravité telle »* qu'elle imposait l'intervention du maire.

712. Certains bruits peuvent donc paraître « normaux » dans telles circonstances, alors qu'ils ne le sont plus dans un autre contexte. L'exercice du pouvoir discrétionnaire des autorités locales consiste justement à déterminer quand un bruit dépasse le seuil minimum de tolérance pour les voisins et entre dans le domaine de compétences des autorités de police en tant qu'atteinte à la tranquillité publique. Ce pouvoir se justifie donc dans les faits, car l'opportunité de l'action locale repose sur une appréciation subjective. En revanche, une fois cette appréciation faite et la compétence de l'autorité de police établie, une obligation légale d'intervention devrait être expressément prévue par les textes. L'atteinte à la tranquillité publique, matériellement constatée et appréciée par les autorités locales, devrait entraîner *ipso facto* l'application de leurs pouvoirs dans le domaine du bruit. L'absence d'obligation légale d'agir dans ces cas-là comporte, en effet, des conséquences préjudiciables à l'efficacité des politiques locales de lutte contre les bruits de voisinage.

2- Les inconvénients d'un tel pouvoir

713. Le pouvoir discrétionnaire que détiennent les autorités locales en matière de lutte contre les nuisances sonores consiste, dans les faits, en une appréciation subjective des bruits gênants qui nécessitent une réglementation. Une telle démarche, si elle est imposée par la problématique particulière des bruits de voisinage, s'accompagne néanmoins d'effets pernicieux. D'une part, elle présente des imprécisions gênantes pour les acteurs des conflits de voisinage (a), d'autre part, elle laisse la voie ouverte à l'inertie des pouvoirs locaux (b).

a) Des imprécisions gênantes pour les acteurs des conflits de voisinage

714. L'impossibilité de définir une fois pour toute et de façon objective la notion de tranquillité publique est source d'embarras pour les différents protagonistes d'un conflit de voisinage dû au bruit. Ne disposant pas de repères suffisamment précis, la difficulté est donc d'autant plus grande pour chacun de déterminer en pratique ce qu'il est permis, interdit ou prescrit de faire. Les abus sont alors inévitables de la part des trois catégories de personnes impliquées dans le conflit.

715. L'imprécision de la situation est tout d'abord gênante pour ceux qui sont susceptibles de faire du bruit. Autant dire que ce problème concerne tout le monde puisque nous sommes tous des « bruiteurs » potentiels. Or, il est un principe général qui s'impose à tous : les « bruiteurs » ont l'obligation de ne pas produire des bruits occasionnant une gêne pour le voisinage qui serait constitutive d'une atteinte à la tranquillité des personnes protégée par la loi. Mais quel est le contenu concret de cette obligation ? Comment connaître les devoirs des « bruiteurs » ? Aucun critère objectif ne leur est fourni. Ils ne peuvent pas savoir jusqu'où ils peuvent aller dans leurs manifestations sonores et à partir de quand ils entrent dans l'illégalité. Le respect du principe est donc bien plus malaisé que ne laisse paraître son énoncé. Il révèle surtout les limites du droit à régir les rapports de voisinage, notamment les bruits de comportement et fait appel au bon sens et au civisme de chacun. Les règles de bon voisinage, et donc la prévention des bruits de voisinage, sont avant tout une question de « savoir-vivre » et de respect de l'autre.

716. Le problème se pose dans les mêmes termes pour le voisinage de ces sources sonores. Les riverains supportent souvent des bruits qui troublent la tranquillité à laquelle ils estiment avoir droit. Si les « bruiteurs » ont des devoirs qu'il convient d'identifier, les voisins ont des droits qu'il est tout aussi nécessaire de déterminer. L'un ne va pas sans

l'autre : les devoirs des uns se définissent par rapport aux droits des autres et inversement. La question est alors de savoir quelles sont les limites aux exigences de la tranquillité. En effet, la vie en société implique un certain nombre de désagréments qui doivent être supportés par tous. Nous l'avons vu, la protection de la tranquillité publique n'est pas absolue. Certains bruits de voisinage doivent être tolérés, mais lesquels ? Fréquemment, des personnes, parce qu'elles ne sont justement pas ou mal informées de leurs droits dans ce domaine, subissent des nuisances sonores qui dépassent la marge de tolérance imposée par toute vie en société. A l'inverse, alors que l'évolution actuelle se fait dans le sens d'une sensibilisation exacerbée au problème du bruit, certains voisins ne savent pas faire la part des choses et, à l'écoute du moindre bruit, revendiquent un droit exagéré à la tranquillité. Les bruits de voisinage soulèvent donc également un problème de tolérance qu'il faut savoir doser en toute équité.

717. Ce dosage, s'il ne peut être trouvé par les voisins eux-mêmes, en dépit du bon sens de chacun, nécessite alors une intervention décisive de l'autorité chargée de garantir la tranquillité publique. Certes, le pouvoir d'appréciation qui lui est donné en la matière lui permet de prendre en considération les données spécifiques à chaque problème. Cependant, le revers de la médaille est, qu'en l'absence de précisions légales encadrant l'exercice de ses compétences, une telle liberté d'action laisse souvent l'autorité locale indécise, si ce n'est timorée, face à des situations plus ou moins équivoques. La jurisprudence sur ce point n'apporte guère d'éclaircissement. Comme le fait très justement remarquer M. Moderne, *« en toute hypothèse, le Conseil d'État tient le plus grand compte des circonstances précises de temps et de lieu, ce qui confère à cette jurisprudence un caractère particulièrement nuancé. (...). Le juge oscille en fait entre deux attitudes : éviter d'aller trop loin dans l'analyse des réactions individuelles et déterminer ce que l'on peut raisonnablement attendre des autorités de police en matière de protection contre le bruit. Le dosage entre ces diverses considérations explique* ***une jurisprudence qui peut paraître à certains égards fluctuante, sinon contradictoire »***[1].

718. Le risque, pour les maires et préfets, est qu'ils peuvent voir leur responsabilité administrative engagée s'ils refusent de prévenir ou de faire cesser certains bruits qu'ils estiment ne pas relever de leur compétence. L'un des grands problèmes qui se pose à l'heure actuelle est justement cette méconnaissance du domaine de leurs compétences par les autorités locales[2]. Ainsi, M. Gualezzi constate que *« nombre de maires se révèlent encore insuffisamment informés sur les compétences et les obligations qui sont aujourd'hui les leurs en matière de bruit, en dépit des instructions données dans ce sens aux préfets par la circulaire du 27 février 1996 »*[3]. Une information des maires sur leur mission concernant les nuisances acoustiques devrait être organisée et généralisée sur

---

[1] F. MODERNE, note sous CE, 27 novembre 1974, Commune de Villenave-d'Ornon c/. Bayens, Gaz. Pal. 1975, jurispr. p. 388.

[2] V. pour exemple : T.A. de Nantes, 3e ch., 27 mars 1985, Baume c/. Maire de Nuailles, Y. PAULZE D'IVOY et J.-M. JACOB, Les nuisances sonores - Recueil de jurisprudence commentée, préc., p. 87-88 : le propriétaire d'un hôtel restaurant situé à proximité du clocher de l'église avait demandé au maire d'interdire entre 23 heures et 6 heures du matin, le fonctionnement de l'horloge qui troublait sa clientèle. Saisi par lui, le tribunal administratif annule la décision de refus du maire décidant :

« - d'une part, qu'en vertu des dispositions de l'article L131-1 du Code des Communes il est chargé de la police municipale qui comprend notamment le soin de réprimer les atteintes à la tranquillité publique ;

*- d'autre part, qu'****il s'est mépris sur l'étendue de sa propre compétence, estimant être lié par la décision du conseil municipal qui s'était prononcé contre l'interdiction de la sonnerie de l'horloge de l'église, alors qu'il est seul investi des pouvoirs de police »****.*

[3] J.-P. GUALEZZI, « Le bruit dans la ville », Rapport du Conseil Economique et Social, préc., p. II-110.

l'ensemble du territoire. Elle suppose un éclaircissement des attributions et l'établissement de certains repères, qui sans ôter le pouvoir d'appréciation aux maires - imposé par la problématique du bruit-, orienteraient leurs décisions d'agir ou non. Il serait même judicieux de dispenser une telle information en premier lieu aux préfets qui eux non plus, semble-t-il, ne connaissent pas toujours l'étendue de leurs pouvoirs et obligations.

719. Ces obstacles à l'intervention des autorités locales peuvent conduire, en pratique, à des situations d'inertie, laissant les conflits de voisinage s'envenimer et les ambiances sonores se dégrader.

b) Des risques de carence administrative

720. Le problème de l'inertie des autorités administratives face aux questions de bruits de voisinage, trop souvent présent dans la pratique, connaît des causes diverses. Incontestablement, et c'est là toute la difficulté, le sujet est éminemment subjectif. Cependant, les pouvoirs locaux ne doivent pas en tirer profit pour n'assurer qu'un « service minimum » de la police du bruit, se retranchant derrière leur appréciation personnelle et péremptoire. Mais plus encore, c'est peut-être la position qu'ils occupent, spécialement le maire en tant qu'élu local, qui ne facilite pas l'exercice des pouvoirs et missions qu'ils ont dans ce domaine. Influences et motivations diverses des administrés, paralysies de tout ordre (financier, politique, technique...) viennent conditionner l'activité et l'organisation communales. L'action ou l'inaction de l'autorité administrative chargée de la police du bruit dépendra fortement de toutes ces considérations qui, parce que le bruit n'est pas encore estimé à sa juste valeur, n'encouragent pas toujours une protection efficace des voisins.

721. Les cas de carence administrative relevés se situent à deux niveaux : soit dans l'édiction de mesures de protection propres à garantir la tranquillité publique, soit dans l'exécution d'une réglementation préexistante. Ils sont de nature à engager la responsabilité de l'administration, celle de l'État s'agissant de l'inaction du préfet ou celle de la commune s'agissant de l'inertie du maire[1]. L'appréciation faite par les autorités locales des situations mettant en jeu des bruits de voisinage fait donc l'objet d'un contrôle par le juge administratif. Il serait alors plus juste de parler de pouvoir « quasi-discrétionnaire » de ces autorités, puisqu'elles encourent tout de même la censure des tribunaux dans les hypothèses où elles ne font pas usage de leurs pouvoirs de police. Cependant, la mise en œuvre de cette responsabilité est soumise à une condition restrictive dégagée par la jurisprudence administrative, à savoir la preuve d'une « faute lourde » commise par l'autorité mise en cause[2].

722. La notion de « faute lourde » est difficile à cerner. Elle varie au gré des interprétations jurisprudentielles qui, tout comme les autorités de police administrative, intègrent les données spécifiques de chaque espèce. Les fluctuations de la jurisprudence sur ce point s'expliquent donc par *« l'incertitude des normes et la variété des nuisances »,* ainsi que par *« les réactions des victimes* (qui) *sont toujours personnalisées ».* Dans ces conditions, *« comment élaborer des règles objectives ? Un bruit insupportable pour une personne, peut être mieux toléré par une autre, dont la sensibilité est moins vive. L'état pathologique ou psychologique, l'âge, la nature des*

---

[1] Dans la mesure où le maire agit au nom de la commune, s'il manque à ses obligations envers ses administrés, c'est la responsabilité de la commune qui sera mise en jeu devant le juge administratif.

[2] CE, 23 juin 1976, Rec. Lebon, p. 329.

professions exercées jouent un rôle primordial dans l'identification d'un préjudice »[1]. Le juge rencontre les mêmes difficultés d'appréciation que celles qui ont amené les autorités de police du bruit à voir leur responsabilité mise en jeu pour carence dans l'exercice de leurs attributions.

723. De façon générale, les caractères de la « faute lourde » sont à rechercher dans le degré de gravité du trouble subi. Le Conseil d'État a ainsi jugé que le maire d'une commune commet une illégalité en n'utilisant pas ses pouvoirs de police *« pour faire cesser les nuisances sonores nées de l'activité d'un club de tir, alors que ladite activité portait* ***une atteinte à la tranquillité publique d'une gravité telle*** *que le maire ne pouvait s'abstenir d'y porter remède sans méconnaître ses obligations en matière de police »*[2]. Plus précisément, les juges retiennent habituellement l'intensité du bruit produit et/ou sa répétition, comme critères de cette gravité. Constitue dès lors une faute lourde de la part du maire, l'absence de toute mesure propre à faire cesser les nuisances sonores excessives causées à plusieurs reprises par des manifestations et des spectacles en plein air et ce, malgré les plaintes répétées des riverains[3]. De même, le maire qui ne fait rien pour empêcher la gêne sonore persistante en provenance d'une salle polyvalente[4] ou d'un foyer rural[5], commet une faute lourde qui engage la responsabilité de la commune. En revanche, ne constitue pas de faute, le fait de ne pas intervenir pour quelques concerts dans une année tolérés après 22 heures[6].

724. Les fluctuations de la jurisprudence ne servent pas les victimes de bruits de voisinage, ni d'ailleurs les autorités concernées. De toute évidence, les moyens mis en œuvre pour combattre l'inertie des autorités locales chargées de la police du bruit sont extrêmement faibles. L'exigence d'une *faute lourde,* et non pas d'une *faute simple,* pour engager la responsabilité de l'administration, peut paraître bien peu protectrice du voisinage, d'autant qu'une fois cette faute caractérisée, les pouvoirs du juge administratif sont tellement restreints que les requérants ne peuvent obtenir qu'une indemnité pour le préjudice qu'ils subissent. En effet, le juge administratif n'a pas le pouvoir d'adresser des injonctions à l'administration. Il ne peut donc ordonner au maire ou au préfet de prendre des mesures pour faire cesser les nuisances et garantir la tranquillité publique. Il n'existe qu'un domaine où le juge administratif dispose de pouvoirs très larges qui lui permettent de contrecarrer l'inertie du préfet en ordonnant les mesures qui lui paraissent s'imposer. Il s'agit du contentieux des installations classées pour lequel le juge a une compétence de pleine juridiction. Il pourra ainsi adresser des injonctions à l'administration ou imposer directement des mesures à l'exploitant bruyant[7].

---

[1] F. MODERNE, note sous CE, 27 novembre 1974, préc.

[2] CE, 8 juillet 1992, Ville de Chevreuse, préc.

[3] CE, 25 septembre 1987, Commune de Lege-Cap-Ferret c/. M. Martigue, n° 68501, Rec. Lebon, p. 296 et D. 1988, jurispr. p. 376 : à propos de nuisances sonores causées par des manifestations en plein air, utilisant des haut-parleurs en méconnaissance du règlement sanitaire départemental ; C.A.A. Lyon, 26 octobre 1994, Commune de Communay, n° 93LY312, préc.

[4] C.A.A. Bordeaux, 2 juin 1997, Commune de Clavette, n° 96BX01328 : bruits persistants -de 1988 à 1993- engendrés par l'utilisation d'une salle polyvalente louée pour diverses manifestations et ayant fait l'objet de nombreuses plaintes ; C.A.A. Paris, 21 octobre 1997, Commune de Villemaréchal, n° 96PA00021 : nuisances sonores provenant de l'utilisation d'une salle polyvalente par des associations et des particuliers, aussi bien la journée que tard dans la nuit.

[5] CE, 17 mars 1989, Commune de Montcourt-Fromonville, préc. ; C.A.A. Paris, 22 novembre 1994, Commune de Schoelcher, n° 93PA00463.

[6] T.A. de Pau, 24 février 1975, Ville de Dax c/.sieur Lubet.

[7] T.A. de Strasbourg, 2 septembre 1997, M. A. Riedacker, n° 9382, Echo Bruit n° 85, mars 1998, jurispr. p. 52 : le juge a enjoint au préfet de mettre en demeure l'exploitant d'une installation classée (un

725. Si l'intervention des autorités locales est incertaine en raison de leur pouvoir « quasi-discrétionnaire » et de toutes les conséquences qu'il emporte, l'étendue de ce pouvoir les contraint néanmoins, ou plus exactement, leur fournit la possibilité d'intervenir dans un grand nombre de cas. Tous les moyens légaux -en terme de fondements juridiques- leur sont donnés pour mener à l'échelon local une politique efficace de prévention des bruits de voisinage. Mais l'imprécision qui entoure l'opportunité de l'action se retrouve au niveau des modalités de cette action. Il est fort à parier qu'« *à un compromis concernant le choix des intérêts protégés succède un compromis concernant les mesures concrètes par lesquelles on tente d'empêcher la réalisation d'un usage nuisible* -par des manifestations sonores- *du voisinage »*[1]. Toute la question est donc de déterminer quelles sont les mesures à imposer pour mettre en œuvre les objectifs de protection poursuivis par le législateur.

§3. LES MODALITÉS D'ACTION DES AUTORITÉS LOCALES

726. A l'incertitude de l'opportunité des actions locales -à partir de quel moment le bruit cesse-t-il d'être supportable et nécessite-t-il une action ?-, succède l'incertitude de l'adéquation de ces actions. A ce stade, c'est le problème de la définition des mesures à mettre en application qui se pose. De quelle manière agir pour atteindre l'équilibre fixé par le législateur ? Comment sont mises en œuvre les compétences de police administrative en ce domaine ? L'enjeu est de taille, car les pouvoirs locaux doivent aussi bien se garder de prendre des mesures inefficaces qui laisseraient subsister les nuisances acoustiques dans le voisinage, que d'imposer des mesures excessives qui mécontenteraient les « bruiteurs » et porteraient atteinte à telle ou telle liberté publique ou individuelle. Il s'agit donc de trouver un « juste milieu » entre les intérêts des uns et des autres.

727. Cette incertitude, et les difficultés pratiques qu'elle entraîne, sont d'autant plus grandes que les mesures susceptibles d'être prises sont aussi diverses que peuvent l'être les bruits de voisinage entendus au sens large. Une appréciation au cas par cas de chaque source sonore incriminée est nécessaire. Le pouvoir quasi-discrétionnaire des autorités locales pour juger du caractère opportun des interventions en matière de bruits de voisinage va donc se prolonger dans la détermination des modalités de l'action. Ces dernières se définissent au travers d'instruments juridiques locaux mis à disposition des autorités de police administrative (A), pour une gestion cohérente des bruits de voisinage dans le temps et dans l'espace (B).

A. LES INSTRUMENTS LOCAUX DE MISE EN ŒUVRE DE LA LÉGISLATION...

728. L'imprécision émanant des fondements juridiques et de la mise en place d'une action locale conduit à une nécessité impérieuse : celle d'une réglementation locale, afin

---

atelier de chaudronnerie-tôlerie) à l'origine de nuisances *« sinon dangereuses, du moins gênantes »*, d'installer un mur antibruit le long d'une façade, dans un délai de six mois suivant la mise en demeure ; T.A. de Dijon, 7 avril 1998, M. J.-L. Dreumont c/. Préfet du département de la Nièvre et soc. BOSNI, n° 935164, C.P.E.N., Bull. d'actualisation mensuelle n° 249, 15 mai 1998, p. 6512 : le refus implicite d'un préfet de prendre des mesures en vue de faire respecter certaines prescriptions d'un arrêté complémentaire relatif à une scierie (installation d'un système automatique d'ouverture et de fermeture des portes et renforcement de l'insonorisation de certains ventilateurs) a été annulé par le tribunal administratif. Il est donc enjoint au préfet de prendre de telles mesures et il est ordonné à la société d'effectuer, à ses frais, des travaux en vue de réduire les émergences sonores générées par son activité.

[1] M. BLOCAILLE -BOUTELET, Le voisinage - Etude comparée en droit privé et en droit public, préc., p. 499.

de fixer les critères objectifs de la protection du voisinage qui traduiraient de façon explicite l'appréciation subjective faite par les autorités chargées de la police du bruit. Cette réglementation peut prendre plusieurs formes, les pouvoirs locaux disposant de différents instruments juridiques qui leur permettent d'intégrer la préoccupation du bruit et de mener une véritable politique de prévention dans la commune et le département.

729. Qu'elle se situe au niveau de l'aménagement du territoire, par le biais des documents d'urbanisme et d'utilisation des sols (1) ou qu'elle soit ciblée sur des sources ponctuelles de production du bruit réglementées par des arrêtés locaux (2), l'action locale doit conduire à une gestion cohérente et équilibrée des bruits de voisinage, sous la responsabilité des maires et préfets.

1- Les documents d'urbanisme et d'utilisation des sols

730. La politique de prévention des bruits de voisinage la plus efficace est celle qui est menée dans une perspective globale et en amont du problème. L'échelon local s'intègre parfaitement dans cette stratégie car, comme le souligne le Conseil Economique et Social, *« la prévention des nuisances passe **en tout premier lieu** par la **prise en considération du bruit dans l'élaboration des documents d'urbanisme et dans toutes les décisions concernant l'utilisation du sol** »*[1]. Dans l'exercice de ses compétences en matière d'urbanisme, le maire dispose donc d'outils juridiques appropriés pour assurer dans sa commune la protection des habitants contre les bruits de voisinage. Les pouvoirs qu'il détient, notamment dans la délivrance des autorisations de construire, lui permettent de prévenir ou d'éviter des conflits de voisinage dus au bruit.

731. L'utilisation de ces outils d'urbanisme apparaît comme la technique la plus judicieuse en vue de réaliser un aménagement du territoire communal le plus équilibré possible sur le plan des ambiances sonores. Non seulement elle comporte une grande part d'anticipation et de règlement des problèmes à la source par la prise en compte des nuisances acoustiques potentielles, mais en plus elle réalise une gestion de l'espace sur le long terme, pour l'avenir. La procédure d'élaboration du plan d'occupation des sols (P.O.S.), placée sous la responsabilité de la commune, constitue ainsi le cadre adéquat pour penser et assurer un paysage sonore satisfaisant sur l'ensemble du territoire communal. Posant à cette occasion les règles générales d'utilisation des sols (tracés des voies de circulation, zones réservées aux activités économiques, aux habitations, etc.), le maire détient des pouvoirs importants qui *« peuvent permettre, par la prescription de normes anti-bruit et la fixation de distances suffisantes entre les établissements susceptibles de causer du bruit et les zones d'habitation, de régler en amont bon nombre de problèmes de voisinage »*[2].

732. Il est par conséquent possible de veiller aux implantations des infrastructures de transport, des équipements collectifs et entreprises générateurs de bruit, de créer des zones-écrans antibruit et d'intégrer la contrainte acoustique dans toutes les demandes de construction. Qu'il s'agisse du P.O.S., du permis de construire ou de tout autre document d'urbanisme, leur utilisation au service de la lutte contre les bruits de voisinage est un gage d'efficacité des politiques de prévention. Celles-ci doivent commencer à ce niveau d'intervention pour une action en amont et globale, centrée sur l'aménagement du territoire local. Malheureusement, la pratique démontre que les autorités locales ne perçoivent pas toujours l'utilité de tels instruments dans le domaine de la protection contre les nuisances sonores. Aussi, le Conseil Economique et Social exhorte-t-il à *« une*

---

[1] J.-P. GUALEZZI, « Le bruit dans la ville », Rapport du Conseil Economique et Social, préc., p. I-12.

[2] Circulaire du 7 juin 1989 relative à la lutte contre le bruit (*JO* du 9 juillet 1989, p. 8635).

meilleure prise en compte du bruit dans la planification urbaine »[1]. C'est à ce stade que se situe non pas *la*, mais *l'une* des solutions au problème des bruits de voisinage.

733. L'insuffisante prise en compte des nuisances acoustiques dans les documents d'urbanisme ne peut être traitée que par une prise de conscience individuelle de la part des maires. Cela suppose un changement dans les mentalités et les pratiques politiques et administratives qui est toujours long à s'opérer. Pour l'heure, les seuls moyens de la combattre résident dans un double contrôle *a posteriori,* effectué dans un premier temps par le supérieur hiérarchique de l'élu local, à savoir le préfet, puis le cas échéant par le juge administratif sanctionnant l'absence ou l'inadéquation des mesures relatives au bruit dans les documents d'urbanisme. Ainsi, dans le cadre du contrôle de légalité prévu par la loi n° 82-213 du 2 mars 1982 relative aux droits et libertés des communes, des départements et des régions[2], le préfet s'assure de l'application des prescriptions relatives au respect de l'environnement -qui incluent la protection contre le bruit- édictées en matière d'urbanisme. Il est donc compétent pour vérifier que la préoccupation du bruit est bien intégrée dans les documents généraux d'urbanisme que sont les schémas directeurs et les P.O.S., comme dans les conditions d'octroi des autorisations individuelles, telles que les permis de construire.

734. Les insuffisances que l'on rencontre dans la pratique pourront être sanctionnées en dernier recours par le juge administratif qui exerce en la matière un contrôle de *l'erreur manifeste d'appréciation.* C'est ainsi que le Conseil d'État a annulé, pour erreur manifeste d'appréciation au regard de l'application de l'article R111-2 du Code de l'urbanisme, le permis de construire accordé pour une centrale à béton située à proximité immédiate d'une maison d'habitation[3]. Un rapport d'expert et plusieurs constats d'huissiers ont, en effet, établi que la centrale était source de nombreuses et importantes nuisances, parmi lesquelles le bruit. Le juge censure en l'espèce le choix du maire d'octroyer le permis de construire nonobstant les nuisances prises en compte par l'article R111-2, texte qui permet à l'élu local de refuser une telle autorisation ou de ne l'accorder que *« sous réserve de l'observation de prescriptions spéciales ».* Le Conseil d'État a sanctionné ici l'absence totale de prise en compte des nuisances dans la décision d'autorisation délivrée par le maire.

735. L'inadéquation des mesures imposées par l'autorité locale, afin de prévenir ou de limiter les nuisances sonores, est également susceptible d'être censurée. Ainsi, la décision par laquelle un maire a délivré un permis de construire un atelier de ferronnerie a été considérée comme entachée d'une erreur manifeste d'appréciation, concernant les risques d'atteinte à la salubrité publique des lieux avoisinants que le projet comportait. Compte tenu de la nature de la construction autorisée et de sa situation dans une zone habitée de la commune, le juge a estimé que les prescriptions dont le permis était assorti (remonter le faîtage et revêtir les maçonneries extérieures de clins de bois) *« étaient manifestement insuffisantes pour limiter efficacement les nuisances sonores provoquées par la présence de cet atelier »*[4]. Le permis de construire l'atelier de ferronnerie a, par conséquent, été annulé sur le fondement de l'article R111-2 du Code de l'urbanisme.

736. La jurisprudence administrative existant dans ce domaine est très abondante. Néanmoins, le contrôle exercé par le juge sur les octrois des permis de construire et les conditions particulières accompagnant ces autorisations n'est qu'un contrôle restreint, fondé sur l'*erreur manifeste d'appréciation.* La prise en compte effective de la contrainte

---

[1] J.-P. GUALEZZI, « Le bruit dans la ville », Rapport du Conseil Economique et Social, préc., p. I-12.

[2] Loi n° 82-213 du 2 mars 1982, préc.

[3] CE, 29 décembre 1997, M. Gimbert, req. n° 90033.

[4] C.A.A. Paris, 30 janvier 1997, M.F., req. n° 95PA03875, Echo Bruit n° 85, mars 1998, jurispr. p. 51.

acoustique n'est donc pas sanctionnée dans tous les cas et c'est plus sur une sensibilisation personnelle de chaque élu local à ce problème qu'il faut compter, d'autant que l'intégration de la préoccupation du bruit se fera alors en amont des décisions. Une telle démarche est à privilégier entre toutes autres en matière de politique préventive. Cette dernière doit être poursuivie par les élus locaux par le biais d'arrêtés, plus ou moins généraux, portant sur les différentes sources de bruit de voisinage.

2- Les arrêtés locaux de lutte contre les bruits de voisinage

737. Les autorités administratives chargées de la police du bruit disposent, nous l'avons vu, de nombreux fondements légaux pour édicter une réglementation ciblée sur des sources ponctuelles de nuisances sonores. Selon la nature ou l'impact produit par la nuisance, on trouve un texte spécifique qui donne compétence au maire et/ou au préfet pour agir[1]. Rappelons ainsi que les atteintes à la tranquillité publique sont prises en compte par des dispositions du Code général des collectivités locales qui fixent les pouvoirs généraux de police des maires et préfets. Le Code de la santé publique est, quant à lui, applicable lorsque les bruits sont de nature à porter préjudice à la santé des personnes. Les bruits des transports terrestres sont spécifiquement visés dans le Code de la route, alors que les transports aériens sont du ressort du Code de l'aviation civile. La réglementation des débits de boissons est prévue dans le code du même nom. Enfin, la législation relative aux installations classées pour la protection de l'environnement donne les moyens au préfet de régler le problème de nuisances sonores que ne manquent pas de poser de telles installations.

738. Ces différents fondements permettent de couvrir la totalité des secteurs et activités susceptibles de générer des bruits de voisinage. Ils donnent en outre la possibilité aux autorités locales de mettre en place une réglementation particulière pour chaque source de bruit et donc de l'adapter aux spécificités de la situation. Ainsi trouve-t-on, selon les domaines de compétences, des arrêtés municipaux ou préfectoraux fixant les horaires de bricolage et de jardinage, d'ouverture et de fermeture des établissements recevant du public, de fonctionnement des chantiers ou encore réglementant la circulation des poids lourds en ville. Usant de leurs pouvoirs de police générale et spéciale, maires et préfets sont donc en mesure de gérer l'ensemble des bruits produits dans le voisinage par le biais d'arrêtés locaux propres à la matière. L'essentiel de la prévention menée au niveau local se fera donc par ces arrêtés réglementant les activités et comportements bruyants pour les voisins.

739. C'est aux deux acteurs locaux, responsables de la tranquillité publique au sein du voisinage, que revient la décision d'une réglementation locale sur le sujet, mais dans les formes prévues par la loi et en faisant référence aux textes qui servent de fondements légaux à la mesure prise. Celle-ci peut être de deux natures. Elle peut consister en un acte administratif réglementaire, qui est un règlement de police général et impersonnel. Il s'agira, par exemple, des arrêtés municipaux réglementant les bruits des animaux et notamment les aboiements de chiens, ou l'utilisation des appareils ménagers ou des appareils audiovisuels, tels que les télévisions, chaînes hi-fi, transistors, etc. La mesure de police peut également être une décision individuelle[2] adressée à une personne

---

[1] Pour le détail de ces dispositions, voir *supra* : chapitre I du titre I.

[2] Dans ce cas, l'auteur de l'acte est tenu de motiver sa décision en application de la loi du 11 juillet 1979 relative à la motivation des décisions administratives. Cette obligation de motivation est une formalité dite « substantielle » dont la méconnaissance entraînerait l'irrégularité de l'acte et son annulation par le juge administratif saisi d'un recours pour excès de pouvoir. La motivation doit être

déterminée à propos d'une source de bruit particulière, comme l'interdiction ou la réglementation individuelle de l'usage d'un aérodrome U.L.M. ou l'arrêté fixant les heures d'ouverture et de fermeture d'une discothèque.

740. En tant qu'acteur principal de la lutte contre le bruit au niveau local, le maire est vivement encouragé à circonscrire et régir par ces mesures de police les différents types de bruit et les troubles qu'ils sont susceptibles de causer dans la commune. Il est le mieux placé pour garantir la protection des voisins. En effet, *« les arrêtés municipaux complètent la réglementation en vigueur en renforçant les prescriptions contre le bruit à la lumière des circonstances locales particulières »*[1]. Ils mettent en œuvre concrètement les règles et directives fixées à l'échelon supérieur, en les adaptant aux spécificités locales. De surcroît, en application de la hiérarchie des normes, ces arrêtés doivent respecter les dispositions situées au-dessus d'eux. Notamment, ils ne peuvent être plus souples que l'arrêté préfectoral mis en place dans ce domaine, ce qui est un gage d'efficacité de la réglementation. Ainsi, par exemple, le fonctionnement des établissements ouverts au public (cafés, bals, théâtres, cinémas, discothèques, etc.) requiert une réglementation préfectorale. Or, le maire pourra apporter des compléments et des restrictions à l'arrêté du préfet, comme la fixation d'heures de fermeture moins tardives, si les circonstances particulières de l'espèce l'exigent.

741. De façon générale, les arrêtés municipaux vont pouvoir compléter les arrêtés préfectoraux ou être pris en l'absence de ces derniers. Le droit permet ainsi, pour le moins d'assurer une certaine protection des voisins, voire de la renforcer. C'est ainsi que le maire de la ville d'Annecy a engagé une politique active de lutte contre le bruit dans sa commune en mettant en place, en 1991, un arrêté municipal plus contraignant que l'arrêté préfectoral. D'autres villes se sont dotées d'une telle réglementation ou en ont renforcé les termes afin d'informer tous les habitants de la commune des exigences légales qui leur sont imposées en matière de tranquillité publique et de droit au calme[2]. Strasbourg, la capitale européenne, qui pendant plusieurs années connaissait un vide juridique à ce niveau, dispose *enfin*, depuis le 9 juillet 1998, d'un texte réglementaire détaillé et spécifique à la commune dans le domaine de la lutte contre les bruits de voisinage. Cet arrêté est présenté comme devant permettre de combler certaines imprécisions des réglementations existantes et avoir une portée pédagogique, incitative et répressive[3].

742. Il est donc important que chaque commune ait aujourd'hui un arrêté municipal de lutte contre le bruit, servant de base légale à la politique de prévention menée sur son territoire. L'allégement de la tutelle administrative opéré par la loi n° 82-213 du 2 mars 1982 va d'ailleurs dans ce sens. En effet, depuis cette réforme, le caractère exécutoire des arrêtés municipaux n'est plus soumis qu'à deux formalités : la publication (pour les actes réglementaires) ou la notification à l'intéressé (pour les décisions individuelles) de l'acte et sa transmission au représentant de l'État dans le département ou à son délégué dans son département[4]. C'est à cette occasion que le préfet est amené à exercer un

---

suffisante, c'est-à-dire expliquer clairement les circonstances de fait et de droit qui ont conduit l'auteur de l'acte à prendre une telle décision.

[1] F. CUILLANDRE, Le maire et le bruit : compétences, actions et responsabilités, préc., p. 77.

[2] V. par exemple : le nouvel arrêté municipal de la ville d'Aix-Les-Bains, Echo Bruit n° 82, septembre 1997, dossier « Bruits de voisinage », p. 28.

[3] V. : Strasbourg se dote d'une réglementation antibruit, Echo Bruit n° 87, octobre 1998, p. 24-25.

[4] Loi n° 82-213 du 2 mars 1982, préc. Cette loi a opéré un allégement de la tutelle administrative. Elle a abrogé la disposition de l'article L. 122-28 du Code des communes selon laquelle les arrêtés du maire ne sont exécutoires qu'un mois après leur remise au préfet. Désormais, le préfet ne peut plus

contrôle de légalité de ces actes et veiller à ce qu'ils ne contredisent pas les normes qui leur sont supérieures[1]. Si tel était le cas et que le maire s'obstinait dans son illégalité, le préfet pourrait alors saisir le tribunal administratif aux fins d'annulation de l'acte jugé illégal. De même, la hiérarchie des normes impose le respect de la légalité par le préfet dont les arrêtés peuvent être, de la même manière, censurés et annulés par le juge administratif[2].

743. L'exercice des pouvoirs de police du bruit et l'utilisation des instruments locaux de mise en œuvre de ces pouvoirs doivent donc se faire dans les limites du cadre de la légalité. Mais sous quelque forme qu'elle se présente, l'action locale sera toujours menée dans le même but, commun à tous les voisinages : celui d'une gestion équilibrée du bruit dans le temps et dans l'espace.

B. ...POUR DES AMÉNAGEMENTS LOCAUX DU TEMPS ET DE L'ESPACE

744. De façon générale, les interventions locales se traduiront pas un aménagement du temps et de l'espace. C'est la société actuelle et les conditions de vie quotidienne qui l'imposent, ceci plus que jamais. En effet, l'observation de notre environnement sonore aboutit à un constat aussi alarmiste qu'il paraît inexorable. Le bruit, sous toutes ses formes, tend à se disperser non seulement dans le temps, c'est-à-dire à s'étaler sur des périodes de plus en plus longues : plus tôt le matin et se prolongeant dans la nuit, ainsi que les week-ends et jours fériés, mais également dans l'espace, envahissant les zones périurbaines et atteignant les campagnes. La prévention des bruits de voisinage passe donc par une gestion de ces facteurs temps et espace, vecteurs de propagation de la nuisance. Une telle nécessité s'impose *de facto,* mais résulte aussi du cadre de la légalité qui interdit une annihilation totale des activités et libertés.

745. La légalité et l'acceptation des mesures de lutte seront par conséquent tributaires de telles limitations temporelles et géographiques, fixées en vue d'atteindre un équilibre satisfaisant pour tous. L'adéquation de ces mesures sera d'autant plus difficile à trouver que leur contenu est à l'image de la diversité des bruits de voisinage. Ces deux considérations, l'encadrement spatio-temporel et la nature variée des sources sonores, sont déterminantes. Elles constituent les critères d'appréciation des modalités de la prévention (1), utilisés au niveau local (2). Pour des raisons de fait et de droit, elles s'imposent comme les bases de tout arrêté de lutte contre les bruits de voisinage (3).

1- Les critères d'appréciation des modalités de la prévention

746. L'adéquation des mesures de police du bruit dépend de plusieurs critères que les autorités locales sont tenues d'intégrer dans la définition de leurs interventions, sous

---

annuler les arrêtés municipaux ou en suspendre l'exécution. Il peut simplement déférer au tribunal administratif les mesures de police *« qu'il estime contraires à la légalité dans les deux mois suivant leur transmission »* et *« assortir son recours d'une demande de sursis à exécution ».*

[1] La circulaire du 27 février 1996 relative à la lutte contre les bruits de voisinage (préc.) précise que les arrêtés préfectoraux et municipaux pris avant l'entrée en vigueur de la loi du 31 décembre 1992 relative à la lutte contre le bruit restent valables sous réserve de ne pas contenir de dispositions contraires à ladite loi ou à ses textes d'application.

[2] V. pour exemple : T.A. de Strasbourg, 18 septembre 1996, M. Dominique Colonna c/ Préfet du Haut-Rhin, req. n° 952214, Droit de l'environnement n° 48, mai 1997, p. 8 ; Echo-Bruit n° 83-84, novembre 1997, p. 36 : à propos d'un arrêté de mise en demeure concernant une entreprise de taille de pierres, installation classée soumise à déclaration. L'arrêté a été annulé pour vice de procédure et violation des articles 10 et 23 de la loi du 19 juillet 1976 relative aux installations classées pour la protection de l'environnement.

peine de censure par le juge de l'excès de pouvoir. Le caractère approprié et donc légal des mesures est d'autant plus difficile à déterminer que les critères d'appréciation sont multiples, subjectifs et variables selon les circonstances de chaque espèce. Une analyse par les décideurs locaux, en fonction du contexte et de l'environnement, est par conséquent nécessaire. La règle générale est néanmoins que la réglementation locale des bruits de voisinage doit consister en un encadrement des activités et manifestations sonores, par des limitations dans son objet, dans l'espace et dans le temps (a), pour rester dans le cadre de la légalité dont le juge se fait le gardien (b).

a) La nature des critères

747. En premier lieu, les prescriptions de police peuvent être plus ou moins rigoureuses suivant la nature de l'activité génératrice de nuisances sonores. Comme le fait remarquer M. Lamarque, la réglementation de l'usage des pétards ne soulève pas les mêmes préoccupations que celle des établissements industriels[1]. De même, une activité économique ou commerciale, même exercée de nuit, n'a rien à voir avec celle d'une discothèque ou d'un bar pratiquant du karaoké. La place qu'occupe l'activité en cause dans notre société et la valeur que lui accordent les différentes personnes concernées par son exercice doivent être prises en compte par les maires et préfets qui décideront de la réglementer voire de l'interdire.

748. L'objet de cette réglementation doit, en outre, respecter les critères « légaux » qui limitent de façon générale tous les pouvoirs de police administrative. Ainsi, *« le préfet ou le maire ne pourraient (...) attenter aux libertés inscrites dans la Constitution ou aller à l'encontre d'un texte de portée nationale[2] ».* Plus précisément, maires et préfets ont la difficile tâche de mener de front une politique de prévention des bruits de voisinage et de veiller au respect des principes et libertés publiques et individuelles consacrés au niveau constitutionnel. Or, la réglementation des manifestations sonores comporte obligatoirement des atteintes à la liberté du commerce et de l'industrie, d'aller et de venir, de réunion, ou encore de religion (pour les sonneries de cloches), de même qu'au principe d'égalité. Tel est le cas, par exemple, des mesures prescrivant la création de zones réservées aux piétons ou de l'interdiction des poids lourds dans la traversée d'une agglomération. La légalité de la mesure de police dépendra alors de l'étendue de cette atteinte et de la nécessité de la réglementation au regard des besoins de l'ordre public.

749. D'après une formule devenue une véritable clause de style en la matière -mais qui révèle néanmoins rapidement son caractère quelque peu sibyllin lorsqu'on la met en œuvre-, les autorités locales ne peuvent prendre de réglementation *« générale et absolue ».* Cependant, et la précision apportée par M. Chapus est d'importance, une interdiction générale et absolue n'est pas illégale du seul fait qu'elle est générale et absolue. Il s'agit là d'une question d'espèce et de circonstances locales. Ce qu'il convient d'apprécier, au cas par cas, *« c'est si une interdiction est ou non trop générale et absolue au regard des nécessités de l'ordre public »*[3]. Mais encore faut-il connaître avec précision quelles sont ces *« nécessités de l'ordre public »,* et plus particulièrement les exigences légales de la tranquillité publique. Nous avons pu constater que ces notions étaient fluctuantes pour chaque cas d'espèce et qu'il était impossible de dégager des

---

[1] V. : J. LAMARQUE, La police municipale et la réglementation des activités et manifestations bruyantes, préc.

[2] Code Permanent Environnement et Nuisances, Fasc. « Bruit », p. 987, n° 92.

[3] R. CHAPUS, Droit administratif général, Montchrestien, tome 1, 8e éd., p. 614.

critères précis et objectifs, applicables une fois pour toute. C'est alors au juge, en dernier recours, qu'il appartiendra de se prononcer sur leur contenu.

750. Les autorités locales chargées de la police du bruit éviteront en fait de donner à leur réglementation un caractère général et absolu en prévoyant des limitations spatio-temporelles adaptées à chaque problème. L'intérêt de la protection contre les bruits de voisinage est en effet très inégal dans le temps et dans l'espace. Si l'on protège la tranquillité, on ne la protège pas partout de la même manière. La distinction fondamentale et traditionnelle s'opère tout d'abord entre le milieu urbain et le milieu rural. Les normes de bruit ne sont pas les mêmes, compte tenu de la spécificité des activités que l'on rencontre habituellement dans ces territoires respectifs. Les bruits d'animaux seront ainsi plus facilement admis à la campagne, alors que les nuisances produites par les transports sont le lot commun, dans une certaine limite, de toutes les villes. Mais à l'intérieur même des territoires urbains, la réglementation sera encore différente selon les quartiers. On ne peut raisonnablement exiger la même tranquillité dans les zones consacrées à certaines activités (industrielles, commerciales, de loisirs...) que dans des quartiers résidentiels[1].

751. Le critère temporel est également déterminant, au même titre que les considérations géographiques. La tolérance sera plus ou moins grande selon qu'il s'agit d'activités exercées dans la journée ou au contraire de bruits nocturnes, selon qu'il s'agit de réglementer des activités permanentes ou des manifestations seulement occasionnelles. Les arrêtés municipaux et préfectoraux comporteront des restrictions temporelles ou fixeront des horaires précis pour l'exercice de telle activité ou l'utilisation de tel objet particulièrement bruyant. Ces limitations seront établies en fonction de la période de production de la nuisance, qui se définit selon trois paramètres : le moment (le jour ou la nuit, la semaine ou les week-ends ou jours fériés), la durée (en terme de secondes, de minutes ou d'heures...) et la répétition du bruit (permanent, occasionnel, intermittent). La réglementation locale doit prendre en compte tous ces facteurs, afin d'apprécier au plus juste la gêne causée dans le voisinage et le degré de tranquillité à assurer par le biais de restrictions horaires.

752. Les aménagements spatio-temporels mis en place par les autorités locales permettent d'assurer une *certaine* protection des voisins de nuisances sonores en conformité avec les principes généraux de respect des libertés et de l'intérêt général. Mais les critères de définition et d'adéquation de ces mesures sont on ne peut plus obscurs et soumettent ainsi les arrêtés municipaux et préfectoraux à l'appréciation *in fine* du juge, amené à préciser les limites de l'exercice des pouvoirs de police du bruit.

b) Le contrôle des critères par le juge

753. L'appréciation du juge de la légalité se substitue en dernier recours à celle des maires et préfets pour, soit la confirmer, soit l'infirmer. Dans ce dernier cas, la réglementation locale, jugée illégale, est alors censurée par une annulation. Le contrôle ainsi opéré par le juge permettrait donc de dégager la nature et la valeur des critères que les autorités chargées de la police du bruit doivent mettre en œuvre pour rester dans le cadre de la légalité lors de l'exercice de leurs pouvoirs. Mais l'ensemble de la jurisprudence sur ce sujet ne fournit pas de réponses aussi nettes et tranchées. L'appréciation prétorienne présente en fait les mêmes caractères que celle menée sur le terrain par les pouvoirs locaux face aux problèmes des bruits dans le voisinage. Elle est

---

[1] Pour une critique de cette conception, voir F. CABALLERO, note sous Civ. 3e, 3 novembre 1977, D. 1978, jurispr. p. 435.

intrinsèquement subjective et varie selon les circonstances propres à chaque espèce. Les décisions jurisprudentielles se contenteront de fournir quelques lignes directrices permettant une approche globalisante des critères d'adéquation, sans pour autant en donner une définition objective qui ne se prêterait pas à la matière.

754. Fondement commun à toutes les décisions, le juge de la légalité établit *son* appréciation à partir de la règle selon laquelle les maires et préfets ne peuvent prendre de « réglementation générale et absolue ». Cette notion sera plus ou moins étendue selon les hypothèses, mais se définit toujours d'après les mêmes principes généraux. Elle impose avant tout que la lutte menée par les autorités locales contre les bruits dans le voisinage se fasse par le biais d'aménagements du temps et de l'espace. Dans le cas contraire, la réglementation édictée serait forcément générale et absolue, ce que ne manque pas de censurer le juge de la légalité. Ces limitations spatio-temporelles doivent ensuite être suffisantes pour garantir la tranquillité publique, mais sans pour autant devenir excessives, car l'objectif est de réussir à faire cohabiter de la façon la plus harmonieuse possible des personnes aux intérêts très différents, sans aboutir à une suppression complète des libertés des uns ou des autres.

755. L'arrêt Bricq contre Maire de Villiers-Adam[1], en date du 2 juillet 1997, illustre bien cette recherche d'un compromis acceptable pour tout le monde en dépit des divergences d'opinion relatives aux occupations des week-ends et des jours fériés. Si pour certains, ces périodes sont l'occasion de retrouver le calme et la tranquillité qu'ils ne connaissent pas le reste de l'année et de pouvoir en profiter pleinement, d'autres mettront à profit ces jours précis pour accomplir ce qu'ils n'ont pas le temps de faire en raison de leur activité professionnelle, à savoir notamment du jardinage et du bricolage. Considérant les circonstances propres à sa commune, le maire de Villiers-Adam a entrepris de réglementer l'usage en plein air des tondeuses à gazon et autres outils à moteurs, en interdisant leur utilisation dans l'agglomération et dans un périmètre de 100 mètres autour de celle-ci, les dimanches et jours fériés entre le 1er mai et 31 octobre. Le juge administratif, saisi par un habitant défavorable à cette mesure, a retenu la façon dont le maire avait modulé dans le temps et dans l'espace le champ d'application de sa mesure pour finalement conclure à la légalité de l'arrêté municipal.

756. L'arrêt Bricq apporte une autre précision à propos de l'adéquation des mesures de police du bruit, car des limitations dans le temps et dans l'espace ne suffisent pas en tant que telles à garantir la légalité de la réglementation locale. Le Conseil d'État a admis qu'en l'espèce le maire avait pris *« une mesure qui, compte tenu de sa limitation dans le temps et de la gêne occasionnée aux habitants de la commune par l'utilisation de ces engins,* ***n'excède pas les précautions nécessaires au maintien de la tranquillité publique »***. Les prescriptions de police doivent donc être non seulement nécessaires[2] à l'accomplissement des objectifs légaux de protection de la tranquillité et de la santé publiques, mais également ne pas présenter un caractère excessif.

757. C'est bien le cas de l'arrêté municipal qui interdit la circulation des poids lourds sur une portion de route déterminée, en raison notamment des *« atteintes portées à la tranquillité publique »*, dans la mesure où ces véhicules peuvent emprunter une déviation qui contourne l'agglomération[3]. Il doit y avoir, ainsi, proportionnalité entre

---

[1] CE, 2 juillet 1997, Bricq c/ Maire de Villiers-Adam, n° 161369, D. 1997, I.R., p. 198-199.

[2] Selon R. CHAPUS, *« la nécessité, c'est la justification ou même, pourrait-on dire, l'excuse de la mesure de police »* (Droit administratif général, préc..).

[3] CE, 18 juin 1997, commune de Montmélian, n° 171084, Droit de l'Environnement n° 52, octobre 1997, p. 3-4 : le Conseil d'État a jugé, contrairement au Tribunal administratif de Grenoble, que *« le maire de Montmélian a légalement fait usage de ses pouvoirs de police, dès lors que l'interdiction*

l'intensité de la gêne retirée aux riverains et la gêne apportée aux routiers. Aussi, en l'absence de possibilités de contournement, l'interdiction devrait sans doute être limitée à certaines heures, afin de ne pas constituer une atteinte à la liberté du commerce et de l'industrie. De même, est jugé légal l'arrêté d'un maire qui avance de 4 heures à 2 heures du matin l'heure de fermeture d'une discothèque, cette mesure ne présentant pas *« un caractère excessif au regard des nécessités du maintien de la tranquillité publique »* et dans la mesure où il incombe au maire, chargé de la police municipale *« de prendre les mesures appropriées pour empêcher sur le territoire de sa commune les nuisances excessives de nature à troubler le repos et la tranquillité des habitants »*[1].

758. Les restrictions aux libertés publiques ne doivent donc pas être excessives, sous peine de censure par le juge pour défaut de proportionnalité entre l'ampleur des prescriptions imposées et l'équilibre recherché. L'arrêt Cazorla présente clairement le caractère adéquat de l'interdiction faite par un maire à une boulangerie de vendre ses produits de 22 heures à 6 heures du matin, afin de faire cesser les nuisances sonores provoquées par les clients durant la nuit. La mesure d'interdiction n'a pas été jugée excessive en l'espèce, le Conseil d'État relevant que *« l'objectif visé par le maire, qui était d'empêcher les bruits troublant le repos des habitants, ne pouvait être atteint par une mesure moins contraignante »*[2]. En revanche, a été jugée excessivement rigoureuse la décision d'un maire qui a ordonné la fermeture définitive d'une « chèvrerie » pour faire cesser les nuisances sonores causées par cet élevage. Le Conseil d'État a constaté qu'en l'occurrence *« le même résultat pouvait être obtenu par des mesures moins sévères, alors et surtout que l'élevage existait depuis 1927... »*[3].

759. Ainsi constate-t-on que l'adéquation des mesures de police n'est pas toujours facile à trouver en pratique, de même qu'il est malaisé, pour ne pas dire impossible, de la définir par des critères objectifs et précis. Les maires et préfets doivent se contenter des quelques lignes directrices révélées par une jurisprudence subjective et évolutive qui les guident un tant soi peu dans l'exercice de leurs pouvoirs de police du bruit, tout en restant tributaires de l'appréciation personnelle du juge dans chaque cas d'espèce, lorsque ce dernier est saisi du litige.

2- La mise en œuvre de ces critères : exemples concrets

760. Les exemples de réglementations locales sur la prévention des bruits de voisinage sont multiples, tout comme la jurisprudence qu'ils alimentent. Ils ne sauraient, par conséquent, être tous rapportés. Mais des secteurs particulièrement touchés par le problème fournissent des modèles réussis de lutte contre ces nuisances, parce qu'adaptés

---

prononcée n'est ni générale, ni absolue et ne présente pas un caractère excessif, les transporteurs routiers concernés pouvant contourner l'agglomération par une déviation autoroutière, alors même que, pour ce faire, ils doivent acquitter un péage ... ».

[1] CE, 20 décembre 1995, commune de Ville sur Illon c/ M. Hyonne, n° 144143, Echo Bruit n° 80-81, avril-mai 1997, jurispr. p. 44.

[2] CE, 7 juillet 1993, Cazorla, n° 139929, préc.

[3] CE, 30 juillet 1997, Constantin, n° 159122, La Vie Communale et Départementale n° 827, octobre 1997, p. 241. V. également en ce sens l'arrêt Préfet de police c/ M. Guez : CE, sect., 4 mai 1984, A.J.D.A. 1984, p. 393, ccl. O. Dutheillet de la Mothe : le préfet de police et le maire de Paris avaient, par un arrêté du 4 juillet 1981, interdit les activités musicales et les attractions de toute nature dans les voies et zones réservées aux piétons. De telles activités étaient seulement autorisées de 10 heures à 23 heures dans cinq voies et places. Cette réglementation a été jugée trop générale et absolue aussi bien dans son objet que dans l'espace et dans le temps, les dérogations ayant un caractère trop limitatif.

aux circonstances et exigences locales. Il s'agit, d'une part, de la circulation urbaine (a) et, d'autre part, des établissements et activités de loisirs (b).

a) La réglementation de la circulation urbaine

761. En milieu urbain, *« le bruit de la circulation est la principale gêne et aucune autre source ne revêt une importance comparable »*[1]. Cette constatation faite dans les années soixante se vérifie toujours plus avec le temps et l'évolution de la société. Au palmarès des bruits jugés les plus dérangeants pour le voisinage parce que quotidiens et touchant la majorité de la population, ceux produits par le trafic de plus en plus dense des véhicules terrestres occupent une place de choix. Des améliorations très nettes peuvent pourtant être apportées à ce type de bruit, grâce à la mise en place d'une gestion appropriée de la circulation. Les mesures de planification, pour être efficaces, doivent traiter les causes principales du bruit de la circulation, à savoir : le volume et la nature du trafic, la vitesse et la fluidité, les caractéristiques inhérentes aux différentes catégories de véhicules. Des exemples concrets présentés par certaines villes témoignent des progrès accomplis en la matière.

762. De façon générale, *« la prévention des bruits de la circulation consiste à aménager la voie et la circulation elle-même de façon à éviter les obstacles et aménagements générateurs de bruit »*[2]. Il s'agit de cantonner le bruit de la circulation dans certains lieux et à certains moments. Il est en effet impossible de le supprimer totalement, car cela supposerait de proscrire toute circulation ce qui n'est concevable que dans certains endroits et à certaines conditions. *« Le cantonnement de la circulation et donc du bruit consiste à faire en quelque sorte la « part du bruit » : à les concentrer sur quelques points et itinéraires et sur quelques périodes choisies »*[3]. L'action sur le volume[4] et la nature du trafic peut donc prendre la forme, d'une part, de contraintes de circulation mises en place par des plans de circulation protégeant certains secteurs et réservant des zones piétonnes et, d'autre part, de solutions alternatives basées sur la technique du « transport intermodal » opérant une parfaite coordination de l'utilisation des transports collectifs et des transports individuels.

763. Dans cette optique, la ville de Strasbourg a élaboré un plan de circulation : le « plan Strass », particulièrement bien pensé puisqu'il a contribué à rendre son calme au centre-ville. Il s'appuie sur la création de quatre boucles de desserte assurant l'accès au centre-ville à partir des grands axes et de la voirie de ceinture, mais interdisant la traversée de l'hypercentre. Réservant ainsi le centre-ville aux piétons et cyclistes, il facilite dans le même temps son accès par l'aménagement d'aires de stationnement et la promotion de moyens de transports beaucoup moins bruyants, tels que le vélo et le tramway. La réglementation mise en place ne se contente donc pas de canaliser et de diriger le trafic. Le plan propose des solutions alternatives aux restrictions et

---

[1] Committee on the problem of Noise, final report, présenté au Gouvernement britannique en 1963, HMSO, Cmnd, 2056 (cité par R. GOY dans son article « Les nuisances acoustiques dues à la circulation automobile en milieu urbain », Droit et Ville n° 4, 1977, p. 211).

[2] R. GOY, Les nuisances acoustiques dues à la circulation automobile en milieu urbain, préc., p. 224.

[3] R. GOY, Les pouvoirs de police du maire et la réglementation du bruit de la circulation, préc., p. 15.

[4] Selon l'ouvrage du C.S.T.B. sur les opérations de protection phonique en ville (Guide de référence des opérations réussies de protection phonique en zone urbaine et périurbaine, gérer et construire l'environnement sonore en ville, C.S.T.B., 1996) :

- diviser le débit par 2 réduit le niveau sonore de 3 dB ;
- diviser le débit par 3 réduit le niveau sonore de 5 dB ;
- diviser le débit par 10 réduit le niveau sonore de 10 dB.

interdictions de circulation qu'il impose, par le biais de moyens de déplacement de substitution. Des parkings-relais situés à proximité des stations du tramway ou du bus permettent aux conducteurs de laisser leur véhicule en périphérie et d'accéder plus rapidement et sans encombre au centre-ville. La voirie intègre les vélos, considérés comme composante à part entière du déplacement urbain, par l'aménagement continu de pistes cyclables[1]. Quant au tramway, son essor se poursuit progressivement à travers toute la ville[2] et au-delà.

764. Conscientes des qualités acoustiques qu'il présente, d'autres villes, telles que Nantes, Grenoble, Nice ou Orléans intègrent à nouveau le tramway dans leur réseau de transport urbain[3]. Ecarté à la fin des années cinquante au profit de l'autobus et de la voiture, alors « symboles de modernité », il semblerait que la modernité aujourd'hui soit plutôt à rechercher dans le confort acoustique des moyens de transport. De même, le développement et la promotion des transports en commun[4] sont des choix qui supposent une volonté municipale forte et un projet parfaitement monté et cohérent. En effet, *« la promotion des transports collectifs n'apporte des résultats positifs que si le transport s'opère au bénéfice des conducteurs automobiles et non des piétons ou des cyclistes »*[5]. Il s'agit d'atteindre la bonne cible, à savoir les usagers les plus bruyants, en leur offrant un service de qualité associant tout à la fois la fréquence, la rapidité des correspondances, l'efficience de la desserte et le confort. Ainsi par exemple, à Chambéry tout comme à Mulhouse, trouve-t-on *« un centre d'échange de moyens de transports qui regroupe au centre-ville toutes les lignes de bus, facilitant ainsi le déplacement en transport en commun dans toute l'agglomération »*[6].

765. La promotion des transports collectifs effectuée à Chambéry se double d'une action sur la vitesse et la fluidité du trafic par des aménagements de la voirie permettant d'obtenir une réduction significative de la vitesse en ville et donc du bruit qu'elle induit[7]. De la même façon, la municipalité d'Annecy a obtenu des résultats probants par une harmonisation des feux tricolores (les « ondes vertes »), l'aménagement de ronds-points à sens giratoire ou encore le rétrécissement de certaines voies avec la mise en place de terre-pleins centraux afin de réduire la vitesse[8]. C'est également l'objectif principal mis en œuvre par les gestionnaires de la rocade nantaise dans le cadre du processus « qualitatif » qu'ils ont engagé, avec des limitations de vitesse spécifiques à chaque type

---

[1] V. : Strasbourg à vélo, Echo Bruit n° 64, juillet 1994, p. 8-9.

[2] Après le centre-ville strasbourgeois, la ligne du tramway s'étend jusqu'à la commune d'Illkirch-Graffenstaden et une deuxième ligne dessert le campus universitaire, ainsi que des quartiers populaires au nord de la ville. D'autres projets porteraient la longueur du réseau à 35 km à l'horizon 2010. V. : Y. CHOQUET, Essor du tramway, transport de l'an 2000, Combat Nature n° 117, mai 1997, p. 39.

[3] V. : Y. CHOQUET, De 1975 à 1995 : Retour du tramway, Combat Nature n° 115, novembre 1996, p. 13-16 et Les voies du silence, Echo Bruit n° 72-73, janvier 1996, p. 13.

[4] Selon le C.S.T.B. :

- un autobus fait le bruit de 4 voitures et transporte 50 fois plus de personnes ;
- un tramway fait le bruit de 8 voitures et transporte 150 fois plus de personnes ;
- un wagon de métro celui de 2 voitures et transporte 80 fois plus de personnes ;

[5] C. LAMURE, Gestion de la circulation et aménagement, Echo Bruit n° 53-54, juin-juillet 1992, p. 12.

[6] J.-P. GUALEZZI, « Le bruit dans la ville », Rapport du Conseil Economique et Social, préc., p. II-171.

[7] *« La vitesse est un facteur d'augmentation du bruit ainsi que les hauts régimes de moteurs et les accélérations. L'arrêt et le redémarrage d'un véhicule, par exemple, peuvent se traduire momentanément par un accroissement du bruit allant jusqu'à 10 dB(A) »*. V. : J.-P. GUALEZZI, « Le bruit dans la ville », Rapport du Conseil Economique et Social, préc., p. II-172 et s.

[8] V. : M. BOUVIER, La prise en compte du bruit à Annecy, Echo Bruit n° 80-81, avril-mai 1997, p. 13-15.

de voie[1]. Des aménagements simples (« zones 30 », réduction de la largeur de la chaussée, obstacles verticaux, tels que bornes, parking en épis, pistes cyclables...) permettent ainsi de réguler la circulation urbaine et d'en limiter la vitesse. Les effets positifs sur le plan acoustique s'en font immédiatement ressentir.

766. Paris, dont le problème lié au trafic se trouve exacerbé en raison de son statut de capitale[2], a mis en place une nouvelle politique des déplacements, combinant tout à la fois l'action sur le volume et la nature du trafic et l'action sur la vitesse et la fluidité. Les principaux objectifs du nouveau plan de déplacements urbains consistent dans *« la limitation de la place de l'automobile et l'amélioration de la vie dans les quartiers »*. Pour les remplir, différents types d'action sont développés, parmi lesquels : l'incitation à l'utilisation des transports en communs souterrains (métro et RER), l'aménagement de nombreuses pistes cyclables dans le cadre du « Plan vélos », la promotion des véhicules électriques avec la mise en place de prises de recharge sur la voie publique et dans les parcs de stationnement et l'aménagement de « quartiers tranquilles » où volume du trafic et vitesse sont sensiblement diminués[3].

767. Les meilleurs résultats sont évidemment obtenus grâce à une action combinée prenant en compte les principales causes de ce type de bruit. Certaines mesures devront donc intégrer les caractéristiques inhérentes aux véhicules, et particulièrement celles des camions et des deux-roues à moteur. Des mesures de police spécifiques à ces deux types de véhicules peuvent en effet s'avérer nécessaires. Les deux-roues constituent un cas à part, car le problème des nuisances sonores qu'ils provoquent est lié à des véhicules isolés et non au flux de la circulation. La prévention doit porter plus sur le comportement du conducteur que sur la machine. Les maires de Barr et d'Obernai en ont pris acte en publiant un arrêté identique -dont la légalité a été contestée[4]- interdisant la circulation des deux-roues à moteur entre 22h et 6h dans le centre-ville. S'agissant des camions, de nombreux arrêtés municipaux limitent leur passage dans l'agglomération, leur proposent des itinéraires préférentiels ou encore leur interdisent la traversée de nuit de la ville, ou de certains de ses quartiers et réglementent les heures de livraison (s'agissant de tous les véhicules utilitaires) et de déchargement.

768. Les autorités locales, dans l'exercice de leurs pouvoirs de police, peuvent donc prendre de telles mesures de maîtrise de la circulation en vue d'améliorer l'environnement sonore. La mise en œuvre d'une politique de lutte contre ce type de bruit dépendra alors d'une volonté politique forte de prendre des *« mesures énergiques quant à la restriction de l'usage des véhicules bruyants en ville, à l'amélioration de la planification urbaine et à la réorganisation de la circulation de jour comme de nuit »*[5].

---

[1] V. : Nantes diminue la vitesse pour diminuer le bruit, Echo Bruit n° 86, juin 1998, p. 18.

[2] *« Le boulevard périphérique parisien, long de 35 kilomètres, achevé en 1973, supporte un trafic de 1 200 000 véhicules/jour »*. V. : J.-P. GUALEZZI, « Le bruit dans la ville », Rapport du Conseil Economique et Social, préc., p. II-130.

[3] V. : Dix nouveaux quartiers tranquilles, Echo Bruit n° 83-84, novembre 1997, p. 20.

[4] V. : « Un arrêté qui fait du bruit », L'Alsace des 15 et 16 août 1998 et « Des arrêtés qui font du bruit », L'Alsace du 7 octobre 1998. Le sous-préfet de Sélestat conteste la légalité de ces deux arrêtés, mais se heurte au refus des maires de retirer leur réglementation. En dernier recours, le préfet pourrait saisir le juge administratif qui se prononcerait alors sur le caractère légal ou non de ces textes au regard des nécessités de la tranquillité publique et des critères qui en découlent.

[5] C. LAMURE, Gestion de la circulation et aménagement, préc. V. également les recommandations du C.E.S. qui *« engage vivement les élus locaux à arrêter, dans la limite de leurs compétences, des mesures de planification de la circulation visant à agir sur le volume et la nature du trafic ainsi que sur sa vitesse et sa fluidité » :* J.-P. GUALEZZI, « Le bruit dans la ville », Rapport du Conseil Economique et Social, préc., p. I-11 et I-12.

b) La réglementation des établissements et activités de loisirs

769. Parmi les plaintes dues aux bruits de voisinage, beaucoup concernent les établissements recevant du public. Bars, cafés, discothèques, sans oublier à présent les karaokés, peuvent se révéler particulièrement gênants pour le voisinage dans la mesure où, d'une part, ils sont le plus souvent situés dans les centres-villes car d'accès facile pour la clientèle et, d'autre part, ils posent un problème de vie nocturne. Les nuisances sonores qu'ils occasionnent atteignent non seulement un maximum de personnes, mais qui plus est pendant leur période de sommeil. En outre, les riverains se plaignent tout autant du tapage nocturne causé dans la rue par les clients de ces établissements que des débordements acoustiques dus à l'exploitation elle-même. Dans certaines villes, telles que Strasbourg ou Antibes, ce problème est particulièrement sensible. En tout état de cause, il requiert l'intervention des autorités locales afin de trouver un compromis entre cette vie nocturne qui assure l'animation des quartiers et la tranquillité à laquelle les riverains ont droit.

770. A Bordeaux, sur les 200 plaintes reçues annuellement, près de 30 % mettent en cause ces établissements recevant du public. La municipalité a décidé de prévenir les nuisances potentielles qu'ils peuvent produire par un arrêté spécifique pris en 1991 et dont l'objectif principal est de responsabiliser les exploitants en leur imposant des mesures préventives. A côté de l'obligation générale de « *prendre toute précaution pour que le voisinage ne soit pas troublé par les bruits résultant de leur exploitation* », obligation de résultat laissant aux intéressés le choix des moyens pour la remplir, une étude d'impact acoustique est imposée aux établissements les plus bruyants, à l'occasion de tous travaux soumis à une procédure de déclaration ou d'autorisation. Les responsables sont ainsi amenés à réfléchir aux conséquences sonores de leur activité et à leurs remèdes, puisqu'ils doivent caractériser l'état sonore initial tant sur le site qu'à son voisinage, prévoir les niveaux sonores émis par l'activité projetée et préciser les dispositions arrêtées pour remédier aux nuisances éventuelles[1]. L'arrêté municipal de la ville de Strasbourg, pris le 9 juillet 1998, contient les mêmes obligations (*infra* n° 778 et s.).

771. La politique de prévention menée par le service communal d'hygiène et de santé de Saint Etienne est, elle, essentiellement basée sur une collaboration avec les exploitants des établissements en cause. Des mesures préventives adaptées à chaque cas sont décidées en accord avec les gérants. Ainsi, le S.C.H.S. a mis en place dans un certain nombre d'établissements des « limitateurs de sons », alors que pour d'autres, des travaux d'insonorisation ont été préconisés[2]. La ville d'Antibes, station touristique particulièrement touchée par le bruit lié aux animations nocturnes, a également fait le choix du dialogue et de la concertation avec les principaux responsables et intéressés. Sa politique de prévention s'articule autour d'une concertation établie quartier par quartier, entre les élus, l'administration, les professionnels du tourisme et les associations de quartier. Les résultats sont édifiants. La municipalité, en dehors de toute mesure réglementaire, a réussi à obtenir une réduction des niveaux sonores émis, combinée à une isolation phonique des établissements musicaux, au respect de mesures de prévention et de sécurité (avec en projet, la diffusion de musique douce durant la dernière heure d'ouverture) et à une responsabilisation des chefs d'établissements qui assurent la surveillance de la clientèle à la sortie de l'établissement[3].

---

[1] Le point de vue de J. VOLLAND, S.C.H.S. de Bordeaux, Echo Bruit n° 76-77, septembre 1996, p. 39.

[2] C. VALETTE, La prise en compte du bruit à Saint Etienne, Echo Bruit n° 80-81, avril-mai 1997, p. 10-12.

[3] V. : J.-P. GUALEZZI « Le bruit dans la ville », Rapport du Conseil Economique et Social, préc., p. II-133 à II-135. La ville d'Antibes a une approche du bruit particulière en raison de sa qualité de station

772. La capitale européenne, Strasbourg, est également *« réputée pour ses nuits blanches »*. On dénombre en effet près de quatre-vingt établissements ouverts jusqu'à trois ou quatre heures du matin. *« Cette animation satisfait les noctambules et fêtards, mais pas les riverains, soumis à l'intérieur ou à l'extérieur des immeubles à des nuisances sonores intolérables »*[1]. Pour remédier à cette situation, la municipalité a créé en 1992 une commission de travail sur les nuisances sonores qui se prononce sur l'existence ou le fonctionnement des établissements recevant du public. Chaque mois, elle se réunit pour examiner les demandes d'ouverture de nouveaux établissements nocturnes ainsi que les candidatures à une dérogation pour ouverture tardive. Suite à cet examen, le maire communique son avis au préfet qui décide d'accorder ou non l'autorisation d'exploitation ou la dérogation demandée. Agissant comme moyen de pression, il est fréquent que le préfet ne délivre qu'une autorisation temporaire, pour une durée de trois mois, à faire renouveler. En outre, l'arrêté municipal, en date du 9 juillet 1998, met désormais à la charge des exploitants d'établissements bruyants pour le voisinage l'obligation de réaliser une étude acoustique et de prendre les mesures nécessaires pour faire cesser les nuisances.

773. A côté du problème spécifique des établissements recevant du public, toutes les autres activités de loisirs, plus ponctuelles, peuvent nécessiter une prise en charge spéciale par les autorités locales, selon les circonstances de l'espèce. S'agissant par exemple des concerts de plein air, prévus à certaines dates, la ville de Strasbourg avait tenté une première expérience lors du concert du groupe « Pink Floyd » le 9 septembre 1994, qui depuis est rééditée lors de chaque nouvelle manifestation de ce genre. Le maire avait émis un avis favorable à ce concert sous réserve que le niveau d'émission moyen ne dépasse pas les 100 dB(A) et le préfet a repris ces contraintes dans son arrêté. Toujours pour les activités musicales de plein air, le préfet de police de Paris est venu réglementer, par un arrêté du 18 février 1997, la pratique des activités de musiciens et chanteurs ambulants dans les rues de la capitale. L'arrêté soumet l'exercice de ces activités à l'obtention d'une autorisation individuelle, établie à titre précaire et révocable. Des restrictions géographiques et temporelles sont fixées afin que ces prestations n'apportent pas de trouble à la tranquillité publique[2]. Enfin, dans le domaine du sport, la mairie de Toulouse a décidé d'interdire la pratique de la planche et du patin à roulettes sur les principales places du centre-ville pour assurer la tranquillité des riverains[3].

774. Ainsi, si les mesures de lutte sont tout aussi variées et spécifiques que le sont les types de bruit produits dans le voisinage, elles instituent toutes cet aménagement du temps et de l'espace, point commun des différentes réglementations locales de prévention des nuisances sonores. L'encadrement spatio-temporel, opérant un dosage équilibré des intérêts en présence, semble bien constituer la solution réglementaire pour une gestion satisfaisante des bruits de voisinage sur le terrain. Il doit servir de base et d'orientation à tout arrêté de lutte pris dans ce domaine.

---

touristique. Elle a comme ligne d'action de *« substituer à la notion de lutte contre le bruit qui tend à ramener les niveaux sonores vers un bruit de fond monotone de plus en plus élevé, la notion d'ambiances sonores spécifiques aux quartiers et dont les caractéristiques (intensité, durée, qualité) pourront être définies en concertation avec le public et les professionnels »*.

[1] Strasbourg met le tapage nocturne en sourdine, La Vie Publique, supplément septembre 1995, p. 10.

[2] Arrêté n° 97-10248 du 18 février 1997 modifiant l'ordonnance du Préfet de Police du 3 mai 1926 concernant les musiciens et chanteurs ambulants. V. : Paris : manifestations bruyantes des chanteurs ambulants réglementées, Echo Bruit n° 80-81, avril-mai 1997, p. 45.

[3] Toulouse : planche à roulette interdite, Echo Bruit n° 76-77, septembre 1996, p. 14.

3- De quelques suggestions pour un arrêté type

775. Les particularismes propres à chaque type de bruits et de conflits qu'ils engendrent au sein du voisinage requièrent une réglementation spécifique et particulièrement adaptée. C'est là l'essence même du travail des autorités locales dans l'exercice de leurs pouvoirs de police du bruit. Il apparaît donc irréaliste de soumettre aux autorités concernées un modèle de réglementation applicable en tout lieu et en toute heure, à tous les problèmes de bruits de voisinage. Néanmoins, certains principes directeurs, propres à cette problématique et suffisamment généraux et flexibles, peuvent être dégagés et servir de fil conducteur à l'ensemble des arrêtés locaux.

776. En tout premier lieu, l'arrêté municipal devrait prévoir des dispositions permettant d'englober les différents types de bruits de voisinage regroupés par catégories. C'est ainsi que l'arrêté de la ville de Strasbourg consacre un article respectivement aux *« lieux publics et accessibles au public »*, aux *« chantiers de travaux publics ou privés »*, aux *« activités professionnelles »*, aux *« activités de loisirs et sportives »*, aux *« propriétés privées »* et aux *« animaux »*. Il est en effet important de prendre en compte l'ensemble des sources sonores susceptibles de causer un trouble au voisinage. Ne rien prévoir serait une erreur, car comme le fait remarquer le professeur Lamarque, *« le silence de l'autorité municipale* (sur tel ou tel bruit spécifique) *peut être interprété comme l'indice de son désintérêt sur le sujet, comme si elle reconnaissait implicitement qu'il ne s'agit pas d'une gêne qui mérite d'être prise sérieusement en considération »*[1]. Le bruit étant l'affaire de tous, tout le monde doit se sentir concerné. Pour cela, il n'est pas inutile qu'une réglementation claire et précise rappelle -ou informe- les droits et devoirs de chacun dans ce domaine.

777. Compte tenu des caractères subjectif et insaisissable des nuisances sonores, il apparaît, ensuite, plus judicieux d'édicter dans les arrêtés municipaux des obligations de résultat et non de moyens. Ces obligations générales de respect de la tranquillité et de la santé publiques doivent laisser aux intéressés le libre choix dans la manière -la mieux adaptée à chaque cas d'espèce et selon les possibilités de chacun- d'atteindre les objectifs fixés par la politique de prévention des bruits de voisinage. S'agissant des activités de loisirs et sportives par exemple, il est aujourd'hui fréquent de trouver une disposition formulée de la sorte : *« les propriétaires ou gérants d'établissements ouverts au public tels que cafés, bars, théâtres, discothèques...* ***doivent prendre toutes mesures utiles pour que*** *les bruits émanant de ces locaux et ceux résultant de leur exploitation et de la sortie de la clientèle ne puissent à aucun moment, troubler le repos ou la tranquillité du voisinage et ceci de jour comme de nuit »*[2].

778. Ces obligations générales, se contentant de fixer le résultat à atteindre, ne doivent cependant pas être rédigées de façon trop vague. Il est utile de préciser aux différents destinataires de la réglementation le but recherché, mais également les intérêts protégés et les comportements prohibés. En effet, *« la police n'est pas seulement affaire de persuasion ; elle ne consiste pas à donner de bons conseils, mais à préciser les droits de chacun et à en interdire tout usage qui nuit à autrui »*[3]. Aussi convient-il de caractériser avec le plus de précision possible -autant que faire se peut s'agissant d'une

---

[1] J. LAMARQUE, De quelques suggestions pour un arrêté municipal de lutte contre le bruit, Echo Bruit, Chronique juridique n° 12, août 1984.

[2] Article 2 de l'arrêté municipal d'Aix les Bains, Echo Bruit n° 82, Dossier « Bruits de voisinage », septembre 1997, p. 28. L'arrêté municipal de Strasbourg, en date du 9 juillet 1998, contient une disposition analogue.

[3] J. LAMARQUE, De quelques suggestions pour un arrêté municipal de lutte contre le bruit, préc.

matière aussi vaste que variable- les caractères des bruits interdits à tel moment et à tel endroit. Ainsi, l'arrêté de Strasbourg expose-t-il d'emblée que *« sont interdits* ***de jour comme de nuit, sur le territoire de la commune*** *de Strasbourg* ***tous bruits causés sans nécessité ou dus à un défaut de précaution ou de surveillance, susceptibles de porter atteinte à la santé des habitants ou au repos et à la tranquillité du voisinage »*** (art. 1). Dans le même style, *« tout bruit de nature à porter atteinte à la tranquillité du voisinage ou à la santé de l'homme,* ***par sa durée, sa répétition ou son intensité****, causé sans nécessité ou dû à un défaut de précaution est interdit sur le territoire de la commune d'Aix les Bains de jour comme de nuit »*[1].

779. La lutte contre les bruits de voisinage, on l'aura compris, ne passe donc pas par des interdictions générales, qui d'ailleurs seraient jugées illégales. Les obligations de résultat prévues dans les différentes rubriques de l'arrêté doivent être accompagnées de restrictions spatio-temporelles, adaptées à chaque source de bruit mise en cause. A titre indicatif, le Conseil National du Bruit a proposé des horaires concernant les travaux de bricolage ou de jardinage à l'aide d'outils ou d'appareils bruyants[2]. La plupart des arrêtés municipaux se basent désormais sur ce modèle, introduisant certaines variantes selon les communes, pour fixer les périodes d'interdiction de l'utilisation de ces engins bruyants. Généralement -et c'est heureux-, les textes aménagent des « plages spéciales de repos », c'est-à-dire d'interdiction de ces travaux, pour les samedis et surtout les dimanches et jours fériés, veillant par ailleurs à ce que ces travaux ne débutent pas trop tôt le matin et ne se prolongent pas trop tard le soir pour les jours ouvrables. Il est essentiel de garantir sur le plan réglementaire un certain nombre de périodes de calme (la nuit, aux heures du déjeuner, les dimanches et jours fériés...), qui paraissent être le *minimum* auquel les personnes ont droit dans leur vie quotidienne.

780. Enfin, il est souvent nécessaire d'assortir les obligations de résultat imposées aux différents « bruiteurs » potentiels de prescriptions plus concrètes, qui permettront de prévenir la production de nuisances sonores et de guider les responsables dans cette démarche. S'agissant des établissements recevant du public, le maire pourra subordonner l'octroi de l'autorisation d'ouverture à des *« conditions de niveaux acoustiques maxima à respecter »* pour assurer la tranquillité du voisinage et au besoin à des *« mesures à prendre ou* (des) *travaux à exécuter en vue de l'insonorisation de l'établissement »* (arrêté d'Aix les Bains). De plus en plus fréquemment, les maires exigent aussi de la part des exploitants des établissements les plus bruyants de réaliser une étude acoustique en vue d'identifier les nuisances réelles et potentielles et de prendre les mesures pour y remédier. Une telle étude peut être mise, par le maire, à la charge des exploitants de tout établissement public ou privé ne relevant pas de la législation sur les installations classées. Elle permet non seulement de prévenir les nuisances ou de faire cesser celles qui sévissent déjà, mais surtout de faire prendre conscience aux exploitants de leur responsabilité en ce domaine et de la nécessité impérieuse d'agir.

781. Il est donc essentiel de trouver au niveau local une réglementation appropriée de l'utilisation des objets bruyants, des activités et de certains comportements. Cette

---

[1] L'arrêté municipal d'Aix les Bains reprend les trois caractères (non cumulatifs) d'appréciation d'un bruit illicite, à savoir la durée, la répétition et l'intensité, posés par le décret n° 95-408 du 18 avril 1995 relatif à la lutte contre les bruits de voisinage et modifiant le code de la santé publique (*JO* du 19 avril 1995).

[2] L'arrêté type du Conseil National du Bruit propose les horaires des travaux de bricolage ou de jardinage comportant l'utilisation d'appareils bruyants suivants :

- *les jours ouvrables de 8 heures 30 à 12 heures et de 14 heures 30 à 19 heures 30*
- *le samedi de 9 heures à 12 heures et de 15 heures à 19 heures*
- *le dimanche et les jours fériés de 10 heures à 12 heures*

réglementation locale doit intégrer les acquis de la nouvelle politique de lutte contre le bruit élaborée à l'échelle nationale. Notamment, aujourd'hui il ne fait plus de doute qu'il est interdit de faire du bruit, de nature à porter atteinte à la santé des habitants et à la tranquillité du voisinage, **non seulement la nuit mais également le jour**. Ensuite, la prévention des bruits de voisinage nécessite une « responsabilisation » de tous les acteurs de la vie quotidienne, que les textes locaux doivent laisser transparaître au travers d'obligations générales de résultat et d'injonctions adressées à qui de droit. Enfin, le succès de cette politique repose bien évidemment sur l'information du public. La mise en œuvre des mesures réglementaires, le caractère effectif des droits et devoirs de chacun ne sont rien si le public les ignore. En dépit de l'adage « nul n'est censé ignoré la loi », force est de constater que dans la pratique, bien peu de personnes sont au courant des comportements à avoir ou des actions à mener en matière de lutte contre le bruit. L'échelon local, proche des citoyens et des problèmes concrets, semble le plus indiquer pour développer cette information juridique qui, aujourd'hui, est encore insuffisante.

782. Au début des années quatre-vingt, le ministre de l'Intérieur, M. Defferre, prononçait une phrase pleine de bon sens : *« l'échelon local est généralement le niveau d'intervention le plus efficace et légitime pour trouver une solution d'équilibre entre la tranquillité des uns et la liberté des autres. Les collectivités locales, et en particulier les communes, ont donc une mission capitale à remplir... »*[1]. Une telle affirmation ne fait pas de doute. En revanche, le ministre assurait que les pouvoirs locaux avaient parfaitement conscience de la mission qui leur incombe en la matière, ce qui nous paraît déjà plus sujet à caution, compte tenu du manque d'intérêt ou d'information des intéressés. Les difficultés et obstacles rencontrés par les maires et préfets pour exercer leurs pouvoirs de police du bruit sont indéniables. Toute la réglementation repose sur une appréciation subjective, et donc personnelle et variable, de la notion de nuisance sonore et de gêne pour le voisinage. Or, ces notions emportent rarement l'adhésion unanime à la fois des autorités locales, des « bruiteurs », des victimes et du juge. Un tel dilemme peut constituer un frein à l'action.

783. La lutte contre les bruits de voisinage a pourtant comme fondement la recherche d'un équilibre et d'un compromis. Ces derniers ne peuvent être trouvés qu'au moyen d'une réglementation parfaitement adaptée aux données du problème, donc prise en connaissance de cause par les autorités proches du terrain. Mais la réglementation, au sens strict du terme, n'est pas tout. Les pouvoirs des autorités locales sont encadrés, limités et le droit pose toujours le problème de son application effective par tous. Dans un domaine aussi complexe que celui du bruit, la réglementation locale doit être renforcée par des actions de plus grande envergure et se détachant de la simple mesure de police qui impose telle prescription ou dicte tel comportement. C'est au plan local que sont initiées des stratégies antibruit pour telle source sonore ou tel public.

Section II : Des stratégies antibruit ciblées

784. Les bruits du voisinage, s'ils se caractérisent par des spécificités propres à leur source, manifestation et réception, posent en même temps un problème général d'exposition de la population aux nuisances qu'ils engendrent. L'environnement sonore dans lequel nous vivons, qu'il soit agréable ou difficilement supportable, est le fruit de l'ensemble des sonorités produites au sein du voisinage et non d'un seul bruit pris isolément. Ce dernier peut constituer le déclencheur du sentiment de gêne, *« la goutte*

[1] G. DEFFERRE, ministre de l'Intérieur, plaquette « Le maire et le bruit », publications du Moniteur, juillet 1982.

qui fait déborder le vase ». Mais c'est le plus souvent parce qu'il s'est manifesté dans un contexte « favorable », dans le sens d'une ambiance déjà fortement imprégnée de sonorités susceptibles d'exacerber notre perception et notre sensibilité à ce problème, qu'il devient une nuisance. C'est donc à un phénomène global, mais présentant des composantes tout à fait particulières et variables, que chaque voisinage se trouve confronté.

785. La difficulté réside donc dans le fait de trouver des solutions adaptées à la fois à l'impact général produit par l'ensemble des bruits au sein des voisinages et aux caractéristiques individuelles et personnelles de chaque source sonore mise en cause. En effet, la question de l'exposition des habitants qui est de dimension nationale, parce qu'elle ne se confine pas à un seul périmètre géographique mais s'étend dans l'espace et dans le temps, requiert des solutions de même calibre. Les objectifs de protection et de prévention commandent qu'elles soient trouvées et appliquées à tous les voisinages sans exception. Dans le même temps, ces remèdes doivent parfaitement correspondre au mal causé, c'est-à-dire aux types particuliers de bruit auxquels les riverains se trouvent exposés. Si aujourd'hui, une grande partie de la population -et cette proportion ne cesse de s'accroître-, disséminée sur l'ensemble du territoire, subit des nuisances acoustiques, ces dernières peuvent se manifester de manière plus ou moins spécifique selon le voisinage envisagé.

786. L'efficacité des politiques de prévention dépendra de leur aptitude à intégrer et combiner ces deux caractères antagonistes du phénomène. La réglementation peut en être le support en vue de donner une légitimité à ces politiques et de les orienter. Mais ce sont de véritables stratégies de lutte qu'il faut élaborer et mener sur le terrain. Celles-ci se manifestent encore par des actions sectorielles appropriées à la nature de chaque bruit, mais avec les prémices d'une approche plus générale, d'une vision globalisante de la problématique des bruits de voisinage. C'est ainsi qu'au niveau local, là où les problèmes se manifestent, se dégagent actuellement trois types de politiques, menées avec plus ou moins de conviction et de succès. L'état préoccupant des populations de plus en plus exposées a suscité la mise en place de plans de traitement de ces « points noirs » du bruit, dont l'exécution est confiée aux autorités locales (§1). En marge de la législation, les pouvoirs publics se sont également engagés dans un processus consensuel de prise de responsabilité et d'engagements réciproques avec les acteurs privés, par le biais de politiques contractuelles de prévention (§2) et de campagnes de sensibilisation ciblées sur tel public ou telle source sonore (§3).

§1. LE TRAITEMENT DES « POINTS NOIRS » DU BRUIT

787. L'état de l'exposition des populations au bruit fournit une perspective générale de l'étendue et de la gravité du problème posé par les bruits de voisinage. Le constat résultant des mesures successives effectuées tant par les instances nationales que celles de l'O.C.D.E. est pour l'heure des plus inquiétants et projette une vision plutôt pessimiste de l'avenir. D'après les études, plus de 12 % des Français, soit sept millions d'individus[1], habitent dans ce qu'il est convenu d'appeler des « zones noires », c'est-à-dire des zones exposées à des niveaux sonores jugés inacceptables. Ces derniers sont appréciés en référence à la valeur chiffrée de 65 dB(A), qui correspond au niveau de

[1] V. : B. SERROU, La protection des riverains contre le bruit des transports terrestres, rapport au premier ministre, 1995.

bruit considéré comme la limite de l'acceptable[1], parce qu'atteignant le seuil de gêne ou de fatigue. Ainsi, concrètement, sept millions de Français subissent dans leurs logements des niveaux sonores qui perturbent le sommeil, les conversations ou l'écoute de la radio et de la télévision et entraînent des troubles de la santé ou du comportement.

788. L'état d'exposition de la population incrimine en fait une source unique de bruit, parmi les plus gênantes parce que quotidienne et ininterrompue, à savoir celle produite par les transports. La formation de « points noirs du bruit » résulte directement de l'extension spatio-temporelle et de la croissance des différents trafics, aussi bien terrestres pour la circulation routière et ferroviaire, qu'aériens pour les aéronefs. Que les besoins soient réels ou artificiellement créés, cette situation répond à l'évolution socio-économique des activités et des modes de vie, évolution qui crée des *« populations toujours plus mobiles, toujours plus motorisées et toujours plus concentrées, qui sont devenues des populations toujours plus exposées au bruit »*[2]. Or, cet état de fait n'est pas prêt de changer si les pouvoirs publics n'interviennent pas de façon énergique pour briser cette spirale infernale qui encercle les habitations et emprisonne les riverains dans de véritables cages sonores.

789. La prise de conscience au niveau central s'est faite en 1992, formalisée par la loi-cadre sur le bruit qui envisage le problème posé par l'exposition des habitants aux bruits des transports sous ses deux aspects majeurs : d'une part, la prévention de nouveaux « points noirs » (A) et, d'autre part, le rattrapage des « points noirs » existants (B). C'est à l'échelon local que ces deux objectifs législatifs doivent être réalisés.

A. LES MESURES LÉGALES CONTRE LA FORMATION DE NOUVEAUX « POINTS NOIRS »

790. Dans un secteur en perpétuelle évolution, en raison de l'augmentation continue du parc automobile, de la mobilité croissante des individus et de l'urbanisation galopante, une vision prospective de la situation et des actions à entreprendre s'avère nécessaire. Une telle démarche s'impose si l'on veut éviter les erreurs du passé, notamment celles commises durant les années soixante où urbanisme et construction ont été menés sans tenir compte du problème du bruit.

791. Dans cette optique, une grande étude prospective sur l'exposition de la population urbaine au bruit des transports a été conduite en France, en deux étapes : 1978 et 1987[3]. Ce travail de recherche et de simulation a permis de tester quatre politiques publiques de lutte contre le bruit bien différentes, à partir de trois scénarios d'évolution des villes à l'horizon 2010. Apparaissent ainsi : la « politique tendancielle » qui est la continuation de celle des années quatre-vingt et n'est donc guère satisfaisante ; la « politique véhicules » axée sur un renforcement des normes d'émission du bruit ; la « politique locale » privilégiant une action par l'urbanisme qui donne de meilleurs

---

[1] Il s'agit du niveau de bruit en dB(A) mesuré en façade des habitations les plus exposées avec un indice de bruit intitulé Leq-jour (B. BARRAQUE, La lutte contre le bruit, Documentation française n° 734, 9 septembre 1994, p. 12).

[2] J. LAMBERT, État de l'exposition au bruit en France : constat et prévisions, Echo Bruit, Rubrique du spécialiste n° 18, novembre 1985.

[3] Cette étude a été réalisée, pour le compte du ministère de l'Environnement, par trois équipes associées : le Groupe environnement ressources, prospective, aménagement (G.E.R.P.A.), l'Institut national de recherche sur les transports et leur sécurité (I.N.R.E.T.S.) et Applications statistiques des systèmes informatiques (A.S.S.I.). Pour la représentation graphique de cette étude prospective sur l'« exposition de la population urbaine française au bruit des transports : de 1985 à 2010 », voir notamment J.-P. GUALEZZI, « Le bruit dans la ville », Rapport du Conseil Economique et Social, préc., p. II-148.

résultats que la précédente et enfin, la « politique tous azimuts » qui combine la politique véhicules et la politique locale.

792. C'est bien évidemment cette dernière, intégrant dans une démarche globale à la fois la limitation à la source du bruit des véhicules et une politique locale volontariste, qui permettrait d'obtenir les meilleurs résultats et d'empêcher la création de nouveaux « points noirs » du bruit. Le législateur ne s'y est pas trompé puisque c'est cette stratégie qui est préconisée par la loi-cadre de 1992. Sa mise en œuvre suppose une parfaite coordination entre les actions d'urbanisme et la réglementation des transports (2), facilitée par la mise en place d'un outil légal à la charge mais surtout au service des autorités locales : le classement des infrastructures de transports terrestres (1).

1- L'outil légal de la prévention : le classement des infrastructures de transports terrestres...

793. La loi n° 92-1444 du 31 décembre 1992 relative à la lutte contre le bruit consacre deux titres au problème des nuisances sonores causées par les infrastructures de transports et à leur liaison avec les secteurs de l'urbanisme et de la construction[1]. Elle pose ainsi les bases d'une politique de protection contre les bruits des transports tout à fait innovante. L'avancée la plus marquante concerne précisément les transports terrestres qui sont à l'origine de la quasi-totalité des « points noirs ». Une enquête réalisée par le C.E.R.T.U. en 1991 révèle en effet que la circulation routière est responsable de 85,1 % de l'ensemble de ces zones de bruit jugé inacceptable. C'est donc sur ce type de transport que se sont portés tous les efforts d'une nouvelle démarche préventive.

794. Dans un premier temps, la loi instaure une obligation de protection généralisée, assurée par des seuils de niveau sonore à ne pas dépasser lors de la construction de voies nouvelles ou la modification de voies existantes de transports terrestres et de leur utilisation (art. 12 de la loi, devenu l'art. L. 571-9 C. env., V. *supra* n° 116 et s.). Mais comme le souligne M. Gualezzi dans son rapport sur « Le bruit dans la ville », *« limiter le bruit des transports aurait été d'une portée limitée si, parallèlement, le législateur n'avait prévu des mesures concernant les règles d'urbanisme et de construction »*[2]. La prévention des habitants contre une exposition à des nuisances sonores passe également par une gestion réfléchie et cohérente de l'occupation des sols et de la construction des bâtiments d'habitation le long de ces infrastructures bruyantes. C'est bien une politique « tous azimuts » qu'il faut mener, car la seule réduction du niveau sonore des infrastructures de transports, dans la limite des moyens techniques actuels, ne suffit pas à garantir un confort acoustique aux riverains.

795. Aussi, dans un deuxième temps, la loi crée un outil propre à intégrer les données factuelles (niveaux sonores effectivement atteints) et légales (valeurs limites à ne pas dépasser) dans les actions de construction de nouveaux logements. Le dispositif introduit par l'article 13 de la loi (art. L. 571-10 C. env.) consiste à définir pour chaque secteur plus ou moins affecté par le bruit des transports terrestres les niveaux sonores à prendre obligatoirement en compte pour la construction des bâtiments. A la base de ce mécanisme réglementaire de prévention se trouve, à l'échelle nationale, un classement de toutes les infrastructures de transports terrestres existantes ou projetées en fonction de

[1] Titre II intitulé *« Infrastructures de transports, urbanisme et construction »* et titre III consacré à la *« protection des riverains des grandes infrastructures »* de la loi n° 92-1444 du 31 décembre 1992 relative à la lutte contre le bruit, préc.

[2] J.-P. GUALEZZI, « Le bruit dans la ville », Rapport du Conseil Economique et Social, préc., p. II-84.

leurs caractéristiques sonores et du trafic. Ce classement a pour but d'opérer une sectorisation des infrastructures productrices de nuisances acoustiques et des secteurs voisins atteints, en vue de déterminer les normes et mesures de nature à réduire l'exposition sonore de chaque voisinage. Il est le fondement opérationnel d'une nouvelle règle de construction qui oblige les constructeurs à doter leur bâtiment de l'isolement acoustique adéquat pour assurer la protection des futurs occupants.

796. Un tel dispositif est intrinsèquement préventif, s'inscrivant parfaitement dans la philosophie générale de la loi-cadre sur le bruit. Il organise surtout, pour la première fois dans ce domaine, une importante base de travail, qui fournit de manière objective et ordonnée les caractéristiques et exigences acoustiques à prendre en compte pour chaque zone affectée par le bruit des infrastructures de transports. Dans le même temps, il donne les moyens d'une mise en œuvre effective de ces mesures de protection par une information systématique du public (pétitionnaires des permis de construire et constructeurs) en amont des transactions immobilières, par la publication des arrêtés préfectoraux de classement[1], le report des secteurs exposés et les prescriptions qui s'imposent dans les plans d'occupation des sols des communes concernées et la mention des caractéristiques sonores des zones dans le certificat d'urbanisme.

797. Ainsi, l'application stricte des dispositions de l'article 13 de la loi-cadre (art. L. 571-10 C. env.), sur l'ensemble du territoire national, devrait sans conteste empêcher la formation de nouveaux « points noirs » du bruit. Cependant, cet objectif ne peut être atteint qu'à la condition d'agir rapidement, la croissance du trafic et de l'urbanisation étant continue. C'est donc aux autorités locales, chargées de mener la procédure de classement et de déterminer les mesures qui s'imposent, d'utiliser efficacement le dispositif qui est mis à leur charge par le législateur et d'en tirer toutes les ressources possibles pour mettre en place une protection durable de leurs administrés. Préfets et maires sont donc à nouveau au centre des politiques de prévention élaborées au niveau central. De concert, ils en assurent la bonne conduite sur le terrain et veillent au respect des exigences qu'elles posent.

798. La démarche de classement a été officiellement lancée par l'arrêté du 30 mai 1996, pris pour l'application de l'article 13 de la loi n° 92-1444 du 31 décembre 1992. Depuis cette date, services préfectoraux et communaux, avec l'aide de nombreux professionnels, se sont mobilisés afin d'accomplir ce travail de titan imposé par le législateur, qui suppose une collecte et une compilation d'une très grande masse d'informations et de données. Malheureusement, les moyens mis en œuvre ou à disposition des pouvoirs locaux ne sont peut-être pas, une fois encore, à la mesure de l'ampleur de la tâche et des ambitions exprimées dans la loi-cadre. Malgré la forte mobilisation et la sensibilisation des élus, les délais légaux (classement avant le 28 juin 1998, avec un an supplémentaire pour les infrastructures déjà classées au titre de l'arrêté du 6 octobre 1978) ne sont pas respectés sur l'ensemble du territoire national. Or, le dispositif de prévention mis en place n'est pleinement efficace que s'il est rapidement rendu opérationnel, ce qui n'est possible qu'au terme de la procédure de classement.

799. Le classement des infrastructures de transports terrestres ne doit donc pas être perçu par les élus locaux comme une contrainte réglementaire de plus, mis à leur charge en sus des nombreuses attributions qu'ils doivent déjà remplir dans leur collectivité. C'est au contraire un instrument pratique de mise en œuvre des stratégies locales de lutte contre ce type particulier de nuisance sonore affectant le voisinage, *« un outil destiné à*

---

[1] Publication au recueil des actes administratifs et affichage pendant un mois dans les communes concernées.

agir de façon préventive pour éviter la création de nouveaux « points noirs bruit » et gérer préventivement l'urbanisation aux abords des infrastructures bruyantes »[1]. Réglementation des transports et politique d'urbanisme sont donc étroitement et immanquablement liées dans une perspective durable de développement de villes où les habitants pourront vivre dans des ambiances sonores pour le moins « acceptables », au sens légal du terme, si ce n'est plus...

2- ... au service d'une politique combinée de l'urbanisme et des transports

800. L'exposition des populations aux nuisances sonores des infrastructures de transports pose en réalité un double problème. L'existence de « points noirs » du bruit est le fait, d'une part, des émissions sonores produites par le trafic des véhicules utilisant ces infrastructures mais aussi, d'autre part, des conditions de construction à proximité de ces mêmes infrastructures. Ce constat en forme de lapalissade conduit à une autre évidence, cette fois au niveau des solutions à apporter à une telle situation. A la dualité des termes du problème doit répondre une dualité des politiques de protection. L'action réglementaire menée à la source du bruit, en imposant des valeurs limites aux infrastructures et véhicules qui les empruntent, doit obligatoirement se doubler d'une gestion appropriée de l'urbanisation qui intègre ces voies de transports. L'une ne va pas sans l'autre, compte tenu des limites propres à chacune de ces deux orientations.

801. Pour empêcher l'apparition de « points noirs », la solution réside dans une parfaite coordination entre la planification des sols et la politique des transports. Cette stratégie de lutte préventive aujourd'hui ne fait aucun doute puisqu'imposée par le législateur de 1992. Elle est la clé de la maîtrise de l'aménagement local au regard du confort acoustique des habitants. Les autorités locales chargées de la mettre en œuvre disposent des outils juridiques requis à cette fin. A partir du classement des infrastructures de transports terrestres et de la sectorisation du voisinage, elles sont en mesure de définir concrètement les actions -niveaux sonores à respecter et prescriptions techniques à suivre- de nature à réduire les nuisances acoustiques. Les données qui en découlent sont, conformément aux exigences de la loi-cadre, transcrites dans les plans d'occupation des sols afin d'intégrer directement le problème du bruit dans les politiques locales d'urbanisme. Par ailleurs, il n'y a plus de raisons pour que les décisions individuelles concernant l'utilisation des sols -les permis de construire notamment- n'intègrent pas cette préoccupation et ses remèdes...[2]

802. L'efficacité des outils légaux de prévention de ce type de bruit dépend en grande partie de ce qu'en feront les pouvoirs publics locaux. L'utilisation du classement des infrastructures imposé par l'article 13 de la loi-cadre (art. L. 571-10 C. env.) est particulièrement déterminante. D'une part, le classement peut constituer un instrument dynamique de planification urbaine. En effet, *« il permet, en modifiant les données de trafic en entrée, d'étudier l'influence en termes de nuisances sonores d'un changement de plan de circulation ou de l'aménagement d'une zone industrielle, par exemple »*[3]. Cette approche évolutive et prospective du problème permet d'en suivre toutes les variations et d'anticiper les dégradations de situation. D'autre part, le dispositif légal fournit un recueil de données jusque là jamais réalisé, à la disposition des décideurs locaux, mais également des professionnels de la construction et du public. Les politiques

---

[1] D. SOULAGE, Classement sonore des infrastructures de transports terrestres : où en sommes nous?, Echo Bruit n° 85, mars 1998, p. 29.

[2] ... si ce n'est un « blocage », de quelque nature qu'il soit, au niveau de l'autorité décisionnaire.

[3] D. SOULAGE et K. SOULE, Le classement des infrastructures de transports terrestres, Echo Bruit n° 76-77, septembre 1996, p. 50.

mises en œuvre, supposant l'information et la concertation entre les différents protagonistes, intègrent désormais la participation de toutes les personnes intéressées.

803. De façon générale et particulièrement au stade de la prévention, une politique publique a plus de chances d'obtenir l'adhésion de ses destinataires et d'être effectivement appliquée dès lors qu'elle est clairement définie, sur la base de données précises et objectives, et expliquée à qui de droit. Que l'on se place du côté des responsables du bruit ou de celui des victimes, les contraintes imposées de part et d'autre seront toujours plus facilement acceptées et suivies si l'on a été associé au processus d'élaboration et de prise de décision. La démarche développée par la loi-cadre est en cela exemplaire. Elle est, sur le point précis de la procédure de classement qu'elle instaure, à valoriser au-delà de l'unique finalité de prévention de nouveaux « points noirs » du bruit. En effet, le classement peut également servir de base *« pour réaliser un diagnostic de l'exposition au bruit des habitants d'une commune permettant d'identifier les zones fortement exposées, et de mettre en œuvre, le cas échéant, des programmes de rattrapage »*[1]. Ces derniers, au regard de la situation actuelle, s'avèrent indispensables.

B. LES PROGRAMMES DE RÉSORPTION DES « POINTS NOIRS » EXISTANTS

804. Si la priorité doit être donnée aux actions permettant d'empêcher la création de nouveaux « points noirs » du bruit, dans le même temps il convient de ne pas oublier ceux qui existent à l'heure actuelle et qui exposent les habitants à des niveaux sonores inacceptables. Les pouvoirs publics doivent prendre conscience que, faute d'une politique d'urbanisme efficace, c'est-à-dire conciliant les deux aspects du problème : la construction à proximité des infrastructures et une politique des transports, il se formera de nouveaux « points noirs » en permanence. Ceux-ci viendront s'ajouter à une liste nationale déjà fort longue. Des programmes de traitement de ces zones sensibles doivent donc être menés pour enrayer, voire inverser, la progression. C'est ce que prévoyait expressément la loi-cadre de 1992 dans son article 15 portant sur le bruit des transports terrestres.

805. Mais la mise en œuvre de programmes de rattrapage, suite à la promulgation de la loi n° 92-1444 du 31 décembre 1992, donne des résultats pour le moins mitigés, qui ne tendent pas vers la qualité acoustique d'ensemble recherchée. De l'avis de tous les observateurs, si l'on parvient, grâce à ces programmes, à réduire l'importance des « zones noires » (1), c'est au prix de la croissance de « zones grises » (2), c'est-à-dire des zones où l'environnement sonore, sans être extrêmement mauvais, demeure très médiocre[2].

1- La réduction des « points noirs »...

806. Des enquêtes comparatives ont été menées dans l'ensemble des pays membres de l'O.C.D.E. Il en ressort que la France occuperait une position moyenne entre les « pays calmes », comme les Pays-Bas ou l'Europe du Nord et les pays plus bruyants, comme le Japon ou certains pays méditerranéens. Cependant, l'imprécision des chiffres relevés et l'hétérogénéité des indicateurs choisis par les différents pays ne permettent pas d'établir un état d'exposition très rigoureux et explicite. La position intermédiaire de la France par rapport aux autres pays ne fait pas état des situations d'exposition extrêmement gênantes et nombreuses. Rappelons que près de huit millions de Français

---

[1] *Ibidem.*

[2] avec un niveau de bruit diurne se situant entre 55 et 65 dB(A), contre plus de 65 dB(A) pour les « points noirs ».

vivent actuellement dans des conditions extrêmes sur le plan des ambiances sonores. En outre, les chiffres ne révèlent pas les fortes inégalités sociales que produit le bruit. Les études montrent en effet que ceux qui sont exposés à la fois au bruit dans la ville, au travail, dans les transports, le sont aussi au domicile[1]. Les grandes agglomérations et centre-villes restent toujours des points critiques en comparaison des zones rurales éloignées des grands axes de transports.

807. En dépit des clivages et des incertitudes contenus dans les chiffres, les recensements successifs des « points noirs » du bruit[2] conduisent à un impératif : celui de faire disparaître au plus vite ces situations imposant des conditions de vie intolérables pour les populations, situations qui plus est devenues illicites au regard de la loi-cadre sur le bruit. L'article 15 de ladite loi imposait une telle démarche avec la publication d'un rapport sur l'état des nuisances sonores résultant du transport routier et ferroviaire et les conditions de leur réduction. L'objectif légal, la résorption des points noirs, a été chiffré. L'environnement sonore jugé « acceptable » le long des infrastructures de transports terrestres correspond aujourd'hui à un niveau sonore diurne moyen inférieur à 60 dB(A). Dans l'échelle du bruit, un tel niveau renvoie en terme de sensation auditive aux bruits courants, dans un contexte extérieur proche d'une rue résidentielle[3]. L'objectif fixé peut paraître ambitieux. Pourtant, il ne fait que répondre aux attentes des habitants qui sont en droit de vivre dans des ambiances sonores exemptes de gêne à tout point de vue.

808. Les pouvoirs publics sont donc tenus de mettre en place des plans de rattrapage des « points noirs » du bruit. Le rapport demandé par l'article 15 de la loi n° 92-1444 du 31 décembre 1992 a finalement été remis au Gouvernement, le 18 avril 1995, par M. Serrou (député de l'Hérault)[4]. Il fait état de 360 000 logements exposés à un bruit excessif et permanent dû aux transports terrestres et nécessitant des travaux de protection acoustique. L'objectif affiché dans ce rapport est de résorber dans un délai de huit ans -soit d'ici l'an 2003- l'ensemble des « points noirs du bruit » recensés sur le réseau national des voies de transports. Mais en pratique, cette entreprise est compromise en raison de deux obstacles majeurs.

809. Le premier obstacle consiste en un problème de méthodologie et d'information. L'opération de résorption des points noirs existants repose sur une parfaite connaissance de l'état des nuisances sonores, de leur localisation et intensité et de leur évolution sur le long terme. Or, ces données de terrain font encore défaut : les chiffres issus des recensements divergent, les estimations de situation sont plus ou moins alarmistes. Les mesures des niveaux de bruit et de l'exposition des populations sont incomplètes. Le plus souvent, elles ne sont effectuées ni à intervalle régulier, ni de manière exhaustive. Comment les pouvoirs publics peuvent-ils alors réussir à supprimer des nuisances dont ils n'ont parfois même pas connaissance ? La procédure de classement engagée en application de l'article 13 de la loi-cadre de 1992 (art. L. 571-10 C. env.) pourrait bien être cet outil de connaissance, une cartographie utile à la mise en

---

[1] Source : Plaquette « Nos oreilles ne sont pas des poubelles à décibels ! » réalisée par le Ministère de l'Environnement et l'A.D.E.M.E. dans le cadre d'une campagne contre le bruit.

[2] Le dernier recensement porte à 2 600 le nombre de points noirs du bruit, soit 350 000 logements exposés à un niveau de 70 dB(A) de jour.

[3] Source : Code Permanent Environnement et Nuisances, éditions législatives et administratives, rubrique « Bruit ».

[4] Ce rapport relatif à la protection des riverains contre le bruit des transports terrestres s'est fait quelque peu attendre. Au terme de l'article 15 de la loi-cadre de 1992, le Gouvernement devait présenter ce document au Parlement dans un délai d'un an à compter de la publication de la loi...

œuvre de programmes de résorption, puisque permettant d'avoir une vision globale et précise des zones à traiter.

810. Le deuxième obstacle à une politique efficace de rattrapage des « points noirs du bruit » ne concerne pas uniquement les nuisances sonores produites par les infrastructures de transports terrestres. Il est un frein aux actions de prévention de tous les bruits de voisinage. Comme l'a très justement souligné Mme Lepage (ancien ministre de l'Environnement), *« la lutte contre le bruit coûte en réalité à la collectivité très cher »*[1] et l'État n'est toujours pas disposé à engager les fonds propres à lutter contre ce type de nuisance. La loi-cadre sur le bruit n'a pourtant pas occulté la question financière. Elle requiert l'évaluation du coût des travaux nécessaires à la résorption des points noirs et une présentation des différents modes de financement envisageables pour permettre la réalisation de ces travaux dans un délai de dix ans. Selon le rapport de M. Serrou, ce coût s'élèverait à quelques treize milliards de francs, ce qui est loin de correspondre à l'effort financier actuellement consenti par l'État dans ce domaine. C'est pourquoi, l'auteur de ce rapport propose une contribution de la part des régions qui permettrait, selon ses estimations, de dégager environ un million de francs par an.

811. Quoi qu'il en soit, les moyens consacrés aux politiques de rattrapage sont pour l'heure encore insuffisants pour que l'on puisse espérer une élimination de tous les points noirs existants. Les programmes engagés depuis plusieurs années, et notamment à la suite du rapport Serrou, sont limités en raison d'un *« manque de volonté politique à s'attacher à dégager les crédits nécessaires »*[2]. Après le rapport Serrou qui n'a pas entraîné la dynamique et les résultats escomptés, une deuxième étude a été commandée par Mme la ministre de l'Environnement, Dominique Voynet[3]. Ce nouveau rapport, confié à un ingénieur des Ponts et Chaussées, M. Lamure, doit comprendre l'analyse des 2 600 « points noirs » du bruit recensés et comme le précédent document, la définition d'un programme financier ambitieux de rattrapage. Cela suppose évidemment des délais supplémentaires, difficilement compatibles avec l'urgence de la situation. Toujours est-il qu'un programme de rattrapage des points noirs du bruit des réseaux routiers et ferroviaire, visant à protéger 200 000 logements au moins, sera mené par l'Etat, en partenariat avec les collectivités territoriales, d'ici 2010[4].

812. Il paraît délicat de faire le bilan des actions de rattrapage menées jusqu'à présent. Si ces actions ont permis de supprimer les points noirs les plus critiques, elles ne résolvent pas tous les problèmes. De tels programmes de résorption sont extrêmement coûteux et longs à réaliser. Or, nul ne peut contester qu'il existe un décalage important entre les moyens disponibles et les besoins[5]. Sous l'impulsion de la loi-cadre de 1992 et du rapport Serrou qui s'en est suivi, des efforts ont certes été fournis. La mise en place de

---

[1] Intervention de Madame C. LEPAGE lors d'une table ronde d'Environnement et Santé sur « Le bruit et la santé », publiée dans Profils médico-sociaux, n° 1586, 3 décembre 1998, p. 3.

[2] Selon M. GUALEZZI, un milliard de francs par an sont à prévoir pendant dix ans pour mener à bien la politique de réduction des « points noirs ». Or, actuellement, environ cent millions de francs par an sont investis dans cette action. V.: J.-P. GUALEZZI, « Le bruit dans la ville », Rapport du Conseil Economique et Social, préc., p. II-84 et I-22.

[3] V. : Le Gouvernement veut amplifier les actions contre le bruit, Echo Bruit n° 85, mars 1998, p. 19.

[4] Les circulaires des 12 juin 2001 et 28 février 2002 (non publiées au JO) précisent les modalités de recensement des points noirs du bruit des réseaux routiers et ferroviaires nationaux, ainsi que les modalités de financement, par le ministère chargé des transports, des opérations de rattrapage de ces points noirs.

[5] V. : J.-P. GUALEZZI, « Le bruit dans la ville », Rapport du Conseil Economique et Social et B. BARRAQUE, La lutte contre le bruit, Problèmes politiques et sociaux n° 734, 9 septembre 1994, préc.

ces programmes en est la preuve. Ils permettraient, semble-t-il, de stopper l'augmentation des « points noirs », voire de réduire les plus graves. Cependant, ces efforts sont insuffisants parce qu'ils butent notamment sur des mécanismes de financement. En outre, ils s'accompagnent d'un effet pernicieux : celui de simplement convertir les « points noirs » en « zones grises » qui, elles non plus, n'apparaissent pas satisfaisantes pour les voisins des voies de transports.

2- ...mais au prix de la croissance des « zones grises »

813. L'une des caractéristiques les plus marquantes de l'évolution de notre environnement sonore consiste actuellement en l'extension des « zones grises ». En France, on estime à 22 millions le nombre de personnes concernées. Si les ambiances sonores n'atteignent pas dans ces zones les niveaux constitutifs de « points noirs », les personnes exposées en ressentent néanmoins des effets négatifs qui, à la longue, se manifestent sous la forme d'une fatigue excessive, d'une irritabilité accrue, de stress, etc. De telles situations posent donc également un grave problème, d'autant qu'elles tendent à se généraliser. Les prévisions en la matière sont en effet pessimistes et tracent la vision d'un monde entièrement baigné dans un environnement sonore pour le moins médiocre, où toute notion de « confort acoustique » ou de « qualité de vie » sur ce plan aurait disparu.

814. C'est l'extension spatio-temporelle du bruit qui a entraîné la diffusion de ces zones de bruit moyen mais néanmoins gênant. Le bruit ne cesse de s'étendre non seulement dans l'espace, avec le développement des zones suburbaines et touristiques, mais également dans le temps, compte tenu d'une mobilité croissante des individus. Les raisons principales de cette évolution ont été identifiées et ne font aucun doute. La progression de l'urbanisation entraîne un accroissement de l'habitat et des résidences secondaires dans les zones rurales proches des villes. Ce phénomène se traduit par une diminution des populations habitant les centres des villes où les niveaux sonores sont plus élevés et par un envahissement des dernières zones de calme situées dans ou autour des villages qui se transforment en « zones grises ». L'urbanisation s'accompagne dans le même temps d'un développement rapide des infrastructures de transports et donc du trafic. Le bruit devient omniprésent, touchant un territoire toujours plus vaste et des périodes toujours plus longues.

815. Grâce aux actions de réduction à la source (limitation des niveaux sonores émis par les transports), d'insonorisation des bâtiments et aux écrans antibruit, la situation des « points noirs » a pu être régulée, voire améliorée en certains endroits où les initiatives locales ont été particulièrement soutenues. Cependant, les efforts consentis dans le cadre des programmes de rattrapage sont, on l'a vu, insuffisants tant au niveau des moyens mis en œuvre que de la volonté politique de s'investir totalement dans une telle entreprise. Les actions en demi-teinte qui ont été et continuent d'être menées ne vont pas au bout des objectifs assignés. Elles permettent de supprimer tel ou tel « point noir » parmi les plus critiques, mais sans aboutir aux ambiances sonores jugées « acceptables » par le législateur et répondant au confort acoustique que tout citoyen est en droit d'attendre.

816. Ainsi, l'insuffisance des efforts déployés pour lutter contre le bruit des infrastructures de transports contribue à la généralisation d'un environnement sonore médiocre. Est-ce à dire qu'il s'agit là d'un point de non retour et que pour l'avenir la population ne peut plus espérer vivre que dans un environnement sonore qui ne soit simplement pas *trop insupportable ?* Doit-on se contenter du climat de ces « zones grises » ? Les objectifs exprimés par le législateur de 1992 et tous les textes

réglementaires qui les accompagnent ne permettent pas une telle affirmation aux accents de fatalité. Si le droit français contient aujourd'hui une loi-cadre sur le bruit, c'est pour se donner les moyens de rétablir une certaine qualité de vie sur le plan des ambiances sonores et non pas de légaliser un état de médiocrité sous prétexte qu'il devient général. Les pouvoirs publics doivent donc intensifier leurs efforts dans ce domaine, en vue d'optimiser les politiques de lutte qu'ils conduisent.

817. L'enjeu est par conséquent non seulement d'éliminer les « points noirs » du bruit qui exposent les habitants à des niveaux sonores extrêmes, et d'en empêcher la formation, mais aussi de supprimer les « zones grises » qui n'offrent pas des conditions de vie satisfaisantes aux riverains des voies de circulation. Les deux cas de figure réclament une intervention combinée et harmonieuse sur les différents vecteurs de ces nuisances acoustiques. *« Les travaux de prospective sur le bruit des transports terrestres montrent très clairement que seule une politique de lutte contre le bruit mettant en œuvre des actions simultanées et coordonnées sur les véhicules, la circulation, les bâtiments, les infrastructures et les individus permet une diminution importante (de -50 %) de ces zones grises »*[1].

818. Une telle démarche suppose deux éléments essentiels qu'il convient de renforcer très nettement si l'on souhaite faire avancer les choses. D'une part, l'alimentation en ressources pécuniaires doit être à la mesure des besoins. En effet, l'investissement financier est la condition *sine qua non* à la mise en œuvre des objectifs légaux. Or, actuellement, il est largement insuffisant. L'une des solutions au problème financier pourrait être, comme le suggère M. Barraqué, de créer une *« ressource affectée, une redevance, pour pouvoir disposer de budgets appropriés, dans le domaine du bruit routier comme dans celui des aéroports »*[2]. Mais la question majeure que pose l'apparition de toute nouvelle redevance est bien entendu celle du débiteur. En l'occurrence, il paraît logique de mettre à contribution, en application du principe « pollueur-payeur », les responsables de ce type de bruit, à savoir les automobilistes. L'accueil et l'adhésion à cette « ponction monétaire » supplémentaire risquent fort d'être mouvementés compte tenu du nombre d'individus auxquels elle s'adresserait.

819. D'autre part, l'argent n'est rien s'il n'est pas utilisé et ce, à bon escient. Il est important qu'il soit effectivement investi dans ce secteur et correctement distribué aux différents décideurs, qu'ils soient publics ou privés, pour leur permettre de remplir leur rôle. En effet, ceux-ci ont pour mission tout d'abord d'organiser, ensuite de conduire les politiques de lutte, en y associant toutes les personnes intéressées. La dimension humaine du problème posé par les bruits de voisinage est tout aussi importante que l'aspect financier. La volonté politique, moteur des actions de prévention, doit se communiquer à tous les acteurs et influer sur leur comportement. Sur ce point notamment, la réglementation entendue au sens strict trouve ses limites. La prise de responsabilité de chacun, quel que soit son niveau d'intervention, ne dépend pas d'interdictions ou de limitations légales. Elle provient d'une connaissance exacte du problème grâce à l'information et d'une prise de conscience personnelle du rôle que l'on est amené à jouer dans la recherche de solutions.

820. C'est par le biais de politiques contractuelles que les pouvoirs publics réussissent à engager les compétences et services de « professionnels du bruit », acteurs privés de la prévention des bruits de voisinage.

---

[1] J. LAMBERT, État de l'exposition au bruit de la France - Constat et prévisions, Echo Bruit, Rubrique du spécialiste n° 18, novembre 1985.

[2] B. BARRAQUE, La lutte contre le bruit, préc., p. 28.

§2. LES POLITIQUES CONTRACTUELLES DE PRÉVENTION

821. Parallèlement aux mesures de mise en œuvre et de renforcement de la réglementation, qui en matière de bruit ne résolvent pas tous les problèmes, les pouvoirs publics développent une approche contractuelle de la prévention des bruits de voisinage. Cette pratique contractuelle, opérée entre le secteur public (l'État et les collectivités territoriales) et le secteur privé (les acteurs économiques, les « professionnels du bruit »), résulte du désir -ou n'est-ce pas plutôt un réel besoin ?- de professionnaliser les actions de lutte menées sur le terrain. La constatation de l'insuffisance du juridique à lui tout seul face à ce type de nuisance s'accompagne de la nécessité de s'octroyer les connaissances et compétences « extra-juridiques » de divers spécialistes du secteur privé, dont la profession intègre à un titre ou à un autre le facteur bruit.

822. Quelle que soit la dénomination donnée à cette démarche (contrat de qualité, protocole, convention d'environnement, etc.), la base contractuelle du partenariat qu'elle crée facilite la prise de responsabilité de chacun des intervenants. En outre, elle est l'expression d'un engagement formel, ouvertement et clairement manifesté, entre les pouvoirs publics et les acteurs privés engagés de concert dans la même bataille contre les nuisances sonores. Qu'il s'agisse d'un simple engagement moral[1] ou d'un véritable engagement contractuel au sens du droit civil[2], cette forme spécifique de l'action publique s'accompagne de souplesse et de dynamisme que l'action purement réglementaire ne connaît pas. Gage d'une entière adhésion entre les différents signataires, elle permet une mise en œuvre concrète des dynamiques locales et des coopérations entre compétences.

823. De telles politiques contractuelles de prévention se manifestent au niveau des différents facteurs de tension, créateurs des conflits dans le voisinage. Ces facteurs de tension sont de deux ordres. Ils proviennent soit des sources sonores elles-mêmes, soit du territoire sonore, lieu de manifestation de la nuisance. C'est ainsi que dans certaines villes naissent des contrats de qualité sonore, expression d'une « contractualisation territoriale », prenant en compte la localisation géographique du problème (A). Dans le même temps, apparaissent des contrats d'objectifs avec certains secteurs d'activités, spécifiques à une source sonore et instituant une « contractualisation sectorielle » (B).

A. LA « CONTRACTUALISATION TERRITORIALE »

824. La notion de territoire revêt ici une importance à deux points de vue. D'une part, elle définit le cadre institutionnel des politiques contractuelles, c'est-à-dire le niveau de négociation et de conclusion des contrats passés entre les pouvoirs publics et leurs partenaires privés (1). D'autre part, elle constitue le domaine de ces contrats, le lieu considéré pour l'application des mesures préventives, déterminées d'un commun accord par les parties (2). Mais quel que soit le sens retenu, c'est la commune qui paraît être le « territoire » le plus approprié au développement et à la mise en action de ces démarches contractuelles de lutte contre les bruits de voisinage.

1- La commune : cadre des politiques contractuelles

825. A tout point de vue, la commune apparaît comme le cadre le mieux adapté aux politiques contractuelles de prévention des bruits de voisinage, de la même façon qu'elle

---

[1] C'est-à-dire de simples engagements unilatéraux pris par différents partenaires et regroupés formellement dans un document d'ensemble.

[2] Contrat synallagmatique créateur d'obligations réciproques pour les différentes parties signataires.

l'est pour la mise en œuvre des réglementations sur le bruit. Ce constat est indéniable s'agissant tout d'abord de la gestion des affaires publiques en général. En effet, *« si l'État central continue d'édicter la règle, on ne peut néanmoins, dans la philosophie ayant prévalu à l'établissement des lois de décentralisation, gérer correctement les affaires publiques locales, qu'au plus près des administrés, c'est-à-dire à l'échelon territorial de proximité (et notamment la commune) »*[1]. Cette affirmation prend toute sa valeur lorsqu'il s'agit de régler les problèmes de bruits de voisinage qui sont par nature des nuisances de proximité.

826. Les questions environnementales, et notamment celles des troubles de voisinage parmi lesquels le bruit, trouvent donc, ensuite, des réponses adéquates au niveau local, quelle que soit la forme qu'elles prennent. Mais plus particulièrement, la contractualisation des politiques publiques a trouvé son domaine de prédilection en la matière. *« L'environnement est un domaine privilégié d'observation des nouvelles formes contractuelles de conception, de conduite et d'évaluation des politiques publiques, et plus globalement de l'action publique à l'échelon local »*[2]. Les bruits de voisinage qui posent des problèmes de comportement, mettent en jeu des intérêts personnels et contradictoires et se confinent en un territoire restreint, appellent, certainement plus que toute autre préoccupation d'environnement, des solutions fondées sur la concertation et la négociation. Une telle collaboration doit obligatoirement se faire sur le lieu même du conflit.

827. Ce choix bi-directionnel : la démarche contractuelle et le niveau local, s'impose aujourd'hui en raison de la conjoncture politique, économique et sociale et de l'évolution de notre société. La place centrale occupée par les communes dans la lutte contre les bruits de voisinage n'est pas le fruit du hasard. *« Le renforcement du rôle des grandes agglomérations urbaines comme acteurs économiques et politiques s'est accompagné de celui qu'elles tiennent dans les processus de négociation-contractualisation dans le champ de l'environnement, au point de les instituer comme cadre territorial central à partir duquel se pensent et se constituent les cadres du partenariat »*[3]. Ainsi, le renforcement des pouvoirs de police des élus locaux, en matière de bruits de voisinage et de tranquillité publique en général, s'accompagne d'un renforcement de leur position dans le débat démocratique et la collaboration consensuelle qui tendent à se développer et à impliquer tous les acteurs concernés.

828. Tout comme pour l'action réglementaire, l'échelon local, et plus précisément la commune, représente le niveau le plus approprié aux politiques contractuelles de prévention. Proche à la fois des conflits nés des bruits dans le voisinage, de leurs acteurs et du lieu de mise en œuvre des solutions trouvées à ces conflits, il permet d'initier rapidement des actions de collaboration entre les personnes les plus aptes -en terme de compétences et de moyens- à remédier à la situation de gêne ou de nuisance. Sur la base contractuelle, il recueille l'adhésion de toutes les parties signataires aux mesures préventives et leur engagement *volontaire* à participer au processus de lutte. Mais bien plus encore, si la commune constitue le cadre des contrats de prévention, elle en est également l'objet pour ce qui est de l'application concrète des obligations contractuelles.

---

[1] Y. MAURY, La négociation des contrats de ville, dans La négociation des politiques contractuelles, textes réunis et présentés par J.-P. GAUDIN, L'Harmattan, 1996, p. 53.

[2] P. VALARIE et M. DJOULDEM, Les politiques publiques d'environnement : de la science militante à l'écologie urbaine, dans La négociation des politiques contractuelles, préc., p. 113.

[3] P. VALARIE et M. DJOULEM, Les politiques publiques d'environnement : de la science militante à l'écologie urbaine, préc., p. 115.

2- Le territoire communal : domaine des contrats de prévention

829. La « contractualisation territoriale » implique une identification précise du territoire sur lequel porte le contrat. L'objectif de ces opérations contractuelles de prévention des bruits de voisinage est de gérer au mieux la qualité de l'environnement sonore dans un périmètre géographique donné. Pour un maximum d'efficacité des mesures dégagées, il est important que ce territoire d'intervention soit au plus près des sources conflictuelles, c'est-à-dire aux lieux d'émission et de réception des nuisances acoustiques. C'est donc le territoire communal qui, une fois encore, permet d'optimiser les actions menées dans ce domaine. Aussi, de nombreux contrats passés en la matière vont-ils concerner telle agglomération ou tels quartiers de telle ville, pour lesquels un partenariat actif et volontaire travaillera de façon générale à la qualité sonore des lieux.

830. La ville de Saint-Ouen a de la sorte signé une « convention d'environnement urbain » en partenariat avec le Conseil général de la Seine-Saint-Denis. Si cette convention s'attache à tout ce qui a une incidence sur la vie quotidienne des habitants, ce qui englobe de nombreux thèmes tels que l'eau et l'assainissement, la voirie, les espaces verts, la collecte des déchets..., elle comporte un volet spécifique à la lutte contre les nuisances sonores. L'objectif exprimé est de *« mettre en œuvre le plus en amont possible une méthode de travail afin de dégager des objectifs communs et de coordonner les diverses actions »*[1]. Cette ligne de conduite est particulièrement adaptée à la problématique du bruit et repose sur une collaboration étroite et parfaitement organisée des différents protagonistes. Le succès d'une telle démarche basée sur un partenariat dynamique ressort des quinze accords de ce type qui ont été passés dans ce département depuis 1993.

831. Exemple encore plus significatif, Toulouse, déjà bien placée au palmarès des grandes villes où il fait bon vivre[2], poursuit sa politique active de préservation et d'amélioration de la qualité de la vie sur le territoire communal. La Mairie a posé les bases d'un vaste partenariat dans une « Charte de qualité du centre ville et des quartiers », signée par la Chambre de commerce et d'industrie de la Haute-Garonne, la Fédération départementale de l'hôtellerie ainsi que par plusieurs syndicats professionnels particulièrement concernés par la question du bruit (syndicats des cafetiers bars, des restaurateurs, de l'hôtellerie, des discothèques, des bars de nuit). Une telle collaboration des principaux acteurs permet de gérer plus efficacement les problèmes de bruits dans le voisinage et d'organisation des fêtes et manifestations qui ont lieu tout au long de l'année. La ville connaît en effet une vie festive et nocturne très importante, puisque l'on compte plus de 1 000 fêtes et animations de quartier par an. L'action de concertation et de collaboration menée par les principaux intéressés paraît donc on ne peut plus judicieuse.

832. La mise en œuvre de la Charte et son évolution positive sur le long terme sont assurées par une commission de travail, composée de l'ensemble des intervenants ou de leurs représentants. L'activité concrète et régulière de cette commission garantit l'application effective des objectifs fixés, afin que la Charte ne demeure pas lettre morte. Parmi les principaux points de l'accord passé, s'agissant notamment des nuisances nocturnes, il a été décidé que l'heure limite pour l'utilisation des terrasses était fixée à 1 h 30 en semaine et 2 h du matin dans la nuit du samedi au dimanche, les veilles des jours

---

[1] V. : Saint-Ouen signe une convention d'environnement urbain, Echo Bruit n° 86, juin 1998, p. 22.

[2] *« Selon un sondage réalisé auprès des habitants des grandes villes de France, Toulouse est celle où les Français aimeraient le plus habiter »*. V. : Une charte de qualité pour que la fête continue, Echo Bruit n° 86, juin 1998, p. 22.

fériés ainsi que pendant les fêtes de Noël, du jour de l'An, de Mardi Gras et du 14 juillet. En outre, les établissements qui proposent des activités musicales, autres que les discothèques, s'engagent à respecter des normes d'insonorisation. Chaque profession représentée, dans son domaine d'activité et dans le cadre de ses compétences et des moyens dont elle dispose, apporte volontairement sa contribution, pour le type de bruit qui la concerne en particulier, à la stratégie de prévention élaborée de concert.

833. En accord avec l'orientation principale de la loi-cadre du 31 décembre 1992, *« la philosophie de cette Charte est avant tout préventive et incitative afin que chacun puisse vivre en bonne intelligence avec les autres acteurs de la ville »*. L'action de lutte contre les bruits de voisinage repose, dans ce cadre, essentiellement sur un engagement moral des parties au contrat, amenées à prendre leur responsabilité et à s'investir concrètement dans cette démarche. Mais au-delà de l'engagement des signataires, la Charte prodigue de façon plus générale et à l'égard de tous une nouvelle manière de vivre en société, faite de tolérance et de respect des autres, ce qui suppose au préalable la prise de conscience de l'existence de « voisins ». Cette politique contractuelle touche ainsi un aspect de la problématique du bruit que la réglementation au sens strict ne peut atteindre, à savoir les bruits de comportement résultant des gestes de la vie de tous les jours et auxquels on ne prête guère attention, si ce n'est lorsqu'ils émanent du voisin et qu'ils opèrent une incursion non désirée dans notre territoire privatif.

834. De nombreuses villes se tournent aujourd'hui vers cette nouvelle forme d'action fondée sur l'adhésion et la collaboration de toutes les parties et réunissant les compétences respectives autour d'un même objet : la prévention des bruits dans le voisinage. Les contrats de qualité sonore constituent des solutions consensuelles complémentaires aux mesures purement réglementaires, pour certains quartiers ou territoires de la commune particulièrement sensibles à ce niveau. Adoptant une conception géographique du problème, sous l'angle du « voisinage » entendu de façon plus ou moins large, ils tendent à établir un environnement général harmonieux sur le plan des ambiances sonores, au sein de la commune. Dans la même optique, mais avec une vision plus réductrice de l'objet de l'engagement formulé, d'autres contrats portent sur telle source particulière de bruit et associent pouvoirs publics et acteurs économiques spécialisés dans les secteurs d'activité liés à ces sources sonores.

B. La « contractualisation sectorielle »

835. Suite au rapport de M. Gualezzi sur « Le bruit dans la ville », le Conseil Economique et Social a émis une recommandation à l'attention de l'État : celle de conclure des « contrats d'objectifs » avec certains secteurs impliqués, tels que les constructeurs de véhicules, d'engins et de matériels de chantier, d'équipements de voirie et d'entretien des espaces verts, d'électroménager, etc.[1] L'objectif de ces contrats est d'encourager les entreprises à fabriquer des matériels et engins moins bruyants. D'autres accords concernent également l'utilisation de ces objets bruyants par des professionnels, en vue de réduire au maximum l'intensité sonore produite à l'usage.

836. Actuellement, on relève de telles pratiques contractuelles dans deux secteurs essentiels en terme de manifestations acoustiques. Il s'agit des transports (1) et des travaux sur la voie publique (2) qui peuvent être particulièrement gênants pour le voisinage.

---

[1] J.-P. GUALEZZI, « Le bruit dans la ville », Rapport du Conseil Economique et Social, préc., p. I-23.

1- Les contrats portant sur les transports bruyants

837. Source sonore de plus en plus dénoncée par les riverains, le trafic aérien fait l'objet d'une attention toute particulière de la part des pouvoirs publics. Dans le souci de concilier l'extension de l'activité aéroportuaire imposée par les contraintes économiques et les intérêts des riverains de ces infrastructures, l'État a pris des engagements pour une meilleure maîtrise des nuisances sonores. Ces engagements, concernant l'aérodrome de Roissy-Charles de Gaulle, ont été formalisés et complétés par deux documents contractuels, contreparties des deux pistes supplémentaires qui sont construites et des nuisances qui les accompagnent. Ils sont le fruit d'une large concertation menée avec l'ensemble des partenaires et d'un travail d'étude et de réflexion effectué par une commission d'enquête -donc par des spécialistes- sur le sujet.

838. L'objectif général est de renforcer les mesures réglementaires existantes -qui opèrent une réduction à la source au travers des normes et à la réception par l'insonorisation des bâtiments-, par une modification des comportements des différents acteurs (pilotes, contrôleurs, compagnies aériennes...). La démarche contractuelle apparaît la solution la plus appropriée à cette prise de responsabilité des principaux intéressés agissant de concert et de leur plein gré, selon les termes du contrat qu'ils ont eux-mêmes définis. Ainsi, une charte de qualité de l'environnement sonore, associant l'État, Aéroports de Paris, les compagnies aériennes, les élus locaux et les associations de riverains a été rédigée. Elle comporte en annexe un code de bonne conduite qui engage l'État, les compagnies aériennes et les organisations professionnelles de pilotes[1]. L'objet clairement affirmé dans ces engagements écrits est de *« maîtriser les nuisances sonores générées -tout particulièrement la nuit- par l'activité de l'aéroport, de mieux protéger les riverains qui subissent ces nuisances et d'**assurer le suivi des mesures prises dans la concertation et la transparence** »*[2].

839. La négociation, parfois animée entre les différents acteurs, et le partenariat qui s'en est suivi portent sur la mise en place d'un plafonnement annuel de la quantité de bruit produite par le trafic de l'aéroport, les moyens opérationnels à mettre en œuvre pour y parvenir, l'amélioration du dispositif d'aide aux riverains et le renforcement de la maîtrise de l'urbanisme autour de l'aéroport[3]. Chaque partenaire agit pour l'accomplissement de ces engagements, compte tenu de ses compétences et moyens propres (juridiques, techniques, financiers) et des fonctions ou du rôle qu'il est amené à remplir dans ce domaine d'activité (direction, production, victime...). Chaque cosignataire s'engage personnellement à remplir les objectifs des accords passés et veille à ce qu'il en soit de même de la part de ses partenaires.

840. Toujours en matière de transport aérien, à côté du bruit des avions, il est un trafic qui peut être tout aussi gênant, même s'il est moins répandu : celui des hélicoptères. L'exemple le plus caractéristique est celui de l'héliport de Paris-Issy-les-Moulineaux qui se trouve au coeur d'une situation conflictuelle entre les riverains et les instances responsables de l'infrastructure. Là aussi, la démarche contractuelle a été privilégiée afin d'apporter des solutions aux troubles sonores causés au voisinage.

---

[1] *« Ce code porte notamment sur le respect d'un certain nombre de procédures de décollage et d'approche permettant de réduire les nuisances sonores, au-delà des normes réglementaires fixées par l'administration »*. V. : Aéroport de Roissy : un code de bonne conduite entre État et compagnies, Echo Bruit n° 87, octobre 1998, p. 21.

[2] Formalisation des engagements de l'État sur les nuisances sonores, Echo Bruit n° 86, juin 1998, p. 15-17.

[3] Pour le détail de ces engagements, voir : Formalisation des engagements de l'État sur les nuisances sonores, Echo Bruit n° 86, préc.

Poussée par des associations de riverains très actives, la ville de Paris, propriétaire du terrain d'assiette de l'héliport, a dans un premier temps fait adopter par voie contractuelle des mesures d'atténuation des nuisances liées au survol de l'agglomération. Le contrat fixe dans cette optique des itinéraires et des altitudes de vol précis, devant être respectés par les pilotes. Dans un deuxième temps, une convention a été signée par la ville de Paris, la D.G.A.C. et la préfecture de région, destinée à réduire l'emprise de l'héliport et à fixer des limites au trafic qu'il accueille. Elle prévoit *« une diminution régulière du nombre de mouvements annuels, leur plafonnement à 20 000 à partir de 1999 (...) et la limitation en nombre des vols commerciaux les samedis, dimanches et jours fériés »*[1].

841. Enfin, plus près des habitants puisqu'il s'agit de transport terrestre, les pouvoirs publics se sont attachés au problème spécifique des deux-roues à moteur. En sus des mesures renforçant la réglementation dans ce secteur et qu'il est particulièrement difficile de faire appliquer dans la pratique, l'État cherche à développer l'approche contractuelle et incitative pour obtenir de meilleurs résultats. Un protocole a été signé entre le ministère de l'Environnement et l'ensemble des fabricants et importateurs de ces engins ainsi que des pots d'échappement souvent à l'origine des nuisances incriminées. Il comporte l'engagement moral de ces professionnels, d'une part, de ne plus vendre des véhicules ou pots non conformes aux normes, d'autre part, de ne pas valoriser, par quelque moyen que ce soit et notamment dans les médias, les comportements agressifs à l'égard de l'environnement sonore, car le bruit excessif des deux-roues à moteur est souvent le fait d'une attitude inconsidérée de leurs conducteurs.

842. A côté de ces transports bruyants, les mêmes pratiques contractuelles se développent s'agissant de nombreux travaux ayant lieu sur la voie publique.

2- Les contrats relatifs aux travaux sur la voie publique

843. Deux secteurs en particulier se révèlent propices à la mise en place de contrats de prévention des nuisances sonores pour le voisinage. Il s'agit, d'une part, des chantiers sur la voie publique (a) et, d'autre part, de l'utilisation du matériel de propreté urbaine (b).

a) Les chantiers sur la voie publique

844. Une circulaire du 13 juin 1991[2] a émis des recommandations à l'attention des maîtres d'ouvrages publics afin de limiter les nuisances dues aux travaux en ville. Ces recommandations constituent en fait l'écho d'engagements contractuels pris depuis quelques années déjà au niveau communal. En effet, plusieurs municipalités, conscientes de la gêne que peuvent occasionner de tels travaux, même s'ils ne sont que temporaires, ont élaboré des conventions « chantiers propres ». Ainsi, par exemple, la ville de Paris, la Communauté urbaine de Lyon et différents organismes professionnels de Rhône-Alpes ont conclu des protocoles portant sur les chantiers publics et privés. D'autres villes ont par la suite suivi cette démarche qui tout à la fois intègre les préoccupations des riverains, sensibilise et responsabilise les intervenants sur le terrain.

845. La démarche contractuelle s'est inscrite, à l'origine, dans le cadre d'une expérimentation nationale organisée par le « Plan Construction et Architecture » (P.C.A.). Des opérations « Chantiers Verts » ont été lancées un peu partout dans l'hexagone et constituent aujourd'hui le modèle à suivre. L'objectif est de développer un

---

[1] J.-P. GUALEZZI, « Le bruit dans la ville », Rapport du Conseil Economique et Social, préc., p. II-106.

[2] Circulaire n° 91-46 du 13 juin 1991, BOMELT n° 742-91/19 du 10 juillet 1991.

nouveau concept de chantier, à partir d'une réflexion profonde sur les différentes nuisances liées à ce type de travaux et d'enquêtes réalisées auprès des riverains en vue de recueillir leurs appréciations et leurs craintes. Pour le chantier vert de Villeurbanne[1] par exemple, des recherches ont été menées afin d'identifier au préalable les sources de bruit les plus gênantes et de prévoir les mesures propres à les réduire. Celles-ci consistent, entre autres, en l'insonorisation des engins de terrassement utilisés, en une plage horaire fixe pour les livraisons par camions, en une disposition des engins fixes à l'opposé des habitations riveraines, en une sensibilisation du personnel lors de réunions de chantier, etc. Un suivi des émissions sonores est en outre réalisé, depuis le démarrage du chantier jusqu'à la clôture des travaux, pour assurer le respect des objectifs de niveau de bruit fixés.

846. De son côté, Paris, qui connaît environ 15 000 chantiers de voie publique par an, dispose d'un arrêté municipal du 1er février 1978 qui préconise notamment le regroupement dans le temps des travaux prévus dans une voie et l'interdiction d'en effectuer de nouveaux pendant les deux ou trois ans suivants. Pour renforcer ce dispositif réglementaire qui organise de façon générale la mise en place des chantiers, un protocole de bonne tenue des chantiers a été signé avec la Fédération régionale de travaux publics d'Ile-de-France (F.R.T.P.). Depuis 1989, et tous les trois ans, la ville et la F.R.T.P. s'engagent sur un certain nombre d'objectifs de progrès portant notamment sur la réduction des nuisances sonores produites par les chantiers. Le protocole de 1995 comporte ainsi une rubrique spéciale sur le bruit, qui rappelle des recommandations générales de « bon sens », telles que l'arrêt des moteurs d'engins en-dehors des périodes de travail, l'homologation des engins et leur entretien régulier...

847. Chaque convention successive va intégrer les nouvelles préoccupations et doléances de la population, tout en reprenant *« les anciennes stipulations, qui rentrent peu à peu dans les « habitudes » et deviennent des automatismes »*[2]. Elle crée un lien entre les riverains et les acteurs actifs du chantier en assurant une information à double sens. D'une part, les riverains sont informés non seulement de la nécessité et de l'utilité des travaux entrepris, mais également sur leur déroulement (durée du chantier, horaires des travaux, nature des travaux, etc.)[3]. L'expérience montre que dans ces conditions, la gêne causée est plus facilement acceptée[4] et mieux gérée par les voisins avertis et en mesure de prendre certaines dispositions. D'autre part, l'information se fait en direction des acteurs du chantier (personnels de la ville, préfecture de police, maîtres d'ouvrage et entreprises) qui sont à l'écoute des citoyens directement intéressés et qui en tiennent compte lors de réunions préalables aux chantiers où sont examinées et débattues les conditions d'intervention optimum à cet égard.

---

[1] Un chantier vert à Villeurbanne, Echo Bruit n° 67, janvier 1995, p. 29.

[2] J.-P. GUALEZZI, « Le bruit dans la ville », Rapport du Conseil Economique et Social, préc., p. II-125.

[3] V. : Bruits de chantier : l'information du voisinage, Echo Bruit n° 87, octobre 1998, p. 3-5. L'institut PROCOM a réalisé une étude sur les chantiers des bâtiments neufs, dont l'objectif est de *« développer des protocoles d'information et de communication à l'usage des acteurs de la construction des villes pour que les riverains ressentent de manière moins nuisible les bruits auxquels ils sont soumis »*. La conclusion de cette étude est que *« l'acte de construire doit dorénavant prendre en considération les attentes et les exigences, locales et de proximité, et intégrer l'évolution de l'opinion publique, en ce qui concerne ses attentes en matière de qualité de la vie. L'information est en effet le préalable indispensable pour désamorcer des situations conflictuelles entre habitants des villes et maîtres d'oeuvre et d'ouvrage »*.

[4] *« Selon les statistiques 1996 de la préfecture de police, seules 9 % des plaintes enregistrées concernent les chantiers, pris au sens large : bricolage des voisins, bâtiment, voie publique »* (J.-P. GUALEZZI, « Le bruit dans la ville », Rapport du Conseil Economique et Social, préc., p. II-125).

848. La mise en place de protocoles pour les chantiers de voie publique, régulièrement remis à jour pour tenir compte des préoccupations de chacun et accroître la prévention dans ce domaine, donne des résultats probants sur le terrain, puisque ces accords de principe et de bonne conduite ont entraîné une réduction effective des nuisances, notamment sonores. Ces pratiques contractuelles, apportant beaucoup à la réduction des bruits dans le voisinage, devraient s'étendre aux chantiers concernant le bâtiment. Dans le même temps, une attention toute particulière est actuellement portée aux matériels bruyants utilisés sur les chantiers. Des gains importants sur le plan acoustique peuvent être obtenus par le remplacement ou l'amélioration du matériel ou encore par la protection phonique des travaux. Les maîtres d'ouvrage (collectivités locales et partenaires) doivent ainsi faire jouer la concurrence entre les fabricants de ces matériels, pour les inciter à augmenter les performances acoustiques des produits qu'ils proposent.

849. Mais la tenue des chantiers et l'utilisation de leurs matériels ne sont pas les seuls en cause. Les travaux et matériels de propreté urbaine font également l'objet de contrats d'objectifs « qualité sonore ».

b) Les matériels de propreté urbaine

850. La propreté urbaine a connu depuis une vingtaine d'années un essor important au niveau des véhicules et matériels utilisés. Les progrès techniques aidant, l'entretien de la voirie et des espaces verts est aujourd'hui assuré par divers véhicules communaux spécialisés, mais également très bruyants. Bennes à ordures ménagères, balayeuses-aspiratrices, laveuses... viennent fréquemment troubler la quiétude des voisinages, surtout lorsqu'elles sont utilisées tôt le matin. Dans l'ensemble, les municipalités ont conscience de ce problème dont elles sont les responsables directs. La réduction de ce type de bruit est d'autant plus importante que dans le cadre de la politique générale de prévention des bruits de voisinage, comme le souligne très justement Mme Martinet, maire-adjoint d'Annecy, *« si on* [les services et agents communaux] *n'est pas là pour donner l'exemple aux citoyens, il est plus difficile ensuite de dire aux gens : faites moins de bruits avec vos voisins. Si nous-mêmes faisons déjà des efforts avec nos bennes à ordures ménagères le matin à 5 heures, les camions de livraison peuvent aussi faire des efforts »*[1].

851. Les communes traitent de plus en plus souvent ces sources particulières de nuisances sonores grâce à des cahiers des charges définissant les objectifs propres à chaque type d'appareil en cause. Au terme d'un travail qui a demandé plusieurs années, les services techniques de la propreté de Paris ont élaboré un tel document qui fixe des objectifs acoustiques -quantifiés et vérifiables- à respecter lors du renouvellement de chaque matériel communal (engins de nettoiement des chaussées et des trottoirs, bennes à ordures ménagères, bacs à déchets et conteneurs à verre). A cette fin, une codification portant sur les mesures acoustiques, très poussée et adaptée à chaque type de matériel, a été mise en place. Elle spécifie *« les modes de fonctionnement et les conditions d'environnement à respecter »* et constitue une espèce de *« langage commun sur lequel peut se fonder une relation contractuelle objective »*[2], notamment avec les fabricants de ces appareils pour faire jouer la concurrence sur le marché.

---

[1] J.-P. GUALEZZI, « Le bruit dans la ville », Rapport du Conseil Economique et Social, préc., p. II-118 et 119.

[2] J.-P. GUALEZZI, « Le bruit dans la ville », Rapport du Conseil Economique et Social, préc., p. II-125. *« Certains de ces codes servent aujourd'hui de base à l'élaboration de normes de mesures acoustiques qui seront utilisées par l'ensemble des collectivités territoriales »* (V. Fig.27, p. II-126).

852. De même, la ville d'Annecy a établi un cahier des charges pour les bennes à ordures ménagères ainsi que pour les balayeuses électriques, qui prévoit l'insonorisation de ces matériels et fixe leur niveau sonore à 72 dB(A). La municipalité a réussi à obtenir un gain de 4 dB(A), soit une réduction de plus de la moitié du niveau sonore, grâce à un partenariat actif entre les services techniques municipaux, les bureaux d'études, un constructeur et un équipementier. En outre, en octobre 1996, la mairie a fait l'acquisition d'un véhicule électrique, et donc silencieux, de collecte des corbeilles à papier dans le centre ville piétonnier. Mais la généralisation de ce type de véhicule, notamment pour le ramassage des ordures ménagères se heurte à de fortes réticences en raison de son coût d'entretien élevé et de sa faible autonomie. Les moyens financiers sont à nouveau un obstacle aux actions de réduction des nuisances sonores, contribuant à renforcer l'inégalité des communes dans le tableau d'ensemble de la lutte contre les bruits de voisinage.

853. En outre, en 1994, la ville d'Annecy a été « ville pilote » dans l'installation des premiers conteneurs à verre enterrés[1]. L'objectif principal de cette expérience était de réduire au maximum, pour les riverains, les nuisances sonores produites par le fracas du verre jeté dans ces engins. L'idée a été d'utiliser les deux cent cinquante conteneurs sous chaussée, utilisés jusqu'alors par les cantonniers pour y recueillir les résidus de balayage, et de les affecter à la collecte du verre, grâce à une borne de surface -le produit « City spot »- destinée à l'introduction du verre. Ce produit, dont les performances acoustiques sont réelles, est aujourd'hui utilisé dans de nombreuses communes. En 1997, la ville d'Annecy en recensait déjà plus d'une centaine, qui remplacent les conteneurs classiques plus bruyants même s'ils sont insonorisés. La municipalité double cette nouvelle technique d'une limitation du ramassage de ces conteneurs à une fois par semaine, afin de réduire au maximum les nuisances sonores liées à ce matériel.

854. Les progrès techniques apportés aux matériels de propreté s'accompagnent dans le même temps d'une sensibilisation de leurs utilisateurs, afin d'optimiser les performances acoustiques atteintes. Ainsi, la sensibilisation particulière des usagers des conteneurs à verre au respect des horaires d'utilisation (interdiction avant une certaine heure le matin et après une certaine heure le soir) permet également de limiter la gêne dans le voisinage. De la même façon, les personnels communaux appelés à utiliser les appareils et véhicules d'entretien sont invités à être moins bruyants dans leurs interventions et d'éviter par exemple, *« les accélérations excessives, les heurts intempestifs lors de la collecte des conteneurs, de parler à haute voix tôt le matin, de faire fonctionner la radio... »*[2].

855. La mise en place de liens contractuels, au centre desquels se trouve la commune, est de plus en plus à l'ordre du jour. Cette pratique tend à se développer notamment dans les grandes agglomérations qui ont à faire face à des problèmes spécifiques de bruit de plus en plus fréquemment dénoncés par les habitants. L'objectif est de gérer au mieux l'environnement sonore des « voisinages », compte tenu des différents intérêts en présence. Or, le meilleur moyen est justement d'intégrer chaque intérêt dans l'entreprise commune de recherche de qualité sur le plan des ambiances sonores et d'y faire participer chacun de ses représentants : acteurs publics ou privés, professionnels ou simples particuliers, du voisinage. Instrument de la démocratie participative, les politiques contractuelles de prévention des bruits de voisinage

---

[1] V. : M. BOUVIER, La prise en compte du bruit à Annecy, Echo Bruit n° 80-81, numéro spécial : Colloque régional « la commune et le bruit », avril-mai 1997, p. 13-15 et J.-P. GUALEZZI, « Le bruit dans la ville », Rapport du Conseil Economique et Social, préc., p. II-119.

[2] J.-P. GUALEZZI, « Le bruit dans la ville », Rapport du Conseil Economique et Social, préc., p. II-120.

permettent d'organiser une action concertée, coordonnée et alliant les moyens et compétences de chacun.

856. Dans le même état d'esprit, les campagnes de sensibilisation ciblées sur telles sources de bruit ou sur tel public constituent un autre support de la démocratie participative. Par des moyens différents, elles cherchent également à sensibiliser les acteurs des conflits et à les responsabiliser pour qu'ils adoptent le « réflexe bruit » dans leur vie de tous les jours.

§3. LES CAMPAGNES DE SENSIBILISATION CIBLÉES

857. Certaines villes, particulièrement engagées dans la lutte contre les nuisances sonores, essaient d'inculquer et de développer le réflexe « préoccupation bruit » dans la vie et les activités quotidiennes. Cette « éducation » au bruit s'effectue, au niveau local, par le biais de campagnes de sensibilisation prenant pour cible un ou des bruits spécifiques ou encore s'adressant à une population précise. Ces campagnes ont pour but de faire prendre conscience à leurs destinataires des différents aspects et effets des bruits en cause, des moyens existants pour y remédier et du rôle de chacun dans cette entreprise. La prise de responsabilité des acteurs de la prévention des bruits de voisinage passe, en effet, avant tout par une bonne information sur le problème, exposant les droits et devoirs de chacun, puis par *« un rappel régulier des règles comportementales qui relèvent de la citoyenneté et du respect d'autrui »*[1], pour que la prise en compte de cette nuisance et des gestes ou attitudes de nature à la limiter devienne un automatisme pour tous.

858. Une telle démarche n'est pas inutile compte tenu de la méconnaissance générale des citoyens, privés comme publics, du phénomène bruit et des outils juridiques existant dans ce domaine. Elle est l'occasion de rétablir la vérité sur certaines idées reçues ou « mythes » du bruit qui peuvent induire les personnes en erreur. De telles campagnes devraient en outre servir de support aux collectivités pour assurer la diffusion auprès des administrés des arrêtés préfectoraux ou municipaux ou de règlements de copropriété, portant à leur connaissance, par exemple, les horaires d'utilisation des tondeuses à gazon ou des matériels de bricolage ou électroménagers. Quels que soient l'information véhiculée et l'objectif fixé, ces campagnes locales sont en principe élaborées de manière à ce qu'elles soient parfaitement adaptées au type de bruit (A) ou à la catégorie de personnes (B) qu'elles visent en particulier.

A. LES CAMPAGNES CIBLÉES SUR CERTAINS BRUITS

859. Certains bruits sont particulièrement difficiles à réglementer par des interdictions, des plages horaires ou des niveaux sonores à ne pas dépasser, en raison de leur caractère de bruits de comportement spontanés, irréfléchis et désinvoltes. Une grande partie des bruits de voisinage -ceux entendus au sens strict du terme- entrent dans cette catégorie de bruits comportementaux qui posent plus un problème de civisme et de respect de l'autre que de réglementation. Leur traitement se révèle d'autant plus malaisé qu'il suppose une immixtion dans la sphère privée de chaque individu, bien souvent jugée inacceptable, voire totalement illégitime. Ainsi, que répondre à ceux qui affirment par exemple -et ils sont nombreux- *« je suis chez moi, je fais ce que je veux » ?*

860. Les campagnes de sensibilisation, informant et éduquant les citoyens aux principes de la vie en société, aux règles de « bon voisinage », paraissent adaptées à cette

---

[1] J.-P. GUALEZZI, « Le bruit dans la ville », Rapport du Conseil Economique et Social, préc., p. II-241.

dimension du problème. Leur succès dépendra de l'intérêt qu'elles sont en mesure de susciter ainsi que du dialogue qu'elles peuvent instaurer entre les différents acteurs de la prévention. Les villes qui en ont fait l'expérience ont centré ces campagnes sur des sources sonores typiques de leur localité, génératrices de situations explosives au sein des voisinages. Les bruits spécifiques des établissements recevant du public (1) ou de façon plus générale ceux causés la nuit (2) en sont deux exemples types.

1- Les bruits des établissements recevant du public

861. La ville de Strasbourg offre un choix impressionnant de cafés, bars, pianos-bars, restaurants de toutes spécialités et terrasses. La capitale européenne compte plus de quatre-vingt établissements de ce genre, qui pour la plupart restent ouverts tard la nuit, pour la plus grande joie des fêtards et noctambules, joie que ne partagent cependant pas les riverains. La municipalité s'est dès lors trouvée au centre d'un conflit d'intérêts opposant le bien-être et la tranquillité des voisins directs de ces établissements et les loisirs et la détente de leurs usagers. Afin de remédier à cette situation conflictuelle et de trouver un point d'équilibre entre d'un côté, le droit au calme et de l'autre, le droit aux loisirs et la liberté de commerce, elle a engagé une vaste campagne à la fois de sensibilisation des habitants et de maîtrise des bruits liés à ces établissements.

862. C'est en juillet 1991 qu'est lancée une campagne test, intitulée *« le bruit ça nuit »,* associant les professionnels : exploitants de terrasses, de restaurants, de discothèques..., pour lutter contre le bruit des terrasses et le comportement de la clientèle. Le principe en est simple : la municipalité voulait éviter de créer des quartiers « réservés » au bruit, tel que le quartier Latin à Paris. La mise en œuvre de cette campagne s'est révélée originale et dynamique, le tout dans une ambiance de convivialité et de dialogue. Des affiches, des sets de table, des autocollants, des badges arborés par les personnels serveurs *invitaient* les consommateurs à faire un effort afin que leur comportement, à la sortie des établissements (rires, éclats de voix, claquements de portières...), en particulier la nuit, ne constitue pas une gêne pour le voisinage.

863. Déclinée en français, anglais et allemand, pour toucher un maximum de personnes, la campagne diffusait un message simple et plein de bon sens, s'adressant directement à la clientèle concernée :

« Vous qui êtes confortablement assis à cette terrasse et qui passez une excellente soirée entre amis, ayez une pensée pour ceux qui habitent à deux pas d'ici.

Avez-vous déjà essayé de dormir sur fond de claquement de portes de voitures, d'éclats de voix et de moteurs qui démarrent brusquement ?

Ce n'est pas facile ! Car le bruit, ça nuit.

Plus qu'un slogan, c'est une bataille que nous voulons engager. Avec vous.

Cette terrasse où vous êtes appartient à l'espace public. Elle a reçu de Madame le Maire une autorisation d'ouverture.

Pour votre plaisir.

Ne la gâchez pas en gâchant celui des autres. »

864. Percutant, le message phare de la campagne contient tous les éléments de persuasion destinés à limiter à l'avenir les nuisances sonores des terrasses et clients des établissements recevant du public. Il a pour but, dans un premier temps, de sensibiliser les usagers aux attitudes bruyantes dont ils sont les auteurs et dont ils n'ont la plupart du temps pas même conscience. Une fois l'attention portée sur le problème, il cherche, dans un deuxième temps, à développer le sens des responsabilités chez les intéressés : à les

convaincre du rôle actif qu'ils ont à jouer dans l'opération de lutte contre ces nuisances et à les engager concrètement dans cette démarche. Parce que la prévention des bruits de voisinage pose également et dans une large mesure la question du comportement de chaque citoyen, c'est au sens civique et à l'altruisme de chacun qu'il faut faire appel.

865. D'après les évaluations, les actions engagées dans le cadre de l'opération *« le bruit ça nuit »* ont permis de réduire le nombre de plaintes liées à un établissement de loisir nocturne bien défini de 27 en 1992 à 7 en 1994. La démarche de la sensibilisation produit donc des effets positifs, même s'ils sont difficiles à estimer avec précision et surtout sur le long terme, les municipalités « omettant » souvent de dresser un bilan circonstancié de leurs campagnes une fois ces dernières achevées. Toujours est-il que l'efficacité de ces actions dépend de leur impact à la fois sur la population et dans le temps. Elles doivent toucher la totalité des acteurs, aussi bien permanents qu'occasionnels, du voisinage. En outre, il est important que l'opération de sensibilisation prolonge ses effets au-delà de son terme administratif. Le lancement d'une campagne ne servirait à rien si une fois achevée, les citoyens en oublient la teneur et rangent au placard leurs bonnes résolutions en même temps que les slogans et affiches qui ont servi de supports matériels à l'opération.

866. Ces campagnes ne devraient être qu'un rappel ponctuel des règles de bon voisinage que chaque individu doit en principe intégrer de lui-même dans sa vie de tous les jours. La réalité en fait malheureusement un maillon bien plus important et décisif dans la chaîne de la lutte contre les nuisances sonores. Face aux excès de comportement de certaines personnes, la campagne de sensibilisation devient la solution à la prévention de certains bruits de voisinage pour lesquels la réglementation se révèle inadaptée ou insuffisante. Quelques municipalités l'utilisent pour lutter contre des types de bruits comportementaux particulièrement intolérables. La ville de Strasbourg a ainsi relayé sa première campagne axée sur les nuisances liées aux établissements recevant du public par une deuxième campagne s'étendant cette fois à l'ensemble des bruits causés la nuit.

2- Les bruits causés la nuit

867. Notre quotidien est rempli de sonorités les plus diverses dont nous nous accommodons plus ou moins. La plupart sont des bruits normaux et inévitables de la vie en ville ou en société. D'autres paraissent exagérés au regard de certains critères et posent un problème tout à la fois de tolérance et de prévenance. Mais la nuit, notre seuil de tolérance n'est plus le même parce que chacun est en droit de bénéficier d'un environnement sonore propice au sommeil dont tout être humain a besoin et qui constitue l'activité « normale » de cette période de notre existence. Les bruits occasionnés par la vie nocturne, qu'ils émanent d'établissements ouverts au public ou de logements privés, sont donc difficilement conciliables avec l'activité de sommeil des voisins, surtout à un moment où la perception du moindre bruit se trouve amplifiée par un fond ambiant réduit sur le plan acoustique.

868. L'équilibre entre ces deux modes de vie nocturne est particulièrement ardu à trouver. Il constitue en l'occurrence le noeud du problème pour la ville de Strasbourg[1]. C'est pourquoi, la municipalité a organisé sur ce sujet une deuxième campagne de sensibilisation, quatre ans après celle consacrée aux établissements recevant du public. Partant du slogan *« Chut... Le sommeil est précieux pour tous. La nuit moins de bruit ! »*, apposé sur des affiches présentant la ville sous un ciel étoilé, la campagne explique que

---

[1] V. : Lutte contre les nuisances sonores : la nuit, moins de bruit !, Strasbourg Magazine n° 67, juin 1996, p. 20.

chacun peut agir à son niveau. Elle vise à sensibiliser non seulement les noctambules à la sortie des bars et sur les terrasses, mais de façon plus générale les particuliers passant la nuit chez eux ou chez des amis. Cette nouvelle campagne cherche à faire prendre conscience et à convaincre que de petits efforts de la part de chacun peuvent suffire à concilier vie nocturne active des uns et repos et sommeil des autres.

869. La campagne rappelle les gestes de bon sens, simples et à la portée de tous, qui permettent de supprimer les tensions et d'assurer une certaine harmonie au sein du voisinage. Il s'agira, par exemple, de penser à modérer le son de sa télévision ou chaîne hi-fi, de ne pas bricoler trop tard ni trop tôt, de descendre ou monter les escaliers en silence, etc. Par ailleurs, lorsque l'on prépare une fête, il est recommandé d'avertir ses voisins, car selon le slogan d'une campagne nationale organisée par le ministère de l'environnement *« un bruit annoncé est à moitié pardonné »*. Face aux bruits de comportement, la mairie de Strasbourg a donc fait le choix de l'information et de l'éducation aux règles de bon voisinage, faisant appel au bon sens et à la bonne volonté de chacun.

870. La campagne de sensibilisation constitue, en outre, un excellent moyen de rétablir la vérité sur quelques idées reçues qui sont souvent à l'origine de tensions entre voisins. Ainsi, beaucoup de personnes pensent, à tort, qu'ils ont le droit de faire du bruit jusqu'à 22 heures. Or, ce mythe des « 22 heures » doit être supprimé une fois pour toute. Il faut savoir que la réglementation sur les bruits de voisinage s'applique de jour comme de nuit, 24 heures sur 24 (art. R48-1 à -5 du Code de la santé publique pour le tapage diurne et art. R623-2 du Code pénal pour le tapage nocturne) et qu'aucun texte ne fixe cette limite des 22 heures. Il est par conséquent interdit d'importuner ses voisins, à toute heure du jour et de la nuit. De même, le mythe de « la soirée mensuelle » est également source d'erreur et de conflits. Contrairement à ce que les gens pensent, aucune autorisation particulière ne saurait être accordée par la police ou la gendarmerie pour les soirées bruyantes entre amis. Aucun texte n'octroie le droit, à quelque moment que ce soit, de gêner le voisinage par des nuisances sonores.

871. La solution aux bruits de comportement se trouve donc dans la tolérance et la prévenance de chacun, qui sont les mots d'ordre des campagnes de sensibilisation. Ces dernières doivent atteindre le maximum de personnes car le bruit, quel qu'il soit, est l'affaire de tous. Si telle source sonore est particulièrement incriminée dans un endroit ou à un moment donné, ce sont les « voisins bruiteurs » et les « voisins victimes » qu'il faut chercher à réconcilier autour d'actions propres à rétablir un équilibre au sein du voisinage. L'important est que la campagne de sensibilisation soit parfaitement adaptée à ses destinataires, qu'elle véhicule un message clair et convaincant, dont les effets seront durables. Aussi, pour une plus grande sensibilisation, de nombreuses campagnes tiennent avant tout compte des caractéristiques et attentes du public auquel elles s'adressent.

B. Les campagnes ciblées sur certaines populations

872. On ne s'adresse pas de la même façon à des enfants et à des adultes, à des professionnels et à des profanes, à des juristes, des scientifiques ou des techniciens, à des usagers et à des non-usagers..., ceci s'agissant de n'importe quel sujet. La conception d'une campagne de sensibilisation, et de là son impact, dépendent en grande partie du type de personnes qui est visé et de l'adéquation, en terme d'intelligibilité et de sensibilisation, du message qui lui est transmis. Si l'objectif en matière de bruits de voisinage est le même pour tous, à savoir ne pas causer une gêne excessive aux autres, la manière de le communiquer et de l'imposer diffère selon l'âge de chaque individu, sa profession, sa situation sociale, etc. La population, rangée dans des catégories distinctes

en fonction de ces critères, sera sensible à tel aspect spécifique du problème, présenté de manière à ce qu'il recueille la meilleure écoute possible. C'est sur ce ou ces points précis qu'il convient de porter son attention et de l'informer des actions qu'elle peut entreprendre à son niveau, afin d'atteindre l'objectif commun : un voisinage de qualité sur le plan des ambiances sonores.

873. On a coutume de dire que l'apprentissage et la mise en œuvre d'un enseignement sont d'autant plus faciles et suivis d'effets que l'on commence jeune. C'est pourquoi, les campagnes d'information s'adressent de plus en plus souvent à des publics jeunes, notamment dans le cadre scolaire, en vue d'inculquer le plus tôt possible les bonnes habitudes en matière de bruit. Des expositions sur les nuisances sonores, que l'on cherche à rendre dynamiques et ludiques, sont ainsi proposées aux groupes scolaires. Elles sont, dans le même temps, ouvertes au grand public qui apprécie la simplicité des messages véhiculés et l'information utile, prodiguée sur les problèmes du quotidien qui intéressent tout le monde.

874. C'est ainsi que pour sensibiliser les Toulousains à la question du bruit, l'Union Midi Pyrénées Nature et Environnement (UMINATE) a organisé une exposition intitulée *« Autour du bruit, rompre le silence »*[1]. Elle présentait et développait les aspects principaux des nuisances acoustiques au moyen de fresques, de montages sonores, de panneaux informatiques, de matériel en trois dimensions et d'œuvres artistiques. Un espace ludothèque était également mis à la disposition des visiteurs, petits et grands. En outre, l'exposition était complétée par des animations, afin de la rendre plus attractive. Des soirées débats, enfin, ont eu lieu sur les thèmes : « Bruits et transports » et « Je suis victime du bruit chez moi, que dois-je faire ? », invitant les personnes intéressées -et elles sont nombreuses- à apporter leur témoignage, exposer leur opinion sur le sujet, discuter et essayer de dégager des solutions après concertation commune. Une participation active du public accroît de la sorte l'impact de l'exposition ou d'une campagne de sensibilisation en général.

875. De son côté, la ville de Strasbourg a utilisé, en avril 1995, l'exposition *« Le bruit aujourd'hui »* élaborée par le centre d'information et de documentation sur le bruit (C.I.D.B.) avec la collaboration de l'Education Nationale. Mise sur pied en vue de sensibiliser le milieu scolaire et le grand public, elle apporte tous les éléments pour une meilleure compréhension de l'environnement sonore. L'information et le conseil sont les thèmes directeurs de cette opération qui vise trois objectifs. Premièrement, il s'agit de poursuivre l'information du public sur le bruit et ses effets sur l'environnement et la santé pour mieux comprendre les enjeux de la maîtrise du bruit au quotidien. Deuxièmement, l'exposition devrait être utilisée pour permettre la formation de personnes telles que les éducateurs, animateurs socioculturels, infirmières scolaires… qui prolongeront l'information vers le milieu scolaire. Enfin, le troisième objectif poursuivi est de faire connaître les produits et matériaux qui réduisent le bruit ou améliorent le confort acoustique.

876. De telles campagnes d'information et de sensibilisation sont d'autant plus efficaces lorsqu'elles offrent une participation active au public qu'elles visent. Celle-ci peut d'ailleurs prendre la forme d'une mise à contribution exceptionnelle -le temps de l'opération- d'une catégorie de la population responsable d'une source spécifique de bruit. Une expérience de portée nationale a ainsi été initiée par le ministère de l'environnement afin de sensibiliser les gens, et notamment les usagers, aux nuisances produites par les automobiles. Le 22 septembre 1998, Mme la ministre Dominique

---

[1] Autour du bruit, rompre le silence, Echo Bruit n° 76-77, septembre 1996, p. 14.

Voynet a lancé en partenariat avec certains maires une journée *« En ville, sans ma voiture ? »*[1]. Ce jour-là, 35 villes, parmi lesquelles Amiens, Chambéry, Grenoble, La Rochelle, Montpellier, Montreuil, Morlaix, Nantes, Rouen, Tours, Strasbourg, Chambly, Lons-le-Saunier, Quimper, Saint-Germain-en-Laye... ont répondu oui et réservé une partie de leur centre-ville aux piétons, deux-roues et transports collectifs.

877. L'idée, imaginée au niveau central et relayée à l'échelon local, est de démontrer l'impact positif d'une journée sans voiture, notamment sur le bruit, et de présenter une autre manière de vivre qui préserve l'environnement sonore. L'événement ne concernait pas uniquement les nuisances sonores ; il portait également sur le problème de la qualité de l'air. Néanmoins, à Strasbourg, ce qui a le plus frappé et marqué les personnes interrogées suite à cette expérience était bien l'absence de bruit... Ceci constitue une première étape vers la sensibilisation et la prise de responsabilité, qui doit permettre aux usagers d'oublier peu à peu leur voiture en ville. D'autres journées comme celle-là sont appelées à se répéter chaque année *« avec toujours plus de villes partenaires pour devenir une opération d'envergure européenne, en l'an 2000 »*[2]. Le cadre de l'opération est une fois encore la commune, niveau le mieux adapté à la mise en œuvre des actions de lutte contre le bruit. Mais l'innovation se situe dans la conception de la stratégie qui se fait dans une perspective plus globale et sur le long terme.

878. Le développement par les pouvoirs publics de l'approche contractuelle et pédagogique parallèlement aux mesures de mise en œuvre et de renforcement de la réglementation est d'un apport considérable dans la prévention des bruits de voisinage. Il permet de pallier, selon les cas et selon les sources sonores, les insuffisances ou l'inadéquation de la réglementation au sens strict du terme. De telles démarches doivent aujourd'hui se multiplier et toucher la totalité des acteurs impliqués. Elles se fondent sur la sensibilisation et la prise de responsabilité de tous, moteurs des actions de lutte. Le voisinage en est le cadre, les individus, quelles que soient leurs fonctions, en sont les tenants. Correctement informés et agissant de concert sur la base d'un partenariat volontaire et fort, ils apportent la dimension humaine nécessaire au traitement des bruits de même nature, complétant ainsi le régime juridique -plus rigide- existant.

879. Si le « ciblage » des actions de prévention vise à réaliser la plus parfaite des adéquations possibles avec la source de nuisance sonore à traiter dans le voisinage, il présente néanmoins en tant que tel de graves insuffisances. La dégradation constante de notre environnement sonore en est la preuve. Toutes les prévisions sont pessimistes, pour ne pas dire alarmistes, et projettent la vision d'un monde cerné de toute part par le bruit, aussi bien dans l'espace que dans le temps. Compte tenu de l'arsenal juridique existant en la matière et du nombre d'acteurs impliqués et pouvant intervenir dans la lutte contre cette nuisance, il apparaît paradoxal de ne pas pouvoir maîtriser le phénomène, ou pour le moins d'améliorer la situation actuelle en rétablissant des ambiances sonores d'une certaine qualité au sein des voisinages. Les raisons en sont multiples mais non irréversibles.

880. La première résulte de l'insuffisance des efforts déployés pour améliorer l'environnement sonore. Aujourd'hui encore, la faible priorité politique accordée à la question de la lutte contre le bruit semble en contradiction totale avec l'ampleur du problème. De façon générale, les pouvoirs publics, que ce soit au niveau central ou local, ne consacrent pas le temps et les moyens (financiers, techniques, humains) nécessaires

---

[1] En ville, sans ma voiture ?, Echo Bruit n° 86, juin 1998, p. 19 ; Echo Bruit n° 87, octobre 1998, p. 28-29.

[2] *Ibidem.*

pour gérer le bruit dans tous ses aspects et manifestations. Si la loi cadre du 31 décembre 1992 a remis à l'ordre du jour la question du bruit, la motivation des différents élus pour ce sujet est très inégale et se traduit par des actions clairsemées et épisodiques. De la même manière, la sensibilisation des acteurs privés, professionnels ou simples particuliers, n'est pas suffisamment développée. Or, chacun, à son niveau, se doit d'apporter sa contribution pour un meilleur environnement sonore. Le problème est que pour l'heure, les pouvoirs, compétences et connaissances des différents acteurs ne sont pas totalement utilisés.

881. A cette déperdition des capacités d'action s'ajoute une vision restrictive du problème posé par le bruit, qui d'ailleurs est une des causes de l'insuffisance des efforts consentis. La détérioration de l'environnement sonore provient ainsi également du fait que jusqu'à présent le problème n'a pas été envisagé dans sa totalité, c'est-à-dire en tenant compte de ses multiples aspects et des répercussions qu'ils entraînent. Il s'en suit, à l'origine, une déficience dans la connaissance exacte des données du problème et, au final, l'application de solutions pas assez fortes au regard de la dimension du phénomène. La première étape vers une amélioration de l'environnement sonore passe donc inévitablement par une prise de conscience généralisée, surtout par les pouvoirs publics qui sont les meneurs des politiques de lutte, de l'ampleur réelle du problème, de ses multiples facettes envisagées dans leur totalité et nécessitant sans plus attendre un traitement exhaustif.

882. Les actions sectorielles et ponctuelles exercées sur le terrain, au plus près des sources sonores, de leurs spécificités propres et des conflits qu'elles engendrent, doivent donc être intégrées dans une vision plus globale du problème. Les stratégies de lutte élaborées jusqu'à présent, reproduction pratique de l'arsenal juridique atomisé, doivent céder la place à une réflexion menée à grande échelle afin de toucher tout le monde et orientée sur le long terme dans l'optique d'un « développement durable ». C'est bien là la ligne directrice tracée par la loi cadre du 31 décembre 1992, qui fonde la politique de lutte contre le bruit autour des concepts de planification et d'incitation par le biais de politiques globales, de programmation et de concertation entre tous les acteurs sans exception. L'état actuel de l'environnement sonore résulte à titre principal d'un manque de cohérence entre les actions menées ici et là. La clé réside dans une démarche préventive générale et exhaustive, parfaitement coordonnée et reproduite avec efficacité sur le terrain.

Chapitre II

LE DEVELOPPEMENT DES POLITIQUES GLOBALES DE LUTTE CONTRE LES BRUITS DE VOISINAGE

883. La politique au « coup par coup », résultant du constat selon lequel *« le bruit n'est pas vécu comme un problème global mais comme un problème individuel : à chacun son bruit »*[1], n'est pas suffisante en soi. Elle permet, ça et là, la résolution des conflits sonores les plus critiques, le traitement d'une source de bruit particulière dans un voisinage donné, mais n'apporte pas une amélioration générale de la situation par une gestion du problème dans son ensemble. C'est donc vers la seconde approche du phénomène qu'il convient de s'orienter. Indépendamment de l'importance des plaintes déposées, comme des types et sources de bruit incriminés, les pouvoirs publics doivent traiter la question dans une optique de santé publique et de qualité de l'environnement. A l'instar des Pays-Bas et de la Suisse, pays précurseurs en la matière, il s'agit d'adopter une vision globale du problème, dans le but d'élargir et de généraliser la lutte contre les bruits de voisinage.

884. Cette nécessité d'*« appréhender le bruit dans une vision globale incluant tous les acteurs concernés et s'inscrivant sur le long terme »*[2] semble clairement perçue au niveau central. Elle est rappelée par chacun des ministères en charge de l'environnement qui se sont succédés depuis l'adoption de la loi n° 92-1444 du 31 décembre 1992, cadre légal des politiques à mettre en œuvre. Les objectifs nouveaux fixés par le législateur dans une logique de développement durable révèlent la véritable dimension du problème posé par le bruit. Ils ne doivent pas être mis à mal par la pression constante des événements et la demande sociale qui ne cesse de s'accroître dans ce domaine. Au contraire, une telle conjoncture doit servir de catalyseur aux différents décideurs chargés de rendre effectif et efficace le système d'ensemble instauré sur le plan juridique.

885. Toute la question réside dans l'application concrète et cohérente de la démarche exhaustive prônée par la loi-cadre. Elle suppose une coordination de l'action de tous les acteurs de la lutte contre les bruits de voisinage, intervenant à tous les niveaux. Le résultat final, l'aboutissement des actions entreprises, se constatent néanmoins essentiellement au lieu-dit des nuisances, c'est-à-dire à l'échelon local. Or, dans les préoccupations municipales -nombreuses il est vrai-, le problème du bruit est *« rarement considéré comme l'un des problèmes majeurs tant d'environnement que de santé publique »*[3]. On constate que les collectivités locales n'ont pas toutes *« la même sensibilité et la même perception des problèmes d'environnement sonore ; certaines étant plus sensibles aux bruits des sources fixes qu'aux bruits des sources mobiles*

---

[1] C. TOBELEM-ZANIN, La qualité de la vie dans les villes françaises, Publication de l'Université de Rouen, 1995, p. 133.

[2] J.-P. GUALEZZI, « Le bruit dans la ville », Rapport du Conseil Economique et Social, préc., p. I-4.

[3] J.-P. GUALEZZI, « Le bruit dans la ville », Rapport du Conseil Economique et Social, préc., p. II-109.

(circulation). Il a même été dit que les élus n'avaient qu'une idée très lointaine des problèmes de bruit... »[1].

886. La question des nuisances sonores affectant le voisinage est perçue et traitée de manière inégale dans les différentes communes. M. Gualezzi, dans son rapport sur « Le bruit dans la ville », distingue trois niveaux d'engagement municipal en pratique. Le niveau *a minima* vise les villes ne disposant pas de véritable politique en matière de bruit et où les élus et leurs services se contentent de réagir *plus ou moins* aux plaintes et doléances concernant leur secteur d'intervention, tel que la voirie ou le commerce et l'artisanat. Un deuxième niveau concerne les villes déjà plus sensibilisées, qui mettent en place un système de traitement des plaintes en matière de bruit, sans aller jusqu'à une véritable politique locale dans ce domaine. Le troisième niveau est celui des villes qui développent *« une politique globale, coordonnée et volontariste de traitement du bruit »*[2].

887. C'est bien évidemment cette dernière stratégie qui est à généraliser. Le tout est d'en donner les moyens aux différents intervenants. Or, c'est par une démarche de planification, de programmation qui intègre les actions sectorielles dans le cadre de politiques globales et axées sur le long terme, que la prévention des bruits de voisinage trouvera sa pleine efficacité. La mise en œuvre de telles politiques soulève dans les faits deux questions principales, qui débouchent sur deux orientations selon la nature du bruit et la catégorie d'acteurs concernés. Avant tout, se pose le problème de la connaissance du phénomène à traiter : quelle est-elle et comment l'utiliser pour aboutir à une planification des actions réglementaires, noyau des politiques globales (section I) ? Puis, en prolongement de ces programmes d'actions, vient le problème de leur application et donc de l'information : comment peut-on faire passer le message auprès du grand public et des décideurs, afin de développer chez tous le « réflexe bruit » et encourager les actions concrètes ? Là encore, les politiques globales reposent sur des programmes, mais cette fois-ci d'incitation (section II).

Section I : La planification des actions réglementaires

888. La prévention des bruits dans le voisinage nécessite des méthodes d'approche novatrices, ainsi que des outils propres à garantir une bonne application de la réglementation édictée en la matière. Les modes actuels de pensée et de travail sont à réformer parce qu'inadaptés à la dimension du phénomène bruit. Les approches partielles et cloisonnées menées jusqu'à présent doivent être remplacées par une approche globale, associant l'ensemble des partenaires concernés[3]. Une telle démarche entraînera de fait la transformation nécessaire des mentalités et la mise en place de nouvelles méthodes de travail visant à apprécier le plus en amont possible les causes et effets des nuisances sonores et les conséquences des actions entreprises. Cela s'inscrit bien dans l'orientation avant tout préventive de la lutte contre les bruits de voisinage.

889. L'appréhension globale du problème, se traduisant par la mise en place d'une véritable stratégie nationale coordonnée avec tous les niveaux décentralisés, suppose

---

[1] Synthèse de la journée débat organisée à Lyon-Bron le 5 mars 1997 à propos du livre vert de la Commission européenne concernant « La politique future de lutte contre le bruit ». V. : J.-P. GUALEZZI, « Le bruit dans la ville », Rapport du Conseil Economique et Social, préc., p. II-109.

[2] J.-P. GUALEZZI, « Le bruit dans la ville », Rapport du Conseil Economique et Social, préc., p. II-110 à 113.

[3] V. sur ce point : J. LAFONT, Nouveaux outils, nouvelles méthodes, Aménagement et Nature n° 110, « Aménagement du Territoire et Gestion de l'Environnement », été 1993, p. 5.

deux étapes pour être cohérente. La première phase consiste à se donner les moyens et les outils permettant d'évaluer la mise en œuvre des politiques. Il s'agit donc d'établir l'ambiance sonore initiale et de parvenir à une définition aussi claire et quantifiée que possible des objectifs qui en découlent (§1). Sur la base de ces données, il sera ensuite possible de définir un plan global d'actions ayant pour objet l'application des objectifs fixés (§2).

§1. LA « QUANTIFICATION » DES OBJECTIFS : LE DIAGNOSTIC SONORE

890. Les politiques globales de prévention des bruits de voisinage ont besoin d'outils adaptés, tant pour évaluer l'impact des actions projetées que pour assurer la participation de tous les acteurs concernés. La connaissance du phénomène, de ses causes, caractéristiques et remèdes possibles, est donc le point de départ de toute stratégie de lutte. Cette étape est déterminante de la meilleure adéquation des politiques à mener ainsi que de leur évolution future.

891. C'est justement cette première phase indispensable à la prévention qui présente de profondes carences. De l'avis de tous les observateurs, *« les objectifs des politiques de lutte contre le bruit sont rarement explicités et quantifiés »*[1], que ce soit au niveau national ou à l'échelon local. La raison en est que l'observation de l'état de l'environnement sonore est encore très insuffisante, *« en comparaison des réseaux de mesure mis en place et des données disponibles concernant certaines composantes de l'environnement affectant directement l'homme, telles que l'eau et l'air »*[2]. Les mesures des niveaux de bruit et de l'exposition des populations *« ne sont effectuées le plus souvent ni à intervalles réguliers, ni de manière exhaustive »*[3].

892. Comment alors définir une stratégie cohérente et planifiée, fondée sur l'action concertée entre l'ensemble des acteurs impliqués ? Comment évaluer les moyens financiers et techniques ainsi que les ressources humaines nécessaires ? Comment, enfin, estimer l'efficacité des mesures prises et réorienter les politiques le cas échéant, en fonction de leurs performances, de l'évolution des problèmes qui se posent (urbanisation, circulation, modes de vie, technologies) et des moyens disponibles ? Tout découle de l'observation et de la mesure de l'environnement sonore finalisées par un diagnostic sonore fiable et à jour. Le législateur de 1992, relayé par le ministère de l'environnement, ont fixé comme axe de travail *« le recueil de données, la définition d'indicateurs et le développement de méthodes d'évaluation adaptées aux plans et aux programmes, voire à certaines politiques »*[4]. Dans cette perspective, l'étude d'impact sur l'environnement est toujours à l'ordre du jour (A). Mais ses nombreuses insuffisances ont entraîné la création de nouveaux outils : les audits et la cartographie (B), qui semblent mieux correspondre à l'approche globale du problème.

---

[1] A. ALEXANDRE et J.-P. BARDE, Le bruit : une pollution sans écho, L'Observateur de l'O.C.D.E., Paris, n° 167, décembre 1990-janvier 1991, p. 23-26. V. également : B. BARRAQUE, La lutte contre le bruit, Problèmes politiques et sociaux n° 734, Paris, La Documentation française, 9 septembre 1994, p. 13.

[2] Rapport de l'O.C.D.E., « Lutter contre le bruit dans les années 90 », Paris, 1991, p. 13.

[3] *Ibidem.*

[4] J. LAFONT, Nouveaux outils, nouvelles méthodes, préc., p. 5.

A. LE VOLET « BRUIT » DES ÉTUDES D'IMPACT SUR L'ENVIRONNEMENT

893. *« Les études d'impact sont l'instrument privilégié du développement durable et du principe de prévention »*[1]. Plus généralement, elles constituent l'un des principaux outils de mise en œuvre de l'obligation juridique de prendre en compte l'environnement à l'occasion de toute décision publique ou privée susceptible d'avoir un impact sur l'environnement. Introduites par la loi n° 76-629 du 10 juillet 1976 relative à la protection de la nature, dans son article 2 (dont les dispositions ont été codifiées aux articles L. 122-1 et suivants du Code de l'environnement), elles sont devenues obligatoires en France à partir du 1er janvier 1978, date d'entrée en vigueur du décret d'application du 12 octobre 1977[2].

894. Si les imprécisions des textes législatif et réglementaire[3] ont pu susciter des interrogations quant à la finalité de ces études, dépendante de la notion d'« environnement », il n'est plus contesté que l'étude d'impact présentée par le décret n° 77-1141 du 12 octobre 1977 recouvre l'environnement au sens large du terme, c'est-à-dire au sens des *« préoccupations d'environnement »* qui sont définies à l'article 1er de la loi n° 76-629 du 10 juillet 1976. Parmi celles-ci figurent les *« commodités du voisinage »* qui posent directement le problème des nuisances sonores. Les bruits de voisinage sont donc bien au nombre des nuisances à prendre en compte dans les études d'impact. L'existence matérielle de sous-dossiers « bruit », exigés d'ailleurs de façon expresse pour certains secteurs concernant par exemple les transports ou l'industrie, l'atteste.

895. Le dispositif légal ainsi institué offre un outil d'étude ponctuel et sectoriel, utilisable pour la prévention de certaines sources de bruit (1). Mais la mise en œuvre du système révèle de nombreuses lacunes (2), qu'il serait bon de reconnaître et de corriger en vue d'une meilleure approche des bruits de voisinage (3).

1- Un instrument légal de mise en œuvre du principe de prévention...

896. D'abord énoncé au niveau international, dans l'article 130-R-2 du Traité de Maastricht, le principe de prévention a été consacré par notre droit interne à l'article L. 200-1 du Code rural, issu de la loi « Barnier » du 2 février 1995[4] et devenu l'article L. 110-1 du Code de l'environnement. Il est non seulement l'un des principes de base du droit de l'environnement dans son ensemble, mais également, et plus spécifiquement, l'orientation prioritaire à donner à la lutte contre les nuisances sonores. En matière de bruits de voisinage, il s'agira d'empêcher la survenance d'émissions acoustiques productrices de gêne pour le voisinage, par des mesures appropriées dites préventives, c'est-à-dire supposant une certaine anticipation des activités humaines en cause.

897. Or, la prévention suppose de connaître et d'évaluer à l'avance l'impact de toute action. Pour cela, une étude des conséquences sur l'ambiance sonore du voisinage s'impose. L'étude d'impact en est la consécration juridique, constituant tout à la fois un outil d'étude préalable et de réflexion, ainsi qu'un outil de gestion. Qualifiée de

---

[1] M. PRIEUR, Plans municipaux et chartes pour l'environnement, Droit et Ville n° 41, 1996, p. 101.

[2] Décret n° 77-1141 du 12 octobre 1977, pris pour l'application de l'article 2 de la loi n° 76-629 du 10 juillet 1976 relative à la protection de la nature, modif. par le décret n° 93-245 du 25 février 1993 (*JO* du 26 février 1993).

[3] La loi du 10 juillet 1976 vise dans un premier temps les atteintes au *« milieu naturel »* (art. 2 al. 2), puis parle de *« répercussions sur l'environnement »* et non plus sur le milieu naturel. De son côté, le décret d'application emploie sans ambiguïté le terme d'*« environnement »* qui ne se réduirait pas à la notion de milieu naturel...

[4] Loi n° 95-101 du 2 février 1995 relative au renforcement de la protection de l'environnement, préc.

« révolutionnaire » par le professeur Prieur[1], elle permet, d'une part, une évaluation globale et prévisionnelle des actions sonores (a), indispensable à toute politique préventive et, d'autre part, une participation en connaissance de cause des acteurs des bruits de voisinage (b).

a) Un outil d'évaluation globale et prévisionnelle des actions sonores

898. La doctrine a donné plusieurs définitions plus ou moins exhaustives et précises de l'étude d'impact[2]. Mais c'est la Commission des Communautés européennes, dans son « Exposé des motifs de la proposition de directive concernant l'évaluation des incidences sur l'environnement de certains ouvrages publics et privés », qui en trace le mieux l'objectif et les différentes étapes. Ainsi, l'étude d'impact sur l'environnement *« consiste à rassembler, grâce à la coopération des maîtres d'ouvrage, des administrations et du public, l'information la plus complète possible sur l'ensemble des impacts importants d'un ouvrage ; puis à examiner les solutions alternatives possibles ; et, enfin, à prévoir les mesures pour pallier les impacts négatifs »*[3].

899. Quelle que soit la définition retenue, cet outil réglementaire, comme l'a souligné le professeur Prieur, découle d'une *« règle de bon sens »* [4] : celle de réfléchir avant d'agir. Dans le cadre de la lutte contre les bruits dans le voisinage, ce précepte conditionne l'efficacité des actions ainsi que des politiques mises en place. L'étude d'impact en est la traduction concrète puisqu'elle impose une telle réflexion préalable. L'innovation réside dans la dimension qui est donnée à cette étude. Celle-ci s'inscrit dans une vision globale, imposant une évaluation de tous les aspects et composantes du projet et notamment de la manière dont il s'insère dans son environnement, avec ses effets directs et indirects, immédiats et plus éloignés, collectifs et individuels. L'objectif est d'aboutir à une décision mieux réfléchie compte tenu, en l'occurrence, des *« commodités du voisinage »* sur le plan des ambiances sonores et par là, à des actions plus conformes à la préoccupation de la qualité de la vie.

900. En plus de l'approche préventive, l'étude dont le cadre réglementaire est défini avec précision par le décret modifié du 12 octobre 1977, oblige à adopter une vision globale des activités, aménagements ou ouvrages de nature à soulever un problème de nuisances sonores pour le voisinage. Le décret n° 93-245 du 25 février 1993[5] est encore venu approfondir cette analyse globale qui est développée dans les cinq rubriques constituant le contenu minimum de toute étude d'impact[6]. Ainsi, en application de l'article 2 du décret du 12 octobre 1977 modifié, l'étude doit d'abord présenter une

---

[1] M. PRIEUR, Droit de l'environnement, préc., p. 71, n° 78.

[2] V. : C. HUGLO, Etudes d'impact écologiques - Introduction générale, Juris-Classeur Environnement, fasc.190, 1998.

[3] Commission des Communautés européennes, « Exposé des motifs de la proposition de directive concernant l'évaluation des incidences sur l'environnement de certains ouvrages publics et privés », présenté par la Commission au Conseil le 18 juin 1980, [COM (80) 313 final], §4. V. également : J.-F. CHAMBAULT, Les études d'impact et la Communauté européenne, R.J.E. 4-1985, p. 402.

[4] M. PRIEUR, Droit de l'environnement, préc., p. 59, n° 66.

[5] Décret n° 93-245 du 25 février 1993, préc.

[6] Au terme de l'article 2 al.2 du décret du 12 octobre 1977 modifié, l'étude d'impact présente successivement :

1° Une analyse de l'état initial du site et de son environnement

2° Une analyse des effets sur l'environnement

3° Les raisons pour lesquelles le projet a été retenu

4° Les mesures envisagées par le pétitionnaire et l'estimation des dépenses correspondantes

5° Une analyse des méthodes utilisées et les difficultés rencontrées.

« analyse de l'état initial du site et de son environnement ». Cette analyse doit être non seulement concrète, c'est-à-dire s'appuyer sur des investigations de terrain et ne pas se contenter de références bibliographiques, mais également exhaustive, à savoir étendue territorialement à tout l'espace pouvant être affecté par le projet et non pas seulement limitée au lieu d'implantation de l'ouvrage. Il s'agit donc de mesurer l'ambiance sonore du site avant la réalisation du projet, ainsi que de son voisinage.

901. Après le constat de l'environnement sonore existant, vient l'analyse des effets de l'opération *« sur la commodité du voisinage »*, notamment au regard du bruit. L'évaluation est ici prévisionnelle : il faut déterminer la nature, l'étendue et la durée de tous les impacts sur le voisinage. En outre, elle s'attache aux effets directs mais également indirects, temporaires (impacts liés à la réalisation des travaux) ou permanents (impacts liés à la présence et au fonctionnement de l'ouvrage). Dans le cas, par exemple, de l'extension d'une installation classée par la création de nouveaux ateliers et équipements, lorsque ces modifications sont de nature à entraîner un changement notable des éléments sur la base desquels l'autorisation initiale avait été délivrée, ainsi que des nuisances ou inconvénients supplémentaires, les installations doivent faire l'objet d'une étude d'impact portant sur tous les éléments de l'exploitation, existants ou nouveaux, sans oublier les impacts des chantiers de construction[1]. L'étude d'impact sur le bruit de l'usine de production de pâte à papier « Stracel », à l'occasion de son projet d'extension, comportait de la sorte une analyse des impacts du chantier et des mesures de nature à les limiter[2].

902. La composante essentielle de l'étude réside, en effet, dans la présentation par le maître de l'ouvrage des mesures dont il entend assortir la réalisation de son projet, pour supprimer (ce qui paraît extrêmement difficile en matière de bruit), réduire (par des dispositifs anti-bruit par exemple) et, si possible, compenser les conséquences dommageables sur l'environnement. Cette rubrique est la suite logique des analyses contenues dans les points précédents, le maître de l'ouvrage devant en tirer les conséquences pratiques au regard des commodités du voisinage. Elle s'accompagne d'une estimation des dépenses correspondantes, prévision fort utile lorsque l'on connaît les coûts pouvant être atteints par la lutte contre les nuisances sonores. L'étude d'impact présente donc un aspect pratique. Elle ne se contente pas d'imposer une analyse des données existantes et prévisibles. Elle contraint à une réflexion devant aboutir à des implications concrètes de la part de l'auteur du projet qui, depuis le décret n° 93-245 du 25 février 1993, se voit imposer une espèce d'« auto-critique » par le biais de l'analyse des méthodes utilisées et des difficultés rencontrées lors de son étude.

903. La démarche globale et prévisionnelle ainsi menée paraît adaptée à la prévention de certains bruits de voisinage. Des études d'impact sur le bruit sont d'ailleurs expressément prescrites dans certains secteurs particulièrement sensibles de ce point de vue. Un sous-dossier « bruit » doit être inséré dans l'étude d'impact relative aux projets routiers, précisant les hypothèses de trafic et de conditions de circulation retenues

---

[1] V. : T.A. de Strasbourg, 7 octobre 1993, ville de Kehl et autres contre préfet du Bas-Rhin, S.A. Stracel, n° 913029.

[2] L'étude d'impact relevait qu'*« un chantier de l'importance de celui de Stracel nécessite la mise en oeuvre de nombreux véhicules, matériels et engins de puissances diverses qui représentent des sources potentielles de nuisances, notamment acoustiques. Pour réduire les nuisances acoustiques, il sera fait obligation aux entreprises, dans les cahiers des charges des marchés de travaux d'utiliser du matériel moderne et insonorisé répondant aux normes et règlements en vigueur. Un contrôle rigoureux des niveaux de bruit émis par le matériel des entreprises (engins de terrassement, compresseurs, grues, camions...) sera exercé par les maîtres d'oeuvre »*.

pour déterminer les nuisances sonores potentielles de l'infrastructure, les méthodes de calcul utilisées et les mesures de protection contre ces nuisances[1]. De même, à l'occasion de travaux de création ou d'extension d'un aérodrome (dépassant 12 millions de francs, soit aujourd'hui 1 829 388 euros), le maître de l'ouvrage doit faire établir une étude sur le bruit, comprenant une évaluation des nuisances acoustiques découlant de ces travaux et un descriptif des mesures prises pour les limiter. Pour les installations classées soumises à autorisation, celle-ci est délivrée par le préfet sur la base d'une étude d'impact obligatoire devant comporter un volet « bruit », indiquant notamment le niveau acoustique des appareils qui seront utilisés au sein de l'installation.

904. A côté des infrastructures de transports terrestres, la loi cadre du 31 décembre 1992 étend également l'exigence d'une étude comprenant un dossier « bruit » aux activités bruyantes -non classées au titre de la loi n° 76-663 du 19 juillet 1976 relative aux installations classées pour la protection de l'environnement- qu'elle soumet à autorisation dans son article 6 (art. L. 571-6 C. env.). De même, pris en application de cette loi, le récent décret visant les discothèques institue une *« étude de l'impact des nuisances sonores »* -donc spécifique au problème du bruit-, contenant une estimation des niveaux acoustiques *« tant à l'intérieur qu'à l'extérieur des locaux »*, la présentation des travaux d'isolation acoustique effectués et la description des dispositions prises pour limiter le niveau sonore et les émergences aux valeurs fixées par ledit décret[2]. Le législateur reconnaît donc explicitement l'utilité, dans le cadre de la lutte contre le bruit, de cet outil d'étude et de réflexion préalables, mais également de décision et de gestion en connaissance de cause.

b) Un outil de participation éclairée des acteurs des bruits de voisinage

905. L'étude d'impact est destinée à opérer un changement radical des mentalités et attitudes des différents partenaires du projet en question, qu'il s'agisse du maître de l'ouvrage, de l'Administration ou encore du public en sa qualité de « voisin ». Elle doit permettre d'*« éclairer au mieux les responsables qui seront amenés à prendre une décision et en parallèle, offrir au public des dossiers d'enquête lisibles et des objectifs sur lesquels il pourra réagir »*[3]. Tous les acteurs des bruits de voisinage rattachés à l'aménagement, objet d'une telle étude, participent à la réflexion globale qu'elle organise. Les maîtres d'ouvrage sont placés face à leurs responsabilités, l'Administration prendra sa décision en parfaite connaissance de cause et le public pourra faire part de son opinion sur ledit projet. Telle est la finalité de cet outil réglementaire, exprimée au travers de trois principes généraux : la lisibilité, la transparence et le caractère sérieux de l'étude d'impact.

906. Lisibilité, compréhension et accès à l'information sont les conditions de forme requises pour toute étude d'impact. Le principe de lisibilité de l'étude est garanti par

---

[1] Article 8-1 du décret n° 77-1141 du 12 octobre 1977, créé par l'article 7 du décret n° 95-22 du 9 janvier 1995 relatif à la limitation du bruit des aménagements et infrastructures de transports terrestres, préc. Au terme de cet article, un sous-dossier « bruit » doit est inséré dans les études d'impact portant sur les infrastructures de transports terrestres nouvelles et les modifications ou transformations significatives d'infrastructures existantes.

[2] Article 5 du décret n° 98-1143 du 15 décembre 1998 relatif aux prescriptions applicables aux établissements ou locaux recevant du public et diffusant à titre habituel de la musique amplifiée, à l'exclusion des salles dont l'activité est réservée à l'enseignement de la musique et de la danse (*JO* du 16 décembre 1998, p. 18955).

[3] B. LE BORGNE, Quelques réflexions d'un praticien en D.R.A.E., Aménagement et Nature n° 102, « Les études d'impact : constats et perspectives », été 1991, p. 10.

l'exigence d'un résumé non technique pour le grand public. La transparence est assurée par la communication du dossier aux tiers qui doivent être informés aussi clairement que possible. La publicité de l'étude est, ainsi, expressément prévue par les textes. Elle s'inscrit dans la tendance générale qui veut qu'évaluation et information soient désormais indissociables. L'information du public n'est pas à négliger. Au contraire, comme le souligne M. Chambault[1], l'intérêt de consulter les voisins de l'aménagement projeté est double. D'une part, le public peut apporter un complément à l'évaluation des impacts qui, en matière de bruit, ont un contenu essentiellement subjectif et sont donc difficilement évaluables en l'absence d'une opinion exprimée par les personnes directement affectées. D'autre part, *« une participation étroite de la population permet de rendre le processus des décisions publiques transparent et donc mieux accepté »*, ce qui permet souvent de faire l'économie de procédures onéreuses et dilatoires lors de contestations en cours de réalisation du projet.

907. L'information du public et des décideurs, afin qu'ils apprécient les conséquences du projet sur l'environnement, dépend également du contenu de l'étude qui leur est présentée. Sur le fond, l'étude d'impact doit être complète et précise sur toutes les rubriques imposées par le décret n° 77-1141 du 12 octobre 1977. Ce caractère sérieux et suffisant de l'étude est important. Preuve en est les décisions d'annulation prononcées par le juge administratif pour insuffisance de l'étude d'impact. Le premier arrêt rendu sur cette base est relatif à un permis de construire une grande surface commerciale en zone urbaine. Le Conseil d'État avait relevé et censuré en l'espèce le caractère sommaire des mentions concernant le problème des nuisances sonores, rédigées ainsi : *« bruits : climatisation et production de froid alimentaire isolé phoniquement »* et l'absence de toute allusion aux autres sources de bruit[2]. Plus récemment, le tribunal administratif de Caen a ordonné le sursis à exécution d'un permis de construire une piste de sports mécaniques compte tenu, notamment, de l'insuffisance de l'étude d'impact concernant le bruit qui donne un caractère sérieux au préjudice qu'entraînerait, pour les plaignants, l'exécution de la construction[3].

908. Dans l'esprit du législateur, le mécanisme mis en place doit donc répondre à trois objectifs visant les trois catégories de personnes concernées par le projet. Premièrement, l'étude d'impact doit, comme son nom l'indique, conduire les maîtres d'ouvrage, publics ou privés, à prendre conscience des impacts de leurs projets sur l'environnement et à les amener ainsi à choisir les solutions techniques les mieux adaptées. Deuxièmement, elle doit aider l'administration chargée du contrôle du projet à décider en connaissance de cause, ce qui suppose une information suffisamment détaillée. Troisièmement, cette information doit être diffusée auprès du public intéressé par le projet, qui participera à la prise de décision par voie de consultation... Mais après plus de vingt ans de fonctionnement, le système ne répond toujours pas entièrement à ces attentes. La pratique révèle de nombreuses insuffisances, qui paraissent encore plus marquées s'agissant du volet « bruit » de ces études d'impact.

2- ...d'un impact limité dans les faits

909. A côté des aspects incontestablement positifs, le système français reste encore très faible dans l'ensemble. Beaucoup d'études d'impact sont formelles et de qualité

---

[1] J.-F. CHAMBAULT, Les études d'impact et la Communauté européenne, R.J.E. 4-1985, p. 424-425.

[2] CE, 10 juin 1983, Decroix, Rec. p. 255. V. également : M. PRIEUR, Les études d'impact et le contrôle du juge administratif en France, R.J.E. 1-1991, p. 34.

[3] T.A. de Caen, 2 avril 1996, Crépan et autres, n° 96196 et 96220, cité dans Echo Bruit n° 78-79, décembre 1996-janvier 1997, jurispr. p. 49.

médiocre. Des spécialistes relèvent dans de nombreux cas une insuffisance de *« l'évaluation des impacts -entre autres les effets indirects, cumulatifs, à court, moyen et long terme ainsi que leurs interrelations »* et des mesures prises pour pallier les effets négatifs du projet, *« face à une analyse de l'état initial souvent pléthorique mais insuffisamment ciblée sur les aspects les plus problématiques »*, de même qu'« *une sous-estimation des impacts indirects des projets, particulièrement ceux résultant des travaux »*[1].

910. La question du financement n'est pas étrangère à cet état de fait. En effet, *« la plupart des études sous-traitées le sont à bas prix, à des cabinets privés ou à des structures para-universitaires n'ayant que des compétences très limitées. Les autres, celles qui bénéficient de financements plus substantiels, sont généralement redécoupées en études sectorielles confiées, pour partie, à des organismes très spécialisés, et mises en forme par de grands bureaux d'études, publics ou privés,* ***généralement très proches des maîtres d'ouvrage »***[2]. Entre le « bricolage maison » et les études de complaisance, il est bien difficile d'obtenir des outils objectifs d'évaluation et de décision, répondant aux exigences légales de prise en compte de l'environnement, et notamment des commodités du voisinage sur le plan des ambiances sonores.

911. Si les situations sont très disparates selon la nature des projets, les maîtres d'ouvrage et les services instructeurs, les critiques les plus vives s'adressent le plus souvent aux projets de dimension moyenne et modeste, tels que les routes, les élevages de porcs, de poulets, les terrains de sports mécaniques..., s'illustrant par des problèmes spécifiques de bruit ! Mais ces difficultés de fonctionnement, variables selon les cas d'espèce, tiennent de façon générale, dès l'origine et pour une part non négligeable, à des défauts de conception de l'outil institué par la loi n° 76-629 du 10 juillet 1976 et son décret d'application. Dans l'optique de la lutte contre les nuisances sonores, le dispositif réglementaire apparaît trop restreint à la fois dans son champ d'application (a) et dans sa portée (b).

a) Un champ d'application restreint

912. Importé des États-Unis, où il a été consacré en 1969 par le *National Environmental Policy Act* (N.E.P.A.), le concept d'étude d'impact a dès son introduction en France été amoindri par rapport au modèle original. Il a été constaté que *« la traversée de l'Océan avait singulièrement limité le champ d'application d'une des dispositions législatives les plus novatrices visant à protéger l'environnement. Alors que le NEPA américain précisait que toutes les* ***« actions ayant un effet significatif sur l'environnement »*** *devaient faire l'objet d'une étude d'impact, la France, et au-delà la Communauté, ne désignaient que les* ***« aménagements et ouvrages »*** *»*[3]. Alors qu'aux États-Unis, sont soumis à évaluation environnementale, au-delà des projets, les **politiques, plans et programmes,** le système français ne s'applique qu'au cadre restreint de projets ponctuels et expressément désignés.

913. Le dispositif français ne permet donc que des interventions ponctuelles d'intégration de l'environnement dans les politiques sectorielles. Il ne constitue en rien - du moins en l'état actuel- un outil d'analyse et de réflexion au service des politiques

---

[1] P. BAILLE et J.-L. CHEMIN, Etudes d'impact sur l'environnement - Réflexions sur la pratique française, Aménagement et Nature n° 102, préc., p. 12.

[2] C. GARNIER, Etudes d'impact : le second souffle, Aménagement et Nature n° 102, préc., p. 2.

[3] M. FALQUE, Les études d'impact programmatiques aux États-Unis, Aménagement et Nature n° 102, préc., p. 22.

générales de prévention des nuisances sonores. Seules certaines sources de bruit, celles accompagnant les projets qui entrent dans le cadre réglementaire de ces études, peuvent être envisagées et traitées. Tous les bruits comportementaux, « bruits de voisinage » au sens strict du terme, sont donc exclus. Mais il est vrai que, de façon générale, la réglementation révèle ses limites en ce domaine... L'une des faiblesses du système des études d'impact réside surtout dans les critères de soumission qui ont été dégagés par le décret n° 77-1141 du 12 octobre 1977. Ceux-ci ne semblent pas forcément adaptés aux objectifs réglementaires assignés à ce type d'étude.

914. Dès le départ, le décret n° 77-1141 du 12 octobre 1977 s'est affranchi de la règle générale posée par la loi n° 76-629 du 10 juillet 1976, selon laquelle l'étude d'impact est obligatoire, sauf dispense expresse prévue par décret en raison de la faiblesse des répercussions sur l'environnement. Inversant le principe légal, le décret d'application fixe d'abord la liste limitative des aménagements et ouvrages soumis à étude d'impact, transformant la règle en exception et offrant ainsi une vision réductrice de la loi. Ce faisant, il a apporté une deuxième restriction en inventant la formule de la « notice d'impact », qui n'était pas prévue ni voulue par le législateur et qui allège encore davantage la liste des projets subordonnés à une étude d'impact, en intégrant un degré moindre dans l'évaluation des conséquences sur l'environnement. Le système adopté par le décret n° 77-1141 du 12 octobre 1977, validé par le Conseil d'État malgré le décalage qu'il opère par rapport à la loi[1], limite donc considérablement le champ d'application de cet outil d'intégration de l'environnement et d'évaluation des répercussions et de leurs remèdes.

915. *« Il a été écrit que l'Administration avait adapté l'étude d'impact aux procédures réglementaires existantes, au lieu d'adapter ces procédures à l'étude d'impact.* ***La désignation de son champ d'application a ainsi délibérement ignoré le risque écologique des aménagements, privilégiant des critères administratifs et technologiques »***[2]. Le décret modifié de 1977 établit la liste des aménagements et ouvrages soumis à étude d'impact sur la base de critères techniques (travaux dont les caractéristiques dépassent certains seuils techniques), financiers (projets dont le coût dépasse 1 829 388 euros) ou en raison de la dimension de l'ouvrage. Or, le choix de ces seuils ne correspond pas à la préoccupation environnementale. S'ils sont techniques, ils ne prennent en considération que les caractéristiques de l'opération et non la sensibilité du voisinage, particulièrement importante en matière de nuisances sonores. S'ils sont financiers, ils apparaissent encore plus contestables dans la mesure où le coût d'un projet est une donnée totalement étrangère à l'évaluation de ses effets sur l'environnement. Selon l'expression de M. Jegouzo, *« ici, le forfaitaire frise l'arbitraire »*[3]...

916. A ces seuils limites s'ajoutent d'autres dispenses prévues par le décret. Ainsi, les travaux d'entretien et de grosses réparations, quels que soient les ouvrages qu'ils

---

[1] Le Conseil d'État, saisi d'un recours contre le décret n° 77-1141 du 12 octobre 1977, s'est prononcé sur la légalité de cette nouvelle formule. Il a affirmé que la notice d'impact est justifiée dans la mesure où elle vise des ouvrages légalement dispensés d'étude d'impact (CE, 30 janvier 1985, Association les Amis de la Terre, Rec. p. 19 ; A.J.D.A. 1985, p. 238, note J.C.). Dans son annexe IV, le décret du 12 octobre 1977 dresse la liste des projets qui ne sont pas soumis à l'étude d'impact mais qui doivent faire l'objet d'une notice d'impact. Celle-ci n'est qu'un rapport succinct, indiquant dans quelle mesure un projet respecte l'environnement.

[2] V. : C. HUGLO, Etudes d'impact écologiques - Introduction générale, Juris-Classeur Environnement, préc.

[3] Y. JEGOUZO, Réflexions sur le statut juridique de l'étude d'impact, Aménagement et Nature n° 102, préc., p. 17.

concernent, ne sont pas soumis à l'étude d'impact, alors même qu'ils ne peuvent être exécutés sans émissions sonores, créant dans la plupart des cas une gêne pour le voisinage. Le système de listes qui détermine le domaine d'application des études d'impact n'est donc pas satisfaisant. De nombreux projets importants, en terme d'incidences sur l'environnement et notamment sur le plan des ambiances sonores, y échappent, malgré les initiatives d'extension opérées par la loi n° 92-1444 du 31 décembre 1992 relative à la lutte contre le bruit. Toutes les installations classées soumises à une simple déclaration sont, par exemple, dispensées d'une telle étude. Or la plupart d'entre elles sont productrices de nuisances sonores. Que dire de l'élevage de 20 001 poulets nécessitant une autorisation et donc soumis à étude d'impact et qui ne l'est plus lorsqu'il compte une volaille de moins[1] ! Pareilles incohérences se trouvent également dans la portée de ces études.

b) Une portée réduite

917. La question la plus importante est celle de l'utilité et donc de l'utilisation qui est faite de cet outil. Celui-ci serait sans valeur s'il ne s'accompagnait d'aucune retombée sur le projet qu'il examine. Or, la plus grosse faille du dispositif tient justement en la traduction de l'étude d'impact dans les opérations en cause. Faute de portée réelle, les mesures qu'elles prévoient peuvent rester lettre morte, ce qui n'est pas rare en pratique. Cela est la conséquence de plusieurs aspects spécifiques du système français qui, et c'est là le coeur du problème, confie la réalisation de l'étude d'impact au maître de l'ouvrage. Contrairement à nos voisins allemands chez qui l'Administration elle-même évalue l'impact d'un projet, en France, l'auteur de l'étude est l'auteur du projet d'ouvrage ou d'aménagement. Par conséquent, il est tout à la fois juge et partie à la procédure, ce qui soulève la question de l'objectivité et de l'impartialité de l'étude d'impact et, en définitive, de sa fiabilité au regard des préoccupations d'environnement qui viennent s'opposer aux intérêts plus personnels du maître de l'ouvrage.

918. A cela s'ajoute le problème majeur du statut de l'étude d'impact. Ni document réglementaire, ni document contractuel, elle n'est qu'un document préparatoire à la décision, sans aucun effet juridique immédiat. Simple pièce du dossier, elle contient les engagements unilatéraux du maître d'ouvrage qui ne le lient pas, si ce n'est sur un terrain exclusivement moral. Ces engagements ne prendront le caractère d'obligations juridiques que dans la stricte mesure où l'autorité administrative les aura convertis en conditions assortissant sa décision. Or, cette possibilité est limitée à certaines législations particulières instaurant une police administrative -notamment la police des installations classées pour la protection de l'environnement- qui réprime les infractions aux règles générales ou particulières de fonctionnement des activités qu'elle régit. Dans ce cas, les mesures prévues dans l'étude d'impact seront reprises dans la décision d'autorisation sous la forme de prescriptions techniques, à respecter sous peine de sanctions administratives et pénales[2].

---

[1] V. rubrique n° 2111 : « Volailles, gibiers à plume » du décret modifié du 20 mai 1953 donnant la nomenclature des installations classées pour la protection de l'environnement, dans Code Permanent Environnement et Nuisances, « Nomenclature des installations classées et arrêtés types », 4823 et s.

[2] Les arrêtés d'autorisation d'une installation classée peuvent contenir une prescription du type : *« l'installation sera installée et exploitée conformément aux plans et indications joints à la demande d'autorisation, en tout ce qu'ils ne sont pas contraires aux dispositions du présent arrêté »*. Cette mention a pour effet de lier l'exploitant en ce qui concerne le respect des énonciations de l'étude d'impact (T.A. de Dijon, 8 octobre 1996, Code Permanent Environnement et Nuisances, « Installations classées », 3998).

919. Mais en-dehors des polices administratives, *« la contrainte qui pèse sur l'aménageur est assez faible et la mise en œuvre des mesures de suppression, de réduction et surtout de compensation des impacts de l'ouvrage relève plus de la bonne volonté et du degré de conscience de l'opérateur que de l'obligation juridique »*[1]. C'est donc la question du suivi des mesures qui se pose, découlant directement du statut des études d'impact qu'il conviendrait de modifier pour aller au-delà des simples déclarations d'intention. En effet, *« il ne suffit pas de faire de bonnes études d'impact, encore faut-il que les mesures préconisées soient réellement exécutées ! »*[2]. Or actuellement, le double contrôle exercé sur ces études, d'une part, par le public, d'autre part, par le juge administratif, ne porte pas sur le suivi de mise en œuvre des mesures, mais sur l'étude elle-même et son contenu formel. En outre, il présente à ce stade de nombreuses limites qui réduiront d'autant la portée de l'étude d'impact.

920. Parmi les objectifs de l'étude d'impact figure l'information complète du public, et plus précisément des « voisins » de la source de gêne sonore. Malheureusement, le législateur ne s'est pas montré suffisamment rigoureux dans ce domaine, puisque la loi n° 76-629 du 10 juillet 1976 pose simplement le principe de la publicité de l'étude d'impact sans préciser le moment où elle devra être rendue publique. Le juge, de son côté, n'a pas cru utile d'innover en exigeant une publicité systématique avant la décision d'autorisation, qui donnerait pourtant un sens au contrôle opéré par le public[3]. *« Le mécanisme de l'étude d'impact n'a d'utilité que s'il s'accompagne d'une transparence du processus de prise de décision et* ***permet au public d'exprimer ses réticences avant qu'il ne soit trop tard »***[4].

921. Les deux types de publicité organisés par le décret n° 77-1141 du 12 octobre 1977, selon que le projet fait l'objet ou non d'une enquête publique, ne répondent pas à cette attente. A l'occasion de l'enquête publique, l'étude d'impact fait partie du dossier d'enquête (art. 5 du décret). Le public en prend donc connaissance en fin de procédure, au moment où l'étude est terminée et où le pétitionnaire considère son projet comme définitif. Un tel système ne permet en aucun cas aux voisins intéressés de faire connaître leur opinion, de préparer des contre-propositions et de dialoguer avec le maître d'ouvrage. Plus grave encore, en cas d'absence d'enquête publique, le public ne peut prendre connaissance de l'étude d'impact qu'après que l'autorité administrative ait pris sa décision, c'est-à-dire, comme le fait très justement remarquer le professeur Prieur, à un moment où cette publicité ne sert plus à rien puisqu'elle *« n'a plus d'effet préventif pour améliorer le projet et limiter les atteintes à l'environnement »*[5].

922. Les modalités de publicité de l'étude d'impact, telles qu'elles sont conçues, ne permettent pas une participation du public par voie d'information et de consultation préalables. Les voisins d'un projet pouvant modifier leur environnement ne disposent plus alors que du recours contentieux pour exprimer leur désaccord et faire valoir leur droit à une certaine qualité de vie. L'étude d'impact n'étant pas un acte administratif, mais simplement une pièce d'un dossier insérée dans une procédure d'autorisation ou

---

[1] M. TURLIN et C. LILIN, Les études d'impact sur l'environnement : l'expérience française, Aménagement et Nature n° 102, préc., p. 6.

[2] P. BAILLE et J.-L. CHEMIN, Etudes d'impact sur l'environnement - Réflexions sur la pratique française, Aménagement et Nature n° 102, préc., p. 12.

[3] Le Conseil d'État a jugé que si la publicité de l'étude d'impact n'était pas imposée par la loi à un moment déterminé, elle ne pouvait donc intervenir qu'au moment de la décision d'autorisation ou d'exécution. V. : CE, 30 janvier 1985, Association Les Amis de la Terre, préc.

[4] M. PRIEUR, Droit de l'environnement, préc., p. 91.

[5] *Ibidem.*

d'approbation, aucun recours direct n'est recevable contre elle. Le juge examinera sa légalité à l'occasion des recours contre les actes administratifs pour lesquels elle a été élaborée et, en cas d'erreur ou d'illégalité affectant l'étude d'impact, annulera l'acte attaqué pour vice de procédure. Pourtant là encore, le contrôle exercé par le juge administratif ne semble pas suffisant en ce qui concerne l'exigence légale de l'étude d'impact.

923. La loi n° 76-629 du 10 juillet 1976 avait institué, dans son article 2, une procédure exceptionnelle de sursis à exécution automatique de la décision administrative. En cas d'absence de l'étude d'impact légalement exigée ou d'insuffisance valant absence, le juge saisi d'un recours contre l'autorisation ou l'approbation du projet devait faire droit à la demande de sursis selon une procédure d'urgence[1]. L'inconvénient est que l'absence d'étude d'impact ne constitue pas un moyen d'ordre public pour le juge administratif[2]. Il ne peut donc soulever d'office ce moyen à l'occasion d'un recours contre un acte administratif alors que le demandeur aurait omis de l'invoquer. *« Cette jurisprudence très regrettable contribue à minimiser le rôle des études d'impact dans le processus de décision »* et *« affecte du même coup la portée de la règle relative au caractère obligatoire des études d'impact »*[3]. L'article L. 122-2 du Code de l'environnement, issu de l'ordonnance du 18 septembre 2000, prévoit aujourd'hui que c'est *« le juge des référés, saisi d'une demande de suspension de la décision attaquée* [qui] *y fait droit dès que cette absence est constatée »*[4].

924. L'amélioration du système français en tant que garantie efficace de l'environnement repose aujourd'hui sur trois orientations clés : le contrôle en amont des études d'impact, leur maîtrise d'ouvrage et leur maîtrise d'œuvre. Ce sont là encore autant de lacunes qui conduisent à la nécessité impérieuse de changer le statut juridique de cet outil, en vue d'assurer la mise en œuvre effective des objectifs que le législateur lui a assignés.

3- Bilan et perspectives de l'étude d'impact au service de la prévention des bruits de voisinage

925. La spécificité du concept français de l'étude d'impact en fait un outil limité à la fois dans son objet et dans sa portée. Alors qu'en Allemagne ou aux États-Unis, le concept d'étude d'impact correspond à une procédure au cours de laquelle le projet est examiné par différentes instances spécialisées, afin d'établir avec justesse ce que l'environnement peut supporter, en France, la procédure n'existe pas. L'étude d'impact nationale se résume à une simple pièce d'un dossier relatif à un projet, qui plus est sans aucune valeur juridique. La loi n° 76-629 du 10 juillet 1976 qui l'a imposée n'a fait que créer une obligation de moyen : établir une étude d'impact préalablement aux projets d'aménagement, et non pas une obligation de résultat : élaborer le meilleur projet pour

---

[1] Dans la procédure de sursis à exécution automatique, contrairement au sursis de droit commun, il n'est pas nécessaire de prouver le caractère difficilement réparable du préjudice que causerait au requérant l'exécution de la décision attaquée. Ce sursis doit être demandé et prononcé à l'occasion d'un recours contre une décision administrative et avant l'achèvement des travaux. Il ne s'applique pas aux notices d'impact.

[2] Le Conseil d'État, qui peut déterminer lui-même quels sont les moyens d'ordre public, a refusé une telle qualification à propos d'une absence d'étude d'impact pour une carrière. V. : CE, 23 novembre 1984, Soc. des Ciments français, Rec. p. 390 ; A.J.D.A. 1985, p. 164, note J.C.

[3] M. PRIEUR, Droit de l'environnement, préc., p. 96.

[4] Art. 12-1° de l'ordonnance n°2000-914 du 18 septembre 2000, applicable à compter du 1er janvier 2001.

l'environnement. Ce constat n'a toutefois rien de surprenant, car dans aucun pays, la législation sur les études d'impact n'a vocation à placer la protection de l'environnement au sommet de la hiérarchie des intérêts collectifs. Il permet juste de rappeler la place actuelle de cet outil qui sert tout au plus d'élément d'arbitrage entre des intérêts contradictoires.

926. Le danger du dispositif français est de transformer *« l'élément le plus novateur du droit de l'environnement »*[1] en un faux semblant à la solde des pétitionnaires dont les priorités ne s'accordent pas toujours avec les préoccupations environnementales. *« Il en découle la nécessité de garde-fous dans le domaine du processus de l'E.I.E.* (étude d'impact sur l'environnement) *et dans la matière même de l'E.I.E. pour minimiser le risque d'affirmations de complaisance qui ne servent les intérêts de l'environnement qu'en paroles »*[2]. Des efforts particuliers doivent ainsi être faits en matière de garantie de l'indépendance et de la qualification des auteurs de l'étude et de la décision qui en découle, de consultation du public et de suivi des mesures. Il s'agit en tout premier lieu de résoudre la question de la portée juridique des indications données dans l'étude d'impact. Le gouvernement en a pris conscience, puisqu'il s'est prononcé dans ce sens lors d'un colloque organisé à l'occasion du vingtième anniversaire des études d'impact[3].

927. L'orientation principale prônée par le ministre en charge de l'environnement est de ***« motiver la décision avec une véritable prise en compte des indications données dans l'étude d'impact »***[4]. Cela suppose un changement radical du statut des études d'impact, ou plus exactement de les doter désormais d'un véritable statut juridique conforme aux attentes du législateur de 1976. Toute la conception de l'outil est alors à revoir. A l'instar des États-Unis et de l'Allemagne, d'un simple document d'étude préalable, l'étude d'impact française doit devenir une véritable procédure administrative de prévention. Cette procédure spécifique doit impérativement être menée par différentes instances à la fois compétentes et indépendantes, de façon à obtenir un examen objectif et scientifiquement correct du projet, mené en toute impartialité.

928. Le système hollandais est de ce point de vue exemplaire et pourrait servir de modèle de base à la refonte du dispositif français[5]. L'étude d'impact ne serait plus établie par le maître de l'ouvrage, partie prenante, mais par des instances spécialisées qui évalueraient le projet sous tous ses aspects et dans sa totalité. L'ensemble de la procédure serait contrôlé par une commission chargée de veiller à ce que chaque étude d'impact remplisse son objectif. Un tel organe a reçu un statut officiel dans le cadre légal des Pays-Bas. Composé d'experts dans tous les domaines de l'environnement, et notamment celui du bruit, il émet des avis au stade de la délimitation du champ de l'étude et pendant la consultation publique. En outre, toute la procédure s'accompagne de contacts et de discussions entre le pétitionnaire, l'autorité compétente et la commission. Fondée sur les principes de compétence, d'indépendance et de collaboration, l'étude d'impact a ainsi

---

[1] M. PRIEUR, Les études d'impact et le contrôle du juge administratif en France, préc.

[2] J.J. SCHOLTEN, Le contrôle des études d'impact aux Pays-Bas, Aménagement et Nature n° 102, préc., p. 26.

[3] A l'occasion de ce colloque, la ministre de l'Environnement et de l'Aménagement du Territoire a indiqué ses orientations en matière d'amélioration de la procédure d'étude d'impact, qui seront mises en oeuvre à l'occasion de la transposition de la directive du 3 mars 1997 modifiant la directive n° 85/337/CEE.

[4] Communiqué de presse de la ministre de l'Environnement et de l'Aménagement du Territoire du 18 novembre 1997. V. : Code Permanent Environnement et Nuisances, « Installations classées », 3998.

[5] J.J. SCHOLTEN, Le contrôle des études d'impact aux Pays-Bas, préc.

plus de chances de parvenir à la finalité qui est la sienne : celle d'un outil d'étude préalable, de réflexion et de gestion pour le meilleur environnement possible.

929. Instrument de prévention, l'étude d'impact réalise un premier pas vers une démarche globale. Néanmoins, cette dernière se trouve restreinte dans ses effets, compte tenu du champ d'application limité de l'étude menée : elle ne porte que sur des projets ponctuels, sectoriels, et de sa portée largement amoindrie en l'absence de tout statut juridique. De façon générale, le concept français de l'étude d'impact nécessite une réforme en profondeur, afin de corriger les nombreuses insuffisances révélées dans la pratique. Celles-ci sont encore plus flagrantes dans le domaine particulier de la prévention des nuisances sonores. N'étant pas spécifique au problème du bruit, cet outil ponctuel et sectoriel ne permet pas de traiter préventivement tous les bruits de voisinage, de prendre en compte l'ensemble des situations de gêne sonore... La prévention des bruits de voisinage requiert d'autres outils d'évaluation plus globaux, mieux adaptés à une vision générale de la question et de son traitement.

B. Les nouveaux outils de diagnostic sonore

930. L'efficacité de la prévention des bruits de voisinage suppose une globalisation des instruments d'observation et de mesure de l'ensemble des ambiances sonores caractérisant chaque voisinage. Il s'agit là d'une étape préalable essentielle aux politiques globales de lutte traduites par une planification des actions. En effet, il semble évident que l'on ne peut prévenir des nuisances, des situations de gêne, voire pire, si l'on n'a pas une connaissance parfaite de la situation réelle à un moment donné et de son évolution potentielle. Dans l'optique du développement durable, de nouvelles méthodes d'observation et de recueil des informations doivent être mises en œuvre et généralisées. Elles pourront ensuite être utilisées pour une application adaptée des réglementations édictées et des actions à définir.

931. Le caractère complexe et diffus de la nuisance acoustique appelle un changement d'échelle et de nature dans l'approche du phénomène bruit. La prévention doit aujourd'hui débuter par une représentation parfaite et complète, sous une forme ou une autre, de ce qui se passe sur le terrain. Cette reproduction analytique de l'environnement sonore prend forme peu à peu grâce à deux outils généraux qui ont été adaptés au secteur particulier du bruit. Ainsi, du système d'audit d'environnement, outil interne de gestion des entreprises, est né l'audit acoustique dont le contexte s'est élargi au milieu urbain (1). A une même échelle, se développe actuellement la pratique de la cartographie du bruit, qui tendrait à devenir l'outil de prédilection des instances nationales et européennes en matière d'observation de l'environnement sonore (2).

1- De l'audit d'environnement à l'audit acoustique

932. Tout comme l'étude d'impact, le concept d'audit dans le secteur de l'environnement nous vient des États-Unis. Dans la seconde moitié des années 70 est apparu dans les grandes entreprises de la chimie l'audit de « conformité environnementale », outil d'information des actionnaires de la société sur le respect des réglementations en vigueur et sur les risques de pollution et de nuisances de l'entreprise. Consciente des possibilités offertes par ce nouvel outil de gestion, la Chambre de Commerce International fait paraître, en novembre 1988, un document de promotion sur la pratique de l'audit environnemental. En avril 1991, elle pose les principes de gestion industrielle de l'environnement dans la Charte pour le développement durable, qui seront

adoptés, sur une base volontaire, par de grandes entreprises françaises publiques et privées, regroupées dans l'association « Entreprises pour l'environnement ».

933. Par le règlement C.E.E. n° 1836-93, du 29 juin 1993, dit « Règlement éco-audit »[1], l'audit d'environnement reçoit un cadre légal. Désormais, un système communautaire d'éco-audit est proposé aux entreprises du secteur industriel qui souhaitent améliorer leur gestion interne du point de vue des préoccupations environnementales. Pour les industriels, il s'agit d'« *un outil de gestion qui comporte une évaluation systématique, documentée, périodique et objective du fonctionnement de l'organisation, du système de management et des procédés destinés à assurer la protection de l'environnement et qui vise à :*

- faciliter le contrôle opérationnel des pratiques susceptibles d'avoir une incidence sur l'environnement ;

- évaluer la conformité avec les politiques environnementales de l'entreprise »[2].

934. Pratique facultative qui a pour but de promouvoir l'introduction d'un système de contrôle interne approprié en matière de gestion de l'environnement, l'audit est résumé dans une « déclaration environnementale » destinée au public, en vue de l'informer sur les résultats de l'évaluation et les performances de l'entreprise. Une telle démarche pensée pour le milieu industriel soucieux de l'environnement dans toutes ses composantes a paru adaptée au secteur particulier du bruit. Ses objectifs et principes ont été tout à la fois transposés dans un cadre plus vaste que celui de l'entreprise, à savoir le milieu urbain, et orientés sur un problème bien précis : celui des nuisances sonores. De là est né l'audit acoustique, outil de gestion de l'environnement sonore de la ville qui, à l'image de son modèle, suppose deux étapes : une évaluation de l'état de l'environnement sonore (a), suivie d'une analyse juridique (b).

a) Une évaluation systématique de l'état de l'environnement sonore...

935. Au sens étymologique du terme, l'audit correspond à un entretien ou une audition devant aboutir à une évaluation ou à une appréciation. Cette évaluation consiste dans un premier temps à faire un « état des lieux », à observer la situation concrète, telle qu'elle se présente sur le terrain. Ainsi, l'audit acoustique -» audit de diagnostique »- retrace l'état réel de l'environnement sonore de chaque voisinage. Il reprend pour cela les principes directeurs de l'audit d'environnement propre aux entreprises et à leur fonctionnement. L'étude du site concerné doit se baser sur une *« évaluation* ***systématique, périodique et objective »,*** dans laquelle sont mis en évidence les problèmes réels et potentiels, actuels et futurs, causés par les activités bruyantes dans le voisinage. Cette évaluation peut d'ailleurs s'appuyer sur des études d'impact déjà réalisées sur le bruit de certains aménagements ou ouvrages. Cependant, alors que l'étude d'impact est une étude préalable à un projet et à l'élaboration des documents

---

[1] Règlement C.E.E. n° 1836/93 du Conseil, du 29 juin 1993, permettant la participation volontaire des entreprises du secteur industriel à un système communautaire de management environnemental et d'audit (*JOCE* n° L168/1-L168/18, du 10 juillet 1993). En vigueur depuis le 10 avril 1995, le règlement prévoit que ces audits sont réalisés par les entreprises elles-mêmes ou par des auditeurs externes agréés par l'État membre. Puis des vérificateurs environnementaux indépendants, agréés par l'État, vérifient si l'entreprise a adopté une politique environnementale répondant aux exigences du règlement et si l'audit est correct. Le vérificateur agréé valide une « déclaration environnementale » établie par l'entreprise qui atteste la prise en compte de l'environnement.

[2] Règlement C.E.E. n° 1836/93, préc., n° L168-2 et L168-3.

nécessaires à la délivrance de son autorisation ou de son approbation, l'audit réalise un « suivi » des activités existantes sur le terrain et des problèmes à gérer.

936. En tout état de cause, l'observation de l'environnement sonore présente trois garanties dans le cadre des politiques de lutte contre les bruits de voisinage. Elle est en premier lieu *« systématique »*, ce qui signifie qu'elle est organisée de façon à avoir une vision complète et exacte de la situation, dans une démarche globale et exhaustive. Elle est ensuite *« périodique »*, c'est-à-dire qu'elle ne se contente pas d'apprécier la situation présente, à un moment donné, mais va au-delà en suivant régulièrement l'évolution des voisinages et de leur contexte sonore. L'audit devient, de ce point de vue, un véritable instrument de gestion de l'environnement sonore, à l'image de l'éco-audit du règlement communautaire du 29 juin 1993 qui institue un *« audit de gestion généralisée de l'environnement »*[1] sur la base d'une mesure périodique du fonctionnement de l'entreprise. Enfin, il est dit que l'audit doit être *« objectif »*. Sa réalisation doit être confiée à des spécialistes, tels que des architectes et conseils en acoustique[2], mais également des juristes, qui apporteront chacun leurs connaissances et savoir-faire dans ce domaine, en toute indépendance.

937. L'audit acoustique, à l'instar de l'audit d'environnement dont le but est de parvenir à améliorer les résultats de l'entreprise sur le plan de la protection de l'environnement, doit se concentrer sur un objectif unique : l'amélioration constante et raisonnable des ambiances sonores en vue d'une meilleure qualité de la vie. En cela aussi, l'audit se différencie de l'étude d'impact. Celle-ci a finalement pour objet de convaincre l'Administration et le public de l'innocuité d'un projet ou du moins de l'absence d'incidence importante sur l'environnement. L'audit, de son côté, apparaît beaucoup plus impartial et scientifiquement fiable. Il permet à qui de droit de connaître avec certitude et objectivité la situation présente et les risques de son évolution future. En outre, il ne s'inscrit pas dans une procédure administrative en tant que pièce préalable et indispensable d'un dossier mettant en jeu des intérêts personnels et donc forcément emprunts d'individualisme difficilement conciliable avec l'optique de lutte contre les bruits de voisinage.

938. L'intérêt de ce nouvel outil réside dans l'acquisition d'une connaissance approfondie du milieu urbain en question, étape préalable à la définition et à la mise en œuvre des réglementations et actions de lutte, qui jusque là faisait défaut. Envisageant la ville, chaque « voisinage », comme un ensemble composé de sites caractéristiques, il permet de cerner toutes les composantes des nuisances sonores rencontrées, de les identifier et de les analyser. Il comprendra ainsi *« l'étude du comportement des usagers dans l'espace public, de l'origine sociale et spatiale des plaintes et des gênes dues au bruit, des effets sonores résultant des formes urbaines, des typologies architecturales et des réseaux de transport »*[3]. Les résultats de l'audit accompli sont ensuite régulièrement mis à jour -par un agent municipal formé durant l'audit par exemple- afin de surveiller puis de limiter les incidences de toutes les activités, leur impact réel et sur le long terme au niveau des ambiances sonores.

939. L'audit doit aboutir à un bilan de l'environnement sonore du milieu étudié et à des projets de réduction des nuisances acoustiques, ce qui suppose dans le même temps la prise en compte des lois et réglementations existant dans ce domaine. L'audit acoustique présente par conséquent un aspect juridique très fortement marqué et

---

[1] C. LEPAGE JESSUA, Audits d'environnement : perspectives, Juris-Classeur Environnement, fasc. 194, 1997.

[2] V. : Audit acoustique d'une ville, Echo Bruit n° 60, septembre 1993, p. 8.

[3] Audit acoustique d'une ville, Echo Bruit n° 60, septembre 1993, préc., p. 8.

indispensable à la mise en place de politiques de prévention et de protection contre les bruits de voisinage.

b) ...suivie d'une « expertise juridique »

940. Sur la base des résultats de l'évaluation acoustique du site concerné, l'audit doit conduire à la mise en place d'un dispositif de protection du voisinage, formalisé par une politique définie pour l'ensemble de la ville, par un programme d'application pour chaque site particulier et par un système de gestion à long terme définissant les mesures d'organisation et les méthodes de travail nécessaires à l'application et au contrôle du programme[1]. La définition d'une politique de prévention des bruits de voisinage et de recherche de la qualité de la vie implique la mise en œuvre et le respect des réglementations édictées en la matière. La deuxième phase de l'audit acoustique consiste donc à intégrer, dans son observation et son analyse de la situation réelle, l'aspect et les contraintes juridiques du problème. L'audit comporte ainsi une sorte d'expertise juridique portant sur la question du paysage sonore et de ses incidences.

941. Grâce à des contrôles réguliers de conformité au droit, il va permettre de situer l'état de l'environnement sonore de la ville par rapport aux lois et règlements en vigueur. Allant au-delà de la simple observation et mesure des ambiances sonores, il établit un diagnostic juridique du milieu en question, mettant en lumière les cas de non-respect de la loi ou ceux qui requièrent une intervention légale faisant encore défaut. A partir de cette « expertise », il sera possible de sérier toutes les questions qui se posent sur le terrain et de trouver des solutions selon un programme d'actions. Le contrôle des activités au regard des règles applicables est par conséquent déterminant dans la définition et l'organisation des politiques globales de lutte contre les bruits de voisinage. Il permet de révéler les actions à mener, les priorités d'intervention et leurs coûts, le tout de manière cohérente et adaptée à la problématique posée.

942. L'audit acoustique se conclut ainsi par des propositions d'actions contre le bruit qui, si elles sont acceptées par les autorités détentrices du pouvoir décisionnel, devront faire l'objet d'un suivi, faute de quoi l'audit restera lettre morte. Pour éviter cela, la présentation de l'audit pourra, par exemple, s'accompagner de l'établissement d'une *« structure de concertation à l'échelle locale, visant à « orchestrer autour du bruit » les projets des responsables des transports, des réseaux, de l'urbanisme, de l'architecture et des associations d'habitants »*[2]. Outil à la fois de diagnostic et de gestion, l'audit acoustique doit être un « audit opérationnel », c'est-à-dire un instrument d'aide à la décision et de mise en œuvre des politiques globales de prévention des bruits de voisinage.

943. Véritable mémoire du patrimoine sonore de la ville, l'audit acoustique présente de réels atouts au sein des stratégies de lutte contre le bruit. Sa vision du problème est nettement plus globale que dans l'étude d'impact. Mais surtout, il est totalement orienté dans l'optique du « développement durable ». Pourtant dans la pratique, cette technique n'est pas encore largement répandue en France. L'audit demeure un outil facultatif, dont la mise en œuvre requiert de nombreuses compétences ainsi qu'une grande mobilisation, ceci de façon continue et poussée. Les décideurs lui préfèrent, semble-t-il, un autre instrument d'observation et de mesure du bruit : la cartographie.

---

[1] Sur le modèle de l'éco-audit pour les entreprises. V. sur ce point : M. CHAUGNY, L'éco-audit - La proposition de règlement communautaire : objectifs et aperçu de ses principaux aspects, Aménagement et Nature n° 104, « Les audits de l'environnement », hiver 1991/1992, p. 3-5.

[2] Audit acoustique d'une ville, Echo Bruit n° 60, préc.

2- Le développement des cartographies du bruit

944. La réalisation de cartes du bruit, considérées comme « *représentatives de ce qui se passe réellement sur le terrain* »[1], répond à un besoin exprimé depuis de nombreuses années déjà, surtout par les élus locaux, proches des problèmes et conflits créés par les bruits de voisinage. Leur apparition en France date des années 80. Elle est une des conséquences concrètes de l'expérience des « villes pilotes contre le bruit » initiée par le ministère de l'Environnement (*infra* n° 961 et s.). Depuis cette première expérience, elles constituent l'instrument choisi par le législateur, tant national qu'européen, en matière d'analyse de l'environnement sonore. Ainsi récemment, le Parlement européen a voté une résolution qui encourage la lutte contre les nuisances acoustiques[2]. Adoptée à une très large majorité, elle est en fait un recueil de doléances à l'adresse de la Commission européenne, parmi lesquelles se trouve la réalisation de cartes du bruit qui pourraient être mises *-notamment-* à la disposition des citoyens. La directive du 25 juin 2002 relative à l'évaluation et à la gestion du bruit dans l'environnement vient concrétiser ces doléances en imposant aux Etats membres l'élaboration de cartes de bruit stratégiques avant le 30 juin 2007[3].

945. De l'avis de tous les spécialistes, la cartographie représente une première étape essentielle dans l'appréhension de la situation sonore de la ville. Elle doit « *fournir aux décideurs tous les éléments leur permettant d'orienter efficacement une politique globale de lutte contre le bruit* »[4]. Pour cela, différentes techniques sont possibles et doivent encore être recherchées et expérimentées dans ce domaine en pleine évolution qui connaît un succès certain en pratique. Mais quel que soit le type de carte adopté, l'objectif général est toujours le même : élaborer et mettre en œuvre de nouvelles méthodes d'analyse du bruit (a) en vue de généraliser une démarche plus globale de gestion locale de l'espace sonore (b).

a) Des nouvelles méthodes d'analyse du bruit...

946. Angers a été l'une des premières municipalités, parmi les 25 « villes pilotes silencieuses » soutenues par le ministère de l'Environnement, à s'être dotée d'une cartographie sonore. Elle fut rapidement imitée par Grenoble, Nantes, Bourg-en-Bresse, Toulon... et, aujourd'hui, bien d'autres villes en-dehors du programme ministériel. L'objectif est de constituer un véritable « cadastre sonore » qui permet, par une sectorisation des quartiers, sur le même principe que les plans d'occupation des sols, d'établir un zonage en fonction du bruit. La carte du bruit d'Angers, mise à jour tous les ans, présente ainsi le niveau sonore de chaque rue, boulevard et équipement[5]. Un tel document fournit la représentation du paysage sonore de la ville en indiquant les zones de concentration du bruit, l'importance de ces bruits et les zones calmes, identifiant les populations exposées à tels types de bruit.

---

[1] Cartographie d'une ville, Echo Bruit n° 20-21, mars 1986, p. 10.

[2] Concernant la lutte contre les nuisances sonores, il a été souligné qu'« *il s'agit du seul sujet de pétitions dont le nombre est en augmentation depuis 1992 au Parlement européen* ». V. : Sept Européens sur dix subissent trop de bruit, Echo Bruit n° 82, Dossier « Bruits de voisinage », septembre 1997, p. 2.

[3] Ces cartes seront obligatoires pour toutes les agglomérations de plus de 250 000 habitants et pour tous les grands axes routiers dont le trafic dépasse six millions de passages de véhicules par an, tous les grands axes ferroviaires dont le trafic dépasse 60 000 passages de train par an et tous les grands aéroports situés sur leur territoire (Dir. n°2002/49/CE du Parlement européen et du Conseil, 25 juin 2002 : *JOCE* n° L 189, 18 juill., p. 12).

[4] Cartographie d'une ville, Echo Bruit n° 20-21, préc.

[5] V. : I. FERRE-LEMAIRE, Angers abat le mur du son, Grandes Lignes n° 2, janvier 1993, p. 40-44.

947. L'accroissement des connaissances en matière d'acoustique, le développement d'outils de calcul et de prévision, la mise au point d'appareils de mesure toujours plus précis et fiables permettent d'obtenir les données de base servant à créer des cartes du bruit. Mais compte tenu de la diversité des situations rencontrées sur le terrain, la question du recueil des informations, de l'observation et de la mesure des niveaux sonores, puis de la transcription de ces données sous forme cartographique utilisable pour des actions de lutte, est soumise à bien des aléas et variations. La disparité des sources, manifestations et impacts du bruit entraîne une pluralité de leurs approches et représentations. Plusieurs dizaines de villes françaises ont de la sorte établi des cartes du bruit selon des méthodologies différentes, en fonction de l'objectif final recherché et des particularités acoustiques locales. Ces documents peuvent intégrer une approche soit quantitative soit qualitative du paysage sonore et visualiser les niveaux de bruit de façon linéaire ou par zonage.

948. Qu'elle soit générale ou sectorielle, quantitative ou qualitative, chaque carte correspondra au contexte dans lequel elle se situe et à l'utilisation spécifique qui en a été décidée par les autorités locales. La ville de Bourg-en-Bresse a ainsi opté pour une carte retraçant toutes les sources de bruit existantes, par zonage, selon la méthode mise au point en 1979 à Blois. « *Basée sur un recueil de niveaux sonores in situ très exhaustif, par mesures, elle donne une bonne représentation des bruits émis par toutes sortes de sources et met bien en évidence la façon dont ces bruits se répandent dans le tissu urbain* »[1]. L'approche méthodologique faite par les municipalités de Melle et de Toulon est au contraire celle de la cartographie thématique, répondant à des problèmes de bruits particuliers à chacune de ces deux villes. A Melle, les principales nuisances sonores proviennent des deux départementales qui traversent et longent la ville et d'une grande usine chimique, alors que Toulon souffre de ses grandes artères qui la traversent, dont l'une d'entre elles est notamment une autoroute !

949. A l'heure actuelle, les cartes de bruit thématiques ou sectorielles mettent pour la plupart en exergue le problème, récurrent dans la quasi-totalité des grandes villes, du trafic routier. Le Conseil régional Ile-de-France a, par exemple, rendu publique la carte exhaustive des niveaux de bruit de tous les axes interurbains de la région (hors Paris intra muros)[2]. De même, la ville de Saint-Etienne a réalisé sa cartographie du bruit liée au transport routier, afin de mieux connaître la réalité des bruits de circulation sur la commune[3]. D'autres municipalités présentent des cartographies thématiques plus « originales », répondant à un besoin spécifique, en raison du contexte local. Siège d'une vie nocturne plutôt animée, Strasbourg a effectué le recensement, rue par rue, de tous les établissements recevant du public dans les trois quartiers centraux de la ville, de leurs horaires de fonctionnement et de leurs activités. Il permet de disposer d'une cartographie

---

[1] Cartographie d'une ville, Echo Bruit n° 20-21, p. 9-10 : « *Pour l'acquisition des données utiles à l'établissement des cartes, une vingtaine de points de longue durée, une centaine de prélèvements de courte durée et environ 60 valeurs calculées à des emplacements différents ont été nécessaires. Les cartes ont été établies sur l'ensemble de l'espace de la commune, en niveau sonore équivalent moyen Leq en dB(A) pour les périodes de jour (8h-20h), soirée (20h-24h) et nuit (0h-5h)* ».

[2] V. : A. DEBIEVRE, Mieux analyser le bruit pour mieux intervenir, L'Environnement Magazine n° 1527, mai 1994, entreprises et techniques, p. 40-41 ; Bruit routier : près de 90 % des routes franciliennes produisent une gêne sonore, Echo Bruit n° 86, juin 1998, p. 14.

[3] Utilisant une méthode de calcul des niveaux sonores issue du guide du bruit des transports terrestres (C.E.T.U.R.), la carte a été établie à partir du comptage des véhicules, de la mesure de la largeur des voies, du calcul des niveaux sonores théoriques en façade et de la vérification de l'exactitude de ces résultats par des mesures sonométriques directes en quelques points. V. : C. VALETTE, La prise en compte du bruit à Saint Etienne, Echo Bruit n° 80-81, avril-mai 1997, dossier « La commune et le bruit », p. 11.

précise de ces établissements qui servira de base à la prise de décisions politiques en matière d'implantation de nouveaux établissements en connaissance de cause et en fonction de leur densité.

950. Le concept de cartographie sonore *qualitative* a été développé avec brio par la ville-pilote de Nantes, dont tout le centre-ville est « placé sous écoute ». En février 1992, la municipalité a lancé le programme *« Identité sonore en centre-ville »* qui a abouti à la réalisation d'une carte qualitative des ambiances sonores des quartiers. Les bruits ont été classés non pas en fonction de leur volume mais de leur nature : bruits de fond, bruits naturels, activités humaines fortes (circulation, chantiers, passage de piétons, animations de rue, etc.). Une dizaine de grands « types » sonores, les « ambiances », ont été caractérisés, auxquels ont été associées des couleurs pour donner une cartographie sonore détaillée et qualitative. Suivant ce modèle, Mulhouse est la deuxième ville de France à mener des recherches sur la qualité de l'environnement sonore. Son étude cartographique présente les bruits classés en termes de niveau et de spectre, mais également suivant leurs sources dominantes : bruit de fond, activités mécaniques, activités humaines, bruits d'animaux et de la nature, présence humaine... Les rues sont représentées en couleurs, rouge et orange quand le bruit de la circulation est prédominant, bleu quand il est en fond, vert quand peuvent émerger d'autres bruits[1].

951. L'intérêt de ces différents types de cartes du bruit, perçu aujourd'hui par l'ensemble des décideurs, est double. La cartographie, nouvelle méthode de représentation et d'analyse du bruit, constitue l'instrument indispensable *« pour combler le déficit actuel en connaissance et en savoir-faire »*[2], données de base à une stratégie de prévention efficace. A partir de là doivent émerger les applications pratiques induites par cet outil. La démarche n'aurait, en effet, aucun intérêt si la cartographie réalisée n'était pas opérationnelle. La finalité de toutes les cartes du bruit consiste à généraliser une démarche globale de lutte contre le bruit, *« qui doit prendre en compte non plus seulement les usages particuliers générateurs de nuisances mais aussi l'urbanisme et les pratiques sociales »*[3].

b) ... pour une gestion locale de l'espace sonore

952. La cartographie est le moyen à la fois le plus commode pour codifier les résultats des enquêtes et études de bruit et le plus accessible pour les présenter aux divers utilisateurs du territoire local que sont les élus, les aménageurs et le public. Dans la pratique, elle ne doit pas se contenter de présenter les informations recueillies sur le terrain, mais servir d'outil d'aide à la décision, grâce aux données de base qu'elle fournit aux pouvoirs publics, architectes, urbanistes et autres aménageurs. Destinée à l'information du public entendu au sens large, elle constitue une base solide à l'élaboration de la politique municipale en matière de prévention des nuisances sonores. Elle sera, d'une part, un document d'urbanisme, en tant qu'*« élément important de l'étude d'environnement prévue lors de l'élaboration ou de la modification du P.O.S. »*[4], analyse acoustique des infrastructures et trafics routiers, aide au plan de circulation, aménagements de nouvelles zones constructibles, calculs pour l'isolement des bâtiments,

---

[1] V. : Mulhouse réalise une cartographie des bruits urbains, Presse Environnement n° 450, 27 avril 1995, p. 7 ; Mulhouse analyse son environnement sonore, Echo Bruit n° 70-71, novembre 1995, p. 12 ; Urbanisme sonore, L'Alsace du 26 avril 1998.

[2] A. DEBIEVRE, Mieux analyser le bruit pour mieux intervenir, L'Environnement Magazine n° 1527, préc., p. 40.

[3] *Ibidem.*

[4] Circulaire du 7 juin 1989 relative à la lutte contre le bruit, préc.

etc. D'autre part, elle sera un outil d'aide au traitement des plaintes et conflits de voisinage, par l'identification et la quantification de la « responsabilité acoustique » des différentes sources de bruit.

953. Les exemples de cartes du bruit et de l'utilisation concrète qui en est faite sont pour le moins probants. Le « cadastre sonore » réalisé par la ville d'Angers a permis de déterminer les zones pouvant accueillir des activités bruyantes et de mettre en place des zones tampons le long des infrastructures nouvelles et des zones industrielles existantes. La municipalité de Toulon a engagé différentes actions sur la base de sa cartographie, telles que l'intégration des données acoustiques au niveau du P.O.S., le rattrapage des façades les plus exposées ou encore une étude acoustique des nuisances apportées par les bennes à ordures. La récente carte générale du bruit de la communauté du Grand Lyon pourra avoir, selon les dires de ses concepteurs, des applications très diverses. *« Le niveau de pollution sonore pourra être annexé au plan d'occupation des sols, aider à la décision en matière d'installations industrielles et commerciales et ainsi déterminer l'évolution de certains quartiers »*[1].

954. L'approche qualitative choisie par la ville de Nantes, d'ailleurs récompensée par un « Décibel d'Or », a pu être associée à l'analyse des plaintes des riverains de sources sonores. Elle a permis d'évaluer les contextes dans lesquels certains bruits sont désignés comme perturbants, voire plus, et de repérer les anomalies dans l'ambiance générale du territoire communal. Cette dernière étape a entraîné la mise en œuvre de mesures correctives, telles qu'une modification du plan de circulation ou un déplacement d'installations mal situées. Le responsable de la cellule municipale antibruit, M. Garreau, confirme l'importance de la cartographie pour la résolution d'un certain nombre de nuisances sonores : il en a été *« tenu compte, par exemple, pour la mise au point du nouveau plan de déplacements et pour la réglementation applicable aux débits de boissons »*[2]. Suivant la même démarche, l'étude cartographique de Mulhouse permet de *« définir des zones et d'influencer les modifications du plan d'urbanisme »* et constitue *« un outil à disposition des aménageurs privés, qui pourront adapter l'isolation phonique des bâtiments à leur environnement »*[3].

955. La cartographie est sans aucun doute l'outil de représentation et d'analyse du bruit faisant partie intégrante des politiques globales de prévention. Elle peut être la clé d'une nouveau concept, celui d'*« urbanisme sonore »*[4], selon lequel les qualités acoustiques d'un bâtiment, d'un quartier, d'une ville, sont tout aussi importantes que ses qualités visuelles. Elle est en outre un outil de mise en œuvre de la réglementation, notamment des dispositions de la loi du 31 décembre 1992 et de son décret d'application, n° 95-21 du 9 janvier 1995, relatives au classement des infrastructures de transports terrestres. Ainsi, *« sous l'égide des ministères des transports et de l'environnement, la cartographie du bruit devrait s'étendre d'ici à deux ans à l'ensemble des villes grâce au classement des voies routières et ferroviaires en fonction de leurs niveaux sonores »*[5]. Mais au-delà des seules nuisances produites par la circulation terrestre, les maires doivent apprendre à gérer leur espace communal dans toutes ses composantes par le cadastre du bruit, c'est-à-dire par une appréhension globale du problème.

---

[1] V. : La « sonomobile » traque les bruits à Lyon, Echo Bruit n° 83-84, novembre 1997, p. 20-21.

[2] Y. DECAENS, Des oreilles pour écouter vivre Nantes, le Monde, Paris, 27-28 février 1994. V. également : B. BARRAQUE, La lutte contre le bruit, préc., p. 48.

[3] Mulhouse réalise une cartographie des bruits urbains, Presse Environnement, préc.

[4] Urbanisme sonore, L'Alsace, préc.

[5] J.-P. GUALEZZI, « Le bruit dans la ville », Rapport du Conseil Economique et Social, préc., p. II-37.

956. Divers correctifs doivent encore être apportés afin d'améliorer cet outil et le rendre plus opérationnel dans le cadre des politiques globales de lutte contre les bruits de voisinage. Les limites actuelles de la cartographie doivent trouver rapidement des solutions. Tout d'abord, le coût initial important, dû aux nombreux points de mesure, constitue le premier obstacle à l'élaboration même de ces cartes ou à un travail de qualité. Puis se posent des difficultés de mise à jour, car chaque transformation urbaine, qu'elle porte sur les sources sonores ou sur les bâtiments, modifie la carte. *« S'il faut retourner sur le terrain pour acquérir à nouveau des niveaux sonores après chaque aménagement, la mise à jour des cartes s'avèrera bien trop lourde pour être réellement faite et les cartes vieilliront très rapidement »*[1]. Enfin, la question des échelles n'est pas à négliger, car elle dépend directement de l'utilisation concrète que l'on veut faire de la carte. Ainsi, *« l'échelle de la ville est bien trop grande pour être utile à un concepteur ou un aménageur pour juger d'un projet en un point donné ; des cartes établies à cette échelle ne suppriment pas la nécessité d'études fines, localisées pour guider la conception d'un bâtiment ou d'une voie »*[2].

957. Une réflexion méthodologique est donc nécessaire afin d'optimiser au maximum le produit et l'adapter aux besoins réels. La tendance qui se fait jour est de *« travailler beaucoup plus sur la notion de gêne que sur la notion de niveau sonore, faire plus de qualitatif »*[3]. N'oublions pas que le bruit comporte une grande part de subjectivisme et crée des situations riches et complexes qui ne sauraient être réduites à un simple niveau acoustique. Toute la difficulté est de transcrire cette notion de gêne sonore, réelle et potentielle, dans la reproduction cartographique. Celle-ci peut être facilitée par la mise en place, dans les grandes agglomérations, d'un « observatoire du bruit » permanent, qui permet d'identifier tous les bruits par une « auscultation » de la ville prenant en compte les lieux et leur forme urbaine (places, rues, banlieues...) et les heures de la journée[4]. L'objectif final est de disposer d'un outil de programmation en vue de définir les interventions en matière de protection contre les nuisances sonores. La cartographie est par conséquent le premier maillon d'une longue chaîne d'actions à planifier dans le cadre de politiques globales.

§2. LA PROGRAMMATION DES OBJECTIFS : LES PLANS D'ACTION GLOBALE

958. S'appuyant sur une cartographie sonore, *« le maire doit avant tout planifier pour intégrer la préoccupation bruit dans le développement urbain de sa commune »*[5]. La ligne directrice d'une politique de prévention efficace consiste à **« penser globalement et agir localement ».** C'est par le biais et la mise en œuvre de ces deux mots d'ordre que la problématique des bruits de voisinage trouvera sa solution. L'approche globale du phénomène suppose une appréhension à tous les niveaux, non seulement d'un point de vue géographique et des responsabilités : au niveau central comme local, mais aussi au regard des multiples facettes du problème : sources

[1] Cartographie d'une ville, Echo Bruit n° 20-21, préc., p. 9.

[2] *Ibidem.*

[3] Une journée sur la caractérisation et la modélisation du bruit des transports, organisée par l'INRETS, Echo Bruit n° 86, juin 1998, p. 10.

[4] Une circulaire interministérielle du 12 juin 2001 (non publiée) prévoit la mise en place d'un observatoire du bruit des transports terrestres permettant de recenser les points noirs, de déterminer les actions à envisager, de suivre les actions programmées et de porter ces informations à la connaissance du public.

[5] J.-P. GUALEZZI, « Le bruit dans la ville », Rapport du Conseil Economique et Social, préc., p. I-25.

d'émission, points de réception et impacts de la nuisance. *Tous* les bruits, produits ou perçus dans les « voisinages » doivent être pris en compte par *tous* les acteurs de la lutte.

959. C'est par conséquent une politique exhaustive et partenariale qu'il faut élaborer, en vue d'une intervention concrète et efficace au niveau le plus approprié, à savoir l'échelon local, lieu-dit des nuisances, dans l'optique d'un développement durable. Cette stratégie a été rendue possible grâce à des outils d'incitation contractuelle en direction des collectivités locales, notamment des communes, créés par l'État qui s'engage comme partenaire et « mécène » des actions menées sur le terrain. *« La multiplication des relations contractuelles de l'État avec d'autres personnes publiques est une nouvelle forme d'action administrative et aboutit à mieux coordonner la mise en œuvre locale de certaines politiques nationales en accompagnant la distribution de subventions d'une programmation à moyen terme négociée par les deux parties »*[1]. Les politiques publiques de lutte contre les nuisances acoustiques sont ainsi organisées à travers des plans et programmes, co-définis par les pouvoirs central et local et adoptant une vision plus globale de la prévention.

960. Deux types de contrat posent les termes du partenariat entre l'État et les communes en matière de recherche de la qualité de vie des citoyens sur le plan des ambiances sonores. Le problème du bruit en milieu urbain a, dans un premier temps, fait naître des contrats d'action spécifiques à cette nuisance. Ces « contrats antibruit » (A), sectoriels quant à leur objet, projettent néanmoins une vision déjà globalisante de la gestion du phénomène. Allant plus loin dans ce processus, ils vont, dans un deuxième temps, être intégrés dans des contrats plus généraux, appréhendant le bruit en tant que composante essentielle d'un ensemble plus vaste : l'environnement au sens large. Les programmes de lutte contre le bruit deviennent ainsi un des volets, parmi les plus importants, des « plans d'environnement » (B), instruments de planification des politiques globales et de développement durable.

A. Les contrats antibruit

961. La première grande expérience contractuelle sur le thème du bruit a été lancée en 1979 par le ministère de l'Environnement, initiateur d'une campagne de sensibilisation et d'engagement des municipalités à agir dans ce domaine. Les programmes des « villes pilotes silencieuses » qui en découlent sont les tous premiers plans d'action élaborés à ce sujet (1). Formalisés par des contrats État-communes sur le moyen terme, ils ont été les moteurs de mobilisation et d'organisation de plusieurs villes, soucieuses de mettre au point de véritables politiques urbaines du bruit. L'idée des « villes pilotes », développée dans les années 80 et conçue à l'origine comme une simple « mise à l'étrier » des communes qui souhaitaient s'engager concrètement dans la lutte contre les nuisances sonores, a été reprise près de vingt ans après au niveau régional, au travers de nouveaux programmes locaux de lutte contre le bruit (2).

1- L'expérience des « villes pilotes silencieuses »

962. Sur la base du volontariat, vingt-cinq villes[2] ont signé, à partir de 1980, des contrats antibruit avec le ministère de l'Environnement. Aux termes de ces accords, les

---

[1] M. PRIEUR, Droit de l'Environnement, préc., p. 140.

[2] Les villes ayant signé des contrats de « ville pilote » à l'initiative de leurs municipalités sont : Aix-les-Bains, Angers, Audincourt, Besançon, Blois, Bordeaux, Bobigny, Bourg-en-Bresse, Caen, Clermont-Ferrand, Colmar, Lille, Limoges, Lisieux, Menton, Meyzieu, Montluçon, Nancy, Nantes, Rennes, La Rochelle, Saint Etienne du Rouvray, Toulouse, Tours et Toulon.

villes s'engagent à mettre en œuvre des programmes -sur une durée de trois ans- d'actions concrètes de lutte contre le bruit. En contre-partie, l'État finance 50 % de toutes les dépenses y afférant. Le bilan de ces programmes de « villes pilotes silencieuses » (a), en demi teinte selon les municipalités, leur mobilisation et méthodes d'approche du bruit, est riche d'enseignements quant aux politiques urbaines à mener pour lutter contre les nuisances sonores (b).

a) Le bilan des contrats communes-État

963. L'expérience des « villes pilotes silencieuses », menée sur des bases à la fois contractuelles et partenariales, offre le cadre adéquat à une politique de prévention et de protection efficace contre les nuisances acoustiques. Elle permet la programmation des actions locales ponctuelles dans un cadre global et cohérent. Les mesures sectorielles, adaptées à chaque cas d'espèce, chaque conflit et chaque source sonore, sont intégrées dans une politique d'ensemble, appréhendant le problème à sa juste mesure, c'est-à-dire en tant que phénomène polymorphe et transversal. Ces programmes offrent ainsi de vastes possibilités de gestion des bruits dans le voisinage. Les mesures de réduction et de protection mises en œuvre sont variées et à la discrétion des municipalités chargées de les coordonner sur le terrain.

964. Le contenu de chaque programme est à l'image du contexte dans lequel il se situe, des spécificités locales et des priorités retenues par les municipalités. Mais les principales mesures mises en œuvre recoupent, de façon générale, toujours les mêmes thèmes et terrains d'action, que chaque ville va, à sa manière, plus ou moins développer. En premier lieu, les villes vont s'employer à intégrer de façon effective et systématique les problèmes de bruit dans les documents d'urbanisme, par exemple par l'établissement de cartes du bruit. Certaines villes, comme Rennes, se sont montrées particulièrement actives dans le domaine de l'aménagement urbain et ont créé des zones tampon de 200 mètres de large, paysagées, en bordure des grands axes et des boulevards circulaires. Les programmes sont en outre souvent l'occasion de mettre au point un plan de gestion de la circulation -source sonore touchant la majorité des habitants- adaptée à la fois aux besoins des usagers des infrastructures et à la situation des voisins. Ainsi, la ville d'Audincourt a connu, sur une période d'une année, une réduction de dix-huit pour cent des bruits excessifs (>70 dB(A)) dus aux véhicules la nuit, grâce à l'interdiction de la circulation nocturne des poids lourds dans le centre.

965. D'autres aménagements peuvent être prévus, destinés à éloigner des activités particulièrement bruyantes des zones d'habitation. Ainsi, des équipements pourront être réalisés en-dehors de l'agglomération pour les sports bruyants, comme par exemple un circuit pour les motos construit à la périphérie de Toulouse. Des mesures de rattrapage ou de protection contre des nuisances sonores déjà existantes peuvent également être planifiées, telles que l'insonorisation des bâtiments publics ou l'organisation du traitement des plaintes pour bruit. La municipalité d'Angers a mis en place des services spécialisés dans la réception et le traitement des plaintes par la voie de la médiation. Ces *« services de médiation »* résolvent près de 90 % des plaintes reçues[1]. Celles-ci sont d'autant plus nombreuses, et en augmentation constante, que la population est davantage sensibilisée au problème du bruit grâce à des campagnes d'information, au moyen de brochures, affiches, films et explications audiovisuelles. Les programmes jouent donc le rôle de relais entre les autorités locales et les citoyens et peuvent constituer un excellent

---

[1] V. : I. FERRE-LEMAIRE, Angers abat le mur du son, Grandes Lignes n° 2, janvier 1993, préc., p. 41-42.

outil de participation de tous les acteurs impliqués dans la lutte contre les bruits de voisinage.

966. Toutes les actions positives engagées dans le cadre de ces contrats ne doivent cependant pas masquer les déficiences du système imaginé par le ministère de l'Environnement. Deux défauts majeurs viennent freiner la dynamique en marche. Tout d'abord, les contrats conclus entre l'État et les communes le sont pour une durée trop courte -trois ans- pour créer un « réflexe bruit » durable. Ceci est d'autant plus vrai que l'expérience a très vite perdu un des intérêts pratiques et majeurs pour les villes : la subvention apportée par l'État à hauteur de 50 % des dépenses[1] fut suspendue faute de ressources... Or, la plupart des villes ne veulent ou ne peuvent poursuivre seules le financement de ces programmes rendus possibles grâce à l'aide de l'État. Il faudrait donc prévoir un financement pour que de tels programmes puissent se prolonger et se développer.

967. En définitive, l'expérience n'a donné de bons résultats que lorsque les programmes étaient correctement financés et mis en œuvre par du personnel sensibilisé et formé, comme à Lyon et à Toulouse. Mais quel que soit le bilan pour chacune des vingt-cinq villes pilotes, les enseignements qui en découlent sont capitaux pour les nouvelles politiques urbaines du bruit à mettre en place.

b) Les enseignements pour des politiques urbaines du bruit

968. Un rapport sur « Les politiques urbaines du bruit », établi en 1990, tente d'évaluer les résultats de l'expérience, sur la base d'un questionnaire adressé aux vingt-cinq villes pilotes, parmi lesquelles dix-sept seulement ont répondu. A partir de ces données, cinq modèles différents de politiques urbaines du bruit ont été dégagés. Ils touchent à tous les secteurs concernés par le bruit : urbanisme et voirie (documents d'urbanisme ; cartographie du bruit ; permis de construire ; traitement des bâtiments, lieux et équipements publics ; traitement des activités bruyantes liées aux loisirs et à l'activité économique, travaux et engins bruyants ; gestion de la circulation), moyens structurels (équipement en instruments de mesure ; ressources humaines ; données financières), communication, traitement des plaintes, textes réglementaires.

969. Chacun de ces modèles est spécialisé dans une approche particulière du phénomène bruit et met l'accent sur un aspect précis des interventions. Le modèle de *« la politique globale »,* aujourd'hui reconnu par tous les spécialistes comme étant celui à privilégier et à développer, est *« caractérisé par un souci de globalisation, de mise en place de structures et de procédures permanentes. Chaque action ponctuelle (isoler un bâtiment public, lancer un concours dans les écoles) est entourée des conditions qui permettent de la pérenniser, de l'inscrire dans une action globale »*[2]. Cette stratégie est la seule à envisager le bruit à sa juste mesure et dans toutes ses dimensions. Elle s'inscrit parfaitement dans l'optique du « développement durable ». Cependant, cette approche n'exclut en aucun cas les autres orientations -plus spécifiques- relevées sur le terrain et qui constituent de parfaits compléments, des composantes à part entière des politiques globales.

---

[1] Le budget total a été de 72,5 millions de francs, dont la moitié fournie par l'État. Le budget des différentes villes variait considérablement, allant de quelques centaines de milliers de francs (par exemple à Caen) à plusieurs millions de francs (par exemple à Nantes). V. : Le programme des « villes pilotes silencieuses » : France, Encadré n° 6, dans le rapport de l'O.C.D.E., « Lutter contre le bruit dans les années 90 », préc., p. 92.

[2] J.-P. GUALEZZI, « Le bruit dans la ville », Rapport du Conseil Economique et Social, préc., p. II-113.

970. Ainsi, le modèle de *« l'action quotidienne »* donne une priorité constante au contact direct avec les citoyens, à l'insertion de chaque action dans la vie quotidienne de la cité, à l'image de la ville d'Angers. La lutte contre le bruit est une lutte de tous les instants et de tous les comportements. Le modèle de *« la technicité »*, représenté par Toulouse, insiste sur la formation et les compétences techniques des intervenants, personnels et services, dont les capacités doivent correspondre aux besoins de la ville. L'action porte sur des aspects précis du problème bruit, envisagé d'un point de vue technique. A Bordeaux, le modèle *« urbanistique »* consiste à prendre en compte le bruit principalement dans les activités d'aménagement de la ville, de manière quotidienne et sur le long terme. Enfin, certaines villes, comme Toulon dans les années 80, insistent plus que d'autres sur les actions de communication et en font le coeur de leur politique de lutte contre le bruit. Le modèle de *« la communication »* peut ainsi être central et permanent ou n'être utilisé qu'à un niveau secondaire, en arrière plan d'autres stratégies.

971. Comme le souligne le rapport sur « Les politiques urbaines du bruit », *« chaque ville ne correspond pas à un modèle unique, mais chacune a son style »*[1]. La diversité des politiques du bruit, des priorités et méthodes dégagées, est le reflet de la diversité des voisinages et des problématiques sonores que l'on y rencontre. Le rôle des « villes pilotes » est justement de révéler l'étendue des possibilités d'approche du phénomène bruit, d'imaginer et d'expérimenter des actions adaptées à leur environnement et besoins. Dans l'optique d'une politique volontariste de prévention des bruits de voisinage entendus au sens large, les cinq modèles relevés ne s'opposent pas, mais au contraire se complètent. De cette combinaison, le Conseil Economique et Social, dans son rapport sur « Le bruit dans la ville », a établi quatre critères de référence des politiques urbaines du bruit. Ils concernent non seulement les communes, lieu géo-politique de mise en œuvre des actions, mais également, de façon plus générale, l'ensemble des décideurs intervenant dans le processus de lutte.

972. S'adressant aux pouvoirs publics, le premier critère consiste en un *« affichage politique fort de la préoccupation bruit »* à destination de tous les acteurs et partenaires sans exception. Il doit se traduire par un débat démocratique portant sur toutes les décisions et par une participation de tous les niveaux, selon les attentes et compétences de chacun. Il suppose par conséquent une sensibilisation de tous les intervenants, notamment de la population et des services communaux appelés à montrer le bon exemple à l'occasion de leurs activités. Cet affichage de la préoccupation bruit doit être suivi d'une *« lisibilité de l'action conduite »*, c'est-à-dire la fixation d'un cadre bien délimité à la politique globale du bruit et une coordination du travail de chaque participant. La bonne conduite de la politique repose en grande partie sur une *« technicité avérée des services »*, en termes de moyens humains, d'équipements et de savoir-faire, propres à répondre à toutes les demandes et conflits créés par les bruits de voisinage. Un effort de formation doit être consenti afin de garantir les compétences des personnels et services. Enfin, l'ensemble des actions doit être le fruit d'un *« partenariat efficace avec les autres intervenants »*, basé sur une concertation et une collaboration permanentes.

973. L'expérience des « villes pilotes silencieuses » est riche d'enseignements. Novatrice, elle a incité pour la première fois des villes à s'engager dans un plan municipal d'action globale contre le bruit. Malgré les imperfections des termes des contrats en découlant, l'idée a fait son chemin et est aujourd'hui reprise au niveau régional.

---

[1] J.-P. GUALEZZI, « Le bruit dans la ville », Rapport du Conseil Economique et Social, préc., p. II-114.

2- Les programmes locaux de lutte contre le bruit

974. L'initiative vient du Conseil Régional Ile-de-France qui, en 1996, s'est interrogé sur les actions qu'il pourrait mettre en œuvre en complément de la politique de protections antibruit le long des voies routières. Conscient que le problème du bruit ne se résume pas seulement aux points noirs du bruit routier mais vise également les émissions sonores des industries, des manifestations commerciales, de sport et de loisirs, des chantiers, engins bruyants, etc., le Conseil Régional a voulu parrainer les villes qui souhaitent s'engager dans la prévention et le traitement de *toutes* ces sources de nuisance. La mise en place de programmes municipaux de lutte contre le bruit, sur le modèle des programmes des « villes pilotes silencieuses » lancés par le ministère de l'Environnement dans les années quatre-vingt, est apparue comme la politique la plus constructive à moyen terme.

975. C'est ainsi qu'en 1997, la Région Ile-de-France a conduit un programme expérimental sur cinq premières communes pilotes. Les villes qui se sont proposées spontanément sont : Nogent-sur-Marne, Issy-les-Moulineaux, Malakoff, Saint-Ouen et Stains, rejointes un an plus tard par : Colombes, Aulnay-sous-Bois, Rueil-Malmaison, Boulogne et Vanves. Le principe (a) et la mise en œuvre (b) de ces nouveaux plans de lutte contre le bruit, fondés sur un partenariat région-communes, semblent avoir tiré les leçons de la première expérimentation qu'ils ont pour vocation de poursuivre sur d'autres bases.

a) Le principe des nouveaux plans de lutte contre le bruit

976. La prévention et le traitement des nuisances sonores par les communes supposent que celles-ci s'en donnent les moyens. Elles doivent tout à la fois être à même d'observer et de mesurer les ambiances sonores des voisinages, de traiter les plaintes en rapport avec le bruit, d'édicter les règlements qui s'imposent et de les faire appliquer, et surtout d'organiser l'urbanisme et les activités locales de façon à provoquer le moins de nuisances acoustiques possible. Toutes ces interventions, multiples et variées, doivent être planifiées et coordonnées dans un cadre d'ensemble cohérent. Fort de ce constat, le Conseil Régional a décidé de jouer un rôle moteur en termes de pédagogie et de soutien dans l'établissement de plans municipaux de lutte contre le bruit. Des contrats pluriannuels de politique globale de réduction des nuisances sonores constituent la base juridique de ce partenariat particulier entre la région et les communes.

977. Le principe du programme expérimental lancé par la Région Ile-de-France repose sur une stratégie en deux étapes proposée aux communes volontaires. Il s'agit en premier lieu de réaliser un diagnostic de la situation, entièrement financé par la Région et établi grâce aux informations et travaux des différents acteurs (élus, associations, administrations, partenaires économiques et bureaux d'études). Le diagnostic permet ensuite la définition d'un programme pluriannuel pouvant prévoir des mesures aussi diverses que *« le renforcement des moyens des services d'hygiène et de santé, la formation du personnel municipal, la mise aux normes de bâtiments, l'achat de matériel public moins bruyant, mais aussi la réalisation d'études d'impact, ou de contre expertises sur des projets bruyants, l'acquisition de logiciels de simulation urbaine, ou la mise en place d'actions pédagogiques »*[1].

---

[1] Région Ile-de-France : des programmes locaux de lutte contre le bruit, Echo Bruit n° 86, juin 1998, p. 19-20.

978. Les actions programmées sont variables en fonction de la ville concernée, de sa typologie propre et de celle de son environnement. Suivant les cas de figure, le bruit peut ainsi devenir *« un thème de travail dans les quartiers sensibles, un critère de restructuration de la ville à travers les documents d'urbanisme, un enjeu d'action civique, ou une occasion de mobilisation et de négociation avec une administration ou un partenaire public »*[1]. Dans cette optique, le Conseil Régional se propose de financer les actions les plus exemplaires de ces programmes, en contre-partie de quoi les communes s'engagent à harmoniser leurs documents d'urbanisme et leurs pratiques internes avec leurs objectifs de prévention et de réduction du bruit. Les termes du contrat conclu entre la Région et les communes sont donc extrêmement larges et souples. Ils laissent une marge de manœuvre importante aux municipalités engagées. De surcroît, par le biais des aides financières octroyées selon des critères qualitatifs, ils incitent les municipalités à se surpasser dans les politiques antibruit qu'elles élaborent.

b) La mise en œuvre des plans municipaux de lutte contre le bruit

979. Afin de garantir la cohérence et l'adéquation des programmes avec les besoins réels, une méthodologie générale a été mise au point. Elle prévoit la création, dans chaque ville pilote, d'un « groupe Bruit », aussi large que possible dans la représentation des acteurs impliqués. Composé de vingt à trente personnes, il réunit les élus, fonctionnaires, associations et partenaires économiques. Ce groupe a pour mission de préparer un plan d'action qui commence obligatoirement par un constat qualitatif de la ville, suivant une typologie conventionnelle des bruits. L'état des lieux, permettant d'identifier toutes les sources de bruit existant dans la ville, est complété par un « billet d'humeur » à partir d'une enquête micro-trottoir, qui constitue un contrepoids à l'opinion des institutionnels.

980. Le constat sert ensuite de base à la définition des actions à entreprendre dans le cadre d'un plan d'une durée de trois à cinq ans. Les solutions et voies d'action envisagées sont étudiées financièrement afin de juger, *a priori*, la faisabilité effective du projet. A ce stade, il a d'ailleurs été observé que beaucoup de solutions *« ne coûtent rien dès lors qu'il s'agit d'intégrer l'acoustique dès la conception des projets ou d'introduire un volet bruit dans les diverses formations des personnels communaux »*[2]. La démarche préventive est donc bien à privilégier. L'ensemble des études et réflexions menées est enfin regroupé dans un « Projet de plan municipal de lutte contre le bruit » adressé au maire. Celui-ci pourra ainsi, à partir du constat, accompagné du billet d'humeur, de la liste, du contenu et du planning des actions, se déterminer sur la politique qu'il souhaite entreprendre.

981. Un des objectifs à moyen terme du Conseil Régional est d'organiser un réseau d'échanges d'expériences entre les communes engagées dans ces plans, afin d'assurer une mise en cohérence des projets locaux à l'échelon régional. D'ici 2003, il est prévu de créer un club de trente à cinquante villes, qui consitueraient des « villes pilotes » pour l'ensemble du territoire. Lieu d'échanges et de témoignages, il permettera de faciliter la diffusion des bonnes pratiques en matière de gestion du bruit. Le système des plans municipaux de lutte contre les nuisances acoustiques, fondé sur une programmation cohérente et durable des actions au sein d'une politique globale, devrait pouvoir s'étendre et être adopté par l'ensemble des municipalités françaises. Les deux conditions

---

[1] *Ibidem.*

[2] Région Ile-de-France : programmes locaux de lutte contre le bruit (suite), Echo Bruit n° 87, octobre 1998, p. 30.

majeures à sa généralisation sont, d'une part, une volonté politique des communes de s'investir dans ces programmes et, d'autre part, le soutien concret de leur nouveau partenaire : la région.

982. Il est précisé qu'un partenariat particulier -sans aucun doute plus large et renforcé- sera engagé avec les communes signataires de chartes d'environnement et qui ont dû insérer les plans anti-bruit dans leurs chartes. En effet, le bruit étant une des composantes, parmi d'autres, de l'environnement de l'homme, il convient de l'appréhender en tant que tel. Les programmes spécifiques à cette nuisance, premiers modes d'approche exhaustive du problème, sont à intégrer dans une vision encore plus globale. En raison de toutes les interactions existant entre les différents secteurs environnementaux, les plans antibruit doivent donc se couler dans les politiques de l'environnement pris dans son ensemble, menées à l'échelon local.

B. Le bruit dans les plans d'environnement

983. Le bruit fait partie intégrante de l'environnement entendu au sens large. En tant que tel, il s'inscrit tout naturellement dans les politiques environnementales chargées de traiter son aspect négatif, à savoir les nuisances acoustiques. Les préoccupations d'environnement sont elles-mêmes à prendre en compte à l'occasion de la définition des politiques publiques par le biais de plans et programmes. Ces politiques doivent englober l'ensemble du territoire et susciter l'adhésion de ceux qui y habitent. C'est là l'ambition, à l'échelon local, des « plans municipaux d'environnement » et des « chartes pour l'environnement » qui formalisent l'élaboration de programmes globaux d'actions en faveur de l'environnement, s'inscrivant eux-mêmes dans un projet d'ensemble pour le territoire.

984. Une telle démarche répond aux exigences tout à la fois du droit communautaire, dans le traité de Maastrich (art. 130 R) et le Ve programme d'action sur l'environnement de l'Union européenne, et du droit international lors de la Conférence de Rio en 1992 (Principe 4 de la Déclaration). La mise en œuvre de ces obligations s'est faite, en France, par le Plan National pour l'Environnement de M. Lalonde, approuvé par le Conseil des ministres le 19 novembre 1990. Il lance les plans municipaux d'environnement, première expérience en matière d'intégration des préoccupations environnementales, qui donneront des résultats relativement positifs. Mais dans un souci d'affinage de ces instruments, ils seront remplacés dès l'automne 1992 par des chartes, qui traduisent mieux la priorité donnée aux villes et la recherche d'une action plus globale et durable s'inspirant de la Conférence de Rio.

985. Ainsi, *« d'un instrument d'incitation des collectivités locales à l'étude de leur environnement et à la fixation d'un programme, ce sont les plans* (1), *l'État est très vite passé à sa propre implication dans les actions et le suivi, ce sont les chartes* (2) »[1].

1- Des plans municipaux d'environnement (P.M.E.)...

986. *« En 1990, le P.N.E.* -le Plan National pour l'Environnement- *se présente comme une politique publique de l'État qui recherche un écho dans les politiques locales »*[2]. Les plans municipaux d'environnement, lancés avec le soutien du ministère, en sont l'outil d'application directe. Ils mettent en œuvre les décisions du Comité

---

[1] P. LE LOUARN, Les chartes de l'environnement entre décentralisation et déconcentration, conception et mise en oeuvre d'une politique publique de l'État, R.J.E. 1-1995, p. 27.

[2] *Ibidem*, p. 28.

interministériel à la qualité de la vie rendues les 18 avril 1989, 29 mars 1990 et 14 mai 1991 et explicitées dans une circulaire du 24 juin 1991 (non publiée). Dès lors va se poser le délicat problème de mise en harmonie des politiques publiques de l'État et des collectivités locales.

987. Or, cette première expérience, basée sur le volontariat, va rencontrer un succès non négligeable. Plus d'une centaine de collectivités locales (des villes, mais également plusieurs départements) vont signer ces plans avec l'État, de 1990 à 1992. La démarche qui les caractérise (a) pose les fondements d'une politique cohérente de prise en compte de l'environnement dans son ensemble, parfaitement adaptée à la problématique des nuisances sonores en particulier, comme nous le montre, par exemple, le P.M.E. de la ville de Mulhouse (b).

a) Le mode d'emploi des programmes

988. La fonction première des plans municipaux d'environnement est d'« *inciter les villes ou groupements de villes à définir et à mettre en œuvre une approche globale des problèmes d'environnement communaux pour améliorer le cadre de vie* -et devrait-on ajouter la qualité de vie- *des habitants »*[1]. L'objectif est non seulement d'élaborer une politique d'environnement en tant que telle, mais également de définir des volets environnementaux dans les autres politiques sectorielles, telles que l'équipement, l'éducation, la culture... La préoccupation d'environnement doit être introduite dans toutes les actions des communes et s'inscrire dans un cadre d'ensemble : le P.M.E. Cette démarche s'accorde parfaitement au problème du bruit qui se manifeste dans toutes les activités et secteurs de la vie quotidienne. Parmi les thèmes retenus dans les P.M.E. (déchets, eau, assainissement, paysage...), le bruit apparaît invariablement comme l'une des préoccupations essentielles des villes.

989. Athis Mons en est un exemple flagrant. Première ville à avoir présenté son plan municipal d'environnement -le 9 février 1991-, elle a réservé une place particulière à la lutte contre les nuisances sonores. Il faut dire que sa situation, à deux pas des pistes d'Orly et traversée par la RN7, se prêtait particulièrement bien à la procédure découlant du P.M.E. Celui-ci a permis l'instauration d'un partenariat actif avec le principal « producteur de pollution sonore », à savoir Aéroports de Paris, l'application réelle d'un « couvre-feu » de 22h30 et le respect de l'utilisation de la piste 2, qui oblige les avions à survoler la ville, uniquement comme piste de secours.

990. De façon générale, les P.M.E. instituent une nouvelle manière d'envisager et de protéger l'environnement et les problèmes sectoriels qu'il pose. *« Il s'agit, grâce à une stratégie échelonnée dans le temps, de dépasser la simple succession d'interventions spécifiques en enrichissant la dimension technique par une approche également sociale et culturelle »*[2]. Là encore, le bruit en tant que problème de société y trouve sa place. Dans cette optique, la mise en œuvre d'un plan municipal d'environnement suppose une démarche en quatre temps successifs, découlant et dépendant les uns des autres. Chaque ville ayant pris le parti de se doter d'un tel instrument de gestion intégrée de l'environnement devra commencer par dresser le bilan de sa situation écologique, point de départ de toute politique environnementale à définir. A partir de cet état des lieux pourront être dégagés les objectifs et stratégies d'actions, qu'il conviendra ensuite

[1] Les plans municipaux d'environnement, Presse Environnement n° 306, jeudi 20 février 1992, p. 8.

[2] Un nouvel outil pour les collectivités locales : le plan municipal pour l'environnement, Echo Bruit n° 47, mars 1991, p. 7.

d'ordonner dans un programme pluriannuel. L'étape finale et décisive, mais qui bien souvent est négligée, consiste à assurer l'application et le suivi de ce programme.

991. Chacune des étapes du plan municipal d'environnement nécessite une organisation rigoureuse et une mobilisation de tous les partenaires de la commune. En matière de bruit, ils sont nombreux et il est essentiel que tous les acteurs concernés adhèrent au projet. Le P.M.E. se construit donc selon une méthode participative. L'étude diagnostic cherche à impliquer dès le départ les principaux acteurs locaux : politiciens, techniciens, partenaires socio-économiques et associatifs, réunis dans un comité de pilotage[1] présidé par le maire. L'analyse de la situation de la commune menée par ces différents « spécialistes » a pour but de mettre à jour les contraintes et atouts locaux et de dégager des propositions d'actions. A partir de celles-ci, les élus fixent les objectifs prioritaires ainsi que les stratégies et déterminent les enjeux financiers. Ces choix sont transcrits en programme pluriannuel d'actions pour la municipalité et ses partenaires locaux, destiné à coordonner les moyens administratifs, techniques et financiers dont dispose la ville pour remplir les objectifs assignés.

992. Le programme d'actions est formalisé dans une convention signée par le préfet -représentant l'État- et le responsable qualifié de la collectivité territoriale concernée, selon qu'il s'agit d'un plan municipal, intercommunal voire départemental. Il reçoit un appui technique ainsi qu'une aide financière du ministère de l'Environnement, partenaire et instigateur de cette démarche globale, axée sur le plus ou moins long terme, qu'il s'agit de rendre effective et de pérenniser. Parmi les villes signataires, nombreuses sont celles qui ont réussi à définir et à planifier des politiques intégrées où le bruit s'affichait toujours comme l'une des préoccupations principales d'action prioritaire. Mulhouse nous fournit en la matière un modèle rempli d'enseignements.

b) L'exemple d'un cheminement : le P.M.E. de Mulhouse

993. Le plan municipal d'environnement doit non seulement poser les termes d'une politique de l'environnement globale et intégrée, à mener à l'échelon local, mais également -et ce, pour ne pas rester figé à l'état de belles intentions- prévoir comment assurer la mise en œuvre du programme dans une perspective de durabilité. Cela suppose la mise à disposition de moyens et de structures adéquats, au travers par exemple d'une nouvelle organisation des services techniques municipaux et des instruments d'évaluation, ainsi que d'un partenariat dynamique entre tous les acteurs concernés. L'élaboration du P.M.E. de Mulhouse, au regard de son contenu et de ses acteurs, semble exemplaire. A la fois, exhaustif et correctement ciblé, il implique des partenaires compétents et motivés.

994. L'étude diagnostic, réalisée par un bureau d'étude indépendant, a permis de faire le point sur « l'état d'avancement » de l'environnement dans la ville, compte tenu des actions déjà engagées. Ce travail a été effectué en parfaite collaboration avec les services municipaux qui ont fourni la quasi-totalité des éléments techniques. Un service spécifique, la Mire ou mission interservices pour le respect de l'environnement -créée en mai 1991 pour « coordonner et synthétiser l'ensemble des actions de la mairie en matière d'environnement »-, s'est chargé de rassembler les données éparpillées entre les différents services avant de les transmettre au bureau d'étude. Un comité de pilotage du P.M.E., constitué de représentants du ministère de l'Environnement, de sa délégation régionale, de la sous-préfecture de Mulhouse et de représentants municipaux, a

[1] Sa composition, son organisation et son fonctionnement sont décidés conjointement par le maire et le préfet.

également été mis en place pour le suivi administratif du plan. La définition du programme s'est appuyée sur les compétences d'un comité d'experts dans chaque secteur d'environnement pris en compte.

995. Quant à son contenu, le P.M.E. est un modèle d'organisation et de rigueur dans la volonté de mener une politique exhaustive et cohérente. Il présente une entrée double : par « secteurs » et par « axes ». Chaque secteur reçoit un état des lieux, recensant les atouts de la commune, les points noirs, objectifs et priorités. Quatre axes principaux ont été choisis pour mener la nouvelle politique d'ensemble : le développement concerté des programmes existants (sur les transports, l'urbanisme, l'équipement...), la mise en œuvre de programmes complémentaires (tels que la formation, l'information et l'éducation), la sensibilisation du public et une « série d'actions sectorielles bien ciblées ». En matière d'incitation, le P.M.E. prévoit un partenariat particulier avec la Banque populaire du Haut-Rhin qui propose aux entreprises un produit financier leur permettant d'obtenir des prêts à taux préférentiels pour les investissements qui améliorent l'environnement.

996. De tels plans municipaux d'environnement, instruments incitatifs et expérimentaux, ont surtout été l'occasion de dresser un état des lieux des communes, d'analyser leur situation environnementale. Premier pas vers des politiques globales et intégrées, ils n'ont cependant pas été, dans tous les cas, suivis d'actions tangibles sur le terrain. L'outil était prometteur dans son concept, mais insuffisant dans ses effets concrets. Aussi a-t-il été très vite remplacé par une nouvelle formule : les chartes pour l'environnement, qui tendent vers une formalisation du partenariat État-collectivités locales et insistent sur la mise au point de programmes d'application.

2- ...aux chartes pour l'environnement

997. Le 10 novembre 1992, Madame Royal signe avec huit villes (Amiens, la Communauté urbaine de Dunkerque, Epernay, Longjumeau, Montreuil, Mulhouse, Saint-Germain-en-Laye et Valence) et un département (la Haute-Loire) les protocoles d'engagement des premières chartes. A partir de cette date, les plans locaux d'environnement deviennent des « chartes d'écologie urbaine et de la qualité de la vie » dans les milieux urbanisés et des « chartes territoriales pour l'environnement et la qualité de la vie » pour les zones rurales. Ces nouveaux instruments permettront *« d'insérer ce que font déjà les maires pour l'environnement dans un projet de développement global et durable »*[1].

998. Se situant dans la continuité des plans -les villes ayant mené un P.M.E. sont d'ailleurs les premières à signer les chartes-, elles en reprennent les mêmes principes mais sont plus exigeantes en matière de stratégies et de programmes d'actions. Les critères retenus pour les chartes ont évolué vers des objectifs de qualité environnementale plus ambitieux, un effort de réalisation important et une évolution des pratiques politiques et techniques. Les actuelles « chartes pour l'environnement » sont conçues comme des *« programmes partenariaux pour un développement durable des territoires »,* selon la circulaire du 11 mai 1994[2] qui les présente. Elles constituent un nouveau cadre contractuel pour une co-administration de l'environnement (a), permettant une gestion transversale du bruit (b).

---

[1] Lancement des chartes d'écologie urbaine, Presse Environnement n° 339, 12 novembre 1992, p. 3.

[2] Circulaire n° 94-48 du 11 mai 1994 relative aux chartes pour l'environnement (programmes partenariaux pour un développement durable des territoires), BOMETT, 30-6-1994. V. aussi : Droit de l'Environnement n° 27, octobre-novembre 1994, p. 77-80.

a) Un nouveau cadre contractuel pour une co-administration de l'environnement

999. D'un point de vue formel, la charte est un document contractuel par lequel une collectivité locale (commune, groupement de communes, département) s'engage, en partenariat avec le ministère de l'Environnement, à améliorer, par diverses actions financièrement aidées et programmées, sa gestion environnementale et la qualité de vie sur son territoire. Depuis la circulaire ministérielle du 11 mai 1994, la mise en œuvre de cette politique partenariale, pour ce qui concerne le rôle de l'État, a été déconcentrée à l'échelon des préfets. Ceux-ci dirigent désormais l'ensemble des étapes, de l'instruction des projets jusqu'à l'évaluation des résultats. Le préfet reçoit le dossier de candidature de la collectivité, consulte les services et établissements publics de l'État intéressés, définit et exprime la position de l'État à l'égard du projet, veille à la bonne démarche d'élaboration des chartes, et notamment à ce que tous les services déconcentrés de l'État apportent leur soutien financier et technique. Il est co-signataire pour le compte et au nom de l'État de la charte pour l'environnement, aux côtés du ou des représentants qualifiés de la collectivité territoriale concernée.

1000. Les chartes proposées par le ministère de l'Environnement sont des contrats sur cinq ans. Elles vont plus loin que les plans municipaux d'environnement puisqu'un suivi du programme est assuré, le préfet étant chargé de l'évaluation des actions conduites. Il est en outre habilité à décider, le cas échéant, en accord avec la collectivité impliquée, la réorientation de ces actions, voire la suspension des effets d'une charte. Concrètement, le contrat lie les partenaires par des engagements techniques et financiers fondés sur une approche globale de la situation. Un « livret » de présentation des chartes, élaboré en octobre 1992 par le ministère de l'Environnement, clarifie la volonté de l'État : *« les chartes sont des contrats d'objectifs entre collectivités locales et État, assorties d'engagements financiers conjoints »*[1]. A la fois association financière, technique et administrative, elle se veut également un instrument de sensibilisation de la population qui doit être partie prenante afin d'éviter tout blocage lors de l'application.

1001. Selon les termes du ministère de l'Environnement, les chartes, centrées sur l'amélioration de l'environnement urbain, doivent défendre une démarche présentant un caractère ***« global, spatial, stratégique, dynamique et participatif »***[2], autant de clés de réussite pour la prévention des nuisances sonores dans le voisinage. Il est précisé que *« l'élaboration comme la mise en œuvre de ces chartes s'appuient sur une pratique de la démocratie qui vise à associer le plus grand nombre d'acteurs, publics et privés institutionnels, associatifs et individuels, à la recherche d'un environnement de qualité »*[3]. L'instrument contractuel est donc parfaitement adapté à la dimension du problème « bruit ». La pratique montre un développement de la transparence dans les prises de décision par les collectivités, notamment vis-à-vis des milieux associatifs, ainsi que l'émergence d'une écocitoyenneté active, expression d'une nouvelle solidarité des habitants faisant preuve de civisme et participant à la réalisation d'un certain nombre d'actions, ce qui est fondamental en matière de bruit.

1002. La charte se veut avant tout un document opérationnel, comportant trois temps forts : l'audit-diagnostic, la détermination des objectifs stratégiques et le plan

---

[1] R. ROMI, Compétences et actions de la commune pour la protection de l'environnement, Juris-Classeur Environnement, fasc. 163, 1999.

[2] A. ROUYERE, La répartition des pouvoirs locaux - Les approches nationales : la France, Droit et Ville n° 42, Colloque international, Toulouse 7 et 8 mars 1996, sur les problèmes environnementaux urbains - Rôle des collectivités territoriales, p. 65-109.

[3] Circulaire n° 94-48 du 11 mai 1994 relative aux chartes pour l'environnement, préc.

d'actions, sur le modèle des plans municipaux d'environnement. Le diagnostic, impliquant dès le départ les habitants et principaux acteurs concernés, comprend une analyse prospective de la situation environnementale de la collectivité selon des approches thématiques spatiales et/ou structurelles. Le but est de déterminer les contraintes, les ressources et atouts locaux, les interactions entre les différents domaines, l'organisation des structures politiques, administratives et sociales afin de dégager les solutions envisageables et les actions possibles. Ce diagnostic permet ensuite de définir les objectifs prioritaires de la collectivité ainsi que sa stratégie. Le plan d'actions se trouve finalement formalisé dans un programme pluriannuel propre à coordonner les moyens administratifs, techniques et financiers dont la collectivité peut disposer, grâce aux aides spécifiques du ministère de l'Environnement.

1003. Fin 1995, trente-cinq chartes municipales étaient établies, dont certaines pour des agglomérations importantes, telles que Strasbourg la plus peuplée avec 254 000 habitants. Plus de soixante-dix projets sont à l'étude, pour un budget de plus de sept milliards de francs par an selon l'Institut français de l'environnement[1]. Le soutien financier spécifique apporté par l'État concerne différents domaines de la gestion de l'environnement objets de la charte, parmi lesquels le bruit. Au total, le montant de ces subventions doit en principe se situer entre 1,5 et 2,5 millions de francs par charte, le ministère de l'Environnement finançant au maximum 50 % du montant de l'étude préalable et des actions à caractère innovant prévues dans le programme. Si la collectivité signataire demeure le principal financeur du plan d'ensemble, la charte sert néanmoins à garantir les aides complémentaires -celles de l'État mais également d'autres origines- sans lesquelles un tel programme ne serait pas réalisable.

1004. La tendance actuelle consiste, d'une part, à impliquer le plus en amont possible dans la démarche tous les acteurs concernés et, d'autre part, à formaliser ce type de partenariat en mettant en place un « comité de pilotage » pour l'élaboration et la mise en œuvre de la charte. Le comité rassemble, selon une répartition équilibrée, les élus et services de la collectivité intéressée, des représentants des services de l'État, des organismes socioprofessionnels et des associations représentant la société civile, des experts et les partenaires financiers à titre d'invités participants. La circulaire du 11 mai 1994 prévoit qu'il *« pourra vite évoluer vers une structure pérenne de concertation et de consultation en matière d'environnement »*. Devenant ainsi un instrument à la fois de développement global et durable et de démocratie participative au niveau local, la charte fournit un cadre idéal à la prévention des bruits de voisinage.

b) Un cadre satisfaisant pour un traitement transversal du bruit

1005. Le « livret » de présentation des chartes affiche trois principes qui répondent parfaitement à la problématique du bruit. Premièrement, il s'agit de « lutter contre les inégalités sociales » produites par les nuisances sonores et de donner à chacun un environnement de qualité. Deuxièmement, cette lutte ne peut se faire que de façon démocratique, tant au niveau de la légitimité des projets que de la participation de tous les acteurs concernés, population comprise. « Transparence et démocratie » doivent accompagner l'ensemble des mesures prises. Troisièmement, la lutte contre les bruits de voisinage nécessite une « solidarité écologique » entre les habitants participant activement à la démarche globale et planifiée de gestion du bruit sur le territoire communal. L'objectif est de retrouver une certaine cohérence, en terme de qualité de vie sur le plan des ambiances sonores, entre habitat et activités.

---

[1] Données économiques de l'environnement, Economica 1996, p. 196.

1006. Dans cette optique, afin de coordonner l'action des différents partenaires et améliorer l'efficacité des aides publiques, le district d'Arras, qui regroupe dix-sept communes et 95 000 habitants, a signé une charte d'écologie urbaine et rurale[1]. Elle prévoit notamment un « plan global d'action bruit » pour résorber les points noirs liés à la circulation, aux fêtes et foires, ainsi que l'extension du secteur piétonnier, l'intégration du vélo en milieu urbain et la restructuration des transports collectifs. De son côté, la charte du Grand Lyon adoptée en 1992 a permis la mise en œuvre de vingt-cinq actions de lutte contre le bruit urbain dans cinq secteurs sensibles : la prise en compte du bruit dans le développement urbain (en particulier dans le P.O.S.), des actions au niveau du quotidien, des actions sur le bruit des transports publics, sur les équipements (en particulier les chantiers et les bennes à ordures) et des actions pour le contrôle, la mesure et l'évaluation.

1007. Dans la continuité, le Conseil de communautés urbaines de Lyon a adopté une nouvelle charte pour la période 1997-2001[2]. Elle vise à conforter les actions du précédent plan et en programme de nouvelles, telles que le classement des voies de l'agglomération, l'extension des chaussées peu bruyantes, des transports en commun moins bruyants, le développement de zones à trafic modéré... La démarche adoptée consiste à *« mieux connaître les modalités de fonctionnement et de dynamique de la ville (plan de déplacement urbain, caractérisation et identification des lieux, qualification de l'espace sonore)*[3]. Le but de cette nouvelle charte, plus poussée en terme d'évaluation et de stratégie, est de passer du concept de nuisance sonore à celui de « gêne sonore urbaine », grâce à un observatoire de l'environnement sonore urbain, baptisé « Diapason », chargé d'établir un *« catalogue de « signatures sonores » indispensable à l'établissement d'un nouveau concept de ville, son fonctionnement sonore et son acceptabilité par les habitants »*[4].

1008. Enfin, la charte de l'environnement de la Communauté urbaine et de la ville de Strasbourg, approuvée le 12 février 1993, a été présentée par Madame Trautmann, comme *« un véritable contrat de citoyenneté »*. Elle est un appel à la participation des entreprises, des citoyens et des autres collectivités, du Département, de la Région et de l'État, selon leurs compétences, en vue d'œuvrer vers un objectif commun : *« préserver et améliorer le goût de vivre en milieu urbain, veiller au capital santé des habitants »*. Outre la résolution des problèmes actuels, la charte est également le fruit d'une réflexion sur le futur et propose les mesures d'anticipation à prendre qui garantissent la qualité de l'environnement dans un contexte de développement maîtrisé. Ses mots d'ordre sont : **diagnostiquer, agir, anticiper.** Ils sont mis en œuvre dans le volet intitulé *« Contenir les nuisances sonores »*, du chapitre II consacré à la maîtrise des risques et des nuisances.

1009. Le problème des nuisances acoustiques est appréhendé selon une approche à la fois spatiale et sectorielle. Le volet bruit de la charte se divise en trois thèmes : le bruit industriel, le bruit en ville et le bruit de la circulation, révélateurs des points de gêne et des conflits rencontrés. Chacun de ces secteurs est traité en deux étapes : d'abord un constat de la situation qui met en exergue les spécificités locales, les atouts et faiblesses en présence, puis la définition d'actions propres à régler et à prévenir les conflits. Parmi ces actions, la charte a été l'occasion de créer une commission municipale sur le bruit

---

[1] *« Cette charte constitue le volet « environnement-aménagement » du contrat d'agglomération 1994-1998 du District d'Arras »*. V. : Une charte d'écologie urbaine et rurale pour le District d'Arras, Echo Bruit n° 72-73, janvier 1996, p. 12.

[2] V. : La charte d'écologie urbaine du Grand Lyon, Presse Environnement n° 551, 31 juillet 1997, p. 10.

[3] J.-P. GUALEZZI, « Le bruit dans la ville », Rapport du Conseil Economique et Social, préc., p. II-136.

[4] *Ibidem*, p. II-137.

saisie de tous les dossiers sensibles, de même que de nombreuses commissions de concertation dans le cadre de la vaste politique partenariale engagée par la communauté urbaine avec les industriels, les associations, les organismes d'État, les universités ou collectivités. L'accent a été mis sur ce partenariat varié qui peut consister en *« un simple échange d'informations, une concertation, une mise en commun de connaissances techniques ou encore une collaboration permettant de mener à bien un projet ou la mise sur pied d'une structure »*.

1010. La deuxième priorité de la charte, corollaire de la démarche partenariale, porte sur la sensibilisation du public qui doit faire prendre conscience que le bruit est l'affaire de chacun et que la commune, niveau d'action privilégié, ne peut pas travailler toute seule dans ce domaine. La charte est un appel à la prise de responsabilité et à la mobilisation de tous. Des résultats concrets en matière de lutte contre les bruits de voisinage ne peuvent être obtenus qu'en modifiant certaines habitudes. Tout un chacun se doit donc d'adopter un comportement citoyen et participer, selon ses compétences et moyens, au bien-être sonore de la ville et de ses habitants. La mise en œuvre d'actions spécifiques pour combattre les nuisances acoustiques doit être pensée et développée dans un cadre cohérent. C'est bien là l'objet de la charte de l'environnement.

1011. La charte est ainsi un contrat entre la collectivité et le citoyen. En dépit de sa faible valeur juridique -elle constitue un document opérationnel et non un document normatif qui aurait une force contraignante-, elle se présente comme un instrument de gestion intégrée et durable du bruit au plan local.

3- Des instruments de gestion intégrée et durable du bruit au plan local

1012. Les plans locaux d'environnement sont présentés comme *« une des nouvelles formes de « contractualisation » entre l'État et les grandes villes »*[1]. Mais cette procédure mise en place d'abord avec les plans municipaux puis avec les chartes n'apparaît pas comme une procédure contractuelle au sens juridique du terme. *« Les engagements de chacune des parties relèvent plus de la promesse volontariste que de l'engagement susceptible d'être sanctionné si des manquements aux obligations s'opéraient »*[2]. S'ils ne présentent pas en eux-mêmes un caractère obligatoire, ils vont servir de *« guide pour les politiques publiques locales et éventuellement pour les plans sectoriels d'environnement ou les documents d'urbanisme »*[3]. Ils pourront donc répercuter leurs réflexions et programmes d'actions sur des documents contraignants, tels que les plans d'occupation des sols.

1013. L'absence de valeur contraignante de ces instruments n'est donc pas une condamnation, car les enjeux sont ailleurs. Avant tout, les chartes permettent d'affirmer que l'échelon local est bien le niveau approprié pour mener une politique d'écologie urbaine et en particulier pour traiter les problèmes de bruits de voisinage. La méthode consiste à penser globalement pour une action concrète et locale. Ensuite, les objectifs poursuivis sont au nombre de trois[4]. Tout d'abord, il s'agit de se doter d'un « instrument de coordination des actions publiques », indispensable compte tenu de la diversité des

---

[1] P. VALARIE et M. DJOULDEM, Les politiques publiques d'environnement : de la science militante à l'écologie urbaine, dans La négociation des politiques contractuelles, Textes réunis et présentés par J.-P. GAUDIN, C.E.P.E.L., L'Harmattan, 1996, p. 116.

[2] *Ibidem.*

[3] M. PRIEUR, Plans municipaux et chartes pour l'environnement, Droit et Ville n° 41, Colloque International, Toulouse 7 et 8 mars 1996, sur les problèmes environnementaux urbains - Rôle des collectivités territoriales, p. 93.

[4] *Ibidem,* p. 94 et s.

autorités publiques, centrales et déconcentrées, des acteurs privés, professionnels ou non, ainsi que de la complexité de la répartition des compétences en matière de bruit. Les plans servent à clarifier les rôles et à mieux coordonner les initiatives de tous les partenaires ainsi mobilisés. Ils constituent en cela un « instrument d'incitation et de pédagogie », faisant prendre conscience à l'ensemble des acteurs de l'importance des enjeux ainsi que de leur contribution. L'incitation se fait également sur le plan monétaire. « Instrument d'accompagnement financier », à côté des aides de l'État, le plan engage -et facilite- un processus de recherche de co-financements d'origines diverses[1].

1014. Les chartes sont la traduction française, expérimentée et formalisée à l'échelon local, de la nouvelle stratégie mondiale énoncée dans le Traité de Maastricht et consacrée par l'Agenda 21 de Rio : celle d'une gestion intégrée et durable de l'environnement. Celle-ci, comme le souligne M. Prieur, *« implique de traiter plusieurs problèmes en même temps ce qui est très compliqué en droit pour des raisons tenant aux compétences et au principe de spécialité. On est habitué à raisonner sectoriellement, il faut désormais avoir une approche globale (...) »*[2]. Le cadre offert par les chartes facilite cette démarche en mettant en œuvre une triple intégration : *l'intégration territoriale,* afin de trouver l'espace géo-politique le mieux adapté à chacune des interventions ; *l'intégration des partenaires,* grâce à une démocratie participative qui fait intervenir à chaque étape tous les acteurs sans exception ; *l'intégration des politiques* qui doivent changer de dimension, devenir transversales et envisager chaque problème dans tous ses impacts et interrelations avec des questions ou secteurs voisins.

1015. Une gestion intégrée du bruit, par le biais de la planification, de la budgétisation et de l'action locale, va permettre de mettre en place, en ce qui concerne les ambiances sonores, des « villes durables », axées sur la notion de qualité de vie pour le présent et l'avenir. *« L'agglomération s'impose comme partenaire central dans les procédures de concertation, négociation et « contractuelles », comme maillon clef de cette reconfiguration de l'espace urbain : une transformation dans la manière de penser l'espace urbain, et sa prise en charge par l'agglomération »*[3]. La charte, comportant un plan d'actions à court et moyen terme et une stratégie d'action à long terme, pourrait, dans cette optique, être renforcée à deux égards. D'une part, comme le suggère M. Prieur, une étape nouvelle pourrait être intégrée dans le processus, qui consisterait à faire systématiquement une étude d'impact sur les plans et programmes locaux, afin d'envisager les différentes possibilités d'intervention et d'évaluer leurs incidences pour aboutir à la meilleure stratégie possible. D'autre part, il serait souhaitable que les chartes servent à mobiliser les instruments réglementaires, c'est-à-dire prévoient de suivre l'application de la réglementation et de motiver les justiciables sur ce point.

1016. Les chartes pour l'environnement, cadre contractuel d'une gestion intégrée et durable du bruit au niveau local, opèrent un véritable changement de perspective. Elles induisent une toute autre manière de penser le développement des territoires, d'envisager les voisinages et d'agir, dans un esprit d'ouverture sur les autres acteurs, sur ses voisins. Le partenariat État-collectivité locale qu'elles proposent va permettre la réinsertion dans les réflexions locales de l'État et de ses actions -notamment réglementaires-, lesquelles sont ainsi relayées et amplifiées. Ce partenariat porte également sur la mobilisation de capitaux nécessaires à la réalisation des programmes mis en place. Cependant, il ne doit

---

[1] L'État s'engage à présenter les chartes au programme européen LIFE (instrument financier créé par le règlement n° 1973-92 du Conseil du 21 mai 1992), afin d'obtenir des crédits européens.

[2] M. PRIEUR, Plans municipaux et chartes pour l'environnement, préc., p. 96.

[3] P. VALARIE et M. DJOULDEM, Les politiques publiques de l'environnement : de la science militante à l'écologie urbaine, préc., p. 117.

pas consister uniquement en des financements croisés. L'efficacité des politiques planifiées suppose une parfaite synergie entre partenaires de tous horizons, découlant d'une volonté commune et de moyens regroupés.

1017. La mise en œuvre de ces outils de planification implique des méthodes de travail rénovées dans la préparation et l'accomplissement des décisions, tant entre services administratifs qu'en matière de dialogue avec le public. Les principes de transparence et de participation des habitants qui animent la démarche exigent notamment, et de prime abord, un changement radical des mentalités au sein des administrations, *« pour abandonner les réflexes de secret administratif et de prééminence de la décision unilatérale »*[1]. Ces politiques globales de lutte contre les bruits de voisinage doivent s'accompagner d'importantes actions de sensibilisation, de formation, de coordination, en vue d'une organisation cohérente des interventions, par le biais de divers procédés d'incitation.

Section II : Les programmes d'incitation

1018. A la phase d'observation, de mesure, de recueil des données et de traduction des objectifs sous forme de plans globaux d'actions, succèdent l'intervention concrète sur le terrain, la mise en œuvre des programmes définis. Cette deuxième étape est tout aussi ardue que la première. Elle pose un problème d'information et de mobilisation au sens général. Ainsi, *« comment faire en sorte (...) que le consommateur, mieux informé, soit prêt à mettre davantage d'argent dans ce qu'il acquiert pour se protéger, comment faire également en sorte que la collectivité, plus consciente des enjeux, prenne ses dispositions au niveau des choix qui sont les siens, que ce soient des choix réglementaires ou des choix économiques »*[2], car *« si l'on veut l'efficacité, ce sont les comportements qu'il faut modifier, et non pas accumuler les réglementations plus ou moins applicables selon les cas »*[3].

1019. La clé du problème posé par le bruit consiste à susciter chez tous une volonté de devenir moins bruyant et à parvenir à créer un « réflexe bruit » durable dans tous les actes du quotidien. Cette action massive sur les comportements du public et des décideurs ne peut se faire que par l'intermédiaire de mesures incitatives en tous genres, parmi lesquelles : les instruments économiques, l'information, l'éducation, l'étiquetage des produits, le traitement préférentiel des matériels silencieux, le contrôle des produits et véhicules utilisés... En effet, la pratique nous enseigne que bien souvent *« l'incitation peut réussir là où la contrainte échoue »*[4]. Les expériences de politiques locales sur un support contractuel (chartes pour l'environnement, plans antibruit) nous le prouvent. Elles sont nettement mieux adaptées que des actions centralisées et unilatérales.

1020. Ainsi, aux côtés de la réglementation et de la planification, l'une des actions prioritaires sera d'*inciter* les acteurs, publics et privés, à considérer l'environnement sonore comme un élément indispensable de la qualité de la vie. Il s'agit de conduire, sans contraindre, les divers acteurs à agir de concert dans une certaine direction : celle du refus, par la prévention, des nuisances sonores. Les politiques globales de lutte contre les bruits de voisinage doivent en conséquence intégrer la dimension socio-économique du bruit. En effet, la lutte contre cette nuisance, d'une part, coûte très cher à la collectivité et

---

[1] M. PRIEUR, Plans municipaux et chartes pour l'environnement, préc., p. 98.

[2] Intervention de Madame la ministre C. LEPAGE, dans Profils médico-sociaux - Environnement et Santé, n° 1586, 3 décembre 1998, dossier « Le bruit et la santé », p. 12.

[3] *Ibidem*, p. 4.

[4] R. ROMI, Droit et administration de l'environnement, préc., p. 468.

appelle des financements équivalents et, d'autre part, souffre d'un laxisme et d'un manque de dynamisme qu'il convient de combattre avec des incitations « extra-juridiques ». Sur ces deux terrains, celui des incitations monétaires (§1) et celui des incitations non économiques mais de « citoyenneté » et de volontariat (§2), le rôle de l'État demeure prépondérant, dans l'optique d'une *« promotion de la lutte antibruit comme grande cause écologique et civique d'enjeu national »*[1].

§1. LES INCITATIONS D'ORDRE ÉCONOMIQUE ET FISCAL

1021. Les problèmes d'environnement sont souvent, en grande partie, des problèmes de financement. Le bruit ne fait pas exception en la matière. Son traitement entraîne un coût économique et social considérable. Même s'il est très difficile à évaluer avec exactitude, les experts s'accordent pour le chiffrer à plusieurs dizaines de milliards de francs par an. Or, la France n'a consacré ces dernières années que cinq milliards de francs environ à la réduction des nuisances sonores. Ce montant représente à peine 3 % de la dépense totale de protection de l'environnement, *« soit moitié moins que pour la protection de l'air et dix à douze fois moins que pour les déchets et les eaux usées »*[2]. Une telle situation a de quoi surprendre lorsque l'on sait que plus de 40 % des Français se disent gênés par le bruit qui a été promu nuisance numéro un !

1022. La mauvaise mise en œuvre des réglementations et des politiques est directement liée à cette faiblesse des moyens financiers accordés à la lutte contre le bruit, qui opère *« un transfert des responsabilités hors de proportion avec les compétences et les moyens disponibles au niveau local »*[3]. Comme le souligne Madame Lepage, *« si nous souhaitons collectivement que les questions relatives au bruit avancent, il faut se donner les moyens de chiffrer ce que représente, pour la collectivité nationale, le coût issu du bruit, de manière à obliger la mise en place d'instruments économiques, puis d'instruments réglementaires efficaces de lutte contre le bruit »*[4]. A ce stade, une étude de faisabilité économique serait utile avant l'application de tout projet, de toute action programmée et devrait prévoir les instruments financiers propres à assurer leur réalisation. Ceux-ci prennent la forme de mesures d'incitation économique et fiscale, chargées d'accompagner la mise en place des nouvelles politiques de lutte et qu'il faut intégrer, elles aussi, dans une stratégie de développement durable.

1023. Ces incitations vont consister soit en des actions d'accompagnement (A), destinées à fournir les recettes nécessaires au financement des mesures de protection, soit en des programmes d'incitation monétaire (B), dont le but est d'orienter les comportements dans certains secteurs par une affectation des ressources.

A. LES ACTIONS D'ACCOMPAGNEMENT

1024. Les actions de lutte contre les bruits de voisinage entendus au sens large se traduisent par de multiples dépenses, dont celles afférentes au logement, transports et installations industrielles ne sont que les plus connues. Le financement se fait par les agents institutionnels que sont les entreprises, les ménages et les administrations publiques. Mais le coût du bruit, intégrant les opérations de réduction à la source ainsi que celles de correction *a posteriori*, est considérable et constitue un frein important aux

---

[1] E.G. SLEDZIEWSKI, Touche pas à mon bruit, Les Dernières Nouvelles d'Alsace, 13 mai 1998.

[2] La dépense contre le bruit, Les données de l'Environnement, I.F.E.N., n° 42, janvier-février 1999. V. également : L'Environnement en France, Institut Français de l'Environnement, La Découverte, 1999, p. 236.

[3] A. ALEXANDRE et J.-P. BARDE, Le bruit : une pollution sans écho, préc.

[4] Profils médico-sociaux - Environnement et Santé, n° 1586, préc., p. 4.

interventions à décider et à mener. Dans ce contexte, il est de la responsabilité de l'État de dégager les capitaux nécessaires à la mise en œuvre des politiques de lutte et de les répartir judicieusement en fonction des besoins réels. Les aides ainsi octroyées aux entreprises et collectivités apparaissent comme un appui à la réalisation d'actions de protection contre les nuisances sonores, mais également, bien souvent, comme la condition même de leur engagement dans le processus de lutte.

1025. Dans le mouvement initié par la loi cadre du 31 décembre 1992 relative à la lutte contre le bruit, un volet comportant plusieurs mesures incitatives, de nature à susciter un volontariat des acteurs pour une meilleure prise en compte de l'environnement sonore, s'est progressivement mis en place. Différentes aides, concernant des secteurs particulièrement sensibles au problème (logement, transports, diagnostic...), sont aujourd'hui accessibles aux acteurs publics et privés. Elles doivent être entendues au sens large, *« c'est-à-dire non seulement en intégrant les avantages à obtenir »*, il s'agit des aides financières, prêts, subventions (1), *« mais aussi en englobant les bénéfices induits (régimes d'amortissement favorables, bénéfices de déductibilité ou d'exonération, etc.)*[1], il s'agit d'avantages fiscaux (2).

1- Les aides financières

1026. Des aides ou subventions sont prévues dans le cadre de programmes de protection contre les nuisances sonores. Pour la plupart, elles ont été développées avec la mise en place de la politique générale de la loi n° 92-1444 du 31 décembre 1992. Mesures de mise en œuvre de la réglementation ou d'incitation à des actions en vue d'un meilleur environnement sonore, elles suivent l'évolution des politiques publiques menées en la matière. Elles concernent toujours les secteurs « forts » et traditionnels de la lutte contre le bruit, tels que les infrastructures de transports terrestres et les logements les plus exposés. Mais dans le même temps, elles s'attachent de plus en plus aux nouvelles actions dites prioritaires, comme les opérations lancées par les collectivités locales dans ce domaine, l'information du public ou encore les diagnostics acoustiques.

1027. S'agissant du bruit routier, largement pris en compte dans la loi cadre de 1992, plusieurs aides financières viennent accompagner les programmes de protection et de rattrapage des points noirs[2]. Lorsqu'une voie nouvelle nationale est créée, les protections acoustiques sont prises en charge par l'État et les collectivités locales concernées. Pour les routes existantes, ils financent l'essentiel des travaux de rattrapage, en plus, le cas échéant, d'une participation financière des propriétaires publics ou privés. Pour l'application du décret n° 95-21 du 9 janvier 1995[3] relatif au classement des infrastructures de transports terrestres en vue de permettre aux constructeurs d'isoler les bâtiments en fonction de l'exposition sonore, le ministère de l'Environnement (Direction de la Prévention des Pollutions et des Risques) et le ministère de l'Equipement (Direction des Routes) *« poursuivent leurs aides financières aux services de l'État élaborant les classements. Des subventions sont également disponibles pour les communes ou leurs groupements qui s'impliquent dans la démarche et souhaitent*

---

[1] O. FREMAU, Aides financières nationales, Juris-Classeur Environnement, fasc. 232, 1998.

[2] Des subventions accordées par l'Etat pour les opérations d'isolation acoustique sont encadrées par le décret n°2002-867 du 3 mai 2002 (*JO* du 5 mai 2002, p. 8929) et l'arrêté du 3 mai 2002 (*JO* du 5 mai 2002, p. 8936) relatifs aux aides accordées par l'Etat pour l'insonorisation des points noirs dus au bruit des réseaux routier et ferriviaire nationaux.

[3] Décret n° 95-21 du 9 janvier 1995 relatif au classement des infrastructures de transports terrestres et modifiant le code de l'urbanisme et le code de la construction et de l'habitation (*JO* du 10 janvier 1995, p. 454).

proposer leur projet de classement au préfet »[1]. L'incitation vise ici la mobilisation des collectivités locales sur le thème du recensement et du classement des infrastructures. Ainsi, un programme de rattrapage des points noirs du bruit des réseaux routier et ferroviaire, visant à protéger 200 000 logements au moins, sera mené par l'Etat, en partenariat avec les collectivités territoriales, d'ici 2010.

1028. « *La politique de l'État pour maîtriser le bruit des transports correspond à un enjeu financier important* »[2]. Ces aides apparaissent comme un rouage fondamental dans le traitement de cette source sonore, lorsque l'on sait que l'installation d'un écran routier coûte de 1 000 à 3 000 francs le mètre carré[3], ce qui place le kilomètre d'écran à plusieurs millions de francs ! Elles sont tout aussi importantes pour ce qui est de permettre et de faciliter les actions antibruit menées par les collectivités locales à l'échelon privilégié de la prévention et de la protection. La mission bruit du ministère chargé de l'Environnement attribue ainsi des aides aux diagnostics d'exposition au bruit, sous forme de subventions couvrant 20 à 50 % des études et pouvant être utilisées pour réaliser une cartographie du bruit de la ville. Elle appuie également financièrement les campagnes de sensibilisation lancées par les communes, l'information du public sur le bruit, par le biais de subventions (de 30 à 50 %) pour les affiches, plaquettes, expositions, animations, etc. Le concours financier du ministère peut être apporté dans le cadre des politiques partenariales que sont les chartes pour l'environnement conclues avec les collectivités, sur le budget spécifique réservé pour les études préalables et les actions innovantes programmées dans ces contrats.

1029. Le subventionnement, au profit des collectivités territoriales, d'opérations d'envergure nationale et ciblées sur une source ou un point d'impact spécifiques de bruit, est également à développer compte tenu du succès et des résultats probants d'une première expérimentation en la matière avec le programme « 100 lieux musicaux insonorisés »[4]. Lancée en juin 1994, à l'occasion de la fête de la musique, par le ministre de l'Environnement, M. Barnier, cette opération consistait à accorder une aide financière aux collectivités désirant entreprendre des travaux de réhabilitation acoustique dans les lieux de pratique musicale sources de gêne pour le voisinage. Des lieux très divers, tels que des locaux de répétition, des écoles de musique, des salles des fêtes et de spectacles, etc., inadaptés aux pratiques musicales parce qu'insuffisamment insonorisés, sont entrés dans le cadre de ces subventions, à hauteur de 100 000 francs en moyenne par projet, portant sur les travaux acoustiques[5]. L'expérience a permis, d'une part, de mener une réflexion globale sur l'intégration des lieux de loisirs « bruyants » dans l'environnement urbain et, d'autre part, de susciter le volontariat de communes dans une action en faveur d'un meilleur environnement sonore pour le voisinage.

---

[1] D. SOULAGE, Classement sonore des infrastructures de transports terrestres : où en sommes nous ?, Echo Bruit n° 85, mars 1998, p. 29.

[2] J.-P. GUALEZZI, « Le bruit dans la ville », Rapport du Conseil Economique et Social, préc., p. II-199.

[3] Sans compter que « *le prix peut être fortement majoré lorsque le site présente des difficultés particulières. Ainsi, les écrans construits en bordure des boulevards périphériques parisiens en 1994 et 1995 sont-ils revenus à environ 4 000 F. le mètre carré* ». J.-P. GUALEZZI, « Le bruit dans la ville », Rapport du Conseil Economique et Social, préc., p. II-200.

[4] V. : 100 lieux pour la musique, Echo Bruit n° 64, juillet 1994, p. 10-12.

[5] Un montant total de 6 537 127 francs a été engagé dans cette opération. Le montant moyen des subventions accordées est de 89 550 francs, variant selon les communes et selon le type de lieu. Ainsi, le plus petit montant s'élevait à peu près à 40 000 F. H.T. et le plus important dépassait le million de francs (théâtre Barbey à Bordeau). V. : J.-P. CIATTONI et K. SOULE, 100 lieux musicaux insonorisés : bilan, préc., p. 30-31.

1030. Toujours dans le cadre de travaux de réhabilitation acoustique, des aides financières sont prévues pour certains logements. L'Agence nationale pour l'amélioration de l'habitat (A.N.A.H.) débloque chaque année des crédits destinés à financer l'établissement de diagnostics acoustiques et la réalisation de travaux d'isolation acoustique. Une prime spéciale pour de tels travaux dans des logements occupés par des travailleurs de nuit a été créée. A l'attention spécifiquement des organismes H.L.M., la mission bruit du ministère chargé de l'Environnement attribue une aide au diagnostic simplifié pour l'habitat. Cette aide vise à optimiser les travaux de réhabilitation en prenant en considération les déficiences acoustiques importantes. De même, des crédits d'aide à la réhabilitation des logements locatifs sociaux (PALULOS) permettent de financer des travaux d'isolation acoustique.

1031. Afin d'inciter les constructeurs à mieux prendre en compte l'intérêt de l'isolation phonique des bâtiments d'habitation, l'arrêté modifié du 10 février 1972 a créé un « Label Confort acoustique » dont les niveaux de performance acoustique requis sont supérieurs aux exigences réglementaires[1]. Lorsque la qualité de la construction satisfait aux critères du label, un prêt complémentaire peut alors être accordé aux organismes H.L.M. Outre l'avantage financier ainsi octroyé, le maître de l'ouvrage qui, pour obtenir le label, doit en faire la demande expresse, y trouvera *« un atout commercial, voire un argument de vente »*[2] face à une demande sociale de plus en plus exigeante sur la qualité acoustique des logements. Organisme certificateur officiel, l'association Qualitel délivre aujourd'hui un « Label Qualitel confort acoustique »[3] encore plus exigeant, qui vise à garantir une protection contre les bruits émis à l'intérieur et à l'extérieur du bâtiment par des normes d'isolation plus sévères que celles prévues par la législation en vigueur.

1032. Malheureusement, cet instrument d'incitation ne semble pas, pour l'heure, rencontrer le succès attendu. Selon l'avis exprimé en 1994 par le Groupement des ingénieurs acousticiens (G.I.A.C.), *« bien qu'assortie d'incitations financières intéressantes, l'obtention du label Qualitel confort acoustique n'a jamais gagné les suffrages des maîtres d'ouvrage publics. Seuls les plus avisés d'entre eux ont pu constater que les financements complémentaires accordés pour les logements labellisés couvraient largement les surcoûts sur la construction pour peu qu'ils aient recueilli les conseils d'un bureau d'études en acoustique suffisamment tôt »* [4]. Les aides financières, parce que trop peu importantes parfois, ne suffisent pas toujours à déclencher les initiatives et démarches d'amélioration des ambiances sonores. Là où elles sont insuffisantes, des dispositions fiscales incitatives peuvent peut-être prendre le relais.

2- Les avantages fiscaux

1033. Le Code général des impôts prévoit des incitations fiscales dans deux domaines essentiels : l'insonorisation des logements anciens et la fabrication ou l'acquisition de matériels de lutte contre le bruit.

---

[1] V. : J. LAMARQUE, Le droit contre le bruit, préc., p. 63 et s.

[2] *Ibidem.*, p. 65.

[3] V. : C. TREHIN, Les labels Qualitel et Qualitel confort acoustique, Echo Bruit, Rubrique « Qui fait quoi » n° 26, mai 1991 ; Label Qualitel 96 : plus exigeant en acoustique, Echo Bruit n° 76-77, septembre 1996, p. 10 ; V. BOURGEOIS, Peut-on se fier aux labels construction ?, Que Choisir n° 367, janvier 2000, p. 14-19.

[4] R. GAMBA et B. SUNER, La performance intégrée, Echo Bruit n° 65-66, novembre 1994, p. 54.

1034. Jusqu'à récemment, aucune disposition fiscale pour les logements anciens n'était prévue pour inciter à insonoriser ceux qui ne répondaient pas aux normes, à l'exception de la possibilité de déduire des revenus fonciers le coût des travaux d'insonorisation effectués pour des logements donnés en location[1]. Ce n'est qu'à partir du 31 août 1994 que des mesures fiscales ont été prises en faveur des logements anciens pour leur insonorisation. Dans le cadre de la politique de lutte contre le bruit dans les logements, il a ainsi été décidé d'étendre le champ d'application de la réduction d'impôt concernant les dépenses d'isolation thermique à certaines dépenses d'isolation acoustique qui, le plus souvent, mettent en œuvre les mêmes techniques. En application de l'article 199 *sexies* C du Code général des impôts, divers travaux, tels que l'isolation acoustique des parois vitrées et des portes palières au moyen de produits certifiés ou encore la fourniture et la pose de bouches d'entrée d'air acoustiques répondant à certaines conditions, ouvrent droit à une réduction d'impôt. Celle-ci s'applique aux dépenses payées par le contribuable pour sa résidence principale, qu'il en soit propriétaire ou locataire, à condition que l'immeuble ait été achevé depuis plus de dix ans à la date de paiement des dépenses[2].

1035. Le texte a été modifié le 1er janvier 1997. Le Code général des impôts prévoit désormais une déduction pour travaux de grosses réparations et d'améliorations, parmi lesquels figurent notamment les dépenses d'isolation acoustique, sans plus de précisions quant aux normes ou à la certification des produits utilisés. La réduction d'impôt s'applique à la somme du coût des matériaux utilisés pour la réalisation des travaux et de main-d'œuvre correspondante, tels qu'ils figurent sur la facture délivrée par l'entreprise. Seules ouvrent droit à réduction d'impôt les dépenses effectivement supportées par le contribuable, à savoir déduction faite, le cas échéant, des primes ou aides reçues. Enfin, un plafond de dépenses est déterminé en tenant compte de la situation fiscale du contribuable, de sa famille et des personnes à sa charge. La réduction d'impôt est égale à 20 % de la base déterminée suivant ces différents paramètres[3]. Notons que ces avantages ne bénéficient qu'aux contribuables, c'est-à-dire aux catégories de personnes les plus favorisées qui, en général, ont les moyens de se soustraire au bruit.

1036. Deux autres types d'avantage fiscal portant sur les matériels de lutte contre le bruit sont apparus dans la loi de finances pour 1992. Ils viennent encourager les mesures engagées par les entreprises pour diminuer les nuisances sonores de leurs installations. Dans un premier temps, un amortissement exceptionnel est possible pour certains matériels destinés à réduire le niveau acoustique d'installations[4]. La loi de finances pour 1999[5] a étendu cet avantage, contenu dans l'article 39 *quinquies* DA du Code général des impôts, aux matériels acquis ou fabriqués avant le 1er janvier 2003 (au lieu du 31 décembre 1998 prévu auparavant). En vertu de ce texte, ces matériels, figurant sur la liste établie par l'arrêté du 31 juillet 1992[6] et spécialement conçus pour réduire le niveau acoustique d'installations existant au 31 décembre 1990, peuvent faire l'objet d'un amortissement exceptionnel sur douze mois à compter de leur mise en service. Pour cela,

---

[1] Art.31-1° b du C.G.I. et Rép. min. J.O. Sénat Q, n° 16126, du 31 mai 1984.

[2] V. Instruction n° 5 B-18-94 du 30 septembre 1994 relative à l'impôt sur le revenu. Réductions d'impôt afférentes à l'habitation principale. Dépenses d'isolation acoustique (C.G.I., art.199 sexies C), BOI n° 195 du 12 octobre 1994 ; Code Permanent Environnement et Nuisances, « Bruit », 1138.

[3] J.-P. GUALEZZI, « Le bruit dans la ville », Rapport du Conseil Economique et Social, préc., p. II-223.

[4] V. : Une nouvelle mesure fiscale pour encourager la lutte contre le bruit, Echo Bruit n° 55-56, octobre 1992, p. 18.

[5] Art. 97 de la loi de finances pour 1999, n° 98-1266 du 30 décembre 1998, *JO* du 31 décembre 1998, p. 20078.

[6] *JO* du 11 août 1992.

ils doivent être autonomes, c'est-à-dire pouvoir être séparés des matériels auxquels ils ont été adjoints sans les rendre inutilisables.

1037. En outre, sur agrément préalable (art. 1649 *nonies* du C.G.I.) et après avis du ministre de l'Environnement, l'amortissement exceptionnel est ouvert aux matériels qui, sans être spécifiquement conçus pour la réduction du bruit, ont pour effet de permettre une réduction d'au moins 50 % du niveau acoustique d'installations existant au 31 décembre 1990. Pour l'ensemble des matériels bénéficiant de cet amortissement exceptionnel, une réduction ou une exonération de la valeur locative -deuxième avantage fiscal- est possible. Aux termes de l'article 1518 A du Code général des impôts, cette réduction de plein droit est de 50 %. Les collectivités territoriales ou leurs groupements peuvent, chacun pour la part qui leur revient, porter cette exonération de 50 % à 100 %[1]. L'incitation fiscale sous la forme d'un amortissement exceptionnel est également utilisée aujourd'hui pour la commercialisation des véhicules électriques. Comme pour les matériels de lutte contre le bruit et en vue d'inciter les consommateurs à orienter leur choix vers ces véhicules silencieux, l'article 39 AC du Code général des impôts prévoit la possibilité d'un amortissement exceptionnel sur douze mois à compter de la date de leur première mise en circulation[2].

1038. Toutes ces dispositions économiques et fiscales ont été mises en place pour stimuler une action volontariste de prévention et de protection contre les nuisances sonores. Mais l'incitation, pour remplir son rôle d'orientation des comportements dans ce sens, doit être à la fois coordonnée et durable, afin de ne pas interrompre ou décourager les interventions qu'elle peut susciter. Stratégie spécifique des politiques globales de lutte contre les bruits de voisinage, elle doit s'inscrire, elle aussi, dans de véritables programmes organisant des moyens suffisants et continus. Si les différentes aides financières n'entraînent pas systématiquement les démarches souhaitées, c'est que le système d'incitation qu'elles mettent en place n'est pas suffisamment ou correctement organisé. L'orientation des comportements doit être « dirigée », dans le sens où elle aura plus de chances de réussir si elle s'accomplit au travers de programmes d'incitation monétaire, basés sur une affectation des ressources permettant une meilleure coordination et répartition des crédits débloqués.

B. Les programmes d'incitation monétaire

1039. Le choix des politiques publiques est rarement accompagné des moyens budgétaires appropriés pour que ces politiques soient effectivement mises en œuvre et généralisées rapidement. Preuve en est le budget dérisoire accordé à la lutte contre le bruit, au regard des coûts et dépenses générés. Les pouvoirs publics doivent donc trouver des financements par ailleurs, affectés spécialement à la protection contre les nuisances sonores. Le recours à la taxation en vue de dissuader les agents économiques d'avoir des comportements par trop bruyants constitue un premier mode, plus dirigiste, d'incitation à l'adresse des « bruiteurs » (1).

1040. Pourtant, en dépit de l'énorme potentiel qu'elles contiennent, ces sources extra-budgétaires font l'objet d'une utilisation restreinte dans le domaine de la prévention du bruit. Au début des années 1990, l'O.C.D.E. relevait que *« le montant des redevances au titre du bruit en France représente 6 millions d'ECU, alors que les redevances concernant l'eau atteignent 240 millions d'ECU, soit 40 fois plus »*[3].

---

[1] O. FREMAU, Aides financières nationales, préc., p. 12.

[2] Art. 46 de la loi de finances pour 1999, préc., p. 20067 et 20068.

[3] Rapport de l'O.C.D.E., « Lutter contre le bruit dans les années 90 », préc., p. 39.

L'affectation programmée des ressources disponibles se fait alors dans une autre direction : celle de l'impulsion à l'innovation technique, aux avancées technologiques en matière de performance acoustique. L'aide à la « recherche-développement », afin de stimuler la transformation et la fabrication de produits et matériels toujours plus silencieux, vient en prolongement, en complément ou le plus souvent en remplacement des taxes et redevances sur ces produits ou sources sonores (2).

1- Les mesures fiscales « dissuasives »

1041. Contrairement au prélèvement fiscal -l'impôt- régi par le principe de non-affectation des recettes collectées, les taxes et redevances (b) sont des prélèvements obligatoires affectés au financement d'une activité de protection de l'environnement. De caractère dissuasif voire « répressif », elles mettent les « bruiteurs » à contribution sur le fondement du principe « pollueur-payeur » (a). Leur rôle est de faire supporter par les responsables de certaines sources sonores le coût de la diminution de ce type de nuisance. En outre, elles peuvent servir à financer des programmes d'insonorisation ou des subventions et s'inscrivent ainsi dans des politiques globales.

a) Le principe « pollueur-payeur »...

1042. Le principe « pollueur-payeur » est avant tout une règle économique fondée sur l'internalisation des coûts externes. *« La production ou la consommation d'un bien ou d'un service provoque un certain nombre d'effets externes qui ne sont pas pris en compte par le marché et qu'il faudrait cependant internaliser, c'est-à-dire intégrer dans le prix du bien ou du service en question, en les imputant à ceux qui en sont la cause »*[1]. Les externalités négatives sont fréquentes dans le domaine de l'environnement. La pollution, comprenant les nuisances sonores, en est un cas typique. Dans une acceptation large, le principe « pollueur-payeur » oblige le pollueur à prendre en charge les coûts externes causés par sa pollution. En pratique, l'O.C.D.E. et la C.E.E. en font une application plus restrictive, selon laquelle le principe vise à faire supporter par le pollueur les dépenses de lutte contre la pollution.

1043. Consacré d'abord par des recommandations adoptées par le Conseil de l'O.C.D.E.[2], le principe « pollueur-payeur » s'est imposé graduellement comme un des piliers de la politique communautaire de l'environnement, par son insertion dans le Traité de la Communauté européenne (art. 130 R, §2), lors de la modification de ce dernier par l'Acte unique européen[3]. Principe économique érigé en principe de droit international de l'environnement, il est devenu une règle de notre droit positif avec la loi du 2 février 1995 relative au renforcement de la protection de l'environnement (dite loi « Barnier »). L'article L. 200-1 du Code rural, introduit par cette loi et devenu l'article L. 110-1 du Code de l'environnement, le définit comme le principe selon lequel les frais résultant des mesures de prévention, de réduction de la pollution et de lutte contre celle-ci doivent être réglés par le pollueur.

---

[1] X. THUNIS et N. de SADELEER, Le principe du pollueur-payeur : idéal régulateur ou règle de droit positif ?, Aménagement-Environnement, 1995, numéro spécial : « Urbanisme et environnement : réparations et sanctions », janvier 1996, p. 3.

[2] Recommandation C (72) 128 du 26 mai 1972 sur les Principes directeurs relatifs aux aspects économiques des politiques de l'environnement sur le plan international, puis recommandation C (74.223) du 14 novembre 1974. V. : M. PRIEUR, Droit de l'environnement, préc., p. 145.

[3] V. : X. THUNIS et N. de SADELEER, Le principe pollueur-payeur : idéal régulateur ou règle de droit positif ?, préc., p. 4 et s.

1044. Il a sa place dans tous les secteurs de l'environnement dès lors qu'une pollution ou une nuisance intervient. Dans son avis sur le bruit adopté en 1980, le Conseil Economique et Social avait retenu l'idée que *« le pollué ne doit plus être le payeur. Le pollueur doit payer lorsqu'il est identifiable »*. Mais face aux nuisances acoustiques, la règle doit être pondérée dans la mesure où toute personne est à la fois un pollué et un pollueur. Cette double casquette de victime et de responsable nécessite un ciblage du principe dans son application, en tenant compte du degré de nuisance produite par telle source sonore prise en compte. Le principe du pollueur-payeur peut difficilement s'appliquer intégralement dans le domaine du bruit, l'ensemble des individus constituant des « pollueurs » potentiels. Il s'agit donc d'identifier officiellement les pollueurs entrant dans ce mécanisme économique et d'institutionnaliser des « bruiteurs » particulièrement nuisibles et coûteux pour les politiques publiques de lutte engagées par la collectivité. C'est là toute la difficulté de ce principe qui ne désigne pas à coup sûr la personne à laquelle il faut imputer le coût de la nuisance lorsque celle-ci est un phénomène collectif.

1045. *« Les principaux instruments à la disposition des pouvoirs publics pour mettre en œuvre le principe du pollueur-payeur sont les normes et les redevances, perçues avant tout (...) comme* ***des instruments préventifs destinés à modifier le comportement du pollueur »***[1]. Les normes, en matière de qualité de l'environnement sonore, prescrivent par la voie de moyens juridiques contraignants -les textes réglementaires- les niveaux de décibels à ne pas dépasser par telles sources sonores, à tel moment et dans tel endroit. Mais les limites de la réglementation, tant dans sa rédaction que dans son application, face à des comportements bruyants de toutes natures, ont été relevées. Les redevances ou taxes, elles, consistent en tout prélèvement financier qui met à la charge du « bruiteur » sa quote-part des dépenses collectives qu'entraîne la lutte contre la nuisance qu'il a produite.

1046. Les taxes contre le bruit peuvent remplir une double fonction. A titre principal, elles doivent *« inciter le pollueur à prendre lui-même au moindre coût les mesures nécessaires pour réduire la pollution dont il est l'auteur »*[2]. En sus de leur rôle incitatif, elles peuvent avoir un caractère redistributif et dans ce cas, elles doivent être prélevées de manière à ce que leur *« montant global soit égal à la somme des charges collectives d'élimination des nuisances »*[3]. Mais surtout, elles ne doivent pas équivaloir à reconnaître un droit de polluer à celui qui paye. Elles ne doivent pas transformer le principe du pollueur-payeur en l'adage « je paye, donc je pollue ». Pour être efficaces et servir de politique de protection de l'environnement -dans le domaine du bruit, de protection du voisinage-, elles doivent être suffisamment élevées pour ne pas aboutir à ce que le « bruiteur » trouve plus avantageux économiquement de payer la taxe plutôt que de prendre des mesures pour diminuer les nuisances acoutiques qu'il génère. Dans la pratique, cela n'est pas sans poser des difficultés pour des raisons d'économie générale, face à des lobbies très puissants.

b) ...sous-jacent aux taxes et redevances contre le bruit

1047. Le principe « pollueur-payeur » implique l'instauration par les pouvoirs publics d'un régime de taxation par lequel les « bruiteurs » contribuent au financement des politiques de prévention et de lutte contre le bruit. Or, pour l'instant, ces instruments

---

[1] *Ibidem*, p. 5.
[2] *Ibidem*.
[3] *Ibidem*.

économiques ne concernent qu'une très faible partie des sources de bruit, à savoir essentiellement les avions. Dans ce secteur, plusieurs mesures ont été prises. Afin d'encourager l'utilisation des aéronefs les moins bruyants possible, une redevance d'atterrissage est due pour tout avion utilisant un aérodrome (V. *infra* n° 1050). Les taux de cette redevance sont affectés d'un coefficient qui varie en fonction du bruit caractéristique produit par l'appareil, de l'aéroport concerné et de l'heure d'atterrissage[1]. En complément, une taxe d'atténuation des nuisances sonores alimentant un fonds d'aide aux riverains, avait été instituée par l'article 16 de la loi n° 92-1444 du 31 décembre 1992 relative à la lutte contre le bruit (*supra* n° 154 et s.). Cet article a été modifié par la loi de finances pour 1999[2] (art. 45) qui substitue une nouvelle « taxe générale sur les activités polluantes » à celle de la loi cadre (art. L. 151-1 et 151-2 C. env.).

1048. La taxe générale sur les activités polluantes (T.G.A.P.), contenue aux articles 266 *sexies* à 266 *duodecies* du Code des douanes, s'inscrit notamment dans le cadre de la lutte contre le bruit puisqu'elle est due par tout exploitant d'aéronefs (ou leur propriétaire) de masse maximale au décollage supérieure à vingt tonnes, à l'exclusion de ceux appartenant à l'État ou participant à des missions de protection civile ou de lutte contre l'incendie. Reprenant les critères de l'ancienne taxe « bruit », son fait générateur est le décollage de ces appareils sur les aérodromes recevant du trafic public, pour lesquels le nombre annuel des mouvements d'aéronefs de masse maximale au décollage supérieure ou égale à vingt tonnes dépasse les 20 000 par an. Les aérodromes assujettis sont répartis dans trois groupes affectés d'un taux unitaire spécifique[3] en fonction de la gêne sonore réelle subie par les riverains, telle qu'elle est constatée dans les plans de gêne sonore prévus au I de l'article 19 de la loi cadre de 1992, devenu l'article L. 571-15 du Code de l'environnement.

1049. La T.G.A.P. est une recette générale du budget de l'État. En conséquence, contrairement à la taxe « bruit » qu'elle remplace, son produit n'est plus géré par l'A.D.E.M.E., depuis le 1er janvier 2000, et n'est plus affecté à un emploi déterminé. Il faut alors espérer que la fin des affectations résultant de ce nouveau système ne portera pas préjudice aux riverains des aérodromes concernés, en diminuant les aides qui leur étaient distribuées sous l'empire de l'ancienne taxe instituée par la loi de 1992 sur le bruit.

---

[1] Arrêté du 29 décembre 1995 (*JO* du 31 décembre 1995), modifiant sur ce point l'arrêté du 24 janvier 1956 sur les redevances d'atterrissage. L'arrêté du 29 décembre 1995, qui remplace celui du 28 décembre 1983 (*JO* NC du 5 janvier 1983), reprend la classification en cinq groupes de niveaux sonores décroissants des aéronefs, mais les coefficients de modulation applicables aux redevances varient selon les aéroports concernés et pour les plates-formes parisiennes selon qu'il s'agit d'atterrissage de jour ou de nuit.

[2] L'article 16 de la loi n° 92-1444 du 31 décembre 1992 relative à la lutte contre le bruit était ainsi rédigé : « *L'Agence de l'environnement et de la maîtrise de l'énergie contribue aux dépenses engagées par les riverains des aérodromes pour la mise en oeuvre des dispositions nécessaires à l'atténuation des nuisances sonores dans des conditions fixées par décret en Conseil d'État* ». Art. 45 de la loi de finances pour 1999, n° 98-1266 du 30 décembre 1998 (*JO* du 31 décembre 1998, p. 20066). Les articles 17, 18 et 20 de la loi du 31 décembre 1992 ne s'appliquent plus aux décollages d'aéronefs -postérieurs au 31 décembre 1998- visés par cette nouvelle taxe.

[3] Groupe 1 : 10,37 euros par tonne ; groupe 2 : 3,81 euros par tonne ; groupe 3 : 0,76 euros par tonne. V. le décret n° 99-508 du 17 juin 1999 pris pour l'application de l'article 45 de la loi de finances pour 1999 (n° 98-1266 du 30 décembre 1998) instituant une taxe générale sur les activités polluantes (*JO* du 20 juin 1999, p. 9099), modif. par les décrets n° 2001-705 du 31 juill. 2001 et n° 2004-62 du 14 janv. 2004 .

1050. La loi de finances pour 1999[1] a également créé, dans un article 1609 *quatervicies* du Code général des impôts, une « taxe d'aéroport » à percevoir à compter du 1er juillet 1999 au profit des exploitants d'aérodromes et due par toute entreprise de transport aérien public. S'ajoutant au prix acquitté par le client, elle est assise sur le nombre de passagers et la masse de fret et de courrier embarqués par l'entreprise sur l'aérodrome. Le tarif de la taxe varie en fonction de la classe dont l'aéronef relève, qui prend en compte le nombre d'unités de trafic embarquées ou débarquées. Chaque année, un arrêté, pris respectivement par les ministres chargés du budget et de l'aviation civile, fixe la liste des aérodromes concernés et le tarif de la taxe applicable pour chacun d'eux à partir du 1er janvier de l'année suivante. Le produit de la taxe est affecté sur chaque aérodrome au financement notamment des mesures effectuées dans le cadre des contrôles environnementaux, et donc de l'application des normes acoustiques[2].

1051. Mais hormis le secteur des avions, le bruit n'a pas de financement propre. Si la loi cadre du 31 décembre 1992 a fixé des objectifs très ambitieux vis-à-vis du bruit des transports terrestres, elle ne crée pas dans le même temps de ressources affectées à la réalisation de ces objectifs. Le rapport « Serrou » le déplore, car les coûts associés aux programmes de rattrapage des points noirs sont considérables. Or, c'est justement dans ce domaine que le décalage entre les moyens disponibles et les besoins est le plus criant. Le rapport souligne que le rythme actuel des dépenses de résorption, soit 200 à 300 millions de francs par an, est très insuffisant. Pour répondre à l'ambition de la loi de 1992 de supprimer les points noirs en dix ans, la création d'une ressource affectée, une redevance sur le bruit des véhicules « les plus bruyants » (motos, camions, certaines voitures), comme pour les aéronefs, est donc nécessaire. En effet, il faudrait 9 milliards de francs pour traiter les points à plus de 70 dB(A) du réseau national, 13 milliards de francs avec le réseau départemental et 38 milliards de francs pour un traitement complet incluant les immeubles des centres-villes. Lorsque l'on descend à 65 dB(A), seuil réglementaire national, les chiffres atteignent respectivement 45 milliards, 66 milliards et 130 milliards de francs[3] !

1052. *« Il y a peu d'expériences d'une telle mesure appliquée aux véhicules routiers dans les pays de l'O.C.D.E., malgré le succès relatif des redevances sur le bruit des aéronefs »*[4]. Les Pays-Bas avaient bien prévu une redevance de ce type, mais elle n'a jamais été mise en œuvre. La France, qui avait déjà connu une taxe sur les chiens[5], pourrait se distinguer en la matière et inaugurer un nouveau régime de taxation sur les véhicules les plus lourds ou les plus rapides et donc les plus bruyants, dont le produit permettrait de financer les programmes de rattrapage des points noirs et de tenir les engagements posés par la loi cadre du 31 décembre 1992. Le Conseil Economique et

---

[1] Art. 136 de la loi de finances pour 1999, préc., p. 20083-20084. L'article 1609 *quatervicies* a été modifié par les lois de finances pour 2002 (L. fin. 2002 n° 2001-1275, 28 déc. 2001, art. 94 : *JO* du 29 déc.) et pour 2003 (L. fin. 2003 n° 2002-1575, 30 déc. 2002 : *JO* du 31 déc., p. 22025).

[2] Un arrêté du 22 octobre 1999 (*JO* du 4 novembre 1999, p. 16472) a créé un service de gestion de la taxe d'aéroport, rattaché au service des affaires financières de la Direction générale de l'aviation civile. L'organisation de ce service a été fixée par un arrêté du 17 décembre 1999 (*JO* du 4 janvier 2000, p. 117).

[3] L'Environnement en France, I.F.E.N., préc., p. 232-233.

[4] Législation communautaire en matière d'environnement, Volume 5 « Bruit », Commission des Communautés européennes, Direction Générale XI, Environnement, Sécurité nucléaire et Protection civile, Office des publications officielles des Communautés européennes, 1993, p. 113.

[5] Afin de lutter contre les aboiements et hurlements intempestifs des chiens, une taxe communale sur ces animaux, d'un taux maximum de 30 F. par chien, avait été créée en 1855. A compter du 1er janvier 1960, elle a été rangée parmi les taxes facultatives, pour finalement être supprimée à partir du 1er janvier 1972. V. : Les aboiements de chiens, Echo Bruit, Chronique juridique n° 4, avril 1983.

Social, dans son rapport sur « Le bruit dans la ville », suggère également *« l'instauration d'une redevance à payer par les constructeurs de tout matériel pouvant entraîner une nuisance sonore »*. L'ensemble des redevances acquittées devrait être géré par une structure autonome, telle que l'A.D.E.M.E. ou une agence spécifique construite sur le modèle des agences de l'eau. *« Le fonds ainsi constitué pourrait financer des recherches pour rendre ces appareils moins bruyants grâce aux progrès de la technique ainsi que les travaux d'insonorisation des logements en zone de bruit intense »*[1].

1053. Qu'elles soient de caractère incitatif ou dissuasif, préventives ou destinées au financement d'actions de rattrapage, les taxes et redevances présentent un potentiel énorme au regard des politiques de lutte contre le bruit. Ce potentiel, aujourd'hui, n'est que très faiblement exploité et mérite pour le moins réflexion. La taxation fixée à un niveau incitatif a entre autre le mérite de conduire à une perpétuelle recherche du progrès technique. Une relance des incitations à la recherche, pour concevoir et mettre sur le marché des produits toujours plus performants sur le plan de l'acoustique, doit encore être opérée par d'autres voies de financement à développer et à inscrire dans des programmes de « recherche-développement ».

2- L'aide à la recherche et au développement

1054. *« La diminution du bruit à la source passe en majeure partie par l'innovation et la recherche »*[2]. La démarche de recherche-développement est à placer comme l'une des priorités des politiques de prévention des nuisances sonores. Malheureusement aujourd'hui, nonobstant le fort potentiel en terme de connaissances et de savoir-faire, les progrès technologiques réalisés par les entreprises ne sont pas suffisamment valorisés. Comme le constate le Conseil Economique et Social, *« ici encore, les objectifs mal définis sont peu ou mal soutenus et rarement accompagnés par une politique fiscale ou normative »*[3]. Depuis 1991, l'effort qui avait été consenti dans ce domaine s'est étiolé. La dépense nationale de recherche et de développement, regroupant les financements publics et privés des entreprises, n'est pas à la hauteur des enjeux. Bien que la recherche portant sur la prévention ou la diminution du bruit et de ses effets concerne pratiquement tous les ministères, ces derniers ne placent pas le bruit en tête de leurs préoccupations. *« Cette absence de priorité se traduit dans leurs programmes par un manque de suivi et de cohérence réels »*[4].

1055. Dans l'optique générale de « recherche-innovation-technologie », il est un mécanisme -non spécifique aux problèmes d'environnement- de nature à alimenter le budget de recherche des entreprises et à en assurer la progression. Il s'agit du « crédit d'impôt recherche », égal à 50 % de la différence entre le montant des dépenses de recherche de l'année et la moyenne des dépenses exposées les deux années précédentes. Plafonné à 40 millions de francs par an, il vient en réduction au titre de l'impôt de l'année au cours de laquelle l'entreprise a accru ses dépenses de recherche. Sont concernées toutes activités industrielles, commerciales et agricoles qui consentent un effort de recherche (fondamentale, appliquée ou de développement expérimental) et sont assujetties à l'impôt sur le revenu ou sur les sociétés. Le crédit d'impôt recherche s'applique en particulier aux dépenses que les entreprises consacrent à des travaux de normalisation, qui en matière de bruit sont très importants. Il aboutit à une déduction de

---

[1] J.-P. GUALEZZI, « Le bruit dans la ville », Rapport du Conseil Economique et Social, préc., p. I-28.

[2] *Ibidem*, p. I-15.

[3] *Ibidem*, p. I-5.

[4] *Ibidem*.

leurs impôts jusqu'au quart de leurs dépenses supplémentaires relatives aux travaux de normalisation français, européens et internationaux[1].

1056. Dans le cadre d'opérations programmées chaque année sur les thèmes de la recherche, de l'innovation et de la technologie, l'A.D.E.M.E., de son côté, octroie trois types d'aides financières. A l'adresse de tous les établissements industriels, une subvention est destinée à encourager les études préalables à la réalisation d'investissements portant notamment sur la maîtrise du bruit. Une deuxième subvention vise à soutenir des projets de mise au point de procédés ou de produits nouveaux en matière de lutte contre le bruit. Cette aide est ouverte à tous les établissements industriels, laboratoires de recherche publique, centres techniques ou sociétés de recherche sous contrat. Elle couvre au maximum 50 % du coût total du projet et en cas de succès de la recherche, l'application correspondante peut bénéficier d'une aide à la démonstration. Enfin, une troisième subvention, versée à l'utilisateur, au maître d'œuvre ou au constructeur, constitue un soutien aux développements technologiques innovants. Elle a pour objet de permettre à un matériel ou à un procédé nouveau de faire ses preuves industrielles dans des conditions réelles. En effet, à quoi servirait la recherche si elle n'était suivie d'aucune application concrète.

1057. S'agissant des transports, au cours des années 80, les aides financières à la recherche-développement concernant les véhicules silencieux électriques ou classiques ont été assez largement utilisées en France, tout comme en Allemagne. Elles se présentaient sous la forme de subventions finançant une partie des programmes de recherche des constructeurs privés (Renault pour la France) ou de prêts particuliers. Ces aides ont été des incitations directes puisqu'elles ont permis de réduire les coûts de mise au point de produits plus silencieux. Néanmoins, elles ont été abandonnées compte tenu du manque d'intérêt des constructeurs à la question du bruit, en l'absence soit d'une demande des consommateurs, et donc de la création d'un marché des véhicules moins bruyants[2], soit de contraintes juridiques par le biais de renforcements futurs et progressifs des normes d'émission. En l'espèce, l'une des solutions serait de créer des incitations à l'acquisition de tels véhicules. A défaut -et c'est le cas actuellement-, les enjeux économiques et la compétition dans le domaine des transports terrestres sont tels qu'il n'y a aucune demande pour ce genre de véhicules -qui exigent encore des perfectionnements-, ceux-ci s'avérant plus coûteux à l'achat et en frais de fonctionnement.

1058. Aujourd'hui, le Fonds de la recherche et de la technologie recueille des crédits destinés à soutenir la recherche technologique de base des entreprises en liaison avec des laboratoires publics. Ce fonds finance notamment le programme PREDIT -programme de recherche dans les transports terrestres pour la période 1996-2000-, dont l'un des objectifs est d'accélérer la mise sur le marché de nouveaux véhicules et systèmes de transport plus propres et surtout moins bruyants. Piloté par un comité d'orientation réunissant des industriels, des opérateurs, des centres de recherche et des administrations, le programme comporte ainsi un volet acoustique, pour lequel environ 3,5 millions de francs, soit 5 % du budget total, ont été débloqués en 1997. Dans le cadre de la lutte contre le bruit, un groupe spécifique a été mis en place pour travailler sur les matériels de transport ferroviaire. Compte tenu de l'expérience passée, l'aide à la

---

[1] O. FREMAU, Aides financières nationales, préc.

[2] *« Un marché existe pour les autobus silencieux soit parce que les collectivités locales en font un des objectifs de leur politique de qualité de l'environnement urbain, soit parce que les gouvernements incitent à l'achat préférentiel de tels véhicules ».* V. : Rapport de l'O.C.D.E., « Lutter contre le bruit dans les années 90 », préc., p. 40.

recherche et au développement de véhicules moins bruyants doit s'accompagner de la création d'une demande et donc d'un marché de ces véhicules, par le renforcement des normes et par le développement d'incitations à l'emploi de véhicules plus silencieux que cela n'est exigé par les normes en vigueur à l'heure actuelle.

1059. Dans le secteur de l'aéronautique, des recherches, activées par la compétition entre industriels, s'orientent également vers des technologies plus sophistiquées. La politique française d'aide à la construction aéronautique civile prend la forme de soutien à des opérations de recherche en amont. Mais cette aide doit être révisée à la hausse si l'on en croit les chiffres récents. En effet, *« les crédits destinés à cette action s'élèvent à 680 millions de francs en autorisation de programmes et à 450 millions de francs en crédits de paiement, soit une diminution de 230 millions de francs par rapport à l'exercice précédent »*[1]. Alors que les crédits destinés à la recherche sont en baisse dans le budget national des transports aériens, d'un autre côté, la France soutient activement les recherches poursuivies au niveau communautaire, dans le cadre du quatrième plan européen de recherches et de développement. Le programme T.E.F.A. (The environmentally friendly aircraft) qui en fait partie doit permettre à l'industrie de mettre sur le marché des avions répondant à des réglementations du bruit plus contraignantes[2].

1060. D'autres aides à la recherche sont prévues, par exemple par l'Agence Nationale de Valorisation et de la Recherche (A.N.V.A.R.) ou par les différents ministères concernés par la question du bruit (ministère de l'industrie, ministère de la recherche par l'intermédiaire des Centres Régionaux d'Innovation et de Transfert des Technologies...)[3]. Même si elles ne constituent pas des dispositifs spécifiques aux problèmes d'environnement, et notamment des nuisances sonores, elles peuvent soutenir des projets innovants en la matière. Cependant, l'utilité et l'efficacité de ces aides financières sont subordonnées à leur organisation planifiée de façon stable et rigoureuse. Dans son rapport sur « Le bruit dans la ville », le Conseil Economique et Social recommande qu'à partir d'objectifs définis par le Conseil national du bruit, soit élaboré et mis en œuvre un programme pluriannuel de recherche visant à réduire les nuisances sonores et capable de mobiliser la recherche publique et privée avec des moyens suffisants.

1061. Dans cette optique, le C.N.B. devrait se doter d'une cellule opérationnelle de recherche dans laquelle siégeraient des représentants de chacun des ministères intéressés. Cette cellule aurait pour mission de définir chaque année, en liaison avec les autorités européennes, les objectifs à atteindre à court et à moyen termes, en matière de connaissance du phénomène, de ses effets en vue de leur réduction dans chacun des secteurs concernés. *« Des contrats d'objectifs annuels ou pluriannuels devraient permettre d'assurer une cohérence et une rationnalité dans la politique de lutte contre le bruit engagée par les pouvoirs publics, tout en assurant aux chercheurs une liberté dans leurs travaux »*[4]. Le suivi de ces contrats serait assuré grâce à une évaluation annuelle des travaux retraçant les progrès accomplis et les domaines nécessitant des efforts particuliers. En outre, *« l'ensemble de cette démarche pourrait être dynamisée par l'établissement d'un programme d'échange des recherches et expériences entreprises*

---

[1] J.-P. GUALEZZI, « Le bruit dans la ville », Rapport du Conseil Economique et Social, préc., p. II-192.

[2] La Commission des communautés européennes a en outre adopté trois importants programmes de recherche européens : le programme RAIN sur la réduction du bruit aérodynamique, le programme RANNTAC sur le traitement acoustique des nacelles des moteurs et l'utilisation de sources anti-bruit et le programme RESOUND sur la réduction à la source du bruit émis par les moteurs.

[3] O. FREMAU, Aides financières nationales, préc.

[4] J.-P. GUALEZZI, « Le bruit dans la ville », Rapport du Conseil Economique et Social, préc., p. I-16.

par les États membres dans le domaine de la lutte contre le bruit, tel que souhaité par le Parlement européen »[1].

1062. La recherche, à l'instar des politiques de lutte contre les bruits de voisinage prises dans leur ensemble et dont elle est partie intégrante, nécessite des capitaux mais également une coordination des objectifs et actions grâce à des programmes. La planification et la coordination de l'effort national de recherche constituent le nouveau défi lancé aux pouvoirs publics dans leur croisade contre les nuisances sonores. Pour l'heure, les instruments économiques sous forme de subventions et de redevances souffrent d'une faible exploitation de tout leur potentiel en l'absence d'une telle démarche. Ils n'entrent pas encore suffisamment dans le cadre de programmes cohérents et suivis et leur caractère incitatif semble quelque fois douteux, compte tenu de la disproportion entre les sommes en jeu et celles réellement acquittées. Les programmes cohérents et suivis sont ceux qui prévoient à la fois un renforcement des normes, davantage de contrôles des actions, ainsi que des incitations économiques suffisantes, tout cela appliqué sur le long terme afin de permettre les adaptations techniques, les innovations technologiques et l'évolution des comportements.

1063. La fiscalité de l'environnement présente un enjeu fondamental dans la lutte contre le bruit. La disposition de ressources financières garantit une alimentation continue permettant la définition de politiques à long terme. En outre, lorsqu'elles sont correctement mises en place, les aides financières et les taxes ou redevances sont des instruments efficaces d'incitation à des comportements de prévention et de protection contre le bruit. Mais encore faut-il que ces moyens économiques soient assortis de la volonté de les employer. Pour cela, il est important d'apporter aux différents acteurs appelés à les mettre en œuvre, et cela vaut également pour tout le dispositif législatif et réglementaire existant en la matière, l'information et la formation appropriées. Pour que la prise de conscience et de responsabilité se fasse à tous les niveaux, des mesures incitatives non économiques, faisant directement appel à la sensibilité et à la notion de citoyenneté, doivent être utilisées.

§2. LES INCITATIONS « EXTRA-JURIDIQUES »

1064. *« Sans la bonne volonté de chacun, la lutte contre le bruit reste vaine puisque des individus isolés peuvent provoquer plus de bruit et de gêne qu'un ensemble de citoyens se comportant de façon non agressive »*[2]. Cette « bonne volonté » renvoie à la dimension sociale, « humaine » du bruit. Le problème spécifique posé par cette nuisance est avant tout un problème de comportement. La solution consiste à voir comment les gens reçoivent le bruit ou le crée, puis d'agir en conséquence sur ces deux attitudes, pour arriver à une prise de conscience généralisée ainsi qu'à une mobilisation de tous les instants. A ce stade « psychologique » qui conditionne les interventions de chacun, le recours à des incitations non économiques va permettre d'inculquer, dans un premier temps, la « préoccupation bruit » grâce à une sensibilisation et une connaissance du phénomène et, dans un deuxième temps, le « réflexe bruit » qui s'exercera dans les actes du quotidien.

1065. Les incitations non économiques interviennent principalement dans les domaines de la sensibilisation, de l'information et de la formation. Elles *« ne créent pas d'obligations, à la différence des réglements, et n'offrent pas ou ne suppriment pas*

---

[1] *Ibidem*, p. I-17.

[2] A. ALEXANDRE et J.-P. BARDE, Le bruit : une pollution sans écho, préc., p. 15.

d'avantages monétaires, à la différence des instruments économiques »[1]. Elles se présentent comme les vecteurs du principe de précaution[2], nouvelle forme de prévention, qui pose une règle de bonne conduite. Placé sur le même plan que le principe du pollueur-payeur, il résulte du fait que la réglementation, d'une part, n'est pas simple et, d'autre part, n'est pas toujours adaptée aux problèmes d'environnement, et notamment de bruit. Les incitations non économiques vont donc aider à en préparer l'acceptation par les divers acteurs concernés et à en assurer la compréhension, afin qu'elle ait un sens pour tous et soit appliquée par tout le monde. Cela vaut de façon plus générale pour les politiques de lutte définies par les pouvoirs publics. Là où la réglementation est inadaptée, elles s'y substitueront pour établir des préceptes de « bon voisinage », d'autant que la complexité et les incertitudes qui entourent le phénomène bruit imposent des règles de comportement visant à prévenir les conflits dus aux bruits de voisinage.

1066. Ces moyens « extra-juridiques » constituent aujourd'hui, dans le cadre des politiques globales de lutte contre les bruits de voisinage, le complément ou le substitut - selon les cas- le plus prometteur des réglementations relatives au bruit. Les cibles en sont le public en général ou des populations particulières (élus, techniciens, jeunesse...). Ainsi, *« le soutien du public aux politiques de lutte contre le bruit, qui est lié à la sensibilisation des populations, et la mise en œuvre des politiques au niveau local, qui dépend essentiellement de la motivation des décideurs locaux, ne pourront être améliorés que par des efforts massifs visant à modifier les comportements »*[3]. Les mesures non économiques qui les traduisent le mieux sont les actions de formation (A) et de sensibilisation (B), encouragées par l'institution du « Décibel d'Or » (C).

A. La formation des acteurs publics

1067. La difficulté du principe de précaution réside dans le fait qu'il implique une prise de position, une décision suivie d'une intervention concrète, de la part du décideur, qu'il soit public ou privé. Cela suppose bien évidemment que celui-ci non seulement se sente concerné par le problème des nuisances sonores, mais également qu'il soit apte à intervenir de façon adéquate et efficace. Les professions ou secteurs d'activités concernées par la lutte contre le bruit sont nombreuses, mais rares sont les professionnels qui en font une préoccupation fondamentale, souvent parce que peu ou pas formés à la question. Comme le souligne le Conseil Economique et Social dans son rapport sur « Le bruit dans la ville », un effort de formation important doit être engagé pour lutter efficacement contre cette nuisance. *« Chercheurs, médecins, architectes, ingénieurs, techniciens dans les métiers du bâtiment, de la mécanique ou de l'aéronautique mais aussi sociologues, élus et juristes ont, chacun dans leur domaine, des connaissances à acquérir et à mettre en œuvre... »*[4]. L'ensemble des acteurs professionnels est concerné.

---

[1] Rapport de l'O.C.D.E., « Lutter contre le bruit dans les années 90 », préc., p. 43.

[2] L'article L. 200-1 du Code rural, introduit par la loi n° 95-101 du 2 février 1995 relative au renforcement de la protection de l'environnement et devenu l'article L. 110-1 du Code de l'environnement, le définit comme suit : *« l'absence de certitudes, compte tenu des connaissances scientifiques et techniques du moment, ne doit pas retarder l'adoption de mesures effectives et proportionnées visant à prévenir un risque de dommages graves et irréversibles à l'environnement à un coût économiquement acceptable »*. Ce principe avait été consacré auparavant au niveau communautaire (art. 130-R-2 du Traité de Maastricht) et au plan international (principe 15 de la Déclaration de Rio).

[3] Rapport de l'O.C.D.E., « Lutter contre le bruit dans les années 90 », préc., p. 53-54.

[4] J.-P. GUALEZZI, « Le bruit dans la ville », Rapport du Conseil Economique et Social, préc., p. I-18 et I-19.

1068. Le décalage qui est observé entre l'importance de la gêne exprimée par le public en raison du bruit et la faible priorité politique accordée à ce dernier s'explique notamment par la carence de formation et de sensibilisation des décideurs publics. Les effets du bruit, et la nécessité impérieuse de le combattre, demeurent encore souvent mal perçus par les pouvoirs publics locaux parce que diffus et non spectaculaires. Or, il est indispensable de sensibiliser et de former les élus et agents communaux à la lutte contre le bruit qui suppose une mise en œuvre décentralisée des politiques globales. Des programmes de formation à l'intention de ces acteurs essentiels, parce que premiers exécutants des politiques globales, doivent être mis en place. La circulaire du 27 février 1996 relative à la lutte contre les bruits de voisinage[1] donne les contours et lignes directrices de cette formation au « droit du bruit » (2) dont les enjeux sont déterminants du succès des politiques (1).

1- Les enjeux de la formation des élus et agents communaux

1069. Il n'est pas aisé de définir avec justesse et précision des objectifs en matière de formation, puis de mettre en place les moyens d'en évaluer les performances. Pourtant, les besoins sont réels et doivent être satisfaits. Essentielle à l'application des réglementations et des politiques, la formation doit occuper une place fondamentale dans les plans globaux et pluriannuels de lutte contre le bruit engagés par les collectivités territoriales. Elle pose trois questions majeures auxquelles les plans devront répondre successivement avant de la mettre en œuvre : une formation pourquoi (a) ?, pour qui (b) ? et comment (c) ?

a) L'objet de la formation

1070. La mise en place d'une formation ne peut se faire que si les responsables ont parfaitement conscience de sa nécessité, du rôle capital qu'elle a à jouer dans les politiques de lutte contre les bruits de voisinage. Qu'est-ce qui justifie, ou plus exactement, impose aujourd'hui une telle démarche ? Plusieurs considérations peuvent être avancées, issues d'un trait commun : la spécificité de la nuisance sonore qui en fait un phénomène à la fois insaisissable et d'une complexité extrême à différents points de vue. Nuisance protéiforme et transversale, le bruit se décline en différentes dimensions interdépendantes : juridique, technique, économique, sociale, médicale, politique..., qu'il convient d'intégrer dans les politiques globales pour une approche et un traitement exhaustifs de la question. Les acteurs chargés de mener ces politiques se doivent donc d'avoir un minimum de connaissances dans chacun de ces secteurs.

1071. La spécialité et la complexité de ces domaines commandent une formation de base, qui sera bien souvent en même temps l'occasion d'une sensibilisation à des problèmes ou à des aspects qui n'avaient jusque là pas été perçus. Il apparaît clairement que les techniques de lutte contre les bruits de voisinage ne sont pas connues de tous les élus et fonctionnaires municipaux. Certains d'entre eux ne considèrent pas encore le problème du bruit à sa juste valeur, puisque ses effets n'ont pas cet aspect spectaculaire que peuvent par exemple prendre le déversement d'hydrocarbures dans un cours d'eau ou le stockage de matières particulièrement toxiques et nauséabondes dans une décharge à ciel ouvert. De même, les effets du bruit sur la santé peuvent être tout aussi insidieux. L'imputabilité des troubles médicaux au bruit n'est pas chose facile et la dégradation de la qualité de la vie est encore plus difficile à démontrer. La législation permettant de

[1] *JO* du 7 avril 1996, p. 5474-5478.

lutter contre ce type de nuisance se fait le reflet de toute cette complexité et son application suscite bien des interrogations.

1072. Il apparaît donc impérieux, pour des raisons pratiques, d'engager résolument et sur le long terme une action visant à sensibiliser et former ces responsables. Avant tout, il s'agit d'obtenir l'attention et l'adhésion de chaque élu ou responsable municipal au mouvement national de lutte contre les bruits de voisinage, afin qu'il prenne conscience de son rôle de « chef d'orchestre » des politiques à l'échelon local et se considère comme un acteur mobilisé dans une équipe chargée de trouver les solutions les meilleures. La formation doit, ensuite, avoir pour effet d'entraîner un « réflexe bruit » dans toutes les actions municipales, pour que la contrainte acoustique soit intégrée, le plus en amont possible, dans tous les projets de la commune et résolue à un coût marginal ou nul pour un résultat acoustique optimal. La lutte contre le bruit coûtant cher, il faut permettre aux élus et à leurs personnels communaux, avec les moyens du budget communal, de réaliser eux-mêmes certaines études et travaux au sein du territoire local posant des problèmes d'acoustique.

1073. C'est, enfin, sur le plan strictement juridique qu'une formation au droit du bruit apparaît la plus urgente. Alors que le nouveau dispositif réglementaire sur les bruits de voisinage confère des attributions et compétences accrues aux élus locaux, ces derniers, par ignorance ou absence de volonté politique, en font souvent fi. Le maire, et à travers lui ses multiples services et techniciens, est aujourd'hui le principal interlocuteur et acteur juridique en matière de lutte contre les bruits de voisinage. Les carences dans l'intervention municipale ne doivent donc plus être acceptées.

b) Les destinataires de la formation

1074. Dans le cadre d'une action et d'une démarche globales, à répercuter à l'échelle du voisinage, plusieurs catégories de personnes doivent être sensibilisées et formées. La première autorité concernée est celle visée par la réglementation sur les bruits de voisinage et sans laquelle peu ou prou de choses seraient possibles, à savoir le maire. Il est inacceptable qu'à l'heure actuelle, des élus locaux ne connaissent pas l'étendue exacte de leurs charges et pouvoirs en matière de bruit et renvoie les problèmes et litiges à d'autres autorités alors que ceux-ci relèvent de leurs compétences. Une présentation de la législation, leur exposant clairement les obligations juridiques dont ils sont les titulaires attitrés et leur expliquant comment les mettre en œuvre doit avoir lieu dans toutes les communes de France. La démarche pourrait se généraliser par l'organisation de journées spéciales de formation, renouvelées périodiquement pour suivre l'évolution de la législation.

1075. Il faut ensuite apporter une formation acoustique à l'ensemble des techniciens des villes (services urbanisme, architecture, entretien, travaux...) qui ont en charge la préparation des dossiers de construction ou d'équipement. S'agissant des agents communaux amenés à contrôler les infractions à la loi « Bruit » (police municipale, bureau d'hygiène, salubrité, cadre de vie), la circulaire du 27 février 1996 relative à la lutte contre les bruits de voisinage prévoit qu'il leur soit donné une formation adéquate à l'instruction des plaintes et à la sonométrie. Le Centre national de la fonction publique territoriale (C.N.F.P.T.), réquisitionné à cet effet, doit s'impliquer davantage afin de former dans les meilleurs délais les nombreux agents concernés. Chaque service et agent de la commune, dans leur domaine spécifique, doivent intégrer la préoccupation bruit et la répercuter dans l'ensemble de leurs activités. Pour cela, une sensibilisation générale de tous les agents se révèle indispensable.

1076. Le rapport sur « Les politiques urbaines du bruit », établi en 1990 et donc antérieur à la loi cadre de 1992, constatait que quatorze des villes-pilotes, sur les dix-sept ayant répondu au questionnaire, avaient mené des actions en matière de formation des personnels communaux conduites par des organismes très divers (ministère de l'équipement, constructeurs de sonomètres, universités, cabinets d'experts), le C.N.F.P.T. n'étant intervenu que pour huit d'entre elles. Devant la multiplicité des prestataires de formations, le rapporteur voyait là *« le signe de la diversité des besoins des villes et du souci de choisir des partenaires adaptés, mais on peut aussi, de façon moins optimiste* -commentait-il- *supposer que l'offre de formation, notamment par le C.N.F.P.T. ne répond pas suffisamment aux besoins des villes »*[1]. Au début des années 90, le constat faisait état de profondes carences qui, aujourd'hui, ne sont toujours pas résorbées faute d'une organisation et d'une volonté réelle de s'investir dans cette démarche.

1077. Peu d'élus sont réellement et correctement formés et sensibilisés aux problèmes de bruit et peu de fonctionnaires ont les connaissances (techniques, juridiques...) appropriées pour mettre en œuvre, avec compétence et efficacité, les politiques de lutte définies par les décideurs. Efficacité et compétence sont bien les maîtres mots de la formation à dispenser à ces agents de décision et de terrain. Ce n'est qu'en réalisant de façon régulière et répétée ces actions de formation que l'on obtiendra une véritable participation de toutes ces personnes et fonctions, acteurs essentiels de la lutte concrète contre les bruits de voisinage. Le choix de ces personnes n'est pas anodin. Intervenants les plus proches des citoyens et de leurs problèmes, ils doivent montrer le bon exemple et réussir à transmettre à leur tour leurs connaissance et préoccupation du bruit. Les destinataires et besoins étant ainsi identifiés, toute la difficulté est de déterminer les modalités idéales d'une formation complète et parfaitement adaptée.

c) Les modalités de la formation

1078. Organisée dans le cadre d'un programme global et cohérent, la formation pour être complète doit pouvoir se composer de plusieurs stages successifs, comportant divers modules spécialisés. Ce programme, réactualisé régulièrement, sera utilisé successivement dans le temps par la municipalité qui formera ses propres responsables et assurera la promotion du personnel communal dans ce domaine.

1079. La formation peut, par exemple, débuter par un stage de sensibilisation et d'information, afin de permettre aux élus et fonctionnaires municipaux d'acquérir des bases méthodologiques au regard de la problématique particulière posée par le problème du bruit. Ils seront ainsi mieux à même d'élaborer ensuite le plan d'actions de lutte contre les bruits de voisinage de la commune et d'intégrer dans tous leurs projets et activités le critère acoustique. Cette première approche générale doit être suivie d'enseignements plus spécifiques, ciblés sur les missions et spécialités de chaque agent communal. Pourra être dispensé, à l'adresse des techniciens et ouvriers d'entretien et de travaux, un stage de formation technique à la mise en œuvre des matériaux moins bruyants ou procédés d'insonorisation. Un stage « Urbanisme et Acoustique » sera destiné à donner aux architectes et adjoints techniques les éléments acoustiques nécessaires, alors qu'un stage « Instruction des Plaintes et Sonométrie » permettra de

[1] J.-P. GUALEZZI, « Le bruit dans la ville », Rapport du Conseil Economique et Social, préc., p. II-117.

former le personnel chargé de contrôler les infractions à la loi « Bruit » et à ses textes d'application[1].

1080. Ces différents stages peuvent s'ordonner sur plusieurs années, au sein de chaque commune, mais également au niveau de plusieurs collectivités regroupées à l'échelon départemental ou même régional. L'important est qu'ils donnent les clés à la collectivité locale d'une lutte concrète et efficace contre ses bruits de voisinage. Le pouvoir central, conscient de l'enjeu fondamental que représente une telle démarche et des profondes lacunes existant encore en ce domaine, s'est penché sur un des aspects de la formation : les conditions du contrôle de la réglementation et de la constatation des infractions. La circulaire du 27 février 1996 relative à la lutte contre les bruits de voisinage adresse aux préfets, chargés de répercuter l'information aux maires, les modalités de cette formation spécifique.

2- Le mode d'emploi

1081. En 1996, le pouvoir normateur est finalement allé au bout de sa logique en évoquant la phase de formation au « droit du bruit ». Sont spécialement concernés les agents de l'État et des collectivités locales commissionnés et assermentés[2] en vue de procéder à la recherche et à la constatation des infractions au cadre légal posé par la loi n° 92-1444 du 31 décembre 1992 et ses nombreux textes d'application. *« Il est indispensable que ces agents suivent une formation spécifique pour remplir cette mission ».* La circulaire du 27 février 1996 en trace les principes directeurs (a), à mettre en œuvre par des organismes désignés par le ministère chargé de l'Environnement (b).

a) La circulaire du 27 février 1996 relative à la lutte contre les bruits de voisinage

1082. La circulaire interministérielle du 27 février 1996 met en place un outil pédagogique afin de donner aux agents de contrôle de la législation Bruit tous les moyens pour remplir correctement leur mission. La formation au droit du bruit qu'elle prévoit repose sur deux modules distincts, qui intègrent la distinction juridique opérée en matière de bruits de voisinage, c'est-à-dire selon que ceux-ci nécessitent ou non des mesures acoustiques pour leur constatation. Le détail de cette formation : les objectifs, le contenu précis, la durée des stages et leurs modalités pratiques, est développé dans une annexe technique de la circulaire[3]. Les ministères de la Défense, du Travail et des Affaires sociales, de l'Intérieur et de l'Environnement, associés dans cette entreprise et co-signataires du texte, en assurent la cohérence et veillent à son bon déroulement.

1083. Le premier module est appelé *« module de base ».* Il a pour objet la constatation des infractions sans qu'il y ait besoin de procéder à des mesures acoustiques. Il comprend, tout d'abord, une formation minimale sur le bruit, destinée à informer les agents sur les aspects physiques du phénomène (nature et caractéristiques), ses effets sur la santé (audition et troubles non auditifs) et l'appréciation de la gêne. Cette première approche du problème, par le biais de la sensibilisation, est suivie d'une

---

[1] A. CROS, La formation des personnels des collectivités territoriales, Echo Bruit n° 20-21, mars 1986, p. 3-4.

[2] selon les conditions du décret n° 95-409 du 18 avril 1995 pris en application de l'article 21 de la loi n° 92-1444 du 31 décembre 1992 relative à la lutte contre le bruit et relatif aux agents de l'État et des communes commissionnés et assermentés pour procéder à la recherche et à la constatation des infractions aux dispositions relatives à la lutte contre le bruit (*JO* du 19 avril 1995).

[3] Les agents assermentés et commissionnés, en application de l'article L. 48 du Code de la santé publique, et déjà formés en sont dispensés.

formation sur la réglementation et sa mise en œuvre sur le terrain et, notamment, la méthode à suivre lors d'un constat d'infraction (établissement et contenu du procès-verbal, suivi de l'affaire). L'objectif est de donner aux fonctionnaires les connaissances et informations nécessaires pour enquêter dans les formes voulues, mener les différentes étapes de l'enquête, apprécier la nécessité ou non du recours aux mesures acoustiques, procéder au constat des infractions et établir le procès-verbal. Cette formation de base se déroule sur une période minimale de trois jours.

1084. Deux jours supplémentaires viennent s'ajouter pour les agents chargés d'effectuer des mesures acoustiques, qui nécessitent, en plus de la formation juridique, un minimum de connaissances techniques. Ce second module, qui vient en complément du premier, leur fournit les bases nécessaires à l'utilisation du matériel sonométrique avec la rigueur scientifique requise, à la compréhension des résultats obtenus et à la rédaction des rapports de mesure. Il s'agit d'une formation technique, plus poussée dans son contenu, tant au niveau des aspects physiques du bruit (propagation, puissance, pression acoustique...) et des notions sur l'audition (anatomie du système auditif, physiologie, perception, effets directs et indirects du bruit sur l'homme...), qu'au niveau de la technique avec la métrologie et des notions élémentaires sur l'isolation et la correction acoustique. L'enseignement comprend également des compléments de réglementation et de normalisation et s'accompagne de travaux pratiques, incluant des réalisations de mesures « bruits de voisinage », l'établissement d'un procès-verbal de mesures et des études de cas.

1085. L'État met ainsi à la disposition des agents de terrain un outil pédagogique indispensable à la lutte contre les bruits de voisinage. Son efficacité réelle ne peut se mesurer qu'au travers des applications pratiques qui en sont faites et du comportement rénové, vis-à-vis des problèmes de bruit, des agents formés.

b) Les applications concrètes

1086. Les stages de formation sont confiés à des organismes désignés par les ministères intervenant dans la démarche. Sont accrédités pour cette tâche de sensibilisation et d'enseignement les organismes de formation des différents ministères, tels que le centre de formation de la gendarmerie nationale, les écoles nationales de la police, l'Ecole nationale de la santé publique, les centres nationaux de formation des personnels territoriaux, les centres interrégionaux de formation professionnelle du ministère de l'Equipement, les écoles d'architecture ou l'Ecole nationale des travaux publics de l'État. Il peut également être fait appel à des organismes extérieurs de formation, spécialisés dans ce domaine. Parmi ceux-ci, le Centre d'Information et de Documentation sur le Bruit (C.I.D.B.) a été désigné par le ministère chargé de l'Environnement pour assurer cette formation spécifique.

1087. Depuis la sortie du texte interministériel, le C.I.D.B. organise chaque année deux stages de trois jours chacun, dont le programme, suivant fidèlement les prescriptions de la circulaire, a été approuvé par la mission bruit du ministère chargé de l'Environnement[1]. Les deux modules proposés, le premier sur le constat des infractions sans mesure acoustique, le second sur le constat des infractions avec mesure acoustique, semblent allier avec brio et pédagogie enseignement théorique et applications et répercussions pratiques. Le point est fait sur la réglementation concernant les bruits de voisinage, avec une présentation claire et complète du nouveau cadre d'intervention des agents communaux (loi n° 92-1444 du 31 décembre 1992 et article L. 2 du Code de la

[1] Pour le programme détaillé du stage, voir par exemple : Echo Bruit n° 82, septembre 1997, p. 39.

santé publique, décret n° 95-408 du 18 avril 1995, circulaire du 27 février 1996, arrêtés préfectoraux et municipaux). La phase de sensibilisation aux impacts du bruit se fait systématiquement à partir d'exemples concrets de la vie quotidienne, pour montrer que le bruit, s'il est difficile à saisir et à comprendre, n'en est pas moins un phénomène omniprésent, aux multiples conséquences dans notre quotidien.

1088. L'aspect pratique de cette formation est particulièrement intéressant. Il permet de démontrer que le bruit et de là, les moyens de lutter contre ce type de nuisance, ne sont pas du tout abstraits, mais qu'il convient de bien les utiliser. La présentation de la réglementation est ainsi suivie d'une mise en application des textes et des procédures à engager, suivant chaque cas d'espèce, complétée d'un exposé de la jurisprudence pénale, civile et administrative existant dans ce domaine. Le problème de la carence du maire est également abordé et soumis à discussion. Le constat des infractions et les suites possibles à donner sont développés étape par étape. Des travaux pratiques, tels que le traitement de cas concrets de bruits de voisinage (avec la rédaction de lettres au fauteur, au plaignant, d'un P.-V. de constatation et de la lettre au procureur de la République) ou des mesures de bruit et la rédaction d'un rapport de mesurage type, parachèvent ces enseignements.

1089. La sensibilisation et la formation des élus et agents communaux à la lutte contre les bruits de voisinage sont des éléments primordiaux du succès des politiques. Une intensification de ces démarches doit encore être opérée pour que le bruit ne passe plus systématiquement après d'autres objectifs ou priorités de l'action publique locale, lorsqu'il n'est pas tout simplement oublié. La formation de ces acteurs locaux doit, en outre, être complétée par une sensibilisation générale de tous les citoyens, également acteurs -et non des moindres- de la lutte contre les bruits de voisinage. Comme pour les agents de l'État et des collectivités locales, un changement de culture est nécessaire si l'on souhaite voir acquérir par chaque « voisin » le réflexe de la « préoccupation bruit ».

B. Les actions de sensibilisation

1090. *« Il est difficile d'agir efficacement contre les bruits de la vie quotidienne, lesquels proviennent de multiples sources et sont souvent le résultat du sans-gêne ou de l'ignorance, aussi bien au niveau national que local »*[1]. D'une part, le phénomène bruit est mal connu des citoyens qui, à l'instar des autorités locales, ne connaissent pas toujours leurs droits et obligations. Il faut donc assurer une meilleure information du public sur le sujet. D'autre part, la diminution des bruits de voisinage relève en grande partie du comportement des individus, du respect de l'autre, d'un savoir-vivre en société, avec ses voisins. Il s'agit de développer une attitude civique à l'égard du bruit. *« La coexistence, sur des espaces limités, de populations de cultures et d'âges très divers ayant une relation au bruit différente, impose en effet le développement d'une certaine tolérance mais aussi d'un civisme indispensables au dialogue »*[2].

1091. Or, pour sensibiliser les personnes au problème du bruit, il faut en parler. Le pas a été franchi au niveau national en 1995, année des premières assises nationales de la qualité de l'environnement sonore. Pendant trois jours à Strasbourg, les spécialistes de l'environnement sonore ont choisi de *« ne pas faire silence sur le bruit, mais d'en parler »*, selon la formule opportune de Madame Trautmann[3]. Trois ans plus tard, sous l'égide du ministère de l'Environnement, l'expérience a été reconduite à Paris,

---

[1] Rapport de l'O.C.D.E., « Lutter contre le bruit dans les années 90 », préc., p. 117.

[2] J.-P. GUALEZZI, « Le bruit dans la ville », Rapport du Conseil Economique et Social, préc., p. I-21.

[3] V. : L. NAEGELEN, Le bruit, une « manière d'être » ?, L'Alsace, 13 octobre 1995, p. 25.

permettant de faire le point sur les politiques et outils de lutte du moment et de susciter des réflexions, témoignages et discussions entre les différents participants[1]. Il en ressort que pour toucher directement tous les partenaires impliqués, notamment chaque « voisin » que nous sommes, il faut mettre en œuvre des programmes de sensibilisation, par le biais de deux types d'actions : les campagnes d'information (1), renforcées par des initiatives d'éducation à l'environnement sonore (2).

1- Les campagnes d'information

1092. Toutes les actions initiées par les pouvoirs publics, les politiques globales de lutte contre les bruits de voisinage, ne porteront leurs fruits qu'à la condition d'une prise de conscience individuelle et collective. L'opinion publique doit s'approprier pour elle-même cette volonté d'agir contre les nuisances acoustiques. Chacun doit savoir que non seulement il *peut,* mais surtout il *doit* faire quelque chose pour lutter contre la pollution sonore. Chaque « voisin » porte cette responsabilité à assumer au quotidien. Pour parvenir à une telle mobilisation, les campagnes d'information constituent le vecteur idéal de la sensibilisation des individus.

1093. L'action menée par leur intermédiaire peut être double : d'une part, auprès des « bruiteurs » sur le thème du respect d'autrui, d'autre part, auprès des victimes sur le thème de la tolérance du bruit des « voisins ». Ces deux types d'action sont complémentaires, car très souvent, « bruiteur » et victime sont une seule et même personne placée dans des situations différentes. La démarche des campagnes de sensibilisation part, en effet, du postulat selon lequel *« l'émission et la perception du bruit dépendent autant de facteurs humains que de causes mécaniques. (...) l'homme n'est pas que victime du bruit : il en est aussi fauteur (notamment comme utilisateur de machines ou plus généralement par ses comportements dans la vie sociale) »*[2]. En outre, elle a l'avantage de prendre en compte les caractères éminement subjectif et psychologique du bruit. L'importance de ces facteurs psycho-sociologiques laisse à penser qu'agir sur de tels paramètres, *« par l'utilisation de techniques de communications humaines, pourrait contribuer à réduire les émissions de bruit ainsi que les sentiments de gêne qu'elles engendrent »*[3].

1094. En fonction des cibles et objectifs retenus, différents modèles de campagne (a) peuvent être expérimentés (b).

a) Les différentes approches

1095. Dans l'absolu, la cohérence d'une campagne d'information, quelle qu'elle soit, suppose que celle-ci reproduise deux étapes successives. Tout d'abord, la campagne doit permettre de connaître exactement les problèmes rencontrés par la population. La sensibilisation est le maître mot de l'action d'informer. C'est grâce à des cartographies du bruit, des enquêtes, sondages, questionnaires, des rencontres avec les habitants, que la population est rendue sensible à la lutte contre le bruit. Cette sensibilisation doit être accompagnée d'une sensibilisation de tous les intervenants (services municipaux, associations, enseignants...) pour que l'information se fasse dans les deux sens et ouvre des solutions de chaque côté. Une fois les problèmes de bruit identifiés, il s'agit de les résoudre en modifiant des comportements précis et définis : bruits nocturnes, bruit des

---

[1] V. le dossier « 2èmes assises nationales de la qualité de l'environnement sonore, bruit des transports », Echo Bruit n° 88, décembre-janvier 1999, p. 3-43.

[2] R. DUISIT, Des campagnes d'information, pourquoi ?, Echo Bruit n° 20-21, préc., p. 2.

[3] *Ibidem.*

véhicules, des établissements recevant du public... « *Cette action est indissolublement liée à la réglementation, qu'elle légitime en assurant sa publicité, mais elle est également effectuée par le biais d'une valorisation de l'individu, considéré comme meilleur et mieux intégré socialement si son comportement n'est pas bruyant* »[1].

1096. Les campagnes d'information organisées en France sont principalement de deux dimensions. Les unes sont de vastes campagnes « antibruit », à caractère et portée généraux. Elles sont axées sur un éventail le plus large possible des sources de bruit, à l'adresse de l'ensemble des citoyens. Les autres, au contraire, sont des actions ciblées, dirigées sur des problèmes précis (les effets du bruit sur la santé, les nuisances sonores en provenance des débits de boissons...) et des groupes déterminés de la population (les scolaires, les habitués des discothèques...). Leur objet est donc plus ou moins délimité, selon les « cibles » choisies. De même, leur portée pourra être plus ou moins étendue. Il est ainsi des campagnes d'ampleur limitée mais en continue, pour accompagner régulièrement les avancées dans le domaine de la lutte contre le bruit, notamment à l'occasion de l'introduction de nouvelles réglementations ou de la mise en place d'une nouvelle politique. Ce type de campagnes semble plus efficace que les campagnes nationales importantes mais éphémères, organisées à intervalles éloignés et déconnectées des progrès réalisés. Ces dernières ne produisent guère d'effets durables.

1097. L'expérience nous montre que beaucoup de campagnes, ayant bénéficier de financements très modestes, n'ont eu, de ce fait, qu'une durée de vie très courte, d'une ou deux semaines. A partir de là, l'impact de l'opération s'en fait nettement ressentir. L'information peut être de bonne qualité, mais si elle n'est pas régulièrement rappelée, elle tombe très vite aux oubliettes, remplacée par d'autres préoccupations du moment. Les campagnes épisodiques et lapidaires ne correspondent pas vraiment à l'objectif de développement durable des nouvelles politiques globales de lutte contre le bruit. Elles doivent céder la place à des campagnes menées à l'échelon local, de façon continue, tenant la population informée en permanence de l'évolution des différentes actions menées dans ce domaine et rappelant quotidiennement l'importance d'une mobilisation de chacun et de tous les instants.

1098. L'évolution dans ce sens est lente et très inégalement constatée sur l'ensemble des communes françaises. Les campagnes nationales « antibruit », premiers modèles du genre, ont ouvert la voie à ce mode d'action qui, intégré dans les politiques globales de lutte, est à déconcentrer et pérenniser au niveau local.

b) Des modèles concrets

1099. Des campagnes d'information sur le thème du bruit sont aujourd'hui réalisées, avec plus ou moins d'efficacité, à tous les niveaux : national, local et même européen, avec la campagne de sensibilisation itinérante de la société Bruël et Kjaer qui a effectué une tournée dans de nombreuses villes européennes. Première expérience à cet échelon, elle s'adresse non pas au « grand public » mais aux professionnels de la lutte contre le bruit, administrations et collectivités locales, pour leur faire part des moyens dont la société dispose pour leur apporter des solutions en termes de savoir-faire, d'instrumentation et de technique[2]. A côté de ce nouveau type de « promotion ambulante et transfrontière » des services et produits en acoustique d'une société, les premières campagnes, au sens classique où nous les entendons, ont été des stratégies de grande

---

[1] Echo Bruit n° 12, août 1984, p. 1.

[2] V. : La tournée européenne de Bruël et Kjaer, Echo Bruit n° 87, octobre 1998, p. 24.

envergure puisqu'initiées à l'échelle nationale par l'État, avec des moyens destinés à toucher le plus large public.

1100. Trois campagnes nationales ont ainsi été organisées dans les années 80-90. La première fut lancée en 1984. Campagne d'affichage accompagnée d'un spot télévisé interprété par Michel Galabru, elle véhiculait le message suivant : *« Moins on fait de bruit, mieux on s'entend »*. Elle a été jugée plutôt positive au regard du nombre de téléspectateurs qui ont vu le spot et se sont souvenus du message. Mais combien l'ont-ils mis en pratique et pendant combien de temps ?... Quatre ans après, un autre slogan percutant : *« Couché le bruit ! »* était choisi pour la deuxième campagne de communication réalisée par le ministère de l'Environnement, autour de deux pôles majeurs : des actions nationales et des actions décentralisées[1]. Le support médiatique privilégié était cette fois-ci la radio qui a diffusé, sur les grandes ondes, deux spots de trente secondes pendant une semaine. Elle fut également l'occasion de mettre en place un nouveau service minitel « 3615 BRUIT », qui répond aux questions juridiques et techniques posées par tout un chacun à propos de *son* problème de bruit. Enfin, à l'échelon local, des affiches étaient mises à disposition des deux cents villes-relais ayant adhéré à l'opération, alors que les préfectures recevaient des affichettes utilisables dans les administrations et lieux publics (commerces, locaux scolaires, entrées d'immeubles...).

1101. La dernière campagne nationale, baptisée *« Nos oreilles ne sont pas des poubelles à décibels »*, date de 1992. Entreprise conjointe du ministère de l'Environnement et de l'A.D.E.M.E., elle a utilisé le message *« Le bruit, soyons plus à en faire moins »*, invitant les Français à modérer leurs comportements bruyants, au moment même où le Parlement adoptait la loi cadre sur la prévention et la protection contre le bruit. L'information s'est faite principalement par voie d'affichage (4 000 panneaux répartis sur toute la France) et de brochures distribuées au public. Celles-ci ont présenté le bruit, ses effets sur la santé, l'action en cours des pouvoirs publics et mis fin à certains mythes solidement ancrés dans l'opinion publique, comme celui des 22 heures ou de la soirée mensuelle bruyante autorisée. Des spots radio[2] sont venus renforcer cette campagne d'affichage qui, depuis lors, n'a pas été suivie par d'autres expériences à cette échelle.

1102. Il est apparu que ces vastes opérations, si elles présentaient l'avantage d'atteindre un grand nombre de personnes, ne produisaient néanmoins pas les effets escomptés. De façon générale, le contenu des messages dispensés n'a guère été mémorisé en raison de la trop courte durée des différentes campagnes espacées l'une de l'autre dans le temps. Trop éphémères et impersonnelles, elles sont tout aussi rapidement

---

[1] V. : Bilan de la campagne nationale d'information : « Couché le bruit ! », Echo Bruit, Cas concret, n° 16, juillet 1988.

[2] Le texte du spot radio était le suivant :

« La machine à tambour,
les motos dans la cour,
la télé qui rugit,
de midi à minuit,
cette foutue porte qui claque,
cette perceuse qui attaque,
ce marteau qui martèle,
et ce chien qui aboit,
et raboit de plus belle,
ça suffit, ça suffit,
mes oreilles ne sont pas des poubelles à décibels... »

tombées dans l'oubli. Pour avoir des chances d'aboutir, la sensibilisation doit se faire au plus près des personnes concernées, et donc au niveau local. D'ailleurs, dans les contrats qu'il a signés avec les 25 villes-pilotes, le ministère de l'Environnement demandait déjà aux communes d'organiser, entre autres actions, des campagnes d'information de la population. *« C'est ainsi qu'on a vu fleurir dans toute la France des slogans tels que « Roulez à pas feutré », « Ce n'est pas le bruit qui fait les héros », « Votre plancher, c'est le plafond du voisin », « Un bruit annoncé est à moitié pardonné », « Pour que votre voisinage ne devienne pas une meute, ne laissez pas votre chien aboyer le premier », etc. »*[1].

1103. Les campagnes nationales antibruit ne produisent des résultats positifs que si elles sont relayées de façon efficace, avec tous les moyens nécessaires, par des actions locales. Sur ce point, une association État/villes pour développer la sensibilisation et l'information du public en matière de lutte contre les bruits de voisinage serait souhaitable. Mais depuis la dernière campagne institutionnelle, il semblerait que l'État, après avoir en quelque sorte montré la voie, se soit retiré du devant de la scène et laisse aux municipalités le soin de mener, de leur propre chef, de telles démarches. Pour l'heure, ces campagnes locales, plus proches des citoyens et de leurs problèmes spécifiques, ne parviennent pas à « inoculer » à la population ce réflexe bruit qui rendrait les ambiances sonores du quotidien plus agréables, parce qu'épurées de la plupart des sonorités inutiles et agressives. Leur effet le plus immédiat est une augmentation incontrôlable des plaintes de la part de citoyens qui, désormais informés de leurs droits, se précipitent à la mairie pour demander que les nuisances dont ils sont les victimes cessent. Or, *« il est inutile, voire dangereux, de sensibiliser la population aux problèmes des nuisances sonores, si les services chargés de les traiter localement ne sont pas préalablement structurés, équipés, formés »*[2], ce qui actuellement est encore le cas dans nombre de communes.

1104. L'objectif n'est pas de favoriser un mouvement de mécontentement s'exprimant par des plaintes et une attitude passive de victime attendant la résolution de ses problèmes par les autres. Au contraire, les campagnes doivent susciter un sentiment de responsabilité personnelle que chacun a à assumer dans l'état actuel de l'environnement sonore. La sensibilisation doit aboutir à ce que chaque individu, quel qu'il soit, prenne les bonnes habitudes comportementales qui améliorent la qualité de la vie dans le voisinage. Ces habitudes sont en fait, avant tout, une question d'éducation. Allant au-delà de la simple information, c'est une véritable éducation à l'environnement sonore qui doit être développée et dispensée, afin de changer en profondeur les comportements des individus.

2- L'éducation à l'environnement sonore

1105. Les campagnes d'information, lorsqu'elles sont bien menées et rencontrent un bon accueil, se prolongent de plus en plus au sein des locaux scolaires[3]. L'éducation apparaît aujourd'hui comme la voie privilégiée pour une sensibilisation au bruit. Dès

---

[1] J.-P. GUALEZZI, « Le bruit dans la ville », Rapport du Conseil Economique et Social, préc., p. II-242.

[2] *Ibidem.*

[3] C'est le cas, par exemple, de la campagne contre l'incivisme qui a été menée par la mairie de Mulhouse en 1997, en vue de sensibiliser les citoyens. Parmi les dix règles pour mieux vivre ensemble, la neuvième demandait de *« limiter le bruit pour le bien de tous »*. Devant le succès de la campagne, une nouvelle action a été entreprise auprès des écoles primaires, où l'on a distribué dès la rentrée des affichettes et dépliants. V. : Mulhouse part en campagne contre l'incivisme avec Achille Talon, Echo Bruit n° 83-84, novembre 1997, p. 21.

lors, on pense tout naturellement, et en premier lieu, aux enfants et adolescents qui constituent un des auditoires parmi les plus réceptifs. Bien plus attentifs aux recommandations, ils n'ont pas encore des habitudes très ancrées. De surcroît, ils peuvent influencer le comportement de leurs parents. L'importance d'une éducation au bruit lors de la scolarité a été très nettement soulignée par le Conseil Economique et Social dans son rapport sur « Le bruit dans la ville ». L'école doit devenir *« un lieu de sensibilisation aux problèmes de santé auditive et à l'environnement sonore »*[1]. Au même titre que les enseignements sur le goût ou la protection de l'environnement, des séances sur le thème des nuisances sonores et du respect de l'autre dans un environnement sonore sain sont à développer et à généraliser en milieu scolaire.

1106. Comme le suggère le Conseil Economique et Social, *« en accompagnement des législations qui renforcent la protection du citoyen, c'est une véritable éducation de l'oreille qu'il faut promouvoir dans un souci de prévention »*[2]. Cette éducation déborde largement le cadre des bâtiments scolaires. De nouveaux supports pédagogiques ne cessent d'être créés ou développés au service de la sensibilisation au bruit. La presse écrite est l'un des outils les plus classiques, mais toujours très performant. Des magazines, revues, journaux, réservés aux jeunes lecteurs ou à leurs « chargés d'éducation », publient de plus en plus des dossiers sur le problème du bruit. Ainsi, le quatrième volet du programme éducatif national intitulé « Comprendre et Agir pour l'environnement », conçu en 1994 par des partenaires issus du milieu associatif et du monde de l'entreprise, portait sur le Bruit. Après les déchets, l'énergie et l'eau, le Cahier des enfants du magazine Wapiti (pour les 7-13 ans), avait choisi de traiter ce thème pour l'année scolaire 97-98. Deux objectifs principaux étaient retenus : d'une part, favoriser la connaissance et la compréhension des mécanismes du bruit et, d'autre part, faire appréhender la notion de civisme et de protection de l'environnement à chacun[3]. Cette action a été récompensée par le « Décibel d'Or » 1997 de la catégorie « Pédagogie du bruit ».

1107. De même, la Fondation Nicolas Hulot pour la Nature et l'Homme s'attache tout particulièrement à développer l'éducation des jeunes à l'environnement. Dans cette optique, elle édite une revue « Repères pour l'éducation à l'environnement », destinée à toute personne ayant en charge l'éducation des jeunes (enseignant, animateur, éducateur...) et qui donne des informations synthétiques, par l'intermédiaire de fiches techniques et pédagogiques, afin de permettre aux encadrants de groupes de jeunes de mener des actions concrètes en faveur de l'environnement. En 1995 et 1996, trois numéros de Repères ont été consacrés au bruit[4] et ont reçu le « Décibel d'Or » de l'année 1996. Parallèlement et en adéquation avec les sujets traités dans ces revues, la Fondation publie deux autres supports proposant une approche particulière du thème en question. Une lettre d'information trimestrielle : « Ma planète ça me regarde », dont un numéro a été consacré aux bruits de voisinage, contient des articles moins techniques. Les « Fiches club », en revanche, aident à approfondir le sujet par le biais de leurs rubriques « Informations », « Réflexions » et « Métiers ».

---

[1] J.-P. GUALEZZI, « Le bruit dans la ville », Rapport du Conseil Economique et Social, préc., p. I-21.

[2] *Ibidem*, p. II-265.

[3] V. : Echo Bruit n° 85, Spécial « Décibel d'Or », mars 1998, p. 13-14.

[4] *« A l'écoute des bruits : qu'est ce que le bruit et quels sont ses effets sur la santé ? »* (n° 5 d'octobre 1995), *« Beaucoup de bruit pour rien : les pollutions sonores et les moyens de lutte »* (n° 7 de février 1996) et *« Les bruits au fil du temps : l'évolution des bruits et de leur perception »* (n° 9 de juillet 1996). V. : Fondation Nicolas Hulot : un dossier didactique sur le bruit pour les jeunes et les enseignants, Echo Bruit n° 78-79, Spécial décibel d'Or 96, décembre 96-janvier 97, p. 11.

1108. Le jeu peut également être un excellent moyen de sensibilisation et de pédagogie à l'adresse de la jeunesse. Aussi, un policier municipal a-t-il créé un nouveau jeu de société, intitulé « CHUT ! », sur le thème du bruit et de ses nuisances[1]. Dans un double objectif, à la fois éducatif et ludique, il est adapté à des enfants des écoles élémentaires, amenés à réaliser un parcours du même type que celui du jeu de l'oie, émaillé de questions et d'obstacles à franchir, tous en rapport direct avec le bruit. La première utilisation, dans les écoles de Courcouronnes, a été un succès et le jeu devrait être diffusé au niveau national. D'autres outils pédagogiques, utilisant des techniques modernes particulièrement attractives et participatives, tels que les CD ROM interactifs, sont à développer dans le domaine de la prévention des nuisances sonores.

1109. Le secteur de l'éducation doit encore progresser, innover. Il ne doit pas se limiter aux enfants et adolescents, mais s'étendre aux parents et au public en général. En effet, l'enseignement n'a pas d'âge ni de frontières et l'on apprend à tout moment. C'est ainsi qu'en matière de bruit des transports routiers, une mallette pédagogique pour promouvoir les « zones 30 » a été mise au point par le C.E.R.T.U.[2] Elle fournit les connaissances de base sur le sujet (données réglementaires et techniques), donne des exemples de réalisation et présente des témoignages, propres à faire mieux connaître les avantages que ces politiques de modération de la vitesse en ville induisent sur le plan des ambiances sonores. Cet outil pédagogique, ciblé sur une source sonore spécifique, a été conçu pour de nombreux « professionnels du bruit », à savoir les villes, départements, services de l'Equipement, associations, professionnels publics ou privés de l'aménagement de l'espace urbain (agences d'urbanisme, bureaux d'études, architectes...).

1110. Un grand nombre de ces actions de pédagogie du bruit a été salué et récompensé par l'institution du « Décibel d'Or », qui chaque année met en avant les actions et produits ayant contribué de manière remarquable à la lutte contre le bruit. Cette institution constitue un instrument d'incitation original, qui cherche à renforcer son action et à toucher toujours plus d'acteurs dans les différents secteurs liés au problème du bruit.

C. Le « Décibel d'Or »

1111. Le « Décibel d'Or » est à la lutte contre le bruit ce que les « Césars » sont au cinéma français. Chaque année, le Conseil national du bruit, qui en assume la paternité, et le ministre chargé de l'Environnement remettent les trophées de ce concours national, récompensant des initiatives marquantes en matière de maîtrise ou de réduction du bruit : actions locales, produits moins bruyants, technologies nouvelles, etc. A sa création en 1991, le « Décibel d'Or » ne prévoyait que trois prix : le prix « Techno-silence », attribué à la mise au point d'une technologie particulièrement réductrice du bruit dans les secteurs de l'industrie, des transports ou du bâtiment et des travaux publics ; le prix « Produit-silence » relatif à un produit de consommation courante dont les qualités acoustiques sont remarquables et le prix « Action-silence » récompensant une action locale particulièrement réussie[3].

1112. Initialement adressé aux industriels, fabricants et collectivités locales, le champ du concours a été élargi en 1996, de manière à mieux intégrer la multiplicité des acteurs intervenant dans la lutte contre les nuisances sonores. Six prix sont aujourd'hui

[1] V. : Echo Bruit n° 85, préc. p. 14.
[2] Une mallette pédagogique pour promouvoir les zones 30, Echo Bruit n° 87, octobre 1998, p. 18.
[3] Pour le règlement du concours à sa création, voir Echo Bruit, fiche « Concours », mai 1991.

attribués dans différents secteurs représentatifs des politiques à développer en la matière : le prix « Actions silence », « Matériaux acoustiques », « Pédagogie du bruit », « Protection de l'homme au travail », « Produits silence et nouvelles technologies » et « Transport et environnement sonore ». Au regard du nombre des candidatures qui ne cesse d'augmenter d'année en année -près de 200 en 1998-, il apparaît que cette institution originale remplit pleinement son rôle d'incitation à trouver de nouvelles méthodes et voies de lutte, et de motivation pour se surpasser et se distinguer de ses partenaires concurrents. Le « Décibel d'Or » a fait de la lutte contre le bruit une compétition en termes de technologie, d'innovations, d'actions faisant preuve d'efficacité...

1113. Les nominations et prix décernés chaque année, sur la base de critères extrêmement sévères[1], attestent de l'importance de cet instrument incitatif qui produit régulièrement des solutions et remèdes toujours plus performants sur le plan des ambiances sonores. Ainsi, dans la catégorie « Actions silence », le lauréat 1997 est une Compagnie parisienne de chauffage urbain pour la réalisation d'un module mobile de protection acoustique pour les chantiers sous voies publiques. Cette compagnie est à la tête d'environ 250 chantiers par an, en activité le plus souvent la nuit ou les week-ends. Les travaux génèrent des niveaux sonores pouvant atteindre, voire dépasser, les 110 décibels, ce qui paraît invivable pour les riverains. L'objectif de la compagnie, en créant ce module de protection, était de diminuer les bruits de chantier de 25 dB(A), tout en continuant les travaux en toutes circonstances. Les premières études ont montré que les performances atteintes ont dépassé les objectifs fixés et que les niveaux relevés sur les chantiers ne dépassent pas les 55 décibels. De surcroît, et c'est peut-être le test le plus significatif, aucune plainte de riverain n'a été constatée.

1114. Dans la catégorie « Produits silence et nouvelles technologies », la société Ponticelli-frères a été récompensée pour « PUNCHER », une benne à ordures ménagères bi-mode (moteur électrique et thermique) particulièrement silencieuse. La collecte des ordures ménagères se faisant tard le soir ou tôt le matin, les performances acoustiques de ce nouvel engin sont particulièrement appréciées des habitants. Le niveau sonore mesuré en marche est de 73 dB(A) alors que le seuil réglementaire est de 77 dB(A). L'émission sonore est ainsi réduite de plus de moitié par rapport à la norme. Seul véhicule industriel électrique dédié à la benne à ordures, il est parfaitement adapté à ses contraintes. Il permet d'effectuer la collecte entièrement en mode électrique, alors que le trajet vers l'usine de traitement, lorsqu'elle est loin, peut se faire en thermique. Présentant une polyvalence d'utilisation urbaine et périurbaine, le Puncher connaît un développement important depuis sa mise sur le marché en octobre 1996. Spécialement conçu pour une utilisation intensive en site urbain, quarante modèles sont déjà utilisés à Paris.

1115. Dans la catégorie « Transport et environnement sonore », le prix revient à la société Renault VI pour son autobus au gaz naturel, l'« Agora », qui cumule les propriétés d'accessibilité, de propreté et de silence tout en conservant les performances d'un autobus standard. Ce véhicule est la première concrétisation d'un programme de recherche engagé par la société en partenariat avec Gaz de France et faisant l'objet d'une convention d'aide à la recherche du ministère de l'Industrie. Il s'inscrit en première ligne des transports urbains propres, silencieux et autonomes dont toutes villes devraient se doter. Les premiers exemplaires ont été livrés à la ville de Lille en septembre 1997, qui

[1] L'attribution des prix s'effectue notamment sur la base des critères suivants : caractère innovant ou améliorations apportées, rapport qualité/prix ou faible investissement financier, originalité de l'opération, but de l'opération, difficultés rencontrées, performances dans les caractéristiques autres que le silence.

compte acquérir une centaine de véhicules de ce type, soit un tiers de la flotte des bus de son réseau.

1116. La mise au point par la mairie de Paris d'une stratégie de maîtrise du bruit liée aux activités de collecte des déchets et de nettoiement des rues a été saluée, de façon exceptionnelle, par un prix spécial du jury. Ce prix récompense une action de longue haleine qui dépasse le strict cadre de l'année en cours. Elle repose, en premier lieu, sur la prise en compte de critères acoustiques lors de l'achat des matériels : bennes à ordures ménagères, laveuses et aspiratrices de chaussées ou de trottoirs, conteneurs à verre, et autres. En complément de cet effort à l'achat, des actions sont également menées, dans un deuxième temps, pour la réduction du bruit lors de l'utilisation des matériels. Une formation à la conduite silencieuse est ainsi organisée pour les chauffeurs depuis 1995. Cette démarche particulièrement appropriée -les services techniques de la propreté de Paris collectent quotidiennement plus de 3 000 tonnes d'ordures ménagères et nettoient 2 400 hectares de voie publique- doit servir de modèle à toutes les communes et entrer désormais dans les habitudes municipales.

1117. Les exemples sont à multiplier depuis la création du concours, chacun apportant son lot d'innovation et de performance en terme d'acoustique et de maîtrise du bruit. Il est à noter que si le « Décibel d'Or » récompense publiquement les actions remarquables, il dénonce également chaque année, aux vues et aux sus de tous, une initiative jugée la moins respectueuse de notre environnement sonore, par le biais du prix de l'« Oreille cassée ». Se sont notamment fait remarquer dans cette catégorie, les fabricants, importateurs et revendeurs de pots d'échappement non homologués pour motos ou encore les fabricants de souffleurs à feuilles dont le bruit excessif trouble la tranquillité des riverains. Les pouvoirs publics et les professionnels ne sont pas indifférents aux attributions de ce prix et dans bien des cas en tirent les leçons. Ainsi, concernant les souffleurs à feuilles, les fabricants commencent à faire des efforts et l'on voit apparaître sur le marché des produits beaucoup moins bruyants (avec une diminution jusqu'à 10 décibels) que par le passé.

1118. Le Conseil Economique et Social regrette qu'un retentissement plus important ne soit pas donné à cette institution au niveau national. Le « Décibel d'Or » pourrait jouer le rôle de « super-incitateur », de catalyseur permanent de toutes les actions en faveur d'un meilleur environnement sonore, mais également de toutes les incitations extra-juridiques (formation, sensibilisation, pédagogie) qui entrent désormais dans le champ d'application du concours. Une extension au niveau européen serait profitable, puisqu'elle permettrait de motiver un plus grand nombre d'acteurs et d'accélérer les initiatives et performances des participants, en tant que compétiteurs et partenaires.

1119. Les instruments incitatifs de tous genres sont indispensables pour informer les différents acteurs (professionnels, public, élus) de la nécessité et des diverses possibilités de lutte contre les nuisances sonores. Leur mise en place est souvent malaisée. Elle suppose une forte volonté de les employer, alliée à toutes les compétences requises pour que ces mesures d'incitation remplissent bien les objectifs fixés. Leur évaluation, pour une amélioration constante, est tout aussi laborieuse, lorsque l'on prend la peine de s'y attarder. Certaines incitations non-économiques peuvent être mises en œuvre à l'initiative des décideurs locaux et pas seulement par les autorités nationales. Leur utilisation présente donc une grande hétérogénéité sur l'ensemble du pays. De surcroît, l'ensemble de ces démarches a encore un caractère trop ponctuel et incertain. La principale faiblesse du système réside dans ce que ces mesures et actions d'incitation ne sont pas suffisamment organisées dans des programmes qui leur assureraient cohérence et pérennité.

***

1120. L'un des enjeux fondamentaux d'une politique de prévention des bruits de voisinage réussie consiste donc à mettre en place une véritable stratégie de sensibilisation de tous les acteurs, parfaitement pensée dans ses moyens et dans le temps. Non seulement, elle aidera à mieux faire comprendre la nécessité des actions de lutte avec toutes les contraintes qu'elles entraînent et donc d'en éviter les risques de rejet, mais surtout elle permettra d'améliorer la mise en œuvre des politiques à l'échelon local et au-delà, une participation de tous les partenaires impliqués, une mobilisation générale de tous les citoyens, à quelque niveau que ce soit. La modification des attitudes et comportements dans ce sens, pour le développement d'une citoyenneté sur le terrain des ambiances sonores, ne peut se faire que sur le long terme.

1121. En conséquence, il ne faut pas attendre des progrès spectaculaires, mais viser une évolution lente et progressive des habitudes, grâce à des actions soutenues et continues. Ces dernières devront, en outre, impérativement être menées de concert et en cohérence avec l'action législative et réglementaire, ainsi qu'avec les autres politiques sectorielles du bruit (politiques d'urbanisme, des transports, des logements...) auxquelles elles s'intègreront.

***

Conclusion de la partie I

LA PREVENTION DES BRUITS DE VOISINAGE : D'UNE APPROCHE PONCTUELLE ET SECTORIELLE À UNE STRATEGIE GLOBALE ET DURABLE

1122. L'étude de la prévention des bruits de voisinage fait apparaître un trait commun et marquant : la multiplicité de toutes les composantes du problème qui conditionne sa dimension et les éléments de réponse à apporter. Les origines du bruit affectant le voisinage sont innombrables. La vie moderne a multiplié les sources potentielles de bruits de voisinage, pour des raisons tenant à l'urbanisme (extension des villes, développement des infrastructures de transport, habitat collectif) et à la diversité des appareils ménagers et de loisirs. Les moyens de lutte contre cette nuisance, la recherche de remèdes à cette inflation incontrôlée de décibels dans la vie des habitants, par effet d'entraînement et de corrélation, présentent la même caractéristique. Les outils juridiques, législatifs et réglementaires, et les acteurs sont tout aussi nombreux, de même que les modes d'intervention.

1123. Certes, il est encore à déplorer -dans ce domaine comme dans tant d'autres- une lenteur intestine dans la production normative des textes d'application du cadre préventif mis en place par la loi n° 92-1444 du 31 décembre 1992 relative à la lutte contre le bruit. Néanmoins, on peut dire que *« le législateur a fait son travail et, si aujourd'hui les outils existent, il convient de s'en servir »*[1]. Or, l'intervention d'acteurs aussi nombreux et variés rend une telle démarche on ne peut plus complexe, dans la mesure où elle implique différents niveaux d'action et repose sur des politiques transversales. L'extension des moyens juridiques opérée par la loi cadre de 1992 et l'étendue des acteurs intervenant dans leur mise en œuvre posent en pratique des problèmes de coordination et de mobilisation. Pour être efficace, la lutte contre les nuisances sonores suppose plusieurs types de mesures, préventives avant tout mais également curatives en raison de l'état de la situation, relevant des compétences à la fois nationale et locale, publique et privée.

1124. Traditionnellement -notamment avant la loi de 1992-, l'approche des bruits de voisinage s'est exprimée de façon ponctuelle et sectorielle, tant sur le plan du dispositif juridique constitué de multiples textes épars, « construits par sédimentation », que des actions de court terme de guérison, définies au coup par coup, au fur et à mesure de l'apparition des problèmes. Une telle démarche a révélé ses limites, ainsi qu'un coût extrêmement élevé. La lutte contre le bruit ne se résume pas à l'adoption de normes

[1] F. CUILLANDRE, Le maire et le bruit, préc., p. 81.

limitant les niveaux acoustiques admissibles de chaque nouvelle source sonore, objets, appareils, engins nouvellement créés. Il est vain de fixer un niveau sonore maximum aux véhicules terrestres ou aux avions, si dans le même temps, le trafic de ces engins augmente sans que l'on cherche à gérer et à maîtriser cette évolution. De même, limiter la puissance acoustique des deux-roues et autres matériels de loisirs bruyants ne supprimera pas toute gêne pour les voisins. Il faut aussi tenir compte de l'utilisation des matériels et engins bruyants et de leur prolifération. S'il est vrai que la prévention des bruits de voisinage est fondée sur une correction à la source, elle passe également par une approche cohérente du problème envisagé dans sa dimension transversale.

1125. Une démarche plus globale et horizontale permettrait ainsi de mener une politique à long terme, plus efficace et moins coûteuse, puisque généralisée dans l'ensemble des villes et intégrant la préoccupation acoustique le plus en amont possible de toutes les décisions et actions. La loi cadre du 31 décembre 1992 a ouvert la voie et offre la base juridique voulue à une telle stratégie de prévention qui se décline en trois actes principaux. Il s'agit de combattre le bruit à sa source, par le biais de normes évolutives -toujours plus sévères- réduisant les émissions sonores des véhicules, équipements de construction, machines industrielles, appareils domestiques..., de réduire les nuisances acoustiques par une politique d'aménagement du territoire appropriée, grâce aux outils d'urbanisme et de sensibilisation des citoyens, et d'appliquer des mesures de protection « passive », de correction des ambiances, telles que les murs antibruit le long des voies routières ou l'insonorisation des bâtiments.

1126. La loi n° 92-1444 du 31 décembre 1992 envisage ces différentes mesures et introduit, de manière plus ou moins directe, le problème du bruit dans les différentes politiques sectorielles concernées, à savoir celles des transports, de l'industrie et du commerce, d'urbanisme, d'information des professionnels et des consommateurs, d'éducation du citoyen, de recherche et de développement. Comme le fait très justement remarquer Mme Clair, *« au fil des années, la lutte contre le bruit a posé certaines exigences pour être efficace ; deux d'entre elles sont la cohérence avec les autres politiques et la reconnaissance de son caractère horizontal »*[1]. L'arsenal juridique existant en la matière tente de les retranscrire au mieux sur le plan de l'organisation des règles à respecter par tous. L'enjeu réside donc dans une bonne utilisation du cadre juridique dans toutes les étapes du processus de prévention des bruits de voisinage.

1127. Le point de départ de cette politique préventive consiste en une parfaite connaissance de toutes les facettes du problème du bruit et une définition claire des objectifs, grâce à un diagnostic sonore analytique et prévisionnel dans le cadre de cartographies du bruit ou d'études d'impact version rénovée. A partir de ces données, une programmation des mesures et actions, dans une perspective globale et intégrée, trouve un support approprié au sein de plans ou chartes élaborés sur la base d'un débat démocratique, faisant participer l'ensemble des acteurs de tous niveaux. La mise en œuvre de ces programmes reposerait sur une action locale dynamique, orchestrée par des élus sensibilisés à cette cause, conscients de leurs pouvoirs et responsabilités et mobilisant tous leurs moyens et administrés. Dernière phase de la prévention, qui en assure l'efficacité et la pérennité, le suivi des politiques doit être organisé de façon rigoureuse par l'intermédiaire d'un dispositif institutionnel permanent.

1128. L'étape finale, décisive quant aux résultats escomptés, repose sur **le contrôle de l'application du droit du bruit et du suivi des politiques.** D'un point de vue

[1] V. CLAIR, La lutte contre le bruit en droit communautaire, Publications du Centre de Recherches Européennes (C.E.D.R.E.), Apogée, 1997, p. 28.

général, la mise en œuvre des outils juridiques et des politiques planifiées dépend des deux données de base, conditions *sine qua non* de toute action, que sont les moyens financiers, pour l'aspect matériel et pratique, qui ouvre bien des perspectives, et la volonté politique et individuelle, pour l'aspect humain du problème. Sur le plan strictement juridique, l'application du droit et des politiques de la lutte contre les bruits de voisinage entendus au sens large pose la question de leur **sanction.** L'action de réglementer, c'est-à-dire de définir les « règles du jeu » par des lois, règlements et normes, est nécessairement suivie d'un contrôle de l'application de ces réglementations, par l'exercice des pouvoirs de surveillance des lois et règlements, des pouvoirs de police et de justice. Ainsi, la prévention des bruits de voisinage trouve nécessairement son prolongement dans la sanction des bruits de voisinage.

Deuxième partie

LA SANCTION DES BRUITS DE VOISINAGE

1129. L'étude de la sanction des bruits de voisinage met au premier plan le rôle capital que le juge judiciaire est amené à remplir, car le droit du bruit est en grande partie un droit jurisprudentiel. Les mesures législatives et réglementaires de prévention et de protection contre les nuisances sonores trouvent un prolongement nécessaire dans l'existence d'une sanction. Le juge qui en est le « détenteur » contrôle ainsi la bonne application des « règles du jeu » en matière de bruit. Il assure et, le cas échéant, rétablit l'équilibre du voisinage sur ce plan.

1130. Les règles de droit privé applicables devant les juridictions judiciaires - pénales et civiles- permettent de s'attaquer aux sources mêmes du bruit pour les faire cesser et en éviter le renouvellement. Un droit de la sanction sévère et bien conçu doit, par conséquent, se développer en la matière. Il a un rôle fondamental à jouer, non pas parce qu'il procurera une réparation pleinement satisfaisante dans les cas où il sera appliqué, mais parce que la perspective de devoir réparer ou d'être puni incitera fortemement au respect des règles. La sanction des bruits de voisinage est ainsi amenée à servir le principe de l'action préventive. Elle en est à la fois le catalyseur et le gardien.

1131. Mais les sanctions prononcées dans les hypothèses de bruits juridiquement condamnables sont-elles, d'une part, spécifiques à ce domaine et, d'autre part, efficaces en pratique ? Quel est le rôle qui leur est assigné et le remplissent-elles effectivement ? Qu'elle soit **pénale**, et ait pour objet de punir l'auteur d'une infraction relative aux nuisances sonores (Titre I), ou **civile** sous la forme d'une réparation du dommage causé par le bruit (Titre II), la sanction est au service des règles préventives -entendues au sens large-, dont elle assure l'exécution. Bien que juridiquement distinctes -et de ce fait, étudiées séparément-, ces deux types de sanctions résultent de responsabilités qui ne sont pas totalement indépendantes. Dans la plupart des cas, le bruit infractionnel est commis au préjudice d'une victime qui s'en plaint. Responsabilité pénale et responsabilité civile coexistent alors et peuvent aboutir au cours d'un même procès devant le juge répressif, au prononcé d'une peine, sanction pénale, et à l'allocation d'une réparation, sanction civile.

Titre I

LA FONCTION REPRESSIVE DU DROIT CONTRE LES BRUITS DE VOISINAGE : LA SANCTION PENALE

1132. *« Hélas, la nature humaine est ainsi faite qu'il ne suffit pas d'édicter des règles puis d'assurer leur cohésion, pour garantir leur respect »*[1]. Ce constat général de la difficulté pour l'Homme d'observer la Loi et les Préceptes de la vie en société dont il est l'auteur s'applique avec une acuité particulière au problème des bruits de voisinage. Plus que dans d'autres domaines, les « règles de moindre bruit », qui d'une façon ou d'une autre touchent à la vie privée des personnes, à leur liberté individuelle, semblent souvent malaisées à accepter et à suivre. Or, c'est précisément parce que se pose ici la délicate question de l'ordre public et des libertés individuelles que le droit se voit dans l'obligation de se faire plus comminatoire et, le cas échéant, sanctionnateur, dans l'intérêt à la fois de la société et de l'individu pris isolément. Les enjeux de la lutte contre les nuisances sonores -de qualité de la vie mais surtout de santé publique- rendent cette fonction du droit nécessaire. Elaborée pour sanctionner des comportements contraires aux exigences de la vie en société, la loi pénale est indispensable.

1133. Pour être opérante, la législation préventive mise en place en vue de combattre les nuisances sonores doit s'accompagner de sanctions répressives, garanties de son application. En effet, en l'absence de tout dispositif de répression, chargé de veiller à leur correcte mise en œuvre, les textes législatifs et réglementaires risquent fort d'être laissés au bon vouloir de chacun, ce qui ne préjuge rien de bon pour la collectivité, dans un monde où individualisme et égoïsme sont devenus prédominants. L'homme est ainsi fait qu'il n'agit dans l'intérêt et pour le bien de tous que sous la menace d'un châtiment. *« En droit pénal général, comme dans le droit de l'environnement, la société moderne aperçoit immédiatement que la punition n'est pas recherchée pour elle-même mais pour l'effet dissuasif qu'elle exerce sur tous par son éventualité et sur les autres quand elle est appliquée »*[2]. L'objectif, avant tout psychologique, est de dissuader les débordements sonores ou encore d'inciter à des comportements conformes aux normes acoustiques établies. C'est là le *« but utilitaire »* des mesures répressives, décrit par MM.

---

[1] C. LEPAGE, préface du livre de D. GUIHAL, Droit répressif de l'Environnement, Editions Economica, 1997.

[2] M. PAQUES, L'impossible théâtre, la norme et la sanction, Aménagement et Nature, 1995, numéro spécial « Urbanisme et environnement : réparation et sanctions », p. 69.

Stéfani, Levasseur et Bouloc, qui *« consiste à faire servir la répression elle-même aux fins de prévention »*[1], dans une perspective sociale, en l'occurrence de bon voisinage.

1134. Par cet aspect d'intimidation et de prévention, *« le droit pénal est par excellence celui de la dimension humaine »*[2]. Celle-ci, si présente dans la problématique des bruits de voisinage, devrait constituer le point fort de la fonction répressive du droit dans ce domaine. Mais c'est également, et de façon traditionnelle, l'aspect le plus sensible pour le droit en général qui a toujours eu du mal à s'en accommoder. La réglementation préventive des bruits de comportement, nous l'avons vu, a montré ses limites. De même, leur sanction pénale va poser de nombreux problèmes. Néanmoins, l'état de notre environnement sonore a atteint un tel degré de dégradation que l'appareil répressif des bruits de voisinage est aujourd'hui de plus en plus sollicité. Les campagnes de prévention et d'information ne sont pas étrangères à cette tendance qui va en s'amplifiant. La population est désormais renseignée sur ses droits[3] en matière de bruit. Elle peut constater les actions et efforts menés par les pouvoirs publics pour endiguer le fléau. Toujours plus sensibilisée au problème, elle sait à présent à qui s'adresser pour faire valoir ses droits au calme et au repos, d'où une augmentation de la demande.

1135. Ainsi, les plaintes ne cessent d'augmenter, dénonçant le bruit comme la première nuisance de la vie quotidienne. En extrapolant les résultats d'une enquête menée il y a quelques années dans les préfectures, on estime que 100 000 plaintes pour nuisances sonores sont déposées chaque année. Ce chiffre n'inclut pas les innombrables appels téléphoniques reçus jour et nuit par les services de police et de gendarmerie. En 1993, les brigades de contrôle technique ont effectué 33 510 contrôles avec sonomètre sur des voitures, qui ont abouti à la rédaction de 4 042 procès-verbaux (contre 3 070 en 1992 et 3 023 en 1991). La même année, 95 630 contraventions relatives au bruit ont été relevées sans sonomètre pour silencieux inefficace sur des deux-roues, alors que 87 052 interventions ont été réalisées en matière de bruits de voisinage entendus au sens strict et de tapage nocturne[4]. Si le nombre croissant des plaintes ne signifie pas qu'il y a de plus en plus de bruit, celui des constats d'infractions est, lui, significatif. Il pose la question du respect et du contrôle de la législation portant sur les nuisances acoustiques.

1136. Qui est chargé de faire appliquer la loi et comment ? Quels sont les moyens, compétences et procédures permettant la recherche et la constatation des diverses infractions relatives au bruit ? Le contentieux pénal prend sa source dans l'infraction à un texte, qu'il s'agisse d'une loi, d'un décret, d'un arrêté ministériel, préfectoral ou municipal, prévoyant pour sa répression une sanction pénale. Le rôle et l'efficacité de cette dernière, dans les politiques de lutte contre les bruits de voisinage, se mesurent à travers le poids de l'arsenal répressif existant en la matière (chapitre I) et sa mise en œuvre dans la pratique (chapitre II).

---

[1] G. STEFANI, G. LEVASSEUR, B. BOULOC, Droit pénal général, 16e édition Dalloz, 1997, p. 21.

[2] M. PAQUES, L'impossible théâtre, la norme et la sanction, préc.

[3] On note, dans le même temps, une propension certaine à « oublier » les devoirs de tout un chacun en matière de tranquillité et de bon voisinage.

[4] Les bruits de voisinage : deux décrets qui vont élargir les interventions des agents communaux et simplifier les procédures, Echo Bruit n° 68-69, juin 1995, p. 22.

Chapitre I

LE CADRE JURIDIQUE DE LA RÉPRESSION DES BRUITS DE VOISINAGE

1137. A côté des fonctions de punition et de prévention, la sanction pénale remplit également, selon les termes de MM. Desportes et Le Gunehec, une *« fonction expressive »*[1]. En réprimant les atteintes qui leur sont portées, elle exprime les valeurs essentielles de la société. Parmi celles-ci -fort nombreuses mais également évolutives-, se trouve l'art de vivre en bon voisinage, dans un environnement sain et plaisant sur le plan des ambiances sonores. La protection contre les bruits de voisinage, au moyen de l'appareil répressif, doit donc être considérée comme faisant partie de ces valeurs essentielles. L'existence d'incriminations dans ce domaine témoigne de l'importance accordée par le législateur au respect des dispositions concernées. La loi cadre du 31 décembre 1992, opérant un renforcement de la répression tant au niveau des infractions et de leurs sanctions, que des agents habilités à les faire appliquer, le confirme.

1138. La diversité des origines et des manifestations des agressions sonores rend, nous le verrons, les constats et la répression souvent malaisés. Toutefois, n'occultons pas le fait que les pouvoirs publics ont pris dans ce domaine un certain nombre de mesures législatives et réglementaires qui ne seraient pas dénuées d'effets dans la pratique, pour peu qu'elles soient effectivement appliquées, qu'elles présentent un caractère suffisamment dissuasif et que les peines prononcées soient en rapport avec l'importance des atteintes portées à la tranquillité du voisinage. L'arsenal juridique qui en découle aujourd'hui présente les spécificités du droit pénal de l'environnement, avec son foisonnement de textes disparates et son caractère dominant de droit pénal de réglementation. Il n'en demeure pas moins assujetti aux principes généraux du droit, tel que le principe de légalité, fondement de notre droit pénal, qui impose au législateur l'élaboration de textes clairs et précis[2]. La définition, claire et accessible, des interdits et des peines attachées à leur transgression, permet ainsi de délimiter exactement le champ de la liberté des citoyens, ce qui est fondamental en matière de bruit.

1139. Or, le droit pénal du bruit ne répond pas à cette exigence de précision et de clarté. La complexité des incriminations, l'emploi de termes techniques ou imprécis imposent souvent des interprétations, qui se révèlent aléatoires. La coexistence et les imbrications des différents textes éparpillés dans divers codes et lois spéciales posent la question de leur conciliation, du choix des qualifications pénales applicables et des règles procédurales à suivre. Le dispositif répressif relatif aux bruits de voisinage soulève de multiples interrogations, comporte autant d'incertitudes qui ne facilitent pas le respect de la loi par les citoyens, ni son contrôle par les autorités chargées de la répression. Ce dispositif est d'autant plus difficile à appréhender et à mettre en œuvre qu'il intègre tout

---

[1] F. DESPORTES et F. LE GUNEHEC, Droit pénal général, 9e édition, Economica, 2002, p. 25.

[2] Principe reconnu de valeur constitutionnelle par le Conseil constitutionnel : C. constit., 20 janvier 1981, *JO* du 22 janvier 1981, p. 309 ; J.C.P. 1981, II, 11701, note Franck ; D. 1982, jurispr. p. 441, note Dekeuver. V. : J. PRADEL et A. VARINARD, Les grands arrêts du droit criminel, Tome 1 : Les sources du droit pénal - L'infraction, 2e édition, Dalloz, 1997, p. 3 et s.

à la fois le droit pénal de l'environnement, avec ses spécificités, et le droit pénal général, avec les apports du nouveau Code pénal concernant notamment le régime spécial de responsabilité des personnes morales et la définition de l'élément moral des infractions.

1140. Cependant, dans le domaine particulier des nuisances sonores, le Code pénal n'apporte aucune innovation marquante, puisqu'en dépit des projets des commissions de réforme, le nouveau code, entré en vigueur le 1er mars 1994, n'a pas intégré les infractions d'atteintes à l'environnement[1]. Néanmoins, le législateur a créé une infraction de prévention qui, sans être spécifique à notre sujet, est susceptible de fournir des éléments de réponse à certaines nuisances acoustiques[2]. Il s'agit du délit de « mise en danger délibérée d'autrui », prévu à l'article 223-1 du Code pénal[3], d'autant plus intéressant qu'en matière de bruit, les infractions de nature correctionnelle sont peu nombreuses. Ainsi, *« le fait d'exposer directement autrui à un risque immédiat de mort ou de blessures de nature à entraîner une mutilation ou une infirmité permanente par la violation manifestement délibérée d'une obligation particulière de sécurité ou de prudence imposée par la loi ou le règlement est puni d'un an d'emprisonnement et de 15000 euros d'amende »*.

1141. Ce délit pourrait donc protéger préventivement l'intégrité des personnes contre, par exemple, les explosions de décibels dans les discothèques ou lors de concerts, qui peuvent entraîner une diminution définitive de l'acuité auditive, voire la surdité[4]. Mais jusqu'à présent, cette incrimination n'a pas vu son champ d'application s'étendre aux cas de bruits illicites exposant les voisins à un risque immédiat d'infirmité permanente, telle que l'affaiblissement de l'ouïe. Une tentative faite dans un domaine voisin, la pollution de l'air, s'est soldée par un échec[5]. Le délit requiert la réunion de

---

[1] Si ce n'est toutefois le délit d'*« agressions sonores réitérées en vue de troubler la tranquillité d'autrui »*, prévu à l'article 222-16 du Code pénal, mais dont les éléments constitutifs sont de nature à limiter sensiblement l'application de ce texte (*infra* n° 1252 et s.).

[2] Les auteurs du projet de loi et le Parlement ont entendu réprimer surtout les comportements dangereux en matière de circulation routière et d'accidents du travail. Toutefois, la loi ne comporte aucune restriction quant à son domaine d'application. Toute activité dont la réglementation prévoit des obligations particulières de sécurité ou de prudence est donc concernée par l'article 223-1. Cela inclut par conséquent la législation sur le bruit.

[3] Pour une analyse de ce texte, V. notamment : V. MALABAT, Le délit dit de « mise en danger » - La lettre et l'esprit, J.C.P. 2000, éd. G., I, 208 ; J. DUMONT, Risques causés à autrui, Juris-Classeur Pénal, art.223-1, 1999 ; M. PUECH, De la mise en danger d'autrui, D. 1994, chron. p. 153 ; G. ACCOMANDO et C. GUERY, Le délit de risque causé à autrui ou de la malencontre à l'article 223-1 du nouveau code pénal, Rev. sc. crim. 1994, p. 681 ; Y. MAYAUD, Des risques causés à autrui - Applications et implications, ou de la naissance d'une jurisprudence, Rev. sc. crim. 1995, p. 575 ; M. PRALUS, Le délit de risques causés à autrui dans ses rapports avec les infractions voisines, J.C.P. 1995, I, 3830 ; G. ROUJOU de BOUBEE, B. BOULOC, J. FRANCILLON et Y. MAYAUD, Code pénal commenté (Livres I à IV), Dalloz, 1996, p. 256 et s. ; M. VERON, Droit pénal spécial, 7e édition, Armand Colin, 1999, p. 77 et s. ; M.-L. RASSAT, Droit pénal spécial, Infractions des et contre les particuliers, 2e édition, Précis Dalloz, 1999, p. 294 et s. ; J. et A.-M. LARGUIER, Droit pénal spécial, 10e édition, Mémentos Dalloz, 1998, p. 74 et s. ; P. GATTEGNO, Droit pénal spécial, 2e édition, Dalloz, 1997, p. 63 et s. ; R. MERLE et A. VITU, Traité de droit criminel - Droit pénal général, 7e édition, Cujas, Paris, 1997, p. 767 et s. ; J. PRADEL et M. DANTI-JUAN, Droit pénal spécial, Cujas, 1995, p. 116 et s.

[4] La surdité définitive est considérée comme une infirmité permanente. V. : Cass. crim., 6 novembre 1985, Bull. crim. n° 347.

[5] Ainsi, s'agissant de la pollution atmosphérique, une mère de famille avait décidé de porter plainte avec constitution de partie civile contre le maire et le préfet de police de Paris sur le fondement de l'article 223-1 du N.C.P., leur reprochant de ne pas avoir pris les mesures nécessaires pour éviter les pics de pollution dans la capitale. Mais les juridictions d'instruction, comme la Cour de cassation, ont jugé que

plusieurs éléments constitutifs, dont la formulation pléthorique laisse une place importante à l'appréciation du juge répressif.

1142. L'infraction suppose la violation *« manifestement délibérée »*, donc intentionnelle, d'une obligation de sécurité ou de prudence. Cette violation doit porter sur une obligation imposée par *« la loi ou le règlement »*. L'obligation transgressée doit être une obligation *« particulière »*, ce qui pourrait se concevoir dans le cadre de la loi n° 92-1444 du 31 décembre 1992 et de ses décrets d'application. L'obstacle principal - parmi d'autres- à l'application de ce délit aux nuisances sonores se trouve dans l'intensité de l'émission sonore qui doit être *de nature* à entraîner une infirmité permanente. Or, dans l'immense majorité des cas, les bruits de voisinage causent une gêne au voisinage, des troubles à l'intégrité physique et psychologique de la personne, mais sans aller jusqu'au risque de causer une *« infirmité permanente »*. C'est plus la nature du bruit que son intensité qui est en cause. Les applications jurisprudentielles de l'article 223-1 devraient par conséquent être extrêmement rares, voire inexistantes, en matière de bruits dans le voisinage.

1143. Dans « Le Contrat Social », Jean-Jacques Rousseau écrivait que *« le droit pénal est moins une espèce particulière de loi que la sanction de toutes les autres »*. Ce jugement appliqué aux bruits de voisinage entendus au sens large signifie qu'en théorie nous devrions être bien protégés compte tenu du nombre de textes relatifs à la lutte contre les nuisances sonores, qui couvrent les différents secteurs et activités de la vie quotidienne. Mais en fait, la multiplicité de ces textes et surtout leur éparpillement constituent un obstacle à leur application sur le terrain. L'identification des infractions applicables en matière de lutte contre le bruit (section I) puis des instances chargées de les constater et de les rechercher (section II) n'est pas chose aisée, dans l'optique d'une répression effective et efficace des comportements incriminés.

Section I : Les infractions applicables en matière de lutte contre le bruit

1144. De façon générale, les infractions commises en matière de bruit ne sont pas soumises à une sanction pénale particulièrement grave, la majorité étant de type contraventionnel. L'article 131-12 du Code pénal qui dresse le tableau des peines de police consacre, d'abord, la disparition des peines d'emprisonnement pour les contraventions. L'amende contraventionnelle, peine principale « classique », n'est ensuite, dans tous les cas, guère dissuasive. Son taux maximum, qui varie selon la classe de la contravention[1], ne pourra dépasser 3 000 euros pour les contraventions les plus

---

les textes en vigueur : l'article L. 131-2-6° du Code des communes, devenu l'article L. 2212-2-5° C.G.C.T., et le décret n° 74-415 du 13 mai 1974 n'instaurent pas d'obligations « particulières » au sens de l'article 223-1 N.C.P., mais des obligations d'ordre général. Le premier texte confie au maire la mission générale de prévenir les événements de nature à compromettre la sécurité des personnes et le second laisse le préfet libre de définir les obligations à imposer à ses administrés en vue de protéger la qualité de l'air dans les agglomérations. La nouvelle loi n° 96-1236 du 30 décembre 1996 sur l'air et l'utilisation rationnelle de l'énergie ne devrait pas recevoir un meilleur accueil devant les tribunaux, car son article 1er n'instaure aucun comportement particulier mais des objectifs à atteindre et des possibilités d'action. Or tel n'est pas le cas de la loi n° 92-1444 du 31 décembre 1992 relative à la lutte contre le bruit et de ses décrets d'application. V. : Cass. crim., 25 juin 1996, Juris-Data n° 003705 ; Bull. crim. n° 274 ; R.J.E. 2-1997, p. 253-254, obs. V. Jaworski ; Dr. pén. 1996, comm. n° 265, obs. Véron ; Rev. sc. crim. 1997, obs. Mayaud, p. 106 et obs. J.-H. Robert, p. 390 ; J.-H. ROBERT et C. HERNANDEZ- ZAKINE, Contentieux répressifs, Juris-Classeur Environnement, 1998, fasc.1020, n° 247 et s.

[1] Aux termes de l'article 131-13 du C.P., *« le montant de l'amende est le suivant :*

graves -celles de la 5e classe-, ceci en cas de récidive et lorsque le règlement le prévoit. A côté de l'amende, l'article 131-12 prévoit également des peines privatives ou restrictives de droits[1] ainsi que des peines complémentaires. Or, si la création, dans le nouveau Code pénal, de peines de police alternatives (art. 131-14) et complémentaires (art. 131-16 et 131-17) s'inscrit dans le mouvement général de diversification des sanctions, leur application est néanmoins limitée, les premières ne concernant que les contraventions de 5e classe -qui sont rares en matière de bruit-, les secondes devant être expressément prévues par le texte et certaines n'étant réservées qu'aux contraventions de la 5e classe (art. 131-17 C.P.).

1145. En revanche, les incriminations sont nombreuses et répondent aux différentes réglementations prises dans ce domaine et étudiées précédemment[2]. Si la loi cadre du 31 décembre 1992 est venue aggraver la répression de certains comportements contraires aux exigences de qualité acoustique qu'elle pose, le droit pénal du bruit, avec ses incriminations et ses peines, n'en abandonne pas pour autant les particularismes du droit de l'environnement dont il fait partie intégrante. Ainsi, il existe très peu de délits autonomes, dont les éléments constitutifs sont entièrement prévus par la loi. Les sources à plusieurs étages, loi - décret - arrêté, font du droit du bruit un droit de réglementation, d'autant plus compliqué à appréhender qu'il multiplie les textes, éparpillés dans divers codes et lois.

1146. La caractérisation des infractions, textes d'incrimination et peines, tout comme pour les outils juridiques de la prévention, permet de distinguer, d'une part, des infractions propres à la répression du bruit (§1) et, d'autre part, les infractions venant réprimer, dans le cadre d'autres réglementations que celles concernant à titre exclusif le bruit, les manifestations ou émergences sonores illicites (§2).

§1. LE DROIT PÉNAL SPÉCIAL DU BRUIT

1147. C'est dans cette catégorie d'infractions spécifiques au problème des nuisances sonores que les innovations sont les plus importantes. En premier lieu, la loi cadre du 31 décembre 1992 donne une force d'application beaucoup plus grande aux règles et normes sonores qu'elle prescrit en prévoyant un dispositif répressif renforcé (A). De nouvelles incriminations relatives aux bruits de voisinage sont ensuite créées par le décret n° 95-408 du 18 avril 1995[3], pris en application de l'article L. 1 du Code de la santé publique et de la loi de 1992 (B). Enfin, le nouveau Code pénal sanctionne les « agressions sonores » par le biais de la traditionnelle contravention de tapage nocturne, reprise à l'article R623-2, et par la création d'un délit autonome à l'article 222-16 (C).

1° 38 euros au plus pour les contraventions de la 1re classe ;

2° 150 euros au plus pour les contraventions de la 2e classe ;

3° 450 euros au plus pour les contraventions de la 3e classe ;

4° 750 euros au plus pour les contraventions de la 4e classe ;

5° 1 500 euros au plus pour les contraventions de la 5e classe, montant qui peut être porté à 3 000 euros en cas de récidive lorsque le règlement le prévoit ».

[1] L'art. 131-14 du C.P. donne la liste de ces peines privatives ou restrictives de droits. L'art. 131-15 du C.P. précise qu'elles peuvent être cumulées entre elles mais non avec une peine d'amende. Il s'agit donc de peines « alternatives », pouvant se substituer à l'amende.

[2] V. chapitre I du titre I de la partie I sur la prévention des bruits de voisinage.

[3] Décret n° 95-408 du 18 avril 1995 relatif à la lutte contre les bruits de voisinage et modifiant le code de la santé publique (*JO* du 19 avril 1995, p. 6106).

A. LE DISPOSITIF RÉPRESSIF DE LA LOI N° 92-1444 DU 31 DÉCEMBRE 1992 : UN RENFORCEMENT DE LA RÉPRESSION

1148. Le texte de la loi n° 92-1444 du 31 décembre 1992 laisse apparaître un renforcement significatif de la répression dans deux secteurs précis : celui des objets et matériels bruyants visés dans son article 2 (1) et celui des activités bruyantes prises en compte dans son article 6 (2). Les incriminations pénales sont ici le résultat d'une technique législative courante en droit de l'environnement. Le législateur établit les délits, conformément au partage des compétences législatives et réglementaires fixé par les articles 34 et 37 de la Constitution et codifié à l'article 111-2 du Code pénal. Cependant, il prévoit de manière imprécise les éléments constitutifs du délit, laissant au règlement le soin d'en délimiter les contours, par décret, voire par arrêté. En revanche, le législateur se montre extrêmement précis quant aux pénalités attachées à ces infractions correctionnelles et contenues à l'article 23-II pour les peines principales, respectant, au moins sur ce point, le principe de légalité.

1149. Mme Hernandez-Zakine et M. Robert résument clairement cette pratique, qui paraît quelque peu critiquable compte tenu de la liberté prise par le législateur vis-à-vis du principe de légalité dont l'application stricte s'impose à lui[1]. *« L'élément matériel est le plus souvent décrit par un texte administratif sur l'invitation du législateur qui se borne à fulminer d'avance la sanction »*[2]. Il s'ensuit que les éléments matériels de ces infractions sont fixés par l'Administration et vont reposer principalement sur le dépassement de niveaux sonores ou encore sur le non-respect des conditions de fonctionnement des objets ou d'exploitation des activités visés. Mais surtout, une telle démarche révèle immédiatement son principal défaut : le dispositif répressif mis en place par la loi est subordonné à la publication des textes réglementaires auxquels a été déléguée la définition des infractions. En l'absence de ces textes, les sanctions pénales prévues par la loi ne sont pas applicables.

1150. L'ensemble de ces constatations se vérifie bien à propos des infractions contenues dans la loi cadre du 31 décembre 1992 relative à la lutte contre le bruit.

1- Les infractions relatives aux objets et matériels bruyants de l'article 2 de la loi de 1992

1151. L'article 2 de la loi n° 92-1444 du 31 décembre 1992 (devenu l'art. L. 571-2 C. env.), nous l'avons vu (*supra* n° 74 et s.), contient les *« dispositions relatives aux objets et aux dispositifs destinés à réduire les émissions sonores »*. Il délègue à *des* décrets en Conseil d'État le soin de définir les prescriptions applicables aux objets susceptibles de provoquer des nuisances sonores élevées ainsi qu'aux dispositifs

---

[1] Néanmoins, le Conseil Constitutionnel a reconnu la validité de ces délégations de compétence données par la loi à un texte inférieur, par sa décision n° 82-145 DC du 10 novembre 1982, en relevant *« qu'aucun principe ou règle de valeur constitutionnelle n'interdit au législateur d'ériger en infraction le manquement à des obligations qui ne résultent pas de la loi »* (*JO* du 11 novembre 1982, p. 3393), confirmée par une deuxième décision n° 84-176 DC du 25 juillet 1984 (*JO* du 26 juillet 1984, p. 2492), dans une hypothèse où l'incrimination était contenue dans un acte administratif. La chambre criminelle de la Cour de cassation adopte une position conforme à celle du Conseil constitutionnel.

[2] J.-H. ROBERT et C. HERNANDEZ-ZAKINE, Contentieux répressifs, Juris-Classeur Environnement, 1998, fasc.1020.

d'insonorisation. *Un* décret en date du 23 janvier 1995[1] est venu fixer ces mesures, rendant par là applicable l'article 2 de la loi (art. L. 571-2 C. env.).

1152. Pour en assurer le suivi, la loi cadre de 1992 a mis en place un dispositif répressif important, parmi les plus dissuasifs en matière de bruit, en créant une infraction correctionnelle. Cet appareil pénal est complété par plusieurs contraventions prévues par le décret d'application (b), pouvant s'ajouter au délit de l'article 23-II de la loi (a) et renforçant d'autant la répression.

a) Le délit de l'article 23-II de la loi du 31 décembre 1992

1153. Le législateur de 1992 a voulu garantir le respect des procédures qu'il a instaurées pour une réduction à la source des émissions sonores d'objets et de matériels particulièrement bruyants. Il institue un délit, assorti de sanctions nettement plus dissuasives que les peines d'amende contraventionnelle que l'on rencontre traditionnellement et majoritairement dans le domaine du bruit.

1154. L'article 23-II de la loi n° 92-1444 du 31 décembre 1992, devenu l'article L. 571-23 du Code de l'environnement, punit ainsi d'un emprisonnement de deux ans et d'une amende de 30 000 euros le fait de *« fabriquer, importer ou mettre sur le marché des objets ou des dispositifs non pourvus de l'homologation ou de la certification exigées en application de l'article L. 571-2* [anc. art. 2 de la loi de 1992] *»*[2]. L'article 2 de la loi (art. L. 571-2 C. env.) prévoit, en effet, des procédures d'homologation, d'attestation et de déclaration attestant la conformité de ces objets et dispositifs aux prescriptions relatives aux niveaux sonores admissibles. Ces niveaux et procédures sont définis par le décret n° 95-79 du 23 janvier 1995 pris en application de la loi cadre de 1992 (*supra* n° 75 et s.). Le non respect de la procédure imposée selon l'objet ou le dispositif en question, par ces différents textes qui constituent **l'élément légal** de l'infraction, réalise donc le délit de l'article 23-II de la loi cadre de 1992 (devenu l'art. L. 571-23 C. env.).

1155. **L'élément matériel** de l'infraction consiste dans la fabrication, l'importation ou la vente de ces objets ou matériels sans l'homologation ou la certification requise. L'incrimination a un champ d'application relativement large puisqu'il permet de suivre et de contrôler les objets depuis leur naissance jusqu'à leur mise en service. Trois catégories de responsables -des professionnels- sont concernées par cette infraction : les fabricants, les importateurs et les vendeurs. En outre, le délit est constitué en-dehors de toute constatation de nuisance acoustique établie par une émergence sonore scientifiquement mesurée ou par une gêne appréciée subjectivement. La loi de 1992 a ainsi renforcé la prévention des nuisances sonores : point n'est besoin d'attendre l'utilisation des objets bruyants et donc la production des nuisances pour mettre en marche l'appareil répressif. Il s'agit là d'un « délit-obstacle » qui incrimine un *« comportement dangereux, générateur de risque »*[3], abstraction faite du dommage qui pourrait en résulter. La répression en est par conséquent facilitée, puisque l'infraction est réalisée avant et indépendamment de tout dommage constaté.

---

[1] Décret n° 95-79 du 23 janvier 1995 fixant les prescriptions prévues par l'article 2 de la loi n° 92-1444 du 31 décembre 1992 relative à la lutte contre le bruit et relatif aux objets bruyants et aux dispositifs d'insonorisation (*JO* du 25 janvier 1995, p. 1354).

[2] La loi n° 92-1444 du 31 décembre 1992 prévoit, indépendamment des poursuites pénales, des mesures administratives dans son article 27-I (*infra* n° 1542 et s.).

[3] G. ACCOMANDO et C. GUERY, Le délit de risque causé à autrui ou de la malencontre à l'article 223-1 du nouveau code pénal, préc., p. 686.

1156. Elle suppose un troisième élément pour que le délit soit constitué : **l'élément moral.** Sur ce point, l'article 121-3 du Code pénal a supprimé, implicitement, les délits dits « matériels » qui avaient été créés de manière prétorienne par la Cour de cassation, notamment dans le domaine de l'environnement[1]. Le raisonnement jurisprudentiel consistait alors à dire que ces infractions étaient consommées du seul fait de la constatation du comportement matériel incriminé, en l'absence de tout élément intellectuel[2]. Cette dérive des principes généraux du droit pénal, aboutissant à instaurer un *« mécanisme répressif d'une brutale efficacité »*[3], a été corrigée par le nouveau Code pénal qui exige un élément intentionnel pour tout crime ou délit, en la présence d'un dol général, c'est-à-dire la violation consciente et volontaire d'une norme pénale. Depuis le 1er mars 1994[4], l'intention doit donc être prouvée en matière correctionnelle, conformément au principe général énoncé à l'article 121-3 alinéa 1er du Code pénal.

1157. A ce principe a néanmoins été apportée une dérogation, source d'incertitudes. L'alinéa 3 de l'article 121-3 précise, en effet, qu'*« il y a également délit* ***lorsque la loi le prévoit*** *en cas de faute d'imprudence, de négligence ou de manquement à une obligation de prudence ou de sécurité prévue par la loi ou le règlement... »*[5]. Une faute de comportement suffit donc pour engager la responsabilité pénale de l'agent à condition qu'elle soit expressément visée par le législateur pour le délit concerné. Or, de nombreux textes d'incrimination antérieurs à l'article 121-3 issu de la loi n° 92-683 du 22 juillet 1992 portant réforme des dispositions générales du Code pénal n'ont pas prévu une telle faute. L'article 339 de la loi n° 92-1336 du 16 décembre 1992, dite « loi d'adaptation », est alors venue combler cette lacune en disposant que *« tous les délits non intentionnels réprimés par des textes antérieurs à l'entrée en vigueur de la présente loi demeurent constitués en cas d'imprudence, de négligence ou de mise en danger délibérée de la personne d'autrui »*.

1158. S'agissant des textes postérieurs au 1er mars 1994, date d'entrée en vigueur de la « loi d'adaptation » et du nouveau Code pénal, la situation ne présente aucune difficulté : en l'absence de mention expresse de la faute, un dol général est requis. Par contre, pour les délits non intentionnels existants avant cette date, une faute d'imprudence ou de négligence *suffirait* à caractériser l'élément moral de l'infraction, en application des dispositions de l'article 339 de la « loi d'adaptation ». C'est en fait au juge qu'il appartient de décider dans quelle catégorie d'infractions, intentionnelles ou

---

[1] V. : F. DESPORTES et F. LE GUNEHEC, Droit pénal général, préc., n° 469 ; R. MERLE et A. VITU, Droit pénal général, préc., p. 728 ; G. ROUJOU de BOUBEE, B. BOULOC, J. FRANCILLON et Y. MAYAUD, Code pénal commenté, préc., p. 26-27.

[2] V. par ex. à propos du délit de pollution des eaux réprimé par l'art. L. 232-2 du Code rural : Cass. crim., 28 avril 1977, *Ferrier,* J.C.P. 1978, II, 18931, note M. Delmas-Marty ; D.S. 1978, jurispr. p. 149, note M.-L. Rassat ; Rev. sc. crim. 1978, p. 335, obs. A. Vitu.

[3] M.-J. LITTMANN-MARTIN, Droit pénal et prise en compte de la notion d'irréversibilité, R.J.E. 1998, n° spécial : « L'irréversibilité », p. 148.

[4] Date d'entrée en vigueur du nouveau Code pénal et de la loi n° 92-1336 du 16 décembre 1992 dite « loi d'adaptation », résultant de la loi n° 93-913 du 19 juillet 1993 qui a modifié l'art. 373 de la « loi d'adaptation » qui avait d'abord fixé cette date au 1er septembre 1993.

[5] La loi n° 96-393 du 13 mai 1996 relative à la responsabilité pénale pour des faits d'imprudence ou de négligence (*JO* du 14 mai 1996) a complété cet alinéa par les dispositions suivantes : *« sauf si l'auteur des faits a accompli les diligences normales compte tenu, le cas échéant, de la nature de ses missions ou de ses fonctions, de ses compétences ainsi que du pouvoir et des moyens dont il disposait »*. Une deuxième réforme introduite par la loi n°2000-647 du 10 juillet 2000 tendant à préciser la définition des délits non intentionnels (*JO* du 11 juill.) a reformulé l'alinéa comme suit : *« ...s'il est établi que l'auteur des faits n'a pas accompli les diligences normales... »*.

d'imprudence, il convient de ranger les délits anciennement matériels. La jurisprudence qui s'est constituée depuis lors, dénuée de toute unité et cohérence apparente, se partage entre les deux solutions énoncées par le nouveau Code pénal[1], exigeant pour certains de ces délits une intention[2], alors que pour d'autres, elle se contente d'une faute d'imprudence ou de négligence[3].

1159. Au regard de ces règles, qu'en est-il de l'élément moral du délit prévu par l'article 23-II de la loi cadre sur le bruit (art. L. 571-23 C. env.) ? Dans le silence du texte d'incrimination, la réalisation du délit suppose-t-elle un comportement volontaire et conscient constitutif d'un dol général ou la faute suffira-t-elle à caractériser l'élément psychologique de l'infraction ? La loi n° 92-1444 du 31 décembre 1992 relative à la lutte contre le bruit pose en la matière un problème spécifique : celui des dispositions légales transitoires. En effet, le délit contenu dans son article 23-II a été créé postérieurement aux lois n° 92-683 du 22 juillet 1992 et n° 92-1336 du 16 décembre 1992 qui, pour la première, constitue le livre 1er du nouveau Code comprenant notamment l'article 121-3 et pour la seconde, apporte des modifications à cet article. Cependant, le texte de l'article 23-II est antérieur à l'entrée en vigueur de ces lois et donc du nouveau Code pénal. Quelles sont alors les règles applicables à ces dispositions transitoires, édictées après la promulgation des lois constituant le nouveau Code pénal mais avant leur entrée en vigueur ?

1160. Comment interpréter le silence du législateur concernant le contenu de l'élément intentionnel des délits prévus par la loi n° 92-1444 du 31 décembre 1992 relative à la lutte contre le bruit ? Dans la recherche de la volonté présumée du législateur[4], la date de la loi cadre sur le bruit est déterminante si l'on prend en compte le fait que ses délits ont été créés *après* la publication de la loi n° 92-683 du 22 juillet 1992 qui affirme dans l'article 121-3 du nouveau Code pénal le caractère intentionnel des infractions correctionnelles en l'absence de toute référence expresse à la faute. Il serait alors possible d'en déduire -au regard des dates respectives de ces deux lois- que le silence du législateur quant à l'élément moral des délits contenus dans la loi sur le bruit équivaut à l'exigence d'un dol général en application du principe général énoncé dans l'article 121-3, texte qui existait déjà au jour de l'adoption de la loi sur le bruit même si son entrée en vigueur fut reportée au 1er mars 1994.

1161. En outre, il semble douteux de pouvoir affirmer que l'infraction prévue par l'article 23-II aurait été considérée comme un « délit matériel » avant les modifications du nouveau Code pénal, et donc entrant dans le champ d'application de l'article 339 de la « loi d'adaptation », dans la mesure où elle a été créée postérieurement aux lois constituant la partie législative de ce code qui ont pour conséquence de supprimer ce type d'infractions. Il paraît peu probable que le législateur ait permis la création de

---

[1] G. ROUJOU de BOUBEE, B. BOULOC, J. FRANCILLON et Y. MAYAUD, Code pénal commenté, préc., p. 27.

[2] Par exemple pour l'exploitation sans autorisation d'une installation classée (Cass. crim., 25 mai 1994, Bull. crim. n° 203 ; Dr. pén. 1994, comm. n° 237) ou l'exécution de travaux de construction en méconnaissance des obligations établies par le Code de l'urbanisme (Cass. crim., 12 juillet 1994, Bull. crim. n° 280).

[3] Par exemple pour le délit de pollution des eaux douces de surface réprimé par l'article L. 232-2 du Code rural (C.A. Caen, 4 novembre 1994 et Trib. corr. de Valenciennes, 30 juin 1994, Dr. pén. 1994, comm. n° 264 ; Cass. crim., 3 avril 1996, R.J.E. 4-1996, p. 499, obs. V. Jaworski) ou les délits d'atteinte à la faune protégée (C.A. Caen, 26 octobre 1994, R.J.E. 1-1995, p. 182, obs. V. Jaworski).

[4] Suivant la méthode d'interprétation téléologique, autorisée par l'art. 111-4 du N.C.P. (interprétation stricte de la loi pénale), qui attribue une importance particulière à la *ratio legis* c'est-à-dire à la volonté déclarée ou présumée du législateur.

nouveaux « délits matériels » alors même que quelques jours auparavant, par l'effet de la loi n° 92-1336 du 16 décembre 1992, il a exprimé sa volonté d'abolir de telles infractions. La logique et le bon sens voudraient, par conséquent, que le délit prévu par l'article 23-II de la loi cadre sur le bruit figura dans la catégorie des infractions intentionnelles, supposant un dol général, c'est-à-dire la violation en connaissance de cause des prescriptions édictées par l'article 2 de la loi n° 92-1444 du 31 décembre 1992 et par le décret n° 95-79 du 23 janvier 1995 pris pour son application.

1162. Cette solution apparaît la plus satisfaisante, ceci à plusieurs égards. Elle s'inscrit tout d'abord dans la continuité du décret d'application concernant les objets bruyants -décret n° 95-79 du 23 janvier 1995- qui, complétant les incriminations de la loi sur le bruit, a érigé le fait d'utiliser de tels objets rendus non conformes en une contravention *intentionnelle* (*infra* n° 1171 et s.). Elle classe ensuite les délits prévus par la loi cadre de 1992 dans la même catégorie, celle des infractions intentionnelles, que les anciens « délits matériels » d'exploitation d'une installation classée sans autorisation et de construction sans permis qui trouvent à s'appliquer en matière de lutte contre les nuisances sonores. L'exigence d'un dol général comme élément moral commun à toutes ces infractions permet d'unifier le régime répressif contre le bruit, d'apporter une cohérence juridique dans ce domaine qui en manque tant.

1163. Enfin, notons qu'en pratique la preuve du dol général imposée par la qualification de délit intentionnel ne rend pas plus difficile la condamnation du prévenu par rapport à l'existence d'une faute d'imprudence ou de négligence. Comme le souligne M. Robert, l'intention qui suppose la démonstration à la fois de la conscience et de la volonté de transgresser la loi pénale est *« insusceptible d'observation directe »*[1] parce qu'elle impliquerait de pouvoir sonder l'état psychologique de l'agent. L'intention requise ne peut se déduire que de présomptions qui, dans une matière aussi technique que celle relative au bruit, résultent notamment de la qualité de professionnel du prévenu qui est censé connaître les règles qu'il a violées. Il est alors facile pour les juges du fond d'affirmer l'existence de cette conscience et de cette volonté caractérisant le dol général lorsque le fabricant, l'importateur ou le vendeur, réputés connaître les règles de leur métier, ont fabriqué, importé ou vendu des objets non conformes aux prescriptions légales et réglementaires.

1164. L'ensemble de ces arguments milite en faveur du caractère intentionnel des délits créés par la loi cadre sur le bruit. C'est à la jurisprudence à venir, rendue sur le fondement de l'article 23-II de la loi n° 92-1444 du 31 décembre 1992 (devenu art. L. 571-23 C. env.), de décider si ce délit requiert effectivement un dol général, c'est-à-dire la transgression consciente et volontaire de la loi pénale, ou une faute d'imprudence ou de négligence comme élément moral de l'infraction. La logique et le souci d'apporter une certaine cohérence juridique, au moins sur ce point, à l'arsenal répressif existant contre les nuisances sonores devraient conduire à le considérer comme une infraction intentionnelle, dont l'auteur ne saurait s'exonérer en invoquant simplement l'absence de faute.

1165. En tout état de cause, il faut espérer que le taux très élevé de l'amende encourue, de même que la possibilité d'une condamnation à une peine d'emprisonnement, soient suffisamment dissuasifs pour prévenir la commission de cette infraction. Observons toutefois avec regret que le doublement de ces peines en cas de récidive n'est plus prévu depuis l'insertion des dispositions de la loi sur le bruit dans le Code de l'environnement.

---

[1] J.-H. ROBERT, L'élément moral des infractions contre l'environnement, Rev. sc. crim. 1995, p. 357.

1166. Le dispositif répressif mis en place par l'article 23-II de la loi, devenu l'article L. 571-23 du Code de l'environnement, paraît *a priori* convaincant. Cependant, et c'est d'ailleurs le problème principal de l'ensemble de la loi cadre, sa mise en œuvre est subordonnée, dans un premier temps, au décret d'application de l'article 2 de la loi de 1992, qui a été publié au Journal Officiel le 25 janvier 1995 puis, dans un deuxième temps, à la parution d'arrêtés interministériels devant préciser pour chaque type ou famille d'objets ou de dispositifs la procédure applicable (art. 3 *in fine* du décret n° 95-79 du 23 janvier 1995). Or à l'heure actuelle, seulement six arrêtés, en date du 12 mai 1997 (*supra* n° 80), sont intervenus concernant les motocompresseurs, les groupes électrogènes de puissance, les groupes électrogènes de soudage, les grues à tour, les marteaux-piqueurs et les brise-béton. Cela signifie que, hormis pour ces matériels et engins de chantier, la répression du délit prévu par l'article L. 571-23 n'est toujours pas possible !

b) Les contraventions prévues par le décret d'application du 23 janvier 1995

1167. Le dispositif pénal en matière d'objets et matériels bruyants paraît, *en théorie,* d'autant plus imposant que différentes incriminations contenues dans le décret d'application viennent compléter celles de la loi. Le décret n° 95-79 du 23 janvier 1995, pris en application de l'article 2 de la loi cadre de 1992 (art. L. 571-2 C. env.), prévoit en effet quatre contraventions relatives à ces objets bruyants. Aux termes de l'article 10 dudit décret, les contrevenants sont passibles d'amendes contraventionnelles « *indépendamment des peines prévues à l'article 23 de la loi du 31 décembre 1992* ».

1168. L'article 1er du décret du 23 janvier 1995 pose une interdiction générale -au champ d'application extrêmement large- « *de fabriquer pour le marché intérieur, de mettre en vente, de vendre, d'importer, de louer, de détenir ou d'exposer en vue de la vente, de mettre à disposition, de céder à quelque titre que ce soit ou d'utiliser tout objet susceptible de provoquer des nuisances sonores élevées ou tout dispositif d'insonorisation* » qui ne répond pas aux prescriptions imposées par le décret. Le non-respect de ces prescriptions est passible de l'amende prévue pour les contraventions de la 3e classe ou de la 5e classe, selon le texte de réglementation violé, à savoir l'article 3 ou l'article 5 du décret, fondements des incriminations.

1169. Constituent ainsi une contravention de la 3e classe la mise en vente, la vente, la location, l'exposition en vue de la vente, la mise à disposition ou la cession d'un objet ou d'un dispositif qui ne comporte pas le marquage de la caractéristique acoustique prévu au premier alinéa de l'article 5 du décret. Il en est de même s'agissant de l'omission de fournir au preneur le document de conformité en application de l'article 5 alinéa 2, ainsi que de la détention d'un objet ou dispositif sans document de conformité pouvant être produit sous huit jours. L'article 10-I punit ces faits d'une amende d'un montant de 450 euros au plus, conformément à l'échelle des peines de police fixée par l'article 131-13 du Code pénal.

1170. L'article 10-II prévoit des peines d'amende plus élevées, soit 1 500 euros au plus puisqu'il s'agit de contraventions de la 5e classe, à l'encontre de quiconque aura utilisé ou fait utiliser un objet ou un dispositif sans l'homologation, l'attestation ou la déclaration imposée par l'article 3 du décret. En cas de récidive, le texte précise que ces amendes prévues pour les contraventions de la 5e classe pourront être doublées, ce qui porte le montant maximum encouru à 3 000 euros.

1171. La quatrième contravention -de la 5e classe- visée dans l'article 10-II présente une spécificité au regard des caractères généraux des infractions de police. Le texte punit « *quiconque aura utilisé ou fait utiliser, **en connaissance de cause,** un objet ou dispositif* *ayant fait l'objet de l'une des procédures définies à l'article 3, mais qui aura subi des modifications rendant l'objet ou le dispositif non conforme* ». Il introduit par conséquent un élément moral qui en matière de contraventions n'a *en règle générale* pas lieu d'être.

1172. En effet, depuis le nouveau Code pénal, les contraventions sont les seules « infractions matérielles »[1], réalisées dès lors que le comportement matériel incriminé est constaté. Il importe peu que la violation de la prescription réglementaire ait été consciente et volontaire (dol général) ou commise par imprudence ou négligence, *sauf exception textuelle.* La grande majorité des contraventions est donc constituée par une simple « faute contraventionnelle », c'est-à-dire par la seule inobservation d'une prescription légale ou réglementaire. Néanmoins, toutes ne sont pas des infractions « matérielles », car il existe des contraventions qui supposent soit une intention, soit une faute de comportement, *lorsque le texte d'incrimination le prévoit*[2].

1173. La contravention de l'article 10-II b) fait partie de cette deuxième catégorie. Le texte subordonne la consommation de l'infraction à la connaissance des modifications ayant entraîné *a posteriori* -c'est-à-dire après avoir suivi l'une des procédures imposées- la non-conformité de l'objet ou du dispositif. Il s'agit donc là d'un dol général, la connaissance de la non-conformité de l'objet traduisant l'intention, de la part de l'utilisateur, de violer la loi pénale. Une telle exigence se comprend aisément dans la mesure où, muni du document de conformité, l'utilisateur pourrait en toute bonne foi se servir de l'objet ou du dispositif en ignorant les modifications qui ont été apportées dans l'intervalle qui a précédé son acquisition. Il serait alors injuste de le sanctionner. La preuve de sa bonne foi est ici, exceptionnellement, une cause d'exonération de sa responsabilité pénale.

1174. Le décret du 23 janvier 1995 précise, dans son article 13, que les décrets n° 69-380 du 18 avril 1969 relatif à l'insonorisation des engins de chantier et n° 75-960 du 17 octobre 1975 relatif à la limitation des niveaux sonores sont abrogés. Toutefois, leurs arrêtés d'application, notamment l'arrêté du 7 septembre 1979 concernant les tondeuses à gazon, ainsi que les sanctions pénales instituées par lesdits décrets[3] demeurent applicables jusqu'à l'entrée en vigueur des arrêtés prévus par le décret de 1995. Ces derniers sont en effet chargés de préciser les caractéristiques acoustiques, les valeurs limites admissibles ainsi que la procédure applicable à chaque type ou famille d'objets ou de dispositifs. Les contraventions à ces prescriptions -contenues à l'article 10 du décret de 1995- restent par conséquent lettre morte tant que ces arrêtés ne sont pas parus. Pour l'heure, elles ne peuvent être prononcées que s'agissant, d'une part, des matériels et engins de chantier visés dans l'arrêté du 12 mai 1997 et, d'autre part, des réfrigérateurs, congélateurs et appareils combinés électriques pris en compte par l'arrêté du 7 juillet 1995.

---

[1] Selon les termes mêmes de la circulaire du 14 mai 1993 (portant *commentaire des dispositions de la partie Législative du nouveau Code pénal (livres I à V) et des dispositions de la loi du 16 décembre 1992 relative à son entrée en vigueur), « les seules infractions matérielles subsistant dans notre droit pénal seront désormais des contraventions ».*

[2] F. DESPORTES et F. LE GUNEHEC, Droit pénal général, préc., p. 389, n° 499 ; R. MERLE et A. VITU, Droit pénal général, préc., p. 745 et s., n° 592 et s..

[3] Le décret n° 69-380 du 18 avril 1969 punit la fabrication, la vente ou l'utilisation de matériel de chantier non homologué d'une peine d'amende de 5 000 F au plus (soit 750 euros), pouvant être doublée en cas de récidive (art. 2 du décret). Le décret n° 75-960 du 17 octobre 1975 sanctionne la fabrication, la mise en vente ou la location de tondeuses à gazon en violation des prescriptions de l'arrêté modifié du 7 septembre 1979, d'une amende de 3 000 F (soit 450 euros) par appareil fabriqué ou mis en vente ou en location (art. 4 du décret).

1175. Pareille technique utilisant des sources à plusieurs étages dans la réglementation des objets bruyants et dispositifs d'insonorisation, de par les blocages qu'elle institue, met à rude épreuve la crédibilité du cadre fixé par la loi générale contre le bruit. Il est dommage qu'après l'effort consenti dans la construction d'un dispositif pénal dissuasif, celui-ci soit réduit quasiment à néant en l'absence des ultimes textes de réglementation : les arrêtés d'application, derniers maillons du travail normatif dans ce domaine. La répression des activités bruyantes, prises en compte à l'article 6 de la loi du 31 décembre 1992, devenu l'article L. 571-6 du Code de l'environnement, suscite les mêmes observations.

2- Les infractions relatives aux activités bruyantes de l'article 6 de la loi de 1992

1176. S'agissant des activités bruyantes qui ne figurent pas dans la nomenclature des installations classées pour la protection de l'environnement, la loi n° 92-1444 du 31 décembre 1992 a instauré un système de répression -comme pour la prévention- qui s'inspire de cette même législation des installations classées. L'article 6 de la loi de 1992 (art. L. 571-6 C. env.) ouvre la possibilité de soumettre à prescriptions générales ces activités, voire à autorisation celles parmi les plus bruyantes. A l'instar de l'article 2 portant sur les objets bruyants et dispositifs d'insonorisation (art. L. 571-2 C. env.) , la loi a dans ce domaine créé des délits à l'article 23-II (a), auxquels peuvent s'ajouter les contraventions des décrets prévus pour l'application du texte légal relatif aux activités bruyantes (b).

a) Les délits de l'article 23-II de la loi du 31 décembre 1992

1177. L'article 23-II de la loi cadre de 1992, devenu l'article L. 571-23, 2° du Code de l'environnement, crée deux délits relatifs aux activités bruyantes qui ne sont pas prises en compte par la législation sur les installations classées pour la protection de l'environnement. Les peines principales, pouvant aller jusqu'à deux ans d'emprisonnement et 30 000 euros d'amende, sont les mêmes que pour les objets bruyants et dispositifs d'insonorisation. L'existence de deux infractions correctionnelles en la matière, assorties de sanctions pénales dissuasives, répond à la dimension particulière de l'article 6 de la loi (art. L. 571-6 C. env.) qui institue le principe de la prévention des nuisances sonores causées par les activités économiques et de loisirs à l'origine des plaintes les plus nombreuses.

1178. Selon la même technique que celle utilisée pour les objets visés par l'article 2 de la loi cadre de 1992 (art. L. 571-2 C. env.), les activités bruyantes concernées sont soumises à des prescriptions imposées par la loi (art. 6, devenu art. L. 571-6 C. env.), laquelle laisse le soin à des décrets d'application d'en préciser les termes. Le non-respect de ces prescriptions constituera une infraction dont l'élément légal, c'est-à-dire le fondement textuel, est par conséquent à rechercher dans ces différents textes. L'article 23-II de la loi n° 92-1444 du 31 décembre 1992 (art. L. 571-23, 2° C. env.) fixe tout d'abord, de manière précise, les sanctions attachées aux délits qu'il institue en matière d'activités bruyantes. L'application de ces sanctions suppose l'inobservation des dispositions prévues à l'article 6 de la loi relatif à ces activités (art. L. 571-6 C. env.). Ce texte impose de manière générale des prescriptions, dont le contenu doit ensuite être défini par des décrets en Conseil d'État. Or ces derniers ne sont toujours pas parus. L'élément légal des délits réprimés par l'article 23-II de la loi cadre de 1992 (devenu art. L. 571-23, 2° C. env.) est, par conséquent, incomplet, faute des textes réglementaires chargés de préciser les prescriptions à respecter et de délimiter, ainsi, les contours des comportements incriminés.

1179. Ces comportements incriminés reprennent la typologie des infractions correctionnelles rencontrées dans la loi n° 76-663 du 19 juillet 1976 relative aux installations classées pour la protection de l'environnement. L'article 23-II de la loi cadre sur le bruit, devenu l'article L. 571-23, 2° du Code de l'environnement, réprime, en premier lieu, l'absence d'autorisation lorsque celle-ci est exigée. Sera ainsi puni le fait d'*«exercer une activité sans l'autorisation prévue à l'article L. 571-6* [anc. art. 6 de la loi]*»*. Sont concernées par cette procédure les activités susceptibles, par le bruit qu'elles provoquent, de présenter des dangers ou de causer un trouble excessif aux personnes, de nuire à leur santé ou de porter atteinte à l'environnement.

1180. Or, les dispositions de l'article L. 571-6 sont subordonnées à l'entrée en vigueur de décrets en Conseil d'État devant fixer notamment la nomenclature des activités soumises à cette autorisation ainsi que les modalités de la procédure d'autorisation. Depuis 1992, aucun de ces décrets n'est paru[1]. Cela signifie, qu'en l'état actuel de la législation, ou plutôt en l'absence actuelle des textes réglementaires, aucune des activités bruyantes visées par l'article 6 de la loi de 1992 (art. L. 571-6 C. env.) n'a été soumise à autorisation. Par conséquent, le délit d'exercice d'une activité sans l'autorisation requise ne peut toujours pas être réprimé.

1181. L'article 23-II, devenu l'article L. 571-23, 2° du Code de l'environnement sanctionne, en second lieu, le non respect d'une mise en demeure administrative : *« est puni le fait de poursuivre l'exercice d'une activité sans se conformer à la mise en demeure prévue au II de l'article L. 571-17* [anc. art. 27 de la loi] *»*. Le législateur instaure ici une répression en deux temps, dont la première étape relève du contrôle de l'autorité administrative compétente. Lorsque celle-ci a constaté l'inobservation des dispositions de l'article 6 de la loi de 1992 (art. L. 571-6 C. env.) ou des règlements et décisions individuelles pris pour son application, elle met en demeure, par voie d'arrêté, l'exploitant ou le responsable de l'activité d'y satisfaire dans un délai déterminé. Si, à l'expiration de ce délai, la personne concernée n'a pas obtempéré à cette injonction, c'est-à-dire ne s'est toujours pas conformée à la législation, elle encourt, dans un deuxième temps, les sanctions de l'article 23-II (art. L. 571-6, 2° C. env.) pour non-respect de l'arrêté de mise en demeure[2].

1182. Mais là encore, l'absence des textes réglementaires rendant applicables les dispositions de l'article 6 de la loi (art. L. 571-6 C. env.) fait obstacle à la répression sur le fondement de l'article 23-II (art. L. 571-23, 2° C. env.), à l'exception toutefois d'un secteur d'activité : celui des discothèques et des salles de concerts. Le décret n° 98-1143 du 15 décembre 1998 *relatif aux prescriptions applicables aux établissements ou locaux recevant du public et diffusant à titre habituel de la musique amplifiée, à l'exclusion des salles dont l'activité est réservée à l'enseignement de la musique et de la danse*[3], est en effet le seul décret qui, pour l'heure, a été pris pour et en application de l'article 6 de la loi de 1992 (V. *supra* n° 107 et s.). Les établissements visés entrent dans la catégorie des activités soumises à prescriptions générales. C'est donc dans cet unique domaine que le

[1] En réponse à une question écrite d'un sénateur demandant si ces décrets, après quatre ans, allaient paraître, le ministre chargé de l'Environnement avait indiqué que, dans le cadre de la réforme de l'État, il était souhaité de limiter strictement la création de procédures d'autorisation. V. : Rép. min. n° 29, *JO* Sénat Q du 11 sept. 1997. Toujours est-il qu'il ne faudrait pas en arriver au point de vider l'article 6 de la loi n° 92-1444 du 31 décembre 1992 de tout sens, en ne créant aucune des procédures d'autorisation qu'il prévoit !

[2] L'une des trois mesures administratives, prévues à l'article 27-II et identiques à celles contenues dans la loi sur les installations classées en cas de non-respect d'un arrêté de mise en demeure, peut en outre être prononcée à l'encontre du contrevenant. V. *infra* n° 1542 et s.

[3] *JO* du 16 décembre 1998, p. 18955.

délit de poursuite d'activité sans se conformer à la mise en demeure prévue à l'article 27-II (devenu l'art. L. 571-17 C. env.) pourra être sanctionné. Aux peines d'amende correctionnelle et d'emprisonnement prévues par l'article 23-II (art. L. 571-23 C. env.), pourront alors s'ajouter les peines encourues pour les contraventions établies par le « décret sur les discothèques » du 15 décembre 1998.

b) Les contraventions prévues par le décret n° 98-1143 du 15 décembre 1998

1183. Rappelons que le décret n° 98-1143 du 15 décembre 1998 fixe les valeurs admissibles d'émission et d'émergence sonores applicables aux discothèques et autres lieux diffusant de la musique amplifiée. L'article 2 soumet ces établissements ou locaux, visés à l'article 1er du décret, à un niveau moyen de pression acoustique ne devant pas dépasser 105 dB(A) et à un niveau limite de crête de 120 dB(A). En vue de protéger le voisinage de ces établissements et de respecter les valeurs maximales d'émergence définies à l'article R48-4 du Code de la santé publique[1], l'article 3 impose la conformité de l'isolement des locaux à la valeur minimale fixée par l'arrêté d'application du même jour. L'article 5, enfin, impose aux exploitants de ces établissements de réaliser une étude d'impact qui devra être mise à la disposition des agents de contrôle habilités par la loi cadre de 1992. La transgression de ces différents textes de réglementation constitue des contraventions de la 5e classe en vertu de l'article 6 du décret n° 98-1143 du 15 décembre 1998.

1184. Ainsi en application de l'article 6-1°, sont passibles d'une amende d'un montant maximum de 1 500 euros les exploitants de ces établissements ainsi que les organisateurs des manifestations se déroulant dans ces locaux, qui exercent *« une activité relevant du présent décret sans que soit respecté le niveau de pression acoustique moyen prévu à l'article 2 »*, qui ne doit pas dépasser 105 dB(A). Curieusement, l'article 6-1° ne fait pas référence au dépassement de la deuxième norme sonore fixée par le même article, à savoir la valeur limite de 120 dB(A) en niveau de crête. Il s'agit là, semble-t-il, d'un malencontreux oubli de la part du pouvoir réglementaire qui a omis d'incriminer le non respect d'une norme réglementaire constitutif d'une infraction distincte.

1185. En effet, le dépassement du niveau moyen de 105 dB(A) n'entraîne pas dans tous les cas -lorsque l'intensité du bruit produit se situe entre 105 et 120 dB(A)- un dépassement du niveau de crête fixé à 120 dB(A). De même, il est possible d'atteindre des niveaux de crête supérieurs aux 120 dB(A) réglementaires sans pour autant dépasser un niveau moyen de 105 dB(A). Les deux situations : la violation de l'une et de l'autre de ces valeurs-limites ne se confondent pas forcément dans la pratique, la première norme établissant un niveau sonore *moyen,* la seconde un niveau sonore *de crête.* Elles nécessitent par conséquent deux incriminations spécifiques, le respect du niveau moyen ne préjugeant en rien du respect du niveau de crête, et inversement. Or, à défaut de dispositions le concernant, le dépassement du niveau de crête n'est pas punissable. Une modification du décret du 15 décembre 1998 devrait donc venir réparer cette omission, en complétant l'article 6-1° par des dispositions relatives au non-respect du niveau de crête réglementaire.

1186. Aux termes de l'article 6-2°, commettent également une contravention de la 5e classe les mêmes personnes qui exercent une activité visée par le décret, en violation des valeurs d'émergence prévues à l'article 3. Ainsi, lorsque l'établissement ou le local en cause est contigu, ou situé à l'intérieur de bâtiments comportant des logements,

[1] Modifié par le décret n° 95-408 du 18 avril 1995 relatif à la lutte contre les bruits de voisinage et modifiant le code de la santé publique (*JO* du 19 avril 1995, p. 6106).

l'isolement entre le local d'émission et le local ou le bâtiment de réception doit être conforme aux valeurs minimales fixées par l'article 2 de l'arrêté du 15 décembre 1998 pris en application du décret n° 98-1143 du même jour[1]. Dans les nombreux cas où une discothèque est exploitée au rez-de-chaussée ou au sous-sol d'un immeuble d'habitation ou encore dans un bâtiment contigu à une habitation, un isolement acoustique minimum est désormais imposé aux exploitants en vue de protéger les habitants voisins.

1187. Enfin, l'article 6-3° applique la même sanction prévue pour les contraventions de la 5e classe à tout exploitant qui n'est pas en mesure de présenter aux agents de contrôle les documents de l'étude d'impact mentionnés à l'article 5, à savoir une étude acoustique des locaux et la description des dispositions prises pour limiter le niveau sonore et les émergences aux valeurs fixées par le décret.

1188. Sur le plan des sanctions, le décret n° 98-1143 du 15 décembre 1998 ne se contente pas de l'amende contraventionnelle pour réprimer le non-respect des prescriptions qu'il impose. A côté de cette peine principale, il propose toute une palette de sanctions diversifiées. S'agissant des personnes physiques visées à l'article 1er du décret, elles encourent la peine complémentaire de confiscation des dispositifs ou matériels de sonorisation qui ont servi à commettre l'infraction. Une telle sanction, particulièrement adaptée au secteur réglementé, est en pratique bien plus dissuasive qu'une simple amende de 1 500 euros.

1189. Mais l'une des originalités et avancées les plus marquantes de ce dispositif répressif réside dans le fait d'avoir retenu la responsabilité pénale des personnes morales[2]. Le pouvoir réglementaire a ainsi introduit dans le domaine des normes acoustiques applicables aux discothèques et assimilés l'une des plus grandes innovations du nouveau Code pénal. Notons qu'il est indispensable que le texte d'incrimination prévoie expressément la responsabilité des personnes morales pour telle infraction déterminée, ainsi que la sanction qu'il puise dans le nouveau Code pénal. En effet, le champ d'application de cette responsabilité n'est pas général, mais présente un caractère énumératif qui implique de rechercher dans chaque texte particulier si le législateur ou le pouvoir réglementaire a prévu ce type de responsabilité. Cette condition est satisfaite en l'espèce, l'article 6 du décret n° 98-1143 du 15 décembre 1998 prévoyant que *« les personnes morales peuvent être déclarées pénalement responsables des infractions définies au présent article »*.

1190. En vertu de l'article 121-2 du Code pénal, les personnes morales, à l'exclusion toutefois de l'État, sont donc responsables pénalement, de la même façon que les personnes physiques et n'excluant pas la responsabilité de ces dernières, des infractions commises pour leur compte, par leurs organes ou représentants. Il est néanmoins précisé que si les collectivités territoriales et leurs groupements entrent dans le champ d'application de ce texte, leur responsabilité pénale ne peut être engagée que pour des activités susceptibles de délégation de service public. Cette condition a une signification particulière en matière de bruit, car la mission de police municipale de garantir la tranquillité publique ne peut jamais être déléguée par le maire. En cas d'inaction du maire face à des nuisances sonores gênant les habitants de la commune, le préjudice subi par les riverains trouve son origine dans une faute personnelle

---

[1] Arrêté du 15 décembre 1998 pris en application du décret n° 98-1143 du 15 décembre 1998 relatif aux prescriptions applicables aux établissements ou locaux recevant du public et diffusant à titre habituel de la musique amplifiée, à l'exclusion des salles dont l'activité est réservée à l'enseignement de la musique et de la danse (*JO* du 16 décembre 1998, p. 18957).

[2] G. ROUJOU de BOUBEE, B. BOULOC, J. FRANCILLON et Y. MAYAUD, Code pénal commenté, préc., p. 16 et s. ; F. DESPORTES et F. LE GUNEHEC, Le nouveau droit pénal, préc., p. 439 et s.

« particulièrement caractérisée » de l'élu : le fait de ne pas avoir exercé ses pouvoirs de police. La responsabilité pénale de la commune ne pourra donc pas être retenue ; seul le maire sera responsable.

1191. L'intérêt de la responsabilité pénale des personnes morales réside notamment dans l'amende importante qui peut être prononcée et qui vient s'ajouter à celle, moindre, infligée aux exploitants, personnes physiques, des établissements. L'article 131-41 du Code pénal, auquel renvoie le décret n° 98-1143 du 15 décembre 1998, fixe le taux maximum de cette amende au quintuple de celui prévu pour les personnes physiques par le règlement qui réprime l'infraction, soit en l'occurrence une amende de 7 500 euros. Le risque de devoir payer une telle somme devrait calmer les « envolées acoustiques » de ces établissements. La peine complémentaire de confiscation des dispositifs et matériels de sonorisation qui ont servi à commettre l'infraction est également encourue par la personne morale reconnue pénalement responsable de l'une ou plusieurs des contraventions de ce décret.

1192. Les sommes redevables peuvent atteindre des montants très importants dans le cas de plusieurs contraventions constatées pour un même local, d'autant que ledit règlement prévoit l'application des articles 132-11 et 132-15 du Code pénal dans les hypothèses de récidive. S'agissant des personnes physiques, déjà condamnées définitivement pour l'une de ces contraventions de la 5e classe et qui commettent, dans le délai d'un an à compter de l'expiration ou de la prescription de la précédente peine, la même contravention, le maximum de la peine d'amende encourue est alors porté à 3 000 euros (art. 132-11 N.C.P.). Les personnes morales se trouvant dans la même situation sont passibles, en application de l'article 132-15 du Code pénal, d'une amende dont le taux maximum est égal à dix fois celui prévu par le décret pour les personnes physiques, ce qui porte l'amende à 15 000 euros !

1193. Le dispositif répressif du décret n° 98-1143 du 15 décembre 1998 est aujourd'hui parfaitement applicable aux établissements ou locaux visés à l'article 1er et ouverts depuis la parution de l'arrêté d'application, c'est-à-dire depuis le 16 décembre 1998. Il concerne également les mêmes établissements et locaux existant avant ledit décret, pour lesquels les exploitants ont eu un délai d'un an, soit jusqu'au 16 décembre 1999, pour se mettre en conformité avec la réglementation (art. 7 du décret du 15 décembre 1998). L'éventail de sanctions qu'il propose, même s'il ne s'agit que de peines contraventionnelles, de par le jeu des règles relatives à la récidive et à la responsabilité pénale des personnes morales, est impressionnant et devrait dissuader les contrevenants travaillant dans ce secteur d'activité. Le décret relatif aux discothèques et assimilés constitue un modèle sérieux pour les autres textes d'application de l'article 6 de la loi de 1992 relatifs aux activités soumises à des prescriptions générales qui malheureusement se font toujours attendre, tout comme ceux devant fixer la nomenclature des activités soumises à autorisation et les modalités de cette procédure.

1194. Il semble paradoxal de constater qu'à l'heure actuelle les sanctions pénales proposées par les rares textes d'application de la loi n° 92-1444 du 31 décembre 1992 - décrets relatifs aux objets bruyants et aux discothèques- sont plus efficaces que celles de la loi elle-même. Elles le sont, non pas en raison de leur nature, puisque la répression d'un délit est en principe plus importante que celle d'une contravention, mais de par leur caractère aujourd'hui effectif. Si dans la lettre du texte, les créations pénales de la loi cadre sont significatives, en pratique elles sont inutilisables faute de décrets d'application. La loi doit impérativement devenir opérationnelle, sinon les efforts du législateur de 1992 n'auront servi à rien. En outre, elle doit se mettre à l'ordre du jour du nouveau Code pénal et intégrer les innovations et avancées de ce dernier pour une répression efficace et renforcée.

1195. Or, l'une des plus graves lacunes présentées par la loi cadre sur le bruit est de ne pas permettre d'imputer les délits réprimés par l'article 23-II (art. L. 571-23 C. env.) aux personnes morales, faute d'une disposition particulière le prévoyant. La loi n° 95-101 du 2 février 1995 relative au renforcement de l'environnement, qui a introduit dans plusieurs lois environnementales antérieures au nouveau Code pénal le principe de la responsabilité pénale des personnes morales pour les infractions aux dispositions de ces lois[1], ne mentionne pas la loi sur le bruit. Cette omission est des plus regrettables. Elle ne se justifie pas, d'autant qu'en matière de nuisances sonores, les hypothèses d'application de la responsabilité pénale des personnes morales seraient extrêmement vastes. En effet, les délits prévus par la loi n° 92-1444 du 31 décembre 1992 peuvent fort opportunément être relevés à l'encontre de nombreuses personnes morales, notamment l'ensemble des sociétés qui fabriquent, importent et vendent des objets ou dispositifs visés par la loi ou qui exercent des activités bruyantes entrant dans son champ d'application.

1196. Pourquoi se priver d'un tel dispositif institué par le nouveau Code pénal et qui offre de larges possibilités en matière de politique répressive ? Propre à renforcer la répression et à prévenir le renouvellement des infractions par le choix des sanctions dissuasives qu'il propose[2], le principe de la responsabilité pénale des personnes morales doit être inséré dans la loi n° 92-1444 du 31 décembre 1992 relative à la lutte contre le bruit qui n'en retirera que des bénéfices. L'intervention du législateur dans ce sens, nécessaire et impérative, contribuerait à renforcer l'efficacité de la législation relative au bruit et à donner plus de cohérence au droit de l'environnement dans son ensemble, permettant d'harmoniser sur ce point les régimes répressifs des différentes lois environnementales.

1197. Mais pour l'heure, c'est encore un décret qui marque un pas décisif dans la lutte contre les bruits de voisinage en créant de nouvelles incriminations relatives aux bruits de voisinage, permettant notamment la répression de ces activités bruyantes orphelines de décret spécifique.

B. Les nouvelles incriminations relatives aux bruits de voisinage : les articles R48-1 à R48-5 du Code de la santé publique

1198. Considérées comme un problème de santé publique, les nuisances sonores ont été prises en compte par le Code de la santé publique qui, dans son article L1, imposait d'abord l'édiction dans chaque département d'un règlement sanitaire départemental, suivant le modèle d'un texte type. Les dispositions des articles 101 à 104 du règlement type consacrées au bruit représentaient le minimum des conditions sanitaires exigibles dans ce domaine sur l'ensemble du territoire. Des arrêtés préfectoraux ou municipaux, pris en application de l'article L. 2, pouvaient compléter le règlement sanitaire pour le rendre plus sévère. Plusieurs condamnations à des amendes contraventionnelles ont été prononcées sur le fondement de tels textes[3]. Le règlement sanitaire départemental a, en

---

[1] V. : Art. 81 de la loi n° 95-101 du 2 février 1995 relative au renforcement de la protection de l'environnement (*JO* du 3 février 1995, p. 1840).

[2] Art. 131-37 à 131-39 du N.C.P.

[3] V. par ex. : Trib. pol. de Nantes, 23 août 1979, Ministère public c/ Thierry Philippe, C.P.E.N., jurispr. « Bruit », 1531 : à propos des bruits excessifs provoqués par le fonctionnement d'un ascenseur, le syndic en sa qualité d'administrateur des biens de l'immeuble a été condamné à payer une amende de 160 F. pour non-exécution des travaux prescrits par le règlement sanitaire départemental ; C.A. Paris, 13e ch. A, 7 février 1985, C.N.B., Les nuisances sonores - Recueil de jurisprudence commentée, p. 24 : le prévenu a été

effet, donné lieu à un contentieux important, dans la mesure où il permettait une répression pénale de nombreuses sources de bruits diurnes, comme nocturnes, sans recours à une mesure acoustique, en référence à la notion extrêmement subjective de « gêne ».

1199. La loi n° 86-17 du 6 janvier 1986[1] est venue modifier la situation en introduisant une nouvelle rédaction des articles L. 1 et L. 2 du Code de la santé publique. Désormais, ce sont des décrets en Conseil d'État qui fixent *« les règles générales d'hygiène et toutes autres mesures propres à préserver la santé de l'homme, notamment en matière de bruits de voisinage »*[2]. La publication du décret n° 88-523 du 5 mai 1988 a constitué une première application du nouvel article L. 1. Le décret remplaçait les dispositions du règlement sanitaire départemental relatives au bruit et ne permettait plus la répression de bruits de voisinage sans mesure acoustique[3]. Mais le caractère inadapté de cette exigence pour des sources sonores « simples » ou « aléatoires » a entraîné l'abrogation du texte de 1988 (1) par le décret n° 95-408 du 18 avril 1995 qui propose de nouvelles incriminations codifiées aux articles R48-1 à R48-5 du Code de la santé publique (2).

1- L'abrogation du décret n° 88-523 du 5 mai 1988

1200. Le décret n° 88-523 du 5 mai 1988[4] précisait les règles propres à préserver la santé de l'homme contre les bruits de voisinage. Il définissait à partir de quelles limites et dans quelles conditions une situation sonore était inacceptable et son auteur passible d'une sanction pénale. En cela, le texte marquait un progrès, car ces précisions n'existaient pas dans le règlement sanitaire départemental. La circulaire du 7 juin 1989[5], qui l'a présenté aux préfets, a insisté sur ces avancées qui *« assureront une plus grande objectivité dans la caractérisation des infractions et, le cas échéant, permettront d'éclairer l'exercice des pouvoirs de police »*. Or, c'est justement cette trop grande « objectivisation » de la répression, dans un domaine fortement imprégné de subjectivisme, qui a condamné le décret de 1988. La complexité de la réglementation

---

poursuivi pour avoir, dans le cabaret qu'il exploitait, troublé le voisinage par des bruits excessifs émis par des enceintes acoustiques, contravention prévue et réprimée par les art. 102 et 154 du règlement sanitaire départemental de Paris ; C.A. Amiens, 4e ch., 2e sect., 4 décembre 1985, C.N.B., Les nuisances sonores - Recueil de jurisprudence commentée, p. 21 : condamnation à deux amendes de 400 F. pour troubles à la tranquillité du voisinage causés par les aboiements du chien du prévenu, qui constituent des infractions à l'art. 102-5 du règlement sanitaire départemental, réprimés par l'art. 165 du même règlement ; C.A. Amiens, 4e ch. correct., 2e sect., 8 juillet 1987, C.N.B., Les nuisances sonores - Recueil de jurisprudence commentée, p. 23 : bruit provenant du fonctionnement du moteur de la trayeuse d'une stabulation libre avec salle de traite incorporée (dans une exploitation agricole), en violation des prescriptions de l'art. 102-3 du règlement sanitaire départemental ; Cass. crim., 10 février 1993, N° 91-84.499, Lexilaser Cassation 1996/1.

[1] Article 67 de la loi n° 86-17 du 6 janvier 1986 adaptant la législation sanitaire et sociale aux transferts de compétences en matière d'aide sociale et de santé (*supra* n° 300 et s.).

[2] Aux termes de l'article L. 2 modifié du Code de la santé publique, des arrêtés du représentant de l'État dans le département ou des arrêtés du maire ayant pour objet d'édicter des dispositions particulières en vue d'assurer la protection de la santé publique dans le département ou la commune peuvent compléter les décrets mentionnés à l'article L. 1.

[3] V. par exemple : C.A. Paris, 8 février 1990, Juris-Data n° 021884 ; Droit de l'Environnement n° 5, novembre 1990, p. 70, note J.-H. Robert.

[4] Décret n° 88-523 du 5 mai 1988 pris pour l'application de l'article L1 du code de la santé publique et relatif aux règles propres à préserver la santé de l'homme contre les bruits de voisinage (*JO* du 6 mai 1988).

[5] Circulaire du 7 juin 1989 relative à la lutte contre le bruit (*JO* du 9 juillet 1989).

s'est d'abord traduite par une inadéquation, pour certains bruits de voisinage, des éléments constitutifs de l'infraction (a), puis par une inapplication en pratique des conditions de la répression (b).

a) L'inadéquation des éléments constitutifs de l'infraction

1201. Avant même qu'il n'ait été publié, le décret n° 88-523 du 5 mai 1988 a été la source de vives controverses. Par la suite, il a été confirmé que le texte était *« inadapté aux bruits de voisinage qu'il est censé réprimer »*[1]. Le mécanisme de responsabilité pénale qu'il instituait reposait sur une double notion : celle de seuil et de faute, difficilement constatable s'agissant des bruits de voisinage entendus au sens strict, c'est-à-dire des bruits de comportement.

1202. L'article 2 du décret punissait[2] ainsi *« de l'amende prévue pour les contraventions de la 3e classe toute personne qui, dans un lieu public ou privé, aura été à l'origine d'un bruit particulier dont l'émergence perçue par autrui est supérieure aux valeurs limites admissibles définies à l'article 3 et qui :*

1° Soit n'aura pas respecté les conditions d'utilisation de matériels et équipements ou les conditions d'exercice d'une activité fixées par les autorités compétentes ;

2° Soit aura négligé délibérément de prendre les précautions appropriées ;

3° Soit aura fait preuve d'un comportement anormalement bruyant, ou n'aura pas mis obstacle à un comportement de même nature des personnes ou animaux placés sous sa responsabilité «. Pour pouvoir sanctionner pénalement les personnes à l'origine d'un bruit, deux conditions simultanées devaient donc impérativement être remplies : le dépassement du seuil sonore réglementaire, associé à l'un des trois comportements fautifs décrits dans le texte. Or dans la pratique, la réunion de ces deux éléments constitutifs de l'infraction n'était pas sans soulever des difficultés, notamment sur le plan de la preuve.

1203. D'une part, l'émission sonore devait dépasser les valeurs limites d'émergence définies avec beaucoup de détails à l'article 3 dudit décret. La conséquence de cette référence à la notion d'*« émergence »* était que la preuve de l'infraction devait résulter d'une mesure scientifique effectuée à l'aide d'un sonomètre et dont les modalités étaient, en application de l'article 3 *in fine*, fixées par un arrêté interministériel du 5 mai 1988[3]. Cela signifiait que la description empirique d'une gêne sonore, même précise et s'appuyant sur des observations pertinentes des agents verbalisateurs et des témoignages indiscutables, n'aurait pu fonder une condamnation pour infraction au décret n° 88-523 du 5 mai 1988. Or, certains bruits de voisinage, de par leur caractère aléatoire ou encore parce que ce n'est pas tant la quantité sonore produite que la nature de l'émission sonore qui constitue une nuisance pour les riverains, se prêtent assez mal aux mesures acoustiques. De plus, les modalités de mesure et les critères de l'émergence illicite étaient complexes et restrictifs.

1204. L'article 3 alinéa 1 du décret définissait l'émergence *« par la différence entre le niveau de bruit ambiant, comportant le bruit particulier dû à la source, et celui du bruit résiduel constitué par l'ensemble des bruits habituels, extérieurs et intérieurs,*

---

[1] V. : T. SAGET, L'heure de la détermination, Echo Bruit n° 49, juin-juillet 1991, p. 8 et Echo Bruit n° 50, octobre 1991, p. 7.

[2] *« Sauf en ce qui concerne les chantiers de travaux publics et privés et des travaux intéressant les bâtiments et leurs équipements ».*

[3] Arrêté du 5 mai 1988 relatif aux modalités de mesure des bruits de voisinage (*JO* du 6 mai 1988).

d'un lieu donné, correspondant à l'occupation normale des locaux et au fonctionnement normal des équipements ». Les valeurs admises de l'émergence variaient non seulement en fonction de la période diurne ou nocturne au cours de laquelle s'est produit le bruit, mais également selon un terme correctif, fonction de la durée cumulée d'apparition du bruit particulier. Or, le tableau relatif à l'émergence n'indiquait pas de valeurs pour les bruits très brefs, de durée cumulée inférieure à trente secondes ! Dans le cas de bruits intermittents, gênants non pas en raison de leur durée, mais de par leur intensité ou leur répétition entrecoupée de « silences », tels que des aboiements de chiens, des bruits de comportement (claquements de portes, pas, cris...) ou de bricolage (coups de marteau, bruits de perceuse...), la répression n'était donc pas possible.

1205. D'autre part, l'infraction supposait la constatation d'un des trois comportements fautifs retenus par l'article 2 du décret. La faute était ainsi caractérisée en cas de non-respect des conditions d'utilisation de matériels et d'équipements ou des conditions d'exercice d'une activité fixées par les autorités compétentes. De même, elle était effective lorsqu'on négligeait délibérément de prendre les précautions appropriées, comme par exemple l'installation sans précaution d'un motocross sur un terrain privé. Le troisième type de faute consistait dans le fait d'avoir un comportement *« anormalement bruyant »* ou de ne pas mettre obstacle à un comportement de même nature des personnes ou animaux placés sous sa garde. Les aboiements intempestifs et répétés d'un chien pouvaient ainsi entrer dans cette dernière catégorie. Mais encore fallait-il que la condition de dépassement des valeurs limites d'émergence fût remplie, ce qui, compte tenu des critères posés par le décret, n'était guère aisé à faire constater.

1206. La mise en œuvre de la répression supposait par conséquent la réunion de ces deux conditions cumulatives : le dépassement des valeurs limites d'émergence et l'un des comportements incriminés. Ces conditions étaient imposées pour **tous** les bruits de voisinage entrant dans le champ d'application du décret. Comme l'a souligné le professeur Prieur, *« on ne peut imaginer réglementation plus complexe pour réprimer un trouble simple »*[1]. Cette complexité avait d'ailleurs été relevée lors d'un pourvoi en cassation contre la décision de condamnation des juges d'appel à une amende de 1 000 francs pour infraction aux dispositions du décret n° 88-523 du 5 mai 1988[2].

1207. En l'espèce, le demandeur invoquait pour sa défense l'illégalité dudit décret au regard du principe général, contenu à l'article 111-3 du Code pénal, selon lequel *« toute infraction doit être définie en termes clairs et précis pour exclure l'arbitraire »*. Il prétendait que *« la complexité de la prétendue définition de l'incrimination »* -le constat de l'émergence illicite au sens de l'article 3 du décret- ne permettait pas *« de connaître le seuil toléré pour les bruits de voisinage, à supposer même que l'émergence susvisée soit mesurable au moyen d'appareils sophistiqués »* et violait par là le principe de légalité. La Cour de cassation n'a malheureusement pas eu l'occasion de répondre à cette question, le moyen de l'exception d'illégalité du décret de 1988 ayant été invoqué devant elle pour la première fois. Or, comme l'a rappelé la Haute Juridiction, une telle exception doit être présentée avant toute défense au fond et est, par conséquent, irrecevable lorsqu'elle est invoquée pour la première fois devant la Cour de cassation (art. 385 et 386 C.P.P.).

1208. Pour cette raison tenant aux règles de la procédure pénale, la chambre criminelle saisie en l'espèce n'a pu se prononcer sur la question de l'illégalité du décret n° 88-523 du 5 mai 1988 au regard des principes généraux du droit pénal. Il aurait

---

[1] M. PRIEUR, Droit de l'environnement, préc., p. 603, n° 842.

[2] Cass. crim., 22 novembre 1994, N° 93-85.265, Lexilaser Cassation.

néanmoins été intéressant de connaître la position de la Haute Juridiction en la matière. Il semblerait, en l'occurrence, que la complexité des dispositions réglementaires ne soit pas contraire aux exigences de clarté et de précision imposées à la rédaction de toute infraction par le principe de légalité. Les textes définissaient avec beaucoup de détails les éléments constitutifs de l'infraction pour bruit de voisinage. Ce sont plutôt les difficultés pratiques qu'ils engendraient qui sont en cause.

1209. De multiples bruits de la vie quotidienne, liés aux comportements et ne dépassant pas les seuils sonores réglementaires, ne pouvaient ainsi faire l'objet d'une répression au titre du décret n° 88-523 du 5 mai 1988, alors même qu'ils sont une nuisance pour les voisins et constituent devant le juge civil des *« troubles dépassant les inconvénients normaux du voisinage »*. L'inadéquation des critères posés par le décret répressif a eu pour conséquence inéluctable de rendre inapplicables les conditions de répression de l'infraction propre aux bruits de voisinage.

b) L'inapplication des conditions de la répression

1210. Il a été dit, tant par les services concernés que par les associations, que le décret n° 88-523 du 5 mai 1988 *« n'est pas appliqué parce qu'il n'est pas applicable »*[1]. A l'usage, les conditions de répression posées par le texte se sont révélées être un obstacle à la constatation des bruits de voisinage et à la condamnation pénale de leurs auteurs. Plusieurs raisons viennent corroborer cette affirmation.

1211. La première cause d'inapplication du texte répressif réside dans la nécessité d'un appareillage coûteux pour la constatation des infractions. D'une part, les services chargés de rechercher et de constater ces infractions ne disposent pas tous du matériel sonométrique requis par les règlements pour établir de manière irréfutable le supplément d'émergence sonore qui caractérise l'infraction. D'autre part, ils manquent de personnel d'un point de vue à la fois quantitatif et qualitatif, c'est-à-dire de suffisamment d'agents, formés à cette tâche hautement technique de mesure scientifique.

1212. Le deuxième obstacle tient à l'opération de mesure qui apparaît difficile, voire impossible au regard des exigences du texte, à réaliser techniquement pour des bruits de courte durée. Or, la durée du bruit n'est pas forcément et dans tous les cas ce qui crée la nuisance. D'autres caractéristiques peuvent intervenir, sans pour autant que l'émission sonore se prolonge. Un bruit bref et intermittent peut être tout aussi gênant qu'un bruit ininterrompu. L'intensité de la source sonore peut également être déterminante. Mais là encore, elle n'est pas l'unique cause de gêne pour le voisinage qui peut souffrir du caractère persistant ou répétitif d'un bruit, quel que soit son niveau sonore. Or, le décret de 1988 ignorait totalement cet état de fait et ne se référait qu'à la seule émergence pour caractériser un bruit de voisinage illicite.

1213. La très grande difficulté, sur le terrain, à faire constater ce supplément d'émergence sonore fautif, empêche souvent la répression des « bruiteurs ». Divers obstacles peuvent en effet survenir, tels que la nature même du bruit qui ne se prête pas à une mesure scientifique dans les conditions posées par les textes, comme pour les bruits imprévisibles par exemple, ou l'information du « bruiteur » qui, averti de l'arrivée de l'agent verbalisateur, interrompt son activité ou comportement bruyant, le temps du contrôle. De surcroît, l'émergence fautive se calcule en fonction du niveau de bruit ambiant. Cela suppose donc soit de connaître auparavant et avec exactitude la situation sonore hors de la présence de la source perturbatrice, ce qui paraît improbable d'autant

---

[1] T. SAGET, L'heure de la détermination, Echo Bruit n° 49, juin-juillet 1991, p. 8.

qu'« *il n'y a pas plus mouvant qu'un niveau de bruit ambiant* »[1], soit de pouvoir arrêter la source incriminée le temps de mesurer le bruit ambiant résiduel, ce qui n'est pas toujours possible.

1214. Au vu de ces quelques observations, il est aisé d'imaginer à quel point le décret n° 88-523 du 5 mai 1988 posait des problèmes d'application. Sensibilisé par les nombreuses critiques qui ont été formulées à cet égard, le ministre de l'Environnement a rapidement mis en place un dispositif de suivi de l'application du décret dans six départements, pour une durée d'un an. L'objectif était d'évaluer concrètement l'efficacité de la réglementation, le ministre s'engageant, dans l'hypothèse où cette évaluation révélerait des problèmes sérieux, à saisir le Gouvernement d'une proposition de modification du texte initial[2]. Il en est ressorti que le décret n° 88-523 du 5 mai 1988 n'était quasiment pas applicable, ni appliqué et que 95 % des poursuites l'avaient été sur le fondement des dispositions relatives au tapage nocturne. Le décret avait été présenté par la circulaire du 7 juin 1989 comme réalisant un réel progrès dans la répression des bruits de voisinage. Il est vrai qu'il étendait l'infraction au bruit diurne qui n'est pas susceptible d'être réprimé dans le cadre du tapage nocturne. Mais il n'a pas su tenir compte de la nature spécifique des bruits qu'il sanctionnait.

1215. La modification annoncée et promise par le ministre de l'Environnement a été introduite par le biais de la loi cadre du 31 décembre 1992. L'article 21 de la loi, devenu l'article L. 571-18-III du Code de l'environnement, fait référence à un décret en Conseil d'État fixant les règles relatives à la lutte contre les bruits de voisinage. « *Pour des raisons pratiques de bonne lisibilité des textes* »[3], le décret n° 95-408, en date du 18 avril 1995, remplace la totalité du décret n° 88-523 du 5 mai 1988 qu'il abroge.

2- Les incriminations du décret n° 95-408 du 18 avril 1995

1216. Pris en application de l'article 21-I *in fine* de la loi du 31 décembre 1992 (devenu l'art. L. 571-18-III C. env.), le décret n° 95-408 du 18 avril 1995 relatif à la lutte contre les bruits de voisinage et modifiant le Code de la santé publique définit « *les infractions aux règles relatives à la lutte contre les bruits de voisinage* ». Le décret vise non seulement la loi n° 92-1444 du 31 décembre 1992 relative à la lutte contre le bruit, mais également les articles L. 1, L. 2 et L. 48 du Code de la santé publique, le Code des communes[4], le Code du travail, l'article R610-1 du Code pénal et la loi n° 76-663 du 19 juillet 1976 relative aux installations classées pour la protection de l'environnement. Il crée dans le livre Ier du Code de la santé publique (deuxième partie : Décrets en Conseil d'État) un titre Ier intitulé « *Mesures sanitaires générales* », qui comprend dans son chapitre VI consacré aux « *dispositions pénales* » cinq articles : R48-1 à R48-5, fixant les règles de répression des bruits de voisinage.

---

[1] R. ROMI, Les nuisances et le droit : les nuisances sonores, Droit de l'Environnement n° 9, octobre 1991, p. 71.

[2] Dans le même temps, le ministre des Affaires sociales assurait que pour sa part le décret marquait un réel progrès et qu'il n'envisageait pas de le modifier ! V. : T. SAGET, L'heure de la détermination, Echo Bruit n° 50, octobre 1991, p. 7.

[3] Circulaire du 27 février 1996 relative à la lutte contre les bruits de voisinage (*JO* du 7 avril 1996, p. 5474), qui reprend le texte de la circulaire du 25 octobre 1995 et fait le point sur la question de la répression des bruits de voisinage en application des règles posées par le décret n° 95-408 du 18 avril 1995.

[4] Rappelons que la partie législative du Code des communes a été abrogée par la loi n° 96-142 du 21 février 1996 et remplacée par des dispositions correspondantes du Code général des collectivités territoriales, selon la technique dite « à droit constant ». V. : Art. 11 et 12 de la loi n° 96-142 du 21 février 1996 relative à la partie Législative du code général des collectivités publiques (*JO* du 24 février 1996).

1217. L'article R48-1 nouveau du Code de la santé publique définit le champ d'application de ce décret. Celui-ci, à l'instar du décret du 5 mai 1988 abrogé, couvre l'ensemble des bruits auxquels sont exposées des personnes dans les lieux qu'elles fréquentent, à l'exception de ceux visés par une législation ou une réglementation spécifique. Sont ainsi exclus par le décret de 1995 les bruits qui proviennent des infrastructures de transport et des véhicules qui y circulent, des aéronefs, des activités et installations particulières de la défense nationale, des installations classées pour la protection de l'environnement et ceux qui sont perçus à l'intérieur des mines, des carrières, de leurs dépendances et sur les lieux de travail (art. L. 231-1 du Code du travail). Les dispositions des articles suivants, R48-2 à R48-5, s'appliquent donc à tous les bruits de voisinage, à l'exception de ceux (sus-mentionnés) limitativement désignés par l'article R48-1, qui bénéficient déjà d'un arsenal pénal qui leur est propre et qui se suffit à lui-même.

1218. La situation nouvelle devrait opérer *théoriquement*[1] une simplification par rapport à la réglementation antérieure, permettant une constatation beaucoup plus souple des infractions constitutives de contraventions de la 3e classe. Le décret de 1995 a fait la part des choses face à des bruits de voisinage de natures diverses. Une distinction est ainsi opérée entre les nuisances sonores résultant d'un comportement, qui ne sont plus soumises à mesure ni à l'exigence d'une faute spéciale (a) et celles liées à des activités organisées impliquant des mesures acoustiques (b). Enfin, le décret, comme son prédécesseur, réserve toujours le cas particulier des bruits de chantier (c).

a) La répression des bruits liés aux comportements

1219. L'article R48-2 du Code de la santé publique réalise en la matière une véritable innovation par rapport au décret n° 88-523 du 5 mai 1988. Il crée une infraction de tapage aussi bien nocturne que diurne, débarrassée des anciennes notions d'émergence, de faute et de la nécessité d'une mesure acoustique. Cette incrimination concerne les bruits liés au comportement, dont la source est simple et qui résultent en fait de la vie quotidienne. La circulaire du 27 novembre 1995 (non publiée), adressée par le Garde des Sceaux aux procureurs de la République, utilise la terminologie de *« bruits domestiques »*. Une liste non limitative, afin de permettre de mieux cerner quel type de bruit entre dans cette catégorie, est fournie par la circulaire du 27 février 1996 relative à la lutte contre les bruits de voisinage[2] et prise à l'attention des préfets.

1220. Sont ainsi généralement considérés comme bruits de voisinage liés aux comportements ceux provenant des cris d'animaux, tels que les aboiements de chiens ; des appareils de diffusion du son et de la musique ; des outils de bricolage, de jardinage ; des appareils électroménagers ; des jeux bruyants pratiqués dans des locaux inadaptés ; des pétards et pièces d'artifice ; des activités occasionnelles, fêtes familiales, travaux de réparation, etc. La liste n'est pas exhaustive et les exemples sont innombrables, parmi lesquels notamment les bruits de cloches ou le chant des coqs qui donnent lieu à de nombreux conflits de voisinage et à un contentieux important.

1221. Compte tenu du flou qui entoure la notion de *« bruits domestiques »*, il conviendra de s'assurer, d'une part, que le bruit incriminé ne fait pas partie des exclusions de l'article R48-1 et, d'autre part, qu'il ne correspond pas à ceux visés avec un peu plus de précision par les articles R48-3 et R48-5. Pour ceux qui correspondent

[1] C'est du moins ainsi que le nouveau dispositif a été présenté dans la circulaire du 27 février 1996 relative à la lutte contre les bruits de voisinage (*JO* du 7 avril 1996, p. 5474).

[2] *JO* du 7 avril 1996, p. 5474.

effectivement à cette notion, l'article R48-2 caractérise les éléments constitutifs de l'infraction. Ainsi, *« sera punie de l'amende prévue pour les contraventions de troisième classe toute personne qui, dans un lieu public ou privé, aura été à l'origine par elle-même ou par l'intermédiaire d'une chose dont elle a la garde ou d'un animal placé sous sa responsabilité, d'un bruit particulier de nature à porter atteinte à la tranquillité du voisinage ou à la santé de l'homme par sa durée, sa répétition ou son intensité ».* L'incrimination, extrêmement large, permet d'englober un maximum d'hypothèses de bruits de comportement gênants pour le voisinage et facilite la répression des personnes tenues pour responsables.

1222. Les dispositions de l'article R48-2 du Code de la santé publique nous renseignent tout d'abord sur les composantes objectives -**élément matériel**- de la contravention qu'elles répriment. Si l'article R48-2 impose des conditions particulières quant à la nature du bruit incriminé et quant à ses effets, aucune circonstance de temps ou de lieu ne vient limiter le champ d'application du texte.

1223. En effet, s'agissant, d'une part, des circonstances de lieu dans lesquelles intervient le bruit, le texte est on ne peut plus général puisqu'il pose le principe de l'indifférence du lieu de commission de l'infraction. L'expression *« dans un lieu public ou privé »* vise tous les bruits de comportement quel que soit l'endroit où ils se produisent. Notons que le texte ne prévoit pas une protection particulière de la propriété privée, tout comme d'ailleurs la contravention de tapage nocturne contenue dans le Code pénal. Les auteurs de bruits *« inutiles, désinvoltes ou agressifs »*, comme les qualifie la circulaire du 27 février 1996, ne peuvent donc arguer du fait qu'ils se trouvent chez eux, dans leur domicile privé, pour justifier et légitimer les nuisances sonores qu'ils occasionnent à leurs voisins.

1224. En ce qui concerne, d'autre part, les circonstances de temps qui entourent le bruit illicite, le silence du texte sur ce point signifie que tous les bruits, qu'ils soient diurnes ou nocturnes, sont concernés. La réglementation s'applique « 24 h sur 24 » : un bruit produit le jour est tout autant susceptible de réaliser la contravention prévue par l'article R48-2 du Code de la santé publique qu'un bruit émis la nuit. Mais si le texte permet de réprimer désormais de manière autonome des bruits diurnes, son application aux bruits nocturnes pourrait créer des situations de concours idéal de qualifications avec l'article R623-2 du Code pénal qui incrimine le tapage nocturne (*infra* n° 1313 et s.). Un comportement bruyant unique sera susceptible de correspondre aux deux incriminations et donc de tomber sous le coup des deux qualifications pénales existantes, celle de l'article R48-2 du Code de la santé publique et celle de l'article R623-2 du Code pénal. La question est alors de savoir lequel de ces deux textes appliquer au bruit nocturne considéré.

1225. L'article R48-2 du Code de la santé publique exige comme éléments matériels constitutifs de l'infraction qu'il réprime un bruit *« particulier »,* qui soit *« de nature à porter atteinte à la tranquillité du voisinage ou à la santé de l'homme ».* N'importe quelle manifestation sonore n'est pas sanctionnée : le bruit doit être *« particulier ».* Ce caractère, on ne peut plus vague, s'apprécie au travers de trois critères alternatifs : la **durée** du bruit, sa **répétition** ou encore son **intensité**. Le décret de 1995 marque sur ce point un progrès significatif par rapport au règlement de 1988 qui ne prenait en considération que l'intensité de l'émission sonore. Désormais, les principaux aspects gênants d'un bruit sont retenus sur le plan pénal. Ces caractéristiques sont laissées à la libre appréciation du juge, dont on ne sait pas si elle sera objective ou subjective, faute actuellement d'une jurisprudence établie sur ce fondement.

1226. Concernant les effets du bruit répréhensible, l'article R48-2 ne retient pas une infraction de résultat, qui serait caractérisée par un préjudice effectif et constatable à la santé de l'homme ou à la tranquillité du voisinage. La difficulté d'un tel constat, celle de la preuve du lien de cause à effet entre la nuisance sonore et le trouble médical, justifie d'autant plus de se contenter en l'espèce d'une infraction formelle, consistant en un comportement réprimé indépendamment de son résultat éventuel. Le bruit doit être *« **de nature** à porter atteinte à la tranquillité du voisinage ou à la santé de l'homme »*. Le texte n'exige pas l'établissement du dommage pour que l'infraction soit consommée. Celle-ci est constituée dès lors que l'on constate que le bruit jugé *« particulier »* pouvait troubler la tranquillité ou nuire à la santé de l'homme. Les imprécisions de l'incrimination sont sources de multiples incertitudes qu'une appréciation subjective, en fonction des circonstances de chaque espèce et du juge saisi, contribue à renforcer.

1227. L'**élément moral** de l'infraction ne nécessite, quant à lui, pas de développements particuliers. S'agissant d'une contravention, aucun élément intentionnel spécifique n'est à caractériser. L'infraction est réalisée à partir du moment où toutes les composantes objectives prévues par le texte sont réunies. Elle résulte de la seule constatation du comportement incriminé. Il s'agit là de la « faute contraventionnelle » qui est punie pour elle-même et ne suppose ni intention de violer la loi pénale, ni même imprudence ou négligence[1].

1228. Une fois les éléments constitutifs de l'infraction -matériel et moral-caractérisés, il s'agit de déterminer les pénalement responsables. Les personnes susceptibles de voir engager leur responsabilité pénale sur ce fondement sont relativement nombreuses. En effet, l'article R48-2 du Code de la santé publique vise non seulement l'auteur matériel du bruit incriminé, mais également le responsable des choses ou des animaux dont il a la garde. Le texte étend ainsi le champ de la responsabilité pénale aux personnes qui ne sont pas forcément les propriétaires de ces choses ou de ces animaux bruyants, mais qui en tant que possesseurs momentanés, c'est-à-dire « gardiens », exercent des droits sur eux et ont, dans le même temps, des obligations vis-à-vis de leur entourage.

1229. Tombent également sous le coup de cette infraction et pourront donc être poursuivies de la même manière les personnes qui ont *« facilité sciemment, par aide ou assistance, la préparation ou la consommation »* de la contravention (dernier alinéa de l'art. R48-2). La complicité par aide ou assistance est ainsi expressément incriminée par le décret n° 95-408 du 18 avril 1995, conformément aux règles du Code pénal qui établissent le caractère général de cette forme de complicité pour les crimes et délits, alors qu'une telle complicité est spéciale pour les contraventions. En effet, l'alinéa 1er de l'article 121-7 du Code pénal relatif à ce mode de complicité ne fait référence qu'aux infractions criminelles et correctionnelles. S'agissant des contraventions, cette complicité n'est donc pas réprimée, sauf si le texte réglementaire le prévoit expressément, ce que fait l'article R48-2 du Code de la santé publique. La complicité par instigation sera également sanctionnée, mais sans nécessité cette fois d'une mention expresse dans le règlement, en application des règles générales des articles 121-7 et R610-2 du Code pénal[2].

1230. Ainsi, celui qui aura facilité, volontairement et en connaissance de cause, la commission de la contravention de tapage diurne ou nocturne contenue à l'article R48-2

---

[1] F. DESPORTES et F. LE GUNEHEC, Droit pénal général, préc., p. 460, n° 499 ; R. MERLE et A. VITU, Droit pénal général, préc., p. 745, n° 592.

[2] Pour les conditions détaillées de la complicité, voir notamment : F. DESPORTES et F. LE GUNEHEC, Droit pénal général, préc., p. 494 et s., n° 534 et s.

du Code de la santé publique, par « *aide ou assistance* », « *provocation* » ou « *fourniture d'instructions* », encourera les mêmes peines que celles prévues pour l'auteur principal de la contravention. En effet, il est ici fait application du nouveau principe d'assimilation du complice à un auteur, posé par l'article 121-6 du Code pénal qui dispose que « *sera puni comme auteur le complice de l'infraction* »[1]. Des exemples concrets de complicité punissable sur le fondement de l'article R48-2 du Code de la santé publique pourront être trouvés en référence à la jurisprudence relative au tapage nocturne, en application de l'article R34-8° de l'ancien Code pénal, puis de l'article R623-2 du nouveau Code pénal (*infra* n° 1252 et s.).

1231. L'infraction définie à l'article R48-2 du Code de la santé publique étant une contravention de la 3e classe, sa sanction principale consiste en une amende d'un montant maximum de 450 euros (art. 131-13 C.P.). Si l'ancien décret de 1988 érigeait également en contravention de la 3e classe les infractions de bruits de voisinage, en cas de récidive, celles-ci passaient dans la 4e classe : les peines d'amende étaient alors toujours inférieures à l'actuel montant (de 1 300 F à 2 500 F), mais il était possible de prononcer une condamnation à un emprisonnement de cinq jours au plus. Cette peine privative de liberté a été supprimée par le nouveau Code pénal pour toutes les contraventions, quelle que soit leur classe (*supra* n° 1144). Par contre, le décret de 1995 prévoit la peine complémentaire de confiscation de la chose qui a servi ou était destinée à commettre l'infraction et qui, selon la circulaire de 1996 n'est du ressort que de l'autorité judiciaire. Cette sanction paraît plus adaptée à la nature même de la contravention et surtout permet de faire cesser le trouble ou de le prévenir.

1232. Les termes généraux et larges de l'incrimination contenue dans l'article R48-2 permettent d'englober le plus grand nombre d'hypothèses de bruits comportementaux et de réprimer un maximum de personnes. L'amélioration vient principalement de ce que le nouveau décret simplifie la constatation de ces bruits de voisinage aléatoires en supprimant la mesure acoustique et la notion de comportement fautif antérieurement requise. Alors que sous l'empire du décret du 5 mai 1988, chaque plainte nécessitait le déplacement d'un agent assermenté de la D.D.A.S.S. ou du bureau communal d'hygiène avec un sonomètre certifié[2], désormais, une simple appréciation auditive, relevant le caractère nuisible du bruit en raison de sa durée, de sa répétition ou de son intensité, est suffisante. Le contenu des procès-verbaux de constatation de l'infraction sera de ce point de vue déterminant. Il appartient aujourd'hui à la jurisprudence d'apprécier au cas par cas si le bruit en cause dépasse ou non les limites du tolérable, au sens de l'article R48-2 du Code de la santé publique.

b) La répression des bruits liés à des activités organisées

1233. L'article R48-3 du Code de la santé publique vise une deuxième catégorie de bruits de voisinage, auxquels le texte a ajouté une ou deux conditions supplémentaires - selon les cas- à leur répression. Il s'agit des bruits présentant les mêmes caractéristiques que ceux de l'article R48-2 alinéa 1, mais qui ont pour origine « *une activité professionnelle ou une activité culturelle, sportive ou de loisir organisée de façon*

---

[1] Ce nouveau principe ne doit pas être assimilé à l'ancienne règle de l'emprunt de pénalité posée par l'article 59 du Code pénal de 1810, aux termes duquel les complices d'un crime ou d'un délit étaient « *punis de la même peine que les auteurs mêmes de ce crime ou de ce délit* ». Il signifie non pas que le complice sera puni *comme l'auteur principal de l'infraction,* mais *comme s'il était lui-même auteur principal de l'infraction.* Le complice est donc puni en tant qu'auteur.

[2] V. sur ce point : J. CARMES et G. BECHU, Bruits de voisinage : le nouveau dispositif réglementaire, Echo Bruit n° 42, février 1990, p. 3-4.

habituelle ou soumise à autorisation ». Ils ne sont alors constitutifs de la contravention de la 3e classe passible des peines prévues à l'article R48-2, que si leur émergence dépasse les valeurs limites admissibles définies à l'article R48-4 et si, *« lorsque l'activité est soumise à des conditions d'exercice fixées par les autorités compétentes »,* la personne à l'origine du bruit n'a pas respecté ces conditions.

1234. Précisons dès à présent que la nature de l'activité, source de la nuisance sonore, est déterminante des règles applicables et peut donner lieu à contentieux. Ainsi, par exemple, le fait pour un flûtiste professionnel de faire ses gammes à son domicile et de porter par là atteinte à la tranquillité de son voisinage, sera constaté et réprimé en application de l'article R48-2, et non de l'article R48-3, dès lors qu'il s'agit, selon la Cour d'appel de Paris, *« non de concert ni même de leçons particulières de musique, mais de simples répétitions privées »* qui n'entrent pas dans la catégorie des activités professionnelles visées par l'article R48-3 du Code de la santé publique[1]. La référence à une activité *« organisée de façon habituelle »* peut, elle aussi, prêter à discussion. En effet, quels sont les critères objectifs d'une *activité organisée de façon habituelle ?* Le texte ne fournit aucune précision sur le sens exact de cette notion qui pourrait être entendue comme désignant une activité exercée avec une certaine permanence au sein d'une structure, telle qu'une association sportive[2] ou culturelle par exemple. C'est en définitive aux juges que revient de faire la lumière sur les imprécisions de ces incriminations, en donnant *leur* interprétation des textes qu'ils sont chargés d'appliquer.

1235. Dans tous les cas d'activités organisées au sens de l'article R48-3, une mesure acoustique est alors nécessaire. Elle va permettre de déterminer s'il y a dépassement de l'émergence, élément constitutif de l'infraction. L'article R48-4 fixe les valeurs limites admises, en reprenant celles de l'article 3 du décret n° 88-523 du 5 mai 1988. En application de ce texte, l'infraction se caractérise par une émergence supérieure à 5 dB(A) en période diurne (de 7 heures à 22 heures) et 3 dB(A) en période nocturne (de 22 heures à 7 heures), valeurs auxquelles s'ajoute un terme correctif appliqué en fonction de la durée du bruit. Toutefois, lorsque le niveau de bruit ambiant mesuré, comportant le bruit incriminé, est inférieur à 30 dB(A), ce qui correspond sur le plan de la sensation auditive à une ambiance sonore « calme », il n'y a pas d'infraction et la répression pénale ne peut par conséquent être mise en œuvre sur le fondement du décret n° 95-408 du 18 avril 1995.

1236. Les modalités de la mesure sont définies par l'arrêté du 10 mai 1995[3] qui renvoie à la même norme (*NFS 31 010*) que celle retenue par l'arrêté du 5 mai 1988 qu'il remplace. La jurisprudence rendue en application de l'ancien décret de 1988 et qui se réfère aux dépassements des niveaux de bruits autorisés[4], reste donc d'actualité en cas de mesure acoustique imposée par l'article R48-3 du Code de la santé publique. Elle illustre parfaitement le caractère restreint des pouvoirs du juge pénal dans ce domaine, qui se trouve confiné dans un rôle de « gendarme » contrôlant le respect des prescriptions réglementaires. Le juge n'intervient en la matière que pour sanctionner la violation des normes administratives. Le respect de ces normes qui ne garantissent pas l'absence de gêne sonore pour les voisins des activités réglementées, paralyse en revanche l'action du juge répressif saisi sur le fondement de l'article R48-3, qui en l'absence d'infraction,

---

[1] C.A. Paris, 13e ch. des appels correct., sect. A, 24 février 1997, Echo Bruit n° 87, octobre 1998, p. 42.

[2] Cass. crim., 15 septembre 1999, Delefortrie, Dr. pén. 2000, comm. 33, note J.-H. Robert : concernant une association de tir.

[3] Arrêté du 10 mai 1995 relatif aux modalités de mesure des bruits de voisinage (*JO* du 12 mai 1995).

[4] V. par exemple : Cass. crim., 14 octobre 1992, N° 91-87.043, Juridisque Lamy Cassation ; Cass. crim., 6 octobre 1993, N° 92-81.486, Lexilaser Cassation 1996/1.

c'est-à-dire de manquement à la réglementation, ne peut prononcer de sanction. La répression de la contravention prévue par l'article R48-3 du Code de la santé publique présente un cas significatif du rôle exonérateur des prescriptions administratives, même si les normes fixées sont insuffisantes pour assurer la tranquillité du voisinage.

1237. Dans certaines hypothèses, le dépassement de l'émergence prévue par l'article R48-4 doit s'accompagner d'une deuxième circonstance pour que la contravention de la 3e classe soit constituée. Il s'agit du non-respect des conditions d'exercice des activités professionnelles, culturelles, sportives ou de loisirs bruyantes, fixées par les autorités compétentes. Sont donc notamment concernées par cette double exigence les activités les plus bruyantes soumises à des prescriptions générales ou à autorisation en application de l'article 6 de la loi cadre du 31 décembre 1992 (art. L. 571-6 C. env.). Des décrets et arrêtés spécifiques, chargés de définir ces conditions d'exercice, étaient programmés s'agissant des lieux diffusant de la musique, des compétitions de sports mécaniques, des sports et loisirs de plein air, des chantiers et des activités artisanales, industrielles ou commerciales non classées. Mais seul le décret n° 98-1143 du 15 décembre 1998 relatif aux établissements ou locaux recevant du public et diffusant à titre habituel de la musique amplifiée a pour l'heure été pris en application de l'article 6 de la loi de 1992 (art. L. 571-6 C. env.).

1238. Pour ces établissements diffusant de la musique, la contravention de 3e classe réprimée par l'article R48-3 du Code de la santé publique suppose donc la double condition de dépassement des valeurs d'émergence définies par l'article R48-4 du même Code et de non-respect des conditions d'exercice de l'activité fixées par le décret n° 98-1143 du 15 décembre 1998. Mais dans le même temps, l'exploitation de ces établissements en violation des seules conditions d'exercice résultant du décret de 1998 constitue une contravention de la 5e classe. L'application de ces deux règlements à un même établissement fait apparaître l'illogisme des sanctions qu'ils prévoient dans leurs incriminations respectives.

1239. La contravention de la 3e classe prévue par l'article R48-3 du Code de la santé publique suppose deux éléments matériels : le dépassement des valeurs d'émergence définies par l'article R48-4 du Code de la santé publique et le non-respect des conditions d'exercice de l'activité fixées par les autorités compétentes. Or, cette deuxième condition constitue à elle seule une contravention de la 5e classe, et donc sanctionnée de manière plus sévère, au titre du décret n° 98-1143 du 15 décembre 1998 qui établit les conditions d'exercice des discothèques et assimilés. La violation des prescriptions établies par le décret de 1998 est ainsi passible d'une amende pouvant aller jusqu'à 1 500 euros, alors que ce manquement, lorsqu'il s'ajoute à un dépassement des valeurs définies par l'article R48-4 du Code de la santé publique, ne réalise plus qu'une contravention de classe inférieure, sanctionnée d'une amende maximale de 450 euros ! Un manquement à une réglementation unique -le décret du 15 décembre 1998- est ainsi sanctionné plus sévèrement que la transgression simultanée, et donc plus grave, de deux réglementations -ledit décret et l'article R48-4 du Code de la santé publique-.

1240. Outre l'illogisme des sanctions résultant de l'application de l'article R48-3 du Code de la santé publique et du décret n° 98-1143 du 15 décembre 1998 à un même établissement, c'est un problème de concours de qualifications qui se pose en l'espèce. L'infraction réprimée par l'article R48-3 inclut en effet dans ses composantes objectives l'un des comportements incriminés par le décret de 1998. Par conséquent, l'acte matériel qui constitue la contravention de l'article R48-3 réalise obligatoirement une contravention au décret de 1998. Le même fait viole les deux réglementations et tombe ainsi sous le coup de deux qualifications pénales. Or, en application de la règle *« non bis in idem* », son auteur ne saurait être poursuivi deux fois sur le fondement de textes qui ont pour objet commun de sanctionner les manquements à des prescriptions administratives édictées en vue d'une protection contre les atteintes à la tranquillité du voisinage ou à la santé de l'homme. Il convient donc de déterminer la qualification applicable. Ce conflit devrait être résolu en donnant la préférence à la qualification la plus haute, c'est-à-dire à la contravention de la 5e classe réprimée par le décret n° 98-1143 du 15 décembre 1998.

1241. Notons que dans la pratique, les conditions d'exercice des activités bruyantes peuvent être déterminées sur un autre fondement que l'article 6 de la loi cadre de 1992 (art. L. 571-6 C. env.) et ses textes d'application. Les arrêtés municipaux ou préfectoraux pris en application des articles L. 2212-2 et L. 2214-4 du Code général des collectivités territoriales ou de l'article L. 2 du Code de la santé publique peuvent également réglementer certaines activités[1]. Les autorités locales, en vertu de leurs pouvoirs de police de la tranquillité publique, peuvent donc venir pallier les déficiences d'une loi dont on attend désespérément qu'elle devienne effective dans toutes ses dispositions, notamment celles relatives aux activités bruyantes.

1242. En revanche, seule la condition de dépassement de l'émergence est requise pour les activités habituelles dont le fonctionnement normal est peu bruyant ou qui ne font l'objet d'aucune prescription particulière de fonctionnement en matière de bruit. En effet, le non-respect des conditions d'exercice fixées par les autorités compétentes n'est, en toute logique, requis en tant qu'élément constitutif de l'infraction réprimée par l'article R48-3 du Code de la santé que *si* ces activités sont effectivement soumises à de telles conditions réglementaires. On ne saurait incriminer la transgression d'une réglementation qui n'existe pas ! A titre indicatif, la circulaire du 27 février 1996 mentionne les activités du secteur tertiaire ; les manifestations culturelles et de loisirs, concerts, cinémas, théâtres, expositions ; les compétitions sportives pédestres, à vélo, à voile ; les petits commerces et les ateliers artisanaux ou industriels utilisant du matériel normalement peu bruyant, etc., pour lesquelles le dépassement des valeurs d'émergence définies à l'article R48-4 réalise à lui seul la contravention de l'article R48-3.

1243. Le décret n° 95-408 du 18 avril 1995 réintroduit ici la mesure acoustique qui avait été l'une des principales causes des critiques adressées à l'encontre du décret antérieur du 5 mai 1988. La différence est que le nouveau texte impose cette exigence dans des cas où elle peut effectivement être remplie. Les activités concernées ne sont pas des sources sonores aléatoires et difficilement saisissables ; ces dernières sont du domaine de l'article R48-2 du Code de la santé publique qui réprime les bruits de voisinage sans mesure acoustique. Parce qu'elles sont organisées, elles présentent une certaine stabilité et durée dans le temps et par conséquent répondent mieux à l'épreuve du sonomètre. La deuxième amélioration apportée par le texte de 1995 est d'avoir supprimé la faute de négligence délibérée de prendre les précautions nécessaires, prévue à l'article 2 de l'ancien décret. Cette disposition fournissait, en quelque sorte, une échappatoire aux contrevenants lorsqu'ils pouvaient démontrer qu'ils n'avaient pas négligé de prendre des précautions appropriées, quand bien même ces dernières se révélaient tout de même insuffisantes à rétablir la tranquillité du voisinage. Une telle cause d'exonération n'est plus recevable à présent, la faute de négligence n'étant plus un des éléments constitutifs de la contravention de l'article R48-3 du Code de la santé publique.

---

[1] V. par exemple : Cass. crim., 15 septembre 1999, Delefortrie, préc., note J.-H. Robert : concernant l'activité d'un stand de tir soumise aux valeurs limites admissibles définies par l'art. R48-4 C.S.P. et aux conditions de fonctionnement résultant d'un arrêté préfectoral du 24 août 1995.

1244. Parmi les activités professionnelles, il en est une qui traditionnellement fait l'objet d'un régime à part. Il s'agit des travaux de chantier, qui constituent un cas particulier au sein du décret n° 95-408 du 18 avril 1995, tout comme ils l'étaient déjà dans le décret de 1988.

c) Le cas particulier des bruits provenant des chantiers

1245. Si l'article R48-2 exclut expressément *« les chantiers de travaux publics et privés et les travaux intéressant les bâtiments et leurs équipements soumis à une procédure de déclaration ou d'autorisation »* de son domaine d'application, c'est que ceux-ci sont soumis à un régime spécial de répression détaillé à l'article R48-5 du Code de la santé publique.

1246. Le nouveau texte se réfère à l'incrimination du décret de 1988, mais à la différence de ce dernier affirme le caractère formel de l'infraction décrite. Tout comme pour les bruits liés aux comportements (art. R48-2) ou à des activités organisées (art. R48-3), l'article R48-5 se contente d'un bruit *« **de nature à** porter atteinte à la tranquillité du voisinage ou à la santé de l'homme »*, qui sera laissé à l'appréciation des juges du fond, sans la nécessité de la preuve d'un dommage. Le décret n° 88-523 du 5 mai 1988, aujourd'hui abrogé, était de ce point de vue plus restrictif puisqu'il réprimait toute personne qui, à l'origine d'un bruit, *« **aura troublé** le voisinage ou la tranquillité d'autrui »*. L'existence et la constatation d'un dommage effectif : le trouble au voisinage ou à la tranquillité d'autrui, étaient donc exigées en tant qu'élément constitutif de l'infraction. Le décret de 1995 facilite en cela la répression qui n'est pas subordonnée à la réalisation d'un dommage effectivement constaté.

1247. L'article R48-5 ne reprend qu'une seule condition pour la consommation de l'infraction, identique à celle retenue par l'article 4 de l'ancien décret : la faute, puisqu'il a été considéré que le seuil d'émergence serait atteint dans la plupart des cas et qu'il n'était dès lors pas pertinent pour caractériser l'infraction[1]. Les bruits de voisinage résultant des chantiers sont ainsi constitutifs d'une contravention de la 3e classe s'ils sont la conséquence d'un comportement fautif caractérisé par l'une des trois catégories de comportement énumérées à l'article R48-5. Encourt une peine d'amende d'un montant de 450 euros au plus, la personne qui soit n'aura pas respecté les conditions d'utilisation ou d'exploitation de matériels, ou d'équipements fixées par les autorités compétentes (comme par exemple l'utilisation de matériels ou d'engins de chantier non homologués)[2], soit aura négligé de prendre les précautions appropriées pour limiter le bruit (comme par exemple le défaut de capotage d'un engin), soit aura fait preuve d'un comportement anormalement bruyant. Ce dernier comportement fautif présente un caractère extrêmement subjectif, qui est laissé à l'appréciation souveraine des juges du fond. En l'occurrence, il avait été établi, sous l'empire du décret de 1988, que les

---

[1] Comme le fait très justement remarquer F. Cuillandre, *« ces chantiers causent des nuisances sonores supérieures aux normes mais sont difficilement évitables : le décret entend sanctionner non le bruit en lui-même mais les comportements fautifs qui en sont la cause »*. V. : F. CUILLANDRE, Le maire et le bruit : compétences, actions et responsabilités, préc., p. 71.

[2] Cette infraction est très proche de celle prévue par le décret n° 95-79 du 23 janvier 1995 (art. 10-II), qui consiste dans le fait d'utiliser un objet bruyant sans l'homologation requise (*supra* n° 1154 et s.). Les sanctions sont néanmoins différentes, la contravention incriminée par l'art. R48-5 du C.S.P. étant de la 3e classe et donc assortie d'une peine d'amende de 450 euros au plus, alors que celle prévue par le décret du 23 janvier 1995 est une contravention de la 5e classe dont la peine peut atteindre 1 500 euros. Une telle différence dans les pénalités encourues pour des incriminations très proches ne se justifie pas. Elle est un exemple de plus du manque de cohérence et d'harmonisation des textes édictés.

aboiements de chiens assurant la garde nocturne du chantier entraient dans cette troisième catégorie.

1248. Les personnes concernées par cette contravention sont « *toute personne* » qui, à l'occasion de ces chantiers, « *aura été à l'origine* » du bruit incriminé. Le flou qui entoure cette formulation permet de penser que pourront voir engager leur responsabilité pénale sur le fondement de l'article R48-5 aussi bien les entrepreneurs, maîtres d'ouvrage des travaux, que les maîtres d'œuvre et les ouvriers travaillant sur le chantier. Toujours est-il que les dispositions de l'article R48-5 avaient, à l'origine, une vocation temporaire et en quelque sorte de transition, puisqu'elles ont été prises en attendant la parution d'un décret spécifique aux chantiers prévu par l'article 6 de la loi n° 92-1444 du 31 décembre 1992. Or, il semblerait que le projet de publication d'un tel décret ait été abandonné et que la répression des bruits de chantier doive se poursuivre sur le fondement de l'article R48-5 du Code de la santé publique.

1249. L'expérience du décret n° 88-523 du 5 mai 1988 a été lourde de conséquences et finalement instructive. Passée la phase des critiques et des constats d'échec, elle a permis de mettre en lumière les problèmes spécifiques posés par les bruits de voisinage, s'agissant des modalités de leur constatation et de leur répression. Le décret n° 95-408 du 18 avril 1995 en a, semble-t-il, tiré les leçons. Il a le mérite d'être le résultat d'une réelle réflexion -*cette fois-ci*- sur les particularismes des bruits qu'il est chargé de sanctionner. Il simplifie *a priori* le décret antérieur de 1988, en adaptant son système de répression à la nature même des bruits de voisinage.

1250. Mais l'analyse de ce texte répressif aboutit en fait à un constat bien plus mitigé, sinon pessimiste. La mauvaise rédaction des incriminations, l'emploi de termes « fourre-tout », dont l'imprécision donne lieu à diverses interprétations ou appréciations subjectives, sont sources de multiples incertitudes dans la pratique. Le caractère aléatoire de la répression des bruits de voisinage sur le fondement des articles du Code de la santé publique est de nature à dissuader les victimes de ces infractions de s'adresser au juge pénal et à les inciter à recourir aux règles du droit civil pour obtenir la cessation du bruit incriminé et prévenir son renouvellement.

1251. L'avenir nous dira si ce dispositif pénal, avec notamment la nouvelle infraction de « tapage diurne » qu'il instaure, est de nature à garantir les attentes légitimes de chaque voisin sur le plan de sa tranquillité et de sa santé. Une jurisprudence stable et significative demandant plusieurs années pour s'affirmer, les exemples d'application du décret de 1995 sans mesures acoustiques se font encore attendre. Mais dès à présent, des rapprochements utiles avec des exemples tirés de la jurisprudence en matière de tapage nocturne peuvent être faits. En effet, l'infraction de tapage nocturne concerne souvent des sources de bruit identiques à celles régies par le décret de 1995 et se constate sans mesure sonométrique préalable[1], comme c'est désormais le cas pour les bruits de comportement. Le décret n° 95-408 du 18 avril 1995 étant également applicable aux nuisances sonores nocturnes, la principale difficulté sera de résoudre les concours de qualifications prévisibles avec, d'une part, l'article R623-2 du Code pénal qui incrimine le « tapage nocturne » et, d'autre part, le nouveau délit d'« agressions sonores » prévu par l'article 222-16 du même code.

---

[1] Comme le rappelle la chambre criminelle, confirmant la décision de la Cour d'appel de Fort-de-France qui, pour écarter l'argumentation de la prévenue, exploitante d'un débit de boissons, selon laquelle les infractions de tapage nocturne ne peuvent être constatées qu'au moyen d'un sonomètre, énonce que « *les observations des enquêteurs constituent une preuve suffisante du trouble apporté à la tranquillité des habitants, sans qu'il soit nécessaire de recourir à cet appareil* ». V. : Cass. crim., 6 décembre 1995, N° 94-84.990, Lexilaser Cassation 1996/1.

C. Les infractions du Code pénal : les articles 222-16 et R623-2

1252. Le Code pénal prévoit désormais deux incriminations spécifiques au bruit. L'article 222-16 crée un délit qui sanctionne les *« agressions sonores réitérées en vue de troubler la tranquillité d'autrui »*. La répression de ces comportements était déjà assurée sur le fondement de l'ancien article R34-8° du Code pénal qui punissait d'une amende de police les auteurs ou complices de *« bruits, tapages ou attroupements injurieux ou nocturnes troublant la tranquillité des habitants »*. Cette contravention, communément appelée « tapage nocturne », est sans conteste l'une des plus anciennes infractions propres au bruit. Selon une expression de la Cour d'appel de Paris, datant de 1970, elle *« entend protéger la tranquillité de la population lorsque la vie publique se met en sommeil »*[1]. L'incrimination a été maintenue par le nouvel article R623-2 du Code pénal qui dispose que *« les bruits ou tapages injurieux ou nocturnes troublant la tranquillité d'autrui sont punis de l'amende prévue pour les contraventions de la 3e classe »*. Le texte reprend ainsi les dispositions de l'ancien article R34-8° du Code pénal, *« selon une rédaction modernisée, mais sans modification de sens »*[2].

1253. L'abondante jurisprudence rendue sur l'ancien fondement du tapage nocturne reste, par conséquent, toujours d'actualité. Elle est marquée par de nombreuses évolutions s'orientant progressivement dans le sens d'une plus grande répression, avec une extension du domaine de la contravention et de la responsabilité pénale. Elle est d'une importance particulière dans la politique répressive des bruits de voisinage. Non seulement elle pose, au travers de ses interprétations successives, les principes d'application de l'incrimination de tapage nocturne, mais encore elle fournit implicitement des éléments de réponse sur l'application et la répression de l'infraction voisine prévue par l'article R48-2 du Code de la santé publique. En outre, elle se trouve aujourd'hui légalisée par le législateur, qui crée un délit spécifique lorsque les agressions sonores ont été réitérées dans un but particulier.

1254. Les éléments objectifs de ces infractions (1), de même que les conditions de la responsabilité pénale engagée sur leurs fondements (2), sont donc à rechercher dans cette jurisprudence commune aux faits réprimés par les articles R623-2 et 222-16, qui s'est développée avant l'entrée en vigueur du nouveau Code pénal, en matière de tapage nocturne. Les rapprochements opérés entre les deux infractions autonomes posent, dans certaines hypothèses, la question du texte applicable d'autant plus complexe qu'intervient également en matière de bruits de voisinage, aussi bien diurnes que nocturnes, l'incrimination spéciale de l'article R48-2 du Code de la santé publique (3).

1- Les composantes objectives des infractions : l'élargissement des incriminations

1255. L'ancien article R34-8° du Code pénal punissait *« les auteurs ou complices de bruits, tapages ou attroupements injurieux ou nocturnes troublant la tranquillité des habitants »*. La jurisprudence qui s'est développée à partir de ce texte conserve toute sa valeur pour l'application du nouvel article R623-2. Les modifications de terminologie introduites par le nouveau Code pénal ne changent rien au contenu de la contravention qu'il réprime. Elles confirment, en fait, les interprétations de la jurisprudence antérieure

---

[1] C.A. Paris, 13e ch. correct., 16 mai 1970, D. 1970, jurispr. p. 568-569 ; J.C.P. 1970, II, 16399, note D.S.

[2] V. : Circulaire de la direction des affaires criminelles et des grâces (crim. 94.1/F.1, 18 janvier 1994) présentant le commentaire des dispositions de la partie réglementaire du nouveau Code pénal et des modifications de nature réglementaire nécessitées par son entrée en vigueur (non publiée au *JO* ; Juris-Classeur Pénal, 1998 ; Code pénal Dalloz 2000, p. 1046, n° 44).

qui ont abouti à un élargissement du champ de l'incrimination, tant en ce qui concerne l'identification des bruits incriminés que leurs conséquences. Cette même jurisprudence a inspiré au législateur la création d'un délit spécifique à l'article 222-16 du Code pénal, correctionnalisant un certain nombre de ces faits, à partir du moment où ils présentent un élément objectif supplémentaire : la réitération des bruits, propre à aggraver leur répression.

1256. Pour être constituées, les deux infractions du Code pénal relatives au problème du bruit supposent, d'une part, une manifestation sonore : *« bruits ou tapages nocturnes »* pour la contravention de l'article R623-2 et *« agressions sonores »* pour le délit de l'article 222-16 (a) et, d'autre part, un trouble à la tranquillité d'autrui, conséquence du bruit incriminé (b).

a) La définition des bruits incriminés

1257. Les termes utilisés par les articles R623-2 et 222-16 du Code pénal, tout comme le texte de l'ancien article R34-8°, ne sont guère explicites. Les mots *« bruits »* et *« tapages »* n'ont pas été définis par l'article R34-8°, remplacé par l'article R623-2. C'est à leur sens commun, tels qu'ils sont utilisés dans le langage courant, qu'il faut donc se référer[1]. L'expression d'*« agressions sonores »* qui caractérise le délit réprimé par l'article 222-16 est encore plus imprécise. Elle renvoie au concept de violences dont ce délit est une incrimination dérivée[2]. L'infraction figure, en effet, dans la partie du Code pénal consacrée aux *« violences »* (Titre deuxième, chapitre II, Section première, §2 : « Des violences »). Qu'il s'agisse de la contravention de « tapage nocturne » ou du délit d'« agressions sonores », le législateur a voulu prendre en compte des faits d'une certaine gravité et non de simples bruits. Mais faute d'avoir décrit clairement les comportements qui entrent dans la définition des *« bruits », « tapages » et « agressions sonores »* qu'il réprime, c'est aux juges d'en apprécier le contenu. La jurisprudence rendue sur le fondement de l'ancien article R34-8° est venue, par conséquent, préciser la provenance et les caractères des bruits incriminés.

1258. La tendance jurisprudentielle à élargir le champ d'application de l'incrimination contenue dans l'ancien article R34-8° du Code pénal est très nette en ce qui concerne, d'une part, le lieu de la nuisance et, d'autre part, la nature du bruit. Au fil de ses décisions, la jurisprudence a adapté l'infraction aux conditions de la vie moderne, en l'appliquant aux bruits de voisinage quelle que soit leur **provenance.** Les causes et origines des bruits pouvant constituer la contravention de tapage nocturne, de même que le délit d'agressions sonores, sont ainsi particulièrement nombreuses. L'on notera parmi celles qui reviennent le plus souvent en matière de tapage nocturne : les divertissements bruyants dans un appartement[3], l'intensité excessive d'un poste de radio, des meubles traînés volontairement[4], l'utilisation d'instruments de musique gênant les voisins[5], les aboiements de chiens[6], les bruits de salles de spectacles[1], de discothèques[2], des débits de

[1] Notons toutefois que la distinction entre un bruit et un tapage n'est pas évidente. La confusion est tout à fait possible, la nuance entre ces deux termes étant relativement subtile. Le mot *« bruits »*, entendu au sens générique du terme, aurait peut-être suffit à englober l'ensemble des situations visées par le règlement.

[2] G. ROUJOU de BOUBEE, B. BOULOC, J. FRANCILLON et Y. MAYAUD, Code pénal commenté, préc., p. 191.

[3] Cass. crim., 1er mai 1863, Bull. crim. n° 138 ; D.P. 1863, 5, p. 367.

[4] Cass. crim., 4 juin 1970, Bull. crim. n° 50 ; D. 1970, jurispr. p. 288, note R.S.

[5] C.A. Paris, 13e ch., sect. A, 18 novembre 1986, Juris-Data n° 027936.

[6] Trib. pol. de Villenauxe, 4 janvier 1955, J.C.P. 1955, IV, 2483 ; Cass. crim., 25 avril 1972, Cohn, D. 1972, jurispr. p. 442 ; Bull. crim. n° 139 ; Gaz. Pal. 1972, 1, 454.

boissons troublant le repos du voisinage[3], le fait de circuler avec un deux-roues provoquant des bruits excessifs[4]...

1259. En ce qui concerne le **lieu** du trouble, il avait été jugé, à l'origine, que la contravention ne pouvait jouer que si le bruit ou le tapage se produisaient sur la voie publique[5]. La jurisprudence apportait là une interprétation restrictive du texte. La répression sur ce fondement n'était possible que lorsque le bruit avait eu lieu sur la voie publique, ou dans une cour intérieure commune à plusieurs immeubles considérée comme une dépendance de la voie publique[6]. Puis, rapidement il a été admis que les bruits émis à l'intérieur d'une habitation pouvaient également constituer l'infraction de tapage nocturne lorsqu'ils étaient audibles en-dehors de cette habitation, c'est-à-dire sur la voie publique ou dans les maisons voisines[7]. Enfin, la dernière étape de cette extension a été franchie par un arrêt de la chambre criminelle en date du 4 février 1970, l'arrêt Veuve Broca[8], qui adapte la notion de tapage nocturne aux conditions modernes de l'habitation dans les immeubles collectifs. Désormais, les bruits produits à l'intérieur d'un appartement, lorsqu'ils sont entendus par les habitants des appartements voisins, sont susceptibles de tomber sous le coup de la contravention, comme du délit.

1260. Depuis l'arrêt Veuve Broca, par lequel la chambre criminelle a confirmé la décision des juges du fond de sanctionner le fait de traîner ses meubles sur le plancher entre 21 et 23 heures et de faire fonctionner avec une intensité excessive un poste de radio dans un appartement situé dans un immeuble collectif, les juges étendent la protection de l'article R623-2, et par voie de conséquence celle de l'article 222-16, aux colocataires et copropriétaires victimes du bruit. La jurisprudence suit ainsi l'évolution des villes et de l'habitat, avec la multiplication des grands immeubles collectifs regroupant un nombre important d'individus dans un périmètre restreint. Si cette tendance est justifiée d'un point de vue sociologique, elle l'est également sur le plan juridique. Les infractions du Code pénal peuvent être commises ailleurs que sur la voie publique, car les textes d'incrimination, muets sur ce point, ne posent aucune restriction de lieu. Ainsi, le bruit ou le tapage peut aussi être réprimé s'il est commis dans un lieu privé extérieur, tel qu'un jardin[9], un chantier[10] ou un champ[1]. La jurisprudence, en

---

[1] Cass. crim., 28 juin 1858, D.P. 1858, 5, p. 349 ; C.A. Paris, 7e ch., sect. A, 11 mai 1983, Juris-Data n° 023749.

[2] C.A. Paris, 13e ch., sect. B, 10 février 1984, Juris-Data n° 021972.

[3] C.A. Paris, 13e ch., sect. B, 13 juin 1986, Juris-Data n° 025535.

[4] C.A. Nancy, 21 mars 1989, Juris-Data n° 049371.

[5] Cass. crim., 23 avril 1842, Bull. crim. n° 100 ; Cass. crim., 2 août 1850, D.P. 1850, 5, p. 437 ; Cass. crim., 29 juin 1912, Bull. crim. n° 368.

[6] Cass. crim., 1er juillet 1897, D.P. 1897, 1, p. 568.

[7] Cass. crim., 1er mai 1863, Bull. crim. n° 138, D.P. 1863, 5, p. 367 ; Cass. crim., 16 avril 1864, Bull. crim. n° 102, D.P. 1867, 5, p. 422 ; Cass. crim., 17 juillet 1862, Bull. crim. n° 174 : s'agissant des bruits de voix, lors d'une réunion dans une maison dont les portes sont fermées, qui sont entendus des maisons voisines ; Cass. crim., 15 décembre 1928, Gaz. Pal. 1929, I, 154 : à propos d'un bal donné par un particulier dans son habitation, lorsque les bruits et tapage en résultant, entendus au-dehors, ont troublé la tranquillité des habitants.

[8] Cass. crim., 4 février 1970, Veuve Broca, Bull. crim. n° 50 ; D. 1970, jurispr. p. 288, note R.S. ; J.C.P. 1970, II, 16399 ; Gaz. Pal. 1970, 1, 182.

[9] Cass. crim., 3 novembre 1859, D.P. 1859, 5, p. 366 : utilisation d'instruments bruyants pour l'arrosage d'un jardin ; C.A. Montpellier, 28 avril 1998, C.P.E.N., jurispr. « Bruit », 1543-1544 : condamnation sur le fondement de l'article 222-16 en raison des aboiements répétés de treize chiens, de jour comme de nuit, à chaque passage de voiture ou de piétons.

[10] Cass. crim., 25 avril 1972, Cohn, D. 1972, p. 442, Bull. crim. n° 139 : aboiements d'un chien de forte taille laissé en liberté dans un chantier.

étendant de la sorte l'application des textes, reste conforme à la volonté du législateur qui est de protéger de façon générale la tranquillité des individus contre les agressions sonores.

1261. L'extension des dispositions de l'article R623-2 (anc. art. R34-8°) se manifeste également au niveau de la **nature** des sources sonores, et plus précisément dans le domaine des bruits professionnels. Mais l'évolution dans ce sens est récente. En effet, depuis plus d'un siècle et demi, le principe qui prévalait en la matière était celui de l'exclusion des bruits professionnels du champ d'application de l'infraction de tapage nocturne. Selon une jurisprudence alors bien établie, n'étaient pas répréhensibles les bruits et tapages inhérents aux travaux de certaines professions, comme ceux causés par un boulanger[2], un imprimeur[3], un chaudronnier[4] ou les machines d'un industriel[5]... Cette exception admise en faveur des bruits professionnels n'était toutefois pas générale. Elle ne s'appliquait qu'aux bruits que causait nécessairement l'exercice de la profession dénoncée[6].

1262. Lorsque les bruits n'étaient pas rendus nécessaires par l'exercice de la profession, la contravention de tapage nocturne pouvait en revanche être retenue. Les professionnels devaient ainsi s'efforcer, dans la mesure de leurs moyens, de respecter un minimum de discrétion et de ne pas commettre d'abus[7], ce qui n'était pas le cas, par exemple, d'ouvriers boulangers qui poussaient des cris bruyants en travaillant. Le principe suivant lequel les bruits professionnels ne pouvaient être constitutifs de la contravention de tapage nocturne comportait une deuxième exception, qui est toujours d'actualité. Elle concerne les nuisances sonores provenant des cabarets, établissements de bal, débits de boissons et discothèques. La jurisprudence est particulièrement abondante, retenant les infractions relevées à l'occasion de tapages ou de bruits nocturnes en provenance de ces établissements professionnels[8].

1263. C'est en 1985, dans l'arrêt « Saint-Hillier »[9], que la chambre criminelle de la Cour de cassation a opéré un véritable revirement de jurisprudence en abandonnant, semble-t-il, le principe de l'exclusion des bruits professionnels. Pour la première fois, elle approuva la condamnation du directeur d'une usine de fabrication de plâtre et de ciment, dont le concasseur mal isolé causait des bruits nocturnes. Elle posa un nouveau principe selon lequel *« même en l'absence de toute volonté de nuire et* ***même si des bruits peuvent résulter de l'exercice d'une profession, la contravention de tapage nocturne est caractérisée,*** *dès lors que le prévenu a eu conscience du trouble causé au*

---

[1] Cass. crim., 17 janvier 1990, Bull. crim. n° 30 ; J.C.P. 1990, IV, 143 ; D. 1990, I.R., p. 59 ; Dr. pén. 1990, comm. 224 ; Gaz. Pal. 1990, 2, somm. p. 514 ; Rev. sc. crim. 1990, p. 791, obs. G. Levasseur ; Droit de l'Environnement n° 4, septembre 1990, p. 54-55 : arrosage la nuit d'un champ à l'aide d'une motopompe.

[2] C.A. Paris, 13e ch. correct., 16 mai 1970, D. 1970, jurispr. p. 568 ; J.C.P. 1970, II, 16399, note D.S.

[3] Cass. crim., 3 juillet 1896, Bull. crim. n° 129.

[4] Cass. crim., 26 mai 1854, D.P. 1854, 5, p. 736.

[5] Cass. crim., 16 avril 1825, Bull. crim. n° 77.

[6] Cass. crim., 12 septembre 1822, Bull. crim. n° 155 ; Cass. crim., 17 mai 1889, D. 1890, 1, 143 ; Cass. crim., 18 janvier 1929, S. 1931, 1, 178 ; Gaz. Pal. 1929, 1, 290. V. également sur ce point : R. COMBALDIEU, « Bruits, tapages ou attroupements injurieux ou nocturnes », Rubrique « Contraventions », Encyclopédie Dalloz, Répertoire de droit pénal et de procédure pénale, n° 358 et s.

[7] Cass. crim., 4 décembre 1909, Bull. crim. n° 576.

[8] V. notamment : Cass. crim., 13 juillet 1949, préc. ; Cass. crim., 15 janvier 1974, Bull. crim. n° 22 ; Cass. crim., 17 février 1988, Bull. crim. n° 80.

[9] Cass. crim., 19 novembre 1985, Saint-Hillier, Bull. crim. n° 361 ; D. 1986, I.R., p. 196 ; Gaz. Pal. 1986, I, somm. p. 125.

voisinage par l'installation dont il était responsable et n'a pris aucune mesure pour y remédier ».

1264. L'évolution de la jurisprudence qui conduit désormais à réprimer les bruits professionnels au titre du tapage nocturne semble être liée à l'amenuisement de l'élément intentionnel de la contravention (*infra* n° 1295). La formule a été reprise dans trois arrêts ultérieurs : un arrêt du 17 janvier 1990 incriminant des bruits venant d'une pompe d'irrigation[1], un arrêt du 3 avril 1991 réprimant des bruits causés par des livraisons[2] et un arrêt du 15 avril 1992 à propos de bruits provenant d'un laboratoire de traitement d'images[3], qui confirment tous la nouvelle position de la Haute Juridiction à l'égard des bruits professionnels. La jurisprudence fait ainsi preuve d'une *« indispensable sévérité »*[4], étendant le champ des incriminations à tous les bruits de voisinage quelle que soit leur provenance.

1265. Son interprétation est tout aussi rigoureuse pour les personnes poursuivies en ce qui concerne les **caractères** des bruits ou tapages constitutifs de la contravention prévue par l'article R623-2. Le délit réprimé par l'article 222-16 présente, sur ce point, des spécificités qui justifient la correctionnalisation des faits qui le caractérisent. Le législateur a ainsi voulu sanctionner plus sévèrement certaines atteintes particulières à la tranquillité d'autrui. Deux particularités, l'une propre à l'infraction de police, l'autre exigée pour la réalisation du délit, distinguent les incriminations contenues dans le Code pénal.

1266. L'article R623-2, tout d'abord, exige un bruit ou un tapage, ayant un caractère injurieux ou nocturne, alors que l'article 222-16 ne distingue pas et réprime toutes les agressions sonores, commises de jour comme de nuit. Notons que le tapage injurieux[5], visé par l'article R623-2, est assez rarement poursuivi. Les citoyens et tribunaux de police connaissent surtout le tapage nocturne, plus fréquemment retenu par les Parquets. Dans l'ancienne rédaction du Code pénal, l'article R34-8° visait également les *« attroupements »* nocturnes. La suppression par le nouveau code de la référence à cette notion est sans incidence dans la mesure où, d'après la jurisprudence antérieure, seul le bruit ou tapage nocturne consécutif à cet attroupement était constitutif de la contravention. Par conséquent, aujourd'hui, comme précédemment, tout participant à un attroupement sur la voie publique pourra être poursuivi pour le bruit ou le tapage nocturne qu'il aura fait[6].

1267. La contravention doit être commise la nuit, le texte visant les bruits ou tapages *nocturnes.* Cette exigence de temps peut donner lieu à méprise. Dans l'opinion commune, les horaires de 22 heures à 7 heures du matin, ou encore de 21 heures à 6 heures du matin, sont largement répandus comme étant la « fourchette légale » du tapage

---

[1] Cass. crim., 17 janvier 1990, préc.

[2] Cass. crim., 3 avril 1991, Lexilaser Cassation.

[3] Cass. crim., 15 avril 1992, N° 92-85.905, Juridisque Lamy ; Dr. pén. 1992, comm. n° 285, p. 11, note Garçon. V. aussi : Cass. crim., 2 mai 2001, n° 00-83.971, n° 3137, R.T.

[4] M. VERON, Bruits ou tapages injurieux ou nocturnes - De l'ancien au nouveau Code pénal, Dr. pén., novembre 1993, chronique n° 58, p. 1-2.

[5] Sur cette notion, V. : R. PUGNIERE, Bruits ou tapages injurieux ou nocturnes, Juris-Classeur Pénal, Nouveau Code, Ed. T., 1996, art. R623-2.

[6] L'attroupement considéré comme un rassemblement tumultueux, une réunion préméditée ou occasionnelle d'un certain nombre de personnes dans un lieu public ou ouvert au public, susceptible de troubler l'ordre public, fait l'objet d'une réglementation particulière, et toute participation volontaire est réprimée par les articles 431-3 et s. du N.C.P. L'infraction de tapage nocturne ne s'applique *a fortiori* qu'aux rassemblements nocturnes ne faisant craindre aucun désordre.

nocturne, en référence aux horaires fixés par d'anciens règlements sanitaires locaux. Or, les juges se réfèrent à la nuit astronomique pour apprécier souverainement le caractère nocturne de tel bruit ou tapage. Ainsi, le bruit ou tapage est qualifié de nocturne lorsqu'il a lieu la nuit, c'est-à-dire après le coucher et avant le lever du soleil[1]. Selon les saisons, l'heure à laquelle le bruit prendra un caractère nocturne, et tombera par là sous le coup de l'article R623-2, sera donc plus ou moins avancée. De surcroît, il n'est pas nécessaire que la nuit soit complète. En effet, la chambre criminelle a considéré comme tapage nocturne celui qui a eu lieu à 21 heures 30, même dans les plus grands jours[2]. Ne peut donc être relaxé, un prévenu au motif que la nuit n'était pas complète, ou qu'on n'y voyait encore et que certains établissements étaient éclairés[3].

1268. C'est au juge de police qu'il appartient de déclarer si le bruit ou le tapage est nocturne. Si cette condition de temps n'est pas remplie, l'article R623-2 du Code pénal est inapplicable. Par contre, le « tapage diurne » pourra relever de l'une des contraventions du décret n° 95-408 du 18 avril 1995 (art. R48-1 à -5 du C.S.P.) qui, ne l'oublions pas, s'applique aussi bien aux bruits nocturnes que diurnes. Le juge dispose en la matière d'un large pouvoir d'appréciation. Sa décision est souveraine sur ce point et échappe à la censure de la Cour de cassation. En outre, l'infraction de tapage nocturne est constituée indépendamment de l'existence -ou non- d'une réglementation municipale interdisant certains bruits à partir d'une heure déterminée. Si les bruits ont lieu après le coucher du soleil, mais avant l'heure fixée par le règlement local, par exemple pour la fermeture d'un cabaret, l'infraction de tapage nocturne est réalisée[4]. Le juge n'est pas tenu par une réglementation locale, un règlement administratif ne pouvant en règle générale déroger aux dispositions pénales en vigueur[5]. Le contrevenant ne peut donc invoquer comme justification les prescriptions d'un arrêté municipal ni, à plus forte raison, la tolérance de l'autorité locale de faire du bruit jusqu'à une certaine heure.

1269. Quant à l'article 222-16 du Code pénal, il vise toutes les *« agressions sonores »,* aussi bien diurnes que nocturnes, à la condition toutefois qu'elles soient *« réitérées ».* Cette condition était déjà requise en jurisprudence sous l'empire de l'ancien article R34-8°, pour caractériser l'élément intentionnel de la contravention de tapage nocturne. Aujourd'hui, la réitération des agressions sonores pourra être sanctionnée plus gravement, si l'élément moral du délit institué à l'article 222-16 du Code pénal est caractérisé (*infra* n° 1291 et s.). Il reste alors à la jurisprudence, compte tenu de l'imprécision des termes du texte, à préciser à partir de combien de bruits renouvelés -deux ou plus ?- l'agression sonore sera considérée comme « réitérée » et entrera ainsi dans le champ de l'incrimination correctionnelle.

---

[1] V. : Cass. crim., 16 novembre 1854, Bull. crim. n° 317 ; Cass. crim., 29 août 1857, D.P. 1874, 1, p. 180 ; C.A. Dijon, 11 novembre 1846, D.P. 1847, 4, p. 69 ; Cass. crim., 30 janvier 1874, D. 1874, 1, 180.

[2] Cass. crim., 29 août 1857, préc. ; Cass. crim., 17 janvier 1990, Bull. crim. n° 30 ; Rev. sc. crim. 1990, obs. Levasseur, p. 791 : concernant des motopompes mises en fonctionnement en-dehors des heures d'apparition du soleil, la cour rappelle que *« le bruit ou tapage doit être déclaré nocturne lorsqu'il a lieu avant le lever et après le coucher du soleil ».*

[3] Cass. crim., 30 janvier 1874, préc.

[4] A. VITU, Droit pénal spécial, préc., p. 1091, n° 1378.

[5] V. : Cass. crim., 26 juillet 1849, D.P. 1849, 5, p. 375 ; Cass. crim., 30 août 1860, D.P. 1860, 1, p. 518 ; Cass. crim., 13 juillet 1949, J.C.P. 1949, II, 5128, note Colombini ; S. 1949, 1, p. 186 : l'exercice de la profession de débitant de boissons, même habilité à exploiter un bal, ne saurait justifier un bruit qui dégénèrerait en tapage nocturne, troublant la tranquillité des habitants. Un arrêté préfectoral fixant à minuit la fermeture des débits de boissons n'a pu, sous ce rapport, déroger aux dispositions de l'article 479-8° du Code pénal (devenu l'art. R623-2 C.P.).

1270. Quelle que soit la provenance des bruits -au sens générique du terme-, *« nocturnes »* pour la contravention réprimée par l'article R623-2 et *« réitérés »* pour le délit de l'article 222-16, le législateur a voulu les réprimer lorsqu'ils constituent une atteinte à *« la tranquillité d'autrui »*. Mais cette atteinte doit-elle être effective ou la protection des deux textes joue-t-elle en cas de simple menace portée à la tranquillité des personnes ?

b) Les conséquences des bruits incriminés : l'exigence d'un dommage ?

1271. L'article R623-2 du Code pénal punit *« les bruits ou tapages nocturnes* ***troublant*** *la tranquillité d'autrui »*. D'après la lettre du texte, le tapage nocturne serait donc une infraction de résultat. Le bruit ou le tapage doit produire un dommage, contrairement à la contravention incriminée par l'article R48-2 du Code de la santé publique qui sanctionne un bruit ***« de nature à*** *porter atteinte à la tranquillité du voisinage... »*. Ainsi, les bruits qui ne troublent pas la tranquillité d'autrui ne seraient pas punissables sur le fondement de l'article R623-2 du Code pénal. Or, si l'existence des bruits est en général aisée à démontrer, il n'en est pas de même des troubles qu'ils causent. En effet, *« la réalité des bruits ou tapages relève de constatations objectives, alors que l'appréciation du trouble qui peut en résulter apparaît beaucoup plus subjective et dépend de ceux qui en sont les victimes »*[1]. Une fois encore, la répression serait alors soumise à la preuve parfois difficile d'un tel dommage, surtout dans l'hypothèse où les procès-verbaux de constatation de l'infraction sont muets sur l'existence du trouble ou irréguliers.

1272. La fréquence des litiges nés de cette contravention donne une dimension particulière à la question de savoir si l'on doit exiger que le bruit ou tapage soit simplement de nature à troubler la tranquillité d'autrui ou bien qu'il l'ait effectivement troublée. Autrement dit, s'agit-il d'une infraction de résultat, dont le dommage est un élément constitutif, ou d'une infraction formelle, consommée indépendamment d'un dommage constaté ? Pendant un certain temps, la jurisprudence a oscillé entre ces deux points de vue, adoptant successivement les deux solutions. Faisant une application stricte du texte, la chambre criminelle de la Cour de cassation avait admis qu'en l'absence de constatation expresse d'un trouble par le procès-verbal ou par le juge de police, la relaxe devait être prononcée[2]. Dans d'autres arrêts plus éloignés de la lettre du texte, elle considérait que les bruits et tapages nocturnes ne pouvaient exister sans que fut troublée la tranquillité des habitants et qu'il suffisait ainsi de prouver la réalité de ces bruits ou tapages pour entrer en voie de condamnation[3].

1273. Finalement, jurisprudence et doctrine majoritaire semblent avoir retenu un système mixte, de présomption de trouble attachée à la constatation par procès-verbal des bruits ou tapages. Selon une formule devenue classique, la chambre criminelle estime que *« les bruits et tapages nocturnes constituent par le fait même de leur existence une présomption de trouble apporté à la tranquillité publique »*. Le trouble décrit par l'article R623-2 est ainsi une conséquence logique du tapage nocturne. Il n'est donc pas besoin de prouver que le bruit incriminé a produit ce résultat. La présomption de trouble jouera en fonction de la nature et de l'importance du tapage, avec, en corollaire, la possibilité pour le prévenu d'apporter la preuve contraire, puisqu'il s'agit d'une présomption simple[4].

---

[1] M. VERON, Bruits ou tapages injurieux ou nocturnes - De l'ancien au nouveau Code pénal, préc., p. 1.

[2] Cass. crim., 6 septembre 1850, D.P. 1850, 3, p. 438 ; Cass. crim., 26 mai 1854, D.P. 1854, 5, p. 736.

[3] Cass. crim., 30 novembre 1854, D.P. 1854, 5, p. 736.

[4] Le système de la présomption a pour effet de renverser la charge de la preuve. S'il veut être relaxé, le prévenu doit prouver que le tapage qui lui est reproché n'a pas troublé la tranquillité d'autrui, sinon la

1274. Tout dépend en fait des circonstances de chaque espèce. Si le procès-verbal rapporte la preuve du trouble, la présomption est inutile car il fait foi jusqu'à preuve contraire. Il en est ainsi, par exemple, lorsqu'il établit que des individus ont chanté en choeur dans la rue de manière à être entendu des maisons voisines[1] ou que des guitaristes, le chant des clients, le martèlement du sol avec les pieds, les claquements de mains constituaient des nuisances certaines de nature à troubler la tranquillité du voisinage[2]. En revanche, lorsque le procès-verbal ne mentionne pas suffisamment l'existence du trouble, la présomption pourra s'appliquer. Le juge possède un large pouvoir d'appréciation, pour déterminer si, en l'espèce, le tapage nocturne doit être présumé avoir troublé la tranquillité d'autrui[3].

1275. Le législateur a fait preuve de plus de pragmatisme -du moins sur ce point- dans la rédaction de l'article 222-16 du Code pénal, réprimant *« les agressions sonores réitérées en vue de troubler la tranquillité d'autrui »*. Il résulte des termes du texte que la preuve d'un trouble n'est pas exigée. Le délit d'agressions sonores est consommé indépendamment de toute atteinte à la tranquillité d'autrui. On ne peut alors s'empêcher de relever la maladresse du législateur qui fait figurer cette incrimination parmi les atteintes de nature corporelle, alors que son objet est totalement différent de celui des textes traditionnels sanctionnant les violences. L'article 222-16 du Code pénal a été institué pour protéger les personnes contre certains comportements de nature à porter atteinte à leur tranquillité, quand bien même ils n'auraient aucun retentissement d'ordre physiologique ou psychologique sur ces personnes.

1276. Rien ne devrait alors s'opposer à l'application des qualifications pénales habituelles relatives aux violences lorsque ces agissements auront effectivement provoqué des troubles physiques ou psychiques. Telle est d'ailleurs l'interprétation donnée par la circulaire générale du 14 mai 1993 qui affirme que l'article 222-16 ne doit pas s'appliquer *« si les dispositions relatives aux violences permettent d'infliger des peines plus sévères »*[4]. Chacune des incriminations poursuit, en effet, des objectifs différents. La loi assigne expressément à l'article 222-16 la protection préventive de la tranquillité des personnes, alors que la répression des atteintes à l'intégrité des personnes ressort des incriminations de violences proprement dites. Entreraient, par conséquent, dans le champ d'application du nouveau délit, les agressions sonores pour lesquelles aucune atteinte à la santé de la victime n'a été dûment constatée. En revanche, si ces mêmes agressions sonores entraînent des conséquences de nature corporelle, les infractions de violences réprimées plus sévèrement (art. 222-7 à 222-14 C.P.) retrouveraient leur empire.

---

condamnation s'impose. V. : Cass. crim., 21 juillet 1883, Bull. crim. n° 186 et 187 ; Cass. crim., 17 mars 1866, D.P. 1867, 5, p. 423 ; Cass. crim., 17 mars 1888, Bull. crim. n° 82.

[1] Cass. crim., 2 décembre 1869, D.P. 1870, 1, p. 190.

[2] CA Paris, 13e ch., section B, 30 novembre 1984, Juris-Data n° 027640.

[3] Cass. crim., 27 décembre 1886, Bull. crim. n° 76 ; Cass. crim., 17 juin 1899, Bull. crim. n° 164. Le juge du fond doit néanmoins préciser les faits retenus avec leur caractère et leurs conséquences (Cass. crim., 9 juillet 1874, D.P. 1876, 1, p. 457), les circonstances de durée et d'intensité du bruit, d'heure tardive, de lieu du trouble, etc., pour permettre le contrôle de la Cour de cassation (Cass. crim., 9 novembre 1893, D. 1895, I, 295 ; Cass. crim., 21 juillet 1870, D. 1872, 4, 431).

[4] Circulaire du 14 mai 1993 portant commentaire des dispositions de la partie Législative du nouveau Code pénal (Livres I à V) et des dispositions de la loi du 16 décembre 1992 relative à son entrée en vigueur, préc. La doctrine est toutefois partagée sur cette question. Dans le sens de l'interprétation donnée par la circulaire, voir : J. et A.-M. LARGUIER, Droit pénal spécial, préc., p. 26 et 27 ; G. ROUJOU de BOUBEE, B. BOULOC, J. FRANCILLON et Y. MAYAUD, Code pénal commenté, préc., p. 192. *Contra :* M.-L. RASSAT, Droit pénal spécial, Infractions des et contre les particuliers, préc., p. 264, n° 275.

1277. La Cour d'appel de Rouen, dans un arrêt en date du 21 septembre 1998[1], n'a pourtant pas suivi un tel raisonnement, qui permettrait de distinguer clairement le domaine respectif de chacun des textes. En l'espèce, les juges d'appel ont fait application de l'article 222-16 du Code pénal à l'exploitant d'un bar reconnu coupable d'agressions sonores réitérées en vue de troubler la tranquillité d'autrui. Le prévenu a été condamné à réparer le préjudice personnel, *corporel et moral,* subi par la victime, qui justifiait des *conséquences médicalement constatées de ces agressions sonores sur son état de santé,* déjà fragilisé par l'âge et une grave maladie. L'avenir nous dira si les juges confirmeront ou infirmeront cette application des dispositions relatives aux agressions sonores réitérées aux atteintes à l'intégrité physique ou psychique de la victime.

1278. En tout état de cause, la protection de la tranquillité des personnes constitue l'objet spécifique des incriminations contenues aux articles 222-16 et R623-2 du Code pénal. Les deux textes parlent de la tranquillité *« d'autrui »*, l'article R623-2 ayant substitué ce terme à celui *« des habitants »* de l'ancien article R34-8°. Le nouveau Code pénal clarifie en fait le texte antérieur qui pouvait induire en erreur de par l'emploi de ce pluriel, qui ne renvoyait nullement, selon les interprétations jurisprudentielles, à la tranquillité publique. Il consacre une jurisprudence établie depuis le dernier quart du XIXe siècle, qui avait admis qu'il suffisait que la tranquillité d'*une seule* personne ait été troublée pour que soit constituée la contravention de tapage nocturne[2]. Il n'est donc pas nécessaire que la tranquillité de la globalité du voisinage ait été troublée, chaque voisin ayant droit individuellement à la même protection. En outre, la Cour de cassation écarte l'argument tiré de la distraction du plus grand nombre opposé au repos d'un seul. Elle reconnaît ainsi implicitement au repos, et de façon plus générale à la tranquillité, la valeur d'un droit essentiel de la personne humaine.

1279. La contravention de tapage nocturne, comme le nouveau délit d'agressions sonores qui s'en inspire, sont tributaires des circonstances de chaque espèce et du large pouvoir d'appréciation souveraine accordé aux juges répressifs. Ces derniers, suivant les principes posés par la chambre criminelle de la Cour de cassation, ont su évoluer avec leur temps et adapter la notion de tapage nocturne aux changements de la société. Les anciennes restrictions apportées aux composantes objectives de l'incrimination ont été levées, étendant ainsi le champ d'application de la contravention à l'ensemble des bruits de voisinage. Cette extension profite à l'incrimination de l'article 222-16 du Code pénal, qui englobe également les bruits diurnes dans la mesure où ils sont réitérés.

1280. La répression de ces bruits de nature à troubler la tranquillité d'autrui suppose, en sus des éléments matériels incriminés, un élément intentionnel. La réunion de ces composantes objectives et subjectives permettera alors d'engager la responsabilité pénale du « bruiteur ».

2- La responsabilité pénale du « bruiteur »

1281. La mise en œuvre de la responsabilité pénale pour tapage nocturne est aujourd'hui facilitée grâce aux interventions de la jurisprudence qui a évolué en faveur

---

[1] C.A. Rouen, 21 septembre 1998, Bull. inf. C. Cass. 1999, n° 551.

[2] Cass. crim., 25 janvier 1878, Bull. crim. n° 25 ; Cass. crim., 8 juillet 1949, Bull. crim. n° 237 ; J.C.P. 1949, II, 5128 (1ère espèce), note Colombini ; S. 1949, 1, 186 : doit être cassé le jugement qui relaxe un débitant de boissons prévenu de complicité de tapage nocturne pour avoir organisé un bal dans son établissement, par le motif -censuré par la chambre criminelle- que les bruits provenant de son établissement n'avaient troublé le repos que d'un seul voisin, à la tranquillité duquel on ne pouvait sacrifier une honnête distraction dont profite le plus grand nombre. V. également : Cass. crim., 17 mai 1983, Chauvet, Gaz. Pal. 1983, II, somm. p. 395 ; Cass. crim., 6 décembre 1995, préc.

d'une répression plus étendue, ainsi qu'aux dispositions du nouveau Code pénal en vigueur depuis le 1er mars 1994. L'application de plus en plus large de l'incrimination est rendue possible à la suite d'un amenuisement progressif de l'élément intentionnel de l'infraction et d'un élargissement du cercle des personnes tenues pour pénalement responsables. Ces mêmes personnes encoureront des sanctions plus graves, de nature correctionnelle et non plus seulement contraventionnelle, lorsque, animées d'une intention spéciale, elles commettront les *« agressions sonores réitérées »* punies par l'article 222-16.

1282. Si les deux textes du Code pénal permettent ainsi de désigner les mêmes responsables (b), la différence fondamentale qui les oppose réside dans l'élément moral des infractions qu'ils répriment (a).

a) L'élément intentionnel des infractions

1283. Bien que l'article R34-8°, devenu l'article R623-2 du Code pénal, ne réprime qu'une contravention, une abondante jurisprudence s'est développée sur la question de l'élément moral de cette infraction. Dans le silence de la loi, les juges se sont prononcés sur le contenu des composantes subjectives, point qui a donné lieu à maintes difficultés et discussions. La jurisprudence rendue en matière de tapage nocturne se caractérise par une évolution progressive, mais nette, dans le sens d'un affaiblissement de l'élément intentionnel de la contravention, dont le stade ultime devrait être le retour au régime général fixé par le nouveau Code pénal. L'intention spéciale que certaines décisions semblaient, pendant un certain temps, exiger a été reprise par le législateur pour caractériser l'élément intentionnel du délit autonome d'agressions sonores.

1284. Partant de cette jurisprudence ancienne, deux conditions cumulatives ont, dès l'origine, été requises pour caractériser l'élément moral de la contravention de tapage nocturne et en faire une infraction intentionnelle. Selon les termes de la Cour de cassation, la contravention supposait, pour être réalisée, un ***« fait personnel et volontaire »*** de la personne poursuivie[1]. Ces deux caractères étaient laissés à l'appréciation souveraine des juges du fond, qui déterminaient, dans chaque espèce, ce qui était imputable ou non à chaque prévenu[2]. Leur exigence entraîna, pour l'un comme pour l'autre, des conséquences importantes sur le plan de la responsabilité pénale. Les interprétations successives faites par la jurisprudence quant à la portée réelle de ces deux notions témoignent d'un souci toujours plus accru de lutter efficacement contre les nuisances sonores nocturnes.

1285. Le **caractère *« personnel »*** des agissements dont il résulte un bruit ou un tapage nocturne a révélé ses limites dans le domaine particulier des bruits d'animaux. En effet, il revenait à dire qu'en l'absence de réglementation locale, les aboiements d'un chien ne pouvaient constituer un tapage nocturne que lorsqu'ils étaient imputables à son gardien qui avait **provoqué** l'animal. Ainsi, dans un arrêt du 5 avril 1867, la chambre criminelle n'avait pas admis que le propriétaire d'un chien puisse être poursuivi pour tapage nocturne au motif qu'*« il ne saurait être considéré comme auteur ou comme complice du bruit causé par les hurlements de son chien, enfermé seul, la nuit, dans l'intérieur de sa maison pour la garde de ses marchandises »*[3]. Le chien étant seul à l'intérieur de la maison, il avait été considéré que le prévenu n'avait pu le provoquer et que les hurlements canins étaient donc indépendants de la volonté du maître. De même,

[1] Cass. crim., 29 janvier 1839, S. 1839, 1, p. 701.
[2] Cass. crim., 29 janvier 1877, Bull. crim. n° 35.
[3] Cass. crim., 5 avril 1867, D. 1867, 1, 288 ; Bull. crim. n° 81.

le tribunal de police de Montélimar avait refusé de condamner le propriétaire d'un merle apprivoisé dont la cage était placée près d'une fenêtre et qui sifflait avant 4 heures du matin « la Marseillaise » sans être excité par son maître, bien que celui-ci prît plaisir à l'entendre[1].

1286. La jurisprudence limitait donc la responsabilité pénale du gardien au cas de provocation de l'animal, qui caractérisait le fait personnel du prévenu. La provocation pouvait alors revêtir une forme active, comme le fait d'exciter l'animal, en l'encourageant oralement ou en le frappant, ou une forme passive, en lui infligeant de mauvais traitements, en le laissant par exemple affamé, sans nourriture dans une propriété close[2]. Cependant, les décisions faisant application de cette solution et prononçant la relaxe des gardiens d'animaux bruyants, au motif que l'animal n'a pas été excité ou provoqué, étaient contestables. Dans l'hypothèse du chien laissé seul, la nuit, dans une maison ou tout autre endroit d'ailleurs, on peut considérer que son maître a contribué à ce qu'il aboie ou hurle, dans la mesure où il l'a laissé seul sans prendre de mesures pour éviter qu'il ne trouble la tranquillité du voisinage. Pareillement, le propriétaire du merle chanteur, en disposant la cage près d'une fenêtre ouverte donnant sur la rue, a contribué dans une mesure certaine au trouble causé par son oiseau.

1287. Les implications critiquables découlant d'une application stricte du caractère personnel de l'agissement ont fait réfléchir la jurisprudence qui s'est orientée vers une acceptation plus large de cette condition. Par un arrêt du 25 avril 1972, l'arrêt « Cohn », la chambre criminelle a introduit une conception plus nuancée de l'acte personnel, permettant une application plus étendue de la contravention de tapage nocturne. Celle-ci s'applique désormais à *« tous ceux qui, par des agissements personnels et volontaires, produisent ou* ***occasionnent*** *des bruits nocturnes troublant la tranquillité des habitants »*[3]. A ainsi été condamné le prévenu qui, pendant une longue période de temps et au mépris des plaintes nombreuses et répétées, a transporté chaque soir sur un chantier où il l'abandonnait pour la durée de la nuit, un chien de forte taille dont les aboiements troublaient gravement le repos des habitants du quartier. L'arrêt Cohn marque donc une atténuation du caractère personnel de l'acte causant le tapage nocturne et élargit ainsi le champ d'application de la contravention.

1288. A côté de ceux qui produisent directement le tapage, les personnes « occasionnant » simplement des bruits, par tels ou tels agissements, sont désormais également punissables sur le fondement de l'article R623-2 du Code pénal. Rien ne s'oppose à ce que cette jurisprudence, aujourd'hui bien établie en matière de tapage nocturne, ne soit étendue au délit d'agressions sonores réitérées, ces dernières pouvant, de la même manière, être « occasionnées » et non pas directement produites par le défendeur. Preuve en est la première application de l'article 222-16 du Code pénal dans ses dispositions concernant les agressions sonores. En l'espèce, la Cour d'appel de Montpellier a jugé que s'était rendue coupable d'agressions sonores réitérées, au sens de l'article 222-16 du Code pénal, la personne qui laissait aboyer jour et nuit, à chaque passage de voiture ou de piéton, ses treize chiens, sans jamais prendre, ni même envisager de prendre les mesures nécessaires pour éviter ou limiter les conséquences nuisibles, pour le voisinage, du comportement de ces animaux[4].

1289. La deuxième composante subjective de l'infraction de tapage nocturne, à savoir le **caractère *« volontaire »*** de l'acte, exigé par la jurisprudence, a également

---

[1] Trib. pol. de Montélimar, 26 juin 1875, D.P. 1876, 3, p. 88.

[2] Trib. pol. de Villenauxe, 4 janvier 1955, préc.

[3] Cass. crim., 25 avril 1972, Cohn, D.S. 1972, p. 442 ; Gaz. Pal. 1972, 1, 454 ; Bull. crim. n° 139.

[4] C.A. Montpellier, 28 avril 1998, D. 1998, I.R., p. 167 ; C.P.E.N., jurispr. « Bruit », 1543.

connu une évolution. Dans l'arrêt Cohn, il avait été établi que le prévenu avait volontairement contribué au tapage, sachant que les aboiements de son chien importunaient le voisinage. Ce deuxième critère avait pour but d'opérer une distinction entre les actes volontaires punissables et les actes d'imprudence ou de négligence non punissables. Ainsi, la contravention de tapage nocturne ne sera pas constituée si le bruit ou le tapage est causé par un accident ou par un fait indépendant de la volonté du prévenu, comme par exemple l'explosion de gaz accumulé dans une cave lors du curage nocturne d'une fosse d'aisance[1]. La chambre criminelle n'a pas voulu sanctionner ceux qui commettaient une simple imprudence ou négligence.

1290. Le caractère volontaire signifie que l'auteur des bruits a pris conscience du trouble causé, mais qu'il se refuse à le faire cesser. En effet, la preuve de l'atteinte consciente à la tranquillité du voisinage découle la plupart du temps de la poursuite du tapage ou de la réitération des bruits, en dépit des plaintes des voisins ou de l'intervention des forces de l'ordre[2]. Or, c'est bien là la définition du nouveau délit institué à l'article 222-16 du Code pénal qui incrimine les agressions sonores réitérées. Le nouveau texte légalise en fait une certaine jurisprudence qui, faisant de la contravention de tapage nocturne une infraction intentionnelle, laissait penser qu'un dol spécial était requis. Quelques décisions relevaient ainsi que *« les bruits ont été volontairement et malicieusement causés dans un but évident de troubler la tranquillité... »*[3], voire même qu'*« il doit s'agir de bruits créés volontairement et malicieusement, dans le but évident de troubler la tranquillité »*[4].

1291. Cette jurisprudence, particulièrement exigeante, trouve aujourd'hui sa consécration dans l'article 222-16 du Code pénal. En effet, le texte requiert expressément que les agressions sonores aient été réitérées *« **en vue** de troubler la tranquillité d'autrui »*. Par conséquent, la preuve doit être rapportée que l'auteur des agressions sonores a bien agi dans le but de causer un tel trouble. L'emploi du terme *« agressions »* pour désigner les bruits illicites prend alors toute sa signification, puisqu'il traduit cette intention spécifique caractérisant l'élément moral de l'infraction. Le délit de l'article 222-16 du Code pénal devrait donc être réservé aux cas de bruits répétés et malveillants, produits avec l'intention particulière de nuire, ce qui, en conséquence, limiterait considérablement son impact dans la lutte contre les bruits de voisinage.

1292. En effet, la plupart de ces bruits résultent de comportements négligents et, même si leurs auteurs ont conscience des troubles qu'ils occasionnent, ils ne les produisent pas par pure malice. En outre, les difficultés pratiques concernant la preuve de ce dol spécial ne manqueront pas de surgir et de faire obstacle à la répression sur ce fondement. Cette dernière suppose de pouvoir sonder la psychologie du défendeur afin d'y déceler le dessein coupable requis par l'article 222-16 du Code pénal. Les juges devront déduire cette intention de faits matériels suffisamment éloquents, tels que les circonstances qui ont entouré la production des bruits ou le comportement du défendeur propre à établir la malveillance des actes sonores.

1293. La Cour d'appel de Montpellier[5] (préc.), qui a prononcé une condamnation sur ce fondement, a ainsi estimé que l'élément intentionnel du délit était tout à fait caractérisé en l'espèce, compte tenu du fait que la défenderesse *« n'a à aucun moment*

---

[1] Cass. crim., 28 juin 1839.

[2] Cass. crim., 18 mai 1983, Gaz. Pal. 1983, 2, somm. p. 285 : cas de celui qui refuse de cesser le tapage lorsque les gendarmes sont intervenus.

[3] Cass. crim., 4 février 1970, Veuve Broca, préc.

[4] C.A. Paris, 16 mai 1970, J.C.P. 1970, II, 16399, note D.S.

[5] C.A. Montpellier, 28 avril 1998, D. 1998, I.R., p. 167 ; C.P.E.N., jurispr. « Bruit », 1543.

pris, ni même envisagé de prendre, les mesures nécessaires pour éviter ou limiter les conséquences nuisibles du comportement de ses chiens », en dépit des nombreuses plaintes de ses voisins, ainsi que des convocations du maire et du préfet auxquelles elle n'a donné aucune suite. Les juges ont conclu *« qu'en s'abstenant ainsi de procéder à la moindre amélioration de nature à, au moins, limiter l'importante gêne occasionnée par ses chiens, la prévenue a démontré qu'elle faisait peu de cas des avertissements de ses voisins, de la mairie, de la gendarmerie ou de la justice »*. Il n'est pas certain qu'un tel comportement, aussi ouvertement hostile à l'égard de ses voisins, se retrouve dans tous les cas de nuisances sonores réitérées. En outre, la saisine du juge pénal a, en l'espèce, nécessité de multiples interventions et la persévérance des victimes qui ont supporté les nuisances pendant plusieurs années.

1294. Face aux difficultés pratiques à démontrer l'intention spéciale exigée par l'article 222-16 du Code pénal comme élément constitutif du délit d'agressions sonores réitérées, il est déjà permis de se demander si le texte ne sera pas utilisé en l'absence de tout objectif malveillant. L'arrêt rendu par la Cour d'appel de Rouen (préc.), le 21 septembre 1998[1], nous en fournit un premier exemple. En l'espèce, l'exploitant d'un bar a été reconnu coupable d'agressions sonores réitérées sur le fondement de l'article 222-16 du Code pénal, alors qu'aucune intention *particulière* de nuire n'a été caractérisée. Si cette jurisprudence devait se confirmer, la distinction entre le délit d'agressions sonores et la contravention de tapage nocturne serait tout à fait arbitraire, entraînant un risque de correctionnalisation excessive.

1295. La jurisprudence rendue en matière de tapage nocturne s'est clairement détachée de la notion de dol spécial pour ne retenir *que* le dol général, comme élément constitutif de la contravention. La Cour de cassation restreind néanmoins toujours le champ d'application de l'infraction, dans la mesure où le texte ne comporte aucune exigence d'intention. Selon une formule qui lui est désormais habituelle, la chambre criminelle relève, dans un arrêt du 19 novembre 1985 (arrêt « Saint-Hillier »), que ***« même en l'absence de toute volonté de nuire,*** *la contravention de tapage nocturne est caractérisée dès lors que le prévenu a eu* ***conscience du trouble causé au voisinage*** *par l'installation dont il était responsable et n'a pris aucune mesure pour y remédier »*[2]. La contravention de tapage nocturne ne suppose donc pas l'intention de nuire, plus exactement l'intention de troubler la tranquillité d'autrui qui serait constitutive d'un dol spécial, mais simplement la conscience de causer ce trouble. Un dol général, caractérisé par la volonté de commettre un acte en ayant conscience de violer la loi pénale, est nécessaire et suffisant pour la jurisprudence qui, dans le même temps, applique le texte aux nuisances sonores causées par des activités professionnelles.

1296. Or qu'en est-il aujourd'hui, après l'entrée en vigueur du nouveau Code pénal, qui consacre expressément le particularisme du régime des contraventions ? Le principe général posé par le nouveau code est que toutes les contraventions sont des « infractions matérielles »[3], sauf précision contraire du texte incriminateur. L'article R623-2 du Code

---

[1] C.A. Rouen, 21 septembre 1998, Bull. inf. C. Cass. 1999, n° 551.

[2] Cass. crim., 19 novembre 1985, Saint-Hillier, préc.

[3] L'article 121-3 du N.C.P. dispose qu'*« il n'y a point de crime ou de délit sans intention de le commettre (...). Il n'y a point de contravention en cas de force majeure »*. Or, les infractions « matérielles » se caractérisent par le fait que l'agent qui a commis matériellement l'infraction ne peut s'exonérer de sa responsabilité pénale qu'en prouvant la force majeure. Le nouveau Code pénal, dans son article 121-3, assigne donc un domaine précis à cette catégorie d'infractions : celui des contraventions. V. sur ce point : F. DESPORTES et F. LE GUNEHEC, Droit pénal général, préc., p. 460 et s., n° 499 ; C. BARBERGER, Droit pénal, préc., p. 79 et s.

pénal ne donnant aucune indication sur l'élément moral de la contravention de tapage nocturne, cette dernière entrerait donc désormais dans la catégorie des infractions matérielles, réalisées indépendamment de toute intention de violer la loi pénale (dol), ou même de faute d'imprudence ou de négligence. Comme la grande majorité des contraventions, le tapage nocturne serait, en vertu du Code pénal actuel, constitué d'une simple faute contraventionnelle. L'élément moral de la contravention de tapage nocturne est ainsi réduit à son expression minimale, puisqu'il suffit de constater que les composantes objectives de l'infraction sont réunies et qu'elles sont imputables au prévenu. L'absence d'intention, ou même d'imprudence ou de négligence, serait inopérante pour exonérer de sa responsabilité pénale l'auteur du comportement incriminé par l'article R623-2 du Code pénal.

1297. Dans le souci d'une répression plus systématique des atteintes au repos et au sommeil des personnes, souhaitons que la Cour de cassation consacre, en droit positif, cette solution qui résulte des règles générales du nouveau Code pénal. Cette solution permettrait de délimiter le domaine d'application des deux textes en présence : l'article R623-2 et l'article 222-16 du Code pénal. De surcroît, elle respecterait une certaine hiérarchie dans la répression. Il est, en effet, normal que des nuisances sonores malveillantes -ou volontaires et désinvoltes- soient plus sévèrement sanctionnées qu'un tapage nocturne occasionnel.

1298. Cette évolution ne semble pourtant pas adoptée par les juges du fond qui, pour l'heure, restent fidèles à la jurisprudence antérieure au nouveau code. Un récent jugement du Tribunal de police de Paris, en date du 26 novembre 1998[1], a ainsi rappelé que la contravention de tapage nocturne est une infraction intentionnelle, qui suppose de la part de son auteur la conscience de troubler la tranquillité d'autrui. En l'espèce, le tribunal a relaxé le prévenu au motif qu'il n'était pas prouvé qu'il avait eu conscience du trouble occasionné par le repas sur fond de musique qu'il avait organisé. Contrairement à ce que soutient M. de Lamy[2], une telle position n'est pas conforme à la lettre du texte qui incrimine *« les bruits ou tapages injurieux ou nocturnes troublant la tranquillité d'autrui »* et ne prévoit nullement une faute intentionnelle comme élément constitutif de la contravention. Le caractère « matériel » de l'infraction devrait désormais être affirmé, justifié non seulement par une application stricte du droit, mais également par la gravité des bruits nocturnes qui portent atteinte à ce droit fondamental qu'est le droit au repos.

1299. Le texte de l'article 222-16 du Code pénal s'écarte ainsi nettement de l'incrimination actuelle de tapage nocturne. Si débat il y a, il ne devrait pas porter sur la définition de l'intention spéciale qui caractérise le délit d'agressions sonores, mais sur les difficultés pratiques de preuve qui ne manqueront pas de surgir. Le nouveau Code pénal aboutit, au contraire, à systématiser la répression sur le fondement de l'article R623-2, qui s'applique même si le prévenu n'a pas conscience du trouble qu'il cause. Ainsi, il suffit de produire ou d'occasionner un bruit ou un tapage nocturne troublant la tranquillité d'autrui pour que la contravention soit réalisée, sans rechercher une intention ou une faute particulière. Cette solution devrait avoir pour effet de responsabiliser l'ensemble des citoyens, auteurs potentiels de tapage nocturne. Elle paraît d'autant plus sévère et efficace qu'elle s'accompagne d'un élargissement du cercle des personnes tenues pour pénalement responsables. Ces mêmes personnes pourront, si les éléments constitutifs du délit d'agressions sonores réitérées sont réunies, être poursuivies devant le tribunal correctionnel sur le fondement de l'article 222-16.

---

[1] Trib. pol. de Paris, 26 novembre 1998, n° 98-205747, D. 2000, n° 11, jurispr. p. 118-119, obs. B. de Lamy.

[2] V. : obs. B. de LAMY, préc.

b) La désignation du pénalement responsable

1300. Grâce aux interprétations jurisprudentielles des composantes objectives et subjectives ainsi qu'aux dispositions du nouveau Code pénal, la contravention de tapage nocturne a connu une extension de son champ d'application et par voie de conséquence, du domaine de la responsabilité pénale sur ce fondement. La désignation du pénalement responsable va au-delà du simple auteur matériel de l'infraction. Elle concerne d'autres personnes auxquelles il est possible d'imputer, d'une façon ou d'une autre, la responsabilité du bruit ou tapage nocturne qui a troublé la tranquillité d'autrui, de même que la responsabilité des agressions sonores réitérées constitutives désormais du délit réprimé par l'article 222-16 du Code pénal.

1301. L'évolution de la jurisprudence permet, depuis l'arrêt Cohn du 25 avril 1972, de poursuivre tous ceux qui produisent ou *occasionnent* simplement le tapage incriminé par l'article R623-2 ou les agressions sonores sanctionnées par l'article 222-16. Cette solution a entraîné la condamnation pour tapage nocturne de nombreux gardiens d'animaux qui, sans produire directement et personnellement le bruit, ont occasionné, de par leur attitude envers l'animal bruyant, le trouble à la tranquillité du voisinage. Néanmoins, elle ne se limite nullement au domaine particulier des bruits causés par les animaux, même si l'arrêt de principe a été rendu à l'occasion d'aboiements de chien. Elle s'applique aux bruits de toute nature, augmentant d'autant le nombre des personnes susceptibles de voir leur responsabilité pénale engagée.

1302. Ainsi, et cela depuis l'incrimination récente par la jurisprudence des bruits professionnels, les chefs d'entreprise peuvent être condamnés pour le tapage nocturne provenant de leur exploitation. Il s'agit là d'un cas nouveau d'application de la responsabilité pénale dite du fait d'autrui, à l'initiative de la jurisprudence amenée à statuer sur des affaires de tapage nocturne. Ce type de responsabilité permet de déclarer le dirigeant pénalement responsable des infractions -en l'occurrence la contravention de l'article R623-2- commises matériellement par ses préposés. C'est ainsi que la chambre criminelle, dans l'arrêt Saint-Hillier, a retenu la responsabilité pénale du directeur des exploitations d'une société pour bruit et tapage nocturne troublant la tranquillité des habitants, à la suite de bruits et vibrations occasionnés par les installations de l'usine que les employés faisaient fonctionner. De même, dans les arrêts du 3 avril 1991, s'agissant d'une entreprise de livraison par camions[1] et du 15 avril 1992, concernant un laboratoire de traitement d'images[2], les exploitants ont été condamnés pour les bruits causés par les engins ou matériels bruyants utilisés par leurs employés.

1303. Ce cas de responsabilité, aujourd'hui retenu par les juges en matière de tapage nocturne, est imparfaitement qualifié du « fait d'autrui ». S'il découle de la commission de l'infraction par le préposé, il suppose néanmoins *chez le dirigeant* d'une entreprise réglementée, d'une part, l'existence d'une faute imputable au dirigeant (c'est l'élément moral) et, d'autre part, une omission consistant dans le fait de ne pas avoir pris les mesures nécessaires pour empêcher la commission de l'infraction par le préposé, alors qu'il avait le devoir de le faire (c'est l'élément matériel). Dans l'arrêt Saint-Hillier, la contravention est caractérisée dès lors que le directeur *« a eu conscience du trouble causé au voisinage par* ***l'installation dont il était responsable et n'a pris aucune mesure pour y remédier »****.* Afin de faciliter la répression, la faute personnelle du dirigeant est présumée par la jurisprudence. Elle résultera d'un défaut de surveillance ou

[1] Cass. crim., 3 avril 1991, Lexilaser Cassation.

[2] Cass. crim., 15 avril 1992, N° 92-85.905, Juridisque Lamy ; Dr. pén. 1992, comm. 285, p. 11, note Garçon.

de précaution imputable au chef d'entreprise en raison de ses pouvoirs d'organisation, de fonctionnement et de sécurité. En principe, la responsabilité pénale du dirigeant n'exclut pas celle du préposé, auteur matériel de l'infraction. Toutefois, des considérations d'opportunité justifient souvent la seule poursuite du dirigeant. Celui-ci pourra s'exonérer de sa responsabilité en cas de force majeure -rarement retenue par les juges- ou de délégation de pouvoirs[1].

1304. A côté de ces extensions jurisprudentielles de la responsabilité pénale pour tapage nocturne, le Code pénal prévoit également la répression des complices. L'infraction de l'article R623-2 est une des rares contraventions, avec notamment celles des articles R48-2 et R48-3 du Code de la santé publique, pour laquelle la complicité par aide ou assistance peut être retenue. En effet, le texte sanctionne expressément des mêmes peines que celles prévues pour les auteurs, le fait d'en faciliter sciemment par aide ou assistance, la préparation ou la consommation. En outre, conformément aux articles R610-2 et 121-7 al. 2 du Code pénal, la complicité par instigation, qui regroupe la provocation par *« don, promesse, menace, ordre, abus d'autorité ou de pouvoir »* et la fourniture d'instructions, est de manière générale incriminée quelle que soit la nature de l'infraction, et donc s'agissant d'une contravention. La répression de la complicité est, en revanche, générale pour les délits. Elle suppose trois conditions : un fait principal punissable (la contravention de tapage nocturne ou le délit d'agressions sonores réitérées), un acte de complicité par aide ou assistance, provocation ou instruction et un élément intellectuel, à savoir l'intention de s'associer à l'infraction.

1305. En matière de tapage nocturne, les exemples jurisprudentiels les plus fréquents rapportent essentiellement des cas de complicité par aide ou assistance, lorsque la personne facilite sciemment, par les comportements les plus divers, la préparation ou la commission de la contravention. Les juges font preuve d'une grande sévérité dans ce domaine, dans le souci d'une plus large répression. Depuis longtemps, ils ont étendu la complicité à tous ceux qui par leur seule présence sur les lieux du trouble ou par un comportement passif permettent la perpétration de l'infraction[2]. La jurisprudence est constante sur ce point puisque la chambre criminelle, dans un arrêt plus récent, en date du 17 février 1988[3], reprend les mêmes termes que ceux qu'elle employait au siècle dernier. Doivent ainsi être considérés comme coupables de bruits ou tapages nocturnes *« non seulement ceux qui prennent une part active aux bruits ou tapages nocturnes ou injurieux, mais encore tous ceux qui, par leur présence ou leur fait, ont favorisé ou facilité la commission de cette contravention »*.

1306. De nombreuses décisions condamnent de la sorte ceux qui ont laissé d'autres personnes commettre le tapage dans un lieu où ils sont responsables de la tenue et de son bon usage. Sont ainsi considérés comme complices, le débitant de boissons qui laisse se perpétrer *dans* son établissement la contravention de bruits ou tapage nocturnes, qui se caractérise par des éclats de voix entendus de l'extérieur sans qu'il n'ait apparemment

---

[1] La jurisprudence a fixé les conditions de cette délégation de pouvoirs, à savoir : la compétence du délégué, ses pouvoirs réels, avec les moyens nécessaires pour assumer ces pouvoirs. V. : Cass. crim., 11 mars 1993, (5 arrêts), Bull. crim. n° 112 ; Rev. sc. crim. 1994, p. 101 ; Dr. pén., comm. n° 39. En ce cas, il y a alors transfert de la responsabilité pénale du chef d'entreprise délégataire sur la personne de l'employé bénéficiaire de la délégation. Le chef d'entreprise se trouve exonéré pénalement des infractions commises dans son établissement pendant la durée de la délégation de pouvoirs.

[2] Cass. crim., 8 novembre 1855, Bull. crim. n° 349 ; D.P. 1855, 4, p. 435.

[3] Cass. crim., 17 février 1988, Bull. crim. n° 80 ; Gaz. Pal. 1988, I, somm. p. 186 ; D. 1988, I.R., p. 98-99.

rien fait pour les faire cesser[1] ; l'organisateur d'un bal en plein air, qui n'a pris fin qu'à minuit, alors que la tranquillité publique a été troublée en raison de la musique amplifiée par un système de sonorisation et de l'ensemble des bruits provenant du bal[2] ; le gérant d'un cabaret qui néglige de maintenir l'ordre dans son établissement[3]. Cependant, il a été jugé que le propriétaire d'un bar ne peut être considéré comme complice du tapage causé par ses clients *à la sortie du bar sur la voie publique.* Ce dernier, ne possédant pas de pouvoirs de police sur la voie publique, ne peut être tenu pour responsable des bruits extérieurs à son établissement[4].

1307. Des particuliers et des maires ont également été condamnés pour avoir loué des salles de spectacles ou des salles polyvalentes municipales, en n'ignorant pas la nature bruyante des manifestations dans une salle démunie d'insonorisation et sans que des précautions soient prises pour éviter les nuisances sonores troublant la tranquillité du voisinage[5]. Au vu de la jurisprudence rendue en la matière, on constate que nul n'est à l'abri d'une condamnation pour complicité de tapage nocturne. Sera aussi puni le chef de maison qui a laissé les personnes qu'il reçoit commettre des bruits ou tapages dans sa demeure ou ses dépendances, ou autorisé un charivari, bien qu'il n'y ait pas pris part lui-même[6]. De même sera considéré comme complice et sanctionné à ce titre, celui qui a donné une chambre en location où a eu lieu le tapage ou le charivari[7], ou encore le propriétaire qui a laissé sonner du cor, la nuit, dans le parc[8]. Depuis le début du XIXe siècle, la jurisprudence condamne également celui qui fait partie d'un groupe causant du tapage nocturne, même s'il n'y a pas pris part personnellement[9]. Sa présence consciente et volontaire aux côtés des auteurs de la contravention constitue une aide ou une assistance morale, et donc un acte de complicité répréhensible.

1308. En revanche, ne peut être puni comme complice l'individu dont la présence auprès des tapageurs est involontaire ou qui ne leur apporte en aucune façon aide, encouragement ou assistance. L'élément intellectuel de la complicité, caractérisé par l'intention de participer à l'infraction, ne serait pas rempli. C'est le cas par exemple de celui qui s'est trouvé dans un rassemblement, mais n'a pas pris part au tumulte qu'il a au contraire blâmé et s'est retiré avant l'intervention de la police. De même, la Cour de cassation a estimé que l'individu qui *« ayant passé fortuitement près d'un groupe de personnes qui faisaient du tapage, s'est arrêté un instant pour boire un verre de vin que lui offrait une de ces personnes et s'est immédiatement retiré, sans prendre aucune part au tumulte qui avait lieu »*, ne pouvait être considéré comme complice, aucune participation consciente et volontaire à la contravention n'étant relevée[10].

---

[1] Cass. crim., 25 juin 1858, Bull. crim. n° 183 ; Cass. crim., 8 juillet 1949, préc. ; Cass. crim., 17 février 1988, préc. ; C.A. Paris, 13e ch., sect. A, 28 novembre 1989, Juris-Data n° 026910.

[2] Cass. crim., 15 janvier 1974, Bull. crim. n° 22 ; Gaz. Pal. 1974, 1, p. 183.

[3] Cass. crim., 14 novembre 1924, Bull. crim. n° 382 ; S. 1925, 1, p. 332.

[4] même si la participation de son portier était établie : C.A. Paris, 13e ch., sect. B, 13 février 1987, Juris-Data n° 021310 et 024292.

[5] C.A. Paris, 13e ch., sect. A, 22 mai 1989, Juris-Data n° 024136 ; C.A. Rennes, 11 juillet 1989, Juris-Data n° 046680 ; Droit de l'Environnement n° 13, mai 1992, p. 28, note J.-H. Robert ; C.P.E.N., jurispr. « Bruit », 1539 ; C.A. Bordeaux, 10 octobre 1991, Juris-Data n° 049095.

[6] Cass. crim., 8 novembre 1855, D.P. 1855, 5, p. 431.

[7] Cass. crim., 18 mai 1826, Bull. crim. n° 106.

[8] Cass. crim., 24 décembre 1958, Bull. crim. n° 322 ; D.P. 1859, 5, p. 348.

[9] Cass. crim., 23 mai 1903, Bull. crim. n° 199 ; Cass. crim., 8 mars 1907, Bull. crim. n° 122 ; Cass. crim., 16 novembre 1872, Bull. crim. n° 277 ; Cass. crim., 23 août 1894, D.P. 1896, 1, p. 567.

[10] Cass. crim., 26 mai 1882, Bull. crim. n° 132 ; D.P. 1882, 1, p. 438.

1309. L'individu qui n'est que la cause involontaire ou indirecte de l'infraction sera également dégagé de toute responsabilité dans le tapage nocturne qu'il n'avait pas l'intention de provoquer. Ont été ainsi relaxés les artistes de théâtre qui ont refusé de jouer suite à la saisie de leur recette, ce qui a provoqué un tapage nocturne, le procès-verbal du commissaire de police relevant d'ailleurs que *« le tapage incriminé semble bien plutôt avoir été dirigé contre les artistes que provoqué par eux »*[1]. La même solution s'applique à celui qui siffle les artistes dans un concert et entraîne de la sorte des manifestations bruyantes, sans avoir eu l'intention de faire naître un tapage[2] ou celui qui s'est borné à annoncer à un ami, pour plaisanter, une fausse nouvelle, qui ensuite communiquée à d'autres personnes a provoqué (hors sa présence) un rassemblement et du tapage[3].

1310. Les sanctions encourues en cas de tapage nocturne sont identiques à celles prévues par les articles R48-2 et R48-3 du Code de la santé publique qui incriminent les bruits de voisinage aussi bien diurnes que nocturnes. Les auteurs comme les complices sont passibles d'une peine d'amende principale pouvant aller jusqu'à 450 euros et de la peine complémentaire de confiscation de la chose qui a servi ou était destinée à commettre l'infraction. Lorsque ces faits ont été réitérés dans l'intention de troubler la tranquillité d'autrui, ces mêmes personnes pourront être poursuivies pour délit d'agressions sonores réprimé par l'article 222-16 du Code pénal. Elles encourent alors les peines correctionnelles de un an d'emprisonnement et de 15 000 euros d'amende, ainsi que les peines complémentaires prévues par les articles 222-44 et 222-45 du Code pénal, communes à toutes les infractions de violences, et notamment celle de *« confiscation de la chose qui a servi ou était destinée à commettre l'infraction ou de la chose qui en est le produit »* (art. 222-44-7°). Une condamnation à quatre mois d'emprisonnement a ainsi été prononcée par la Cour d'appel de Montpellier à l'encontre de la prévenue, poursuivie sur le fondement de ce délit.

1311. Il est à regretter que dans un cas comme dans l'autre, la loi -le Code pénal pour le tapage nocturne et les agressions sonores réitérées et le Code de la santé publique pour les incriminations spéciales relatives aux bruits de voisinage- n'ait pas prévu la responsabilité pénale des personnes morales. Le poids des sanctions, jusqu'au quintuple du montant des amendes et de la durée de l'emprisonnement, en cas de délit, encourues par les personnes physiques, ne serait pas négligeable. Un tel dispositif répressif contribuerait certainement à développer chez les exploitants d'établissements[4] ou d'entreprises bruyants ce respect fondamental du repos et de la tranquillité d'autrui, trop souvent négligé et dont le mépris constitue de jour comme de nuit une contravention de la 3e classe, voire un délit.

1312. C'est alors le choix du texte applicable, entre l'article R623-2 du Code pénal, l'article R48-2 du Code de la santé publique et l'article 222-16 du Code pénal, qui pourra se révéler délicat en pratique.

---

[1] Cass. crim., 3 février 1865, Bull. crim. n° 27 ; D.P. 1865, 1, p. 198 ; S. 1865, 1, p. 427.

[2] Cass. crim., 17 mai 1895, D.P. 1899, 5, p. 561.

[3] Cass. crim., 21 décembre 1866, Bull. crim. n° 273 ; D.P. 1867, 1, p. 143.

[4] Le décret n° 98-1143 du 15 décembre 1998 concernant les discothèques et locaux assimilés a bien retenu la responsabilité de la personne morale, mais son champ d'application est limité aux contraventions prévues par le décret.

3- Le choix du texte applicable

1313. L'abondante jurisprudence relative au tapage nocturne est riche d'enseignements, non seulement pour l'application de l'actuel article R623-2 du Code pénal, mais également pour la contravention de l'article R48-2 du Code de la santé publique, ainsi que pour le nouveau délit réprimé par l'article 222-16 du Code pénal. Mais elle est également source de confusion quant au champ des trois incriminations, celles-ci étant très proches les unes des autres. Ainsi, les interprétations jurisprudentielles, pas toujours très orthodoxes, aboutissent à ce qu'un même bruit de voisinage soit susceptible de correspondre aux définitions respectives de chacune des trois infractions.

1314. Un bruit produit la nuit pourra à la fois réaliser la contravention de tapage nocturne réprimée par l'article R623-2 du Code pénal et celle incriminée par l'article R48-2 du Code de la santé qui vise indifféremment les bruits diurnes et nocturnes. Ce même bruit, s'il est répété, pourrait également être poursuivi sous la qualification aggravée d'agressions sonores au sens de l'article 222-16 du Code pénal. De même, un choix doit se faire, dans l'hypothèse de bruits de voisinage occasionnés le jour, entre la qualification contraventionnelle de l'article R48-2 du Code de la santé publique et la qualification correctionnelle de l'article 222-16 du Code pénal. Les imbrications de ces différents textes suscitent deux types de difficultés dans la pratique : d'une part, celles liées à la combinaison de l'article 222-16 avec les contraventions des articles R623-2 et R48-2 et, d'autre part, celles résultant du concours de qualifications des articles R623-2 et R48-2.

1315. L'articulation du délit réprimé par l'article 222-16 du Code pénal avec, soit la contravention de tapage nocturne, soit la contravention spéciale prévue par l'article R48-2 du Code de la santé publique, ne pose pas de problème de concours idéal de qualifications, car le délit prévu par l'article 222-16 du Code pénal requiert des conditions spécifiques, elles-mêmes absentes de la contravention de l'article R623-2 ou de l'article R48-2. Par conséquent, la qualification correctionnelle devrait s'imposer dès lors que les bruits, qu'ils soient nocturnes ou diurnes, sont *réitérés en vue de troubler la tranquillité d'autrui.*

1316. En revanche, lorsque l'intention de nuire requise par ce texte -le dol spécial- ne pourra être démontrée, ces bruits répétés constitueront la contravention spécifique aux bruits de voisinage prévue par l'article R48-2 du Code de la santé publique, ou encore la traditionnelle contravention de tapage nocturne sanctionnée par l'article R623-2 du Code pénal. Pourront alors être retenues autant de contraventions que de comportements illicites constatés, assorties d'autant de peines d'amende contraventionnelles qui se cumulent entre elles. Il est néanmoins douteux que cette solution s'impose rapidement, car elle suppose une remise en cause de la jurisprudence attachée au caractère intentionnel de la contravention de tapage nocturne, critiquable parce que non conforme à la lettre du texte et aux règles du nouveau Code pénal.

1317. Ecartant du débat l'article 222-16 du Code pénal dont on a déterminé les cas d'application, un même bruit, lorsqu'il est occasionné la nuit, peut encore réaliser la violation des dispositions de l'article R623-2 du Code pénal et de l'article R48-2 du Code de la santé publique. C'est donc un conflit de qualifications qui se pose. Les deux textes protègent la même valeur sociale : la tranquillité des personnes. Cette situation de concours idéal d'infractions nécessite de déterminer quel fondement légal donner à l'infraction unique qui a été commise. En effet, selon la règle *« non bis in idem »*, un même fait ne peut être poursuivi plusieurs fois ; une seule condamnation doit être prononcée. Ce conflit ne peut être résolu par la préférence donnée à la qualification la plus élevée, les deux textes sanctionnant exactement des mêmes peines, l'amende prévue pour les contraventions de la 3e classe, les comportements qu'ils incriminent. C'est donc le principe de spécialité qui devrait s'appliquer en l'espèce, en vertu duquel la loi spéciale, l'article R48-2 du Code de la santé publique, prévaut sur la loi générale, l'article R623-2 du Code pénal.

1318. A partir du moment où le bruit nocturne entre dans le domaine de l'article R48-2 du Code de la santé publique, c'est donc ce texte qui s'appliquerait et non pas l'article R623-2 du Code pénal. Cette solution, indifférente quant à la sanction encourue, présente un intérêt procédural de nature à faciliter la répression des atteintes au sommeil des voisins. En effet, l'article R48-2 du Code de la santé publique a été créé par le décret n° 95-408 du 18 avril 1995, pris en application de la loi n° 92-1444 du 31 décembre 1992 relative à la lutte contre le bruit. Par conséquent, la recherche et la constatation des comportements qu'il incrimine ressortent de la compétence d'agents spécialement habilités par la loi cadre de 1992 et détenteurs de pouvoirs spéciaux (*infra* n° 1428 et s.). Les fonctionnaires habilités à constater ce type de contravention sont donc plus nombreux. En sus des officiers et agents de police judiciaire, peuvent intervenir ces agents de contrôle, au titre de la loi n° 92-1444 du 31 décembre 1992.

1319. Mais les bruits nocturnes étant jugés les plus nocifs de par les atteintes qu'ils portent aux besoins vitaux de repos et de sommeil pour chacun, ne conviendrait-il pas de les sanctionner plus sévèrement ? L'unicité des peines apportée par l'article R48-2 du Code de la santé publique aux bruits aussi bien diurnes que nocturnes, sur le même plan que le tapage nocturne de l'article R623-2 du Code pénal, n'apparaît pas judicieuse. Les responsables de bruits nocturnes, en raison de leur degré de gravité plus élevé par rapport aux bruits produits le jour, devraient encourir des peines plus sévères.

1320. Les infractions spécifiques au bruit, qu'elles soient contenues dans la loi cadre de 1992 et ses décrets d'application, ou dans le Code pénal, posent de nombreux problèmes d'application. Les interprétations jurisprudentielles relevées en la matière ne contribuent pas à éclaircir les situations d'enchevêtrements des différents textes et à préciser le domaine de certaines de ces infractions. Face aux incertitudes que présente aujourd'hui le droit positif dans ce domaine, le remède ne doit-il pas être recherché à la source, c'est-à-dire dans une simplification des incriminations, qui pourront alors être appliquées à la lettre par les juges ? La répression des nuisances sonores y gagnerait en efficacité, d'autant qu'elle se fait également par le biais d'autres sanctions pénales, contenues, par ailleurs, dans des législations et réglementations spécifiques non pas au problème du bruit mais à des secteurs d'activité qui, à un moment donné, intègrent à un degré plus ou moins marqué la préoccupation acoustique.

§2. LES AUTRES ATTEINTES SONORES À L'ENVIRONNEMENT

1321. Indépendamment des infractions propres au bruit, les textes réglementant ou organisant l'exercice des différentes activités humaines peuvent donner lieu à une répression pénale en cas de nuisances sonores. Chaque législation ou réglementation qui a été examinée au stade de la prévention et qui, dans l'une ou plusieurs de ses dispositions, fait référence au problème « acoustique », contient un dispositif répressif, applicable aux bruits de voisinage. Les sanctions attachées au non-respect de ces prescriptions légales ou réglementaires relatives, entre autres, à la préoccupation du bruit, constituent un archétype du droit pénal de réglementation. Exempt de toute infraction autonome, ce dispositif pénal a pour objet unique la répression des manquements aux prescriptions administratives.

1322. Suivant la palette des règles préventives dans les multiples secteurs touchés par les nuisances sonores, il existe ainsi des incriminations dans les domaines de la construction et de l'habitation (A) et un important appareil de répression au sein des différentes polices réglementant divers secteurs d'activités (B).

A. Les infractions en matière de construction et d'habitation

1323. En matière de construction, l'une des principales caractéristiques du droit pénal est qu'il permet d'assurer le respect des règles administratives. C'est le rôle essentiel du dispositif répressif existant dans ce domaine. Les différentes infractions et sanctions qui les accompagnent prévues, d'une part, par le Code de l'urbanisme (1) et, d'autre part, par le Code de la construction et de l'habitation (2), trouvent à s'appliquer dès lors que la réglementation relative au bruit a été transgressée.

1- Le dispositif répressif du Code de l'urbanisme

1324. Le juge pénal n'est pas maître des choix de l'administration en matière d'urbanisme. Il ne peut que prononcer les sanctions mises à sa disposition aux articles L. 480-1 et suivants du Code de l'urbanisme, en cas d'infractions aux règles d'aménagement et de construction fixées par le législateur et imposées par l'administration locale. Il n'existe pas d'infraction autonome. Le système de répression repose sur un mécanisme d'incrimination globale qui renvoie aux différentes règles d'urbanisme, dont le non-respect est constitutif d'infractions (a), pour lesquelles le Code de l'urbanisme prévoit des sanctions appropriées (b).

a) Les infractions aux règles d'urbanisme

1325. Le principe de la légalité des délits et des peines[1] pose l'obligation pour le législateur de définir les éléments constitutifs des infractions en des termes clairs et précis, pour exclure l'arbitraire. La pratique législative révèle, hélas, que cette obligation est souvent négligée. Le Code de l'urbanisme nous en fournit un exemple type. Le législateur a utilisé dans ce domaine *« l'une des techniques législatives les plus contestables au regard de l'exigence de clarté imposée par le principe de légalité »*[2]. Celle-ci consiste à prévoir dans un texte de répression généraliste, l'article L. 480-4, la sanction d'un ensemble de dispositions techniques en renvoyant globalement pour la définition des comportements incriminés aux dispositions concernées du Code ou de ses textes d'application. L'incrimination de l'article L. 480-4 se réduit à la formule suivante : *« l'exécution des travaux ou l'utilisation du sol en méconnaissance des obligations imposées par les titres Ier, II, III, IV et VI du présent livre* -il s'agit du livre IV du Code de l'urbanisme-, *par les règlements pris pour son application ou par les autorisations délivrées en conformité avec leurs dispositions (...) est punie de ... »*.

1326. Il est par conséquent assez malaisé de déterminer exactement quels sont les manquements pénalement sanctionnés et ceux qui ne le sont pas. L'imprécision de ce type d'incrimination globale, utilisé par le législateur pour des raisons de commodité, rend difficile l'identification des infractions, qualifiées à juste titre d'« infractions obscures » par la doctrine. Le système a pour conséquence de sanctionner de peines

---

[1] Articles 111-2 et 111-3 du N.C.P. qui énoncent notamment que *« la loi détermine les crimes et les délits et fixe les peines applicables à leurs auteurs »* (art. 111-2 al. 1) et que *« nul ne peut être puni pour un crime ou pour un délit dont les éléments ne sont pas définis par la loi, ou pour une contravention dont les éléments ne sont pas définis par le règlement »* (art. 111-3 al. 1).

[2] F. DESPORTES et F. LE GUNEHEC, Droit pénal général, préc., n° 236.

correctionnelles le non-respect des actes réglementaires visés dans l'article L. 480-4 du Code de l'urbanisme. Les infractions aux règles de l'urbanisme applicables en matière de bruit sont donc des délits, incriminés à l'article L. 480-4 ainsi qu'à l'article L. 160-1. On trouve ainsi les infractions aux projets d'aménagement, aux plans d'urbanisme et notamment aux plans d'occupation des sols (dont les violations sont pénalement sanctionnables avant même leur approbation, dès lors qu'ils ont été publiés), aux dispositions réglementaires prescrivant certaines normes de construction ou d'utilisation du sol, et notamment les normes d'isolation acoustique.

1327. Pourront donc être sanctionnées les constructions dans une zone interdite en raison de sa localisation au regard des bruits, telles que les implantations de constructions à proximité des autoroutes et des grands itinéraires ou l'implantation des habitations à proximité des aérodromes. Les infractions les plus courantes concernent les constructions édifiées sans permis de construire ou ne respectant pas les prescriptions -spécifiques au problème du bruit- du permis de construire. C'est ainsi que les juges ont condamné des prévenus qui avaient respectivement construit sans permis un immeuble à usage de dépoussiérage, composé d'une turbine entraînant des *« nuisances sonores considérables »*, à proximité immédiate d'habitations[1] et un stand de tir de ball-trap dont l'exploitation engendrait des nuisances sonores au château du Rouvre situé à une courte distance[2]. Les sanctions spécifiques du Code de l'urbanisme, de même que les pouvoirs étendus du juge pénal dans ce domaine, peuvent ainsi être utilisés au service de la lutte contre les bruits de voisinage et renforcer d'autant la répression, en cas de violation des règles d'urbanisme.

1328. L'article L. 480-4 permet de réprimer l'ensemble des infractions touchant au permis de construire. Notons, en la matière, l'application intéressante d'une règle de droit pénal qui fait échec au moyen de défense fréquemment invoqué par les bénéficiaires des travaux arguant de la délivrance *a posteriori* d'un permis dit de « régularisation ». En droit pénal, les éléments constitutifs de l'infraction s'apprécient au moment des faits, c'est-à-dire à la date où ils sont commis. En conséquence, une régularisation administrative *a posteriori*, admise par le Conseil d'État, n'a aucune incidence sur la qualification pénale des faits et ne fait pas disparaître l'infraction de construction sans permis constatée antérieurement[3]. Il en est de même dans le cas où des travaux sont entrepris malgré une décision de refus de permis de construire, même si l'illégalité du refus est ultérieurement reconnue par le tribunal administratif. L'infraction demeure et la répression pénale est possible, quelle que soit la décision du juge administratif[4]. Par contre, le retrait d'un permis de construire ne pourra pas rendre illicite une construction au préalable autorisée, sauf si l'individu continue les travaux après le retrait de l'autorisation.

1329. L'infraction s'apprécie donc au moment des faits. En pratique, la mise en œuvre d'une telle affirmation n'est pas exempte de toute difficulté. Le délit de construction sans permis de construire pose notamment un problème quant à la détermination du point de départ du délai de prescription de l'action publique. En effet, s'agit-il d'une infraction *instantanée*, dont l'action ou l'omission s'exécute en un trait de

[1] Cass. crim., 15 juin 1994, N° 93-83.929, C.P.E.N., jurispr. « Bruit », 1542.

[2] Cass. crim., 18 juin 1997, N° 96-83.082, Juridisque Lamy ; J.C.P. 1998, IV, 1241.

[3] Cass. crim., 18 juin 1997, préc. : la Cour d'appel a justifié ainsi sa décision de condamner le prévenu pour construction sans permis d'un stand de tir à usage de ball-trap : *« l'obtention d'un permis tacite ne saurait avoir pour effet de faire disparaître le délit antérieurement commis »*.

[4] La chambre criminelle de la Cour de cassation n'est pas tenue par les décisions du juge administratif ; les deux contentieux, administratif et pénal, sont indépendants.

temps et pour laquelle la prescription court à partir du jour où l'acte a été accompli ? Ou sommes-nous en présence d'un délit *continu*, constitué d'une action ou d'une omission qui se prolonge dans le temps par une réitération constante de la volonté coupable de l'auteur et dont la prescription a comme point de départ le jour où l'activité délictueuse a pris fin ? Mais l'une ou l'autre de ces deux catégories ne correspond pas toujours exactement à la nature de l'infraction en question. Aussi, les auteurs ont-ils fait des délits dont l'acte matériel s'accomplit en un trait de temps, mais dont les effets se prolongent dans le temps sans aucune intervention de l'auteur des faits initiaux, une catégorie particulière, celle des infractions *permanentes,* soumises aux règles des infractions instantanées.

1330. Qu'en est-il du délit de construction sans permis de construire ? On constate qu'il ne fait pas l'unanimité en doctrine. Certains le rangent dans la catégorie des infractions continues, car s'il commence dès les premiers travaux, il s'accomplit pendant tout le temps où ceux-ci sont exécutés et, jusqu'à leur complet achèvement, chaque acte de construction *réitère* la volonté de construire sans en avoir l'autorisation[1]. Mais une fois les travaux terminés, le délit apparaît *permanent*, car la situation illicite se continue d'elle-même. D'après la jurisprudence[2], l'infraction de l'article L. 480-4 du Code de l'urbanisme constituerait un délit permanent, dont l'action publique se prescrit à partir du moment où les travaux sont achevés[3]. Le point de départ de la prescription se situe donc au jour des derniers travaux, même si les effets du délit se prolongent après cette date. Trois ans après la construction réalisée sans permis, l'infraction sera prescrite, bien que l'immeuble n'aura pas été détruit.

1331. S'agissant d'un délit, la répression sur le fondement de l'article L. 480-4 doit donc être mise en œuvre dans les trois ans qui suivent l'achèvement des travaux de construction illicite. Comme pour toutes les infractions, elle suppose en plus de l'élément matériel du délit, à savoir le fait de construire sans permis ou en méconnaissance des règles d'urbanisme, un élément moral. Celui-ci a connu une évolution suite à l'entrée en vigueur du nouveau Code pénal. Jusqu'au 1er mars 1994, les infractions visées par l'article L. 480-4 du Code de l'urbanisme étaient considérées par la jurisprudence comme des « délits matériels », réalisés par la seule transgression de la réglementation. Le prévenu était donc condamné qu'il soit de bonne ou de mauvaise foi, seule la force majeure pouvant l'exonérer de sa responsabilité pénale[4]. Cette analyse est aujourd'hui caduque, le nouveau Code pénal ayant supprimé les « délits matériels » (*supra* n° 1156).

1332. Désormais, un élément intentionnel est nécessaire pour caractériser les délits d'urbanisme. La question était de savoir s'il fallait une faute intentionnelle (un dol) ou si une faute d'imprudence ou de négligence suffirait. La Cour de cassation s'est prononcée en faveur du dol général pour les infractions de l'article L. 480-4 dont le texte antérieur au nouveau Code pénal ne précise pas l'élément moral. Ainsi, à propos de la construction sans permis d'un stand de ball-trap, elle confirme la condamnation des juges du fond qui, pour caractériser l'élément intentionnel du délit constaté, ont retenu que *« la seule*

---

[1] G. STEFANI, G. LEVASSEUR et B. BOULOC, Droit pénal général, préc., n° 218 ; J.-O. VIOUT, Urbanisme et action publique, Aspects du Droit de l'environnement, Extraits de la cession de formation continue du 30 janvier au 3 février 1994, sous la direction de M. Doumenq, premier semestre 1995, p. 25-31.

[2] Cass. crim., 22 mai 1973, Bull. crim. n° 229 ; Cass. crim., 10 décembre 1985, Bull. crim. n° 395 ; Cass. crim., 18 mai 1994, Bull. crim. n° 197.

[3] Cass. crim., 15 février 1964, D. 1964, jurispr. p. 201 ; Cass. crim., 19 janvier 1977, Bull. crim. n° 26 ; Cass. crim., 10 décembre 1985, préc. ; Cass. crim., 18 mai 1994, préc.

[4] V. notamment : Cass. crim., 24 novembre 1955, Bull. crim. n° 522 ; Cass. crim., 28 avril 1977, D.S. 1978, jurispr. p. 149.

constatation de la violation, ***en connaissance de cause,*** *d'une prescription légale ou réglementaire implique, de la part de son auteur -qui au demeurant, ne s'est pas prévalu d'une erreur sur le droit-,* ***l'intention coupable exigée par l'article 121-3, alinéa 1er, du Code pénal »***[1].

b) Les sanctions pénales

1333. L'article L. 480-4 du Code de l'urbanisme fixe les peines principales encourues en cas d'infractions aux règles d'urbanisme. Il prévoit une peine d'amende qui pourra être complétée, en cas de récidive, par un emprisonnement pouvant aller jusqu'à six mois. La loi n° 93-121 du 27 janvier 1993 portant diverses mesures d'ordre social[2] est venue modifier l'article L. 480-4 pour augmenter de façon notable le taux des amendes puisqu'il a été quadruplé. Les amendes encourues sont désormais comprises entre 8 000 francs (1 200 euros) et un montant maximum de 40 000 francs (6 000 euros) le mètre carré si la nature de l'infraction se prête à ce calcul -dans le cas de construction d'une surface de plancher- ou dans les autres cas de 2 000 000 de francs (300 000 euros).

1334. La somme de 8 000 francs prévue par le texte, convertie en 1 200 euros, pose un problème particulier au regard des règles du nouveau Code pénal. En effet, d'une part, cette somme n'existe plus en matière délictuelle, le taux minimum de l'amende correctionnelle étant désormais fixé à 3 750 euros par l'article 381 du Code de procédure pénale[3] qui définit la compétence du tribunal correctionnel. D'autre part, l'article 322 de la « loi d'adaptation » du 16 décembre 1992 supprime toutes les peines minimales. La loi du 27 janvier 1993 qui a fixé cette peine minimale dans l'article L. 480-4 du Code de l'urbanisme est postérieure à la « loi d'adaptation » intervenue en 1992. Or, rien n'interdit à une loi spéciale -intégrée dans le Code de l'urbanisme- de déroger aux règles générales du Code pénal. De ce point de vue, les sanctions du Code de l'urbanisme comprises entre un plancher minimum de 1 200 euros et un plafond maximum de 6 000 euros ne sont pas contraires aux principes généraux du droit pénal, et notamment au principe de la légalité des peines.

1335. Toutefois, la « loi d'adaptation » portant suppression des peines minimales n'est entrée en vigueur que le 1er mars 1994, avec le nouveau Code pénal. Le droit antérieur à cette date, constitué de la loi du 27 janvier 1993, est-il alors toujours valable ? C'est une fois encore le problème complexe des dispositions transitoires, celles édictées entre la promulgation de la loi du 16 décembre 1992 et la date de son entrée en vigueur reportée au 1er mars 1994, qui se pose. Ces dispositions peuvent-elles être maintenues en l'état ou doivent-elles être mises en conformité avec les règles du Code pénal désormais applicables ? Dans un souci de cohérence et d'harmonisation de l'ensemble des dispositifs répressifs, la solution la plus conforme, compte tenu des règles générales actuelles, serait de supprimer cette somme de 1 200 euros en tant que peine minimale et de s'en tenir aux montants maximum de 6 000 euros par mètre carré ou de 300 000 euros. Comme dans les autres domaines, c'est à la sagesse des juges que l'on s'en remettra pour ne pas prononcer des peines d'amende dérisoires au titre de la sanction des infractions aux règles d'urbanisme.

---

[1] Cass. crim., 18 juin 1997, préc. Rappelons, comme le souligne en l'espèce la chambre criminelle, que le N.C.P. a créé une nouvelle cause d'irresponsabilité pénale, aux conditions restrictives, en la démonstration de l'erreur sur le droit prévue par l'article 122-3.

[2] Art. 86 de la loi n° 93-121 du 27 janvier 1993 portant diverses mesures d'ordre social (*JO* du 30 janvier 1993, p. 1576).

[3] Art. 381 du C.P.P. tel qu'il résulte de l'article 3 de l'ordonnance n° 200-916 du 19 septembre 2000 (*JO* du 22 sept. 2000), en vigueur le 1er janvier 2002.

1336. Ces peines peuvent être prononcées *« contre les utilisateurs du sol, les bénéficiaires des travaux, les architectes, les entrepreneurs ou autres personnes responsables de l'exécution desdits travaux »* (art. L. 480-4 al. 2 C. urb.). Les pénalement responsables ne se limitent donc pas aux propriétaires ou bénéficiaires des constructions ou travaux litigieux. Des professionnels sont directement mis en cause par l'article L. 480-4 du Code de l'urbanisme. La Cour de cassation a adopté une conception extensive des catégories de professionnels visées par le texte. Pour elle, est naturellement considéré comme *« bénéficiaire des travaux »* le propriétaire de l'ouvrage, même si les travaux ont été effectués par le locataire, car, dans ce cas, ce dernier a dû obtenir l'autorisation de son bailleur. Quant aux *« personnes responsables de l'exécution des travaux »*, la jurisprudence a inclus dans cette catégorie, à côté des architectes et différents entrepreneurs, le maître d'œuvre, le maître de l'ouvrage, le promoteur immobilier et le syndic gérant l'immeuble.

1337. Le juge pénal interprète très largement chacune des catégories de personnes tenues pour responsables au sens de l'article L. 480-4, dans le souci d'étendre la répression. Il est regrettable que le législateur n'en ait pas fait de même de son côté en retenant la responsabilité pénale des personnes morales. A l'heure actuelle, le texte ne prévoit pas une telle responsabilité pour les infractions en matière d'urbanisme. En attendant une intervention du législateur en ce sens, qui porterait les peines d'amende à des sommes vertigineuses pour les personnes morales, de l'ordre du quintuple des montants encourus pour les personnes physiques, il convient de ne pas négliger les différentes mesures complémentaires prévues par le Code de l'urbanisme qui, comme nous le verrons, confère des pouvoirs étendus dans ce domaine au juge répressif.

1338. Ce dernier peut, en effet, prononcer la mesure conservatoire d'interruption des travaux (art. L. 480-2 C. urb.) dès qu'une infraction a été constatée et dès avant la condamnation du prévenu. Le maire a également le pouvoir, si l'autorité judiciaire ne s'est pas encore prononcée, d'ordonner par arrêté motivé l'interruption des travaux[1]. La poursuite des travaux en violation de cette mesure conservatoire est un délit qui vient s'ajouter à l'infraction initiale de l'article L. 480-4. Elle est punie d'une peine d'amende pouvant aller jusqu'à 75 000 euros et d'un emprisonnement de trois mois au plus, ou de l'une de ces deux peines seulement. De plus, l'article L. 480-5 met à la disposition du tribunal correctionnel des mesures restitutives qu'il pourra ordonner en cas de condamnation pour une infraction prévue aux articles L. 160-1 et L. 480-4, en même temps qu'il statue sur la peine applicable. Peut ainsi être ordonnée soit la mise en conformité des lieux ou celle des ouvrages avec les règlements, l'autorisation (le permis de construire) ou la déclaration en tenant lieu, soit la démolition des ouvrages, soit la réaffectation du sol en vue du rétablissement des lieux dans leur état antérieur (V. *infra* n° 1709 et s.).

1339. L'utilisation de l'arsenal répressif contenu aux articles L. 480-1 et suivants du Code de l'urbanisme par le juge pénal peut s'avérer efficace en matière de lutte contre les bruits de voisinage. Le dispositif législatif autorise des moyens d'actions que le juge pénal ne connaît pas dans d'autres domaines. Il apparaît d'autant plus intéressant pour les voisins qu'il est complété par des sanctions propres au secteur de l'habitat.

---

[1] Le préfet dispose du même pouvoir, en cas de carence du maire et après une mise en demeure adressée à ce dernier et restée sans résultat à l'expiration d'un délai de vingt-quatre heures.

2- Le dispositif répressif du Code de la construction et de l'habitation

1340. Toutes les règles concernant les conditions de construction des habitations, et plus particulièrement le respect de la réglementation relative à l'isolation phonique des bâtiments, peuvent également faire l'objet des infractions prévues et réprimées par le Code de la construction et de l'habitation. Celles-ci présentent des similitudes avec les dispositions pénales du Code de l'urbanisme, qu'elles viennent compléter en matière de construction et d'habitation. Le mécanisme de l'incrimination globale est à nouveau utilisé par l'article L. 152-4 du C.C.H. qui sanctionne *« l'exécution de travaux ou l'utilisation du sol en méconnaissance des obligations imposées par les articles L111-4* (...) -précisant que les règles générales de construction applicables aux bâtiments d'habitation sont fixées par décret en Conseil d'État-, *par les règlements pris pour leur application ou par les autorisations délivrées en conformité avec leurs dispositions »*.

1341. Seront ainsi réprimées sur le fondement de l'article L. 152-4 du C.C.H. toutes les constructions édifiées au mépris de la réglementation sur les bâtiments d'habitation contenue dans les articles L. 111-4, R111-4 et ses arrêtés d'application, parmi lesquels notamment les deux arrêtés du 28 octobre 1994 qui instituent la nouvelle réglementation acoustique (N.R.A.) et qui ont été remplacés par deux arrêtés du 30 juin 1999[1]. Ces infractions aux règles édictées par le Code de la construction et de l'habitation et ses arrêtés d'application, comme par exemple le défaut d'isolation acoustique ou le non-respect des normes d'insonorisation, sont des délits punis d'une amende de 45 000 euros. En cas de récidive, la peine d'amende est portée à 75 000 euros et un emprisonnement de six mois peut en outre être prononcé. Ces sanctions visent exactement les mêmes personnes que celles mentionnées par le Code de l'urbanisme, à savoir *« les utilisateurs du sol, les bénéficiaires des travaux, les architectes, les entrepreneurs ou autres personnes responsables de l'exécution desdits travaux »*, entendues de façon extensive par la jurisprudence. De même qu'en matière d'infractions aux règles d'urbanisme, le législateur n'a toujours pas introduit la responsabilité pénale des personnes morales dans le secteur de l'habitat.

1342. A l'instar du Code de l'urbanisme, le Code de la construction et de l'habitation prévoit des mesures conservatoires et de restitution. L'article L. 152-2 donne la possibilité au juge judiciaire ou au maire, ou en cas de carence de ce dernier au préfet, d'ordonner l'interruption des travaux. La continuation de ces travaux contraires à la réglementation, nonobstant la décision judiciaire ou l'arrêté en ordonnant l'interruption, est constitutive d'un délit puni, par l'article L. 152-3, d'une amende de 45 000 euros et d'un emprisonnement de trois mois ou de l'une de ces deux peines seulement. En cas de condamnation pour une infraction visée à l'article L. 152-4, le tribunal correctionnel peut prononcer l'une des trois mesures restitutives de l'article L. 152-5, identiques à celles prévues en matière d'infraction aux règles d'urbanisme. En sus de la peine principale, la mise en conformité des lieux ou des ouvrages avec la réglementation, la démolition des ouvrages ou encore la réaffectation du sol en vue du rétablissement des lieux dans leur état antérieur pourra ainsi être ordonnée par le juge, dans les mêmes conditions que celles fixées par le Code de l'urbanisme.

1343. Le dispositif répressif contenu dans le Code de la construction et de l'habitation est du même modèle que celui existant en matière d'urbanisme. L'acquéreur ou l'occupant d'une habitation peut faire constater le défaut d'isolation acoustique ou sa

---

[1] Arrêtés du 28 octobre 1994 relatif aux caractéristiques acoustiques des bâtiments d'habitation et relatif aux modalités d'application de la réglementation acoustique, remplacés par les arrêtés du 30 juin 1999 (*infra* n° 245 et s.).

non-conformité aux normes réglementaires et intenter une action pénale contre les différentes catégories de professionnels visés par l'article L. 152-4 al. 2 du C.C.H., et notamment les constructeurs ou le vendeur, pendant un délai de trois ans à compter de la date d'achèvement des travaux, pour infraction au règlement de construction. Les infractions des deux législations, celle relative à l'urbanisme et celle relative à l'habitation, se complètent judicieusement pour assurer le respect, par toutes personnes intervenant dans ce secteur, des règles de construction et d'utilisation du sol et offrir aux habitants une meilleure protection contre les nuisances sonores dans leur logement. Le droit positif ne fait pourtant pas état d'une jurisprudence répressive fondée sur les dispositions du Code de la construction et de l'habitation. Il est regrettable qu'un tel dispositif soit totalement inexploité compte tenu des garanties qu'il offre aux habitants soucieux de leur confort acoustique.

B. Les polices contre le bruit

1344. La « police » s'entend ici au sens normatif du terme, c'est-à-dire en tant que désignant la réglementation d'une activité. Elle présente deux aspects distincts et complémentaires. D'une part, la police « administrative » qui a pour objet le maintien de l'ordre sous ses différents aspects : la sûreté, la sécurité et la tranquillité. C'est à cette dernière préoccupation que s'attache la lutte contre les bruits de voisinage. Le but de cette police est, nous l'avons vu, l'élaboration de mesures de prévention destinées à empêcher que l'ordre social entendu au sens large, et plus particulièrement la tranquillité publique, ne soit troublé. D'autre part, la police « judiciaire » qui tend à la répression. Elle comprend l'ensemble des mesures destinées à permettre que soient infligées des sanctions en raison du trouble apporté à l'ordre social et notamment à la tranquillité publique. Son rôle est par conséquent d'assurer le respect de la police administrative, par le biais de dispositions répressives accompagnant les règles préventives édictées en matière de lutte contre les bruits de voisinage.

1345. Il existe ainsi, dans le domaine du bruit, différentes polices de nature répressive, garanties des réglementations portant sur les diverses activités susceptibles de produire des nuisances sonores pour le voisinage. On distingue les polices de la tranquillité et de la santé publiques, faisant partie des compétences traditionnelles de la police municipale (1), des polices plus sectorielles, spécifiques à des secteurs d'activité bien précis (2).

1- Les polices de la tranquillité et de la santé publiques

1346. Qu'ils soient émis sur les lieux accessibles au public ou en-dehors de ceux-ci, un certain nombre de bruits peut être réglementé s'ils sont *« de nature à compromettre **la tranquillité publique** »*. Aux termes de l'article L. 2212-2 du Code général des collectivités territoriales, le maire est chargé non seulement de prévenir mais aussi de « réprimer » les atteintes portées à cette tranquillité publique. Il dispose donc des moyens juridiques pour sanctionner les infractions aux bruits de voisinage au titre de la police générale de la tranquillité publique. De surcroît, les dispositions relevant de la police spéciale des articles L. 1311-1 et L. 1311-2 du Code de la santé publique (anc. art. L. 1 et L. 2 C.S.P.) peuvent être appliquées en raison du principe de la combinaison des polices[1]. Elles peuvent ainsi également servir de fondement à un arrêté municipal dans la mesure où le bruit constitue une atteinte à la santé publique.

---

[1] V. la circulaire du 14 juin 1989 relative aux règles d'hygiène : application des articles L1, L2, L48, L49 et L772 du code de la santé publique (*JO* du 26 juillet 1989), C.P.E.N., rubrique « Eau », Textes, 2871 et s.

1347. Il est fréquent que les maires prennent des arrêtés contre le bruit sur le double fondement du Code général des collectivités territoriales et du Code de la santé publique. Le préfet dispose des mêmes pouvoirs en application des règles de partage et de combinaison des compétences en la matière. Dans d'autres secteurs d'activité, non expressément énumérés par le Code général des collectivités territoriales, des dispositions prévues par des textes particuliers permettent au maire ou au préfet d'intervenir par voie d'arrêté. C'est ainsi que le maire pourra prendre un arrêté complétant les dispositions du Code de la route, pour réglementer par exemple l'utilisation d'une route. Le préfet pourra, en vertu de ses pouvoirs de police spéciale relatifs aux débits de boissons, ordonner la fermeture de tels établissements ou de restaurants, causant des nuisances sonores pour le voisinage (art. L. 3332-15 du Code des débits de boissons).

1348. Rappelons que les arrêtés, qu'ils soient préfectoraux ou municipaux, et quel que soit le fondement légal en application duquel ils ont été pris, doivent respecter la hiérarchie des normes. Cela signifie que sur le fond, ils peuvent seulement prévoir des dispositions particulières destinées à renforcer la protection de la tranquillité ou de la santé publiques prise en charge par le texte de réglementation plus général de l'autorité supérieure. Ils interviennent donc pour réglementer de manière encore plus stricte les activités et comportements de nature à engendrer des nuisances sonores troublant la tranquillité du voisinage ou portant atteinte à la santé des voisins. Mais ce renforcement de la réglementation se retrouve-t-il dans les sanctions encourues en cas de non-respect de ces arrêtés locaux ?

1349. Les arrêtés préfectoraux et municipaux ne peuvent édicter des sanctions pénales, fussent-elles de simples amendes contraventionnelles. En effet, seuls les décrets en Conseil d'État déterminent les contraventions et, dans les limites établies par la loi, les peines qui leur sont applicables[1]. La sanction des arrêtés de police contre le bruit est à chercher dans le texte de l'article R610-5 du Code pénal[2] qui prévoit de manière très générale que *« la violation des interdictions ou le manquement aux obligations édictées par les décrets et arrêtés de police sont punis de l'amende prévue pour les contraventions de la 1ere classe »*. Le champ d'application de l'article R610-5 n'est cependant pas sans limites. La sanction qu'il fixe ne concerne pas la violation de n'importe quel arrêté. En effet, seule est mentionnée par le texte la violation des arrêtés *« de police »*. Il en résulte que la sanction prévue par l'article R610-5 ne s'attache qu'aux règlements pris *« en vue de maintenir la tranquillité, la sécurité et la salubrité publiques »*, c'est-à-dire les arrêtés pris en application de l'article L. 2212-2-2° du Code général des collectivités territoriales.

1350. La sanction pénale des infractions aux différents arrêtés locaux pris pour lutter contre le bruit ne sera donc pas la même selon le texte légal en vertu duquel le

[1] En effet, l'article 111-2 du N.C.P., qui opère la répartition des compétences entre la loi et le règlement, dispose dans son alinéa 2 que *« le règlement détermine les contraventions et fixe, dans les limites et selon les distinctions établies par la loi, les peines applicables aux contrevenants »*. L'article R610-1 du N.C.P. précise que le mot règlement au sens de l'article 111-2 ne désigne pas, contrairement à son acceptation commune, l'ensemble des actes administratifs, incluant ainsi les arrêtés préfectoraux et municipaux, mais uniquement les décrets pris après avis du Conseil d'État. Le texte énonce que *« les contraventions, ainsi que les classes dont elles relèvent, sont déterminées par décrets en Conseil d'État »*.

[2] L'article R610-5 du N.C.P. reprend les dispositions de l'ancien article R26-15° du Code pénal, excepté la référence à la légalité des textes qui n'a pas été conservée, compte tenu de la consécration expresse à l'article 111-5 du N.C.P. du pouvoir du juge répressif en matière de contrôle de la légalité de tous les actes administratifs.

règlement a été pris. Ainsi, la violation d'un arrêté de police générale pris en application du Code général des collectivités territoriales entre dans le champ d'application de l'article R610-5 du Code pénal et par conséquent, est passible de l'amende prévue pour les contraventions de la 1ère classe, à savoir 38 euros au plus. Le moins que l'on puisse dire est qu'un tel montant n'est guère dissuasif et n'assure pas une protection très efficace de la tranquillité publique. C'est pourquoi, de nombreux arrêtés se réfèrent à l'article L. 2 du Code de la santé publique (art. L. 1311-2 nouv.). Dans ce cas-là, l'infraction devient une contravention de la 3e classe, passible d'une amende pouvant aller jusqu'à 450 euros.

1351. Quoi qu'il en soit, les sanctions très modestes qui en découlent posent la question de leur réelle efficacité en pratique. Notons tout de même que dans le cadre de la police spéciale des débits de boissons, la violation d'un arrêté préfectoral ordonnant la fermeture d'un débit de boissons ou d'un restaurant, en application de l'article L. 3332-15 du Code des débits de boissons, est nettement plus grave. L'article L. 3352-6 dudit code punit le contrevenant d'une amende de 3 750 euros et d'un emprisonnement de deux mois au plus. Le non-respect d'un tel règlement pris par l'autorité préfectorale constitue ainsi un délit passible d'emprisonnement, ce qui en principe donne plus à réfléchir aux personnes concernées par le texte que la simple et modeste peine pécuniaire des contraventions de 1re et 3e classes.

1352. Les polices sectorielles, spécifiques à des secteurs d'activité donnés, à l'image de la police spéciale des débits de boissons, fournissent en général un dispositif répressif plus en adéquation avec la dimension du problème posé par les nuisances sonores.

2- Les polices sectorielles

1353. Ce sont dans les secteurs les plus sensibles au problème du bruit que des polices spéciales peuvent être utilisées pour la répression des bruits de voisinage. Ainsi, le secteur de l'industrie, de l'artisanat et du commerce est régi par la police des installations classées pour la protection de l'environnement (a), alors que les transports connaissent deux polices spéciales : celle de la circulation routière et celle de l'aviation civile (b). Chacune de ces polices spéciales offre une réglementation des activités concernées, accompagnée d'un arsenal répressif particulier.

a) La police des installations classées pour la protection de l'environnement

1354. Le droit pénal des installations classées pour la protection de l'environnement a été profondément modifié au cours de ces dernières années. L'évolution s'est faite dans le sens d'un renforcement du système répressif, effectué par la loi n° 76-663 du 19 juillet 1976 relative aux installations classées pour la protection de l'environnement, puis par la loi n° 85-661 du 3 juillet 1985[1]. Les sanctions pénales, tout comme les sanctions administratives grâce à la loi n° 92-646 du 13 juillet 1992, ont été sensiblement aggravées. Certaines infractions qualifiées de contravention jusque là sont devenues des délits passibles de peine d'emprisonnement, alors que dans le même temps des incriminations nouvelles ont été instituées par les textes. L'entrée en vigueur du nouveau Code pénal a, de son côté, entraîné une augmentation du taux des amendes

[1] M.-J. LITTMANN-MARTIN, Le nouveau régime répressif des installations classées, R.J.E.-1 1987, p. 25-58 ; J.-P. BOIVIN, Droit des installations classées, Le Moniteur, Paris, 1994, p. 419 et s. ; M. BAUCOMONT et P. GOUSSET, Traité de droit des installations classées, Technique et Documentation Lavoisier, 1994, p. 271 et s., n° 274 et s. ; D. GUIHAL, Droit répressif de l'environnement, préc., p. 162 et s.

contraventionnelles et permis d'étendre la responsabilité pénale, pour certaines infractions, aux personnes morales. Le nouvel arsenal répressif des installations classées confère en outre des pouvoirs particuliers au juge pénal, propres à accroître l'efficacité de la sanction en vue de garantir les *« commodités du voisinage »*, parmi lesquelles la qualité de l'environnement sonore.

1355. Le champ d'application de la loi n° 76-663 du 19 juillet 1976 est extrêmement large. Aux termes de l'article 1er de la loi, devenu l'article L. 511-1 du Code de l'environnement *« sont soumis aux dispositions du présent titre les usines, ateliers, dépôts, chantiers, carrières et d'une manière générale les installations exploitées ou détenues par toute personne physique ou morale, publique ou privée, qui peuvent présenter des dangers ou des inconvénients soit pour la commodité du voisinage, soit pour la santé, la sécurité, la salubrité publiques, soit pour l'agriculture, soit pour la protection de la nature et de l'environnement, soit pour la conservation des sites et des monuments ainsi que des éléments du patrimoine archéologique »*. Les sanctions pénales venant réprimer le non-respect des prescriptions légales et réglementaires par les exploitants de ces installations concernent, par conséquent, un grand nombre d'activités dans la pratique. Le problème des nuisances sonores produites par ces activités, lorsqu'elles sont de nature à porter atteinte à *« la commodité du voisinage »* ou à *« la santé »* que la loi de 1976 a pour objet de protéger, est envisagé alors de façon plus ou moins directe (*supra* n° 359 et s.).

1356. Plus que la sanction des atteintes à l'environnement -et notamment à l'environnement sonore-, la législation relative aux installations classées cherche à gouverner les activités sociales, à organiser la gestion administrative des nuisances industrielles. Il s'ensuit que les éléments matériels des infractions de pollution reposent principalement sur le dépassement de certains niveaux fixés par des paramètres physiques, sur le non-respect des conditions d'exploitation ou des procédures administratives imposées aux installations concernées. La police des installations classées comporte, ainsi, à la fois des incriminations correctionnelles prévues par la loi n° 76-663 du 19 juillet 1976, aujourd'hui codifiée dans le Code de l'environnement, et des incriminations contraventionnelles contenues dans le décret modifié n° 77-1133 du 21 septembre 1977. Certaines de ces incriminations ne prennent pas en compte directement ou à titre exclusif les nuisances sonores mais permettent aux victimes de bénéficier des dispositions répressives de la loi n° 76-663 du 19 juillet 1976. D'autres, en revanche, sanctionnent spécifiquement la transgression de prescriptions administratives relatives au bruit.

1357. Dans le premier cas -d'infractions « générales » qui n'intègrent pas uniquement la préoccupation du bruit-, plusieurs incriminations correctionnelles peuvent être retenues. L'article 18 de la loi n° 76-663 du 19 juillet 1976, devenu l'article L. 514-9 du Code de l'environnement, punit, tout d'abord, d'une peine d'emprisonnement de un an et d'une amende de 75 000 euros **l'exploitation sans autorisation d'une installation classée.**

1358. L'installation incriminée doit être soumise à autorisation selon la nomenclature définie par le décret modifié n° 77-1133 du 21 septembre 1977. L'exploitant commet le délit s'il procède à sa mise en service avant d'avoir obtenu cette autorisation. L'infraction est consommée lorsque l'autorisation n'a jamais été délivrée ou lorsque l'ayant été, elle est devenue sans valeur (art. 22, 23 et 24 du décret de 1977), ou enfin, lorsque l'installation s'est transformée dans des conditions telles qu'une nouvelle autorisation devient nécessaire (art. L. 512-15 C. env.). L'autorisation d'exploiter, en principe délivrée par un arrêté préfectoral, ne peut être accordée que si les inconvénients pour la commodité du voisinage, et notamment sur le plan des ambiances sonores, peuvent être prévenus par des prescriptions techniques contenues dans ledit arrêté[1]. Ainsi, l'ouverture d'une installation classée sans autorisation dans une zone qui interdirait de telles installations bruyantes réalise le délit de l'article L. 514-9.

1359. **Les modifications apportées ensuite à l'installation soumise à autorisation** posent un problème particulier au regard de la répression, en cas d'infraction aux textes régissant ce cas de figure. C'est précisément l'existence de deux textes pour une même situation qui soulève des difficultés. D'une part, l'article 4 alinéa 2 de la loi n° 76-663 du 19 juillet 1976, devenu l'article L. 512-15 al. 2 du Code de l'environnement, impose à l'exploitant de renouveler sa demande d'autorisation *« en cas d'extension ou de transformation de ses installations, ou de changement dans ses procédés de fabrication entraînant des dangers ou des inconvénients »*, notamment des nuisances sonores pour le voisinage. D'autre part, l'article 20 du décret n° 77-1133 du 21 septembre 1977 prévoit, dans l'hypothèse de *« changement notable des éléments du dossier de demande d'autorisation »*, que l'exploitant doit simplement en informer le préfet qui décidera si la demande d'autorisation doit être renouvelée ou non. Or l'article 20 constitue une vision réductrice de la volonté du législateur. Le choix du texte applicable est capital, car la violation des prescriptions de l'article L. 512-15 constitue un délit : celui de l'article L. 514-9 (exploitation sans autorisation), contre une simple contravention pour le manquement à l'article 20 de décret (réprimé par l'article 43-5° dudit décret).

1360. Le juge pénal devrait, dans le respect de la hiérarchie des normes juridiques qui place la loi au-dessus du décret, retenir le délit de l'article L. 514-9 en pareil cas, c'est-à-dire l'exploitation sans autorisation[2]. Le délit de l'article L. 514-9 est un délit continu, qui se renouvelle tant que l'exploitation illicite persiste. Par conséquent, la répression est possible tant que l'exploitation délictueuse se poursuit. Le délai de prescription de l'action publique ne commence à courir qu'à partir du jour où l'autorisation est délivrée, si tant est que l'installation obtienne cette autorisation. Notons qu'à l'instar des infractions en matière d'urbanisme, la régularisation administrative par l'obtention d'une autorisation *a posteriori* ne fait pas disparaître l'infraction et n'empêche pas la répression pénale.

1361. A côté du délit d'exploitation sans autorisation de l'article L. 514-9, constitue également une infraction correctionnelle -plus grave-, la poursuite de l'exploitation d'une installation classée en **méconnaissance d'une mesure de fermeture, de suppression ou de suspension** prise en application des articles L. 514-7, L. 514-1 ou L. 514-2 (anc. art. 15, 23 et 24 de la loi de 1976) **ou d'une mesure d'interdiction d'utiliser l'installation** prononcée par le juge judiciaire en vertu des articles L. 514-9 ou L. 514-10. Les sanctions pénales encourues sont portées à deux ans d'emprisonnement et 150 000 euros

---

[1] Le tribunal administratif de Nantes avait approuvé le refus d'autorisation d'un dépôt de ferrailles pour non-respect des normes de bruit imposées par l'arrêté du 20 août 1985 : T.A. de Nantes, 18 décembre 1986, req. n° 01030/86.

[2] Cela semble correspondre à la jurisprudence de la Cour de cassation, mais au prix d'un raisonnement qui laisse perplexe, tout autant que l'existence de deux textes différents pour une même situation. La chambre criminelle fait une application combinée des deux textes. Elle interprète l'article 4 de la loi à la lumière de l'article 20 du décret, considérant que les extensions... d'une installation autorisée qui entraînent un *« changement notable des éléments du dossier »* au sens du décret de 1977, doivent faire l'objet d'une nouvelle autorisation imposée par l'article 4 al. 2 de la loi de 1976. A défaut de cette autorisation, l'exploitant commet le délit de l'article 18. V. : Cass. crim., 29 mai 1996, Bull. crim. n° 221 ; Cass. crim., 14 octobre 1998, R.J.E. 2-1999, p. 312-313. En ce sens également : Trib. correct. de Quimper, 26 février 1998, R.J.E. 2-1999, p. 310-311, comm. V. Jaworski.

d'amende par l'article L. 514-11-I. Précisons toutefois qu'en pratique, il est rare qu'une de ces mesures de fermeture, de suppression ou de suspension, soit prononcée uniquement en raison des nuisances sonores produites par l'installation incriminée. Le seul inconvénient résultant du bruit ne semble pas être considéré comme suffisamment grave aux yeux du juge pour justifier de telles mesures qui, touchant directement au fonctionnement de l'exploitation, sont de nature à entraîner d'importantes répercussions économiques sur l'activité en cause.

1362. Plus spécifique au problème des nuisances sonores, **la transgression des prescriptions administratives relatives au bruit** ne relève que du domaine contraventionnel. L'arrêté d'autorisation de fonctionnement d'une installation classée doit comporter des dispositions propres aux émissions sonores. De même, les installations soumises à déclaration doivent respecter certaines prescriptions relatives au bruit. Le préfet fixe ces prescriptions en reprenant les valeurs chiffrées des arrêtés du 20 août 1985 ou du 23 janvier 1997 relatifs aux bruits aériens émis dans l'environnement par les installations classées, suivant la date de l'installation en cause. Parallèlement à ces normes, l'arrêté comportera des prescriptions « générales » et notamment l'obligation de ne pas produire de bruits susceptibles de constituer une gêne pour le voisinage. Le non-respect des prescriptions administratives fixées dans l'arrêté d'autorisation ou dans les arrêtés-type concernant les installations soumises à déclaration constitue une contravention de la 5ᵉ classe, punie par l'article 43 (3°, 4° et 7°) du décret n° 77-1133 du 21 septembre 1977, d'une amende de 1 500 euros au plus[1].

1363. Ainsi, la constatation d'une gêne pour le voisinage, même si aucun des niveaux chiffrés en dB(A) par l'arrêté de 1985 ou de 1997 n'est dépassé, est constitutive de la contravention de non-respect des prescriptions générales de l'arrêté préfectoral. Inversement, la même infraction sera caractérisée en cas de dépassement de ces niveaux, même si l'agent verbalisateur n'affirme pas qu'il y a gêne pour le voisinage. L'exploitant est punissable dès qu'il a méconnu une quelconque condition fixée par la réglementation, même s'il n'en est résulté aucun dommage. Il ne pourra se défendre en alléguant que son manquement à la réglementation n'a en rien gêné le voisinage. Mais il est regrettable qu'alors même que ces infractions sont les plus courantes en matière de bruit des installations classées -que celles-ci soient soumises à la procédure d'autorisation ou de déclaration-, elles ne constituent qu'une simple contravention de police. Quelle que soit la gravité du manquement, selon la nature des prescriptions et de l'installation en cause, la qualification sera contraventionnelle, assortie d'une simple peine d'amende dont le montant ne pourra excéder 1 500 euros, sanction bien peu dissuasive comme en témoigne le nombre élevé de manquements relevés dans la pratique.

1364. A titre d'exemple, la Cour d'appel de Paris a condamné, pour non-respect des prescriptions générales de l'arrêté préfectoral, le gérant d'une société exploitant une laverie qui provoquait un bruit excédant la tolérance minimale légale et dépassait même parfois le seuil maximum[2]. La même cour a réformé, dans une autre espèce, la peine d'amende de 1 000 francs prononcée par les premiers juges, pour la porter à 3 000 francs dans le cas d'une installation fonctionnant dans des conditions non conformes aux prescriptions. L'installation en cause était un atelier de travail mécanique de métaux et d'alliage ne satisfaisant pas aux conditions relatives à l'émergence de bruit[3]. Il est fort à

---

[1] Notons que l'exploitation d'une installation soumise à déclaration sans avoir fait la déclaration prévue à l'article 3 alinéa 4 de la loi du 19 juillet 1976, devenu l'article L. 512-8 du Code de l'environnement, réalise également une contravention de la 5ᵉ classe (art. 43-1° du décret 21 septembre 1977).

[2] C.A. Paris, 18ᵉ ch., sect. A, 27 avril 1987.

[3] C.A. Paris, 3ᵉ ch., sect. B, 10 janvier 1990, Delamare Debouteville.

parier que des condamnations à des peines d'amende aussi dérisoires n'aient guère d'impact auprès des prévenus exploitant des entreprises importantes.

1365. Cette faiblesse de la peine applicable dans les hypothèses les plus fréquentes de violation des prescriptions techniques imposées à l'exploitant est toutefois compensée par l'institution, par la loi n° 85-661 du 3 juillet 1985, d'un **délit de non-respect d'un arrêté de mise en demeure.** Le préfet dispose de pouvoirs spéciaux pour obliger un industriel à se conformer à la loi (art. 23 de la loi de 1976, devenu l'article L. 514-1 C. env., V. *infra* n° 1544). Lorsqu'il constate une inobservation des conditions imposées à l'exploitant, il doit mettre en demeure ce dernier de satisfaire à ces conditions dans un délai déterminé. L'arrêté préfectoral de mise en demeure, comportant les prescriptions techniques à respecter dans un délai fixé, peut être le point de départ du contentieux pénal. Constitue alors un délit, le non-respect d'un arrêté de mise en demeure d'avoir à respecter les prescriptions techniques[1] (art. 20-II de la loi de 1976, devenu l'article L. 514-11-II C. env.) ou d'avoir à prendre les mesures nécessaires pour les installations non classées de l'article 26 de la loi (art. L. 514-4 C. env.) ou encore des mesures de surveillance ou de remise en état d'une installation ou de son site (art. 20-III de la loi de 1976, devenu l'art. L. 514-11-III C. env.).

1366. C'est par conséquent le préfet qui, par son arrêté de mise en demeure, va déterminer les éléments constitutifs du délit, ce qui paraît contestable au regard du partage des compétences codifié à l'article 111-2 du Code pénal, selon lequel la loi détermine les délits[2]. L'infraction suppose à la fois un arrêté de mise en demeure et la constatation que la situation illicite perdure après le délai fixé dans cet arrêté. Les sanctions encourues sont lourdes puisque le prévenu est passible d'une peine d'emprisonnement de six mois et d'une amende de 75 000 euros. L'inconvénient réside dans ce que, au-delà du prononcé de ces peines principales, il n'y a pas de cadre coercitif de nature à garantir l'obédience de l'exploitant à la mise en demeure qui lui est adressée[3].

1367. Précisons enfin qu'il n'est pas rare que soit exercée la poursuite de plusieurs infractions. En effet, excepté le cas de la procédure prévue par l'article L. 514-4 du Code de l'environnement (anc. art. 26 de la loi de 1976) concernant les installations non-classées, la mise en demeure témoigne par elle-même de la commission antérieure d'autres infractions, qu'il s'agisse de l'exploitation sans l'autorisation requise ou de l'inobservation des conditions imposées. Dans une telle situation de cumul réel d'infractions, caractérisée par une pluralité d'infractions commise par une même personne[4], le juge prononcera autant de déclarations de culpabilité qu'il y a d'infractions

---

[1] Notons qu'en la matière, la Cour de cassation a jugé qu'avait justifié sa décision la Cour d'appel qui, pour condamner le prévenu d'avoir continué l'exploitation d'une installation classée sans se conformer à un arrêté préfectoral le mettant en demeure d'avoir à respecter, au terme d'un certain délai, les prescriptions techniques déterminées dans un précédent arrêté, avait estimé que le délai supplémentaire accordé postérieurement à la date des faits retenus était sans incidence sur la réalisation de l'infraction : Cass. crim., 13 février 1991, N° 8985643, Juridisque Lamy.

[2] Comme le souligne Mme M.-J. Litmann-Martin, la possibilité ainsi octroyée à l'autorité administrative de créer les éléments constitutifs d'un délit traduit un certain abandon, par le législateur, de ses prérogatives. Plusieurs commentateurs ont parlé de chèque en blanc donné au pouvoir réglementaire.

[3] Notamment, l'ajournement de peine avec injonction, pouvant être assortie d'une astreinte, n'est pas prévu pour le délit de non-respect d'un arrêté de mise en demeure, alors qu'il l'est pour le délit d'exploitation sans autorisation (art. L. 514-9 C. env.) ou pour les contraventions aux arrêtés préfectoraux ou ministériels prévus par la loi de 1976 ou par les règlements pris pour son application (*infra* n° 1698 et s.).

[4] Aux termes de l'article 132-2 du C.P., « *il y a concours d'infractions lorsqu'une infraction est commise par une personne avant que celle-ci ait été définitivement condamnée pour une autre infraction* ».

poursuivies. S'agissant des peines, l'article 132-3 du Code pénal prévoit, en cas de poursuite unique, que *« chacune des peines encourues peut être prononcée. Toutefois, lorsque plusieurs peines de même nature sont encourues, il ne peut être prononcé qu'une seule peine de cette nature dans la limite du maximum légal le plus élevé »*. Cette règle du non-cumul des peines de même nature ne concerne que les délits -ainsi que les crimes qui sont inexistants dans la police des installations classées-, à l'exclusion des contraventions[1]. Ainsi, en présence de plusieurs délits en concours, le juge ne prononcera qu'une seule peine de même nature ne pouvant dépasser le maximum légal le plus élevé. A cette peine correctionnelle s'ajoutera la peine prononcée pour la ou les contraventions commises, les peines contraventionnelles se cumulant entre elles ainsi qu'avec les peines correctionnelles en concours (art. 132-7 C.P.).

1368. L'élément moral de toutes ces infractions à la législation sur les installations classées est à déterminer à l'aune du nouveau Code pénal. En application des règles générales qu'il pose, les contraventions de l'article 43 du décret du 21 septembre 1977, qui est muet sur ce point, sont des infractions matérielles, consommées du seul fait du non-respect des prescriptions légales et réglementaires. Les délits de la loi de 1976, délits non-intentionnels réprimés par des textes antérieurs à l'entrée en vigueur du nouveau Code pénal, posent en revanche la question de savoir s'ils requièrent une faute intentionnelle ou s'ils se contentent d'une faute d'imprudence ou de négligence pour être constitués. La Cour de cassation s'est prononcée en faveur du dol général. Elle a décidé que le délit d'exploitation d'une installation classée sans autorisation est une infraction intentionnelle puisque *« la seule constatation de la violation en connaissance de cause d'une prescription légale ou réglementaire implique de la part de son auteur, l'intention coupable exigée à l'article 121-3 du Code pénal »*[2].

1369. Le dispositif répressif propre aux installations classées pour la protection de l'environnement paraît relativement lourd si l'on considère les différents délits punis de peine d'emprisonnement et d'amendes élevées. De surcroît, la jurisprudence et la loi ont élargi le cercle des personnes pouvant être poursuivies en application de cette police spéciale. La responsabilité pénale du chef d'entreprise peut ainsi être retenue à côté de celle de ses préposés, dans les conditions déjà examinées de la responsabilité du fait d'autrui, pour les infractions en matière d'installations classées. Depuis l'entrée en vigueur du nouveau Code pénal, la victime dispose également de la faculté de mettre en jeu la responsabilité pénale de la personne morale, c'est-à-dire la société génératrice de nuisances sonores. En effet, l'article 22-4 de la loi n° 76-663 du 19 juillet 1976 (introduit par la loi d'adaptation du 16 décembre 1992, art. 308, et devenu l'art. L. 514-18 C. env.) énonce que les personnes morales peuvent être déclarées responsables, dans les conditions prévues par l'article 121-2 du Code pénal, des infractions définies aux articles 18 et 20 de la loi (art. L. 514-9 et L. 514-11 C. env.).

1370. La responsabilité pénale des personnes morales était donc, de par les termes de la loi, limitée aux deux délits des articles L. 514-9 (exploitation sans autorisation) et L. 514-11 (exploitation d'une installation en infraction à une mesure de fermeture, de suppression, de suspension ou d'interdiction et non-respect d'un arrêté de mise en demeure). Or, une telle limitation ne se justifiait pas. Les contraventions de non-respect des prescriptions administratives ou techniques étant les plus fréquentes, il était opportun

---

[1] V. sur cette question : G. STEFANI, G. LEVASSEUR et B. BOULOC, Droit pénal général, préc., p. 492 et s., n° 690 et s. ; F. DESPORTES et F. LE GUNEHEC, Droit pénal général, préc., p. 788 et s., n° 894 et s.

[2] Cass. crim., 25 mai 1994, Bull. crim. n° 203 ; Dr. pén. 1994, comm. n° 237 ; Cass. crim., 23 octobre 1996, Droit de l'Environnement n° 46, mars 1997, p. 9.

d'étendre le système de responsabilité pénale des personnes morales à ce type d'infractions. C'est chose faite aujourd'hui, grâce au décret n° 2000-258 du 20 mars 2000[1] qui introduit dans l'article 43 du décret n° 77-1133 du 21 septembre 1977 la responsabilité pénale des personnes morales pour les infractions définies au présent article.

1371. L'article 43 du décret n° 77-1133 du 21 septembre 1977 est ainsi complété par un second alinéa énonçant que *« les personnes morales peuvent être déclarées responsables pénalement, dans les conditions prévues par l'article 121-2 du code pénal, des infractions définies au présent article. Elles encourent la peine d'amende selon les modalités prévues à l'article 131-41 du même code »*. Ce dernier dispose que *« le taux maximum de l'amende applicable aux personnes morales est égal au quintuple de celui prévu pour les personnes physiques par le réglement qui réprime l'infraction »*. Les infractions réprimées par l'article 43 du décret de 1977 étant des contraventions de la 5e classe, passibles d'une amende de 1 500 euros au plus, les personnes morales poursuivies sur ce fondement encourent une amende pouvant aller jusqu'à 7 500 euros !

1372. Par référence aux articles 131-38 et 131-39 du Code pénal, les peines encourues pour les délits prévus par les articles L. 514-9 et L. 514-11 sont, d'une part, une amende, dont le taux maximum est égal au quintuple de celui prévu pour les personnes physiques par le texte qui réprime l'infraction et, d'autre part, l'interdiction, à titre définitif ou pour une durée de cinq ans au plus, d'exercer directement ou indirectement une ou plusieurs activités professionnelles ou sociales ; le placement, pour une durée de cinq ans au plus, sous surveillance judiciaire[2] ; la fermeture définitive ou pour une durée de cinq ans au plus des établissements ou de l'un ou plusieurs des établissements ayant servi à commettre les faits incriminés ; l'exclusion des marchés publics à titre définitif ou pour une durée de cinq ans au plus ; l'interdiction, à titre définitif ou pour une durée de cinq ans au plus, de faire appel public à l'épargne ; la confiscation de la chose qui a servi ou était destinée à commettre l'infraction ou de la chose qui en est le produit ; l'affichage de la décision prononcée ou la diffusion de celle-ci soit par la presse écrite, soit par tout moyen de communication audiovisuelle. Seule la dissolution n'est pas envisageable en la matière.

1373. L'ensemble du dispositif pénal apparaît, en théorie, dissuasif compte tenu du montant important des peines d'amende encourues et, concernant les délits définis aux articles L. 514-9 et L. 514-11, de la palette de peines aménagées spécifiquement pour les personnes morales. Mais c'est à sa mise en œuvre dans la pratique que l'on mesurera l'efficacité de cet arsenal répressif, renforcé à la fois par des lois spéciales et par les mesures plus sévères du nouveau Code pénal. La police des installations classées présente de nombreuses incriminations qu'il est possible d'appliquer afin de lutter contre les nuisances sonores et de prévenir les atteintes aux *« commodités du voisinage »*. Toutefois, la question du bruit ne semble pas occuper une place prédominante au sein de la réglementation des installations prises en compte. En outre, et c'est probablement l'inconvénient principal de la législation sur les installations classées, les infractions les plus courantes, réalisées par le non-respect des prescriptions techniques ou administratives, ne constituent que de simples contraventions de police, aux moyens de répression limités.

---

[1] Décret n° 2000-258 du 20 mars 2000 modifiant le décret n° 77-1133 du 21 septembre 1977 pris pour l'application de la loi n° 76-663 du 19 juillet 1976 relative aux installations classées pour la protection de l'environnement (*JO* du 22 mars 2000, p. 4417).

[2] Notons qu'il ne s'applique pas aux personnes morales de droit public (art. 131-39-3°).

1374. Les bruits produits par les transports, parce qu'à la différence des installations classées ils n'émanent pas de sources fixes, sont plus difficiles à appréhender. La police des transports présente pour cette raison un système de répression plus classique.

b) La police des transports

1375. Le bruit provoqué par les transports ne connaît de sanctions pénales que dans les domaines de la circulation routière et aérienne. L'essentiel de ces deux polices spéciales se trouve codifié dans le Code de la route et le Code de l'aviation civile. Les manquements à la réglementation constituent des contraventions, plus ou moins graves selon la classe retenue. Le dispositif répressif concerne, dans ce secteur qualifié de sensible quant à la question des nuisances sonores, les véhicules et comportements individuels, passibles d'amendes lorsqu'ils entrent dans l'illégalité.

1376. Le Code de la route contient des dispositions applicables aux véhicules terrestres à moteur (voitures, camions, deux-roues...), qui permettent de gérer les bruits de moteur, des dispositifs d'échappement, des avertisseurs et alarmes. Les contraventions les moins graves sont les infractions aux règles concernant la conduite des véhicules. Les articles R416-1 à R416-3 du Code de la route réglementent l'usage des avertisseurs sonores. Ceux-ci sont interdits entre le coucher et le lever du soleil ainsi que dans les agglomérations, sauf danger immédiat. La contravention à ces règles est punie de l'amende prévue pour les contraventions de la 2e classe. En application de l'article 131-13 du Code pénal qui fixe le montant des différentes amendes contraventionnelles, l'usage illégal de l'avertisseur d'un véhicule est ainsi passible de 150 euros au plus. Rappelons que les conducteurs des véhicules des services de police, de gendarmerie, de lutte contre l'incendie, des véhicules d'intervention des unités hospitalières et des ambulances ne sont pas soumis à ces règles et ne peuvent donc pas être réprimés sur le fondement des articles R416-1, -2 ou -3 ***« lorsqu'ils font usage de leurs avertisseurs spéciaux dans les cas justifiés par l'urgence de leur mission… »***[1].

1377. Les contraventions deviennent plus graves lorsqu'il s'agit d'infractions aux règles concernant les véhicules eux-mêmes et leur équipement. L'article R318-3 du Code de la route fixe les sanctions attachées aux dispositions du présent article et de celles prises pour son application, portant sur les organes moteurs et les dispositifs d'échappements silencieux. Ce texte vise notamment l'altération ou la suppression volontaire des dispositifs d'échappement ou même une absence d'entretien qui aboutirait à leur faire perdre leur efficacité sur le plan acoustique. Les modifications illégales apportées de la sorte au moteur ou au silencieux d'un véhicule sont constitutives d'une contravention de la 3e classe, punie de 450 euros au plus.

1378. La sanction peut s'accompagner également d'une *« immobilisation »* du véhicule conformément aux dispositions des articles L. 325-1 à L. 325-3 du Code de la route, c'est-à-dire le maintien sur place du véhicule ou à proximité du lieu de constatation de l'infraction. L'immobilisation peut être maintenue jusqu'à ce que la circonstance qui l'a motivée a cessé. De surcroît, le conducteur doit justifier de la cessation de l'infraction dans un délai de quarante-huit heures. Au-delà de ce délai, l'officier de police judiciaire peut transformer l'immobilisation prescrite en une mise en

---

[1] Rien n'empêcherait alors, *en-dehors de ces interventions urgentes et nécessaires,* de poursuivre par exemple le conducteur d'une ambulance qui utilise de façon abusive son avertisseur spécial, uniquement pour ne pas avoir à s'arrêter aux feux rouges.

fourrière[1]. Dans tous les cas, *« lorsqu'un véhicule paraît exagérément bruyant »*, les fonctionnaires ou agents habilités peuvent prescrire de le présenter à un service de contrôle du niveau sonore en vue de sa vérification et ce, aux frais du propriétaire s'il est reconnu en infraction (art. R325-8 al. 2 et 5). Le non-respect de l'injonction de sa présentation à un service de contrôle conformément à l'article R325-8 est puni de l'amende prévue pour les contraventions de la 4e classe, soit 750 euros au plus.

1379. Toujours en ce qui concerne l'équipement des véhicules, l'article R313-34 du Code de la route réglemente les avertisseurs sonores spéciaux dont les caractéristiques techniques sont prévues par arrêté ministériel. La violation de ces règles constitue également une contravention de la 4e classe. L'article R313-35 sanctionne ainsi d'une amende de 750 euros quiconque aura détenu, utilisé, adapté, placé, appliqué ou transporté à un titre quelconque, en-dehors des conditions prévues par la réglementation, ces avertisseurs sonores spéciaux. A titre de peine complémentaire, ces dispositifs illicites pourront être saisis et confisqués. L'article R321-4 alinéa 3 applique les mêmes peines pécuniaires à toute personne qui aura mis en vente ou vendu un dispositif ou un équipement non conforme à un type homologué ou à un type ayant fait l'objet d'une réception, lorsque l'agrément de ce dispositif ou équipement est imposé par le Code de la route ou par les textes réglementaires pris pour son application.

1380. Le décret n° 92-987 du 10 septembre 1992 prévoit en outre des sanctions pénales à l'encontre des professionnels qui auront fabriqué, importé, détenu ou vendu des dispositifs ayant pour objet d'augmenter la puissance du moteur des cyclomoteurs, et par conséquent leur niveau sonore. Il s'agit là de la contravention la plus grave existant en matière de police de la circulation routière. Les peines sont celles prévues pour les contraventions de la 5e classe, à savoir une amende de 1 500 euros au plus, portée au double en cas de récidive. D'autres « professionnels », ceux qui organisent des épreuves et compétitions automobiles en un lieu non ouvert à la circulation, encourent une amende de 750 euros au plus, s'ils ne respectent pas les prescriptions du décret n° 58-1430 du 23 décembre 1958 relatives à la tranquillité du voisinage[2] (art. 4 dudit décret).

1381. L'arsenal répressif applicable aux véhicules terrestres à moteur est somme toute plutôt réduit, compte tenu de la modicité des amendes pouvant être prononcées à l'encontre des contrevenants[3] et de l'absence de peines d'emprisonnement qui auraient pu dissuader avec plus d'efficacité les professionnels du secteur : fabricants, importateurs, vendeurs, de mettre sur le marché des véhicules et équipements non conformes aux normes acoustiques imposées par la réglementation. Le dispositif pénal existant en matière de police de l'aviation civile est également limité. Les dispositions de la loi n° 89-467 du 10 juillet 1989[4] et du décret n° 91-262 du 4 mars 1991[5], qui ont pour objet de renforcer la sécurité des aérodromes et du transport aérien et qui ont modifié le Code de l'aviation civile, concernent la lutte contre le bruit par les seules sanctions

[1] Au titre de l'année 1992, les forces de police ont dressé 46 068 procès-verbaux pour nuisances sonores dont 6 522 ont été assortis d'une mesure d'immobilisation et 105 d'une mise en fourrière (*JO* AN, 20 septembre 1993, question n° 4471 du 02-08-93). V. : Deux roues : beaucoup de bruit pour rien, Droit de l'Environnement n° 21, octobre-novembre 1993, p. 100.

[2] Décret n° 58-1430 du 23 décembre 1958 relatif à la réglementation des épreuves ou manifestations organisées dans les lieux non ouverts à la circulation publique et comportant la participation des véhicules à moteur (*JO* du 3 janvier 1959), modif. par le décret n° 61-904 du 10 août 1961 qui ajoute qu'*« en outre les véhicules seront saisis et confisqués »* (*JO* du 11 août 1961). V. : Journal Officiel de la République Française, « Bruit : prévention, maîtrise et contrôle des nuisances sonores », juin 1995, p. 417.

[3] Observons toutefois que ces peines d'amende sont cumulables en cas de concours d'infractions.

[4] *JO* du 11 juillet 1989.

[5] *JO* du 9 mars 1991.

prévues en cas d'exploitation ou de conduite d'un aéronef en situation irrégulière, c'est-à-dire non muni d'un certificat de limitation de nuisances. Ces infractions constituent des délits aux articles L. 150-1 et L. 150-2 du Code de l'aviation civile, passibles d'une amende de 75 000 euros et d'un emprisonnement de un an au plus.

1382. Pour le reste, la répression était assurée par le ministre chargé de la navigation aérienne au moyen de sanctions administratives. En effet, le décret n° 97-534 du 27 mai 1997 instituant des sanctions administratives en vue d'assurer la protection de l'environnement des aérodromes[1] prévoyait que le ministre pouvait infliger une amende d'un montant maximum de 10 000 francs pour une personne physique[2] (le pilote) et 50 000 francs pour une personne morale en cas de manquement aux règles concernant les restrictions d'usage de certains types d'aéronefs, les procédures particulières de décollage, les essais moteurs et les valeurs maximales de bruit à ne pas dépasser. Le ministre des transports, M. Gayssot, avait ainsi prononcé 72 amendes, s'échelonnant de 5 000 à 50 000 francs, à l'encontre de compagnies aériennes qui n'avaient pas respecté les règles de limitation des nuisances sonores au-dessus de l'aéroport de Roissy-Charles-de-Gaulle, telles que le couvre-feu nocturne imposé aux avions les plus bruyants ou les procédures de moindre bruit au décollage et à l'atterrissage[3]. Le prononcé de ces sanctions administratives est désormais du ressort de l'Autorité de contrôle des nuisances sonores aéroportuaires créée par la loi n° 99-588 du 12 juillet 1999[4] (*supra* n° 571).

1383. Considéré dans son ensemble, le droit pénal du bruit est essentiellement un droit pénal de réglementation. Mais n'est-ce pas là l'une des caractéristiques principales du droit de l'environnement dont il fait partie ? La loi cadre du 31 décembre 1992 n'a pas dérogé à cette typologie et n'échappe pas aux travers qu'un tel droit peut présenter. Dépendant de la réglementation des différentes activités en cause, la mise en œuvre du système répressif repose sur la condition *sine qua non* que les différents textes de réglementation aient été publiés. Dans de nombreux domaines, l'application des sanctions pénales prévues par la loi n° 92-1444 du 31 décembre 1992 se trouve bloquée pour cette raison. De surcroît, certaines réglementations, celles qui fixent des seuils en dB(A) instaurant la limite entre la légalité et l'illégalité, constituent en quelque sorte un « permis de polluer », plus précisément un permis de produire un certain niveau de bruit. S'il est incontestable que l'objectif recherché n'est pas le silence absolu, ces « seuils réglementaires de la tranquillité publique » n'empêchent pas toujours une gêne pour le voisinage. Or que dire alors de l'introduction de l'article 122-4 alinéa 1 du nouveau Code pénal qui affirme que *« n'est pas pénalement responsable la personne qui accomplit un acte prescrit ou autorisé par des dispositions législatives ou réglementaires » ?* Toute

---

[1] Décret n° 97-534 du 27 mai 1997 instituant des sanctions administratives en vue d'assurer la protection de l'environnement des aérodromes et modifiant le code de l'aviation civile (*JO* du 29 mai 1997, p. 8160).

[2] Notons que le montant maximum de ces amendes *« a été fortement relevé »,* comme l'a souligné M. Gayssot, puisqu'initialement, il ne pouvait dépasser 250 F.

[3] Ces sanctions ont été imposées sur proposition de la Commission nationale de prévention des nuisances sonores créée en mars 1998 (*supra* n° 571). V. : Le « tribunal » des nuisances sonores de l'aviation installé, Presse Environnement n° 581, 26 mars 1998 ; Echo Bruit n° 87, octobre 1998, p. 21-23.

[4] V. art. L. 227-4 du Code de l'aviation civile, introduit par la loi n° 99-588 du 12 juillet 1999 portant création de l'Autorité de contrôle des nuisances sonores aéroportuaires (*JO* du 13 juillet 1999, p. 10400). Notons que le taux des amendes encourues par les personnes morales a été porté à 80 000 F.

action pénale serait bloquée à partir du moment où le « bruiteur » a respecté les prescriptions spéciales de production de bruit[1] (*infra* n° 1762 et s.).

1384. Le droit pénal du bruit souffre du manque d'infractions véritablement autonomes, dont les sanctions s'appliqueraient indépendamment des législations spéciales. Lorsque de telles infractions existent, les imprécisions des incriminations, notamment celles contenues dans les nouveaux articles R48-1 à R48-5 du Code de la santé publique et 222-16 du Code pénal, suscitent de telles incertitudes qu'elles constituent un frein à leur mise en œuvre. Si de son côté la « traditionnelle » contravention de tapage nocturne prévue par le Code pénal, au fil des interprétations opportunes de la jurisprudence, permet de sanctionner la totalité des bruits dans le voisinage, c'est à la condition qu'ils soient nocturnes et dans ce cas, l'amende semble bien peu dissuasive. De façon générale, les simples contraventions de police sont insuffisantes pour lutter contre les bruits de voisinage.

1385. En tout état de cause, les victimes de bruits de voisinage constitutifs de l'une de ces infractions, souhaitant que la nuisance sonore prenne fin, sollicitent souvent l'intervention d'agents habilités afin de constater le comportement incriminé. En application de l'article 14 du Code de procédure pénale, ces agents sont chargés de constater les infractions, d'en rassembler les preuves et d'en rechercher les auteurs, afin de permettre la répression.

Section II : Les agents de la répression

1386. Les politiques de lutte contre les bruits de voisinage, les législations et réglementations existant en la matière, nécessitent un contrôle et une surveillance, gages de leur application. La question est alors de savoir qui est chargé de faire respecter la loi et comment, c'est-à-dire par quels moyens et en vertu de quels pouvoirs ? Sur le terrain, les services investis de cette mission de contrôle sont multiples. Mais le cloisonnement rigide qui les caractérise fait obstacle à l'indispensable collaboration imposée par la lutte contre le bruit et la constatation des nombreuses infractions contenues dans les différents textes. La coexistence de dispositions pénales éparpillées dans plusieurs législations spéciales, en plus de celles du Code pénal, rend nécessaire une délimitation des pouvoirs exercés par les autorités compétentes et qui varient selon l'infraction en cause. Dans la mesure où un même agent pourra être appelé à intervenir au titre de polices différentes, les autorités habilitées à rechercher et à constater les infractions auront recours à des procédés spécifiques à chaque fondement invoqué.

1387. La recherche des infractions en matière de bruit dépend, d'une part, des officiers et agents de police judiciaire, agissant dans le cadre des dispositions générales du Code de procédure pénale et, d'autre part, des agents des polices spéciales de l'environnement. Cette deuxième catégorie d'« agents spécialisés », à côté de la police judiciaire traditionnelle, s'explique de par le caractère sectoriel et technique que présente le droit du bruit dans certaines de ses dispositions. La constatation des infractions requiert donc, dans certains cas, des connaissances et moyens spéciaux qui sont du ressort de ces spécialistes. Chaque loi environnementale confie ainsi de nouvelles attributions à des agents spécialisés. C'est là l'une des spécificités du droit de l'environnement, ajoutée au particularisme de la problématique posée par le bruit dans

---

[1] V. sur ce point : B. WERTENSCHLAG, Permis d'exploiter, permis de polluer ?, L'Environnement magazine n° 1534, janvier-février 1995, p. 57-58 ; D. GUIHAL, Droit répressif de l'environnement, préc., p. 98 et s., n° 602 et s. ; F. DESPORTES et F. LE GUNEHEC, Droit pénal général, préc., p. 640 et s., n° 694 et s. ; G. STEFANI, G. LEVASSEUR, B. BOULOC, Droit pénal général, préc., p. 381 et s., n° 299 et s.

plusieurs lois spéciales. Chacune de ces lois comporte une énumération des fonctionnaires et agents habilités à constater les infractions, ainsi que des compétences qui leur sont attribuées.

1388. C'est conformément à ce système que fonctionne la loi n° 92-1444 du 31 décembre 1992 spécifique au bruit, qui opère un renforcement du contrôle des règles qu'elle institue (§1). Agissent sur le même modèle les autres polices spéciales pouvant intervenir dans la lutte contre les nuisances sonores (§2).

§1. LE RENFORCEMENT DU CONTRÔLE DANS LA LOI N° 92-1444 DU 31 DÉCEMBRE 1992

1389. L'un des principaux objectifs de la loi cadre sur le bruit, outre l'organisation de la prévention des nuisances sonores, est d'instaurer un contrôle des grandes sources de bruit afin de permettre, le cas échéant, l'application des sanctions qu'elle prévoit. Dans cette optique, le législateur a non seulement étendu la liste des agents habilités à constater et à rechercher les infractions à la loi et à ses textes d'application, mais leur confère également des pouvoirs particuliers. Dans un souci d'efficacité et d'encadrement de ces pouvoirs, la loi n° 92-1444 du 31 décembre 1992, dans ses articles 21 et 22, devenus les articles L. 571-18 à L. 571-21 du Code de l'environnement, énumère les différents agents de contrôle en matière de bruit, dont le cercle a été sensiblement élargi (A) et précise les pouvoirs spécifiques dont ils peuvent user pour remplir leur mission (B).

A. LES AGENTS DE CONTRÔLE

1390. La procédure pénale repose sur le principe général selon lequel la recherche et la constatation des infractions appartiennent à la mission de police judiciaire qui s'exerce sous la direction du procureur de la République territorialement compétent. L'article 15 du Code de procédure pénale désigne les trois catégories d'agents constituant le corps de cette police judiciaire. Il s'agit des officiers de police judiciaire, des agents de police judiciaire et agents de police judiciaire adjoints et enfin, des fonctionnaires et agents auxquels sont attribuées par la loi certaines fonctions de police judiciaire. En application de ce texte, les agents chargés de cette mission de police judiciaire et qui interviennent, dans le cadre de la loi n° 92-1444 du 31 décembre 1992, pour les infractions en matière de bruit sont particulièrement nombreux. Leur identification ne pose *théoriquement* pas de problème. En effet, à l'instar de toutes les lois spéciales d'environnement, celle du 31 décembre 1992 relative à la lutte contre le bruit énumère dans une liste nominative et exhaustive tous les agents compétents.

1391. Ainsi, le contrôle du respect de la loi n'est pas uniquement assuré par les officiers et agents de police judiciaire, constituant la police « classique ». Afin d'accroître l'efficacité du dispositif qu'il a mis en place, le législateur a prévu que de nombreux agents des administrations publiques pourraient également constater les infractions. L'article 21 de la loi n° 92-1444 du 31 décembre 1992 (art. L. 571-18 C. env.) désigne ces différents agents, investissant de la même mission de constat et de recherche des infractions aux dispositions de la présente loi, ainsi que des textes et décisions pris pour son application, à la fois police traditionnelle et agents spécialisés. Conformément à la circulaire du 27 février 1996 qui fait le point sur la question, il est possible de distinguer les compétences, d'une part, des agents de l'État (1) et, d'autre part, des agents des collectivités locales (2).

1- Le contrôle par les agents de l'État

1392. Dans un premier temps, la loi n° 92-1444 du 31 décembre 1992 reprend à son compte les « compétences traditionnelles » des officiers et agents de police judiciaire visés à l'article 15-1° et 2° du Code de procédure pénale (a). Puis, elle renforce son contrôle par l'habilitation de nouveaux agents de l'État, conformément à l'article 15-3° du même code (b).

a) Les compétences « traditionnelles » avant la loi n° 92-1444 du 31 décembre 1992

1393. L'expression de « compétences traditionnelles » est utilisée par la circulaire du 27 février 1996 relative à la lutte contre les bruits de voisinage (préc.), en opposition aux « compétences nouvelles » introduites par la loi cadre du 31 décembre 1992 au profit de certains agents et fonctionnaires spécialisés. Elle vise, d'une part, les compétences de la police et de la gendarmerie assujetties aux prescriptions générales du Code de procédure pénale (a') et, d'autre part, les compétences accordées à certains agents -les inspecteurs de salubrité compétents en matière de nuisances sonores dès avant la loi n° 92-1444 du 31 décembre 1992- au titre du Code de la santé publique (a'').

a') Les compétences de la police et de la gendarmerie

1394. Selon les articles 12 et 14 alinéa 1 du Code de procédure pénale, ce sont les officiers et agents de la police judiciaire qui sont chargés *« de constater les infractions à la loi pénale, d'en rassembler les preuves et d'en rechercher les auteurs »*. Ils agissent dans le cadre d'une enquête, dont la nature est déterminante de leurs pouvoirs et qui permettra au ministère public de juger s'il est opportun de mettre en mouvement l'action publique, c'est-à-dire de mettre en marche la machine répressive en engageant des poursuites.

1395. Ont la qualité d'officier de police judiciaire (O.P.J.) les personnes énumérées à l'article 16 du Code de procédure pénale. Ces personnes sont habilitées, à ce titre, à contrôler et constater non seulement les infractions à la loi relative à la lutte contre le bruit et à ses textes d'application, mais aussi toutes les infractions applicables en matière de lutte contre les nuisances sonores : celles contenues dans le Code pénal et dans les autres réglementations intervenant dans ce domaine. Plusieurs modifications du Code de procédure pénale sont venues renforcer, en l'étoffant, le corps des officiers de police judiciaire. L'article 16, dans son texte d'origine, désigne en premier lieu les maires et leurs adjoints. « Chef d'orchestre » local des politiques de prévention des bruits de voisinage, le maire est donc également le premier officier de police judiciaire dans sa commune investi du pouvoir de rechercher et constater les infractions en matière de bruit.

1396. Ont également cette qualité les officiers et les gradés de la gendarmerie, les gendarmes comptant au moins trois ans de service dans la gendarmerie, nominativement désignés par arrêté des ministres de la justice et de la défense, après avis conforme d'une commission. Enfin, sont des O.P.J. *« les inspecteurs généraux, les sous-directeurs de police active, les contrôleurs généraux, les commissaires de police, les fonctionnaires titulaires du corps de commandement et d'encadrement de la police nationale »* (art. 16-3° modifié). Une loi en date du 18 novembre 1998[1] est encore venu rallonger cette liste

---

[1] Loi n° 98-1035 du 18 novembre 1998 portant extension de la qualification d'officier de police judiciaire au corps de maîtrise et d'application de la police nationale (V. art. 16-4° C.P.P.).

en y incluant, sous certaines conditions, « *les fonctionnaires du corps de maîtrise et d'application de la police nationale comptant au moins trois ans de services dans ce corps, nominativement désignés par arrêté des ministres de la justice et de l'intérieur, après avis conforme de la commission mentionnée au 3°* » (art. 16-4° C.P.P.).

1397. A côté des O.P.J., la loi cadre relative à la lutte contre le bruit mentionne les agents de police judiciaire (A.P.J.), identifiés dans l'article 20 du Code de procédure pénale. Le texte distingue cinq catégories d'A.P.J. Elles comprennent les gendarmes n'ayant pas la qualité d'officier de police judiciaire, les fonctionnaires titulaires du corps de commandement et d'encadrement de la police nationale n'ayant pas la qualité d'O.P.J. ainsi que les fonctionnaires stagiaires de ce même corps et les élèves lieutenants de police, et sous certaines conditions, les fonctionnaires du corps de maîtrise et d'application de la police nationale ainsi que les gardiens de la paix. Ces agents de police judiciaire sont compétents, tout comme les O.P.J., pour constater et rechercher les infractions aux dispositions de la loi de 1992 (désormais codifiées dans le Code de l'environnement) et des textes pris pour son application.

a'') Les compétences accordées à certains agents au titre du Code de la santé publique

1398. Outre les officiers et agents de police judiciaire, désignés en application des règles générales du Code de procédure pénale, des inspecteurs de salubrité mentionnés à l'article L. 1312-1 du Code de la santé publique, assermentés selon les dispositions du décret n° 65-158 du 23 février 1965[1] et commissionnés par le préfet, assurent également un contrôle en matière de bruit. Ils sont chargés de constater les infractions aux règles d'hygiène fixées en application des articles L. 1311-1 et L. 1311-2 du Code de la santé publique. En effet, l'article L. 1421-4 de ce code (anc. art. L. 49, issu de la loi n° 83-663 du 22 juillet 1983 relative à la répartition des compétences entre les communes, les départements, les régions et l'État) pose le principe selon lequel le contrôle administratif et technique de ces règles d'hygiène appartient à l'État, « *sous réserve des compétences reconnues aux autorités municipales* ». Les agents de l'État compétents en la matière sont donc les inspecteurs de salubrité des directions départementales des affaires sanitaires et sociales (D.D.A.S.S.). Ils agissent ici au titre de la police spéciale de la santé publique.

1399. En application de l'article L. 1421-4 du C.S.P., ces inspecteurs départementaux sont habilités à constater les infractions prévues par le Code de la santé publique en matière de bruit, c'est-à-dire celles du décret n° 95-408 du 18 avril 1995 relatif à la lutte contre les bruits de voisinage, codifiées aux articles R48-2 à R48-5 du C.S.P., ainsi que les infractions aux arrêtés préfectoraux pris sur le fondement de l'article L. 1311-2 du C.S.P. Néanmoins, leur compétence ne s'exerce que sous réserve de celle des autorités municipales. Par conséquent, ils n'interviendront, dans ce domaine, que lorsque la commune ne dispose pas d'un service communal d'hygiène et de santé relevant de l'article L. 1422-1, alinéa 3, du Code de la santé publique, c'est-à-dire existant avant le 1er janvier 1984. Ce texte n'exclut cependant pas la possibilité pour les agents de l'État de faire usage de leurs pouvoirs définis par l'article L. 1421-4 lorsque le service communal d'hygiène et de santé antérieur au 1er janvier 1984 fait preuve de carence dans l'exercice des attributions qu'en vertu de l'alinéa 3 il a conservées[2].

---

[1] *JO* du 28 février 1965.

[2] Cela implique donc que les représentants de l'État veillent à ce que le contrôle de l'application des règles relatives aux bruits de voisinage dans ces communes soit correctement assuré pour la protection

1400. Les compétences « traditionnelles », issues du Code de procédure pénale et du Code de la santé publique, ainsi mises au service de la répression de la loi sur le bruit et de ses textes d'application, concernent de nombreux agents. La liste est néanmoins complétée par toute une série d'agents spécialisés auxquels la loi, en vertu de l'article 15-3° du Code de procédure pénale, a attribué certaines fonctions spécifiques de police judiciaire.

b) Les compétences nouvelles de certains agents depuis la loi n° 92-1444 du 31 décembre 1992

1401. En raison des caractères technique et scientifique du droit du bruit, particulièrement marqués dans certains secteurs réglementés, le législateur de 1992 a confié le soin de procéder à la recherche et à la constatation des infractions au dispositif mis en place par la loi cadre à plusieurs agents des différents secteurs concernés. L'article 21-I de la loi n° 92-1444 du 31 décembre 1992, devenu l'article L. 571-18 du Code de l'environnement, désigne tout d'abord les agents appartenant aux services de l'État chargés de l'environnement, de l'agriculture, de l'industrie, de l'équipement, des transports, de la mer, de la santé et de la jeunesse et des sports. Ces agents sont commissionnés à cet effet par leur ministre de rattachement et assermentés dans les conditions fixées par le décret n° 95-409 du 18 avril 1995[1]. Avant d'entrer en fonction, ils sont tenus à une prestation de serment, gage du bon exercice de leur mission, devant le tribunal d'instance dans le ressort duquel ils sont domiciliés[2].

1402. Les principaux ministères concernés par le problème du bruit sont ainsi mis à contribution et représentés sur le terrain par les agents émanant de leurs divers services. A titre d'exemple, selon la nature ou la source du bruit, pourront intervenir les agents des directions départementales des affaires sanitaires et sociales (D.D.A.S.S.) pour les bruits de voisinage, d'activités et de loisirs nécessitant des mesures acoustiques, ou encore ceux des services du ministère de l'équipement chargés de contrôler les règles de construction relatives à la qualité acoustique des bâtiments ou de faire respecter la réglementation des bruits des infrastructures de transports et les règles d'urbanisme.

1403. L'article L. 571-18 fait ensuite appel aux services et compétences de personnes spécialisées dans le cas des usines, ateliers, chantiers et exploitations les plus nuisibles, en retenant les agents mentionnés à l'article L. 514-5, c'est-à-dire les inspecteurs des installations classées. Enfin, les compétences et l'expérience des agents des douanes et des agents habilités en matière de répression des fraudes seront utiles, notamment en ce qui concerne les objets, véhicules et dispositifs non conformes aux prescriptions et normes de la loi cadre et de ses textes d'application.

---

efficace de la santé publique. V. l'avis du Conseil d'État (section sociale et section de l'intérieur réunies) du 8 novembre 1988, en annexe II de la circulaire du 14 juin 1989 relative aux règles d'hygiène : application des dispositions des articles L1, L2, L48, L49 et L772 du code de la santé publique (*JO* du 26 juillet 1989).

[1] Art. 1er et 3 du décret n° 95-409 du 18 avril 1995 pris en application de l'article 21 de la loi du 31 décembre 1992 relative à la lutte contre le bruit et relatif aux agents de l'État et des communes commissionnés et assermentés pour procéder à la recherche et à la constatation des infractions aux dispositions relatives à la lutte contre le bruit (*JO* du 19 avril 1995, p. 6107).

[2] En application de l'article 3 du décret n° 95-409 du 18 avril 1995, ils prêtent le serment suivant : *« Je jure de bien et fidèlement remplir mes fonctions et de ne rien révéler ou utiliser de ce qui sera porté à ma connaissance à l'occasion de leur exercice ».*

1404. Suivant le même modèle que pour les agents de l'État, il est possible de retenir les compétences de certains agents des collectivités locales qui viennent renforcer d'autant le contrôle du dispositif législatif mis en place à compter du 31 décembre 1992.

2- Le contrôle par les agents des collectivités locales

1405. On retrouve ici les inspecteurs de salubrité mais des services communaux d'hygiène et de santé, au titre des compétences dites traditionnelles (a), auxquels le législateur de 1992 a ajouté *« une nouvelle police de proximité pour lutter contre les bruits de voisinage »*[1] (b).

a) Les compétences « traditionnelles » de certains agents avant la loi n° 92-1444 du 31 décembre 1992

1406. Les inspecteurs de salubrité des services communaux d'hygiène et de santé visés à l'article L. 1422-1 alinéa 1 du Code de la santé publique, sont chargés, sous l'autorité du maire, de l'application des règles d'hygiène relevant des autorités municipales. Le contrôle des règles relatives aux bruits de voisinage, fixées par les arrêtés municipaux prévus à l'article L. 1311-2 du Code de la santé publique et qui ont pour objet d'assurer la protection de la santé publique dans la commune, relève donc de la mission de ces inspecteurs de salubrité des S.C.H.S., en application de l'article L. 1422-1 alinéa 2. Nous sommes ici dans le cadre de la police spéciale instituée par le Code de la santé publique. La loi n° 92-1444 du 31 décembre 1992 désigne, quant à elle, expressément dans son article 21-I *in fine,* devenu l'article L. 571-18-II du Code de l'environnement, les inspecteurs de salubrité des services communaux d'hygiène et de santé mentionnés à l'article L. 1312-1 du Code de la santé publique.

1407. En effet, l'article L. 1422-1 du Code de la santé publique assure également une continuité d'attribution aux services communaux d'hygiène et de santé qui, sous une autre dénomination, exerçaient effectivement des activités avant le 1er janvier 1984, date de création des « services communaux d'hygiène et de santé ». Le troisième alinéa de l'article L. 1422-1 dispose ainsi, que les services communaux qui, à la date du 1er janvier 1984, exerçaient effectivement des attributions en matière de contrôle de l'application des règles d'hygiène continuent d'exercer ces attributions au titre de l'article L. 1312-1. Les inspecteurs de salubrité de ces services communaux d'hygiène et de santé relevant de l'article L. 1422-1 alinéa 3, sont donc habilités à procéder, au nom de l'État, à la recherche et à la constatation des infractions aux règles relatives à la lutte contre les bruits de voisinage, contenues dans le décret n° 95-408 du 18 avril 1995 et les arrêtés municipaux pris en application de l'article L. 1311-2 du Code de la santé publique. A cet effet, ils sont assermentés selon les dispositions du décret n° 65-158 du 23 février 1965 et n'ont pas à effectuer une nouvelle prestation de serment dans le cadre du décret n° 95-409 du 18 avril 1995 pris en application de l'article 21 de la loi cadre de 1992.

1408. Toutefois, une certaine zone d'ombre a été apportée par la circulaire du 27 février 1996 relative à la lutte contre les bruits de voisinage, quant à la délimitation exacte des compétences de ces inspecteurs de salubrité, au regard de la loi cadre sur le bruit. La loi n° 92-1444 du 31 décembre 1992 semble expressément restreindre leur compétence aux infractions définies par le décret n° 95-408 du 18 avril 1995. Le texte parle en effet, à leur égard, de la recherche et de la constatation *« des infractions aux règles relatives à la lutte contre les bruits de voisinage,* ***telles que définies par décret en Conseil d'État »*** (art. 21-I *in fine* de la loi). Il en est de même d'ailleurs pour les

[1] J.-P. GUALEZZI, « Le bruit dans la ville », Rapport du Conseil Economique et Social, préc., p. II-88.

inspecteurs de salubrité des directions départementales des affaires sanitaires et sociales intervenant dans les communes non dotées d'un service communal d'hygiène et de santé.

1409. La circulaire du 27 février 1996 a, au contraire, interprété la formulation légale comme donnant simplement un exemple des infractions pour lesquelles ces inspecteurs sont compétents et non comme une limitation de leur intervention aux seules incriminations du décret n° 95-408 du 18 avril 1995. Selon son raisonnement, ils sont également habilités à constater les infractions à *toutes* les dispositions de la loi relative à la lutte contre le bruit et des textes pris pour son application. L'interprétation donnée par la circulaire paraît discutable, d'autant qu'elle est fournie par un texte qui n'a aucune valeur normative et doit s'effacer devant la lettre de la loi. Au titre de celle-ci, l'habilitation des inspecteurs ne concerne que les infractions aux règles relatives à la lutte contre les bruits de voisinage *stricto sensu*, autrement dit les infractions des articles R48-2 à R48-5 du Code de la santé publique créées par le décret n° 95-408 du 18 avril 1995.

1410. Précisons encore que parmi les fonctionnaires et agents visés par l'article 15-3° du Code de procédure pénale et chargés de certaines fonctions de police judiciaire, se trouvent les gardes champêtres qui, eux, sont chargés de rechercher les contraventions aux arrêtés de police municipale (art. L. 2213-18 et L. 2213-19 du C.G.C.T.). Ils pourront donc intervenir dans le cas d'infractions à de tels arrêtés pris sur le fondement des articles R48-2 ou R48-3 du Code de la santé publique relatifs aux bruits de voisinage.

1411. Jusqu'à la loi n° 92-1444 du 31 décembre 1992, seules les quelques 200 communes disposant d'un service communal d'hygiène et de santé avaient les moyens techniques et humains leur permettant de constater les infractions en matière de bruit, et notamment les bruits de voisinage au sens du décret n° 88-523 du 5 mai 1988 puis du décret n° 95-408 du 18 avril 1995. Les autres municipalités devaient s'en remettre au bon vouloir de la police nationale et de la gendarmerie qui souvent ont d'autres missions à accomplir et ne placent pas le bruit au sommet de leurs priorités d'intervention. Le législateur de 1992 est venu remédier à cette situation en offrant aux maires les moyens juridiques et humains d'exercer pleinement leurs prérogatives en ce qui concerne les bruits de voisinage, grâce à de nouvelles compétences attribuées à certains de leurs agents.

b) Les compétences nouvelles de certains agents depuis la loi n° 92-1444 du 31 décembre 1992

1412. L'article 21 alinéa 1 de la loi n° 92-1444 du 31 décembre 1992 (art. L. 571-18-I C. env.) ne mentionne que les officiers et agents de police judiciaire au titre des autorités chargées de rechercher et de constater les infractions à ladite loi et à ses textes d'application. Les agents de police judiciaire adjoints, qui comprennent les agents de police municipale (art. 21-2° du C.P.P.), n'ont donc pas reçu une telle habilitation englobant toutes les infractions au dispositif législatif, et réglementaire en découlant, institué en 1992. Par contre, le législateur leur confère désormais, à côté des inspecteurs de salubrité des services communaux d'hygiène et de santé, compétence en matière de bruits de voisinage. L'article 21-I *in fine* (art. L. 571-18-II C. env.) dispose en effet que les agents des collectivités locales assermentés à cet effet sont chargés de procéder à la recherche et à la constatation des infractions aux *« règles relatives à la lutte contre les bruits de voisinage, telles que définies par décret en Conseil d'État »*, c'est-à-dire par le décret n° 95-408 du 18 avril 1995.

1413. Les maires peuvent ainsi nommer des agents municipaux, investis de la mission spéciale de contrôler les infractions aux bruits de voisinage au sens du décret n° 95-408 du 18 avril 1995. Leurs nouvelles compétences sont subordonnées à deux conditions préalables fixées par le décret n° 95-409 du 18 avril 1995. D'une part, ces agents doivent être agréés par le procureur de la République (art. 2 dudit décret). D'autre part, ils doivent être assermentés dans les mêmes conditions que pour les agents de l'État mentionnés au 1° de l'article 21 de la loi du 31 décembre 1992 (agents appartenant aux services de l'État chargés de l'environnement, de l'agriculture, de l'industrie, etc., art. L. 571-18-I-1° c. env.). C'est ainsi que la municipalité de Strasbourg a créé une brigade de protection de l'environnement, composée à l'heure actuelle de treize policiers municipaux dûment agréés et assermentés, dont la tâche consiste notamment à lutter contre les nuisances sonores au centre-ville et dans les quartiers périphériques strasbourgeois[1].

1414. L'innovation de la loi de 1992 est déterminante pour lutter contre les bruits de voisinage grâce aux moyens déployés en vue d'y parvenir. La disposition visant les agents des collectivités locales doit permettre aux maires de faire agir à présent la police municipale dans tous les cas de bruits de voisinage, ce qui déchargera la police nationale sollicitée dans beaucoup d'autres domaines. Les élus locaux, qui se voient confirmer par la loi de 1992 leurs larges pouvoirs de police en matière de bruit, pourront disposer d'agents municipaux plus nombreux pour constater les infractions, ce qui devrait favoriser une meilleure gestion des problèmes de voisinage engendrés par le bruit. La loi n° 92-1444 du 31 décembre 1992 crée de la sorte une nouvelle police de proximité, spécialisée dans le constat des nuisances sonores et présente sur le terrain des conflits générés par les infractions en la matière.

1415. Les agents de contrôle habilités à intervenir en matière de bruit sont extrêmement nombreux. Leur identification ne pose pas de problème majeur puisqu'ils sont expressément désignés par les textes. Ce sont leurs attributions respectives et la combinaison de ces différentes polices qui sont plus délicates à déterminer. L'article 21 de la loi cadre de 1992 (art. L. 571-19 C. env.) nous donne des précisions sur ce point qui, si l'on s'en tient à la lettre du texte légal, ne devrait pas susciter de confusions, du moins dans le cadre spécifique et limité de ladite loi.

1416. Ainsi, la compétence des agents de l'État, officiers et agents de police judiciaire et agents énumérés aux 1°, 2°, 3° et 4° de l'article 21-I (agents appartenant aux différents services de l'État visés, inspecteurs des installations classées, agents des douanes et de la répression des fraudes, art. L. 571-18-I C. env.) est totale quant au dispositif législatif et réglementaire découlant de la loi n° 92-1444 du 31 décembre 1992. Tous ces agents sont habilités à rechercher et à constater les infractions aux dispositions non seulement de la loi cadre de 1992 aujourd'hui codifiées dans le Code de l'environnement, mais aussi des textes (décrets et arrêtés) et des décisions (administratives) pris pour son application. Par contre, les agents locaux visés par la loi, à savoir les inspecteurs de salubrité des services communaux d'hygiène et de santé de l'article L. 1312-1 du C.S.P. et les agents municipaux assermentés à cet effet, ne sont compétents que pour les infractions de bruits de voisinage définies aux articles R48-1 à R48-5 du Code de la santé publique, issus du décret n° 95-408 du 18 avril 1995.

1417. Enfin, les infractions au Code pénal, celles de tapage nocturne et d'agressions sonores réitérées contenues respectivement dans les articles R623-2 et 222-16 dudit code, ne sont que du ressort des officiers et agents de police judiciaire agissant dans le cadre de la mission générale que leur confère le Code de procédure pénale. Les policiers

[1] V. l'article « *Propreté et cadre de vie* », Les Dernières Nouvelles d'Alsace, n° 6, samedi 8 janvier 2000, p. 5.

municipaux, agents de police judiciaire adjoints visés par l'article 21-2° du Code de procédure pénale, secondent les O.P.J. dans l'exercice de leurs fonctions et rendent compte à leurs supérieurs hiérarchiques des infractions qu'ils ont constatées et des renseignements qu'ils ont recueillis par le biais de rapports. Les autres agents et fonctionnaires désignés par les lois spéciales ne disposent que de la compétence déterminée par les textes qui les concernent, ce qui exclut les infractions du droit pénal général, c'est-dire celles au Code pénal.

1418. Si la qualité des agents de contrôle conditionne le domaine de leur habilitation à agir, elle est également déterminante quant à l'étendue exacte de leurs pouvoirs mettant en œuvre cette habilitation.

B. Les pouvoirs de contrôle

1419. Toute mission visant à constater et même à rechercher des infractions nécessite la reconnaissance par le législateur de pouvoirs d'investigation permettant aux agents habilités de remplir leur mission. Les agents visés par la loi n° 92-1444 du 31 décembre 1992 ne disposent pas tous des mêmes pouvoirs et n'agissent pas selon les mêmes procédures.

1420. Le Code de procédure pénale précise les pouvoirs reconnus aux O.P.J. et A.P.J., qui vont les exercer dans le cadre des enquêtes de police judiciaire. Selon le type d'infraction en cause, il s'agira soit d'une enquête préliminaire, régie par les articles 75 à 78 du Code de procédure pénale et qui confère peu de pouvoirs coercitifs aux officiers et agents de police, soit d'une enquête de flagrance pour laquelle les pouvoirs de police sont beaucoup plus importants (art. 53 à 74 C.P.P.). Cette dernière est néanmoins rare en matière d'environnement, et notamment en ce qui concerne les infractions relatives au bruit. Elle suppose, en effet, un délit puni d'emprisonnement et la circonstance de flagrance. Les officiers et agents de la police judiciaire, chargés de procéder à la recherche et à la constatation des infractions à la loi sur le bruit et aux textes et décisions pris pour son application, agissent donc conformément aux règles générales fixées par le Code de procédure pénale, qui précisent les attributions de la police judiciaire lors de ces enquêtes (1).

1421. Quant aux fonctionnaires et agents spécialement habilités à constater les nuisances sonores incriminées par les multiples textes présentés, ils exercent ces pouvoirs de police judiciaire spécifiques *« dans les conditions et dans les limites fixées par ces lois »* (art. 28 C.P.P.). C'est donc la loi n° 92-1444 du 31 décembre 1992 qui, après les avoir habilités, dans son article 21-I (art. L. 571-18 C. env.), à rechercher et à constater les infractions, détermine l'étendue de leurs attributions (2).

1- Les attributions de la police judiciaire

1422. Les officiers et agents de police judiciaire expressément visés par la loi n° 92-1444 du 31 décembre 1992, agissent dans le cadre d'une enquête de police « classique », selon les règles du Code de procédure pénale[1]. En vertu de l'article 17 de ce code, les officiers de police judiciaire exercent des pouvoirs définis à l'article 14, à savoir

[1] Précisons que la compétence des O.P. J. et des A.P. J. est de caractère général et n'a pas besoin d'être rappelée par des dispositions sectorielles (Cass. crim., 22 juin 1977, Bull. n° 232 : en matière de publicité mensongère). A moins d'être expressément assujettis aux règles de forme énoncées par les lois spéciales, ils recherchent et constatent les infractions conformément au droit commun du Code de procédure pénale, ce qui est le cas dans le cadre de la loi n° 92-1444 du 31 décembre 1992 relative à la lutte contre le bruit.

constatent les infractions, en rassemblent les preuves et en recherchent les auteurs ; ils reçoivent les plaintes et dénonciations ; ils procèdent à des enquêtes préliminaires ou de flagrance. Conformément à l'article 20 du C.P.P., les agents de police judiciaire secondent les O.P.J. dans l'exercice de leurs fonctions. A la différence de ces derniers, ils ne peuvent toutefois procéder à des enquêtes de flagrance.

1423. Si l'infraction en cause est une contravention aux textes pris pour l'application de la loi de 1992 ou à l'article R623-2 du Code pénal, les officiers et agents de la police judiciaire ne disposent que des pouvoirs d'investigation et de recherche attachés à l'enquête préliminaire et précisés aux articles 75 à 78 du Code de procédure pénale. Ils n'ont alors aucun pouvoir coercitif pour mener à bien leur tâche. L'enquête repose sur le principe de la libre collaboration des justiciables. Tous les actes accomplis par les policiers : perquisitions, visites domiciliaires, saisies de matériel bruyant... exigent l'assentiment exprès, en la forme d'une déclaration écrite de la main de la personne chez laquelle ils sont accomplis (art. 76 al. 1 C.P.P.), qui est avertie qu'elle peut s'y opposer[1].

1424. Notons qu'en vertu de l'article L. 126-1 du Code de la construction et de l'habitation, les propriétaires ou exploitants d'immeubles à usage d'habitation peuvent accorder une autorisation permanente de pénétrer dans les parties communes de ces immeubles, ce qui peut faciliter le constat de certains bruits de voisinage en dépit de l'opposition du « bruiteur » occupant l'appartement d'où proviennent les nuisances sonores. En outre, les officiers de police peuvent toujours entrer dans les lieux ouverts au public, tels que les débits de boissons ou les restaurants[2] et la victime des nuisances sonores peut toujours autoriser la police à pénétrer dans son habitation afin qu'elle constate les bruits.

1425. Les perquisitions et visites domiciliaires sont soumises à des conditions d'horaires. L'article 59 du Code de procédure pénale dispose qu'elles ne peuvent être commencées avant 6 heures et après 21 heures. Toutefois, une perquisition débutée avant 21 heures pourra se poursuivre la nuit. S'il y a lieu de procéder à des constatations ou à des examens techniques ou scientifiques qui ne peuvent être différés, l'officier de police judiciaire, ayant obtenu l'autorisation du procureur de la République, peut avoir recours à toute personne qualifiée, en vertu de l'article 77-1. Mais cette mesure n'est pas une expertise. L'officier de police judiciaire peut encore convoquer toutes personnes, susceptibles de fournir des renseignements sur les faits ou sur les objets et documents saisis, aux fins d'audition. Celles-ci sont tenues de comparaître. Dans le cas contraire, le procureur de la République peut les y contraindre par la force publique (art. 78 al. 1 C.P.P.). L'audition est faite par un officier ou un agent de police judiciaire. Elle peut se transformer en un placement en garde en vue décidé par l'O.P.J. dans les conditions

---

[1] En cas de refus de l'intéressé, les O.P. J. ne disposant d'aucun moyen de contrainte n'auront d'autre solution que d'en informer le procureur de la République qui pourra saisir le juge d'instruction afin d'ouvrir une information. Le juge d'instruction, saisi de l'affaire, délivrera alors une commission rogatoire investissant les O.P. J. de la mission de perquisitionner. Cette perquisition effectuée sur commission rogatoire ne nécessite pas l'accord de la personne chez qui elle a lieu. Cependant, il est à craindre que la durée de cette procédure permettant d'aboutir à la perquisition joue en faveur de l'intéressé qui aura tout le loisir de faire disparaître les éléments « compromettants ».

[2] Il s'agit là d'une exception prévue par l'article 9 du décret du 19 juillet 1791 relatif à l'organisation d'une police municipale et correctionnelle. L'article 9 dispose que *« à l'égard des lieux où tout le monde est admis indistinctement, tels que cafés, cabarets, boutiques et autres, les officiers de police pourront toujours y entrer, soit pour prendre connaissance des désordres ou contraventions aux règlements ... ».* V. C.P.P. sous l'art. 59.

fixées par le Code de procédure pénale, s'il existe des indices faisant présumer que la personne a commis ou tenté de commettre l'infraction (art. 77 al. 1 C.P.P.).

1426. La police judiciaire n'a ainsi que des pouvoirs limités pour rechercher et constater les infractions dans le cadre d'une enquête préliminaire. En revanche, si l'infraction constitue un des délits punis d'emprisonnement prévus par la loi de 1992 ou par le Code pénal, et qu'il s'agit d'une situation de flagrance[1], elle peut utiliser les pouvoirs coercitifs de l'enquête de flagrance. Ceux-ci sont très strictement encadrés par la loi en raison du danger qu'ils représentent pour les libertés individuelles. Les perquisitions, visites domiciliaires et saisies peuvent être effectuées sans le consentement de la personne chez qui elles ont lieu. Néanmoins, un formalisme est imposé aux policiers par les articles 56 à 59 du Code de procédure pénale. Comme pour l'enquête préliminaire, les heures légales se situent avant 21 heures et après 6 heures. La perquisition se déroule en présence de la personne chez qui elle est accomplie ou, en cas d'impossibilité, en présence d'un représentant désigné par elle ou, à défaut, en présence de deux témoins choisis par l'O.P.J. en-dehors des personnes relevant de son autorité administrative (art. 57 C.P.P.).

1427. Les pouvoirs d'enquête pour toute infraction flagrante sont nettement plus étendus que dans le cadre d'une enquête préliminaire. Cependant, ils sont rarement mis en œuvre dans le domaine du bruit, les délits punis d'emprisonnement étant peu nombreux, d'autant que les dispositions de la loi de 1992 les concernant ne sont, pour la plupart, toujours pas applicables à l'heure actuelle. De surcroît, la majorité des infractions constituent des contraventions aux textes et décisions pris pour l'application de la loi, qui ne permettent pas d'initier une enquête de flagrance. Dans la pratique, la police judiciaire, par manque de moyens, de temps ou d'intérêt, montre une certaine réticence à intervenir dans les affaires de bruit. Elle préfère laisser agir les agents et fonctionnaires habilités spécialement par la loi de 1992 à constater les infractions. Ces « spécialistes », formés aux aspects techniques et scientifiques du bruit, se voient attribuer des pouvoirs spéciaux par la loi n° 92-1444 du 31 décembre 1992.

2- Les pouvoirs spéciaux de la loi n° 92-1444 du 31 décembre 1992

1428. Divers pouvoirs de contrôles et de surveillance sont prévus par la loi cadre de 1992 pour assurer le respect des prescriptions qu'elle édicte et de celles imposées par ses textes d'application. Les investigations accompagnant le contrôle des agents spécialisés sont soumises à des conditions strictes, précisées par la loi afin de sauvegarder la liberté individuelle, et notamment le principe de l'inviolabilité du domicile. Le législateur de 1992 a ainsi voulu se conformer aux exigences du Conseil Constitutionnel qui, aux termes d'une jurisprudence fournie[2], impose de déterminer de façon précise le domaine

---

[1] Le Code de procédure pénale énumère à l'article 53 al. 1er quatre cas de flagrance. Une enquête de flagrance peut ainsi être initiée lorsque l'infraction se commet actuellement ou lorsqu'elle vient de se commettre ou encore lorsque dans un temps très voisin de l'action, la personne soupçonnée est poursuivie par la clameur publique ou est trouvée en possession d'objets, ou présente des traces ou indices, laissant penser qu'elle a participé à l'infraction. La loi n° 99-515 du 23 juin 1999 renforçant l'efficacité de la procédure pénale (*JO* du 24 juin 1999, p. 9247) a supprimé l'ancien alinéa 2 de l'article 53 qui assimilait à ces situations celle où le chef de maison découvre qu'une infraction a été commise chez lui et requiert le procureur de la République ou un O.P. J. de venir la constater. Le nouvel alinéa 2 de l'article 53, introduit par la loi n° 99-515 du 23 juin 1999 (art. 11), précise que *« l'enquête de flagrance menée à la suite de la constatation d'un crime ou d'un délit flagrant ne peut se poursuivre pendant plus de huit jours »*.

[2] Décis. 83-164 DC 29 décembre 1983, loi de finances pour 1984 : dispositions relatives à la recherche des infractions en matière d'impôt sur le revenu et de taxe sur le chiffre d'affaires, J.C.P. 1984,

des investigations menées par les agents verbalisateurs et de placer le contrôle sous l'autorité d'un magistrat judiciaire[1].

1429. En application des dispositions générales de l'article 28 du Code de procédure pénale[2], les agents spécialisés, énumérés à l'article 21-I de la loi de 1992 (art. L. 571-18 C. env.), disposent de certains pouvoirs de police judiciaire qu'ils exercent dans les conditions et dans les limites fixées par la loi n° 92-1444 du 31 décembre 1992. Seule cette loi les habilite à rechercher et à constater les infractions à la législation spéciale relative au bruit qu'elle institue. C'est par conséquent elle aussi qui va déterminer l'étendue exacte de leurs attributions dans ce domaine. Les pouvoirs conférés par la loi de 1992 ne peuvent être utilisés pour rechercher une infraction au titre d'une autre loi. En effet, en vertu du principe de spécialité énoncé par l'article 28 du Code de procédure pénale, *« les pouvoirs conférés par une loi ne peuvent être mis en œuvre pour la recherche d'infractions à une autre législation »*[3]. Ces pouvoirs sont spécifiques au contrôle de la loi qui les a institués et ne peuvent être étendus au cadre procédural d'autres législations. En pratique, il pourra alors s'avérer difficile pour certains fonctionnaires habilités par plusieurs lois distinctes, tels que les inspecteurs des installations classées, de respecter les comportements spécifiques à chacune d'entre elles.

1430. *En règle générale,* les agents spécialisés n'ont pas de pouvoirs de contrainte. Ils sont libres d'effectuer leurs recherches et contrôles dans la mesure où ils ne portent pas atteinte aux libertés publiques et individuelles. Mais ils ne peuvent obliger physiquement les personnes à les renseigner et n'ont pas accès aux domiciles privés. La loi n° 92-1444 du 31 décembre 1992 ne déroge pas à cette règle dans l'attribution des pouvoirs à ses agents spécialisés. L'article 21-II de la loi, devenu l'article L. 571-19 du Code de l'environnement, octroie des pouvoirs spéciaux à tous les agents mentionnés à cet article (a), alors que d'autres attributions, contenues dans l'article 22 de la loi, devenu l'article L. 571-21 du Code de l'environnement, sont seulement réservées à certains d'entre eux (b).

a) Les pouvoirs communs à tous les agents spécialisés

1431. L'article 21-II de la loi (art. L. 571-19 C. env.) fixe les modalités d'intervention de tous les agents désignés par la loi de 1992. En vue de rechercher et constater les infractions aux dispositions de ladite loi et des textes pris pour son application, ils ont accès aux locaux, aux installations et lieux où sont réalisées les opérations à l'origine des infractions. Ce droit de visite ne peut néanmoins s'étendre aux domiciles ou aux parties des locaux servant de domicile. En outre, l'accès à ces locaux

---

II, 20160, note R. Drago et A. Decoq ; A.J.D.A. 1984, p. 97, note L. Philip ; Décis. 89-268 du 30 décembre 1989, loi de finances pour 1990 : dispositions relatives au droit de visite et de saisie des agents des administrations fiscales et douanières, *JO* du 30 décembre 1989 ; R.F.D.A. 1990, p. 143, note Genevois ; Décis. 90-281 DC 27 décembre 1990, loi sur la réglementation des télécommunications, *JO* du 29 décembre 1990 ; R.F.D.C. 5-1990, p. 118, note Renoux ; Dr. pén. 1991, comm. n° 235, J.-H. Robert.

[1] Le Conseil constitutionnel fonde sa jurisprudence notamment sur l'article 66 de la Constitution qui confie à l'autorité judiciaire *« la sauvegarde de la liberté individuelle sous tous ses aspects et notamment celui de l'inviolabilité du domicile »* (Décis. 83-164 DC 29 décembre 1983, préc.). V. : J. PRADEL et A. VARINARD, Les grands arrêts du droit criminel, Tome 1 : Les sources du droit pénal - L'infraction, 2e édition, Dalloz, 1997, p. 3-23.

[2] L'art. 28 du C.P.P. dispose que *« les fonctionnaires et agents des administrations et services publics auxquels des lois spéciales attribuent certains pouvoirs de police judiciaire exercent ces pouvoirs dans les conditions et dans les limites fixées par ces lois ».*

[3] D. GUIHAL, Droit répressif de l'environnement, préc., p. 21, n° 105.

ne leur est autorisé qu'entre 8 heures et 20 heures, ou en-dehors de ces heures si l'établissement est ouvert au public ou lorsqu'une activité est en cours. Là encore, les horaires légaux sont plus restrictifs que ceux fixés par le Code de procédure pénale pour les perquisitions et visites domiciliaires. La loi précise que *« les propriétaires et exploitants sont tenus de leur livrer passage »*. Cependant, les agents ne peuvent user de la force publique face au refus de l'intéressé. Ils peuvent également demander la communication de tout document professionnel, en prendre copie et recueillir sur convocation ou sur place les renseignements et justificatifs propres à l'accomplissement de leur mission.

1432. Conformément aux exigences du Conseil constitutionnel, la loi n° 92-1444 du 31 décembre 1992 prescrit aux agents verbalisateurs d'informer *préalablement* le procureur de la République des opérations qu'ils envisagent d'effectuer en vue de la recherche des infractions. Le magistrat est ainsi *« mis en mesure d'exercer effectivement les pouvoirs de direction qu'il tient de l'article 12 du Code de procédure pénale »*[1] et de remplir son rôle de « gardien » de la liberté individuelle que lui confie l'article 66 de la Constitution. En pratique, l'information se fait selon les modalités fixées dans chaque ressort par ce magistrat et peut donc être plus ou moins souple. Il revient par conséquent aux agents concernés de s'enquérir de la manière dont le procureur de la République, sous le contrôle duquel ils travaillent, souhaite être saisi. Ce pourra être, par exemple, par téléphone ou par fax, s'agissant des moyens les plus rapides. Le procureur informé a tout pouvoir pour s'opposer à ces opérations, notamment lorsqu'il estime qu'elles sont de nature à porter atteinte aux droits et libertés individuels, parmi lesquels figure la protection du domicile et de la vie privée.

1433. Les infractions aux dispositions de la loi de 1992 et des textes pris pour son application sont constatées par des procès-verbaux qui font foi jusqu'à preuve contraire (art. 21-III de la loi, devenu l'art. L. 571-20 C. env.). Leur contenu ne peut être infirmé que par écrit ou par témoins. La circulaire du 27 février 1996, adressée aux préfets, insiste sur le fait qu'il convient d'appeler l'attention des maires sur l'intérêt pour eux de faire constater les infractions relatives aux bruits de voisinage sur la base de l'article 21 de la loi de 1992. En effet, outre la compétence répressive donnée aux agents qu'ils auront nommés, cet article renvoie au décret n° 95-408 du 18 avril 1995 relatif à la lutte contre les bruits de voisinage qui prévoit des contraventions de 3e classe beaucoup plus dissuasives que celles de 1ere classe prévues pour les infractions aux arrêtés municipaux de police pris sur la base du Code général des collectivités territoriales[2].

1434. Certains agents de la loi de 1992 disposent en outre de pouvoirs supplémentaires, particulièrement adaptés à la matière.

b) Les pouvoirs supplémentaires de certains agents

1435. Les pouvoirs supplémentaires prévus à l'article 22 de la loi sur le bruit (art. L. 571-21 C. env.) concernent exclusivement les agents spécialisés de l'État visés à l'article 21-I de la loi (art. L. 571-18-I C. env.). Les inspecteurs de salubrité des services communaux d'hygiène et de santé habilités ainsi que les agents des collectivités locales assermentés doivent se contenter des attributions prévues à l'article 21-II de la loi (art. L. 571-19 C. env.).

---

[1] D. GUIHAL, Droit répressif de l'environnement, préc., p. 20, n° 94.

[2] Le non-respect de ces derniers peut toutefois constituer l'un des éléments matériels de l'infraction prévue à l'article R48-3 du même code. Le procès-verbal doit alors faire expressément référence à la loi de 1992 sur le bruit pour que l'infraction constitue une contravention de la 3e classe.

1436. En vertu de l'article L. 571-21 du Code de l'environnement, les agents de l'État disposent de deux prérogatives supplémentaires. Ils peuvent tout d'abord prélever des échantillons en vue de faire effectuer des analyses et des essais. Mais les modalités de ces opérations doivent être précisées par un décret en Conseil d'État qui n'est toujours pas paru ! Il semblerait donc que dans la pratique, les agents de la loi sur le bruit n'aient pas encore pu mettre en œuvre cette nouvelle attribution particulièrement appropriée en matière d'objets et de dispositifs suspectés d'être non conformes à la loi et aux textes réglementaires les concernant. A titre de mesure de sûreté, les agents peuvent ensuite procéder à la consignation, dans l'attente des contrôles nécessaires, de ces objets ou dispositifs litigieux. Cette consignation ne peut être faite que sur autorisation du président du tribunal de grande instance dans le ressort duquel sont situés les lieux de détention des objets ou dispositifs en cause ou du magistrat délégué à cet effet. Elle est strictement réglementée et soumet les agents qui la sollicitent au pouvoir décisionnaire du magistrat saisi.

1437. Ainsi, ce magistrat est saisi sur requête par les agents de l'État mentionnés à l'article 21-I de la loi de 1992 (art. L. 571-18-I C. env.). Il vérifie que la demande de consignation qui lui est soumise est fondée, c'est-à-dire que les objectifs ou dispositifs qui en font l'objet paraissent non conformes à la réglementation. A cet effet, la demande formulée par les agents spécialisés doit comporter tous les éléments d'information de nature à justifier la mesure. Compte tenu des circonstances qui imposent une certaine célérité dans l'exécution des opérations afin d'éviter la disparition des éléments de preuve de l'infraction présumée, le magistrat va statuer dans les vingt-quatre heures. Dans le cas où la consignation est ordonnée, la mesure ne pourra excéder quinze jours. Toutefois, la loi a envisagé les cas où des difficultés particulières liées à l'examen des objets en cause pourraient se poser. Le président du tribunal de grande instance peut alors renouveler la mesure pour une même durée, par une ordonnance motivée. Il est précisé que les objets consignés sont laissés à la charge de leur détenteur.

1438. Le magistrat qui dirige la procédure de consignation peut ordonner la mainlevée de la mesure à tout moment. Cette mainlevée est de droit dès lors que les agents habilités ont constaté la conformité des objets consignés ou leur mise en conformité. La consignation se présente donc bien comme une mesure de sûreté qui prend fin lorsque l'illégalité a cessé ou qui n'a plus lieu d'être lorsqu'il est établi qu'aucune infraction aux dispositions de la loi de 1992 et à ses textes d'application concernant les objets bruyants n'a été commise. Au contraire, en cas de non-conformité, et donc de situation infractionnelle, les frais éventuels sont mis à la charge du contrevenant dans des conditions fixées par un décret en Conseil d'État... à paraître ! Ils viennent ainsi s'ajouter aux sanctions pénales prévues par la loi n° 92-1444 du 31 décembre 1992 et ses textes applicables aux objets bruyants.

1439. Les pouvoirs attribués aux agents spécialisés de la loi sur le bruit sont spéciaux dans le sens où ils sont spécifiquement adaptés aux infractions pour la recherche et la constatation desquelles ces agents ont été habilités. En revanche, la loi de 1992 ne met à leur disposition aucun pouvoir coercitif, au sens de la contrainte physique, en vue de remplir leur mission. Cependant, à partir du moment où les agents verbalisateurs agissent conformément aux pouvoirs qui leur ont été confiés par la loi sur le bruit, toute personne qui aura mis obstacle à l'accomplissement de leurs contrôles commettra un délit spécifique, celui de l'article 23-I de la loi n° 92-1444 du 31 décembre 1992 (devenu l'art. L. 571-22 C. env.). Ainsi, le refus de l'intéressé opposé aux opérations de surveillance et de recherches, légitime dans le cadre d'une enquête préliminaire de la police judiciaire, devient un comportement infractionnel au titre de la loi sur le bruit. Les sanctions attachées à cette infraction autonome, relativement élevées et dissuasives, sont un emprisonnement de six mois au plus et une amende d'un montant maximum de 7 500 euros. Le risque de telles sanctions devrait inciter les personnes concernées à collaborer avec les agents de contrôle qui disposent là d'un pouvoir de contrainte psychologique non négligeable.

1440. Le délit sanctionnant l'obstacle au contrôle des agents habilités est un trait spécifique et récurrent du droit de l'environnement. Si elle constitue une entorse au principe de la libre collaboration des citoyens dans le cadre des enquêtes préliminaires, le législateur utilise en fait cette infraction autonome pour pallier l'absence de pouvoirs coercitifs des agents spécialisés. Ces derniers peuvent donc constater par procès-verbaux l'obstacle mis à l'exercice de leurs fonctions. Le délit ainsi constaté, puni d'une peine d'emprisonnement, constitue alors une infraction flagrante en présence de laquelle un O.P.J., requis par l'agent spécial, pourra user des pouvoirs coercitifs que lui confère l'enquête de flagrance initiée. La majorité des lois relatives à l'environnement contiennent des dispositions incriminant un tel délit qui, selon la jurisprudence doit être nettement intentionnel. Il est prévu par les différentes législations qui trouvent à s'appliquer en matière de lutte contre les nuisances sonores et qui, comme la loi cadre sur le bruit, désignent un certain nombre d'agents spécialisés dans le contrôle et la recherche des infractions qu'elles prévoient.

§2. LES AUTRES POLICES SPÉCIALES INTERVENANT DANS LA LUTTE CONTRE LES BRUITS DE VOISINAGE

1441. En-dehors du cadre répressif fixé par la loi n° 92-1444 du 31 décembre 1992, la police judiciaire de même que d'autres agents spécialisés à des titres différents peuvent intervenir dans le contrôle et le constat d'infractions relatives aux nuisances sonores.

1442. Ainsi, la police de la santé publique s'octroie les services d'inspecteurs de salubrité qui, à côté des officiers et agents de police judiciaire, sont habilités à rechercher et constater les infractions à la santé publique, telles que, par exemple, le non-respect des arrêtés préfectoraux ou municipaux contre le bruit, pris en application de l'article L. 1311-2 du Code de la santé publique. L'article L. 1312-2 dudit code punit toute personne qui met obstacle à l'accomplissement des fonctions de ces inspecteurs d'un emprisonnement de trois mois et d'une amende de 3 750 euros au plus. La police de la tranquillité publique est, quant à elle, du ressort de la police municipale qui est chargée, au titre de l'article L. 2212-2 et suivants du Code général des collectivités territoriales, de réprimer les atteintes dans ce domaine.

1443. Les réglementations sectorielles qui comprennent des incriminations portant sur les nuisances sonores disposent, pour la plupart, d'agents de contrôle propres, investis de pouvoirs adaptés au secteur d'activité qui les concernent. Il existe ainsi ce que l'on peut appeler des « polices spéciales » au sens de l'article 28 du Code de procédure pénale. Le mot « police » est à prendre ici dans la deuxième acceptation du terme, c'est-à-dire en tant qu'il désigne les agents et fonctionnaires chargés de contrôler et d'assurer sur le terrain le respect de la réglementation des diverses activités au titre de laquelle ils sont compétents. S'agissant des infractions en matière de bruit, autres que celles prévues par la loi n° 92-1444 du 31 décembre 1992 et ses textes d'application, trois polices spéciales se distinguent en ce qu'elles permettent des interventions opportunes dans la lutte contre les bruits de voisinage et présentent des similitudes dans leur système de contrôle respectif avec la loi cadre sur le bruit.

1444. On relève ainsi le contrôle spécial en matière d'urbanisme et d'habitation (A), la police répressive des installations classées pour la protection de l'environnement (B) et la police, plus classique, de la circulation routière (C).

A. Le contrôle en matière de construction

1445. Les sanctions des infractions en matière de construction et d'habitation sont contenues, d'une part, dans le Code de l'urbanisme, s'agissant des infractions aux règles d'utilisation du sol et de construction intégrant la préoccupation du bruit et, d'autre part, dans le Code de la construction et de l'habitation, en ce qui concerne le non-respect des règles d'isolation acoustique des bâtiments (*supra* n° 1323 et s.). Le dispositif de surveillance des constructions et de contrôle de l'application de la réglementation est identique dans ces deux codes qui régissent des matières complémentaires. Les infractions aux règles générales d'urbanisme et de construction d'habitations peuvent être constatées par « *tous officiers ou agents de police judiciaire* » (art. L. 480-1 C.urb. et art. L. 152-1 C.C.H.), dans les formes du droit commun prévues par le Code de procédure pénale. Outre la police judiciaire, dont sont néanmoins exclus les agents de police judiciaire adjoints, des agents spécialisés sont investis de cette mission de contrôle.

1446. Un droit de visite et de vérification des constructions est tout d'abord conféré à un certain nombre d'agents et de fonctionnaires, que ce soit au titre du Code de l'urbanisme ou du Code de la construction et de l'habitation. Les articles L. 460-1 du Code de l'urbanisme et L. 151-1 du Code de la construction et de l'habitation visent les mêmes catégories de personnes. Le représentant de l'État dans le département (le préfet), le maire ou ses délégués ainsi que les fonctionnaires et les agents commissionnés à cet effet par le ministre chargé de l'urbanisme et assermentés peuvent exercer cette prérogative. Le préfet et le maire ou ses délégués sont donc compétents au titre des deux législations. Les fonctionnaires et agents spécialement nommés et habilités le sont soit au titre de l'une ou l'autre des législations, soit en vertu des deux codes. Dans la pratique, il est important que les agents verbalisateurs, compétents seulement au titre de l'une de ces législations, visent expressément celle-ci dans les procès-verbaux qu'ils établissent, sous peine de nullité de l'acte pour incompétence de son auteur.

1447. En ce qui concerne les pouvoirs qui sont attribués à ces agents, la législation invoquée est indifférente puisque chacune confie exactement les mêmes pouvoirs de contrôle et de constat des infractions. Qu'il s'agisse de l'article L. 460-1 du Code de l'urbanisme ou de son homologue, l'article L. 151-1 du Code de la construction et de l'habitation, les agents mentionnés dans ces textes peuvent, *à tout moment,* visiter les constructions en cours, procéder aux vérifications qu'ils jugent utiles et se faire communiquer tous documents techniques se rapportant à la réalisation des bâtiments. Ce droit de visite et de communication semble laisser une marge de manœuvre relativement large à ses titulaires. A partir du moment où il s'agit d'une construction en cours, les agents peuvent venir sur le terrain quand ils le veulent pour procéder aux vérifications qu'ils auront décidées, avec la possibilité de demander l'ensemble des documents techniques relatifs à la construction en cause. Une telle prérogative se prolonge, en outre, durant les deux ans qui suivent l'achèvement des travaux.

1448. La mission générale ainsi confiée par les rédacteurs du Code de l'urbanisme et du Code de la construction et de l'habitation aux agents verbalisateurs, pour opérer leurs contrôles, ne répond pas aux exigences posées depuis 1983 par le Conseil constitutionnel (*supra* n° 1428). Elle met en cause les droits et libertés individuels, et notamment le principe de l'inviolabilité du domicile puisque les agents de contrôle sont autorisés à visiter à tout moment les constructions, pendant une période de deux ans à compter de leur achèvement. Le juge pénal n'a cependant pas le pouvoir de remédier à une telle situation contraire aux droits fondamentaux des personnes : il n'est pas juge de la constitutionnalité des lois. En outre, la chambre criminelle a rappelé le principe selon lequel les décisions du Conseil constitutionnel ne s'appliquent pas aux lois qui leur sont antérieures et qui n'ont pas été soumises à son examen[1].

1449. Par conséquent, les juridictions répressives ne peuvent censurer les lois en vigueur, en l'occurrence les dispositions des articles L. 460-1 du Code de l'urbanisme et L. 151-1 du C.C.H., non conformes aux exigences du Conseil constitutionnel en ce qu'elles ne précisent pas les limites de la délégation accordée aux agents spécialisés et ne prévoient pas de contrôle judiciaire. Seule une intervention du législateur serait en mesure de garantir dans ce domaine les droits et libertés individuels. Une modification des dispositions concernées du Code de l'urbanisme et du Code de la construction et de l'habitation devrait intervenir fixant, d'une part, de manière précise les modalités d'intervention des agents de contrôle, avec notamment l'établissement d'horaires de visite, tels que ceux établis dans la loi cadre sur le bruit par exemple, et plaçant, d'autre part, le contrôle de ces agents sous l'autorité d'un magistrat judiciaire, tel que le procureur de la République.

1450. Lors de ces contrôles, des infractions aux règles d'urbanisme et de construction peuvent être constatées. Les articles L. 480-1 du Code de l'urbanisme et L. 152-1 du Code de la construction et de l'habitation énumèrent tous les agents habilités à dresser procès-verbal de constatation des infractions respectives aux deux codes. Tous deux élargissent le cercle des autorités compétentes pour un tel constat, investissant de la même mission police judiciaire et police spéciale. Ainsi, tous les officiers ou agents de police judiciaire qui les secondent, de même que tous les fonctionnaires et agents de l'État et des collectivités publiques (agents des D.D.E. et des services communaux de l'urbanisme) commissionnés à cet effet par le maire ou le ministre *« chargé de l'urbanisme »* selon l'article L. 480-1 du Code de l'urbanisme et le ministre *« chargé de la construction et de l'habitation »* pour l'article L. 152-1 du C.C.H., suivant l'autorité dont ils relèvent et assermentés, sont chargés de constater les infractions. A l'instar des agents habilités par la loi de 1992 sur le bruit, ils dressent des procès-verbaux qui font foi jusqu'à preuve du contraire, celle-ci ne pouvant être rapportée que par écrit ou par témoins.

1451. Aucune des deux législations spéciales ne confère à ses agents des pouvoirs coercitifs leur permettant de passer outre au refus des citoyens aux opérations qu'ils entreprennent. Mais cette absence de contrainte est là aussi compensée par l'existence d'une infraction autonome d'obstacle mis à l'exercice du contrôle par les agents habilités. Ainsi, d'une part, l'article L. 480-12 du Code de l'urbanisme punit d'une amende de 3 750 euros au plus *« quiconque aura mis obstacle à l'exercice du droit de visite prévu à l'article L. 460-1 »*. En outre, un emprisonnement de un mois pourra être prononcé. Ce texte est d'ailleurs expressément repris par le Code de la construction et de l'habitation, dans son article L. 152-4 *in fine*. D'autre part, l'article L. 152-10 du Code de la construction et de l'habitation réprime *« quiconque aura mis obstacle à l'exercice du droit de visite prévu à l'article L. 151-1 »* de peines identiques.

1452. Le même délit sanctionnant l'obstacle au contrôle des agents habilités est ainsi prévu dans les deux législations. Notons dès à présent les différences qui le distinguent pourtant de l'infraction prévue à l'article 23-I de la loi de 1992 sur le bruit

---

[1] Cass. crim., 21 janvier et 18 novembre 1985, Bull. crim. n° 31 et 359.

(art. L. 571-22 C. env.). Si les éléments matériel et moral de l'infraction sont identiques dans leurs imprécisions, mais prévus par des fondements légaux distincts, les peines encourues sont néanmoins, et de manière totalement injustifiée, différentes, la loi sur le bruit étant plus sévère. Il y a là un manque d'harmonisation regrettable dans la fixation des sanctions par le législateur, pour un même délit repris dans plusieurs lois d'environnement.

1453. Les articles L. 480-12 du Code de l'urbanisme et L. 152-10 du C.C.H. précisent, en outre, que les peines qui sanctionnent l'obstacle au contrôle sont prévues *« sans préjudice de l'application, le cas échéant, des peines plus fortes prévues aux articles 433-7 et 433-8 du code pénal »*, qui répriment respectivement les délits de rébellion et de rébellion armée. Les sanctions sont alors de six mois d'emprisonnement et de 7 500 euros d'amende pour la rébellion de l'article 433-7, qui passent à un an d'emprisonnement et 15 000 euros d'amende lorsque la rébellion est commise en réunion. Lorsqu'elle est armée, elle est punie de trois ans d'emprisonnement et de 45 000 euros d'amende, allant jusqu'à sept ans d'emprisonnement et 100 000 euros d'amende en cas de circonstance aggravante de réunion. Le Code pénal s'appliquera ainsi, et de façon générale, dans les cas où l'obstacle au contrôle prend la forme d'une *« résistance **violente** »*[1] opposée à l'agent de contrôle agissant dans l'exercice des fonctions que lui a confiées la loi. Par contre, si l'intéressé se contente de refuser l'accès des lieux à l'agent sans manifestation violente, ce qui devrait suffire puisque l'agent ne dispose pas du droit de contrainte, on retombe dans le domaine du délit d'obstacle au contrôle prévu par les différentes lois d'environnement.

1454. La même infraction autonome vient aussi réprimer l'obstacle mis par les exploitants d'usines, ateliers ou autres établissements bruyants à la mission de contrôle confiée à la police spéciale des installations classées pour la protection de l'environnement.

B. La police des installations classées pour la protection de l'environnement

1455. Comme pour toutes les lois environnementales, on retrouve, à côté de la police judiciaire, des agents spécialisés investis par la loi d'une mission de contrôle (1). Mais contrairement aux lois spéciales plus récentes, et notamment à la loi cadre de 1992 sur le bruit, la loi n° 76-663 du 19 juillet 1976 relative aux installations classées pour la protection de l'environnement se montre des plus laconiques s'agissant des modalités d'intervention des agents de contrôle (2).

1- Les agents de contrôle

1456. A l'instar des autres polices spéciales, et conformément à l'article 14 du Code de procédure pénale, seules les autorités investies de pouvoirs de police judiciaire peuvent procéder à la recherche d'infractions à la législation sur les installations classées pour la protection de l'environnement. Appliquant ce principe, l'article 22 de la loi n° 76-663 du 19 juillet 1976, devenu l'article L. 514-13 du Code de l'environnement, dispose que les infractions sont constatées par les procès-verbaux des officiers de police judiciaire et des inspecteurs des installations classées. Sont donc, une fois encore, concurremment chargées de la même mission, police judiciaire et police spéciale.

---

[1] L'article 433-6 du N.C.P. définit la rébellion comme étant *« le fait d'opposer une résistance violente à une personne dépositaire de l'autorité publique ou chargée d'une mission de service public agissant, dans l'exercice de ses fonctions, pour l'exécution des lois, des ordres de l'autorité publique, des décisions ou des mandats de justice »*.

1457. En ce qui concerne la police « classique », l'article L. 514-13 ne mentionne que les officiers de police judiciaire constatant les infractions par procès-verbaux. Cependant, en vertu de l'article 14 du Code de procédure pénale, les agents de police judiciaire ont compétence générale pour constater les infractions, parmi lesquelles celles propres aux installations classées, et pour en dresser procès-verbaux (art. 20 C.P.P.). En revanche, les agents de police judiciaire adjoints, non visés par l'article L. 514-13, ne peuvent dresser procès-verbal des infractions à la législation sur les installations classées. Dans le cadre de leur mission générale, ils ne peuvent qu'établir des rapports rendant compte à leurs chefs hiérarchiques des infractions dont ils ont connaissance (art. 21 et 21-2 C.P.P.).

1458. Comme c'est le cas pour les incriminations de la loi bruit et de ses textes d'application, les O.P.J. et A.P.J. intervenant au titre de la loi sur les installations classées ne disposent pas toujours des moyens scientifiques et techniques suffisants pour rechercher et constater des infractions au caractère souvent complexe. C'est pourquoi le législateur a confié à d'autres personnes, ayant des compétences techniques plus poussées, le pouvoir de contrôler ces établissements et de constater les infractions aux réglementations imposées.

1459. L'administration exerce un contrôle permanent sur les installations classées par l'intermédiaire de l'inspection des installations classées. A cette occasion, les inspecteurs des installations classées, expressément mentionnés dans l'article L. 514-13, peuvent constater des infractions. Ces inspecteurs appartiennent à la catégorie des fonctionnaires visés par l'article 28 du Code de procédure pénale *« auxquels les lois spéciales attribuent certains pouvoirs de police judiciaire »*, sans pour autant leur conférer la qualité d'officier de police judiciaire. Il s'agit d'ingénieurs ou de techniciens désignés par le préfet sur proposition du chef du service interdépartemental de l'industrie et des mines, ou du directeur départemental de l'agriculture s'agissant des installations sises dans une exploitation agricole ainsi que des élevages, abattoirs et équarrissages (art. 33 du décret du 21 septembre 1977). Assermentés et astreints au secret professionnel, ces fonctionnaires chargés de l'inspection des installations classées ou d'expertises se voient confier par la loi de 1976 d'importantes prérogatives.

2- Les procédés spécifiques de contrôle

1460. Les officiers et agents de police judiciaire, compétents pour rechercher et constater les infractions à la législation sur les installations classées, ont la possibilité de mener des investigations en vertu des règles de droit commun des enquêtes préliminaires et de flagrance. Les perquisitions, visites domiciliaires et saisies de matériels bruyants doivent être effectuées dans le respect des dispositions du Code de procédure pénale. Les inspecteurs des installations classées, quant à eux, disposent de pouvoirs spécifiques pour constater les infractions. Ils interviendront dans le cadre de la législation sur les installations classées, selon les conditions fixées par cette législation spéciale qui ne semble prévoir *aucune limite tangible à l'exercice de leurs prérogatives.*

1461. Dans la pratique, l'intervention des inspecteurs des installations classées peut donner lieu à des difficultés compte tenu de l'indépendance des différentes polices spéciales et des systèmes d'articulation qu'elles induisent. Ainsi, ces fonctionnaires sont également habilités à rechercher et à constater les infractions à la loi sur le bruit et à ses textes d'application. Ils useront alors des pouvoirs spécifiques que leur attribue la loi de 1992, lorsqu'ils interviennent dans le cadre de cette loi. Investis d'attributions distinctes selon la législation en jeu, les inspecteurs des installations classées doivent veiller, au cas par cas, à se conformer strictement aux pouvoirs spécifiques prévus par la loi sur le fondement de laquelle ils agissent. Les prérogatives conférées par chacune des lois ne peuvent en effet être utilisées pour rechercher une infraction au titre d'une autre loi

1462. Une harmonisation des législations, par une extension du cadre procédural de la loi de 1992 sur le bruit à la loi relative aux installations classées, permettrait de supprimer ces difficultés pratiques. Elle apparaît d'autant plus souhaitable que la législation sur les installations classées ne répond pas aux exigences -postérieures à son entrée en vigueur- du Conseil constitutionnel concernant les modalités des investigations menées par les agents de contrôle (*supra* n° 1428). La sauvegarde des libertés individuelles reconnues de valeur constitutionnelle ne peut être assurée dans ce domaine, comme en matière d'urbanisme et d'habitation, qu'au prix d'une intervention du législateur venant modifier les lois concernées en vigueur. Mais, dans cette attente, les *« frustes procédures »*[1], selon l'expression de M. Robert, organisées par la loi sur les installations classées sont toujours applicables avec les risques d'atteintes aux droits et libertés individuels qu'elles comportent. En effet, *« la jurisprudence ne tire pas du Code de procédure pénale une sorte de droit commun de protection des libertés individuelles qui compléterait implicitement des lois spéciales laconiques »*[2]. Autrement dit, le silence des lois spéciales ne peut être comblé par les règles protectrices du Code de procédure pénale.

1463. Ainsi, par dérogation à l'article 59 du Code de procédure pénale, l'article 13 de la loi n° 76-663 du 19 juillet 1976, devenu l'article L. 514-5 du Code de l'environnement, donne aux inspecteurs des installations classées le droit de *« visiter à tout moment les installations soumises à leur surveillance »*. Ils disposent donc d'un droit d'entrée permanent, de jour comme de nuit, y compris dans des locaux privés, ce droit n'étant assujetti à aucun contrôle préalable d'un magistrat appartenant à l'ordre judiciaire. En revanche, lorsqu'ils agissent au titre de la loi de 1992 sur le bruit, ils ne peuvent accéder aux locaux, installations et lieux où sont réalisées les opérations à l'origine des infractions qu'entre 8 heures et 20 heures, sauf si l'établissement est ouvert au public ou lorsqu'une activité est en cours, et qu'après en avoir informé le procureur de la République qui peut toujours s'opposer à une telle visite. Lors du contrôle de l'installation classée, l'inspecteur peut se faire communiquer les résultats des mesures de pollution effectuées par les industriels en application de l'arrêté d'autorisation (art. 17 al. 4 du décret du 21 septembre 1977). Ils peuvent également faire procéder, aux frais de l'exploitant, à des analyses et des contrôles techniques par des laboratoires ou des organismes agréés à cet effet pour s'assurer du respect des prescriptions imposées.

1464. L'absence de pouvoirs coercitifs attribués aux inspecteurs des installations classées est une fois de plus palliée par l'existence d'un délit d'obstacle à l'exercice de leurs fonctions. L'article 21 de la loi de 1976, devenu l'article L. 514-12 du Code de l'environnement, punit ce comportement d'une peine d'emprisonnement de un an et d'une amende de 15 000 euros. Les sanctions de la loi sur les installations classées sont plus sévères que celles fixées pour le même délit par la loi sur le bruit. Cette infraction autonome constitue l'un des plus anciens délits au sein du régime des installations

---

[1] J.-H. ROBERT, Les investigations des fonctionnaires investis de certaines fonctions de police judiciaire, in Droit pénal contemporain, Mélanges en l'honneur d'A. Vitu, Cujas 1989, p. 431.

[2] D. GUIHAL, Droit répressif de l'environnement, préc., p. 21, n° 103. V. : Cass. crim., 8 octobre 1979, Bull. crim. n° 273 ; Cass. crim., 27 avril 1987, Bull. crim. n° 164 ; C.A. Versailles, 17 décembre 1998, Droit de l'Environnement n° 66, mars 1999, p. 10, note L.-C. P. Comme le constate M. J.-H. Robert, *« la Cour de cassation n'a pas cru devoir soumettre l'activité de ces divers agents aux règles uniformes du Code de procédure pénale » :* J.-H. ROBERT, « Dispositions pénales de la loi n° 95-101 du 2 février 1995 », Droit de l'environnement n° 29, février-mars 1995, p. 3.

classées. Elle est l'une des rares à ne pas avoir été modifiée, au cours des nombreuses évolutions qui ont marqué cette législation, si ce n'est bien sûr la réévaluation du taux et de la durée des sanctions encourues[1].

1465. L'« *obstacle à l'exercice des fonctions* », qui doit être interprété au regard du droit conféré par l'article L. 514-5 de visiter à tout moment les installations, pourra consister tant dans l'interdiction de l'accès aux installations, que dans un comportement tendant à contrarier les agents dans l'exercice de leurs missions. Constitue ainsi le délit de l'article L. 514-12 le fait de refuser qu'un inspecteur procède à certains contrôles[2]. Mais elle peut également résulter de l'inertie exposée par l'exploitant et de son refus de communiquer les éléments nécessaires au contrôle. La chambre criminelle de la Cour de cassation a, par exemple, jugé en la matière qu'il entre dans les attributions des inspecteurs des installations classées de vérifier si un atelier de travail du bois, signalé comme gênant par ses bruits, est ou non une installation classée. Une telle recherche comportant normalement la visite des lieux ainsi que l'examen des machines en fonctionnement, le propriétaire de l'atelier qui s'oppose au contrôle du fonctionnaire habilité à cet effet, tombe sous le coup des dispositions de l'article L. 514-12[3].

1466. Comme le souligne Mme Guihal, *« s'il n'existe pas d'incrimination commune de l'entrave aux fonctions -les textes prévoyant ce délit sont nombreux-, la jurisprudence en a unifié les éléments constitutifs »*[4]. L'infraction ne sera caractérisée que dans la mesure où l'agent de contrôle est intervenu conformément aux pouvoirs spécifiques qui lui sont attribués par la loi spéciale au titre de laquelle il agit. Pour être consommée, elle suppose soit le refus de la part du justiciable de fournir les moyens de contrôle propres à chaque loi, soit le recours à des artifices destinés à tromper ou détourner la vigilance de l'agent verbalisateur. Cette définition est notamment applicable à l'infraction de l'article 23-I de la loi n° 92-1444 du 31 décembre 1992 relative à la lutte contre le bruit (art. L. 571-22 C. env.).

1467. La loi cadre de 1992 excluant de son champ d'application les installations inscrites à la nomenclature des installations classées, les infractions relatives au bruit relevées dans de telles installations sont donc constatées et sanctionnées suivant la procédure propre à la loi de 1976. En revanche, les activités non classées au titre de la loi de 1976 et relevant désormais de la nouvelle police administrative mise en place par l'article 6 de la loi de 1992 (art. L. 571-6 C. env.), sont soumises au dispositif de contrôle et de répression de la loi cadre sur le bruit. A l'instar de cette dernière, les agents de contrôle visés par l'article 22 de la loi n° 76-663 du 19 juillet 1976 (art. L. 514-13 C. env.), officiers de police judiciaire et inspecteurs des installations classées, constatent les infractions par des procès-verbaux qui font foi jusqu'à preuve contraire (art. 430, 431 C.P.P.). La même force probante est attachée, en vertu de la règle générale posée par

---

[1] La loi du 19 décembre 1917 prévoyait dans son article 33 l'application d'une amende de 100 à 500 F, qui fut transformée en 1961 en un emprisonnement de dix jours à trois mois et une amende de 400 à 20 000 F. Puis, la loi du 19 juillet 1976 a, à l'origine, institué des peines de dix jours à trois mois d'emprisonnement et de 2 000 à 60 000 F d'amende, dont les plafonds ont été ensuite sensiblement augmentés par la loi du 3 juillet 1985.

[2] V. : Trib. corr. de Quimper, 8 juin 1980 : pour la condamnation d'un exploitant et de son préposé, respectivement à 10 000 F et 3 000 F d'amende ; Trib. corr. de Cambrai, 24 février 1983 : pour la condamnation d'un exploitant à 45 jours d'emprisonnement avec sursis. Ces deux décisions sont citées par A. RENAULT, Rapport fait au nom de la commission des Lois constitutionnelles de l'Assemblée nationale sur le projet de loi modifiant la loi du 19 juillet 1976 relative aux installations classées (JO, Doc. Ass. nat., n° 2480, 1984-1985, p. 31).

[3] Cass. crim., 31 mars 1981, n° 80/94.398, V. Code de l'Environnement, Dalloz, sous l'art. L. 514-12.

[4] D. GUIHAL, Droit répressif de l'environnement, préc., p. 27, n° 138.

l'article 537 alinéa 2 du Code de procédure pénale, aux procès-verbaux de constatation des contraventions qui sanctionnent les émergences sonores des véhicules terrestres à moteur, pour lesquelles une police spéciale de la circulation route a été instituée.

C. La police de la circulation routière

1468. Face aux agressions sonores intempestives provoquées par les pots d'échappement de nombreux deux-roues à moteur, par les équipements de voitures ne correspondant pas aux normes acoustiques et par l'usage abusif des avertisseurs sonores de ces véhicules, les agents verbalisateurs sont nombreux. Les catégories d'agents habilités à constater de façon générale les contraventions à la police de la circulation routière, et notamment celles en matière de bruit émanant des véhicules, sont énumérées à l'article L. 130-4 du Code de la route.

1469. Sont compétents les officiers de police judiciaire ; les gendarmes n'ayant pas la qualité d'officier de police judiciaire et les officiers de police adjoints ; les commandants, officiers gradés et sous-brigadiers de la police nationale ; les gardiens de la paix de la police nationale comptant deux ans de service effectif dans les formations en tenue. Ces agents sont spécialement habilités à constater par procès-verbaux les contraventions de police prévues par le Code de la route ainsi que par l'article R610-5 du Code pénal, lorsqu'il s'agit de contraventions aux décrets et arrêtés en matière de police de la circulation routière. Ces dernières peuvent en outre être constatées par les gardes champêtres des communes et par des agents de police judiciaire non mentionnés précédemment. Lorsqu'ils ne sont pas déjà assermentés, ces agents verbalisateurs, hormis les officiers de police judiciaire, prêtent serment devant le tribunal d'instance, dans les conditions fixées par l'article R130-9 du Code de la route.

1470. Les contraventions aux infractions à la police de la circulation routière sont constatées par des procès-verbaux qui font foi jusqu'à preuve contraire. A l'occasion de leur mission de contrôle, le véhicule dont la circulation, en infraction aux dispositions du Code de la route ou aux règlements de police, compromet la tranquillité publique, pourra, dans les cas et conditions précisées par les articles R325-2 et R325-11 et suivants, être immobilisé (art. L. 325-1 à L. 325-3) et, le cas échéant, mis en fourrière. L'immobilisation peut être prescrite par les officiers ou agents de la police judiciaire susmentionnés dans deux situations infractionnelles en matière de bruit. Elle est possible lorsqu'ils constatent la nécessité de faire cesser sans délai l'infraction, d'une part, à l'article R318-3 qui interdit aux véhicules automobiles d'émettre des bruits susceptibles de causer une gêne aux usagers de la route ou aux riverains et exige un dispositif d'échappement silencieux conforme aux normes réglementaires et, d'autre part, à l'article R313-35 qui punit le fait de détenir, d'utiliser, d'adapter, de placer, d'appliquer ou de transporter de façon illicite des avertisseurs sonores spéciaux.

1471. L'immobilisation du véhicule prend fin à partir du moment où l'infraction qui l'a motivée a cessé (art. R325-11). Néanmoins, si le conducteur du véhicule n'a pas justifié de la cessation de l'infraction dans un délai de quarante-huit heures, l'officier de police judiciaire territorialement compétent et saisi par l'agent qui a prescrit l'immobilisation peut transformer cette dernière en une mise en fourrière dans les conditions prévues par les articles R325-12 à R325-46 du Code de la route. Afin de constater les infractions, l'article L. 325-2 précise que, sur prescription de l'O.P.J. territorialement compétent, les fonctionnaires de police en tenue et les militaires de la gendarmerie habilités *« peuvent, en cas de besoin, ouvrir ou faire ouvrir les portes du véhicule, manœuvrer ou faire manœuvrer tous appareils »*. En 1994, la mairie de Menton a lancé une campagne de lutte contre le bruit des deux-roues à moteur dont le pot d'échappement a été trafiqué. De nature répressive, autour du slogan « *Tu fais du bruit, tu payes le prix* », cette campagne s'est accompagnée d'un renforcement très important des contrôles de police sur ce type de véhicule. A la fin de la première journée, plus de 300 véhicules ont été contrôlés, 60 procès-verbaux ont été dressés et sept deux-roues immobilisés[1].

1472. Des « brigades de contrôle technique », qualifiées pour constater et sanctionner le bruit occasionné par les véhicules à moteur, sont en opération dans de nombreuses villes. Des instructions ont été données aux forces de police compétentes en vue de développer des contrôles périodiques dans ce domaine. Il est d'ailleurs possible pour tout citoyen de signaler les cas de bruits abusifs en s'adressant, dans chaque préfecture, au directeur des polices urbaines. La ville d'Annecy s'est particulièrement penchée sur ce problème et sur la nécessité impérieuse d'accroître les contrôles afin de veiller au respect de la réglementation par les conducteurs de véhicules à moteur. Ainsi, depuis 1985, des interventions sont menées sur la voie publique pour lutter contre les nuisances sonores engendrées par les deux-roues, camions et autres voitures. Cette action a été initiée en s'inspirant de l'expérience de la police suisse. Dans ce but, deux agents de la police municipale ont suivi un stage à Lausanne, pour pouvoir former à leur tour leurs collègues et constituer ainsi une brigade antibruit.

1473. Une répression en deux étapes est mise en place et assurée par cette brigade spéciale. Des contrôles sont effectués de façon régulière, à raison d'une à trois fois par semaine, conjointement par des agents de la police nationale et de la police municipale, qui interpellent tous les véhicules jugés trop bruyants « à l'oreille ». Les deux-roues sont contrôlés presque systématiquement, puis les véhicules légers et parfois quelques camions. Un délai de huit jours est alors donné aux conducteurs de véhicules trop bruyants pour une remise en état. Convoqués à une date ultérieure pour vérification, les véhicules sont soumis au sonomètre, afin de contrôler la conformité du niveau sonore aux normes exigées. Si le contrevenant ne se présente pas ou si son véhicule n'est toujours pas conforme à la réglementation, il fait l'objet d'une deuxième convocation. Ce n'est qu'à l'issue de ces deux démarches, si elles n'ont pas abouti, qu'est engagée une poursuite avec verbalisation.

1474. Ce système de contrôle et de répression devrait être généralisé dans toutes les villes de France, compte tenu des résultats probants relevés à Annecy. Les statistiques montrent en effet un recul des infractions relatives aux échappements bruyants ainsi qu'une meilleure éducation de l'usager à la conduite silencieuse[2]. Les conducteurs apprécient considérablement la possibilité qui leur ait donnée de pouvoir se mettre en conformité sans être verbalisé au premier contrôle de police. Un avertissement accompagné d'un suivi et d'une sensibilisation peuvent être beaucoup plus efficaces qu'une répression stricte qui en matière de circulation routière n'apparaît pas vraiment dissuasive compte tenu des seules amendes contraventionnelles qui peuvent être prononcées. Ce type de contrôle est donc particulièrement adapté à ce secteur sensible en terme de nuisances sonores. L'expérience montre que c'est moins la peur du policier qui doit être cultivée que l'esprit de responsabilité et de civisme de chaque conducteur.

---

[1] V. : Le prix du bruit, Echo Bruit n° 64, juillet 1994, p. 9.

[2] « *De 1985 à 1994, sur les 6 083 véhicules convoqués, seulement 4 % ne se sont pas présentés au contrôle. En 1996, sur 1 200 véhicules contrôlés systématiquement, 374 ont été jugés non conformes, dont 289 sur des problèmes de bruit et 242 ont procédé à la remise en état dans les délais impartis* ». V. : M. BOUVIER, La prise en compte du bruit à Annecy, Echo Bruit n° 80-81, avril-mai 1997, p. 13-15. V. également : 2 roues bruyants : répression ou prévention ?, Echo Bruit n° 72-73, janvier 1996, p. 12.

1475. Enfin, le délit d'obstacle à l'exercice de leurs fonctions par les autorités de contrôle compétentes est prévu par le Code de la route qui l'adapte à la police de la circulation routière. *« Tout conducteur d'un véhicule qui aura fait obstacle à l'immobilisation de celui-ci, ou qui aura omis sciemment d'obtempérer à une sommation de s'arrêter émanant d'un fonctionnaire ou d'un agent chargé de constater les infractions et muni des insignes extérieurs et apparents de sa qualité ou qui aura refusé de se soumettre à toutes les vérifications prescrites concernant le véhicule ou la personne, sera puni d'un emprisonnement de trois mois et d'une amende de 25 000 F ou de l'une de ces deux peines seulement »*. Conformes à l'ensemble du dispositif répressif contenu dans le Code de la route, les sanctions sont parmi les moins sévères, en comparaison avec les autres législations spéciales, pour cette infraction autonome d'obstacle au contrôle.

1476. Les politiques de lutte contre les bruits de voisinage, quel que soit le secteur dans lequel elles interviennent, nécessitent un contrôle et une surveillance réguliers. Les agents chargés de cette mission sont extrêmement nombreux dans les textes et facilement identifiables grâce à la technique de l'énumération utilisée par le législateur. Leur diversité est en rapport avec la multitude des textes et des sanctions pénales qui s'y rattachent, existant en matière de nuisances sonores. Ainsi, sont habilités à constater et à rechercher les infractions du bruit, non seulement des représentants de la police dite « traditionnelle », investis des compétences générales fixées par le Code de procédure pénale, mais également des agents spécialisés, visés par les lois environnementales et dotés de prérogatives spécifiques. En théorie, la pluralité des autorités compétentes devrait permettre d'assurer un contrôle effectif et permanent du respect de la réglementation et une bonne protection des voisins contre le bruit.

1477. Dans la pratique, il convient de se demander si ce nombre ne constitue pas, contre toute attente, un inconvénient. Paradoxalement, se pose la question de l'insuffisance des agents intervenant *effectivement* sur le terrain. La police judiciaire, qui n'est pas spécialisée dans les infractions d'environnement, souffre à la fois d'une surcharge de travail compte tenu de la variété des affaires pénales dont elle a à s'occuper et d'un manque de connaissances sur l'aspect technique des incriminations relatives au bruit. La déficience de ses moyens la contraint à se décharger sur les agents spécialisés dans ce domaine qui, eux, sont en nombre nettement insuffisant pour remplir leur mission de contrôle et de surveillance. Le constat des infractions applicables en matière de lutte contre le bruit est d'autant plus difficile qu'il soulève un problème de combinaison des différentes polices et de respect des attributions respectives et spécifiques à chaque fondement légal dans le cadre duquel les agents agissent[1]. En effet, certains agents, tels que les inspecteurs des installations classées ou les inspecteurs de salubrité, sont polyvalents puisqu'habilités au titre de plusieurs législations. La difficulté majeure est par conséquent de démêler sur le terrain ce système complexe d'articulation des polices et d'en coordonner l'action pour une collaboration efficace et durable.

***

---

[1] M. J.-H. Robert parle d'*« un extrême désordre car les réglementations spéciales ne sont pas accordées entre elles et varient grandement sur des procédures aussi importantes que la visite de lieux privés, les saisies ou la transmission des procès-verbaux au procureur de la République »*. V. : J.-H. ROBERT, Dispositions pénales de la loi n° 95-101 du 2 février 1995, Droit de l'environnement n° 29, février-mars 1995, p. 3.

1478. L'empreinte du droit de l'environnement est prégnante dans le domaine de la lutte contre le bruit. Les particularismes dont il fait preuve de façon générale : transversalité et droit de réglementation, polices et pouvoirs spéciaux, dispositifs répressifs spécifiques, etc. sont bien présents en l'espèce, avec leurs atouts et leurs faiblesses.

1479. Le cadre juridique de la répression des bruits de voisinage révèle un problème identique à celui rencontré en matière de prévention. On retrouve ici la surabondance des dispositions législatives et réglementaires, éparpillées dans de nombreux textes de valeur inégale, tant en ce qui concerne les incriminations et leurs sanctions que les agents chargés de les constater et de les faire appliquer. Corollaire de l'arsenal préventif mis en place contre les nuisances sonores, la répression du bruit se fait essentiellement par l'entremise d'un droit pénal de réglementation. Très peu d'infractions autonomes existent en la matière, si ce ne sont la contravention de tapage nocturne (art. R623-2 C.P.) et le délit d'agressions sonores réitérées (art. 222-16 C.P.) prévues par le Code pénal, ou la contravention de l'article R48-2 du Code de la santé publique. Le reste de l'appareil répressif est constitué de sanctions pénales attachées aux diverses mesures de prévention et de réglementation disséminées dans différentes polices spéciales.

1480. Chacun des textes applicables en matière de bruit permet donc de mettre en œuvre une sanction pénale en cas de non-respect de la loi. Cependant leur dispersion et leur caractère hétérogène rendent malaisée l'application sur le terrain. Celle-ci suppose en effet d'identifier, dans ce dédale de dispositions juridiques, à la fois quels sont les textes en vigueur et quelles sont les autorités chargées de les faire appliquer. La pléthore de textes se double en outre d'un manque d'harmonisation des peines qui ne correspondent pas toujours aux enjeux figurant dans la réglementation du bruit. Ainsi, toutes les lois applicables dans ce domaine comportent un délit autonome sanctionnant l'obstacle au contrôle des agents habilités. Or, pour ce même délit, pas une seule peine n'est semblable d'un texte à l'autre. Cette différence de répression, s'agissant d'un comportement illicite identique, ne se justifie en aucun cas et porte atteinte aux concepts d'égalité et d'équité. Il dénote un manque d'harmonisation général du droit pénal du bruit.

1481. La loi n° 92-1444 du 31 décembre 1992 institue néanmoins un dispositif répressif novateur et plus conforme à la dimension du problème posé par le bruit. Il serait intéressant d'en tester l'efficacité, à condition qu'il devienne un jour prochain applicable dans toutes ses dispositions. Pour cela, il faudrait que tous les textes réglementaires prévus pour l'application de la loi soient publiés... Le législateur de 1992 a ainsi créé des infractions correctionnelles assorties de peines d'emprisonnement, nettement plus dissuasives que les modiques amendes contraventionnelles des textes antérieurs. D'autres mesures et peines innovantes (mesures conservatoires, de restitution...) sont également mises à la disposition du juge pénal et permettent une répression adaptée à la problématique du bruit.

1482. Dans tous les cas, l'efficacité du dispositif répressif se mesure lors de sa mise en œuvre qui s'apprécie à deux niveaux. Dans un premier temps, se pose la question de la constatation des infractions en pratique. Comment les agents habilités utilisent-ils leurs prérogatives et interviennent-ils sur le terrain des bruits de voisinage ? Selon le fondement légal invoqué, les pouvoirs du juge répressif saisi ensuite de cette infraction peuvent aussi être importants. La répression dépend par conséquent de l'utilisation qu'en fera le juge. Se pose ainsi, dans un deuxième temps, la question de la poursuite et de la répression des infractions, décidées par les autorités judiciaires. Il s'agit donc d'analyser, de façon pragmatique, la sanction pénale prononcée, après avoir identifié, dans les textes, la sanction pénale encourue.

Chapitre II

LA MISE EN ŒUVRE DU DISPOSITIF RÉPRESSIF

1483. Parmi les multiples troubles de voisinage incriminés, le problème du bruit est l'un des plus délicats à régler, ceci pour plusieurs raisons. La dimension humaine du problème est, avant toute considération, fortement marquée et pleine de conséquences. Nuisance de proximité, le bruit place sur un terrain conflictuel des individus amenés à vivre ensemble, ou du moins à se côtoyer quotidiennement, pendant une période plus ou moins déterminée mais que la production de nuisances sonores rend dans tous les cas trop longue pour celui à qui elle est imposée. Les rapports de voisinage qui s'installent risquent fort de se dégrader en cas de plainte ou d'intervention des services de l'ordre. L'aspect psychologique et les susceptibilités respectives des protagonistes en présence ne sont donc pas à négliger. Ils occupent une place primordiale, un rôle liminaire, dans le traitement de la situation illicite. Bien souvent, en effet, ils constituent la clé du conflit, rendant inutile la mise en marche de l'appareil répressif.

1484. Ce dernier apparaît néanmoins indispensable lorsque le bon sens et le civisme de chacun ne suffisent pas à régler le conflit. Mais les difficultés de mise en œuvre du dispositif répressif existant en matière de bruits de voisinage sont nombreuses et font obstacle aux finalités qui sont les siennes. La procédure pénale, partant de la constatation d'une infraction de bruit pour aboutir au prononcé d'une sanction pénale appropriée, propre à faire cesser le comportement illicite et à en éviter le renouvellement, est semée d'embûches. La nature particulière du bruit pose tout d'abord un sérieux problème quant à la démonstration de l'existence de la nuisance sonore constitutive d'une situation illicite. Les preuves, en ce domaine, ne sont pas toujours faciles à administrer, le bruit se révélant parfois particulièrement « insaisissable ». Ainsi, il n'est pas rare que, lorsqu'une enquête de police est diligentée, le voisinage, comme par enchantement ou plutôt par un fâcheux concours de circonstances, redevienne calme le temps que dure la visite des agents chargés de constater l'infraction.

1485. L'action répressive est ensuite subordonnée, lorsque l'on parvient au stade ultime du processus de répression, à l'appréciation souveraine des juges du fond qui, selon les circonstances de l'espèce, mais également le magistrat saisi, peut varier. Le juge pénal est aujourd'hui tenu de s'accommoder à la fois d'incriminations objectives, fondées sur des normes acoustiques chiffrées, et d'incriminations subjectives qui, à l'inverse, font référence à la notion de gêne causée au voisinage qui, à partir d'une certaine limite, entre dans l'illégalité. Dans le premier cas, le juge se trouve face à des données scientifiques et techniques qu'il ne maîtrise pas toujours, faute d'une formation spéciale dans ce domaine. Dans le second cas, il est amené à apporter sa conception personnelle, et par conséquent forcément subjective et ouverte aux critiques, de la nuisance sonore *de nature* à troubler la tranquillité d'autrui ou à porter atteinte à la santé du voisin. L'étendue du pouvoir d'appréciation du juge, au regard de l'ensemble des éléments de preuve produits devant lui, contraste, en outre, fortement avec les possibilités légales qui lui sont offertes quant à la nature des sanctions qu'il est en droit de prononcer.

1486. La mise en œuvre du dispositif répressif, dans les étapes successives qui la caractérise, dépend d'une notion fondamentale : celle de responsabilité, en l'occurrence pénale. Fondée sur la faute, qu'elle soit intentionnelle ou contraventionnelle selon les infractions du bruit, elle apparaît obligatoirement dans le contentieux pénal et se trouve au centre même de l'action en répression. La responsabilité est à la fois le point de départ du litige qui, lorsqu'elle est reconnue par le fauteur, peut éviter le recours à un traitement contentieux du problème et l'aboutissement du procès qui, lorsqu'elle est retenue par le juge, se solde par la condamnation à une sanction pénale et, le cas échéant, à une indemnisation de la victime sous forme de dommages et intérêts. Elle est mise à jour, de manière plus ou moins aisée et significative, dans toutes les étapes du processus de règlement d'une plainte ou d'une réclamation pour un bruit de voisinage constitutif d'une infraction.

1487. Les tenants et aboutissants de l'action répressive tournent donc autour de cette notion fondamentale de responsabilité pénale, dont la difficulté majeure réside dans sa démonstration et son acceptation. C'est bien là l'enjeu de la mise en œuvre du dispositif répressif dans le domaine du bruit, qui se pose, dès l'origine, dans le cadre procédural de la répression (section I) et s'affirme, ensuite, lors du contrôle judiciaire de tels activités ou comportements bruyants (section II).

Section I : Le cadre procédural de la répression

1488. La révélation d'une infraction du bruit se fait le plus souvent dans la pratique par le biais d'une plainte ou d'une réclamation émanant d'un ou plusieurs voisins, victimes des nuisances sonores. La manière dont cette plainte ou cette réclamation sera perçue et traitée est déterminante de l'issue du conflit créé par le bruit au sein du voisinage. La circulaire du 27 février 1996 relative à la lutte contre les bruits de voisinage insiste ainsi sur le fait qu'« *un **soin attentif** doit être apporté à **l'amélioration** du traitement des réclamations relatives au bruit de voisinage* »[1]. Cette exhortation souligne non seulement l'importance de la procédure de traitement des affaires, mais également les déficiences existant actuellement dans ce domaine et auxquelles il convient de remédier.

1489. Face à une gêne sonore constitutive d'une infraction, les interventions sont multiples mais surtout graduelles. Pour se défendre d'une situation illicite et faire valoir leurs droits, les voisins peuvent agir individuellement, lorsqu'ils sont seuls à ressentir une gêne, ou mener une action collective lorsque l'ensemble du « voisinage », plus ou moins étendu selon les cas, est atteint par les nuisances sonores. Quel que soit le cas de figure, les démarches doivent être correctement menées, selon un ordre précis qui augmentera les chances d'aboutir à un règlement rapide et efficace du litige. La circulaire du 27 février 1996 présente trois types possibles de procédure : le règlement amiable du problème, le traitement administratif et le traitement pénal. Ces différentes démarches peuvent être choisies et mises en œuvre en fonction des données de chaque espèce et des prétentions du plaignant. Mais elles constituent surtout les étapes successives qu'un voisin, victime de nuisances acoustiques, se doit de suivre.

1490. Conformément au bon sens, il paraît logique d'essayer dans tous les cas de trouver un accord amiable à la situation délictuelle de gêne sonore. Si le bon sens ne prévaut pas, c'est alors vers les services administratifs locaux, proches des administrés et compétents en la matière, qu'il convient de se tourner pour exiger une intervention,

---

[1] Circulaire du 27 février 1996 relative à la lutte contre les bruits de voisinage (*JO* du 7 avril 1996, p. 5474).

légalement fondée, de leur part. En cas d'échec du traitement administratif de l'affaire, la voie contentieuse apparaît alors le seul recours qui reste aux victimes de bruits de voisinage face à des « bruiteurs » qui ne veulent rien entendre. Les actions amiables et administratives se présentent ainsi comme des traitements préalables (§1) au traitement pénal (§2), lourd à mettre en œuvre par les victimes et les différentes autorités judiciaires, de même que lourd de conséquences pour le « bruiteur » qui voit sa responsabilité pénale engagée.

§1. LES TRAITEMENTS PRÉALABLES

1491. Les bruits de voisinage posent essentiellement un problème de civisme, de savoir-vivre en société et de respect d'autrui. Que la nuisance sonore imposée au voisinage résulte d'un comportement désinvolte et inconscient ou d'une attitude délibérée de mépris total des autres, sa cessation fera toujours appel au civisme et au sens des responsabilités du « bruiteur ». C'est donc sur ce terrain qu'il convient en premier lieu de rechercher le règlement du conflit, avant de se tourner vers la machine judiciaire répressive, délicate à mettre en marche d'un point de vue procédural et ne répondant pas toujours, en définitive, aux attentes du demandeur.

1492. Le rôle du droit est par conséquent, à ce stade préalable à la répression, sinon moindre, du moins particulier. Il intervient tout au plus pour appuyer et légitimer les contestations et revendications du voisin, victime de la nuisance, qui décide d'entreprendre une démarche directe et personnelle (A) ou pour demander aux autorités administratives, détentrices des compétences et pouvoirs appropriés, de mettre un terme à la situation illicite (B). La sanction pénale ne constitue alors qu'une simple menace dont le but est d'inciter le « bruiteur » à mettre un terme à son activité illicite, sous peine de poursuites pénales envisageables à son encontre.

A. LE TRAITEMENT AMIABLE

1493. Deux formes de traitement amiable sont envisageables selon la complexité de l'affaire et l'évolution de son règlement. Le mode d'action le plus « simple », dans les démarches qu'il suppose, consiste dans la conciliation directe entreprise personnellement par la victime auprès du gêneur (1). Elle est à privilégier en tant que point de départ de toute tentative de règlement du litige. Néanmoins, en fonction des circonstances de chaque espèce, une forme plus élaborée de traitement du problème pourra s'avérer utile, lorsque les deux protagonistes ne réussissent pas à trouver un terrain d'entente par eux-mêmes. Des systèmes de médiation, faisant intervenir une tierce personne, sont mis en place et se développent notamment en matière de conflits dus aux bruits de voisinage (2).

1- La conciliation directe

1494. L'important est de rappeler que la vie en communauté suppose une tolérance entre voisins. Cette tolérance doit se manifester aussi bien du côté de la revendication d'un droit au calme et au repos, que du côté d'un droit à tout simplement « vivre », ce qui suppose nécessairement une certaine dose d'émissions sonores, comprise dans ce que la jurisprudence civile appelle les *« inconvénients **normaux** de voisinage »*. Toutefois, lorsque le bruit produit dépasse la limite légalement fixée, il devient une nuisance juridiquement inacceptable et condamnable. Le voisin à qui cette nuisance s'impose est alors en droit de demander à ce qu'elle cesse. Sa démarche s'avère légitime et peut se fonder, dans le cas d'un trouble particulièrement grave, sur l'existence d'une infraction pénalement sanctionnée.

1495. En toute logique, la recherche d'une solution amiable est conseillée avant toute autre intervention. Elle permet d'écarter les recours administratifs ou contentieux toujours compliqués, longs et à l'issue incertaine. Bien des désagréments ainsi que des dépenses pour l'une et l'autre des parties pourront être évités, de même que la quasi-certitude d'envenimer la situation par le déclenchement d'une procédure administrative ou judiciaire. La prise de contact direct par la victime avec le « bruiteur » constitue un atout en matière de conflits de voisinage et bien souvent la clé d'un règlement rapide et définitif du litige. Ce mode de traitement va entièrement reposer sur l'art de la communication et du dialogue entre voisins. C'est bien souvent l'absence de ces deux éléments qui génère des situations inextricables, qu'une simple visite et une discussion peuvent démêler. Dans notre société de plus en plus cloisonnée, où chacun vit replié sur soi, les voisins vont donc devoir réapprendre à communiquer entre eux.

1496. Cette démarche n'apparaît pas toujours évidente pour bon nombre de personnes. Il est vrai que la logique et la simplicité s'apparentent mal à la complexité des rapports humains. De nombreuses personnes hésitent à intervenir directement dans la crainte de s'attirer des représailles. Or, la conciliation directe contient en elle tous les éléments de nature à régler un conflit de voisinage dû au bruit. Elle permet dans un premier temps d'informer tout simplement le « bruiteur » de la gêne qu'il cause à son voisinage. Cette prise de conscience peut parfois suffire à mettre un terme à des nuisances dont l'auteur ne se rend pas toujours compte. Comme le souligne M. Gualezzi dans son rapport sur « Le bruit dans la ville », *« les voies de propagation du bruit sont en effet très complexes et le bruiteur peut en toute bonne foi ne pas être conscient de la gêne qu'il occasionne à plusieurs étages de distance ou même dans des immeubles voisins »*[1]. Dans un deuxième temps, le contact direct entre la victime et le bruiteur, qui peut se révéler de mauvaise foi, va être l'occasion de rappeler à ce dernier les droits et obligations de chacun en ce qui concerne la tranquillité d'autrui et de le persuader de prendre ses responsabilités à ce sujet.

1497. Concrètement, le traitement du problème par la voie de la conciliation directe peut se conjuguer en plusieurs actes successifs, selon les difficultés rencontrées. La première démarche consiste à informer son voisin de la gêne qu'il provoque, en lui demandant éventuellement, lorsque le bruit incriminé s'y prête, de se rendre sur place afin de constater par lui-même le trouble causé. La prise de conscience ainsi opérée chez le « bruiteur » va permettre de poser les bases d'un dialogue dont le but est de décider ensemble de solutions de bon sens, appropriées au problème spécifique posé. Selon les cas et les bruits en cause, un arrangement pourra être trouvé dans le fait, par exemple, de baisser le volume des appareils bruyants, et plus particulièrement en période nocturne lorsque le niveau sonore ambiant est nettement plus faible ; de déplacer la basse-cour ou le chenil dans un endroit plus éloigné des habitations ; d'installer des sourdines sur les instruments de musique, d'éloigner les baffles du mur et de ne pas les poser directement sur le sol ; de porter des chaussons à la place de chaussures à talon et de poser des feutres sous les pieds des meubles que l'on déplace souvent ; de convenir d'horaires pour l'utilisation d'appareils électroménagers, de bricolage ou de jardinage particulièrement bruyants ; d'acheter un collier anti-aboiements pour son chien, etc.[2]

---

[1] J.-P. GUALEZZI, « Le bruit dans la ville », Rapport du Conseil Economique et Social, préc., p. II-247.

[2] Le C.I.D.B. a ainsi édité huit fiches pratiques retraçant les démarches à suivre par la victime d'un bruit de voisinage et proposant des solutions concrètes. Ces fiches ont pour thème « Les bruits de comportements », « Le bruit des animaux », « Instruments de musique », « Pas, chocs, changement de revêtement de sol », « Bricolage et jardinage », « Magazins et artisans », « Etablissements recevant du public » et « Electroménager ».

1498. Les solutions sont multiples, à l'image des sources de bruit qu'elles visent à réduire. Il est surtout étonnant de constater avec quelle facilité le trouble sonore peut être supprimé pour peu que chacun y mette de la bonne volonté. Malheureusement en pratique, tel n'est pas toujours le cas et il arrive que le « bruiteur » ne tienne pas ses engagements. Si la première phase de conciliation n'a pas donné de résultats satisfaisants, la victime doit alors utiliser d'autres arguments plus persuasifs. La deuxième étape dans la voie de la conciliation consiste à envoyer une lettre -de préférence recommandée avec accusé de réception pour en conserver une trace- rappelant à son voisin bruyant les démarches orales déjà entreprises et lui spécifiant la réglementation applicable qu'il enfreint en ne tenant pas ses engagements. Si au terme d'un certain délai -de quinze jours en général- le trouble persiste, la victime réitèrera se demande par une nouvelle lettre recommandée ou, au besoin, par une sommation interpellative d'huissier de justice qui a l'avantage de mentionner -s'il y en a une- la réponse du voisin. A ce stade ultime du règlement amiable, la victime avertit son voisin de son intention d'engager une procédure si rien n'est fait pour remédier aux nuisances sonores dont il est l'auteur.

1499. Mais l'intervention directe et personnelle de la victime peut ne pas être suffisamment convaincante et ne produire aucun résultat positif. Il est parfois nécessaire de faire intervenir une tierce personne dans le débat, qui pourra jouer le rôle d'intermédiaire et faire usage de ses compétences ou d'une quelconque influence ou autorité en la matière. Diverses personnes peuvent ainsi apporter leur aide aux victimes de bruits de voisinage, au sein de différents systèmes de médiation.

2- Les systèmes de médiation

1500. Le terme de médiation recouvre des expériences très diverses, qui vont de la simple médiation de quartier -au sein d'une structure organisée ou réduite à sa plus simple expression en la présence d'une personne tenant le rôle de médiateur- (a) à la véritable médiation judiciaire (b). En tout état de cause, les pouvoirs publics ont perçu le potentiel d'une telle démarche dans la résolution de nombreux problèmes de société. Face à *« une véritable explosion de la demande de médiation »*[1], le président de la République a appelé, en février 1998[2], à étendre le système à l'ensemble des secteurs de la vie sociale, notamment dans le domaine de la justice et s'agissant de litiges d'ordre privé. Ainsi, en matière de bruits de voisinage, la médiation, sous quelque forme qu'elle se présente, est essentielle, comme en témoignent les multiples cas concrets rapportés de la pratique. Elle s'appuie sur l'intervention de certaines personnes qui, de par leurs statuts, fonctions, autorité ou compétences, sont à même d'aider le « bruiteur » à remédier aux nuisances qu'il provoque.

a) La « médiation de quartier »

1501. Les médiateurs, personnes extérieures au conflit et jouant un rôle d'intermédiaire dans le but d'une conciliation, peuvent être recherchés dans des catégories socio-professionnelles extrêmement variées. Les questions de bruit, de par l'étendue de leur domaine, offrent un choix particulièrement large, orienté selon la nature du bruit en cause. Ainsi, il peut s'agir, en cas de conflit entre locataires, du propriétaire de l'appartement d'où proviennent les nuisances acoustiques. De même, pour les conflits

---

[1] Etendre le système de médiation, Echo Bruit n° 85, mars 1998, p. 20.

[2] Lors d'un colloque marquant le 25e anniversaire de la création de la médiation de la République (loi du 3 janvier 1973). V. : Echo Bruit n° 85, mars 1998, préc.

entre copropriétaires, les syndics de copropriété peuvent constituer d'utiles relais. Les conciliateurs en mairie, le maire lui-même dans les petites communes, les personnels communaux désignés et formés à cet effet, les inspecteurs des services d'hygiène et de santé dans les villes de plus de 20 000 habitants, les inspecteurs des D.D.A.S.S. ou encore le préfet, notamment dans le cas d'installations classées, peuvent exercer cette fonction. Notons que la circulaire du 27 février 1996 relative à la lutte contre les bruits de voisinage attribue aux maires un rôle prépondérant en la matière, ceux-ci devant *« exercer pleinement cette mission »* de médiation. Il est vrai que *« l'expérience conduite par le ministère de l'environnement auprès des villes pilotes a permis d'apprécier l'efficacité des interventions municipales »*[1] (*supra* n° 962 et s.).

1502. La ville d'Aix-les-Bains a de la sorte nommé un inspecteur « Bruit », agent de la police municipale qui, suite aux plaintes, se rend sur place afin de discuter avec le plaignant et le « bruiteur ». Il a été relevé que dans 80 % des cas, cette seule intervention suffisait à règler le conflit. Depuis plus de dix ans, la municipalité de Vaire sur Marne dispose d'un « commissaire au bruit », enseignant à la retraite, qui mène avec succès son rôle de médiateur ainsi que des campagnes de civisme[2]. La ville de Biarritz confie ses problèmes de bruit de voisinage à deux médiateurs, personnalités indépendantes, qui sont secondés par les services techniques de la ville lorsqu'ils en ont besoin notamment pour réaliser des relevés sonométriques. Devant les résultats très encourageants obtenus depuis leur prise de fonction, ces médiateurs, qui reçoivent en mairie deux fois par semaine, entendent bien poursuivre leur action[3]. A l'exemple de ces expériences qui tendent à se multiplier, le service « Habitat » de la Communauté urbaine de Strasbourg a recruté des gardiens médiateurs, affectés aux quartiers réputés difficiles sur le plan du voisinage. Avant leur entrée en fonction, ces médiateurs ont bénéficié d'une formation leur permettant d'assurer leur mission de conciliation sur le terrain avec toute la compétence et l'efficacité requises[4].

1503. Le principe de cette technique de gestion des conflits est simple. Un des protagonistes, dans la majorité des cas la victime du bruit, requiert l'intervention du médiateur. Celui-ci contacte l'auteur du trouble et organise une réunion entre les deux parties du litige. Il tente alors d'aider les deux personnes à trouver en commun des solutions. La réussite de cette entreprise suppose plusieurs conditions de base. Il faut, d'une part, que chacun des protagonistes ait la volonté de mettre fin au conflit et soit de bonne foi dans cette démarche et, d'autre part, que le médiateur soit identifié comme étant une personne neutre dans le débat. Dans les petites villes où le maire est appelé à assurer cette tâche, ce dernier paramètre n'est pas sans poser de problème dans la mesure où l'élu est souvent proche des parties impliquées. Le choix de nommer un médiateur qui n'est pas un élu, comme à Sélestat ou à Biarritz par exemple, apparaît alors plus pertinent.

1504. Le but de la médiation est de favoriser le dialogue, de faire s'écouter les uns et les autres et de trouver un règlement rapide et de bon sens au conflit afin d'éviter le recours à des institutions administratives ou judiciaires lourdes et laborieuses. Mais le choix et la formation du médiateur revêtent une réelle importance, car il s'agit d'éviter

---

[1] Circulaire du 27 février 1996 relative à la lutte contre les bruits de voisinage (*JO* du 7 avril 1996, p. 5474).

[2] V. : Les bruits de voisinage - Deux décrets qui vont élargir les interventions des agents communaux et simplifier les procédures, Echo Bruit n° 68-69, juin 1995, p. 21-22.

[3] Un an de médiation à Biarritz, Echo Bruit n° 76-77, septembre 1996, p. 17.

[4] V. : Strasbourg-Cronenbourg - L'Ophlm Cus habitat recrute des gardiens médiateurs, Echo Bruit n° 70-71, novembre 1995, p. 12.

que des solutions injustes soient acceptées par des personnes se sentant indûment en position de faiblesse. Les engagements qui résultent de la conciliation ont plus de chance d'être respectés lorsqu'ils émanent directement des parties en présence et non de solutions toutes faites suggérées par le médiateur. Les décisions ainsi prises en commun n'ont pas de valeur juridique et donc de force exécutoire. Ce sont de simples engagements moraux. Cependant, le médiateur peut être appelé à suivre leur application. Le suivi des accords entre bruiteurs et victimes est particulièrement important. En témoignent, dans un autre domaine, les carences dans l'application des mesures judiciaires dont le suivi n'est pas assuré. Il est par conséquent souhaitable qu'il se développe et devienne automatique chez les médiateurs.

1505. Les associations de défense, intervenant en matière de bruit, telles que la Ligue française contre le bruit ou le Centre Antibruit du Bas-Rhin, peuvent également constituer d'utiles relais et accompagner les victimes dans leurs démarches. Leur notoriété et leur détermination à trouver un règlement amiable des conflits facilitent bien souvent la conciliation. Mais la technique de la médiation, largement répandue dans certains pays comme le Canada et la Grande-Bretagne, ne s'est d'abord développée en France que dans des domaines limités, notamment les conflits familiaux et conjugaux ou les litiges de consommation. Or cette pratique, relativement simple à mettre en œuvre, apporte des solutions à des conflits qui d'ordinaire finissaient par aller devant la justice, après généralement des interventions répétées et sans succès auprès des services administratifs. Aussi, si le droit du bruit comporte bien un arsenal juridique répressif, il convient surtout, et en priorité, de mettre en place des systèmes de médiation.

1506. Dans cette optique, et à l'appui des médiations de quartier, le président de la République a souhaité que les systèmes de médiation judiciaire se généralisent également et s'étendent à d'autres domaines, parmi lesquels celui des litiges d'ordre privé où les bruits de voisinage figurent en bonne place.

b) La médiation judiciaire

1507. Certaines communes disposent de « conciliateurs de justice »[1] près les tribunaux d'instance, qui ont pour mission de faciliter, en-dehors de toute procédure judiciaire, le règlement à l'amiable des différents issus notamment de bruits de voisinage. Peuvent être nommées à cette fonction toutes personnes qui justifient d'une expérience en matière juridique d'au moins trois ans et présentent les qualités et compétences particulières requises pour cette tâche. En revanche, sont exclus les officiers publics et ministériels et les personnes qui exercent, à quelque titre que ce soit, des activités judiciaires ou qui participent au fonctionnement du service de la justice. Les conciliateurs de justice doivent donc être des personnes totalement indépendantes du système judiciaire. Néanmoins, ces incompatibilités de statut ne concernent pas les suppléants de juge d'instance qui peuvent remplir cette fonction. Ils sont nommés par ordonnance du premier président de la Cour d'appel, après avis du procureur général, sur proposition du juge d'instance auprès duquel ils doivent déposer les procès-verbaux de conciliation.

1508. Toute personne, physique ou morale, peut s'adresser sans formalisme particulier au conciliateur de justice qui peut également être saisi par les autorités

---

[1] Décret n° 78-381 du 20 mars 1978 relatif aux conciliateurs de justice (*JO* du 23 mars 1978), modifié par les décrets n° 81-583 du 18 mai 1981, n° 93-254 du 25 février 1993 et n° 96-1091 du 13 décembre 1996 (*JO* du 15 décembre 1996).

judiciaires auxquelles il rend compte de ses diligences et du résultat de sa mission[1]. Pouvant se faire accompagner de la personne de son choix, le conciliateur a la possibilité d'inviter les parties à se présenter devant lui ou se rendre lui-même sur les lieux. Sous réserve de leur acceptation, il peut en outre entendre toutes personnes -des voisins pouvant apporter leur témoignage par exemple- dont l'audition lui paraît utile. L'accord trouvé devant le conciliateur de justice ne constitue, en principe, qu'un simple engagement d'honneur, en quelque sorte un contrat moral passé entre la victime et son « bruiteur ». Cependant, lorsqu'un procès-verbal d'accord est rédigé, cet acte peut avoir la même force qu'un jugement. En effet, *« dès lors que les parties en expriment la volonté dans l'acte constatant leur accord, le juge d'instance (...) peut donner force exécutoire à l'acte exprimant cet accord »*[2]. Le règlement amiable n'est alors plus simplement un engagement moral mais devient un acte juridiquement contraignant et opposable.

1509. La circulaire du 27 février 1996 relative à la lutte contre les bruits de voisinage insiste sur une autre voie de règlement des conflits entre voisins : celle de la **médiation pénale.** Cette nouvelle forme de conciliation a été introduite par la loi n° 93-2 du 4 janvier 1993 portant réforme de la procédure pénale (art. 6), qui a ajouté un nouvel alinéa à l'article 41 du Code de procédure pénale[3], consacrant ainsi les expérimentations puis les pratiques qui s'étaient développées à partir des années quatre-vingt dans certains tribunaux[4]. L'article 41 *in fine* a ensuite été supprimé par la loi n° 99-515 du 23 juin 1999 renforçant l'efficacité de la procédure pénale (art. 2), qui a créé un article 41-1, nouveau siège légal de la médiation pénale. Aux termes de ce texte, *« s'il lui apparaît qu'une telle mesure est susceptible d'assurer la réparation du dommage causé à la victime, de mettre fin au trouble résultant de l'infraction ou de contribuer au reclassement de l'auteur des faits, le procureur de la République peut, préalablement à sa décision sur l'action publique, directement ou par délégation : (...) 5° Faire procéder, avec l'accord des parties, à une mission de médiation entre l'auteur des faits et la victime »*[5].

1510. Il s'agit là d'une véritable médiation judiciaire[6] placée sous l'autorité du procureur de la République et se déroulant avant le déclenchement des poursuites. A la

---

[1] Notons que la saisine du conciliateur de justice, se situant dans le cadre d'un traitement amiable, n'interrompt ni ne suspend la prescription, les délais de déchéance ou de recours.

[2] Art. 9 al. 3 du décret n° 78-381 du 20 mars 1978 modifié, préc.

[3] Aux termes du dernier alinéa de l'art. 41 du C.P.P. introduit par la loi n° 93-2 du 4 janvier 1993 (*JO* du 5 janvier 1993), *« le procureur de la République peut enfin, préalablement à sa décision sur l'action publique et avec l'accord des parties, décider de recourir à une médiation s'il lui apparaît qu'une telle mesure est susceptible d'assurer la réparation du dommage causé à la victime, de mettre fin au trouble résultant de l'infraction et de contribuer au reclassement de l'auteur de l'infraction ».*

[4] V. sur cette question : G. BLANC, La médiation pénale (commentaire de l'article 6 de la loi n° 93-2 du 4 janvier 1993 portant réforme de la procédure pénale), J.C.P. 1994, I, 3760 ; J. LEBLOIS-HAPPE, La médiation pénale comme mode de réponse à la petite délinquance : état des lieux et perspectives, Rev. sc. crim. 1994, p. 525 et s. Pour une critique de cette procédure : D. GUIHAL, Droit répressif de l'environnement, préc., p. 43, n° 231 et s.

[5] Les critères retenus par l'art. 41-1 du C.P.P. sont les mêmes que ceux qui autorisent l'ajournement et la dispense de peine (art. 132-59 et s. du N.C.P.), à savoir : la réparation du dommage causé à la victime, la fin du trouble résultant de l'infraction, le reclassement de l'auteur du délit. Mais le procureur de la République n'est pas obligé de tenir compte de ces trois conditions de manière cumulative, contrairement à ce que prévoyait l'ancien article 41.

[6] Notons qu'il existe une autre institution en la personne du médiateur de la République, qui s'occupe exclusivement des litiges entre l'Administration et ses administrés. Le médiateur de la République ne peut être saisi directement, mais par l'intermédiaire d'un député ou d'un sénateur. A partir du moment où une

demande du ministère public et avec l'aide d'un médiateur qui peut être une personne physique ou morale, les magistrats du Parquet tentent de mettre en place des solutions « librement négociées » entre les parties. La circulaire du 27 février 1996 met en avant les nombreux atouts résultant de la mise en place de ces nouveaux services de médiation. Non seulement, ils vont soulager de façon appréciable les tribunaux engorgés, mais ils permettent également d'éviter les classements sans suite relativement nombreux en matière de bruits de voisinage, tout en facilitant le retour à de bonnes relations de voisinage.

1511. Les objectifs poursuivis par la médiation pénale -les critères d'appréciation de l'opportunité d'une telle mesure- correspondent aux attentes de toute victime de bruit de voisinage, à savoir la réparation de son dommage et surtout la cessation du trouble résultant de l'infraction, c'est-à-dire des nuisances sonores. De caractère consensuel, cette procédure privilégie le dialogue entre voisins qui très souvent, en matière de bruit, suffit à mettre un terme à la situation conflictuelle, à trouver un point d'équilibre entre les agissements et activités des parties en présence. L'accord de médiation pourra ainsi constater l'engagement moral de ne pas réitérer le bruit délictueux, d'adopter une conduite plus respectueuse de la tranquillité d'autrui, de s'abstenir de comportements excessifs sur le plan des ambiances sonores[1]. La loi ne se prononce pas sur la nature juridique de l'accord lui-même qui, le plus souvent, est consigné par écrit *« afin que les intéressés prennent clairement conscience de la portée de leurs engagements »*[2]. Dans l'intérêt des parties, notamment afin de garantir la victime de la cessation du trouble sonore qu'elle subit, il serait souhaitable que l'accord constitue un véritable contrat liant juridiquement ses signataires, tel que par exemple la transaction de l'article 2044 du Code civil[3] (*infra* n° 2072).

1512. La médiation pénale paraît ainsi adaptée au règlement des conflits opposant des « bruiteurs » et leurs victimes vivant à proximité, qui ont tout intérêt à se « réconcilier » le plus rapidement possible. L'avenir nous dira si cette procédure, désormais proposée à l'initiative du procureur de la République en remplacement soit d'un classement sans suite de l'affaire, soit de poursuites pénales longues et disproportionnées, est en pratique effective et efficace. Elle constitue la dernière possibilité d'un règlement amiable de l'affaire. Pour l'heure, notons l'initiative du procureur de la République de l'Essonne qui a proposé à une dizaine de communes du département de créer des services de médiation, permettant de régler les conflits entre habitants sans aller jusqu'au procès. Il est prévu que ces services fonctionnent sur les deux modes de médiation : la médiation pénale, lorsque c'est le procureur de la République qui envoie les protagonistes d'un conflit devant le service et la saisine directe -ou « médiation de quartier »-, lorsqu'une des parties au conflit saisit le médiateur

---

procédure devant une juridiction est engagée, il ne peut plus intervenir, de même qu'il n'est pas compétent pour les litiges qui mettent en cause des personnes privées entre elles. Il intervient uniquement si le service public a mal fonctionné et dès lors que le plaignant se heurte à une difficulté avec l'Administration, une collectivité territoriale ou un organisme investi d'une mission de service public.

[1] Sur le plan pénal, cet accord passé entre les parties ne lie pas le ministère public qui demeure libre de déclencher l'action publique, nonobstant la réussite de la médiation pénale, et à plus forte raison si la mesure se solde par un échec.

[2] J. LEBLOIS-HAPPE, La médiation pénale comme mode de réponse à la petite délinquance : état des lieux et perspectives, préc., p. 533.

[3] En ce sens : G. BLANC, La médiation pénale, préc. et J. LEBLOIS-HAPPE, La médiation pénale comme mode de réponse à la petite délinquance : état des lieux et perspectives, préc.

spontanément ou après avoir été aiguillée par les services municipaux, sociaux ou par le commissariat de police[1].

1513. Précisons encore que la qualification de transaction, au sens de l'article 2044 du Code civil, qui peut être donnée à l'accord résultant de la médiation pénale ne doit pas être confondue avec la procédure de la transaction pénale évoquée par l'article 6 alinéa 3 du Code de procédure pénale. En effet, la transaction en matière pénale consiste, *« lorsque la loi en dispose expressément »*, en un accord passé entre l'administration ayant le droit de transiger et l'auteur de l'infraction[2]. Ce dernier, s'il y consent, s'engage à l'accomplissement d'une prestation déterminée en contrepartie de l'extinction des poursuites. La transaction pénale a récemment vu son champ d'application élargi par la loi n° 99-515 du 23 juin 1999 (art. 1er) qui instaure, au profit du ministère public, une nouvelle procédure de « composition pénale » à l'article 41-2 du Code de procédure pénale[3]. Le procureur de la République a désormais la faculté de proposer à l'auteur d'un délit « ordinaire » un abandon des poursuites en contrepartie de l'exécution d'une (ou plusieurs) prestation(s) déterminée(s).

1514. Parmi les infractions limitativement visées par cette mesure, figure le délit d'agressions sonores réitérées en vue de troubler la tranquillité d'autrui, réprimé par l'article 222-16 du Code pénal (*supra* n° 1252 et s.). Le procureur de la République, ou une personne déléguée par lui, peut donc proposer une composition pénale à l'auteur majeur de ce délit contre lequel des poursuites pénales n'ont pas encore été déclenchées. L'accord conclu entre l'autorité de poursuites et le délinquant portera sur l'accomplissement par ce dernier d'une ou plusieurs prestations dont le contenu est déterminé par le Parquet. Celui-ci peut exiger le versement d'une somme d'argent dont le montant ne peut excéder 3 750 euros ni la moitié de l'amende encourue ; la remise au greffe du permis de conduire ou de chasser pour une durée maximale de quatre mois ; l'accomplissement, dans un délai de six mois au plus, d'un travail non rémunéré de soixante heures maximum au profit de la collectivité ; le dessaisissement au profit de l'État de la chose qui a servi ou était destinée à commettre l'infraction ou qui en est le produit.

1515. Ces mesures -si elles sont acceptées par l'auteur des faits- ne seront mises à exécution que si le président du tribunal donne son accord à la procédure par une *« une ordonnance validant la composition »*. Soumise au contrôle de « l'autorité de jugement », la conclusion de la transaction est en outre subordonnée, d'une part, à l'information de la victime qui peut à tout moment interrompre la procédure en déclenchant les poursuites pénales et, d'autre part, à son désintéressement, c'est-à-dire à la réparation du dommage. Les garanties ainsi offertes à la victime d'agressions sonores au sens de l'article 222-16 du Code pénal font de ce règlement transactionnel une solution satisfaisante au conflit pénal résolu dans un délai en principe réduit. L'accomplissement de la prestation convenue, qui est la condition de l'extinction des poursuites, est de nature à dissuader l'auteur de l'infraction -à qui est offert une chance

---

[1] V. : Médiation en Essonne, Echo Bruit n° 64, juillet 1994, p. 8 et P. DESAVIE, Les atouts de la médiation directe, Le Monde, 27-28 mars 1994.

[2] V. par exemple l'article L. 437-14 du Code de l'environnement qui prévoit, pour les infractions en matière de pêche, que *« l'autorité administrative chargée de la pêche en eau douce a le droit de transiger, après accord du procureur de la République, selon les modalités fixées par décret en Conseil d'État (...) »*.

[3] V. sur cette question : J. LEBLOIS-HAPPE, De la transaction pénale à la composition pénale - Loi n° 99-515 du 23 juin 1999, J.C.P. 2000, I, 198.

d'échapper aux *« effets pervers d'un jugement, toujours infamant »*[1]- de recommencer sous peine, cette fois, d'être jugé par le tribunal.

1516. Au coeur de la logique du règlement amiable des différends entre voisins, la médiation, sous toutes ses formes, est particulièrement indiquée dans les conflits nés du bruit. En tout état de cause, elle est la voie vers laquelle il convient de se tourner de prime abord, car elle aménage un espace de dialogue et de négociation directe entre les intéressés. Les expériences menées dans ce domaine sont convaincantes. On note un taux de réussite important qu'une formation appropriée destinée aux personnes nommées dans cette fonction pourrait encore améliorer. Travail d'écoute et de proximité, la médiation obéit en effet à certaines règles et à une éthique stricte, dont le respect conditionne l'issue du litige. Le développement de cette technique de gestion des conflits a touché les services administratifs locaux, qui la mettent en œuvre avant d'avoir recours à un traitement administratif, au sens strict du terme, des réclamations.

B. Le traitement administratif

1517. Le traitement administratif des plaintes et réclamations pour bruit de voisinage recouvre deux réalités liées entre elles. Sur le plan matériel, il renvoie au traitement local des plaintes par les différents services administratifs chargés d'intervenir dans ce domaine (1). Sur le plan juridique, il prend la forme de mesures administratives décidées par l'autorité compétente et allant, le cas échéant, jusqu'au prononcé de sanctions administratives en cas de non-conformité à la loi (2).

1- Le traitement local des plaintes par les services administratifs

1518. Le traitement local des plaintes est placé sous l'autorité des deux « chefs d'orchestre » intervenant à cet échelon en matière de bruits de voisinage et de tranquillité publique, à savoir le maire et le préfet, selon la répartition des compétences fixée par la loi (*supra* n° 629 et s.). Les services administratifs mis à leur disposition -services communaux et services départementaux- sont, nous l'avons vu, extrêmement nombreux. Leurs attributions respectives n'apparaissent pas toujours clairement aux requérants qui ne savent pas à qui s'adresser.

1519. Le premier problème est donc de savoir qui fait quoi, afin d'orienter, dès le départ, correctement sa demande. L'identification du service compétent (a) pour telle question de bruit spécifique va permettre non seulement de gagner du temps, ce qui, lorsque l'on a à supporter des nuisances sonores, est appréciable, mais également de s'assurer, ensuite, des compétences administratives requises en vue de l'accueil et du traitement de sa plainte (b).

a) L'identification du service compétent

1520. Lorsque la victime de nuisances sonores décide de faire appel à l'Administration pour que cesse la situation de gêne, elle ne peut dénoncer le trouble à n'importe quel service. La complexité du phénomène bruit est telle que la répartition des tâches et des moyens a été opérée entre différents services dont les fonctions respectives sont assignées de façon rigide. Il est donc important de s'adresser au bon interlocuteur.

1521. Le maire, autorité la plus proche de la population, est le mieux à même de répondre aux plaintes de celle-ci dans le domaine du bruit. Les textes juridiques ne

---

[1] : J. LEBLOIS-HAPPE, De la transaction pénale à la composition pénale - Loi n° 99-515 du 23 juin 1999, préc., p. 64.

démentent pas cet état de fait, lui attribuant compétence à la fois préventive et répressive en matière de bruits de voisinage. Il est par conséquent la première autorité administrative vers laquelle il convient de se tourner lorsque les démarches amiables ont échoué. Garant de la tranquillité publique dans le cadre de ses pouvoirs de police, le maire pourra instruire lui-même la réclamation pour bruit s'il s'agit d'une petite commune. Dans les communes plus importantes, ce sont les services communaux d'hygiène et de santé qui sont chargés des dossiers bruit.

1522. Dans la pratique, les plaintes liées aux bruits de comportement et ne nécessitant pas de mesure acoustique sont ainsi normalement traitées par la mairie du lieu de la gêne. Les plaintes liées aux activités bruyantes et exigeant une mesure acoustique sont également traitées par les communes, lorsqu'elles disposent de personnel compétent et de matériel homologué (sonomètre). Les communes qui n'ont ni l'un ni l'autre doivent faire appel aux services techniques du préfet, à savoir les services d'hygiène de la D.D.A.S.S. extrêmement sollicités dans ce domaine ou encore ceux de la D.D.E. lorsqu'il s'agit d'un bruit relatif aux infrastructures de transport et à l'équipement. En cas de carence du maire et de ses services dans l'exercice de leur mission légale, il convient alors de s'adresser au préfet, supérieur hiérachique des élus locaux, qui interviendra en application de ses pouvoirs de substitution et avec l'aide de ses services spécialisés.

1523. Le recours direct au préfet ne se justifie que dans deux cas. D'une part, il est compétent en matière de tranquillité publique, à l'exception des bruits de voisinage entendus au sens strict, dans les communes à police étatisée. D'autre part, les nuisances sonores produites par des installations classées pour la protection de l'environnement sont exclusivement de son ressort. Les riverains gênés par le bruit de telles installations doivent donc s'adresser directement au préfet. Celui-ci transmettra le dossier à la D.R.I.R.E. qui diligentera une enquête menée par les inspecteurs des installations classées. A ces deux hypothèses générales, s'ajoute la situation particulière de la Capitale. En effet, le Préfet de Police joue le premier rôle dans la lutte contre le bruit, non seulement par les polices administratives spéciales qu'il exerce au nom de l'État, mais surtout par les missions de police municipale qui lui sont dévolues depuis l'arrêté des Consuls du 12 messidor An VIII, confirmées par l'article L. 2512-13 du C.G.C.T., en tant que garant de la tranquillité publique.

1524. Pour les bruits ne nécessitant pas de relevés sonométriques, les victimes parisiennes s'adresseront aux commissariats de sécurité publique d'arrondissements, appelés également services de voie publique. Ils interviendront ainsi pour l'application de l'article R48-2 du Code de la santé publique et de l'article R623-2 du Code pénal qui incrimine la contravention de tapage nocturne. Les réclamations portant sur des bruits provoqués par des activités (commerces, ateliers artisanaux, manifestations culturelles...) sont, elles, du ressort du bureau de lutte contre les nuisances de la Direction de la protection du public à la Préfecture de police. Cette même Direction comporte en outre un service spécialisé dans les installations classées : le Service d'inspection technique des installations classées, qui est en même temps compétent pour les trois départements de la petite couronne, sous l'autorité des préfets desdits départements (les Hauts de Seine, la Seine Saint Denis et la Val de Marne)[1].

1525. L'identification et la saisine du service administratif compétent pour tel problème spécifique de bruit doivent recevoir un *« accueil attentif »*, selon les termes de

---

[1] V. : La prévention des bruits de voisinage à Paris, Echo Bruit n° 86, juin 1998, p. 22-23.

la circulaire du 27 février 1996[1], de la plainte du requérant. C'est en effet la bonne instruction du dossier qui déterminera l'issue du litige. A ce stade, qu'en est-il aujourd'hui de l'affirmation maintes fois répétée selon laquelle *« le citoyen victime du bruit qui s'adresse aux Pouvoirs publics,* et en l'occurrence aux autorités et services administratifs compétents, *se heurte souvent à un mur d'indifférence »*[2] ?

b) Le schéma d'accueil et de traitement des plaintes

1526. Les exemples concrets de parcours d'une plainte pour bruit de voisinage, fournis par le ministère de l'Environnement lors de sa première campagne nationale contre le bruit lancée en 1982, sont éloquents. Chacun illustre des pratiques caractéristiques de traitement de la nuisance sonore et met en lumière les obstacles à un règlement rapide et efficace du litige.

1527. La première procédure rapportée est représentative d'un blocage relativement fréquent dans la pratique. S'agissant d'une activité artisanale en milieu urbain, dont le bruit est à l'origine de palpitations cardiaques chez le plaignant ainsi que de vibrations et fissures dans le mur de sa maison, l'affaire a été classée au bout de 425 jours d'instruction pour le moins infructueuse. L'affaire, qui se présente en 12 actes, débute par la saisine du Bureau d'Hygiène municipal par la victime en mars 1978. Une enquête est menée qui se conclut par la transmission du dossier au service des installations classées, en mai 1978, le maire se déclarant incompétent au profit du préfet. Celui-ci envoie le dossier au Service des Mines. Ce dernier n'agissant pas, le plaignant s'adresse à nouveau au préfet qui transmet au service saisi, en juillet 1978. Il faudra, par deux fois, de nouvelles relances du plaignant suivies de nouvelles transmissions au Service des Mines, pour qu'une enquête positive des mines soit enfin -faute de personnel- effectuée en avril 1979. Elle aboutira finalement à ce qu'aucune procédure ne soit entamée contre le fauteur.

1528. Le deuxième exemple retrace une pratique courante, caractéristique d'un défaut d'information concernant les compétences respectives de chaque service intervenant dans telles ou telles affaires de bruit. Il illustre ce que l'on appelle le phénomène de « renvoi de balle »-propre aux administrations- entre plusieurs organismes, sans que le fauteur ne soit jamais véritablement inquiété. En l'espèce, c'est le défaut d'information concernant le statut de la fabrique à l'origine de nuisances sonores la nuit qui était en cause. L'installation incriminée n'étant pas classée au titre de la loi n° 76-663 du 19 juillet 1976, l'affaire n'était pas du ressort du Service des installations classées. Or, suite à la plainte déposée par un voisin à la mairie, le maire s'est déchargé sur la Préfecture, qui a renvoyé à la mairie afin que le maire, compétent en la matière, prenne les dispositions qui s'imposent. La prise de conscience effective de sa compétence par tel service dans une affaire donnée peut parfois prendre du temps. Au sein du système complexe de l'Administration en charge du bruit, les va et vient des dossiers sont fréquents entre deux ou plusieurs services, jusqu'à ce que le service compétent veuille bien se saisir du problème.

1529. Enfin, le troisième cas met en évidence la difficulté de faire appliquer une décision administrative, rendue après plusieurs années de blocage. En octobre 1974, le Service des Installations classées est saisi d'une plainte relative au bruit émanant d'une

---

[1] Circulaire du 27 février 1996 relative à la lutte contre les bruits de voisinage (*JO* du 7 avril 1996, p. 5474).

[2] G. GOUTAGNEUX, Le rôle du chargé du bruit et le schéma départemental d'accueil et de traitement des plaintes, Echo Bruit, fiche technique « Qui fait quoi ? » n° 22, mars 1987.

scierie, suite à des chargements et manipulations diverses. Une enquête est demandée au Service des Mines en novembre 1974, qui établit en octobre 1975 que le trouble est réel. Le préfet met alors le fauteur en demeure de se conformer à la réglementation sur le bruit, en décembre 1975. Celui-ci n'obtempérant pas, le plaignant relance la Préfecture, qui chargera le Service des Mines de refaire des enquêtes qui, au nombre de trois, viendront confirmer le premier résultat obtenu. Au bout de trois ans, alors que le fauteur ne s'est toujours pas mis en conformité avec la réglementation, le plaignant s'adresse en désespoir de cause au Ministère de l'Intérieur, qui demande à la Préfecture de faire une enquête ! Le Service des Installations Classées, au lieu de contraindre le responsable de régulariser sa situation, redemandera six fois au Service des Mines de refaire son enquête, ... ce qu'il ne fera pas.

1530. En vue d'éliminer de la pratique administrative ces trois cas de figure, le ministre de l'Environnement avait demandé aux préfets -alors « commissaires de la République »-, par une circulaire du 28 octobre 1981, de nommer dans leurs services un agent responsable du bruit, chargé de mettre en place un schéma d'accueil et de traitement des plaintes. Le rôle de ce « chargé du bruit » comportait trois volets. Il devait tout d'abord accueillir les plaintes, c'est-à-dire répondre effectivement à tous les plaignants. Puis, il se devait d'orienter correctement ces plaintes vers les diffférents services de l'État ou des communes compétents pour résoudre le problème posé et s'assurer, enfin, de leur suivi (enquête sur place, constat, solution trouvée en la forme d'un arrangement à l'amiable, d'une mise en demeure ou d'un procès-verbal de constatation d'infraction).

1531. Si l'idée d'un schéma directeur permettant un traitement efficace, c'est-à-dire rapide et ordonné, de tous les types de plaintes pour bruits de voisinage a constitué un réel progrès dans son concept, sa mise en œuvre a été décevante, faute d'une mobilisation de moyens suffisants. Le préfet C. Boitel, à l'époque responsable du dossier au ministère de l'Environnement, en avait dressé un bilan sans appel. Il constatait que *« les personnes chargées du bruit dans chaque préfecture, les fameux -mais très discrets !- Monsieur Bruit, ont obtenu des résultats très inégaux, car ces fonctionnaires reçoivent les plaintes sans pouvoir les traiter eux-mêmes »*[1]. Une fois encore, les principes et mécanismes de lutte contre les nuisances acoustiques n'ont pas été accompagnés des moyens nécessaires à leur mise en application.

1532. Très vite dépassés par le nombre de plaintes qu'ils réceptionnaient, les chargés du bruit ont dû s'entourer d'une cellule opérationnelle plus élaborée et plus importante en moyens matériels et humains. De là est née une organisation fonctionnelle des services de l'État autour des « pôles de compétences » (*supra* n° 537 et s.). Ces derniers, amenés à se généraliser dans l'ensemble des départements et à développer leurs structures et leur potentiel de fonctionnement se sont immédiatement, et en priorité, atelés à la délicate question du traitement des plaintes. Leur principal atout est de mettre en place, au sein d'un réseau à l'échelon départemental, un travail d'équipe, réunissant divers spécialistes et compétences, ce qui réduit de manière appréciable le cloisonnement inhérent aux différents services administratifs. *« Leur action sur le terrain est devenue ainsi plus efficace en raison d'une mobilisation plus rapide, d'un partenariat technique inter-services institutionnalisé et d'une meilleure cohérence des interventions, notamment en matière de mesures acoustiques »*[2].

---

[1] Le Monde du 28 février 1986.

[2] A propos du pôle de compétence « bruit » du département de la Savoie : J.-P. GUALEZZI, « Le bruit dans la ville », Rapport du Conseil Economique et Social, préc., p. II-79.

1533. C'est par conséquent vers ces pôles de compétence « bruit » qu'il convient désormais de se tourner pour la mise en œuvre du schéma d'accueil et de traitement des plaintes. Comme le souligne la circulaire du 27 février 1996 relative à la lutte contre les bruits de voisinage, *« cette démarche contribue à favoriser l'émergence d'une nouvelle forme d'administration qui permet une action plus efficace des pouvoirs publics et une meilleure prise en compte des problèmes rencontrés par les citoyens »*. Selon la nature du bruit à l'origine de la nuisance et de la plainte qu'elle fonde, la gestion du dossier sera confiée au service local compétent, sous l'autorité du maire, principal intervenant en matière de bruits de voisinage ou sous l'autorité du préfet en application de ses pouvoirs de police spéciale.

1534. La procédure de gestion du dossier est alors toujours la même, menée dans l'optique principale d'éviter d'en arriver au stade ultime de la répression par le biais de la phase contentieuse. L'autorité locale compétente, de niveau communal ou départemental, constatera le bien-fondé de la plainte et favorisera le traitement amiable du problème au moyen de la médiation (rencontre du voisin bruyant, rappel de la réglementation en vigueur, le cas échéant mesure de l'émergence sonore, organisation d'une réunion de conciliation). Selon un constat d'ensemble, plus de 80 % des conflits de voisinage liés au bruit sont ainsi réglés par la médiation. La loi cadre du 31 décembre 1992 encourage cette voie en donnant la possibilité aux maires de nommer des agents communaux habilités à constater et suivre les infractions en matière de bruits de voisinage. Cependant, très peu de communes, hormis les grandes villes, ont pour l'heure pris des dispositions en ce sens et formé de façon spécifique des agents à cette pratique.

1535. Dans de nombreux cas encore, soit en raison de l'insuffisance des moyens octroyés aux services administratifs, soit parce que la médiation n'a abouti qu'à une solution provisoire ou fragile fondée sur une bonne volonté des parties qui n'était qu'apparente, le règlement amiable se solde finalement par un échec. Le traitement administratif du conflit prend alors une autre orientation, mettant en jeu les mesures administratives mises à la disposition des autorités locales par la loi.

2- Les mesures administratives en cas d'infraction

1536. En cas d'échec de la procédure amiable et s'il s'avère que la plainte est fondée, les autorités administratives, maire ou préfet selon les cas, sont amenées à prendre les mesures qui s'imposent afin de faire cesser la situation infractionnelle et de là, le trouble en découlant pour le voisinage. Ces mesures sont de nature administrative, compte tenu des autorités dont elles émanent et par opposition aux sanctions pénales que seul le juge répressif a le pouvoir de prononcer. Elles s'apparentent néanmoins à des sanctions -administratives- dont l'objectif est de rétablir la légalité, en enjoignant au « bruiteur » de se conformer à la réglementation. La majorité des polices spéciales intervenant en matière de bruit, les législations sectorielles antérieures à la loi cadre sur le bruit, de même que cette dernière, comportent de telles mesures attribuant des pouvoirs spéciaux à l'autorité administrative compétente.

1537. Ainsi, le préfet du département dans lequel est situé un débit de boissons produisant des nuisances sonores dans le voisinage est habilité, par l'article L. 3332-15 du Code des débits de boissons, à prendre un arrêté de fermeture provisoire, pour une durée qui ne peut excéder six mois. Le fondement d'une telle mesure repose sur le constat d'une infraction aux lois ou règlements relatifs à ces établissements ou la nécessité de préserver notamment la santé publique menacée par ces bruits. Ce texte révèle l'intérêt des riverains, gênés par les manifestations sonores des débits de boissons, de s'adresser aux services concernés de la Préfecture pour que soit diligentée une enquête. Dans certaines villes, une démarche préalable auprès du maire peut constituer une étape intermédiaire opportune. Il a été relevé que certains élus locaux, particulièrement sensibilisés à cette source de nuisance sonore, comme à Strasbourg par exemple, pouvaient alors émettre un avis motivé sur sa réalité et son importance et, par application de l'article L. 3332-15, se référer à à la santé publique pour convaincre le préfet de prendre un arrêté de fermeture provisoire.

1538. La sanction administrative peut être encore plus sévère si le ministre de l'Intérieur intervient en personne et use des pouvoirs que lui confère l'article L. 3332-16 du Code des débits de boissons pour prononcer une fermeture pouvant se prolonger jusqu'à un an. L'avantage de cette sanction administrative, qu'elle émane de l'autorité nationale ou départementale, est double. D'une part, elle permet la cessation complète de la nuisance le temps que dure la mesure. S'il est vrai que cette dernière n'est que provisoire, elle a pour effet, d'autre part, d'inciter l'exploitant à entreprendre toutes démarches et tous travaux destinés à diminuer ou à supprimer les nuisances sonores. Dans la pratique, la fermeture administrative, lorsqu'elle est prononcée, est en général convaincante et aboutit à ce que l'exploitant responsable du bruit agisse en vue de mettre un terme au trouble.

1539. Dans le secteur de la construction et de l'habitat, le Code de l'urbanisme et le Code de la construction et de l'habitation prévoient des mesures voisines, mises à la disposition du maire et, en cas de carence de ce dernier, du préfet. Conformément à l'article L. 480-2 du Code de l'urbanisme, s'agissant d'infractions aux règles d'urbanisme et à l'article L. 152-2 du C.C.H., en ce qui concerne la méconnaissance des règles de construction, le maire peut décider l'interruption des travaux illicites. Le procès-verbal constatant une des infractions à l'article L. 152-4 du C.C.H ou à l'article L. 480-4 du Code de l'urbanisme est le point de départ de cette mesure administrative provisoire. Le maire l'ordonne par voie d'arrêté motivé, si l'autorité judiciaire ne s'est pas encore prononcée sur l'infraction. Le traitement administratif du problème de bruit constitue donc bien un préalable à un éventuel contentieux pénal. Une copie de cet arrêté est transmise sans délai au ministère public qui a le monopole de l'opportunité des poursuites.

1540. La mise en œuvre de la mesure est assurée par les textes qui prévoient que le maire peut prendre toutes mesures de coercition nécessaires pour assurer l'application immédiate de son arrêté. Parmi celles-ci, la saisie des matériaux approvisionnés et du matériel de chantier semble particulièrement efficace. L'arrêté municipal d'interruption des travaux, préalable au traitement pénal de l'infraction, est surtout dépendant de cette phase ultime de répression. Si aucune poursuite n'est engagée, le maire, informé par le procureur de la République, met fin, d'office ou à la demande de l'intéressé, aux mesures qu'il a prises. Dans le cas de poursuites pénales se soldant par une décision de non-lieu ou de relaxe, l'arrêté du maire cesse également d'avoir effet. La mesure administrative prononcée par le maire constitue donc une mesure conservatoire, dans l'attente d'une procédure pénale qui peut être longue à aboutir. Ainsi, dès avant la condamnation, le maire pourra intervenir à partir du moment où une infraction est constatée, ce qui permet de pallier les lenteurs du traitement pénal et les conséquences fâcheuses qui en résultent, telles que, notamment, l'achèvement des travaux qui entraîne le plus souvent une situation irréversible.

1541. L'intérêt d'un tel pouvoir attribué au maire est indéniable. Malheureusement, dans la pratique, il n'est encore exercé que trop parcimonieusement ou sélectivement. Les textes prévoient bien la possibilité pour le préfet, en cas de carence du maire et après une mise en demeure restée sans résultat à l'expiration d'un délai de vingt-quatre heures, de prendre les mêmes mesures. Cependant, rien n'oblige le représentant de l'État dans le département à intervenir dans ce sens, d'autant qu'il a déjà à exercer des pouvoirs exclusifs de sanction administrative au titre de polices spéciales. En effet, le législateur de 1992, prenant pour modèle la législation relative aux installations classées pour la protection de l'environnement, a calqué les mesures administratives pouvant être prises dans le cadre de la loi sur le bruit sur celles applicables aux installations classées, en l'occurrence bruyantes, relevant de la loi n° 76-663 du 19 juillet 1976.

1542. Il apparaît logique, puisque le législateur de 1992 s'est inspiré de la police des installations classées pour instaurer, sur le même modèle, une police administrative des activités bruyantes non classées, que les sanctions administratives applicables à l'une ou l'autre catégorie légale d'activités soient analogues. L'article 27-II de la loi du 31 décembre 1992 (devenu l'article L. 571-17 du Code de l'environnement), à l'instar de la loi du 19 juillet 1976, donne à l'autorité administrative compétente : le préfet[1], différents moyens de sanctionner l'inobservation des dispositions de l'article 6 (art. L. 571-6 C. env.) concernant les activités bruyantes ou des règlements et décisions individuelles pris pour son application. Le point de départ obligatoire des sanctions administratives est un arrêté de mise en demeure adressé par le préfet à l'exploitant ou au responsable de l'activité de se mettre en conformité avec la législation dans un délai déterminé. Il est important que l'arrêté préfectoral rappelle les conditions légales et réglementaires à respecter et précise le délai imparti à cet effet.

1543. Si à l'expiration du délai fixé pour l'exécution, la mise en demeure reste sans effet -et à cette seule condition-, le préfet peut, après avoir permis à l'intéressé de présenter sa défense, prendre une mesure contraignante. Trois types de mesures lui sont proposées et peuvent être successivement utilisées après une seule mise en demeure. Il peut tout d'abord obliger l'exploitant ou le responsable de l'activité à consigner entre les mains d'un comptable public la somme nécessaire au financement des travaux à réaliser, laquelle sera restituée au fur et à mesure de l'exécution des mesures prescrites. Il peut ensuite faire procéder à l'exécution d'office, aux frais de l'intéressé, des mesures prescrites. Enfin, la suspension de l'activité jusqu'à l'exécution des mesures prescrites peut également être décidée. Notons que la mise en œuvre des deux premières mesures peut se heurter dans la pratique à l'insolvabilité du responsable. Dans ce cas, la décision de suspension de l'activité paraît la plus appropriée. Mais souvent mal acceptée sur le plan social, elle est rarement utilisée.

1544. Ces mêmes sanctions peuvent être prononcées en application de l'article 23 de la loi n° 76-663 du 19 juillet 1976 (art. L. 514-1 C. env.), s'agissant de l'inobservation des conditions imposées à l'exploitant d'une installation classée, telles que les normes acoustiques. L'article 24 de ladite loi (art. L. 514-2 C. env.) prévoit d'autres mesures dans l'hypothèse d'une installation exploitée sans avoir fait l'objet de la déclaration ou de l'autorisation requise. Le préfet met alors l'exploitant en demeure de régulariser sa situation dans un délai déterminé et peut, par arrêté motivé, suspendre l'exploitation jusqu'à la mise en conformité administrative. Si l'exploitant n'obtempère pas à l'injonction préfectorale ou si la demande d'autorisation est rejetée, le préfet peut

[1] L'article 8 du décret n° 98-1143 du 15 décembre 1998 sur les discothèques précise en effet que l'autorité administrative compétente est le préfet. Les autres activités bruyantes visées par l'article 6 de la loi n° 92-1444 du 31 décembre 1992 (art. L. 571-6 C. env.), pour lesquelles les décrets d'application sont attendus, devraient donc également être du ressort du préfet, qui est déjà compétent en matière d'installations classées pour la protection de l'environnement réglementées par la loi n° 76-663 du 19 juillet 1976.

ordonner la fermeture[1] ou la suppression de l'installation, mesure cette fois définitive qui vient s'ajouter à la consignation d'un somme d'argent et à l'exécution d'office de l'article 23 de la loi (art. L. 514-1 C. env.). Précisons enfin que les trois mesures de l'article 23 de la loi n° 76-663 de 1976 (art. L. 514-1 C. env.) sont applicables aux installations non classées visées par l'article 26 (art. L. 514-4 C. env.).[2]

1545. La loi cadre sur le bruit prévoit, en outre, des moyens d'action spécifiques aux objets bruyants visés dans son article 2 (art. L. 571-2 C. env.). Conformément à l'article 27-I de la loi, devenu l'article L. 571-17 du Code de l'environnement, l'autorité administrative compétente peut, après mise en demeure et procédure contradictoire, prendre *toutes mesures destinées à faire cesser les troubles* résultant de l'émission ou de la propagation de bruits ayant pour origine tout objet ou dispositif ne répondant pas aux exigences posées par l'article 2 de la loi de 1992 et les textes pris pour son application (art. L. 571-2 C. env.). L'arrêt du fonctionnement, l'immobilisation, l'interdiction de mise sur le marché ou encore la saisie en tout lieu où se trouve l'objet ou le dispositif pourront être décidés à titre provisoire. Le préfet a également la possibilité de demander au juge que l'objet ou le dispositif soit rendu inutilisable ou détruit.

1546. Les autorités administratives compétentes disposent de pouvoirs spéciaux importants, destinés à faire cesser la situation illicite. Selon l'origine de la nuisance sonore incriminée et le fondement légal invoqué, la mesure sera provisoire (suspension de l'activité, saisie des objets et matériels, fermeture de l'établissement...) et s'analysera comme une mesure conservatoire ou de sécurité, ou définitive (suppression de l'installation, exécution des mesures prescrites) et se présente véritablement comme une sanction infligée au responsable du bruit dans le voisinage. Le prononcé des mesures et sanctions administratives part dans tous les cas du constat d'une infraction à la législation qui les prévoit. Les traitements administratif et pénal sont par conséquent liés à cette incrimination pénale. Elle constitue le point de départ commun, la condition *sine qua non* de toute sanction, qu'elle soit de caractère administratif et émanant des pouvoirs publics locaux, ou répressif et prononcée par le juge pénal seul compétent en la matière.

1547. Toutefois, les deux procédures n'en sont pas pour autant dépendantes l'une de l'autre. Exception faite des dispositions du Code de l'urbanisme, reprises dans le C.C.H., qui mettent un terme aux mesures prises par le maire dans les hypothèses où la procédure pénale n'a pas abouti au prononcé d'une peine, les mesures administratives sont arrêtées *« indépendamment des poursuites pénales »*[3]. Ainsi, elles peuvent s'ajouter aux sanctions pénales prononcées par le juge répressif ou être mises en œuvre en

---

[1] V. par exemple : C.E. 3 octobre 1986, *Manceaux,* inédit, sous l'art. L. 514-2 du Code de l'environnement : un élevage de chiens n'étant pas régulièrement déclaré, et la mise en demeure de régulariser la situation adressée à l'exploitant étant restée sans effet, le préfet a pu légalement -sur le fondement de l'art. 24 de la loi du 19 juillet 1976-, compte tenu du caractère de nécessité que présentait la protection de l'environnement, ordonner la fermeture de l'installation ; C.E. 20 février 1987, *Chevalerias,* R.J.E. 1987, p. 377 : mesure de fermeture d'une installation de récupération de matériaux ; C.E. 6 mars 1987, *Sainte-Rose,* R.J.E. 1988, p. 171 : mesure de fermeture d'un établissement de récupération et de stockage de véhicules.

[2] V. sur la question des sanctions administratives prévues par la loi n° 76-663 du 19 juillet 1976 relative aux installations classées pour la protection de l'environnement : M. BAUCOMONT et P. GOUSSET, Traité de droit des installations classées, préc., p. 292 et s., n° 292 et s. ; J.-P. BOIVIN, Droit des installations classées, préc., p. 345 et s. ; P. MINDU, Les installations classées pour la protection de l'environnement, Aspects du droit de l'environnement, préc., p. 22.

[3] V. : article L. 571-17 du Code de l'environnement (anc. art. 27 de la loi n° 92-1444 du 31 décembre 1992 relative à la lutte contre le bruit) et article L. 514-1 du Code de l'environnement (anc. art. 23 de la loi n° 76-663 du 19 juillet 1976 relative aux installations classées pour la protection de l'environnement).

l'absence de ces dernières. De même, si la mise en demeure « officielle » a permis la régularisation administrative de la situation, le non-respect initial de la réglementation constitue une infraction qui peut donner lieu à des poursuites pénales, indépendamment de la régularisation administrative qui n'efface pas l'infraction. Néanmoins, dans l'optique d'une gestion des plaintes que l'on souhaite cohérente et graduelle, le traitement administratif, avec les mesures qui peuvent en découler, peut se présenter pour les deux parties au conflit comme une étape préalable à la phase ultime de répression, qui s'avère être le dernier recours en cas d'échec des autorités administratives.

§2. LE TRAITEMENT PÉNAL

1548. L'action en justice apparaît comme le dernier recours si toutes les démarches précédentes se sont soldées par un échec et que le bruit illicite persiste. L'infraction donne le droit de saisir le juge pénal par la mise en mouvement de l'action publique. Cette action a pour but de réprimer le trouble social provoqué par l'infraction ; sa finalité est donc le prononcé d'une peine. Elle est du ressort exclusif du juge répressif qui peut être amené à connaître exceptionnellement d'une action d'une autre nature, l'action civile, exercée par la victime du bruit. Accessoire de l'action publique, l'action civile a pour objet principal la réparation du dommage causé par l'infraction. Lorsqu'elle est portée devant la juridiction répressive, elle peut également avoir pour effet de mettre en mouvement l'action publique en cas d'inertie du Parquet ou d'une décision de classement sans suite de l'affaire. On lui prête alors un caractère vindicatif, manifestant une volonté de châtiment et de justice pénale de la part de la victime.

1549. Le traitement pénal du bruit de voisinage présente les caractères généraux et classiques de la procédure pénale. Partant de la constatation de l'infraction pour aboutir au prononcé d'une sanction pénale par le juge répressif saisi de l'affaire, il s'annonce long et ardu. Comme pour tous les procès, il suppose la constitution d'un « dossier pénal » (A) dont les éléments suffisants permettront d'engager des poursuites contre le « bruiteur », auteur de l'infraction (B).

A. La constitution du dossier pénal

1550. Le dossier pénal est l'une des clés qui ouvre la porte du procès. Il comporte l'ensemble des éléments, pièces, documents..., matériels et juridiques, propres à justifier la mise en mouvement de l'action publique et, le cas échéant, la décision de condamnation du prévenu. L'application d'un texte pénal suppose l'existence d'un élément objectif prouvant le non-respect de ce texte. Par conséquent, il est recommandé, pour la constitution du dossier pénal, que les plaignants fassent constater par des agents habilités l'infraction commise (1), apportant ainsi la preuve du comportement infractionnel (2), fondement de l'action publique.

1- La constatation des infractions

1551. La constatation du comportement infractionnel est le point de départ de la procédure pénale, celle-ci prenant sa source dans l'infraction à un texte. L'idéal pour la victime de nuisances sonores est d'obtenir un procès-verbal de constat, dressé par l'un des nombreux agents habilités à le faire. Or, c'est précisément la question de l'établissement de ces procès-verbaux, ainsi que de leur contenu, qui pose le plus de problèmes en pratique. La constatation matérielle d'un bruit illicite peut soulever de nombreuses difficultés, dues au caractère des nuisances sonores incriminées, à la mobilisation des agents verbalisateurs ou encore aux exigences légales (a). Le procès-verbal qui en résulte doit remplir un certain nombre de conditions légales (b), déterminantes de sa valeur dans le dossier pénal.

a) Les difficultés d'une constatation matérielle

1552. La véritable difficulté consiste tout simplement à obtenir que soit dressé un procès-verbal de constatation de l'infraction. L'entreprise suppose en fait la réunion de trois conditions, que les victimes de bruits de voisinage ont souvent du mal à obtenir, ce qui explique le nombre restreint de procès-verbaux par rapport à celui des infractions pour atteinte à la tranquillité. La constatation matérielle implique en effet que l'agent verbalisateur se déplace, qu'il intervienne au moment où les nuisances sonores se produisent et qu'il rédige effectivement un procès-verbal d'infraction.

1553. En premier lieu, le plaignant se heurte fréquemment à l'inertie de la force publique, policiers et gendarmes, qui montrent une certaine réticence à constater les infractions relatives aux bruits de voisinage qu'ils considèrent comme mineures par rapport à d'autres. Mobilisés par des missions de sécurité publique jugées prioritaires, ils sont soit débordés, soit peu enclins à relever ce type d'infractions[1]. C'est ainsi que le propriétaire d'une maison située à 20 mètres d'une nouvelle salle des fêtes, excédé par le tapage nocturne, avait dans un premier temps déposé une plainte à la gendarmerie, puis directement auprès du procureur de la République, ceci sans résultat. Le plaignant a alors renoncé à la voie pénale et porté l'affaire devant le tribunal administratif qui lui a alloué 60 000 francs de dommages et intérêts[2]. En outre, la police judiciaire dans son ensemble est encore insuffisamment informée et formée en la matière, notamment en ce qui concerne les nouvelles incriminations introduites dans le Code de la santé publique par le décret n° 95-408 du 18 avril 1995. La police « traditionnelle » préfère alors intervenir - lorsqu'elle le fait- dans les situations de tapage nocturne qu'elle connaît mieux.

1554. Le législateur de 1992 a pris acte de cet état de fait. Aussi a-t-il confié, dans sa loi du 31 décembre 1992, la mission de constat des infractions à ladite loi et aux textes pris pour son application à des agents spéciaux, fonctionnaires formés à cet effet. Mais *« comment joindre* -par exemple- *les personnels communaux si les nuisances sonores se produisent en dehors des « heures ouvrables » sans pour autant entrer dans les horaires requis pour qu'il y ait tapage nocturne, vis-à-vis duquel ils ne sont pas compétents ? »*[3]. En outre, lorsque l'agent verbalisateur se déplace, encore faut-il qu'il le fasse promptement. En effet, il n'est pas rare que le « bruiteur », avisé de l'arrivée des services de police, ait le temps de diminuer voire de supprimer la source sonore constitutive de l'infraction, pendant l'intervention de la police. L'enquête de police n'apparaît donc pas comme la meilleure procédure si elle n'est pas suffisamment rapide et discrète. En témoigne cette affaire concernant une discothèque, où les gendarmes avaient déclaré ne pas avoir constaté au cours de leurs contrôles que la musique était assourdissante, ce à

[1] En témoignent les propos de ce policier qui admet qu'*« on en est arrivé à banaliser beaucoup de choses, on se dit que le bruit ce n'est pas trop grave et on ne réagit plus »*. V. : M. GISSY, Quels remèdes contre la « sonomanie » ?, Les Dernières Nouvelles d'Alsace, février 2000 : *« Alors que les citadins considèrent le bruit comme la principale nuisance, sa répression est donc peu active »*.

[2] La Cour administrative d'appel de Bordeaux a confirmé l'évaluation faite par le tribunal administratif du préjudice causé par des *« troubles excédant les sujétions normales de voisinage »*, évaluation à laquelle s'ajoutent des intérêts. V. : C.A.A. Bordeaux, 2e ch., 19 mai 1994, Echo Bruit n° 65-66, novembre 1994, jurispr. p. 59.

[3] J.-P. GUALEZZI, « Le bruit dans la ville », Rapport du Conseil Economique et Social, préc., p. II-150.

quoi le tribunal avait pertinemment répondu « *que la vue de l'uniforme est de nature à entraîner une mise en sourdine...* »[1].

1555. Les agents verbalisateurs arrivés sur le lieu de l'infraction doivent ensuite dresser un procès-verbal de constatation, à porter au dossier pénal destiné à l'information du procureur de la République. Or, lorsqu'il s'agit de bruits de comportement ou de bruits domestiques (cris d'animaux, utilisation d'appareils de diffusion de la musique, travaux de bricolage ou de jardinage...) qui n'exigent pas une mesure acoustique au sonomètre, l'appréciation du trouble faite à l'oreille est parfois très subjective et plus ou moins sujette à caution. Il arrive que des policiers minimisent la gêne résultant de la production du bruit, n'estimant pas l'infraction réelle ou alors trop « minime » ! Dans le domaine du tapage nocturne, certains agents considèrent encore trop souvent, à tort, que le tapage doit être audible de la voie publique, alors que la jurisprudence a depuis longtemps établi qu'un bruit audible d'un appartement voisin ou des parties communes d'un immeuble justifiait une verbalisation sur le fondement de l'article R623-2 du Code pénal.

1556. Ainsi, un procès-verbal fondé sur une constatation simplement auditive du bruit illicite n'est pas toujours facile à obtenir pour le plaignant, d'autant que de nombreux bruits de voisinage ont un caractère particulièrement « insaisissable », n'étant ni régulier, ni permanent. Arriver à faire venir l'agent verbalisateur au bon moment peut relever de l'épreuve de force. En ce qui concerne les nuisances sonores provenant d'activités professionnelles, culturelles, sportives ou de loisirs, visées à l'article R48-3 du Code de la santé publique, la constatation de l'infraction au moyen d'une mesure acoustique imposée par les textes paraît tout aussi malaisée. La difficulté principale provient du sous-équipement des services compétents en matériel homologué. De plus, l'utilisation de ces appareils est complexe et implique une formation continue des agents amenés à effectuer les mesures acoustiques d'évaluation de l'émergence sonore. Pour l'heure, trop peu de communes, de services de police ou de gendarmerie disposent d'un tel équipement et de la formation qui l'accompagne. Ils sont alors obligés de faire appel aux D.D.A.S.S. qui ne peuvent répondre à toutes les demandes.

1557. De façon générale, les agents de constatation des infractions hésitent à dresser procès-verbal dans le cas d'un bruit illicite. La pratique courante consiste, lors du déplacement chez le « bruiteur », à inciter ce dernier à plus de modération et de discrétion, privilégiant ainsi le règlement amiable du problème. Dans la plupart des cas, les agents, après une première mesure acoustique révélant que les niveaux de bruit autorisés sont dépassés, se contentent de mettre en demeure le contrevenant de se conformer aux normes légales. Ce n'est généralement qu'après une deuxième mesure sonométrique, effectuée quelques temps plus tard et confirmant la persistance des dépassements des niveaux sonores, qu'un procès-verbal sera établi. La multiplication des agents de contrôle résultant de la loi n° 92-1444 du 31 décembre 1992 n'entraîne pas une augmentation des constats d'infractions. Force est de constater que plus il y a de fonctionnaires habilités, moins il y a de procès-verbaux. Le rendement est inversement proportionnel en raison de la dillution des responsabilités.

1558. La constatation des infractions est essentielle puisque, portée à la connaissance du ministère public, elle va lui permettre de se prononcer sur l'opportunité ou non de poursuivre. Or cette information, qui est une obligation légale imposée aux

---

[1] Le tribunal avait en outre ajouté, à juste titre, qu'« *il n'est pas nécessaire que la musique soit assourdissante pour provoquer un trouble anormal de voisinage* » : T.G.I. de Bourges, 6 novembre 1980, ord. référé du 11 février 1981 et C.A. Bourges, 16 juin 1981, Silence 1981, n° 80, p. 14.

agents verbalisateurs, qu'ils soient habilités au titre d'une loi spéciale ou issus de la police judiciaire, *« est tout à fait déficiente »*[1]. Les policiers et gendarmes n'ont généralement pas le temps ou les compétences techniques pour constater les infractions relatives au bruit, alors que les agents et fonctionnaires spécialisés, eux, *« n'ont pas la fibre répressive »*[2]. Lorsque, malgré tout, des procès-verbaux sont dressés, ils ne sont pas toujours transmis au procureur de la République comme l'exigent l'article 19 du Code de procédure pénale et les lois spéciales.

1559. Cette obligation d'informer doit non seulement se réaliser par la transmission matérielle des procès-verbaux au procureur de la République, mais suppose en outre l'indication d'un certain nombre de mentions et d'informations dans l'acte.

b) Les conditions légales de la constatation matérielle de l'infraction

1560. La constatation matérielle de l'infraction par procès-verbal est soumise à des exigences légales quant à la présentation et au contenu de l'acte. Les règles spécifiques posées par les lois spéciales applicables dans la lutte contre le bruit ne dispensent pas du respect des règles générales du Code de procédure pénale. Ainsi, tous les procès-verbaux doivent suivre un certain formalisme, de nature à permettre une information correcte des faits délictueux constatés et un contrôle par le procureur de la République.

1561. Deux indications paraissent ici essentielles dans l'optique d'une bonne administration de la justice répressive. La première concerne le nom et la qualité du rédacteur de l'acte. Elle est en effet indispensable pour vérifier la compétence de l'agent verbalisateur et le cadre légal dans lequel il est intervenu. Elle revêt une dimension particulière au regard, d'une part, de la multiplicité des agents habilités à constater et à rechercher les infractions en matière de bruit et, d'autre part, des nombreuses attributions spécifiques à chaque législation spéciale. En second lieu, il est important que les infractions soient constatées *personnellement* par les agents habilités. La valeur de l'acte dépend directement de cette règle exposée à l'article 429 du Code de procédure pénale, selon laquelle *« tout procès-verbal ou rapport n'a de valeur probante que s'il est régulier en la forme, si son auteur a agi dans l'exercice de ses fonctions et a rapporté sur une matière de sa compétence ce qu'il a vu, entendu ou constaté personnellement ».*

1562. C'est sur le fondement de cet article que la Cour d'appel de Colmar a confirmé le jugement du tribunal de police qui avait annulé le procès-verbal établi à l'encontre d'un exploitant d'une installation classée à la suite du dépassement des normes acoustiques autorisées, au motif que l'inspecteur des installations classées n'avait pas directement et personnellement constaté le dépassement des niveaux sonores, le fonctionnement et l'emplacement des appareils[3]. En l'occurrence, l'agent verbalisateur avait rapporté dans son procès-verbal les déclarations d'un tiers sans les vérifier lui-même, ce qui n'est pas suffisant pour assurer à l'acte la force probante que la loi lui accorde. Quant au « style » du procès-verbal, celui-ci doit être correctement rédigé, c'est-à-dire avec clarté, précision et cohérence. Ces caractères généraux, requis pour l'ensemble des procès-verbaux établis dans tous les domaines, s'accompagnent de critères spécifiques qu'imposent les incriminations particulières en matière de bruit.

---

[1] V. : M.-J. LITTMANN-MARTIN, Droit pénal de l'environnement : apparence redoutable et efficacité douteuse, Justice, syndicat de la magistrature novembre 1988, n° 122, p. 24 et s.

[2] J.-H. ROBERT et C. HERNANDEZ-ZAKINE, Contentieux répressifs, Juris-Classeur Environnement, 1998, fasc. 1020, préc.

[3] C.A. Colmar, 19 mars 1993, n° 341/93 A 636/92, C.P.E.N., Bull. d'actualisation mensuelle n° 183, p. 7837.

1563. Les spécificités des infractions relatives au bruit rendent la tâche particulièrement délicate aux agents amenés à établir un procès-verbal de constatation. La rédaction de l'acte nécessite une attention particulière. Elle doit impérativement faire apparaître tous les éléments constitutifs de l'infraction en cause, ce qui suppose une parfaite connaissance juridique de la part de l'agent verbalisateur. L'opération est d'autant plus complexe que les exigences ne sont pas les mêmes selon que l'infraction est de type objectif, réalisée par le dépassement de normes réglementaires et soumise à mesure acoustique, ou de type subjectif, caractérisée par des « paramètres légaux » contenus dans l'incrimination et qui ne se déterminent pas avec un sonomètre mais plutôt à l'oreille humaine et à sa perception de la nuisance. Mais quelle que soit la catégorie dans laquelle figure l'infraction à constater, devra toujours apparaître dans le contenu des procès-verbaux la totalité des éléments légaux, constitutifs de la contravention ou du délit. Le cas échéant, des mentions portant sur les conditions réglementaires de mesurage des manifestations sonores devront obligatoirement figurer dans l'acte.

1564. S'agissant des bruits de voisinage incriminés par le décret n° 95-408 du 18 avril 1995 et nécessitant une mesure acoustique, la circulaire du 27 février 1996 fait le point sur le contenu des procès-verbaux de constatation de ces infractions. Compte tenu de la complexité de la procédure de mesurage imposée aux agents de contrôle, une telle précision vient bien à propos. Elle permet de clarifier la situation à la fois pour les rédacteurs des procès-verbaux et pour les parties à un éventuel procès pénal, y compris le juge répressif saisi de l'affaire et qui se prononce au vu des éléments du dossier pénal. La circulaire fournit ainsi la liste des mentions devant figurer dans tout procès-verbal de constat d'infraction et qui sont précisées par la norme NFS 31 010 à laquelle renvoie l'arrêté du 10 mai 1995 relatif aux modalités de mesure des bruits de voisinage. L'acte doit avant tout comporter une référence à la réglementation et à la norme de mesures. Cette première mention d'ordre juridique est somme toute « classique », puisqu'il s'agit des fondements légaux de la poursuite de l'infraction. De même, on retrouve les indications habituelles de dates et horaires du constat, ainsi que le nom et la qualité de l'« opérateur ».

1565. Vient ensuite une longue série d'indications techniques qui garantissent la conformité du mesurage aux prescriptions de l'arrêté du 10 mai 1995 relatif aux modalités de mesure des bruits de voisinage. Ces mentions permettent de vérifier que la mesure a été effectuée au lieu et selon la méthode prescrits à l'aide d'un appareil répondant aux exigences réglementaires. Le procès-verbal retranscrit alors les résultats chiffrés de l'opération, l'émergence sonore caractérisant le dépassement des niveaux acoustiques constitutif de l'infraction. L'agent est tenu de préciser la valeur limite de l'indicateur de gêne retenu, associée à la situation considérée, afin de justifier la nature illicite du bruit produit. Les incidents éventuels susceptibles d'agir sur les résultats, en particulier les passages de véhicules, d'avions, les aboiements de chiens, figurent également parmi les mentions contenues dans le procès-verbal. L'extrême précision qui entoure la rédaction de l'acte rapportant dans ses moindres détails l'évaluation d'un bruit par mesure acoustique est la garantie de son authenticité[1]. Elle demande toutefois des compétences particulières, à la fois d'ordre technique et juridique, qu'il n'est pas évident de trouver chez tous les agents habilités à établir un tel acte.

1566. Si la constatation des bruits de voisinage non soumise à une mesure acoustique ne s'appuie pas sur de telles énonciations techniques et objectives, elle n'en est pas moins tout aussi précise dans les éléments propres à caractériser l'infraction. La

[1] V. à titre d'exemple et de comparaison : Modèles de procès-verbaux de contravention, Echo Bruit, Chronique juridique, Fiche n° 31, février 1992.

difficulté qui se présente à l'agent verbalisateur est d'un autre type. En effet, il ne peut se fonder que sur son oreille et sur son appréciation personnelle pour déterminer si le bruit constitue bien la contravention de tapage diurne ou nocturne, selon la période où il se manifeste. Si tel est le cas, il lui appartient de transcrire les données de fait qui correspondent parfaitement à toutes les conditions matérielles exigées par le texte d'incrimination. Dans l'hypothèse d'un tapage nocturne, le procès-verbal doit décrire l'existence matérielle du tapage, préciser son caractère nocturne et en conclure que celui-ci apporte un trouble à la tranquillité d'autrui.

1567. Ainsi la chambre criminelle de la Cour de cassation a confirmé la condamnation pour tapages nocturnes, provenant d'un débit de boissons, prononcée par la Cour d'appel de Fort-de-France qui s'était essentiellement fondée sur les observations contenues dans les procès-verbaux dressés par les enquêteurs. Ceux-ci précisaient *« que le 24 avril, les gendarmes relèvent qu'à 22 heures 45 la musique est forte et s'entend très bien de l'extérieur de l'établissement y compris au domicile de M. Biette ; que le 14 mai à 22 heures 30 les forces de l'ordre relèvent l'existence d'un tapage nocturne le son étant nettement perçu depuis la voie publique, le volume de la musique étant nettement supérieur aux normes couramment admises ; que le 15 mai il est constaté à 23 heures 45 que la musique constitue une gêne pour le voisinage ; que le 29 mai, après 23 heures 45 la musique trouble la tranquillité du voisinage »*[1].

1568. De même s'agissant de la contravention réprimée par l'article R48-2 du Code de la santé publique, le procès-verbal de constatation devra contenir les éléments de fait de nature à justifier que le bruit en question porte atteinte à la tranquillité du voisinage ou à la santé de l'homme par sa durée, sa répétition ou son intensité. Le rédacteur de l'acte doit donc se montrer extrêmement précis, faisant coïncider parfaitement les faits avec ces critères légaux, s'il veut que l'infraction incriminée soit considérée comme établie. Les aboiements de chiens qui, selon les heures où ils se produisent, peuvent relever du tapage nocturne ou diurne, fournissent un exemple parlant de l'importance du contenu du procès-verbal. En effet, il s'agit d'une source de bruit très souvent jugée avec beaucoup de subjectivisme, révélant une certaine tolérance de la part des magistrats.

1569. Aussi, lorsque les agents verbalisateurs ont le sentiment, au vu de leurs constatations, que les aboiements sont bel et bien présents et pas simplement très occasionnels ou de faible intensité, ils doivent en faire état de manière claire et précise, comme c'est le cas de ces procès-verbaux effectués par des gendarmes qui notent que *« les chiens des époux A. ont longuement aboyé de manière intolérable pendant près de 3 heures durant la nuit du 26 juin 1994, le passage d'un véhicule à proximité du domicile des prévenus déclenchant dans l'instant suivant des aboiements importants audibles à plus de 500 mètres ! »*[2]. Au contraire, le procès-verbal qui décrit les aboiements comme *« ne troublant la tranquillité que faiblement et épisodiquement »* ne caractérise pas suffisamment l'infraction. Dans cette espèce, la décision du Tribunal de police de Saint Germain en Laye, confirmée par l'arrêt de la Cour d'appel de Versailles, a retenu que les faits décrits ne justifiaient pas l'infraction de tapage nocturne et a relaxé la contrevenante. Le tribunal a ajouté qu'il n'était pas impossible qu'en outre les

[1] Cass. crim., 6 décembre 1995, N° 94-84.990, Lexilaser Cassation 1996/1.

[2] C.A. Montpellier, 3e ch. correct., 26 juin 1995, n° 722, Echo Bruit n° 72-73, janvier 1996, jurispr. p. 42.

aboiements aient été dus à la présence préalable du véhicule des policiers qui roulait au ralenti ![1]

1570. Les différentes décisions faisant état des procès-verbaux rapportés aux débats soulignent l'importance de la rédaction de l'acte pour permettre que l'infraction en cause soit considérée comme établie. Le contenu de l'acte, à la fois sur le plan juridique et technique, est déterminant pour convaincre les magistrats. La constatation des infractions renvoie en effet à la question centrale du procès pénal : la preuve.

2- *La preuve des infractions*

1571. La preuve en matière pénale revêt une importance capitale. Selon les termes de MM. Merle et Vitu, c'est autour d'elle que *« la procédure pénale toute entière gravite »*[2]. Elle permet, en effet, d'entraîner soit la conviction de culpabilité, lorsqu'elle caractérise tous les éléments constitutifs de l'infraction, soit la relaxe du prévenu, lorsqu'elle est insuffisante. La preuve des infractions contraventionnelles et correctionnelles existant en matière de bruit obéit aux règles générales du droit pénal. Le système applicable découle du principe, de valeur constitutionnelle et internationale[3], de la présomption d'innocence. Il en résulte, d'une part, que la personne poursuivie est tenue pour innocente tant que la preuve de sa culpabilité n'a pas été rapportée et, d'autre part, que la charge de cette preuve pèse sur l'« accusation », à savoir le Parquet qui exerce l'action publique ou la victime si c'est elle qui a déclenché les poursuites en se constituant partie civile au procès pénal.

1572. La preuve d'une infraction relative au bruit est, en pratique, généralement difficile à rapporter. Elle pose les questions communes à la matière probatoire, étayées par les éléments caractéristiques aux nuisances sonores et à leurs incriminations. Dans un premier temps, par quels moyens un bruit illicite peut-il être démontré ? Dans un deuxième temps, quelle est la valeur de ces éléments de preuve produits ? Seront-ils de nature à entraîner la condamnation du « bruiteur », et selon quel type d'appréciation ? A ces questions correspond une réponse unique, celle du principe général de la liberté, aussi bien dans les modes de preuve à produire devant le juge répressif (a) que dans la détermination, ensuite, par le juge de leur valeur probante (b), principe qui, néanmoins, connaît certaines atténuations.

a) Les modes de preuve admissibles : le principe de la liberté de la preuve

1573. Alors qu'en procédure civile ne sont admis que certains modes de preuve dont la valeur probante est déterminée par la loi (art. 1341 et s. du C.C.), le Code de procédure pénale consacre le système de la liberté des preuves en son article 427. Ainsi, *« hors les cas où la loi en dispose autrement,* ***les infractions peuvent être établies par tout mode de preuve*** **»**. Si les différentes législations spéciales applicables en matière de bruit organisent les modalités de constatation des infractions qu'elles répriment, il n'en

---

[1] Trib. pol. de Saint Germain en Laye, 5 juillet 1994, Ducourny c/ Plantier, confirmé par C.A. Versailles, 15 septembre 1995, Echo Bruit N° 83-84, novembre 1997, article de J.-M. JACOB, « Bruits de voisinage - Application des textes et procédures », p. 40.

[2] R. MERLE et A. VITU, Traité de droit criminel, Tome II : Procédure pénale, 4e édition, Editions Cujas, Paris, 1989, p. 151, n° 120.

[3] Le principe de la présomption d'innocence est affirmé à la fois par l'article 9 de la Déclaration des Droits de l'Homme et du Citoyen de 1789 et par plusieurs textes internationaux, tels que la Convention Européenne des Droits de l'Homme (art. 6§2) et le Pacte International de New-York sur les droits civils et politiques (art. 14-2).

résulte pas que la preuve ne puisse pas être rapportée par d'autres moyens[1]. L'article 21 de la loi n° 92-1444 du 31 décembre 1992 relative à la lutte contre le bruit (art. L. 571-18 C. env.), qui énumère les agents habilités à constater les infractions aux dispositions de ladite loi et des textes pris pour son application, ne fait pas obstacle à ce que des poursuites engagées par la victime soient fondées, par exemple, sur un constat d'huissier.

1574. La preuve pénale par tous moyens se justifie à plusieurs titres. Tout d'abord, d'un point de vue strictement juridique, la preuve est libre parce qu'il s'agit de démontrer un fait juridique : le comportement infractionnel, et non un acte juridique. Ensuite, cette règle générale a été posée dans l'intérêt supérieur de la société qui est de réprimer les comportements causant un trouble à l'ordre social, mais également dans l'intérêt du présumé innocent qui dans la pratique pourra chercher à démontrer sa non-culpabilité.

1575. Le principe de la liberté de la preuve est particulièrement heureux dans le domaine du bruit, car la preuve de la nuisance peut être très malaisée à rapporter lorsqu'il s'agit, par exemple, de bruits inopinés. Dans ce cas, le recours aux témoignages de tiers semble le seul mode de preuve susceptible d'être utilisé. Une grande variété de modes de preuve est par conséquent admissible. La jurisprudence révèle ce large éventail de possibilités, qui va des procès-verbaux dressés par les agents habilités ainsi que des rapports des enquêtes de services administratifs, aux différents documents produits par la victime, parmi lesquels notamment les constats d'huissier, et, le cas échéant, des mesures d'instruction ordonnées par le juge (expertises, perquisitions...) lorsqu'il estime que les preuves recueillies sont insuffisantes et qu'un supplément d'information s'impose en vue de hâter la découverte de la vérité.

1576. Les procès-verbaux établis par les agents habilités constituent un moyen très sûr et très sérieux de rapporter la preuve de l'infraction relative au bruit. De nombreuses décisions de condamnation sont rendues en référence directe à ces actes de procédure. Pour confirmer le jugement du tribunal de police qui avait condamné le prévenu pour bruits excessifs émis par une chaîne haute-fidélité, la Cour d'appel de Paris s'était appuyée sur le procès-verbal de la police : « *considérant qu'il résulte de la procédure et des débats que les faits de la prévention, bruits excessifs émis par une chaîne haute-fidélité depuis l'appartement occupé par X sont établis ; (...) qu'en effet ils ont été constatés par la police, laquelle a précisément, lors de sa venue sur les lieux, dressé un procès-verbal relatant que la musique particulièrement forte provenant de l'appartement du prévenu était audible des parties communes de l'immeuble...* »[2]. De même, une Cour d'appel a fait état des procès-verbaux dressés par la police à cinq reprises différentes pour confirmer la condamnation du propriétaire d'un cabaret à Paris qui causait des nuisances « *troublant gravement la tranquillité du voisinage* »[3].

1577. Mais lorsque la victime ne réussit pas à obtenir un procès-verbal, elle peut verser dans le dossier pénal différents documents, tels que des constats d'huissier, les témoignages des voisins ou amis, des certificats médicaux, des pétitions, des correspondances envoyées lors de diverses démarches préalables ou autres attestations. La liste des modes de preuve utilisables est longue et variée. C'est à la victime, demandeur au procès pénal, de décider des pièces qui seront particulièrement significatives pour emporter la conviction du juge, selon le type de bruit incriminé. Ainsi, il est fréquent que les juges se prononcent au regard de constats d'huissier, dont le

---

[1] D. GUIHAL, Droit répressif de l'environnement, préc., p. 28, n° 146 et s.

[2] C.A. Paris, 13e ch. A, 29 avril 1986, C.N.B., « Les nuisances sonores », Recueil de jurisprudence commentée, p. 106.

[3] C.A. Paris, 13e ch. B, 6 février 1985, C.N.B., « Les nuisances sonores », Recueil de jurisprudence commentée, p. 107.

sérieux et l'authenticité sont garantis par le statut d'officier ministériel de leur rédacteur. Ce mode de preuve est courant en matière de bruit. Il peut utilement venir compléter d'autres éléments produits par la victime, tels que des témoignages ou pétitions. C'est ainsi que, dans une affaire de tapage nocturne causé par l'utilisation de motopompes, la chambre criminelle de la Cour de cassation a confirmé la condamnation du juge du fond qui avait fondé sa conviction notamment sur un constat d'huissier et sur des attestations de voisins[1].

1578. Le dossier de preuves versé aux débats est souvent extrêmement fourni dans les affaires de bruit. La Cour d'appel de Montpellier, qui a condamné la propriétaire de treize chiens à quatre mois d'emprisonnement pour le délit d'agressions sonores réitérées en vue de troubler la tranquillité d'autrui, relève *« que ces chiens aboient jour et nuit, notamment à chaque passage de voiture ou de piétons ; que ces aboiements répétés créent une très importante nuisance sonore pour le voisinage et notamment pour les occupants de la maison Gaven ;* ***que cette gêne est surabondamment démontrée par les constatations des enquêteurs et la multiplicité des témoignages produits (et ce compris les soixante et un signataires de la pétition) adressés au maire de Compeyre »***[2]. Dans une autre espèce relative à la contravention de tapage diurne du décret du 5 mai 1988 abrogé, la Cour d'appel de Paris a fondé sa conviction de culpabilité sur *« le rapport de mesure sonométrique (...), mais aussi sur d'autres documents figurant au dossier, comme un rapport d'expertise établi (...) par l'expert-acousticien (...) ; que, de plus, un constat d'huissier a été dressé attestant de la réalité de ces bruits et que plusieurs voisins de la victime témoignent de leur réalité »*[3].

1579. Les victimes de bruits de voisinage peuvent se faire aider par des associations spécialisées, telles que la Ligue française contre le bruit ou le Centre Antibruit du Bas-Rhin, pour la constitution de leur dossier pénal en vue de la phase contentieuse. Si le principe de la liberté des preuves leur permet de produire une grande variété de pièces et documents, elles n'en demeurent pas moins tenues, tout comme les magistrats et les agents verbalisateurs, au principe de la légalité concernant les procédés de recherche de la preuve, corollaire de cette liberté. Certains moyens de preuve sont en effet réglementés. En matière de bruit, ce sont essentiellement les témoignages qui sont susceptibles de poser des problèmes. Il existe, d'une part, des cas d'incompatibilité entre certaines qualités et celle de témoin et, d'autre part, des incapacités d'être témoins.

1580. Ne pourront apporter leur témoignage de la nuisance sonore, dans le premier cas, la victime elle-même qui s'est constituée partie civile au procès et dans le second cas, les mineurs de moins de seize ans, jugés inaptes, ainsi que toute personne considérée comme présentant un risque de partialité, telle que les ascendants, descendants, alliés au même degré ou encore conjoint -même après divorce- de la victime du bruit. Ces personnes, frappées d'une interdiction d'être témoin, pourront néanmoins être entendues par le juge pénal à titre de simple renseignement. S'agissant des autres moyens probatoires, le principe de la légalité signifie que les procédés de recherche de preuve mis en œuvre par les agents de contrôle légalement investis de cette mission doivent être conformes aux prescriptions de la loi dans le cadre de laquelle ces agents interviennent. Ces derniers ne peuvent utiliser un procédé de recherche qui porterait atteinte à la liberté individuelle des individus par l'emploi de la contrainte, sauf autorisation de la loi.

---

[1] Cass. crim., 17 janvier 1990, N° 98-83.504, préc.

[2] C.A. Montpellier, 28 avril 1998, préc.

[3] C.A. Paris, 13e ch., 18 septembre 1991, confirmée par Cass. crim., 2 décembre 1992, N° 91-86.630, Juridisque Lamy Cassation.

1581. La liberté de la preuve, assortie de quelques atténuations issues du principe de la légalité dans la recherche des preuves, offre un large éventail de possibilités dans un domaine où la nuisance constitutive de l'infraction dénoncée présente souvent un caractère « insaisissable » ou particulièrement subjectif. Elle semble en quelque sorte contre-balancer les nombreux obstacles rencontrés sur le terrain pour démontrer la nature infractionnelle du bruit causé. Mais la règle de la liberté se justifie avant tout par le principe qui gouverne la valeur des preuves ainsi produites et juridiquement admissibles. En effet, la détermination de leur force probante est, en règle générale, laissée à la libre appréciation du juge qui statue selon son intime conviction, sous réserve de la force probante particulière attachée à certains éléments des procès-verbaux.

b) La valeur des éléments de preuve

1582. L'article 427 du Code de procédure pénale consacre le **principe de l'intime conviction du juge**, en le liant étroitement à celui de la liberté des modes de preuve, l'un justifiant l'autre[1]. En conséquence, le juge décide librement, au cas par cas, de la valeur des preuves qui lui sont soumises. *En principe,* la loi ne réglemente pas l'effet probatoire des preuves ; c'est au juge qu'il appartient de se déterminer selon son intime conviction. Le système de « l'intime conviction » s'oppose donc au système de « la preuve légale » selon lequel on prédétermine abstraitement la valeur d'une preuve donnée. En l'occurrence, le juge répressif apportera son appréciation souveraine sans avoir à justifier de la force probante qu'il attache aux éléments de preuve introduits au débat judiciaire et contradictoirement discutés devant lui[2]. A chaque fois qu'elle en a l'occasion, la chambre criminelle de la Cour de cassation rappelle que les juges du fond n'ont pas à rendre compte des éléments de conviction dont ils ont fait dépendre leur décision. Il s'agit là d'une question de fait qui échappe au contrôle de la Haute Juridiction[3].

1583. L'intime conviction du juge ne signifie pas que celui-ci peut condamner sans preuve. Si liberté il y a, elle n'est pas synonyme d'arbitraire. Simplement, conformément à l'article 353 du Code de procédure pénale[4], aucun compte n'est demandé au juge du

---

[1] L'article 427 du C.P.P. énonce que *« hors les cas où la loi en dispose autrement, les infractions peuvent être établies par tout mode de preuve et le juge décide d'après son intime conviction ».*

[2] Les principes du contradictoire et du respect des droits de la défense, affirmés à l'article 427 al. 2 du C.P.P., apparaissent comme des atténuations au principe de la liberté dans l'appréciation de la valeur des preuves. En effet, le juge ne peut se décider qu'à partir de renseignements figurant dans le dossier pénal, puisés dans l'instruction ou recueillis au cours des débats, non sur la notoriété publique ou sur sa connaissance personnelle des faits.

[3] La chambre criminelle de la Cour de cassation rappelle fréquemment ce principe : *« Attendu qu'en l'état de ces constatations et énonciations déduites d'une appréciation souveraine par les juges du fond de la valeur des preuves contradictoirement débattues... »* (Cass. crim., 22 novembre 1994, N° 93-85.265, préc. ; Cass. crim., 6 décembre 1995, N° 94-84.990, préc.. ; Cass. crim., 17 janvier 1990, N° 89-83.504, préc..). De même que dans tous les cas, *« le moyen qui se borne à remettre en question l'appréciation souveraine par les juges du fond des faits et circonstances de la cause contradictoirement débattus devant eux, ne saurait être accueilli »* : Cass. crim., 6 octobre 1993, N° 92-81.486, préc.

[4] Aux termes de l'article 353 al. 2 du C.P.P., il est dit que *« la loi ne demande pas compte aux juges des moyens par lesquels ils se sont convaincus, elle ne leur prescrit pas de règles desquelles ils doivent faire particulièrement dépendre la plénitude et la suffisance d'une preuve ; elle leur prescrit de s'interroger eux-mêmes, dans le silence et le recueillement et de chercher, dans la sincérité de leur conscience, quelle impression ont faite, sur leur raison, les preuves rapportées contre l'accusé, et les moyens de sa défense. La loi ne leur fait que cette seule question, qui renferme toute la mesure de leurs devoirs : « Avez-vous une intime conviction ? » »*. Cette « instruction aux jurés » d'assises est valable également pour les juges du fond statuant en matière correctionnelle et contraventionnelle.

fond sur la façon dont, à partir des preuves fournies, il est parvenu à une certitude. Cette « intime conviction » du juge s'exprime pleinement au travers du principe fondamental de la présomption d'innocence et des conséquences pratiques qu'il emporte. Notamment, le doute profitant à la défense -*» in dubio pro reo »*[1]-, si la preuve rapportée par le ministère public ou par la partie civile est insuffisante, la personne poursuivie devra être relaxée. Pour prospérer, l'Accusation doit par conséquent produire une preuve décisive. En revanche, il suffit à la défense, donc au « bruiteur », de créer un doute suffisant quant à la réalisation de l'infraction retenue, pour empêcher la conviction de culpabilité. Les éléments de preuve constituent donc un enjeu capital pour la victime d'un bruit qui intervient au procès pénal.

1584. Les magistrats, non spécialistes des questions complexes relatives au bruit, ont besoin d'éléments techniques et juridiques précis et clairs de constatations leur permettant de fonder leur conviction. Celles faites par les agents spécialisés dans des procès-verbaux seront particulièrement utiles pour la compréhension du juge et son appréciation des faits constitutifs de l'infraction. Ces **procès-verbaux de constatation** sont d'autant plus importants en la matière que, **par exception à la règle de l'intime conviction, la loi leur attache une force probante particulière.** En effet, la liberté d'appréciation des juges ne concerne que les délits réprimés par le Code pénal, en l'occurrence ceux des articles 222-16 et 223-1. **S'agissant des contraventions (art. 537 al. 2 du C.P.P.) et des délits incriminés par les lois spéciales (art. 431 du C.P.P.), les procès-verbaux établis par les agents habilités font *foi jusqu'à preuve contraire*[2].**

1585. C'est donc par dérogation à la règle générale énoncée par l'article 430 du Code de procédure pénale, selon laquelle *« les procès-verbaux et les rapports constatant les délits ne valent qu'à titre de simples renseignements »*, que la loi cadre sur le bruit (art. 21-III, devenu l'art. L. 571-20 al. 1 C. env.), la loi relative aux installations classées (art. 22, devenu l'art. L. 514-13 C. env.), le Code de l'urbanisme (art. L. 480-1) et le Code de la construction et de l'habitation (art. L. 152-2), attribuent aux procès-verbaux dressés par des agents habilités une force probante jusqu'à preuve du contraire. Il s'agit là d'une exception au principe de la liberté de la preuve et de l'intime conviction du juge consacré à l'article 427 du Code de procédure pénale.

1586. Toutefois, cette force probante ne s'attache qu'aux constatations faites directement et personnellement par l'agent verbalisateur (art. 429 du C.P.P.). Elle a pour effet de renverser la charge de la preuve au détriment de la personne poursuivie. Cette dernière ne pourra rapporter la preuve contraire, c'est-à-dire infirmer le contenu du procès-verbal, que par écrit ou par témoins (art. 431 pour les délits et art. 537 al. 3 pour les contraventions). Les simples dénégations du prévenu ne peuvent donc suffire à justifier une relaxe par le juge. Lorsque les faits relatés dans le procès-verbal n'ont pas été personnellement constatés par l'agent qui les a rapportés, l'acte n'en est pas pour autant nul, mais il ne vaudra qu'à titre de simple renseignement, comme les autres éléments de preuve du dossier soumis à la libre appréciation du magistrat. En outre, le procès-verbal doit être régulier en la forme et établi par un agent agissant dans l'exercice de ses fonctions, cette fois à peine de nullité. De multiples contrevenants ont ainsi critiqué, à l'appui de leur défense, la force probante des procès-verbaux de mesurage, lorsque ceux-ci ne comportaient pas toutes les mentions obligatoires. Plusieurs décisions de relaxe ont été rendues suite à l'annulation par les juges du fond de procès-verbaux pour vice de forme.

---

[1] L'intérêt essentiel de la présomption d'innocence dans la pratique est bien le bénéfice du doute accordé à la personne poursuivie.

[2] V. : D. GUIHAL, Droit répressif de l'environnement, préc., p. 33 et s., n° 175 et s.

1587. Les exemples jurisprudentiels les plus nombreux concernent les constats de bruits de voisinage visés par l'ancien décret du 5 mai 1988 et soumis à mesure acoustique conformément aux prescriptions de son arrêté d'application. Toutes ces décisions restent d'actualité en ce qui concerne la jurisprudence rendue désormais sur le fondement du décret n° 95-408 du 18 avril 1995 et de son arrêté d'application, s'agissant des modalités de mesurage des bruits des articles R48-3 et R48-5 du Code de la santé publique. En effet, le décret du 18 avril 1995 ne rompt pas avec la jurisprudence appliquant l'ancienne réglementation. Conserve ainsi toute sa valeur un arrêt particulièrement motivé et explicite de la Cour d'appel de Paris, par lequel elle a relaxé le propriétaire d'une entreprise de spectacles du chef de bruit occasionnant une gêne pour le voisinage, au motif qu'il n'était pas établi que le rapport de l'inspecteur de salubrité ait été effectué conformément à la réglementation, c'est-à-dire selon les modalités définies par l'arrêté du 5 mai 1988[1].

1588. Motivant largement sa décision, la Cour a d'abord rappelé les modalités légales de mesurage imposées en l'espèce. Puis, elle a reproché à l'agent ayant procédé aux mesures sonométriques de ne pas avoir, d'une part, indiqué dans son rapport l'indicateur acoustique utilisé, ainsi que le lieu et la durée minimale de la mesure des niveaux de bruit et, d'autre part, précisé que les normes relatives à la caractérisation et au mesurage des bruits de l'environnement avaient été respectées. Le défaut de ces mentions obligatoires rend l'acte irrégulier et, en l'occurrence, a donné lieu à une infirmation du jugement de condamnation rendu en première instance. La Cour d'appel a souligné dans son dispositif que *« ledit rapport étant, dès lors irrégulier et dénué de toute valeur probante et faute pour la Cour de pouvoir étayer son intime conviction sur d'autres éléments de preuve, il convient d'infirmer le jugement attaqué et de renvoyer M... des fins de la poursuite exercée à son encontre ».*

1589. La Cour d'appel de Paris a eu l'occasion de prononcer la nullité de nombreux procès-verbaux en raison de l'omission de mentions obligatoires[2]. Aucun renseignement ne peut alors être tiré de ces actes annulés qui n'ont plus aucune force probante. La nullité fait disparaître l'acte vicié, qui doit être considéré par les magistrats comme n'ayant jamais existé. La relaxe s'impose alors aux juges qui n'ont plus matière à fonder leur conviction. La Cour de cassation, de son côté, veille à ce que les juridictions du fond contrôlent la régularité des procès-verbaux qui leur sont présentés, et notamment si les constatations ont bien été faites conformément à la réglementation en vigueur. Sont ainsi censurées les décisions d'appel qui écartent les conclusions du prévenu par lesquelles il conteste la valeur probante du procès-verbal pour omission d'une ou plusieurs mentions obligatoires, sans rechercher si les modalités légales de mesurage du bruit ont été

---

[1] C.A. Paris, 8 février 1990, N° 6969/89, Juris-Data n° 021884, C.P.E.N., jurispr. « Bruit », 1538 ; Droit de l'Environnement n° 5, novembre 1990, p. 70, note J.-H. R. V. également : J. BURET, Mesures de bruit de voisinage : attention à la rédaction des procès-verbaux, Echo Bruit, Chronique juridique, fiche n° 30.

[2] V. par exemple : C.A. Paris, 13e ch., 31 mai 1991 : défaut d'indication sur l'appareil employé, défaut de mention du lieu des mesures ; C.A. Paris, 13e ch., 28 juin 1991 : absence de croquis des lieux, défaut de mention de l'indicateur utilisé, défaut de mention du lieu des mesures ; C.A. Paris, 13e ch., 1er octobre 1991 : défaut de mention de la durée cumulée d'apparition du bruit, omission de mention des éléments de calcul du correctif ; C.A. Paris, 13e ch., sect. B, 31 janvier 1991 : défaut d'indication de l'indicateur acoustique, absence de mention de la durée des opérations et de l'emplacement de l'appareil, preuve non rapportée du respect de la norme NFS 31 010 ; C.A. Paris, 13e ch., sect.A, 1er février 1993 : non respect des modalités définies par la norme NFS 31 010, omission de mentions obligatoires... décisions rapportées par J.-M. JACOB, « Bruit de voisinage - Application des textes et procédures », préc., p. 39.

respectées[1]. La méconnaissance du principe selon lequel tout jugement ou arrêt doit contenir les motifs propres à justifier la décision entraîne inévitablement la cassation.

1590. Précisons cependant que l'exception de nullité tirée de l'irrégularité du procès-verbal qui ne comporte pas toutes les mentions obligatoires ou qui ne respecte pas la réglementation en vigueur est soumise à une règle générale de procédure qui veut qu'elle soit impérativement présentée *in limine litis*. L'article 385 du Code de procédure pénale dispose en effet que les exceptions tirées de la procédure antérieure -sous la seule réserve de celles affectant la compétence juridictionnelle- doivent être présentées avant toute défense au fond. C'est donc à bon droit que la chambre criminelle écarte le moyen qui invoque pour la première fois devant elle la nullité du procès-verbal établi par un inspecteur de salubrité *« consistant en l'absence de description complète de l'appareillage de mesurage acoustique et de croquis coté des lieux avec indication précise des emplacements de mesurage »*[2]

1591. Les procès-verbaux sont par conséquent d'une importance fondamentale s'agissant de la question de la preuve des infractions relatives au bruit à produire dans la phase contentieuse. De par la force probante que la loi leur attribue, ils constituent le moyen probatoire à privilégier par les victimes du bruit, dans l'objectif d'une peine prononcée par le juge de la répression. L'enjeu consiste donc, dans un premier temps, à obtenir l'établissement d'un tel acte. Dans un deuxième temps, la rédaction de cet acte doit être des plus précises et rigoureuses, n'omettant pas de caractériser tous les éléments constitutifs de l'infraction, lorsque celle-ci ne requiert pas de mesure acoustique pour sa constatation, ou d'indiquer toutes les mentions exigées par la réglementation relative à la caractérisation et au mesurage des bruits, lorsqu'ils sont soumis à mesure sonométrique. Les décisions d'annulation de procès-verbaux irréguliers révèlent en outre la nécessité, *lorsque les mesures ne sont pas indispensables,* de rassembler d'autres modes de preuve qui, soumis à l'intime conviction du juge, pourront remplacer les actes annulés ou encore conforter ceux qui restent imprécis sur la correspondance des faits constatés avec l'incrimination retenue.

1592. Si la victime du bruit réussit à obtenir un procès-verbal de constatation, celui-ci doit être transmis directement au procureur de la République, afin que la procédure suive son cours (art. 19 C.P.P.). Les règles de transmission des procès-verbaux, et notamment les délais de rédaction et de transmission de l'acte, ne sont pas uniformes. Elles varient selon les diverses lois spéciales applicables. Ainsi, la loi n° 92-1444 du 31 décembre 1992 relative à la lutte contre le bruit exige, dans son article 21-III (devenu l'art . L. 571-20 al. 2 et 3 C. env.), que les procès-verbaux soient adressés dans les cinq jours qui suivent leur *clôture* au procureur de la République, avec une copie remise à l'intéressé. Le législateur de 1992 se montre intransigeant sur ce point, sanctionnant par la nullité l'inobservation de ce délai. Observons, toutefois, la souplesse du système dans la pratique puisqu'entre la constatation des faits et la clôture du procès-verbal, un délai assez long pourra intervenir. Les autres législations intervenant sur la question du bruit sont moins précises. Elles parlent d'une transmission « sans délai » (art. L. 480-1 C.urb.) ou ne précisent rien (loi relative aux installations classées, C.C.H.) sous-entendu que le procès-verbal doit être transmis dans les plus brefs délais. Une harmonisation des règles de transmission des procès-verbaux serait souhaitable, en vue de fixer pour toutes les infractions les mêmes modalités -et sanctions éventuelles- d'information du Parquet.

---

[1] V. par exemple : Cass. crim., 25 octobre 1990 (cassation de C.A. Paris, 16 juin 1989), Gurbuz, Bull. crim. n° 359 ; Gaz. Pal. 1991, I, somm. p. 164 ; Cass. crim., 18 mars 1992 (cassation de C.A. Lyon, 30 mars 1990), Gaz. Pal. 1992, II, somm. p. 375.

[2] Cass. crim., 2 décembre 1992, N° 91-86.630, Juridisque Lamy Cass.

1593. Les agents verbalisateurs compétents, quels qu'ils soient, ont donc l'obligation d'informer le procureur de la République des infractions qu'ils ont constatées. Cette information a pour objectif d'éclairer le ministère public sur l'opportunité d'engager des poursuites contre l'auteur de l'infraction. Concernant particulièrement les infractions relatives au bruit, le ministère de la Justice a rédigé une circulaire pour sensibiliser les parquets afin que les dossiers ayant fait l'objet de procès-verbaux dûment rédigés reçoivent la suite judiciaire qu'il convient. La sanction pénale suppose en effet que la constatation d'une situation ou d'un comportement infractionnel entraîne la mise en mouvement de l'action publique devant le juge pénal, afin que ce dernier se prononce sur les suites répressives à donner.

B. La mise en mouvement de l'action publique : la saisine du juge pénal

1594. La production d'un bruit dans le voisinage réprimé par la loi pénale ne saurait se perpétrer en toute impunité. Elle pose inévitablement la question de savoir comment faire appliquer à l'auteur de ce bruit les sanctions prévues pour son comportement illicite. Toute infraction cause par définition un trouble à l'ordre social. Elle donne alors naissance à une action en justice : l'action publique, exercée par le ministère public au nom de la société, en vue d'obtenir le prononcé d'une peine contre l'auteur de l'infraction. Cette action a pour effet de saisir le juge pénal, chargé de la répression du trouble social qui porte en l'occurrence atteinte à la tranquillité publique ou d'autrui, ou à la santé de l'homme. Le vecteur de la sanction pénale des bruits de voisinage, comme pour toutes les infractions, est par conséquent l'action publique.

1595. La juridiction répressive qu'elle a pour effet de saisir est déterminée selon la nature de l'infraction à l'origine des poursuites. Les infractions qualifiées de crime n'existant pas en droit du bruit, la compétence matérielle (*ratione materiae)* des juridictions pénales se répartit entre les tribunaux de police et les tribunaux correctionnels. Les premiers sont compétents en matière de contraventions, telles que le tapage nocturne ou le tapage diurne ; les seconds statuent sur les délits, de la loi cadre sur le bruit par exemple. La juridiction compétente, amenée à se prononcer sur l'action publique, est en principe saisie par le ministère public, représentant de la société, qui détient le monopole de la décision de poursuivre (1). Exceptionnellement, et à des conditions très strictes, la victime du bruit elle-même pourra mettre en mouvement l'action publique, sans l'intervention du ministère public (2).

1- La voie normale : la saisine du juge par le ministère public

1596. La mise en mouvement de l'action publique est en principe l'apanage du ministère public informé de la commission d'une infraction. Le procureur de la République obtient cette information par les plaintes, dénonciations ou procès-verbaux des services de police judiciaire ou des agents et fonctionnaires habilités par les lois spéciales. Dans le domaine du bruit, la démarche la plus fréquente est celle de la plainte du voisin, victime d'une infraction. Soit cette plainte est adressée par lettre simple, directement au procureur de la République, soit elle est déposée au commissariat de police ou à la gendarmerie, qui la transmettra au procureur après avoir effectué une enquête. La lettre contenant la plainte doit comporter un certain nombre d'indications, propres à la bonne information du Parquet. Doivent y figurer les noms, prénoms et adresse du plaignant, l'exposé des faits en précisant la date et le lieu de l'infraction[1],

[1] La victime ne doit pas préjuger de la qualification de l'infraction. C'est au ministère public et aux magistrats qu'il appartient en effet de qualifier pénalement les faits.

ainsi que les noms et adresses des éventuels témoins. Si le « bruiteur » est inconnu, la plainte sera portée contre X. La victime a tout intérêt à y joindre également le dossier de preuves qu'elle a réussi à constituer.

1597. Dans les cas de bruits illicites portant préjudice direct aux personnes du voisinage, l'information du procureur de la République a donc habituellement pour origine une plainte. Cependant, la plainte préalable de la victime n'est pas une condition nécessaire au déclenchement des poursuites du chef d'infraction de bruit. Le ministère public peut très bien agir d'office, au vu des résultats d'enquêtes de police judiciaire ou d'administrations spécialisées, ayant par exemple relevé la non-conformité d'objets ou de dispositifs à la législation sur le bruit. De plus, les poursuites pourront toujours être exercées, même si la victime ne persiste pas dans son désir de maintenir sa plainte ou si le témoin se rétracte. En tout état de cause, le ministère public informé de l'infraction décidera, en toute liberté (a) et au vu du dossier pénal qui lui est transmis, de l'action publique à mettre en œuvre ou non, selon le procédé légal qu'il aura choisi (b).

a) La liberté de décision du ministère public : le principe de l'opportunité des poursuites

1598. Le ministère public, en charge de l'action publique selon l'article 1er alinéa 1 du Code de procédure pénale, est en principe le seul à pouvoir en assurer l'exercice devant le juge répressif. Cette action étant l'objet premier du procès pénal, le ministère public en est une partie principale. C'est par conséquent lui qui va décider de saisir ou non le juge, en application du principe de l'opportunité des poursuites posé à l'article 40 alinéa 1 du Code de procédure pénale[1]. La mise en œuvre de ce principe suppose néanmoins un contrôle préalable de la légalité des poursuites. Le ministère public doit commencer par vérifier que les faits qui sont portés à sa connaissance paraissent bien réunir les éléments constitutifs de l'infraction, au regard de la légalité criminelle et qu'ils sont en état d'être jugés (notamment si l'action publique n'est pas prescrite). Ce n'est qu'en cas de conclusion positive, que le principe de l'opportunité des poursuites prend alors le pas sur celui de la légalité[2] et donne toute liberté au Parquet de décider ou de refuser de poursuivre.

1599. En présence d'une infraction qu'il estime avoir été commise, le ministère public dispose donc d'un choix laissé à son appréciation souveraine d'opportunité. Il peut ainsi décider soit de ne pas poursuivre en procédant à un classement sans suite, soit au contraire de mettre en mouvement l'action publique, ce qui a pour effet de saisir le juge pénal afin qu'il statue sur l'infraction. Au vu du dossier pénal, il lui appartient d'apprécier concrètement l'intérêt de la société à voir l'infraction poursuivie. Le pouvoir du ministère public est d'autant plus grand que, quelle que soit sa décision, l'attitude de l'une ou l'autre des parties privées est sans incidence sur sa liberté de mettre en mouvement et d'exercer l'action publique. En effet, peu importe l'absence de plainte ou le désistement de la partie civile, victime du bruit. De même, la personne poursuivie -le « bruiteur »- ne peut critiquer la décision du Parquet de déclencher des poursuites sur la foi de renseignements selon elle insuffisants[3].

---

[1] Aux termes de ce texte, *« le procureur de la République reçoit les plaintes et les dénonciations et apprécie la suite à leur donner... »*.

[2] Le principe de la légalité criminelle signifie que lorsque, selon la loi, une infraction a été commise, le ministère public est *obligé* de déclencher les poursuites, même s'il les juge inopportunes.

[3] Cass. crim., 28 juin 1991, Bull. crim. n° 287.

1600. Ainsi, appréciant les suites à donner au dossier pénal, le ministère public peut décider de classer l'affaire, manifestant sa volonté de ne pas poursuivre compte tenu des éléments réunis lors des enquêtes ou exposés dans les plaintes ou dénonciations. Ce classement sans suite n'a pas à être motivé s'agissant des infractions relatives au bruit pour lesquelles il est malheureusement très fréquent. Le Parquet doit simplement en aviser le plaignant ou la victime si elle est identifiée (art. 40 C.P.P.). L'absence de motivation présente des inconvénients non négligeables qui se confirment dans la pratique. D'une part, elle a pour effet de porter atteinte à la crédibilité même de la justice, laissant les victimes d'infractions dans l'incompréhension la plus totale et creusant un peu plus le fossé existant entre les magistrats et les justiciables. D'autre part, elle facilite une systématisation des classements sans suite dans certains secteurs de la vie courante jugés mineurs par le représentant légal de la société qui n'a pas à se justifier. Or, une telle position ne correspond pas forcément aux attentes de la population dans ce domaine. En outre, elle pose la question du caractère arbitraire de la décision dans telle espèce donnée, que l'absence de motivation ne permet pas de discuter.

1601. Rappelons que le ministère public a également la possibilité de recourir à la médiation, particulièrement appropriée en matière de bruits de voisinage (*supra* n° 1509 et s.). Le procureur de la République peut, conformément à l'article 41-1-5° du Code de procédure pénale, subordonner son refus de poursuivre à l'entente des intéressés sur les suites de l'infraction. Il utilisera ce mode de traitement du dossier pénal lorsque la médiation pénale lui paraît « *susceptible d'assurer la réparation du dommage causé à la victime, de mettre fin au trouble résultant de l'infraction ou de contribuer au reclassement de l'auteur de l'infraction* ». Dans cette hypothèse, il ne s'agit pas d'un classement sans suite, mais d'un mode spécifique et à part entière de règlement du dossier, tout comme la procédure de composition pénale qui peut être désormais utilisée par le procureur de la République en présence du délit d'agressions sonores réitérées réprimé par l'article 222-16 du Code pénal (*supra* n° 1513 et s.).

1602. La décision de classement, quant à elle, n'a pas l'autorité de la chose jugée puisqu'elle ne fait intervenir aucune juridiction : « *la chose estimée en opportunité n'est pas la chose jugée en légalité* »[1]. Par conséquent, tant que l'action publique n'est pas prescrite, le procureur de la République peut à tout moment revenir sur sa décision et engager des poursuites. Le déclenchement des poursuites marque alors le début du procès pénal. La décision de mettre en mouvement l'action publique, prise par le ministère public, le conduit à saisir la juridiction répressive compétente, d'instruction ou de jugement. Dans tous les cas, l'action publique ne sera mise en mouvement que si la saisine de la juridiction est régulière. Le ministère public est donc obligé de se conformer au cadre procédural mis en place par le Code de procédure pénale.

b) Les procédés de déclenchement de l'action publique

1603. Le ministère public qui a décidé de poursuivre l'infraction relative au bruit portée à sa connaissance dispose à nouveau d'un choix. Il peut soit requérir l'ouverture d'une information qui aura pour effet de saisir le juge d'instruction, soit saisir directement la juridiction de jugement compétente si, au regard du dossier de preuves qu'il détient, l'affaire lui paraît en état d'être jugée. Mais ce choix est cette fois définitif. Lorsque le Parquet a opté en faveur de la juridiction d'instruction, il ne peut se raviser au profit de la juridiction de jugement, et inversement. Si la phase d'instruction est

[1] P. CONTE et P. MAISTRE DU CHAMBON, Procédure pénale, 2e édition, Armand Colin, Paris, 1998, p. 183.

obligatoire en matière de crimes, qui sont inexistants dans le droit du bruit, elle est facultative s'agissant des délits et exceptionnelle pour les contraventions. Ces règles générales appliquées dans le domaine du bruit se caractérisent, en pratique, par une tendance majoritaire à porter l'action publique devant les juridictions de jugement, délaissant la phase préparatoire qui, il est vrai, est prévue pour les dossiers particulièrement complexes, où les faits et l'identité des responsables demeurent obscurs et qui nécessitent la recherche d'autres éléments de preuve par le biais d'investigations plus poussées.

1604. Si elle est donc extrêmement rare, en présence de contraventions ou de délits, l'ouverture d'une information est néanmoins possible pour toutes les infractions existant en matière de bruit. Le procureur de la République saisit alors le juge d'instruction par un **réquisitoire introductif d'instance,** encore appelé réquisitoire à fin d'informer ou de soit-informer (art. 80 al. 1 C.P.P.). Dans la forme, s'il s'agit en principe d'un formulaire préimprimé, l'acte doit impérativement être daté et signé par le procureur ou par un substitut. Ces deux mentions sont essentielles, requises à peine de nullité du réquisitoire. La première est importante pour la prescription de l'action publique, car le réquisitoire est un acte interruptif du délai. La deuxième permet de vérifier la compétence de l'auteur du réquisitoire. A défaut de ces deux mentions, l'acte est nul et n'a pu déclencher les poursuites.

1605. Dans son contenu, le ministère public demande au juge d'instruire sur les faits mentionnés dans le réquisitoire et résultant des pièces jointes (procès-verbaux, plaintes, dénonciations...). Le réquisitoire est délivré tantôt contre toute personne que l'instruction fera connaître (réquisitoire contre « X »), tantôt contre une ou plusieurs personnes dénommées, comme auteurs, coauteurs ou complices (art. 80 al. 2 C.P.P.). Les faits visés doivent être précis dans la mesure où ils déterminent l'étendue de la saisine *in rem* du juge d'instruction. L'intérêt de la phase d'instruction réside notamment dans le fait que le procureur de la République, dans son réquisitoire introductif ou à tout moment de l'information par réquisitoire supplétif, peut requérir du magistrat instructeur tous les actes et toutes les mesures de sûreté lui paraissant utiles à la manifestation de la vérité (art. 82 al. 1 C.P.P.). Cependant, pour la majorité des infractions dues au bruit, telles que le tapage nocturne ou diurne ou encore le non-respect des prescriptions réglementaires, l'instruction n'apparaît pas utile. Les constats d'infractions et autres éléments de preuve fournis par les victimes sont la plupart du temps suffisants et mettent l'affaire en état d'être jugée.

1606. Le procureur de la République peut alors faire comparaître directement la personne contre laquelle il a engagé des poursuites devant la juridiction de jugement compétente. Celle-ci sera, en matière d'infractions relatives au bruit, soit le tribunal correctionnel pour les délits, soit le tribunal de police pour les contraventions. Plusieurs procédés de saisine sont mis à la disposition du ministère public qui apprécie, selon les circonstances de l'espèce, laquelle semble la plus appropriée. Certains sont communs aux juridictions correctionnelles et de police. D'autres sont propres aux premières, les délits ayant une gravité suffisante pour justifier parfois des procédures de jugement plus rapides. En-dehors de la saisine par renvoi d'une juridiction d'instruction, le Parquet dispose donc, d'une part, de la citation directe et de l'avertissement suivi de la comparution volontaire pour toutes les infractions relatives au bruit et, d'autre part, de la convocation par procès-verbal et de la comparution immédiate lorsque l'infraction est un délit.

1607. Le tribunal correctionnel ou de police peut ainsi être saisi par une **citation directe** délivrée par un huissier à la requête du ministère public, au moins dix jours avant la date de comparution (art. 550 et s. C.P.P.). La citation directe suppose que l'auteur, coauteur ou complice de l'infraction soient identifiés car elle constitue une assignation à comparaître. L'exploit d'huissier contient notamment la désignation du requérant, les nom, prénoms et adresse du destinataire, c'est-à-dire de la personne soupçonnée d'avoir commis l'infraction et poursuivie de ce chef. Il énonce le fait poursuivi, vise le texte de loi qui le réprime et indique le tribunal saisi, le lieu, l'heure et la date de l'audience afin que la personne citée puisse comparaître comme il lui est indiqué. La loi n° 85-1407 du 30 décembre 1985 a créé une forme simplifiée de citation directe qui est la **convocation en justice**, prévue par l'article 390-1 du Code de procédure pénale. Aux termes de ce texte, vaut citation directe à personne, la convocation en justice notifiée au prévenu, sur instructions du procureur de la République, soit par un greffier ou, depuis 1986, un officier ou agent de police judiciaire, soit, si le prévenu est détenu, ce qui paraît peu probable pour une infraction relative au bruit, par le chef de l'établissement pénitentiaire.

1608. Le souci de simplification de la procédure se retrouve dans la technique de l'**avertissement** qui, s'il est **suivi de la comparution volontaire** de la personne à laquelle il est adressé, dispense de citation (art. 389 C.P.P. pour les délits et art. 532 C.P.P. pour les contraventions). Dans ce cas, le ministère public adresse une lettre simple au « bruiteur » pour lui demander de comparaître devant la juridiction de jugement compétente. L'« avertissement » informe la personne concernée de l'infraction poursuivie et du texte de loi qui la réprime. Si comparution volontaire s'ensuit, elle déclenche l'action publique. Concrètement, cela signifie, d'une part, que si le prévenu ne comparaît pas, la juridiction n'est pas saisie et ne peut donc rendre un jugement par défaut et, d'autre part, que l'avertissement préalable n'est pas indispensable à la comparution volontaire. L'intérêt de ce procédé est donc que la juridiction peut valablement statuer à la suite d'une citation délivrée en-dehors du délai légal de l'article 552, si le prévenu s'est tout de même présenté. Sa comparution couvre la nullité de la citation.

1609. Le Code de procédure pénale prévoit en outre deux modes spécifiques de saisine du tribunal correctionnel : la **convocation par procès-verbal** (ou « rendez-vous judiciaire ») et la **comparution immédiate**[1]**.** Ces deux procédures visent à obtenir une comparution *rapide* du prévenu, ce qui peut s'avérer particulièrement approprié dans le cas d'un bruit illicite causant un trouble au voisinage. Elles ne sont cependant applicables qu'en cas de délit qui, dans le cadre de la comparution immédiate, doit être sanctionné par la loi d'une peine d'emprisonnement comprise entre un an et sept ans s'il est flagrant (art. 395 al. 2 C.P.P.) ou entre deux ans et sept ans s'il s'agit d'un délit non flagrant (art. 395 al. 1 C.P.P.). Elles supposent en outre que le prévenu soit « déféré » au Parquet et que l'ouverture d'une instruction ne paraisse pas nécessaire, ce qui correspond à la majorité des « affaires de bruit ». La convocation par procès-verbal permet une comparution du prévenu devant le tribunal correctionnel dans un délai de dix jours à deux mois, alors que la comparution immédiate, comme son nom l'indique, permet au procureur de la République de traduire le prévenu sur-le-champ devant le tribunal[2].

1610. Enfin, concernant les contraventions relatives au bruit, le ministère public peut décider d'utiliser une procédure simplifiée : l'**ordonnance pénale** (art. 524 et s. C.P.P.) qui assure le paiement d'une amende sans comparution du prévenu devant le tribunal de police. Cette procédure est applicable à toutes les contraventions, hormis celles de cinquième classe imputables à des mineurs. Le juge saisi statue sans débat

---

[1] Ces deux procédures ne sont toutefois pas applicables aux mineurs.

[2] Pour le détail de ces procédures et des mesures qu'elles permettent d'ordonner, voir par exemple : P. CONTE et P. MAISTRE DU CHAMBON, Procédure pénale, préc., p. 279-281.

préalable, au vu des réquisitions écrites du ministère public et du dossier pénal joint, selon une procédure écrite et non contradictoire. Jusqu'à l'intervention de la loi n° 99-515 du 23 juin 1999, le dispositif était strictement limité sur le plan des sanctions pénales qui pouvaient en découler pour le prévenu. En effet, seul le prononcé d'une peine d'amende -peu dissuasive en matière de bruit- était possible, à l'exclusion de toute peine complémentaire, telle que la confiscation de l'objet qui avait servi à produire le bruit illicite. La loi n° 99-515 du 23 juin 1999 confère un intérêt nouveau à cette procédure simplifiée en prévoyant désormais la possibilité de prononcer une ou plusieurs des peines complémentaires prévues pour la contravention commise[1].

1611. Néanmoins, la simplification apportée par l'ordonnance pénale n'est-elle pas excessive ? Outre le fait que cette technique occulte totalement les droits de la défense puisque le juge statue sans débat préalable et contradictoire, elle ne prend en compte, à aucun moment et en aucune façon, le sort des victimes du bruit incriminé. Ces dernières sont totalement exclues du règlement pénal qui dépend entièrement du juge saisi de l'affaire. Or, les infractions relatives au bruit sont avant tout et pour la plupart au centre d'un conflit entre deux personnes, le « bruiteur » et la victime du trouble sonore. Il est par conséquent logique et souhaitable de faire participer chacune de ces parties au règlement du litige qui les oppose. Aussi, la victime du dommage causé par la contravention peut-elle mettre fin à cette procédure en citant directement le prévenu devant le tribunal de police tant que l'ordonnance pénale n'a pas été rendue, faisant ainsi valoir ses droits de partie civile au procès pénal (art. 524 *in fine)*. En outre, le juge saisi de la procédure de l'ordonnance pénale peut toujours renvoyer le dossier au ministère public, aux fins de poursuites dans les formes de la procédure ordinaire, *« s'il estime qu'un débat contradictoire est utile »* (art. 525 *in fine)*.

1612. Les procédés qui permettent au Parquet de mettre en mouvement l'action publique sont variés et de nature à répondre aux exigences de chaque affaire de bruit. Lorsque la mise en œuvre du principe de l'opportunité aboutit à la décision prise par le ministère public de poursuivre, la victime d'un dommage résultant directement de l'infraction peut se joindre à l'action publique par voie d'intervention (sauf dans les hypothèses où le Parquet a choisi la procédure de l'ordonnance pénale). Elle se porte alors partie civile au procès pénal et fait une demande de dommages et intérêts au juge répressif saisi, en réparation de son préjudice. L'action civile ainsi exercée par la victime est l'accessoire de l'action publique qui reste l'objet principal du procès pénal. Cependant, en dépit de la circulaire adressée par le Garde des Sceaux aux Parquets en vue d'inverser la tendance actuelle à classer sans suite les dossiers sur le bruit, force est de constater que les magistrats ne sont toujours pas suffisamment sensibilisés aux problèmes de bruit qu'ils considèrent souvent comme d'intérêt mineur.

1613. Pour ne pas laisser impunies des situations infractionnelles qui causent des dommages aux voisins des nuisances sonores, la victime a également le pouvoir de saisir le juge répressif, alors même que le Parquet a pris une décision contraire. La décision de mettre en mouvement l'action publique, qui est d'un extrême gravité puisqu'elle a pour effet de traduire une personne devant une juridiction de jugement en vue de sa condamnation à une peine, revient en principe au représentant de la société, à savoir le ministère public. Mais celui-ci partage ce pouvoir avec la partie privée lésée. Cette

---

[1] L'art. 8-1° de la loi n° 99-515 du 23 juin 1999 portant réforme de la procédure pénale (*JO* du 24 juin 1999, p. 9247) modifie l'alinéa 2 de l'art. 525 du C.P.P. qui dispose désormais que *« le juge statue sans débat préalable par une ordonnance pénale portant soit relaxe, soit condamnation à une amende* ***ainsi que, le cas échéant, à une ou plusieurs des peines complémentaires encourues »***.

dernière en fait un usage particulièrement intensif en matière de bruit, compte tenu de l'inertie coutumière du Parquet dans ce domaine.

2- *La contre-partie du principe de l'opportunité des poursuites : la saisine du juge pénal par la victime*

1614. Le législateur a fait le choix politique de donner la possibilité à la partie privée lésée de déclencher elle-même l'action publique (a). Un tel pouvoir, *« sans égal dans une démocratie »*[1], est d'une gravité considérable de par sa nature et ses conséquences et ne peut être accordé qu'avec parcimonie. Il est réservé à un nombre restreint de personnes, physiques et morales, remplissant des conditions légales strictes que la chambre criminelle de la Cour de cassation interprète très sévèrement (b).

a) Le pouvoir de déclencher l'action publique

1615. Selon l'article 1er alinéa 2 du Code de procédure pénale, l'action publique peut être mise en mouvement par la partie lésée, dans les conditions déterminées par ledit code. Ce pouvoir accordé à la partie privée lésée apparaît comme la contre-partie du principe de l'opportunité des poursuites érigé au profit du ministère public. La victime a ainsi la possibilité de remédier à l'inertie du Parquet et peut contrer une décision de classement sans suite rendue par le procureur de la République. Cette solution a été dégagée, au début du siècle, par la chambre criminelle de la Cour de cassation dans le célèbre arrêt Laurent-Atthalin[2]. Confirmée par le législateur qui l'a d'abord codifiée dans le Code d'instruction criminelle, puis reprise dans le Code de procédure pénale, elle confère à la partie civile un pouvoir concurrent de celui du ministère public. Un tel pouvoir trouve une application appropriée en matière d'infractions relatives au bruit, face à la trop fréquente passivité du ministère public dans ce domaine. Il garantit dans son principe que tout auteur d'une infraction pourra être poursuivi en dépit du désaccord du Parquet.

1616. Le pouvoir donné à la partie lésée de déclencher les poursuites s'exerce soit devant la juridiction de jugement par **citation directe,** soit devant la juridiction d'instruction, mais s'agissant uniquement des délits, par la **plainte avec constitution de partie civile.** Comme pour le ministère public, le choix de l'une ou l'autre voie est définitif. Ainsi, la partie civile ne peut pas procéder à une citation directe après que le juge d'instruction ait rendu une ordonnance de non-lieu suite à sa plainte avec constitution de partie civile. Qu'il s'agisse d'un délit ou d'une contravention -pour cette dernière c'est d'ailleurs la seule voie d'action qui lui est donnée-, la partie civile peut donc déclencher elle-même l'action publique directement au stade du jugement. Elle utilisera dans ce cas le procédé de la citation directe, conformément à l'article 551 du Code de procédure pénale. Identique à celle délivrée à la requête du ministère public, la citation directe de la partie civile doit en outre indiquer les nom, prénoms, profession et domicile de celle-ci, ainsi que les réparations demandées au juge pénal saisi.

1617. Ce dernier fixe le montant de la consignation, en fonction des ressources de la partie civile, destinée le cas échéant à garantir le paiement de l'amende civile qui réprime les initiatives abusives ou dilatoires (art. 392-1 C.P.P.). A défaut de cette formalité, la citation directe n'est pas recevable et l'action publique n'est pas déclenchée. La citation directe est en effet sous la responsabilité de la partie civile qui y a recours et qui l'utilise

---

[1] P. CONTE et P. MAISTRE DU CHAMBON, Procédure pénale, préc., p. 117.

[2] Cass. crim., 8 décembre 1906, D. 1907, 1, 207, note F.T., rapport Laurent-Atthalin, S. 1907, 1, 377, note Demogue.

à ses risques. Elle suppose que le demandeur ait identifié l'auteur de l'infraction, car il s'agit d'une assignation à personne, et qu'il ait réussi à rapporter lui-même la preuve de l'infraction. Si les éléments de preuve sont incomplets, il ne pourra contraindre le juge à entreprendre un supplément d'information. D'une part, le magistrat en apprécie librement l'opportunité et, d'autre part, fort occupé par ailleurs, il est rare qu'il y consente dans des litiges portant sur une question de nuisances acoustiques. De surcroît, la juridiction de jugement ne dispose en la matière que de pouvoirs très limités par rapport à ceux d'un juge d'instruction. Ne pouvant ordonner de perquisitions, il lui faut user du transport sur les lieux qui en matière de bruit conduit le plus souvent dans une impasse puisque le prévenu en est avisé.

1618. Comme le souligne fort pertinemment Mme Littmann-Martin[1], la partie civile qui n'a pas réussi à obtenir procès-verbal de constatation de l'infraction n'a guère d'intérêt à saisir directement les juridictions de jugement, tribunaux correctionnels ou de police. L'article 392-1 alinéa 2 du Code de procédure pénale prévoit en outre la possibilité d'une sanction à l'encontre de la partie civile qui a indûment déclenché l'action publique par une citation directe, suivie d'une relaxe prononcée par le tribunal correctionnel ou par la Cour d'appel. Le ministère public peut citer la partie civile devant ces juridictions qui, si elles estiment la citation directe abusive ou dilatoire, pourront prononcer une amende civile d'un montant maximum de 15 000 euros[2]. De façon générale, il est donc rare que la partie civile utilise cette voie procédurale compte tenu des contraintes et des risques qui en découlent pour elle. Toutefois, elle constitue pour la victime le seul moyen de mettre en mouvement l'action publique s'agissant des contraventions qui, en droit pénal du bruit, sont les plus nombreuses[3].

1619. Concernant les quelques délits applicables en matière de bruit, la situation de la victime paraît plus favorable puisqu'elle jouit de la faculté de saisir le juge d'instruction, en portant plainte avec constitution de partie civile[4] (art. 85 C.P.P.). Pour cela, il lui suffit d'adresser une simple lettre, datée et signée, au doyen des juges d'instruction du tribunal du lieu de l'infraction ou du domicile de l'auteur de l'infraction lorsque celui-ci est différent. La plainte doit préciser les faits dénoncés, le juge d'instruction étant saisi *in rem*, et comporter la déclaration *expresse* de la volonté *non équivoque* de se constituer partie civile. La victime n'est pas obligée de désigner l'auteur de l'infraction, celui-ci pouvant lui être inconnu. Le juge d'instruction n'étant pas saisi *in personnam*, c'est à lui qu'il revient d'en établir l'identité. L'intérêt d'une telle voie réside dans le fait que ce n'est plus à la victime de rapporter la preuve de l'infraction mais au magistrat instructeur qui dispose de puissants moyens d'investigation, tels que les perquisitions ou les saisies.

1620. A l'instar du procédé de la citation directe, la partie civile doit consigner une somme qui garantit, le cas échéant, le paiement de l'amende civile sanctionnant le déclenchement abusif ou dilatoire de l'action civile par la victime (art. 88, 88-1 et 91

---

[1] M.-J. LITTMANN-MARTIN, Droit pénal de l'environnement, apparence redoutable et efficacité douteuse, préc., p. 26 ; obs. R.J.E. 1987, p. 56.

[2] Précisons que les dispositions de l'article 392 du C.P.P., et donc le prononcé d'une amende civile, sont inapplicables devant le tribunal de police.

[3] Il résulte de la combinaison des articles 79 et 85 du C.P.P. que la victime d'une contravention ne peut, par une constitution de partie civile, provoquer l'ouverture d'une information, les textes réservant ce droit au procureur de la République.

[4] La plainte avec constitution de partie civile qui met en mouvement l'action publique ne doit pas être confondue avec la constitution de partie civile par voie d'intervention, par laquelle la partie privée lésée greffe sa demande en réparation sur l'action publique déjà déclenchée par le ministère public.

C.P.P.). Cette consignation, sauf dispense du juge ou aide juridictionnelle, conditionne la recevabilité en la forme de la plainte déposée entre les mains du juge d'instruction. Dès lors qu'elle est accompagnée d'une constitution de partie civile, cette plainte produit, pour la mise en mouvement de l'action publique, les mêmes effets qu'un réquisitoire introductif du procureur de la République. Le juge d'instruction, valablement saisi, a l'obligation d'instruire, même si le Parquet s'y oppose. Mais encore faut-il que, sur le fond, la constitution de partie civile soit recevable. Pour cela, la partie civile doit à la fois avoir la capacité d'agir et justifier d'un intérêt à agir.

1621. La victime de l'infraction qui donne elle-même l'impulsion à l'action publique -sans toutefois l'exercer- intervient au procès pénal par voie d'action et devient « partie civile ». Ce faisant, elle porte atteinte au monopole du ministère public quant à la décision de poursuivre ou non. C'est pourquoi des limites très précises ont été apportées à l'action civile de la victime, qui peut la mettre en œuvre devant le juge répressif dans le but de déclencher les poursuites, lorsque le Parquet ne le fait pas.

b) Les conditions mises à l'exercice de ce pouvoir

1622. Il est de jurisprudence constante que l'exercice de l'action civile devant les juridictions répressives, qui peut avoir pour dessein la mise en mouvement de l'action publique, est *« un droit exceptionnel »,* réservé à ceux que la loi désigne. L'article 2 du Code de procédure pénale vise ainsi *« tous ceux qui ont personnellement souffert du dommage directement causé par l'infraction »*. Les conditions restrictives posées par le texte ont, pendant longtemps, été soumises à une interprétation extrêmement stricte de la part de la chambre criminelle de la Cour de cassation. Une évolution favorable aux victimes s'est toutefois produite, au cours des dernières années, dans le domaine de l'environnement. Cependant, le caractère répressif de l'action civile, en tant qu'elle entraîne le déclenchement des poursuites, ne sera admissible que si son titulaire, victime d'un dommage qui demande réparation, poursuit un intérêt privé propre qui *« correspond adéquatement à l'intérêt général sous-tendant l'action publique »*[1]. L'action civile recevable devant le juge répressif ne peut en effet contrarier l'action publique qui est l'objet principal du procès pénal. Le préjudice invoqué par la partie civile doit, par conséquent, être directement issu du préjudice social dont la défense est assurée par le Parquet.

1623. Il en résulte que la partie civile, qui a le pouvoir de déclencher les poursuites sans l'intervention du ministère public, doit être en mesure d'alléguer avoir effectivement subi un dommage du fait de l'infraction, lequel doit être certain, direct et personnel. La preuve d'un préjudice remplissant un certain nombre de critères définis de manière restrictive est donc déterminante de la recevabilité de l'action civile devant le juge pénal. L'existence du dommage est la cause même de l'action en réparation. Les caractères spéciaux de ce préjudice résultent de la nature répressive de la juridiction saisie. Toutefois, si ces conditions sont exigées de manière extrêmement sévère devant les juridictions de jugement, il n'en est pas de même devant le juge d'instruction qui reçoit la plainte avec constitution de partie civile. En effet, devant les juridictions d'instruction, le demandeur n'a pas à prouver, à ce stade de la procédure, la certitude du préjudice qu'il invoque et son rapport direct avec l'infraction, objet des poursuites. Selon une jurisprudence constante, il suffit que les circonstances sur lesquelles il s'appuie

---

[1] P. CONTE et P. MAISTRE DU CHAMBON, Procédure pénale, préc., p. 120.

permettent au juge d'*admettre comme possible* l'existence dudit préjudice et sa relation directe avec l'infraction[1].

1624. En revanche, l'intérêt à agir de la partie civile qui se prétend lésée par l'infraction doit être démontré dans tous ses caractères, devant le tribunal correctionnel ou de police saisi par une citation directe de la victime. Sur le fondement de l'article 2 du Code de procédure pénale, la Cour de cassation exige tout d'abord que le préjudice qui confère la qualité de « partie civile » au procès pénal soit un préjudice certain, et non éventuel, et découlant d'une infraction. Le dommage allégué doit ainsi consister en une atteinte à l'intérêt que le texte d'incrimination a pour objet de protéger. Sur ce point, les lois spéciales d'environnement applicables en matière de bruit (loi de 1992 relative à la lutte contre le bruit, loi sur les installations classées...) sont très explicites s'agissant des intérêts qu'elles entendent défendre. La plupart consacrent sur ce sujet des dispositions particulières, généralement liminaires. Ainsi, l'article 1er de la loi n° 92-1444 du 31 décembre 1992 (art. L. 571-1 C. env.) précise que l'objet de ladite loi est la protection de l'environnement ainsi que la tranquillité et la santé de l'homme.

1625. Le préjudice invoqué doit ensuite constituer la conséquence directe de l'infraction poursuivie : il doit être *« directement causé par l'infraction »* (art. 2 C.P.P.). Autrement dit, il doit être rattaché à l'infraction par un lien de cause à effet. Ce lien de causalité est apprécié de manière plus ou moins extensive par la jurisprudence. C'est en définitive le critère du dommage *personnellement* subi qui est prédominant. L'action civile n'appartient qu'à celui qui a été personnellement lésé, c'est-à-dire qui a éprouvé du fait de l'infraction, une atteinte à son intégrité physique -et l'on connaît les nombreux effets que peut avoir le bruit sur la santé-, voire qui a subi un préjudice d'agrément dans l'atteinte que portent les nuisances sonores à la qualité de la vie. Cette exigence d'un dommage personnel pose dans la pratique de nombreuses difficultés de nature à entraver, dans certains cas, l'action civile devant le juge pénal.

1626. L'une de ces difficultés concerne les infractions dites « d'intérêt général » ou encore appelées « infractions sociales ». Cette notion a été développée par la chambre criminelle de la Cour de cassation qui a fait apparaître une distinction entre les infractions qui ont été édictées dans le seul intérêt général et celles qui, au contraire, tendent à la protection conjointe de l'intérêt général et des intérêts individuels[2]. Ainsi, la Haute Juridiction considère qu'*« il existe des incriminations pour lesquelles le législateur n'a eu en vue que l'intérêt général et non celui de tel ou tel individu particulier même si en fait l'auteur de l'infraction a pu lui nuire. Cet individu est donc irrecevable à agir, étant censé n'avoir éprouvé aucun dommage »*[3]. Pour de telles infractions, l'action publique ne peut donc servir de fondement à l'action privée ; elle est réservée au ministère public qui seul peut la déclencher.

1627. Cette jurisprudence a notamment été appliquée dans le domaine de l'urbanisme. Pendant longtemps, la chambre criminelle de la Cour de cassation a refusé aux particuliers de se constituer partie civile, considérant que les infractions au Code de

---

[1] Selon MM. Conte et Maistre du Chambon, *« l'attitude de la jurisprudence est dictée par des considérations d'opportunité : augmenter le nombre des victimes recevables accroît les chances de voir dénoncer les infractions »*. V. : P. CONTE et P. MAISTRE DU CHAMBON, Procédure pénale, préc., p. 125.

[2] Cass. crim., 25 juillet 1913, *Suter-Siniard*, D. 1915, 1, 150, note M. Nast. V. également : J. PRADEL et A. VARINARD, Les grands arrêts du droit criminel, Tome 2 : Le procès - La sanction, 2e éd., Dalloz, 1998, p. 83-91.

[3] J. PRADEL et A. VARINARD, Les grands arrêts du droit criminel, Tome 2 : Le procès - La sanction, préc., p. 84.

l'urbanisme avaient pour unique objet de défendre l'intérêt général et non les intérêts privés des voisins de constructions irrégulières[1]. Une loi du 31 décembre 1976 a bien ouvert l'action civile aux associations agréées, mais pas aux particuliers qui ne pouvaient agir seuls. C'est par un célèbre revirement de jurisprudence opéré le 17 janvier 1984[2] que la chambre criminelle a admis la recevabilité de l'action civile d'un simple particulier, remplissant les conditions de l'article 2 du Code de procédure pénale, dans une poursuite pour *« délit d'exécution de travaux irréguliers ou d'utilisation irrégulière du sol »* prévu par l'article L. 480-4 du Code de l'urbanisme. Ainsi, les voisins de constructions édifiées en méconnaissance des prescriptions du Code de l'urbanisme peuvent désormais, lorsqu'il en résulte pour eux des troubles sonores, exercer leur action civile devant le juge répressif et, en tant que partie civile, déclencher eux-mêmes l'action publique.

1628. L'exigence d'un dommage personnel constitue également un obstacle à l'action des associations de protection de l'environnement, dont l'objet statutaire est de défendre un intérêt collectif, comme celui de la qualité de la vie pour les associations de lutte contre le bruit. La chambre criminelle, s'appuyant sur le droit commun de l'article 2, jugeait irrecevables ces associations à but non lucratif à se constituer partie civile pour défendre l'intérêt collectif qui constitue leur objet. S'agissant d'un préjudice associatif ou collectif, elle estimait qu'il n'était pas distinct de préjudice social résultant de l'infraction et par conséquent, qu'il n'était pas personnel à l'association. Or, le législateur a très tôt compris le rôle déterminant de ces associations à but désintéressé qui essaient de faire respecter la réglementation dans des domaines où le Parquet n'agit pas. Par le biais d'habilitations législatives spécifiques, il leur a donné le pouvoir d'exercer les droits reconnus à la partie civile et de contourner ainsi l'obstacle juridique de l'article 2 du Code de procédure pénale résultant du caractère personnel du dommage réparable.

1629. De nombreuses lois environnementales contenaient ainsi dans leurs dispositions une habilitation spéciale au profit de certaines associations. La loi cadre sur le bruit, par exemple, autorisait dans son article 26 les associations agréées en application de l'article 40 de la loi n° 76-629 du 10 juillet 1976 (dite loi « Nature ») à *« exercer les droits reconnus à la partie civile en ce qui concerne les infractions à la présente loi et aux textes pris pour son application et portant un préjudice direct ou indirect aux intérêts collectifs qu'elles ont pour objet de défendre »*. Mais l'inconvénient de ce système d'habilitations spécifiques insérées dans chaque législation spéciale venait de sa complexité et du manque d'harmonisation entre les différents textes. Certaines habilitations subordonnaient le droit d'agir à l'obtention d'un agrément[3], d'autres à la

---

[1] Cass. crim., 5 mai 1954, Bull. crim. n° 160 ; Cass. crim., 27 octobre 1955, Bull. crim. n° 424 ; Cass. crim., 26 novembre 1958, Bull. crim. n° 694 ; Cass. crim., 6 janvier 1965, J.C.P. 1965, II, 14061 ; Cass. crim., 22 mai 1973, Bull. crim. n° 229. V. aussi : R. GASSIN, obs. sous Cass. crim., 17 janvier 1984, J.C.P. 1985, II, 451.

[2] Cass. crim., 17 janvier 1984, *Henneton,* Bull. crim. n° 24, J.C.P. 1985, II, 451, obs. R. Gassin : s'il est vrai que les dispositions du Code de l'urbanisme relatives au permis de construire ont été édictées en vue de l'intérêt général, elles n'en tendent pas moins également à la protection des particuliers auxquels l'exécution de travaux de construction en méconnaissance des prescriptions légales peut causer un préjudice direct et personnel de nature à servir de base à une action civile devant la juridiction répressive. V. : F. BOULAN, Infractions contre la qualité de la vie - Constructions et urbanisme, Rev. sc. crim. 1986, p. 119 et s. Même solution s'agissant des dispositions du Code de l'urbanisme en matière de P.O.S. et de lotissements : Cass. crim., 18 décembre 1984, Bull. crim. n° 407 ; J.C.P. 1985, IV, 76.

[3] Art. L. 160-1 et L. 480-1 du Code de l'urbanisme, art. 26 de la loi n° 92-1444 du 31 décembre 1992 relative à la lutte contre le bruit.

qualité d'association d'utilité publique[1], d'autres encore à la déclaration de l'association depuis au moins cinq ans à la date des faits[2].

1630. Aussi le droit d'agir des associations de protection de l'environnement a-t-il connu une évolution importante avec la loi n° 95-101 du 2 février 1995[3]. L'avancée réside dans ce que l'article 5 de la loi met en place un régime uniforme d'agrément administratif[4], prévu aujourd'hui à l'article L. 141-1 du Code de l'environnement, qui vise notamment les associations ayant pour objet de lutter contre les nuisances sonores[5]. Aux habilitations spéciales succède une habilitation générale d'exercer les mêmes droits, à condition que les faits incriminés constituent *« **une infraction aux dispositions législatives relatives** à la protection de la nature et de l'environnement, à l'amélioration du cadre de vie, à la protection de l'eau, de l'air, des sols, des sites et paysages, **à l'urbanisme** »* ou aient ***« pour objet la lutte contre** les pollutions et **les nuisances**, ainsi qu'aux textes pris pour leur application ».*

1631. Désormais, les *« associations agréées de protection de l'environnement »* au titre de l'article L. 141-1 du Code de l'environnement peuvent, selon l'article L. 142-2 du même code, exercer les droits reconnus à la partie civile en ce qui concerne les faits portant un préjudice direct ou indirect aux intérêts collectifs qu'elles ont pour objet de défendre et constituant une infraction notamment aux dispositions législatives ayant pour objet la lutte contre les nuisances sonores, ainsi qu'aux textes pris pour leur application. Les associations agréées antérieurement à la loi du 2 février 1995 sont réputées agréées en application de l'article L. 141-1 du Code de l'environnement et conservent donc leur droit d'agir devant les juridictions pénales. En outre, la loi du 2 février 1995 n'a pas supprimé toutes les habilitations spéciales (art. 7-II et III). Elle maintient le droit d'agir acquis par des associations qui justifiaient de cinq ans d'ancienneté. Ce *« droit d'agir conservé »*[6] s'exerce donc concurremment à celui des *« associations agréées de protection de l'environnement »* des articles L. 141-1 et L. 142-2 du Code de l'environnement, mais il est limité aux actions fondées sur des infractions à des lois bien déterminées, parmi lesquelles la loi n° 76-663 du 19 juillet 1976 sur les installations classées (art. 22-2) qui trouve à s'appliquer en matière de bruit.

1632. En outre, la loi « Barnier » a instauré une *« action en représentation conjointe »*, qui permet aux associations agréées de protection de l'environnement d'agir devant la juridiction pénale -tout comme devant le juge civil- en tant que mandataires des victimes personnes physiques. L'article L. 142-3 du Code de l'environnement leur donne

---

[1] Art.L. 160-1 et L. 480-1 du Code de l'urbanisme.

[2] Art. 22 de la loi n° 76-663 du 19 juillet 1976 relative aux installations classées pour la protection de l'environnement.

[3] Loi n° 95-101 du 2 février 1995 relative au renforcement de la protection de l'environnement (*JO* du 3 février 1995, p. 1840). V. sur cette question : J.-H. ROBERT, « Dispositions pénales de la loi n° 95-101 du 2 février 1995 », Droit de l'environnement n° 29, février-mars 1995, p. 3 et s. et R. LEOST, « L'agrément des associations de protection de l'environnement », R.J.E. 2-1995, p. 267 et s. ; M. DESPAX, « La loi n° 95-101 du 2 février 1995 relative au renforcement de la protection de l'environnement », Les hommes et l'Environnement, Etudes en hommage à A. Kiss, Editions Frison-Roche, Paris 1998, p. 391.

[4] Le décret n° 96-170 du 28 février 1996 relatif aux asssociations agréées de protection de l'environnement (*JO* du 7 mars 1996, p. 3538) précise le régime de l'agrément administratif dont la loi n° 95-101 du 2 février 1995 (art. 5 à 7) a fixé les principes.

[5] De ce fait, l'art. 7 de la loi n° 95-101 du 2 février 1995 a abrogé ou modifié tous les articles des lois spéciales de protection de l'environnement, parmi lesquels l'article 26 de la loi n° 92-1444 du 31 décembre 1992 désormais supprimé, qui contenaient une habilitation spécifique.

[6] J.-H. ROBERT, Dispositions pénales de la loi n° 95-101 du 2 février 1995, préc., p. 5.

le droit de représenter *« plusieurs personnes physiques identifiées* [qui] *ont subi des préjudices individuels qui ont été causés par le fait d'une même personne et qui ont une origine commune, dans les domaines mentionnés à l'article L. 142-2 »*, parmi lesquels notamment la lutte contre les nuisances sonores[1]. L'association doit être mandatée par au moins deux personnes physiques. De plus, le mandat doit être donné par écrit par chaque personne concernée, dont la qualité de mandant est subordonnée au respect des conditions de l'article 2 du Code de procédure pénale. L'association ne peut, en effet, représenter devant le juge que les victimes, personnes physiques, ayant subi un préjudice personnel en relation directe avec l'infraction.

1633. Les victimes souffrant de nuisances sonores illicites peuvent ainsi bénéficier de cette nouvelle possibilité d'action, qui pourra avoir plus de poids devant le juge qu'une action individuelle et isolée. Il ne s'agit toutefois pas d'un renoncement de leur part à se défendre par elles-mêmes. Les victimes conservent le pouvoir de mettre un terme au mandat et de conduire personnellement et individuellement la défense de leurs intérêts.

1634. La loi n° 95-101 du 2 février 1995 étend enfin les droits reconnus à la partie civile aux personnes morales de droit public qui sont visées dans l'article L. 253-1 du Code rural qu'elle a créé[2] et qui est devenu l'article L. 132-1 du Code de l'environnement. Parmi ces personnes morales, l'A.D.E.M.E. compte dans son objet statutaire la lutte contre les nuisances sonores et peut donc agir, comme les associations agréées de protection de l'environnement, en cas d'infraction relative au bruit devant le juge répressif. En revanche, les personnes morales de droit public non visées par l'article L. 132-1 du Code de l'environnement demeurent soumises aux conditions restrictives de l'article 2 du Code de procédure pénale. La jurisprudence est en général très sévère à leur égard et considère que les intérêts collectifs que ces personnes sont chargées de défendre se confondent avec l'intérêt social que représente et défend le ministère public. Ainsi, la commune ne peut se constituer partie civile contre les citoyens bruyants qui contreviennent aux arrêtés que le maire prend conformément au Code général des collectivités territoriales, pour assurer la tranquillité publique. Précisons toutefois que cette règle a été écartée par la loi du 18 juillet 1985, au profit des communes, dans un domaine spécifique : celui des infractions aux règles d'urbanisme mentionnées aux articles L. 160-1 et L. 480-1 du Code de l'urbanisme[3].

1635. Face à la multitude de bruits de voisinage et de situations infractionnelles qu'ils sont susceptibles de créer, il n'existe pas un traitement-type, unique et valable pour tous les litiges. Les démarches, procédures et solutions de règlement sont tout aussi multiples et laissées à la discrétion des différentes parties amenées à intervenir. La liberté d'action semble ainsi dominer le cadre procédural du traitement des infractions relatives au bruit. Le sort qui est réservé à ces dernières et à leurs auteurs dépend de l'intention

---

[1] Le décret n° 96-625 du 9 juillet 1996 (*JO* du 16 juillet 1996, p. 10714) précise les conditions procédurales d'exercice de cette action. Ses dispositions ont été codifiées aux articles R252-21 à R252-29 du Code rural.

[2] L'article 6 de la loi n° 95-101 du 2 février 1995 a inséré, dans le titre V du Livre II du Code rural, un chapitre III intitulé : *« Action civile des personnes morales de droit public »*.

[3] L'article 26 de la loi n° 85-729 du 18 juillet 1985 a introduit une disposition spéciale dans les articles L. 160-1 et L. 480-1 *in fine*, selon laquelle *« la commune peut exercer les droits reconnus à la partie civile, en ce qui concerne les faits commis sur son territoire et constituant une infraction aux dispositions du présent article »*. En application de ce texte, la commune a donc le pouvoir de déclencher l'action publique devant les juridictions répressives dans le cas de violation d'une règle d'urbanisme portant atteinte à la tranquillité du voisinage, telle que, par exemple, une construction édifiée en dépit du refus de permis de construire motivé par les nuisances sonores.

manifestée par chacun des protagonistes et de leur bonne volonté. Une certaine cohérence dans les interventions est également de mise s'agissant de nuisances de proximité qui opposent des personnes situées dans un périmètre géographique restreint et de ce fait sensible. Dans cette optique, la sanction pénale doit être perçue comme l'ultime stade de la répression qui interviendra en dernier recours.

1636. Le positionnement final du traitement pénal, dans le cadre procédural des infractions relatives au bruit, ne discrédite pas pour autant l'importance de la phase contentieuse. Au contraire, l'application de la loi pénale est d'un enjeu capital et ne saurait être contournée lorsque les faits commis l'imposent. Le Parquet, en tant qu'autorité de poursuite, doit dès lors exercer l'action publique qui saisit le juge répressif de l'infraction, et requérir l'application de la loi. Les nombreuses possibilités offertes aux victimes de ces infractions relatives au bruit, personnes physiques et morales, attestent de l'enjeu que représente la sanction pénale. Le développement d'actions devant le juge pénal par des parties civiles qui ne souhaitent plus seulement une réparation de leur préjudice mais bien la condamnation pénale de l'auteur de l'infraction, traduit tout l'aspect d'exemplarité de la sanction. Au-delà des caractères vindicatif et strictement répressif, c'est également l'objectif de dissuasion et de prévention qui est recherché.

1637. Le juge pénal, gardien de la loi, a sur ce point un rôle fondamental à jouer. Saisi par le ministère public ou par le plaignant lui-même, il détient le pouvoir de sanctionner les infractions aux différents textes édictés pour lutter contre les bruits dans le voisinage. La manière dont il utilise ce pouvoir, compte tenu de son champ d'action, détermine l'étendue et l'efficacité du contrôle de l'application de la loi.

Section II : Le contrôle judiciaire : le contentieux pénal

1638. C'est au juge pénal qu'il revient de réprimer les infractions aux différents textes applicables dans le domaine des bruits de voisinage. L'objet du contentieux pénal est de statuer sur la responsabilité pénale de l'agent pour aboutir, si celle-ci est établie, au prononcé d'une peine. A une époque où ce contentieux répressif était stigmatisé par la volonté de réduire le rôle du juge à sa plus simple expression, Montesquieu avait affirmé, dans une formule demeurée célèbre, que les juges ne devaient être que *« les bouches qui prononcent les paroles de la loi »*. Cette théorie, exprimée aujourd'hui dans le principe de légalité, domine toujours, mais de manière nuancée, notre droit pénal. Elle revêt une signification particulière quant au rôle et pouvoirs accordés au juge chargé de la répression. Ainsi, le rôle premier du juge pénal n'est pas de créer la loi, ceci étant du ressort du législateur, mais de l'appliquer, en l'interprétant le cas échéant lorsque les imperfections de la loi l'imposent. Si création prétorienne il y a, cette interprétation demeure toutefois limitée par les nombreuses implications du principe de légalité.

1639. La sanction pénale est donc, tout d'abord, celle fixée par le législateur qui en détermine la nature et les limites. Mais ses applications peuvent être diverses eu égard aux possibilités de personnalisation des peines offertes par le Code pénal au juge répressif qui reste maître de l'évolution du contentieux pénal. En matière de nuisances sonores, la marge de manœuvre ainsi donnée dans le choix des sanctions à prononcer devrait être utilisée en vue de répondre aux attentes légitimes des victimes qui tendent toutes à obtenir la cessation du trouble causé et le retour à une certaine tranquillité dans le voisinage. Or, le contentieux pénal du bruit remplit-il aujourd'hui ce rôle à la fois de répression, de prévention et de réparation (§2), compte tenu des différents pouvoirs reconnus au juge par un législateur à la fois général et spécialisé (§1) ?

§1. LES POUVOIRS DU JUGE RÉPRESSIF

1640. Les pouvoirs du juge pénal se focalisent essentiellement, au stade de la phase du jugement, sur le prononcé d'une peine, car telle est la finalité de l'action publique. C'est par conséquent par rapport à l'existence légale de cette peine qu'ils se définissent et se délimitent. Le terme juridique et générique de « peine », tel qu'il est employé par le Code pénal dans un souci de simplification, est susceptible de recouvrir plusieurs réalités. Il faut ainsi distinguer les peines et les mesures de sûreté qui sont prononcées à l'encontre du délinquant, ainsi que les condamnations à des dommages et intérêts destinés à réparer le préjudice subi par la partie civile. S'agissant de l'étude de la sanction pénale, ce sont les peines au sens classique du terme qui nous intéresse, avec leur signification morale et leurs fonctions à la fois de répression et de prévention.

1641. Les pouvoirs du juge répressif dans le contentieux du bruit sont tout d'abord ceux, généraux, qui résultent des règles du nouveau Code pénal. A ce titre, le juge dispose d'un large éventail de possibilités qui, outre les peines principales « classiques » d'emprisonnement (s'agissant uniquement des délits) et d'amende, offre une palette diversifiée de peines complémentaires venant renforcer les premières, ainsi qu'un certain nombre de peines alternatives. La diversification des peines opérée par le nouveau Code pénal atteste du caractère restreint des pouvoirs « traditionnels » -ceux se réduisant au prononcé d'une peine d'amende ou d'emprisonnement en cas de délit- du juge pénal au regard des enjeux de la lutte contre les bruits de voisinage (A). C'est vers le droit pénal de l'environnement, avec ses particularismes et ses innovations, qu'il convient de se tourner pour trouver des moyens d'action mieux à même de répondre au problème des infractions relatives au bruit. La loi cadre de 1992 sur le bruit (B), mais également les autres polices d'environnement intervenant en matière de nuisances sonores (C) contiennent des dispositifs répressifs spécifiques donnant des pouvoirs particuliers, renforcés et adaptés, au juge qui, le temps d'un procès sur le bruit, s'érige en gardien de la tranquillité des voisins.

A. L'INSUFFISANCE DES POUVOIRS TRADITIONNELS DU JUGE DE LA RÉPRESSION

1642. Les « pouvoirs traditionnels » de répression, par opposition aux dispositifs répressifs spécifiques des lois d'environnement, visent essentiellement le prononcé des peines principales d'amende et, le cas échéant, d'emprisonnement en présence d'un délit. Ces peines, à la fois personnelles et strictement punitives paraissent peu adaptées à la poursuite des comportements illicites en matière de bruit. Leur impact, plus ou moins réel, est limité à la personne du « bruiteur ». Elles ne visent pas à mettre fin au trouble causé au voisinage, à réparer les conséquences dommageables subies par les voisins et à créer des conditions de nature à garantir la non-réitération des faits, autant d'enjeux contenus dans les politiques de lutte contre les bruits de voisinage.

1643. Si désormais le Code pénal laisse une place importante au principe de la personnalisation des sanctions, conférant des pouvoirs accrus au juge dans le choix de la peine à prononcer pour chaque délinquant particulier, le contentieux du bruit présente une autre réalité : celle où le principe de légalité qui délimite les prérogatives reconnues au juge (1) semble inciter ce dernier à une prudence excessive dans le choix des peines qu'il prononce (2).

1- Le principe de légalité et le rôle du juge

1644. Le principe de légalité, tout comme pour le législateur, s'impose au juge[1]. Mais il a une signification particulière à l'égard de ce dernier, définissant de manière stricte le pouvoir de sanction des infractions. Le prononcé d'une peine connaît plusieurs limitations issues de ce principe. La première porte sur la détermination des incriminations et rappelle le rôle principal du législateur en la matière. Ainsi, le juge ne peut punir un fait qui n'est pas prévu et réprimé par la loi pénale. Il ne saurait s'ériger en créateur d'infractions et décider d'office du caractère répréhensible d'un comportement qu'il estimerait devoir sanctionner dans l'intérêt de la société. Un état de droit ne permet pas une telle situation d'incriminations arbitraires qui est contre tous les principes généraux gouvernant notre démocratie. La première tâche du juge est donc de vérifier qu'une qualification pénale est bien applicable aux faits qui lui sont soumis[2]. Autrement dit, il lui revient de s'assurer que la situation de bruit alléguée coïncide parfaitement avec la définition légale de l'infraction, fondement des poursuites. Les bruits causant un trouble au voisinage doivent en effet présenter un certain nombre de caractères précis, variables selon le texte légal ou réglementaire retenu, pour pouvoir justifier d'une peine.

1645. Cette peine, à l'instar de l'incrimination qu'elle réprime, doit pour les mêmes raisons avoir été établie par le législateur. Elle ne saurait être inventée par la juridiction pénale qui statue sur telle infraction dont elle est saisie. Ainsi, la Cour de cassation rappelle fréquemment que *« le juge répressif ne peut prononcer de peine autre que celle prévue par la loi pour l'infraction qu'il retient »* ou encore qu'*« aucune peine autre que celle appliquée par la loi à la nature de l'infraction ne peut être prononcée »*[3]. Le principe de la légalité des sanctions apporte ici plusieurs limites au pouvoir du juge. Tout d'abord, celui-ci ne saurait prononcer une peine non fixée par le texte spécifique réprimant l'infraction considérée.

1646. L'auteur d'un tapage nocturne ne peut ainsi être condamné à une peine d'emprisonnement, de même que le tribunal de police ne pourra ordonner à l'exploitant d'une discothèque, qu'il a condamné sur le fondement de l'article R623-2 du Code pénal, de fermer son établissement ou de réaliser des travaux acoustiques sous astreinte afin de mettre un terme à la nuisance. On mesure ici les insuffisances du droit pénal qui, s'agissant des infractions les plus courantes en matière de bruit et probablement les plus gênantes : celles de tapage nocturne, se contente de prévoir des peines d'amende bien peu dissuasives, qui n'empêchent pas le renouvellement de l'infraction. L'inadaptation des sanctions encourues est flagrante. Elle devrait inciter le législateur a intervenir et à aggraver la répression du tapage nocturne qui, rappelons-le, ne constitue qu'une contravention de la 3e classe passible d'une amende ne pouvant excéder 450 euros, ce qui pour l'exploitant d'une discothèque, par exemple, semblera dérisoire.

1647. Tenu par la nature de la peine expressément désignée dans le texte d'incrimination appliqué, le juge l'est tout autant s'agissant de son quantum. Il ne peut prononcer une peine que dans les limites fixées par la loi, c'est-à-dire sans dépasser le « plafond » légal. S'il lui est interdit d'aggraver, de quelque manière que ce soit, la

---

[1] La règle *« nulla poena sine lege »* est, concernant la sanction pénale, le pendant de la règle *« nullum crimen sine lege »* relative aux incriminations.

[2] Selon la formule jurisprudentielle, le juge pénal est tenu de constater *« l'existence des circonstances exigées par la loi pour que tous les faits soient punissables »* (Cass. crim., 2 décembre 1991, J.C.P. 1992, IV, 958).

[3] V. : F. DESPORTES et F. LE GUNEHEC, Droit pénal général, préc., n° 218.

répression prévue par la loi, le principe de légalité ne lui impose pas, en revanche, de prononcer le maximum des peines encourues. L'article R48-2 du Code de la santé publique, qui sanctionne la contravention de tapage aussi bien nocturne que diurne d'une peine d'amende de 450 euros, n'oblige pas le juge à prononcer à l'encontre du prévenu condamné sur ce fondement une amende d'un montant de 450 euros. Il ne s'agit là que d'un plafond légal qu'il ne doit pas dépasser. Par contre, il a toute latitude pour en diminuer le quantum. Ainsi, rien ne l'empêche de condamner l'auteur d'un tapage diurne ou nocturne à une amende de un euro ! Les peines *prononcées* ne sont pas les peines *encourues*. Ces dernières fixent un seul critère au juge de la répression -en-dehors de celui de sa compétence- : celui du montant maximum à ne pas dépasser.

1648. En dépit des bornes fixées par le principe de légalité aux pouvoirs du juge pénal, celui-ci est loin d'être le « distributeur automatique de peines » mis en place par le système révolutionnaire des « peines fixes » contenu dans le Code pénal de 1791. Le *« souci d'une meilleure personnalisation de la peine »*[1] marque en profondeur l'évolution de notre droit pénal et trouve une assise confortable dans le nouveau Code pénal qui élargit le choix du juge sur ce point, en lui proposant une palette enrichie de peines de nature différente. L'article 132-24 du Code pénal de 1992 consacre ce système de l'individualisation de la peine par le juge. Aux termes de ce texte, *« dans les limites fixées par la loi, la juridiction prononce les peines et fixe leur régime en fonction des circonstances de l'infraction et de la personnalité de son auteur. Lorsque la juridiction prononce une peine d'amende, elle détermine le montant en tenant compte des ressources et des charges de l'auteur de l'infraction »*. Dans les limites posées par la loi, le juge peut donc choisir parmi les peines encourues -principales, alternatives ou complémentaires-, celle(s) qui lui paraît la plus adéquate[2] et en déterminer le quantum.

1649. Le régime de la peine obéit ainsi aux principes combinés de la légalité et de la personnalité. Mais la place donnée aujourd'hui de façon générale à la personnalisation judiciaire de la peine, devenue un principe fondamental de notre droit pénal consacré par le nouveau Code pénal, ne se retrouve guère dans le contentieux relatif au bruit. Les décisions de justice rendues en la matière semblent bien plus imprégnées du seul principe de la légalité des peines et des limites qu'il apporte au pouvoir sanctionnateur du juge. Les sanctions prononcées sont en général inadaptées aux véritables enjeux d'une politique pénale efficace en matière de nuisances sonores.

2- L'inadaptation des peines prononcées

1650. L'étude des décisions portant condamnation pour nuisances sonores révèle une répression judiciaire qui contraste fortement avec la perception qu'ont les citoyens du problème du bruit et avec les attentes des justiciables, victimes de cette nuisance. Force est de constater que la grande majorité des décisions rendues dans ce domaine, d'un nombre plutôt limité par rapport aux plaintes déposées, ne présentent pas l'efficacité que l'on serait en droit d'attendre face à un phénomène de société devenu une question de santé publique. Dans sa globalité, le contentieux pénal du bruit s'avère encore insuffisant de par la modicité des amendes et des dommages et intérêts alloués et de par les pouvoirs restreints que détient de façon générale le juge pénal.

1651. La plupart des infractions relatives au bruit constituent, nous l'avons vu, des contraventions. La plus célèbre, et la plus utilisée par les magistrats, est la contravention

---

[1] F. DESPORTES et F. LE GUNEHEC, Droit pénal général, préc., n° 219.

[2] L'article 132-17 du N.C.P. dispose que *« la juridiction peut toujours ne prononcer que l'une des peines encourues pour l'infraction dont elle est saisie »*.

de tapage nocturne, qui trouve aujourd'hui son homologue, concernant les bruits de voisinage à la fois diurnes et nocturnes, dans le Code de la santé publique. Ces contraventions ne sont passibles que d'une peine d'amende, dont le montant maximum, s'il a été relevé dans le nouveau Code pénal, n'atteint que 450 euros, maximum prévu pour les contraventions de la 3e classe (contre 1 300 F sous l'empire du Code de 1810). De surcroît, la peine d'emprisonnement, prévue par le décret du 5 mai 1988 -abrogé et remplacé par le décret n° 95-408 du 18 avril 1995- en cas de récidive de tapage diurne ou nocturne qui devenait alors une contravention de la 4e classe, a disparu avec l'entrée en vigueur du nouveau Code pénal qui a supprimé les peines privatives de liberté en matière contraventionnelle.

1652. Si la peine encourue est par elle-même peu dissuasive, celle prononcée effectivement par la juridiction pénale peut s'avérer encore plus dérisoire. En effet, depuis la suppression des minima par le nouveau Code pénal -et comme c'était déjà le cas sous l'empire du Code pénal de 1810 par le jeu des circonstances atténuantes-, le juge a la possibilité de baisser autant qu'il le désire le montant de l'amende encourue, celle-ci ne comportant pas de seuil minimum. Or, en matière de bruit, il n'est pas rare que la jurisprudence n'inflige aucune sanction lorsque la procédure met en cause une première contravention dans ce domaine. *« Dès lors, le plaignant ne peut s'estimer satisfait puisqu'il doit attendre une récidive pour qu'une sanction soit prononcée et le contrevenant, quant à lui, n'est pas dissuadé de récidiver »*[1]. Dans les hypothèses où une sanction est toutefois prononcée, la modicité du montant des amendes remet sérieusement en question le rôle de la sanction pénale vis-à-vis du « bruiteur », de même que sa finalité générale dans le procès pénal. Ainsi, très souvent les amendes fixées en cas de tapage nocturne ou diurne sont nettement inférieures à 1 000 francs[2], alors que le taux maximum encouru n'est pratiquement jamais prononcé.

1653. Si le quantum des peines d'amende n'est pas dissuasif d'un comportement bruyant, la nature même des peines prononcées n'apparaît pas adaptée à la question des bruits illicites et des troubles qu'ils portent à la tranquillité du voisinage et à la santé des personnes. En règle générale, le juge pénal qui condamne ne peut prononcer des interdictions en rapport avec l'activité bruyante incriminée ou ordonner l'exécution de travaux, sous astreinte, en vue de mettre fin aux nuisances sonores. Le Code pénal ne prévoit pas ce type de peines complémentaires appropriées au problème du bruit. Dans ce cadre, les juges se voient alors contraints de se déclarer incompétents *« à prescrire l'exécution de travaux de nature à mettre un terme aux troubles en question »*[3].

1654. Aux demandes de cessation de la nuisance formulées par les victimes de bruits qui se sont portées parties civiles au procès pénal, les juges du fond ne peuvent que rappeler *« qu'une juridiction pénale n'est apte à se prononcer que sur les conséquences de l'infraction commise et qu'il ne lui appartient pas d'anticiper sur le renouvellement*

---

[1] J.-P. GUALEZZI, « Le bruit dans la ville », Rapport du Conseil Economique et Social, préc., p. II-251.

[2] V. par exemple : Cass. crim., 6 décembre 1995, N° 94-84.990, préc. : amende de **300 F** prononcée par la Cour d'appel de Fort-de-France (arrêt de la ch. corr. en date du 15 septembre 1994) ; Cass. crim., 17 janvier 1990, N° 89-83.504, préc. : amende de **800 F** prononcée par le tribunal de police de Cahors (jugement du 16 mai 1989) ; Cass. crim., 5 novembre 1996, N° 96-81.879, Juridisque Lamy Cassation : amende de **400 F** prononcée par le tribunal de police de Dax (jugement du 14 novembre 1995)...

[3] C.A. Reims, 22 décembre 1972, C.P.E.N., jurispr. « Bruit », 1523 : confirme la déclaration d'incompétence prise par le tribunal de police de Reims (jugement du 7 juillet 1972) concernant la demande faite par la victime des bruits d'ordonner, sous astreinte, la réalisation de travaux d'insonorisation. En l'espèce, le prévenu était poursuivi sur le fondement de l'article 36 du décret du 1er avril 1964 pris en application de la loi du 19 décembre 1917, pour non-respect des prescriptions générales d'un arrêté préfectoral.

éventuel de cette infraction »[1] ou encore qu'une juridiction de répression ne peut *« ordonner, à défaut de texte précis existant par exemple en matière d'urbanisme, des mesures de nature à faire cesser le trouble pour l'avenir »*[2]. Ainsi, hormis *« la confiscation de la chose qui a servi ou était destinée à commettre l'infraction ou de la chose qui en est le produit »*, les peines complémentaires prévues par l'article 131-16 du Code pénal pour les contraventions ne peuvent s'appliquer aux infractions relatives au bruit. Le retrait du permis de chasser ou l'interdiction de détenir ou de porter une arme soumise à autorisation visent en effet d'autres types d'infractions...

1655. Les peines complémentaires, de même que les peines alternatives, proposées par le Code pénal ne répondent pas vraiment au caractère particulier des infractions relatives au bruit. Les peines correctionnelles (privatives ou restrictives de droit de l'article 131-6 du N.C.P., de travail d'intérêt général, de jour-amende) et contraventionnelles (de l'article 131-14, pour les contraventions de la 5e classe) de substitution ne sont jamais prononcées par le juge saisi d'un litige sur le bruit, qui se contente des peines principales classiques d'amende et très occasionnellement d'emprisonnement s'agissant d'un délit. Les peines complémentaires, quant à elles, énumérées de manière non limitative à l'article 131-10 du Code pénal en ce qui concerne les délits et aux articles 131-16 et 131-17 pour les contraventions, ne peuvent être prononcées - également à titre de peine principale si le juge le souhaite- qu'à la condition d'être visées expressément par le texte d'incrimination.

1656. C'est donc vers les législations spéciales, spécifiques au bruit ou applicables dans certaines de leurs dispositions au problème de la nuisance acoustique, qu'il convient de se tourner pour trouver des mesures judiciaires plus en adéquation avec les incriminations retenues dans ce domaine. Des dispositifs répressifs, élargissant les modalités d'action du juge pénal, se sont ainsi multipliés dans le droit de l'environnement et donnent les moyens légaux d'une sanction pénale appropriée aux situations illicites de bruits de voisinage.

B. Le renforcement des pouvoirs dans la loi cadre sur le bruit

1657. A l'instar de la majorité des législations environnementales, la loi n° 92-1444 du 31 décembre 1992 relative à la lutte contre le bruit propose au juge de la répression un dispositif répressif spécifique utilisant des mécanismes, mesures et peines complémentaires tout à la fois originaux et adaptés à la nature des comportements incriminés. Lorsque la culpabilité du prévenu a été établie, la juridiction pénale dispose, outre les peines traditionnelles d'emprisonnement et/ou d'amende selon la nature de l'infraction retenue, d'un choix de mesures et de peines complémentaires appropriées au problème acoustique posé au juge et réglé par la loi (1). Mais ce système classique de la répression par le biais d'une peine principale renforcée par une ou plusieurs mesures ou peines complémentaires peut être écarté, de manière définitive ou temporaire, au profit d'une procédure originale expressément prévue par la loi de 1992 : l'ajournement de peine avec injonction (2), qui se révèle particulièrement adapté aux infractions du bruit créées par ladite loi et ses textes d'application.

1- Un choix de mesures et peines complémentaires appropriées

1658. Le caractère « spécial » de la loi n° 92-1444 du 31 décembre 1992, en ce qu'elle est consacrée exclusivement à la question du bruit, est exprimé de façon

---

[1] *Ibidem.*

[2] C.A. Paris, 13e ch. correct., 16 mai 1970, D. 1970, jurispr. p. 568 ; J.C.P. 1970, II, 16399, note D.S.

pertinente dans la création de peines et de mesures complémentaires adaptées à l'objet et au contenu de cette loi. Le législateur de 1992, outre le fait d'avoir institué dans ce domaine des délits passibles de peines principales d'emprisonnement à côté de la traditionnelle peine pécuniaire, élargit et renforce les moyens de répression en établissant, d'une part, des mesures à caractère réel attachées à des infractions bien précises de la loi (a) et, d'autre part, des peines de publicité affectant la réputation du condamné, issues du cadre général fixé par le nouveau Code pénal et susceptibles d'avoir un impact particulier chez certains « bruiteurs » (b).

a) Les mesures à caractère réel de l'article 23-III de la loi n° 92-1444 du 31 décembre 1992

1659. L'article 23-III de la loi n° 92-1444 du 31 décembre 1992 (devenu l'art. L. 571-24 C. env.) contient deux séries de mesures. La première concerne l'infraction de fabrication, d'importation ou de mise sur le marché des objets ou des dispositifs non pourvus de l'homologation ou de la certification exigées en application de l'article 2 de la loi (art. L. 571-2 C. env.). La seconde vise le non respect des dispositions de l'article 6 portant sur les activités bruyantes soumises à prescriptions générales ou, pour les plus nuisibles, à autorisation (art. L. 571-6 C. env.). Ces mesures ciblées sur les délits incriminés à l'article 23-II de la loi de 1992 (art. L. 571-23 C. env.) frappent directement la chose ou l'activité constitutives de l'infraction. Elles ont par conséquent un *caractère réel,* par opposition aux peines d'amende et d'emprisonnement qui visent directement la personne du délinquant. Selon le cas et la décision du juge de la répression, les mesures à caractère réel prévues par la loi cadre sur le bruit pourront être simplement provisoires, et en cela elles s'apparentent plutôt à une mesure de sécurité, ou alors irrévocables, auquel cas leur nature sanctionnatrice ne fait aucun doute.

1660. S'agissant des objets bruyants et des dispositifs destinés à réduire les émissions sonores et réglementés par l'article 2 de la loi de 1992 (art. L. 571-2 C. env.), le juge pénal dispose de moyens répressifs complémentaires plus ou moins radicaux, en sus des peines d'emprisonnement (deux ans au plus) et d'amende (30 000 euros maximum) qui viennent sanctionner les professionnels fabriquant, important ou vendant de tels matériels non conformes aux exigences légales. Trois mesures différentes et graduelles sont proposées au juge qui a prononcé la condamnation. Il pourra ordonner le retrait, la saisie, voire la destruction des objets ou dispositifs sur lesquels a porté l'infraction. Ces mesures sont ordonnées aux frais du condamné et remplissent en cela leur rôle de sanction. Dans le même temps, elles sont de nature préventive puisqu'elles permettent désormais de retirer du marché les matériels non conformes et de les saisir chez les revendeurs, avant même qu'ils aient servi à produire des nuisances sonores constitutives d'une infraction et de gêne pour le voisinage. La destruction de l'objet incriminé est la mesure la plus radicale qui soit, combinant les deux caractères, répressif et préventif, de la peine et conférant à celui qui peut la prononcer, à savoir le juge pénal, un pouvoir péremptoire.

1661. En ce qui concerne les activités bruyantes prises en compte par l'article 6 de la loi de 1992 (art. L. 571-6 C. env.), le législateur, qui s'était déjà inspiré de la législation relative aux installations classées pour la protection de l'environnement pour ce qui est de la police administrative de ces activités, fait de même sur le plan de la répression. Il prévoit une mesure comparable à l'interdiction d'utiliser l'installation contenue dans l'article 18 alinéa 3 de la loi n° 76-663 du 19 juillet 1976 (art. L. 514-9-II C. env.). Ainsi, conformément à l'article 23-III alinéa 2 de la loi de 1992 sur le bruit (art. L. 571-24-II C. env.), le juge peut prononcer en cas de condamnation pour non respect des dispositions de l'article 6 (art. L. 571-6 C. env.), l'interdiction temporaire de l'activité en cause jusqu'à ce que les dispositions auxquelles il a été contrevenu aient été respectées. Une telle mesure, de par son caractère temporaire, s'analyse plutôt en une mesure de sécurité qui, à partir du moment où l'activité en cause est régularisée[1], n'a plus de raison d'être et par conséquent cesse. Son impact dans la pratique est réel et semble tout à fait conforme à l'optique de lutte contre le bruit et d'application effective de la législation dans ce domaine. Elle paraît de nature à inciter les intéressés à se conformer rapidement à la législation.

1662. N'ayant pas de caractère obligatoire, le juge a toute liberté pour décider ou non d'avoir recours à ces différentes mesures, selon son appréciation souveraine du cas d'espèce. Leur adéquation totale avec les infractions qu'elles visent devrait théoriquement inciter à leur mise en œuvre dans un domaine extrêmement sensible où l'efficacité des peines traditionnelles paraît douteuse. L'intérêt de telles mesures réside dans le fait qu'elles pourraient, de manière tout à fait pertinente, renforcer les peines classiques et strictement répressives, en apportant une finalité à la fois de prévention et de cessation des situations illicites, que l'on ne trouve pas dans ces dernières.

1663. Des peines complémentaires, plus générales dans la mesure où elles ne s'attachent pas uniquement au problème des nuisances sonores, peuvent encore être prononcées en application des conditions fixées par le Code pénal. Contrairement aux mesures de l'article 23-III de la loi (art. L. 571-24 C. env.) qui touchent directement l'objet ou l'activité incriminé, ces peines prévues par l'article 25 de la loi n° 92-1444 du 31 décembre 1992 (art. L. 571-26 C. env.) affectent principalement, si elles s'avèrent efficaces, le condamné lui-même dans sa réputation.

b) Les mesures de publicité de l'article 25 de la loi n° 92-1444 du 31 décembre 1992

1664. Le droit de l'environnement, dans son ensemble, fait un usage relativement abondant des mesures de publicité concernant la décision de condamnation, en raison de la contre-publicité qu'elles peuvent entraîner dans certains secteurs à l'égard de certains prévenus. La loi n° 92-1444 du 31 décembre 1992 relative à la lutte contre le bruit ne fait pas exception et est susceptible de trouver dans ce type de mesure un renforcement des peines principales qu'elle édicte. En effet, *« toute sanction pénale d'une certaine gravité porte atteinte à la réputation du condamné, mais cette atteinte est d'autant plus grande que la publicité donnée à la punition est importante »*[2]. Les mesures de publicité peuvent, ainsi, avoir un fort impact sur le plan psychologique des « bruiteurs » condamnés, mais également des « bruiteurs » potentiels qui face à une telle décision sont amenés à s'interroger sur leurs comportements par rapport à la législation applicable en la matière.

1665. L'article 25 de la loi n° 92-1444 du 31 décembre 1992 (devenu l'art. L. 571-26 C. env.) prévoit la publicité de la condamnation, à titre de peine complémentaire, en matière correctionnelle pour les infractions aux dispositions de ladite loi, ainsi qu'en matière contraventionnelle s'agissant des infractions aux dispositions des règlements, arrêtés et décisions individuelles pris pour l'application de la loi. La loi cadre sur le bruit, promulguée avant l'entrée en vigueur du nouveau Code pénal, renvoie aux conditions et

---

[1] Si l'activité, qui a motivé la décision d'interdiction temporaire, est « régularisée », c'est-à-dire respecte les exigences de l'article 6, cette « régularisation » a pour effet de supprimer la mesure d'interdiction mais pas l'infraction qui l'a suscitée.

[2] F. DESPORTES et F. LE GUNEHEC, Droit pénal général, préc., n° 847.

sanctions de la publicité fixées par les articles 51 (pour les délits) et 471 (pour les contraventions) du Code pénal de 1810.

1666. Or, à la suite d'un amendement parlementaire adopté lors des discussions sur le nouveau Code pénal, ce type de peine complémentaire n'a plus été repris en matière contraventionnelle. Il est aujourd'hui prévu par l'article 131-10 du nouveau Code pénal, dont le champ d'application se limite aux crimes et aux délits[1]. L'article 51 de l'ancien Code pénal est ainsi devenu l'article 131-35 du Code pénal actuel. En revanche, les dispositions de l'ancien article 471 n'ont pas été intégrées dans le nouveau Code pénal, qui ne prévoit plus cette peine complémentaire pour les contraventions. Cette suppression a des conséquences extrêmement fâcheuses puisqu'elle prive de la possibilité d'une sanction pouvant être très efficace, surtout pour les infractions les plus courantes en droit de l'environnement. Les dispositions réglementaires qui prévoient cette peine sont donc depuis le 1er mars 1994, date d'entrée en vigueur du nouveau Code pénal, illégales et par là inapplicables.

1667. En l'occurrence, il ne s'agit pas d'un règlement mais bien de la loi n° 92-1444 du 31 décembre 1992 relative à la lutte contre le bruit qui prévoit, elle-même, la peine de publicité en matière contraventionnelle. Une loi spéciale pouvant déroger à une loi générale, les dispositions de la loi cadre sur le bruit relatives à ce type de sanction pour les contraventions seraient donc légales. Toutefois, elles posent un problème d'application inextricable. En effet, la loi n° 92-1444 du 31 décembre 1992 renvoie, pour la mise en œuvre de la mesure de publicité portant sur la décision de condamnation, aux conditions et sanctions établies par le Code pénal. Or, ces dernières n'existent plus s'agissant des contraventions ! Aucun texte ne précise les modalités de la publicité, notamment la durée de l'affichage de la décision judiciaire.

1668. Pour qu'une telle peine soit effectivement applicable en cas de condamnation pour contraventions incriminées par les textes réglementaires pris pour l'application de la loi cadre sur le bruit, le législateur devrait introduire dans ladite loi de nouvelles dispositions définissant le contenu de la mesure. Une telle intervention permettrait, en dépit des règles générales posées par le nouveau Code pénal, de maintenir, pour l'ensemble des infractions réprimées par la législation spéciale sur le bruit issue de la loi cadre et de ses textes d'application, une sanction qui peut se révéler efficace. Pour l'heure, le vide législatif conduit à ne pouvoir la prononcer qu'en matière de délits.

1669. Le Code de l'environnement entérine malheureusement cette situation, puisque la codification a été faite « à droit constant ». L'article L. 571-26 du Code de l'environnement, qui reprend les dispositions de l'actuel article 25 de la loi de 1992 mises en conformité avec le nouveau Code pénal, renvoie aux conditions et aux sanctions prévues par l'article 131-35 du Code pénal qui ne s'appliquent qu'aux crimes et délits, à l'exclusion des contraventions. La mise à jour de la loi cadre sur le bruit s'est donc faite dans le sens d'une limitation des mesures de publicité aux seuls délits réprimés par la loi, comme c'est déjà le cas pour la loi n° 76-663 du 19 juillet 1976 relative aux installations classées pour la protection de l'environnement (*infra* n° 1692 et s.).

1670. Dans le respect des dispositions de l'article 131-35 du Code pénal qui définissent le contenu et les modalités de cette peine, l'article L. 571-26 du Code de

---

[1] L'article 131-10 du N.C.P. dispose que « *lorsque la loi le prévoit, (...) un délit peut être sanctionné d'une peine complémentaire qui, frappant les personnes physiques, emporte (...) affichage de la décision prononcée ou diffusion de celle-ci soit par la presse écrite, soit par tout moyen de communication audiovisuelle* ». L'article 131-11 précise que cette peine complémentaire peut être prononcée à titre de peine principale.

l'environnement propose deux modes de publicité, au choix de la juridiction pénale qui a prononcé la condamnation. Le juge peut ainsi opter pour la publication de sa décision dans un ou plusieurs journaux qu'il désigne, qu'il s'agisse du Journal Officiel de la République française, mais également de l'ensemble de la presse écrite. Il détermine le contenu de cette publication qui, soit retranscrira l'intégralité de la décision de condamnation, soit ne rapportera que des extraits de celle-ci. La liberté du juge en la matière est d'autant plus grande qu'il a, en outre, la possibilité de diffuser un message dont il fixe explicitement les termes. Ce communiqué a pour objet d'informer le public des motifs et du contenu de la décision de condamnation. La diffusion du message peut être assurée par tous les médias, ceux, traditionnels, de la presse écrite, ainsi que, depuis la réforme du Code pénal, par les services de communication audio-visuels, c'est-à-dire les chaînes publiques de télévision et de radio. Quel que soit le média désigné par la juridiction comme support de la mesure de publicité, celui-ci ne peut s'y opposer.

1671. L'étendue et la portée des médias audio-visuels, l'impact de ce mode de diffusion sur l'opinion publique, ne sauraient être négligés. Pourtant, la circulaire du 14 mai 1993[1] invite le ministère public à ne requérir *« cette nouvelle forme de publicité de la condamnation que dans des situations exceptionnelles et lorsque la diffusion par voie de presse écrite lui paraîtra insuffisante au regard de la nature de l'affaire »*. Il est alors fort à parier -la pratique actuelle le confirme- que les « affaires de bruit », loin de revêtir la dimension d'une catastrophe naturelle provoquée par exemple par une marée noire, ne donnent jamais lieu à ce mode de diffusion, moderne et plus efficace, de la décision de condamnation. Avant de devenir un fait de société, le bruit est avant tout un problème individuel, enfermé dans les limites du voisinage au sein duquel le conflit a éclaté. Les sanctions prononcées par les juges sont à l'image de cette perception réductrice du phénomène.

1672. La deuxième forme de publicité consiste dans l'affichage de la condamnation. Plus limité dans sa portée, elle peut néanmoins s'avérer relativement pénible pour le condamné lorsqu'elle est effectuée dans des endroits, comme le lieu de travail par exemple, que ce dernier mais surtout son personnel fréquentent régulièrement. Le lieu de l'affichage est donc déterminant de l'impact de la mesure et doit être choisi de façon stratégique. En l'absence de dispositions contraires de la loi n° 92-1444 du 31 décembre 1992, la mesure ne pourra excéder deux mois, conformément à ce que prévoit l'article 131-35 du Code pénal[2]. Précisons que cette peine d'affichage ne doit pas être confondue avec la mesure identique qui peut être ordonnée, cette fois en dehors de toute prévision législative, à titre de réparation civile lorsqu'elle est sollicitée par la victime. Cette possibilité est ici particulièrement intéressante, lorsque l'infraction poursuivie est une contravention pour laquelle la peine complémentaire de publicité de la condamnation ne peut être appliquée. Le droit civil permet ainsi de pallier les lacunes du droit pénal sur ce point.

1673. L'affichage, mais également la diffusion de la décision, sont ordonnés aux frais du condamné. Les frais occasionnés par cette publicité ne peuvent toutefois

---

[1] Circulaire du 14 mai 1993, portant commentaire des dispositions de la partie Législative du nouveau Code pénal (Livres I à V) et des dispositions de la loi du 16 décembre 1992 relative à son entrée en vigueur (publiée dans le Code pénal).

[2] Notons que l'article 434-39 du N.C.P. sanctionne la suppression, la dissimulation, la lacération totale ou partielle des affiches apposées en exécution d'une peine, de six mois d'emprisonnement et 7 500 euros d'amende. L'article L. 571-26 du Code de l'environnement, qui codifie les dispositions de l'article 25 de la loi cadre sur le bruit, renvoie expressément à l'article 434-39 du N.C.P. qui pourra, le cas échéant, s'appliquer.

dépasser le montant de l'amende encourue[1]. Le législateur a ainsi voulu rester dans la limite du maximum légal de la peine principale. La peine complémentaire de publicité se présente non pas comme une sanction pécuniaire, c'est là le rôle majeur de l'amende à laquelle elle s'ajoute, mais comme une mesure de valeur éducative, non seulement pour celui à qui elle s'applique personnellement -le condamné-, mais également pour les « bruiteurs » potentiels. Outre sa fonction vexatoire -car elle porte sur la place publique le comportement répréhensible et réprimé de tel individu-, elle constitue aussi un moyen parfois efficace d'information, d'éducation et par conséquent de dissuasion des comportements illicites, en faisant connaître, au fil des affaires et des condamnations, les interdits légaux et les conséquences pénales de leur transgression.

1674. L'ensemble de ces peines et mesures complémentaires, expressément prévues par la loi n° 92-1444 du 31 décembre 1992 et désormais intégrées dans le Code de l'environnement, paraissent adaptées à la nature des faits incriminés et à la dimension spécifique du bruit au sein de la société. Leur apport, au stade de la répression mais aussi de façon plus générale dans les politiques de lutte contre le bruit, est indéniable et conforme à l'optique dominante de la prévention qui a sa place dans le procès pénal. Elles offrent des possibilités plus vastes que la répression *stricto sensu*, que le juge se doit d'exploiter pleinement. C'est à lui qu'il revient d'utiliser de telles mesures qui ne sont pas obligatoires mais laissées à la discrétion du magistrat qui a prononcé la condamnation. Il est alors regrettable que leur impact soit aussi limité, les contraventions qui sont pourtant les infractions les plus nombreuses étant exclues de leur champ d'application.

1675. L'efficacité du dispositif répressif spécifique à la loi cadre sur le bruit dépend entièrement de la volonté plus ou moins développée des juridictions pénales de faire un emploi concret et pertinent des pouvoirs étendus que leur a confiés le législateur de 1992. Parmi ceux-ci, la condamnation n'est pas obligatoirement la seule solution qui s'impose au juge de la répression. Certaines situations infractionnelles peuvent être soumises à une procédure particulière dont l'objet est, en priorité, de faire cesser l'agissement illicite et d'en réparer les conséquences, ce qui correspond aux attentes de tous les voisins victimes de nuisances sonores. Dépassant ainsi une finalité strictement répressive, le législateur a introduit le mécanisme de l'ajournement de peine avec injonction dans la lutte contre le bruit.

2- La possibilité d'un ajournement de peine avec injonction

1676. La procédure originale de l'ajournement de peine avec injonction connaît un vif succès dans les lois environnementales les plus récentes[2]. La finalité et les mécanismes du dispositif correspondent parfaitement à la typologie de ces lois et aux infractions qu'elles édictent. Les législations de protection de l'environnement, quel que soit le secteur concerné, reposent pour la plupart sur un droit pénal de réglementation. Elles assortissent de sanctions pénales l'inobservation des prescriptions particulières, légales ou issues des textes réglementaires pris pour leur application. L'existence d'une sanction pénale a pour objet d'inciter au respect de ces prescriptions. Leur violation appelle bien évidemment l'application de ladite sanction dans un but de répression. Mais ce raisonnement paraît quelque peu restreint eu égard aux intérêts que les prescriptions violées ont pour objet de protéger. Le véritable but est moins d'aboutir à la

---

[1] En revanche, lorsqu'elle est prononcée à titre de réparation civile en réponse à la demande de la victime, son coût est intégralement supporté par le condamné.

[2] V. : D. GUIHAL, Droit répressif de l'environnement, préc., p. 113 et s., n° 698 et s.

condamnation du contrevenant et de le punir, que d'obtenir la mise en conformité avec les prescriptions légales et par là, de faire cesser l'infraction. C'est bien là le contenu de l'injonction qui accompagne l'ajournement de la peine.

1677. Ainsi, « *c'est pour que la sanction pénale produise son plein effet, que l'idée est apparue de permettre à la juridiction pénale d'ajourner le prononcé de la peine en accompagnant cet ajournement d'une injonction de se conformer aux presciptions légales ou réglementaires* »[1]. Ce procédé juridique a été consacré par les articles 132-66 et suivants du nouveau Code pénal[2]. Contrairement à l'ajournement simple qui est de portée générale, l'ajournement de peine avec injonction ne peut être mis en œuvre que lorsqu'il est spécialement prévu par les lois ou règlements qui répriment des manquements à des obligations déterminées. Tel est bien le cas de la loi n° 92-1444 du 31 décembre 1992 qui trouve dans cette procédure un moyen de faire respecter les prescriptions édictées en vue de lutter contre le bruit. Conformément aux règles générales posées en la matière par le Code pénal, l'article 24 de la loi de 1992, devenu l'article L. 571-25 du Code de l'environnement, expose les mécanismes de l'ajournement de peine avec injonction (a), dont l'exécution peut être facilitée par le recours à une astreinte (b).

a) Les conditions légales de la procédure

1678. L'article 132-66 du Code pénal dispose que « *dans les cas prévus par les lois ou les règlements qui répriment des manquements à des obligations déterminées, la juridiction qui ajourne le prononcé de la peine peut enjoindre à la personne physique ou à la personne morale déclarée coupable de se conformer à une ou plusieurs des prescriptions prévues par ces lois ou règlements. La juridiction impartit un délai pour l'exécution de ces prescriptions* ». En application de ce texte général, la loi n° 92-1444 du 31 décembre 1992 prévoit dans son article 24 (art. L. 571-25 C. env.) la possibilité de recourir à l'ajournement de peine avec injonction en cas de poursuite -et de déclaration de culpabilité- pour toutes les infractions correctionnelles de ladite loi, mais également pour les contraventions aux règlements et décisions individuelles pris pour son application.

1679. Le champ d'application donné par le législateur de 1992 à cette procédure alternative à la répression stricte est par conséquent des plus larges puisqu'il englobe la totalité des infractions à la législation spéciale sur le bruit. Après avoir déclaré le prévenu coupable d'une de ces infractions, le tribunal pourra donc décider de ne pas se prononcer immédiatement sur la peine à appliquer et de renvoyer à une audience ultérieure pour statuer sur ce point. Il ajourne ainsi le prononcé de la peine pour un délai qu'il fixe sans toutefois excéder un an et enjoint le prévenu de se conformer dans ce délai aux prescriptions qu'il détermine et qui ont pour objet « *de faire cesser l'agissement illicite et d'en réparer les conséquences* ». Le but poursuivi par une telle démarche coïncide parfaitement avec les enjeux de la lutte contre les bruits de voisinage, à savoir supprimer les nuisances acoustiques et rétablir un environnement sonore satisfaisant dans le voisinage.

1680. « *L'application d'une peine est alors conditionnée par l'attitude du coupable pendant le délai de l'ajournement, le souci d'échapper à la sanction pénale devant*

---

[1] F. DESPORTES et F. LE GUNEHEC, Droit pénal général, préc., n° 1026.

[2] V. : G. ROUJOU de BOUBEE, B. BOULOC, J. FRANCILLON, Y. MAYAUD, Code pénal commenté, préc., p. 85-86.

normalement l'amener à exécuter l'injonction judiciaire »[1]. Le contenu de cette dernière est déterminé par le juge qui, dans le cadre de la loi sur le bruit, a une entière liberté, dépassant les prévisions de l'article 132-66 du Code pénal. La formule de l'article 24 de la loi cadre de 1992 reprise par l'article L. 571-25 du Code de l'environnement est, en effet, extrêmement compréhensive. Elle prévoit simplement que le tribunal enjoint au prévenu reconnu coupable de se conformer *« aux prescriptions qu'il détermine*[2] *et qui ont pour objet de faire cesser l'agissement illicite et d'en réparer les conséquences »*. La marge de manœuvre octroyée au juge est très large, toute latitude lui étant offerte pour *« adapter les remèdes aux circonstances »*[3] de chaque espèce. Mais, en principe, l'efficacité de cette procédure d'ajournement réside dans le fait que les prescriptions imposées dans l'injonction judiciaire sont celles-là même dont l'inobservation est à l'origine des poursuites et de la déclaration de culpabilité du prévenu, conformément à ce que prévoit l'article 132-66 du Code pénal.

1681. Il s'agit en quelque sorte d'un outil juridique de mise en œuvre et de respect de la loi, rappelant à l'ordre les contrevenants. Conformément aux dispositions de l'article 132-68 du Code pénal, l'ajournement du prononcé de la peine peut être décidé en l'absence du coupable, pour un délai maximum de un an qui n'est pas susceptible de prorogation. Il ne peut donc intervenir qu'une fois. La décision, et notamment l'injonction, peut faire l'objet d'une exécution provisoire. L'article 747-4 du Code de procédure pénale, introduit par la loi d'adaptation du 16 décembre 1992, confie au juge de l'application des peines la tâche de vérifier l'exécution des obligations contenues dans l'injonction. Cependant, ce juge n'a pas toujours les compétences techniques pour contrôler lui-même la conformité des actes prescrits qui peuvent exiger certaines connaissances spécifiques relevant du domaine de l'acoustique. L'article 747-4 du Code de procédure pénale lui permet alors de faire appel à *« toute personne qualifiée »*, membre d'une administration ou expert indépendant[4].

1682. L'intérêt d'une telle procédure est indéniable en matière de lutte contre le bruit, ceci à différents points de vue. L'ajournement constitue, tout d'abord, une possibilité pour le prévenu, dont la culpabilité a été reconnue par la juridiction pénale, de pouvoir échapper à la sanction normalement applicable s'il se conforme dans le délai qui lui est imparti à l'injonction. Sa finalité est ensuite entièrement tournée vers la protection des intérêts pris en compte par la loi, qui intègrent, en principe, les intérêts personnels des voisins victimes du bruit. En définitive, lorsque cette procédure se déroule correctement et atteint son objectif, à savoir la mise en conformité avec la réglementation, la cessation de l'infraction et la réparation des dommages, chacun doit y trouver son compte. Mais pour l'heure, ces considérations théoriques, démontrant les avantages de la démarche, ne donnent pas lieu à l'utilisation pratique escomptée. Comme le souligne Mme Guihal, il semblerait que *« l'obstacle vraiment dirimant à l'essor de l'ajournement avec injonction ne doit pas être recherché ailleurs que dans l'encombrement des rôles des juridictions. Un mécanisme qui impose deux évocations de la même affaire peut faire reculer les magistrats »*[5].

---

[1] *Ibidem.*

[2] alors que l'article 132-66 du Code pénal vise les *« prescriptions prévues par ces lois ou règlements »* et non celles déterminées par le juge.

[3] D. GUIHAL, Droit répressif de l'environnement, préc., p. 115, n° 718.

[4] L'article 747-4 du Code de procédure pénale prévoit que *« lorsque la juridiction de jugement ajourne le prononcé de la peine en application de l'article 132-66 du Code pénal, le juge de l'application des peines dans le ressort duquel le prévenu a sa résidence s'assure, soit par lui-même, soit par toute personne qualifiée, de l'exécution des prescriptions énumérées par l'injonction de la juridiction (...) »*.

[5] D. GUIHAL, Droit répressif de l'environnement, préc., p. 116, n° 729.

1683. Des difficultés de mise en œuvre peuvent également surgir au stade du suivi de la mesure par l'autorité judiciaire et de son accomplissement par l'intéressé à qui s'adresse l'injonction. C'est pourquoi, afin de contraindre le prévenu à remplir son obligation de faire, le législateur donne au juge la possibilité de recourir à l'astreinte.

b) Le recours possible à l'astreinte

1684. La loi n° 92-1444 du 31 décembre 1992 relative à la lutte contre le bruit recourt expressément à l'astreinte en complément, ou plus exactement à l'appui, de l'ajournement avec injonction. En effet, la menace de la sanction pénale en cas de non-exécution de l'injonction risque de ne pas être suffisante pour inciter le coupable à se conformer à la loi. Aussi, en application de l'article 24 de ladite loi (art. L. 571-25 C. env.), le tribunal *peut* assortir son injonction d'une astreinte dont il fixe le taux et la date à laquelle elle commence à courir. En matière de contentieux du bruit, le juge pénal dispose d'une entière liberté dans la détermination du taux en euros par jour de retard dans l'exécution des prescriptions imposées, le législateur de 1992 n'ayant pas prévu de maximum légal[1]. Mais une fois fixé, ce taux ne peut plus être révisé (art. 132-70, al. 1 C.P.) Le délai pendant lequel la mesure court ne saurait excéder un an, correspondant à la durée de l'ajournement du prononcé de la peine auquel l'astreinte s'attache. Celle-ci commence à courir à l'expiration du délai dans lequel le prévenu doit satisfaire à ses obligations. Elle cesse le jour où le contenu de l'injonction est réalisé.

1685. A l'audience de renvoi, si le contenu de l'injonction n'a pas été exécuté dans le délai imparti, le tribunal prononce les peines et liquide l'astreinte, qui est recouvrée par le comptable du Trésor comme une amende pénale et ne donne pas lieu à contrainte par corps. Conformément à l'article 132-70 alinéa 2 du Code pénal, il peut le cas échéant, c'est-à-dire compte tenu *« d'événements qui ne sont pas imputables au coupable »*, réduire le montant de l'astreinte, voire même la supprimer. L'astreinte n'est donc ni une peine, ni une réparation civile. Elle est prononcée à titre comminatoire, en vue de contraindre le prévenu à se mettre en conformité avec la loi. Par conséquent, en toute logique, son taux doit être suffisamment élevé pour remplir la fonction d'incitation propre à cette mesure[2].

1686. Le sort de l'astreinte et de l'intéressé à qui elle s'applique, réglé à l'audience de renvoi, peut correspondre à l'un des trois cas de figure suivants. Si les prescriptions énumérées dans l'injonction ont été exécutées dans le délai fixé, le juge ne liquidera pas l'astreinte éventuellement ordonnée. Mais s'agissant du sort du prévenu reconnu coupable, la juridiction pénale n'est pas obligée de prononcer une dispense de peine, quand bien même le prévenu se serait mis en conformité avec la réglementation. Cette « régularisation » n'efface pas l'infraction qui a bel et bien été commise et dont toutes les conséquences n'ont pas forcément disparu. Le prévenu pourra toutefois espérer une

---

[1] La loi n° 76-663 du 19 juillet 1976 relative aux installations classées pour la protection de l'environnement et la loi n° 75-633 du 15 juillet 1975 relative à l'élimination des déchets et à la récupération des matériaux ne fixent pas non plus de taux maximum. En revanche, d'autres textes établissent des limites légales qui sont extrêmement variables. Ainsi, le taux maximum de l'astreinte est fixé à 3 000 euros par jour de retard dans la loi n° 92-3 du 3 janvier 1992 sur l'eau, tandis qu'il n'est que de 300 euros en cas d'infraction à la police de la pêche (art. L. 437-20 C. env.) et de 75 euros en cas d'infraction au Code de l'urbanisme (art. L. 480-7 C.urb.)

[2] Sur cette question, V. : D. GUIHAL, Droit répressif de l'environnement, préc., p. 116 et s., n° 730 et s. ; D. GUIHAL, Répression et réparation des atteintes à l'environnement, Gaz. Pal. 1993, doctr. p. 123 ; T. FOSSIER, Les astreintes prononcées par les juridictions pénales : occasions manquées, J.C.P. 1998, I, 126 ; J.-O. VIOUT, Urbanisme et action publique, Aspects du droit de l'environnement, préc., p. 30.

peine plus clémente. En revanche, la liquidation de l'astreinte vient sanctionner soit l'inexécution, soit l'exécution incomplète ou tardive de l'injonction. Elle est accompagnée du prononcé des peines prévues par la loi ou les règlements transgressés. Le condamné réfractaire ne peut alors espérer la clémence de la juridiction qui, au contraire, devrait tenir compte de la mauvaise volonté du prévenu et de son obstination à ne pas respecter la loi.

1687. Ainsi, la loi n° 92-1444 du 31 décembre 1992 offre au juge pénal un choix intéressant de peines et mesures appropriées à la problématique des incriminations qu'elle comporte. Les juridictions répressives disposent en la matière de pouvoirs importants. Mais le recours à ces mesures est laissé à leur entière discrétion. L'intérêt majeur des mesures judiciaires expressément prévues par le législateur de 1992 réside dans les finalités qui leur sont attribuées. Celles-ci dépassent nettement le cadre étroit de la répression entendue au sens strict, c'est-à-dire du simple châtiment par l'intermédiaire d'une peine pécuniaire ou restrictive de liberté. Elles s'intéressent à la psychologie des « bruiteurs » poursuivis ou non, à la nature spécifique de l'infraction en cause et des moyens -activités et objets bruyants, dispositifs non conformes- qui ont servi à la commettre, au trouble causé dans le voisinage qui demande réparation du préjudice causé et cessation de l'agissement illicite. Elles sont par conséquent de nature à mettre un terme aux nuisances sonores et à en prévenir le renouvellement.

1688. Des mesures analogues à celles spécifiques à la loi sur le bruit existent également dans d'autres polices spéciales traitant de ce problème et viennent renforcer le dispositif répressif du bruit.

C. Les mesures spécifiques des autres polices spéciales

1689. Certains dispositifs répressifs spécifiques au droit de l'environnement peuvent utilement compléter la loi n° 92-1444 du 31 décembre 1992 relative à la lutte contre le bruit. Ils utilisent des mécanismes soit semblables à ceux prévus par la loi cadre sur le bruit, soit particuliers parce que conçus en adéquation avec le secteur spécifique dans lequel ils interviennent. Prenant en compte le problème des nuisances sonores portant atteinte au voisinage, la loi n° 76-663 du 19 juillet 1976 relative aux installations classées pour la protection de l'environnement (1), d'une part, et la législation concernant la construction et l'habitation (2), d'autre part, concèdent au juge de la répression des pouvoirs étendus et diversifiés.

1- Les pouvoirs du juge pénal en matière d'installations classées pour la protection de l'environnement

1690. Le législateur de 1992, chargé de rédiger une loi entièrement consacrée au problème du bruit, s'est en partie -s'agissant des activités bruyantes non classées- inspiré de la police administrative des installations classées instituée par la loi n° 76-663 du 19 juillet 1976. Dans le même temps, il s'est tout naturellement référé au dispositif répressif qui accompagne cette police spéciale. Aussi trouve-t-on dans cette dernière le même type de peines et mesures complémentaires (a), ainsi que la procédure d'ajournement avec injonction (b), qui, pour respecter la chronologie des textes, ont servi de modèles à la loi cadre sur le bruit qui en a repris les orientations.

a) Les mesures et peines complémentaires de la loi n° 76-663 du 19 juillet 1976

1691. *« L'évolution du droit pénal des installations classées se distingue (...) par un renforcement progressif des peines et des pouvoirs du juge »*[1]. Des instruments coercitifs sont en effet mis à la disposition du juge pénal afin d'assurer le respect de la législation. Mais ce constat doit être complété par la précision du caractère *« quelque peu embryonnaire »*[2] de la mise en œuvre de toutes ces mesures originales et novatrices. Parmi celles-ci, il en est une qui, néanmoins, était de plus en plus utilisée par le juge dans le contentieux pénal des installations classées, jusqu'à ce que le nouveau Code pénal vienne en réduire le domaine d'application. Il s'agit de la publicité de la condamnation qui, dans le secteur des activités industrielles, artisanales ou commerciales, est susceptible de porter une grave atteinte à la réputation de l'exploitant. Les juridictions répressives ont, semble-t-il, pris conscience de l'impact que peut avoir une telle mesure non seulement sur la personne du condamné incité à rentrer dans la légalité, mais aussi sur les autres exploitants d'installations classées peu désireux de se voir infliger une mauvaise publicité induite par le non-respect des exigences légales, parmi lesquelles les normes acoustiques imposées à leurs installations par nature bruyantes.

1692. L'article 22-1 de la loi n° 76-663 du 19 juillet 1976, devenu l'article L. 514-14 du Code de l'environnement, prévoit ainsi que le tribunal peut ordonner l'affichage ou la diffusion intégrale ou partielle de la décision prononcée dans les conditions posées par l'article 131-35 du Code pénal. La loi n° 92-1336 du 16 décembre 1992 (art. 307), dite « loi d'adaptation », a opéré une mise à jour de ce texte afin de le mettre en conformité avec les règles générales du nouveau Code pénal sur ce point.

1693. Avant la publication du nouveau Code pénal, la peine complémentaire d'affichage ou de diffusion était applicable à l'ensemble des infractions à la législation sur les installations classées, aussi bien correctionnelles que contraventionnelles, l'article 22-1 renvoyant aux conditions générales des articles 51 (pour les délits) et 471 (pour les contraventions) du Code pénal. Or, ce type de peine n'a pas été intégré dans les dispositions de l'actuel Code pénal s'agissant des contraventions (*supra* n° 1666). En effet, l'article 131-10 du Code pénal de 1992 qui prévoit l'affichage ou la diffusion de la décision de condamnation ne concerne que les crimes -inexistants dans la loi relative aux installations classées- et les délits.

1694. Cette omission des contraventions est particulièrement regrettable, car elle prive d'une possibilité supplémentaire de sanction les infractions les plus courantes, à savoir les contraventions de non-respect des prescriptions administratives et techniques imposées aux exploitants d'installations soumises au régime de la loi du 19 juillet 1976. Depuis le 1er mars 1994, pour les seuls délits, les modalités de la publicité que le juge doit observer -comme en matière de délits à la loi sur le bruit (*supra* n° 1670 et s.)-, sont celles relatives aux dispositions générales de l'article 131-35 du Code pénal auquel l'article L. 514-14 du Code de l'environnement fait expressément référence.

1695. La mesure à caractère réel d'interdiction provisoire de l'activité illégale, prévue à l'article 23-III de la loi sur le bruit (art. L. 571-24 C. env.), est directement inspirée de la mesure d'interdiction d'utiliser l'installation prévue par la police des installations classées. Avant la loi du 3 juillet 1985, cette dernière ne pouvait être ordonnée que par le tribunal correctionnel, en cas de délit d'exploitation d'une installation soumise à autorisation sans cette autorisation. Désormais, elle est applicable non seulement lorsqu'il y a délit d'exploitation sans autorisation (art. L. 514-9-II C.

---

[1] M. BAUCOMONT et P. GOUSSET, Traité de droit des installations classées, préc., n° 274.

[2] *Ibidem.*

env.), mais également en cas de contraventions aux arrêtés préfectoraux ou ministériels prévus par la loi du 19 juillet 1976 ou par les règlements pris pour son application (art. L. 514-10-I C. env.). Le juge qui a prononcé une condamnation du chef de l'une ou l'autre de ces infractions peut décider d'interdire, pour un temps, l'utilisation de l'installation en cause[1]. L'interdiction cesse si l'autorisation requise est délivrée, dans le cas du délit de l'article L. 514-9-I, ou si le contrevenant s'est conformé aux prescriptions violées, en application de l'article L. 514-10-I[2].

1696. Le caractère provisoire de cette mesure, subordonnée à la mise en conformité avec la législation, en fait plus une mesure de sécurité qu'une peine complémentaire venant simplement renforcer les peines principales d'amende et d'emprisonnement prononcées. Son importance dans la pratique, pour le respect de la législation imposée aux installations classées, a conduit le législateur à réprimer de façon spécifique la violation de l'interdiction[3]. La loi sur les installations classées prévoit, en outre, une mesure de restitution en la remise en état des lieux[4]. Une telle mesure peut être *« exigée »* par le tribunal correctionnel en cas de délit d'exploitation sans autorisation prévu par l'article L. 514-9-I. Elle semble également pouvoir être prononcée en même temps que l'interdiction d'utiliser l'installation. Le contenu de la remise en état est déterminé par le juge qui l'ordonne. En matière de nuisances acoustiques, il aura pour objet de rétablir l'environnement sonore dans son état antérieur à la production de bruits dépassant les normes légales.

1697. La jurisprudence faisant état de cette dernière mesure est peu fournie, le tribunal correctionnel ne l'ordonnant que rarement, dans des cas simples. Pourtant, la loi propose au juge plusieurs modalités pour la prononcer. De manière classique, la remise en état peut s'ajouter au prononcé de la peine principale, en tant que peine complémentaire. Dans cette hypothèse, le juge ne dispose pas de mesure coercitive immédiate, telle que l'astreinte. En outre, la loi de 1976 n'énonce aucune sanction du non-respect de la mesure. La seule possibilité qui lui est reconnue par le législateur est l'exécution d'office des travaux aux frais du condamné, en application de l'article L. 514-9 *in fine*. Cependant, cette mesure pose à la fois un problème d'efficacité dans sa mise en œuvre et son suivi et se heurte à l'insolvabilité éventuelle du condamné. Si les autorités administratives disposent de la procédure de consignation, celle-ci n'est pas prévue pour les juridictions répressives. Ces dernières peuvent alors choisir d'ordonner la remise en état dans le cadre de l'ajournement de peine avec injonction, accompagné de la mesure comminatoire de l'astreinte.

---

[1] Précisons que la mesure d'interdiction peut être assortie de l'exécution provisoire, ce qui rend la décision applicable nonobstant l'appel dont l'effet suspensif est écarté.

[2] La loi du 3 juillet 1985 a en outre prévu que, lorsque la juridiction pénale a décidé d'ordonner l'interdiction d'utiliser l'installation en application de l'article 19 (c'est-à-dire en cas de condamnation pour contravention à un arrêté), *« l'exploitant est tenu d'assurer à son personnel le paiement des salaires, indemnités et rémunérations auxquels celui-ci avait droit jusqu'alors »* (art. 22-3 nouveau de la loi du 19 juillet 1976, devenu l'art. L. 514-15 C. env.).

[3] L'article L. 514-11 du Code de l'environnement punit ainsi d'une peine d'emprisonnement de deux ans et d'une amende de 150 000 euros, quiconque exploite une installation en infraction à la mesure d'interdiction prononcée en vertu des articles L. 514-9 ou L. 514-10.

[4] V. : M.-J. LITTMANN-MARTIN, Les infractions relatives à l'environnement et la remise en état des lieux ordonnée par le juge pénal, dans Les hommes et l'environnement, Etudes en hommage à A. Kiss, Frison-Roche, Paris, 1998, p. 431-450.

b) La procédure de l'ajournement de peine avec injonction

1698. Cette procédure constitue une réelle innovation dans notre système juridique. C'est la loi du 3 juillet 1985 qui a introduit pour la première fois, dans la législation relative aux installations classées, le mécanisme de l'ajournement de peine assorti de l'obligation d'exécuter des prestations positives prévues par les textes et ordonnées par le juge pénal[1]. Depuis, d'autres lois d'environnement, et notamment celle consacrée à la lutte contre le bruit, l'ont intégré dans leur dispositif répressif. La loi n° 76-663 du 19 juillet 1976 l'autorise dans ses articles 18 et 19 visant deux situations différentes, déterminantes du contenu de l'injonction qui accompagne l'ajournement du prononcé de la peine par le juge qui a reconnu la culpabilité du prévenu. Lorsque l'ajournement est décidé dans le cadre de l'article 18 (art. L. 514-9 C. env.), l'injonction de faire consiste en la remise en état des lieux, alors que prononcée sur le fondement de l'article 19 (art. L. 514-10 C. env.), elle a pour objet plus spécifique le respect des dispositions des arrêtés préfectoraux ou ministériels violées.

1699. Les conditions de cette procédure sont précisées par l'article 19-II de la loi de 1976, devenu l'article L. 514-10-II du Code de l'environnement. L'ajournement de peine avec injonction en matière d'installations classées présente les mêmes caractéristiques que celles énoncées par le législateur de 1992 dans sa loi sur le bruit. Le tribunal précise le délai imparti au condamné pour, selon le cas, remettre en état les lieux ou se conformer aux prescriptions de l'arrêté transgressé. Dans les deux hypothèses, le juge a la possibilité de renforcer son injonction par une astreinte dont il fixe le taux. Ainsi, comme dans le cadre de la loi de 1992 sur le bruit, les juridictions répressives détiennent en la matière des pouvoirs discrétionnaires. A l'audience de renvoi, si les prescriptions visées dans l'injonction ont été exécutées dans le délai fixé, le juge pourra soit dispenser le prévenu de peine, soit prononcer les peines prévues en faisant preuve éventuellement de clémence compte tenu de la bonne volonté de l'intéressé.

1700. Par contre, en cas de retard ou d'inexécution des prescriptions, le juge liquide l'astreinte qu'il a le cas échéant décidée et prononce les peines prévues. La liquidation de l'astreinte est, là encore, soumise au pouvoir discrétionnaire du juge qui apprécie souverainement l'inexécution ou le retard dans l'exécution des prescriptions en tenant compte, s'il y a lieu, de la survenance d'événements qui ne sont pas imputables au prévenu et qui ont pu faire obstacle à l'accomplissement de l'injonction judiciaire. En cas de non-exécution des prescriptions, le juge a en outre la possibilité d'ordonner, s'il l'estime pertinent, que l'exécution sera poursuivie d'office aux frais du condamné. On en revient ici à la deuxième modalité de la remise en état des lieux prévue par l'article L. 514-9 *in fine,* avec les problèmes de suivi de la mesure et d'insolvabilité éventuelle du prévenu.

1701. Les pouvoirs des juridictions répressives sont extrêmement larges, exorbitants du droit commun. L'injonction de remise en état des lieux, prononcée sur le fondement de l'article L. 514-9 dans l'hypothèse d'une exploitation sans autorisation, laisse une grande marge de manœuvre au juge pour déterminer en quoi consiste exactement cette « remise en état ». L'imprécision de la formule légale lui permet d'adapter le contenu de son injonction aux exigences de chaque cas d'espèce. Cependant dans la pratique, les juges correctionnels peu formés à la technicité des problèmes posés par les installations classées et les nuisances sonores qu'elles produisent peuvent

---

[1] V. sur cette question : D. GUIHAL, Droit répressif de l'environnement, préc., p. 203, n° 1300 et s. ; M. BAUCOMONT et P. GOUSSET, Traité de droit des installations classées, préc., p. 278, n° 279 ; M.-J. LITTMANN-MARTIN, Le nouveau régime répressif des installations classées, R.J.E. 1-1987, p. 25 et s.

rencontrer des difficultés pour définir avec précision les conditions de cette remise en état. Amenés à intervenir dans un domaine technique qui n'est pas le leur et à faire appel à des spécialistes, ils hésiteront à utiliser une telle mesure, pourtant bien plus utile qu'une simple peine d'amende ou d'emprisonnement.

1702. Le risque d'ordonner des mesures en contradiction avec les décisions des juridictions administratives ou du préfet, qui peuvent de leur côté prononcer des interdictions et des remises en état, mais dans des conditions différentes de celles retenues au procès pénal, peut également constituer un frein à l'utilisation de ses pouvoirs particuliers par le juge répressif[1]. Le législateur devrait intervenir sur ce point et instaurer « *des procédures permettant d'imposer un contenu identique aux remises en état* »[2] pour qu'à l'avenir il n'y ait plus de décisions contradictoires possibles. L'emploi de ces diverses mesures et peines complémentaires, appropriées à la nature de l'infraction poursuivie, doit en effet être encouragé et se généraliser dans les cours et tribunaux amenés à statuer sur des litiges mettant en cause des installations bruyantes. L'ajournement de peine avec injonction constitue un sérieux moyen alternatif à la stricte répression. Il n'est toutefois pas prévu par toutes les lois environnementales, telles que le Code de l'urbanisme ou le Code de la construction et de l'habitation, qui compensent cette absence par un choix diversifié de mesures particulièrement adaptées aux infractions qu'ils édictent.

2- Les pouvoirs du juge pénal dans le domaine de la construction et de l'habitation

1703. Le secteur de la construction et de l'habitation, régi par le Code de l'urbanisme et par celui de la construction et de l'habitation, est particulièrement riche en mesures complémentaires aux sanctions répressives principales et classiques, en mesures conservatoires et de restitution, mises à la disposition des juridictions pénales (a). Le législateur confère donc au juge pénal des pouvoirs importants et diversifiés, auxquels il apporte néanmoins une limite de taille en matière de permis de construire, qui se présente comme une véritable atteinte au principe de plénitude de juridiction du juge pénal (b).

a) Le choix de mesures diverses

1704. Le Code de l'urbanisme propose au juge pénal, saisi d'une infraction aux règles d'exécution de travaux ou d'utilisation des sols, plusieurs mesures qui trouvent leurs homologues respectifs dans le Code de la construction et de l'habitation, s'agissant de l'inobservation des règles générales de construction applicables aux bâtiments d'habitation. Il est à noter une progression tout à fait intéressante dans ces mesures laissées à la discrétion des juridictions répressives. Elles suivent l'infraction constatée, dans le déroulement du procès pénal, dès avant la condamnation de son auteur, puis s'attachent à en faire disparaître les effets.

1705. Ainsi, la première intervention possible du juge pénal consiste à prendre la mesure conservatoire d'interruption des travaux illicites, prévue à l'article L. 480-2 du

---

[1] M. PRIEUR et M.-J. LITTMANN-MARTIN, Les sanctions administratives et pénales effectivement appliquées en France pour violation des législations relatives à l'élimination des déchets toxiques et dangereux, CEE 1985, p. 96 et s. ; M.-J. LITTMANN-MARTIN, Le nouveau régime répressif des installations classées, préc.

[2] M.-J. LITTMANN-MARTIN, Les infractions relatives à l'environnement et la remise en état des lieux ordonnée par le juge pénal, dans Les hommes et l'environnement, Etudes en hommage à A. Kiss, préc., p. 445.

Code de l'urbanisme (art. L. 152-2 pour le C.C.H.). L'interruption des travaux peut être ordonnée par le juge d'instruction saisi des poursuites ou par le tribunal correctionnel, selon la procédure choisie. Les juges interviennent sur réquisition du ministère public qui agit sur requête du maire, du préfet ou d'une association agréée de protection de l'environnement[1]. Cependant, l'impossibilité pour le Parquet de requérir cette mesure faute d'une requête en ce sens par l'une des personnes habilitées est source de blocage et de difficultés dans des situations d'urgence. C'est pourquoi le législateur reconnaît au juge pénal le pouvoir d'ordonner *« d'office »* cette interruption. La diligence du tribunal correctionnel ou du juge d'instruction saisi des poursuites pourra alors remédier à l'immobilisme des instances visées par le texte.

1706. L'interruption des travaux est bien une mesure conservatoire puisqu'elle est décidée avant que le juge pénal ne statue sur l'affaire et ne prononce une décision de condamnation. Elle est exécutoire immédiatement, dérogeant au principe de l'effet suspensif de l'appel : *« la décision judiciaire est exécutoire sur minute et nonobstant toute voie de recours »* (al. 2 des art. L. 480-2 C. urb. et L. 152-2 C.C.H.). La loi a prévu le suivi de cette mesure en confiant au maire, et en cas de carence de ce dernier au préfet, le soin d'en assurer l'exécution, au moyen de toutes mesures coercitives qui s'avèreraient nécessaires, *« en procédant notamment à la saisie des matériaux approvisionnés ou du matériel de chantier »* (al. 7 des art. L. 480-2 C. urb. et L. 152-2 C.C.H.). Le législateur donne ainsi les moyens de rendre effective et efficace cette mesure. Sa durée dépend entièrement de l'autorité judiciaire qui l'a prononcée et qui peut à tout moment, d'office ou à la demande du maire, du préfet ou du bénéficiaire des travaux, décider de sa mainlevée ou, au contraire, du maintien de la mesure.

1707. En outre, la poursuite des travaux nonobstant la décision judiciaire en ordonnant l'interruption constitue un délit passible de 75 000 euros d'amende et/ou de trois mois d'emprisonnement en application de l'article L. 480-3 du Code de l'urbanisme[2]. Notons que le taux maximum de l'amende est abaissé à 45 000 euros dans le cadre de l'article L. 152-3 du C.C.H. qui punit le même type d'infraction en ce qui concerne les règles de construction applicables aux habitations. Dans un souci de cohérence, une harmonisation des deux textes serait souhaitable. Le législateur pourrait ainsi porter le maximum de l'amende encourue sur le fondement de l'article L. 152-3 du C.C.H. à 75 000 euros, rétablissant l'équité entre deux textes différents qui incriminent le même comportement, à savoir la violation d'une mesure d'interruption des travaux.

1708. L'action publique qui aboutit à la condamnation du prévenu sur le fondement des articles L. 160-1 et L. 480-4 du Code de l'urbanisme (ou de l'article L. 152-4 du C.C.H.), c'est-à-dire en cas d'exécution de travaux ou d'utilisation des sols en méconnaissance des obligations imposées par le Code de l'urbanisme (ou le C.C.H.), offre ensuite toute latitude à la juridiction de jugement de prononcer une mesure restitutive, qu'exige normalement toute construction illégale. Comme le fait remarquer M. Viout, *« doit, en effet, être révolu le temps où le juge du fond intervenait trop souvent, alors que la construction était arrivée à son terme, ses lieux parfois occupés depuis plusieurs mois. Le jeu était alors facile d'opposer un tel état de fait aux*

---

[1] Rappelons que l'article L. 480-2 du Code de l'urbanisme prévoit une deuxième procédure d'interruption des travaux : la procédure administrative menée par le maire, ou en cas de carence de ce dernier, par le préfet, tant que l'autorité judiciaire ne s'est pas prononcée.

[2] Le délit de l'article L. 480-3, pouvant être retenu à l'encontre des utilisateurs du sol, des bénéficiaires de travaux, des architectes, des entrepreneurs ou autres personnes responsables de l'exécution desdits travaux, s'ajoute ainsi à l'infraction initiale de violation des règles relatives à l'exécution des travaux ou à l'utilisation du sol réprimée à l'article L. 480-4 du Code de l'urbanisme.

conséquences qu'allaient entraîner les mesures de restitution sollicitées »[1]. Le juge pénal a donc le pouvoir d'ordonner le rétablissement du *statu quo ante* qui semble être la sanction la plus efficace et la mieux appropriée.

1709. L'article L. 480-5 du Code de l'urbanisme (art. L. 152-5 pour le C.C.H.) prévoit trois types de mesure de restitution[2]. Le tribunal correctionnel, en même temps qu'il statue sur la peine d'amende applicable (et d'emprisonnement en cas de récidive), peut ordonner soit la mise en conformité des lieux ou ouvrages illicites avec les règlements, les autorisations accordées ou les déclarations faites, soit la démolition des ouvrages ou la réaffectation du sol en vue du rétablissement des lieux dans leur état antérieur. S'il dispose d'un pouvoir d'appréciation souverain, échappant donc au contrôle de la Cour de cassation[3], pour décider et définir le contenu de la mesure restitutive qu'il estime opportune selon le cas d'espèce, des conditions de forme très étroites sont imposées, sanctionnées pour certaines de nullité par la Haute Cour[4]. Ainsi, le juge a l'obligation de recueillir au préalable les observations écrites ou orales du maire ou du fonctionnaire compétent, quel que soit d'ailleurs l'avis de ces derniers[5].

1710. La loi donne au juge des pouvoirs importants pour assurer l'exécution des mesures de restitution. Il peut tout d'abord recourir à l'astreinte, pour contraindre le bénéficiaire des travaux irréguliers auquel la mesure s'applique à s'y conformer. En vertu de l'article L. 480-7 du Code de l'urbanisme (art. L. 152-7 pour le C.C.H.), le tribunal impartit un délai, dont il fixe librement la durée, pour l'exécution de la mesure de restitution qu'il a choisie d'ordonner et qu'il peut assortir d'une astreinte d'un montant maximum de 75 euros par jour de retard. La liquidation de cette astreinte présente la particularité de faire intervenir le maire et non pas l'autorité judiciaire. En cas d'inexécution, le recouvrement est assimilé à celui des autres produits communaux, qui est de la compétence du maire et, le cas échéant, du préfet de par son pouvoir de substitution.

1711. L'alinéa 3 de l'article L. 480-7 du Code de l'urbanisme (art. L. 152-7 al. 3 pour le C.C.H.) précise que si l'exécution des mesures de restitution n'est pas intervenue dans l'année de l'expiration du délai, le ministère public pourra requérir du Tribunal correctionnel de relever le montant de l'astreinte, même au-delà du maximum légal et à plusieurs reprises. Le juge répressif retrouve ici des pouvoirs discrétionnaires et spéciaux. Par contre, il n'a pas le droit de diminuer le montant de l'astreinte ou de fixer de nouveaux délais pour l'exécution de la mesure de restitution. Mais lorsque les conditions imposées par le tribunal sont *finalement* respectées et qu'il a été établi que le retard résulte de circonstances indépendantes de la volonté du condamné, il peut, selon

---

[1] J.-O. VIOUT, Urbanisme et action publique, Aspects du droit de l'environnement, préc., p. 25.

[2] V. : M.-J. LITTMANN-MARTIN, Les infractions relatives à l'environnement et la remise en état des lieux ordonnée par le juge pénal, dans Les hommes et l'environnement, Etudes en hommage à A. Kiss, préc., p. 431-450.

[3] Cass. crim., 27 octobre 1976, Bull. crim. n° 307, p. 771 ; Cass. crim., 16 juin 1987, R.D.I. 1988, p. 150, obs. Roujou de Boubée.

[4] V. sur cette question : J.-H. ROBERT, Infractions contre la qualité de la vie, Rev. sc. crim. 1995, p. 359-360.

[5] La Cour de cassation a eu l'occasion de préciser que la plainte avec constitution de partie civile de la commune sollicitant la mise en conformité, bien qu'oralement développée à l'audience par un avocat chargé de la représenter, ne peut tenir lieu d'avis oral du maire. V. : Cass. crim., 20 février 1992, D. 1992, I.R., p. 196. V. aussi : Cass. crim., 12 octobre 1994, *Tanghe,* Bull. crim. n° 331 ; Rev. sc. crim. 1995, p. 359, obs. J.-H. Robert : la Cour sanctionne de nullité le défaut d'avis du maire ou du fonctionnaire compétent, ce dernier étant une formalité imposée par l'art. L. 480-5 dans l'intérêt des droits de la défense.

son appréciation souveraine, autoriser le reversement d'une partie de l'astreinte. Cette mesure comminatoire est toujours facultative.

1712. Le juge pénal qui a ordonné une mesure de restitution non complètement achevée à l'expiration du délai imparti peut lui préférer l'exécution d'office prévue par l'article L. 480-9 du Code de l'urbanisme (art. L. 152-9 pour le C.C.H.). En application de ce texte, le maire ou le fonctionnaire compétent sont chargés de procéder d'office à tous les travaux nécessaires à l'exécution de la décision de justice. Ces travaux sont effectués aux frais et aux risques du bénéficiaire des travaux irréguliers ou de l'utilisation irrégulière du sol. Cependant, cette modalité d'exécution des décisions judiciaires est rarement appliquée dans la pratique, car elle repose sur des avances de fonds qui sont difficiles à débloquer et peut se heurter à l'insolvabilité du débiteur. Mais la situation financière du débiteur peut de la même façon poser un problème lors de la liquidation de l'astreinte. En dépit des moyens coercitifs d'exécution des mesures de restitution prévus par la loi, les difficultés de mise en œuvre et de suivi sont nombreuses. Les nombreuses décisions judiciaires prononcées dans ce sens ne sont pas toujours suivies d'effet[1].

1713. La nature juridique de ces mesures prévues par l'article L. 480-5 du Code de l'urbanisme a donné lieu à une importante évolution jurisprudentielle, qui n'a toujours pas abouti à une solution nette et tranchée, exempte d'incertitudes[2]. En dernier lieu, la chambre criminelle de la Cour de cassation semblerait considérer ces mesures de démolition et de remise en état comme *« des mesures à caractère réel destinées à faire cesser une situation illicite et non des sanctions pénales »*[3]. Par conséquent, elles ne constitueraient pas une peine complémentaire et ne pourraient être prononcées à titre de peine principale en application de l'article 131-11 du Code pénal. En outre, l'extinction de l'action publique résultant du décès du prévenu ou de l'aministie ne fait pas obstacle à leur application[4] (art. L. 480-6 C. urb. et art. L. 152-6 C.C.H.). A titre de peine complémentaire, les juges ont néanmoins la possibilité d'ordonner la publication, aux frais du condamné, de tout ou partie du jugement dans deux journaux régionaux ou locaux, ainsi que son affichage dans les lieux qu'ils détermineront, conformément aux règles générales posées par l'article 131-35 du Code pénal.

b) La restriction de l'article L. 480-13 du Code de l'urbanisme

1714. Les pouvoirs extrêmement larges reconnus aux juridictions pénales en matière d'infractions aux règles de construction et d'utilisation des sols connaissent une entrave importante résultant de l'article L. 480-13 du Code de l'urbanisme. Aux termes de ce texte, *« lorsqu'une construction a été édifiée conformément au permis de construire, le propriétaire ne peut être condamné par un tribunal de l'ordre judiciaire du fait de la méconnaissance des règles d'urbanisme* (...) *que si, préalablement, le permis a été annulé pour excès de pouvoir ou son illégalité a été constatée par la*

[1] Dans une réponse ministérielle du 13 février 1989, le ministre de l'Equipement avait confessé que sur 1 127 ordres de démolition de ou mise en conformité prononcées par les tribunaux en 1986, seules 420 avaient été réellement exécutées...

[2] Sur la question de la nature juridique de la remise en état et de ses enjeux, V. : M.-J. LITTMANN-MARTIN, Les infractions relatives à l'environnement et la remise en état des lieux ordonnée par le juge pénal, dans Les hommes et l'environnement, Etudes en hommage à A. Kiss, préc., p. 445-450.

[3] Cass. crim., 8 juin 1989, Bull. n° 248 ; Rev. sc. crim. 1990, p. 103, obs. F. Boulan ; Cass. crim., 22 novembre 1991, Bull. n° 100 ; Dr. pén. 1991, comm. n° 88, obs. J.-H. Robert ; Cass. crim., 23 novembre 1993, Dr. pén. 1995, comm. n° 72, obs. J.-H. Robert.

[4] Rev. sc. crim. 1995, p. 360, obs. J.-H. Robert.

juridiction administrative »[1]. Son champ d'application est limité aux hypothèses où les règles d'urbanisme sont en cause et où une construction a été édifiée conformément à un permis de construire délivré en méconnaissance de ces règles. L'article L. 480-13 du Code de l'urbanisme interdit au juge judiciaire -à la fois pénal et civil- de prononcer une condamnation tant que la juridiction administrative n'aura pas constaté l'illégalité du permis de construire. Il fait ainsi de l'illégalité du permis de construire une question préjudicielle à la responsabilité du propriétaire et oblige le juge judiciaire, dont le rôle est de sanctionner la violation des règles d'urbanisme, à surseoir à statuer.

1715. Une illustration récente de cette règle et de ses implications nous est donnée par un arrêt de la chambre criminelle en date du 18 juin 1997[2]. En l'espèce, la Cour d'appel de Rennes avait condamné le prévenu, en application de l'article L. 480-4 du Code de l'urbanisme, à une amende de 1 000 francs pour construction sans permis de plusieurs ouvrages édifiés pour l'exploitation d'un stand de ball-trap. Dans le même temps et sur le fondement des articles L. 480-5 et L. 480-7, les juges du fond ont ordonné la démolition de ces constructions irrégulières dans un délai de trois mois, sous astreinte de 150 francs par jours de retard. Or, un permis tacite de régularisation avait été délivré, que les juges de première instance comme d'appel ont estimé d'office illégal au regard des règles d'urbanisme. Invoquant la règle de l'article L. 480-13, la chambre criminelle de la Cour de cassation censure la décision des juges du fond en ce qu'elle ordonne la démolition de l'ouvrage édifié, tout en maintenant la peine d'amende prononcée.

1716. L'arrêt rendu le 18 juin 1997 donne à l'article L. 480-13 du Code de l'urbanisme *« une signification nouvelle »*[3], étendant la portée de ce texte. En effet, la chambre criminelle de la Cour de cassation l'applique au cas où le permis de construire est délivré après le début des travaux. La Haute Juridiction affirme que *« lorsqu'une construction a été édifiée sans permis de construire, la délivrance ultérieure d'un permis tacite, si elle ne fait pas disparaître l'infraction consommée, fait obstacle à une mesure de démolition de l'ouvrage tant que ce permis n'a pas été annulé pour excès de pouvoir ou que son illégalité n'a pas été constatée par la juridiction administrative »*. L'infraction de construction sans permis, consommée avant l'acte administratif de régularisation, reste punissable car le permis de régularisation n'efface pas l'infraction dont les éléments constitutifs s'apprécient au moment des faits[4]. L'amende prononcée par les juges du fond était donc justifiée puisqu'elle venait réprimer le délit de construction sans permis. En revanche, l'existence d'un permis délivré *a posteriori*, d'une part, interdisait aux juges répressifs d'ordonner la démolition de l'ouvrage édifié et, d'autre part, les obligeaient à surseoir à statuer et à renvoyer devant le juge administratif.

1717. Comme l'expose très clairement M. Robert, *« en dépit de la lettre de l'article L480-13 »* -le texte, en effet, interdit explicitement *toute condamnation* par le juge judiciaire en cas de construction édifiée conformément à un permis de construire non annulé par la juridiction administrative-, *« le propriétaire peut être « condamné » au sens où il est déclaré coupable et où on lui applique des peines d'amende et de publication du jugement ; mais il ne peut pas être « condamné » à la peine complémentaire de la démolition, dont le prononcé constituerait donc un excès de*

[1] L'article L. 480-13 *in fine* précise que *« l'action en responsabilité civile se prescrit, en pareil cas, par cinq ans après l'achèvement des travaux »*.

[2] Cass. crim., 18 juin 1997, N° 96-83.082, Juridisque Lamy Cass. ; J.C.P. 1998, IV, 1241.

[3] Rev. sc. crim. 1998, p. 332 et s., obs. J.-H. Robert.

[4] Le permis de régularisation n'a pas d'effet rétroactif et ne fait pas disparaître l'infraction. V. : Cass. crim., 19 mars 1992, Bull. crim. n° 121 ; D. 1992, I.R., p. 230.

pouvoir, par empiètement sur les compétences de l'autorité administrative »[1]. Si cette solution présente l'avantage d'éviter une contrariété des décisions administrative et judiciaire, elle a pour effet de porter atteinte à la plénitude de juridiction du juge pénal.

1718. Le juge judiciaire ne pourrait plus statuer que dans les cas où l'ouvrage n'est pas conforme au permis, ou lorsqu'il a été construit sans permis, ou sur la base d'un permis déjà annulé par la juridiction administrative. Dans le respect du principe en vertu duquel les lois spéciales peuvent déroger aux lois générales, l'article L. 480-13 du Code de l'urbanisme -texte spécial- écarte ainsi l'application de l'article 111-5 du nouveau Code pénal -texte général-, qui reconnaît désormais au juge pénal la compétence pour apprécier la légalité de tous les actes administratifs, lorsque de cet examen dépend la solution du procès pénal qui lui est soumis[2]. En outre, il *« permet à l'administration de paralyser temporairement toute action à l'encontre du bénéficiaire du permis de construire et donne la possibilité au juge administratif de stopper définitivement toute action. Le juge judiciaire perd ainsi son indépendance car il doit prendre une décision conforme à celle de la juridiction administrative »*[3].

1719. Le permis de construire, même manifestement illégal, fait office de bouclier légal contre les condamnations pénales pour violation des règles d'urbanisme, qui ne pourra être levé que par le juge administratif. Non seulement, il y a là une atteinte grave au principe de la plénitude de juridiction du juge pénal, mais c'est également le principe de la séparation des pouvoirs qui se trouve ébranlé. En effet, à partir du moment où le juge administratif, juridiction de renvoi sur la question préjudicielle de la légalité du permis de construire, dicte une solution au juge pénal, juge du fond qui est obligé de surseoir à statuer sur sa décision de condamnation, il y a bien immixtion d'un ordre dans la sphère de l'autre[4]. Une telle situation où l'administratif tient le pénal en état n'est pas acceptable, bien qu'instituée par le législateur qui devrait, à l'appui des principes généraux du droit, y remédier.

1720. Au regard des lois spéciales intervenant dans la lutte contre les bruits de voisinage, les pouvoirs du juge pénal apparaissent finalement relativement étendus, compte tenu de la diversité des mesures légales prévues et de l'appréciation souveraine laissée aux juges du fond en la matière. Toutefois, nombreux sont les obstacles en tout genre qui viennent entraver leur mise en œuvre. Le contentieux pénal du bruit nous les révèle plus ou moins clairement. Apparaissent alors les critères évolutifs de la répression des bruits de voisinage et leurs modalités d'application.

§2. L'ÉVOLUTION DE LA RÉPRESSION DES BRUITS DE VOISINAGE

1721. La distinction majeure qui s'impose au juge de la répression chargé de se prononcer sur la sanction pénale est celle qui différencie les infractions relatives au bruit dites « objectives » des incriminations « subjectives ». Les premières visent les dépassements des normes fixées dans tels secteurs pour telle source de bruit ou encore le

---

[1] Rev. sc. crim. 1998, p. 333., obs. J.-H. Robert.

[2] De manière générale, *« il faut considérer, conformément à une solution ancienne, que l'article 111-5 doit être écarté lorsque le législateur a organisé contre l'acte des voies de recours spéciales. A fortiori en est-il ainsi lorsque la loi a expressément élevé au rang d'exception préjudicielle l'appréciation de la validité d'un acte administratif, par exemple celle d'un permis de construire »*. V. : N. DANTONEL-COR, Le juge judiciaire répressif et l'acte administratif unilatéral depuis la réforme du code pénal, Rev. sc. crim. 1999, p. 17-34.

[3] J.-H. ROBERT et C. HERNANDEZ-ZAKINE, Contentieux répressifs, préc., n° 47 et 48.

[4] V. : J.-F. FLAUSS, Les questions préjudicielles et le principe de séparation des autorités administratives et judiciaires, Thèse Strasbourg 1976, p. 286.

non respect des procédures imposées par les textes. C'est là tout le droit pénal de réglementation, majoritaire en matière de bruit, qui repose sur des critères légaux : techniques et procéduraux qui instituent un seuil prédéfini et unanime de bruit admissible. Ces critères objectifs de répression ne posent pas de problème d'appréciation, le juge se contentant de constater le dépassement des normes fixées. Seules des difficultés au stade de la mesure des émissions sonores et donc de la preuve scientifique du dépassement des normes sur laquelle le juge fonde sa conviction de culpabilité, pourront apparaître.

1722. Les infractions « subjectives », celles qui ne font pas appel à des normes techniques et donc précises, supposent en revanche un véritable travail d'appréciation de la part du juge pénal. A partir de l'incrimination légale, générale et imprécise, les critères de répression seront par conséquent de nature jurisprudentielle. Les caractères du bruit illicite pénalement sanctionné transparaissent au fil des décisions de justice, desquelles il est possible d'esquisser les critères directeurs de la répression des bruits de voisinage (A). Néanmoins, les décisions rendues sur ce problème sont en nombre limité en comparaison de l'importance des nuisances sonores et des plaintes qu'elles suscitent. De nombreux obstacles viennent en effet entraver la répression, révélant les insuffisances du contentieux pénal dans ce domaine (B).

A. Les critères jurisprudentiels de la répression

1723. La jurisprudence la plus fournie concerne les infractions de tapage nocturne, mettant en cause principalement les débits de boissons (bars, cabarets, salles de spectacles, discothèques) et les bruits d'animaux, chiens, coqs et autres volatiles. Bien que les bruits de la circulation soient considérés par la population comme les plus gênants, avant les bruits de voisinage entendus au sens strict du terme, ce sont pourtant ces derniers qui donnent lieu à contentieux. Comment, en effet, porter plainte contre un flot ininterrompu et anonyme de voitures ou contre le conducteur non identifié d'une moto pétaradante qui traverse la ville la nuit ? En outre, une jurisprudence sur le fondement des textes de la loi du 31 décembre 1992 et de ses décrets d'application, parmi lesquels notamment le décret n° 95-408 du 19 avril 1995 relatif aux bruits de voisinage, n'a pas encore eu le temps de se développer. C'est donc essentiellement à partir de l'application positive de l'infraction de tapage nocturne que des critères de répression peuvent être dégagés.

1724. L'étude du contentieux pénal révèle une évolution certaine de ces critères, induite par l'appréciation subjective du juge de la répression menée dans chaque cas d'espèce. Les critères jurisprudentiels sont inévitablement nombreux et variables (1), et par là difficiles à répertorier. Selon l'orientation que la jurisprudence veut bien donner à la répression des bruits de voisinage, l'évolution de ces critères pourrait conduire au prononcé de sanctions mieux adaptées à la problématique posée par les nuisances sonores (2).

1- Des critères nombreux et variables...

1725. Les critères de répression dégagés par la jurisprudence sont nombreux compte tenu de la multiplicité des sources de bruit à l'origine des infractions. Ils sont en outre variables parce qu'ils résultent de l'appréciation souveraine, et donc forcément subjective, des juridictions du fond. L'évaluation du bruit en cause et de son caractère infractionnel dépend en grande partie du juge saisi. C'est lui qui déterminera, selon sa conception personnelle, quelles sont les manifestations sonores qui doivent être supportées et quelles sont celles qui, au contraire, dépassent la « tolérance légale » et entrent dans le champ de l'illicite pénalement sanctionné.

1726. L'ensemble des décisions rendues sur ce point s'articule toutefois autour d'une notion commune, celle de la gêne, déterminante des critères de la répression. Intrinsèquement subjective, la notion de gêne dépend d'un ou de plusieurs caractères particuliers du bruit dénoncé. Ainsi, le décret n° 95-408 du 18 avril 1995 réprime désormais un *« bruit particulier »*, caractérisé par *« sa durée, sa répétition ou son intensité »*. De même, la qualification de tapage nocturne pourra s'appliquer à un bruit insolite ou étrange, alors qu'elle ne sera pas retenue pour un bruit qui n'a rien d'exagéré, tout bruit ne constituant pas forcément, loin s'en faut, un « tapage » répréhensible.

1727. Toutes les décisions de condamnation mettent en avant le caractère particulier du bruit incriminé, différent dans chaque espèce. Elles retiennent ainsi *« le caractère **intolérable** du bruit **continu** provenant des machines »*[1], l'*« **intensité** de son **excessive** »*[2] d'un appareil de radiodiffusion, *« la **puissance** de la chaîne stéréo »*[3], la répétition et la durée des aboiements d'un chien subis *« pendant une **longue période de temps*** (...) [alors] *qu'il en serait autrement si le bruit n'avait été qu'occasionnel »*[4] ou de trente-cinq chiens aboyant *« de façon **incessante jour et nuit** »*[5]... Chaque bruit présente ses spécificités, de par sa nature, son origine, l'époque à laquelle il se produit, les conditions d'émission et de perception..., autant de paramètres qui sont pris en compte, en fonction des cas de figure soumis au juge et qui pèsent dans la balance de la répression. Si l'on a pu croire pendant un temps que seule l'intensité du bruit déterminait son caractère infractionnel, le débat a été depuis longtemps élargi à d'autres critères qui rendent mieux compte du caractère subjectif de tout bruit émis et subi.

1728. Comme l'avait fort pertinemment analysé le tribunal de police de Lyon il y a plus de quarante ans, *« l'on ne saurait apprécier la nuisance des bruits en se référant uniquement à leur intensité telle que la révèlent certains appareils ; qu'en effet l'oreille humaine est plus apte que n'importe quel appareil pour déceler si des bruits de même intensité, mais de nature différente, sont ou non susceptibles de porter atteinte à la tranquillité et au repos de ceux qui les perçoivent »*, et d'ajouter *« qu'il est évident, par exemple, qu'un bruit désagréable, tel qu'un crissement ou un halètement de machine devient rapidement intolérable, alors qu'un bruit agréable et de même intensité peut être plus longuement supporté »*[6]. Cette décision traduit parfaitement le caractère éminement subjectif du bruit qui, selon les circonstances, constituera ou non une nuisance sonore réprimée pénalement par la loi. Elle s'en remet à la perception humaine pour l'évaluation de ces circonstances qui, en dernier ressort, revient au juge du fond et à sa conception personnelle du bruit illicite.

1729. Une grande latitude est par conséquent donnée aux juridictions du fond. Chaque décision de justice met en lumière le particularisme des affaires et l'interprétation propre du juge saisi. Quelques lignes directrices, communes et prédominantes, peuvent néanmoins être tracées. Tout d'abord, les juges répriment toujours les bruits qui portent atteinte au sommeil des enfants, quelle que soit la source sonore en cause, qu'il s'agisse d'un *« volatile troublant gravement le sommeil des*

---

[1] C.A. Reims, 22 décembre 1972, C.P.E.N., jurispr. « Bruit », 1523.

[2] Cass. crim., 4 février 1970, Veuve Broca, préc.

[3] Trib. pol. d'Etampes, 10 décembre 1993, Echo Bruit n° 65-66, novembre 1994, jurispr. p. 60.

[4] Cass. crim., 25 avril 1972, Cohn, préc.

[5] Trib. pol. de Brest, 25 février 1994, Echo Bruit n° 61-62, décembre-janvier 1994, jurispr. p. 47.

[6] Trib. pol. de Lyon, 12 mars 1957, Lambert c/. Etabl. Garnier, Gaz. Pal. 1957, 1, 416.

enfants par ses chants matinaux »[1], du bruit de motopompes qui *« nuisaient au repos des deux enfants d'un âge tel que 6 heures du matin ou 22 heures du soir sont des heures de repos nocturne »*[2], ou de *« la puissance de la chaîne stéréo* [qui] *empêchait les enfants du voisin de dormir »*[3].

1730. Dans de nombreux cas, les juges motivent également leurs décisions de condamnation eu égard au moment où le bruit intervient. Si l'article R623-2 du Code pénal incrimine expressément les bruits nocturnes qui troublent le repos des personnes, s'agissant de ceux produits la journée, certaines périodes bénéficient d'une protection spéciale accordée par la jurisprudence. Celle-ci aménage ainsi des plages de calme et de repos pendant les week-ends et les heures de repas et n'hésite pas à se montrer plus sévère dans l'appréciation du caractère illicite du bruit supporté durant ces moments « privilégiés »[4]. Le lieu d'émission et de réception du bruit, c'est-à-dire la situation géographique du voisinage, allié à la nature du bruit, peut enfin être pris en compte pour admettre la tolérance de ce bruit ou au contraire caractériser une gêne entrant dans les termes légaux de l'infraction. La distinction entre la ville et la campagne est toujours d'actualité, plus ou moins marquée selon les décisions et utilisée dans un but de répression du bruit ou au contraire de plus grande tolérance, selon l'opinion du juge.

1731. Plusieurs prévenus ont invoqué le fait que les bruits d'animaux sont normaux et justifiés à la campagne. Si les juges tiennent compte de la localisation et de la nature de ces bruits et admettent une plus grande marge de tolérance par rapport au milieu urbain, ils sanctionnent néanmoins de tels bruits causés sans considération aucune pour le voisinage, qui dénotent d'une faute sanctionnable. C'est ainsi que la Cour d'appel d'Aix-en-Provence remarque que si les bruits des animaux -chiens et coqs en l'espèce- sont habituels et prévisibles en zone rurale, il convient de relever que le prévenu n'est pas exploitant agricole mais directeur de société et qu'il a ainsi choisi pour son seul plaisir et intérêt personnel d'installer dans sa propriété un certain nombre d'animaux. Si certains bruits sont donc admis dans certains endroits, alors que produits dans d'autres lieux, ils seraient réprimés, les juges n'hésitent pas à sanctionner les personnes qui abusent de cette « tolérance », dans leur seul intérêt sans égard pour autrui. En l'espèce, il incombait au prévenu, déjà condamné en première instance, de respecter un minimum de discrétion, de ne pas commettre d'abus et de s'assurer que ses animaux nécessairement bruyants de par leur nombre ne gênaient pas les voisins[5].

---

[1] Trib. pol. de Martigues, 20 octobre 1994, n° 641, jugement confirmé par C.A. Aix-en-Provence, 7e ch., 19 juin 1995, n° 772-95, Echo bruit n° 72-73, janvier 1996, jurispr. p. 42-43.

[2] Cass. crim., 17 janvier 1990, préc.

[3] T.I. d'Etampes, 10 décembre 1993, préc.

[4] C.A. Paris, 19e ch. B, 14 mars 1986, Humbert c/. Hlacia et autres, C.N.B., Les nuisances sonores - Recueil de jurisprudence commentée, p. 117 : à propos de jeux bruyants sur une terrasse, *« en particulier aux heures des repas et pendant les week-ends »*, condamnation sur le fondement du règlement sanitaire départemental.

[5] C.A. Aix-en-Provence, 19 juin 1995, confirmant le jugement du Trib. pol. de Martigues, 20 octobre 1994, préc. La Cour caractérise en l'espèce la gêne causée au voisinage et le comportement fautif du prévenu : *« attendu qu'il est constant que les bruits occasionnés par les chiens et le coq du prévenu ont causé une gêne importante et durable à la plaignante et qu'il convient de relever qu'il a acquis depuis les faits d'autres animaux (oies, coqs) montrant ainsi sa volonté délibérée et persistante de ne prendre aucune mesure de nature à faire cesser les troubles occasionnés ; qu'au surplus en mobilisant les médias par des déclarations volontairement tronquées et simplifiées des faits, le prévenu a en fait cherché (ridiculisant pour ce faire la victime et la Justice accusée de condamner le chant matinal et bucolique d'un coq campagnard) à faire pression et à obtenir une décision plus favorable à sa cause ».*

1732. A contre sens de cette décision, le Tribunal de police d'Hyères, dans un jugement étonnant, a retenu le lieu de production du bruit, la campagne, comme élément déterminant de la relaxe du chef de tapage nocturne causé par les chiens de la prévenue aux clients d'un camping saisonnier voisin. La relaxe se justifiait par l'absence de faute de la prévenue, agricultrice qui possède des chiens préposés à la garde de sa ferme. En l'occurrence, la réaction de ces chiens aboyant, sans aucune provocation de la part de leur maîtresse, mais simplement lorsqu'ils étaient alertés par les rumeurs provenant du camping, a été jugée naturelle. Sur ce point, la motivation des juges paraît cohérente et recevable, établissant la distinction d'appréciation selon le lieu de production du bruit : *« dans un site urbain les aboiements d'un chien incarcéré de par la volonté de son maître dans une prison de pierre sont critiquables et la faute du maître répréhensible. Dans un site rural, les aboiements d'un chien préposé à la garde d'une ferme et alerté par la rumeur d'un camping saisonnier ne révèlent pas une faute de leur maître susceptible d'être sanctionnée »*[1].

1733. Cependant, le jugement nous semble quelque peu excessif lorsqu'il accuse, littéralement et de manière générale, les citadins d'être à l'origine de ces nuisances sonores et de venir *« coloniser »* et perturber de par leur seule présence épisodique le calme traditionnel de la campagne. Les formulations employées paraissent démesurées et empruntes d'un parti pris radical contre les gens de la ville : *« l'**invasion** de la campagne par des citadins, fussent-ils **parqués** dans des campings, trouble la paix des champs et provoque la naturelle réaction sonore des chiens »*, ajoutant *« qu'il est remarquable qu'un indigène vivant en campagne selon les usages locaux traditionnels soit l'objet d'une instance -pénale au surplus- pour le trouble que le mode de vie rural apporterait à des citadins venus **coloniser** pendant la saison estivale, un espace forestier et champêtre »*. Le rôle du juge, lorsque l'issue du procès repose sur son appréciation souveraine des éléments de fait, est de faire la part des choses dans chaque espèce qui lui est soumise, compte tenu des différents paramètres qui accompagnent le bruit dénoncé, pour ne pas aboutir à des condamnations ou des relaxes teintées d'arbitraire.

1734. Les critères de la répression sont par conséquent difficiles à établir de façon précise, le pouvoir d'appréciation souveraine des juges du fond donnant lieu à des décisions diverses et parfois surprenantes. En tout état de cause, la nature et l'origine des bruits retenus sont des éléments déterminants de l'infraction, que les juridictions du fond ne doivent pas omettre de préciser à l'appui de leur motivation, sous peine de censure par la Cour de cassation[2]. L'évolution générale de la jurisprudence pénale en matière de bruit traduit tout de même une perception plus aigue de ce problème par les juges saisis. La chambre criminelle de la Cour de cassation convient, dans un arrêt du 6 octobre 1993, que *« le bruit constitue un fléau de notre époque ; que les victimes ont beaucoup de mal à le faire cesser »*[3]. Cette prise de conscience par les juges s'est progressivement imposée autour de l'incrimination de tapage nocturne. L'élargissement graduel du champ d'application de l'infraction et de sa répression a accompagné l'évolution des moeurs et des conditions de la vie moderne, avec notamment le développement des villes, des immeubles collectifs et la proximité toujours plus obsédante des voisins.

---

[1] Trib. pol. d'Hyères, 17 novembre 1983, Marconnet et autres c/. Mme Scarone, J.C.P. 1984, éd. G., II, 20250, note R. De Lestang.

[2] V. par ex. : Cass. crim., 26 novembre 1990, Bull. crim. n° 404 : casse et annule avec renvoi, pour insuffisance de motifs équivalant à leur absence, le jugement du tribunal de police de Puteaux, en date du 11 mai 1989, qui n'indique *« ni la nature ni l'origine des bruits ayant troublé la tranquillité publique »*.

[3] Cass. crim., 6 octobre 1993, N° 92-81.486, Lexilaser Cassation 1996/1.

1735. A partir des années 1970, la Cour de cassation pose un principe directeur en matière de lutte contre les bruits de voisinage, qui reste d'actualité. Elle affirme alors qu'*« à l'époque actuelle, où la population est le plus souvent concentrée dans des immeubles collectifs et de grands ensembles, les personnes qui les habitent doivent être protégées contre les bruits intolérables pour eux, résultant d'actes personnels et volontaires de colocataires ou de copropriétaires »*[1]. Cette adaptation de la répression aux conditions de la vie moderne est nécessaire et louable. Mais elle doit être appliquée de façon mesurée, en intégrant toutes les données spécifiques à chaque litige portant sur un bruit de voisinage. Entre une jurisprudence persécutrice et, à l'inverse, une jurisprudence trop laxiste, le juge pénal se doit de rendre une justice propre à assurer la protection de *tous* les voisins et à garantir une certaine qualité de vie[2]. La question du bruit implique ainsi un arbitrage nécessaire entre, d'une part, le droit de vivre et la tolérance de certains bruits qui en résultent inévitablement et, d'autre part, la production de bruits excessifs que rien ne vient justifier.

1736. Si le juge pénal a conscience aujourd'hui que *« le bruit constitue un fléau »*[3], cette perception affirmée devrait s'accompagner d'une évolution dans le même sens des sanctions qu'il prononce lorsque l'infraction relative aux nuisances sonores est établie.

2- ...pour une adaptation des sanctions prononcées ?

1737. L'évolution la plus marquante dans le domaine de la répression des bruits illicites de voisinage a été, pour la jurisprudence pénale, de rejeter plusieurs excuses invoquées par des « bruiteurs » en vue d'obtenir leur relaxe.

1738. Dès le siècle dernier, la chambre criminelle de la Cour de cassation a rejeté l'argument de la propriété privée comme lieu où tous les bruits sont possibles. Si dans un premier temps, la Cour avait estimé que tout particulier dispose du droit légitime de faire de la musique ou de donner un bal à son domicile[4], elle opéra un revirement de jurisprudence décisif par un arrêt du 1er mai 1863[5]. Cassant une décision de relaxe rendue en faveur d'une personne qui avait organisé un bal chez elle, elle précisa que *« les bruits qui ont lieu à l'intérieur d'une habitation ne peuvent être protégés par la liberté du domicile lorsqu'ils sont entendus du dehors et troublent la tranquillité des habitants, et qu'aucune tolérance antérieure, pour des faits ayant d'ailleurs un tout autre caractère, ne saurait affranchir les contrevenants des peines qu'ils ont encourues »*.

1739. L'argument de la liberté du domicile -et de manière plus générale du libre exercice de la vie privée- est, selon la Haute Juridiction, une excuse non prévue par la loi, qui ne saurait par conséquent justifier à elle seule la relaxe du prévenu qui prétend faire tout le bruit qu'il désire chez lui. Dans le même état d'esprit, la Cour d'appel de Montpellier a récusé l'argument fallacieux de la prévenue, propriétaire de treize chiens

---

[1] Cass. crim., 4 février 1970, *Veuve Broca,* Bull. crim. n° 50 ; D. 1970, jurispr. p. 288, note R.S ; J.C.P. 1970, II, 16399 ; Gaz. Pal. 1970, I, 182.

[2] La notion de qualité de la vie apparaît dans certaines décisions à l'appui des condamnations prononcées contre les « bruiteurs ». V. par ex. : C.A. Amiens, 4e ch., 2e sect., 9 mars 1984, C.N.B., Les nuisances sonores - Recueil de jurisprudence commentée, p. 21 : *« Qu'ainsi que le souligne le premier juge, il* [le prévenu] *ne prenait aucune précaution pour faire cesser les aboiements intempestifs de ses chiens* ***afin que les occupants des habitations voisines puissent vivre paisiblement »***.

[3] Cass. crim., 4 février 1970, *Veuve Broca,* préc.

[4] Cass. crim., 28 avril 1859, D.P. 1859, 5, p. 367 ; S. 1859, 1, p. 177.

[5] Cass. crim., 1er mai 1863, D.P. 1863, 5, p. 367 ; Bull. crim. n° 138.

occasionnant une importante gêne aux voisins, consistant à dire *« je demande à vivre en paix avec mes chiens que j'ai sauvés de la mort »*[1].

1740. En outre, ne peuvent être retenues les excuses fondées sur la bonne foi du prévenu ou sa prétendue ignorance de la loi. Cette solution, appliquée par la jurisprudence depuis fort longtemps, ne semble pas totalement remise en cause par le nouvel article 122-3 du Code pénal qui consacre l'erreur invincible de droit[2], c'est-à-dire celle que le délinquant n'aurait pas été *« en mesure d'éviter soit en se renseignant par lui-même, soit en s'informant auprès des tiers »*[3]. Cette cause d'irresponsabilité pénale prévue aujourd'hui par la loi suppose une *« erreur sur le droit »* qu'une personne *« n'était pas en mesure d'éviter »* et, en raison de laquelle, elle a *« cru pouvoir légitimement accomplir l'acte »*. Autant de conditions strictes laissées à l'appréciation des juges et qui semblent extrêmement difficiles à réunir dans les hypothèses d'infractions classiques de tapage nocturne ou diurne. En effet, comment peut-on raisonnablement prétendre ignorer le fait de ne pas avoir le droit de causer des nuisances sonores et de gêner ses voisins en portant atteinte à leur tranquillité ? L'adage « nul n'est censé ignorer la loi » semble ici fermer la porte à toute exonération.

1741. D'après les débats parlementaires, la seule cause d'erreur inévitable, au sens de l'article 122-3 du Code pénal, résulterait de l'information erronée fournie par l'administration interrogée préalablement à l'acte. Elle pourrait, par exemple, être invoquée par l'exploitant d'une installation classée qui exerce son activité sans autorisation, conformément à l'avis de l'administration, et qui est poursuivi sur le fondement de l'article L. 514-9 du Code de l'environnement, les autorités judiciaires ayant interprété différemment la nomenclature. A cette cause d'exonération pénale pourrait également être assimilable l'obtention d'une autorisation illégale, permis de construire ou autorisation délivrée au titre de la loi sur les installations classées, alors que le prévenu a exécuté les travaux ou exercé l'activité en toute bonne foi[4].

1742. L'erreur invincible exonératoire apparaît donc *« lorsque l'agent, ayant pris la précaution de rechercher des informations* -notamment s'agissant des conditions et modalités d'exercice de certaines activités-, *a partagé l'erreur commune commise par les autorités qualifiées qu'il a consultées »*[5]. Compte tenu des termes très étroits qui la définissent et de l'interprétation restrictive qui en est donnée, la consécration législative de l'erreur de droit ne semble présenter en la matière qu'un intérêt de portée limitée. En-dehors des cas où l'infraction est la conséquence d'une information erronée de l'administration consultée et où la bonne foi de l'agent est alors reconnue, elle ne semble pas pouvoir bénéficier au « bruiteur » qui devra répondre devant la juridiction pénale du bruit illicite qu'il a produit.

1743. De même, l'autorisation administrative n'est, en principe, jamais un fait justificatif d'une infraction et l'état de nécessité, invoqué dans des affaires de bruits professionnels par certains prévenus arguant de la situation économique et de la nécessaire sauvegarde de l'emploi[6] n'a pas, pour l'heure, convaincu les juges de la

---

[1] C.A. Montpellier, 28 avril 1998, préc.

[2] Sur cette question, V. : D. GUIHAL, Droit répressif de l'environnement, préc., p. 101 et s., n° 622 et s.

[3] LEGAL, L'évolution de la jurisprudence française en matière d'erreur de droit, R.P.S. 1960, p. 314 et s.

[4] D. GUIHAL, Droit répressif de l'environnement, préc., p. 102-103, spéc. n° 629.

[5] R. MERLE et A. VITU, Droit pénal général, préc., p. 738, n° 587.

[6] L'exploitant d'un laboratoire de traitement d'images a fait valoir devant le tribunal de police de Paris, puis devant la chambre criminelle de la Cour de cassation *« que l'exigence de tranquillité doit être conciliée avec les nécessités de l'exercice de certaines professions »* et que les juges ont l'obligation de

répression. Consacrant la jurisprudence ancienne du « bon juge » Magnaud relaxant la « femme Ménard » qui avait volé du pain pour nourrir son enfant[1], l'article 122-7 du nouveau Code pénal exonère pénalement la personne *« qui, pour sauvegarder un intérêt supérieur, n'a d'autre ressource que d'accomplir un acte défendu par la loi pénale »*[2]. Toutefois, retenir l'état de nécessité, provoqué en l'occurrence par les exigences économiques et l'impératif de lutter contre le chômage, pour justifier des bruits professionnels portant atteinte à la santé et à la tranquillité des voisins reviendrait à affirmer que la protection de l'environnement entendue au sens large, et plus précisément la santé et la tranquillité des personnes, serait d'un intérêt social inférieur à l'intérêt économique et professionnel excipé. Les juges n'ont pas voulu cautionner un tel raisonnement qui aboutit à considérer la santé des individus comme moindre par rapport aux données économiques et financières[3].

1744. Ces « excuses » ne font pas obstacle à la répression des auteurs de bruits de voisinage, punis d'autant de peines que d'infractions constatées. En matière de bruits, cette règle peut conduire à une multiplication des amendes prononcées à l'encontre d'un même prévenu. Ainsi, les auteurs de bruits constitutifs de tapage nocturne ou diurne, en application des textes en vigueur, peuvent se voir infliger un nombre important de peines d'amende, à la mesure de leur entêtement à ne pas prendre en compte les recommandations puis les constats officiels des agents habilités venus sur place[4]. La propriétaire d'un restaurant jouxtant une maison d'habitation a de la sorte été condamnée à huit amendes de 1 300 francs chacune pour tapage nocturne constaté au cours d'au moins huit soirées ou nuits[5]. Cinq peines identiques et quatre amendes de 300 francs chacune ont été prononcées à l'encontre du propriétaire d'une dizaine de chiens causant une gêne nocturne aux clients d'un terrain de camping voisin[6]. Les mêmes sanctions ont

---

se prononcer sur *« la mise en balance des nécessités économiques de fonctionnement de l'entreprise de la société et l'impératif de sauvegarde de la tranquillité du voisinage »*. V. : Cass. crim., 15 avril 1992, N° 91-85.905, préc.

[1] Trib. corr. de Château Thierry, 4 mars 1899, S. 1899, II, 1, note Roux.

[2] D'après la définition de l'état de nécessité donnée par la Cour d'appel de Colmar, dans un arrêt en date du 6 décembre 1957, D. 1958, jurispr. p. 357. Quant à sa définition légale, l'article 122-7 du N.C.P. dispose que *« n'est pas pénalement responsable la personne qui, face à un danger actuel ou imminent qui menace elle-même, autrui ou un bien, accomplit un acte nécessaire à la sauvegarde de la personne ou du bien sauf s'il y a disproportion entre les moyens employés et la gravité de la menace »*.

[3] V. par ex. : Cass. crim., 10 février 1993, N° 91-84.499, Lexilaser Cassation 1996/1 : la Cour d'appel de Lyon, confirmée par la Cour de cassation, a réfuté l'existence d'un état de nécessité dans la situation de surcharges de travail nécessaires à la poursuite de l'activité et à la sauvegarde de l'emploi de son entreprise, invoqué par le prévenu pour justifier les bruits émis à l'extérieur des locaux et occasionnant une gêne pour le voisinage.

[4] Ainsi, par exemple, l'existence d'un deuxième procès-verbal dressé un quart d'heure après le premier constatant un tapage nocturne entraînera la condamnation à une deuxième amende (C.A. Paris, 13e ch., sect. B, 21 novembre 1985, Juris-Data n° 028460). Souvent la deuxième infraction de tapage nocturne relevée est en fait le prolongement de la première que l'arrivée des policiers est venue interrompre. Cependant, même si elles ont été commises dans un temps très proche l'un de l'autre, il sera prononcé autant de peines qu'il aura été constaté d'infractions (C.A. Paris, 13e ch., sect. A, 18 novembre 1986, Juris-Data n° 027936).

[5] C.A. Versailles, 16 janvier 1992, Giguet c/. Montreuil, Echo Bruit n° 53-54, juin-juillet 1992, jurispr. p. 24.

[6] Trib. pol., 16 novembre 1991, Echo Bruit n° 55-56, octobre 1992, jurispr. p. 24.

été retenues à l'encontre de la propriétaire d'un débit de boissons qui avait organisé des animations musicales dans son établissement[1].

1745. Le record semble détenu par la Cour d'appel de Lyon qui est allée jusqu'à prononcer **vingt et une** amendes de 500 francs à l'encontre de l'exploitant d'une société coupable d'avoir émis à l'extérieur des locaux des bruits occasionnant une gêne pour le voisinage[2]. Le nombre de peines ainsi prononcées paraît de prime abord impressionnant. Pourtant, il est permis de s'interroger sur la réelle efficacité de telles condamnations à de multiples peines pécunaires dont le montant n'est jamais très élevé. Il n'est pas certain que la multiplication des amendes, qui correspond au renouvellement des comportements illicites, ait un effet vraiment dissuasif, d'autant que les montants encourus puis finalement fixés par le juge sont relativement modiques. Preuve en est cette restauratrice condamnée dans un premier temps à huit amendes de 1 300 francs, qui ne l'ont pas empêchée de persister dans son activité bruyante ce qui lui a valu une nouvelle condamnation à deux amendes de 3 000 francs chacune pour avoir troublé la tranquillité du voisinage[3].

1746. Cette méthode qui se contente de faire « monter les enchères » tant que le comportement illicite n'a pas cessé prend les allures d'une guerre d'usure menée par les autorités répressives contre les « bruiteurs », dont le plus grand perdant se trouve être le voisin, victime, pendant tout ce temps, des nuisances sonores persistantes. Dans la majorité des cas, la première condamnation ne suffit pas à persuader le prévenu de mettre un terme aux nuisances qu'il cause et pour lesquelles il est amené à comparaître une nouvelle fois devant la juridiction pénale.

1747. Pourtant, quelques rares cas d'effort de personnalisation des sanctions, compte tenu de la nature de l'infraction retenue et de la personne du prévenu, ont prouvé leur efficacité. Ainsi, la Cour d'appel de Montpellier n'a pas hésité à condamner à quatre mois d'emprisonnement, la propriétaire de treize chiens aboyant jour et nuit, *« eu égard aux circonstances de l'infraction et à la personnalité de son auteur qui persiste dans ses agissements malgré de nombreuses mises en garde, éléments qui justifient une peine d'emprisonnement sans sursis, seule susceptible de faire prendre conscience à la dame R. épouse A. de mettre un terme aux nuisances qu'elle occasionne »*[4].

1748. De même, le Tribunal correctionnel de Brest a prononcé, à l'encontre du propriétaire d'un chenil installé sans autorisation, une peine de trois mois d'emprisonnement avec sursis et ordonné la fermeture de l'installation et la remise en état des lieux dans un délai d'un mois[5]. S'agissant d'une cabine frigorifique implantée sans permis de construire et causant des nuisances sonores à une habitation située à environ 20 mètres, le même tribunal assortit l'amende de 1 000 francs d'une remise en état des lieux dans un délai de 30 jours sous astreinte de 100 francs par jour de retard[6]. De telles sanctions adaptées aux circonstances de l'infraction et au trouble imposé au voisinage ne sont toutefois possibles que dans le cadre de législations spéciales -en

---

[1] C.A. Fort-de-France, 15 septembre 1994, arrêt confirmé par Cass. crim., 6 décembre 1995, N° 94-84.990, Lexilaser Cassation 1996/2.

[2] C.A. Lyon, 2 juillet 1991, arrêt confirmé par Cass. crim., 10 février 1993, N° 91-84.499, Juridisque Lamy Cass.

[3] C.A. Versailles, 16 janvier 1992, Giguet c/. Montreuil, Echo Bruit n° 53-54, juin-juillet 1992, jurispr. p. 24.

[4] C.A Montpellier, 28 avril 1998, préc.

[5] Trib. corr. de Brest, 25 février 1994, n° 600/94, Echo Bruit n° 61-62, décembre-janvier 1994, jurispr. p. 47.

[6] Trib. corr. de Brest, 2 septembre 1993, Echo Bruit n° 63, avril 1994, jurispr. p. 22.

l'espèce le Code de l'urbanisme, la législation relative aux installations classées...- qui confèrent au juge pénal des pouvoirs particuliers lui donnant les moyens d'ordonner la cessation des nuisances sonores. Malheureusement, les infractions générales prévues par le Code pénal, et notamment celle de tapage nocturne, qui est la plus courante en pratique, ne permettent pas de telles mesures.

1749. La mise en œuvre de mesures appropriées à la nature de l'infraction, lorsqu'elles sont prévues par la loi, demeure sporadique. L'usage timoré que fait le juge pénal de ses pouvoirs spéciaux, de même que la modicité des peines d'amende dans les hypothèses de contravention de « tapage », tendent à démontrer que l'évolution des sanctions pénales prononcées à l'encontre des « bruiteurs » n'est pas encore achevée et ne répond pas aux attentes des voisins, victimes de nuisances sonores. Si la chambre criminelle de la Cour de cassation a bien concédé que *« le bruit constitue un fléau »*, le mode de répression adopté par les juges du fond se réduit à *« appliquer au prévenu le maximum de la peine, soit 1 300 francs d'amende »*[1] ! (peine encourue à l'époque des faits). Il y a là une disproportion flagrante entre la gravité du problème, clairement reconnue, et le remède que, d'une part, le législateur lui a trouvé et que, d'autre part, le juge, tenu par les limites de la légalité, veut bien lui apporter.

1750. A l'inadaptation de la plupart des sanctions prononcées, due soit à des lacunes législatives, soit au pouvoir souverain du juge du fond, s'ajoutent en outre différents obstacles qui rendent plus difficile, ou même impossible, la répression des infractions du bruit.

B. Les obstacles à la répression

1751. Les obstacles à la répression des infractions relatives au bruit sont nombreux. Les uns sont généraux et non spécifiques à la matière sonore, les autres résultent des incriminations et législations spéciales applicables en matière de lutte contre les bruits de voisinage. Certains ont déjà été évoqués, tels que les obstacles de source jurisprudentielle, émanant des critères de répression dégagés par les juridictions pénales et du pouvoir souverain dont elles font usage dans l'utilisation, ou plutôt la non-utilisation de leurs pouvoirs particuliers dans ce domaine. Les obstacles procéduraux sont également importants, rendant malaisé voire impossible le traitement pénal des bruits illicites. Lorsqu'il ne s'agit pas de la délicate question de la preuve de l'infraction qui rend difficile la constitution du dossier pénal, c'est le classement sans suite décidé de façon discrétionnaire par le ministère public qui range au placard le bruit avec la gêne qu'il porte au voisinage. L'unique option laissée aux victimes de contraventions de tapage nocturne ou diurne, à savoir la citation directe devant le tribunal de police aux risques et périls du plaignant, n'incite guère à choisir la voie pénale.

1752. A côté de ces obstacles créés bien souvent par les autorités judiciaires elles-mêmes, en présence d'infractions dont elles sous-estiment la vraie dimension et l'intérêt de les réprimer, il existe un certain nombre d'entraves d'origine légale. L'article L. 480-13 du Code de l'urbanisme, nous l'avons vu (*supra* n° 1714 et s.), fournit un exemple particulier et pour le moins déconcertant d'empêchement mis à la répression par les juridictions pénales -et à la réparation des juridictions civiles- d'infractions spécifiques aux règles d'urbanisme découlant de travaux effectués en conformité avec un permis de construire illégal. Mais le législateur a également prévu des causes générales d'irresponsabilité pénale, dont certaines peuvent trouver application en matière d'infractions relatives au bruit. Suivant la distinction traditionnelle opérée en droit pénal

---

[1] Cass. crim., 6 octobre 1993, N° 92-81.486, préc.

général et suivie par le nouveau Code pénal qui les consacre, la répression des bruits de voisinage peut se voir opposer des causes soit subjectives (1), soit objectives (2) d'irresponsabilité pénale, exonérant le « bruiteur » sur le plan pénal.

1- Les causes subjectives d'irresponsabilité pénale ou d'atténuation de la responsabilité pénale

1753. Les causes subjectives d'irresponsabilité pénale ou causes de non-imputabilité sont des circonstances propres à la personne de celui qui a commis les actes incriminés, en l'occurrence les infractions de bruit. Elles ont pour effet non pas de faire disparaître l'infraction, mais de ne pas pouvoir l'imputer à son auteur qui n'a pas agi librement, avec une intelligence lucide.

1754. Le Code pénal en distingue quatre, parmi lesquelles le trouble psychique ou neuropsychique de l'article 122-1 a déjà été retenu par le juge pénal comme cause d'exonération de la responsabilité pénale. A ainsi été relaxé, en application de l'article 64 du Code pénal, devenu l'article 122-1, le prévenu qui ne possédait plus son libre arbitre, car en état de détérioration mentale secondaire à un alcoolisme chronique ancien, constitutif d'une ivresse pathologique assimilable à un état de démence[1]. L'auteur d'un tapage nocturne ou diurne, atteint au moment des faits, d'un trouble mental -» psychique ou neuropsychique » selon les termes du nouveau Code pénal- ayant aboli son discernement ou le contrôle de ses actes ne dispose plus de son libre arbitre, c'est-à-dire de la capacité de comprendre et de vouloir. Par conséquent, il sera considéré comme irresponsable sur le plan pénal et sera de ce chef relaxé.

1755. De manière générale, la notion de trouble mental est très largement entendue par la jurisprudence. Peu importe l'origine du trouble (congénitale, pathologique, accidentelle...) ou sa nature. Son appréciation est une question de fait, ressortant du pouvoir souverain des juges du fond qui, pour prononcer la relaxe, doivent constater que le prévenu n'avait pas conscience de ses actes au moment de la perpétration de l'infraction. Cependant, des états voisins du trouble mental, et notamment les intoxications dues à l'alcool ou à l'usage de stupéfiants, sont plus difficiles à apprécier. Concernant les infractions spécifiques de tapage, si l'ivresse qui en est la cause est accidentelle, c'est-à-dire subie involontairement, il y aura sans nul doute irresponsabilité du « bruiteur ». En revanche, il est peu probable que les juges, en-dehors des cas pathologiques, se montrent aussi indulgents dans les hypothèses d'absorption volontaire et délibérée d'alcool. Le comportement inconsidéré de l'agent qui l'amène à produire un bruit illicite, outre la réalisation d'infractions distinctes telles que l'ivresse publique, prend un caractère fautif qui, dans l'intérêt de la société, doit être réprimé à titre d'exemple.

1756. En revanche, conformément à l'alinéa 2 de l'article 122-1 du Code pénal, si le trouble mental n'a fait qu'« altérer » le discernement de la personne poursuivie ou « entraver » le contrôle de ses actes, sans pour autant supprimer ceux-ci, il ne pourra entraîner qu'une atténuation de la responsabilité pénale de l'auteur. La jurisprudence tiendra alors compte de ces circonstances pour prononcer une peine plus modérée[2]. Quoiqu'il en soit, la décision pénale fondée sur l'état mental de l'individu est sans effet sur une décision civile ultérieure. Si le trouble mental est une cause d'irresponsabilité pénale en application de l'article 122-1 alinéa 1 du Code pénal, le prévenu relaxé n'en demeure pas moins civilement responsable à l'égard de la victime du dommage qu'il a

[1] C.A. Paris, 13e ch., sect. B, 20 mars 1986, Juris-Data n° 024192.

[2] *Ibidem.*

causé. En effet, en vertu de l'article 489-2 du Code civil, « *celui qui a causé un dommage à autrui, alors qu'il était sous l'emprise d'un trouble mental, n'en est pas moins obligé à réparation* ».

1757. L'individu qui est *contraint* à commettre une infraction ne peut pas se voir reprocher cet acte illicite. Ce principe général est consacré par l'article 122-2 du Code pénal qui prévoit comme deuxième cause d'irresponsabilité pénale -également cause d'irresponsabilité civile- la contrainte. Il est possible de distinguer deux formes de contrainte. Elle est *physique* lorsqu'elle agit sur le corps de l'agent. Il pourra s'agir alors des forces de la nature (une tempête, du brouillard... qui contraignent un automobiliste en difficulté à utiliser son avertisseur sonore en pleine nuit) ou du fait d'un tiers, qui constituent des cas de contrainte d'origine externe. Mais celle-ci peut également être d'origine interne, telle qu'une maladie qui oblige la personne à faire du tapage pour demander de l'aide par exemple. La contrainte peut aussi s'exercer non pas sur le corps mais sur la volonté de l'individu. Dans ce cas, elle est *morale* et pour constituer une cause d'irresponsabilité pénale, elle doit consister en une pression extérieure, sous la forme d'une menace d'un tiers à la fois illégitime et suffisamment pressante, selon l'appréciation souveraine des juges du fond.

1758. Quelle que soit sa forme, la loi exige une force irrésistible, supprimant le libre arbitre de l'auteur des faits qui se trouve dans l'impossibilité absolue d'y résister. La jurisprudence ajoute que l'événement doit être imprévisible, ce qui signifie que la contrainte est exclusive de toute faute antérieure de l'auteur de l'infraction. Ces deux conditions très strictes sont difficiles à réunir dans la pratique, d'autant que les juges se montrent particulièrement sévères en la matière et acceptent très rarement cette cause d'exonération. Les exemples jurisprudentiels sont quasiment inexistants sur ce point. La chambre criminelle de la Cour de cassation a toutefois eu l'occasion de rappeler, dans des affaires de « tapage injurieux », la règle générale selon laquelle la provocation d'un tiers ne peut jamais constituer une contrainte, l'auteur de cette provocation étant d'ailleurs susceptible d'être poursuivi comme complice. En l'occurrence, les juges avaient affirmé que l'infraction de tapage injurieux était réalisée par les injures réciproques et provoquées sitôt que la tranquillité des habitants avait été troublée[1]. En outre, la contrainte morale interne, résultant par exemple d'une peur intense, d'une émotion ou d'une passion, n'est jamais considérée comme une cause d'irresponsabilité pénale dans ce domaine.

1759. L'âge du délinquant, auteur d'une infraction de bruit, peut enfin être une cause d'irresponsabilité ou d'atténuation de sa responsabilité pénale[2]. Un régime spécifique aux mineurs est prévu par l'ordonnance du 2 février 1945 sur l'enfance délinquante[3], à laquelle renvoie l'article 122-8 du nouveau Code pénal qui ne traite pas lui-même de cette question. Il en ressort que les mineurs de moins de treize ans bénéficient d'une présomption irréfragable d'irresponsabilité pénale. Ils ne peuvent, par conséquent, faire l'objet que de sanctions éducatives, mais jamais être condamnés à une peine. La présomption d'irresponsabilité devient une présomption simple pour les mineurs de treize à dix-huit ans qui peuvent donc être reconnus pénalement responsables. Ils peuvent ainsi se voir infliger, à titre exceptionnel, une peine, diminuée de moitié et

---

[1] Cass. crim., 23 décembre 1875, Bull. crim. n° 356 et Cass. crim., 1er mai 1919, Bull. crim. n° 96.

[2] L'âge du mineur s'apprécie au moment des faits et non au moment où il est jugé (Cass. crim., 11 juin 1969, Gaz. Pal. 1969, II, 140).

[3] Ordonnance n° 45-174 du 2 février 1945 relative à l'enfance délinquante, modif. par la loi d'adaptation du 16 décembre 1992, la loi n° 96-585 du 1er juillet 1996 et la loi n°2002-1138 du 9 septembre 2002.

d'un montant ne pouvant dépasser 7 500 euros pour les peines d'amende encourues (art. 20-2 et 20-3 de l'ordonnance de 1945). Cette « excuse atténuante de minorité » pourra être écartée s'agissant de mineur de plus de seize ans par une décision spécialement motivée du juge, compte tenu de la personnalité du jeune délinquant et des circonstances de l'espèce. Mais dans tous les cas, la minorité, à l'instar du trouble mental, n'est jamais une cause d'irresponsabilité civile.

1760. Les illustrations jurisprudentielles de ces différentes causes subjectives d'irresponsabilité pénale ou d'atténuation de la responsabilité pénale n'abondent pas en matière d'infractions relatives au bruit, même si en théorie elles sont parfaitement envisageables. Certains faits justificatifs, causes *objectives* d'irresponsabilité pénale, ont donné lieu à plus de décisions de justice qui les ont retenus pour justifier certains troubles causés dans des circonstances bien précises.

2- Les causes objectives d'irresponsabilité pénale : les faits justificatifs

1761. Les causes objectives d'irresponsabilité pénale, contrairement aux causes subjectives, proviennent de circonstances extérieures à l'auteur de l'infraction. Le comportement ordinairement infractionnel devient, selon la loi, conforme au droit car socialement utile ou indifférent. L'acte *a priori* délictueux n'est plus punissable lorsqu'il est commis dans certaines circonstances visées par le Code pénal dans ses articles 122-4 à 122-7. S'agissant des infractions relatives au bruit, deux faits justificatifs peuvent être retenus : d'une part, l'ordre ou l'autorisation de la loi ou du règlement prévu par l'article 122-4 alinéa 1 du Code pénal et, d'autre part, la légitime défense définie à l'article 122-5 dudit code[1].

1762. En vertu de l'article 122-4 alinéa 1 du Code pénal, *« n'est pas pénalement responsable la personne qui accomplit un acte prescrit ou autorisé par des dispositions législatives ou réglementaires »*. Certains troubles subis par le voisinage du fait de nuisances sonores peuvent donc trouver une justification légale. Celle-ci est largement entendue dans la mesure où elle englobe non seulement l'ordre de la loi ou du règlement, c'est-à-dire l'injonction proprement dite, mais également la simple autorisation ou permission donnée par le législateur ou par le pouvoir réglementaire. En conséquence, bien que de nature à gêner la tranquillité des voisins, les bruits imposés ou autorisés par la réglementation en vigueur ne seront pas réprimés pénalement, en raison de leur utilité sociale. Ainsi, il a été jugé que les bruits des sifflets ou autres signaux sonores exigés par la police des chemins de fer, ou encore le bruit causé par le passage des trains à proximité des habitations ne pouvaient entraîner l'application de l'article R623-2 du Code pénal qui punit le tapage nocturne. Il en est de même pour les bruits causés dans l'accomplissement d'un devoir ou d'un ministère obligatoire, comme les sonneries ou bruits de clairons et tambours dans une caserne de sapeurs-pompiers à l'occasion d'un exercice nécessaire[2].

1763. L'article 122-4 alinéa 1 trouve une application particulière en matière de bruit où des textes réglementaires de plus en plus nombreux, pris en application de la loi, viennent fixer des valeurs limites d'émissions sonores pour certaines activités ou installations. Ces textes constituent en quelque sorte des « permis de bruit » délivrés par l'autorité administrative, qui portent souvent atteinte à la tranquillité du voisinage. Une

---

[1] Nous avons vu que la jurisprudence ne retenait pas l'état de nécessité comme fait justificatif en matière de bruits illicites (*supra* n° 1743). Il ne constitue donc pas, en droit positif, un obstacle à la répression des infractions relatives aux nuisances sonores.

[2] Cass. crim., 12 novembre 1885, Bull. crim. n° 307.

application stricte du Code pénal signifie donc qu'à partir du moment où l'exploitant d'un établissement soumis à des normes de bruit issues de *« dispositions réglementaires »* respecte ces dernières, il ne pourra voir sa responsabilité pénale engager pour tapage nocturne ou diurne, même si ces normes -il est vrai toujours plus sévères- ne suffisent pas à prévenir un trouble au voisinage[1]. Néanmoins, la portée du nouvel article 122-4 alinéa 1 doit être précisée et limitée compte tenu du principe de la hiérarchie des normes juridiques. Ainsi, les *« dispositions réglementaires »* visées par le texte sont celles des actes du pouvoir réglementaire, décrets ou arrêtés ministériels, et non des actes administratifs individuels ou réglementaires.

1764. La référence faite au règlement doit être entendue de manière restrictive. Elle signifie par exemple qu'une autorisation administrative, émanant d'un maire et ne reprenant pas les prescriptions réglementaires de décrets ou d'arrêtés sur le bruit, ne saurait justifier la commission de tapage nocturne, ce que les juridictions répressives ont depuis toujours affirmé, rappelant que l'autorité administrative ne peut jamais autoriser la commission d'une infraction[2]. Un arrêté municipal ou préfectoral ne saurait en effet déroger à un texte de valeur supérieure, tel qu'un arrêté ou décret ministériel et encore moins une loi. Le règlement *stricto sensu* peut, en revanche, aménager des justifications aux incriminations prévues par un autre règlement, comme les contraventions de tapage diurne et nocturne, mais toujours dans le respect de la hiérarchie des autorités administratives. Les prescriptions spéciales d'émissions de bruit définies par ces règlements et reprises dans les arrêtés d'autorisation d'exploiter justifient donc les nuisances sonores lorsqu'elles sont respectées. Tel n'est plus le cas lorsque les normes réglementaires de fonctionnement sont dépassées, nonobstant l'autorisation générale d'exploitation de l'installation ou d'exercice de l'activité bruyante qui est sans effet sur la responsabilité résultant de la production des nuisances sonores.

1765. La jurisprudence en matière de bruit considère parfois que le respect d'une coutume ou d'un usage dans ce domaine justifie les troubles apportés au voisinage et constitue donc une cause d'irresponsabilité pénale. Il a ainsi été admis que des bruits nocturnes ne feraient pas l'objet de poursuites s'ils ne sont que l'exercice d'un droit consacré par l'usage, comme par exemple le bruit et notamment les cris d'une foule qui attend les résultats d'une élection[3]. Il en est de même pour les bruits entendus à une époque de l'année où la tradition autorise les festivités, en général bruyantes, pendant un temps limité[4], telles que celles du 31 décembre à minuit pour la nouvelle année, ou celles données à l'occasion de la fête nationale du 14 juillet. Néanmoins, la jurisprudence est évolutive sur ce point et peut rendre des décisions contradictoires selon les époques considérées. Ainsi, jusqu'au début du siècle, la justification avait été refusée aux auteurs de tapage la nuit d'une fête communale ou à l'occasion du carnaval[5], alors que plus récemment il a été jugé que les bruits nocturnes émis dans de telles circonstances ne seraient pas réprimés. En principe, les usages et coutumes contraires à la loi pénale ne

---

[1] Avant l'entrée en vigueur du nouveau Code pénal, cette solution avait été inscrite dans l'article 22 de la loi n° 92-3 du 3 janvier 1992 sur l'eau qui précise que lorsque l'opération de rejet a été autorisée par arrêté, les sanctions du délit de pollution ne sont applicables que si les prescriptions de cet arrêté n'ont pas été respectées.

[2] Ainsi, le fait que le charivari ait été autorisé par le maire ne constitue pas une justification de la contravention de tapage nocturne : Cass. crim., 2 avril 1830, Bull. crim. n° 86 ; Cass. crim., 13 juillet 1949, J.C.P. 1949, éd. G., II, 5128, note Colombini.

[3] Trib. corr. d'Amiens, 12 décembre 1888, Rec. Amiens, p. 258.

[4] C.A. Paris, 13e ch., sect. B, 20 janvier 1987, Juris-Data n° 020976.

[5] Cass. crim., 31 mars 1870, Bull. crim. n° 70 ; Cass. crim., 10 novembre 1934, Ann. J.P. 1935, p. 161.

sauraient constituer un fait justificatif, mais les juges leur reconnaissent parfois, selon l'évolution des moeurs et de la société, un tel effet.

1766. La deuxième cause objective d'irresponsabilité pénale envisageable est celle prévue par l'article 122-5 du Code pénal. Il est en effet tout à fait possible de concevoir la légitime défense comme excuse légale à la contravention de tapage nocturne. De manière générale, la légitime défense est la commission d'une infraction en riposte à une atteinte injustifiée. Elle suppose, d'une part, une agression et, d'autre part, une riposte actuelle, nécessaire et proportionnée à la gravité de l'atteinte. Tel est bien le cas s'agissant, par exemple, de bruits d'appel au secours ou même de la détonation d'une arme à feu, indispensables pour repousser une agression. Toutefois, la jurisprudence n'a pas encore fourni d'illustrations concrètes d'application de la légitime défense justifiant un tapage nocturne, qui pour l'heure reste donc un cas d'école. Il est vrai que les circonstances qui entourent ce tapage ne se prêtent guère à des poursuites de ce chef.

1767. Qu'ils soient généraux ou spécifiques aux incriminations relatives aux nuisances sonores, les obstacles à la répression sont nombreux. Beaucoup d'entre eux, notamment ceux créés par les autorités judiciaires ou touchant la procédure, sont la traduction d'insuffisances profondes du contentieux pénal dans ce domaine. Le nombre restreint de décisions répressives recensées en est la conséquence directe et rend malaisé une évaluation complète et exhaustive de l'appareil pénal et de sa mise en œuvre pour lutter efficacement contre les bruits illicites. Les décisions des juridictions pénales rendues sur le fondement d'infraction relative au bruit sont doublement limitées. Elles le sont non seulement sur le plan quantitatif -proportionnellement aux plaintes déposées pour bruits de voisinage-, mais également sur le plan qualitatif, lorsque la procédure aboutit à la saisine du juge. Très souvent, elles ne présentent pas l'efficacité que l'on serait en droit d'attendre d'un contentieux dont l'enjeu est de façon générale la protection de la société dans son ensemble et des victimes en particulier. Les autorités judiciaires ne considèrent pas encore dans tous les cas les nuisances sonores comme une atteinte réellement grave qui exige un traitement pénal approprié dans l'intérêt social.

***

1768. Le bilan présenté par le contentieux pénal du bruit reste mitigé et met en lumière les multiples transformations à intégrer d'urgence dans toutes les phases de la procédure dont l'aboutissement final est la répression des auteurs d'infractions et la non-réitération des comportements délictueux. La mise en œuvre de l'appareil répressif du bruit paraît extrêmement complexe, chaque étape du processus révélant ses difficultés et limites particulières. Mais c'est le problème global du respect de la réglementation et des moyens concédés et utilisés qui se trouve au centre du débat et de la problématique posée par les bruits de voisinage. Qu'il s'agisse de la constatation matérielle des infractions par les agents habilités, du déclenchement de l'action publique contre le pénalement responsable du bruit produit ou du prononcé de la peine par le juge saisi, des efforts importants doivent être consentis pour qu'à chacune de ces phases, les opérations effectuées et actes accomplis le soient le plus rapidement et efficacement possible, avec toute la coordination et la volonté requises.

1769. Tel n'est pas pour l'instant le cas. Un certain désintérêt de la part des autorités judiciaires en charge de la répression semble encore marquer les infractions relatives au bruit. Il caractérise tous les niveaux d'intervention, aussi bien celui des agents de contrôle et de surveillance, que celui de l'autorité légale de poursuite, à savoir le Parquet, et des juges répressifs. Les infractions relatives aux nuisances sonores doivent être appréhendées et traitées par des autorités sensibilisées au problème et formées à ses différents aspects et manifestations. Les agents habilités à contrôler sur le terrain l'application de la loi doivent être en nombre suffisant dans leur domaine d'intervention et connaître avec précision l'étendue de leurs compétences et pouvoirs. Il est important que l'information recueillie à leur niveau soit intégralement transmise au ministère public, qui apprécie l'opportunité de mettre en mouvement l'action publique. Les procureurs de la République sont personnellement invités à mesurer toute l'importance attachée désormais à la lutte contre les bruits de voisinage et à initier des poursuites qui, pour l'heure, sont surtout déclenchées grâce aux victimes ou aux associations de protection.

1770. Enfin, le prononcé de la peine, justifié par le comportement infractionnel, est du ressort exclusif du juge répressif qui agit dans les limites de la légalité. Si celles-ci sont contraignantes, le juge pénal bénéficie néanmoins aujourd'hui du développement de textes protecteurs de la tranquillité du voisinage, assortis de sanctions pénales et de mesures originales adaptées à la nature des faits incriminés. Le tout est d'en faire bon usage, chaque fois que les circonstances de l'espèce l'exigent. L'évolution nécessaire de la répression des bruits de voisinage doit conduire les magistrats, conscients de la dimension sociale prise par les nuisances sonores, à remplacer les peines classiques d'amende, mal adaptées et trop légères, par des peines -entendues au sens large- dont la vocation s'étend au-delà de la répression stricte pour assurer pleinement leurs fonctions tout à la fois de prévention, dissuasion et réparation. La finalité du contentieux pénal du bruit doit exprimer la complexité et le caractère protéiforme du phénomène bruit. La sanction pénale doit agir à plusieurs niveaux et non se limiter à un rôle réducteur de punition, qui en l'état des peines encourues et prononcées n'a guère d'impact. Concrètement, l'objectif est de mettre fin à la nuisance sonore et d'en éviter le renouvellement.

1771. Ce sont donc les méthodes de travail de la justice qui sont à revoir et à adapter à la nature particulière des incriminations et aux enjeux qu'elles présentent. L'évolution est en cours mais demande du temps parce qu'elle repose avant tout sur un changement des mentalités et des habitudes de la part des autorités judiciaires intervenant dans le processus répressif. Dans cette attente, ce sont essentiellement les victimes du bruit, agissant seules ou par le biais de groupements associatifs, qui donnent l'impulsion à la répression. Les différentes possibilités d'action qui leur sont données leur permettent d'exercer librement leur droit d'option procédurale entre la voie pénale et la voie civile, pour demander réparation du préjudice qu'elles subissent du fait du bruit illicite. Mais là aussi, l'action civile des victimes portée devant la juridiction répressive ne se réduit pas uniquement à l'objectif de réparation. Elle peut en outre revêtir un caractère vindicatif et combattre l'inertie du Parquet trop coutumière dans ce domaine. La victime se fait alors le procureur du « bruiteur » en vue d'obtenir une condamnation pénale, en sus de la réparation de son dommage.

1772. Les voisins, victimes du bruit, ont un rôle important à jouer dans le processus de répression, notamment lorsque les autorités judiciaires chargées de le mener se montrent par trop timorées. Cependant, les nombreux obstacles et limites du contentieux pénal, qui mettent à jour les insuffisances du droit pénal en la matière (complexité des incriminations, pouvoirs souvent réduits des juges...), incitent les victimes à choisir les tribunaux civils, afin d'obtenir la cessation de la nuisance sonore et de prévenir son renouvellement. Alors que l'objet premier de l'action pénale est la répression du prévenu, l'action civile a pour objet principal la réparation des dommages. Le bruit, qu'il soit constitutif d'une infraction pénale ou non, pourra ainsi donner lieu à une sanction civile, qui a également sa place dans les politiques de lutte contre les bruits de voisinage.

***

Titre II

LA FONCTION RÉPARATRICE DU DROIT CONTRE LES BRUITS DE VOISINAGE : LA SANCTION CIVILE

1773. S'il a été élevé au rang de problème de société dont la défense ressort de la voie répressive et de son représentant légal : le ministère public, le bruit se trouve surtout et avant tout au centre des rapports entre personnes confrontées les unes aux autres en raison et en fonction du « voisinage ». La cohabitation de plusieurs individus et des activités qui en résultent, dans le cadre plus ou moins restreint du voisinage, suppose le respect réciproque des droits de chacun, constitutifs d'autant d'obligations pour autrui. L'équilibre entre ces droits et obligations est la garantie d'un voisinage paisible et harmonieux. Or, cet équilibre est des plus précaires, car subordonné à la bonne volonté de tous les voisins tenus de remplir leurs obligations respectives qui forment la « charte du bon voisinage ». Le bruit, parmi les nombreux troubles de voisinage existants, vient fréquemment rompre l'équilibre du voisinage en portant atteinte au droit de toute personne au calme et au repos. Il provoque des dommages importants, allant du *« trouble de jouissance »* au préjudice physique, voire économique, qui demandent réparation. C'est bien là ce à quoi tend en priorité, et souvent de manière exclusive, la victime des nuisances sonores.

1774. L'action en responsabilité civile apparaît alors indispensable, dans la mesure où elle a pour objet de régir les rapports personnels, mis à mal par le bruit vecteur du dommage causé au voisin, et répond directement à la demande de la victime qui est la réparation de son préjudice. S'il est permis de douter de la nécessité d'une sanction civile au sein des politiques de lutte contre les bruits de voisinage, le nombre de décisions de justice la prononçant témoigne pourtant de sa réalité et de son importance. D'une part, l'abondance de la jurisprudence civile en la matière est le reflet incontestable des insuffisances tout à la fois du processus de prévention qui n'a pas su empêcher le dommage causé par le bruit et du dispositif de répression qui pour l'essentiel ne présente que des exigences minima n'impliquant pas l'absence de gêne pour le voisinage. D'autre part, les décisions rendues révèlent les atouts propres de la voie civile qui tient un rôle spécifique dans le traitement des conflits nés de bruits de voisinage.

1775. Dans une perspective d'ensemble, l'application faite de la législation sur le bruit et les orientations données aux politiques de lutte confèrent à la sanction civile une importance particulière qui, dans l'optique d'une amélioration de notre environnement sonore -vision de l'avenir ou utopie ?-, devrait s'estomper, voire disparaître. A l'heure actuelle, la fonction réparatrice du droit contre les bruits de voisinage intervient là où la prévention s'est révélée inefficace et comble certaines lacunes de la voie pénale. Le droit civil a ainsi pour vocation de s'attacher à la personne même de la victime et d'assurer une meilleure prise en compte des intérêts privés des voisins, contrairement au droit pénal qui s'intéresse à l'auteur du bruit et à la protection de l'intérêt général. Il permet une protection directe du voisin, pris individuellement, qui va au-delà de celle assurée par la sanction pénale tributaire des textes et niveaux sonores prescrits réglementairement. En effet, la gêne peut exister en dépit du strict respect des seuils admissibles, car elle ne découle pas toujours directement de l'émergence sonore. Si le respect des niveaux prescrits ne signifie donc pas absence de trouble dommageable, il est néanmoins un obstacle à la mise en œuvre de la responsabilité pénale. Par contre, la responsabilité civile pourra être possible, selon les critères spécifiques du droit civil.

1776. Ce sont ces critères, conditions d'existence et d'exercice du droit à réparation dont est titulaire le voisin, victime du bruit, qu'il convient donc de définir. Les arrêts rendus par la Cour de cassation laissent entendre que la responsabilité civile en matière de bruits de voisinage peut être recherchée sur plusieurs fondements. Il s'agit donc de déterminer, dans un premier temps, les différents régimes du droit de la responsabilité civile applicables à ce trouble particulier de voisinage. C'est la question des principes généraux de la responsabilité civile du fait du bruit qui fixent les conditions de la sanction civile demandée au juge par la victime, au regard des différents fondements de l'action en réparation (chapitre I)[1]. Ces conditions de mise en œuvre de l'action réparatrice réunies, intervient, dans un deuxième temps, le problème du prononcé et du contenu de la sanction civile, révélant au travers d'un contentieux civil extrêmement fourni les modalités et la finalité de la réparation accordée (chapitre II).

[1] Notre étude, prenant ici comme objet principal d'intérêt la victime du bruit, se limitera à l'analyse de l'action en réparation mise à la disposition du voisin concerné, en-dehors des différentes actions récursoires et en garantie que sa mise en oeuvre peut ensuite susciter en cas de pluralité de responsables.

Chapitre I

LES FONDEMENTS DE L'ACTION EN RÉPARATION DES BRUITS DE VOISINAGE

1777. La responsabilité civile qui se définit comme *« l'obligation de réparer les dommages causés à autrui »*[1] obéit à une équation simple, supposant la réunion de trois éléments : un préjudice, un fait générateur de responsabilité et un lien de causalité entre ce fait et le dommage[2]. Le préjudice et le lien de causalité qui l'unit au fait générateur de responsabilité sont invariablement requis et soumis aux mêmes exigences dans tous les cas. Une personne étant civilement responsable lorsqu'elle est *« tenue de réparer un dommage subi par autrui »*[3], la première condition de cette responsabilité -*sine qua non*- est tout naturellement l'existence d'un préjudice, qui déterminera également la nature de la réparation qu'il commande. Cette exigence découle de l'application de la règle *« pas d'intérêt, pas d'action »* qui postule que pour avoir un intérêt à l'action en responsabilité civile, il faut avoir subi un dommage. Celui-ci, pour pouvoir être réparable, doit être certain, non encore réparé et direct, c'est-à-dire être la conséquence du fait générateur de responsabilité.

1778. La sanction civile du bruit qui a provoqué un tel dommage est ainsi soumise aux règles générales de la responsabilité civile portant sur les conditions communes de préjudice et de lien de causalité. Elles ne posent pas de problème spécifique quant à l'existence de cette responsabilité, moteur de l'action en réparation. Le régime de responsabilité, déterminant du fondement sur lequel le voisin, victime du bruit, va s'appuyer, n'intéresse que le « fait générateur ». La pluralité des régimes de responsabilité civile pouvant être invoqués en cas de dommage causé par le bruit manifeste l'existence de différents faits générateurs. Ceux-ci doivent en principe être recherchés dans le droit commun de la responsabilité civile car cette dernière *« n'existe que dans les cas prévus par la loi »*[4]. Mais en matière de bruit -et de manière plus générale s'agissant de tous les troubles de voisinage-, le terme de *« loi »* doit être entendu de façon large, dans la mesure où la jurisprudence a créé elle-même un régime de responsabilité hors de tout support textuel.

1779. La réparation des bruits de voisinage relève par conséquent de deux régimes juridiques différents, se distinguant en premier lieu de par leur origine, légale pour les textes du Code civil constituant le « droit commun » de la responsabilité et jurisprudentielle pour la « théorie des troubles de voisinage » applicable au trouble particulier que constituent les nuisances sonores. Les conditions spécifiques qui caractérisent chacun de ces régimes ont connu des évolutions au fil du temps et des

---

[1] A. BENABENT, Droit civil - Les obligations, 7e édition, Domat Droit privé, Montchrestien, 1999, n° 520.

[2] La responsabilité pénale suppose également trois éléments qui sont constitutifs de l'infraction à l'origine de ce type de responsabilité. Il s'agit des éléments légal, matériel et moral.

[3] H. et L. MAZEAUD, J. MAZEAUD, F. CHABAS, Leçons de droit civil, Tome II, Premier volume : « Obligations - Théorie générale », 9e édition par F. CHABAS, Montchrestien, 1998, n° 374.

[4] A. BENABENT, Droit civil - Les obligations, préc., n° 526.

décisions jurisprudentielles. Néanmoins dès l'origine, le débat général suscité par la question du fait générateur de responsabilité a été mené autour d'une notion essentielle, celle de faute, qui a permis une adaptation des règles aux diverses situations dommageables. La faute, fondement traditionnel de la responsabilité civile, pivot de l'action en réparation, a été progressivement écartée dans certains cas au profit d'autres critères plus en adéquation avec les circonstances des espèces soumises aux juges.

1780. La co-existence de deux régimes principaux de responsabilité civile applicables en matière de bruits de voisinage, dont l'un est le fruit d'une création entièrement prétorienne, résulte de la spécificité de cette nuisance et des situations préjudiciables qu'elle crée au sein du voisinage, ainsi que de sa non-prise en compte par le législateur. En effet, dans le silence de la loi, les tribunaux n'ont eu d'autre solution que de faire appel tout d'abord au système juridique classique de protection des intérêts privés, en essayant de l'adapter tant bien que mal au contexte particulier du voisinage. Mais très vite, les insuffisances du droit commun, notamment lorsque le caractère préjudiciable d'une situation ne découlait d'aucune faute, ont conduit les juges à créer un régime propre à ce type de relation entre personnes, fondé sur l'existence d'un *« trouble excédant les inconvénients normaux du voisinage »*, en l'occurrence ceux qui ont trait à la tranquillité des voisins. Cette théorie met en exergue l'importance de déterminer avant toute chose le contenu exact des obligations mises à la charge des voisins, liant la victime, devenue créancière, et le responsable, débiteur de la réparation.

1781. Adaptée à la problématique posée par les bruits de voisinage et les rapports qu'ils créent entre les personnes, la « théorie des troubles de voisinage » est devenue prédominante en la matière. Fondement privilégié de l'action en réparation des dommages causés par les nuisances sonores, quelle place laisse-t-elle alors, dans ce domaine, aux principes du droit commun de la responsabilité civile ? En fait, selon les circonstances de production et de manifestation du bruit vecteur du dommage, c'est-à-dire son fait générateur et le préjudice qu'il a causé, la victime pourra trouver son intérêt soit dans la théorie jurisprudentielle des troubles de voisinage (section I), soit dans le droit commun de la responsabilité civile (section II), compte tenu des critères propres à chacun de ces deux régimes et de leurs conditions d'application.

1782. La victime de bruits de voisinage paraît ainsi *bénéficier* d'un double régime de responsabilité lui permettant de demander plus facilement réparation du préjudice qu'elle subit en raison des nuisances acoustiques. L'affirmation de la situation juridique privilégiée du voisin, victime du bruit, dépend toutefois de l'articulation des deux régimes, légal et jurisprudentiel. La question des rapports existant entre eux est, par conséquent, également déterminante des fondements possibles de l'action en réparation et ne saurait être occultée dans l'étude des différents régimes.

Section I : Le régime spécial de la responsabilité pour troubles de voisinage

1783. La spécificité des rapports de voisinage -sur le plan humain, spacio-temporel et du droit- et des désagréments qui en résultent inévitablement commande un régime de responsabilité des voisins tout aussi spécial. Telle qu'elle a été prévue par le Code civil à l'adresse du « bon père de famille », la responsabilité suppose un dommage né d'une situation subjectivement -en cas de faute- ou objectivement -pour les gardiens- répréhensible. Or, il se peut que le voisin, sans aucune intention ni même conscience de nuire, sans avoir commis une quelconque faute civile, occasionne à son entourage un trouble nettement supérieur à ce que l'on est en droit d'attendre de la part d'individus vivant les uns avec les autres en société. Les règles générales du droit commun ne fournissent pas de réponse appropriée au caractère préjudiciable d'une situation qui ne transgresse aucune norme ou obligation légale. La jurisprudence a par conséquent décidé de l'existence d'une responsabilité propre aux rapports de voisinage, apportant une sanction civile aux troubles causés aux voisins par une activité parfaitement licite mais néanmoins dommageable.

1784. Ce régime de responsabilité a été créé par les magistrats *« afin de préserver l'équilibre des intérêts des voisins insuffisamment protégés par le législateur »*[1]. Il naît de l'**anormalité du trouble,** *« dont l'exigence constitue un compromis que rend nécessaire le caractère normal et légitime de la situation créatrice du trouble »*[2]. Né à propos de nuisances sonores[3], son application aux bruits de voisinage ne fait donc aucun doute. L'intérêt majeur de la création prétorienne est d'élaborer une théorie qui met au premier plan le trouble, vecteur du dommage réparable. Le bruit devient ainsi l'élément constitutif essentiel de cette responsabilité spéciale, dont le centre de gravité se trouve dans la création d'un trouble sonore excessif, jugé « anormal » en raison et en fonction du voisinage.

1785. Le bruit, trouble particulier de voisinage, a présidé à la mise en place de la théorie jurisprudentielle (§1), qui prend comme critère du dommage réparable l'anormalité du trouble (§2). Ainsi, de simple *désagrément* ou *inconvénient* ce dernier devient une *nuisance* sonore pour les voisins, justifiant une réparation.

§1. LA THÉORIE JURISPRUDENTIELLE DES TROUBLES DE VOISINAGE

1786. Comme le constate très justement maître Jacob dans sa chronique juridique sur le « bruit de voisinage », la théorie des inconvénients ou troubles anormaux de voisinage *« domine toute la jurisprudence civile »*[4] en matière de bruit. Le nombre et la variété des exemples jurisprudentiels sont édifiants, présentant les différents secteurs d'activité que l'on peut trouver dans un voisinage (industries, commerces et artisanat, construction, débits de boissons, établissements et activités de sports et de loisirs...) ainsi que les comportements domestiques des particuliers, parmi lesquels notamment les bruits d'animaux ou d'instruments de musique. Ils témoignent de l'intérêt pratique de cette théorie développée par le juge judiciaire, qui a également trouvé sa place en droit administratif dans le régime de la responsabilité pour dommage public. Mais à cette variété de nuisances sonores retenues par les juges correspond un principe unitaire de *responsabilité pour trouble anormal de voisinage.*

1787. Ce principe, unanimement reconnu et appliqué, a été posé par la Cour de cassation au XIXe siècle, à propos d'un dommage résultant du bruit. Par un arrêt rendu le 27 octobre 1844, la 1ere chambre civile casse une décision de cour d'appel pour ne pas avoir déclaré que le bruit provenant d'une usine *« fût **de manière continue** porté à **un degré qui excédât la mesure des obligations ordinaires de voisinage** »*[5]. La limite était ainsi fixée. Elle demeure constante quelles que soient les formules successives utilisées par les juridictions. Le bruit ne cause pas un dommage réparable par le juge judiciaire

---

[1] M.-P. LAMBERT-PIERI, Construction immobilière et dommages aux voisins, Economica, 1982, p. 9, n° 2.

[2] *Ibidem.*

[3] Cass. civ. 1re, 27 novembre 1844, D.S. 1844, I, 211 ; D. 1845, I, 13.

[4] J.-M. JACOB, Bruit de voisinage - Application des textes et procédures, Echo bruit n° 83-84, novembre 1997, p. 38-44.

[5] Cass. civ. 1re, 27 novembre 1844, préc.

tant qu'il ne dépasse pas les *« inconvénients normaux »* ou *« les charges ordinaires »* du voisinage. Se développant espèce après espèce, la théorie des troubles de voisinage *« a retiré de ses origines prétoriennes une originalité qui est allée en s'affirmant au fil des années »*[1]. Particulièrement adaptée à ce trouble de voisinage que constitue le bruit, elle s'impose en la matière de par son domaine et sa finalité. Ceux-ci ne sont néanmoins pas exempts de toute incertitude ni controverse aussi bien doctrinales que jurisprudentielles.

1788. En effet, la responsabilité pour trouble de voisinage résultant du bruit pose, d'une part, la question pratique de son domaine. Concerne-t-elle tous les bruits, quelles que soient leur source, leur nature et leur manifestation, commis et subis par tout le monde ? (A). D'autre part, au nom de quel règle ou principe général, la jurisprudence applique-t-elle un tel régime ? Quelle est la justification de la théorie ainsi développée ? La question théorique du fondement de cette responsabilité spéciale a été longuement débattue en doctrine et délibérément négligée par la jurisprudence (B).

A. La question pratique du domaine de la théorie

1789. La notion de « trouble de voisinage » se trouve au centre de la théorie jurisprudentielle, comme en témoigne son appellation. Elle en détermine donc le domaine d'application. Or, le trouble de voisinage pose le même problème de définition que le bruit de voisinage qui en est une catégorie particulière. En l'absence de définition légale ou jurisprudentielle, il se présente comme *« une notion vague aux frontières imprécises »*[2]. La jurisprudence, faisant preuve d'un pragmatisme hors norme en la matière, l'étend à des situations les plus diverses. Néanmoins, il est possible d'affirmer que le trouble de voisinage confère au régime spécial de responsabilité dont il est la clé de voûte un domaine propre qui comporte certaines limites. La difficulté consiste, au regard des nombreux exemples pratiques que nous fournit le contentieux judiciaire, d'en préciser dans la mesure du possible les contours encore indéfinis.

1790. Il ne s'agit donc pas ici de présenter une étude descriptive du domaine des troubles anormaux de voisinage que sont les nuisances sonores, en énumérant les hypothèses multiples et variées dans lesquelles se trouve engagé ce type de responsabilité. L'enjeu pour les victimes de bruits de voisinage face aux questions pratiques que pose leur action en réparation est de connaître le cadre géographique de cette théorie et de savoir à qui elle s'applique. Le trouble de voisinage n'existant que dans les rapports de voisinage au sens physique et humain du terme, ce sont donc la notion de « voisinage » et la qualité de « voisin » qui vont permettre de définir le champ d'application de la responsabilité qu'ils commandent[3]. Le pragmatisme de la jurisprudence justifié par le souci de faciliter l'action civile des victimes a conduit à une extension progressive -jugée trop expansive par certains auteurs- de ces deux critères, étendant de manière extrêmement large à la fois l'aire du « voisinage » (1) et le cercle des « voisins » (2).

1- L'aire de « voisinage »

1791. Le voisinage est le premier critère de délimitation -dans l'espace- du régime jurisprudentiel de responsabilité pour trouble de voisinage. En effet, tous les troubles

---

[1] M.-F. NICOLAS, La protection du voisinage, R.T.D.C. 1976, n° 7, p. 677.

[2] J.-P. THERON, Responsabilité pour trouble anormal de voisinage en droit public et en droit privé, J.C.P. 1976, II, doctr. 2802.

[3] Sur ces notions, voir : A. LEPAGE, Le voisinage, Répertoire Defrénois, n° 5-1999, Doctrine et jurisprudence, p. 257-279.

dommageables ne sont pas pris en compte par cette théorie. Ils doivent en premier lieu être produits au sein du « voisinage ». Or, ce terme est très vague. Le dictionnaire Robert le définit comme étant *« l'état de proximité d'un lieu, d'une personne ou d'une chose, par rapport à une chose ou à un lieu »*. D'après cette définition, il suppose une situation particulière caractérisée par la proximité. C'est *« l'espace qui se trouve à proximité, à faible distance »*, mais qui n'implique pas une contiguité entre les fonds. Très vite, l'affirmation selon laquelle la théorie exigeait pour sa mise en œuvre deux fonds se jouxtant a donc été abandonnée. La proximité n'est plus synonyme de contiguité, mais elle est elle-même une notion extrêmement imprécise. Ainsi, existe-t-il une distance maximum, identique en tout lieu, dont le dépassement fait franchir la limite du voisinage ?

1792. Aucune norme universelle ne permet de chiffrer de manière absolue la proximité qu'induit le voisinage. Elle suit en fait l'évolution des techniques et le développement des transports qui ont accru la mobilité des personnes et repoussé les frontières du territoire accessible. Ce qui encore au début du siècle, en raison des moyens de transports et habitudes de déplacement des individus paraissait être un lieu éloigné, ne l'est plus forcément dans notre société où le véhicule automobile est devenu un mode de déplacement courant et où le développement des infrastructures facilite le rapprochement géographique. Mais plus encore, les progrès techniques ont multiplié les sources sonores, en ont augmenté le volume et étendu leur propagation dans l'espace. Désormais, les victimes de bruits de voisinage ne sont plus seulement des voisins de pallier, mais peuvent être des personnes relativement éloignées, dont le bruit excessif commis par l'une d'entre elles atteint l'autre.

1793. Le voisinage devient donc une notion élastique, à considérer en fonction du cadre et du mode de vie des personnes qui le composent. La jurisprudence a été sensible à cette évolution qu'elle a suivie pour élargir le concept de voisinage, désigné désormais comme étant *« la zone réellement troublée »*[1]. L'extension des dimensions de cette zone, qui a subi concrètement le dommage, agrandit d'autant le territoire du voisinage pris en compte par la théorie. Ainsi, dans la célèbre affaire de l'aérodrome de Nice qui opposait les riverains à la compagnie Air France, les juges ont fait application de leur théorie des troubles de voisinage alors que les « voisins » incommodés par le bruit des avions étaient séparés de l'aérodrome, source de la nuisance sonore, par la promenade des Anglais[2]. Le trouble de voisinage devient véritablement un *trouble d'environnement* lorsque la source sonore créatrice de dommage se déplace, diffusant dans l'espace la nuisance qu'elle véhicule. Il n'y a par conséquent pas de limite de distance attachée au voisinage. La seule limitation spatiale apportée à la théorie est celle que fixe, dans chaque espèce, l'impact de la nuisance émanant d'une personne et atteignant une autre.

1794. Le voisinage, après avoir écarté la contiguité, puis la mitoyenneté et enfin la proximité, prend une dimension écologique qui s'accommode parfaitement du caractère diffus de certains bruits. La jurisprudence en a pris conscience, donnant la priorité à l'environnement physique, lieu du dommage, même s'il est éloigné de la source sonore incriminée. Les décisions de justice font état d'un *« voisinage écologique »*[3] pour lequel

---

[1] M.-F. NICOLAS, La protection du voisinage, R.T.D.C. 1976, n° 9, p. 678.

[2] T.G.I. de Nice, 9 décembre 1964, D. 1965, p. 221, note Derrida ; J.C.P. 1965, II, 14074, note M. de Juglart ; C.A. Aix, 17 février 1966, D. 1966, p. 281, note Derrida ; J.C.P. 1966, II, 14755, note de Villeneuve ; R.T.D.C. 1966, p. 813, note Durry ; Cass. civ. 2e, 8 mai 1968, D. 1968, p. 609 ; J.C.P. 1968, II, 15595, note M. de Juglart et E. du Pontavice ; R.T.D.C. 1968, p. 726, obs. Durry.

[3] G. MARTIN, Chronique de la jurisprudence civile de la Cour de cassation en matière d'environnement, R.J.E. 2-1979, p. 115.

la proximité géographique est une notion extensive puisqu'elle suit la propagation du bruit de son point d'origine jusqu'à son impact. L'élargissement du trouble de voisinage en un trouble d'environnement, conférant un caractère écologique au cadre du voisinage, procure un domaine infini à la théorie des troubles de voisinage, auquel seules l'intensité et la capacité de propagation de la nuisance sonore peuvent apporter une borne dans la pratique et dans chaque espèce considérée. C'est bien le trouble dommageable qui est au centre de la théorie jurisprudentielle et qui, de par son impact plus ou moins étendu, constituerait un élément déterminant du domaine d'application de la responsabilité.

1795. Mais d'aucun pourrait craindre qu'une telle extension de la notion de voisinage enlève toute spécificité au domaine de la théorie. Comparant ce régime de responsabilité avec celui de l'article 1384 alinéa 1er du Code civil (*infra* n° 1964 et s.), certains auteurs avaient soutenu que « *le domaine d'application de la responsabilité du fait des choses est plus large que celui de la responsabilité pour les troubles de voisinage. Celle-ci suppose un dommage subi dans le cadre de la communauté de voisinage, ce qui n'est pas le cas, bien entendu, de l'article 1384 alinéa 1er* »[1]. Cependant, nous l'avons vu, les frontières géographiques de « la communauté de voisinage » sont indéfinissables pour la jurisprudence et en tout cas ne se trouvent pas enfermées de façon rigide dans un rapport de proximité, qui lui-même reste vague. Si limitation du champ d'application de la théorie il y a -et on ne peut concevoir un régime de responsabilité illimité-, c'est dans le voisinage humain et non plus physique qu'il faut la chercher.

1796. En effet, le voisinage désigne également « *l'ensemble des voisins* », personnes physiques qui le composent, ainsi que les « *relations entre voisins* », c'est-à-dire les conditions de vie avec ses semblables. La théorie jurisprudentielle ne s'applique donc pas à n'importe qui. Elle concerne les parties au conflit de voisinage créé par le trouble sonore, c'est-à-dire les personnes ayant la qualité de « voisin ». Ce deuxième critère est de nature à caractériser la spécificité de la théorie des troubles de voisinage et a en préciser le champ d'application. Mais tout comme il y a eu une extension par la jurisprudence de la notion de voisinage dans l'espace, on note de ce point de vue un élargissement du cercle des personnes concernées.

2- Le cercle des « voisins »

1797. La théorie des troubles de voisinage, s'inscrivant dans un champ territorial plus ou moins étendu selon la puissance de propagation de la nuisance sonore dommageable, implique dans tous les cas un rapport *humain* de voisinage. Le deuxième critère de cette responsabilité porte donc sur la qualification -de droit ou de fait ?- des personnes impliquées dans ce rapport particulier. Sont concernés à titre exclusif les individus ayant la qualité de « voisin », ce qui vise tant le demandeur à l'action en réparation, c'est-à-dire la victime du bruit, que le défendeur, responsable du trouble sonore. Le domaine de la théorie pose ainsi la question du débiteur et du créancier de l'obligation de réparer, dont la désignation repose sur la qualification de « voisin ».

1798. Sur ce point, la doctrine majoritaire s'accorde pour affirmer que la difficulté majeure réside dans la désignation du responsable. La victime du trouble sonore, quant à elle, peut toujours demander réparation du préjudice qu'elle a subi, quelle que soit sa qualité, dès lors que les conditions relatives au trouble dommageable sont rapportées. Le débat s'est donc porté sur la personne à qui incombe la charge de la réparation. A l'origine, il en ressortait que la responsabilité pour trouble de voisinage était liée au droit

---

[1] M. Larroumet, note sous Cass. civ. 3e, 8 mars 1978, D. 1978, jurispr. p. 643.

de propriété et qu'elle devait peser dans tous les cas sur le propriétaire du fonds à l'origine du trouble. Le problème était ainsi circonscrit à un rapport entre deux propriétaires de deux fonds se jouxtant. Ainsi selon le conseiller Fabre, *« il se présente sous la forme d'un conflit de droits absolus ; il ne peut se poser qu'entre propriétaires »*[1]. Le professeur Goubeaux adhère à cette thèse avançant que *« c'est sur le propriétaire de l'immeuble,* ***en cette qualité****, que pèse l'obligation de réparer les inconvénients anormaux subis par son voisin »*[2]. En conséquence, il suffit d'être propriétaire du fonds en cause pour être tenu pour responsable. Ainsi, en matière de construction, la responsabilité pèse en principe sur le maître de l'ouvrage.

1799. Cette analyse n'a cependant pas été retenue par les juges qui se sont intéressés à celui qui fait usage du fonds d'où proviennent les nuisances sonores et qui en tire personnellement profit. Au-delà de la qualité de propriétaire ou même d'auteur du trouble, la jurisprudence a élargi le cercle des personnes responsables en application de la théorie des troubles anormaux de voisinage aux locataires[3] et même à l'entrepreneur travaillant sur un chantier de démolition[4]. Le voisinage est alors à considérer comme un rapport entre deux personnes et non plus entre deux fonds. Le trouble de voisinage crée, selon Starck, *« un conflit entre deux libertés et non pas entre deux droits de propriété »*[5]. Ainsi, *« le trouble de voisinage n'est pas seulement le fait de deux propriétaires mais* ***de toute personne placée dans une communauté de voisinage »***[6]. Les décisions rendues en la matière, si elles étendent la responsabilité à tout occupant du fonds, ne fournissent pas de définition précise du voisin responsable. La jurisprudence n'a, par exemple, jamais eu l'occasion de préciser s'il devait s'agir d'occupants de droit, tels que les locataires, ou de simples occupants de fait, tels que des squatters portant atteinte à la tranquillité des voisins.

1800. Les solutions jurisprudentielles ne permettent pas de poser un principe unitaire de désignation du voisin responsable. Il n'est pas toujours évident pour la victime de savoir à qui incombe l'obligation de voisinage, notamment en matière de construction où plusieurs personnes -maître de l'ouvrage, entrepreneur, architecte, bureau d'étude- interviennent dans l'opération, ou encore au sein d'une copropriété où bailleurs et locataires se côtoient. Une certitude existe néanmoins aujourd'hui. Le trouble de voisinage exige un rapport de voisinage qui s'entend de rapports personnels et non entre des fonds et qui ne sauraient être liés au droit de propriété. La qualité de voisin n'est pas nécessairement attachée à celle de propriétaire, ce qui paraît équitable lorsque ce dernier n'occupe pas le fonds d'où émanent les nuisances sonores et n'est donc pas l'auteur direct et personnel du trouble. L'extension de la notion de voisin justifie également le fait de retenir comme trouble de voisinage le passage quotidien d'une centaine de camions dans une rue étroite entraînant du bruit pour les résidents de ladite rue[7].

---

[1] Rapport de M. FABRE, sous Cass. civ. 3e, 18 juillet 1972, J.C.P. 1972, II, 17203.

[2] Observations de G. GOUBEAUX, sous Cass. civ. 3e, 25 octobre 1972, J.C.P. 1973, II, 17491.

[3] Cass. civ. 3e, 8 février 1972, J.C.P. 1972, II, 17176 : le locataire, qui en l'espèce exploitait une boulangerie-pâtisserie, est responsable à l'égard de ses voisins des bruits provoqués par l'exercice de sa profession s'ils dépassent les inconvénients normaux du voisinage. V. aussi : Cass. civ. 3e, 17 avril 1996, D. 1996, I.R. p. 133 ; J.C.P. 1996, éd. N., II, p. 1517 et M. BOUTELET-BLOCAILLE, Le bailleur peut-il se décharger de son obligation de voisinage sur son locataire ?, Les Petites Affiches n° 6, 13 janvier 1997, p. 16.

[4] Cass. civ. 2e, 10 janvier 1968, Gaz. Pal. 1968, I, jurispr. p. 163.

[5] B. STARCK, Domaine et fondement de la responsabilité sans faute, R.T.D.C. 1958, p. 486.

[6] Note de G. RAYMOND sous Cass. civ. 2e, 22 octobre 1964, D. 1965, jurispr. p. 345.

[7] C.A. Paris, 7e ch. A, 26 avril 1983, D. 1983, I.R. p. 404.

1801. Dans l'hypothèse de camions ou véhicules de livraison occasionnant des nuisances sonores, les chauffeurs en cause ne sont ni propriétaires ni même occupants du fonds, mais ils créent un rapport personnel et particulier, du fait de leur passage bruyant, avec les habitants. Dans ce rapport entre deux personnes, la qualité de voisin qui en fait un rapport de voisinage est à rechercher, parce que plus évidente, du côté de la victime du trouble, touchée dans son environnement. Les critères du voisin et du voisinage reposent donc sur l'occupation immobilière de la victime. Le trouble de voisinage consiste dans une atteinte pour la victime à ses conditions d'habitation, de jouissance paisible des lieux. Le bruit, qualifié dans certaines décisions de « trouble de jouissance »[1], affecte les conditions d'existence des voisins qui voient de ce fait leur environnement, notion large du voisinage, perturbé. M. Martin présente d'ailleurs le voisin, responsable du trouble dommageable, comme *« toute personne qui fait usage du même environnement que la victime »*[2].

1802. La théorie des troubles de voisinage se définit donc plus aisément dans toutes les hypothèses à partir de la victime du bruit et de son environnement qui désigne le cadre du voisinage. Elle implique des rapports de personne à personne qui supposent, de la part du demandeur voisin, une certaine stabilité dans son occupation du fonds. Le passant qui entend, le temps de sa promenade, les bruits d'un chantier n'est pas fondé à intenter une action pour trouble de voisinage. Sa présence dans l'environnement considéré ne remplit pas le caractère de constance qui lui conférerait la qualité de voisin. De même et réciproquement, une certaine permanence ou fréquence du trouble sonore est exigée du côté du débiteur de l'obligation de réparer. Ainsi, en cas de sources sonores mobiles et passagères, telles que les véhicules à moteur, le trouble de voisinage se caractérise dans la répétition du phénomène.

1803. Le trouble de voisinage ouvrant droit à réparation devant le juge judiciaire est subordonné à l'existence de relations particulières entre différentes personnes. Ces dernières deviennent des « voisins » à partir du moment où elles sont liées entre elles par un rapport de voisinage, caractérisé par une certaine durée ou périodicité au sein d'un territoire donné, celui de la victime, dont l'auteur du trouble fait un usage préjudiciable. La spécificité du domaine de la théorie des troubles de voisinage ne se trouve pas dans des restrictions apportées au cadre géographique du voisinage, mais dans les relations que ce cadre institue entre des individus amenés à coexister pendant un temps déterminé, plus ou moins long. Dans le souci à la fois de faciliter l'action des victimes et de rendre des solutions dictées par l'équité, les juges ont repoussé les frontières de la théorie, lui conférant un domaine des plus étendus.

1804. L'acceptation extrêmement large du voisinage, tant physique qu'humain, est également déterminante quant à la recherche du fondement de cette responsabilité. L'extension par la jurisprudence de la notion de voisinage a pour conséquence d'écarter certaines tentatives doctrinales de justification juridique du régime, fondées sur des notions trop restrictives qui n'englobent pas tous les cas d'application de la théorie. Dans le même temps, elle permet de dégager la finalité du régime, révélant le véritable objectif

---

[1] Cass. civ. 3e, 6 juin 1972, Bull. civ. III, n° 392, p. 270 ; D. 1972, somm. p. 182 ; C.A. Paris, 9 juin 1975, Société Carrefour-Supermarchés contre sieur Durand, R.J.E. 2-1976, p. 58 : les juges retiennent le *« trouble de jouissance »* causé par le bruit intense qui constitue une *« véritable agression du milieu ambiant » ;* Cass. civ. 2e, 22 mai 1997, Epoux Elia c/. Société Garage du Gymnase et a., J.C.P. 1998, éd. Notariale et Immobilière, p. 761 ; Cass. civ. 3e, 25 septembre 2002, n° 01-00.818, Darrieu c/. SCI Levallois 4 Pompidou, C.P.E.N. « Bruit », n° 211.

[2] G. MARTIN, Chronique de la jurisprudence civile de la Cour de cassation en matière d'environnement, préc., p. 114.

posé par la jurisprudence dans lequel se trouve le fondement pratique de la responsabilité pour trouble de voisinage.

B. La question théorique du fondement de la théorie

1805. La théorie des troubles de voisinage trouve son origine dans une construction jurisprudentielle qui s'est pleinement développée au fil du temps et des affaires portées en justice. La question du fondement de cette création prétorienne s'est très vite imposée, suscitant un vif intérêt théorique pour le juriste qui ne saurait, compte tenu de la gravité des implications qu'elle comporte, accepter l'idée d'une responsabilité ne se rattachant pas à un principe ou une règle de droit. Or, le juriste est forcé de constater que la jurisprudence ne s'est jamais prononcée sur ce point, qui n'est prévu par aucun texte légal. Les décisions faisant application de ce régime de responsabilité laissent éclater le pragmatisme des juges -dont ils sont plus avares en d'autres matières-, qui ont élaboré le système de réparation des troubles de voisinage en faisant abstraction de ce problème. Peut-être ont-ils estimé que le caractère traditionnellement théorique de la question la reléguait de ce fait à l'arrière-plan des préoccupations et enjeux sucités par les rapports conflictuels et dommageables de voisinage ?

1806. Le fondement de la responsabilité pour troubles de voisinage présente cependant, n'en déplaise aux magistrats et autres juristes, un intérêt pratique exceptionnel. En effet, la théorie instituée par la jurisprudence n'a d'utilité que si elle se distingue des autres régimes de responsabilité existants. La détermination de son fondement va permettre d'éclaircir l'articulation des différents types de responsabilité. Tout naturellement, un débat doctrinal s'est développé autour de cette question laissée en suspens par les juges (1). Plusieurs solutions ont été proposées, alimentant une controverse et faisant place à bien des incertitudes, que les formulations et différentes références légales contenues dans les décisions jurisprudentielles ont contribué à maintenir. Or, la responsabilité pour troubles de voisinage ne pouvait-elle pas reposer sur un principe général et indépendant se suffisant à lui-même, sans qu'il soit besoin de le rattacher aux fondements traditionnels de la responsabilité civile ? Après bien des hésitations et fluctuations, il semblerait que la jurisprudence ait reconnu l'autonomie de sa théorie, confirmant toute l'importance qu'elle revêt au sein du système de réparation civile (2). Le fondement est alors à rechercher dans l'objectif concret de ce type de responsabilité (3).

1- La controverse doctrinale

1807. Dans le silence de la jurisprudence, la doctrine civiliste a déployé une énergie considérable afin de trouver une justification juridique au droit de réparation des troubles anormaux de voisinage. A partir des applications jurisprudentielles de la théorie, les auteurs ont longuement discuté de la question du fondement des solutions données, essayant de les rattacher à un principe général qui rallierait les décisions souvent fluctuantes des juges, dont les motivations sont susceptibles de varier d'une espèce à l'autre. Les auteurs ont ainsi proposé un nombre conséquent de fondements, dont aucun n'échappe cependant à la critique, compte tenu notamment du domaine étendu de la responsabilité pour troubles de voisinage et de sa finalité.

1808. Liant le régime de responsabilité au titre de propriétaire, les auteurs ont dès le départ dégagé un *« devoir de modération »* dans l'exercice de ce droit de propriété. Se plaçant du côté de celui qui cause le trouble, l'analyse ramène la théorie jurisprudentielle à la notion restrictive d'*abus de droit,* qui suppose un dommage causé à un voisin par un acte de propriété avec l'intention de nuire ou, du moins, sans justification dans l'exercice du droit d'un intérêt sérieux et légitime. Or, les frontières rigides de la théorie de l'abus de droit ne sont pas celles du domaine des troubles de voisinage. Les objections à un tel fondement sont nombreuses et sans appel. Tout d'abord, il est aujourd'hui incontesté que le droit du propriétaire n'est pas seul en cause puisque la jurisprudence fait application de ce régime de responsabilité aux simples occupants que sont, par exemple, les locataires. Ensuite, le droit positif fait état d'une responsabilité objective, détachée de toute notion de faute qui, au contraire, dans l'abus de droit, est nettement caractérisée. Enfin justement, tous les voisins bruyants ne sont pas animés de la même intention malveillante et dénuée de toute utilité que celle dont fit preuve Jules Coquerel à l'égard de son voisin Clément Bayard[1]. Le bruit, trouble de voisinage, est souvent la conséquence involontaire et inconsciente d'un acte utile de son auteur.

1809. Plusieurs auteurs[2], faisant toujours référence à la propriété, ont alors trouvé dans la théorie de *« l'immissio »*, c'est-à-dire le fait d'envahir le domaine d'autrui, l'explication à la responsabilité issue des rapports particuliers de voisinage. Ainsi, dans le cas de troubles de voisinage *stricto sensu* tel que les nuisances sonores, il y aurait un *empiètement* sur le fonds voisin. Mais outre le fait que cette théorie repose sur une atteinte au droit de propriété, à laquelle on peut opposer la même objection que pour le fondement tiré de l'abus de droit, elle n'explique pas pourquoi il y a un seuil des inconvénients dont le dépassement, nous le verrons, caractérise la responsabilité pour troubles de voisinage. En effet, la théorie de l'*immissio* prend normalement en compte tout empiètement, même *minime,* et n'opère pas de distinction selon l'intensité ou la gravité de la nuisance. Ce qui fait justement la spécificité de la responsabilité pour troubles de voisinage, à savoir le caractère *anormal* du trouble réparable, ne se retrouve pas dans *« l'immissio »* qui ne peut, par conséquent, constituer le fondement de ce régime.

1810. La notion d'*enrichissement sans cause* a également été avancée, au motif que le propriétaire du fonds, usant de son droit de propriété, s'enrichit en même temps qu'il appauvrit son voisin par les troubles qu'il lui impose. Cette analyse apparaît on ne peut plus artificielle en matière de troubles de voisinage, les conditions de l'enrichissement sans cause n'étant pas réunies, notamment l'absence de cause. En outre, les effets de la théorie ne se retrouvent pas dans le régime spécial des troubles de voisinage. Le dédommagement dû à la victime de l'enrichissement sans cause connaît une double limite en ce qu'il ne doit pas dépasser à la fois l'appauvrissement subi par le demandeur et l'enrichissement qu'en a tiré le propriétaire du fonds d'où émanent les troubles. Ce double plafond n'existe pas dans la théorie des troubles de voisinage qui suit le principe de la réparation intégrale du dommage subi.

1811. En opposition aux nombreux partisans d'une responsabilité fondée sur une faute, dont les contours se font de plus en plus larges et imprécis, certains auteurs[3] se sont orientés vers l'idée d'un *risque,* conférant au régime jurisprudentiel de responsabilité ce caractère objectif que les juges ont progressivement imposé dans leurs

---

[1] Dans cette célèbre affaire, Jules Coquerel, dans l'unique but de nuire à son voisin Clément Bayard, avait hérissé son terrain de carcasses de bois couronnées de piquets métalliques sur lesquels les dirigeables de celui-ci risquaient de s'empaler lorsqu'il faisait grand vent : Req. 3 août 1915, D.P. 1917, 1, 79.

[2] Parmi lesquels notamment : P. LEYAT, La responsabilité dans les rapports de voisinage, Thèse 1936, p. 178 et s. ; MM. MAZEAUD, Leçons de droit civil, préc. : ces auteurs lient l'*immissio* au dépassement des obligations ordinaires de voisinage ; R. LINDON, note sous Cass. civ. 3e (2 arrêts), 4 février 1971, J.C.P. 1971, II, 16781.

[3] Notamment MM. RIPERT et JOSSERAND.

décisions. L'occupant du fonds qui occasionne des troubles sonores dans le voisinage crée un risque anormal par une activité dont il tire des profits matériels, économiques ou encore moraux. Le profit implique alors la charge de la réparation. Cette théorie a été développée par Josserand à l'occasion de l'interprétation nouvelle donnée à l'alinéa 1er de l'article 1384 du Code civil, siège légal de la responsabilité objective du fait des choses. Le problème est qu'on ne voit pas pourquoi il devrait y avoir un régime différent de celui fondé sur ce texte. De fait, il a été constaté que *« la responsabilité pour risque ne s'est jamais réellement implantée en droit civil, sauf exceptions législatives, et qu'il est difficile de voir dans la jurisprudence une confirmation de cette thèse »*[1].

1812. De manière classique, si beaucoup de propositions doctrinales lient le trouble de voisinage au droit de propriété, *« ce qui laisse inexpliquées toutes les hypothèses dans lesquelles la responsabilité pèse sur un autre que le propriétaire »*[2], elles sont tout aussi nombreuses à fonder ce type de responsabilité sur une faute, quitte à élargir et déformer cette notion dans les cas où la faute traditionnelle des articles 1382 et 1383 du Code civil ne peut être caractérisée. Le comportement fautif a notamment été recherché dans l'existence d'*obligations légales de voisinage* issues des articles 651 et 1370 du Code civil, qui instituent un certain nombre de servitudes. Or cette théorie du *quasi-contrat de voisinage,* conçue par Pothier puis systématisée par Capitant, s'appuie sur des textes qui ne concernent que des cas tout à fait particuliers, édictant des restrictions à la propriété et ne visant pas des obligations générales de voisinage. La théorie des troubles de voisinage dépasse largement le cadre restreint de ces articles.

1813. Si la loi n'édicte pas expressément de telles obligations nées de la communauté de voisinage, la *coutume,* source de droit à ne pas négliger, est en revanche susceptible d'apporter des éléments de réponse, dégageant la responsabilité pour trouble de voisinage du cadre traditionnel de la responsabilité civile. C'est ainsi que par un arrêt en date du 20 février 1973, la 3e chambre civile de la Cour de cassation a fait application de la théorie des troubles de voisinage à des bruits nocturnes provenant de l'exploitation d'une boulangerie qui dépassaient *« de beaucoup la mesure de ce que **la coutume** peut obliger à supporter entre voisins »*[3]. Relevé par M. Blaise[4], ce fondement a le mérite de reproduire fidèlement le caractère pratique des relations existant dans le voisinage. Cependant, la difficulté de préciser avec exactitude et constance le contenu de ces obligations coutumières rend un tel fondement des plus incertain et donc artificiel. Si certaines décisions se réfèrent à des « obligations de voisinage », elles n'en définissent jamais les termes. En outre, dans l'arrêt du 20 février 1973, le véritable fondement retenu par les juges était la faute de l'exploitant qui *« n'a pas fait tout ce qui est en son pouvoir pour atténuer les inconvénients que son exploitation cause aux voisins »,* la coutume servant en fait de critère à l'appréciation du caractère anormal du trouble.

1814. Tout aussi séduisant, *a priori*, est le recours par M. Martin à l'existence d'un *droit subjectif à la pureté de l'environnement* qui deviendrait, en matière d'environnement sonore, un droit pour chaque voisin à la tranquillité et au calme. Toute

---

[1] J.-P. THERON, Responsabilité pour trouble anormal de voisinage en droit public et en droit privé, préc., n° 72.

[2] *Ibidem* n° 73.

[3] Cass. civ. 3e, 20 février 1973, Gaz. Pal. 1973, I, 471, note M. Morand.

[4] *« Dans le silence de la loi écrite, c'est tout naturellement vers la seconde source du droit positif, vers la coutume, qu'il faut se tourner. Il faut admettre que les rapports de voisinage sont soumis à des règles objectives et que celles-ci ont, pour une large part, une source coutumière » :* M. BLAISE, « Responsabilité et obligations coutumières dans les rapports de voisinage », R.T.D.C. 1965, p. 261. V. également en ce sens : A. ROBERT, Les relations de voisinage, Immobilier : droit et gestion, Sirey, 1991, n° 80.

atteinte à ce droit donnerait automatiquement la possibilité à son titulaire de demander réparation. Dans la mesure où un tel droit n'a pas été consacré textuellement, force est de constater que cette thèse n'apporte rien à la théorie des troubles de voisinage, tout comme il est possible d'avancer que la construction d'une coutume, en tant que fondement de ladite théorie, a été imaginée pour les besoins de la cause. C'est bien là la raison de ce débat doctrinal, rapporté ici dans ses grandes lignes. En l'absence de texte de loi de portée suffisamment générale, les auteurs ont invoqué des fondements au fur et à mesure des décisions. Et *« si les recherches doctrinales n'offrent guère de cohérence, c'est que les solutions jurisprudentielles semblent successivement donner raison aux diverses théories »*[1].

1815. Depuis quelques années cependant, la jurisprudence paraît s'être quelque peu assagie. Elle donne enfin à sa construction toute l'importance qu'elle mérite, en consacrant son autonomie par rapport aux fondements traditionnels de la responsabilité civile.

2- Le principe jurisprudentiel de l'autonomie de la théorie

1816. Le droit positif fait état d'une théorie des troubles de voisinage *autonome*, c'est-à-dire indépendante des autres types de responsabilité du droit commun. La jurisprudence est désormais fixée sur ce point. La faute, notamment, n'est pas une condition de mise en œuvre de cette responsabilité spéciale qui se veut objective. Une telle affirmation, communément admise aujourd'hui, n'allait pourtant pas de soi à l'origine. Pendant longtemps, la référence à la faute de l'auteur du trouble était extrêmement fréquente dans les décisions jurisprudentielles. Ce n'est qu'à partir de 1986[2] que la Cour de cassation substitua aux articles 544 et 1382 du Code civil le principe général selon lequel *« nul ne doit causer à autrui un trouble anormal de voisinage »*. Cette formule tient lieu aujourd'hui de visa aux décisions qui font application de ce régime spécifique de responsabilité[3].

1817. Le tout premier arrêt, en date du 27 novembre 1844[4], qui a clairement posé le principe d'une nouvelle responsabilité pour troubles de voisinage, avait été rendu à une époque où toute la responsabilité civile était fondée sur la faute (prouvée ou éventuellement présumée). Dans ce contexte différent de celui d'aujourd'hui, il paraissait normal que la 1ère chambre civile de la Cour de cassation motive sa cassation par le texte de loi qui dominait alors la matière. C'est par conséquent sous le visa de l'article 1382 du Code civil que la décision fut rendue. Une partie de la doctrine et de la jurisprudence en a tout naturellement déduit que la responsabilité spéciale dont avait fait application la Haute Juridiction ne pouvait trouver son fondement que dans l'idée de faute. Pendant longtemps, les juges ont le plus souvent retenu la faute de négligence de l'article 1383 du Code civil, dans le fait pour l'auteur du trouble de ne pas avoir pris toutes les précautions pour éviter ou atténuer les nuisances sonores ayant causé un dommage au voisinage. Mais même dans les hypothèses où le comportement du défendeur était irréprochable, la référence à la faute était maintenue au prix d'un élargissement artificiel de la notion qui recouvrait alors des réalités diverses.

---

[1] J.-P. THERON, Responsabilité pour trouble anormal de voisinage en droit public et en droit privé, préc., n° 73.

[2] Cass. civ. 2e, 19 novembre 1986, Bull. civ. II, n° 172, p. 116 ; D.S. 1988, somm. p. 15.

[3] V. par exemple : Cass. civ. 2e, 9 juillet 1997, N° 1018, Juridisque Lamy : concernant des bruits résultant de travaux d'aménagement réalisés dans un appartement.

[4] Cass. civ. 1ère, 27 novembre 1844, préc.

1818. Parallèlement, un autre courant jurisprudentiel a pris forme, retenant la responsabilité sur le fondement des obligations de voisinage, sans que soit établi le caractère fautif des agissements du défendeur. Cette tendance, au départ minoritaire, a progressivement pris le dessus, affirmant de plus en plus fermement que la mise en œuvre de la responsabilité n'est subordonnée qu'au caractère anormal du trouble préjudiciable, détaché de toute idée de faute. La difficulté, voire l'impossibilité, dans la plupart des rapports de voisinage de trouver la moindre faute, aussi large qu'avait été rendue cette notion, justifiait en effet une telle solution nettement plus appropriée aux relations entre voisins. En tout état de cause l'exigence d'une faute est critiquable, parce qu'elle ôte tout intérêt au régime particulier de la responsabilité pour troubles de voisinage. En effet, d'une part, la faute se trouve déjà dans le droit commun de la responsabilité civile et, d'autre part, elle aggrave la situation de la victime qui doit rapporter la double preuve de l'agissement fautif et du caractère anormal du trouble. Il fallut néanmoins attendre la fin des années 60 pour en convaincre les juges. Ce qui n'était qu'une tendance au sein de la jurisprudence est alors devenue la règle.

1819. C'est ainsi qu'en matière de construction, la Cour de cassation, dans un arrêt du 10 janvier 1968[1], a relevé que le fait que les travaux de chantier aient été exécutés sans imprudence ni négligence ne modifie en rien la situation de la victime, qui a obtenu réparation en application de la responsabilité pour troubles de voisinage. De même, s'agissant de bruits domestiques (*« bruits de pas, d'aspirateur, de déplacement ou de choc d'objets sur le sol »* qui s'entendaient très distinctement dans l'appartement du dessous), la Cour de cassation a cassé la décision de la Cour d'appel qui n'avait pas recherché si *« l'usage même* ***normal*** *de son appartement par* [le] *locataire n'avait pas eu pour effet de créer pour son voisin des troubles dépassant les inconvénients normaux du voisinage »*[2]. Or, un usage normal exclut sans conteste toute idée de faute[3]. Deux arrêts de la 3e chambre civile, en date du 4 février 1971[4], viennent confirmer, le plus clairement à notre avis, cette position aujourd'hui bien ancrée. Ils censurent deux décisions, rendues respectivement le 13 mars[5] et le 12 juin 1969, par les Cours d'appel de Paris et d'Orléans qui avaient subordonné la mise en œuvre de la responsabilité pour troubles de voisinage aux conditions de l'article 1382 du Code civil.

1820. La Cour d'appel de Paris, faisant fi de la volonté manifestée par la Cour de cassation de détacher la théorie des troubles de voisinage de toute idée de faute, avait motivé sa décision par le défaut indéniable de base légale qui entache cette construction. Elle affirmait la nécessité absolue de la rattacher à un texte de loi, celui des articles 1382 ou 1383 du Code civil, car *« en décider autrement serait mettre à la charge du propriétaire constructeur une responsabilité sans faute, fondée sur le seul fait du voisinage ou sur le risque créé ; or une telle responsabilité ne résulte d'aucun texte »*. La 3e chambre civile, saisie d'un pourvoi contre cette décision, rejette ce raisonnement qui s'appropriait l'adage pénal *« nullum crimen sine lege »*. La cassation associée à la constatation que le maître de l'ouvrage en l'espèce *« avait enfreint l'obligation à laquelle il était tenu de ne pas causer au voisin* ***un trouble dépassant les inconvénients***

---

[1] Cass. civ. 2e, 10 janvier 1968, préc.

[2] Cass. civ. 2e, 3 janvier 1969, D. 1969, jurispr. p. 323 ; J.C.P. 1969, II, 15920, note L. Moutgeon.

[3] V. aussi : C.A. Versailles, 1re ch., 27 janvier 1987, D.S. 1988, somm. p. 16 : s'agissant d'un grossiste en fruits et légumes dont l'activité occasionne des départs matinaux de camions bruyants, les juges relèvent que ***« même en l'absence de faute,*** *l'exercice légitime de son droit de faire le commerce devient générateur de responsabilité lorsque le trouble qui en résulte pour autrui dépasse la mesure des inconvénients ordinaires du voisinage »*.

[4] Cass. civ. 3e, 4 février 1971 (2 arrêts), préc.

[5] C.A. Paris, 2e ch., 13 mars 1969, Gaz. Pal. 1969. I. 273.

normaux du voisinage » signifie que l'unique critère du préjudice réparable sur le fondement de la responsabilité pour trouble de voisinage est le caractère anormal du trouble causant le dommage. Les décisions rendues depuis lors confirment cette solution qui fait de la théorie jurisprudentielle une source autonome de responsabilité.

1821. Ce passage d'une responsabilité subjective à une responsabilité objective a demandé une lente maturation, qui n'est pas exempte, aujourd'hui encore, de quelques réminiscences en faveur de la notion de faute. Quelques décisions jurisprudentielles continuent de faire figurer dans leur visa l'article 1382 du Code civil. Il faut y voir en fait une simple clause de style, manifestant le souci de la juridiction de donner un fondement légal à la responsabilité qu'elle met en œuvre, qui ait valeur générale en matière de responsabilité civile. Dans d'autres cas, un tel visa témoigne de l'importance accordée par la Cour de cassation à la théorie des troubles de voisinage, placée sur le même plan que la responsabilité pour faute instituée par le législateur. Dans la plupart des décisions, cette référence est donc purement formelle et ne se retrouve pas dans la motivation des juges qui s'appuie exclusivement sur le caractère anormal du trouble qui a dépassé les inconvénients ordinaires du voisinage[1].

1822. Ces arrêts ne remettent pas en cause l'autonomie de la responsabilité pour troubles de voisinage par rapport à la responsabilité pour faute. La faute requise pour celle-ci est étrangère à celle-là qui, dès lors que l'anormalité du trouble est établie, ouvre automatiquement droit à réparation. L'autonomie, longuement discutée au regard de la faute délictuelle, a également été reconnue en ce qui concerne la faute contractuelle. En effet, la 3e chambre civile de la Cour de cassation a précisé que l'inexécution fautive par une société d'une obligation d'ordre contractuel lui incombant envers la copropriété de l'immeuble ayant été retenue par les juges d'appel, ces derniers étaient en droit d'assurer la réparation du dommage causé par des bruits provenant des locaux de la société *« sans rechercher en outre si le trouble de jouissance dont ils constataient la réalité était de nature à engager la responsabilité de son auteur en tant que dépassant les inconvénients du voisinage »*[2].

1823. De même, par un arrêt en date du 25 octobre 1972[3], la 3e chambre civile de la Cour de cassation a, par une remarquable substitution de motifs, consacré l'indépendance de la responsabilité pour trouble anormal de voisinage à l'égard de celle résultant de l'article 1384 alinéa 1er du Code civil. Alors que la doctrine, divisée, s'interrogeait sur la possible confusion ou absorption de la construction prétorienne par la responsabilité du fait des choses, la Cour de cassation a opéré une distinction nette entre la responsabilité du gardien et celle de l'auteur d'un trouble de voisinage qui sont deux notions différentes, soumises à des régimes distincts. La Cour d'appel de Colmar avait en l'espèce condamné, sur le fondement de l'article 1384 alinéa 1er, le propriétaire du terrain à réparer les dommages causés à des immeubles voisins par des travaux de démolition. Le demandeur au pourvoi invoquait pour sa défense le fait qu'il n'avait pas la garde du chantier ni des engins mécaniques utilisés au moment des dommages. La Cour de

---

[1] V. ainsi : Cass. civ. 2e, 3 janvier 1969, préc. : la Cour de cassation vise l'article 1382 alors qu'elle casse une décision de la Cour d'appel pour ne pas avoir recherché si l'usage *« même normal »* d'un appartement n'avait pas entraîné des troubles dépassant les inconvénients normaux du voisinage.

[2] Cass. civ. 3e, 2 mars 1976, préc.

[3] Cass. civ. 3e, 25 octobre 1972, S.C.I. « Le Gai Logis » c/. Etablissements des Diaconesses, J.C.P. 1973, II, 17491, obs. G. Goubeaux ; D. 1973, II, 756, note H. Souleau.

cassation confirma la condamnation prononcée par les juges d'appel mais en la fondant sur la théorie des troubles de voisinage[1].

1824. La responsabilité pour troubles de voisinage est ainsi totalement indépendante du droit commun de la responsabilité civile, qu'il soit fondé sur la faute délictuelle, contractuelle ou sur le fait de la chose. Le principe d'autonomie posé par la Cour de cassation met fin aux divergences doctrinales tirées de ces fondements classiques et ouvre d'autres voies, plus concrètes et mieux adaptées, dans la recherche d'un fondement spécifique à la théorie des troubles de voisinage.

3- Les conséquences de l'autonomie de la responsabilité pour troubles de voisinage

1825. La question du fondement de la théorie des troubles de voisinage est étroitement liée à celle des rapports que cette théorie entretient avec les autres responsabilités de droit commun. L'autonomie consacrée par la jurisprudence de sa construction signifie essentiellement que les conditions de mise en œuvre de la responsabilité ne sont pas les mêmes que celles prévues par les articles du Code civil. Par contre, elle ne confine pas la théorie jurisprudentielle dans un domaine exclusif des autres fondements de responsabilité. La victime d'un bruit de voisinage « *ne saurait, du fait qu'elle a la qualité de voisin, se voir imposer la preuve du caractère anormal du préjudice* -ou plus exactement du trouble sonore- *lorsque celui-ci trouve sa cause dans une faute délictuelle ou contractuelle* »[2]. Cette solution a été expressément retenue par la Cour de cassation dans un arrêt en date du 27 mai 1975[3] et réaffirmée plus récemment, le 11 février 1998[4]. Le double visa de la décision de 1998, « *l'article 1382 du Code civil et le principe selon lequel nul ne doit causer à autrui un trouble anormal de voisinage* », manifeste bien le concours des deux régimes de responsabilité qui constituent donc deux voies alternatives proposées à la victime[5].

1826. Ainsi lorsque, selon le cas d'espèce, les conditions de plusieurs responsabilités se trouvent remplies, la victime dispose d'une option quant au fondement sur lequel elle souhaite exercer son action en réparation. Ce droit d'option était déjà reconnu au sein du droit commun, lorsque les conditions de l'article 1382 et celles de l'article 1384 alinéa 1er étaient réunies à propos d'un même dommage subi par une même personne. Aussi n'existe-t-il aucune raison pour qu'il n'en soit pas de même dans les hypothèses où les exigences de la responsabilité pour troubles de voisinage sont simultanément satisfaites avec celles du droit commun. Par un arrêt en date du 25 octobre 1972[6], apportant de nombreux éclaircissements sur la théorie des troubles de

---

[1] « *Les juges du fond ont constaté que les travaux de démolition (...) avaient provoqué des dommages importants aux bâtiments voisins ; que de ces seules constatations, d'où il ressortait que le propriétaire, maître de l'ouvrage, avait enfreint* ***l'obligation pesant sur lui de ne pas causer à son voisin des dommages excédant les troubles de voisinage,*** *la Cour d'appel a pu déduire que la Société civile immobilière était responsable de ces dommages et tenue de les réparer* ».

[2] M.-C. LAMBERT-PIERI, Construction immobilière et dommages aux voisins, préc., n° 24, p. 16.

[3] Cass. civ. 1ère, 27 mai 1975, D. 1976, I, 318, note G. Viney.

[4] Cass. civ. 3e, 11 février 1998, D. 1999, comm. p. 529, note S. Beaugendre.

[5] L'emploi par la Cour de cassation de la formule alternative « *ni..., ni...* » ne laisse aucun doute. Relevant en l'espèce que les juges d'appel n'avaient *ni* caractérisé la faute de l'article 1382, *ni* constaté le caractère anormal des troubles de voisinage, la Haute Juridiction invite la Cour d'appel de renvoi à satisfaire, *au choix, soit* aux conditions de la responsabilité délictuelle de droit commun *soit* aux critères de la responsabilité spéciale pour troubles de voisinage.

[6] Cass. civ. 3e, 25 octobre 1972, préc.

voisinage, la 3e chambre civile de la Cour de cassation a clairement affirmé l'indépendance de ladite théorie par rapport à la responsabilité du fait des choses. Les notions de « trouble de voisinage » et de « fait de la chose » sont distinctes, même si dans la plupart des cas la nuisance sonore est produite par l'intermédiaire d'une chose et entre dans le cadre de ces deux types de responsabilité. Il en résulte qu'il n'est pas nécessaire de rapporter les conditions de la garde de la chose génératrice du dommage dès lors que la preuve d'un trouble anormal de voisinage est constituée, et inversement.

1827. L'autonomie de la responsabilité pour troubles de voisinage doit, par conséquent, être entendue comme permettant de mettre en œuvre cumulativement ce régime avec un autre système de réparation dans les hypothèses où les conditions propres de chaque responsabilité délictuelle[1] concernée sont remplies[2]. Cette solution du cumul, entendu au sens d'un droit d'option offert à la victime du dommage, ne rencontre aucun obstacle juridique de nature à la contester. Elle s'explique par le souci de favoriser l'action des voisins et s'inscrit dans la lignée des règles générales qui gouvernent les rapports des différentes responsabilités du droit commun. L'autonomie ainsi consacrée est la meilleure expression de l'importance que revêt la théorie des troubles de voisinage au sein du système de responsabilité civile mis à la disposition des victimes de bruits de voisinage. La construction jurisprudentielle est placée sur le même plan que les régimes légaux contenus dans le Code civil et apporte ses règles spécifiques, adaptées aux rapports de voisinage qui ne trouvent pas toujours de réponse adéquate dans le système classique de la responsabilité de droit commun.

1828. L'importance de la théorie est aujourd'hui pleinement reconnue par la jurisprudence qui en fait un usage abondant et la considère comme un *« facteur d'équilibre social*[3]*«*. La substitution de motifs opérée par la Cour de cassation, faisant application dans sa décision du 25 octobre 1972 (préc.) de la responsabilité pour trouble de voisinage aux lieu et place de l'article 1384 alinéa 1er retenu par les juges d'appel, en est un premier témoignage. Une autre preuve de la valeur qu'accorde la Cour de cassation à sa construction est celle fournie par l'arrêt du 20 février 1973[4], dans lequel la 3e chambre civile précise qu'il ne peut y être renoncé par avance. La Haute Juridiction met en avant l'*aspect* d'ordre public de la responsabilité pour troubles de voisinage, qu'un règlement de copropriété, par exemple, ne saurait écarter[5]. Une telle position est,

---

[1] N'oublions pas toutefois le principe général de non-cumul des responsabilités délictuelle et contractuelle. S'il est admis que la responsabilité pour troubles de voisinage puisse se cumuler avec un autre régime de responsabilité délictuelle (fondé sur l'article 1382, 1383, 1384 alinéa 1er ou 1385 du Code civil), la victime ne dispose pas, en revanche, de droit d'option lorsque le dommage causé ressort d'une responsabilité contractuelle, cette dernière l'emportant sur les autres fondements. *« Dès lors que les conditions de la responsabilité contractuelle sont remplies, ce sont les règles de la responsabilité contractuelle qui ont vocation à s'appliquer, à l'exclusion de toute autre » :* G. DURRY, La responsabilité pour troubles de voisinage est-elle distincte et de la responsabilité délictuelle et de la responsabilité contractuelle ?, R.T.D.C. 1977, p. 133.

[2] Plusieurs auteurs, parmi lesquels notamment le conseiller Fabre (V. rapport sous Cass. civ. 3e, 18 juillet 1972, J.C.P. 1972, II, 17203), se sont pourtant opposés à l'idée de cumul de la théorie des troubles de voisinage avec un autre régime de responsabilité.

[3] G. DURRY, L'autonomie et le fondement de la responsabilité pour troubles de voisinage, R.T.D.C. 1974, n° 10, p. 609-611.

[4] Cass. civ. 3e, 20 février 1973, Gaz. Pal. 1973, I, 471, note M. Morand.

[5] En l'espèce, le défendeur, exploitant une boulangerie, invoquait une clause du règlement de copropriété selon laquelle le propriétaire d'un lot s'engageait à souffrir l'existence de l'exploitation d'un fonds de commerce de boulangerie dans le local correspondant au lot voisin. A ce moyen de défense, la Cour de cassation répond *« que le règlement de copropriété ne pouvait exonérer M. de sa responsabilité pour trouble anormal de voisinage »* (Cass. civ. 3e, 20 février 1973, préc.).

comme l'a souligné très pertinemment M. Durry, *« parfaitement en accord avec la justification sociale de cette création prétorienne »*[1].

1829. C'est de toute évidence vers un fondement social, bien plus que juridique, qu'il convient de s'orienter pour cette responsabilité spéciale qui ne peut être rattachée de manière totalement satisfaisante à aucun texte de loi. Les rapports particuliers de voisinage, qui ne sont pas pris en compte dans leur totalité par le Code civil, commandent des solutions d'équité guidées par un but unique : celui de l'équilibre social au sein du cadre plus ou moins restreint du « voisinage ». Cette orientation transparaît de manière plus ou moins explicite dans les décisions mettant en œuvre la théorie des troubles de voisinage. A cet égard, le jugement du Tribunal de grande instance d'Alès, en date du 11 octobre 1989[2], est exemplaire en ce qu'il se réfère ouvertement à la *« qualité de vie »* des demandeurs perturbés par des bruits intenses et fréquents provenant des activités d'une association de tir et qui sont en droit d'obtenir réparation de la *« gêne considérable* [qui] *dépasse la mesure des charges ordinaires du voisinage »*.

1830. On retrouve la même préocupation dans l'arrêt de la Cour d'appel de Paris concernant les habitants de pavillons proches d'un supermarché ayant à subir le passage quotidien d'une centaine de gros camions. Cette situation a été considérée par les juges comme *« une agression quasi-permanente contre les* ***conditions de vie*** *qu'avaient recherchées les habitants en s'installant dans cet endroit et une destruction de la* ***qualité de vie*** *à laquelle ils pouvaient raisonnablement prétendre »*[3]. L'application de la théorie des troubles de voisinage, dans chaque espèce considérée -et elles sont extrêmement nombreuses en matière de bruit-, est un facteur d'équilibre social, de recherche d'harmonie des voisins au regard de leur environnement. La mission du juge est alors d'assurer un *« modus vivendi »*[4] qui réponde à cet objectif de coexistence pacifique entre les voisins. Les solutions jurisprudentielles apportées aux conflits nés de bruits de voisinage sont pas conséquent dictées par l'équité, et non par le droit.

1831. Le véritable fondement de la théorie des troubles de voisinage -le seul qui soit applicable dans toutes les hypothèses où elle est retenue- est un fondement pratique, découlant de la finalité du régime créé par la jurisprudence, qui est le rétablissement d'un équilibre harmonieux entre voisins. Il est donc à rechercher dans les principes qui gouvernent la vie en société. Celle-ci implique une certaine tolérance réciproque de la part des personnes faisant partie de la communauté de voisinage. L'équilibre recherché fait ainsi peser sur les voisins une double charge, à la fois celle de supporter les troubles raisonnables, les troubles dits *« normaux »* qu'implique tout voisinage, et celle de ne pas causer des troubles excessifs, qualifiés d'*« anormaux »* par la jurisprudence[5]. Telle est la ligne directrice de la théorie des troubles de voisinage qui institue un droit automatique à réparation dès lors que le trouble causé au voisin se révèle anormal et entraîne de ce fait une rupture dans l'équilibre du voisinage.

---

[1] G. DURRY, L'autonomie et le fondement de la responsabilité pour troubles de voisinage, préc.

[2] T.G.I. d'Alès, 11 octobre 1989, Gouron et autres c/. Association « Tir au vol Mejannais », C.N.B., Les nuisances sonores - Recueil de jurisprudence commentée, p. 74.

[3] C.A. Paris, 26 avril 1983, Société anonyme Carrefour c/. Arciero et autres, préc.

[4] V. rapport de M. FABRE, préc.

[5] Cette double charge a été clairement définie par la 3e chambre civile, dans un arrêt du 4 février 1971, précisant que le propriétaire voisin est *« tenu de subir les inconvénients normaux du voisinage ; qu'en revanche, il est en droit d'exiger une réparation dès lors que ces inconvénients excèdent cette limite »* (Cass. civ. 3e, 4 février 1971, 2e espèce, préc.). V. aussi : Cass. civ. 3e, 27 juin 1973, J.C.P. 1975, II, 18014, obs. M.-F. Jaubert.

1832. Ces « charges » ou « obligations » de voisinage, auxquelles se réfère expressément la jurisprudence[1], sont au coeur de la théorie, dont elles constituent le fondement. La mise en œuvre de la responsabilité spéciale, créée spécifiquement pour les rapports de voisinage, pose alors la question concrète du contenu de ces charges. Jusqu'où vont-elles ? Car, comme le souligne fort simplement M. le conseiller Fabre, *« c'est vraiment là le problème »*[2]. Jusqu'à quel point une personne est-elle tenue de subir les bruits de son voisin ? Corrélativement, jusqu'à quel point un individu est-il admis à faire du bruit ? C'est toute la question de la frontière entre la « normalité » du trouble sonore qui n'ouvre pas droit à réparation et l'« anormalité » du trouble sonore qui y donne droit. Le critère du dommage réparable est ainsi posé. Il convient à présent de le définir.

1833. La spécificité et l'originalité de la théorie des troubles de voisinage résident sans contestation possible et principalement dans les conditions exigées par la jurisprudence pour sa mise en œuvre. En effet, la construction prétorienne obéit à des règles largement dérogatoires au droit commun de la responsabilité civile, qui sont la conséquence logique de l'autonomie consacrée par la Cour de cassation.

§2. LE CRITÈRE JURISPRUDENTIEL DU DOMMAGE RÉPARABLE : L'ANORMALITÉ DU TROUBLE SONORE

1834. La théorie des troubles de voisinage institue une responsabilité subordonnée à la seule anormalité du trouble qui a causé un dommage au voisin. Les juges soulignent l'automaticité de la réparation dès lors qu'est établi le caractère anormal du trouble sonore, indépendamment de toute faute ou de fait de la chose[3]. C'est ainsi que *« la responsabilité du propriétaire d'une usine se trouve engagée dès l'instant où les troubles causés par celle-ci dépassent les inconvénients normaux du voisinage »*[4]. L'exigence de l'anormalité est l'unique condition de mise en œuvre de ce régime spécial de responsabilité, en raison d'une justification et d'une technique qui lui sont propres. Totalement étrangère à l'application du droit commun, elle s'impose de par la nature même des rapports de voisinage qui commandent une tolérance mutuelle, l'acceptation d'une certaine « dose » de désagréments inhérents à toute vie en société, sans laquelle *« nous serions condamnés à l'inertie complète »*[5]. L'anormalité du trouble de voisinage tient ainsi aux seules circonstances du voisinage, aussi bien dans son principe que dans sa forme, comme nous le verrons.

1835. Le particularisme de la théorie des troubles de voisinage tient donc de ce que le principe même de la responsabilité est fonction de l'anormalité du trouble et non de la seule existence du préjudice. A l'inverse des règles issues du droit commun de la responsabilité civile, tous les dommages causés aux voisins ne seront pas réparés. L'anormalité, « sésame » de la réparation due en application de la théorie

---

[1] Un arrêt de la 2e chambre civile, en date du 30 novembre 1961, mentionne ainsi tout à la fois les *« obligations impliquées par les rapports de voisinage »* et les *« charges ordinaires du voisinage »*. V. : Cass. civ. 2e, 30 novembre 1961, D. 1962, jurispr. p. 168.

[2] *Ibidem.*

[3] Cass. civ. 2e, 3 janvier 1969, D. 1969, jurispr. p. 323 : *« Attendu que les troubles de jouissance doivent donner lieu à des dommages et intérêts dans la mesure où ils excèdent les inconvénients normaux de voisinage »*.

[4] Cass. civ. 2e, 29 février 1962, Bull. civ. II, n° 365, p. 258.

[5] M. BLAEVOET, L'anormal devant les hautes juridictions civiles et administratives, J.C.P. 1946, I, 560.

jurisprudentielle, est un *« élément inhabituel »*, comme le souligne M. Henriot[1], *« l'élément le plus original de la construction prétorienne »*, selon Mme Nicolas[2]. Son exigence est un principe jurisprudentiel unitaire, posé dès l'origine par la 1ere chambre civile de la Cour de cassation dans son arrêt du 27 novembre 1844 et invariablement maintenu. Clé de voûte du régime de responsabilité, il est nécessaire d'analyser cette notion (A) et d'en préciser les éléments d'appréciation par la jurisprudence (B), ceci afin de déterminer dans quel cas un bruit de voisinage cause un trouble ou un inconvénient *anormal* portant préjudice qui ouvre droit à réparation.

A. La notion d'anormalité

1836. La notion d'anormalité se trouve au centre du contenu des obligations bicéphales de voisinage. L'application de la théorie des troubles de voisinage repose sur le fait que chacun est tenu de tolérer une *certaine dose* d'inconvénients inévitables parce qu'inhérents à la vie en société. Dans le même temps, chacun se doit de veiller à ne pas occasionner des troubles excessifs. La Cour d'appel d'Aix-en-Provence relève ainsi que *« la proximité en zone urbaine est source d'inconvénients et que pour rendre ceux-ci supportables il est nécessaire que chacun des habitants ait un comportement qui ne soit pas susceptible de porter atteinte à la tranquillité de ses voisins »*[3]. Si une nuisance excède la mesure de ce que l'on doit raisonnablement supporter, elle devient anormale et donne droit à réparation. Il existe par conséquent un « seuil », une certaine limite qui marque la frontière entre la normalité et l'anormalité, c'est-à-dire entre ce qui est juridiquement admis et ce qui ne l'est plus. Or, en l'absence de règles pré-établies fixant à l'avance et de manière définitive ce seuil, c'est aux juges du fond qu'il appartiendra de le définir dans chaque cas d'espèce.

1837. Précisons que c'est bien, à l'origine, l'anormalité du **trouble,** de la nuisance sonore, vecteur entre le fait dommageable -l'activité ou le comportement bruyants- et le dommage lui-même qui est prise en compte. Pourtant, il est fréquent que la doctrine[4] et même la jurisprudence[5] parlent de *« dommage anormal »*, alors que c'est le bruit -qui n'est pas en soi le dommage, ce dernier se définissant par les effets que le bruit aura sur le voisin- qui doit être anormal. Ce glissement contestable du *trouble* anormal à un *dommage* anormal opère une confusion malheureuse entre deux notions distinctes, qui s'ajoute aux incertitudes notoires et aux nombreuses imperfections entourant la définition de la « normalité » ou de l'« anormalité » par le biais de la notion de seuil (1), ainsi que son appréciation relevant du pouvoir souverain des juges du fond (2).

1- Le « seuil de la normalité »...

1838. *« Nous avons* -selon M. Blaevoet- *un potentiel de nuisances qui nous est reconnu par le droit positif, sinon nous serions condamnés à l'inertie complète »*[6]. Ce « potentiel de nuisances » -sonores en l'occurrence-, qui est imposé à tout un chacun n'est fort heureusement pas illimité, car l'équilibre harmonieux recherché par la théorie jurisprudentielle serait alors rompu. La coexistence pacifique entre voisins, intégrant

---

[1] G.-C. HENRIOT, Le dommage anormal, L.G.D.J., 1960, p. 1.

[2] M.-F. NICOLAS, La protection du voisinage, préc., n° 29, p. 686.

[3] C.A. Aix-en-Provence, 2 avril 1993, Echo Bruit n° 60, septembre 1993, p. 13.

[4] Notamment : J.-P. THERON, M.-C. LAMBERT-PIERI, M.-F. NICOLAS, préc.

[5] V. par exemple : Cass. civ. 3e, 18 juillet 1972, D. 1974, I, 73 : les juges parlent de *« dommage anormal au regard des charges de voisinage »*.

[6] M. BLAEVOET, L'anormal devant les hautes juridictions civiles et administratives, préc.

également la préoccupation de santé aussi bien physique que psychologique que peuvent soulever les nuisances sonores, commande de ne pas accepter la production de nuisances excessives, d'apporter une limite aux désagréments introduits par les agissements des uns dans l'existence des autres.

1839. Cette limite, annoncée expressément par la 1ère chambre civile de la Cour de cassation, le 27 novembre 1844[1], constitue le critère d'application de la responsabilité pour troubles de voisinage. Selon une formule constamment rappelée par la Cour de cassation dans toutes ses décisions, le dommage réparable est celui causé par un bruit qui ***« excède** les troubles ou les inconvénients normaux du voisinage »* ou qui ***« dépasse la mesure** des obligations ordinaires du voisinage »*[2]. Ce qui est déterminant pour la Haute Juridiction, c'est donc ce seuil, dont le dépassement met en œuvre la responsabilité pour troubles anormaux de voisinage. La Cour de cassation a donc ainsi fixé les limites de sa jurisprudence dans ce domaine. La sanction civile du bruit de voisinage demeure subordonnée à la mesure de l'anormalité du trouble produit, car tous les préjudices ne seront pas pris en compte et réparés. La nécessité d'éviter que des conflits mineurs entre voisins prennent une dimension juridique et viennent engorger des tribunaux surchargés d'affaires en attente d'être jugées est une des justifications -d'essence juridique- de cette exigence jurisprudentielle.

1840. Mais la Cour de cassation se garde bien de fournir une définition de l'anormalité. Dans le foisonnement des décisions jurisprudentielles rendues en la matière, les formules s'y rapportant sont aussi vagues que diverses. Certaines se distinguent de par le caractère sibyllin de leur tournure, telle la motivation de la Cour d'appel de Paris du 21 mars 1964, retenue par la Cour de cassation et qui précise que *« le seuil de tolérance coïncidait avec le niveau sonore atteint par les bruits provenant de l'ambiance générale, l'usine étant arrêtée et que tout bruit supplémentaire apportait une gêne beaucoup plus que proportionnelle à son expression numérique »*[3]. Le caractère anormal des bruits produits en l'espèce n'a, malgré tout, pas échappé à la Haute Juridiction qui a confirmé la méconnaissance par l'exploitant de l'usine de *« l'obligation qui lui incombait de ne pas troubler son voisin »*. Si la jurisprudence n'a jamais proposé de définition universelle et définitive, c'est que *« la notion de l'anormalité ne saurait*

---

[1] Par Cass. civ. 1re, 27 novembre 1844, préc.

[2] V. par exemple : Cass. civ. 2e, 7 juin 1963, Carrière c/. Epoux Reyne, D. 1964, somm. p. 31 : *« les bruits causés par le fonctionnement du bar-dancing, provenant d'appareils de musique et de cinéma, de chants, d'altercations (...) excédaient la mesure des obligations ordinaires de voisinage » ;* Cass. civ. 2e, 12 janvier 1966, D. 1966, jurispr. p. 473 : *« les troubles causés par le fonctionnement du cinéma excédaient la mesure des obligations normales du voisinage » ;* Cass. civ. 1ère, 31 janvier 1966, D. 1966, jurispr. p. 375 : *« le préjudice souffert du fait de ces aboiements* -de 60 à 80 chiens !- *excède la mesure des obligations de voisinage » ;* Cass. civ. 2e, 6 décembre 1967, D. 1968, somm. p. 33 : *« Dépassent la mesure des inconvénients normaux du voisinage les incommodités créées par une scierie dont le bruit... » ;* Cass. civ. 2e, 22 janvier 1970, D. 1970, somm. p. 131 : les bruits émanant d'un élevage d'animaux divers *« excédaient largement la limite d'inconvénients normaux de voisinage » ;* Cass. civ. 2e, 13 janvier 1972, D. 1972, somm. p. 91 : s'agissant des bruits provoqués par un ball-trap entraînant des *« inconvénients qui excédaient manifestement la mesure des obligations du voisinage » ;* Cass. civ. 3e, 8 février 1972, préc. ; Cass. civ. 2e, 23 février 1977, D. 1977, I.R. p. 247 ; Cass. civ. 2e, 29 juin 1977, D. 1978, I.R. p. 35 ; Cass. civ. 3e, 8 mai 1979, Gaz. Pal. 1980, p. 684 ; Cass. civ. 3e, 8 juillet 1992, N° 1199, Juridisque Lamy ; Cass. civ. 3e, 1er décembre 1993, N° 1905, Juridisque Lamy ; Cass. civ. 3e, 10 mai 1994, N° 854, Lexilaser Cassation 1996/2 ; Cass. civ. 2e, 4 octobre 1995, N° 1318, Lexilaser Cassation 1996/2 ; Cass. civ. 2e, 6 novembre 1996, N° 1062 et 1065, Juridisque Lamy ; Cass. civ. 2e, 15 janvier 1997, N° 22, Juridisque Lamy ; Cass. civ. 2e, 29 avril 1997, N° 431, Juridisque Lamy...

[3] Cass. civ. 2e, 11 mai 1966, D. 1966, jurispr. p. 753.

recevoir un contenu précis, valable dans toutes les hypothèses d'application »[1]. La seule précision donnée par la Cour de cassation est l'existence d'un seuil qui trace la frontière entre la normalité et l'anormalité et qui doit être analysé et fixé par les juges au cas par cas.

1841. La difficulté consiste par conséquent à distinguer ce qui est juridiquement acceptable de ce qui ne l'est pas ou plus. Les troubles sonores sont classés dans deux catégories selon qu'ils sont considérés comme normaux et donc devant être supportés par chaque voisin, ou comme anormaux et de ce fait ouvrant droit à réparation. De la première catégorie relèvent toutes les incommodités inévitables et incontournables de la vie dans une communauté de voisinage, car la vie dans toutes ses manifestations, sans exception, produit du bruit. Ne pas l'accepter serait ni plus ni moins supprimer la vie... Comme l'a très pertinemment observé M. Cadiet, *« n'importe quel bruit ne cause pas nécessairement un préjudice, même s'il crée quelques inconvénients, car il existe chez tout individu une marge de tolérabilité aux agressions sonores. Il faut, et c'est vrai de toutes nuisances, que soit excédé le seuil de tolérance »*[2]. Il convient ainsi de faire la part des choses et de déterminer quels sont les bruits qui sortent de la sphère de la normalité d'une vie en société et deviennent anormaux parce que dépassant le seuil de tolérance admis[3]. C'est là la deuxième justification -d'ordre pratique cette fois- du critère du seuil, dictée par le bon sens. Il n'est pas possible de condamner tous les bruits, de même qu'il n'est pas vivable de tous les accepter.

1842. L'anormalité, dans le sens commun, désigne ce qui n'est *« pas conforme à la moyenne, à ce qui se fait ou se produit habituellement »*[4]. La Cour d'appel de Nîmes, dans son arrêt en date du 11 juin 1996, s'y réfère en le rattachant au contexte particulier du voisinage dans lequel se produit le trouble spécifique donnant lieu à réparation sur le fondement de la théorie jurisprudentielle. En l'espèce, l'anormalité du trouble sonore, causé par des tourterelles installées dans une volière à proximité immédiate des voisins, procède de *« manquements graves, répétitifs aux règles élémentaires de la bienséance et du bon voisinage »*[5]. Saluons l'effort de précision accompli par la Cour d'appel qui, sans donner la solution à la question du concept de l'anormalité, nous fournit néanmoins des éléments de réponse intéressants. Sans se prononcer sur leur contenu, les juges font dépendre le « comportement normal » de tout voisin des règles élémentaires de bon voisinage, c'est-à-dire des règles sociales de savoir-vivre et de respect mutuel, ce qui renvoie au civisme de chaque personne. En effet, en dépit de l'imposante réglementation

---

[1] J.-P. THERON, Responsabilité pour trouble anormal de voisinage en droit public et en droit privé, préc., n° 49.

[2] L. CADIET, note sous T.G.I. de Saint-Nazaire, 29 mars 1982, Rev. jur. Ouest, 1983-1, p. 45.

[3] Pour une référence jurisprudentielle à ce *« seuil de tolérance »*, voir : Cass. civ. 2e, 21 mai 1997, N° 505, Juridisque Lamy : dans une affaire mettant en cause un chenil.

[4] Définition du dictionnaire Le Petit Robert, qui qualifie également d'anormal ce qui n'est *« pas conforme aux règles ou aux lois reconnues »*. Cette deuxième définition ne peut cependant pas être retenue pour l'application de la responsabilité pour trouble anormal de voisinage, en ce qu'elle fait référence aux règles ou lois au sens juridique du terme. Le droit positif a, en effet, reconnu le caractère objectif de cette responsabilité qui est mise en oeuvre en l'absence de toute faute et donc de violation des règles juridiques. L'anormalité, dans ce cadre, ne saurait donc se concevoir comme une violation de la loi, constitutive d'une faute qui est justement étrangère à ce régime de responsabilité. Pour une confirmation, v. : Cass. civ. 2e, 29 avril 1997, N° 431, Juridisque Lamy : s'agissant de l'activité d'un « ball trap », *« le caractère impulsionnel particulier du bruit causé par le ball trap semble faire relever la plainte plutôt du trouble anormal de voisinage que du non-respect de la réglementation, la preuve difficile de cette violation n'étant pas nécessaire à l'action fondée sur le trouble anormal »*.

[5] V. : Cass. civ. 2e, 29 avril 1998, N° 611, Juridisque Lamy.

qui prend en compte cette nuisance, le bruit ne pose-t-il pas avant tout un problème de comportement individuel que seuls le bon sens et la volonté éclairée de chacun peuvent résoudre ?

1843. L'anormalité revêt alors une connotation sociale, voire morale, qui est d'une analyse délicate. La doctrine[1] l'associe souvent à la notion de gravité, c'est-à-dire de ce qui peut entraîner de *« graves conséquences »*, des *« suites fâcheuses, dangereuses »*. Incontestablement, un bruit, selon sa nature et les circonstances dans lesquelles il est produit, est susceptible de tels effets qui somme toute demeurent très vagues tels qu'ils sont formulés. L'anormalité est-elle alors synonyme de gravité ? Un bruit grave est-il *ipso facto* anormal ? Les deux termes sont tout aussi imprécis et posent en termes identiques le critère d'un seuil délimitant leurs frontières respectives -ou communes ?-. La gravité semblerait faire référence à l'élément quantifiable du bruit, à son intensité mesurée en décibels. Un bruit grave serait par conséquent celui qui dépasse un certain niveau d'intensité et devient de ce fait excessif. En revanche, l'anormalité ne serait pas quantitative mais plutôt qualitative et essentiellement contingente, puisque se rapportant à ce qui s'éloigne de l'ordre habituel des choses, ce qui n'est pas tolérable, eu égard aux circonstances de temps et de lieu, au contexte particulier du voisinage.

1844. La distinction ainsi opérée apparaît intéressante en ce qu'elle relève les différents critères d'appréciation retenus par les juges (*infra* n° 1854 et s.) en vue de déterminer le caractère réparable ou non du dommage. Néanmoins, elle ne correspond pas à une exigence formelle et systématique de la jurisprudence, dont les décisions font rarement état d'une combinaison de ces deux éléments. La théorie pose le seul critère de l'anormalité et si la gravité du trouble sonore apparaît dans certaines décisions, c'est uniquement pour le caractériser. Les juges ne font donc pas une telle distinction, qui de toute façon ne fait que repousser le problème. Quand un bruit est-il anormal ou grave ? Comment peut-on l'affirmer ? C'est toujours la question du seuil qui se trouve au coeur de la problématique de la responsabilité pour trouble de voisinage. Le bruit anormal, condition du dommage réparable, est celui qui cause une « gêne » qui n'est plus tolérable[2]. Le seuil de la « normalité » est donc le seuil de tolérance imposé aux voisins, tel qu'il ressort des règles sociales de bon voisinage reconnues et mises en œuvre par le droit positif. C'est par conséquent dans les motivations des juges du fond qui font application de la théorie que se trouvent les éléments de réponse à la question de l'anormalité du trouble.

1845. Qu'il soit qualifié de « grave » ou d'« excessif » pour caractériser son anormalité, le bruit n'est juridiquement condamnable que si la gêne qu'il occasionne aux voisins franchit une limite, un seuil qui sera celui de la « normalité ». Le critère ainsi posé, il s'agit à présent de l'appliquer aux situations donnant lieu à contentieux. Comment calculer ce seuil ? La théorie des troubles anormaux de voisinage étant une construction purement prétorienne, aucun texte ne fixe de seuil, permettant de poser la ligne séparative entre la normalité et l'anormalité. Ayant perçu toute la difficulté d'une telle définition compte tenu de son caractère variable et évolutif, la Cour de cassation qui

---

[1] *« le caractère anormal du dommage, expression de sa gravité... » :* M.-F. NICOLAS, La protection du voisinage, préc., n° 30, p. 686.

[2] Cass. civ. 2e, 10 janvier 1968, préc. : en l'espèce les bruits occasionnés par le chantier de démolition se situaient *« bien au-dessus de la limite où un bruit est considéré comme gênant » ;* Cass. civ. 2e, 17 juin 1971, D. 1971, somm. p. 183 : *« les manoeuvres de manutention des marchandises et la circulation des camions sont génératrices (...) de bruits divers (...) qui excèdent la gêne tolérable » ;* Cass. civ. 2e, 18 mars 1981, D. 1981, I.R. p. 378 : en l'espèce, les bruits domestiques *« occasionnaient aux voisins une gêne excessive ».*

est à l'origine de cette exigence, en a fait une question de pur fait, relevant du pouvoir souverain des juges du fond.

2- ...soumis à l'appréciation souveraine des juges du fond

1846. Jurisprudence et doctrine s'accordent pour dire que l'anormalité requise par les juges de la réparation est une notion non seulement floue sur le plan juridique, mais également très fluctuante. Il s'agit d'une notion relative qui ne doit pas s'apprécier intrinsèquement. La Cour d'appel de Pau, saisie d'une affaire mettant en cause un institut d'enseignement professionnel dont les voisins se plaignaient du bruit lié à *« la pratique des cours, fenêtres ouvertes pendant les journées chaudes »*, a très justement souligné *« qu'une nuisance sonore doit en toute hypothèse être relativisée »*[1]. Question de convenance et d'usage, et donc de temps et de lieu, elle suppose une appréciation *in concreto,* c'est-à-dire au vu des circonstances propres à chaque espèce soumise au juge saisi. Question par conséquent de fait, elle renvoie à des situations extrêmement diverses, à l'image de la variété des sources, manifestations et conditions de réception des bruits incriminés. Il ressort donc de la logique juridique que ce sont les juridictions du fond qui sont amenées à apprécier souverainement l'étendue des troubles sonores mis en cause devant elles.

1847. La Cour de cassation rappelle régulièrement que tout pouvoir d'appréciation est laissé aux juges du fond pour caractériser les éléments d'un trouble sonore anormal rendant le préjudice qui en découle réparable. Elle rejette systématiquement les moyens au pourvoi qui se bornent à contester l'appréciation des éléments de preuve, au motif qu'il relève *« de son pouvoir souverain* -celui de la Cour d'appel- *d'apprécier l'existence de troubles anormaux de voisinage »*[2]. Ainsi, à propos des bruits intenses provenant d'un atelier de façonnage de tôles, la Haute Juridiction se borne à affirmer que les juges d'appel *« qui ont souverainement apprécié la réalité, la nature et la gravité des troubles subis (...), ont pu déduire que ceux-ci excédaient les inconvénients normaux de voisinage »*[3]. De même, la 2e chambre civile rejette le pourvoi qui reprochait à la Cour d'appel de Douai d'avoir retenu la responsabilité de l'exploitant de métiers à tisser pour troubles de voisinage nocturnes subis par une voisine de son établissement, *« attendu que c'est dans l'exercice de son pouvoir souverain d'appréciation que l'arrêt retient, par*

---

[1] C.A. Pau, 1re ch., 21 janvier 1993, confirmée par Cass. civ. 3e, 25 janvier 1995, N° 163, Lexilaser Cassation 1996/2.

[2] Cass. civ. 2e, 2 février 1994, N° 191, Lexilaser Cassation 1996/2 : s'agissant d'une entreprise de fabrique d'huile de noix dont les voisins se plaignaient, entre autres, de nuisances sonores, les juges du fond ont relevé que l'existence des nuisances n'était pas contestable, mais qu'à la suite des améliorations apportées à l'entreprise, les époux demandeurs *« ne rapportaient pas la preuve suffisante du caractère anormal de celles-ci eu égard aux éléments spécifiques de l'espèce »*. V. aussi au Lexilaser Cassation 1996/2 : Cass. civ. 3e, 8 juillet 1992, N° 1199 ; Cass. civ. 3e, 9 juin 1993, N° 1008 ; Cass. civ. 3e, 1er décembre 1993, N° 1916 ; Cass. civ. 3e, 10 mai 1994, N° 854 ; Cass. civ. 3e, 25 janvier 1995, N° 163 ; Cass. civ. 3e, 11 octobre 1994, N° 1655 ; Cass. civ. 2e, 4 octobre 1995, N° 1318 et au Juridisque Lamy : Cass. civ. 2e, 15 janvier 1997, N° 21 ; Cass. civ. 3e, 5 février 1997, N° 219 ; Cass. civ. 3e, 13 mai 1997, N° 812 ; Cass. civ. 3e, 26 novembre 1997, N° 1683 ; Cass. civ. 3e, 4 juin 1998, N° 933...

[3] Cass. civ. 2e, 16 juin 1976, Bull. civ. II, n° 202 ; C.P.E.N., jurispr. « Bruit », 1528, qui reprend la formule de l'arrêt de Cass. civ. 2e, 17 juin 1971, D. 1971, somm. p. 183 : *« Apprécient souverainement la réalité, la nature et la gravité des troubles de voisinage subis par l'occupant d'un appartement, voisin d'un immeuble où une société exerce des activités bruyantes... »*, à savoir des manœuvres de manutention des marchandises et la circulation de camions.

motifs propres et adoptés, qu'il existe, indépendamment de toute appréciation subjective (!), *un trouble anormal de voisinage provenant de la société N. »*[1].

1848. Les juridictions du fond, investies d'une compétence souveraine en la matière, ne doivent pas se contenter de l'existence d'un dommage causé par un bruit. Elles sont amenées à rechercher, dans chaque cas d'espèce, si ce bruit est anormal c'est-à-dire s'il *« dépasse les inconvénients normaux du voisinage »*. La cassation est immédiate lorsque les juges ne prennent pas la peine de caractériser l'anormalité du trouble sonore qui est la condition *sine qua non* du droit à réparation en application de la théorie des troubles de voisinage. A plusieurs reprises, la Haute Juridiction a ainsi censuré des cours d'appel qui avaient débouté des victimes sans rechercher si les nuisances sonores ne causaient pas de troubles anormaux de voisinage. Elle exerce un contrôle systématique de la référence par les juges du fond à cette condition[2]. Cependant, ce contrôle apparaît, au gré des décisions qui omettent de constater le caractère anormal ou normal du trouble, d'une rigueur variable. Comme l'a fort justement remarqué M. Caballero[3], « *tantôt elle casse en affirmant que cette constatation est indispensable*[4], *tantôt elle confirme en relevant qu'elle découle nécessairement des énonciations des juges du fond*[5] », et ceci s'agissant aussi bien des décisions qui retiennent la responsabilité de l'auteur des nuisances sonores que celles qui la rejettent.

1849. Ne peut-on pas alors déceler dans la seconde attitude de la Cour de cassation un véritable contrôle du contenu de la notion de l'anormalité, qui conduit à « racheter » la décision rendue en appel lorsque la Haute Juridiction considère *elle-même* que les troubles sonores sont anormaux ?[6] Une partie de la doctrine, extrêmement critique à l'égard du pouvoir souverain des juges du fond quant à l'appréciation du caractère

[1] Cass. civ. 2e, 6 novembre 1996, N° 1062, préc. Nous relevons avec un certain étonnement la curieuse référence de la Cour de cassation à l'absence de toute appréciation subjective dans le caractère anormal du trouble sonore. Le bruit est un phénomène subjectif par nature, dont l'anormalité se mesure dans les effets qu'il produit sur autrui et qui sont ressentis différemment d'une personne à une autre. Le caractère intrinsèquement subjectif d'un tel phénomène est à intégrer dans l'appréciation faite par les juges du fond. Par conséquent, cette appréciation, qui relève de leur compétence souveraine à propos d'une question de fait contient forcément, nous semble-t-il, une part de subjectivité.

[2] V. par exemple au Juridisque Lamy : Cass. civ. 3e, 8 juillet 1992, N° 120 : à propos de bruits de chantiers, *« attendu qu'ayant constaté que les troubles ne dépassaient pas les limites tolérables, la cour d'appel a, par ce seul motif, répondu aux conclusions et légalement justifié sa décision »* ; Cass. civ. 2e, 15 janvier 1997, N° 22.

[3] Note F. CABALLERO, sous Cass. civ. 3e, 3 novembre 1977, D.S. 1978, jurispr. p. 434 et s.

[4] Cass. civ. 2e, 3 janvier 1969, préc. ; Cass. civ. 3e, 4 février 1971, préc. ; Cass. civ. 3e, 5 octobre 1994, N° 1516, Juridisque Lamy ; Cass. civ. 2e, 9 juillet 1997, N° 1018, Juridisque Lamy : *« Vu le principe que nul ne doit causer un trouble anormal de voisinage (...) ; Qu'en statuant ainsi, sans rechercher si ces bruits* - provenant de l'appartement du dessus- *n'excédaient pas les inconvénients normaux du voisinage, la cour d'appel n'a pas donné de base légale à se décision de ce chef »*.

[5] Cass. civ. 2e, 14 juin 1967, D. 1967, jurispr. p. 674 : au pourvoi qui reprochait aux juges du fond de ne pas avoir recherché si les aboiements avaient excédé les inconvénients du voisinage, la Cour de cassation répond qu'*« attendu que le jugement énonce que, selon les dépositions recueillies à l'enquête, les chiens de Z. avaient aboyé le jour et la nuit, pendant plusieurs années, gênant la tranquillité des voisins ; que par un tel motif, d'où il ressort que les inconvénients dont se plaignait J. ne pouvaient être considérés comme normaux, le T.I. a donné une base légale à sa décision »*.

[6] N'est-ce pas le cas également lorsque la Cour de cassation estime, *à l'inverse des juges d'appel*, que tel bruit caractérisé comme étant *« doux et régulier »* ne saurait être considéré comme anormal ? V. Cass. civ. 2e, 19 novembre 1986, D. 1988, somm. p. 15 : cassation de C.A. Nancy, 25 mai 1984.

anormal du trouble incriminé, prône un tel contrôle de la qualification[1]. Il est vrai que l'abondante jurisprudence portant sur les troubles de voisinage ne permet pas de dégager un critère unitaire de l'anormalité. Les incertitudes sont nombreuses quant à la signification exacte du « trouble anormal » et à l'attitude du juge saisi dans telle espèce. En l'absence de normes pré-établies et contrôlées par la Cour de cassation, le trouble sonore anormal est d'abord celui que le juge apprécie comme tel. Statuant selon son *« intime conviction »*, c'est par conséquent à la « sagesse » du juge que la victime de bruit de voisinage doit s'en remettre. On mesure alors les dangers d'arbitraire soulevés par des appréciations purement subjectives, variables d'un juge à l'autre.

1850. Un contrôle de la qualification de l'anormalité retenue par les juridictions du fond constituerait une garantie pour les victimes et apporterait une certaine unité à la jurisprudence des troubles de voisinage qui en manque cruellement. Il est en effet difficile de dégager un fil conducteur des diverses décisions tant la variabilité de la notion de l'anormalité est grande. Cependant, une telle solution n'est pas concevable et ne saurait être posée en règle générale appliquée par la Cour de cassation. Le bruit est par essence un phénomène à la fois subjectif et soumis aux contingences de lieu et de temps. Ces caractéristiques intrinsèques sont à intégrer dans l'appréciation du caractère normal ou anormal qui en fait un trouble donnant droit ou non à réparation accordée par la jurisprudence. Ce sont là sans conteste des circonstances de pur fait qui de manière traditionnelle ressortent du pouvoir souverain des juges du fond, la Cour de cassation - juge exclusivement du droit- étant incompétente sur ce point. N'en est-il pas de même d'ailleurs pour les autres régimes de responsabilité, où les circonstances de fait qui permettent d'établir la réalité du préjudice ou encore l'existence du fait générateur de responsabilité, tel que la faute, sont soumises à l'appréciation souveraine des juridictions du fond ?

1851. En dépit des critiques doctrinales et des incertitudes notoires qu'il comporte, le pouvoir souverain des juges du fond sur la question du trouble sonore réparable, dépendante de la notion de l'anormalité, est consacré et ne devrait pas être contesté[2]. S'il en résulte qu'il suffit aux juges de qualifier le trouble de normal ou d'anormal pour échapper à la censure de la Cour de cassation, il paraît néanmoins souhaitable d'exiger de leur part, dans toutes les espèces, une motivation détaillée quant aux circontances de fait qui les ont conduits à se prononcer dans un sens ou dans l'autre. Cet effort de clarification, qui est encore à systématiser, permettrait de justifier aux yeux des justiciables des solutions de condamnation ou au contraire de refus de responsabilité qui n'apparaissent pas toujours évidentes. Il impose en outre au juge saisi de mettre à jour le raisonnement qui l'a conduit à prendre telle décision, ce qui permet d'intégrer toutes les données particulières de l'espèce et d'écarter ainsi les risques d'arbitraire.

1852. Ce sont donc les juridictions du fond qui fixent dans chaque espèce le seuil de la normalité. Aucun texte ne limite leur faculté d'appréciation qui, en l'absence de toutes règles pré-établies, de toutes normes objectives, donne lieu à des solutions variées dont il est malaisé de dégager une politique jurisprudentielle parfaitement cohérente et unitaire. Certaines décisions peuvent ainsi paraître contestables, telle celle de la Cour d'appel de Lyon, en date du 23 décembre 1980, qui admet le caractère anormal des sons produits

---

[1] Notamment : MOURGEON, note au J.C.P. 1969, II, 16069 ; J.-P. HARPILLARD, Les inconvénients du voisinage, thèse, Paris, 1975, p. 117 ; F. CABALLERO, note préc., D.S. 1978, jurispr. p. 434.

[2] *Contra :* F. CABALLERO qui pense que *« le contrôle de la qualification de trouble anormal est inscrit à terme dans la logique de la théorie des troubles de voisinage »* (note préc., p. 437). Le droit positif n'a pourtant pas pris acte d'une telle affirmation et confirme le pouvoir souverain des juges du fond sur cette question de fait.

par un cornet à piston dont faisait usage un enfant chaque jour *pendant un temps limité de 30 à 45 minutes*[1]. Le trouble sonore ainsi causé est sans aucune mesure avec des nuisances sonores qui occasionnent une gêne sortant nettement du commun, comme des aboiements de chiens de jour comme de nuit[2] ou un trafic intense de camions pendant toute la nuit[3].

1853. Afin d'éviter que le pouvoir souverain, et même discrétionnaire du juge ne conduise à l'arbitraire ou à la *« tyrannie juridique »*[4] qui pousse à abaisser le seuil de la normalité à un niveau proche du silence et à empêcher toute manifestation sonore, plusieurs critères d'appréciation ont été posés par la Cour de cassation. Ces éléments d'appréciation fournissent aux juges du fond des repères concrets, en référence desquels ils pourront estimer si les bruits incriminés constituent des troubles anormaux dans le voisinage considéré.

B. Les éléments d'appréciation de l'anormalité du trouble sonore

1854. Pour la jurisprudence, la notion de seuil, utilisée pour caractériser l'anormalité du trouble sonore, est relative, ce qui justifie l'appréciation souveraine des juridictions du fond mais la rend plus difficile à mettre en œuvre. Le bruit, nuisance parmi les plus subjectives qu'il soit, rend la tâche du juge particulièrement ardue. Ressenti de manière différente par chaque personne, la gêne qu'il est susceptible d'occasionner est tributaire des circonstances de l'espèce. Comme l'a souligné le Tribunal de grande instance de Nanterre, dans un jugement en date du 27 juin 1978, *« la notion de normalité doit être appréciée, en fait, d'après les circonstances et l'environnement »*[5]. Ainsi, par rapport à quoi et par rapport à qui le trouble de voisinage est-il anormal, car un bruit d'une certaine nature, produit dans un endroit donné à un moment précis, sera jugé comme tel, alors que dans d'autres circonstances, il sera admis par les juges comme devant être toléré ? Le seuil de tolérance ne se situe donc pas au même niveau selon le voisinage et l'activité bruyante considérés.

1855. La complexité du phénomène bruit s'exprime en outre pleinement dans ce que le seuil de normalité qui lui est applicable n'est pas stable. Il subit une évolution continue en fonction de l'époque, des progrès technologiques accomplis, de la sensibilité et de la sensibilisation de la population... Aujourd'hui, le seuil de la normalité du trouble a-t-il augmenté ou au contraire baissé ? La variabilité des décisions rendues en la matière ne permet pas de se faire une idée précise et de savoir si les voisins sont amenés à tolérer plus de bruit qu'auparavant ou s'ils bénéficient d'une plus grande protection juridique de leur environnement sonore améliorant leur qualité de vie. La seule certitude est que les juges sont de plus en plus fréquemment amenés à se prononcer sur la normalité ou l'anormalité de troubles sonores et, s'ils en font une appréciation subjective, c'est par rapport au voisinage dans lequel ils se sont produits.

1856. Des décisions analysées, il semblerait que le seuil de tolérance, à personnaliser pour chaque voisinage, puisse intégrer trois critères principaux à la fois quantitatifs et qualitatifs. La jurisprudence détermine l'anormalité d'un bruit en fonction de ses caractères spécifiques d'émission -éléments internes au bruit- (1), selon les

---

[1] C.A. Paris, 23 décembre 1980, D. 1983, II, 605.

[2] Cass. civ. 2e, 14 juin 1967, D. 1967, II, 674.

[3] Cass. civ. 2e, 25 octobre 1978, Bull. civ. II, n° 220, p. 170 ; D. 1979, I.R. p. 133.

[4] A. DJIGO, note sous C.A. Riom, 1re ch. civ., 7 septembre 1995, Epoux Roche c/. Rougier, J.C.P. 1996, II, 22625.

[5] T.G.I. de Nanterre, 27 juin 1978, C.P.E.N., jurispr. « Bruit », 1529.

circonstances de temps et de lieu dans lesquelles il s'est produit -éléments extérieurs au bruit- (2), en considération de la réceptivité de la victime (3), demandeur à l'action en réparation du dommage qui en résulte.

1- Les caractères intrinsèques du bruit

1857. Le seuil de la normalité du trouble sonore est tout d'abord un seuil quantitatif. Le bruit présente en effet la caractéristique de pouvoir être mesuré scientifiquement. L'un des éléments d'anormalité consiste alors dans l'**intensité** de l'émission sonore, critère qui est fréquemment relevé dans les décisions de justice[1]. Une *« meute de chiens - 60 à 80 en l'espèce- [qui] fait un **véritable vacarme** »*[2] traduit bien cette intensité constitutive d'un trouble sonore anormal ouvrant droit à réparation, tout comme la gêne subie par les voisins d'une usine *« en raison de l'**augmentation importante du niveau sonore** lorsque les machines de la scierie fonctionnaient »*[3] ou les sons produits par un cornet à piston *« perçus d'une façon **intense** à l'étage inférieur »*[4] d'un immeuble collectif. Il en est de même pour le *« bruit **assourdissant** de puissantes souffleries »* utilisées dans un centre commercial d'où émanent également *« les **hurlements** de la sirène d'alarme déclenchée par inadvertance »* ainsi qu'*« un bruit **intense** entretenu à la fois par la diffusion, par haut-parleurs extérieurs, d'annonces et de musique et par une circulation intense d'automobiles et de camions »*[5].

1858. La mesure acoustique qui opère une quantification du bruit réparable facilite grandement la tâche des juges chargés d'en apprécier l'anormalité. Ainsi est-il possible d'affirmer qu'en principe, lorsque le bruit dépasse une *certaine* intensité, un certain niveau de décibels, il acquiert une gravité qui le rend anormal. De nombreuses décisions font état de ce seuil mesurable en décibels, que les juges ne manquent généralement pas de préciser pour caractériser l'anormalité de la nuisance sonore dénoncée[6]. A de la sorte été jugé responsable d'un trouble excédant les inconvénients normaux du voisinage l'exploitant d'un restaurant sur la constatation, par les mesures d'un expert, de *« l'émergence très importante du bruit provenant de la ventilation -installée dans une courette exigüe- par rapport au bruit ambiant »*[7]. L'intensité du bruit, qui atteint un certain niveau, une certaine émergence, est donc décisive aux yeux de la Cour de cassation. Le caractère d'anormalité qu'elle sous-tend ne pourra pas être contenu, par exemple, dans le bruit *« doux et régulier »* d'un compresseur installé dans une cave[8] ou

---

[1] C.A. Paris, 26 avril 1983, Soc. anonyme Carrefour c/. Arciero et autres, préc. : *« Il y a lieu d'accorder réparation aux habitants de pavillons proches d'un supermarché alors que le passage quotidien d'une centaine de gros camions dans une rue étroite devant leurs maisons d'habitation crée, en raison du bruit et de la pollution, des nuisances qui, **par leur intensité, excèdent très nettement les troubles de voisinage que chacun doit supporter »**.*

[2] Cass. civ. 1ère, 31 janvier 1966, D. 1966, jurispr. p. 375.

[3] Cass. civ. 2e, 29 juin 1977, D. 1978, I.R. p. 35-36, obs. C. Larroumet.

[4] C.A. Lyon, 23 décembre 1980, préc.

[5] C.A. Paris, 9 juin 1975, Société Carrefour-Supermarchés c/. Sieur Durand, préc.

[6] V. par exemple : C.A. Dijon, 22 octobre 1986, Echo Bruit n° 25, décembre 1986, jurispr. p. 7 ; T.I. de Paris, 11 décembre 1997, Echo bruit n° 87, octobre 1998, jurispr. p. 41-42.

[7] C.A. Paris, 23 janvier 1981, D. 1981, I.R. p. 366.

[8] Cass. civ. 2e, 19 novembre 1986, Miller c/. Epoux Haye, Bull. civ. II, n° 172, p. 116 ; D. 1988, somm. p. 15 : cassation de l'arrêt de la Cour d'appel de Nancy du 25 mai 1984 qui avait retenu la responsabilité du propriétaire du compresseur pour trouble anormal de voisinage. La Cour de cassation a estimé qu'il y avait une contradiction de motifs dans le fait de constater les caractères *« doux et régulier »* du bruit et d'en déduire un trouble anormal.

dans le *« très léger ronflement, fort discret, sourd et éloigné »* de chaudières *« qui ne peut être entendu que dans le silence »*[1].

1859. L'intensité acoustique, déterminante du caractère anormal du bruit, se mesure scientifiquement et est donc appréciée de manière objective. Le tout est de savoir à partir de quel degré d'intensité, à partir de combien de décibels, l'émission sonore dépasse le seuil admissible. Aucun texte réglementaire ne le précise et ne s'impose au juge de la réparation. Aussi, ce dernier se réfère-t-il fréquemment à l'avis de la « Commission d'étude du bruit » du Ministère de la Santé publique, rendu le 21 juin 1963 et relatif à *« l'estimation des troubles produits par l'excès de bruit »*. Aux termes de ce texte, le trouble, autrement dit la gêne ou la nuisance, serait incontestable dès lors que le niveau du bruit incriminé dépasserait la valeur du bruit ambiant de 5 dB(A) le jour et de 3 dB(A) la nuit. De nombreuses décisions[2] font allusion aux seuils chiffrés fixés par cet avis qui, s'il *« n'a aucune force légale, constitue cependant un élément d'appréciation sérieux pour déterminer la différence admissible entre les niveaux sonores »*[3] et *« sans s'imposer au tribunal, représente une référence émanant d'un organisme dont la compétence et l'objectivité ne peuvent être mises en cause »*[4]. La Cour de cassation admet elle-même la référence à cet avis pour caractériser la gêne[5].

1860. Cependant, comme ne manquent pas de le rappeler les décisions qui s'y rapportent, ce texte *« n'a aucune valeur contraignante, il s'agit d'une simple étude, d'un simple avis formulé par une commission dont on ne sait comment elle est parvenue à ces résultats à une époque déjà ancienne »*[6]. Les valeurs sonores admissibles qui en résultent ne sauraient par conséquent lier les juges dans leur appréciation de l'intensité anormale du bruit, pas plus que les divers règlements auxquels ils leur arrivent de se référer, tels que le décret du 5 mai 1988, remplacé aujourd'hui par le décret n° 95-408 du 15 avril 1995[7] (*supra* n° 1198 et s.). Ces derniers sont d'application strictement pénale et le respect des normes qu'ils imposent ne signifie nullement l'absence de trouble anormal dont la réparation peut être demandée aux juridictions civiles. Rappelons, en effet, que la gêne peut exister en dépit de la stricte application des niveaux sonores prescrits réglementairement. Ces textes et avis ne fournissent que de simples références chiffrées, destinées à faciliter l'appréciation du juge qui est libre de ne pas en tenir compte. Il arrive ainsi que les juges estiment le trouble anormal établi alors même que l'émergence sonore est inférieure à ces normes admissibles[8].

---

[1] T.G.I. de Riom, 17 mars 1965, D. 1965, jurispr. p. 547, note G.A.

[2] V. par exemple dans C.N.B., Les nuisances sonores - Recueil de jurisprudence commentée, p. 68 : T.G.I. de Paris, 3e ch., 29 octobre 1976, Hercisse c/. Bernardin : concernant le bruit de la musique du cabaret parisien le « Crazy Horse Saloon » mesuré dans un appartement voisin ; T.G.I. de Toulon, 4e ch., 11 février 1982, Epoux Facon c/. Sarl Le Fox Trot : à propos des émergences sonores d'un dancing.

[3] T.G.I. de Paris, 7e ch., 24 mars 1971, Epoux Duwald c/. Picquet, Gaz. Pal. 1971, II, 477 : s'agissant du bruit d'un atelier d'imprimerie.

[4] T.G.I. de Senlis, 17 janvier 1984, Dame Guignard c/. Lebret et autres, C.N.B, Les nuisances sonores - Recueil de jurisprudence commentée, p. 68 : à propos d'un fonds de commerce de boulangerie.

[5] Cass. civ. 3e, 15 avril 1975, Epoux Buttigieg c/. Epoux Lazzarino, D. 1976, jurispr. p. 222, note E. Agostini et J. Lamarque : s'agissant du bruit provenant des installations frigorifiques d'une boucherie-charcuterie, *« le seuil de nuisances admis par la « Commission d'étude des bruits » du ministère de la Santé publique est largement dépassé... »*.

[6] Cass. civ. 3e, 1er décembre 1993, N° 1916, Juridisque Lamy.

[7] T.I. de Paris, 11 décembre 1997, préc.

[8] T.G.I. de Nanterre, 1re ch., 24 novembre 1982, Epoux Durupt c/. Perreau, C.N.B, Les nuisances sonores - Recueil de jurisprudence commentée, p. 69.

1861. Le bruit « excessif », celui qui *« excède les inconvénients normaux du voisinage »*, ne se résume pas forcément à son intensité, d'autant que celle-ci peut être plus ou moins bien ressentie selon les personnes. Dans la majorité des cas, l'intensité ne suffit pas à rendre un trouble sonore anormal. Le bruit élevé d'un chantier, par exemple, fait partie des inconvénients inévitables à supporter s'il n'est que de courte durée ou occasionnel[1]. C'est par conséquent le caractère de durée d'un bruit : sa répétition, sa continuité ou sa quotidienneté, qui peut suffire à le rendre intolérable. Ce critère de périodicité, qui intègre le facteur temps, joue un rôle déterminant s'agissant de nuisances sonores. L'anormalité du trouble tient précisément à ce que par sa constance, sa durée, il rend insupportable ce qui accidentellement eut été tolérable. Ainsi en est-il de *« l'agression permanente, de jour et de nuit, de sons »* produits par le fonctionnement d'une scierie[2], des aboiements répétés de chiens, ininterrompus pendant une longue période[3], de *« la gêne causée pendant huit ans par une agression sonore »* causée par deux usines de pétrochimie fonctionnant jour et nuit et *« de nature à se prolonger indéfiniment »*[4].

1862. Plusieurs décisions constatent ainsi expressément la durée ou la périodicité du bruit dénoncé. Bien souvent cependant, l'allusion à ce critère particulièrement marquant en matière de nuisances sonores n'est pas faite, tant il paraît flagrant parce qu'inhérent à certaines activités. En effet, les tribunaux judiciaires sont fréquemment saisis à propos de troubles sonores dont le caractère permanent ou prolongé n'est pas à démontrer parce qu'évident pour tout le monde. Il s'agit de troubles liés eux-mêmes au fonctionnement d'activités permanentes, telles que l'exploitation d'usines ou de boîtes de nuit, qui causent une gêne durable. Dans les cas les moins évidents, relevant notamment des bruits domestiques ou de comportement (pas, claquements de portes, voix, disputes...), le juge s'empressera de souligner la périodicité du trouble propre aux circonstances de l'espèce. Cette notion de durée ou de fréquence introduite dans l'anormalité s'impose d'elle-même en raison de la continuité qu'implique la situation de voisinage.

1863. Toutefois, une stricte continuité n'est pas exigée. Le bruit anormal peut être simplement fréquent, sans pour autant être permanent. La périodicité ne signifie pas non plus une régularité dans la production de la nuisance sonore. *« Pour déterminer le caractère anormal d'une nuisance en matière de bruit, il y a lieu d'étudier les bruits perçus, non seulement dans leur intensité, mais aussi dans leur caractère stable ou intermittent »*[5]. A propos du bruit occasionné par un atelier d'imprimerie, il a ainsi été jugé que *« son intermittence est plus gênante encore qu'un bruit régulier »*[6]. Le même raisonnement a été soutenu concernant les manifestations sonores émanant de la projection de films par un cinéma, qui variaient d'intensité avec la nature des films, selon qu'il s'agissait d'émissions parlées ou accompagnées de musique. *« De tels bruits, dont les irrégularités les distinguaient d'autant plus des bruits ambiants, n'étaient pas admissibles, et constituaient une gêne que ne saurait supporter le voisin d'une exploitation commerciale »*[7]. De même, *« le caractère impulsionnel particulier du bruit*

---

[1] Cass. civ. 3e, 8 juillet 1992, N° 1201, Juridisque Lamy : *« l'émission de certains bruits occasionnels de chantier ne sont pas assimilables à un bruit de production industrielle permanent »*.

[2] Cass. civ. 2e, 6 décembre 1967, D. 1968, somm. p. 33.

[3] Cass. civ. 2e, 14 juin 1967, D. 1967, jurispr. p. 674 : à propos de chiens qui *« avaient aboyé le jour et la nuit, pendant plusieurs années »*.

[4] Cass. civ. 2e, 15 décembre 1971, D. 1972, somm. p. 96.

[5] T.G.I. de Toulouse, 26 avril 1976, Epoux Dassie et Bettin c/. C.I.I., R.J.E. 2-1977, p. 160.

[6] C.A. Paris, 23e ch. A, 9 juillet 1986, Brochure du Ministère de l'Environnement et du C.N.B. : « Le maire face au bruit - Guide du traitement des réclamations ».

[7] Cass. civ. 2e, 12 janvier 1966, Soc. Cinéma Grolée c/. Nicolaï, D. 1966, jurispr. p. 473.

causé par le ball-trap »[1] a été considéré comme entrant dans la catégorie des troubles anormaux de voisinage.

1864. La jurisprudence fait très souvent état d'une combinaison de ces deux critères, à la fois l'intensité et la durée du bruit, pour asseoir son appréciation de l'anormalité[2]. L'intensité n'est en effet pas suffisante dans le cadre de troubles *de voisinage* si le bruit n'est qu'accidentel, c'est-à-dire unique ou éphémère. Mais le facteur temps induit par les nuisances sonores et les relations de voisinage ne se limite pas à la notion de durée. Sa prise en compte se fait encore à d'autres niveaux, à savoir en fonction du moment où se produit le bruit et selon l'époque dans laquelle il a lieu. Quant à l'intensité du trouble, elle est toujours caractérisée par une émergence sonore par rapport au bruit *ambiant.* Elle ne devient excessive qu'en considération de l'environnement dans lequel est généré le bruit, qui sert ainsi de point de référence à la fixation du seuil de tolérance. La nuisance sonore causant un trouble anormal de voisinage s'apprécie par conséquent au regard des circonstances de temps et de lieu, particulières au voisinage dans lequel elle est intervenue.

2- Les circonstances de temps et de lieu : l'environnement social

1865. Chaque fois qu'elle en a l'occasion, la Cour de cassation rappelle que l'anormalité du trouble doit s'apprécier *« en fonction des circonstances de temps et de lieu »*[3]. La notion de normalité est relative au contexte spatio-temporel du bruit, constituant l'environnement social dont le voisinage fait partie intégrante. Le seuil de tolérance varie selon l'endroit et le moment où se manifeste le trouble sonore. Les exigences acoustiques ne seront pas les mêmes dans une zone industrielle, commerciale ou résidentielle, en milieu urbain ou rural, le jour ou la nuit. Ainsi, dans deux arrêts rendus le 17 décembre 1974, la Cour de cassation a-t-elle précisé que l'anormalité des bruits provoqués par les envols et atterrissages d'avions devait être déterminée par rapport aux troubles *« qui doivent être normalement supportés dans un environnement urbain »*[4]. A côté de la dimension et des qualités intrinsèques du bruit, l'anormalité dépend donc de circonstances extérieures. Elle apparaît à partir du moment où le bruit crée une disparité, une rupture dans l'environnement ordinaire. Deux critères, retenus par la jurisprudence, mettent en évidence ce déséquilibre anormal : le « temps » et le « lieu ».

1866. Le facteur temps prend ici deux sens différents. Il désigne tout d'abord le moment où se produit le bruit, indication qui pourra influencer fortement la décision du juge. C'est ainsi que, si les bruits occasionnés par les départs matinaux des camions d'un grossiste en fruits et légumes n'excèdent pas les inconvénients normaux de voisinage les jours ouvrables, ils constituent en revanche un trouble anormal les dimanches et jours

---

[1] Cass. civ. 2e, 29 avril 1997, N° 431, Juridisque Lamy.

[2] Cass. civ. 2e, 7 juin 1963, D. 1964, somm. p. 31 : concernant des bruits causés par le fonctionnement d'un bar-dancing, provenant d'appareils de musique et de cinéma, de chants et d'altercations, *« dont la fréquence et l'intensité excédaient la mesure des obligations ordinaires de voisinage » ;* T.G.I. de Pau, 12 novembre 1965, D. 1966, jurispr. p. 301, note P. Azard ; Cass. civ. 2e, 10 janvier 1968, préc. : s'agissant de l'activité d'un chantier qui *« avait occasionné, durant près d'un an, pendant les jours et heures ouvrables, des bruits d'une grande intensité » ;* Cass. civ. 2e, 13 janvier 1972, D. 1972, somm. p. 91 : *« bruits intenses et fréquents »* provoqués par un ball-trap ; Cass. civ. 2e, 4 octobre 1995, N° 1318, préc. : *« bruits fréquents et élevés »* provenant des activités sportives et culturelles qui se déroulaient dans l'établissement mis en cause.

[3] Cass. civ. 3e, 3 novembre 1977, préc.

[4] Cass. civ. 2e, 17 décembre 1974 (2 arrêts), Bull. civ. II, n° 334 ; D. 1974, jurispr. p. 441, note C. Larroumet ; C.P.E.N., jurispr. « Bruit », 1525.

fériés, où la circulation est très restreinte[1]. Par conséquent, une activité identique pourra être considérée comme causant des bruits normaux ou anormaux selon les jours où elle est exercée. De même, l'heure à laquelle intervient la manifestation sonore peut être déterminante. Des bruits *« lancinants »* provoqués par l'arrivée et la sortie de camions *« très tôt le matin et tard le soir »* ont été de la sorte jugés anormaux[2]. Si l'on n'a pas le droit de gêner ses voisins aussi bien le jour que la nuit, la jurisprudence se montre de manière constante plus sévère à l'encontre de ceux qui troublent le sommeil et le repos d'autrui. Les bruits nocturnes, occasionnés par de nombreux fonds de commerce ou établissements (activités industrielles[3], commerciales[4], restaurants[5], cinémas[6]...) mais également par des comportements désinvoltes, sont très volontiers qualifiés d'inconvénients anormaux de voisinage[7].

1867. La jurisprudence tente ainsi de préserver certaines plages de tranquillité, en sanctionnant les bruits nocturnes, matinaux ou tardifs. Cependant, ces créneaux d'ambiances sonores modérées sont susceptibles d'évoluer, dans un sens ou dans un autre, avec le temps. Ce dernier revêt ici une *« dimension historique qui permet de constater qu'un inconvénient qualifié de normal au XIXe siècle, ne l'est plus de nos jours »*[8] et inversement, car s'agissant des nuisances sonores, on serait plutôt tenté de constater qu'avec le développement des techniques, de l'urbanisation et des infrastructures, les sources et émissions sonores sont plus nombreuses et plus largement admises dans le temps et dans l'espace. Le facteur temps, élément d'appréciation de l'anormalité du trouble sonore, renvoie à l'époque dans laquelle nous vivons et nous produisons du bruit. *« C'est en fonction des conditions actuelles de la vie moderne »*[9] que le bruit doit être envisagé. Le seuil de normalité suit donc les évolutions, dans tous les domaines : technique, économique, social..., de la société et du monde en général, que le juge est tenu de retranscrire dans ses décisions.

1868. Deux secteurs particulièrement touchés par le problème du bruit illustrent cette nécessaire adaptation du droit à l'environnement social contemporain. L'augmentation continue du parc automobile impose aux juges de tenir compte de l'usage intensif des véhicules automobiles qui est entré dans les moeurs et qui est devenu

---

[1] C.A. Versailles, 1re ch., 27 janvier 1987, Maergien et Engaz c/. S.A. Tréheux Colinet, D. 1988, somm. p. 16.

[2] Cass. civ. 2e, 31 janvier 1979, C.P.E.N., jurispr. « Bruit », 1531.

[3] T.G.I. de Pau, 12 novembre 1965, préc. ; Cass. civ. 2e, 25 octobre 1978, Bull. civ. II, n° 220 : concernant le bruit causé par le trafic important et nocturne des camions d'une entreprise ; Cass. civ. 2e, 6 novembre 1996, N° 1062, préc. : s'agissant du fonctionnement des métiers à tisser qui est source de bruits perçus à l'intérieur du domicile de la victime, *« qui de nuit caractérisent un inconvénient excédant les troubles normaux de voisinage »*.

[4] Cass. civ. 2e, 30 novembre 1961, D. 1962, jurispr. p. 168 : mettant en cause une boulangerie ; Cass. civ. 2e, 17 juin 1971, préc. ; Cass. civ. 3e, 20 février 1973, préc. : à propos des bruits d'une boulangerie qui se produisaient *« la nuit entre 21 heures et 7 heures » ;* Cass. civ. 2e, 19 octobre 1994, N° 976, Lexilaser Cassation 1996/2 : s'agissant d'un commerce de vente et de réparation de motos dont une partie des travaux étaient exécutés tard le soir, sur le trottoir.

[5] Cass. civ. 3e, 11 octobre 1994, N° 1655, préc. : concernant les bruits de voix et de machines émanant d'une crêperie *« jusqu'à une heure avancée de la nuit »*.

[6] Cass. civ. 3e, 10 mai 1994, N° 854, Lexilaser Cassation 1996/2.

[7] C.A. Riom, 1re ch. civ., 1er décembre 1994, Juris-Data n° 047910 : la présence d'un poulain dans l'apprentis situé contre le mur séparatif des propriétés respectives des parties, à l'origine de bruits ayant troublé le sommeil des voisins, justifie l'allocation de dommages et intérêts en réparation du préjudice subi par ces derniers.

[8] M.-F. NICOLAS, La protection du voisinage, préc., n° 34, p. 688.

[9] T.G.I. de Riom, 17 mars 1965, préc.

une véritable nécessité pour beaucoup. Cette évolution dans les habitudes de déplacement a conduit la Cour d'appel d'Aix-en-Provence à débouter le demandeur qui se plaignait de troubles sonores (bruits incessants des moteurs, claquements des portières) résultant de l'aménagement par son voisin d'un parc de stationnement automobile aux abords d'une plage, en vue de profiter de l'afflux considérable d'automobilistes en période estivale. L'augmentation des nuisances par rapport à la situation préexistante où les véhicules, alors moins nombreux, stationnaient sur le chemin desservant les propriétés, n'a pas suffi à convaincre les juges de l'anormalité de la gêne ainsi causée. *« Ces troubles qui résultent de l'usage intensif et sans doute immodéré des véhicules automobiles qui en est fait par les générations modernes, doivent être considérés, bien qu'il faille le déplorer, comme normaux en l'état actuel de notre civilisation »*[1].

1869. Le caractère objectif de l'appréciation faite par les juges, *« eu égard aux circonstances »*, est indiscutable et de manière générale louable, même si en l'espèce elle se fait au détriment de la victime et de sa tranquillité. Les magistrats sont là pour veiller à ce que le droit ne soit pas figé et ne tombe en désuètude, au mépris de leur opinion personnelle sur ce qu'il en coûte. La décision rendue au milieu des années 60 laisse malheureusement présager une inévitable aggravation de la situation des voisins qui se plaignent du trafic automobile et des désagréments qui en découlent, notamment du problème de plus en plus sérieux du stationnement. Une dizaine d'années plus tard, la Cour d'appel de Versailles était amenée à rendre un arrêt selon la même motivation, s'agissant de la création d'un parking privé à proximité d'une villa. Elle retenait alors *« qu'à une époque où il est entré dans les moeurs de faire un usage intensif des véhicules à moteur, la création d'un parking constitue un événement ordinaire et prévisible dont l'inconvénient ne peut être considéré comme dépassant les limites normales »*[2]. De manière générale, il semblerait que les troubles soient considérés comme normaux *« lorsqu'ils apparaissent comme un signe de civilisation »*[3], tels les bruits de voiture liés à la civilisation urbaine.

1870. Le secteur de l'habitat a également connu d'importantes modifications qui s'étendent aux conditions de vie et d'habitation auxquelles les occupants peuvent prétendre. L'urbanisation galopante, la multiplication des immeubles collectifs regroupant plusieurs familles ou plusieurs activités professionnelles en un même lieu, ont changé les données de l'exigence acoustique. Les voisins qui cohabitent sont tenus de supporter des *« inconvénients résultant nécessairement d'une habitation comportant plusieurs locataires »*[4] ou de façon plus générale, de multiples occupants[5]. De cette constatation, qui s'appuie sur les *« conditions actuelles de la vie moderne »*, se dessine un deuxième critère dans l'appréciation jurisprudentielle : celui de l'affectation des

---

[1] C.A. Aix-en-Provence, 3e ch., 19 avril 1966, Dame Koenigswether c/. Cezanne, D. 1966, somm. p. 118.

[2] C.A. Versailles, 2e ch., 21 septembre 1978, Soc. Le Foyer amical et autre c/. Epoux Kepes, Gaz. Pal. 1979, I, somm. p. 165.

[3] M. BLOCAILLE-BOUTELET, Le voisinage - Etude comparée en droit privé et en droit public, Thèse, préc., p. 314.

[4] T.G.I. de Riom, 17 mars 1965, préc.

[5] De même, les habitants de maisons mitoyennes dans un lotissement doivent *« souffrir les bruits inhérents à ce type d'habitat et à cette promiscuité certaine »* : Cass. civ. 3e, 4 juin 1998, N° 933, Juridisque Lamy. V. aussi : Cass. civ. 3e, 25 janvier 1995, N° 163, préc. : les juges ont estimé les nuisances sonores invoquées normales pour *« un logement collectif situé en site urbain, à proximité de locaux à usage commercial »*.

immeubles et de leur localisation. L'influence du lieu et *« des particularités locales »*[1] est tout aussi importante que celle de l'époque, les deux éléments étant d'ailleurs très souvent liés par un rapport de corrélation qui fait dépendre la configuration d'un lieu, son utilisation, des courants de l'époque.

1871. Ainsi, le seuil de normalité, et donc de tolérance, ne se situe pas à la même hauteur selon les fonds intéressés. Tout dépend de l'endroit et de la destination des lieux dans lesquels se produit le trouble sonore. Le voisin ne peut prétendre à la même qualité acoustique, aux mêmes ambiances sonores, selon la nature du quartier dans lequel il habite. Incontestablement, certains inconvénients admis dans une zone industrielle ou commerciale, parce qu'inhérents aux activités qu'elle a pour vocation d'accueillir, seront considérés comme anormaux dans un quartier résidentiel dont la nature est d'offrir des conditions d'habitation de haute qualité, ce qui inclut une garantie de tranquillité[2]. Pour les bruits d'animaux, il y a lieu de distinguer selon qu'il s'agit d'animaux à la campagne ou en ville, comme l'a rappelé le savoureux arrêt de la Cour d'appel de Riom rendu le 7 septembre 1995 à propos d'une poule[3]. Tout dépend donc du contexte géographique et humain qui caractérise le voisinage concerné. L'abondante jurisprudence rendue sur ce point démontre en effet que ce qui peut être anormal à un endroit donné sera jugé normal ailleurs, lorsque le trouble sonore incriminé est inhérent à l'activité ou au mode de vie du lieu-dit.

1872. Dans une zone d'habitation résidentielle, la circulation de camions ravitaillant un supermarché voisin occasionne un préjudice réparable en raison des bruits jugés anormaux pour un tel lieu[4], tout comme les nombreuses nuisances sonores provenant d'un centre commercial implanté à proximité d'une zone protégée d'habitations[5]. Il en va de même pour le bruit des machines d'une imprimerie installée dans un quartier réservé à l'habitation[6]. Par contre, les bruits provenant d'un atelier de construction de bateaux implanté dans un port de commerce et de plaisance n'excèdent pas la mesure des inconvénients normaux de voisinage, car l'atelier participe à l'activité et au bruit ordinaire du port[7]. Pareillement, les bruits des métiers mécaniques étaient jugés normaux dans un quartier de Lyon où, depuis longtemps, se pratiquait cette activité[8]. Enfin, a légalement justifié sa décision la Cour d'appel qui, dans une affaire mettant en cause les nuisances sonores provenant de l'extension d'une aire de stationnement d'un magasin,

---

[1] Cass. civ. 3e, 25 janvier 1995, N° 163, Lexilaser Cassation 1996/2 : *« la gêne doit être appréciée de façon extrinsèque en tenant compte des particularités locales ».*

[2] C.A. Paris, 23e ch. A, 9 juillet 1986, préc. : les juges ont estimé que les nuisances sonores produites par les machines d'un atelier d'imprimerie excèdent *« ce que normalement doit et peut supporter le voisinage d'une installation commerciale, artisanale ou industrielle et cela surtout dans une zone comme en l'espèce qualifiée de résidentielle »*. V. aussi : Cass. civ. 2e, 4 octobre 1995, N° 1318, préc.

[3] C.A. Riom, 1re ch. civ., 7 septembre 1995, Epoux Roche c/. Rougier, J.C.P. 1996, II, 22625, note A. Djigo : *« Attendu que la poule est un animal anodin et stupide, au point que nul n'est encore parvenu à le dresser, pas même un cirque chinois ; que son voisinage comporte beaucoup de silence, quelques tendres gloussements, et des caquètements qui vont du joyeux (ponte d'un oeuf) au serein (dégustation d'un ver de terre) en passant par l'affolé (vue d'un renard) ; que ce paisible voisinage n'a jamais incommodé que ceux qui, pour d'autres motifs, nourrissent du courroux à l'égard des propriétaires de ces gallinacés ; que la cour ne jugera pas que le bateau importune le marin, la farine le boulanger, le violon le chef d'orchestre, et la poule un habitant du lieu-dit... ».*

[4] C.A. Paris, 26 avril 1983, S.A. Carrefour c/. Arciero et autres, préc.

[5] C.A. Paris, 9 juin 1975, Société Carrefour-Supermarchés c/. Sieur Durand, préc.

[6] Cass. civ. 2e, 11 mai 1966, Bull. civ. II, n° 393 ; D. 1966, jurispr. p. 753, note P. Azard.

[7] Cass. civ. 2e, 22 janvier 1969, Le Pechon c/. Tocque, Bull. civ. II, n° 25 ; D. 1969, somm. p. 66.

[8] T.I. de Lyon, 20 novembre 1926, Gaz. Pal. 1927, II, 393.

« a souverainement apprécié que, compte tenu de la situation de la propriété dans une zone constructible et dans une région touristique, les troubles invoqués n'excédaient pas les inconvénients normaux de voisinage »[1].

1873. L'appréciation de l'anormalité du trouble sonore se fait donc par référence à l'usage du lieu où il est commis. La jurisprudence fait ici application d'une doctrine connue depuis Ripert[2] sous le nom de « pré-occupation collective », qui est l'expression de cet usage spécifique à chaque voisinage considéré. *« La notion de pré-occupation collective est sans conteste une pièce maîtresse de la théorie des troubles de voisinage »*[3]. Elle signifie que ce sont les habitudes prises dans un lieu et le comportement courant de ses occupants originaires qui déterminent les inconvénients normaux, parce que généralisés par un usage partagé par le plus grand nombre et ceux, anormaux, qui n'entrent pas dans cet usage collectif. Question de fait, variant d'un voisinage à l'autre, les juges ont toute liberté pour en apprécier la teneur. Quelques décisions se réfèrent plus ou moins expressément aux règles d'urbanisme qui organisent l'affectation du sol par zones d'activités[4]. Cependant, l'implantation d'une usine conformément au P.O.S. n'empêche pas la création d'une gêne sonore jugée anormale pour le voisinage. La solution inverse conduirait à priver la théorie des troubles de voisinage de son intérêt qui réside principalement dans le caractère objectif de la responsabilité qu'elle institue.

1874. Les juges disposent en réalité d'une marge de manœuvre extrêmement large quant à l'utilisation qu'ils font de ces éléments d'appréciation de la normalité ou de l'anormalité de tel trouble sonore dans tel voisinage. Le concept de pré-occupation collective ne les conduit pas nécessairement à refuser de qualifier d'anormal un bruit correspondant à la nature du quartier. Ainsi, l'implantation d'une usine dans une zone industrielle n'a pas empêché une cour d'appel de juger anormaux les bruits en résultant pour les voisins[5]. De même, les bruits provenant d'un restaurant ont été considérés comme excédant les inconvénients normaux du voisinage que l'on peut attendre de l'exploitation d'un commerce, *« même dans un quartier animé de Paris »*[6]. Si le seuil de tolérance dépend étroitement des conditions de vie actuelle, avec le lot de nuisances sonores rendues inévitables par l'urbanisation et le développement des techniques qui élèvent les niveaux acoustiques, la jurisprudence doit néanmoins s'inscrire dans les aspirations de notre époque marquées de plus en plus par la défense de la qualité de la vie et de la lutte contre le bruit.

1875. Délicate est la mission du juge qui doit prendre en compte l'environnement du voisinage dans toutes ses composantes, à la fois humaine, géographique, économique et sociale. La difficulté de la tâche est encore accrue par le caractère évolutif de ces données auxquelles s'ajoute un dernier critère tout aussi épineux parce qu'il entraîne le

---

[1] Cass. civ. 2e, 15 janvier 1997, N° 21, Juridisque Lamy.

[2] Note sous Cass. civ., 18 février 1907, D.P. 1907, 1, 385.

[3] Note de F. CABALLERO, sous Cass. civ. 3e, 3 novembre 1977, préc., qui juge cette notion *« éminemment contestable tant sur le plan de son fondement théorique que sur celui de ses résultats pratiques »*.

[4] Cass. civ. 2e, 15 janvier 1997, n° 22, préc. : *« le centre commercial se trouvait dans une zone « UAB », réservée aux habitations individuelles avec possibilité d'y installer des établissements de toute nature, mais à la condition qu'ils n'apportent pas une gêne dépassant les inconvénients normaux de voisinage »*.

[5] Cass. civ. 2e, 28 avril 1975, D. 1976, jurispr. p. 221, note E. Agostini et J. Lamarque : la Cour de cassation précise que la cour d'appel n'était *« pas tenue de s'expliquer par un motif spécial sur l'allégation relative à l'implantation de l'usine dans une zone industrielle qui constituait en l'espèce un simple argument »*. V. aussi : Cass. civ. 3e, 10 juillet 2001, n° 00-12.768, Dubet et a c/. Grégoire et a.

[6] C.A. Paris, 23 janvier 1981, préc.

juge dans des considérations d'ordre psychologique, mais qui est d'importance puisqu'il s'agit de la personne du voisin, victime du bruit et demandeur à l'action en réparation.

3- La réceptivité de la victime du bruit

1876. Le caractère subjectif du bruit implique que la considération de la personne qui s'en plaint soit inclue dans l'appréciation par le juge de l'anormalité du trouble. Si la gêne est évaluée en fonction d'éléments extérieurs qui constituent l'environnement de la victime, elle est avant tout un sentiment ressenti par une personne dont il faut tenir compte. Les juges vont donc s'attacher à la réceptivité de la victime du bruit, à sa situation personnelle, qui constitue ainsi le troisième critère jurisprudentiel du seuil de la normalité. Mais la question est de savoir si l'on retrouve, à ce stade, la même appréciation *in concreto* qui intègre les éléments de temps et de lieu ou si les juges se limitent à une estimation *in abstracto* de ce nouveau critère. Vont-ils sonder la situation « interne » de la personne, c'est-à-dire son état physique et psychologique mis à mal par le bruit, ou ne s'attacheront-ils qu'à sa situation « extérieure » révélée par ses activités que les nuisances sonores viennent perturber ?

1877. La jurisprudence, dans son ensemble, manifeste une réticence certaine à retenir les considérations propres à la personne de chaque victime et opte donc, cette fois, pour une appréciation *in abstracto* de la gêne induite par le bruit. Le jugement du Tribunal de grande instance de Riom, rendu le 17 mars 1965, ne laisse subsister aucun doute à ce sujet. Il affirme que *« le trouble de jouissance* -en l'espèce causé par des bruits occasionnés par le fonctionnement de deux chaudières- *doit être examiné en tenant compte des répercussions possibles qu'il peut avoir* ***sur une personne normale et bien portante et non sur une personne malade et hypersensible »***[1]. Certes, la gêne causée par un bruit peut être ressentie différemment d'un individu à l'autre. Les voisins peuvent être plus ou moins sensibles en raison de leur état de santé physique comme psychologique, de leur âge, etc., et donc plus ou moins tolérants. Mais ces critères personnels ne peuvent raisonnablement être retenus par les juges chargés de trouver le point d'équilibre entre les différents intérêts présents dans le voisinage. Il y aurait là un risque trop grand de laisser la porte des prétoires ouverte à des actions intentées pour le moindre motif, en raison d'une subjectivité particulière. Le nombre d'actions en réparation serait tout simplement illimité et les demandes incontrôlables.

1878. C'est par conséquent le standard d'un individu *« normal »* qui est pris comme référence par la jurisprudence, ce qui équivaut, en matière de nuisances sonores, à une personne *moyennement* sensible. Le juge évalue ainsi la situation qui lui est soumise à partir d'une personne réagissant de manière raisonnable selon les critères d'une sensibilité moyenne. L'âge, l'état de santé ou de sensibilité exacerbée des victimes ne sont donc, en principe, pas pris en compte par les juges[2]. Lorsque la Cour de cassation relève que *« la gêne éprouvée par les personnes sensibles n'excéderait les inconvénients*

---

[1] T.G.I. de Riom, 17 mars 1965, préc.

[2] La Cour d'appel d'Aix-en-Provence, dans un arrêt rendu le 9 octobre 1992, avait relevé dans les pièces du dossier rapportées par la victime la preuve des bruits émis par une crêperie ainsi que l'indication du *« grand âge »* de la victime. Or, cette dernière mention n'apparaît plus dans la motivation de la Cour de cassation qui se contente de reprendre les motifs propres et adoptés des juges du fond. L'âge de la victime n'était par conséquent pas un élément déterminant dans l'appréciation de l'anormalité des troubles sonores allégués : Cass. civ. 3e, 11 octobre 1994, N° 1655, préc. V. néanmoins : T.G.I. de Nanterre, 1re ch., 24 novembre 1982, Epoux Durupt c/. Perreau, C.N.B., Les nuisances sonores - Recueil de jurisprudence commentée, p. 69 : les juges ont retenu l'anormalité des émergences sonores d'un piano qui, *« bien qu'insignifiantes, avaient des répercussions toute spéciales sur le psychisme des époux D. »*.

normaux du voisinage que si elle se produisait dans un endroit où les personnes ayant besoin de repos seraient en droit de trouver un calme et une tranquillité exceptionnelle », elle subordonne la prise en compte de la santé des victimes à la nature particulière de certains lieux qui impliquent repos et tranquillité[1]. Lorsque d'autres arrêts font allusion à l'altération de l'état de santé nerveuse des victimes du bruit[2] ou se reportent à des certificats médicaux attestant des troubles de santé causés[3], ces considérations n'entrent pas dans l'appréciation du caractère normal ou anormal du bruit dénoncé, mais sont prises en compte dans l'évaluation de la réparation à accorder car elles peuvent modifier la nature et l'étendue du préjudice.

1879. Les juges apprécient la situation des victimes en référence à l'attitude « normale » de tout individu, c'est-à-dire agissant de manière « raisonnable », dans les circonstances particulières de chaque espèce. Dans leurs considérations, ils se montrent généralement favorables aux demandeurs gênés dans l'accomplissement de leurs activités professionnelles. Ainsi, la demande en réparation d'un avocat qui exerçait sa profession à son domicile et qui était incommodé par les bruits d'un cinéma voisin a été favorablement accueillie[4]. Dans l'affaire du cornet à piston (préc.), le fait que les sons étaient perçus *« plus particulièrement dans la pièce servant de bureau à M. L. et où celui-ci est appelé à travailler sur des dossiers pendant une grande partie de la journée, du fait de sa profession »* a également été un élément déterminant dans la décision prise par la Cour d'appel de Lyon de considérer cette musique comme un bruit anormal[5]. De même, une entreprise fabriquant des appareils micrométriques de haute précision gênée par les vibrations produites par une usine contigüe a obtenu gain de cause[6], tout comme les exploitants d'un hôtel voisin d'une boulangerie-pâtisserie dont le fonctionnement troublait le silence de la nuit et le sommeil des clients de l'établissement[7].

1880. Dans les deux dernières espèces, mettant en présence deux activités utiles socialement et économiquement, refuser d'admettre le caractère anormal du trouble équivaut à sacrifier l'une de ces activités au profit de l'autre. Les considérations d'intérêt économique et social imprègnent fortement les décisions jurisprudentielles quant à leur appréciation de l'anormalité du trouble, mais aussi au stade de l'évaluation du préjudice en vue de la réparation à octroyer. Force est de constater que la prise en compte de la personne de la victime se fait uniquement à partir d'un modèle d'utilité sociale, en la personne d'un membre actif de la société. La victime d'un trouble sonore anormal, qui a droit à réparation, serait-elle forcément une personne active, jugée de ce fait digne de représenter la société et de servir de modèle de référence ? Le critère de la réceptivité personnelle liée à la profession du demandeur est certes justifié. Mais il ne doit pas pour autant occulter la situation personnelle d'autres personnes qui sans être gênées dans leur travail subissent des bruits anormaux de voisinage, simplement dans leurs conditions d'existence.

1881. Le voisinage, qui est un espace tout à la fois géographique, juridique et social, impose des relations entre voisins marquées d'une recherche constante de l'équilibre. Cet équilibre que les multiples manifestations sonores de la vie quotidienne mettent constamment en péril doit être garanti ou rétabli par le juge de la réparation.

---

[1] Cass. civ. 2e, 22 janvier 1969, préc.
[2] C.A. Paris, 26 avril 1983, préc.
[3] Cass. civ. 2e, 19 octobre 1994, N° 976, préc.
[4] Cass. civ. 2e, 12 janvier 1966, Soc. Cinéma Grolée c/. Nicolaï, préc.
[5] C.A. Lyon, 23 décembre 1980, Epoux Saporis c/. Lavigne, préc.
[6] C.A. Riom, 19 décembre 1967, D.S. 1968, jurispr. p. 666.
[7] Cass. civ. 2e, 30 novembre 1961, préc.

L'anormalité du trouble sonore en est l'unique critère, à définir selon les trois éléments d'appréciation dégagés par la jurisprudence. Pour des solutions d'équité assurant l'équilibre recherché, ces trois niveaux d'appréciation devraient être d'importance égale dans l'analyse menée par les juges. En effet, *« par fonction, la théorie des troubles de voisinage n'est qu'une règle d'équilibre des droits que la vie sociale met en concurrence, ce qui exige qu'une égale attention soit portée à la situation de chacune des parties »*[1]. Or, tel n'est manifestement pas l'attitude de la jurisprudence qui, au gré des affaires et de ses convictions personnelles, accorde la priorité à telle circonstance entourant le trouble sonore et néglige les autres.

1882. Le pouvoir d'appréciation souveraine concédé aux juridictions du fond n'est-il pas alors trop large ? Faute de règles pré-établies, de normes objectives et précises, donnant prise au contrôle de la Cour de cassation, l'interprétation des situations par les juges du fond s'avère souvent malaisée, sinon discutable. Un contrôle de la qualification de l'anormalité par la Haute Juridiction, qui conférerait une certaine unité à la jurisprudence, suppose cependant une définition *juridique* de cette notion d'anormalité, qui transformerait le problème de la qualification en une question de droit, de la compétence de la Cour de cassation, et n'en ferait plus une question de fait ressortant de la compétence souveraine des juges du fond. Pour l'heure il n'en est rien ; l'extrême complexité de l'entreprise l'explique. En définitive, tout dépend des cas d'espèce, du juge saisi et de *sa* conception du bruit anormal.

1883. En raison de la variété des hypothèses concrètes et du large pouvoir laissé aux juges, il semble donc difficile de présenter un tableau d'ensemble, parfaitement uniforme et cohérent, de la jurisprudence. Une seule certitude existe : la théorie des troubles de voisinage, partant d'un principe général on ne peut plus vague selon lequel *« nul ne doit causer à autrui un trouble anormal de voisinage »*, est une construction qui n'est pas achevée, la jurisprudence poursuivant son œuvre au fil de ses décisions. Les incertitudes qui demeurent peuvent alors, dans certains cas, inciter les victimes de nuisances sonores à se tourner vers les autres sources du droit à réparation, consacrées par le législateur et qui constituent le « droit commun » de la responsabilité civile. En effet, quelle que soit l'ampleur prise par la théorie des troubles de voisinage dans le contentieux civil du bruit, les principes du droit commun subsistent et constituent une autre solution pour les victimes qui, si les conditions en sont remplies, peuvent les invoquer comme fondement de leur action en réparation. La question est alors de déterminer dans quelle mesure ils peuvent être utilisés dans le domaine spécifique des bruits de voisinage.

Section II : Les autres fondements du droit à réparation des dommages nés du bruit

1884. Si la jurisprudence reconnaît aux victimes de nuisances sonores le droit d'invoquer, afin d'obtenir réparation du préjudice qu'elles subissent, les règles de la responsabilité pour troubles de voisinage, d'autres fondements -aujourd'hui nombreux-peuvent également être mis en jeu à l'appui de leur demande. L'obligation de réparation qu'ils créent est encadrée par la loi qui fixe, dans les articles du Code civil, les principes et règles générales de la responsabilité civile. Cette dernière est traditionnellement divisée en deux grandes catégories, selon l'origine du dommage causé. La *summa divisio* ainsi opérée distingue la responsabilité *contractuelle,* lorsque le dommage résulte de

[1] J.-L. AUBERT, note sous C.A. Lyon, 23 décembre 1980, préc.

l'inexécution d'un contrat, et la responsabilité *délictuelle,* dans tous les autres cas, c'est-à-dire lorsqu'aucun contrat ne vient créer de lien de droit entre l'auteur et la victime du préjudice. Elle est parfaitement applicable en matière de dommages nés du bruit qui peuvent relever de l'une ou de l'autre de ces situations. En effet, certains de ces dommages sont causés dans le cadre de contrats contenant des obligations relatives au confort acoustique, alors que d'autres sont étrangers à toutes relations contractuelles liant les voisins que sont l'auteur et la victime du préjudice.

1885. Les principes qui régissent ces deux branches de la responsabilité civile sont sensiblement les mêmes, si ce ne sont certaines conditions de procédure, telles que la compétence territoriale des juridictions civiles ou le délai de prescription de l'action en réparation, qui font l'intérêt majeur de la *suma divisio.* Ces différences de régime, qualifiées d'*« accessoires »*[1], n'en sont pas moins réelles et peuvent aboutir, selon les cas, à ce que tel ordre de responsabilité soit plus favorable à la victime que l'autre. Toutefois, cette dernière ne peut se placer à son gré sur le terrain délictuel ou contractuel. Lorsque les conditions de la responsabilité contractuelle sont réunies, le recours aux règles de la responsabilité délictuelle est interdit. C'est le principe dit du *« non-cumul »* des deux ordres de responsabilité posé par la Cour de cassation[2], qui consacre en réalité un principe de non-option[3]. Le champ d'application de la responsabilité délictuelle est ainsi limité par le domaine de la responsabilité contractuelle.

1886. C'est donc par l'analyse de la responsabilité contractuelle qu'il convient de commencer, afin de pouvoir déterminer, ensuite, les cas d'application de la responsabilité délictuelle. La *summa divisio* retenue pour l'étude de la sanction civile des dommages causés par le bruit permet de relever l'existence d'obligations de réparation nées de contrats qui posent des exigences spécifiques en matière de confort acoustique (§1). En-dehors du cadre de ces contrats, les voisins, victimes de nuisances sonores, pourront avoir recours aux principes du droit commun de la responsabilité délictuelle (§2).

§1. LES OBLIGATIONS DE RÉPARATION NÉES DE CONTRATS INTÉGRANT LA PRÉOCCUPATION DU BRUIT

1887. La détermination de la nature contractuelle ou délictuelle de la responsabilité pour des dommages causés par les nuisances sonores ne pose pas, en principe, de problème. De façon générale, le critère de distinction repose sur l'existence d'un contrat valablement passé entre les parties qui y ont volontairement consenti. Lorsque le préjudice résulte de l'inexécution d'une obligation contenue dans ce contrat par l'une des parties au détriment de l'autre, la responsabilité est contractuelle. Dans les autres hypothèses, lorsque le débiteur ou le créancier de l'obligation dont le manquement a fait naître un dommage n'est pas partie au contrat ou lorsque le préjudice n'est pas la conséquence de l'inexécution d'une obligation née de ce contrat, la responsabilité est délictuelle.

---

[1] H. et L. MAZEAUD, J. MAZEAUD, F. CHABAS, Leçons de droit civil, Tome II, Premier volume : « Obligations - Théorie générale », préc., p. 387, n° 395.

[2] *« Lorsque sont réunies les conditions qui donnent à la responsabilité une nature contractuelle et que sont par conséquent en cause des rapports entre cocontractants, la victime ne peut pas, quand même elle y aurait intérêt, invoquer les règles de la responsabilité délictuelle ».* V. : Cass. civ., 11 janvier 1922, S. 1924, 1, 105, note Demogue ; Cass. civ. 1ère, 9 mars 1970, Bull. civ. I, n° 87 ; R.T.D.C. 1971, p. 139, obs. Durry ; Cass. civ. 1re, 11 mai 1982, Gaz. Pal. 1982, 2, 612, note F. Chabas ; Cass. civ. 1re, 11 janvier 1989, J.C.P. 1989, II, 21326, note Larroumet.

[3] V. sur cette question : H. et L. MAZEAUD, J. MAZEAUD, F. CHABAS, Leçons de droit civil, Tome II, Premier volume : « Obligations - Théorie générale », préc., p. 401 et s., n° 403 et s. ; A. BENABENT, Droit civil - Les obligations, préc., p. 317 et s., n° 523 et s.

1888. La mise en œuvre du droit à réparation suppose donc, ici, un manquement contractuel, défaillance d'exécution d'une obligation née du contrat. Il est par conséquent nécessaire de déterminer le contenu exact de cette obligation contractuelle dont l'inexécution entraîne la responsabilité contractuelle de son auteur. Pour l'essentiel, deux catégories de contrats constituent le cadre de ce type de responsabilité engagée du fait de bruits de voisinage. Ces contrats lient des personnes précises, compte tenu de leur statut juridique ou de leurs activités vis-à-vis de la construction immobilière, lieu des nuisances sonores dans et pour le voisinage. Il s'agit, d'une part, des contrats conclus en matière de construction immobilière qui comportent des garanties légales dues par les constructeurs aux maîtres d'ouvrage ou acquéreurs (A) et, d'autre part, des contrats relatifs à l'occupation de ces immeubles achevés, édictant en quelque sorte des règles de « bon voisinage » (B).

1889. Le manquement contractuel, ouvrant droit à réparation du préjudice qui en résulte pour l'un des contractants, pourra consister non seulement en une inexécution totale ou partielle de l'obligation contenue dans le contrat, mais encore en une exécution défectueuse sur le plan de la qualité requise, en l'occurrence, de la qualité acoustique des bâtiments.

A. Le système des garanties légales pesant sur les constructeurs

1890. Les règles relatives à la responsabilité des constructeurs -entendus au sens large, selon l'article L. 111-14 du C.C.H.- sont particulières. Elles se distinguent du droit commun de la responsabilité contractuelle qui peut toujours être mis en jeu en cas de défaut de conformité par rapport aux stipulations contractuelles qui lient entre eux les différents acteurs d'une opération de construction immobilière[1]. Les principes de la responsabilité du droit commun ont permis de mettre en place des régimes particuliers de responsabilité des constructeurs comportant de sérieuses garanties au profit des acquéreurs. Ces garanties sont mises en œuvre en cas d'inobservation des exigences légales fixées, d'une part, par les règlements de construction visant l'isolation acoustique des bâtiments et, d'autre part, par les règlements d'urbanisme assurant une protection contre les bruits d'origine extérieure.

1891. Envisagée à l'égard du maître de l'ouvrage, dans le cadre d'un contrat d'entreprise par lequel un entrepreneur -locateur d'ouvrage- s'engage moyennant une rémunération à exécuter pour une autre personne -le maître de l'ouvrage- une construction[2], la responsabilité des constructeurs peut être recherchée au titre de plusieurs garanties légales s'agissant des nuisances sonores. Les « vices » ou « désordres » de nature acoustique peuvent être couverts par la garantie décennale (art. 1792 C.C.) ou biennale (art. 1792-3 C.C.) des constructeurs (1) ou la garantie de parfait achèvement (art. 1792-6 C.C.) introduite par la loi n° 78-12 du 4 janvier 1978, dite loi Spinetta (2). Mais les dispositions des articles 1792, 1792-3 et 1792-6 du Code civil, sièges légaux de ces différentes garanties, sont imprécises et complexes, laissant une place importante aux appréciations jurisprudentielles, notamment en ce qui concerne leur domaine d'application et leurs rapports mutuels.

---

[1] V. par exemple au Juridisque Lamy : Cass. civ. 3e, 30 juin 1998, N° 1130 ; Cass. civ. 3e, 10 novembre 1998, N° 1610.

[2] Définition tirée de F. COLLART DUTILLEUL et P. DELEBECQUE, Contrats civils et commerciaux, Précis Dalloz, 1991, n° 696.

1- La garantie décennale ou biennale des constructeurs

1892. Aux termes de l'article 1792 du Code civil -reproduit à l'article L. 111-13 du C.C.H.-, « *tout constructeur d'un ouvrage est responsable de plein droit, envers le maître ou l'acquéreur de l'ouvrage, des dommages (...) qui l'affectant dans l'un de ses éléments constitutifs ou l'un de ses éléments d'équipement, le rendent impropre à sa destination* ». Ce texte permet au maître de l'ouvrage et à ses ayant-droit d'obtenir réparation des vices de construction qui pourraient se révéler dans les dix années de la réception de l'ouvrage. De manière générale, la garantie décennale des constructeurs couvre les malfaçons dans l'inexécution des « gros travaux » entraînant l'« impropriété » de la construction. Celles touchant les « menus travaux » relèvent de la garantie de bon fonctionnement de l'article 1792-3 du Code civil (art. L. 111-16 C.C.H.), d'une durée de deux ans à compter de la réception de l'ouvrage. La distinction entre « gros » et « menus » ouvrages est laissée à l'appréciation de la jurisprudence qui se réfère aux définitions données par les articles R111-26 et R111-27 du Code de la construction et de l'habitation.

1893. Les articles 1792 et 1792-3 du Code civil ont un large rayonnement en ce qui concerne tant les débiteurs de la garantie que leurs créanciers. Les bénéficiaires de la garantie, demandeurs de l'action en réparation, sont les victimes de l'inexécution ou de la mauvaise exécution du contrat de construction. La loi désigne à ce titre le maître de l'ouvrage ainsi que l'acquéreur de l'ouvrage, l'action en garantie suivant la construction dans ses transferts successifs. Dans le cas de copropriété, ont cette qualité le syndic pour les malfaçons affectant les parties communes ou privatives et chaque copropriétaire pour celles qui n'affectent que son lot privatif. Par contre, les autres victimes éventuelles, comme le locataire, qui sont des tiers au contrat, ne pourront fonder leur action en réparation que sur le terrain de la responsabilité extra-contractuelle.

1894. Les débiteurs de la garantie sont tout aussi nombreux. En effet, l'article 1792-2 du Code civil répute « constructeur », les architectes et entrepreneurs, mais également tous les techniciens et spécialistes de la construction (ingénieurs acousticiens, bureaux d'étude...) liés aux maîtres de l'ouvrage par un contrat de louage d'ouvrage, de même que les vendeurs-constructeurs qui vendent après achèvement un ouvrage qu'ils ont construit ou fait construire. Sont en outre concernés les vendeurs d'immeuble à construire (art. 1646-1 C.C.), les promoteurs immobiliers (art. 1831-1 C.C.) et le constructeur de maison individuelle. La victime pourra agir contre l'un ou l'autre de ces « constructeurs » ou contre l'ensemble d'entre eux. Souvent, les décisions de justice laissent apparaître que les responsabilités sont d'autant plus partagées qu'il y a d'intervenants dans l'acte de construire. En revanche, les sous-traitants, qui ne sont en rapport contractuel qu'avec l'entrepreneur, ou tout autre professionnel intervenant à la demande d'une personne autre que le maître de l'ouvrage ne sont pas tenus à la garantie des constructeurs.

1895. La jurisprudence dominante considère que les vices d'isolation acoustique entrent dans le champ d'application de l'une ou l'autre de ces garanties. Les « gros ouvrages », pris en compte par la garantie décennale et susceptibles de présenter un défaut d'isolation phonique, portent sur les murs de façades, les murs mitoyens, mais aussi les murs ou cloisons séparatifs, les planchers, les plafonds, etc. De nombreuses applications jurisprudentielles étendent ainsi cette garantie aux malfaçons les plus graves qui affectent l'isolation acoustique, dans des cas les plus divers, tels que le défaut d'isolation phonique d'une chaufferie[1], l'absence de conditions d'habitabilité normales pour des

[1] Cass. civ. 3e, 21 janvier 1975, D. 1975, I.R. p. 81.

copropriétaires[1], l'absence de doublage en briques plâtrières des murs de façade[2], la mauvaise qualité des cloisons séparatives d'appartements contigus[3] ou des matériaux utilisés[4], le défaut dans la conception de la construction[5]... Dans toutes ces hypothèses, la gravité des vices était telle qu'ils ont été jugés rendant l'ouvrage impropre à sa destination. En revanche, l'insonorisation des baignoires, robinets et tuyauteries concerne de « menus ouvrages » qui, par conséquent, sont soumis à la prescription biennale[6].

1896. La garantie des constructeurs, qu'elle soit décennale ou biennale, ne s'applique que s'il y a eu réception[7] de l'ouvrage et qu'à des **vices cachés** lors de cette réception. Le défaut d'isolation phonique présente le plus souvent ce caractère. Dans la pratique, il ne peut être décelé qu'après l'entrée dans les lieux et leur occupation pendant un certain temps. Ainsi, les juges estimeront que le défaut d'isolation phonique d'un appartement vendu ne se révèle aux acquéreurs dans toute son intensité qu'après leur installation dans les lieux et qu'il s'agit bien d'un vice caché couvert par la garantie décennale[8]. En effet, ce n'est qu'après une période plus ou moins longue que le maître de l'ouvrage est en mesure de percevoir les défectuosités acoustiques de sa construction, concernant les différents bruits perceptibles, qu'il s'agisse des bruits des équipements, aériens ou d'impact[9]. L'argument des constructeurs fondé sur la forclusion des actions en garantie au motif que le défaut d'isolation acoustique serait un vice apparent obligeant à agir « *à bref délai* » est donc, en principe, rejeté par les juges[10].

---

[1] C.A. Lyon, 19 mars, 1975, Gaz. Pal. 1976, 1, somm. p. 53 ; J.C.P. 1975, IV, 279.

[2] Cass. civ. 3e, 18 juin 1975, Bull. civ. III, n° 206, p. 158 ; D. 1977, jurispr. p. 53, note Agostini.

[3] Cass. civ. 3e, 3 février 1976, Bull. civ. III, n° 40, p. 31 ; Gaz. Pal. 1976, 2, 488, note Peisse.

[4] Cass. civ. 3e, 1er février 1977, Bull. civ. III, n° 52, p. 39.

[5] Cass. civ. 3e, 11 janvier 1995, N° 114, Juridisque Lamy : le bruit continuel résultant du claquement des ardoises les unes sur les autres en période de vent rend les immeubles impropres à leur destination. Ces désordres sont dus à l'inadéquation de la pente des toitures au matériau utilisé qui constitue un vice de construction tombant sous le coup de la garantie décennale.

[6] C.A. Paris, 12 juin 1985, *Bouchez*, Rev. dr. immob. 1986, p. 215, obs. Groslière et C. Saint-Alary-Houin ; T.G.I. de Nanterre, 7e ch., 2e sect., 16 juin 1987, Vachon et autres c/. S.C.I. Clichy Jean Jaurès, C.N.B., Les nuisances sonores - Recueil de jurisprudence commentée, p. 49 : le non-respect des exigences d'isolement en façade prescrites par le P.O.S., affectant l'ouvrage dans un de ses éléments d'équipement, est couvert par la garantie biennale de l'article 1792-3 du Code civil.

[7] L'article 1792-6 alinéa 1 du Code civil définit la « *réception* » comme étant « *l'acte par lequel le maître de l'ouvrage déclare accepter l'ouvrage avec ou sans réserves* ». Cependant, la garantie décennale n'est pas applicable aux vices faisant l'objet de réserves lors de la réception. Ceux-ci sont couverts par la garantie de parfait achèvement (*infra* n° 1901 et s.).

[8] Cass. civ. 3e, 23 novembre 1976, Bull. civ. III, n° 415, p. 316 ; D. 1977, I.R. p. 82 : la Cour d'appel a à bon droit admis que le défaut d'isolation phonique de l'appartement vendu constituait un vice caché, que dès lors l'article 1648 du Code civil, qui ne réglemente le délai d'introduction de l'instance que pour les vices apparents, n'était pas applicable à l'espèce et que l'action était recevable dès lors qu'elle avait été intentée dans le délai de la garantie décennale. V. également : Cass. civ. 3e, 22 mars 1983, J.C.P. 1983, IV, 182.

[9] Cass. civ. 3e, 24 février 1993, N° 366, Lexilaser cassation : « *ce n'était qu'à l'usage, et non lors de la réception, que le vice affectant l'isolation phonique avait pu se révéler dans sa vraie nature, dans son ampleur et dans ses conséquences* ».

[10] T.G.I. de Paris, 7e ch., 1re sect., 3 mars 1981, Lemonnier c/. S.C.I. Le Parc d'Elancourt, C.N.B., Les nuisances sonores - Recueil de jurisprudence commentée, p. 38 : « *le défaut d'isolation phonique d'appartements ne se révélant qu'à l'usage, au fur et à mesure de l'occupation des lieux, ne peut constituer un vice apparent lors de la réception ; ce défaut constitue un vice caché affectant les gros ouvrages rendant, en l'espèce, l'immeuble impropre à sa destination* ». La Cour de cassation n'hésite pas à censurer les décisions des juridictions du fond qui qualifient trop hâtivement l'insuffisance d'isolation phonique de vice apparent sans rechercher si, en raison des circonstances de l'espèce, le vice était ou non

1897. La garantie due par le constructeur suppose en outre que ce vice caché soit de nature à rendre l'immeuble *« impropre à sa destination »*. La notion d'impropriété à destination en matière d'isolation phonique est des plus vagues. La jurisprudence, amenée à la préciser, prend généralement comme références les normes légales d'isolation acoustique pour considérer que leur non-respect rend les immeubles impropres à leur destination et entre ainsi dans le champ d'application de la garantie décennale. Les décisions mettant en jeu cette garantie se sont fondées successivement sur le décret n° 55-1394 du 22 octobre 1955 et sa circulaire technique du 14 novembre 1958[1], puis sur la réglementation acoustique du 14 juin 1969[2], remplacée par les arrêtés du 28 octobre 1994, eux-mêmes remplacés récemment par deux arrêtés du 30 juin 1999 (*supra* n° 245 et s.). De très nombreuses décisions allèguent le non-respect de ces réglementations fixant des normes minimales d'isolation acoustique, qui caractérise une faute contractuelle de la part des constructeurs tenus d'exécuter leur obligation de réparation.

1898. La jurisprudence majoritaire relève que le non-respect des normes acoustiques suffit à rendre l'immeuble d'habitation impropre à sa destination, selon une motivation de plus en plus précise, telle que celle de la Cour d'appel de Rennes qui considère que *« le respect des normes acoustiques concourt à rendre un immeuble d'habitation propre à sa destination, et que, par corollaire, leur violation constitue une impropriété de cette destination »*[3]. Est-ce à dire que la garantie due par les constructeurs ne pourra être invoquée que lorsqu'il y a dépassement par rapport aux exigences réglementaires ? Un manquement des constructeurs ne peut-il pas être caractérisé alors même que les règlements de construction ou d'urbanisme posant des valeurs minimales d'isolation phonique sont observés ? Quelques arrêts l'admettent en se référant à la simple notion de gêne subie par l'acquéreur, indépendamment de toutes normes et de toutes mesures acoustiques[4]. Cependant, ils demeurent isolés au milieu d'une jurisprudence dominante faisant référence aux dépassements des normes pour caractériser une faute de la part des constructeurs. Ainsi, la Cour d'appel d'Agen a-t-elle proposé une définition rigoureuse de l'impropriété à destination qui *« ne peut être constituée dès lors que les habitations entrent dans le cadre des valeurs imposées par la réglementation en vigueur, peu importent la gravité objective des troubles »*[5].

---

apparent : Cass. civ. 3e, 2 mai 1979, Epoux Schmidt c/. S.C.I. Résidence Perspective, C.N.B., Les nuisances sonores - Recueil de jurisprudence commentée, p. 38.

[1] T.G.I. de Paris, 7e ch., 8 juillet 1976, Syndicat des copropriétaires de la résidence Symphonia et autres c/. Capri et autres, C.N.B., Les nuisances sonores - Recueil de jurisprudence commentée, p. 34 ; Cass. civ. 3e, Société Entreprise Albizati c/. Société Coopérative Hameau de l'Assise et autres, Gaz. Pal. 1976, II, p. 468.

[2] T.G.I. de Paris, 7e ch., 1re sect., 3 mars 1981, préc. ; C.A. Paris, 19e ch., sect. A, 27 juin 1984, C.N.B., Les nuisances sonores - Recueil de jurisprudence commentée, p. 35.

[3] C.A. Rennes, 4e ch., 1re sect., 22 avril 1982, C.N.B., Les nuisances sonores - Recueil de jurisprudence commentée, p. 40.

[4] C.A. Lyon, 1re ch., 19 mars 1975, Gaz. Pal. 1976, I, somm. p. 53 : *« si le défaut d'isolation phonique d'un immeuble est tel que les propriétaires ne bénéficient pas des conditions d'habitabilité normales, quelles que soient les normes auxquelles on se réfère, on est en présence d'une responsabilité décennale »*. V. également : Cass. civ. 3e, 25 avril 1975, Bull. civ. III, n° 139, p. 105 ; C.A. Aix-en-Provence, 9 février 1983 confirmé par Cass. civ. 3e, 10 juillet 1984, Echo Bruit n° 78-79, décembre 1996-janvier 1997, jurispr. p. 48.

[5] C.A. Agen, 17 octobre 1991, R. c/. H.L.M. Ciligny, Echo Bruit n° 67, janvier 1995, jurispr. p. 39 : selon la Cour d'appel, à partir du moment où les minima imposés par la réglementation acoustique ont été respectés, il n'est pas possible de retenir l'impropriété des immeubles à leur destination. V. également : Cass. civ. 3e, 10 novembre 1998, N° 1610, Juridisque Lamy : confirme la motivation de la Cour d'appel d'Aix-en-Provence (21 mai 1995) selon laquelle *« il n'est pas soutenable que des émergences sonores qui*

1899. Il est néanmoins un domaine particulier où, semble-t-il, le manquement contractuel des constructeurs pourra être retenu indépendamment des normes acoustiques. Il s'agit de la publicité flatteuse, voire mensongère, sur les qualités acoustiques de l'immeuble vendu. Tel est le cas du vendeur d'appartements en état futur d'achèvement qui s'est engagé dans les documents contractuels, publicitaires ou devis descriptifs, après avoir énuméré de nombreux facteurs d'insonorisation, à faire des locaux vendus *« un havre de paix, de calme et de repos »*[1] ou du promoteur faisant état d'une *« isolation phonique étudiée »* dans les documents publicitaires remis aux candidats acquéreurs[2]. L'insuffisance acoustique devient alors un véritable défaut de conformité qui s'inscrit dans le cadre d'une responsabilité contractuelle de droit commun. De même, s'agissant des travaux de rénovation de faible ampleur et non de construction, il a été jugé que la responsabilité contractuelle de droit commun est seule applicable[3].

1900. En résumé, la garantie légale des articles 1792 et 1792-3 du Code civil, mettant en jeu l'obligation de réparation dont les constructeurs sont débiteurs, suppose l'existence de vices cachés lors de la réception de l'ouvrage rendant celui-ci impropre à sa destination. L'impropriété à destination en matière d'isolation phonique est une notion floue que la jurisprudence caractérise le plus souvent par un manquement aux normes acoustiques posées par les règlements de construction et reprises dans les contrats de louage d'ouvrage. Or, c'est précisément ce critère de référence qui a été retenu pour définir le champ d'application d'un autre régime de garantie institué à la charge des entrepreneurs : celui de la garantie de parfait achèvement. Les domaines respectifs des différentes garanties ne sont pas clairement établis par les textes, si ce n'est que la garantie décennale ou biennale n'est pas applicable lorsque le vice tenant au défaut d'isolation phonique était apparent à la réception de l'ouvrage, les vices faisant l'objet de réserves à ce moment étant couverts exclusivement par la garantie de parfait achèvement.

2- Les défauts de l'isolation acoustique et la garantie de parfait achèvement

1901. La loi n° 78-12 du 4 janvier 1978 a profondément remanié le droit de la responsabilité en matière de construction. Elle contient des dispositions spécifiques à l'isolation phonique des bâtiments d'habitation, reprises à l'article L. 111-11 du Code de la construction et de l'habitation. Il en ressort le principe selon lequel les contrats de louage d'ouvrage ayant pour objet la construction de bâtiments d'habitation contiennent les prescriptions légales ou réglementaires relatives aux exigences minimales requises en matière d'isolation phonique. Ces normes légales prennent le caractère d'obligations contractuelles de par leur insertion dans le contrat d'entreprise. Leur manquement engage donc la responsabilité contractuelle de l'entrepreneur, débiteur de plein droit. Le régime mis en place par la loi de 1978 est néanmoins dérogatoire du droit commun de la responsabilité contractuelle. Il repose sur une « garantie de parfait achèvement », visée à l'article 1792-6 du Code civil, lui-même reproduit à l'article L. 111-19 du Code de la construction et de l'habitation, qui couvre l'ensemble des travaux de nature à satisfaire à ces exigences acoustiques.

1902. Si le non-respect des normes constitue le critère commun de mise en œuvre des différentes garanties instituées dans ce domaine -critère jurisprudentiel pour les

---

restent dans les limites réglementaires, comme en l'espèce, puissent rendre un immeuble d'habitation impropre à sa destination ».

[1] Cass. civ. 3e, 20 décembre 1977, Bull. civ. III, n° 459, p. 349 ; C.P.E.N., jurispr. « bruit », 1529.

[2] C.A. Paris, 19e ch., sect. A, 27 juin 1984, C.N.B., Les nuisances sonores - Recueil de jurisprudence commentée, p. 47.

[3] C.A. Versailles, 6 novembre 1987, Gaz. Pal. 1988, 1, 404.

garanties décennale et biennale et critère légal pour la garantie de parfait achèvement-, des distinctions peuvent néanmoins être opérées, propres à déterminer leur domaine respectif. En vertu de l'article 1792-6 alinéa 2 du Code civil, *« la garantie de parfait achèvement, à laquelle l'entrepreneur est tenu pendant un délai d'un an, à compter de la réception, s'étend à la réparation de tous les désordres signalés par le maître de l'ouvrage »*. A la différence des garanties décennale et biennale des constructeurs, selon les termes même du texte, ne sont concernés par la garantie de parfait achèvement que les entrepreneurs tenus à l'égard du maître de l'ouvrage. L'article L. 111-11 du Code de la construction et de l'habitation l'étend, s'agissant des travaux d'isolation phonique, aux vendeurs et promoteurs immobiliers garants à l'égard du premier occupant de chaque logement. Le cercle des débiteurs de l'obligation de réparation est donc ici réduit.

1903. Cette garantie a pour objet la réparation de tous les « désordres » apparents relevés le jour de la réception de l'ouvrage ou dans l'année de sa réception ou de sa prise de possession. Ces désordres acoustiques doivent être signalés par le maître de l'ouvrage soit au moyen de réserves mentionnées au procès-verbal de réception, soit par voie de notification écrite pour ceux révélés postérieurement à la réception. Le délai de prescription d'un an de l'action en garantie intentée par le maître de l'ouvrage est, depuis l'intervention de la loi n° 92-1444 du 31 décembre 1992 relative à la lutte contre le bruit, un délai commun applicable à l'encontre de tous les débiteurs. Sous l'empire de la loi du 4 janvier 1978, si le maître de l'ouvrage disposait d'une année pour agir contre l'entrepreneur, ce délai d'action était réduit à six mois à l'égard du vendeur et du promoteur immobilier. La loi n° 92-1444 du 31 décembre 1992 a rétabli l'égalité des traitements procéduraux par une modification des dispositions du dernier alinéa de l'article L. 111-11 du Code de la construction et de l'habitation.

1904. Les applications jurisprudentielles de ce texte sont encore modestes en comparaison des décisions rendues sur le fondement de la garantie décennale des constructeurs[1]. La question cruciale posée par l'avènement de la loi de 1978 et de son nouveau régime de garantie était de savoir si désormais le défaut d'isolation phonique relevait à titre exclusif de la garantie de parfait achèvement, même s'il rendait l'immeuble impropre à sa destination. Si tel était le cas, le nouveau régime institué constituerait une régression par rapport à la jurisprudence antérieure à la loi de 1978, car le propriétaire d'un immeuble souffrant d'une isolation acoustique non conforme aux normes n'aurait plus que un an pour agir contre l'entrepreneur, contre dix ans avant 1978. La Cour de cassation, par un arrêt en date du 4 février 1987, a fort heureusement donné une réponse négative à la question de l'interprétation restrictive de l'article L. 111-11, affirmant que *« les dispositions de l'article 1792-6 du Code civil, notamment en ce qui concerne la garantie de parfait achèvement, ne sont pas exclusives de l'application de celles des articles 1792 et 1792-2 relatifs à la présomption de responsabilité décennale et 1792-3 relatif à la garantie biennale du même code »*[2].

1905. La jurisprudence à venir devrait se ranger à ce principe du cumul des différentes garanties[3]. L'intérêt de la jurisprudence antérieure à la loi du 4 janvier 1978

---

[1] T.G.I. Nanterre, 7e ch., 2e sect., 16 juin 1987, Vachon et autres c/. S.C.I. Clichy Jean Jaurès, préc. : l'article L. 111-11 s'applique aux *« troubles légers occasionnés par les bruits d'ascenseur »*, bruits d'équipement non conformes aux normes acoustiques.

[2] Cass. civ. 3e, 4 février 1987, Bull. civ. III, n° 16.

[3] Comme l'a déjà fait, par exemple, la Cour d'appel de Paris dans un arrêt du 23 janvier 1990 qui rappelle le principe posé en 1987 par la Cour de cassation. (C.A. Paris, 23e ch., sect. A, 23 janvier 1990, Echo Bruit n° 51-52, février 1992, jurispr. p. 11). De même, la Cour de cassation a cassé, le 20 février 1991, un arrêt de la Cour d'appel de Douai qui avait *« déclaré prescrite l'action des propriétaires en réparation des*

subsiste donc. Celle mettant en jeu la garantie de parfait achèvement constitue une mesure de protection intéressante pour les premiers occupants des logements situés dans des immeubles collectifs. L'objectif commun de toutes ces garanties est par conséquent de protéger le propriétaire qui fait construire et l'occupant de logements neufs. La responsabilité des constructeurs est appréciée de façon contraignante, eu égard aux normes acoustiques en vigueur, et dans des termes spécifiques, compte tenu des délais impartis pour agir -un an pour la garantie de parfait achèvement, deux ans pour la garantie de bon fonctionnement et dix ans pour la garantie des vices- et des distinctions à opérer entre les différentes catégories d'ouvrages et de malfaçons qui les affectent. Cette sévérité est accrue par le fait que les clauses contractuelles d'exonération de responsabilité sont prohibées par l'article 1792-5 du Code civil (art. L. 111-18 C.C.H.) qui les répute non-écrites.

1906. Le système des garanties légales apparaît *a priori* sévère, puisqu'il ne cède que devant la preuve d'une cause étrangère. L'objectif du législateur est avant tout d'assurer la construction d'habitations qui soient en conformité avec les normes acoustiques en vigueur. Or, cette référence aux valeurs légales qui constitue une limite au jeu des différentes garanties[1] peut paraître, après réflexion, réductrice dans la mesure où il s'agit d'exigences minimales qui peuvent être améliorées dans bien des cas, compte tenu des techniques et matériaux actuels de construction. De plus, tous les dommages causés par des désordres acoustiques n'entrent pas dans le domaine d'application de ces garanties. Notamment, l'ensemble des immeubles anciens n'est pas concerné.

1907. Outre ces vices acoustiques de construction inhérents au bâtiment, d'autres désagréments sonores peuvent apparaître, issus plus spécifiquement du mode d'occupation des immeubles, anciens ou nouveaux. Il ne s'agit plus alors du droit de la construction prenant en compte l'isolation phonique des habitations et ouvrant droit à réparation par le jeu de garanties légales, mais du droit de jouissance paisible de ces locaux, pouvant être invoqué dans les rapports contractuels existants entre les occupants qui engagent leur responsabilité contractuelle en cas de non-respect des clauses relatives à la tranquillité des lieux.

B. La faute contractuelle née du droit de jouissance paisible de l'immeuble

1908. Les bruits de voisinage entendus au sens strict sont souvent le fait de personnes qui de par leur occupation des locaux causent des troubles sonores à leurs proches voisins. Cette occupation privative d'une parcelle du voisinage se trouve régie par des règles juridiques et de bon voisinage, volontairement acceptées et consenties par les parties liées entre elles par un contrat. Celui-ci est de nature différente selon le statut juridique de l'immeuble en question et des personnes en jouissant. Le local, qu'il soit à usage d'habitation ou commercial, donné en location par son propriétaire à un locataire est l'objet d'un contrat de bail conclu entre le bailleur et le preneur. Les locaux sis dans un immeuble collectif sont en outre soumis à une convention collective d'habitation, le

---

désordres affectant l'isolation phonique sans rechercher si ces désordres n'étaient pas de nature à rendre les immeubles impropres à leur destination et donc susceptibles de relever de la garantie décennale » (Cass. civ. 3e, 20 février 1991, Epoux Delaire c/. Société Stok France et autres, C.N.B., Les nuisances sonores - Recueil de jurisprudence commentée, p. 42). V. également : Cass. civ. 3e, 24 février 1993, préc.

[1] V. : Cass. civ. 3e, 11 octobre 1994, N° 1647, Lexilaser Cassation 1996/2 : la garantie de parfait achèvement invoquée à l'encontre du vendeur a été écartée dans la mesure où, s'agissant du degré d'isolation acoustique d'un appartement, les normes réglementaires et légales ont été respectées et « *le vendeur-promoteur n'est pas engagé envers son acheteur à fournir une prestation supérieure aux normes existantes* ».

règlement de copropriété, qui prend la forme d'un cahier des charges pour le voisinage organisé en lotissement. Tels sont les principaux contrats qui posent les bases et les règles d'une jouissance paisible des immeubles eu égard au voisinage dans lequel ils s'intègrent, permettant de prévenir les nuisances sonores.

1909. Le bon sens et la bonne volonté n'étant pas infaillibles, la violation des clauses contenues dans ces différents contrats et portant spécifiquement sur l'obligation de jouissance paisible constitue une faute engageant la responsabilité contractuelle de son auteur et ouvrant droit à réparation pour le cocontractant. Ainsi rencontre-t-on un tel manquement dans les rapports privatifs issus du contrat de bail (1) et dans les rapports collectifs organisés par les autres conventions d'habitation (2).

1- Le bruit dans les rapports privatifs issus du contrat de bail

1910. L'application des dispositions du Code civil relatives aux relations entre propriétaires et locataires offre un certain nombre de possibilités sur le plan de la jouissance paisible des habitations. Le Code civil demeure sur ce point le droit commun du bail. Les règles qu'il pose à propos des obligations des parties sont applicables à tous les baux. Selon l'article 1709 dudit code, l'objet du contrat de bail est la *jouissance* d'une chose, à la différence du contrat de louage d'ouvrage qui lie les contractants autour d'une prestation de service (art. 1710 C.C.). Or cette jouissance n'est pas totalement libre. Elle doit prendre en compte la situation de la chose louée, en l'occurrence l'immeuble, dans son environnement : le voisinage.

1911. Sur le plan des ambiances sonores, le principe général, juridique et incontournable, est celui d'une *« jouissance paisible »*. Cette obligation apparaît d'autant plus importante qu'elle est synallagmatique, s'imposant simultanément et avec la même force aux deux parties contractantes. La jouissance paisible constitue ainsi à la fois un droit et une obligation pour le bailleur, propriétaire de l'immeuble (a) et pour le preneur, locataire et occupant des lieux (b).

a) L'obligation de jouissance paisible due par le bailleur à son preneur

1912. L'article 1719-3° du Code civil met à la charge du bailleur l'obligation, *« par la nature du contrat, et sans qu'il soit besoin d'aucune stipulation particulière d'en* (la chose louée) ***faire jouir paisiblement le preneur pendant la durée du bail »***. Cette obligation, généralement qualifiée par la doctrine de « garantie du fait personnel », s'analyse dans un premier temps comme une obligation négative : celle de ne pas faire, et plus précisément de ne pas troubler personnellement la jouissance de son preneur. L'emploi textuel de l'adjectif *« paisiblement »* associé à cette jouissance fait directement référence aux problèmes éventuels de nuisances acoustiques et au droit pour le preneur de bénéficier d'un local paisible, c'est-à-dire calme sur le plan des ambiances sonores. Le bailleur doit donc, dans ce domaine, s'abstenir de toute gêne dans la jouissance causée par son fait personnel. Tenu de *« par la nature du contrat »*, il verra donc sa responsabilité contractuelle engagée par son ou ses locataires, sur le fondement de l'article 1719-3° du Code civil, si d'une façon ou d'une autre il produit des bruits qui sont de nature à porter atteinte au droit du locataire à une jouissance paisible.

1913. Il en est de même lorsque le bailleur *laisse* se produire de tels troubles sonores, issus d'autres faits générateurs. L'obligation de l'article 1719-3° du Code civil s'analyse cette fois comme une obligation de faire, à savoir celle d'empêcher l'immixtion de nuisances sonores dans le local loué. Les illustrations jurisprudentielles relevant un tel manquement de la part du bailleur sont nombreuses, qu'il s'agisse du fonctionnement défectueux d'une machine, de la mauvaise insonorisation d'un appareil électrique ou d'une chaudière de chauffage central pouvant entraîner des bruits qui incommodent les locataires[1], ou encore du trouble de jouissance causé par les bruits des surpresseurs d'eau indépendamment du fait que les niveaux limites réglementaires ne sont pas dépassés[2].

1914. La garantie des troubles de jouissance due par le bailleur à son preneur joue également lorsque ces troubles sont causés par d'autres personnes, à savoir des voisins, colocataires du même bailleur. La Cour de cassation a confirmé depuis longtemps le principe de la responsabilité d'un propriétaire vis-à-vis de son locataire quand sa jouissance des lieux est troublée par les bruits excessifs causés par un autre locataire voisin, en raison d'une activité commerciale[3] ou de simples comportements de la vie quotidienne. Le trouble ainsi apporté par l'un des locataires à la jouissance de l'autre donne à celui-ci une action en réparation contre le bailleur commun. En revanche, l'article 1725 du Code civil, combiné à l'article 1719-3° du même code, exclut la garantie du bailleur lorsque les troubles de jouissance sont causés par de véritables tiers[4] -non liés contractuellement au bailleur- sans droit sur l'immeuble loué, ce qui ne concerne pas les colocataires et les personnes que ceux-ci ont installées dans les lieux loués, ni le concierge de l'immeuble en raison du lien contractuel qui l'unit au bailleur[5].

1915. Une deuxième limite, cette fois-ci de source contractuelle, peut être apportée à l'obligation de jouissance paisible. Celle-ci n'étant pas de l'essence du contrat, il a été jugé que les parties étaient libres de la restreindre[6]. Il leur est donc loisible d'insérer dans le contrat de bail des clauses dispensant le bailleur de certaines de ses obligations qu'il serait normalement tenu de remplir en application de l'article 1719-3° du Code civil. Les dispositions de ce texte n'étant pas d'ordre public, le bail pourra, par exemple, énoncer que *« le preneur fera son affaire personnelle, de manière que le bailleur ne soit jamais inquiété ni recherché à ce sujet, de toutes réclamations ou contestations qui pourraient survenir du fait de son activité dans les lieux loués... »*[7]. Ces clauses limitant les obligations du bailleur doivent être consenties par les deux parties et non imposées unilatéralement par le bailleur à son preneur. Dérogeant au droit commun, elles sont soumises à l'interprétation souveraine et restrictive des juges du fond en cas de litige et ne sauraient exonérer le bailleur des obligations mises à sa charge par les règlements de

---

[1] Cass. civ. 2e, 30 novembre 1961, D. 1962, jurispr. p. 168 ; S. 1962, jurispr. p. 131 ; T.G.I. de Riom, 17 mars 1965, D. 1965, jurispr. p. 547.

[2] Cass. civ. 3e, 4 décembre 1991, Bull. civ. III, n° 301 ; C.P.E.N., jurispr. « Bruit », 1540 : condamnation sur le fondement de l'article 1719-3° du Code civil de la S.C.I., bailleresse, à réparer le préjudice subi par les locataires, pour des bruits qui, *« s'ils n'étaient pas supérieurs aux niveaux limites réglementaires, causaient néanmoins aux locataires un trouble de jouissance du fait de leur fréquence, de leur émergence et de leurs caractéristiques spectrales »*.

[3] En l'espèce, il s'agissait des bruits d'un café : Cass. civ. 1ère, 29 mai 1967, Souillart c/. Berrodier, J.-M. JACOB, Les nuisances causées par les débits de boissons, Echo Bruit, Chronique juridique n° 23, septembre 1987.

[4] On parle alors de « troubles de fait » non couverts par la garantie due par le bailleur à son preneur.

[5] Cass. civ. 3e, 6 novembre 1970, D. 1971, jurispr. p. 250.

[6] Cass. civ. 16 juillet 1951, D. 1951, jurispr. p. 587 ; J.C.P. 1952, II, 6717, obs. P. Esmein ; Cass. civ. 3e, 8 février 1972, Villard c/. dame Corroyez, J.C.P. 1972, II, 17176.

[7] La clause précise en outre que le preneur *« aura à sa charge toutes les transformations et réparations nécessitées de quelque manière que ce soit par l'exercice de son activité, tout en restant garant vis-à-vis du bailleur de toute action en dommages-intérêts de la part des autres copropriétaires ou voisins que pourrait provoquer l'exercice de cette activité » :* Cass. civ. 3e, 20 décembre 1994, N° 1999, Lexilaser cassation 1996/2.

police qui, eux, sont d'ordre public et qui, notamment, imposent de ne pas nuire à la tranquillité publique par l'émission de bruits abusifs.

1916. En l'espèce, l'usage des locaux loués, un café-bar d'où émanaient des bruits gênant les occupants des appartements voisins, était normal, les bruits demeurant *« dans les limites admissibles pour l'activité considérée »* et ne mettait pas en jeu ladite clause. Les juges ont en fait relevé dans le défaut d'isolement acoustique du local, cause des nuisances, un vice caché, relevant de la responsabilité du bailleur que la clause litigieuse, en l'absence de disposition expresse à ce sujet et selon l'interprétation qui en a été faite par les juges, n'exonérait pas. Le bailleur doit, en effet, une double garantie au preneur : non seulement celle des troubles de jouissance, mais également celle des vices cachés (art. 1721 C.C.) qui est assez proche de celle que le vendeur doit à l'acheteur (art. 1641 C.C.) ou le locateur d'ouvrage au maître de l'ouvrage et qu'une clause du contrat peut venir alléger[1].

1917. De même que le contenu de l'obligation mise à la charge du bailleur par l'article 1719-3° du Code civil peut être aménagé par la convention des parties, l'obligation faite au preneur, par l'article 1728-1° du Code civil, d'*« user de la chose louée en bon père de famille »* pourra être précisée dans le contrat de bail, notamment en ce qui concerne l'occupation *paisible* des lieux qu'elle implique. Si le locataire a le droit d'exiger de son bailleur une jouissance paisible des lieux qu'il occupe pendant la durée du bail, c'est parce qu'il est lui-même tenu d'en jouir paisiblement. Le droit prend ainsi en compte la situation d'une même personne -situation qui de manière générale concerne tout individu- pouvant être à la fois victime et auteur de bruits de voisinage.

b) L'obligation de jouissance paisible due par le preneur à son bailleur

1918. L'article 1728-1° du Code civil impose au locataire *« d'user de la chose louée en bon père de famille »*. Cette obligation s'analyse, à l'instar de la garantie des troubles de jouissance due par le bailleur, en une obligation négative : celle de ne rien faire qui puisse nuire à la tranquillité des voisins. La référence au *« bon père de famille »* est coutumière au Code civil et signifie que tout preneur doit suivre ce modèle de « perfection moral et social », en faisant preuve d'honorabilité et de tranquillité dans l'usage qu'il fait des lieux loués. Le tapage, les bruits excessifs constituent ainsi des « abus de jouissance » qu'on ne saurait tolérer d'un « bon père » et qui fondent l'action en réparation que détient le bailleur à l'égard de son preneur trop bruyant.

1919. Les contrats de bail contiennent très souvent des clauses relatives à la destination des lieux loués et à la quiétude des voisins, rappelant les obligations du preneur dans ce domaine. Le non-respect de ces prescriptions est constitutif d'une faute contractuelle de nature à engager la responsabilité du locataire envers son bailleur. C'est ainsi qu'ont été retenus à l'encontre du locataire d'un local dans lequel il exploitait un débit de boissons et un restaurant, des manquements graves à son obligation d'user les lieux loués en bon père de famille, dans le fait notamment de *« tolérer des clients qui se livrent au tapage nocturne et provoquent un bruit exagéré constituant de graves troubles*

---

[1] V. par exemple : Cass. civ. 2e, 26 mai 1992, N° 614, Juridisque Lamy : la Cour de cassation censure l'arrêt de la Cour d'appel de Chambéry, rendu le 24 octobre 1990, qui n'a pas répondu aux conclusions du vendeur d'une discothèque invoquant une clause du contrat de vente par laquelle les acquéreurs s'étaient engagés à *« faire leur affaire personnelle de toutes les conséquences de la procédure »* l'opposant à un voisin gêné par les bruits causés par l'exploitation de l'établissement.

de voisinage »[1]. De nombreuses illustrations jurisprudentielles, rendues sur ce fondement, concernent l'exploitation de commerces[2] ou établissements ouverts au public dans les locaux loués[3], au mépris de l'obligation du locataire, contenue dans l'article 1728-1° du Code civil et la plupart du temps reprise dans une clause du contrat de bail, lui *« interdisant de ne rien faire qui puisse troubler la tranquillité de l'immeuble ou apporter un trouble de jouissance aux autres occupants »*[4] ou encore lui stipulant de *« ne pas inquiéter ou incommoder les autres habitants de l'immeuble »*[5].

1920. Tel est le cas, par exemple, du locataire qui exploite un « night-club » bar américain, sans s'être conformé aux clauses du bail lui imposant d'*« exécuter toute insonorisation nécessaire afin de ne pas incommoder les autres locataires de l'immeuble »*[6], ou une pizzeria dont les bruits provenant de la cuisine jusqu'à deux heures du matin troublent gravement le sommeil des autres habitants de l'immeuble[7]. Mais les juges se montrent tout aussi sévères à l'égard des simples bruits de comportement, produits de la vie quotidienne des locataires dans leur logement, et dont le caractère excessif marque un manquement grave eu égard à la nature du contrat de bail et à l'obligation d'usage paisible des lieux qui en découle. Des disputes et scènes de violence, ainsi que des émissions musicales de très forte intensité procédées à des heures indues -*» des nuits durant et de telle façon que le sommeil de tous les autres occupants en soit gravement troublé »*- engagent la responsabilité contractuelle de la locataire *« fautive, sinon d'avoir personnellement contribué à troubler la tranquillité de l'immeuble, tout au moins de n'avoir pas, en exécution des clauses du bail, mis fin aux agissements de son fils qu'elle hébergeait »*[8].

1921. S'agissant de bruits moins courants, qu'il faut espérer peu habituels dans la vie de tous les jours, on notera le cas de cette locataire dont il était prouvé qu'elle commettait des excès éthyliques, faisait du tapage nocturne et provoquait des bagarres, autant de comportement constitutifs *« d'infractions graves aux obligations du preneur contenues dans l'article 1728 du Code civil, prévoyant que l'on doit jouir paisiblement des lieux »*[9]. De même, les bruits causés toutes les nuits par les deux filles de locataires, malades mentales, poussant des cris et parfois des hurlements de 10 heures du soir à 5 heures du matin, établissent de manière suffisante que *« les époux locataires ne jouissent pas paisiblement des lieux loués et contreviennent gravement à leurs obligations*

---

[1] Cass. civ. 3e, 20 mai 1985, Nakas c/. époux Mysiuk, C.N.B., Les nuisances sonores - Recueil de jurisprudence commentée, p. 63.

[2] Cass. civ. 3e, 8 février 1972, Villard c/. dame Corroyez et autre, préc. : s'agissant de bruits abusifs provenant de l'exploitation nocturne d'une boulangerie-pâtisserie.

[3] Cass. civ. 3e, 8 avril 1992, N° 637, Lexilaser cassation 1996/2 : concernant un local à usage commercial de discothèque dont le bail comportait une clause particulière limitant le bruit admissible.

[4] Cass. civ. 3e, 31 mars 1978, Dame Joly c/. Rolland et autres, Gaz. Pal. 1978, I, somm. p. 265 : s'agissant de l'exploitation d'un commerce de café-restaurant dont les bruits troublaient la jouissance des autres occupants de l'immeuble.

[5] Cass. civ. 3e, 12 juin 1996, N° 1069, Juridisque Lamy.

[6] Cass. civ. 3e, 30 novembre 1994, N° 1906, Lexilaser cassation 1996/2.

[7] Cass. civ. 3e, 12 juin 1996, N° 1069, préc.

[8] C.A. Angers, 1re ch. B, 29 juillet 1987, Bechade c/. OPHLM de la Sarthe, C.N.B., Les nuisances sonores - Recueil de jurisprudence commentée, p. 64. De même, par *« l'existence de cris, invectives, claquements de porte, musique jusqu'à 1 ou 2 heures du matin »*, les locataires *« n'ont pas usé de la chose louée en bon père de famille »* et voient leur responsabilité engagée sur le fondement de l'article 1728 du Code civil : Cass. civ. 3e, 16 novembre 1993, N° 1735, Lexilaser cassation 1996/2.

[9] C.A. Angers, 1ere ch. B, 17 novembre 1987, Bodin c/. OPHLM de la Sarthe, C.N.B., Les nuisances sonores - Recueil de jurisprudence commentée, p. 65.

contractuelles rendant la vie intenable à leurs colocataires »[1]. En-dehors de ces hypothèses extrêmes où, de par la nature des bruits, l'abus de jouissance ne fait aucun doute, les émissions sonores, manquements à l'obligation d'usage paisible des lieux loués, doivent être d'une certaine gravité pour pouvoir fonder l'action du bailleur contre son preneur. L'abus de jouissance est soumis à l'appréciation souveraine des juges du fond au vu des circonstances de l'espèce[2].

1922. L'obligation de jouissance paisible, dont le locataire est à la fois débiteur en application de l'article 1728-1° du Code civil et créancier en vertu de l'article 1719-3° du même code, permet d'engager la responsabilité contractuelle respectivement du preneur et du bailleur lié par le contrat de bail. Ce contrat constitue la *« loi des parties »*[3], dont les manquements se rapportant à la jouissance prévue par les articles 1719 et 1728 constituent une faute de nature à engager la responsabilité contractuelle des deux parties, selon les cas bailleur ou preneur, dans leurs rapports privatifs organisés juridiquement dans la convention. Mais au-delà du cadre étroit du propriétaire et de son locataire, l'occupation des lieux s'intègre également dans un voisinage plus complexe qui crée des relations entre plusieurs voisins, pouvant être liés par d'autres conventions d'habitation plus larges. Le problème des bruits de voisinage est à prendre en compte et à régler dans les rapports collectifs de voisins ayant la qualité de cocontractants au sein d'une véritable communauté de voisinage.

2- Le bruit dans les rapports collectifs issus des autres conventions d'habitation

1923. Les nécessités économiques et sociales ont entraîné le regroupement des individus et le développement de formes collectives d'occupation des territoires et des immeubles. Amenés à vivre ensemble dans un périmètre restreint, au sens géographique mais aussi physique, les voisins se retrouvent non seulement côte à côte et de plus en plus proches, mais également les uns au-dessous des autres. L'organisation juridique et contractuelle de cette *« communauté de voisinage »* peut se faire entre *copropriétaires* au sein d'un immeuble collectif, et a pour cadre le règlement de copropriétaire, ou entre *colotis,* tenus de respecter le cahier des charges du lotissement dans lequel ils habitent.

1924. Les membres de la communauté ont par conséquent des relations de voisinage d'une nature particulière, régies par la convention collective d'habitation à laquelle ils sont parties. Les règles qui en découlent sont de nature contractuelle, liant entre eux les copropriétaires par le règlement de copropriété et les colotis par le cahier des charges du lotissement. Le fondement de la responsabilité civile pour bruits de voisinage est alors à rechercher sur le terrain contractuel, dans un manquement à cette réglementation des rapports collectifs de la communauté de voisinage par l'un de ses adhérents causant un dommage à l'un ou plusieurs de ses cocontractants.

1925. La vie en société nécessitant des règles d'organisation et de comportements, la « micro-société » instituée au sein des immeubles collectifs, de plus en plus nombreux dans nos villes, se bâtit autour du règlement de copropriété, charte de bon voisinage dont

---

[1] C.A. Versailles, 1re ch., 2e sect., 5 juin 1987, S.C.I. du 8 rue de Paris à Boulogne-Billancourt c/. époux Chahinian, Gaz. Pal. 1987, II, somm. p. 476.

[2] V. par exemple : Cass. civ. 3e, 31 mars 1998, N° 531, Juridisque Lamy : confirmant l'appréciation souveraine faite par la Cour d'appel de Saint-Denis-de-la-Réunion (arrêt du 29 mars 1996) selon laquelle *« les manquements »* -l'adjonction d'une activité de petite restauration à celle de glacier qui *« n'occasionnait aucune gêne supplémentaire »- « ne présentaient pas un degré de gravité suffisant pour entraîner la résiliation du contrat de location ».*

[3] Comme le rappelle par exemple : Cass. civ. 3e, 8 avril 1992, préc. : à propos d'un contrat de bail portant sur un local à usage commercial de discothèque qui instituait des limites précises quant au bruit.

l'objet est de prévenir, et le cas échéant de résoudre, les problèmes, parmi d'autres, de cohabitation entre voisins occupant le même bâtiment. Obligatoire en vertu de l'article 8 de la loi n° 65-557 du 10 juillet 1965[1], il détermine la destination des parties tant privatives que communes, ainsi que les conditions de leur jouissance. Celle-ci s'identifie à la jouissance paisible du droit commun du bail contenu dans le Code civil et s'impose à tous les copropriétaires ou leurs ayant-cause, et notamment leurs locataires[2]. Ainsi très souvent, il est dit de façon générale que chacun doit veiller à ne rien faire qui puisse nuire à la tranquillité des autres occupants[3]. Mais le principe étant la liberté contractuelle, certains règlements contiennent des clauses plus précises portant sur certaines sources sonores -multiples dans les immeubles collectifs-, telles que l'utilisation d'instruments de musique[4], les animaux, la destination de l'immeuble[5], l'exploitation de commerces ou encore la modification des revêtements de sol.

1926. Les juges se fondent très souvent sur ces clauses générales ou plus restrictives des règlements de copropriété pour retenir la responsabilité du propriétaire dont l'activité ou les agissements portent atteinte à la tranquillité de ses voisins copropriétaires. Ainsi, d'après une décision particulièrement explicite[6], les auteurs de jeux de piano et de saxophone, pendant 6 h 30 les jours de la semaine et pendant 3 heures le samedi, *« manquent à leurs obligations contractuelles en violant le règlement de copropriété dès lors qu'ils troublent la tranquillité des autres occupants et affectent une pièce de leur logement à une activité professionnelle bruyante, apportant une gêne durable aux autres copropriétaires de l'immeuble, lesquels ont choisi de vivre dans un quartier résidentiel relativement calme et pris les dispositions contractuelles nécessaires en vue de préserver leur environnement et leur cadre de vie »*. D'autres reprochent aux copropriétaires de louer des locaux pour des activités professionnelles, commerciales ou artisanales par nature bruyantes ou interdites par le règlement de copropriété, telles que l'exploitation d'un atelier d'imprimerie[7], le commerce de garage pour automobiles et motos[1], les activités de cours de danse[2].

---

[1] Loi n° 65-557 du 10 juillet 1965 fixant le statut de la copropriété des immeubles bâtis, complétée par le décret n° 67-223 du 17 mars 1967 portant règlement d'administration publique pour l'application de la loi n° 65-557 du 10 juillet 1965.... V. sous art. 664 C.C.

[2] C.A. Colmar, 1re ch., 1er juin 1988, Mandry et Weibel - Syndicat des copropriétaires de la résidence du « Reberg » - Ritter c/. époux Sieffert, C.N.B., Les nuisances sonores - Recueil de jurisprudence commentée, p. 52 : la cour rappelle l'importance du règlement de copropriété *« auquel adhère obligatoirement tout occupant de l'immeuble »*. V. également : Cass. civ. 2e, 18 novembre 1992, N° 1013, Lexilaser cassation.

[3] V. par exemple : T.G.I. de Paris III, 11 décembre 1997, N° 722/97, Echo bruit n° 87, octobre 1998, jurispr. p. 41-42 : activité pianistique constituant un manquement au règlement de copropriété de l'immeuble qui stipulait une obligation de calme et de tranquillité à la charge de chaque copropriétaire.

[4] T.G.I. de Longjumeau, 4 décembre 1984, Fintzel c/. Durand, C.N.B., Les nuisances sonores - Recueil de jurisprudence commentée, p. 51 : à propos des bruits de piano, le tribunal relève que *« les troubles invoqués (...) constituent une contravention au règlement de copropriété prévoyant notamment que les instruments de musique ne sont tolérés que dans la mesure où ils ne portent aucune gêne aux propriétaires voisins » ;* C.A. Paris, 9 avril 1987, Amoyel c/.Lajunie, C.N.B., Les nuisances sonores - Recueil de jurisprudence commentée, p. 51 : bruits de piano et d'orgue contrevenant aux dispositions du règlement de copropriété *« interdisant une activité professionnelle musicale et de troubler la tranquillité de l'immeuble par des bruits anormaux »*.

[5] C.A. Paris, 23e ch., 30 mars 1987, D. 1987, I.R., p. 141 : la transformation d'un local à usage de boutique en restaurant dont l'exploitation causait un trouble aux occupants de l'immeuble constitue une modification essentielle de la destination des lieux, en infraction au règlement de copropriété.

[6] C.A. Colmar, 1re ch., 1er juin 1988, préc.

[7] C.A. Paris, 15e ch. B, 3 février 1984, Joannes et autres c/. Leval et autres, C.N.B., Les nuisances sonores - Recueil de jurisprudence commentée, p. 53 : le règlement de copropriété prévoyait que les

1927. De très nombreuses décisions sont rendues sur le fondement du non-respect des clauses du règlement de copropriété s'agissant de l'exploitation d'établissements ouverts au public : restaurants[3], cafés[4], bars, cabarets, discothèques... Il en est de même des modifications de revêtements de sol, remplaçant moquettes et revêtements plastiques qui présentent des qualités d'isolation acoustique par du carrelage, marbre[5] ou parquet[6] qui, à l'inverse, reproduisent parfaitement le bruit des déplacements de personnes ou de meubles dans les appartements voisins. Cette tendance étant devenue relativement fréquente, les règlements de copropriété n'autorisent souvent la modification des revêtements susceptibles d'affecter l'isolation acoustique de l'immeuble qu'avec l'autorisation de l'assemblée des copropriétaires et sous réserve que le nouveau matériau présente des caractéristiques d'isolation phonique au moins égales à celles du matériau d'origine. La violation du règlement de copropriété sur ce point et des décisions de l'assemblée constitue un abus de jouissance d'un lot privatif, engageant la responsabilité contractuelle du copropriétaire qui en est l'auteur[7].

1928. De façon générale, tout manquement à une clause du règlement de copropriété, à une décision de l'assemblée générale des copropriétaires[8] ou tous travaux

---

locaux pouvaient être occupés commercialement à l'exclusion de toute activité pouvant nuire à la bonne tenue de l'immeuble, notamment par les bruits.

[1] Alors même que de telles activités étaient interdites par le règlement de copropriété, en raison de la destination bourgeoise de l'immeuble : C.A. Paris, 23e ch. A, 31 mars 1977, SCI Sembat Pont de Sèvres c/. Scemama et autres, C.N.B., Les nuisances sonores - Recueil de jurisprudence commentée, p. 53.

[2] T.G.I. de Nantes, 1re ch., 28 mars 1985, Blanchard c/. Lotte, C.N.B., Les nuisances sonores - Recueil de jurisprudence commentée, p. 54 : condamnation d'un professeur de danse pour manquement contractuel au règlement de copropriété qui prévoit que les appartements doivent être occupés bourgeoisement et n'autorise les professions et commerces que dans la mesure où ils ne causent aucun trouble à la jouissance des autres copropriétaires ou locataires.

[3] C.A. Paris, 7e ch. A, 30 avril 1974, Cadot c/. Launey, C.N.B., Les nuisances sonores - Recueil de jurisprudence commentée, p. 55.

[4] C.A. Paris, 7e ch. A, 17 octobre 1972, Dame Bonabot c/. Bourin, C.N.B., Les nuisances sonores - Recueil de jurisprudence commentée, p. 55 : à propos des bruits excessifs du juke-box d'un café, pour entrer en voie de condamnation contre la propriétaire des murs, la Cour s'est appuyée sur le règlement de copropriété *« qui oblige les copropriétaires les uns envers les autres »* et qui, en l'espèce imposait de *« prendre toutes mesures utiles pour que le choix de leurs locataires ou sous-locataires et l'occupation par ces derniers ne constituent aucune gêne pour les autres locataires ou propriétaires ».*

[5] T.G.I. de Paris, 8e ch., 18 mars 1981, D'Ornellas c/. Benbassat et C.A. Rennes, 1ere ch., 1ere sect., 10 décembre 1987, Bonneau c/. Charreau, C.N.B., Les nuisances sonores - Recueil de jurisprudence commentée, p. 56 et 58 : responsabilité des défendeurs qui ont substitué du marbre à la moquette d'origine.

[6] C.A. Paris, 2 mai 1983, Epoux Becker c/. Epoux Obadia, C.P.E.N., jurispr. « Bruit », 1536 : en plus des dispositions générales du règlement de copropriété relatives à la tranquillité de l'immeuble, les demandeurs se sont prévalus à bon droit de la prestation d'isolation phonique contractuellement promise par le constructeur dans le devis descriptif.

[7] Cass. civ. 3e, 17 décembre 1996, N° 1973, Juridisque Lamy : sur le fondement de l'article 1134 du Code civil, selon lequel le contrat est la loi des parties, la Cour de cassation censure la décision des juges du fond (C.A. Versailles, 1ere ch., 14 novembre 1994) qui ont retenu que *« la circonstance que* [la défenderesse] *n'avait pas demandé l'autorisation du syndic de procéder aux travaux litigieux -* remplacement de la moquette par du plancher- *conformément au règlement de copropriété n'était pas suffisante pour justifier la demande... »* en réparation des voisins du dessus.

[8] Cass. civ. 3e, 2 mars 1976, Société de production et diffusion Rencontre c/. Delle Costa de Beauregard, D. 1976, jurispr. p. 545, note C. Larroumet : réparation du dommage causé à un copropriétaire par suite de l'inexécution des travaux décidés par des assemblées générales, pour réduire les bruits provenant d'une société ayant ses bureaux dans l'immeuble.

exécutés sans l'autorisation de cette dernière alors que le règlement le prévoit[1], constitue une faute trouvant son fondement dans le règlement de copropriété -faisant la loi des parties- et par conséquent de nature contractuelle ouvrant droit à réparation civile. Chaque copropriétaire, débiteur de l'obligation de respect du règlement de copropriété, a dans le même temps le droit d'en demander au juge la stricte application par les autres copropriétaires, pour obtenir réparation du préjudice qu'il subit dans ses parties privatives. Le syndicat, représentant légal de la collectivité des copropriétaires, a également qualité pour agir en justice, conjointement ou non avec l'un ou plusieurs des copropriétaires -et même contre certains d'entre eux-, en vue de la sauvegarde des droits afférents à l'immeuble, notamment du droit à une jouissance paisible des lieux. Mais s'il peut être demandeur à l'action civile, il peut tout aussi bien se retrouver défendeur et être condamné sur le fondement de l'article 14 de la loi n° 65-557 du 10 juillet 1965, au terme duquel il est *« responsable des dommages causés aux copropriétaires ou aux tiers par le vice de construction ou le défaut d'entretien des parties communes »*[2].

1929. Le règlement de copropriété et les décisions de l'assemblée générale des copropriétaires prises en son application sont donc contraignants pour les occupants de l'immeuble auxquels ils sont opposés. Les juges saisis de litiges dans ce domaine n'hésitent pas à rappeler cette force obligatoire des stipulations et décisions conformes. Il est également de jurisprudence constante que les autorisations ou tolérances administratives, concernant l'exploitation de certains établissements ou l'exercice de certaines activités, ne sauraient faire obstacle à l'application des clauses du règlement de copropriété. Ainsi, à propos d'un bar situé dans un immeuble en copropriété, la tolérance administrative concernant la fermeture tardive des débits de boissons ne saurait *« faire échec à la contrainte particulière que constituent les statuts de la copropriété qui s'imposent à tous les copropriétaires »*[3]. La même solution a été appliquée s'agissant d'une discothèque, les juges relevant que le permis autorisant son exploitation n'est donné que *« sous réserve des droits des tiers »* et *« le droit pour chaque copropriétaire de jouir paisiblement de son lot ne pouvait être mis en échec par la présence d'une discothèque »*[4]. Le règlement de copropriété et les décisions régulièrement prises dans ce cadre constituent bien la loi des parties.

1930. Des règles et mécanismes analogues de responsabilité contractuelle se retrouvent au sein des lotissements où les colotis sont tenus de respecter les clauses du cahier des charges du lotissement. Comme le règlement de copropriété, ce cahier des charges constitue une charte de bon voisinage à caractère obligatoire et donc contraignant. En ce qui concerne les bruits de voisinage, il comporte en principe des clauses de construction et d'habitation bourgeoise qui ont pour objet de garantir aux colotis le calme et la tranquillité. L'inobservation de ces clauses constitue une faute

---

[1] Cass. civ. 3e, 17 juin 1997, N° 1066, Juridisque Lamy : la Cour de cassation censure la décision rendue en appel (C.A. Lyon, 2e ch., 7 mars 1995) qui ne répond pas aux conclusions des demandeurs faisant valoir que les travaux avaient été exécutés sans l'autorisation de l'assemblée générale des copropriétaires.

[2] V. par exemple l'arrêt de la C.A. Aix-en-Provence, 9 février 1983, confirmé par Cass. civ. 3e, 10 juillet 1984, N° 1007 B, Echo Bruit n° 78-79, décembre 1996-janvier 1997, p. 48 : s'agissant des nuisances sonores produites par la chaufferie de l'immeuble et dont se plaignait l'acquéreur d'un appartement en copropriété, la cour a condamné le syndicat des copropriétaires, in solidum avec la société venderesse, à effectuer des travaux de réduction du bruit, en application de l'article 14 de la loi du juillet 1965.

[3] C.A. Lyon, 15 octobre 1975, J.C.P. 1976, II, 18488, note Guillot ; R.T.D.C. 1977, p. 162, note G. Durry.

[4] Cass. civ. 3e, 2 octobre 1996, SC.I l'Albatros, N° 1562, Juridisque Lamy ; J.C.P. 1997, I, doctr. 4010 ; Echo Bruit n° 78-79, décembre 1996-janvier 1997, p. 48-49.

contractuelle de nature à engager la responsabilité de son auteur et à l'exposer à une sanction civile. Tel est par exemple le cas pour celui qui exploite un restaurant alors que l'activité de restauration est prohibée par le cahier des charges du lotissement. En outre, tout comme dans le cadre plus restreint de la copropriété, le permis de construire qui est délivré sous réserve des droits des tiers *« n'a donc pas pu dégager les propriétaires des obligations découlant du cahier des charges »*[1].

1931. L'enjeu de la responsabilité contractuelle n'est pas tant de déterminer le contenu de l'obligation dont le manquement réalise la faute contractuelle, que d'identifier sans ambiguïté les parties liées par le contrat qui stipule cette obligation. En vertu de l'article 1134 du Code civil, *« les conventions légalement formées tiennent lieu de loi* ***à ceux qui les ont faites*** *».* Le contrat, avec les obligations qu'il contient, constitue donc le fondement de la responsabilité contractuelle. Il est la « loi des parties » et en tant que « loi » a valeur contraignante. Dans le même temps, il limite le domaine de cette responsabilité aux « parties ». Ainsi, elle ne pourra être mise en jeu qu'entre un bailleur et son preneur, engagés l'un envers l'autre par le contrat de bail. Il en va de même pour les copropriétaires entre eux et dans leurs rapports avec leur représentant légal : le syndicat, dans le cadre du règlement de copropriété et pour les colotis et leur syndicat tenus par le cahier des charges du lotissement. En matière de construction, le manquement à une obligation née du contrat d'entreprise ne peut être invoqué que par le maître de l'ouvrage qui a subi un dommage du fait du locateur d'ouvrage avec lequel il est lié.

1932. Dès lors que le dommage provoqué par des bruits de voisinage est causé ou subi par un tiers, c'est-à-dire une personne non-contractante, la responsabilité contractuelle n'est plus de mise. Les tiers ne pouvant légitimement se prévaloir d'obligations d'un contrat auquel ils sont étrangers, ils n'ont d'autre recours que de faire appel aux règles de la responsabilité extra-contractuelle qui correspond à leur situation juridique vis-à-vis de l'auteur des bruits préjudiciables. La frontière entre les deux régimes de responsabilité est donc très nette. Leur mise en œuvre se fait dans le respect du principe de non-cumul des responsabilités contractuelle et délictuelle qui interdit au créancier d'une obligation contractuelle, par exemple le bailleur ou le maître de l'ouvrage, de se prévaloir contre le débiteur de cette obligation, son locataire ou entrepreneur, des règles de la responsabilité délictuelle. Cette règle dite du « non-cumul » pose en réalité un principe de non-option qui signifie que le même responsable ne peut l'être face à la même victime que soit à titre contractuel -obligatoirement lorsque toutes les conditions de ce type de responsabilité sont remplies-, soit à titre délictuel -dans les autres cas-.

1933. En matière de bruit, le débiteur répondant des troubles sonores qui portent atteinte au voisinage peut donc être actionné -pour le même dommage- sur les deux fondements par des victimes différentes, selon que le demandeur à l'action en réparation est contractuellement lié à lui -c'est ce que nous venons de voir- ou qu'il n'a aucun lien de droit avec lui et qu'il invoque les fondements de la responsabilité extra-contractuelle.

---

[1] C.A. Paris, 17e ch., 9 février 1979, Kozakiewicz c/. Idot, Echo Bruit, Chronique juridique n° 23, préc. V. également : C.A. Paris, 2e ch., 18 mars 1977, Peltier c/. Héraud ; C.A. Fort-de-France, 1er mars 1985, Drofuat c/. Ciredeck et C.A. Rennes, 1re ch., 1re sect., 28 octobre 1987, Epoux Texier c/. Epoux Duguay, C.N.B., Les nuisances sonores - Recueil de jurisprudence commentée, p. 61-63.

§2. LES DOMMAGES CAUSÉS PAR LE BRUIT ET LES FONDEMENTS DE LA RESPONSABILITÉ EXTRA-CONTRACTUELLE

1934. Un contrat, quel qu'il soit (contrat de bail, d'entreprise, de vente, règlement de copropriété ou de lotissement), peut créer une situation de fait pour les tiers. Le manquement à une obligation contractuelle est susceptible d'avoir des conséquences sur les tiers. Le non-respect par un locataire excessivement bruyant de son obligation de jouissance paisible des lieux, contenue dans le contrat de bail, peut ainsi causer aux autres locataires un trouble dommageable. Ce sont alors les règles de la responsabilité délictuelle, selon une formule devenue classique en doctrine, qui *« reprennent leur empire à l'égard des tiers étrangers au contrat »*. Régime de base du droit de la responsabilité, consacré de valeur constitutionnelle, il a un champ d'application très général, à la seule exception des relations contractuelles où il trouve néanmoins un « correspondant » assez proche dans la responsabilité contractuelle. Les voisins, tiers, qui subissent un dommage en raison de bruits de voisinage, sont donc en droit, comme tout autre tiers, d'invoquer les règles de la responsabilité civile de droit commun.

1935. C'est autour de la notion de faute que les rédacteurs du Code civil ont édicté les principes directeurs de la responsabilité, reproduisant dans les textes majeurs des articles 1382 et 1383 du Code civil l'affirmation de notre ancien droit selon laquelle tout dommage résultant d'une faute devait être réparé. Cependant, subordonner la responsabilité à un comportement fautif était par trop réducteur. Cet état de fait a rapidement été mis en évidence lors de la Révolution industrielle, avec le progrès technique, le développement du machinisme et la multiplication des accidents.

1936. Une évolution profonde du droit de la responsabilité a par conséquent été amorcée dès 1880 en vue de permettre la prise en compte par le droit de l'ensemble des dommages causés aux personnes privées, y compris ceux résultant d'actes ou de faits dénués de toute coloration fautive au sens des articles 1382 et 1383 du Code civil. Dans l'optique de faciliter l'action en réparation des victimes, il a été imaginé des systèmes de responsabilité propres à les dispenser de prouver une faute de l'auteur du dommage. Dans ce processus de renouveau du droit, l'œuvre de la jurisprudence a été sans pareille. Elle est parvenue à créer des présomptions de responsabilité dans des domaines très importants et variés qui laissent une place certaine aux dommages causés par les bruits de voisinage. Ainsi, l'idée d'une responsabilité du fait d'autrui ou de choses inanimées a-t-elle percé pour devenir finalement le siège de l'article 1384 du Code civil dont le champ d'application a été à plusieurs reprises élargi par les juges.

1937. Le critère retenu est celui de la personne désignée comme responsable du dommage causé, débiteur de l'obligation de réparer. Or, la détermination du civilement responsable a depuis toujours suscité de sérieuses difficultés, que l'on retrouve à propos de certains dommages résultant du bruit. Lorsque les nuisances sonores préjudiciables sont le fait d'une personne *« qui agit sans l'aide d'une chose ou sans s'en remettre à autrui »*[1], la victime peut engager la responsabilité du *fait personnel* du « bruiteur » qui a commis une faute délictuelle (A). Mais très souvent, le bruit est réalisé par l'intermédiaire d'une chose, comme les engins de chantier ou les machines d'une imprimerie. Dans ce cas, ce n'est plus la faute du défendeur qui constitue le fondement de l'action en réparation, mais le *fait de la chose* (B) qui engage la responsabilité de son *gardien,* dont la désignation peut se révéler délicate pour la victime du bruit.

---

[1] H. et L. MAZEAUD, J. MAZEAUD, F. CHABAS, Leçons de droit civil, Tome II, Premier volume : « Obligations - Théorie générale », préc., n° 425.

A. La responsabilité du fait personnel du « bruiteur »

1938. Le fait personnel engage la responsabilité de son auteur dans la mesure où il constitue une faute dont la commission a entraîné la production d'un dommage à autrui. Cette responsabilité du fait personnel peut paraître comme une évidence, allant de soi pour le voisin, victime de nuisances sonores et profane face aux rouages juridiques de la responsabilité civile pour faute. Pour lui, le bruit créateur de gêne équivaut automatiquement à un comportement fautif de la part de son auteur. Dans l'opinion de la majorité des voisins, un bruit gênant présente forcément une connotation fautive, dans le sens où il n'aurait pas dû se produire et ne devrait pas être permis. Or, une telle équation, réductrice de la problématique posée par le bruit et du subjectivisme qui l'entoure, n'est pas cautionnée par le droit qui régit les rapports entre individus. Tout fait personnel de bruit ne donne pas lieu à responsabilité et c'est heureux car la vie, dont la moindre manifestation est sonore, ne serait tout simplement plus possible.

1939. C'est la notion de faute civile qui est au centre du système de responsabilité du fait personnel. Or, la loi n'en donne aucune définition. L'article 1382 du Code civil énonce simplement que *« tout fait de l'homme, qui cause à autrui un dommage, oblige celui par la faute duquel il est arrivé, à le réparer »*. Il indique donc que l'on est responsable d'un *« fait quelconque »*, formulation qui ne peut être plus vague. De son côté, l'article 1383 du Code civil ajoute que *« chacun est responsable du dommage qu'il a causé, non seulement par son fait mais encore par sa négligence ou son imprudence »*. Les deux textes, fondements légaux de la responsabilité pour faute, ne précisent pas le concept de faute civile, le premier -l'article 1382- se contentant de viser la faute positive à laquelle le second -l'article 1383- assimile l'imprudence et la négligence. En outre, dans la pratique, l'article 1383 du Code civil est généralement *« passé sous silence »*, les juges visant uniquement l'article 1382 du Code civil pour établir la responsabilité pour faute[1].

1940. De façon générale, il est difficile de donner une définition précise et objective de la faute génératrice de responsabilité, compte tenu de ses aspects nombreux et variés. Cette difficulté est encore accrue face à la spécificité du problème des bruits de voisinage et à la multitude des sources et manifestations sonores productrices de dommages. C'est aux juges du fond, contrôlés sur ce point par la Cour de cassation, de caractériser les agissements fautifs en matière de bruit. La faute civile à l'origine des bruits de voisinage révélera ses multiples aspects au travers des décisions juriprudentielles. Beaucoup plus large que la faute pénale[2], elle est à rechercher non seulement dans la violation d'une obligation précise, règle juridique pré-existante portant sur la question des nuisances sonores (1), mais aussi dans la méconnaissance du devoir général de prudence et de diligence imposé par le Code civil (2).

1- La violation d'une obligation précise pré-existante

1941. *« Le fait quelconque de l'homme »*, retenu par l'article 1382 du Code civil, en l'occurrence le fait de l'auteur du bruit dans le voisinage, doit être *illicite* pour présenter le caractère d'une faute de nature à ouvrir droit, pour la victime du dommage qui en est

---

[1] B. STARCK, H. ROLAND et L. BOYER, Obligations, Tome 1 : Responsabilité délictuelle, 5e éd., Litec, 1996, p. 107, n° 190.

[2] En vertu du principe de l'unité des fautes pénales et civiles, toutes les infractions constituent une faute civile. Par contre, toutes les fautes civiles ne s'identifient pas dans le même temps à une faute pénale. Leur définition est beaucoup plus étendue. Elle englobe tout le champ non couvert par la réglementation, de même qu'elle peut aller au-delà de ce qu'impose la réglementation.

résulté, à une sanction civile. Cette faute génératrice de responsabilité s'entend, tout d'abord et de manière incontestable, de la transgression d'une obligation légale, c'est-à-dire d'un acte contraire au droit. Toute violation d'une règle juridique, de nature civile mais également réglementaire[1] ou pénale, constituera nécessairement une faute civile. Dans ce cas, le juge ne dispose d'aucun pouvoir d'appréciation quant à l'existence de la faute qui ne fait pas de doute puisque c'est la loi elle-même qui a fixé la norme impérative. Le non-respect de ces textes exprès caractérise *ipso facto* la faute de l'article 1382 du Code civil qui a entraîné un trouble dommageable. Sur ce fondement, les juges retiennent donc la responsabilité délictuelle de celui qui ne remplit pas son devoir tel qu'il lui a été prescrit expressément par la loi.

1942. Ainsi, toutes les infractions pénales relatives au bruit[2], supposant la violation d'un texte, constituent nécessairement une faute civile, indépendamment du déclenchement ou non des poursuites pénales. En application du principe de l'unité des fautes pénale et civile, les juges qui relèvent l'existence d'une infraction se trouvent dans le même temps face à une faute de nature à engager la responsabilité civile de son auteur dans la mesure où elle cause un préjudice à autrui. Tel est le cas des prévenus qui ont utilisé un système de ventilation dépassant la norme autorisée en infraction au décret n° 88-523 du 5 mai 1988 et qui ont été condamnés, sur le fondement de l'article 1382 du Code civil, à réparer le préjudice qui en est résulté pour les voisins gênés par le bruit émanant de cette installation[3]. Il en va de même s'agissant d'infractions à la législation de l'urbanisme qui ont pour effet d'entraîner des troubles sonores dans le voisinage, telles l'édification d'un immeuble sans autorisation préalable composé d'un cyclone de dépoussiérage produisant un bruit imposant une gêne importante aux riverains[4] ou la construction irrégulière d'un atelier dont l'activité occasionne des nuisances sonores pour les voisins[5].

1943. L'intervention du législateur prive donc le juge de son pouvoir d'apprécier le caractère fautif ou non du comportement. Mais si la méconnaissance des textes entraîne *ipso facto* la réalisation d'une faute sans aucune contestation possible, cette faute doit néanmoins toujours présenter un lien de causalité avec le préjudice subi par le voisin pour pouvoir engager la responsabilité civile de son auteur. L'article 1382 du Code civil vise en effet le fait de l'homme *« qui cause à autrui un dommage »*. La transgression

---

[1] A propos de la violation d'un arrêté municipal interdisant des travaux de construction pendant la période estivale, dès lors qu'ils nuisaient à l'environnement par le bruit... : Cass. civ. 3e, 10 mars 1993, Espadon, N° 447, Lexilaser Cassation 1996/2 et dans Echo Bruit n° 60, septembre 1993, jurispr. p. 13.

[2] V. Chap. I, Titre I, Partie II.

[3] Cass. crim., 14 octobre 1992, N° 91-87.043, Lexilaser Cassation 1996/2 : la cour relève que *« le prévenu a négligé délibéremment de prendre les précautions appropriées pour que l'émergence du bruit émis par son installation n'excède pas les valeurs limites admissibles »* ce qui *« caractérise en tous ses éléments l'infraction »* qui *« entraîne un préjudice pour ses voisins qui sont fondés à en demander réparation »*.

[4] Cass. crim., 15 juin 1994, N° 93-83.929, Lexilaser Cassation 1996/2 : la cour rappelle en l'espèce le principe du droit à réparation, sur le fondement de l'article 1382 du Code civil, des dommages résultant des infractions à la législation de l'urbanisme : *« en édifiant sans autorisation un bâtiment à usage industriel entraînant des nuisances sonores considérables, le prévenu a causé un préjudice important aux parties civiles qui, domiciliées près de cette construction, ont souffert (...) de troubles cardiaques et (...) de troubles auditifs (...) qui justifiaient réparation »*.

[5] Cass. crim., 9 novembre 1993, N° 93-80.281, Lexilaser Cassation 1996/2 : le prévenu qui a construit un bâtiment à usage d'atelier en infraction aux articles L. 480-4 et L. 480-5 du Code de l'urbanisme, est condamné en vertu de l'article 1382 du Code civil à verser des dommages-intérêts aux propriétaires d'une parcelle voisine qui ont subi un préjudice qui est en relation directe avec l'infraction commise, du fait des nuisances sonores occasionnées par l'activité exercée dans l'atelier.

d'une norme juridique, suffisante à caractériser la faute civile, ne l'est pas, en elle-même, pour ouvrir droit à réparation. Elle n'entre dans le domaine d'application de l'article 1382 du Code civil que dans la mesure où elle est la cause directe du préjudice subi. C'est sur cette question du lien de causalité, condition impérative de la responsabilité de droit commun, que les juges du fond retrouvent leur pouvoir souverain d'appréciation. En conséquence, s'ils omettent de la caractériser dans chaque espèce, ils encourent à juste titre la censure de la Cour de cassation.

1944. Ainsi, à propos d'un cabanon édifié sans permis et en violation du P.O.S. ainsi que des règles d'urbanisme, la Cour d'appel a retenu que la construction causait un préjudice au propriétaire du fonds voisin qui *« subissait d'incontestables troubles de voisinage et une gêne considérable dans la jouissance de sa propriété »*, notamment en raison des bruits excessifs provenant de conversations. Or, *« en se bornant ainsi, à constater l'existence d'un préjudice résultant de la construction elle-même, sans rechercher s'il existait une* ***relation directe de cause à effet entre l'infraction à une règle d'urbanisme et le préjudice personnel*** (...), *la cour d'appel a violé le texte »*, à savoir l'article 1382 du Code civil[1]. La Cour de cassation, dont le contrôle ordinaire de la qualification de la faute est rendu inutile par la présence de la norme légale, n'en oublie pas pour autant de s'assurer que tous les éléments exigés par l'article 1382, le dommage et le lien de causalité, en sus de la faute incontestable en l'espèce, sont bien rapportés.

1945. Mais le plus souvent, le juge de la responsabilité ne dispose pas de cette référence légale dont la violation caractérise automatiquement la faute civile. En l'absence de texte, c'est au juge de *« faire la norme »*[2] et de préciser quels sont les comportements fautifs et ceux qui ne le sont pas. Il détermine lui-même ce qui doit être considéré comme fautif par référence à la conduite qu'une personne normalement prudente et avisée aurait eu dans les mêmes circonstances. La faute ne réside plus alors dans la transgression d'une obligation précise posée par la loi au sens large du terme, mais dans la violation d'une obligation générale de prudence et de diligence.

2- La violation d'une obligation générale de prudence et de diligence

1946. Outre le non-respect des règles juridiques précises, le concept de faute en matière de responsabilité civile englobe également tout le champ non couvert par la réglementation, de même qu'il peut aller au-delà de ce qu'impose la réglementation. De manière générale, le Code civil impose à tous une ligne de conduite morale et sociale. La faute délictuelle consistera alors en *« une atteinte à l'attitude que l'on peut attendre entre citoyens normalement conscients et respectueux de l'équilibre qu'exige toute vie en société »*[3]. Cette définition générale s'applique parfaitement au problème spécifique des nuisances sonores. Le critère est l'attitude du « bon citoyen », qui est « normalement prudent et diligent » et désigné comme *« bon père de famille »* par le Code civil. Toute la question est de déterminer ce que l'on attend, dans le domaine spécial du bruit, d'un « bon père de famille », modèle de référence dans l'appréciation *in abstracto* -et donc sévère- de la faute par les juges du fond.

---

[1] Cass. civ. 3e, 11 février 1998, Epoux Lang c/. Mme Porre, Juris-Data n° 000538 ; J.C.P. 1998, IV, 1753 ; D. 1999, comm. S. Beaugendre, p. 529 et s. : en l'espèce, faute d'avoir caractérisé le lien de causalité entre la faute, constituée par des infractions à la législation d'urbanisme, et le dommage subi par le voisin, la responsabilité sur le fondement de l'article 1382 du Code civil ne pouvait être retenue.

[2] A. BENABENT, Droit civil - Les obligations, préc., n° 547.

[3] A. BENABENT, Droit civil - Les obligations, préc., n° 540.

1947. La « faute générale », caractérisée par le fait de ne pas s'être comporté en homme prudent et diligent, renvoie à une infinité d'hypothèses dans la pratique. Le juge judiciaire retient tout naturellement la faute lorsqu'une personne a délibérément causé un trouble de voisinage par le bruit qu'il produit. Tel est le cas de l'exploitant d'un atelier de serrurerie qui en toute connaissance de cause perturbe ses voisins par son activité[1], du propriétaire d'un restaurant installé au rez-de-chaussée d'un immeuble qui ne fait pas réaliser d'isolation acoustique[2], ou encore du propriétaire d'un hôtel qui organise des bals troublant le sommeil des voisins[3]. Dans toutes ces espèces, les juges se réfèrent expressément à la faute commise par les défendeurs, conscients de la gêne qu'ils causent, pour asseoir leurs décisions de condamnation sur le fondement de l'article 1382 du Code civil.

1948. Les exemples jurisprudentiels de faute civile sont particulièrement nombreux dans le droit de la construction. Dans ce domaine, la faute délictuelle côtoie la faute contractuelle, en fonction de la qualité de co-contractants ou de tiers des acteurs. Ainsi, la responsabilité des constructeurs -architectes et entrepreneurs-, qui est contractuelle à l'égard du maître de l'ouvrage dans le cadre du contrat d'entreprise, devient délictuelle à l'égard des tiers, voisins de la construction, qui souffrent de dommages causés par la propagation du bruit due à un vice de la construction[4]. La mauvaise exécution du contrat de construction peut avoir des répercussions sur les droits des voisins. Ceux-ci étant des tiers au contrat, ils ne peuvent s'en prévaloir en tant que source créatrice d'obligations à leur profit. En revanche, le manquement contractuel pourra revêtir un caractère délictuel envers les tiers, dans la mesure où derrière le fait dommageable *« se découvre la transgression d'une obligation qui dépassait le cadre contractuel »*[5] et constituait par elle-même *« la violation d'une obligation générale de prudence et de diligence »*[6].

1949. Ainsi, les architectes et les entrepreneurs peuvent engager leur responsabilité délictuelle à l'égard des tiers qui subissent des dommages trouvant leur origine dans l'imprudence ou la négligence de ces professionnels lors de la conception ou de l'exécution des travaux[7]. En outre, lorsque l'architecte se voit chargé par le maître de l'ouvrage, comme c'est souvent le cas, de la surveillance du déroulement des travaux, la mauvaise exécution de cette mission qui a permis la production de bruits excessifs causant un préjudice direct aux voisins met en jeu sa responsabilité délictuelle. De son côté, l'entrepreneur qui a réalisé l'ouvrage selon ses propres plans pourra voir sa responsabilité délictuelle engagée envers les voisins qui en seraient les victimes. En

---

[1] T.G.I. de Nancy, 12 janvier 1982, Sahatjian c/. Grosjean, C.N.B., Les nuisances sonores - Recueil de jurisprudence commentée, p. 28.

[2] C.A. Paris, 15e ch. B, 23 janvier 1981, Société de gestion et d'exploitation du restaurant S.G.E.R. et autre c/. Picovachi et autre, D. 1981, I.R., p. 366 : nuisances sonores provenant des déficiences de l'installation -un restaurant- dépourvue de toute protection d'isolation acoustique.

[3] C.A. Rennes, 4e ch., 2e sect., 25 mai 1982, époux Mansuy c/. époux Faramus, C.N.B., Les nuisances sonores - Recueil de jurisprudence commentée, p. 28.

[4] Cass. civ. 3e, 15 octobre 1970, Bull. civ. III, n° 515, p. 375 : sur une action engagée par les propriétaires voisins d'une salle de cinéma.

[5] Obs. G. CORNU, R.T.D.C. 1965, p. 673. V. également : M.-C. LAMBERT-PIERI, Construction immobilière et dommages aux voisins, préc.

[6] A. BENABENT, Droit civil - Les obligations, préc., n° 552.

[7] Cass. civ. 3e, 5 novembre 1997, N° 1500, Juridisque Lamy : la Cour de cassation rappelle que la responsabilité d'un constructeur à l'égard des tiers a un fondement quasi-délictuel, nécessitant la démonstration d'une faute. En l'espèce, les voisins se plaignaient de bruits intenables créés par les outils percutants agissant sur les structures des locaux qui dépassaient la gêne normale due à un chantier de construction.

effet, il lui appartient de soumettre à un spécialiste, technicien du bâtiment ou architecte, le projet qu'il a conçu seul, tout particulièrement s'il présente des risques, notamment sur le plan acoustique, pour les fonds voisins. Les locateurs d'ouvrage ont une obligation générale à l'égard des tiers de se comporter en véritables professionnels, se traduisant par un devoir de ne pas créer de nuisances dommageables pour les tiers.

1950. La responsabilité délictuelle du maître de l'ouvrage, vis-à-vis de ses voisins, pourra être recherchée dans l'abus de droit, générateur de nuisances sonores et constitutif d'une faute au sens de l'article 1382 du Code civil. Tel est le cas lorsqu'il a *« agi ou s'est abstenu d'agir dans l'intention malveillante de nuire à ses voisins ou sans justification d'un intérêt sérieux et légitime »*[1]. La faute du maître de l'ouvrage est ainsi commise dans l'exercice de son droit de propriété qui comporte comme limite le fait de ne pas nuire à autrui, afin de ne pas détourner le droit octroyé de sa fonction sociale. La jurisprudence admet ainsi, dans certaines espèces qui vont au-delà du seul secteur de la construction, l'action en réparation intentée contre le propriétaire qui abuse de son droit[2]. A de la sorte commis un abus, qui caractérise la faute de l'article 1382 du Code civil, causant un dommage à une femme victime d'une névrose due uniquement au bruit des moteurs d'avions utilisés dans un centre d'instruction, la compagnie aérienne qui n'a pas pris des mesures susceptibles de diminuer efficacement l'intensité du bruit émis par le fonctionnement de son centre, *« alors qu'elle n'ignorait pas la réalisation et l'importance du trouble qu'elle causait ainsi*[3] *»*.

1951. Certains comportements *caractéristiques* émanant de simples particuliers peuvent également relever de la faute délictuelle, comme ce particulier qui a installé dans son pavillon un orchestre de jazz sans avoir pris de précautions pour éviter de gêner ses voisins et sans s'être préoccupé de leurs doléances[4]. De même, constituent des troubles portés à la jouissance paisible du logement, les actes abusifs de bruits violents et répétés commis par un voisin rendant impossible toute vie normale dans l'appartement contigu[5]. Dans un arrêt en date du 18 juillet 1961, la 1ere chambre civile de la Cour de cassation, faisant application des règles générales contenues dans les articles 1382 et 1383 du Code civil, avait affirmé que *« les obligations contractuelles auxquelles le preneur est tenu envers le bailleur ne l'exonèrent pas de la responsabilité qu'il peut encourir envers des colocataires d'autres appartements de l'immeuble, alors même que la faute commise* -le bruit excessif provenant d'un poste de radio- *serait en rapport étroit avec l'exécution du bail »*[6]. Le locataire gêné peut donc assigner directement un autre locataire, auteur du bruit, sur les fondements du droit commun de la responsabilité délictuelle.

1952. En fait, quelle que soit la gravité de la faute, elle engage pareillement la responsabilité délictuelle de son auteur. L'article 1383 du Code civil le précise expressément, disposant que *« chacun est responsable du dommage qu'il a causé non seulement par son fait, mais encore par sa négligence ou par son imprudence »*. Les

---

[1] M.-C. LAMBERT-PIERI, Construction immobilière et dommages aux voisins, préc., n° 241.

[2] Dès le 19e siècle, la jurisprudence caractérise l'abus de droit dans l'exercice du droit de propriété, affirmant *« qu'il est permis à chacun de disposer de sa propriété comme il lui plaît, mais sans cependant nuire à autrui »* (C.A. Metz, 10 novembre 1808, S. 1808, 2, chron. p. 438) ou *« qu'un voisin ne peut user de sa propriété qu'en respectant celle de son voisin, leurs droits respectifs étant égaux »* (C.A. Metz, 16 août 1820, S. 1820, 2, chron. p. 309 ; idem pour C.A. Paris, 16 mars 1841, D.P. 1843, 2, 137).

[3] C.A. Paris, 1re ch., 27 février 1961, Cie Air France c/. Epoux Iablokoff, D. 1961, somm. p. 78.

[4] C.A. Toulouse, 1re ch., 7 novembre 1983, Mandelbaum c/. Naus, C.N.B., Les nuisances sonores - Recueil de jurisprudence commentée, p. 29.

[5] C.A. Paris, 8e ch., 1er mars 1963, Molinier c/. Kable, D. 1964, somm. p. 14.

[6] Cass. civ. 1re, 18 juillet 1961, dame Mehl c/. consorts Wagner, D. 1961, jurispr. p. 722 ; J.C.P. 1961, II, 12301, note P. Esmein.

décisions des juges du fond qui exigent une faute assez grave pour condamner l'auteur sont par conséquent systématiquement cassées. Une faute très légère dans les rapports de voisinage, à partir du moment où elle impose une gêne sonore préjudiciable pour les voisins, suffit à engager la responsabilité de l'auteur du trouble. Cette faute « légère » proviendra soit d'une imprudence, lorsque le voisin imprudent n'a pas prévu les conséquences de son acte, soit d'une négligence, lorsque le voisin négligent n'a pas pris les précautions nécessaires pour éviter le dommage à autrui.

1953. Or, ne pourrait-on pas voir dans tout comportement bruyant qui cause un trouble dommageable aux voisins une part de négligence ou d'imprudence chez son auteur qui ne s'est pas préoccupé des autres et n'a pas tenu compte de leur droit à la tranquillité et à ne pas être gênés chez eux ? Le non-respect d'une obligation, en l'occurrence celle de ne pas nuire à autrui, n'est-il pas en lui-même constitutif d'une faute ? Autrement dit, dans les rapports de voisinage, le trouble sonore préjudiciable n'est-il pas synonyme *au moins* d'une imprudence ou de négligence -et au pire, d'une faute délictuelle lorsque le dommage est voulu- ? Une telle analyse est trop excessive pour pouvoir être retenue. Elle reviendrait à rendre fautif le moindre agissement, forcément générateur de sonorités, qui cause la plus petite gêne dommageable pour les voisins. Or, dans la pratique, il n'est pas rare que les troubles sonores émanent d'activités, par nature bruyantes, mais exercées de manière licite et avec toutes les précautions possibles, sans parvenir pour autant à supprimer totalement les émissions sonores.

1954. Cette conception extensive de la faute n'est pas cautionnée par la jurisprudence qui, précisément, parce qu'elle l'a jugée inadaptée dans certaines hypothèses, a imaginé la responsabilité pour troubles de voisinage engagée du seul fait de l'existence d'un trouble « anormal » sans qu'il y ait lieu de démontrer une faute (*supra* n° 1783 et s.). La seule réalisation d'un dommage ne suffit donc pas à caractériser une faute la plus légère soit-elle. L'imprudence ou la négligence doit être constatée dans chaque cas d'espèce, déterminée toujours selon une appréciation *in abstracto* en référence à ce « bon père de famille », modèle standard de la responsabilité délictuelle de droit commun. L'élément caractéristique et constitutif de la faute ne réside pas simplement dans le fait que si l'auteur d'un acte volontaire s'était conduit prudemment et diligemment, le dommage ne se serait pas réalisé. Les hypothèses correspondant à cette définition seraient extrêmement nombreuses dans la pratique et tous les bruits de voisinage causant une gêne seraient susceptibles d'être identifiés à ce concept de faute.

1955. Si les règles de la responsabilité de droit commun ont été établies dans un objectif prioritaire de protection des victimes, les généralisations excessives au prix d'une assimilation de la condition du dommage à celle de faute ne sont pas admissibles. Le juge judiciaire qui fonde sa décision de condamnation du « bruiteur » sur l'article 1383 du Code civil est tenu de se rapporter à des faits précis pour caractériser la faute d'imprudence ou de négligence de nature à engager la responsabilité délictuelle de son auteur. Le seul bruit dommageable pour le voisinage n'est pas suffisant en soi. Ce sont les circonstances dans lesquelles il s'est produit qui traduisent le caractère fautif de l'acte de l'auteur qui, s'il s'était comporté en « bon père de famille » n'aurait pas causé de dommage à ses voisins. Les décisions jurisprudentielles caractérisent alors généralement cette faute dans l'omission de prendre des précautions, c'est-à-dire les mesures destinées à éviter que les installations ou les comportement bruyants ne soient une source de gêne, dans le fait de persister dans son activité bruyante sans rien faire alors que la personne est avisée des nuisances qu'elle provoque.

1956. La responsabilité pour faute est un principe dominant dans le Code civil de 1804. Pendant longtemps, la faute restera la notion centrale de la responsabilité civile. Elle présente un certain intérêt pour les voisins, victimes de bruits de voisinage, dans la mesure où elle permet d'élargir le cercle des civilement responsables, en atteignant des personnes, auteurs directs des nuisances sonores, hors le cadre étroit du contrat. A partir du moment où il y a faute de l'auteur du trouble, sa responsabilité pourra être engagée, quelle que soit la gravité du dommage mais également de la faute qui en est la cause. Si le degré de la faute commise est indifférente quant à la responsabilité de son auteur, il influera en revanche sur la réparation prononcée par le juge, ce dernier se montrant en général d'autant plus sévère que la faute aura été grave. L'intérêt majeur de ce régime, pour les victimes, réside donc dans la quasi-certitude d'obtenir une réparation « plus lourde » *si* elles parviennent à prouver un comportement fautif.

1957. Or, c'est précisément cette démonstration du caractère fautif du fait personnel produisant un trouble sonore qui, dans de nombreuses situations mettant en jeu les relations de voisinage, pose problème. La seule nuisance apportée à autrui ne suffit pas à conférer au bruit qui en est le vecteur un caractère fautif. Le dommage ne se confond pas avec la notion de faute, celle-ci étant distincte des conséquences qu'elle entraîne. Le trouble sonore préjudiciable, pris en compte par la théorie jurisprudentielle des troubles de voisinage lorsqu'il est « anormal », n'est pas forcément le résultat d'un comportement fautif. Hormis les hypothèses de manquement à une obligation légale précise, ce dernier suppose une imprudence ou une négligence *caractérisées*. Tel n'est certainement pas le cas -les décisions jurisprudentielles en attestent- lorsqu'une personne importune ses voisins par des bruits dont elle ignore le caractère gênant pour autrui ou provenant d'une activité exercée dans des conditions normales. Tout dommage dû au bruit ne résulte pas nécessairement et automatiquement d'un « fait fautif » au sens des articles 1382 ou 1383 du Code civil ou né d'un manquement contractuel.

1958. En outre, le bruit est très souvent commis par des choses ou des animaux, causes directes du trouble préjudiciable pour les voisins, écartant le critère du « fait personnel » de l'homme. Ainsi, *quid* de toutes les manifestations sonores d'animaux qui perturbent le calme du voisinage, du bruit de certains équipements d'immeubles collectifs ou du vacarme des différents engins utilisés sur un chantier de construction ? Dans ces quelques exemples, multiples et fréquents dans la vie de tous les jours, le critère du fait personnel de l'homme et de la faute, cause directe du trouble sonore dommageable, ne saurait être retenu, si ce n'est au prix de déformations des règles de la responsabilité délictuelle inadmissibles en droit. Le fait générateur de responsabilité est une chose ou un animal, en l'absence desquels le dommage ne se serait pas produit. Le civilement responsable sera alors celui qui répond juridiquement de ce fait générateur, alors même qu'il n'est pas l'auteur *direct* du dommage. C'est le critère de la « garde » qui devient déterminant dans la désignation du responsable.

1959. Les limites du champ d'application de la responsabilité pour faute, qui en matière de nuisances sonores sont lourdes de conséquences, conduisent donc à se tourner vers un autre régime de responsabilité qui prend en compte tous les cas où le bruit a été produit par l'intermédiaire de « choses » au sens du Code civil.

B. LA RESPONSABILITÉ DU FAIT DES CHOSES BRUYANTES

1960. Les bruits causant un trouble dans le voisinage sont pour la plupart commis par l'intermédiaire de choses inanimées ou par des animaux. Les exemples sont innombrables. S'agissant des choses inanimées, ils touchent tous les secteurs d'activités, à partir du moment où entrent en action des machines, engins et appareils en tout genre.

Ce n'est plus le simple fait de l'homme qui est à l'origine de la gêne sonore, mais l'intervention d'une « chose » actionnée plus ou moins directement par la main de l'homme. Par conséquent, toutes ces hypothèses sont susceptibles d'entrer dans le vaste domaine de la responsabilité du fait des choses. Dans le souci constant de garantir la protection des victimes, la jurisprudence a fait de ce régime une *« responsabilité de plein droit »*, faisant peser sur la personne du gardien de la chose concernée une présomption de responsabilité.

1961. L'article 1384 alinéa 1er du Code civil constitue le droit commun de cette responsabilité objective. Il dispose que l'*« on est responsable non seulement du dommage que l'on cause par son propre fait, mais encore de celui qui est causé par le fait des personnes dont on doit répondre, ou* ***des choses que l'on a sous sa garde »***. A l'origine, ce texte n'avait pas de valeur autonome. Il ne faisait qu'annoncer, par une formule générale, les dispositions des alinéas suivants relatifs, notamment, à la responsabilité des parents du fait de leurs enfants (art. 1384 al. 4 C.C.), des commettants du fait de leurs préposés (art. 1384 al. 5 C.C.), des artisans du fait de leurs apprentis (art. 1384 al. 6 C.C.), ou encore de l'article 1385 portant sur la responsabilité du fait des animaux. Mais à la fin du XIXe siècle, la jurisprudence y a vu un principe général de responsabilité du fait des choses, faisant par conséquent de l'article 1385 du Code civil un régime particulier.

1962. Observons qu'un siècle plus tard, par un arrêt du 29 mars 1991 (*Blieck*)[1], la Cour de cassation a également dégagé de l'article 1384 alinéa 1er du Code civil un principe général de responsabilité du fait d'autrui, c'est-à-dire *« des personnes dont on doit répondre »*. Les alinéas 4 et suivants du texte prévoient alors des régimes particuliers, qui seraient susceptibles de s'appliquer en matière de bruit. Ainsi, pourrait-on engager la responsabilité des parents du fait de leurs enfants bruyants, celle des artisans du fait de leurs apprentis bruyants ou encore celle des commettants du fait de leurs préposés bruyants. Toutefois, le contentieux civil du bruit ne fournit aucun exemple d'application positive de la responsabilité du fait d'autrui. Les multiples difficultés d'interprétation et d'application des différents régimes existants, notamment en ce qui concerne la désignation du « gardien », responsable légal de la personne à l'origine du dommage, expliquent l'absence de jurisprudence en la matière. En conséquence, la responsabilité du fait d'autrui n'entre pas dans l'objet de notre étude, d'autant qu'elle ne présente aucune spécificité quant à la question des dommages résultant du bruit.

1963. En revanche, la responsabilité du fait des choses que l'on a sous sa garde donne lieu à des applications jurispudentielles -pour certaines controversées-, dans le domaine des nuisances sonores. Les articles 1384 alinéa 1er et 1385 du Code civil, qui en sont les sièges légaux, attestent de ce que la « chose » du Code civil est entendue dans son sens le plus large. Sont visées non seulement *« les réalités matérielles non vivantes »*[2], c'est-à-dire les choses inanimées, mais également les choses animées que sont les animaux[3], objet spécial de l'article 1385 du Code civil. Outre le domaine particulier des animaux, le législateur a également institué, à l'article L. 141-2 du Code de l'aviation civile, un régime spécial de responsabilité objective du fait des aéronefs, pouvant être

---

[1] Ass. plénière, 29 mars 1991, J.C.P. 1992, 21673, ccl. Dontenwille, note Ghestin ; D. 1991, jurispr. p. 324, note C. Larroumet : retenant sur le fondement de l'article 1384 alinéa 1, la responsabilité d'un organisme accueillant des handicapés.

[2] Selon la définition du dictionnaire « Le Petit Robert ».

[3] Si les animaux sont désignés comme étant des « choses » dans le Code civil, la loi n° 76-629 du 10 juillet 1976 relative à la protection de la nature en fait, dans son article 9, des « êtres sensibles » qui les distinguent donc clairement des simples choses inanimées.

invoqué par les victimes des évolutions bruyantes de ces appareils. A côté du régime de droit commun de l'article 1384 alinéa 1er du Code civil, applicable aux choses bruyantes (1), coexistent donc des régimes spéciaux du fait de *certaines* choses (2).

1- Le régime de droit commun de l'article 1384 alinéa 1er du Code civil

1964. La responsabilité du fait des choses inanimées est une pure création jurisprudentielle de la fin du XIXe siècle. Alors que les rédacteurs du Code civil n'avaient envisagé que le cas particulier des dommages causés par les animaux, annoncé par la formule introductive de l'article 1384 alinéa 1er, la Cour de cassation a interprété ce texte comme posant un principe général de responsabilité du fait des choses[1]. Ce régime général, bâti de toute pièce par la jurisprudence qui, pour en préciser les contours, s'est inspirée de l'article 1385 édicté à l'encontre des gardiens d'animaux, repose sur une présomption de responsabilité, qui ne peut être renversée par le gardien de la chose que par la preuve difficile d'une cause étrangère, force majeure ou faute de la victime.

1965. Selon l'article 1384 alinéa 1er du Code civil, *« on est responsable (...) du dommage (...) qui est causé par le fait (...) des choses que l'on a sous sa garde »*. Le texte ne pose pas de conditions particulières quant à la nature du dommage visé, ni comment il s'est réalisé. Il ne suppose que le *fait de la chose*. Par conséquent, aucune limitation légale n'empêche d'invoquer un tel fondement en matière de troubles de voisinage, et notamment s'agissant de bruits de voisinage. En effet, la responsabilité fondée sur l'article 1384 alinéa 1er du Code civil ne connaît pas de limites liées à son domaine, ce qui signifie, en dépit des réticences de la doctrine, que les bruits de voisinage produits par l'intermédiaire d'une chose peuvent mettre en œuvre ce type de responsabilité. C'est bien ce qu'a affirmé la Cour de cassation, le 8 mars 1978, à propos du *« vacarme assourdissant »* d'engins de chantier[2]. Dès lors que les conditions en sont réunies, la responsabilité du gardien de la chose bruyante sera présumée.

1966. L'intérêt pratique de ce régime est donc considérable, d'autant que la jurisprudence, afin de secourir les victimes, se montre libérale quant aux conditions exigées, étendant le domaine de la responsabilité du fait des choses aux troubles -sonores en l'occurrence- de voisinage. Ainsi, en-dehors des régimes spéciaux (*infra* n° 1976 et s.), l'article 1384 alinéa 1er du Code civil s'applique à toute chose, quelles que soient sa nature et sa consistance, du simple poste de radio au plus imposant des engins de chantier. Les exemples de choses -objets, matériels, appareils, machines et engins en tout genre- intervenant dans la réalisation du trouble sonore dommageable sont innombrables. La jurisprudence a toujours refusé les restrictions fondées sur les qualités ou la nature de la chose. Les véritables conditions de la responsabilité, et les difficultés d'interprétation qui les accompagnent, résident dans le *fait de la chose* et dans la personne du *gardien* qui en répond.

1967. La cause du dommage pris en charge par l'article 1384 alinéa 1er du Code civil doit être le *« fait de la chose »*, par opposition au *« fait de l'homme »*, critère des responsabilités pour faute personnelle (*supra* n° 1938 et s.) et du fait d'autrui. Or, cette notion est encore sujette à des controverses que le manque de clarté et d'unité des décisions jurisprudentielles contribue à développer. Le célèbre arrêt *Jand'heur*, rendu par les Chambres réunies le 13 février 1930[3], établit au moins deux certitudes en la matière. D'une part, peu importe que la chose soit totalement indépendante ou qu'elle ait été

---

[1] Cass. civ., 16 juin 1896, D. 1897, I, 433, note Saleilles, ccl. Sarrut ; S. 1897, I, 17, note A. Esmein.

[2] Cass. civ. 3e, 8 mars 1978, D. 1978, jurispr. p. 641-644, note C. Larroumet.

[3] Ch. réunies, 13 février 1930, *Jand'heur*, D. 1930, I, 57, note Ripert.

actionnée par la main de l'homme, la loi ne faisant pas la distinction[1]. D'autre part, la Cour de cassation rejette la tentative d'identification du fait de la chose à un vice de celle-ci[2]. Le *« fait de la chose »* pose en fait le problème du lien de causalité entre la chose et le dommage. S'agissant du bruit, nuisance diffuse émanant de la chose et vecteur du dommage, ce lien de cause à effet est toujours délicat à prouver dans la pratique. C'est l'intervention causale de la chose dans la réalisation du préjudice qui caractérise le *« fait de la chose »* exigé.

1968. Ce critère fait l'objet d'une appréciation subjective qu'il est difficile d'uniformiser. La Cour de cassation exige que l'intervention de la chose ait été la *« cause génératrice »* du dommage. Il faut que le *« fait de la chose »* soit la cause directe du dommage, en l'absence duquel le résultat ne se serait pas produit. La jurisprudence a alors posé le critère du « rôle instrumental » de la chose dans la production du dommage, dont la preuve est mise à la charge de la victime. Depuis un arrêt du 8 juillet 1971[3], la Cour de cassation demande à la victime de prouver que *« la chose a été, ne fût-ce que pour partie,* ***l'instrument du dommage* »**. Pour caractériser ce rôle « instrumental », les juges s'interrogent sur l'anomalie de la position ou du comportement de la chose. Ainsi, pour obtenir réparation du dommage causé par le bruit, la victime doit démontrer un comportement anormal de la chose qui a généré ce bruit. Tel a été le cas d'engins de chantier, *« même conformes à la réglementation en vigueur »* qui *« par l'utilisation qui en était faite, sa fréquence, leur nombre et l'emplacement où on les mettait en action »* ont entraîné *« des dommages pour les tiers (...) où le vacarme assourdissant rendait, pour les voisins, tout travail presque impossible »*[4].

1969. La Cour de cassation, dans son arrêt en date du 8 mars 1978 (préc.), a donc retenu le fondement de l'article 1384 alinéa 1er dans une affaire de troubles de voisinage, pour décider de la réparation des dommages causés par des nuisances sonores et condamner l'entrepreneur, sous-traitant, qui utilisait ces engins. L'application de la responsabilité du fait des choses à des troubles de voisinage *stricto sensu* a été critiquée par une partie de la doctrine qui craignait une disparition pure et simple de la responsabilité pour troubles de voisinage absorbée dans le domaine illimité de l'article 1384 alinéa 1er. Or, une telle crainte ne nous semble pas fondée dans la mesure où la théorie des troubles de voisinage présente un intérêt pratique déterminant pour la victime, s'agissant de la preuve du trouble anormal à l'origine du préjudice. En effet, l'élément d'anormalité, critère du dommage réparable, pourra être constaté sur le « terrain » de la victime, qui pourra ainsi l'établir facilement en le faisant constater ou mesurer chez elle. La preuve du comportement anormal de la chose, dans le cadre de l'article 1384 alinéa 1er du Code civil, est au contraire extrêmement malaisée en pratique.

1970. L'application de l'article 1384 alinéa 1er du Code civil tend en outre à créer une confusion dans le domaine particulier des troubles de voisinage entre l'anormalité du comportement de la chose exigée pour l'application de l'article 1384 alinéa 1er et l'anormalité du dommage, ou plus exactement du trouble qui a engendré le dommage, dans le cadre de la théorie des troubles de voisinage. En effet, dans le cas de bruits dommageables, comme l'a écrit M. Larroumet[5], le comportement de la chose productrice

---

[1] Or, « là où la loi ne distingue pas, il n'y a pas lieu de distinguer ». V. : arrêt précité : *« la loi ne distingue pas suivant que la chose qui a causé le dommage était ou non actionnée par la main de l'homme »*.

[2] Arrêt précité : *« Il n'est pas nécessaire que la chose ait un vice inhérent à sa nature »*.

[3] Cass. civ. 2e, 8 juillet 1971, D. 1971, jurispr. p. 690.

[4] Cass. civ. 3e, 8 mars 1978, préc.

[5] Note sous Cass. civ. 3e, 8 mars 1978, préc.

de cette nuisance ne peut être considéré comme anormal qu'en fonction des conséquences de ce comportement sur l'environnement, en l'occurrence sur les voisins. Il n'y aura fait de la chose au sens de l'article 1384 alinéa 1er que lorsque le bruit lui-même est anormal et devient par là une nuisance pour les autres, ce qui est le critère distinctif de la théorie des troubles de voisinage.

1971. Cette constatation revient à imposer une condition supplémentaire, celle d'un certain niveau de gêne, en contradiction avec l'absence légale de spécificité quant au dommage subi. L'article 1384 alinéa 1er du Code civil prévoit la réparation de *tous* les dommages résultant du fait de la chose et ne se limite pas à ceux ayant dépassé un certain seuil. L'opportunité de ce texte ainsi que l'adéquation des critères retenus pour son application paraissent donc douteuses en matière de troubles de voisinage, et notamment de bruits dommageables.

1972. Les réticences s'affirment d'autant plus que la détermination du *« gardien »* responsable de la chose, qui est une condition préalable pour la victime souhaitant obtenir réparation sur un tel fondement, est une tâche souvent ardue. La notion de garde est sans conteste la plus difficile à définir dans le régime de la responsabilité du fait des choses. Les variations et hésitations de la jurisprudence sur ce point en témoignent. L'idée générale est celle d'un certain pouvoir sur la chose. La difficulté est de caractériser ce pouvoir. C'est ce qu'a tenté de faire la Cour de cassation. Passant successivement de la notion de *« garde juridique »* à celle de *« garde matérielle »* puis, enfin, à celle de *« direction intellectuelle »*, elle définit, depuis le 2 décembre 1941, la garde par référence à *« un pouvoir effectif et indépendant d'**usage**, de direction et de contrôle sur la chose »*[1]. Il ressort de cette formule devenue classique que le propriétaire de la chose, qui normalement en a l'usage, est présumé gardien, à charge pour lui de démontrer qu'il n'en avait pas la garde au moment du dommage. Ainsi, à propos du bruit provenant du fonctionnement d'un monte-charge, il a été jugé que la société propriétaire du local, *« est présumée gardienne du monte-charge et doit répondre des nuisances qui proviennent de son fonctionnement, par application des dispositions de l'article 1384 du Code civil »*[2].

1973. Cette conception objective de la garde, qui désigne *a priori* le propriétaire de la chose et non son utilisateur, a été affinée par un arrêt de la Cour de cassation en date du 20 octobre 1971, dans le domaine de la construction[3]. Partant de la formule d'origine de 1941, la 3e chambre civile définit la garde comme *« un pouvoir effectif, autonome et réellement indépendant de direction et de contrôle »*, délaissant la notion d'usage qui, dans certaines hypothèses, créait un dilemme entre la maîtrise intellectuelle de la chose et sa maîtrise matérielle. Cette définition a le mérite de préciser *en théorie* la nature et le caractère de la garde, ainsi que ses conditions d'exercice et son étendue[4]. En pratique, la recherche du gardien demeure toujours aussi difficile pour la victime, notamment dans le secteur de la construction. S'il est unanimement admis qu'après la réception des travaux de construction, le maître de l'ouvrage, en tant que propriétaire, a la garde de l'immeuble

---

[1] Ch. réunies, 2 décembre 1941, *Franck*, S. 1941, I, 217, note H. Mazeaud : la Cour de cassation introduit, dans la définition de la garde, le terme nouveau d'*usage* aux côtés de ceux précédemment retenus de *« contrôle »* et de *« direction »*. Elle pose le critère de la « direction intellectuelle » de la chose, le gardien étant celui qui a, en fait, le pouvoir de donner des ordres relativement à la chose.

[2] C.A. Paris, 23e ch. B, 30 avril 1986, Société Etablissement Rental Investment Etablishment c/. Colmet Daage et autres, C.N.B., Les nuisances sonores - Recueil de jurisprudence commentée, p. 30.

[3] Cass. civ. 3e, 20 octobre 1971, D. 1972, jurispr. p. 414, note C. Lapoyade Deschamps.

[4] V. C. LAPOYADE DESCHAMPS, note sous Cass. civ. 3e, 20 octobre 1971, préc.

et répond par conséquent des désordres en provenant, la question de la garde est plus complexe lorsqu'elle se pose avant la réception des travaux de construction.

1974. La Cour de cassation avait semble-t-il clairement confirmé, par un arrêt du 10 décembre 1970[1], le principe selon lequel l'entrepreneur était le gardien de la construction avant la réception des travaux. Cette qualité peut se justifier de par les risques qu'il assume sur le chantier et les prérogatives de libre discussion qu'il détient. L'entrepreneur est ainsi gardien du chantier de construction au sens large, c'est-à-dire des terrains et constructions pendant l'édification, des matériaux jusqu'à leur incorporation et des engins de chantier. Le transfert de la garde ne s'opère qu'au moment de la réception des travaux. Or, ce principe n'a pas une valeur absolue, la 3e chambre civile refusant de considérer que la qualité de gardien est attribuée *ipso facto* à l'entrepreneur avec la conclusion du contrat d'entreprise et le commencement des travaux[2]. L'entrepreneur n'est donc pas gardien de plein droit, le maître de l'ouvrage pouvant conserver la garde s'il a toujours sur la chose qui a causé le dommage *« un pouvoir effectif, autonome et réellement indépendant de direction et de contrôle »*[3].

1975. Sans prétendre à l'exhaustivité, la simple évocation des difficultés d'interprétation du texte de l'article 1384 alinéa 1er permet de constater que la responsabilité du fait des choses oblige le voisin, victime de bruits de voisinage émanant d'une telle chose, à une recherche souvent périlleuse du gardien tenu à réparation. Les nombreux obstacles que présente la mise en œuvre de cet article en matière de bruits de voisinage expliquent pourquoi les victimes l'invoquent si peu. En outre, le fondement de l'article 1384 alinéa 1er du Code civil est écarté dans certaines situations où le trouble sonore dommageable est causé par une chose particulière faisant l'objet d'un texte spécial.

2- Les régimes spéciaux du fait de certaines choses

1976. En matière de bruit, deux cas spéciaux de responsabilité du fait des choses peuvent être relevés, l'un prévu par l'article 1385 du Code civil relatif aux animaux (a), l'autre institué par l'article L. 141-2 du Code de l'aviation civile relatif aux aéronefs (b). Si la responsabilité du fait des animaux constitue un régime « spécial » en ce qu'il trouve son siège dans un texte spécifique à ce type de « choses » animées, elle ne diffère pas, toutefois, du régime de droit commun de l'article 1384 alinéa 1er du Code civil. En revanche, s'agissant des aéronefs, le législateur a véritablement écarté le droit commun de la responsabilité du fait des choses afin de favoriser la victime.

a) La responsabilité du fait des animaux : l'article 1385 du Code civil

1977. Le régime de l'article 1385 du Code civil a été créé par les codificateurs de 1804, bien avant que la jurisprudence ne s'en inspire pour dégager de l'article 1384 alinéa 1er le principe général d'une responsabilité du fait des choses. Le premier texte apparaît donc aujourd'hui comme le doublon du deuxième, dans le domaine particulier des « choses » animées que sont juridiquement les animaux. L'identité de régime applicable à toutes les choses, qu'elles soient animées ou inanimées, pose la question de l'utilité du texte spécial de l'article 1385 qui se fond désormais dans le régime général de

---

[1] Cass. civ. 3e, 10 décembre 1970, Bull. civ. III, n° 690 : *« au cours de l'édification d'un immeuble, la garde du terrain et des constructions appartient à l'entrepreneur, cette garde n'étant transférée ou restituée au propriétaire du sol et maître de l'ouvrage qu'après la réception des travaux »*.

[2] Cass. civ. 3e, 20 octobre 1971, préc.

[3] Ce qui n'est pas contesté lorsqu'il a décidé de jouer en fait le rôle d'entrepreneur général, prenant la direction des travaux.

droit commun trouvant son siège dans l'alinéa 1er de l'article 1384. Le gardien de l'animal qui a causé un dommage à autrui est responsable de la même façon que le gardien de l'article 1384 alinéa 1er du Code civil. Surgit par conséquent le problème récurrent de sa désignation, qui commande une interprétation des termes spécifiques et équivoques de l'article 1385 du Code civil.

1978. *« Le propriétaire d'un animal, ou celui qui s'en sert, pendant qu'il est à son usage, est responsable du dommage que l'animal a causé, soit que l'animal fût sous sa garde, soit qu'il fût égaré ou échappé »*. A l'instar de l'article 1384 alinéa 1er du Code civil qui englobe toutes les choses, la totalité des animaux sont visés, qu'il s'agisse de chiens dont les aboiements troublent le voisinage, de coqs annonciateurs de l'aube, d'autres volatiles tels que les oies, poules, pintades ou des oiseaux[1] manifestant bruyamment leur présence..., parmi ceux qui sont le plus fréquemment dénoncés au titre des nuisances sonores. De ce point de vue, le fait dommageable variera selon la manière propre à chaque animal de « s'exprimer ». Le critère de la responsabilité repose donc toujours sur la notion de garde qui semble *a priori* plus précise dans le texte de l'article 1385. Les rédacteurs du Code civil ont en effet désigné comme gardien *« le propriétaire d'un animal,* ***ou*** *celui qui s'en sert, pendant qu'il est à son usage »*[2]. Il en résulte, comme pour les choses inanimées, que si le propriétaire de l'animal peut être responsable, il ne l'est pas toujours.

1979. A l'instar du régime de l'article 1384 alinéa 1er du Code civil, la responsabilité édictée à l'encontre des gardiens d'animaux est alternative. Le propriétaire, présumé gardien et à ce titre responsable, ne le sera pas lorsqu'une autre personne a l'*« usage »* de l'animal, formule qui n'apparaît pas très heureuse s'agissant de l'*« être sensible »* décrit par la loi n° 76-629 du 10 juillet 1976 relative à la protection de la nature (art. 9). Cependant, il convient de rester dans le contexte juridique qui fut celui de la rédaction de l'article 1385 du Code civil et de garder à l'esprit que le Code civil a pour objectif premier la protection des victimes et non celle des animaux, causes génératrices des dommages. Dans ce cadre, la notion de garde se réfère, tout comme pour les choses inanimées de l'article 1384 alinéa 1er du Code civil, au critère de « direction intellectuelle », à savoir le pouvoir de commandement sur l'animal au moment de la réalisation du dommage.

1980. Cette définition commune de la garde suscite les mêmes hésitations en pratique. Les quelques application jurisprudentielles de l'article 1385 du Code civil, dans les cas de bruits de voisinage causés par des animaux, concernent en principe des hypothèses simples où il n'est pas contesté, en l'absence de l'intervention de toute autre personne, que c'est bien le propriétaire seul qui s'occupait de l'animal en cause. Ainsi, retient-on la condamnation, sur ce fondement, du propriétaire d'un coq qui *« dès la première heure du jour, coqueriquait toutes les 10 ou 20 secondes, avec une régularité, une vaillance et une persévérance qui seraient dignes d'admiration en toute autre*

---

[1] T.I. d'Ecouen, 23 novembre 1973, Dame Bonnier c/. Navarro et C.A. Paris, 8e ch., 7 décembre 1974, Navarro c/. Bonnier, C.N.B., Les nuisances sonores - Recueil de jurisprudence commentée, p. 32 : à propos de deux couples de tourterelles et une colombe qui troublaient la tranquillité diurne et surtout nocturne des voisins.

[2] Alors que l'article 1384 alinéa 1er se contente d'utiliser le pronom impersonnel *« on »* pour désigner le gardien responsable du fait de la chose inanimée. Aussi la jurisprudence s'est-elle référée aux termes plus explicites de l'article 1385, qui contient le même régime de responsabilité, pour définir le gardien des choses inanimées.

circonstance »[1]. De même, les juges ont-ils relevé, à propos de manifestations sonores canines, *« qu'aux termes de l'article 1385 du Code civil, le propriétaire d'un animal est responsable du dommage causé par celui-ci ; que ce principe de responsabilité est parfaitement applicable au cas où le dommage consiste en un trouble de la quiétude du voisinage par les aboiements ou hurlements de chiens, incessants ou prolongés, en période nocturne »*[2].

1981. Les applications de l'article 1385 du Code civil qui vise spécifiquement le fait des animaux sont tout aussi marginales que celles de l'article 1384 alinéa 1er, alors même que dans la pratique, les cas de bruits d'animaux portant atteinte à la tranquillité du voisinage sont courants. Cependant, en dépit des critiques de la doctrine, la jurisprudence admet de manière générale la mise en œuvre de ces fondements de la responsabilité du fait des choses inanimées et animées, pour les troubles de voisinage *stricto sensu* que sont les nuisances sonores. Ces dernières, lorsqu'elles émanent d'aéronefs, font l'objet d'un régime spécifique prévu par l'article L. 141-2 du Code de l'aviation civile.

b) La responsabilité du fait des aéronefs : l'article L. 141-2 du Code de l'aviation civile

1982. L'article L. 141-2 du Code de l'aviation civile, issu de la loi du 31 mai 1924[3], crée un domaine spécial de responsabilité du fait des choses. Aux termes de ce texte, *« l'exploitant d'un aéronef est responsable de plein droit des dommages causés par les évolutions de l'aéronef ou les objets qui s'en détacheraient aux personnes et aux biens situés à la surface »*. C'est donc une responsabilité de plein droit[4] qui est mise à la charge de l'exploitant d'un aéronef dont les évolutions causent des dommages aux tiers restés au sol.

1983. Or, ce texte a suscité une vive discussion au sein de la doctrine, partagée sur le point de savoir s'il permettait la réparation des dommages causés par le *bruit* des aéronefs. Il a été majoritairement reconnu que ce régime de responsabilité avait été institué afin de protéger les personnes au sol contre les *risques* inhérents à la navigation aérienne. L'ensemble de la doctrine a alors approuvé la mise en jeu de cette responsabilité dans le cas de dommages *accidentels* résultant de l'évolution des aéronefs. Mais plusieurs auteurs ont écarté l'application du texte lorsque le dommage procédait du fonctionnement normal de l'appareil et était inhérent à son exploitation. Ainsi, a-t-il été soutenu que le trouble de jouissance provenant du bruit des aéronefs ne pouvait donner lieu à l'application de l'article L. 141-2 du Code de l'aviation civile, dans la mesure où

---

[1] C.A. Dijon, 2 avril 1987, Gaz. Pal. 1987, 2, 601, note Goguey. V. aussi : C.A. Rennes, 20 février 1990, Gaz. Pal. 1990, 2, somm. p. 452.

[2] T.I. de Toulon, 15 mai 1986, Epoux Bini c/. dame Loire, C.N.B., Les nuisances sonores - Recueil de jurisprudence commentée, p. 32.

[3] Le régime de responsabilité du fait des aéronefs a été instauré par l'article 53 de la loi du 31 mai 1924 relative à la navigation aérienne (*JO* du 3 juin 1924), dont les dispositions ont été reprises par l'article 36 du décret n° 55-1590 du 30 novembre 1955, portant codification des textes législatifs concernant l'aviation civile et commerciale. La loi n° 58-346 du 3 avril 1958, relative aux conditions d'application de certains codes (*JO* du 5 avril 1958), a donné force de loi à ce décret, dont l'article 36 est devenu, sans aucun changement, l'actuel article L. 141-2 du Code de l'aviation civile, résultant du décret n° 67-333 du 30 mars 1967 portant révision du code de l'aviation civile et commerciale (*JO* du 9 avril 1967 et rect. 28 avril 1968).

[4] L'article L. 141-2 du Code de l'aviation civile précise que *« cette responsabilité ne peut être atténuée ou écartée que par la preuve de la faute de la victime »*.

« le bruit provoqué par les aéronefs aux abords des aéroports est un effet normal de la navigation aérienne »[1]. Les nuisances sonores provoquées par les évolutions des avions étaient en quelque sorte présentées comme un mal nécessaire, car c'est l'activité aéronautique qui est en jeu, justifiant que soient lésés certains intérêts privés -ceux des riverains d'aérodromes- au nom de l'intérêt général[2].

1984. En dépit des critiques doctrinales et, notamment, de l'argument tiré de l'inéluctable rançon du développement de l'aéronautique, la jurisprudence, aujourd'hui unanime, a étendu les dispositions de l'article L. 141-2 du Code de l'aviation civile à la réparation des dommages causés par le bruit des aéronefs. Le Conseil d'État a ouvert la voie dans une espèce mettant en cause un avion à réaction militaire qui, survolant une propriété où étaient élevés des visons, avait fait périr par le bruit de ses réacteurs les animaux effrayés[3]. La Cour de cassation a adopté la même position dans un arrêt du 8 mai 1968[4], à propos de l'action exercée par des propriétaires voisins de l'aéroport de Nice contre la compagnie Air France, du fait du bruit des « Caravelles » utilisées par la compagnie.

1985. Confirmant cette solution, la Haute Juridiction a approuvé, dans un arrêt postérieur rendu le 17 décembre 1974, la décision de la Cour d'appel qui affirmait clairement que l'article L. 141-2 du Code de l'aviation civile vise la réparation de *« dommage de toute nature et, par conséquent, de ceux provenant du bruit des réacteurs »*[5]. Dans l'affaire de l'aéroport de Nice, le Tribunal de grande instance avait déjà précisé que l'article 36, devenu l'article L. 141-2 du Code de l'aviation civile, n'exigeait pas, pour que l'exploitant soit responsable, *« que l'aéronef soit entré en contact matériel avec la victime du dommage, la responsabilité pouvant être encourue même s'il n'y a pas contact matériel direct, comme dans le cas des ondes de choc ou* ***du bruit »***[6]. La jurisprudence est constante sur ce point : le régime de responsabilité prévu par l'article L. 141-2 du Code de l'aviation civile s'applique, notamment, aux dommages causés par les bruits des aéronefs[7] qui portent atteinte à la tranquillité et au repos des riverains d'aéroports, ainsi que par les « bangs supersoniques »[8].

---

[1] V. : C. LARROUMET, note sous Cass. civ. 2e, 17 décembre 1974 (2 arrêts), D. 1975, jurispr. p. 441 et s.

[2] V. : F. DERRIDA, note sous T.G.I. de Nice, 9 décembre 1964, D. 1965, jurispr. p. 221 et s.

[3] CE 10 janvier 1962, arrêt *Chauvey,* J.C.P. 1962, II, 12729, note Blaevoet.

[4] Cass. civ. 2e, 8 mai 1968, J.C.P. 1968, II, 15595, obs. M. de Juglart et E. du Pontavice : pour la première fois, la Cour de cassation se prononce sur l'application de l'article 36 (devenu l'article L. 141-2 C.A.C.) aux dommages nés du bruit des avions et sur les caractères de la responsabilité résultant de ce texte.

[5] Cass. civ. 2e, 17 décembre 1974 (1re espèce), Compagnie Air France c/. Commune de Villeneuve-le-Roi, D. 1975, jurispr. p. 441, note C. Larroumet.

[6] T.G.I. de Nice, 9 décembre 1964, D. 1965, jurispr. p. 221, note F. Derrida ; J.C.P. 1965, II, 14074, obs. M. de Juglart. Il s'agit là de la première décision rendue en France par une juridiction judiciaire sur le problème du bruit causé par les aéronefs aux abords des aérodromes.

[7] Pour une décision plus récente, voir : C.A. Paris, 23 novembre 1993, Commune de Longjumeau c/. Air France et Pan American World Airways, Droit de l'environnement n° 23, février-mars 1994, p. 5-8.

[8] Les juridictions du fond appliquent depuis 1965 ce régime spécial de responsabilité aux dommages causés par le *bang* des avions supersoniques. V. par exemple : T.G.I. d'Arcachon, 5 février 1965, Rev. trim. dr. com. 1965, p. 944, obs. E. du Pontavice et, en appel, C.A. Bordeaux, 7 décembre 1966, D. 1967, jurispr. p. 239, note Combaldieu ; Rev. trim. dr. com. 1967, p. 274 ; C.A. Orléans, 5 janvier 1966, J.C.P. 1966, II, 14721, note M. de Juglart ; C.A. Orléans, 18 décembre 1967, Rev. trim. dr. com. 1968, n° 8 ; T.G.I. de Brest, 27 juin 1967, D. 1967, somm. p. 107 ; Gaz. Pal. 1967, jurispr. p. 226 ; Rev. trim. dr. com. 1967, p. 1146.

1986. Aux termes de l'article L. 141-2 du Code de l'aviation civile, le débiteur de l'obligation de réparation est *« l'exploitant »* de l'aéronef, c'est-à-dire la personne qui tire un profit de l'appareil. Les décisions de justice rendues sur ce fondement mettent ainsi en cause les compagnies aériennes. Mais le propriétaire n'est pas forcément l'unique responsable au titre de ce texte, car s'il a donné l'aéronef en location, le locataire exploitant l'appareil profite également de la chose. En outre, le texte ne vise que les dommages causés à des *personnes situées à la surface,* c'est-à-dire à des tiers par opposition aux passagers de l'avion, *« par les évolutions de l'aéronef ».* La Cour de cassation a défini de manière large la notion d'*évolution,* source d'incertitudes dans certaines hypothèses, notamment lorsque l'avion roule sur le sol. Elle considère que cette notion s'applique aux évolutions terrestres -lorsque l'avion se pose ou décolle- comme aux évolutions aériennes -lorsque l'appareil est en vol- ; il suffit que l'avion *« soit en mouvement sans l'intervention d'une force extérieure »*[1].

1987. Le régime de responsabilité institué par le législateur à la charge de *« l'exploitant »* est particulièrement sévère. L'article L. 141-2 du Code de l'aviation civile crée *« une responsabilité de plein droit, s'appliquant indépendamment de toute notion de faute, d'abus ou d'usage anormal du droit de survol »*[2]. Le respect des procédures imposées pour le décollage et l'atterrissage des appareils ne saurait donc faire obstacle à la mise en œuvre de cette responsabilité. Le caractère objectif de la responsabilité des compagnies aériennes semble justifié car, comme l'a souligné M. Larroumet[3], fondée sur la faute des articles 1382 et 1383 du Code civil, cette responsabilité eût été nettement insuffisante dans la mesure où les nuisances sonores imposées aux riverains des aérodromes sont, la plupart du temps, produites indépendamment de tout manquement à la réglementation. La responsabilité des exploitants à l'égard des tiers à la surface, notamment des riverains des aérodromes gênés par le bruit des avions, est *« objective, matérielle et absolue »*[4]. Elle existe même si les aéronefs n'ont pas survolé les victimes, si leurs pilotes n'ont commis aucune faute, dès lors qu'est établi un lien de causalité entre le dommage allégué et le fait de l'aéronef, en l'occurrence les nuisances sonores qu'il occasionne.

1988. Les dispositions de l'article L. 141-2 du Code de l'aviation civile constituent une application de la *théorie des risques.* C'est pourquoi la responsabilité qu'elles instaurent pèse sur la personne qui tire profit de la chose, au bénéfice des *« personnes situées à la surface »* qui, à l'inverse des passagers de l'aéronef, ne participent pas à la navigation aérienne et n'en tire pas profit mais subissent de manière passive le « risque aérien ». De surcroît, l'alinéa 2 du texte ne réserve qu'une seule cause d'exonération de l'exploitant : la faute de la victime (*infra* n° 2090 et s.), établissant ainsi, en théorie, un régime plus sévère que celui des gardiens des articles 1384 alinéa 1er et 1385 du Code civil. En retenant le fondement de l'article L. 141-2 du Code de l'aviation civile pour les dommages nés du bruit des avions, la jurisprudence reconnaît ainsi, dans ce secteur particulier de production de nuisances sonores, l'existence des droits individuels de toute personne à la santé, à la tranquillité et au repos. *« De ces droits, on ne peut pas faire fi en*

---

[1] Cass. civ. 2e, 6 janvier 1955, (1re espèce), J.C.P. 1955, II, 8587, note M. de Juglart ; D. 1955, jurispr. p. 593.

[2] Cass. civ. 2e, 8 mai 1968, J.C.P. 1968, II, 15595, obs. M. de Juglart et E. du Pontavice et Cass. civ. 2e, 17 décembre 1974, Compagnie Air France c/. Commune de Villeneuve-le-Roi (1re espèce), D. 1975, jurispr. p. 441, note C. Larroumet.

[3] C. LARROUMET, note sous Cass. civ. 2e, 17 décembre 1974 (2 arrêts), D. 1975, jurispr. p. 441 et s., préc.

[4] C.A. Aix, 17 février 1966, D. 1966, jurispr. p. 281, note F. Derrida ; J.C.P. 1966, II, 14755, obs. J.-G. de Villeneuve.

se fondant sur la nécessité de permettre le progrès aéronautique ». La Cour de cassation affirme donc clairement l'autonomie du droit aérien en ce qui concerne le fondement du droit à réparation.

1989. Néanmoins, la Haute Juridiction apporte une limite à ce droit à réparation, que l'article L. 141-2 du Code de l'aviation civile ne prévoit pas. Les intérêts matériels résultant de l'activité aéronautique doivent être conciliés avec le respect d'une certaine qualité de vie pour les riverains, qui de son côté, ne doit pas entraver la navigation aérienne. Comme pour toute relation de voisinage, c'est la recherche d'un équilibre entre les intérêts antagonistes qui est au coeur du problème. Dans cette optique, la jurisprudence, prise entre le feu croisé des intérêts économiques et environnementaux, a atténué le régime légal de responsabilité de plein droit qui pourrait sembler excessif en ce qu'il ne met aucune condition à la réparation du dommage, dès qu'il existe. Elle pose elle-même une limite, empruntée à sa théorie des troubles de voisinage (*supra* n° 1783 et s.), à savoir l'exigence d'un trouble sonore « *anormal* ». La responsabilité de l'exploitant suppose donc, en droit positif, un trouble sonore *« dépassant les inconvénients normaux du voisinage »*, c'est-à-dire un bruit excessif par son intensité, sa durée, sa fréquence, etc.

1990. Retenant dans ses visas le fondement de l'article L. 141-2 du Code de l'aviation civile, la jurisprudence fait, en réalité, une application combinée de deux techniques de responsabilité civile délictuelle : la responsabilité pesant sur l'exploitant d'un aéronef causant un dommage aux personnes situées au sol et la responsabilité pour troubles de voisinage. Se servant du cadre légal fixé par le droit aérien, qui désigne les personnes : responsables et victimes des dommages nés du bruit des avions, les juges subordonnent l'exercice du droit à réparation à une condition issue du droit terrestre des relations de voisinage, celle de l'anormalité du trouble sonore à l'origine du préjudice invoqué. En-dessous d'un certain seuil de normalité, fixé souverainement par les juges compte tenu notamment de l'environnement urbain ou rural de chaque espèce, le dommage réparable n'existe pas. Autrement dit, les riverains d'aérodromes doivent, comme c'est le cas pour l'ensemble des sources sonores produites dans le voisinage, supporter une certaine « dose » de bruits aériens.

1991. La jurisprudence relative aux nuisances sonores engendrées par les aéronefs a le mérite d'unifier le droit terrestre et le droit aérien applicable aux relations de voisinage. Si d'un point de vue strictement juridique, elle est critiquable parce qu'elle s'écarte de la volonté du législateur, elle peut néanmoins se justifier par la volonté de rechercher cet équilibre au sein du voisinage, qui est l'unique réponse à apporter aux conflits sonores. Le recours à la théorie des troubles de voisinage est ici de nature à endiguer et à contrôler le flot des demandes de dommages et intérêts que l'extension constante des nuisances sonores aériennes associée à une responsabilité *« absolue »*, et donc trop radicale, des exploitants ne manqueraient pas de multiplier.

1992. Guidée par un souci d'équité et de conciliation des différents intérêts, la jurisprudence ne devrait-elle pas alors s'affranchir totalement de l'article L. 141-2 du Code de l'aviation civile, dont elle a étendu, selon certains de manière abusive[1] ou du moins extensive[2], les dispositions aux dommages nés du bruit des aéronefs ? La responsabilité pour troubles de voisinage permet de répondre aux objectifs que poursuit la jurisprudence dans le contentieux civil du bruit, qu'il soit de source terrestre ou

[1] V. : J. LAMARQUE, Le bruit des avions : la responsabilité des organismes gestionnaires des aérodromes, des compagnies aériennes et des aéro-clubs, Echo Bruit, Chronique juridique n° 17, septembre 1985.

[2] B. STARCK, H. ROLAND et L. BOYER, Obligations, 1. Responsabilité délictuelle, préc., p. 22, note n° 26.

aérienne. La réparation des préjudices causés par le bruit aérien devrait par conséquent relever uniquement de la théorie des troubles de voisinage, dont la jurisprudence applique *de facto* les critères du dommage réparable[1].

1993. Notons, pour conclure, l'existence d'un dernier régime spécial du fait des choses, susceptible de trouver application dans le domaine du bruit. Transposant en droit français une directive communautaire du 25 juillet 1985[2] dont l'objet est d'établir un droit uniforme en matière de *responsabilité du fait des produits défectueux*, la loi n° 98-389 du 19 mai 1998[3] a créé un titre IV bis dans le livre III du Code civil, qui contient les articles 1386-1 à 1386-18, sièges légaux de ce nouveau cas de responsabilité[4]. Ces dispositions *« sont applicables aux produits dont la mise en circulation est postérieure à la date d'entrée en vigueur de la loi »*, soit le 21 mai 1998 (art. 21 de la loi). Elles ne viennent pas remplacer en la matière le droit commun, mais ajoutent un régime supplémentaire, offrant ainsi une option à la victime qui pourra toujours se prévaloir du droit de la responsabilité contractuelle ou extra-contractuelle ou d'un autre régime spécial de responsabilité (art. 1386-18 C.C.). En outre, peu importe le lien contractuel ou non qui peut exister entre la victime et l'auteur du dommage, la loi instituant une responsabilité identique envers les contractants et les tiers.

1994. L'article 1386-1 du Code civil dispose que *« le producteur est responsable du dommage causé par le défaut de son produit, qu'il soit ou non lié par un contrat avec la victime »*. Toute personne ayant subi un dommage corporel ou matériel (art. 1386-2 C.C.) causé par le défaut d'un produit, objet mobilier, même incorporé dans un immeuble tel que des matériaux isolants (art. 1386-3 C.C.), pourra engager la responsabilité du « producteur », c'est-à-dire des professionnels qui l'ont produit et distribué (art. 1386-6 C.C.). S'agissant du problème spécifique du bruit, on pourrait envisager les hypothèses où des objets ou dispositifs d'insonorisation présenteraient des défauts de qualité sonore, de sorte que le produit *« n'offre pas la sécurité à laquelle on peut légitimement s'attendre compte tenu de toutes les circonstances et notamment de la présentation du produit, de l'usage qui peut en être raisonnablement attendu et du moment de sa mise en circulation »* (art. 1386-4 C.C.).

1995. Précisons toutefois que ce régime de responsabilité de plein droit (art. 1386-11 al. 1 C.C.) ne s'applique pas au domaine de la construction immobilière et ne peut donc se cumuler avec le système de garanties des constructeurs (art. 1386-6 *in fine* C.C.). En outre, la défectuosité du produit s'apprécie au moment de sa mise en circulation. Par conséquent, elle ne pourra pas résulter du seul fait que des progrès techniques ou scientifiques ultérieurs ont permis de mettre sur le marché d'autres produits plus perfectionnés. A notre connaissance, la jurisprudence ne présente, pour l'heure, aucune application de ce régime spécial aux défauts acoustiques que pourraient présenter les produits visés. On peut douter de l'intérêt et de l'efficacité du système en matière de lutte contre les bruits de voisinage. D'une part, les victimes de nuisances sonores disposent de

---

[1] V. en ce sens : C. LARROUMET, note sous Cass. civ. 2e, 17 décembre 1974, (2 arrêts), préc., D. 1975, jurispr. p. 441.

[2] Dir. (CE) n° 85/374 du Conseil du 25 juillet 1985 relative au rapprochement des dispositions législatives, réglementaires et administratives des États membres en matière de responsabilité du fait des produits défectueux.

[3] *JO* du 21 mai 1998.

[4] Pour une présentation détaillée du régime de la responsabilité du fait des produits défectueux, voir notamment : A. BENABENT, Droit civil - Les obligations, préc., n° 662 et s. ; H. et L. MAZEAUD, J. MAZEAUD, F. CHABAS, Leçons de droit civil, Tome II, Premier volume : « Obligations - Théorie générale », préc., n° 557 et s.

fondements juridiques suffisants pour leur action en réparation des dommages causés par les nuisances sonores. D'autre part, l'articulation de ce régime spécifique avec les autres fondements est susceptible de soulever des difficultés pratiques, notamment lorsque le produit en cause est incorporé dans une construction.

***

1996. Pendant longtemps, les juges et les victimes de bruits de voisinage ont recouru au « droit commun » de la responsabilité pour mettre en œuvre la sanction civile des troubles sonores. Or, le droit commun, aussi souple et maléable qu'il soit, présente des insuffisances notoires lorsqu'il s'agit de régir les rapports de voisinage. Ainsi, la notion de faute n'est-elle pas toujours appropriée, parce qu'elle n'est pas forcément à l'origine du dommage subi par les voisins. De même, les conditions particulières des régimes de responsabilité objective ne sont pas remplies dans tous les cas de troubles sonores et la désignation du gardien responsable constitue souvent un obstacle majeur pour la victime. Mais la première et principale insuffisance du droit commun, quel que soit le fondement retenu, est de ne pas prendre en compte le trouble spécifique qu'est le bruit -parmi les nombreux autres troubles de voisinage-, unique vecteur du dommage réparable dans les rapports de voisinage.

1997. Remédiant aux inadéquations des régimes « classiques » de responsabilité et à l'immobilisme du législateur dans le domaine spécial des dommages causés par le bruit, la jurisprudence s'est elle-même penchée sur ce critère déterminant qu'est le trouble sonore. Elle a bâti de toutes pièces un régime adapté au contexte du voisinage et aux rapports humains qui s'y développent. L'ampleur de la théorie jurisprudentielle des troubles de voisinage est aujourd'hui considérable en matière de bruit. Son extension audacieuse au domaine légal des évolutions aériennes témoigne de l'étendue de son champ d'application, dont la jurisprudence s'applique à repousser au maximum les frontières. Compte tenu de la spécificité des troubles en cause et de la multiplicité des situations dommageables qu'ils créent, il était nécessaire de se doter d'un mécanisme de responsabilité propre aux troubles de voisinage, en sus des régimes prévus par le législateur qui, dans certaines espèces, révèlent leurs limites.

***

1998. D'un point de vue global, le droit de la responsabilité civile apporte sa sanction à des relations de voisinage incorrectes. De manière plus précise, chaque régime imaginé -qu'il s'agisse de la responsabilité pour faute contractuelle ou délictuelle, de celle du fait des choses ou d'autrui, ou encore de la théorie des troubles anormaux de voisinage- apporte sa spécificité. La variété des hypothèses dans lesquelles un bruit de voisinage cause un dommage à autrui s'accorde parfaitement de la multiplicité des régimes de responsabilité existants. Toutes les nuisances sonores préjudiciables, selon les circonstances dans lesquelles elles se produisent, ne caractérisent pas un comportement fautif. Toutes ne sont pas commises par l'intermédiaire d'une chose ou d'un animal. Enfin, la gêne qu'elles occasionnent aux voisins peut être d'un degré plus ou moins élevé. Face à la diversité des cas d'espèce, le droit positif ne saurait imposer aux victimes un seul régime de responsabilité dont les conditions particulières, et par là restrictives, ne permettraient pas de prendre en compte tous les dommages, ou du moins ceux qui sont réparables en application de l'un ou l'autre des fondements de l'action civile.

1999. L'objectif de paix sociale dans le voisinage implique de faciliter l'action des victimes en leur offrant le choix du fondement le plus adapté à leur situation. Ce choix est une question d'opportunité, mêlant à la fois des considérations de fait et des conditions de droit. *« La reconnaissance de régimes autonomes n'interdit nullement en principe l'admission d'un droit d'option en faveur de la victime lorsque celle-ci dispose des éléments de preuve qui lui permettent de placer sa prétention sur plusieurs terrains différents »*[1]. Dans la pratique, il n'est pas rare que le demandeur invoque ainsi une violation conjuguée de l'article 1382 du Code civil et du principe de la responsabilité pour trouble anormal de voisinage, laissant au juge le soin de motiver sa décision sur le fondement qu'il aura choisi parce que le jugeant le plus approprié au cas de l'espèce. Mais l'autonomie de chacun des régimes implique que les conditions spécifiques à chaque fondement soient exclusives des autres. Par conséquent, la faute fait disparaître la nécessité du trouble anormal et le trouble anormal fait disparaître la nécessité d'une faute. De même, le fait anormal de la chose écarte l'exigence du trouble anormal, comme le trouble anormal écarte celle du fait de la chose.

2000. Le voisin, victime d'un trouble sonore anormal qui est dû à une faute ou au fait anormal d'une chose, peut donc exercer son droit d'option. Chaque système comporte ses avantages et ses inconvénients qui rendront son action en réparation plus ou moins difficile selon le fondement retenu et les circonstances de fait qui entourent le bruit incriminé. Sur le plan pratique, il pourra être plus facile soit de prouver la faute de l'auteur des nuisances sonores dont le caractère anormal semble moins évident, soit de caractériser l'anormalité du bruit alors que la faute de son auteur ne transparaît pas immédiatement. Il en est de même s'agissant du comportement anormal de la chose ou de la désignation du gardien qui n'est pas toujours aisé à démontrer. Sur le plan juridique, l'intérêt de la responsabilité subjective réside dans le fait que tous les dommages, aussi minimes soient-ils, sont réparés dès lors que l'existence d'une faute est rapportée. Mais l'article 1382 du Code civil signifie aussi qu'il est permis de causer un préjudice, aussi grand soit-il, à ses voisins, pourvu qu'il ne résulte pas d'une faute. La théorie des troubles de voisinage vient alors rétablir l'équilibre en prenant en compte les comportements non fautifs mais néanmoins *suffisamment* préjudiciables.

2001. L'autonomie des différents régimes de responsabilité est aujourd'hui bien affirmée. Si la Cour de cassation ne conteste pas ce principe, elle valide néanmoins l'apparition d'une pratique jurisprudentielle qui consiste à combiner, dans certains cas, la responsabilité pour troubles de voisinage avec d'autres règles de responsabilité. La jurisprudence nuance ainsi ces règles légales par son apport personnel. Le procédé est aujourd'hui clairement établi s'agissant de la responsabilité de plein droit instituée à la charge des exploitants d'aéronefs par l'article L. 141-2 du Code de l'aviation civile et pour laquelle la Cour de cassation a exigé, pour ouvrir droit à réparation, que les bruits produits par les avions excèdent les troubles normaux de voisinage (*supra* n° 1989 et s.). Apportant de la sorte une limite à la responsabilité qui n'est pas prévue par le texte, la Haute Juridiction a voulu tempérer par un principe d'équité ce que peut avoir de trop absolu le principe d'une responsabilité de plein droit.

2002. Une telle initiative de la jurisprudence, qui prend des libertés par rapport au législateur et asseoit un peu plus son pouvoir en matière de troubles sonores au sein du voisinage, nous semble fondée dans le domaine des nuisances aéronautiques. En effet, la spécificité et la complexité du problème posé aux riverains d'aérodromes ne peuvent, à notre avis, trouver de solution durable que dans des actions de prévention et de protection, et non au moyen d'une simple compensation pécuniaire quand bien même serait-elle automatique. Un régime de responsabilité *« absolue »*, tel qu'il est prévu par l'article L. 141-2 du Code de l'aviation civile est par trop radical et totalement irréaliste.

---

[1] G. VINEY, note sous Cass. civ. 1re, 27 mai 1975, préc.

Appliqué à la lettre, il entraînerait une multiplication incontrôlable des demandes de réparation monétaire, auxquelles les compagnies aériennes ne pourraient matériellement pas répondre. Or, le remède aux nuisances acoustiques engendrées par les avions ne se trouve pas dans un mécanisme de responsabilité quasi illimitée mis à la charge des exploitants. Il est à rechercher, en priorité, dans la mise en place d'une véritable politique de prévention adaptée à ce type de dommages.

2003. L'articulation des différents fondements de l'action en réparation des bruits de voisinage est donc étroitement contrôlée par la jurisprudence. L'importance que prend la construction prétorienne des troubles de voisinage s'affirme avec constance, à la fois dans la consécration de son existence autonome et dans ses imbrications avec les autres sources du droit à réparation. Le processus de sanction civile déclenché par le voisin, victime du bruit, part du choix du ou des fondements qui détermineront la mise en œuvre de la responsabilité pour bruits de voisinage, dont l'aboutissement souhaité est le prononcé d'une réparation qui se veut appropriée à la nature du dommage subi et surtout à la nature du trouble qui en est la cause.

***

Chapitre II

LA MISE EN ŒUVRE DE LA RESPONSABILITÉ CIVILE DU FAIT DE BRUITS DE VOISINAGE

2004. Le rôle de la victime du bruit est prédominant, car c'est elle qui détient le droit d'engager la responsabilité civile de celui qui répond juridiquement des nuisances acoustiques causées dans le voisinage[1]. Dans ce domaine, la diversité des faits générateurs constitue autant de fondements juridiques possibles à son action, selon les circonstances entourant le trouble sonore dommageable. Les parties, et notamment la victime, conservent une grande maîtrise du procès civil. Leurs prétentions respectives déterminent l'objet du litige, dont l'intangibilité s'impose au juge saisi[2]. Ce dernier a néanmoins la possibilité, en application des règles générales du nouveau Code de procédure civile[3], de changer d'office le fondement juridique de la demande, pour lui en substituer un autre qui lui paraît mieux approprié aux faits de l'espèce. Cette substitution opérée par le juge peut s'imposer *de jure,* lorsque le choix de la victime se révèle juridiquement contestable. Elle est également susceptible d'influer sur la gravité de la « sanction civile » prononcée, lorsque la responsabilité peut être recherchée sur plusieurs terrains juridiques. La jurisprudence se montre ainsi généralement plus sévère lorsque la nuisance émane d'agissements fautifs et n'est pas inhérente à l'activité elle-même.

2005. Mais quel que soit le fondement retenu, la responsabilité civile suppose invariablement ce *« minimum juridique incompressible »*[4] qu'est le dommage subi par la victime, demandeur à l'action. En effet, contrairement à la responsabilité pénale qui existe sur le seul fondement de la faute infractionnelle, même si elle n'a pas entraîné de dommage, *« la responsabilité civile ne se conçoit que si un préjudice a été subi, puisque sa finalité est précisément de réparer ce préjudice »*[5]. Condition nécessaire et immuable, le préjudice requis pour l'obtention d'une réparation se présente sous différents aspects lorsqu'il résulte de bruits de voisinage. Les décisions de justice relèvent fréquemment le *« trouble de jouissance »* apporté dans les conditions d'habitation, la qualité de vie ou

---

[1] Notre étude de la responsabilité civile du fait des bruits de voisinage se place ainsi du côté de la victime du bruit. La question de l'imputation de la réparation, en cas de pluralité de défendeurs, ne sera par conséquent pas développée.

[2] L'article 4 du N.C.P.C. dispose que *« l'objet du litige est déterminé par les prétentions respectives des parties »* et l'article suivant précise que *« le juge doit se prononcer sur tout ce qui est demandé et seulement ce qui est demandé ».* Autrement dit, le juge ne doit pas statuer *ultra petita* ni *infra petita.*

[3] L'article 12 du N.C.P.C. invite le juge à trancher le litige conformément aux règles de droit qui lui sont applicables. Le nouveau Code de procédure civile lui reconnaît ainsi la possibilité de changer le fondement juridique de la demande, à la condition de ne s'appuyer que sur les faits contenus dans les écritures des parties (art. 7) et d'observer le principe du contradictoire (art. 16 al. 3) en application duquel il invite les parties à discuter sur le nouveau fondement.

[4] G. MARTIN, Le droit à l'environnement : de la responsabilité civile pour faits de pollution au droit de l'environnement, P.P.S., 1978, p. 39.

[5] A. BENABENT, Droit civil - Les obligations, préc., n° 670.

l'activité professionnelle des voisins, une atteinte à la santé physique (troubles auditifs, cardiaques) ou psychologique (troubles nerveux), ou encore à la propriété immobilière de par la dépréciation de la valeur vénale de l'immeuble, en raison de la déviation d'une route nationale, du voisinage d'un aérodrome ou de l'implantation d'une usine particulièrement bruyante...

2006. L'ensemble de ces préjudices entre dans les catégories de dommages matériels, corporels ou moraux, juridiquement réparables. Leur évaluation va permettre de déterminer la nature et l'étendue de la réparation mise à la charge du responsable. Là encore, les juges sont maîtres de leurs appréciations et de leurs décisions, soumises au seul principe général d'une réparation intégrale. En effet, les voisins, victimes d'un trouble sonore de voisinage, sont en droit d'en obtenir la réparation intégrale quels qu'aient été les aspects que ce trouble ait pu revêtir. La réparation allouée doit couvrir la totalité du dommage. Aux juges revient la délicate tâche d'apprécier cette « totalité », évaluation d'autant plus difficile en présence d'un trouble de jouissance se rapportant à la notion vague et subjective de qualité de la vie. Mais en l'absence de règles pré-établies, la Cour de cassation leur reconnaît un pouvoir souverain pour apprécier, d'une part, l'étendue du préjudice et, d'autre part, pour en déterminer les modalités de réparation[1]. Dès lors qu'il déclare posséder des éléments suffisants d'appréciation, le juge est libre de prononcer la réparation qu'il estime la plus conforme au dommage subi.

2007. Le trouble sonore n'échappe pas à cette règle classique, tout en y apportant ses particularités et sa complexité. La responsabilité civile du fait de bruits de voisinage est pour l'essentiel rattachée aux principes de droit commun, auquels des données spécifiques, inhérentes à la nature de la nuisance sonore et du conflit qu'elle occasionne, viennent se greffer. Lorsque ses trois conditions générales : préjudice, fait générateur de responsabilité et lien de causalité sont réunies, la victime devient créancière d'une obligation de réparation. Il lui appartient alors de la faire exécuter par son débiteur, tenu juridiquement pour responsable du bruit dommageable. Or, comme pour les conditions de la responsabilité, les voisins n'ont d'autre choix que de s'en remettre à la clairvoyance des juges qui, dans le silence ou les imprécisions de la loi, sont amenés à définir eux-mêmes les termes de la réparation demandée.

2008. La mise en œuvre de la responsabilité civile conduit donc à s'interroger sur l'exercice et la finalité du droit à réparation. Par quels moyens procéduraux la victime, titulaire d'un tel droit, peut-elle obtenir cette réparation ? C'est l'action en réparation, la mise en œuvre procédurale de la responsabilité civile, qu'il convient tout d'abord d'envisager (section I). L'action ainsi menée l'est dans un objectif bien précis : la réparation. A l'exercice de la responsabilité civile succède ensuite l'examen de son objet. Quel est le contenu de l'obligation, à savoir les modalités et buts de la réparation elle-même ? Quelles sont les prétentions légitimes d'une victime de bruits de voisinage ? Comment le juge y répond-il (section II) ?

Section I : L'action en réparation des bruits de voisinage

2009. A partir du moment où les conditions de la responsabilité civile sont réunies, une obligation de réparation naît automatiquement au profit de la victime du bruit de voisinage, à l'encontre du responsable du trouble sonore. Tel est l'effet principal de ce type de responsabilité traitant des intérêts privés, en l'occurrence ceux contradictoires des voisins. Pour obtenir l'exécution de l'obligation dont elle est créancière, le droit met

[1] La Cour de cassation a posé ce principe, constant depuis lors, dans un arrêt rendu le 3 août 1935 (D.S. 1835, I, p. 81).

à la disposition de la victime une action en responsabilité civile. De l'exercice de cette action dépendra la réparation du dommage causé par les nuisances acoustiques. En effet, le juge judiciaire, qu'il soit répressif ou civil, ne peut se saisir lui-même et statuer d'office sur la question de la sanction civile des bruits de voisinage. Si la victime souhaite obtenir réparation de son préjudice, elle doit en faire la demande expresse dans les règles de l'art. Les conditions et moyens de mise en œuvre procédurale de l'action en réparation (§1) sont les mêmes quel que soit le fondement juridique invoqué, que le demandeur prétende engager la responsabilité contractuelle, délictuelle ou quasi-délictuelle, du fait d'autrui, du fait des choses inanimées, du fait des animaux ou, encore, pour trouble anormal de voisinage.

2010. Cependant, plusieurs obstacles viennent entraver la bonne marche du traitement civil des bruits de voisinage. Certains sont liés au déroulement même de la procédure et, s'ils ne sont pas propres à la nature du litige, se révèlent particulièrement fâcheux dans ce domaine. D'autres proviennent de la complexité de la matière soumise à des juges quelque peu désarmés face à ce type spécifique de nuisance. Ces « inconvénients » de la procédure civile ne sont pas irrémédiables. Ils ne constituent souvent qu'un frein à l'action des victimes, un simple contre-temps. Par contre, des obstacles à l'aboutissement de l'action viennent s'opposer au principe même de toute réparation, de quelque nature qu'elle soit (§2). La victime se voit ainsi privée, dans certaines hypothèses, de son droit à réparation, au motif de causes « légales » excipées au nom d'un certain équilibre du procès et des intérêts se trouvant au coeur du litige.

§1. LES MOYENS PROCÉDURAUX DE LA RÉPARATION

2011. Tout voisin qui subit un préjudice du fait de nuisances sonores causées dans l'aire du voisinage est en droit d'en demander réparation. C'est donc la personne gênée par le trouble sonore qui va jouer le rôle *actif* de demandeur dans l'action en responsabilité civile. En effet, il ne pourra être répondu et satisfait à sa demande en réparation que par le biais d'une action dont elle a, en principe, seule l'initiative et la conduite. Cette démarche aura pour effet de saisir le juge judiciaire, dont la mission est de mener à terme l'action ainsi exercée par la victime, de la faire aboutir quels que soient sa décision et le résultat obtenu par le demandeur. L'existence d'une « sanction civile » des bruits de voisinage dépend donc de deux acteurs principaux : la victime et le juge, qui, pour la première, déclenche le processus judiciaire de réparation et, pour le second, en apprécie le bien-fondé et en détermine le contenu. Juge et parties remplissent alors leurs fonctions respectives compte tenu à la fois des outils et des contraintes juridiques que la procédure civile leur présente.

2012. Le régime judiciaire de la réparation d'un bruit de voisinage obéit aux règles générales des actions en justice. Le droit français met de nombreux moyens procéduraux à la disposition, d'une part, de la victime du dommage né du trouble sonore puis, d'autre part, du juge saisi, en vue d'aboutir à l'objet de l'action civile exercée. Plus ou moins adaptés à la matière complexe des nuisances sonores, leur succès et efficacité -les deux caractéristiques n'étant pas forcément liées de manière corrélative- ressortent de l'abondant contentieux judiciaire que nous offrent les litiges entre voisins pour cause de bruit. La voie d'action « normale » sur le plan juridique pourrait l'être également en pratique, du fait de son utilisation usuelle, si ce n'était le revers d'un tel succès, à savoir la lenteur aujourd'hui intrinsèque de la procédure civile ordinaire (A). Aussi, d'autres voies plus rapides et certainement mieux adaptées aux données spécifiques d'un conflit provoqué par des bruits de voisinage peuvent être trouvées et exploitées dans ce domaine (B).

A. L'ACTION CIVILE ORDINAIRE : UNE PROCÉDURE LONGUE ET COÛTEUSE

2013. Le principe de l'unité des fautes civile et pénale, en vertu duquel toute faute pénale constitue aussi une faute civile, crée nécessairement des interférences entre la procédure pénale à finalité principalement répressive et la procédure civile dont l'objet est uniquement la réparation des dommages. Lorsque l'auteur du trouble sonore a commis une faute délictuelle (art. 1382 du C.C.) ou quasi-délictuelle (art. 1383 du C.C.) constitutive dans le même temps d'une infraction, la victime du dommage qui en résulte dispose d'une option procédurale. Elle peut porter son action en responsabilité civile soit devant le juge civil, qui est la voie normale pour une telle demande, soit devant la juridiction pénale, juge de la réparation à titre exceptionnel. Chacune de ces voies soumises au libre choix de la victime d'un bruit à caractère infractionnel présente des avantages, mais également des inconvénients. En dépit de ces derniers, ces voies d'action forment l'essentiel du contentieux du bruit sur le plan de la réparation (1).

2014. Le juge judiciaire saisi, qu'il soit civil ou le cas échéant pénal, est alors amené à se prononcer sur les « intérêts civils » qui lui sont soumis. A la liberté d'action de la victime succède la liberté du juge dans l'appréciation du dommage réparable. Il statue selon son « intime conviction », au vu des éléments du dossier et notamment des preuves de l'existence du dommage rapportées par la victime en tant que demandeur au procès. La complexité des affaires de bruit, tant au niveau de la démonstration de la nuisance sonore incriminée que du préjudice qu'elle cause, conduit fréquemment le juge a fait usage de moyens d'investigation et d'analyse que la procédure judiciaire met à sa disposition. Les mesures d'expertise acoustique, qui peuvent être demandées par les parties ou ordonnées d'office par la juridiction saisie, sont courantes et utiles tant pour s'assurer du bien-fondé de l'action civile qui repose avant tout sur l'existence d'un dommage, que pour évaluer le préjudice déterminant de la réparation à accorder (2).

1- Les voies de l'action civile ouvertes aux victimes de bruits de voisinage

2015. Aux termes des articles 3 et 4 du Code de procédure pénale[1], la victime peut présenter sa demande en réparation du dommage qu'elle a subi soit devant les juridictions civiles, soit accessoirement à l'action publique devant les juridictions répressives. Cette option procédurale n'existe, bien entendu, que dans les cas où le fait générateur du dommage est constitutif d'une infraction. Le délit qui est à l'origine du trouble sonore dommageable, de par son caractère à la fois pénal -infraction du bruit- et civil -faute de l'article 1382 ou 1383 du Code civil- ouvre la possibilité pour la victime d'un choix entre deux procédures en vue de la réparation, l'une normale : la procédure civile, l'autre exceptionnelle : la procédure pénale (a). Mais la liberté de ce choix, d'une part, n'englobe pas toutes les situations de bruits de voisinage réparables et, d'autre part, ne doit pas occulter le fait que le juge civil est le « juge naturel » de la réparation soumise aux règles de la procédure civile (b).

a) Les interférences des procédures civile et pénale

2016. L'option procédurale mise à la disposition de la victime n'a cours que lorsque le bruit préjudiciable constitue ou découle d'une infraction, telle que le tapage nocturne ou diurne par exemple. L'action en réparation devant le juge pénal est alors fondée sur

---

[1] « *L'action civile peut être exercée en même temps que l'action publique et devant la même juridiction. Elle sera recevable pour tous chefs de dommages, aussi bien matériels que corporels ou moraux, qui découleront des faits objets de la poursuite* » (art. 3 du C.P.P.).

« *L'action civile peut être aussi exercée séparément de l'action publique* » (art. 4 al. 1er du C.P.P.).

les articles 1382 ou 1383 du Code civil, sièges légaux de la responsabilité délictuelle, car la faute pénale ainsi caractérisée s'identifie au délit civil visé par ces textes[1]. La victime ne pourrait donc se prévaloir des règles de la responsabilité contractuelle ni des cas de responsabilité délictuelle objective, qui n'entrent pas dans le cadre du principe de l'identité des fautes. Cette possibilité -limitée- d'exercer l'action civile devant la juridiction répressive accessoirement à l'action publique, objet principal du procès pénal, résulte du souci d'une bonne administration de la justice. Elle permet, d'une part, de faire l'économie de deux procédures, qui demandent nécessairement du temps et de l'argent à la victime et, d'autre part, d'éviter des décisions contradictoires à propos des mêmes faits jugés sur les plans distincts de la répression et de la réparation.

2017. Plusieurs règles viennent organiser les liens entre les deux procédures. Comme nous l'avons vu, des conditions strictes entourent notamment l'action civile devant le juge pénal, compte tenu des conséquences que peut avoir un tel choix formulé par la victime (*supra* n° 1614 et s.). La compétence du juge répressif est tout d'abord subordonnée à la présence de la victime au procès pénal. Cette dernière, ayant personnellement souffert du dommage directement causé par l'infraction[2], peut alors se constituer « partie civile », conformément aux règles du Code de procédure pénale. Mais la liberté de ce choix s'accompagne de son irrévocabilité qui n'affecte cependant qu'un seul terme de l'option. En vertu de la règle *« electa una via »*[3], le choix devient définitif lorsqu'il a été fait en faveur du juge civil. La victime ne peut en principe plus se raviser en cours de procès pour « changer de juge », le passage de la voie civile à la voie pénale étant clairement interdit par l'article 5 du Code de procédure pénale[4]. Par contre, le législateur autorise la démarche inverse qui va du « pénal » au « civil », rétablissant ainsi le cours normal des procédures dans leurs fonctions respectives et naturelles.

2018. Ensuite, en cas d'instances parallèles, le juge civil saisi de la demande en réparation est tenu de surseoir à statuer dans l'attente d'une décision définitive rendue par la juridiction répressive. Afin d'écarter tout risque de contradiction, l'article 4 du Code de procédure pénale a, en effet, posé la règle procédurale selon laquelle *« le criminel tient le civil en l'état »*[5]. Cette règle se double d'une autre contrainte pour le juge civil, cette fois quant au fond du litige, puisque *la chose jugée au criminel a autorité au civil. « Le juge de l'action en responsabilité civile ne peut jamais contredire ce qui a*

---

[1] Cass. crim., 14 octobre 1992, Juridisque Lamy : *« le bruit résultant de l'utilisation d'un système de ventilation dépasse la norme autorisée et entraîne un préjudice pour ses voisins qui sont fondés à en demander réparation »* sur le fondement de l'article 1382 du Code civil ; Cass. crim., 9 novembre, Juridisque Lamy ; Cass. crim., 15 juin 1994, C.P.E.N., jurispr. « Bruit », 1542-1543 : reconnaissance en l'espèce du droit à réparation des parties civiles, résultant de l'infraction à la législation de l'urbanisme : défaut de permis de construire, constitutive du délit civil de l'article 1382 du Code civil.

[2] Conformément aux dispositions de l'article 2 du Code de procédure pénale. V. par exemple : Cass. crim., 9 novembre 1993, préc. ; Cass. crim., 18 juin 1997, Leloup, N° 3781, préc.

[3] *« Electa una via, non datur recursus ad alteram » :* une voie étant choisie, il n'est pas possible de recourir à l'autre.

[4] *« La partie qui a exercé son action devant la juridiction civile compétente ne peut la porter devant la juridiction répressive »* (art. 5 du C.P.P.). Toutefois comme pour tout principe, il existe des exceptions. Ainsi, dans le cas où le ministère public vient à engager des poursuites concernant les mêmes faits alors que la victime a déjà saisi le juge civil, si ce dernier n'a pas encore rendu de jugement sur le fond, la partie civile pourra se raviser et se joindre à l'action publique exercée devant la juridiction pénale. De même, l'irrévocabilité de l'option est écartée lorsque la victime ignorait que la faute de l'auteur du trouble sonore constituait une infraction.

[5] En vertu de l'article 4 alinéa 2 du C.P.P. , *« il est sursis au jugement de cette action* -l'action civile- *exercée devant la juridiction civile tant qu'il n'a pas été prononcé définitivement sur l'action publique lorsque celle-ci a été mise en mouvement ».*

été définitivement jugé par la juridiction répressive comme constituant le soutien nécessaire de la décision pénale »[1]. La décision rendue par le juge pénal s'impose donc à son homologue civil quant au fondement de l'action, c'est-à-dire à l'appréciation de la faute ou de l'absence de faute de la personne poursuivie. Par conséquent, s'il y a eu condamnation pénale, le juge civil doit tenir la faute pour acquise. A l'inverse, une décision de relaxe oblige le juge civil à considérer l'absence de faute pénale.

2019. Néanmoins, cette autorité du « pénal » sur le « civil », exceptionnelle parce qu'absolue dans la mesure où elle s'impose à tous, n'est pas de portée générale. Elle ne s'oppose aucunement à une action fondée sur la responsabilité du fait des choses (art. 1384 al. 1er et 1385 du C.C.), sur l'inexécution d'une obligation contractuelle ou encore sur la théorie des troubles de voisinage, étrangers à la notion de faute délictuelle. L'absence d'une telle faute, comme nous le verrons (*infra* n° 2083 et s.), ne suffit pas, dans ces cas, à exonérer le défendeur de sa responsabilité à l'égard de la victime du trouble sonore. Le juge qui retient la responsabilité civile du gardien, du contractant ou du « voisin », ne contredit donc pas la constatation faite par la juridiction pénale qu'ils n'ont commis aucune faute.

2020. Notons que depuis la loi n° 96-393 du 13 mai 1996 qui a étendu le domaine de l'article 470-1 du Code de procédure pénale[2], le tribunal correctionnel, lorsqu'il a prononcé la relaxe d'un prévenu poursuivi pour un délit non intentionnel, demeure compétent pour accorder des dommages et intérêts à la victime en application des règles du droit civil. La compétence du juge pénal est toutefois subordonnée à la condition que les poursuites aient été engagées par le ministère public -et non par la victime- ou que le juge ait été saisi sur renvoi d'une juridiction d'instruction. La victime qui ne souhaite pas intenter un procès devant une juridiction civile pour être indemnisée peut donc solliciter le bénéfice de l'article 470-1 du Code de procédure pénale devant le juge répressif qui a prononcé la relaxe. L'intérêt de ce texte est néanmoins limité en matière de bruit dans la mesure où le dispositif répressif applicable dans ce domaine ne semble pas comporter de délits non-intentionnels -sous réserve de l'interprétation que fera la jurisprudence concernant l'élément moral des délits prévus par la loi n° 92-1444 relative à la lutte contre le bruit (*supra* n° 1156 et s.)-.

2021. L'un des intérêts de la voie civile réside dans la possibilité pour la victime de refaire son action sur un autre fondement de la responsabilité civile si le précédent n'a pas permis d'aboutir au résultat souhaité[3]. L'autorité *relative* de la chose jugée au civil[4] autorise en effet de rejuger la même affaire en vertu d'une cause différente, alors que la

---

[1] H. et L. MAZEAUD, J. MAZEAUD, F. CHABAS, Leçons de droit civil, Tome II, Premier volume : « Obligations - Théorie générale », préc., n° 613.

[2] L'article 470-1 du C.P.P. est désormais applicable en cas de poursuite engagée pour n'importe quel délit non-intentionnel et non plus uniquement pour homicide ou blessures involontaires. Aux termes du nouveau texte modifié par l'article 4 de la loi n° 96-393 du 13 mai 1996 relative à la responsabilité pénale pour des faits d'imprudence ou de négligence et par la loi n°2000-647 du 10 juillet 2000 tendant à préciser la définition des délits non intentionnels, *« le tribunal saisi, à l'initiative du ministère public ou sur renvoi d'une juridiction d'instruction, de poursuites exercées pour une infraction non intentionnelle au sens des deuxième, troisième et quatrième alinéas de l'article 121-3 du Code pénal, et qui prononce une relaxe demeure compétent, sur la demande de la partie civile ou de son assureur formulée avant la clôture des débats, pour accorder, en application des règles du droit civil, réparation de tous les dommages résultant des faits qui ont fondé la poursuite (...) »*.

[3] En outre, l'autonomie de ces multiples fondements lui permet d'intenter plusieurs actions contre plusieurs personnes, responsables à des titres différents du même trouble préjudiciable.

[4] Qui nécessite une triple identité : celle des parties, celle de l'objet et celle de la cause (fondement juridique de l'action).

procédure pénale impose la règle « *non bis in idem* » selon laquelle une personne ne peut être jugée deux fois pour les mêmes faits. L'avantage ainsi trouvé par la victime révèle toutefois assez rapidement une limite importante de nature à faire réfléchir les justiciables. La lenteur ainsi que le montant des frais mis à la charge du demandeur au début du procès découragent bien souvent les victimes d'intenter une action devant le juge civil.

2022. La procédure pénale semblerait de ce point de vue moins coûteuse et plus « rapide », encore que ce dernier qualificatif soit relatif et que de manière générale, il s'accommode mal de l'exercice des actions en justice ordinaires. La partie civile bénéficie également, devant le juge répressif, de tous les modes et moyens de preuve du procès pénal (enquêtes, perquisitions, procès-verbaux, rapports des agents habilités...) mis en œuvre et rapportés par le ministère public. Les avantages procéduraux de la voie pénale, lorsque cette dernière est possible -ce qui suppose un dommage causé par une infraction du bruit-, ne nous semblent pourtant pas suffisants face à l'objectif recherché par la victime, qui est la réparation la plus appropriée possible de son préjudice.

2023. S'agissant du contenu de la réparation, et c'est bien ce qui motive en premier lieu les victimes de bruits de voisinage, l'intérêt de la voie civile est indéniable. Les pouvoirs du juge civil, en tant que juge naturel de la réparation, sont nettement plus étendus que ceux du juge pénal. Ce dernier n'est pas, en principe, compétent pour prononcer des réparations en nature. Ainsi, la Cour d'appel de Paris rappelle-t-elle qu'*« une juridiction de répression ne peut qu'indemniser la victime d'une infraction du préjudice subi et non pas (...) ordonner, à défaut de textes précis existant par exemple en matière d'urbanisme, des mesures de nature à faire cesser le trouble pour l'avenir »*[1]. A la victime qui se constitue partie civile devant elle, elle ne pourra allouer que des dommages et intérêts qui sont, en général, nettement inférieurs à ceux pouvant être obtenus au civil. La raison en est que la justice pénale apprécie uniquement le préjudice causé par l'infraction relevée ponctuellement et jugée au moment des faits : *« une juridiction pénale n'est apte à se prononcer que sur les conséquences de l'infraction commise ; (...) il ne lui appartient pas d'anticiper sur le renouvellement éventuel de cette infraction »*[2].

2024. Le demandeur qui a opté pour la justice civile peut, au contraire, faire état de la globalité du préjudice subi pendant toute une période, ce qui est souvent le cas en matière de bruits de voisinage dont le caractère préjudiciable résulte notamment de leur durée dans le temps. L'importance de la gêne, d'autant plus grande qu'elle se prolonge, peut conduire les tribunaux de grande instance à accorder jusqu'à 200 000 francs (30 000 euros) de dommages et intérêts, alors que ceux alloués par les juridictions répressives dépassent rarement les 2 000 ou 3 000 francs[3] (300 ou 450 euros). En sus de cette indemnisation monétaire, la justice civile qui remplit pleinement sa mission de réparation des dommages a vocation à ordonner des mesures -diverses comme nous le verrons (*infra* n° 2147 et s.)- de nature à mettre un terme aux nuisances acoustiques et à rétablir l'environnement sonore dans son état initial, c'est-à-dire antérieur à celui résultant de

---

[1] C.A. Paris, 13e ch., 16 mai 1970, D.S. 1970, jurispr. p. 568.

[2] C.A. Reims, 22 décembre 1972, confirmée par Cass. crim., 6 mars 1974, Bull. crim. n° 100 ; C.P.E.N., jurispr. « Bruit », 1523-1524.

[3] V. par exemple : Cass. crim. 18 juin 1997, Leloup, N° 3781, préc. : les juges du fond ont condamné le président d'une association de ball-trap, dont le stand de tir occasionnait des nuisances sonores aux proches voisins, à payer à chacune des deux parties civiles la somme de 1 000 F à titre de dommages-intérêts ; C.A. Montpellier, 28 avril 1998, préc. : la propriétaire de treize chiens qui aboyaient jour et nuit a été condamnée au paiement de la somme de 2 000 F à chaque partie civile en cause d'appel.

l'existence du trouble dans le voisinage. Telle est bien la finalité de l'action en réparation : essayer de replacer la victime dans des conditions telles que le dommage n'ait jamais existé. La meilleure voie reste alors le recours au juge civil, compte tenu de ses pouvoirs en la matière.

b) La voie normale : la procédure civile

2025. La victime d'un bruit de voisinage qui présente sa demande en réparation devant le juge civil se soumet aux règles générales de la procédure civile. Elle suit tout d'abord les règles de la compétence d'attribution du droit commun. La compétence *ratione materiae* dépend à la fois d'une donnée qualitative, la nature du litige, et d'une donnée quantitative, la valeur du litige. S'agissant des litiges portant sur les bruits entre « voisins », deux juridictions sont concernées : le Tribunal d'instance et le Tribunal de grande instance. Il en est ainsi même des actions en responsabilité délictuelle tendant à la réparation du dommage causé par le bruit des avions. Les tribunaux judiciaires, d'instance et de grande instance, sont seuls compétents pour juger de la responsabilité des compagnies aériennes du fait du bruit causé au voisinage des aérodromes[1]. C'est la nature et/ou le montant de la demande, formant l'objet du procès, qui va aiguiller l'affaire vers l'une ou l'autre de ces juridictions, toutes deux compétentes dans ce domaine.

2026. Ainsi, le Tribunal d'instance est en principe le juge des « petites affaires civiles » dont le montant n'est pas supérieur à 7 600 euros (50 000 francs). Depuis le décret n° 98-1231 du 28 décembre 1998, le Tribunal d'instance connaît des affaires personnelles et mobilières jusqu'à 3 800 euros (25 000 francs) en dernier ressort et jusqu'à 7 600 euros (50 000 francs) en premier ressort seulement[2]. La victime de bruits de voisinage, qui souhaite obtenir réparation du dommage qu'elle subit, peut donc diligenter son action devant cette juridiction lorsque sa demande n'excède pas en valeur le plafond légal des 7 600 euros. Il en est ainsi du locataire qui, troublé dans la jouissance de son appartement par l'exploitation d'un restaurant installé dans un immeuble voisin, réclame 5 000 francs de dommages et intérêts à son propriétaire[3]. L'assistance d'un avocat n'est alors pas obligatoire, mais néanmoins toujours préférable, dans l'intérêt des demandeurs qui pour la plupart, simples particuliers, ne sont pas rôdés aux rouages des procès en justice.

2027. Si la valeur du litige excède 7 600 euros, c'est devant le Tribunal de grande instance que l'affaire doit être portée, puisque l'article R311-1 du Code de l'organisation judiciaire lui donne compétence dans toutes les affaires pour lesquelles compétence n'est

---

[1] Le décret n° 58-1285 du 22 décembre 1958 (modif. par le décret n° 60-22 du 9 janvier 1960) confère compétence exclusive aux tribunaux de grande instance et d'instance pour connaître des actions en responsabilité délictuelle ou quasi-délictuelle résultant des dommages causés par les « véhicules ». Le Tribunal des Conflits, dans deux arrêts rendus le 27 janvier 1964 et le 2 mars 1970, est venu appliquer cette solution au contentieux des nuisances sonores provoquées par les avions (V.: obs. M. de Juglart et E. du Pontavice sous Cass. civ. 2e, 8 mai 1968 et T.G.I. de Paris, 1ère ch., 10 juillet 1968, J.C.P. 1968, II, 15595 et C.A. Paris, 23 novembre 1993, Commune de Longjumeau c/. Air France et Pan American World Airwais, Droit de l'Environnement n° 23, février-mars 1994, p. 5 et s.).

[2] Pour les demandes introduites avant le 1er mars 1999, le Tribunal d'instance est compétent en dernier ressort jusqu'à la valeur de 13 000 F et à charge d'appel jusqu'à la valeur de 30 000 F.

[3] V. : C.A. Paris, 8e ch. B, 7 février 1976, Gourevitch c/. Société Pizza Marino et Buchalter, « Les nuisances causées par les débits de boissons », Echo Bruit, Chronique juridique de J.-M. Jacob, n° 22, Juillet 1987 : les juges d'appel ont confirmé la condamnation du propriétaire à verser à son locataire la somme de 5 000 F pour troubles de jouissance provoqués par le restaurant voisin.

pas attribuée expressément à une autre juridiction en raison de la nature de l'affaire ou du montant de la demande. A n'en pas douter, la procédure la plus usuelle en matière de litiges dus aux bruits de voisinage est celle qui se déroule devant le Tribunal de grande instance. Les victimes ne sont pas limitées dans leurs demandes en dommages et intérêts qui sont plus importantes que celles admises devant le Tribunal d'instance.

2028. En tout état de cause, les victimes de bruit sont en droit de requérir du tribunal -qu'il soit d'instance ou de grande instance, selon la valeur du litige- une réparation en nature du préjudice causé par une source sonore qui perdure. Le juge civil pourra ordonner la cessation définitive des nuisances sonores ou, lorsque cela n'est pas possible, d'autres mesures destinées à atténuer ou à limiter le bruit, telles que l'exécution de travaux d'insonorisation extrêmement fréquente en pratique. Les possibilités de réparation offertes par le juge civil sont par conséquent larges ; elles doivent être décidées en adéquation avec les circonstances spécifiques de chaque espèce (situation des deux parties au procès, origine et nature du bruit en cause, impact dans le voisinage...). La répartition des « affaires de bruit » entre le Tribunal d'instance et le Tribunal de grande instance se fait donc au vu de la valeur de la réparation demandée.

2029. Le demandeur à l'action en responsabilité civile dispose d'un délai pour agir, à l'expiration duquel son action est éteinte par effet de prescription. La loi n° 80-1042 du 23 décembre 1980 (art. 10 du C.P.P.[1]) est venue unifier la prescription, que le fait générateur du trouble sonore soit purement civil ou également constitutif d'une infraction pénale du bruit. Elle supprime *« la règle absurde de la « solidarité des prescriptions »* [qui] *éteignait l'action civile en même temps que l'action pénale, de sorte que l'auteur d'un délit pénal prescrit par trois ans était mieux traité que l'auteur d'une simple faute civile »*[2]. Il est toutefois évident qu'une fois la prescription pénale acquise, la victime ne pourra plus porter sa demande en réparation que devant les tribunaux civils.

2030. Désormais, la distinction s'opère en fonction du caractère délictuel ou contractuel de la responsabilité mise en jeu. L'article 2270-1 nouveau du Code civil, introduit par la loi n° 85-677 du 5 juillet 1985[3], ramène le délai de prescription applicable à toute responsabilité délictuelle à *« dix ans* -contre trente auparavant- *à compter de la manifestation du dommage ou de son aggravation »*. La prescription de l'action en responsabilité délictuelle ne court donc qu'à compter de la réalisation du dommage ou de la date à laquelle il est révélé à la victime si celle-ci établit qu'elle n'en avait pas eu précédemment connaissance. En matière contractuelle, c'est en revanche la prescription trentenaire qui est de rigueur, sauf lorsque le défendeur est commerçant. La prescription est dans ce dernier cas de dix ans[4]. Ces délais de droit commun[5] sont favorables aux victimes de par leur longueur, bien qu'en matière de nuisances sonores causant une gêne aux voisins, ces derniers attendent rarement aussi longtemps pour agir.

---

[1] L'article 10 du C.P.P. dispose que *« l'action civile se prescrit selon les règles du Code civil. Toutefois, cette action ne peut être engagée devant la juridiction répressive après l'expiration du délai de prescription de l'action publique »*.

[2] A. BENABENT, Droit civil - Les obligations, préc., n° 692.

[3] *JO* du 6 juillet 1985.

[4] V. pour illustration : Cass. civ. 3e, 30 juin 1998, N° 1130, Juridisque Lamy : les acquéreurs d'un pavillon dont l'isolation phonique insuffisante engendrait des troubles acoustiques *« disposaient pour agir d'un délai de dix ans contre la société S., s'agissant d'une commerçante »*.

[5] Rappelons que le régime particulier des garanties légales mises à la charge des constructeurs prévoit des délais de prescription spécifiques. Les délais d'action sont ainsi de un an pour la garantie de parfait achèvement, de deux ans pour la garantie biennale et de dix ans pour la garantie décennale (*supra* n° 1905).

La gêne ressentie par les voisins de la source sonore incriminée impose d'agir au plus vite pour faire cesser la nuisance.

2031. Or, c'est bien souvent cette célérité dans le prononcé et la mise en œuvre d'une réparation répondant aux attentes du demandeur qui fait défaut dans la procédure civile. L'une des raisons, spécifique au contentieux du bruit, est que le juge du fond, qui statue selon son intime conviction, se trouve confronté à une matière des plus complexes, combinant des données techniques et scientifiques aux critères juridiques de la responsabilité civile. La difficulté pour le juge d'évaluer la gêne invoquée par le demandeur à l'action le conduit, dans une grande majorité des cas, à recourir à des mesures d'instruction propres à lui fournir des éléments d'appréciation tangibles. Pour former sa conviction, le juge saisi fait souvent appel à un expert judiciaire, spécialisé dans ce domaine et chargé de mener une expertise acoustique sur les faits de l'espèce.

2- Les moyens d'action du juge saisi : les mesures d'expertise de la gêne sonore

2032. En vertu des principes du droit commun de la responsabilité civile, l'évaluation du dommage réparable est laissée à la compétence souveraine des juges du fond. La complexité du phénomène bruit, due à son caractère à la fois insaisissable, diffus et subjectif, rend cette appréciation extrêmement malaisée. La diversité des situations, résultant de la multiplicité des sources sonores potentiellement préjudiciables, auxquelles il convient d'associer un nombre important de considérations de tous ordres et de paramètres extérieurs, suppose des évaluations multiples et adaptées à chaque cas d'espèce. Le juge du fond répond seul de l'appréciation qu'il fait de chaque trouble et dommage particulier. La reconnaissance d'un tel pouvoir discrétionnaire à son profit comporte néanmoins une contre-partie : celle du caractère obligatoire de l'évaluation, apparaissant comme une garantie pour les victimes de dommages. Ainsi, quelles que soient les circonstances de la cause et la complexité de la situation, le juge est tenu d'apprécier la gêne sonore dénoncée, de quantifier le préjudice et de prononcer une réparation adéquate. Refuser de statuer serait violer les prescriptions de l'article 4 du Code civil qui vise le déni de justice[1].

2033. « *Lorsque les tribunaux ne croient pas avoir les éléments nécessaires pour arbitrer d'office, ils peuvent ordonner toutes voies d'instruction qui lui sont ouvertes par la loi*[2]... ». Ce principe jurisprudentiel a été consacré par l'article 10 du nouveau Code de procédure civile (N.C.P.C.) qui précise que « *le juge a le pouvoir d'ordonner d'office toutes mesures d'instruction légalement admissibles* ». Le contentieux du bruit révèle de ce point de vue un usage particulièrement soutenu de l'expertise, mesure d'instruction exécutée par un technicien et prévue aux articles 232 et suivants du nouveau Code de procédure civile.

2034. Les tribunaux font de plus en plus fréquemment appel à des experts, en raison des difficultés techniques et scientifiques que peut présenter le dommage né du bruit. A la demande d'une ou des parties, ou de sa propre initiative lorsqu'il s'estime

---

[1] L'article 4 du Code civil dispose que « *le juge qui refusera de juger, sous prétexte du silence, de l'obscurité ou de l'insuffisance de la loi, pourra être poursuivi comme coupable de déni de justice* ». Il ne peut ainsi refuser de statuer en se fondant sur l'insuffisance des preuves qui lui sont fournies par les parties (Cass. civ. 2e, 21 janvier 1993, Bull. civ. II, n° 28).

[2] *... mais il ne leur appartient pas de déclarer l'action non-recevable (...), à raison de la seule difficulté d'apprécier le quantum d'un dommage reconnu en son principe » :* Cass. ch. réunies, 15 juin 1883, D.S. 1972, chron. p. 7.

insuffisamment informé[1], le juge va s'octroyer les services d'un homme de l'art qui lui apportera les connaissances techniques et mènera les investigations complexes nécessitées par des litiges mettant en cause des nuisances sonores. Souverain en la matière, il peut refuser la mesure[2] qui, lorsqu'elle est ordonnée, ne le lie pas. Pourtant, cela ne réduit en rien l'importance des expertises en matière de bruit (a), auxquelles seul le principe du contradictoire pourrait porter ombrage, si ce n'était l'intervention de la jurisprudence qui a rétabli le bon sens et l'intérêt de telles mesures dans ce contentieux si particulier (b).

a) L'importance de l'expertise acoustique dans le contentieux du bruit...

2035. En pratique, et tout particulièrement dans le domaine du bruit où la constatation de la nuisance sonore et l'appréciation de la gêne qui en résulte pour les voisins sont malaisées à effectuer, le juge est assez enclin à aider la victime dans l'administration de la preuve du dommage allégué. Ainsi, à partir du moment où le tribunal considère que le demandeur ne dispose pas d'éléments suffisants pour démontrer le dommage qu'il invoque, ou encore que les données du problème posé par le litige sont par trop complexes, il peut ordonner une mesure d'instruction. La plus classique, et certainement la plus « efficace » sur le plan scientifique, est celle exécutée par un expert, « homme de l'art » nommé par le juge compte tenu de ses connaissances spéciales de nature à éclairer le magistrat et les parties au procès. En effet, bien souvent, qu'il s'agisse de l'extracteur d'air d'un restaurant, du râclement de tables ou de chaises et du juke-box d'un café-bar, de la sonorisation d'une discothèque ou du bruit des machines d'une usine ou d'un atelier artisanal, les témoignages et les constats effectués par les agents habilités ne permettent pas au juge de se faire une idée précise et exacte de l'importance de la gêne qui en découle pour le voisinage.

2036. L'expertise est de mise lorsque les simples constatations ou consultations d'un technicien ne suffisent pas face à la complexité de la matière soumise au juge[3]. Elle constitue la mesure d'instruction la plus poussée et la plus courante dans les affaires de bruit et revêt une importance particulière dans le cadre spécifique de la théorie des troubles de voisinage qui exige, pour que le dommage soit réparable, la caractérisation de l'« anormalité » du trouble. Les avis éclairés des experts sont également sollicités, et ceci de manière systématique, dans le contentieux spécial relatif au bruit des avions, toujours délicat à trancher. Le rôle des experts est alors inestimable et incontournable, comme en témoigne la jurisprudence rendue dans ce domaine qui fait état de l'intervention de ces techniciens à chaque stade de la procédure. Ainsi, dans le litige opposant la commune de Longjumeau à trois compagnies aériennes, Air France, PANAM et TWA, plusieurs

---

[1] V. par exemple : C.A. Paris, 9 juin 1975, Société Carrefour-Supermarchés c/.sieur Durand, préc. : *« s'estimant insuffisamment informés quant à la demande supplémentaire de 150 000 F de dommages-intérêts en réparation de la moins-value causée à l'immeuble, les premiers juges ont ordonné une expertise »*.

[2] V. par exemple : Cass. civ. 3e, 28 janvier 1975, D. 1976, jurispr. p. 221 : au moyen du pourvoi qui faisait grief à la Cour d'appel d'avoir rejeté la requête d'une nouvelle expertise, la Cour de cassation répond *« qu'ayant ainsi formé leur conviction, les juges d'appel n'ont fait qu'user de leur pouvoir souverain de refuser d'ordonner une nouvelle mesure d'instruction qu'ils estimaient inutile »*.

[3] Conformément à l'article 263 du N.C.P.C., *« l'expertise n'a lieu d'être ordonnée que dans le cas où des constatations ou une consultation* -autres mesures d'instruction exécutées par un technicien- *ne pourraient suffire à éclairer le juge »*. Le recours fréquent aux expertises dans les affaires de bruit traduit donc l'extrême complexité du problème des troubles sonores.

experts ont été nommés durant les quelques vingt-six ans qu'a duré la procédure, voyant leur mission régulièrement prorogée et étendue[1].

2037. La diversité des dommages susceptibles d'être causés par les bruits de voisinage entraîne la compétence de différents techniciens, chacun spécialisé dans l'appréciation d'un type de préjudice donné. Les services d'un expert acousticien chargé de mesurer scientifiquement le bruit dans son niveau d'intensité sonore, ainsi que dans sa tonalité ou sa fréquence[2], apparaissent évidents[3]. Cependant, de simples mesures acoustiques ne sont pas toujours suffisantes, car même si les niveaux relevés attestent du respect de la réglementation, ils ne garantissent aucunement l'absence de gêne et de trouble anormal de voisinage[4]. Le recours à un expert médical pourra se révéler utile lorsque le dommage invoqué est d'ordre sanitaire, afin de déterminer dans quelle mesure les troubles physiologiques dont se plaint la victime sont en relation avec les bruits incriminés[5]. S'agissant du préjudice financier subi par la victime, un expert comptable pourra en proposer un chiffrage, alors que l'expert en estimation immobilière sera en mesure de donner son avis sur la dévalorisation de la propriété immobilière de la victime du fait de nuisances sonores voisines[6]. Les juges font, enfin, souvent appel à des professionnels du bâtiment, tels que les architectes ou des bureaux d'étude.

2038. Le juge dispose ainsi d'une palette de techniciens, dans laquelle il peut puiser selon la nature du dommage et les besoins de la cause. Il n'est pas rare qu'un litige nécessite le recours à plusieurs de ces spécialistes. Le Tribunal de grande instance de Pau[7], saisi d'un affaire mettant en cause les bruits et trépidations d'usines au voisinage d'habitations, a de la sorte ordonné trois expertises : l'une technique pour mesurer l'intensité sonore produite par le fonctionnement du complexe industriel, une deuxième médicale en vue d'établir le lien de causalité entre ces nuisances et l'aggravation de l'état de santé des demandeurs et une troisième immobilière à l'effet de déterminer les

[1] C.A. Paris, 23 novembre 1993, Commune de Longjumeau c/. Air France et Pan American World Airwais, Droit de l'environnement n° 23, février-mars 1994, p. 5 et s.

[2] Cass. civ. 2e, 12 janvier 1983, M.-R. Foulon c/. soc. « Fox Trott », C.P.E.N., jurispr. « Bruit », 1536 : les juges d'appel ont retenu les émergences des bruits provenant d'un dancing, mesurées par l'expert à de nombreuses reprises et à des heures différentes de la nuit ; C.A. Paris, 2 mai 1983, Epoux Becker c/. Epoux Obadia, préc.

[3] Afin de répondre aux exigences de compétence requises en matière d'expertise sur le bruit, la plupart des techniciens en acoustique agréés par les tribunaux se sont regroupés en association et ont fondé le Collège National des Experts Judiciaires en Acoustique (C.N.E.J.A.C.).

[4] Ce qui pose la question du caractère suffisamment contraignant des normes acoustiques en vigueur. V. par exemple : C.A. Paris, 2 mai 1983, Epoux Becker c/. Obadia, préc. : en l'espèce, le rapport d'expertise alléguait que la réglementation acoustique, fixée alors par le décret du 14 juin 1969, se trouvait respectée, mais que la différence de niveau sonore ressentie à l'étage inférieur, après le remplacement de la moquette par du parquet, était constitutive de troubles dépassant les inconvénients normaux de voisinage.

[5] T.G.I. de Limoges, 2e ch., 15 octobre 1980, Epoux Ganne-Moreau c/. Lemasson, C.N.B., Les nuisances sonores - Recueil de jurisprudence commentée, p. 121 : à propos des bruits provenant de l'exploitation d'une imprimerie dans un immeuble en copropriété, *« attendu qu'il en résulte* -des conclusions du rapport d'expertise médicale- *que les troubles de voisinage déjà retenus à la charge de J. L. ont entraîné pour les époux G.-M. un préjudice d'ordre physique et psychique, qui se rattache à ces troubles par un lien certain, direct et déterminant » ;* Cass. crim., 20 février 1985, Bull. crim. n° 83 ; C.P.E.N., jurispr. « Bruit », 1537 : *« il résulte bien des expertises médicales que la relation entre le dommage causé (...) et la faute commise (bruit dû à un défaut de précaution) est certaine ».*

[6] Cass. civ. 3e, 8 juillet 1992, N° 1199, préc. ; Cass. civ. 2e, 5 mai 1993, N° 556, Lexilaser Cassation 1996/1.

[7] T.G.I. de Pau, 12 novembre 1965, D.1966, jurispr. p. 301, note P. Azard.

différents éléments susceptibles d'être pris en considération pour l'évaluation du préjudice matériel. Ce sont les juges du fond, après avoir choisi librement les experts et les avoir nommés, qui fixent souverainement l'étendue de la mission qu'ils leur confient. Elle est néanmoins légalement limitée à des questions purement techniques, clairement et limitativement posées par le magistrat et auxquelles l'expert est tenu de répondre dans un délai qui lui est imparti[1].

2039. L'expert commis dans une affaire de bruit remplit une double mission, donnant son avis sur deux points fondamentaux que le juge de la réparation est amené à éclaircir. Dans un premier temps, le juge doit vérifier l'existence du trouble sonore allégué et du dommage qui en résulte. La gêne sonore existe-t-elle et est-elle la cause d'un préjudice ouvrant droit à réparation ? Ainsi, s'agissant de bruits aériens, les juges du fond ont-ils *« donné à des experts mission de déterminer dans quelle mesure les envols et atterrissages d'avions avaient provoqué des bruits excédant les troubles qui doivent être normalement supportés dans un environnement urbain »*[2]. L'expertise sollicitée a pour but de fournir, à ce stade, un diagnostic technique de gêne. Si les conclusions sont probantes et que l'existence d'un dommage réparable est reconnue en son principe, le juge est amené, dans un deuxième temps, à s'interroger sur le type de réparation que ce préjudice commande. L'expertise doit alors proposer une évaluation monétaire du préjudice subi et préconiser la ou les modalités de réparation de nature à supprimer la nuisance, ainsi que son coût et sa durée d'exécution. Les solutions pouvant ainsi être dégagées sont aussi nombreuses que les sources sonores auxquelles elles s'appliquent.

2040. Une expertise acoustique complète et sérieuse est celle qui tient compte à la fois de la dimension physique du problème posé par les nuisances sonores, au regard notamment de l'aspect réglementaire, et de la dimension humaine dont le phénomène bruit est fortement imprégné. Tel est le cas de celle qui consiste, pour les experts, à *« relever la fréquence des évolutions des appareils d'Air France, de mesurer la durée et l'intensité des bruits, après quoi des médecins experts diront, au vu de ces mesures, si les bruits dépassent les inconvénients normaux du voisinage, en précisant la nuisance de ces bruits pour la santé mentale et physique de l'homme, et en recherchant dans quelle mesure ils affectent ses conditions d'existence »*[3]. L'intérêt de cette mesure d'instruction dans le contentieux de la réparation dépend donc de son objet, défini souverainement par le juge, et de son contenu, fruit du travail du technicien désigné. Ce dernier, aux termes de l'article 237 du N.C.P.C. *« doit accomplir sa mission avec conscience, objectivité et impartialité »*, autant de qualités appréciées souverainement par les juges du fond[4].

2041. Le nombre d'expertises ordonnées dans le contentieux civil du bruit -elles sont plus rarement utilisées en procédure pénale- témoigne de l'importance que leur accorde la jurisprudence, qui n'abandonne pas pour autant la souveraineté de son pouvoir

---

[1] Dans l'affaire qui opposait la société E.R.V.E. à la compagnie aérienne Air France, les juges du fond ont précisé les sept étapes de la mission confiée aux experts, posant clairement les questions auxquelles ils devaient répondre. V. : C.A. Aix, 1ère ch., 17 février 1966, Cie nat. Air France c/. Soc. E.R.V.E. et autres, J.C.P. 1966, II, 14755, obs. J.-G. de Villeneuve.

[2] Cass. civ. 2e, 17 décembre 1974, Duchemin c/. Pan American World Airways et autres, D. 1975, jurispr. p. 441, note C. Larroumet.

[3] T.G.I. de Nice, 9 décembre 1964, Soc. « E.R.V.E. » c/.Cie nat. Air France, J.C.P. 1965, II, 14074, obs. M. de Juglart ; D. 1965, jurispr. p. 221, note F. Derrida.

[4] Sévères à l'égard de l'expert qu'ils avaient commis, les juges ont relevé, dans une espèce mettant en cause l'exploitation d'un silo à grains à proximité d'habitations, *« que si l'expert a ainsi fait part de ses états d'âme, il n'a cependant fourni aucun élément objectif caractérisant les troubles de jouissance »*. V. : Cass. civ. 2e, 28 janvier 1998, N° 117, Lexilaser Cassation.

dans l'appréciation finale du préjudice et de la réparation qu'il requiert. En effet, les juges tirent des rapports d'expertise leurs propres conclusions quant au fond du droit. Conformément aux dispositions de l'article 246 du N.C.P.C., ils ne sont jamais liés par les constatations ou conclusions du technicien[1]. Ce dernier ne peut « dire le droit » et le juge ne saurait le charger de fixer les responsabilités encourues et de rechercher le bien ou le mal fondé d'une demande en réparation. La mission de l'expert n'a trait qu'à des questions de fait, pour lesquelles il lui est demandé un avis d'ordre technique et dont le juge se réserve de tirer les conséquences juridiques.

2042. En fait, l'expert apporte au juriste les éléments techniques et scientifiques attachés au problème du bruit et que le droit est obligé d'intégrer pour une justice la plus juste et équitable possible. Dans nombre de litiges dus aux bruits de voisinage, lorsque ceux-ci sont suffisamment répétitifs pour qu'il soit possible de faire procéder à des mesures acoustiques et à une évaluation de la gêne causée, une expertise est nécessaire. Sa mise en œuvre, réglementée par le législateur, n'est pas toujours évidente dans le domaine particulier des nuisances sonores. Malgré son caractère purement technique, l'expertise est d'abord un acte judiciaire et par là même soumise au caractère contradictoire de la procédure. Or, en matière de bruit, le respect du principe général de la contradiction, consacré à l'article 16 du N.C.P.C., révèle des effets pervers et relèverait plutôt du paradoxe !

b) ...mise à mal par le principe du contradictoire ?

2043. Les expertises judiciaires en acoustique obéissent aux règles communes à toutes les mesures d'instruction. Parmi ces règles, il en est une fondamentale, érigée pour assurer le respect des droits de la défense : celle d'une procédure contradictoire. Par conséquent, *« le respect du contradictoire est le fondement de la régularité d'une expertise en matière civile »*[2] (alors que ce principe ne s'applique pas à l'expertise pénale). Or, une telle exigence a, en matière de gêne sonore, une incidence particulière qui ne semble guère participer du souci d'une bonne administration de la justice, bien au contraire. Dans les conditions spécifiques qui entourent la production des troubles sonores dommageables, les juges ont eu alors à se prononcer sur la question : quel contradictoire pour les mesures de bruit ?

2044. La règle de la contradiction, telle qu'elle est posée par l'article 16 du N.C.P.C[3], emporte deux conséquences pour l'expert. D'une part, il est tenu de convoquer de concert les parties et leurs conseils pour toutes les opérations techniques qu'il entreprend. Le principe de la contradiction veut en effet qu'une expertise ne soit opposable à une partie qu'autant que celle-ci a été présente ou dûment appelée. L'expert se charge lui-même de convoquer les parties à sa première réunion -au cours de laquelle il entend et enregistre leurs « dires » respectifs et se fait remettre tous documents qu'elles

---

[1] Cass. civ. 2e, 11 mai 1966, préc. : la Cour de cassation confirme la décision de la Cour d'appel de Paris (en date du 21 mai 1964) qui a *« souverainement apprécié la portée et la valeur probante du rapport d'expertise, dont ils* [les juges du fond] *n'étaient point tenus de suivre les conclusions ».*

[2] V. KLAJNBERG et P. GREINER, Hors des décibels et des règlements pas de salut... ? : Le point de vue du juge, Gaz. Pal. 1997, doctr. p. 7.

[3] L'article 16 du N.C.P.C. dispose que *« le juge doit, en toutes circonstances, faire observer et observer lui-même le principe de la contradiction.*

Il ne peut retenir, dans sa décision, les moyens, les explications et les documents invoqués ou produits par les parties que si celles-ci ont été à même d'en débattre contradictoirement.

Il ne peut fonder sa décision sur les moyens de droit qu'il a relevés d'office sans avoir au préalable invité les parties à présenter leurs observations ».

entendent faire valoir dans le litige-, par lettre recommandée avec demande d'avis de réception. Il prie les avocats d'y assister, par lettre simple. Les rendez-vous ultérieurs sont ensuite pris soit oralement si les parties sont présentes, soit par lettre simple (art. 160 du N.C.P.C.).

2045. D'autre part, l'expert ne peut utiliser un élément sans qu'il ait été préalablement communiqué à toutes les parties (art. 14 et s. du N.C.P.C.). Ainsi, s'il se fait communiquer un document dont il estime la production nécessaire, il a l'obligation, si ce document lui paraît être un élément de discussion sérieux, de s'assurer que les parties au procès en ont pris connaissance. A défaut, il pourrait lui être reproché de ne pas avoir permis aux parties d'assurer leur défense. De manière générale, l'expert doit informer les parties du contenu de sa mission et consigner leurs dires oraux dans son rapport. Dans le cas de dires écrits, il s'assure que communication en a bien été faite à l'adversaire. Il est donc important que, dans son rapport, l'expert décrive minutieusement toutes les diligences effectuées quant à la présence des parties, la lecture de la minute, la remise des documents et les prétentions des demandeurs et défendeurs, afin de garantir que l'ensemble des implications du contradictoire ont effectivement été suivies. En cas de non-respect, la responsabilité civile de l'expert pourra être engagée.

2046. En matière de bruit, le caractère contradictoire de l'expertise présente un effet des plus pervers. La mise en œuvre de ce principe général, dans le domaine spécial des nuisances sonores, implique que l'expert prévienne le « bruiteur » de sa visite. L'absurdité de la situation apparaît alors immédiatement. Averti de la venue du technicien, le responsable du bruit dénoncé a tout le loisir de prendre des dispositions en vue de diminuer voire de supprimer, le temps de l'expertise, ses émissions sonores, afin de ne pas être mis en cause. Connaître à l'avance le jour et l'heure de l'expertise peut conduire le « bruiteur » à modifier intentionnellement ses agissements bruyants. Mais au-delà du problème moral et de la possibilité de fraude qui est ainsi donnée au défendeur, de manière générale *« lorsque le bruit dépend de comportements humains, savoir que l'on est observé entraîne une modification dans l'émission des bruits »*[1], un changement d'attitude qui peut s'opérer automatiquement, de manière parfois inconsciente.

2047. Les mesures acoustiques peuvent donc être faussées lorsqu'elles sont effectuées contradictoirement, laissant à l'auteur des troubles la possibilité de réduire le niveau du bruit, d'une manière ou d'une autre, en présence de l'expert. La véracité des faits commande d'agir par surprise, si l'on ne veut pas que la règle de la contradiction n'aboutisse à porter préjudice à la victime du bruit. Une telle situation ne saurait être tolérée. C'est pourquoi la jurisprudence, faisant preuve de bon sens et d'un esprit pratique salutaire, a mis un « bémol » à l'application de ce principe inadapté, en tant que tel, au contentieux du bruit. Par un arrêt de principe en date du 14 mars 1978[2], la Cour de cassation a affirmé que, lorsque l'auteur du trouble averti de la venue du technicien peut

---

[1] *Ibidem.*

[2] Cass. civ. 3e, 14 mars 1978, Soc. ACIBOIS et autre, Bull. civ. III, n° 117 ; J.C.P. 1978, IV, p. 160 : *« C'est à bon droit que la cour d'appel saisie d'une action en réparation de troubles de voisinage causés par une usine déclare que les opérations d'expertise se sont déroulées régulièrement malgré l'absence de convocation des parties à une des réunions tenues sur les lieux, dès lors qu'elle relève que chacune des parties avait eu l'occasion d'apporter toute documentation et de faire toutes remarques qu'elles estimaient nécessaires lors de la première réunion contradictoire et que pour la seconde venue de l'expert en compagnie d'un technicien qui a effectué à l'aide d'instruments l'étude des bruits, la présence des parties n'était plus utile pour des opérations exclusivement scientifiques alors surtout qu'il était nécessaire pour être sûr que l'expert puisse opérer dans des conditions normales de fonctionnement de l'usine, que la direction de l'usine ne fût pas avertie de la venue de l'expert pour éviter qu'elle ne diminuât intentionnellement les bruits de l'entreprise ».*

réduire le bruit de ses activités, l'expert a la possibilité de mener ses investigations de manière inopinée, en-dehors de la présence des parties. La Haute Juridiction admet la régularité des opérations de mesure des bruits, pratiquées sans convocation des parties, dès lors qu'au cours d'une première réunion, les parties ont pu faire toutes remarques utiles[1], et qu'il était nécessaire pour que l'homme de l'art puisse opérer dans des conditions normales que sa visite ne soit pas annoncée.

2048. La solution posée par la Cour de cassation est tout à fait judicieuse en ce qu'elle rétablit dans ce domaine le bon sens et l'équité. L'aménagement ainsi apporté à la règle du contradictoire pour les expertises acoustiques n'a jamais été remis en question. Il est de jurisprudence constante et régulièrement réaffirmé. Dans un arrêt du 20 mai 1984, la Cour d'appel de Rennes a précisé que les opérations d'expertise s'étaient déroulées dans le respect du contradictoire, même si l'expert était venu sur place, après une première réunion, sans qu'en soient avisés au préalable les défendeurs, ceci *« dans le seul dessein d'empêcher que ses constatations ne soient faussées par les précautions artificieuses dont ceux-ci auraient pu éventuellement user »*[2]. De même, il a été confirmé que c'est hors toute violation du principe de la contradiction que *« l'ingénieur qualifié en acoustique, dûment mandaté dans le cadre de l'expertise, se devait de procéder aux mesures d'intensité du bruit sans avertir la partie concernée de ses opérations, pour que les mesures effectuées correspondent à la réalité quotidienne »*[3].

2049. L'utilité des expertises est patente concernant les litiges relatifs au bruit. Elle l'est non seulement pour aider les magistrats à se forger une opinion sur la réalité du dommage invoqué et déterminer le mode de réparation le plus approprié, mais également pour surveiller ou même faire exécuter les travaux propres à faire cesser les troubles préjudiciables[4]. L'assistance technique d'un expert apparaît aussi nécessaire dans les cas, plus rares, où le juge décide de se transporter lui-même sur les lieux, afin de se rendre personnellement compte de l'importance des nuisances dénoncées[5]. Ces mesures d'instruction ont en outre l'avantage de débuter par une discussion entre l'homme de l'art, les parties, leurs conseils et le juge, qui offre une chance sérieuse de trouver un règlement amiable du conflit et d'éviter, d'une part, des mesures techniques à la fois complexes, longues et onéreuses pour le justiciable et, d'autre part, d'aller au bout d'une procédure contentieuse qui le plus souvent s'éternise, sans la certitude d'obtenir satisfaction au regard du dommage souffert.

2050. En tout état de cause, la procédure civile ordinaire ne répond pas à l'urgence de la situation créée par les nuisances sonores, tant au niveau de la preuve à rechercher

---

[1] Cependant, les juges d'appel ne peuvent prononcer une condamnation à l'encontre d'une partie en se fondant uniquement sur le rapport d'une expertise à laquelle cette partie, qui n'avait pas encore cette qualité en première instance lorsque l'expertise a été effectuée, n'avait été ni appelée ni représentée et n'avait par conséquent pu participer à la première réunion organisée par l'expert. L'arrêt encourt de ce fait la cassation pour méconnaissance du principe de la contradiction et violation de l'article 16 du N.C.P.C. : Cass. civ. 2e, 8 novembre 1995, Lexilaser Cassation 1996/2.

[2] C.A. Rennes, 1re ch., 20 mai 1984, Epoux Rannou c/. Epoux Belval, C.N.B., Les nuisances sonores - Recueil de jurisprudence commentée, p. 120-121.

[3] Cass. civ. 2e, 5 mai 1993, N° 556, préc.

[4] V. par exemple : Cass. civ. 2e, 12 janvier 1966, Soc. Cinéma Grolée c/. Nicolaï, préc. : les juges avaient désigné un nouvel expert *« chargé de faire effectuer, par la société défenderesse, les travaux propres à faire cesser ces troubles »*, en l'espèce les bruits provenant d'un cinéma.

[5] V. : T.G.I. de Saintes, 25 octobre 1985, Consorts Avril c/. Herpin, C.N.B., Les nuisances sonores - Recueil de jurisprudence commentée, p. 122-123 : à propos des bruits occasionnés par un atelier de menuiserie, le tribunal souhaita les constater par lui-même et ordonna son transport sur les lieux, accompagné du technicien qui avait déjà effectué une expertise et fait exécuter divers aménagements.

que de la gêne persistante subie par les victimes. L'aveu de la Cour d'appel de Nîmes saisie de bruits occasionnés depuis six ans par des tourterelles installées dans une volière, selon lequel *« l'appel n'a eu d'autre conséquence que de faire perdurer le trouble pendant deux années supplémentaires »*[1], témoigne ouvertement de l'inadaptation des voies d'action « classiques » de la procédure. Il exprime surtout la nécessité impérieuse, dans l'intérêt des victimes de bruits de voisinage dommageables, de se tourner vers des moyens d'action plus rapides et plus accessibles aux citoyens. De telles possibilités existent, tant dans le traitement contentieux du conflit sonore que dans l'orientation vers un règlement à l'amiable du problème.

B. LES MOYENS D'ACTION ACCÉLÉRÉE : L'ACCÈS À UN RÈGLEMENT RAPIDE DU CONFLIT SONORE

2051. Les règles de la procédure et l'engorgement actuel des tribunaux sont tels qu'il s'écoule plusieurs mois, voire très souvent plusieurs années entre le moment où le demandeur à l'action civile engage une procédure contre le responsable des troubles sonores et le moment où la décision de réparation est rendue et devient exécutoire. Or, comme le souligne M. Gualezzi dans son rapport sur « Le bruit dans la ville », *« s'il s'agit d'une nuisance répétitive émanant par exemple d'une discothèque, on peut imaginer l'exaspération de certaines victimes privées de sommeil dont la presse peut rapporter les réactions aux conséquences parfois dramatiques »*[2]. C'est dans la majeure partie des cas le caractère persistant d'un bruit, imposé de manière quotidienne, qui en fait une nuisance excessive susceptible de causer des dommages de natures diverses. Une telle situation commande de faire cesser le plus rapidement possible les émissions sonores incriminées. Mais la lenteur de la procédure entamée devant les juges du fond ne permet pas de satisfaire une telle exigence, bien souvent vitale pour des victimes de bruit exténuées et découragées d'intenter une action en justice.

2052. Des moyens de traitement des litiges plus rapides existent pourtant et paraissent parfaitement adaptés à la problématique des conflits sonores. Qu'ils soient de caractère juridictionnel ou conventionnel, leur succès en pratique est édifiant, parce qu'ils correspondent de plus en plus aux exigences de la société moderne. D'une part, notre droit judiciaire privé organise des procédures d'urgence en la forme de différents types de référés (1), dont le recours est de plus en plus recherché par les victimes de bruits de voisinage. D'autre part, plusieurs traitements amiables, proposés et encadrés par le législateur afin de garantir les intérêts des parties (2), sont à développer et à encourager, comme c'est le cas également en matière pénale (*supra* n° 1493 et s.).

1- Les procédures de référé face à l'urgence de la situation née du bruit

2053. Efficace et peu coûteux, le référé est une procédure d'urgence particulièrement adaptée aux conflits créés par les bruits de voisinage. Aux termes de l'article 484 du N.C.P.C., l'ordonnance de référé prise par le président du Tribunal de grande instance -» juge des référés »- est *« une décision provisoire rendue à la demande d'une partie, l'autre étant présente ou appelée, dans le cas où la loi confère à un juge qui n'est pas saisi du principal le pouvoir d'ordonner immédiatement des mesures provisoires »*. Tout l'intérêt de cette procédure réside donc dans la possibilité pour la victime de nuisances sonores persistantes d'obtenir ***immédiatement*** que soient prises des mesures pouvant être de natures différentes selon le type de référé auquel elle a recours.

---

[1] Cass. civ. 2e, 29 avril 1998, N° 611, préc.

[2] J.-P. GUALEZZI, « Le bruit dans la ville », Rapport du Conseil Economique et Social, préc., p. II-254.

En effet, l'action en référé est aujourd'hui largement ouverte, la loi ayant créé de nouveaux cas et la jurisprudence les interprétant de manière extensive. Elle offre de nombreuses solutions permettant au demandeur de faire face à la situation de gêne dans l'attente d'un jugement sur le fond.

2054. En créant des référés différenciés, le législateur a prévu des conditions spécifiques pour chacun d'eux. Les difficultés pratiques de preuve du dommage allégué incitent très souvent les victimes de bruits de voisinage à introduire des **référés préventifs,** sur le fondement de l'article 145 du N.C.P.C. En vertu de ce texte, le juge peut ordonner à la demande de tout intéressé, sur requête ou en référé, les mesures d'instruction légalement admissibles, s'il existe un motif légitime de conserver ou d'établir avant tout procès[1] la preuve de faits dont pourrait dépendre la solution du litige. Ce type de référé « aux fins de mesures d'instruction » permet au juge saisi de recourir, par exemple, aux services d'un expert, afin d'éviter soit le dépérissement des preuves, soit d'établir des faits en vue d'éviter un procès ultérieur. La plupart des expertises en matière de bruit sont ainsi effectuées sur le fondement de l'article 145 du N.C.P.

2055. La mise en œuvre du référé préventif est subordonnée à l'existence d'un **motif légitime** qui suppose la réunion de trois conditions. Elle doit, tout d'abord, est motivée par l'existence d'une situation litigieuse parfaitement déterminable. *« Les mesures d'instruction doivent servir à établir des faits dont pourrait dépendre la solution d'un litige et non à découvrir les causes d'un éventuel litige »*[2]. Nul ne saurait contester une telle situation en matière de bruits de voisinage. Le bruit préjudiciable est à l'origine d'un conflit entre le gêneur et la victime, qui a un intérêt certain et direct à demander des mesures d'instruction en vue du procès futur. Ces mesures d'instruction, objet du référé, doivent ensuite être justifiées par un risque de dépérissement des preuves. Le bruit est une nuisance insidieuse et insaisissable, difficile à mesurer ou à faire constater, d'autant que le responsable peut bien souvent, à sa guise, l'atténuer ou encore la supprimer. Enfin, la mesure ordonnée sur le fondement de l'article 145 du N.C.P.C. ne doit pas violer un secret professionnel ou d'une autre nature, ou encore être en contradiction avec l'autorité de la chose jugée.

2056. Ainsi, le référé préventif s'écarte des conditions traditionnelles du référé, à savoir la constatation de l'urgence et la présence d'une obligation non sérieusement contestable, d'où son intérêt s'agissant des expertises dont on a vu l'importance en matière de bruit. Il arrive, toutefois, que de telles mesures d'instruction soient sollicitées en application de l'article 808 du N.C.P.C., siège légal de ce qui est considéré comme le **référé classique.** Le texte institue une procédure suivant laquelle *« dans tous les cas d'urgence, le président du tribunal de grande instance peut ordonner en référé toutes mesures qui ne se heurtent à aucune contestation sérieuse ou que justifie l'existence d'un différend »*. La compétence du juge est donc subordonnée à deux conditions.

2057. Le texte pose, en premier lieu, l'exigence d'une situation d'**urgence**, qui pourrait être caractérisée *« toutes les fois qu'un retard dans la décision qui doit être prise serait de nature à compromettre les intérêts du demandeur »*[3]. Or, l'urgence à faire cesser des troubles sonores qui portent atteinte aux conditions d'existence ou à la santé des voisins est facilement décelable et reconnue par la jurisprudence, d'autant que la

[1] Cass. civ. 2e, 21 octobre 1992, N° 880, Juridisque Lamy : l'ordonnance de référé ayant été rendue alors qu'une instance sur le fond était en cours sur le même litige devant le même tribunal, la Haute Juridiction a cassé la décision des juges d'appel qui se référait à ladite ordonnance, pour violation des articles 145 et 493 du N.C.P.C.

[2] J.-H. ROBERT et C. HERNANDEZ-ZAKINE, Contentieux répressifs, préc., n° 311.

[3] P. BERTIN, Les référés des années 1980, éd. Gazette du Palais 1981, n° 143.

Cour de cassation n'exerce qu'un contrôle limité sur ce point. La Haute Juridiction se contentera du fait que l'urgence soit mentionnée dans l'ordonnance prononcée par le juge, sans exiger aucune justification. La condition d'urgence ne constitue donc pas un obstacle en matière de bruit, qui lorsqu'il est une véritable nuisance la justifie pleinement.

2058. Le recours au référé de l'article 808 du N.C.P.C. suppose, en deuxième lieu, **l'absence de contestation sérieuse**[1] (sur le fond du droit) ou **l'existence d'un différend,** deux hypothèses qui peuvent se recouper dans la pratique. L'existence d'un différend est la raison même du litige opposant les voisins sur la question du bruit et de l'action entreprise par la victime. Cette dernière est donc en principe recevable en son action fondée sur l'article 808 du N.C.P.C.[2] Le texte permet alors au juge des référés saisi d'ordonner de nombreuses mesures dont les plus courantes, s'agissant des troubles sonores, sont les mesures d'instruction comme l'expertise, décidée dans des délais bien plus brefs que lorsqu'elle est requise devant le juge du fond qui est libre de la refuser. C'est la raison pour laquelle la plupart des expertises acoustiques sont réalisées au cours d'une procédure en référé -sur le fondement de l'article 145 ou de l'article 808 du N.C.P.C.- qui fait gagner du temps et de l'argent au demandeur[3]. Il est donc toujours conseillé de solliciter immédiatement et avant toute procédure au fond des mesures acoustiques, afin de recueillir l'avis d'un spécialiste propre à apporter des éclaircissements sur la manière de traiter le litige.

2059. L'article 809 alinéa 1er du N.C.P.C.[4] prévoit, quant à lui, **un référé de remise en état,** qui devrait répondre au souhait de toutes victimes de nuisances sonores. Il a pour but de *« prévenir un dommage imminent »* ou de *« faire cesser un trouble manifestement illicite »*. Dans le premier cas, il appartiendra au demandeur de prouver le préjudice matériel ou moral qui risque de se produire du fait, par exemple, de l'implantation programmée d'une usine particulièrement bruyante ou d'une discothèque à proximité de son habitation. S'agissant du deuxième cas visé par le texte, la jurisprudence interprète de façon large la notion de « trouble manifestement illicite ». Elle estime en effet qu'il ne s'agit pas uniquement de ce qui est contraire à la loi, mais aussi à la morale et aux bonnes manières. Les bruits de voisinage générateurs d'une gêne réelle entrent bien dans cette définition, même s'ils ne présentent pas un caractère infractionnel. Dans les deux hypothèses, l'objectif est de mettre un terme à la nuisance sonore par des mesures appropriées, en vue de rétablir la situation antérieure à la production du bruit.

2060. Ces mesures conservatoires ou de remise en état sont extrêmement variées en matière de troubles sonores. Ainsi, s'agissant d'un chantier de construction, il a été ordonné *« la suspension, sous astreinte, des travaux qui entraînent un trouble manifestement illicite »*[5]. Dans une autre espèce, ayant considéré que le fonctionnement

---

[1] Il s'agit d'une notion relative qui dépend des circonstances de chaque espèce et qui est soumise à l'appréciation souveraine du juge des référés.

[2] V. par exemple au Juridisque Lamy : Cass. civ. 3e, 8 avril 1992, N° 637 ; Cass. civ. 2e, 17 décembre 1998, N° 1403.

[3] V. : Cass. civ. 2e, 12 janvier 1966, Soc. Cinéma Grolée c/. Nicolaï, préc. ; Cass. civ. 3e, 15 avril 1975, Epoux Buttigieg c/. Epoux Lazzarino, préc. ; T.G.I. de Lyon, 24 mars 1978, préc. ; T.G.I. de Clermont-Ferrand, 1re ch. civ., 30 mai 1990, C.N.B., Les nuisances sonores - Recueil de jurisprudence commentée, p. 66-67.

[4] L'article 809 al. 1er dispose que *« le président du tribunal de grande instance peut toujours, même en présence d'une contestation sérieuse, prescrire en référé les mesures conservatoires ou de remise en état qui s'imposent, soit pour prévenir un dommage imminent, soit pour faire cesser un trouble manifestement illicite »*.

[5] Cass. civ. 3e, 10 mars 1993, S.C.I. Espadon, C.P.E.N., jurispr. « Bruit », 1541.

d'un circuit de karting était constitutif d'un « trouble manifestement anormal de voisinage » en raison des nuisances sonores qu'il génère, le juge des référés a interdit à l'exploitant, sous astreinte de 20 000 francs par infraction constatée, d'organiser toute manifestation comportant la participation de véhicules à moteur et, en particulier, de karts, jusqu'à la mise en conformité du circuit aux normes réglementaires prescrites[1]. Il peut également imposer des aménagements d'horaires, limitant par exemple la durée quotidienne des jeux de piano[2] ou interdisant le fonctionnement nocturne d'un atelier de menuiserie[3] ou d'une imprimerie[4].

2061. Le juge des référés est donc autorisé à prendre toutes dispositions provisoires pour qu'il soit mis, dans l'immédiat, un terme à la nuisance sonore incriminée. Il a également le pouvoir d'accorder une provision à la victime, en application de l'alinéa 2 de l'article 809 du N.C.P.C., dans les cas où l'existence de l'**obligation** -même s'il s'agit d'une obligation de faire- n'est **pas sérieusement contestable.** Si la Cour de cassation se réserve le droit de contrôler cette dernière condition, le juge des référés est en revanche souverain pour fixer le montant de la provision qu'il décide d'allouer, en le limitant toutefois au montant non sérieusement contestable de la dette alléguée. Ce **référé-provision** est très fréquemment utilisé en matière de troubles (sonores) anormaux de voisinage, notamment en ce qui concerne les voisins de fonds de commerce, tel que les débits de boissons[5], boulangeries[6] et ateliers divers[7], et dans le domaine de la construction[8]. L'ordonnance qui en résulte, même s'il ne s'agit que d'une indemnité

---

[1] Cass. civ. 2e, 9 octobre 1996, Soc. Circuit de Rumilly c/. ALNSK de Rumilly, C.P.E.N., jurispr. « Bruit », 1541-1542. Sur la liquidation à titre provisionnel, à la somme de 100 000 F, de l'astreinte dont avait été assortie l'interdiction faite par le juge des référés, V. : Cass. civ. 2e, 11 juin 1997, N° 820, Juridisque Lamy. Pour d'autres mesures d'interdiction d'utilisation d'installations bryantes, V. : T.G.I. de Paris -référé-, 21 juin 1977 et T.G.I de Paris -référé-, 23 janvier 1989, C.N.B., Les nuisances sonores - Recueil de jurisprudence commentée, p. 147-148.

[2] T.G.I. de Paris -référé-, 11 juin 1982, Epoux L'Epine c/. Vaucoret et époux Daudet, C.N.B., Les nuisances sonores - Recueil de jurisprudence commentée, p. 143.

[3] T.G.I. d'Evreux -référé-, 22 février 1984, Epoux Cayeux c/. Lequeu, Les nuisances sonores - Recueil de jurisprudence commentée, p. 142.

[4] T.G.I. de Paris -référé-, 7 février 1985, Blanchet c/. Imprimerie Tygra, Les nuisances sonores - Recueil de jurisprudence commentée, p. 143.

[5] T.G.I. de Créteil -référé-, 10 novembre 1988, C.N.B., Les nuisances sonores - Recueil de jurisprudence commentée, p. 161-162 : s'agissant des bruits provenant de l'exploitation d'un café, le juge des référés alloue à chaque demandeur une provision de 2 000 F en précisant que *« les pièces versées aux débats démontrent l'existence de troubles anormaux de voisinage ; qu'en conséquence l'obligation à réparation pesant sur les défendeurs n'est pas sérieusement contestable... »* ; Cass. civ. 2e, 25 novembre 1992, Soc. La Jasse, C.P.E.N., jurispr. « Bruit », 1541 : *« indemnité provisionnelle justifiée par des troubles anormaux de voisinage »* provoqués par une discothèque.

[6] T.G.I. de Créteil -référé-, 26 juillet 1984, Belly c/. SCI Les Moulins, Durel et autres et C.A. Paris, 14e ch. A, 10 septembre 1985, SCI Les Moulins, Durel et autres c/. Belly, C.N.B., Les nuisances sonores - Recueil de jurisprudence commentée, p. 161 : les victimes des bruits nocturnes causés par l'exploitation d'une boulangerie ont obtenu une provision de 10 000 F, portée à 25 000 F par la Cour d'appel de Paris.

[7] V. par exemple : T.G.I. de Paris -référé-, 14 mars 1985, Epoux Remy c/. Société Française d'Exposition (S.F.E.), confirmé par C.A. Paris, 14e ch. B, 2 octobre 1986, S.F.E. c/. Epoux Remy, C.N.B., Les nuisances sonores - Recueil de jurisprudence commentée, p. 161 : à propos des bruits provenant d'un atelier de fabrication et de montage de stands pour salons, *« considérant que l'émergence relevée par l'expert est constitutive d'un trouble de jouissance certain, qui rend incontestable l'obligation à réparation de la S.F.E. ; que le premier juge a exactement évalué à 8 000 F le montant de la provision à valoir sur la réparation de ce préjudice »*.

[8] V. par exemple : Cass. civ. 3e, 28 février 1996, N° 478, Juridisque Lamy : la Cour a confirmé la compétence du juge des référés qui a alloué une provision d'un montant de 442 539 F au demandeur.

provisionnelle, empiète déjà sur la décision du juge du fond et pourra influer sur l'évaluation faite par ce dernier. En tant qu'avance sur la réparation à venir, elle devra être déduite des dommages et intérêts octroyés le cas échéant par la juridiction du fond.

2062. L'ensemble de ces référés proposés par le législateur est susceptible de répondre, selon les cas d'espèce, aux attentes des protagonistes d'un conflit dû à des bruits de voisinage. La procédure qu'ils mettent en œuvre est non-écrite et ne nécessite pas la représentation d'un avocat. Elle est par conséquent plus rapide et moins onéreuse. Elle est en outre ouverte aux victimes de troubles sonores, même si elles exercent leur action civile devant les tribunaux répressifs. La procédure de référé est certes une procédure d'urgence de nature civile, qui n'existe pas en matière pénale. Cependant, depuis l'entrée en vigueur de la loi n° 83-608 du 8 juillet 1983, qui a introduit un article 5-1 dans le Code de procédure pénale, le référé est ouvert à la partie civile qui exerce son action devant le juge pénal. Conformément aux dispositions de ce texte, le juge des référés est compétent pour ordonner *« toutes mesures provisoires relatives aux faits qui sont l'objet des poursuites lorsque l'existence de l'obligation n'est pas sérieusement contestable »*.

2063. Le juge des référés qui agit dans le cadre de l'article 5-1 du Code de procédure pénale ordonnera les mesures correspondant au type de référé introduit par la partie civile, selon les règles prévues en la matière. Néanmoins, dans tous les cas, l'existence d'une obligation non sérieusement contestable est requise. Par conséquent, le lien de causalité entre le dommage subi par la partie civile et les faits reprochés à la personne poursuivie ne doit pas pouvoir être mis en cause. Un doute sur la culpabilité du prévenu privera également la victime du recours à la procédure des référés que lui offre l'article 5-1 du Code de procédure pénale.

2064. L'application de ce texte pose la question de savoir jusqu'à quel moment le juge civil des référés peut interférer, même provisoirement, avec le procès pénal. Selon un arrêt du 16 mai 1990[1], *« l'application de l'article 5-1 n'est pas soumise à d'autres conditions que celles fixées par ce texte, lequel n'exclut la compétence de la juridiction civile saisie en référé à aucun stade de la procédure devant la juridiction répressive »*. La compétence du juge des référés ne cesse pas lorsque la juridiction pénale a statué sur l'action publique. Le juge civil demeure compétent pour ordonner des mesures provisoires tant qu'il n'a pas été statué définitivement sur l'action civile.

2065. L'article 145 du N.C.P.C. qui prévoit le référé préventif est néanmoins susceptible de poser des problèmes d'application lorsque la partie lésée qui l'invoque a porté son action civile devant la juridiction répressive. En effet, l'existence d'une instance pénale peut entraîner l'absence de motif légitime quant à la demande. Il en est ainsi lorsqu'une instruction a été ouverte afin de déterminer à la fois les éléments constitutifs de l'infraction et le préjudice causé à la victime. Cette dernière ne pourra pas alors demander une expertise sur le fondement de l'article 145 du N.C.P.C., car les documents visés dans la demande d'expertise ont déjà été ou devront nécessairement être saisis dans le cadre de l'instruction et seront par conséquent couverts par le secret de l'instruction[2]. L'usage du référé préventif est donc limité dans le cadre de l'article 5-1 du Code de procédure pénale.

2066. La juridiction répressive, quant à elle, n'est pas dessaisie de l'action civile lorsqu'une instance en référé est engagée par la partie civile dans les conditions prévues par l'article 5-1 du Code de procédure pénale. En pareil cas, elle pourra décider de

[1] Cass. civ. 2e, Toveix c/. Juan, Gaz. Pal. 1990, 2, pan. jurispr. p. 205 ; J.C.P. 1990, éd. G., IV, 271.

[2] C.A. Paris, 26 mai 1988, D. 1988, I.R., p. 181.

surseoir à statuer sur l'indemnisation de la victime dans l'attente du résultat d'une expertise ordonnée par le juge des référés[1]. S'agissant des autres mesures provisoires pouvant être prises par le juge des référés, il a été établi que lorsque la juridiction pénale est saisie au fond et qu'elle a expressément retenu sa compétence pour l'appréciation du préjudice invoqué, le juge civil saisi sur le fondement de l'article 5-1 ne peut plus qu'ordonner des mesures n'exposant pas sa décision à contrarier celle du juge pénal. Le risque de contrariété de décision ne peut être encouru que dans les situations d'urgence ou de danger imminent.

2067. Toutes les victimes de bruits de voisinage, qu'ils soient de caractère infractionnel ou non, peuvent donc saisir le juge civil des référés aux fins d'obtenir le prononcé de mesures conservatoires et/ou d'une indemnité provisionnelle. Si l'ordonnance rendue est nécessairement provisoire et n'a pas autorité de chose jugée au principal, elle présente l'intérêt, majeur en matière de nuisances sonores, d'être exécutoire de plein droit. Il pourra être décidé dans l'ordonnance elle-même qu'elle est exécutoire sur minute, c'est-à-dire au vu de l'original et sans devoir être notifiée préalablement, ce qui présente un gain de temps appréciable. De surcroît, en pratique, l'ordonnance de référé met fin, dans un très grand nombre de cas, à la procédure entre les parties qui renoncent à poursuivre leur action devant les juridictions du fond. Cela ne signifie pas nécessairement que les parties s'inclinent et vont exécuter la décision telle qu'elle a été ordonnée par le juge des référés. Mais souvent, elle constitue une base de négociation, parvenant à un règlement amiable du conflit sonore.

2- Les voies amiables du traitement civil

2068. Le règlement à l'amiable du litige opposant les voisins est toujours souhaitable et plus profitable pour chacune des parties qu'une procédure contentieuse. Le législateur encourage les démarches consensuelles, débouchant sur un règlement conventionnel des conflits. Dans cette optique, il propose aux parties intéressées plusieurs voies de traitement amiable des litiges, qui dans le domaine du bruit, pour peu qu'on veuille bien y recourir, sont susceptibles de donner des résultats satisfaisants. Compte tenu des liens qui unissent les procédures pénale et civile -le fait générateur de la gêne sonore pouvant être tout à la fois pénal et civil-, certains modes d'action amiable peuvent être tentés préalablement à toute procédure judiciaire. Ainsi, la conciliation et la médiation sont deux possibilités de règlement données aux voisins rivaux, qu'il nous a déjà été donné d'évoquer en tant que traitement préalable au contentieux répressif (V. *supra* n° 1493 et s.). D'inspiration récente en matière pénale, elles sont plus profondément ancrées dans les moeurs et habitudes civilistes.

2069. En effet, l'article 21 du N.C.P.C. affirme qu'« *il entre dans la mission du juge de concilier les parties* ». Le législateur ne fait ici que confirmer le précepte révolutionnaire selon lequel le juge était conçu comme un « faiseur de paix » et qui avait instauré une phase de conciliation obligatoire dans toutes les instances. Une telle obligation n'existe plus aujourd'hui qu'en matière prud'hommale ou de divorce. Cependant, le Code de procédure civile insiste sur cette démarche qui peut intervenir à tout moment en cours de procédure contentieuse[2]. L'article 127 du N.C.P.C. dispose ainsi que « *les parties peuvent se concilier, d'elles-mêmes ou à l'initiative du juge tout*

---

[1] Cass. crim., 11 avril 1991, Bull. crim. n° 173.

[2] V. sur ce point : P. ESTOUP, Etude et pratique de la conciliation, D. 1986, chron. p. 161 et pour une présentation critique du système : F. RUELLAN, Le conciliateur civil : entre utopie et réalité, J.C.P. 1990, I, 3431.

au long de l'instance ». Les parties pourront alors toujours demander au juge de constater leur conciliation dans un procès-verbal, qui concrétise l'accord passé (art. 128 et 129 du N.C.P.C.). Ce procès-verbal, même s'il est signé par le juge -en sus des deux parties- ne constitue pas une décision juridictionnelle. Ne faisant que constater par écrit l'accord intervenu entre les deux parties, il est une convention exprimant leur volonté contractuelle.

2070. Un accord peut également être trouvé, dans les cas plus complexes où le seul bon sens des voisins rivaux ne suffit pas, grâce à l'aide d'un médiateur. De la médiation de quartier à la véritable médiation judiciaire (V. *supra* n° 1493 et s.), ce système fait appel à un tiers, personne privée chargée de donner des informations et des conseils de nature à favoriser un règlement amiable du conflit. Tout comme le décret n° 96-305 du 10 avril 1996 a mis en place la nouvelle voie de la « médiation pénale », le Code de procédure civile organise, dans ses articles 131-1 à 131-15 (issus du décret n° 96-652 du 22 juillet 1996), la médiation pouvant intervenir en cours de procédure civile. Le juge saisi d'un litige relatif à des bruits de voisinage -juge du fond ou juge des référés- peut, après avoir recueilli l'accord des parties, désigner une tierce personne. Celle-ci sera chargée d'entendre les parties et de confronter leurs points de vue pour leur permettre de trouver une solution au conflit sonore qui les oppose.

2071. Tels sont les procédés de règlement amiable des différends les plus courants dans la pratique. Tous deux donnent la priorité au dialogue et à la confontation ouverte des deux parties, amenées à chercher de concert un terrain d'entente. Les problèmes de bruit répondent parfaitement à cette démarche. Ils résultent pour la plupart d'un manque de communication entre voisins, vivant chacun dans leur monde sans se préoccuper de ceux qui les entourent. Limiter les bruits, éviter toute gêne sonore revient avant tout à écouter les autres. Très souvent, le simple fait de se rencontrer et de discuter, en exposant les prétentions et exigences de chacun, permet de s'entendre sur le meilleur moyen de concilier les intérêts opposés et de trouver des solutions de compromis et d'équilibre. L'accord qui en découle et qui a pour objet de mettre fin au différend grâce à des concessions réciproques peut prendre la forme d'une transaction, véritable contrat passé entre les parties du conflit.

2072. La transaction, au sens de l'article 2044 du Code civil, est ainsi un contrat écrit par lequel *« les parties terminent une contestation née, ou préviennent une contestation à naître »*[1]. Les parties ayant expressément exprimé leur volonté sont alors liées contractuellement l'une envers l'autre. Elles sont tenues de remplir les obligations auxquelles elles se sont engagées afin de mettre un terme au différend qui les oppose. C'est ainsi qu'une transaction a été opérée entre une société qui occasionnait, de par ses activités de transporteur routier, des bruits excédant les inconvénients normaux et le niveau sonore autorisé par la réglementation et des particuliers gênés dans leurs conditions d'habitation. Aux termes de cet accord, la société acceptait de déménager ses entrepôts et les plaignants prenaient l'engagement, en contre-partie, d'interrompre la procédure qu'ils avaient engagée contre ladite société[2]. C'est là, semble-t-il, un des rares exemples d'utilisation de ce mode de règlement conventionnel dans le domaine des bruits de voisinage. Mais encore faut-il que les obligations consenties soient clairement définies et parfaitement comprises et que chacune des parties les remplisse en toute bonne foi et de bonne grâce.

---

[1] La transaction civile est réglementée par les articles 2044 à 2058 du Code civil.

[2] V. Cass. civ. 2e, 17 décembre 1998, N° 1403, Juridisque Lamy : une procédure contentieuse a néanmoins été menée, une contestation sur les conditions de la transaction ayant été soulevée par la société responsable du bruit anormal de voisinage.

2073. L'intérêt des parties est de trouver un règlement amiable à leur conflit, quelle que soit la modalité d'exécution adoptée. Les considérations de temps et d'argent plaident sans appel en faveur de ces démarches. Toutefois, et c'est peut-être l'inconvénient majeur d'un tel traitement des conflits sonores, les accords passés entre victimes et gêneurs n'ont pas le caractère exécutoire des décisions de justice. Si l'une des parties, généralement le « bruiteur », refuse d'exécuter la décision prise de concert, on voit mal comment on pourrait l'y contraindre, si ce n'est en se tournant vers le juge et en abandonnant la voie amiable pour une procédure contentieuse, censée avoir plus de poids vis-à-vis du responsable de la gêne sonore. C'est peut-être là aussi la raison du recours si fréquent à l'office du magistrat.

2074. En tout état de cause, les procédures amiables ne sont pas suffisamment utilisées ou encore se soldent par des échecs. L'action en justice se présente alors comme l'unique moyen restant pour la victime d'obtenir réparation du préjudice qu'elle subit du fait des nuisances acoustiques. L'importance du contentieux civil relatif aux bruits de voisinage, l'abondance des décisions jurisprudentielles rendues dans ce domaine, en témoignent. Malgré les inconvénients de la procédure civile qui devraient décourager plus d'une victime à ester en justice, les prétoires ne désemplissent pas d'affaires de bruit. Cependant, comme pour la procédure répressive (*supra* n° 1751 et s.), des obstacles à la sanction civile existent, supprimant dans certains cas le droit dont dispose toute victime d'un dommage à une réparation intégrale.

§2. LES OBSTACLES À LA RÉPARATION

2075. Alors même que toutes les conditions de la responsabilité civile sont remplies, un certain nombre de moyens sont mis à la disposition du défendeur, à l'effet de l'exonérer totalement ou partiellement de la responsabilité qui pèse sur lui. Indépendamment de l'existence d'une gêne sonore portant préjudice aux voisins et ouvrant droit à réparation, certains événements peuvent donc venir contre-carrer l'action intentée par les victimes. Le responsable ne manquera jamais de les invoquer à l'appui de sa défense devant le juge.

2076. La responsabilité du fait du bruit connaissant plusieurs fondements juridiques, les causes d'exonération du « bruiteur » seront celles propres au fondement retenu dans chaque espèce. Ce sont les règles du droit commun qui s'appliquent une fois encore en la matière, nuancées néanmoins par le caractère spécifique de la nuisance sonore et par les applications jurisprudentielles qui en sont faites (A). A côté de ces causes générales d'exonération, puisées dans le droit commun, le législateur a créé une cause spéciale d'exonération de responsabilité civile, propre à la matière environnementale. Le Code de la construction et de l'habitation contient aujourd'hui, en son article L. 112-16, un obstacle légal à la réparation des nuisances sonores, lorsqu'elles sont commises dans certaines circonstances précisées par le texte et interprétées par la jurisprudence (B).

A. LES BRUITS DE VOISINAGE ET LES CAUSES D'EXONÉRATION DU DROIT COMMUN

2077. Dans le cadre d'un procès en responsabilité civile, la cause étrangère est l'événement dont le défendeur entend généralement se prévaloir pour démontrer que le fait qui lui est reproché n'est pas la cause unique ou même principale du dommage dont il lui est demandé réparation. Notre droit civil prévoit trois catégories de cause étrangère, recevables selon la nature de la responsabilité mise en jeu. La force majeure a pour effet d'entraîner l'exonération totale du défendeur. Le fait de la victime et celui d'un tiers sont susceptibles d'opérer un partage de responsabilité.

2078. Dans le contentieux civil du bruit, ce schéma classique ne se retrouve pas de manière si rigoureuse. Certes, la répartition des causes exonératoires attachées à chaque fondement du droit commun est respectée. La responsabilité des commettants du fait de leurs préposés ne bénéficie, par exemple, d'aucun moyen d'exonération, si les conditions de l'article 1384 alinéa 3 du Code civil sont remplies. Il ne saurait en être autrement lorsque c'est le comportement bruyant des préposés qui est mis en cause. Mais la pratique jurisprudentielle, dans le domaine des bruits de voisinage, présente des points caractéristiques. Ceux-ci sont révélateurs tout à la fois de la spécificité d'un tel contentieux, de l'inadéquation de certains principes généraux à la nuisance particulière que constitue le bruit et des « aménagements » que la jurisprudence est amenée à faire pour concilier le droit à réparation et l'équité que commandent les rapports complexes de voisinage.

2079. Il ressort ainsi de la pratique jurisprudentielle qu'à l'exclusion de la faute de la victime du bruit (2), aucune autre cause d'exonération issue du droit commun de la responsabilité civile ne peut être favorablement invoquée par le défendeur (1).

1- Le rejet des causes d'exonération de droit commun

2080. Parmi les causes étrangères retenues par le droit civil, la **force majeure** est celle qui, lorsqu'elle est recevable, exonère obligatoirement le défendeur de toute responsabilité. Le « bruiteur » dont la responsabilité est engagée sur le fondement de l'article 1382, 1382, 1384 ou 1385 du Code civil, ou dans le cadre d'un contrat, pourrait en application du droit commun invoquer à l'appui de sa défense un cas de force majeure l'ayant contraint à commettre un bruit préjudiciable pour autrui. Version civiliste de la contrainte du droit pénal (*supra* n° 1757 et s.), la force majeure, parce qu'elle emporte exonération totale du responsable, suppose des conditions difficiles à réunir, qui plus est, interprétées de manière restrictive par la jurisprudence. Si de manière générale, les hypothèses de force majeure sont retenues avec une parcimonie extrême par les juges, en matière de bruit, elles semblent fortement improbables compte tenu des éléments caractérisant un tel phénomène.

2081. La force majeure doit être *imprévisible* et *irrésistible,* deux caractères qu'il paraît difficile, pour ne pas dire impossible, de retrouver dans un bruit de voisinage générateur d'une gêne. La jurisprudence exige en outre que l'événement soit *extérieur* à la chose qui a causé le dommage. Un vice de cette chose, la mauvaise isolation acoustique d'une habitation par exemple, ne pourrait pas constituer une force majeure. Immanquablement, les occupants de tels logements soutiennent que le bruit émanant de leurs activités et transmis dans les appartements voisins n'est nullement de leur fait mais provient d'une cause étrangère, à savoir le défaut d'isolation acoustique de l'immeuble. La jurisprudence répond aujourd'hui de manière très ferme à ce moyen de défense. Elle rejette, d'une part, la thèse de la mauvaise isolation phonique constitutive d'une force majeure et impose, d'autre part, aux habitants d'adapter leur comportement à l'acoustique du bâtiment[1].

2082. La nature même de la nuisance sonore apparaît antinomique avec les conditions de la force majeure. En effet, par hypothèse, un bruit ne peut être ni d'origine externe, ni imprévisible et encore moins irrésistible pour son auteur. Ainsi, le maître de

[1] V. par exemple : T.I. du XVe arrondissement de Paris, 23 juin 1989, Epoux Lemaître c/. époux Giraud, C.N.B., Les nuisances sonores - Recueil de jurisprudence commentée, p. 136.

l'ouvrage ne peut ignorer que les travaux qu'il entreprend, le chantier de construction ou de démolition, seront générateurs de bruits. Les conditions requises pour la survenance d'un cas de force majeure sont incompatibles avec les caractères du bruit. Elles sont en contradiction avec l'idée de durée ou de répétition contenue dans les concepts de bruit préjudiciable et de voisinage. C'est la raison pour laquelle les juridictions civiles ne semblent jamais avoir retenu une telle cause d'exonération de la responsabilité du « bruiteur ».

2083. De même, le **fait d'un tiers** qui ne présente pas les caractères de la force majeure ne constitue pas une cause d'exonération pour le « bruiteur » qui reste entièrement responsable envers la victime. Ainsi, en matière de construction, le maître de l'ouvrage ne peut se prévaloir de la faute des locateurs d'ouvrage ou encore du comportement anormal des engins de chantier dont l'entrepreneur a la garde, pour se libérer de sa responsabilité pour troubles -sonores- de voisinage[1]. Les juges se montrent tout aussi sévères à l'égard des propriétaires d'établissements ouverts au public, tels que les discothèques ou les bars, qui affirment ne pas être responsables du comportement bruyant de leur clientèle en-dehors de l'établissement. Considérés comme complices de tapage nocturne sur le plan pénal, leur responsabilité civile sera retenue au motif que *« les bruits de voix qui sont le fait de clients n'ont été possibles que par les moyens que constitue le dancing mis à la disposition des clients »* par l'exploitant[2]. Conformément au principe de l'identité des fautes pénale et civile, l'infraction constitue dans le même temps une faute civile, fondement de l'action en réparation.

2084. La sévérité de la jurisprudence à l'égard des maîtres d'ouvrage ou des propriétaires d'établissements ouverts au public peut sembler quelque peu excessive[3], notamment lorsqu'il est établi que ces derniers ont pris des dispositions afin que la musique diffusée dans leur établissement ne s'entende pas à l'extérieur. Mais elle est la preuve de l'importance qu'accordent les juges à la tranquillité et au sommeil de chacun. Le rejet du fait d'un tiers, et donc d'un partage de responsabilité, traduit une volonté de faire prendre conscience à *tous* les intervenants dans la production du bruit dommageable de leur *entière* responsabilité, quel que soit le rôle causal qu'ils ont joué *personnellement.* Chacun est responsable intégralement de son fait personnel, dont il devra répondre en justice par l'acquittement de l'obligation de réparation intégrale envers la victime. Celle-ci a donc deux débiteurs, tenus non pas *in solidum* mais *chacun* pour le tout.

2085. La protection de la victime de bruits de voisinage s'affirme également dans le refus par la jurisprudence de tenir compte de la licéité des activités et de l'usage normal des lieux, sources de nuisances sonores. C'est à bon droit que les juges se montrent intransigeants face au moyen de défense invoquant la conformité aux autorisations et aux normes administratives. En effet, les autorisations administratives ne sont délivrées que « sous réserve des droits des tiers ». Ce principe figure dans de nombreux actes administratifs, tels que les permis de construire ou les autorisations de fonctionnement et est expressément visé par la législation sur les installations classées. L'autorisation

---

[1] Pour une critique pertinente de cette solution jurisprudentielle : M.-C. LAMBERT-PIERI, Construction immobilière et dommages aux voisins, préc., n° 173 et s.

[2] En application du principe de l'unité des fautes pénale et civile, la complicité par fourniture de moyens, engageant la responsabilité pénale de son auteur, constitue dans le même temps une faute civile, engageant sa responsabilité civile. V. : C.A. Amiens, 4e ch., 2e sect., 17 février 1988, C.N.B., Les nuisances sonores - Recueil de jurisprudence commentée, p. 137.

[3] Cette affirmation doit cependant être nuancée, si l'on tient compte de la possibilité d'action récursoire donnée à ces responsables.

administrative ne peut donc ni nuire ni profiter aux tiers. Mais surtout, elle ne dispense pas son bénéficiaire de prendre toutes les précautions de nature à éviter un dommage à ses voisins.

2086. La jurisprudence unanime estime, par conséquent, que les normes administratives, dont le respect ne garantit nullement l'absence de gêne, ne sont pas opposables aux tiers. Aussi, les voisins conservent-ils toujours le droit, indépendamment de la régularité des activités et des constructions, de demander réparation du trouble sonore qu'elles leur causent[1]. L'existence d'une « activité licite » ne signifie pas que le dommage qui en découle pour les tiers sera lui aussi licite. Ce n'est pas parce que la loi autorise une activité déterminée, qu'elle autorise par là-même toutes les conséquences qui peuvent en résulter, et notamment les nuisances sonores imposées aux voisins[2]. C'est ainsi que la Cour d'appel de Rennes a répondu à une entreprise de marbrerie, qui invoquait la conformité de ses activités à un arrêté préfectoral l'autorisant à travailler le dimanche, *« qu'elle ne saurait exciper de cette décision (...) pour se croire autorisée à occasionner, impunément, un préjudice illicite à autrui »*[3].

2087. Le moyen de défense excipant d'une autorisation administrative ou d'une situation conforme à la réglementation est donc irrecevable devant le juge civil. Les autorisations administratives n'emportent aucune conséquence quant à la responsabilité de l'auteur du dommage malgré tout causé. Par contre, elles seront déterminantes du mode de réparation ordonné par les juges (*infra* n° 2199 et s.). La portée de cette règle a cependant été nuancée en matière foncière, avec le jeu de l'article L. 480-13 du Code de l'urbanisme. Aux termes de ce texte, le juge judiciaire ne peut prononcer de condamnation contre le propriétaire d'une construction édifiée conformément au permis de construire, tant que le juge administratif n'aura pas annulé ce permis ou n'aura pas constaté son illégalité (*supra* n° 1714). La méconnaissance des règles d'urbanisme, notamment celles édictées en vue de lutter contre les nuisances sonores, ne pourra être reprochée à son auteur qui a respecté l'autorisation administrative -manifestement irrégulière- qui lui a été délivrée.

2088. L'obtention d'une réparation pour la victime du préjudice causé par cette construction irrégulière est donc subordonnée à la décision de la juridiction administrative. Toutefois, le juge civil ne se trouve pas totalement démuni. En effet, il peut le cas échéant prononcer une réparation sur un autre fondement que celui de la méconnaissance des règles d'urbanisme constitutive d'une faute civile. Si l'article L. 480-13 du Code de l'urbanisme l'oblige à surseoir à statuer sur le préjudice résultant de la violation des règles d'urbanisme, il conserve son pouvoir de réparer le bruit anormal provenant de cette même construction, en application de la théorie des troubles de voisinage. C'est ainsi que la Cour d'appel de Paris a sursis à statuer sur la demande en démolition d'un atelier de carrosserie, par renvoi à la juridiction administrative, tout en ordonnant, d'une part, la cessation des activités de ce carrossier pour mettre un terme au

---

[1] V. par exemple : C.A. Paris, 17e ch. B., 11 juillet 1984, Epoux Vaysse c/. Soc. Inderflex, C.N.B., Les nuisances sonores - Recueil de jurisprudence commentée, p. 133 : la cour rappelle que les normes administratives sont inopposables aux tiers et que la conformité du fonctionnement de l'usine à ces normes n'exclut pas le phénomène de gêne ouvrant droit à réparation pour celui qui le subit.

[2] V. sur ce point : J. KARILA de VAN, Le droit de nuire, R.T.D.C. 1995, p. 533.

[3] C.A. Rennes, 6e ch., 1re sect., 10 juin 1986, Soc. générale Armoricaine c/. époux Brault, C.N.B., Les nuisances sonores - Recueil de jurisprudence commentée, p. 134.

trouble anormal de voisinage et, d'autre part, le paiement de dommages et intérêts en réparation du préjudice causé de ce chef[1].

2089. Le fait que la construction ou l'activité soient régulières au regard de la réglementation ne saurait exonérer le maître de l'ouvrage ou l'exploitant de leur responsabilité pour troubles anormaux de voisinage, sous peine de faire perdre à la théorie des troubles de voisinage sa raison d'être. Lorsque les conditions de la responsabilité civile -différentes selon le fondement juridique applicable- sont réunies, le « bruiteur » n'a d'autre moyen d'échapper, pour tout ou pour partie, à son obligation de réparer qu'en prouvant la faute de la victime elle-même.

2- La faute de la victime, seule cause d'exonération du « bruiteur »

2090. Cause d'exonération de droit commun, la faute de la victime va permettre au défendeur de se dégager soit totalement, soit partiellement de sa responsabilité civile. Ce principe a été étendu à tous les cas de bruits de voisinage, quel que soit le fondement juridique retenu pour l'exercice de l'action civile devant le juge.

2091. La faute de la victime pourra donc être invoquée comme moyen de défense par la personne dont la responsabilité a été engagée devant le juge de la réparation. Que la responsabilité mise en cause soit une responsabilité subjective, sur le fondement de l'article 1382 ou 1383 du Code civil, ou objective, en application des articles 1384 et 1385 du même code, la faute de la victime est reconnue comme étant totalement ou partiellement exonératoire. En outre, la jurisprudence a étendu l'application de ce principe à sa théorie des troubles de voisinage, largement utilisée dans les litiges relatifs aux bruits de voisinage. Des décisions ont, en effet, admis que la responsabilité pour troubles anormaux de voisinage pouvait être écartée totalement, si la faute de la victime est la cause exclusive du dommage ou partiellement, si la victime a par sa faute contribué au dommage né du trouble incriminé. Enfin, s'agissant de la responsabilité spéciale instituée par l'article L. 141-2 du Code de l'aviation civile à la charge des exploitants d'aéronefs -dont on a vu qu'elle trouvait application dans les litiges portant sur le bruit-, le législateur a expressément reconnu la faute de la victime comme unique cause d'exonération de la responsabilité civile des compagnies aériennes vis-à-vis des riverains gênés par le bruit des avions[2].

2092. La portée de cette exonération varie néanmoins selon, tout d'abord, la nature de la responsabilité engagée, puis la gravité de la faute de la victime. Ainsi, la faute du défendeur -responsabilité subjective- ne saurait s'effacer totalement devant le comportement fautif de la victime. Lorsque la victime elle-même a concouru par une faute à son propre dommage, il en résulte un partage de responsabilité qui exonère le défendeur dans une proportion arrêtée souverainement par les juges du fond. L'appréciation des magistrats se fera d'après la gravité respective des fautes, mais sans pouvoir aller jusqu'à l'impunité totale de l'auteur fautif. Cette solution est parfaitement légitime. Rien ne saurait justifier la faute de l'auteur du dommage, en l'absence de laquelle le préjudice ne se serait pas produit. La commission d'une faute civile emporte donc la responsabilité de son auteur lorsqu'elle est la cause du dommage. Ce principe

---

[1] C.A. Paris, 2e ch. A, 28 avril 1980, Epoux Boulley c/. Le Du et autres, C.N.B., Les nuisances sonores - Recueil de jurisprudence commentée, p. 146.

[2] L'article L. 141-2 du Code de l'aviation civile dispose que *« l'exploitant d'un aéronef est responsable de plein droit des dommages causés par les évolutions de l'aéronef ou les objets qui s'en détacheraient aux personnes et aux biens situés à la surface.* ***Cette responsabilité ne peut être atténuée ou écartée que par la preuve de la faute de la victime »*.**

étant tenu pour acquis, les juges sont ensuite en mesure de déterminer l'étendue de cette responsabilité, c'est-à-dire si elle est l'unique cause du préjudice ou si la victime est pour partie responsable du dommage qu'elle subit.

2093. Mis à part le cas particulier de la responsabilité subjective où l'auteur fautif ne peut être totalement exonéré, l'exonération des autres responsables pourra, selon la libre appréciation des juges, être totale ou simplement partielle. C'est l'importance de chacune des fautes en présence, causes du même dommage, qui dictera la solution. La faute de la victime s'apprécie, en principe, selon les mêmes règles que celles gouvernant la faute du responsable. Mais les applications qui en sont faites dans les hypothèses de bruits de voisinage traduisent une conception du comportement fautif propre à la matière des nuisances sonores. Elles sont riches d'enseignement quant à la notion de faute de la victime retenue par les juges et quant à leur position face à ce type de nuisance. Ainsi, en quoi consiste exactement la faute d'une victime de bruits de voisinage ? Peut-on l'assimiler à tous les types de faute retenus par le droit civil ? Quels comportements précis la constituent ?

2094. L'interprétation faite par la jurisprudence rendue en matière de bruit permet d'affirmer que les juges ne retiennent pas n'importe quelle faute. Un comportement fautif de la victime n'est concevable que dans la mesure où c'est la victime qui vient s'installer à proximité des nuisances sonores et non l'inverse. Mais le simple fait de s'établir dans le voisinage du bruit n'est pas fautif en soi, loin s'en faut. On ne peut reprocher à une personne de construire, conformément aux normes administratives, dans un endroit bruyant, d'autant que les espaces silencieux ou tout simplement peu bruyants sont de plus en plus rares. De plus, le respect de la réglementation n'est-il pas exclusif de toute faute ? Comme le souligne M. de Villeneuve, *« dans l'exercice du droit de s'installer librement dans le cadre des réglementations administratives, en ce qui concerne tant le lieu de l'implantation que la qualité de la construction, il n'apparaît pas possible de voir une faute de la victime »*[1]. Par conséquent, le simple fait de construire auprès d'un aérodrome n'est pas en soi constitutif d'une faute, à partir du moment où un permis a été délivré et son contenu respecté.

2095. Mais est-il raisonnable de venir s'installer en bordure d'une route nationale très fréquentée et de se plaindre ensuite du bruit de la circulation ? Est-il raisonnable de faire construire sa maison à côté d'une discothèque et de solliciter plus tard la réparation du dommage causé par les bruits de la musique et des clients de cet établissement ? Le bruit et les problèmes qu'il engendre sont des questions de bon sens, demandant des solutions de bon sens. C'est animée de ce souci que la jurisprudence essaye de cerner la notion de faute de la victime d'un bruit. Il en résulte que le juge exige, dans ce domaine, que la victime agisse en personne responsable, dotée d'un minimum de bon sens lorsqu'elle choisit son lieu de résidence. Le comportement fautif s'analysera alors en une négligence et une imprévoyance de sa part. La question est alors de déterminer à partir de quand y a-t-il négligence de la part d'une personne qui vient s'installer en un lieu où elle est exposée à du bruit. Quelles sont les précautions à prendre pour la mettre à l'abri d'une négligence fautive qui aura pour effet de la priver de tout ou partie de la réparation du dommage qu'elle subit ?

2096. Les juges se sont prononcés pour la première fois dans « l'affaire de l'aéroport de Nice », opposant une société de construction d'immeubles à la Compagnie

---

[1] J.-G. de VILLENEUVE, obs. sous C.A. Aix, 1ère ch., 17 février 1966, Cie Air France c/. Soc. E.R.V.E. et autres, préc.

aérienne Air France. Par un arrêt en date du 8 mai 1968[1], la Cour de cassation a approuvé la Cour d'appel d'Aix d'avoir considéré que la négligence du promoteur, qui avait fait construire son immeuble sans prendre les précautions nécessaires, était de nature à exonérer totalement ou partiellement de sa responsabilité la compagnie aérienne dont les avions, en décollant, étaient la cause des nuisances sonores dont se plaignait la victime. La « post-occupation » sans précaution particulière devient ainsi une faute de la victime de bruits de voisinage.

2097. En l'espèce, il était reproché au requérant de ne pas avoir fait preuve de la *« prudence élémentaire »* qui lui commandait, *« avant de construire ou d'acquérir un immeuble d'habitation à proximité immédiate de l'aérodrome de Nice, de se renseigner sur les conditions d'exploitation contemporaines ou futures normalement prévisibles, de dresser des plans, afin de limiter dans la mesure du possible, la gêne due aux bruits des avions, d'adopter à cette fin la meilleure orientation possible de l'immeuble, de prévoir l'emploi de matériaux appropriés et de procédés d'isolation phonique afin de ramener l'intensité du bruit dans les appartements au niveau sonore le plus proche de celui supportable par un homme normal ».* Une telle négligence caractérise, selon la Haute Juridiction, une faute de la part de la victime qui s'est exposée volontairement à subir le dommage dont elle demande réparation.

2098. Cette décision a été critiquée par plusieurs auteurs[2] qui y ont vu une conception très large de la faute de nature à atténuer ou écarter la responsabilité du « bruiteur », une interprétation libérale mettant trop d'obligations à la charge des victimes. Cependant et à juste titre, la jurisprudence ne fait en aucun cas grief aux victimes de s'être exposées aux risques de la navigation aérienne en venant s'installer dans le voisinage d'un aéroport. Vingt ans plus tard, la Cour de cassation a rappelé qu'*« attendu qu'aucune réglementation ne le leur interdisait, (...) il ne pouvait être reproché aux riverains d'avoir établi leur habitation dans la zone de l'aéroport »*[3]. Par contre, ce qui est reproché aux victimes, c'est l'absence de précautions prises, en présence d'un bruit *connu ou pour le moins raisonnablement prévisible*. De telles précautions leur auraient alors permis, sinon de supprimer, du moins de diminuer le trouble sonore dont elles demandent à présent réparation en justice.

2099. Il semblerait donc que ce soit l'évidence des nuisances sonores rendant prévisible le dommage qui soit prise en considération par la jurisprudence pour caractériser la faute de la victime. Une personne qui vient s'installer en un lieu où il apparaît de manière évidente qu'elle risque d'être exposée à des nuisances le fait en connaissance de cause, c'est-à-dire en ayant conscience des risques qu'elle court. En toute logique, elle ne peut compter obtenir une réparation intégrale du préjudice prévisible qui s'est finalement réalisé. Il a ainsi été jugé que des particuliers qui avaient construit dans un lotissement, *« devaient être particulièrement attentifs aux ouvrages environnants dès lors qu'ils s'étaient réservés les travaux d'isolation de leur maison ».* Lors de leur visite préalable du lotissement, ils *« avaient nécessairement constaté la présence évidente, en bordure de la parcelle qui leur était proposée »* d'une usine dont, étant domiciliés dans la région, *« ils ne pouvaient ignorer ni l'activité ni les nuisances en*

---

[1] Cass. civ. 2e, 8 mai 1968, Cie Air France c/. Soc. E.R.V.E. et autres, confirmant la décision de C.A. Aix, 1ere ch., 17 février 1966, préc.

[2] F. DERRIDA, note sous C.A. Aix, 1ere ch., 17 février 1966, D. 1966, jurispr. p. 281 ; J.-G. de VILLENEUVE, obs. sous C.A. Aix, 1ere ch., 17 février 1966, J.C.P. 1966, II, 14755 ; M. de JUGLART et E. du PONTAVICE, obs. sous Cass. civ. 2e, 8 mai 1968, préc.

[3] Cass. civ. 2e, 20 juillet 1988, C.P.E.N., jurispr. « Bruit », 1537.

découlant, qu'il leur était facile de vérifier ». Conscients des risques encourus, les demandeurs ont été déboutés de leur demande en réparation[1].

2100. Cette interprétation de la faute de la victime, s'agissant des bruits de voisinage, nous semble acceptable. Une personne qui s'installe à proximité d'un bruit *connu* accepte d'une certaine manière le trouble qui risque fort d'en résulter. Le voisinage d'un aéroport ou d'une autoroute n'a jamais été synonyme de silence. Ceci n'est un secret pour personne. Sachant à quoi s'en tenir et ne prenant pas toutes les mesures qui sont en son pouvoir pour atténuer sa gêne, elle participe dans une proportion plus ou moins grande à la production de son dommage et ne saurait par conséquent en obtenir la réparation intégrale. Il est normal de considérer un tel comportement comme étant de nature à justifier l'exonération partielle voire totale de l'auteur des troubles sonores et de faire assumer à la victime les conséquences de sa négligence à prendre les précautions « élémentaires ».

2101. Recevable au regard de l'équité, la reconnaissance d'une faute de la victime comme cause d'exonération de la responsabilité pour troubles sonores n'est pourtant pas satisfaisante dans l'absolu. Elle signifie en fait que certaines nuisances acoustiques sont officiellement admises et que c'est aux voisins et non à leurs auteurs de faire en sorte qu'elles ne causent pas de dommages trop importants. Il n'y aurait alors plus de responsabilité dans le fait d'occasionner une gêne sonore, mais responsabilité dans le fait de ne pas s'en protéger. Or, le fait que la victime doive prendre des précautions, réaliser elle-même des travaux d'insonorisation ou autres, démontre, d'une part, l'existence de bruits anormaux qui ne devraient pas être acceptés et constitue, d'autre part, déjà un préjudice pour celui qui doit s'en prémunir tout seul.

2102. Plus que le droit de la réparation, ce sont avant tout les règles de prévention et de réglementation du bruit qui sont mises en cause ici, car c'est bien d'un permis de nuire dont il s'agit en réalité. L'insuffisance des normes acoustiques et des mesures de limitation des bruits conduit à faire prendre en charge par la victime du dommage qui en découle une partie, voire l'intégralité, de sa réparation. Tel est le rôle véritable de la faute de la victime, annonciatrice de la prise en compte, dans certaines hypothèses, d'un droit d'antériorité au profit du « bruiteur », légalement consacré à l'article L. 112-16 du Code de la construction et de l'habitation.

2103. En-dehors de la faute de la victime, d'une portée particulière dans le domaine des bruits de voisinage, la jurisprudence ne semble donc pas accepter d'autres moyens de défense de la part du « bruiteur ». Cette seule cause d'exonération du gêneur, issue du droit commun de la responsabilité civile et donc générale, s'accompagne aujourd'hui d'une cause spéciale, propre au droit de l'environnement et d'origine légale, qui vient atténuer la règle de l'absence de fait justificatif résultant des autorisations administratives.

B. L'OBSTACLE LÉGAL DE L'ARTICLE L. 112-16 DU CODE DE LA CONSTRUCTION ET DE L'HABITATION

2104. Dans le cas où la future victime de bruits de voisinage vient à s'établir à proximité d'une source sonore déjà existante, le « bruiteur » pourrait soutenir qu'il ne peut être tenu pour responsable puisqu'il était installé avant. Est-ce à dire qu'il existe formellement un droit d'antériorité au profit du premier arrivé, lui permettant de s'approprier l'environnement et d'y tenir pour acquises ses activités, aussi nuisibles soient-elles, sans que personne ne puisse s'en plaindre ? Une réponse affirmative

[1] Cass. civ. 3e, 4 novembre 1993, N° 1590, Lexilaser Cassation 1996/2.

reviendrait à reconnaître un véritable « droit acquis à nuire » qui, sur le plan moral, apparaît on ne peut plus choquant.

2105. La question a suscité des opinions divergentes parmi les juristes. Les opposants à la thèse de l'antériorité reconnue comme cause d'exonération du pollueur ont affirmé qu'elle reviendrait pratiquement à admettre au profit de l'intéressé un droit d'expropriation privée. *« Le premier arrivé s'approprie l'environnement, le second prend ce qui reste... »*[1]. D'aucuns ont alors répondu que si une personne vient s'installer à proximité de nuisances pré-existantes, c'est de manière volontaire. Par conséquent, elle doit assumer les conséquences du risque qu'elle a pris. Or, l'acceptation des risques, avancée comme justification *« pour ne pas condamner l'auteur d'un trouble de voisinage à réparer le préjudice auquel la victime s'est volontairement exposée »*[2] , suppose un consentement, en l'occurrence tacite, du voisin à supporter par avance les troubles sonores de l'installation voisine. Ce consentement implique une possibilité de choix qui en pratique se fait de plus en plus rare. La réalité économique et sociale, les difficultés de logement, l'extension du bruit et la disparition des dernières zones de calme ont réduit ce choix à une peau de chagrin.

2106. Peut-on encore parler d'une acceptation des risques à s'exposer aux nuisances sonores parce que, si elle le souhaitait, la future victime pourrait s'installer ailleurs ? En l'état actuel de notre environnement et de son évolution, nous ne le pensons pas. Mais, même si ce choix existait, vaudrait-il acceptation par la victime du préjudice qu'elle va subir, alors qu'elle en demandera justement réparation au juge ? Le silence lors de l'installation, contredit postérieurement par l'exercice de l'action civile, ne peut valoir acceptation des nuisances et renoncement à son droit à réparation. L'illogisme de la situation conduit à condamner le principe de l'antériorité invoquée par les pollueurs. Faisant fi de ces considérations pratiques, le législateur leur a pourtant donné raison. A contre sens des décisions judiciaires rendues jusque là sur ce point, un droit d'antériorité au profit des « bruiteurs » a été consacré par la loi (1). Certaines activités bruyantes se trouvent ainsi légalisées lorsqu'elles entrent dans le cadre légal de l'article L. 112-16 du Code de la construction et de l'habitation, dont les juges essaient de restreindre autant que possible la portée (2).

1- La reconnaissance légale d'un droit de nuire

2107. La jurisprudence avait perçu le caractère difficilement admissible de ce raisonnement qui aboutissait à conférer un droit de nuire en toute impunité au premier occupant. Elle s'en était alors tenue aux hypothèses réservées de faute d'imprudence de la victime pour apprécier, au cas par cas, la possibilité d'une exonération partielle ou totale du « bruiteur ». Il ne s'agissait pas pour elle de prendre en compte l'antériorité de la source sonore pour décider que la responsabilité pour trouble de voisinage devait être écartée. Les juges recherchaient simplement une éventuelle faute de la part de la victime qui, si elle avait agi autrement, aurait pu contribuer à la diminution voire à la supression du trouble dommageable.

2108. L'application faite par la jurisprudence du droit commun de l'exonération de responsabilité en raison d'une faute de la victime se distingue donc totalement de la théorie de la pré-occupation, selon laquelle *« la constatation de l'antériorité de la cause du trouble conduit à écarter la responsabilité,* ***même si celui qui se plaint du trouble n'a***

---

[1] B. BARRAQUE, La lutte contre le bruit, Problèmes politiques et sociaux n° 734, préc., p. 56.

[2] RAYMOND, note sous Cass. civ. 2e, 22 octobre 1964, D. 1965, jurispr. p. 344.

pas commis de faute »[1]. Ainsi, les juges judiciaires ont toujours fermement rejeté le moyen de défense tiré de la pré-occupation par le « bruiteur » du voisinage dans lequel la victime vient s'installer (a). Mais c'était sans compter sur l'intervention du législateur, soumis à des pressions diverses, qui est venu balayer une jurisprudence fort honorable et consacrer un droit d'antériorité au profit des pollueurs bien critiquable (b).

a) Le rejet par la jurisprudence de la théorie de la pré-occupation individuelle

2109. La théorie de la pré-occupation a été, à l'origine, proposée par Demolombe[2] *« pour endiguer les progrès de la jurisprudence sur les troubles de voisinage »*[3]. Elle dispenserait l'auteur d'un trouble sonore de voisinage de la réparation du dommage en résultant, parce qu'il produisait ces nuisances avant que la victime ne vienne se mettre en situation d'en subir les inconvénients. La privation du droit à réparation tiendrait donc à l'antériorité de la source sonore, qui crée en quelque sorte une servitude sur les fonds voisins. Or, c'est précisément ce que condamne formellement la jurisprudence qui ne veut en aucun cas que le premier occupant institue de son propre fait une servitude de ne pas contester ses activités, à la charge de ses futurs voisins. Par un arrêt de principe rendu le 10 février 1907[4], la Cour de cassation a expressément rejeté cette théorie qui conduit à refuser tout droit à réparation à la victime, lorsque son établissement est postérieur à la naissance du trouble sonore dont elle se plaint.

2110. Cette solution a ensuite été réaffirmée maintes fois, avec constance et fermeté par les juges judiciaires, contrairement à la position de leurs homologues administratifs. C'est ainsi qu'un industriel qui, par l'exploitation de sa boulangerie, cause à un hôtel voisin un trouble excédant la mesure des obligations impliquées par les rapports de voisinage est tenu d'en réparer le dommage, *« quelle que soit la date respective des deux installations »*[5]. Dans une autre espèce, les juges d'appel ont à bon droit relevé *« que l'antériorité de la construction d'une usine par rapport à celle d'une maison d'habitation mitoyenne ne crée aucune servitude au détriment du fonds voisin »*[6]. Enfin, à propos du bruit provenant de l'exploitation d'un atelier d'imprimerie, les juges ont rappelé que *« malgré l'antériorité de l'occupation des locaux mitoyens par l'imprimerie et malgré le caractère normal du fonctionnement de ses installations, l'activité de la défenderesse produit des troubles excédant les limites de la tolérance de voisinage »*, ouvrant droit à réparation pour les voisins gênés[7].

2111. L'antériorité de l'installation ou de l'activité génératrice de nuisances sonores ne donne donc pas, pour la jurisprudence, le droit de gêner le voisinage. Elle n'est pas de nature à paralyser le droit à réparation des victimes. La théorie de la pré-occupation *individuelle,* ainsi rejetée, ne doit cependant pas être confondue avec la notion de pré-occupation *collective,* dont les juges tiennent souvent compte dans leur appréciation du caractère anormal du trouble allégué (*supra* n° 1873 et s.). Le fait de s'installer avant son voisin ne confère aucun droit acquis au premier occupant, et notamment pas celui de lui imposer les nuisances de son activité. En revanche, *« l'usage normal des lieux »*, découlant du fait qu'un grand nombre d'occupants usent de leurs installations de la

---

[1] LARROUMET, obs. sous Cass. civ. 2e, 29 juin 1977, Lannoy c/. Poly, D. 1978, I.R., p. 35.

[2] DEMOLOMBE, Cours de Code civil, t. 12, n° 659-659 bis.

[3] J.-D. BREDIN, Jurisprudence en matière de droit civil, R.T.D.C. 1963, p. 123.

[4] Cass. civ., 10 février 1907, D.P. 1907, 1, 385, note Ripert.

[5] Cass. civ. 2e, 30 novembre 1961, préc.

[6] Cass. civ. 1re, 20 février 1968, D. 1968, jurispr. p. 350.

[7] C.A. Versailles, 4e ch., 4 juillet 1979, Sarl Imprimeries Publicitaires Administratives Comptables c/. Epoux Rivière, C.N.B., Les nuisances sonores - Recueil de jurisprudence commentée, p. 130.

même façon dans un endroit déterminé, est pris en considération par la jurisprudence judiciaire. La pré-occupation collective, c'est-à-dire la nature pré-existante du lieu déterminée par les usages du plus grand nombre, est susceptible d'intervenir, non pas comme cause d'exonération du « bruiteur », mais comme élément de référence servant à déterminer le seuil d'anormalité des troubles propre au voisinage considéré.

2112. Il ne s'agit pas alors d'écarter la responsabilité du « bruiteur » sur le fondement de l'antériorité de la cause du trouble sonore, mais de fixer le seuil au-delà duquel apparaît le trouble réparable, ce qui n'est pas la même chose. La jurisprudence judiciaire, fort honorable en ce qu'elle ne retient pas l'antériorité aussi bien individuelle que collective comme cause d'exonération, apprécie donc au cas par cas l'attitude de la victime, dont l'imprudence caractérisée est de nature à entraîner une exonération de responsabilité pour le « bruiteur ». Les juridictions administratives sont, elles, bien plus sévères. Elles refusent toute indemnité aux victimes de dommages de travaux publics programmés avant leur venue, sauf aggravation des nuisances. Or, le législateur a suivi sur ce point la jurisprudence administrative puisqu'il a généralisé le droit d'antériorité du pollueur, lui donnant une base légale par la création de l'article L. 112-16 du Code de la construction et de l'habitation.

b) La consécration par le législateur d'un droit d'antériorité

2113. Par un *« renversement brutal »*[1] du droit commun antérieur, le législateur reconnaît aujourd'hui à la pré-occupation les effets que la jurisprudence judiciaire s'était jusqu'à présent toujours attachée à lui dénier. Ce revirement législatif provient à l'origine du mécontentement de certains agriculteurs, excédés par les recours en justice de citadins propriétaires de résidences secondaires à la campagne et se plaignant des bruits de la vie rurale[2]. Lors des débats parlementaires portant sur ce qui devait devenir la loi n° 76-1285 du 31 décembre 1976 sur l'urbanisme, un amendement a été présenté par le lobby agricole de l'Assemblée nationale consistant à refuser aux victimes de nuisances agricoles tout droit à réparation en cas de pré-occupation. Mais les porcheries industrielles étant des établissements classés, les parlementaires ont voulu étendre ce principe à toutes les installations classées, puis à l'ensemble des activités industrielles, artisanales et commerciales.

2114. Cet amendement devait aboutir à l'article 70 de ladite loi, ajoutant au Code de l'urbanisme un article L. 421-9, premier fondement légal du droit d'antériorité reconnu aux activités nuisibles[3]. Quelques années plus tard, la loi d'orientation agricole n° 80-502 du 4 juillet 1980 (art. 75) a abrogé l'article L. 421-9 du Code de l'urbanisme, mais en a repris le contenu, avec quelques adaptations, dans un article L. 112-16 introduit dans le Code de la construction et de l'habitation. Désormais, la théorie de la pré-occupation s'entend en ces termes légaux : *« les dommages causés aux occupants d'un bâtiment par des nuisances dues à des activités agricoles, industrielles, artisanales ou commerciales, n'entraînent pas droit à réparation lorsque le permis de construire afférent au bâtiment exposé à ces nuisances a été demandé ou l'acte authentique constatant l'aliénation ou la prise de bail établi postérieurement à l'exercice des*

---

[1] M. PRIEUR, Droit de l'environnement, préc., p. 941, n° 1176.

[2] M. PRIEUR, Le Parlement contre l'environnement, R.J.E. 2-1977, p. 131.

[3] L'article L. 421-9 du Code de l'urbanisme était ainsi rédigé : *« Les dommages causés aux occupants d'un bâtiment par des nuisances dues à des activités agricoles, industrielles, artisanales ou commerciales, n'entraînent pas droit à réparation lorsque le permis de construire afférent au bâtiment exposé à ces nuisances a été demandé postérieurement à l'existence des activités les occasionnant et que celles-ci sont poursuivies dans les mêmes conditions ».*

activités les occasionnant dès lors que ces activités s'exercent en conformité avec les dispositions législatives ou réglementaires en vigueur et qu'elles se sont poursuivies dans les mêmes conditions ».

2115. Le problème posé par le bruit entre parfaitement dans le domaine de l'article L. 112-16 du Code de la construction et de l'habitation, ses dispositions couvrant aujourd'hui tous les cas de nuisances. Le texte de loi est, en outre, un texte général qui ne se limite pas au cadre de la théorie des troubles de voisinage. L'article L. 112-16 du Code de la construction et de l'habitation s'applique également dans les autres cas de responsabilité civile du « bruiteur », y compris dans certaines hypothèses de responsabilité pour faute. Par le jeu de cet article, la pré-occupation devient une cause légale d'exonération du « bruiteur ». C'est un véritable droit acquis à nuire qui est ainsi reconnu par le législateur et qui s'étend, de par le champ d'application du texte, à la quasi-totalité des activités bruyantes. Se trouvent ainsi expressément légitimées et légalisées des sources sonores parmi les plus dénoncées par les voisins, parce que les plus courantes et les plus gênantes dans le voisinage.

2116. Après la naissance malheureuse d'un droit légal de nuire, assistera-t-on à une consolidation de ce droit par les applications qui en sont faites en pratique ? Conformément aux dispositions de l'article L. 112-16 du Code de la construction et de l'habitation, certaines activités à l'origine de nuisances sonores pour les voisins sont d'emblée « légalisées » et n'ouvrent droit à aucune réparation du préjudice qu'elles causent. Mais l'exonération du « bruiteur » et la poursuite en toute impunité de son activité dommageable sont soumises à des conditions légales que la jurisprudence interprète restrictivement, en faveur des victimes que le législateur a dépouillées de leur droit constitutionnel à obtenir en justice la réparation du dommage qu'elles ont subi.

2- L'application restrictive de l'article L. 112-6 du Code de la construction et de l'habitation

2117. Il ressort de l'abondant contentieux relatif à la pré-occupation que la Cour de cassation fait preuve d'une certaine sévérité dans l'application du régime de faveur institué par le législateur au profit de certaines activités nuisibles. Tenue par la loi, la jurisprudence judiciaire a été contrainte de modifier sa conception antérieure de la pré-occupation. Respectueuse au plus haut point de la légalité, elle ne manque jamais, dès que les termes de l'article L. 112-16 du Code de la construction et de l'habitation ne sont pas remplis, de condamner le responsable des nuisances sonores à réparer le dommage créé de son fait. *« La seule satisfaction dont on puisse faire état est donc de relever que dans leur immense majorité les décisions restreignent autant que possible la portée de ces textes »*[1], à savoir l'article L. 421-9 du Code de l'urbanisme, remplacé par l'actuel article L. 112-16 du Code de la construction et de l'habitation.

2118. Ainsi, la pré-occupation du « bruiteur » peut exclure tout droit à réparation de la victime, mais sous certaines réserves qui ont trait, d'une part, au domaine du système légal d'exonération (a) et, d'autre part, aux conditions d'exercice de l'activité bruyante pré-existante (b). Fidèle à ses convictions antérieures, la jurisprudence judiciaire étend, dans les limites de la légalité, les réserves posées par la loi.

---

[1] G. MARTIN, Droit civil de l'environnement, R.J.E. 1-1985, chronique p. 41.

a) Le domaine du système légal d'exonération des « bruiteurs »

2119. Le champ d'application de la loi est très large s'agissant de la nature des activités pouvant nuire aux voisins sans risque pour celui qui les exerce de devoir en réparer les conséquences. Le texte vise *« les activités agricoles, industrielles, artisanales ou commerciales »,* qui sont celles susceptibles de causer les troubles sonores les plus importants dans le voisinage. Les exemples que nous fournit la jurisprudence sont nombreux, entre les bruits des travaux agricoles, des usines, des ateliers de cordonneries, d'imprimerie, de boulangeries, et ceux provenant des discothèques, cafés, bars, restaurants et autres établissements recevant du public. Alors que ces sources de nuisances sonores reviennent très fréquemment dans les plaintes et réclamations des voisins, elles bénéficient justement du système d'exonération de responsabilité civile instauré par l'article L. 112-16 du Code de la construction et de l'habitation.

2120. Ne sont toutefois pas concernés par les dispositions de cette loi les bruits de voisinage *stricto sensu,* c'est-à-dire les bruits de comportement causés par des activités personnelles ou domestiques, tels que ceux dus à l'habitation, les bruits de musique, de bricolage ou de jardinage. C'est ainsi que la Cour de cassation a eu l'occasion à plusieurs reprises de préciser que l'article L. 112-16 n'est pas applicable aux rapports des copropriétaires entre eux[1]. Il en est de même, toujours selon les termes du texte, des troubles sonores résultant de l'exercice d'une profession libérale, tels que les cris d'animaux provenant du cabinet d'un vétérinaire, les nuisances acoustiques produites par des répétitions d'artistes, des cours de danse ou de musique, ainsi que celles occasionnées par des activités sportives ou culturelles. L'État français ne saurait pas plus se prévaloir des dispositions de l'article L. 112-16 pour l'évolution de ses avions militaires[2]. Enfin, l'exonération ne profite pas aux bâtiments publics, tels que les écoles.

2121. Le choix des activités bénéficiant de la protection de l'article L. 112-16 soulève des interrogations quant à la logique et aux motivations qui ont pu animer le législateur. Ce choix est lourd de conséquences dans la pratique, puisqu'il aboutit à légaliser les nuisances sonores les plus fréquemment dénoncées par les voisins. Paradoxalement, à une époque où la lutte contre le bruit est présentée comme une des priorités des pouvoirs publics armés des outils juridiques que l'on connaît et qui se sont développés depuis peu, la loi elle-même y fait obstacle ! L'article L. 112-16 apparaît en contradiction totale avec l'esprit général de la loi cadre sur le bruit, orienté vers une prévention des nuisances sonores, et amoindrit considérablement la portée de la théorie des troubles de voisinage si présente en matière de bruit. Le souci majeur de privilégier les activités économiques transparaît clairement. Comment expliquer autrement la non-prise en compte des professions libérales ou des activités privées qui ne sont pas protégées au même titre que celles, souvent plus bruyantes, visées par la loi. Il est regrettable que cet intérêt économique prenne si largement le pas sur les intérêts humains et la qualité de vie en général au point de les occulter totalement.

2122. La portée du texte est d'autant plus grave que, désormais, l'irresponsabilité du « bruiteur » est reconnue dans tous les cas d'installation postérieure de la victime. En plus des cas où le permis de construire a été demandé postérieurement à l'existence de la source sonore, les critères de la pré-occupation ont été étendus aux hypothèses où l'acte authentique constatant l'acquisition ou la prise de bail du bâtiment exposé à ces nuisances est établi alors que les activités visées existaient déjà. Le nouveau texte

---

[1] Cass. civ. 3e, 23 janvier 1991, *Henauer,* Bull. civ. III, n° 31, p. 18 ; Rev. dr. immob. 1991, p. 453, obs. Bergel ; Cass. civ. 3e, 2 octobre 1996, N° 1562, Juridisque Lamy.

[2] Cass. civ. 3e, 8 juillet 1992, Soc. T.A.T., Bull. civ. III, n° 245 ; J.C.P. 1992, IV, 2647.

s'applique ainsi à un plus grand nombre de personnes. Il vise non seulement celles qui font construire leur maison, mais également celles qui achètent ou qui louent une propriété. Le droit d'antériorité est par conséquent opposable aux propriétaires - constructeurs ou acquéreurs-, ainsi qu'aux locataires. L'antériorité s'apprécie, pour les premiers, à la date du dépôt de la demande du permis de construire ou de l'achat de l'immeuble déjà construit et, pour les seconds, à la date de conclusion du bail.

2123. Outre le fait qu'il aggrave la situation des victimes, en élargissant le cercle de ces dernières, l'article L. 112-16 n'est pas sans soulever des difficultés d'interprétation. En effet, la référence à l'« *acte authentique* » constatant l'achat ou la location de l'immeuble est susceptible de poser des problèmes pratiques. Ainsi la plupart du temps, les contrats de bail sont conclus sous forme d'actes sous seing-privé et non devant le notaire. Une application littérale du texte conduirait par conséquent à accepter la demande en réparation des locataires signataires d'un acte sous-seing privé et à refuser tout droit à réparation à ceux qui ont signé un acte authentique. L'inégalité de traitement qui en résulte n'est absolument pas satisfaisante, d'autant que rien ne vient la justifier. S'agissant des acheteurs du bâtiment exposé aux nuisances, il est de pratique courante de signer un simple acte sous seing-privé au moment de la vente, qui sera formalisée plus tard par un acte authentique. Théoriquement, l'acheteur devrait alors encore pouvoir agir contre le « bruiteur » avant la signature du second acte, seul pris en compte par la loi.

2124. La notion de *« bâtiments »* utilisée par le législateur pour désigner les endroits entrant dans le champ d'application du droit de nuire ne semble pas non plus très heureuse. Diverses interprétations peuvent en être données, aboutissant à une définition plus ou moins large de ce terme. Ainsi, faut-il s'en tenir à l'interprétation donnée par la jurisprudence dans le cadre de l'article 1386 du Code civil relatif à la responsabilité du fait des bâtiments en ruine, qui le définit comme tout assemblage de la main de l'homme fixé dans le sol ? Un jardin n'est-il pas concerné par les dispositions de l'article L. 112-16 du Code de la construction et de l'habitation ? L'exclusion des terrains nus ou plantés conduit à une nouvelle situation surprenante. La personne, propriétaire ou locataire d'une maison ou d'un appartement exposés aux nuisances n'aurait pas le droit de réclamer à leur auteur la réparation du préjudice causé, alors que le propriétaire ou locataire d'un terrain non bâti, tel un jardin, serait recevable en une telle demande.

2125. Les termes employés par le législateur pour délimiter le domaine de son système d'exonération suscitent de nombreuses interrogations qu'ils laissent sans réponses. Tout est question d'interprétation du texte par les juges et de la portée qu'ils veulent lui donner. Les hypothèses susceptibles d'être concernées semblent très larges. Mais la jurisprudence civile, traditionnellement hostile à la reconnaissance d'un droit d'antériorité, devrait se prononcer dans le sens d'une restriction des applications de l'article L. 112-16 du Code de la construction et de l'habitation. Le législateur a lui-même subordonné l'existence du droit acquis à nuire à deux conditions cumulatives concernant l'exercice des activités visées, que les juges ne manquent pas d'appliquer avec rigueur.

b) Les conditions d'exercice des activités bruyantes légalisées

2126. L'exploitant de l'activité bruyante ne peut invoquer son droit d'antériorité que s'il remplit deux conditions cumulatives. Son activité génératrice de nuisances pour le voisinage doit non seulement se poursuivre *« dans les mêmes conditions »*, mais également s'exercer *« en conformité avec les dispositions législatives ou réglementaires en vigueur »*. Si la première exigence figure sans contestation possible dans les deux textes successifs, la deuxième a été introduite par la loi n° 80-502 du 4 juillet 1980 (préc.). Toutefois, par un arrêt en date du 5 janvier 1983[1], la Cour de cassation a estimé que la condition du respect des prescriptions législatives et réglementaires était déjà implicitement incluse dans l'article L. 421-9 du Code de l'urbanisme, avant d'être formulée expressément par l'article L. 112-16 du Code de la construction et de l'habitation. Les juges ont ainsi pu écarter le bénéfice de l'antériorité au profit de victimes d'activités bruyantes non conformes à la réglementation, dans des litiges mettant en jeu l'article L. 421-9 aujourd'hui abrogé[2].

2127. Si l'exigence d'une activité conforme à la loi tempère la rigueur de l'article L. 112-16 et semble le seul aspect « positif » qui puisse être trouvé dans cette loi, elle recèle en fait une signification juridique très grave pour les victimes de nuisances et le droit de l'environnement en général. Pour obtenir le bénéfice de l'exonération de responsabilité, l'activité dommageable doit respecter toutes les législations et réglementations applicables. Celles-ci ne manquent pas en matière de bruit. Elles touchent à de nombreux secteurs, tels que le respect des prescriptions d'urbanisme, des procédures et prescriptions administratives imposées dans le cadre de la police des installations classées pour la protection de l'environnement, des règles du cahier des charges d'un lotissement, des dispositions d'un règlement de copropriété, ou encore de l'ensemble des mesures et normes acoustiques résultant de la loi cadre du 31 décembre 1992 relative à la lutte contre le bruit.... Invariablement, les juges écarteront l'application de l'article L. 112-16 lorsqu'il est établi que l'activité à l'origine des nuisances sonores ne respecte pas les prescriptions légales ou réglementaires qui lui sont applicables[3].

2128. La victime qui craint de se voir opposer par son voisin bruyant le droit d'antériorité a par conséquent tout intérêt, si elle veut y faire échec, à rechercher si l'activité génératrice des nuisances sonores est bien conforme aux lois et règlements. Les évolutions et modifications de la loi, fréquentes en droit de l'environnement et du bruit qui intègre les progrès de la science et de la technique, peuvent modifier la situation du pollueur et de ses victimes. Ce qui est licite un jour et donc cause d'exonération du pollueur, peut devenir illicite le lendemain et donner à nouveau droit à réparation à la victime si les activités dommageables ne sont pas adaptées à la nouvelle réglementation. L'article L. 112-16 imposerait donc aux victimes de se tenir au courant de la législation en vigueur et de contrôler en permanence l'activité du pollueur, afin de guetter la moindre défaillance de la part de ce dernier. Or, les voisins ne sont ni des juristes d'environnement ni des agents habilités à contrôler les installations ou établissements. En outre, une telle situation ne favorise pas le rétablissement de bons rapports de voisinage.

2129. Plus graves sont les implications juridiques de ce texte qui fait du respect de la réglementation un fait justificatif des nuisances, lorsque toutes les autres conditions sont réunies. La réserve des droits des tiers et le principe selon lequel l'autorisation

---

[1] Cass. civ. 2e, 5 janvier 1983, Ficarelli c/.Harrand, Bull. civ. II, n° 3, p. 2 ; D. 1983, I.R., p. 371, note A. Robert ; Gaz. Pal. 1983, 1, 140 ; C.P.E.N., jurispr. « Bruit », 1536. La Cour de cassation précise en outre, dans ce même arrêt, que l'article L. 112-16 est entré en vigueur dès la publication de la loi n° 80-502 du 4 juillet 1980 et n'est donc pas subordonné à l'entrée en vigueur de décrets d'application.

[2] Cass. civ. 3e, 10 octobre 1984, Sté Ets Saint-Jeannet, Gaz. Pal. 1985, 1, Panor. 47 ; Bull. civ. III, n° 165, p. 128.

[3] T.G.I. de Versailles, 13 mai 1981, Epoux Nault c/. Etablissements Duclos, C.P.E.N., jurispr. « Bruit », 1535 ; C.A. Paris, 7e ch. B, 30 mai 1985, Soc. Multi-loisirs c/. Barthélémy et autres, C.N.B., Les nuisances sonores - Recueil de jurisprudence commentée, p. 131 ; T.G.I. de Paris, 8e ch., 2e sect., 14 décembre 1988, C.N.B., Les nuisances sonores - Recueil de jurisprudence commentée, p. 132.

administrative n'est pas une autorisation de nuire se trouvent purement et simplement annihilés, ce qui juridiquement et moralement est inacceptable. L'article L. 112-16 est d'autant plus inadmissible qu'il emporte des conséquences à la fois économiques et environnementales désastreuses. Le pollueur, pour bénéficier d'un droit d'antériorité, ne doit pas avoir modifié les conditions de ses activités, peu importent les nuisances qui en résultent. Le texte exclut tout agrandissement et toute extension de l'entreprise puisqu'il est dit expressément que les activités doivent se poursuivre *« dans les mêmes conditions »*. Mais si les nuisances viennent à diminuer, le voisin peut-il agir en justice en prétextant un changement dans les conditions d'exercice de l'activité en cause ? Une telle application serait certes contraire à l'esprit de la loi qui condamne l'augmentation des nuisances, mais non pas à la lettre du texte !

2130. Toujours est-il que le « bruiteur » prend des risques à partir du moment où il modifie un tant soit peu ses installations ou la manière dont il exerce ses activités. L'artisan qui travaillait manuellement avec un nombre restreint d'ouvriers et de machines, ne pourrait pas, s'il décide d'agrandir son entreprise et acquiert de nouvelles machines, opposer la pré-occupation de ses activités aux réclamations des riverains[1]. L'éleveur de volailles ne pourra plus brandir l'arme de l'antériorité s'il développe son exploitation. L'article L. 112-16 du Code de la construction et de l'habitation constitue une véritable incitation à la routine dans la production de nuisances. En outre, alors que ce sont les intérêts économiques qui ont présidé à l'adoption d'une telle loi, ses effets sont justement anti-économiques, freinant la modernisation des activités professionnelles concernées, qui doivent obligatoirement se poursuivre dans les mêmes conditions pour assurer l'exonération de responsabilité de leurs auteurs.

2131. Malgré les réserves apportées à l'application de ce texte, *« les dispositions de l'article L112-16 du Code de la construction et de l'habitation sont de nature à limiter sensiblement l'étendue du système de la responsabilité du fait des troubles de voisinage »*[2], et de manière plus générale les actions en réparation des victimes de bruits, quel que soit leur fondement juridique. C'est à juste titre que l'abrogation de cet article a été demandée dans le rapport Barnier[3]. Mais comble de l'ironie, au moment du vote de la loi n° 92-1444 du 31 décembre 1992 relative à la lutte contre le bruit, le Sénat a adopté en première lecture une proposition de loi visant à étendre le régime de l'article L. 112-16 aux activités aéronautiques et aux communes pour des dommages causés par des nuisances dues aux activités touristiques, culturelles ou sportives[4]. En systématisant ainsi le principe d'antériorité, la réforme aurait pour conséquence, notamment, de débouter les riverains des plate-formes aéroportuaires des aides à l'insonorisation spécialement mises en place par la loi cadre sur le bruit. Or que penser d'un législateur qui reprend d'une main ce qu'il octroie de l'autre ?

---

[1] Cass. civ. 2e, 3 février 1993, Sté la Milanaise, Bull. civ. II, n° 44 : les activités d'une blanchisserie occasionnant les nuisances ne se sont pas poursuivies dans les mêmes conditions au sens de l'article L. 112-16 du Code de la construction et de l'habitation, puisque la quantité de linge traité a considérablement augmenté, nécessitant l'adjonction de machines ou l'augmentation de leur capacité.

[2] J. LAMARQUE, Commerces et centres commerciaux, Echo Bruit, Chronique juridique n° 8, février 1984.

[3] Proposition 29 du Rapport Barnier remis le 11 avril 1990 à la commission des finances de l'Assemblée nationale qui avait chargé le député d'une mission d'information sur la politique de l'environnement (doc. A.N. n° 1227).

[4] Proposition de loi de M. E. Cartigny, Sénat, n° 260, 21 février 1992 ; Rapport B. Laurent, Sénat, n° 50, 18 novembre 1992.

2132. Fort heureusement, le gouvernement, par la voix de son ministre de l'environnement, a fait connaître son opposition à une telle proposition[1], qui en définitive n'a pas été inscrite à l'ordre du jour de l'Assemblée nationale[2]. Il a été jugé plus raisonnable, dans ces secteurs producteurs de nuisances sonores, de laisser aux juridictions, pour chaque cas d'espèce, le soin de caractériser une éventuelle imprévoyance fautive de la victime, susceptible d'emporter exonération du « bruiteur ». Mais dans le cadre de la lutte contre le bruit, il aurait été souhaitable d'aller plus loin, c'est-à-dire d'abroger purement et simplement l'article L. 112-16 du Code de la construction et de l'habitation et de s'en tenir uniquement au système jurisprudentiel d'exonération de responsabilité par l'effet de la faute de la victime. Opérant une *« régression caractéristique du droit de l'environnement »*[3], le texte en vigueur instaure un mécanisme de cristallisation du droit de nuire, d'autant plus condamnable qu'il est de source légale.

2133. La tolérance plus ou moins ouvertement affirmée de certaines nuisances sonores peut ainsi faire obstacle à toute sanction civile ou en atténuer les termes. Lorsque l'action civile est néanmoins recevable et fondée, la victime obtient la réparation du préjudice qu'elle a souffert. C'est cette réparation, objet de la responsabilité civile, qu'il convient à présent de déterminer, dans ses objectifs et modalités.

Section II : Les modes de réparation des dommages causés par les bruits de voisinage

2134. Une fois le principe de la responsabilité civile acquis, une fois l'existence d'un dommage réparable reconnu, le juge doit statuer sur la mise en œuvre de l'obligation de réparer, dont le « bruiteur » est débiteur vis-à-vis de son voisin. Le droit commun de la responsabilité pose le principe d'une réparation intégrale, qui postule l'équivalence entre le dommage causé et la réparation prononcée par le juge. Ce dernier est par conséquent amené à trouver le juste milieu entre deux excès : une réparation insuffisante qui ne couvrirait pas la totalité du préjudice et une réparation exagérée qui procurerait un bénéfice à la victime[4]. Or, la mise en œuvre de ce principe général en matière de bruits de voisinage est particulièrement délicate. Elle pose la question des pouvoirs du juge et de l'efficacité de la réparation qu'il prononce, compte tenu de la nature particulière du dommage et du trouble sonore qui en est le vecteur.

2135. Le juge civil dispose, de manière générale, de pouvoirs largement plus étendus que ceux du juge administratif ou même du juge pénal qui, sauf dans le cas particulier des installations classées pour la protection de l'environnement, ne peuvent accorder qu'une indemnisation pécuniaire. Face à l'impératif d'une réparation effective et intégrale, le juge civil est libre de déterminer le mode de réparation qu'il estime le plus conforme au préjudice invoqué[5]. Pour réparer les préjudices subis par les victimes de

---

[1] Réponse à question écrite, *JO* AN, 3-10-94, p. 4903.

[2] Réponse à question écrite, *JO* AN, 2-03-98, p. 1213.

[3] M. PRIEUR, Droit de l'environnement, préc., p. 943, n° 1178.

[4] En effet, selon une formule courante, *« si la réparation d'un dommage doit être intégrale, elle ne saurait en tout cas excéder le montant du préjudice »*. V. par exemple : Cass. civ. 2e, 14 février 1985, Bull. civ. II, n° 40.

[5] Cette liberté des magistrats résulte d'une carence des textes du Code civil qui ne fixent aucun mode particulier de réparation. De là, une jurisprudence constante établit qu'il relève du pouvoir souverain des

bruits de voisinage, deux procédés peuvent être employés : la réparation en nature et la réparation par équivalent monétaire. En effet, le dommage ayant été causé par une nuisance sonore existant bel et bien dans le voisinage, l'essence de la réparation est d'être une compensation. Elle vise à remettre dans un patrimoine : celui du voisin victime du bruit, ce qui en était sorti : son environnement exempt du trouble sonore incriminé, soit en nature lorsqu'il est possible de supprimer le préjudice (§1), soit en équivalent lorsque le dommage est amené à persister (§2).

2136. Le choix du juge se fera en fonction de l'objectif assigné à la sanction civile de tel bruit de voisinage. Mais le juge est totalement libre de combiner les deux modes de réparation dans une même espèce, allouant par exemple des dommages et intérêts en dédommagement du préjudice passé, accompagnés d'une injonction de réaliser des travaux de nature à faire cesser le trouble pour l'avenir et à rétablir la situation antérieure[1]. Mais une telle pratique ne reflète pas l'ensemble de la jurisprudence rendue en la matière. Bien souvent, les magistrats se contentent d'opter pour l'une ou l'autre forme de réparation. De nombreuses considérations, à la fois physiques et juridiques, viennent en effet influer de manière décisive sur ce choix et sur le contenu de la réparation accordée à la victime de bruits de voisinage.

§1. LES MESURES DESTINÉES À SUPPRIMER LE PRÉJUDICE : LA RÉPARATION EN NATURE

2137. La solution la plus satisfaisante pour les voisins, celle à laquelle ils tendent unanimement, est d'obtenir la suppression du dommage que leur cause le bruit. Cette exigence est tout à fait légitime, puisqu'elle répond parfaitement à la finalité assignée par la Cour de cassation à la réparation. En effet, selon la Haute Juridiction, *« le propre de la responsabilité civile est de rétablir aussi exactement que possible l'équilibre détruit par le dommage et de replacer la victime dans la situation où elle se serait trouvée si l'acte dommageable ne s'était pas produit »*[2].

2138. Seule une réparation en nature permet d'atteindre cet idéal, qui est de faire disparaître le dommage et de remettre les choses en leur état initial. En ce sens, c'est *« le mode de réparation le plus parfait »*[3], devant par conséquent être tenu pour prioritaire (A), dans la mesure où il répond aux objectifs fixés en droit et aux attentes concrètes des victimes de dommage. Néanmoins, la réparation en nature présente certaines limites qui peuvent placer le juge dans l'impossibilité de la prononcer (B).

---

juges du fond de déterminer le mode de réparation le plus approprié. V. en ce sens : Cass. civ. 2e, 8 décembre 1993, N° 1233, Lexilaser Cassation 1996/1.

[1] C.A. Paris, 9 juin 1975, C.P.E.N., jurispr. « Bruit », 1529 : la cour a alloué 30 000 F de dommages et intérêts et ordonné des mesures pour mettre un terme à *« l'agression du milieu ambiant » ;* T.G.I. de Nanterre, 27 juin 1978, C.P.E.N., jurispr. « Bruit », 1529 : le tribunal a ordonné une réparation pécuniaire de 8 000 F et l'exécution de tous travaux de nature à faire cesser le trouble sonore ; C.A. Paris, 23 janvier 1981, C.P.E.N., jurispr. « Bruit », 1533 : condamnation à 30 000 F de dommages et intérêts et à faire exécuter les travaux nécessaires à la diminution du niveau sonore émanant d'une installation de ventilation...

[2] Cass. civ. 2e, 19 novembre 1975, D. 1976, jurispr. p. 137, note P. Le Tourneau ; Cass. civ. 2e, 7 décembre 1978, Bull. civ. II, n° 269 ; Cass. civ. 2e, 9 juillet 1981, Bull. civ. II, n° 156.

[3] H. et L. MAZEAUD, J. MAZEAUD, F. CHABAS, Leçons de droit civil, préc., n° 621. Dans ce sens : N. HAUKSSON-TRESCH, La détermination par le juge du mode de réparation, Les Petites affiches, 29 mai 1998, n° 64, doctr. p. 7.

A. Le caractère prioritaire de la réparation en nature

2139. La réparation en nature étant le mode idéal de réparation[1], la victime ne saurait la refuser lorsqu'elle lui est offerte par le responsable, sauf si elle présente un danger ou un inconvénient pour elle. Par contre, si le responsable ne la propose pas, la victime n'est pas obligée de la demander, de même que le juge n'est pas, en principe, tenu de l'ordonner. Le magistrat conserve ici toute liberté pour prescrire le mode de réparation qu'il estime le plus adéquat. Un tel pouvoir consenti au juge peut paraître excessif et inopportun. Dans la mesure où la réparation en nature est le mode se rapprochant le plus de la perfection, elle devrait être obligatoirement retenue chaque fois qu'il est possible de la mettre en œuvre. Le caractère prioritaire de ce type de réparation découle directement de sa finalité (1) qui détermine ses différents aspects en pratique (2), selon la nature des sources sonores en cause.

1- La finalité de la réparation en nature

2140. Des décisions de justice mettent clairement en avant le caractère prioritaire de ce mode de réparation. Un attendu du Tribunal de grande instance de Versailles est en ce sens éloquent : « *Attendu qu'une réparation en nature constitue la mesure la plus adéquate puisqu'elle supprimera, ou tout au moins atténuera dans de larges proportions le dommage subi* » du fait, en l'espèce, des bruits provenant de l'exploitation de dépôts de ferraille[2]. La réparation en nature est particulièrement adaptée aux bruits de voisinage, dans la mesure où le trouble sonore est le plus souvent continu et existe toujours au moment où le juge est saisi. L'action intentée aura alors pour objet la cessation, au moyen de mesures concrètes et appropriées, du préjudice actuel et la prévention du dommage futur.

2141. Le caractère prioritaire de cette forme de réparation s'impose donc de par sa finalité. La réparation en nature vise à replacer la victime dans la situation antérieure au dommage, à rétablir le *statu quo ante*. Il s'agit ainsi de ramener « l'équilibre » du voisinage qui existait avant que le bruit dommageable ne vienne le rompre. L'objectif est de revenir à la situation initiale et d'en assurer le maintien, sans cependant apporter d'amélioration à l'environnement sonore par rapport à ce qui existait avant le dommage, auquel cas la réparation serait excessive puisqu'elle procurerait un bénéfice à la victime[3]. Le but est simplement de remettre la victime dans la situation où elle se serait trouvée si l'acte dommageable ne s'était pas produit.

2142. La réparation en nature n'a donc pas une vocation *directe* à améliorer les ambiances sonores du voisinage considéré. Son action se limite à l'état -même s'il n'est pas pleinement satisfaisant- de la situation existant avant la réalisation du préjudice invoqué. En outre, elle n'a aucun effet sur le préjudice passé, sur l'inconvénient ou la gêne sonore déjà ressentis et contre lesquels aucune intervention n'est plus possible. La nature impalpable et irréversible de la gêne sonore déjà ressentie fait que la réparation en nature ne vaudra que pour l'avenir. Dans cette optique, elle doit permettre d'*effacer* le dommage actuel, de le faire disparaître pour l'avenir, car « *même si rien ne peut effacer*

---

[1] B. STARCK, H. ROLAND et L. BOYER, Obligations - 1. Responsabilité délictuelle, 5e éd., Litec, 1996, n° 1284.

[2] T.G.I. de Versailles, 13 mai 1981, Epoux Nault c/. Etablissements Duclos, préc.

[3] En ce sens : C.A. Paris, 2 mai 1983, Epoux Becker c/. Epoux Obadia, préc. : « *Considérant que les époux O. doivent être tenus de faire exécuter les travaux nécessaires de façon à ce que les époux B. obtiennent un* ***confort acoustique identique à celui initial* »,** c'est-à-dire avant le remplacement par les défendeurs de la moquette par du parquet.

l'intervalle de temps, du moins elle rétablit la victime dans ses droits »[1]. La finalité de la réparation en nature est par conséquent de faire cesser le préjudice actuel par des mesures de nature à éviter qu'il ne se reproduise dans l'avenir. En cela, le juge pourrait remplir une fonction de prévention significative, puisque la prescription de mesures destinées à mettre un terme à la situation préjudiciable permettrait dans le même temps d'empêcher la survenance d'un nouveau dommage du même type.

2143. Est-ce à dire que la cessation du préjudice à laquelle tend la réparation en nature se confond avec la cessation du trouble sonore ? Selon la distinction mise en lumière par Mme Roujou de Boubée[2], la réponse devrait être négative. L'auteur distingue en effet la réparation en nature qui agit sur la *matière* du préjudice, la gêne sonore par exemple, et la suppression de l'illicite qui agit sur la *cause* du préjudice, en l'occurrence la source sonore. Ainsi, la cessation de la situation illicite est une mesure voisine de la réparation *stricto sensu*. Elle *« tend à la sauvegarde pour l'avenir du droit ou de l'intérêt violé ou plutôt (qui) tend au respect de la norme protégeant le droit ou l'intérêt violé : c'est ce qui explique le caractère obligatoire de ces mesures faisant cesser l'illicéité »*[3], que ne revêt pas la réparation en nature. L'intérêt de cette distinction réside dans le fait que le voisin qui risque de souffrir d'un trouble sonore illicite peut obtenir du juge - notamment par voie de référé-, avant même la réalisation du dommage, la suppression du fait constitutif afin d'en prévenir la survenance.

2144. La différenciation des deux notions présente, en outre, un intérêt particulier dans le cadre de l'article L. 112-16 du Code de la construction et de l'habitation (*supra* n° 2113 et s.). Aux termes de ce texte, les dommages causés par certaines activités remplissant les conditions posées *« n'entraînent pas droit à réparation »*. La victime d'un dommage causé par l'une de ces activités ne peut donc pas obtenir du juge qu'il ordonne une réparation en nature, telle que l'exécution par le pollueur de travaux d'insonorisation. Par contre, la cessation de la production de nuisances illicites ne constitue pas une réparation et ne devrait pas être concernée par le texte. Une interprétation restrictive des dispositions de l'article L. 112-16 permettrait de soutenir que le droit à la suppression des nuisances illicites demeure et devrait être mis en œuvre. Toutefois, il est peu probable que la jurisprudence ne prenne jamais en compte une telle interprétation qui aboutit à contourner l'interdiction prévue par le législateur et à vider de tout sens l'article L. 112-16 du Code de la construction et de l'habitation.

2145. De manière générale, les juges n'ont jamais fait cette distinction et ordonnent indifféremment, à titre de réparation, des mesures destinées à supprimer le préjudice ou à faire cesser la situation non conforme au droit. S'agissant du problème spécifique des bruits de voisinage, les deux notions se confondent souvent en pratique, la première supposant la mise en œuvre de la seconde. L'unique moyen de faire cesser le dommage consiste à faire cesser l'illicite, c'est-à-dire le trouble sonore anormal ou le bruit illégal. Lorsque les travaux d'insonorisation, qui n'agissent pas sur la source sonore, ne suffisent pas à faire disparaître le préjudice subi, le juge peut décider de prononcer la cessation de l'activité productrice de nuisances acoustiques. La suppression du bruit entraîne alors la cessation du dommage et l'empêche de se renouveler dans le futur.

2146. L'action en responsabilité civile du fait de bruits de voisinage doit donc conduire à une réparation intégrale du préjudice causé, si nécessaire, par la cessation de l'activité bruyante. La réparation en nature, telle qu'elle est utilisée par les juges,

---

[1] N. HAUKSSON-TRESCH, La détermination par le juge du mode de réparation, préc., p. 7.

[2] M.-E. ROUJOU de BOUBEE, Essai sur la notion de réparation, L.G.D.J., 1974, p. 161 et s.

[3] M.-E. ROUJOU de BOUBEE, Essai sur la notion de réparation, préc., p. 217.

consiste en la mise en œuvre de mesures concrètes, d'obligations de faire ou de ne pas faire mises à la charge du « bruiteur », en vue de supprimer le dommage et d'empêcher le cas échéant les nuisances sonores. De telles mesures, permettant de remettre les choses en l'état, sont variées face à la diversité des sources sonores et de leurs manifestations.

2- Les différentes modalités de la réparation en nature

2147. Le caractère prioritaire de la réparation en nature s'exprime au travers des différentes modalités qu'elle peut revêtir dans le contentieux du bruit. Aussi, quelles sont ces modalités, instruments pratiques de réalisation de l'objectif contenu dans ce type de réparation ? La jurisprudence rendue en matière de bruits de voisinage présente un tableau diversifié et hétéroclite des mesures pouvant être prescrites par le juge. Les solutions apportées par les juridictions sont presque aussi diverses que la nature des différentes sources de bruit incriminées. Ce constat démontre à la fois la nécessité et le souci de trouver le mode de réparation le plus approprié à la situation dommageable dans chaque espèce. Les tribunaux de grande instance[1] peuvent ainsi ordonner des travaux ou diverses autres obligations de faire ou de ne pas faire.

2148. La Cour de cassation rappelle régulièrement que les juges du fond ont en la matière un pouvoir souverain pour apprécier le contenu de la réparation en nature, c'est-à-dire les mesures propres à faire cesser le trouble[2]. L'une des tendances caractéristiques de la jurisprudence relative au bruit est néanmoins d'ordonner une réparation en nature sans entrer dans le détail de ses modalités. Ainsi, il n'est pas rare que les juges se contentent d'une formulation vague qui condamne le responsable à prendre *« toutes mesures utiles pour faire cesser le trouble »*[3] ou *« les dispositions nécessaires pour mettre fin à la nuisance »*[4]. Le « bruiteur » n'est tenu par aucune mesure précise. Il a simplement l'obligation de mettre un terme au trouble sonore, libre à lui de choisir comment.

2149. L'imprécision des juges quant au contenu des mesures qui s'imposent peut trouver deux explications. D'une part, la complexité du phénomène bruit et le caractère technique des solutions qu'il commande peuvent apparaître insurmontables pour le magistrat qui n'est formé qu'à l'aspect juridique du problème. Cependant, le recours aux experts et à leurs connaissances techniques permet au juge de surmonter ce handicap et de trouver les éléments de réponse appropriés. Cette première justification n'est par conséquent pas satisfaisante ; la pratique nous le démontre. D'autre part, l'imprécision qui entoure la condamnation à une réparation en nature du bruit dénoncé résulterait d'un choix volontaire du juge qui souhaite laisser le responsable libre des moyens à mettre en œuvre pour s'acquitter de sa dette envers la victime. L'obligation de réparer le préjudice causé aux voisins est une obligation de résultat. Le « bruiteur » choisit la manière la plus appropriée et entrant dans la mesure de ses possibilités, pour faire disparaître le dommage pour lequel il a été condamné. C'est là aussi un moyen de faire prendre au « bruiteur », de manière plus personnelle, ses responsabilités.

2150. L'imprécision des termes de la réparation en nature n'est toutefois pas sans risque, le responsable pouvant soutenir qu'il n'a pas trouvé de solution satisfaisante au

---

[1] Les tribunaux d'instance, quant à eux, ont surtout vocation à réparer les dommages subis du fait de troubles anormaux de voisinage en allouant des dommages et intérêts.

[2] V. par exemple : Cass. civ. 2e, 9 octobre 1996, SA Circuit de Rumilly c/. ALNSK, préc.

[3] Cass. civ. 1re, 31 janvier 1966, Union protectrice des animaux de Cannes c/. Saramito et Lafeuillousse, préc. ; C.A. Douai, 8e ch., 11 février 1993, Echo Bruit n° 60, septembre 1993, jurispr. p. 13.

[4] C.A. Lyon, 23 décembre 1980, Epoux Saporis c/. Lavigne, préc.

litige, pour justifier de son inaction. Les juges préfèrent alors, après avoir sollicité l'avis éclairé d'experts, déterminer eux-mêmes le type de mesure qui répondera le mieux à la nature de la source sonore en cause. N'est-il pas, en effet, de leur rôle et de leur pouvoir de définir le mode de réparation adapté au préjudice invoqué, aussi bien dans sa nature que dans son contenu ? La palette des procédés propres à réparer un dommage né de bruits de voisinage est impressionnante de diversité. Elle ne saurait être rapportée dans sa totalité. Les exemples les plus typiques et les plus significatifs de la jurisprudence dans ce domaine permettront néanmoins de dresser un état général, caractéristique des modalités de la réparation en nature mises en œuvre.

2151. De cette vision d'ensemble ressort clairement une gradation dans la nature et la finalité des mesures choisies. Faisant preuve d'une certaine timidité dans la prévention des dommages futurs, les juges ont tendance à prescrire des mesures propres à simplement réduire les inconvénients nés du bruit[1]. Ce n'est que dans les cas où elles se révèleraient insuffisantes, parce que sans effet notoire sur la manifestation sonore, qu'ils ordonnent des mesures destinées à faire cesser le trouble. Le choix du contenu de la réparation est donc conditionné à la fois par la nature des sources sonores dénoncées et par l'objectif que le juge veut bien assigner à la réparation prononcée.

2152. Ainsi, de nombreuses sources de bruit trouvent une réponse dans la réalisation de travaux de nature à remédier à la gêne sonore qu'elles imposent au voisinage. Les travaux d'isolation ou d'aménagement, tels que la pose de moquette[2], de faux-plafond ou de double-fenêtres, l'insonorisation des installations[3], l'édification d'un mur anti-bruit[4]..., sont parmi les plus courants. La jurisprudence est abondante en cette matière et nous fournit des exemples presqu'aussi variés que le sont les circonstances de production du bruit spécifiques à chaque espèce. Les progrès de la technique et les connaissances en acoustique sont aujourd'hui tels que, dans de nombreuses hypothèses, les bruits pourront être traités à la source par des travaux appropriés qui, sans les faire disparaître totalement, les atténueront et rétabliront le bruit dans la « normalité ». Ces aménagements sont en général effectués à la source de la nuisance, c'est-à-dire chez le « bruiteur ». Mais lorsqu'ils se révèlent trop importants et coûteux dans les locaux du défendeur, il arrive qu'ils soient réalisés dans la propriété de la victime, qui a le droit de s'y opposer et d'exiger leur réalisation chez le responsable[5].

---

[1] Par ex. : Cass. civ. 3e, 15 avril 1975, Epoux Buttigieg c/. Epoux Lazzarino, Bull. civ. III, n° 124 ; D. 1976, jurispr. p. 222 ; C.P.E.N., jurispr. « Bruit », 1525 : à propos du bruit excessif résultant des installations frigorifiques d'une boucherie-charcuterie, les juges d'appel ont à bon droit imposer *« l'exécution de travaux destinés à modérer les effets dommageables de cette installation défectueuse »*.

[2] C.A. Paris, 15e ch. A, 6 janvier 1988, Epoux Ruellan c/. Epoux Bellon et autre, C.N.B., Les nuisances sonores - Recueil de jurisprudence commentée, p. 141.

[3] Cass. civ. 2e, 28 octobre 1966, Bull. civ. II, n° 880 ; C.P.E.N., jurispr. « Bruit », 1519 : prescription de travaux d'insonorisation d'un bar-dancing-cinéma ; C.A. Paris, 23e ch. A, 9 juillet 1986, « Le maire face au bruit : guide du traitement des réclamations », brochure du ministère de l'Environnement et du Conseil national du bruit : condamnation à faire insonoriser les machines d'une imprimerie ; Cass. civ. 3e, 26 mai 1994, Société Clef, Bull. civ. III, n° 110 ; C.P.E.N., jurispr. « Bruit », 1542 : condamnation à des travaux d'insonorisation d'un appartement, en raison de troubles acoustiques dus à la présence d'une salle d'eau au-dessus d'une chambre à coucher dudit appartement.

[4] Cass. civ. 2e, 4 octobre 1995, N° 1318, préc.

[5] La jurisprudence est claire sur ce point : la victime qui a droit à une réparation intégrale de son préjudice ne saurait être obligée de supporter les inconvénients supplémentaires résultant de travaux qui seraient à effectuer chez elle. V. par exemple : C.A. Paris, 23e ch. B, 8 janvier 1986, consorts Couvreur et autre c/. Palacci et autres, C.N.B., Les nuisances sonores - Recueil de jurisprudence commentée, p. 141.

2153. Dans les cas où de tels travaux seraient inopérants, les juges peuvent imposer un aménagement des horaires de l'activité bruyante, de façon à réduire autant que possible la gêne causée aux voisins. De nombreuses décisions prononcent ainsi des interdictions de fonctionnement nocturne, en vue de garantir le sommeil des voisins. Un commerçant a de la sorte été condamné à ne pas faire démarrer ses véhicules de livraison avant 7 heures du matin, les dimanches et jours fériés[1], alors qu'une société de transport s'est vue interdire tout trafic de camions de nuit[2]. Si ce sont des cris d'animaux qui sont en cause (chiens, coqs, oies et autres volatiles), les juges sont parfois amenés à ordonner l'éloignement de l'intéressé de l'habitation gênée[3], voire de manière plus radicale la suppression, non pas de l'animal, mais du poulailler[4] ou de la volière[5]. Lorsqu'il s'agit de choses inanimées, l'enlèvement de l'appareil ou de la machine à l'origine des nuisances sonores[6], ou encore l'interdiction de s'en servir[7] peuvent suffire à régler le conflit sonore.

2154. Dans certaines hypothèses extrêmes, des mesures plus radicales que de simples travaux ou modifications d'usage de la source sonore sont néanmoins susceptibles de s'imposer. Lorsque des aménagements propres à supprimer le préjudice ne sont pas envisageables, les juges vont-ils, par exemple, jusqu'à ordonner la cessation de l'activité bruyante ? Quelques décisions font état de la prescription de telles mesures qui mettent un terme définitif à l'activité ou à la situation dommageable. Le juge peut ainsi interdire au « bruiteur » d'exercer son activité dans un lieu donné[8]. Tel est le cas de ce boulanger-pâtissier qui s'est vu prohiber toute exploitation de son fonds dans les locaux situés au-dessus de l'appartement des victimes gênées dans leur tranquillité et

---

[1] C.A. Versailles, 1re ch., 27 janvier 1987, Maerglen et Engaz c/. SA Tréheux Colinet, préc.

[2] Cass. civ. 2e, 25 octobre 1978, Bull. civ. II, n° 220 ; C.P.E.N., jurispr. « Bruit », 1530.

[3] C.A. Dijon, 1re ch., 2 avril 1987, Epoux Delpup c/. Epoux Guédes, Gaz. Pal. 1987, II, p. 601 : la Cour a ordonné l'éloignement d'un coq trop expansif de l'habitation des plaignants en ces termes : *« Attendu que la cour se doit de rendre aux époux D., autant que possible, cette tranquillité qui, sans la méchanceté des hommes, serait l'agrément de la vie rurale, mais sans attenter à l'existence d'un animal innocent ni priver les époux G. d'une compagnie qu'ils semblent affectionner ; que la solution du dilemme consistera à éloigner le coq de son territoire actuel où son chant prend une ampleur excessive, en enjoignant à ses propriétaires de le maintenir derrière leur habitation ; que l'on est en droit d'espérer en outre qu'ainsi placé dans un cadre plus aimable et pour tout dire moins carcéral, le volatile n'éprouvera plus le besoin de s'exprimer avec autant d'impétuosité ».*

[4] C.A. Aix-en-Provence, 2 avril 1993, Echo Bruit n° 60, septembre 1993, jurispr. p. 13 ; Cass. civ. 2e, 6 novembre 1996, N° 1065, Juridisque Lamy : en l'espèce, les juges ont donné le choix au défendeur entre détruire le poulailler incriminé et l'éloigner de plus de quarante mètres de la villa des plaignants.

[5] Cass. civ. 2e, 29 avril 1998, N° 611, préc.

[6] C.A. Paris, 23e ch. sect. B, 18 décembre 1981, C.N.B., Les nuisances sonores - Recueil de jurisprudence commentée, p. 147 : condamnation du propriétaire d'un débit de boissons à faire procéder à l'enlèvement des *« flippers, qui faisaient un bruit incessant et fort dérangeant »* ; C.A. Paris, 23e ch. sect. A, 9 février 1982, C.N.B., Les nuisances sonores - Recueil de jurisprudence commentée, p. 140 : la cour a condamné le défendeur à supprimer son ascenseur privatif qui causait des nuisances sonores *« inadmissibles »* aux autres habitants de l'immeuble.

[7] C.A. Paris, 7e ch. B, 30 avril 1981, Epoux Beaudoux c/. Epoux Belledent et autres, C.N.B., Les nuisances sonores - Recueil de jurisprudence commentée, p. 147 : la cour confirme la décision rendue en première instance qui interdisait aux propriétaires d'un hôtel-café-tabac de disposer des tables et chaises sur une terrasse aménagée à l'extérieur, à moins qu'ils ne justifient avoir construit une terrasse couverte et fermée qui ramène l'intensité sonore à des valeurs acceptables.

[8] C.A. Grenoble, 6 décembre 1994, Echo Bruit n° 68-69, juin 1995, jurispr. p. 40 : estimant que la cessation du trouble sonore ne sera effective qu'après le déménagement de l'entreprise dans une zone appropriée, la Cour d'appel a condamné une société de transports à cesser ses activités dans les lieux litigieux.

leur sommeil[1]. Mais les juges, dans certaines espèces, sont allés jusqu'à prescrire la cessation pure et simple de l'activité en cause[2] ou encore ordonner la démolition de la construction lorsqu'elle est irrégulière, sous réserve des contraintes posées par l'article L. 480-13 du Code de l'urbanisme.

2155. De même, dans le cas spécifique d'un manquement par le locataire de son obligation contractuelle d'user des lieux « en bon père de famille », le juge pourra être saisi d'une action en résiliation du bail et y faire droit. En effet, l'inexécution d'une obligation peut entraîner la résiliation judiciaire du contrat à la demande du bailleur ou du syndic de l'immeuble qui est soumis aux statuts de la copropriété. La résiliation est une solution, extrême il est vrai mais néanmoins efficace, pour mettre fin à la situation de gêne imposée aux voisins par l'occupation bruyante des lieux par le preneur. Elle suppose toutefois que le manquement reproché au locataire présente un certain caractère de gravité. Les juges apprécient alors, au cas par cas, si le trouble sonore imputé au preneur est d'une gravité telle qu'il rend impossible la poursuite des relations contractuelles et justifie la résiliation du bail. Plusieurs décisions ont été rendues dans ce sens, le juge constatant la résiliation du bail et ordonnant l'expulsion de voisins aux agissements par trop bruyants. Elles semblent cependant, pour l'essentiel, réserver une telle solution du conflit sonore aux hypothèses où la tranquillité et le repos des voisins sont troublés par des bruits nocturnes, dont la gravité est unanimement reconnue au sein de la jurisprudence[3].

2156. Le choix d'une réparation en nature offre ainsi au juge un large éventail de mesures extrêmement variées, de nature à rétablir le voisinage dans son état antérieur à la production du trouble sonore dénoncé. A chaque conflit sonore, pourrait-on dire, correspond son procédé de restitution en nature. La responsabilité du fait de bruits de voisinage est sans aucun doute celle qui se prête le mieux à ce type de réparation. Le premier et souvent l'unique souhait des voisins excédés par le bruit est de ne plus avoir à supporter cette nuisance. Seule une réparation en nature peut répondre à cette attente. Elle constitue par conséquent l'option principale du droit de la réparation des dommages nés des nuisances sonores. Mais les faits montrent qu'elle présente des limites, plus ou moins réelles et fondées, qui restreignent sa mise en œuvre par les juges.

B. LES LIMITES DE LA RÉPARATION EN NATURE

2157. La pratique judiciaire ne rend pas compte du caractère prioritaire de la réparation en nature, pourtant particulièrement marqué, dans son principe, en ce qui

---

[1] Cass. civ. 2e, 30 mai 1969, Ciambelotti c/. Epoux Martinot et autre, J.C.P. 1969, II, 16969, note Mourgeon.

[2] T.G.I. de Nevers, 25 juin 1986, consorts Moreau c/. Neuville et autres, C.N.B., Les nuisances sonores - Recueil de jurisprudence commentée, p. 145 : le tribunal a ordonné la cessation d'activité d'un atelier de serrurerie, chaudronnerie et plomberie ; C.A. Rouen, 1ère ch. civ., 4 mars 1986, Gaz. Pal. 1986, somm. p. 22 : les juges ont estimé que la fermeture de la discothèque était *« le seul moyen de faire cesser le trouble »* ; C.A. Dijon, 22 octobre 1986, préc. : fermeture d'un terrain de moto-cross ; Cass. civ. 2e, 18 novembre 1992, N° 1013, préc. : fermeture d'une discothèque.

[3] Cass. civ. 3e, 20 mai 1985, Nakas c/. Epoux Mysiuk, préc. : c'est à bon droit que les juges du fond ont prononcé la résiliation du bail pour manquements graves de la part du locataire qui *« tolère des clients qui se livrent au tapage nocturne et provoquent un bruit exagéré constituant de graves troubles de voisinage »* ; C.A. Angers, 1re ch. B, 29 juillet 1987, Bechade c/. OPHLM de la Sarthe, préc. ; Cass. civ. 3e, 8 avril 1992, N° 637, Juridisque Lamy ; Cass. civ. 3e, 16 novembre 1993, N° 1735, préc. : résiliation du bail et expulsion des locataires qui faisaient *« régulièrement du bruit la nuit »* par *« des cris, invectives, claquements de porte, musique jusqu'à 1 ou 2 heures du matin »* et n'usaient pas, par conséquent, *« de la chose louée en bon père de famille »*.

concerne les dommages causés par le bruit. Dans nombre de cas, les victimes doivent se contenter du versement d'une somme d'argent, maigre compensation du trouble qu'elles continuent d'endurer. En dépit des différents aspects qu'elle peut revêtir, adaptables aux circonstances de l'espèce, la réparation en nature n'est pas toujours prononcée. Cet état de fait conduit à s'interroger sur les limites de ce mode de réparation. La décision prise par les juges de ne pas ordonner une réparation en nature du préjudice résultant de tel trouble sonore produit dans le voisinage peut trouver une explication soit d'ordre juridique (1), soit d'ordre physique (2). Mais s'agissant de cette nuisance spécifique qu'est le bruit et des dommages qu'il cause, il n'est pas certain que ces explications attestant de l'existence de limites dans la réparation en nature se justifient réellement.

1- Des limites juridiques ?

2158. La réparation en nature consiste pour le juge à mettre à la charge du responsable une obligation de faire ou de ne pas faire. Il s'agira par exemple pour le « bruiteur » de réaliser des travaux d'isolation acoustique dans son usine ou de ne plus effectuer ses activités de chargement ou de déchargement des marchandises, la nuit. Or, si ce mode de réparation paraît le plus efficace dans son principe, puisqu'il tend à faire disparaître le préjudice par un retour à la situation « pré-dommageable », sa mise en œuvre et donc son efficacité réelle peuvent se heurter à des difficultés tenant à l'intégrité de la personne. Le pouvoir du juge d'imposer une réparation autre qu'une indemnité pécuniaire a été contesté à l'appui de l'article 1142 du Code civil, qui dispose que *« toute obligation de faire ou de ne pas faire se résout en dommages et intérêts, en cas d'inexécution de la part du débiteur »*. En vertu de ce texte, le juge qui prescrit une réparation en nature n'a pas le pouvoir d'obliger le débiteur à l'exécuter. L'idée est par conséquent que *« chaque personne reste maîtresse de son corps, aucune coercition ne pouvant s'exercer sur lui »*[1].

2159. L'interprétation donnée, dans un premier temps, par la Cour de cassation de l'article 1142 du Code civil a apporté une sérieuse limite au pouvoir des juges d'opter en faveur d'une réparation en nature lorsque ce mode réparateur leur paraissait plus approprié. La Haute Juridiction considérait en effet, de manière stricte, *« qu'aucune disposition légale n'autorise les tribunaux à condamner une partie en réparation d'un dommage causé par elle, à exécuter un acte qui ne lui est imposé ni par la loi, ni par la convention, alors qu'elle refuse de l'accomplir »*[2]. La doctrine a déduit de cette jurisprudence l'impossibilité d'une réparation en nature dès lors que la mesure à ordonner implique une contrainte *physique* sur la personne du responsable. Une distinction devrait donc être opérée entre les obligations de faire, dont le caractère personnel exclut selon l'article 1142 du Code civil l'exécution forcée, et les autres obligations qui la permettent parce que ne portant pas atteinte à la personne du débiteur. Mais cette distinction n'apparaît pas toujours évidente dans la pratique. Ainsi qu'en est-il de la condamnation par les tribunaux à *« prendre toutes mesures utiles pour faire cesser le trouble » ?* L'obligation requiert-elle forcément un fait personnel de la part du responsable qui ne peut être imposée par la force ?

2160. A juste titre, l'article 1142 du Code civil a finalement été interprété comme n'ayant qu'un caractère relatif[3]. Le texte ne condamne que l'exécution forcée *en nature*

---

[1] N. HAUKSSON-TRESCH, La détermination par le juge du mode de réparation, préc., p. 7. V. aussi : W. JEANDIDIER, L'exécution forcée des obligations contractuelles de faire, R.T.D.C. 1976, p. 700.

[2] Cass. civ., 4 juin 1924, D.P. 1927, 1, 136 ; S. 1925, 1, 97, note L. Hugueney.

[3] En effet, la doctrine considère que l'article 1142 du Code civil a un sens restreint. V. par ex. : A. BENABENT, Droit civil - Les obligations, préc., n° 696 et n° 863 et s. ; H. et L. MAZEAUD, J.

des obligations de faire ou de ne pas faire de caractère strictement *personnel*. Il ne doit pas faire échec à l'application de l'article 1143 du Code civil qui, s'agissant des obligations de ne pas faire, autorise le créancier à *« demander que ce qui aurait été fait par contravention à l'engagement, soit détruit »*. Ainsi, la démolition des constructions édifiées en violation des stipulations du cahier des charges d'un lotissement ou en violation d'un règlement de copropriété peut être exigée du juge. La jurisprudence accueille aujourd'hui une telle demande non seulement dans le cadre d'obligations contractuelles, mais également dans les relations de voisinage lorsque les voisins invoquent la violation d'une règle d'urbanisme pour obtenir la démolition de la construction illicite[1]. Sous réserve des contraintes imposées par l'article L. 480-13 du Code de l'urbanisme, la Cour de cassation a affirmé, à plusieurs reprises, le caractère obligatoire d'une telle mesure demandée par le voisin auquel l'infraction aux règlements d'urbanisme a causé un préjudice personnel et direct[2].

2161. Le principe reste donc la réparation en nature dont les juges peuvent s'assurer la bonne exécution par le recours à l'astreinte[3], fréquemment utilisée en matière de bruit. La plupart des décisions assortissent en effet la condamnation qu'elles prononcent d'une astreinte, provisoire ou définitive, afin de s'assurer de la bonne volonté du défendeur à exécuter les mesures prescrites. Il s'agit là d'un moyen de pression non pas physique, ce qui serait interdit par l'article 1142 du Code civil, mais *« sur la volonté du débiteur, par une menace atteignant ses biens »*. Le procédé consiste à enjoindre au « bruiteur » de remplir son obligation de faire (travaux d'insonorisation, édification d'un mur anti-bruit...) ou de ne pas faire (ne plus produire telle intensité de bruit, ne plus exercer ses activités de nuit...) dans un délai fixé, sous peine d'avoir à payer telle somme par jour de retard[4]. Son efficacité dépendra évidemment du taux fixé par le juge, qui devra être suffisamment élevé pour être persuasif. En général, il est souvent difficile pour le débiteur de résister à une telle mesure financière dont le montant ne cesse de croître avec le temps, ce qui est une réelle garantie de l'efficacité de la réparation en nature prononcée en matière de bruit.

2162. Ainsi, il n'existe pas véritablement de limites légales au principe même d'une réparation en nature des dommages nés de bruits de voisinage. Ceci est désormais admis, aussi bien en jurisprudence que par la doctrine. Les seules limites juridiques qui peuvent être relevées sont celles d'ordre jurisprudentiel, dans l'appréciation faite par les juges de

---

MAZEAUD, F. CHABAS, Leçons de droit civil, Tome II, Premier volume : « Obligations - Théorie générale », préc., n° 935.

[1] V. : A. CHAIBOU, L'application de l'article 1143 du Code civil et la théorie des troubles anormaux de voisinage, préc.

[2] La Cour de cassation ne manque pas de censurer les décisions des juges du fond qui refusent de sanctionner par la démolition un ouvrage irrégulièrement édifié. V. par ex. : Cass. civ. 3e, 22 mai 1997, Epoux Elia c/. Société Garage du Gymnase et a., J.C.P. 1998, éd. N., p. 761 ; Cass. civ. 3e, 30 septembre 1998, N° 1402, Juridisque Lamy : la Cour d'appel, qui a relevé que le permis de construire autorisant la construction avait été annulé pour illégalité et que le demandeur avait subi un préjudice tenant à des nuisances phoniques imputables partiellement à la violation de la règle d'urbanisme, n'a pas tiré les conséquences légales de ses propres constatations et a violé l'article 1143 du Code civil en rejetant la demande de démolition de la construction.

[3] Articles 33 à 37 de la loi n° 91-650 du 9 juillet 1991 portant réforme des procédures civiles d'exécution (*JO* du 14 juillet 1991, rect. 12 mai 1992).

[4] Précisons que l'astreinte est indépendante des dommages-intérêts. Elle doit être liquidée en plus des dommages et intérêts éventuellement accordés. V. sur ce point : A. BENABENT, Droit civil - Les obligations, préc., n° 865 ; H. et L. MAZEAUD, J. MAZEAUD, F. CHABAS, Leçons de droit civil, Tome II, Premier volume : « Obligations - Théorie générale », préc., n° 940.

l'opportunité de ce mode de réparation. Souverains en la matière, une tendance assez caractéristique se dessine dans le contentieux du bruit, qui semble d'ailleurs se généraliser à la réparation de l'ensemble des préjudices d'environnement. L'étude de la jurisprudence en ce domaine révèle une certaine réticence de la part des juges à ordonner des mesures en nature, et notamment celles propres à mettre un terme définitif au trouble, alors même qu'elles sont le seul moyen de faire disparaître le dommage.

2163. Fréquemment, les juges n'acceptent de prononcer de telles mesures que s'ils décèlent une faute de la part du « bruiteur », l'absence de précautions prises en connaissance des troubles causés ou encore une intention de nuire. Dans le cas contraire, les tribunaux prescrivent rarement la cessation de l'activité bruyante et se contentent de mesures intermédiaires, comme la réduction de l'activité. Mais le plus souvent, ils écartent totalement le mode de réparation en nature et compensent simplement le préjudice subi et persistant par des dommages et intérêts. D'un point de vue juridique, cette distinction n'est fondée sur aucun élément. En outre, elle est contraire au principe selon lequel la détermination du mode de réparation et de son contenu doit se faire en fonction de l'étendue et de la gravité du dommage et ne doit pas prendre en considération l'existence ou non d'une faute ou encore sa gravité[1]. La pratique judiciaire comporte néanmoins une telle limitation de la réparation en nature subordonnée à la nature du fait générateur, également prise en compte dans l'évaluation des dommages et intérêts alloués à la victime (*infra* n° 2193).

2164. Les limites de la réparation en nature ne sont pas à rechercher dans les fondements ou principes juridiques qui, d'un point de vue de la stricte application du droit, n'en prévoient aucune qui fassent totalement obstacle au choix d'une telle réparation. Les seules limites réellement avérées seraient plutôt d'ordre matériel.

2- Des limites matérielles

2165. En-dehors de toute considération juridique, la réparation en nature peut, selon les cas, être impossible matériellement, insuffisante, ou encore excessive pour le responsable du dommage. Ces circonstances qui font obstacle à la mise en œuvre de ce type de réparation dépendent des données spécifiques à chaque espèce, c'est-à-dire de la source sonore dénoncée, de la nature de la nuisance acoustique qu'elle produit, de la manière dont elle se diffuse dans le voisinage. Face à la variété et à la complexité des dommages pouvant résulter du bruit, les limites de la réparation en nature peuvent être rangées dans deux catégories principales, que l'on retrouve indifféremment pour tous les dommages écologiques entendus au sens large. Le bruit et les dommages qu'il est susceptible de causer aux voisins posent souvent, dans la perspective de leur suppression en vue d'un rétablissement de l'équilibre dans le voisinage, des difficultés d'ordre physique ainsi qu'un problème de coût.

2166. L'impossibilité matérielle de mettre en œuvre des mesures de restitution en nature pourrait être avancée. Une telle affirmation ne prend toute sa valeur que lorsque le dommage consiste en la destruction totale et définitive d'un bien unique, devenu irremplaçable et pour lequel la victime ne peut plus espérer une remise en état. Ce bien pourrait être la tranquillité et le repos dont jouissaient les riverains d'une autoroute avant que celle-ci ne soit construite et mise en service. Cependant, il pourrait être remédié à la disparition de la qualité de vie initiale de ces habitants par des mesures de nature à ramener une *certaine* qualité de vie, telles que la construction d'un mur anti-bruit ou l'insonorisation des habitations, qui sans rétablir le *statu quo ante* atténueraient le

[1] Contrairement à la sanction pénale qui est proportionnée à la faute commise.

préjudice subi. Toute réparation en nature ne serait donc pas matériellement impossible, même si la disparition totale du dommage, par la cessation du trouble sonore, ne peut être espérée.

2167. Dans d'autres cas, les mesures de réparation en nature sont si difficiles à trouver et à réaliser qu'elles sont écartées d'office par le juge. Le phénomène bruit, complexe à bien des points de vue, est susceptible de soulever des difficultés d'ordre scientifique et technique qui conduisent le juge à opter pour la facilité en choisissant la voie du dédommagement financier. S'il est vrai que la science de l'acoustique comporte encore beaucoup de zones d'ombre et de questions sans réponses entièrement satisfaisantes, le juge dispose s'il le souhaite de l'avis technique des experts en ce domaine, qui pourront toujours lui soumettre des solutions. Mais l'homme de l'art lui-même peut s'avouer incapable de trouver le remède à telle source sonore produite dans des circonstances particulières. Ainsi, à propos des nuisances sonores causées par les camions de livraison d'un magasin à grande surface, les juges ont décidé qu'elles ne pouvaient donner lieu qu'à une réparation par équivalent, au motif que *« le bruit ne peut être diminué sauf à contraindre le magasin à engager des travaux que l'expert estime en fait irréalistes et dont il est au demeurant loin d'être certain qu'ils satisferaient »* les victimes[1].

2168. Les juges mettent souvent en avant le caractère irréaliste, voire irréalisable, des mesures en nature, compte tenu des moyens techniques lourds et très complexes qu'elles nécessiteraient, pour justifier leur décision de ne prononcer qu'une réparation pécuniaire. Une telle situation ne semble pourtant pas devoir se présenter aussi fréquemment en pratique que ne paraissent le suggérer les décisions rendues en la matière. Si l'objectif de cessation définitive du dommage et du trouble sonore ne peut être atteint, il est néanmoins toujours possible de trouver des mesures intermédiaires dont la mise en œuvre ne se révèle pas insurmontable, pour en atténuer les effets. Aussi compliquées que peuvent paraître les données scientifiques et techniques du bruit et les circonstances dans lesquelles le trouble sonore cause un dommage aux voisins, le juge se trouve rarement *totalement* démuni. Si la réparation en nature ne permet pas alors d'obtenir la *restitutio in integrum,* du moins les mesures prescrites tendent à s'en approcher le plus possible.

2169. Plus sérieuse apparaît la limite tenant aux coûts qu'une réparation en nature entraîne dans certaines hypothèses. Deux considérations conduisent les juges à écarter ce mode réparateur au profit d'une simple indemnité, dont le montant sera inférieur à ce qu'aurait coûté la mise en œuvre de mesures en nature. Sur le plan pécuniaire, les dommages nés du bruit mettent en jeu des sommes parfois considérables, qui excèdent souvent les capacités financières de leurs auteurs. Le juge évite alors de prescrire des mesures dont il sait qu'elles ne pourront être exécutées par le « bruiteur », faute de moyens financiers suffisants. La réparation en nature peut également être refusée lorsque les travaux ou aménagements seraient d'un coût disproportionné par rapport au dommage occasionné. Les considérations économiques et monétaires constituent donc les véritables limites à la mise en œuvre d'une réparation en nature. Le bruit coûte cher tant dans sa prévention que dans la réparation intégrale des dommages qu'il cause et qui exigent la suppression définitive du trouble.

2170. Si limites il y a, ce n'est pas dans le principe d'une réparation en nature des dommages nés de bruits de voisinage, mais dans ses modalités, plus ou moins orientées vers la cessation du trouble sonore, et ses applications faites par les juges. Ce qui importe

---

[1] Cass. civ. 2e, 8 décembre 1993, N° 1233, Lexilaser Cassation 1996/1.

véritablement c'est l'objectif de la réparation. Celui de la réparation en nature est de mettre fin à la cause du déséquilibre apporté par le bruit dans le voisinage. Ceci lui vaut d'être considérée comme le mode idéal de réparation, celui qui se rapproche le plus de la perfection, c'est-à-dire, en droit civil, de la situation existant avant la production du dommage. Lorsqu'elle est matériellement possible, la réparation en nature devrait donc être considérée comme prioritaire par les juges. Or, ce n'est pas systématiquement le cas. Face aux dommages résultant du bruit, comme pour les autres préjudices d'environnement, la jurisprudence reste timorée, parce qu'elle prend en compte d'autres considérations que le seul dommage subi et la nécessité de le faire disparaître.

2171. Ainsi, dans de nombreux litiges relatifs aux bruits de voisinage, une deuxième voie de réparation est privilégiée : celle de la compensation financière, dont l'objectif est moindre, puisqu'elle laisse persister le dommage.

§2. LES MESURES DESTINÉES À COMPENSER LA PERSISTANCE DU DOMMAGE : LA RÉPARATION PAR ÉQUIVALENT MONÉTAIRE

2172. De l'avis général de la doctrine[1], le procédé de réparation le plus répandu dans le droit contemporain reste la condamnation pécuniaire. L'indemnisation, choisie comme mode réparateur des dommages causés, occupe une place prépondérante qui n'est pas démentie en matière de bruit, en dépit de la variété des aspects que peut revêtir dans ce domaine la réparation en nature. L'octroi de dommages et intérêts est de pratique courante et générale, alors même qu'il ne satisfait pas pleinement à la demande des victimes. En effet, la réparation par équivalent monétaire ne constitue qu'un simple « dédommagement » et non une véritable réparation au sens où la Cour de cassation l'a définie (*supra* n° 2137) (A). Sa finalité est donc moindre, ce qui devrait alors, selon le bon sens, limiter sa mise en œuvre aux seules hypothèses où un meilleur mode de réparation n'est pas concevable.

2173. Ainsi, de prime abord, le versement de sommes d'argent se présente comme un palliatif de la réparation en nature, lorsque celle-ci se révèle impossible, inopportune ou insuffisante. Mais la pratique judiciaire ne suit pas entièrement cette logique. Elle affiche un certain penchant pour le dédommagement pécuniaire, qui pour une raison ou une autre vient supplanter la réparation en nature alors que cette dernière est matériellement réalisable. Des considérations diverses viennent expliquer ce choix fait par les juges en faveur d'une réparation pécuniaire (B). Leur prise en compte confère une signification particulière à la réparation des dommages nés du bruit, sanction civile de leurs auteurs.

A. LA FONCTION DÉDOMMAGEMENT DE LA RÉPARATION PÉCUNIAIRE

2174. La réparation par équivalent monétaire ne remplit pas le même objectif que les mesures concrètes qui peuvent être prescrites en matière de bruit. Elle n'efface pas le préjudice, comme tend à le faire une réparation en nature, mais se contente de le compenser par une somme d'argent, en faisant *« entrer dans le patrimoine de la victime*

[1] Selon M. Bénabent, *« la forme de très loin la plus fréquente est la réparation par l'octroi d'une indemnité »* : A. BENABENT, Droit civil - Les obligations, préc., n° 697. MM. Starck, Roland et Boyer relèvent, dans le même sens, que la condamnation à des dommages-intérêts est *« le procédé de réparation le plus courant » :* B. STARCK, H. ROLAND et L. BOYER, Obligations - 1. Responsabilité délictuelle, préc., n° 1301.

une valeur égale à celle dont elle a été privée »[1]. De ce fait, la victime du bruit ne se retrouve pas rétablie dans l'environnement sonore qui était le sien avant les manifestations acoustiques dommageables. Elle reçoit simplement un dédommagement financier du préjudice qu'elle a subi et qu'elle continue de subir faute de mesures concrètes mises en œuvre pour y mettre un terme. La réparation pécuniaire apporte donc une compensation en espèces du préjudice passé et éventuellement du préjudice futur lorsqu'aucune réparation en nature ne vient y remédier (1).

2175. Cette technique de dédommagement des victimes de bruits de voisinage, largement utilisée par la jurisprudence, n'est pas à l'abri des critiques, notamment lorsqu'elle écarte de manière inopportune les mesures de nature à supprimer pour l'avenir le préjudice. Plus spécifiquement, elle laisse surtout libre cours à l'arbitraire des juges dans la fixation du montant des sommes allouées au titre de la réparation des dommages causés par le bruit (2). La jurisprudence en la matière nous offre ainsi un nombre important de décisions qui se distinguent de par le contraste des sommes allouées d'une espèce à l'autre. Elle est révélatrice de l'incertitude totale dans laquelle se trouvent les victimes de bruits face au juge de la réparation et à la souveraineté de ses pouvoirs.

1- La compensation du dommage passé et futur

2176. Les victimes de bruits de voisinage représentent pour le juge de la réparation des demandeurs particuliers. Souffrant des effets de troubles sonores, elles invoquent en principe à la fois un préjudice passé : dans la gêne déjà ressentie, un préjudice actuel car l'action intentée en justice est motivée par la continuation du trouble et, le cas échéant, un préjudice futur lorsque les nuisances sonores sont amenées à se poursuivre, ce qui est très souvent le cas.

2177. L'indemnisation financière du préjudice passé apparaît la seule solution qu'il est raisonnablement permis d'exiger de la part du juge, s'agissant du dommage d'environnement -l'atteinte à la tranquillité et au repos des voisins, à la qualité de la vie- résultant des agressions sonores. En effet, il est impossible de revenir sur les moments passés, les heures, les jours, les mois et souvent les années de gêne imposée. En cela, le trouble de jouissance est irréversible et ne peut que trouver une compensation dans l'allocation d'une somme d'argent. Le dédommagement par équivalent monétaire apparaît alors comme un bon complément de la réparation en nature, cette dernière ne valant que pour l'avenir, en vue de la cessation du préjudice actuellement subi et de la prévention des dommages futurs. Combiné avec des mesures destinées à faire disparaître le dommage, il permet ainsi de réparer l'intégralité du préjudice causé par le bruit, depuis sa naissance jusqu'à sa fin.

2178. Très souvent, les bruits de voisinage sont également à l'origine de dommages futurs. L'une des particularités inhérentes aux conflits nés de cette nuisance est que les troubles sonores qui en sont la cause sont par nature continus. C'est ce caractère même qui rend le trouble causé préjudiciable pour les voisins auxquels il est imposé. De nombreuses sources sonores produisent des nuisances acoustiques à la fois diffuses et chroniques. Beaucoup de dommages résultant du bruit seront donc futurs. Pour être réparables, ils doivent être certains, c'est-à-dire causés par un fait générateur dont on sait qu'il a vocation à se maintenir dans le temps, ce qui est fréquemment le cas lorsqu'il s'agit d'activités industrielles, artisanales ou commerciales qui sont des activités fixes et

---

[1] H. et L. MAZEAUD, J. MAZEAUD, F. CHABAS, Leçons de droit civil, Tome II, Premier volume : « Obligations - Théorie générale », préc., n° 622.

ayant un caractère permanent. C'est ainsi qu'en raison de l'implantation d'un centre commercial qui cause une dépréciation très sensible à la valeur de l'immeuble contigu, *« il échet de réparer ce chef de préjudice qui, bien que futur, est la prolongation certaine et directe de l'état de chose actuel »*[1]. Pour de tels dommages, le choix d'une réparation en espèces ne devrait alors être qu'un palliatif, lorsque la réparation en nature est matériellement impossible.

2179. Qu'il s'agisse du dommage passé ou futur, ce procédé de réparation aura pour seule fonction la compensation par un équivalent monétaire. Cet équivalent consistera toujours en une somme d'argent, dont le juge est libre de choisir les modalités de versement, selon ce qu'il estime être le mieux adapté aux circonstances de l'espèce[2]. L'indemnité allouée pourra alors prendre la forme d'un « capital » ou d'une « rente ». L'octroi d'un capital que l'on qualifie de *« dommages-intérêts »* est, de manière générale, la technique la plus couramment utilisée par le juge judiciaire. Versé en une seule fois, il permet d'indemniser dans son intégralité le préjudice passé. Ainsi, *« le préjudice subi dans le passé »* par les voisins d'une exploitation de dépôts de ferraille a été réparé par le Tribunal de grande instance de Versailles par *« l'allocation d'une somme de 20 000 francs, à titre de dommages et intérêts »*[3]. Dans un autre domaine, suite à la modification des revêtements de sol effectuée dans un appartement qui a entraîné une détérioration de l'isolement acoustique, le responsable a été condamné à payer *« 30 000 francs de dommages et intérêts au titre du trouble de jouissance subi, depuis 1977, en raison des bruits d'impact »*[4].

2180. Quant à la réparation du dommage futur, lorsque le trouble sonore est amené à persister, le juge trouve souvent dans le versement d'une rente la forme d'indemnisation la plus appropriée. Ce mode de paiement, effectué périodiquement, permet de prendre en compte l'intégralité d'un dommage dont les effets se renouvellent sur une certaine période, voire indéfiniment. Il est par conséquent d'application intéressante en matière de bruit, lorsque le dommage qui en résulte étend ses effets dans le temps. Aussi, dans de nombreux cas, le juge a-t-il recours au versement d'indemnités mensuelles ou annuelles à titre de réparation du trouble de jouissance imposé de façon irrémédiable aux voisins. Dans la mesure où il estime que des changements sont susceptibles d'intervenir dans la situation respective des parties au procès, il allouera une rente susceptible de révision à tout moment, selon son appréciation souveraine des circonstances de fait.

2181. Les victimes du bruit constant engendré par une installation industrielle, qui les empêchait *« de vivre ou de se reposer en ouvrant les fenêtres ou d'aller dans le jardin »*, ont de la sorte obtenu une indemnité mensuelle de 300 francs[5]. Le tribunal a trouvé dans cette solution *« les modalités financières aptes à compenser la totalité des différents préjudices subis »*. De même, en réponse au dommage causé par les bruits d'une entreprise de transports, les juges ont accordé une allocation annuelle de 20 000 francs aux riverains, eu égard à l'importance des troubles sonores et de leurs conséquences, en précisant que cette réparation était due *« jusqu'à modification de la*

---

[1] C.A. Paris, 9 juin 1975, Société Carrefour-Supermarchés c/. Sieur Durand, préc. V. aussi : Cass. civ. 2e, 15 décembre 1971, D.S. 1972, somm. p. 96.

[2] Cass. civ. 1re, 1er juin 1976, J.C.P. 1976, II, 18483 (2e espèce), note Savatier.

[3] T.G.I. de Versailles, 13 mai 1981, Epoux Nault c/. Etablissements Duclos, préc.

[4] C.A. Paris, 2 mai 1983, Epoux Becker c/. Epoux Obadia, préc.

[5] T.G.I. de Toulouse, 26 avril 1976, Epoux Dassie et Bettin c/. C.I.I., préc.

situation des parties, aussi bien des bruiteurs que de chaque créancier, par le départ de l'un ou de l'autre, et s'il n'en est autrement décidé ultérieurement »[1].

2182. Outre le trouble de jouissance, pour lequel les juges fixent une indemnité mensuelle ou annuelle, de nombreuses décisions réparent aujourd'hui la dépréciation de l'immeuble exposé aux nuisances sonores[2]. Elles condamnent ainsi le « bruiteur » au paiement d'une *« somme correspondant à la moins-value »*[3] de la propriété du demandeur ou encore à *« la perte de valeur de l'immeuble »* du fait de l'implantation à proximité de la source sonore[4]. Les juges tiennent donc compte non seulement des désagréments subis par les personnes, des atteintes à leurs conditions d'existence qui constituent un préjudice d'agrément, mais également du dommage purement économique causé par le bruit, qui se manifeste par la dépréciation vénale de l'immeuble lui-même[5] sans référence à ses occupants. Ainsi, les troubles de voisinage apportés par le bruit ne se réduisent pas aux seuls troubles de jouissance. Le voisin, propriétaire d'un immeuble proche de ladite nuisance, peut invoquer la dépréciation de son bien et en obtenir réparation, ceci même s'il ne réside pas sur son fonds puisqu'il est question ici d'un préjudice porté au bien, distinct de celui attaché à la personne du demandeur[6].

2183. Le dédommagement financier, dont la victime doit se contenter s'agissant de bruits durables dans le voisinage, peut enfin prendre la forme d'une indemnité de déménagement et de réinstallation. Une telle décision est prise dans les hypothèses extrêmes, lorsque la situation créée par les nuisances sonores se révèle irrémédiable et invivable pour les voisins. Elle a été adoptée par le Tribunal de grande instance de Pau, dans un jugement rendu le 12 novembre 1965[7], dans une affaire où les bruits d'une industrie polluante ont contraint un couple de retraités à abandonner leur maison, devenue inhabitable, pour s'installer en un lieu plus calme. Ainsi, après avoir réparé le préjudice résultant, d'une part, de la dépréciation de la villa à proximité de laquelle sont venues s'implanter, dans une campagne réputée pour sa tranquillité, deux importantes usines de pétrochimie fonctionnant jour et nuit, et, d'autre part, de la gêne causée pendant huit ans par une agression sonore, les juges ont apprécié *« souverainement*

---

[1] C.A. Paris, 7e ch. B, 30 mai 1984, Sarl Dusson et Fouvet c/. Epoux Mace et Epoux Tarravaud, C.N.B., Les nuisances sonores - Recueil de jurisprudence commentée, p. 152.

[2] Cass. civ. 3e, 28 janvier 1975, SA Cassar Père et Fils c/. Keundjian, D.S. 1976, jurispr. p. 221, note E. Agostini et J. Lamarque : 30 000 F. à titre d'indemnité de dépréciation de l'immeuble ; Cass. civ. 2e, 23 février 1977, Malvicini et autres c/. Epoux Vercellino, D. 1977, I.R., p. 247 : condamnation des exploitants d'une carrière au paiement de dommages-intérêts correspondant à la dépréciation de la propriété voisine ; C.A. Paris, 7e ch. B, 5 juillet 1979, Genty c/. Jacqueline et Consorts Vaccani, C.N.B., Les nuisances sonores - Recueil de jurisprudence commentée, p. 153 : indemnité de dépréciation d'un pavillon fixée à 200 000 F. ; C.A. Versailles, 4e ch., 22 novembre 1982, Soc. Alpina c/. Soc. Sogedimo et autres, C.N.B., Les nuisances sonores - Recueil de jurisprudence commentée, p. 154 : indemnité de 105 000 F. au titre de la dépréciation du bien immobilier ; C.A. Aix-en-Provence, 4e ch., 2 avril 1987, Sarl Transports Blanqui c/. Consorts Sigaux, *idem* : indemnité de dépréciation de la propriété des voisins fixée à 30 000 F. ; Cass. civ. 2e, 8 novembre 1993, N° 1108, préc. : condamnation au paiement de 240 000 F. pour indemnité de dépréciation.

[3] Cass. civ. 2e, 22 janvier 1970, Epoux Dandelot c/. Daric, D. 1970, somm. p. 131 : à propos des bruits émanant d'une propriété sur laquelle avait été installé un élevage d'animaux divers, qui avaient causé au propriétaire voisin une dépréciation de sa propriété.

[4] C.A. Paris, 9 juin 1975, Société Carrefour-Supermarchés c/. Sieur Durand, préc.

[5] Cass. civ. 2e, 14 décembre 1972, Bull. civ. II, n° 324, p. 267.

[6] Sous Cass. civ. 2e, 28 juin 1995, *Ficarelli,* voir les notes de D. GUIHAL, Droit de l'environnement n° 34, décembre 1995-janvier 1996, p. 128 et P. JOURDAIN, R.T.D.C. 1996, p. 178.

[7] T.G.I. de Pau, 12 novembre 1965, D. 1966, jurispr. p. 301, note P. Azard ; R.T.D.C. 1966, p. 555, obs. Bredin.

l'étendue et le montant du dommage subi par les propriétaires de cette villa en leur allouant, en outre, une indemnité de déménagement et de réinstallation, une telle agression sonore étant de nature à se prolonger indéfiniment »[1].

2184. En ce cas, peut-on encore parler véritablement d'une réparation, dans le financement de la fuite devant les nuisances sonores perpétrées ? L'affirmation des juges selon laquelle l'agression sonore est de nature à se prolonger indéfiniment constitue non seulement l'aveu de la tolérance d'une telle nuisance, mais également la reconnaissance de la primauté de l'activité nuisible sur la qualité de vie des personnes, sur leur droit à un environnement sain et paisible. L'indemnisation contient en elle-même le droit reconnu au pollueur de poursuivre son activité dommageable. Elle est à la fois le complément jugé équitable du droit de nuire et l'expression du sacrifice de la victime. Par de tels procédés, la jurisprudence finit par consacrer l'existence d'un véritable droit de nuire, compensé par des indemnités plus ou moins conséquentes, selon la sensibilité du juge saisi.

2185. Cette compensation n'a souvent plus rien d'une réparation lorsqu'il s'agit de justifier la poursuite des nuisances sonores. Elle est d'autant moins satisfaisante et sujette à critiques qu'au vu de l'ensemble des décisions, elle apparaît bien inégale entre les différentes victimes de bruits de voisinage. Le choix de la modalité de la réparation par équivalent monétaire n'est pas en cause : il est sans incidence sur le contenu de la réparation accordée. En revanche, la fixation judiciaire du montant des sommes à payer par les bruiteurs révèle des divergences surprenantes et inquiétantes. L'absence totale de cohérence de la jurisprudence sur ce point souligne le caractère arbitraire des indemnités allouées par les juges aux victimes de bruits de voisinage.

2- L'arbitraire des indemnités allouées

2186. Le contraste des sommes accordées en compensation des préjudices résultant du bruit est saisissant. S'il est vrai que chaque cas d'espèce est différent, le bruit étant une nuisance subjective et dépendant de nombreux paramètres extérieurs, la plupart du temps, l'existence de telles disparités ne se justifie pas. Ainsi, comment expliquer que la gêne découlant des bruits de piano soit estimée à 5 000 francs de dommages et intérêts devant tel juge[2], alors qu'un autre tribunal en a fixé le montant de la réparation à 19 000 francs[3]. Pour une source de bruit identique, les écarts de montants peuvent être considérables. Pour un trouble de jouissance imposé par le bruit, les condamnations oscillent entre le franc symbolique, dans certaines affaires mettant en cause des aboiements de chiens, et des sommes atteignant 75 000 francs[4] et plus ! Des juges sont allés jusqu'à allouer la somme de 250 000 francs en réparation du préjudice découlant des nombreuses nuisances sonores subies du fait d'un immeuble irrégulièrement édifié[5]. Cette décision est d'autant plus surprenante qu'elle émane d'une juridiction pénale qui, habituellement, fixe des indemnités nettement inférieures à celles pouvant être obtenues devant le juge civil.

---

[1] Cass. civ. 2e, 15 décembre 1971, préc.

[2] T.I. de Longjumeau, 4 décembre 1981, Rev. Silence n° 81, 1981, p. 21.

[3] T.G.I. de Paris, 8e ch., 2e sect., 21 décembre 1984, Lasfargues c/. Assouly.

[4] Cass. civ. 2e, 4 octobre 1995, N° 1318, préc. : les juges ont alloué aux voisins d'un centre d'action sociale, au sein duquel se déroulaient diverses activités bruyantes, la somme de 75 000 F. à titre de dommages-intérêts en raison de troubles anormaux de voisinage.

[5] Cass. crim., 18 mars 1998, N° 1853, Juridisque Lamy.

2187. La fixation judiciaire du montant des dommages et intérêts ne semble suivre aucune règle précise et contraignante. Les décisions ne contiennent pas d'indication justifiant ces différences considérables dans l'appréciation monétaire du dommage né du bruit. La jurisprudence se caractérise par un manque d'unité qui plonge les victimes dans l'incertitude la plus totale. Mais les disparités que présentent ses condamnations d'ordre pécuniaire s'expliquent par la difficulté de la tâche confiée au juge de la réparation et l'inadéquation des principes et techniques juridiques appliqués en la matière. Le juge du fond, nullement lié dans ses appréciations, dispose d'un pouvoir discrétionnaire pour fixer le montant de la réparation qu'il estime répondre au préjudice subi. Ce pouvoir souverain conduit à des décisions arbitraires, encouragées par les difficultés d'évaluation du dommage et l'absence de contrôle exercé par la Cour de cassation sur ce point.

2188. Afin de chiffrer l'indemnité accordée à la victime, le juge est obligé d'évaluer le préjudice et de le traduire en termes monétaires. Cette « monétarisation » est gouvernée par le principe de la réparation intégrale : l'indemnité doit être égale au préjudice subi. La réparation doit couvrir la totalité du dommage, ce qui suppose que l'on puisse opérer au préalable une quantification du préjudice afin de pouvoir déterminer quelle est cette « totalité ». La question est simple à formuler : quel est le prix de l'atteinte à la tranquillité et au repos, de la dégradation des conditions d'existence sur le plan des ambiances sonores, de la suppression du droit à la jouissance paisible de son logement ? La réponse que les juges sont obligés d'apporter est des plus délicates, car il s'agit de convertir en argent un préjudice qui n'a pas de prix. Ainsi, comment évaluer monétairement la gêne ressentie par les personnes du fait de nuisances sonores ? Le trouble de jouissance n'a pas de valeur marchande en soi ; il est extérieur au circuit économique institué par l'homme.

2189. Quelle que que soit sa forme, l'indemnité pécuniaire soulève donc des difficultés d'évaluation, notamment lorsque cette dernière porte sur un préjudice extra-patrimonial qui la rend forcément subjective et approximative. *« Toutes ces choses qui n'ont pas de prix en auront un : c'est celui que fixe le juge* ***souverainement »***[1]. En effet, en l'absence de système d'évaluation pré-établi, la détermination du montant de la réparation est laissée à l'entière discrétion des juges du fond. Depuis fort longtemps, la Cour de cassation a posé le principe général selon lequel toute méthode d'évaluation est admise, dès lors qu'elle est adaptée à la situation et ne présente pas un caractère spéculatif[2]. Or, *« comme il n'est guère de méthode, en l'état actuel de la science, suffisamment fiable pour fonder systématiquement les évaluations »*[3], les juges vont s'attacher à tous les critères disponibles en matière de bruit, de nature à leur permettre une traduction, aussi juste et précise, en terme monétaire d'un préjudice qui n'a pas de correspondant pécuniaire.

2190. Le premier critère retenu est, comme pour tous les dommages réparables du droit civil, l'importance du dommage. Il est de règle générale que l'étendue et la gravité du préjudice doivent constituer la *seule mesure* de l'indemnité. Les juges vont par conséquent prendre en considération, dans le chiffrage des dommages et intérêts, la gravité et la durée du préjudice subi. *« Une gêne grave, caractérisée, rendant la propriété difficilement habitable »* a ainsi donné lieu à l'octroi d'une somme de 105 000 francs à titre de dommages et intérêts, compte tenu de l'importance des nuisances sonores provenant d'une entreprise de chaudronnerie-tôlerie et de la période de seize

---

[1] B. STARCK, H. ROLAND et L. BOYER, Obligations - 1. Responsabilité délictuelle, préc., n° 1317.

[2] Cass., 3 août 1835, D.S. 1835, I, p. 81.

[3] J. HUET, Le développement de la responsabilité civile pour atteinte à l'environnement (2e partie), Les Petites Affiches n° 3, 7 janvier 1994.

années pendant laquelle elle a été imposée[1]. Dans une autre espèce, le juge relève le caractère *« certain », « d'une gravité indiscutable, durant une longue période »* du préjudice subi du fait de jeux d'instruments de musique installés dans un appartement d'un immeuble parisien et qui *« envahissaient »* deux appartements se trouvant aux étages inférieurs. Il en déduit une réparation d'un montant de 15 000 francs pour un des demandeurs et 5 000 francs pour l'autre, en fonction de l'emplacement de leur appartement respectif par rapport à la source des nuisances[2].

2191. Le montant de l'indemnisation est, en outre, tributaire de l'état de la victime, de sa réceptivité personnelle au bruit et des conséquences que celui-ci a sur sa santé physique et mentale. Ce critère qui normalement est rejeté au stade de l'appréciation de l'anormalité du trouble sonore, prend une signification particulière au moment du chiffrage des indemnités. Le juge se montrera plus généreux dans le montant des sommes allouées lorsqu'il est établi, à l'appui d'une expertise ou de certificats médicaux, que le bruit a eu des répercussions néfastes sur la santé du demandeur. Le préjudice sera estimé d'autant plus important qu'il affecte une personne déjà fragile physiquement ou psychologiquement et dont l'état de santé déficient se trouve aggravé par le bruit. Les conséquences du bruit, constitutives du dommage subi, sont par conséquent analysées et évaluées *in concreto,* compte tenu de l'état personnel de chaque victime. Pour un même trouble sonore, le montant des dommages et intérêts variera selon que le demandeur est une personne en pleine santé, susceptible de supporter une « dose » plus importante de gêne sonore qu'une personne malade ou fragile.

2192. Dans cette dernière hypothèse, les décisions ne manquent pas alors d'attirer l'attention sur les effets nocifs du bruit sur le plan médical. A propos d'aboiements de chiens par exemple, une cour a clairement tenu compte de l'état de santé de la victime dans le calcul des indemnités, relevant qu'*« il résulte d'un certificat médical* (...) *que ces aboiements ont eu une influence défavorable sur son état de santé* (...) ; *qu'en effet, la présence des chiens et le bruit quasi-permanent qu'ils faisaient ne pouvait permettre à M. D de bénéficier, dans le calme, du repos qui lui était nécessaire pour son état de santé »*[3]. S'agissant de bruits industriels, l'indemnité de 15 000 francs a été justifiée par le fait que la victime, *« dont l'état de santé est gravement atteint, subit plus que tout autre un très grave préjudice »*[4]. Le caractère par nature subjectif du bruit, qui est ressenti de manière différente d'un individu à l'autre, est ainsi intégré dans l'évaluation monétaire de ses conséquences dommageables sur la personne de la victime. Parce que chaque dommage est propre à celui qui le subit, il faut tenir compte de la prédisposition personnelle de chaque individu qui le reçoit et en détermine l'importance.

2193. Mais très souvent, le juge ne se contente pas d'apprécier le dommage et ses effets sur la victime. Il se laisse également influencer par la nature du fait générateur du bruit pour accorder des indemnités plus ou moins élevées. Nul n'ignore que la gravité de la faute commise par le « bruiteur » est susceptible d'influer sur le montant des dommages et intérêts, comme sur les mesures plus ou moins radicales de la réparation en nature. Le juge confère alors une fonction répressive à la responsabilité civile, que la

---

[1] C.A. Colmar, 2e ch., 27 avril 1979, Ets Bieber c/. Epoux Riedacker, C.N.B., Les nuisances sonores - Recueil de jurisprudence commentée, p. 156.

[2] T.G.I. de Paris, 8e ch., 1ère sect., 2 mars 1981, Boisset et autres c/. Consorts Rouah, C.N.B., Les nuisances sonores - Recueil de jurisprudence commentée, p. 157.

[3] C.A. Paris, 8e ch. A, 22 janvier 1980, Epoux Desmartins c/. Epoux Lauraud, C.N.B., Les nuisances sonores - Recueil de jurisprudence commentée, p. 158.

[4] C.A. Paris, 14e ch. A, 4 février 1980, Ets Vergnes et Fils c/. Digaud, C.N.B., Les nuisances sonores - Recueil de jurisprudence commentée, p. 158.

Cour de cassation n'autorise pas en principe[1]. Cependant, le juge du fond n'a aucun mal à contourner la difficulté et à éviter la censure de la Haute Juridiction, dans la mesure où *« il n'a pas à faire connaître les éléments sur lesquels il s'est appuyé pour évaluer le montant du dommage »*[2]. L'évaluation du préjudice est du domaine exclusif des juridictions du fond et échappe au contrôle de la Cour de cassation qui dispense expressément le juge, à la fois de répondre aux conclusions des parties sur ce point et de motiver les éléments sur lesquels il fonde son estimation.

2194. Lors de son appréciation souveraine de l'étendue du dommage, le juge n'est pas tenu de détailler les éléments du préjudice qu'il répare ni le mode de calcul qu'il adopte pour fixer le montant de l'indemnisation[3]. L'estimation monétaire du préjudice est une question de pur fait, entièrement livrée au pouvoir souverain des juges du fond. Mais cette liberté totale du juge entraîne la mise en œuvre d'un pouvoir discrétionnaire qui ouvre la voie à l'arbitraire. Les indemnités réparatrices du trouble de jouissance causé par le bruit peuvent alors se révéler faibles, voire symboliques, pour des victimes qui n'obtiennent qu'une compensation partielle de leur dommage. En l'absence de tout contrôle par la Cour de cassation, le juge du fond est maître de ses appréciations et de la conversion monétaire qu'il fait du préjudice né du bruit, sans contestation possible de la part de la victime.

2195. La spécificité des dommages résultant du bruit, la variété des situations qu'ils créent, rendent leur évaluation extrêmement complexe. Le caractère subjectif et contingent des troubles sonores qui en sont le vecteur induit des estimations approximatives et arbitraires de la part des juges du fond, souverains en la matière. La tranquillité, la qualité de vie des voisins n'ont pas de prix, dans les deux sens du terme. Pourtant, les juges sont forcés de leur en donner un, coûte que coûte. Mais comme le souligne Mme Viney, *« réparer intégralement par de l'argent ce qui n'a pas de correspondant pécuniaire, ne veut strictement rien dire (...), s'en remettre au tribunal du soin de l'évaluer, c'est en réalité laisser les justiciables dans la plus totale incertitude. Les juges (...) se sentent contraints de se créer et de s'imposer à eux-mêmes un tarif. Mais (...), ce tarif échappant au contrôle de la Cour de cassation, c'est à la fois l'anarchie et l'arbitraire »*[4]. Le système de réparation financière des dommages causés par le bruit est ainsi parfaitement résumé.

2196. Dans un litige qui opposait la commune de Villeneuve-le-Roi à l'aéroport d'Orly au sujet des nuisances sonores occasionnées par le trafic aérien, le demandeur avait fort justement souligné en appel que les dommages et intérêts *« constituent une forme de réparation approximative et très imparfaite »*[5]. Les caractères de ce type de réparation découlent de l'évaluation discrétionnaire des juges du fond. A une évaluation approximative et imparfaite va correspondre une réparation de même nature. Le système est donc loin d'être satisfaisant tant en ce qui concerne le sort des victimes, que sur le

---

[1] Cass. civ. 2e, 8 mai 1964, J.C.P. 1965, II, 14140 ; Gaz. Pal. 1964, 2, 233, note P. Esmein : *« Attendu que l'indemnité nécessaire pour compenser le préjudice subi doit être calculée en fonction de la valeur du dommage, sans que la gravité de la faute puisse avoir aucune influence sur le montant de ladite indemnité »*.

[2] Cass. civ. 2e, 14 février 1962, Bull. civ. II, n° 196, p. 136

[3] Précisons qu'il est de jurisprudence constante que l'estimation monétaire des dommages et intérêts doit être faite à la date de la décision qui les octroie. Le montant de l'indemnisation est ainsi susceptible, plusieurs décisions le montrent, d'être révisé, notamment lorsque les troubles sonores persistent ou se sont aggravés entre le moment où le tribunal a prononcé sa condamnation et le moment où l'affaire est portée en appel.

[4] G. VINEY, Traité de la responsabilité, effets n° 152, p. 206.

[5] C.A. Paris, 19 mars 1979, C.P.E.N., jurispr. « Bruit », 1531.

plan des principes juridiques. En dépit de cela, le mode de réparation par équivalent monétaire est largement utilisé dans le contentieux du bruit, non pas seulement en tant que compensation d'un préjudice déjà souffert, mais aussi à titre de dédommagement d'une nuisance à supporter pour un temps plus ou moins déterminé. Quelles sont les raisons d'un tel choix et ses implications quant à la signification réelle de la réparation des dommages nés du bruit ?

B. Les justifications du choix d'une réparation pécuniaire

2197. Elles sont, dans leur majorité, étrangères à celles qui pourraient être excipées des limites absolues de la réparation en nature. Ces dernières sont trop peu importantes dans les faits pour expliquer la tendance jurisprudentielle à monnayer la réparation du bruit dommageable. Le choix des juges en faveur d'une simple compensation financière est guidé par plusieurs considérations, dont aucune ne résiste pourtant au caractère fondamental du droit à la tranquillité et à un environnement sain et paisible, exempt de toutes nuisances sonores qui porteraient atteinte à la qualité de vie des habitants.

2198. Les décisions rendues dans ce sens trouvent, dans un premier temps, une justification purement juridique qui découle du principe de la séparation des pouvoirs et de l'interprétation qui en est faite par le juge judiciaire (1). Mais le comportement du magistrat ne s'explique pas seulement par des raisons de droit. La pratique judiciaire, notamment s'agissant du caractère transversal du phénomène bruit, est également conditionnée par des facteurs d'ordre socio-économiques, indissociables des plus grandes sources de nuisances sonores (2).

1- La conséquence tirée du principe de la séparation des pouvoirs

2199. Au titre des mesures de réparation des dommages résultant de nuisances sonores, le juge civil peut librement, nous l'avons vu, ordonner une réparation en nature en vue de faire cesser le trouble. C'est là la solution la plus satisfaisante pour le voisinage. Toutefois, ce mode réparateur est fréquemment remplacé par une simple compensation monétaire lorsque l'activité bruyante en cause, provenant par exemple d'une installation classée, bénéficie d'une autorisation administrative. En effet, le juge craint -de façon exagérée- d'empiéter sur les pouvoirs de l'Administration qui a autorisé une telle activité. En préconisant des mesures de remise en état, il pourrait contrarier les prescriptions imposées par l'autorité administrative, ce qui constitue une entorse au principe de séparation des pouvoirs entre les autorités administratives et judiciaires.

2200. Il est vrai que le juge judiciaire ne possède pas l'*imperium :* il n'a pas le pouvoir d'injonction à l'égard de l'Administration. Par conséquent, il ne peut ordonner des mesures de nature à mettre en cause les prescriptions édictées par l'autorité administrative. Un arrêt du Tribunal des conflits, en date du 23 mai 1927, consacre cette limitation des pouvoirs que les juges s'étaient imposés d'eux-mêmes depuis longtemps[1]. Il pose le principe selon lequel *« les tribunaux judiciaires ont compétence pour se prononcer tant sur les dommages et intérêts alloués aux tiers lésés, que sur les mesures propres à faire cesser le préjudice qu'un établissement pourrait causer dans l'avenir, à condition que ces mesures ne contrarient point les prescriptions édictées par l'administration »*[2]. La règle ainsi établie réduit la marge de manœuvre du juge -sans pour autant la supprimer-, s'agissant des modalités de la réparation en nature qu'il est en droit d'imposer aux activités couvertes par une autorisation administrative.

---

[1] Cass. civ., 26 mars 1873, Sénac c/. Cie du gaz de Toulouse, D.P. 1873, 1, 353.

[2] Trib. confl., 23 mai 1927, Neveux et Kholer, S. 1927, 3, p. 94.

2201. Le principe de séparation des pouvoirs ne pose *pas une interdiction totale* de prendre des mesures, mais seulement une *limitation* qui empêche le juge d'interdire une activité autorisée par l'Administration. Ne pourront donc être ordonnées ni la fermeture de l'établissement ou d'un chantier régulièrement autorisés, ni la destruction d'une construction ou d'un ouvrage. La Cour de cassation rappelle ainsi, dans des termes très voisins de ceux de l'arrêt du Tribunal des conflits, la règle selon laquelle un tribunal civil ne peut prescrire la cessation de l'activité d'une industrie autorisée par l'Administration[1]. Une telle mesure contredirait l'arrêté d'autorisation d'exploiter délivré par le préfet. Les juges y ont également vu l'interdiction d'ordonner des travaux importants qui risqueraient de gêner sérieusement le fonctionnement de l'établissement réglementé et ne seraient dès lors plus compatibles avec les prescriptions des arrêtés préfectoraux le régissant[2].

2202. La jurisprudence fait, de manière constante depuis le XIXe siècle, une application rigoureuse de ce principe qui influence encore aujourd'hui la forme de la réparation que le juge décide d'accorder à la victime. L'interprétation qu'elle en donne va toutefois bien au-delà des termes du principe et conduit à un remplacement systématique de la réparation en nature par une compensation monétaire lorsque les nuisances sonores émanent d'une activité réglementée. Alors que la séparation des pouvoirs n'empêche nullement le juge judiciaire de faire cesser ou de tenter de réduire la nuisance par des travaux d'insonorisation ou des aménagements de l'installation, le juge saisi leur préférera, pour une plus grande sécurité, la solution indemnitaire. Or, une telle prudence exacerbée de la part des juges ne se justifie pas et est critiquable au plus haut point compte tenu des conséquences qu'elle entraîne pour les victimes, leur environnement sonore et la lutte contre les nuisances acoustiques.

2203. En effet, des mesures techniques, la construction d'un mur anti-bruit, l'exécution de travaux d'amélioration ou encore un aménagement des horaires de l'activité bruyante permettraient de compléter utilement les prescriptions administratives imposées pour lutter contre les nuisances. Dans d'autres cas, de telles mesures destinées à limiter la production du dommage se feraient l'écho de l'administration et le juge civil, en les ordonnant, ne ferait que *« suppléer la carence de l'autorité administrative pour contraindre l'industriel à mettre en œuvre réellement les prescriptions administratives qui lui ont été imposées »*[3]. Il n'y a là aucune atteinte au principe de séparation des pouvoirs puisque *« l'autorité judiciaire loin d'empiéter sur l'autorité administrative ne fait que renforcer cette dernière en vue d'une meilleure lutte contre les nuisances »*[4]. En outre, les autorisations administratives n'étant jamais données que sous réserve des droits des tiers, le « bruiteur » n'en bénéficie que s'il respecte les droits des voisins. Dans le cas contraire : dans l'hypothèse de troubles sonores de voisinage, le juge peut donc imposer des mesures en nature sur le fondement de la réserve des droits des tiers, ce qui ne contredirait pas la décision administrative.

2204. L'attitude de la jurisprudence, sa crainte révérentielle face à la sphère administrative, sont critiquables en ce qu'elles reviennent, d'une part, à accepter la fatalité du dommage et du bruit qui en est la cause et, d'autre part, à rendre le juge

---

[1] Cass. civ. 1re, 5 novembre 1963, Bacot et autres c/. Sarl Chauffage automatique Nollinger, D. 1964, jurispr. p. 178, note C. Gabolde.

[2] Cass. civ., 14 janvier 1961, Bull. civ., p. 41 ; Cass. civ. 2e, 22 novembre 1984, C.P.E.N., jurispr. « Installations classées », 5592 : le juge s'interdit la réparation en nature lorsqu'elle risque de *« modifier profondément le fonctionnement de l'établissement réglementé »*.

[3] M. PRIEUR, Droit de l'environnement, préc., p. 928.

[4] *Ibidem.*

complice de sa pérennisation moyennant l'allocation d'une indemnité. Le principe de la séparation des pouvoirs ne fait en aucun cas obstacle à la réparation en nature. La seule limite qu'il fixe est l'interdiction faite au juge judiciaire de faire cesser l'activité réglementée, les autres mesures étant par ailleurs laissées à sa discrétion. Ce principe séculaire n'est par conséquent pas plus un obstacle à la réparation en nature que ne l'est l'article 1142 du Code civil et c'est à tort que les juges écartent quasi systématiquement ce mode réparateur, sous couvert de la séparation des pouvoirs. La jurisprudence y a trouvé une justification juridique erronée au choix de la simple compensation financière du dommage subi par les victimes de bruits de voisinage. Ceci est d'autant plus condamnable que l'on peut y voir le désir de protéger, voire de privilégier à outrance, d'autres intérêts que ceux des victimes et de leur qualité de vie.

2- La prise en compte de facteurs socio-économiques

2205. Au-delà de la crainte de s'immiscer dans l'action administrative, surgissent dans les litiges relatifs aux bruits de voisinage des données extrajuridiques. Dans bien des cas en effet, le dommage né du bruit présente un champ d'action extrêmement large et touche plus ou moins directement de multiples intérêts. Il met en présence du juge de la réparation des forces antagonistes. D'une part, se dressent les atteintes au droit à la tranquillité et au repos, à la qualité de la vie et à un environnement sain et paisible sur le plan des ambiances sonores. D'autre part, se profile la défense de valeurs et intérêts radicalement distincts, voire totalement contraires, tels que la propriété privée, le développement industriel et agricole, la croissance économique et la lutte contre le chômage... L'existence de troubles sonores et la question de la réparation des préjudices qu'ils causent aux voisins donnent naissance à de multiples conflits entre différents intérêts protégés. Ce sera, par exemple, le droit à un environnement calme contre l'individualisme et les abus de la propriété privée, la recherche d'une certaine qualité de vie contre les impératifs de production et la compétitivité.

2206. Le juge de la réparation est alors amené à intégrer dans ses décisions un certain nombre de considérations économiques et sociales, dont le droit seul ne peut rendre compte. Les nuisances sonores les plus importantes proviennent d'activités industrielles, artisanales ou commerciales, qui concernent les mécanismes économiques et intérêts sociaux du pays. L'intérêt général, celui de la collectivité dans son ensemble, entre en conflit avec les intérêts privés des voisins gênés dans leurs conditions d'existence. Or le juge, tenu d'arbitrer ce conflit, ne peut faire abstraction de l'impact qu'aura sa décision sur les enjeux économiques et sociaux de la société. Il ne saurait ordonner la fermeture d'un aérodrome ou d'une usine qui emploie des centaines de salariés sans avoir pesé toutes les conséquences -elles sont nombreuses et étendues- d'une telle mesure, au-delà du seul droit à une réparation intégrale des victimes.

2207. Aussi, dans la mesure où il considère le préjudice invoqué comme l'effet malheureux -pour la victime- mais inévitable d'une activité professionnelle utile voire indispensable, il optera sans hésiter pour une réparation par équivalent monétaire, celle-ci apparaissant comme la solution la mieux appropriée pour concilier équitablement les différents intérêts en présence. Ainsi, la prise en compte de facteurs économiques et sociaux face aux dommages d'environnement, et notamment ceux causés par les nuisances sonores, justifie souvent l'option de la réparation pécuniaire[1]. Comme le

---

[1] V. par ex. : Cass. civ. 2e, 8 décembre 1993, N° 1233, préc. : les nuisances sonores provoquées par les camions de livraison d'une société commerciale ne peuvent donner lieu qu'à une réparation par équivalent monétaire, dans la mesure où le bruit ne peut être supprimé sauf à fermer le magasin, ce que

précise M. Girod, *« irrecevable comme fait justificatif ou cause d'exonération,* ***le moyen tiré d'un intérêt économique ou social supérieur n'est pas pour autant sans effet.*** *Mais* ***c'est au niveau*** *plus officieux des circonstances atténuantes,* ***des formes retenues pour la réparation, du montant même des indemnités qu'ils se feront ressentir »***[1].

2208. En-dehors même de toute autorisation administrative, l'importance économique et sociale de ces activités génératrices de nuisances sonores pour les voisins, la place essentielle qu'elles occupent dans la vie collective au-delà du cadre limité du voisinage, vont influer fortement sur la décision du juge. Ce dernier se montrera réticent à prendre des mesures trop lourdes et convertira la réparation du préjudice en un dédommagement financier. Ce cas de figure se rencontre d'autant plus fréquemment qu'aucune faute ne peut être relevée à l'encontre du « bruiteur ». Le juge est alors d'autant moins disposé à donner des ordres en vue de mettre un terme aux faits dommageables, aucune pratique fautive ne venant appuyer de telles injonctions. Sanctionner trop lourdement le « bruiteur » en l'empêchant d'exploiter pleinement son affaire serait ne pas tenir compte des aspects positifs de son activité, c'est-à-dire la fonction économique et sociale qu'elle remplit au sein et pour la collectivité.

2209. C'est donc la considération de « l'utilité sociale » qui se trouve au coeur du raisonnement tenu par le juge de la réparation, qui va orienter sa décision et le sort qu'il réserve aux victimes des nuisances. Le sacrifice des intérêts privés, ceux des voisins, se justifie de par le caractère socialement ou économiquement utile de l'activité productrice de troubles dommageables. La notion d'utilité transparaît dès le stade de l'appréciation de l'anormalité du trouble de voisinage créateur du dommage. Dans la responsabilité pour troubles de voisinage, elle résulte de cette exigence de l'anormalité du trouble sans laquelle le dommage ne serait pas réparable. Elle réapparaît au moment de l'estimation de la réparation et se traduit par un dédommagement monétaire de la victime d'une source sonore, il est vrai préjudiciable puisqu'elle ouvre droit à réparation, mais surtout utile. Ainsi d'après le doyen Savatier, les juges *« choisissent l'indemnité chaque fois que l'utilité sociale est dans ce sens. Il se produirait alors une sorte d'expropriation partielle des voisins pour cause d'utilité sociale »*[2].

2210. L'utilité sociale, expression de l'intérêt général ou du moins de l'intérêt économique, va permettre au juge de justifier son refus de faire cesser le trouble et de n'accorder que des dommages et intérêts en compensation du préjudice futur. Notion relative, elle dépend de l'appréciation par le juge du poids respectif des intérêts concurrents[3]. Mais dans la balance des valeurs, force est de constater que l'avantage sera pratiquement toujours donné à l'activité productive du défendeur au détriment de la tranquillité des voisins. Le progrès social ne saurait être freiné par des situations passives[4], telles que la défense d'un environnement sonore de qualité. Le trouble de jouissance subi par les victimes voit ainsi son importance minimisée par les juges, parce que sacrifié à l'utilité publique des opérations qui l'ont engendré. L'affaire de l'aérodrome de Nice illustre parfaitement cette attitude de la jurisprudence qui, acceptant

---

les juges se refusent de faire compte tenu de l'impact économique de l'activité en cause. Les juges constatent que *« la situation est cristallisée et ne peut se résoudre, définitivement en l'état, que par des dommages-intérêts ».*

[1] P. GIROD, La réparation du dommage écologique, thèse, L.G.D.J., 1974.

[2] Note sous Req. 23 mars 1927, D.P. 1928, I, 73.

[3] M. BLOCAILLE-BOUTELET, Le voisinage - Etude comparée en droit privé et en droit public, préc., p. 190.

[4] R. MEVOUNGOU-NSANA, Le préjudice causé par un ouvrage immobilier : réparation en nature ou par équivalent ?, préc., n° 64, p. 778.

la fatalité du dommage causé par les bruits aériens, n'attribue aux victimes qu'une compensation pécuniaire de faible importance au regard du préjudice subi et de sa persistance, ceci pour éviter la multiplication des actions[1].

2211. Le dilemme posé entre l'impératif de la croissance et celui d'un environnement sain est, depuis plusieurs années déjà, l'un des plus ardus qui soit en jurisprudence. De nombreuses décisions rendues en matière de bruit traitent de l'alternative de l'environnement et de l'économie. La tâche du juge est d'essayer de combiner ces intérêts le plus souvent divergents, sinon contradictoires, et de rétablir un certain équilibre au sein du voisinage. Dans cette optique, il tranchera rarement le problème de façon radicale, en faveur exclusive de l'une ou l'autre partie. Le système jurisprudentiel de réparation des dommages nés du bruit ne tend donc pas à la couverture intégrale du préjudice par le « bruiteur » au profit de la victime, mais simplement à un « niveau équitable » de réparation. Cette dernière ne doit pas mettre en cause la viabilité d'entreprises dont le développement économique bénéficie à l'ensemble de la collectivité. Pour le juge, il s'agira alors de réaliser un compromis équitable entre les intérêts en présence, par le biais d'une compensation financière accordée aux victimes en échange de la poursuite des activités bruyantes.

2212. Ce compromis imposé par le juge aboutit à répartir la charge du dommage sur son auteur et sur sa victime. Cette dernière est tenue de supporter une part du dommage, celle de sa continuation dans l'avenir, pour permettre à certaines activités jugées essentielles dans l'intérêt général de poursuivre leur développement. C'est ainsi que les riverains d'aérodromes *« continueront à subir le bruit »*, mais *« au moins auront-ils la satisfaction de se reposer ... sur un matelat de billets »*[2] *!* La jurisprudence fait alors de l'indemnisation le complément équitable d'un droit de nuire reconnu aux activités professionnelles, ces dernières présentant une utilité sociale jugée de valeur supérieure à la qualité de vie et à la santé des voisins. Chaque fois que le juge refusera de faire cesser le fait dommageable et qu'il se contentera d'indemniser la victime, non seulement pour le préjudice passé, mais encore pour les dommages que la poursuite de l'activité bruyante ne manquera de causer, c'est la reconnaissance d'un droit de nuire qui est plus ou moins formellement consacré. L'octroi de dommages et intérêts incluant dans leur calcul les frais de déménagement et de réinstallation des victimes en est l'expression la plus catégorique.

2213. Bien souvent, l'indemnisation contient ainsi, en elle-même, le droit reconnu au « bruiteur » de poursuivre son activité dommageable. La jurisprudence finit par consacrer l'exercice d'un véritable droit de nuire, l'existence de nuisances sonores « licites », compensés par des indemnités. En effet, loin d'assurer une véritable réparation, l'indemnisation fixée par le juge se contente de compenser financièrement et le plus souvent partiellement le dommage. *« On se trouve alors devant un droit de nuire moyennant indemnité »*[3]. Mais comment une telle pratique, contraire au droit de la responsabilité civile, peut-elle être acceptée ? L'équité et l'opportunité sont les arguments avancés à l'appui de cette jurisprudence que la Cour de cassation n'a jamais remis en cause, alors même que le principe de la réparation intégale se trouve bafoué. Le juge civil est en fait un juge de la « conciliation », qui statue non pas en droit mais en équité[4]. Pour des raisons techniques, économiques ou sociales, il optera pour le

---

[1] M.-F. NICOLAS, La protection du voisinage, préc., n° 39, p. 45.

[2] Note de F. DERRIDA sous T.G.I. de Nice, 9 décembre 1969, préc., p. 231.

[3] J. KARILA de VAN, Le droit de nuire, préc., p. 551.

[4] V. par ex. : T.G.I. de Paris, 7e ch., 24 mars 1971, Epoux Duwald c/. Piquet, Gaz. Pal. 1971, II, 477 : s'agissant des nuisances sonores provenant d'un atelier d'imprimerie, les juges estiment, d'une part, que

dédommagement financier des victimes, complément équitable au droit de nuire reconnu aux « bruiteurs ».

2214. Dans les litiges portant sur des bruits de voisinage, le juge de la réparation pèse les intérêts en présence. Il apprécie souverainement l'utilité sociale de l'activité génératrice du trouble sonore, ainsi que les incidences et le coût des diverses mesures réparatrices. En définitive, le choix de la sanction civile ne sera pas forcément guidé par la recherche de la solution répondant le mieux au principe juridique d'une réparation intégrale, mais par des considérations d'opportunité et d'équité. Des raisons de fait, les données socio-économiques, font évoluer le droit de la réparation *stricto sensu* qui devient un droit de compromis, au centre duquel le magistrat aurait tendance à jouer un rôle de conciliateur. Pour le juge, il s'agit d'aboutir à un compromis le plus satisfaisant pour tous. Là où le droit est inadapté et inapplicable, l'équité reprend ses droits.

2215. Au-delà des principes juridiques, l'équité marque donc fortement le mode et le contenu de la réparation choisie pour tel préjudice résultant de troubles sonores[1]. Elle se justifie de par l'impact transversal du phénomène bruit et ses multiples répercussions, que le droit ne prend pas en compte. Pourtant, la relativité d'une telle notion ne manque pas d'apporter quelque inquiétude dans le domaine du bruit et de la protection des voisins. La décision prise par le juge, quelle qu'elle soit, peut avoir des conséquences considérables pour le voisinage, mais également pour la société entière, tant sur le plan du développement économique et social qu'au niveau des politiques menées en faveur d'un meilleur environnement. Laissée à l'appréciation souveraine des juges du fond, il n'est pas certain que l'équité soit entendue de la même manière, selon que l'on se place du côté des victimes de nuisances sonores amenées à les supporter dans leur vie de tous les jours ou des « bruiteurs institutionnalisés » en raison de leur rôle actif dans la société.

***

2216. La sanction civile est le plus souvent une question d'opportunité et d'objectif librement fixé par le juge. On mesure alors l'incertitude dans laquelle se trouvent les victimes de bruits de voisinage qui demandent réparation de leur préjudice en justice. Tout d'abord le fait de recourir à un juge qui va apprécier souverainement les éléments de fait invoqués par le voisin à l'appui de sa demande en réparation est en soi un premier facteur d'incertitude. Un procès n'est jamais gagné d'avance pour le demandeur. Le risque est encore accru ici par l'absence de règles générales et précises commandant le droit de la réparation des dommages nés du bruit et par l'entière liberté des juges du fond en la matière. La personnalité du défendeur, en cas de « bruiteur institutionnel », peut être une deuxième cause d'incertitude. L'impact économique et social qu'il possède peut en faire un adversaire redoutable.

2217. En définitive, le droit positif conduit dans ce domaine à une compensation profondément inégale entre les différentes victimes, variant selon les tribunaux saisis.

« le trouble actuel n'est plus assez gênant pour justifier l'exécution coercitive des travaux de renforcement proposés par l'expert » mais, d'autre part, *« que compte tenu de la constance des troubles pendant une longue durée et de leur nocivité pour l'appareil auditif et le système nerveux, il est* ***équitable*** *d'allouer à titre de dommages-intérêts la somme de 6 000 francs ».*

[1] C.A. Montpellier, 28 avril 1998, préc. : après avoir condamné la propriétaire de treize chiens aboyant jour et nuit, pour délit d'agressions sonores réitérées (art. 222-16 N.C.P), la cour reconnaît que *« l'équité, la situation économique de la prévenue, justifient sa condamnation au paiement de la somme de 2 000 francs à chaque partie civile en cause d'appel ».*

Les écarts et les contradictions des décisions peuvent être d'autant plus grands que, s'agissant de questions de pure évaluation et de détermination des formes de réparation, la Cour de cassation n'exerce sur elles aucun contrôle. De telles constatations ne sont pas faites pour encourager les victimes de bruits de voisinage à recourir au juge, en dépit des nombreuses possibilités que ce dernier a en sa possession pour faire cesser les troubles sonores, si tant est qu'il en fasse bon usage.

***

Conclusion de la partie II

LA SANCTION DES BRUITS DE VOISINAGE : DES FONCTIONS DE RÉPRESSION ET DE RÉPARATION À UNE ORIENTATION DE PRÉVENTION DES COMPORTEMENTS

2218. L'appareil judiciaire déployé face aux bruits de voisinage présente de nombreuses déficiences et inadéquations. Le traitement pénal des infractions du bruit souffre d'un désintérêt de la part des autorités chargées de la répression. Parallèlement, le contentieux de la responsabilité civile révèle des insuffisances criantes dans la réparation accordée par le juge qui souvent minimise le dommage et légitime certaines sources sonores, sous couvert d'obstacles de fait ou de droit, qui pour la plupart -notamment s'agissant des derniers- ne sont que des faux semblants. La jurisprudence est-elle alors réellement en phase avec, d'une part, la dimension sociale du bruit et, d'autre part, les politiques de lutte actuellement menées et développées par les pouvoirs publics ? Qu'attend-on concrètement de la mise en œuvre du « volet-sanction » du droit des bruits de voisinage ?

2219. Traditionnellement, la sanction, qu'elle soit pénale ou civile, poursuit des objectifs spécifiques et bien définis par les règles de droit commun. La répression des bruits de voisinage tend ainsi à faire cesser le trouble illicite constitutif de l'infraction et à en éviter le renouvellement par une condamnation pénale suffisamment sévère de son auteur. La sanction civile, quant à elle, vise à une réparation intégrale du dommage causé par le bruit aux voisins, qui comprend également sa cessation pour l'avenir. Dans cette perspective, une combinaison des deux modes réparateurs existants pourrait constituer la solution la plus satisfaisante. En effet, étant le seul moyen de faire disparaître le dommage actuel, mais ne valant que pour l'avenir, la réparation en nature devrait être complétée par une compensation financière qui dédommagerait le préjudice passé et irréversible. La sanction civile peut, en outre, venir renforcer utilement l'amende qui réprime le bruit infractionnel. La majoration des sommes allouées au civil arbore dans ce cas une connotation, sinon répressive du moins dissuasive, qui va au-delà du principe civiliste de la réparation intégrale et tend déjà vers un objectif d'orientation des comportements[1].

---

[1] Cet état de chose est perçu par les responsables non plus comme une réparation mais comme une véritable répression de leur comportement. Un « bruiteur », à l'appui de son pourvoi en cassation, a ainsi souligné le fait qu'« *en majorant les sommes allouées par les premiers juges, en considération de la persistance des troubles, l'arrêt aurait prononcé une véritable peine civile, pour sanctionner un comportement et non pour réparer un préjudice* » (Cass. civ. 2e, 25 octobre 1978, Bull. civ. II, n° 220 ; C.P.E.N., jurispr. « Bruit », 1530). Mais la Cour de cassation accueille favorablement de telles

2220. La jurisprudence répond-elle à ces attentes légitimes, contenues dans l'objet des sanctions pénales et civiles ? Le droit positif nous montre en fait que les juges, de manière générale, se trouvent plutôt démunis face au phénomène bruit. Les conflits d'intérêts qu'il suscite, les difficultés d'appréciation et de constatation de son caractère condamnable, freinent les juges dans leurs condamnations aussi bien pénales que civiles. Alors que dans une action en responsabilité pour faute, le juge doit en principe faire droit à la demande de la victime de faire cesser le dommage, dans une action fondée sur un trouble anormal de voisinage -cas le plus fréquent-, il est libre de décider si l'activité dommageable doit être interrompue ou si la poursuite du trouble peut être tolérée moyennant indemnité. Or, cette dernière situation, sur le plan des principes juridiques, est totalement inadmissible. Elle revient à ce que le juge donne un permis au « bruiteur » de poursuivre son activité illicite, même si régulière du point de vue administratif, puisque préjudiciable aux voisins et ouvrant droit à indemnisation.

2221. La liberté laissée aux juges, quant au choix des modalités de la sanction, n'est-elle pas alors trop grande ? En tout état de cause, cette liberté doit être utilisée avec mesure et bon sens, sans quoi elle aboutit à la création de zones de non droit concernant l'environnement sonore, à des nuisances acoustiques légitimées par le versement de sommes d'argent. Cela suppose, avant tout, une prise de conscience de la part du juge judiciaire que le bruit n'est plus une fatalité. De nombreuses sanctions, pénales et civiles, existent pour y répondre. Les moyens mis à la disposition des juges sont multiples et variés. Le tout est de les mettre en œuvre. Dans le contentieux spécifique du bruit, les mesures répressives et réparatrices sont à appliquer pour ce qu'elles sont au sens strict, mais également dans d'autres perspectives plus larges.

2222. Le rôle traditionnel de la sanction ne suffit pas, de même que les mécanismes de droit commun sont inadaptés en la matière. Au-delà des fonctions de répression et de réparation, c'est dans une logique plus globale de reconstitution des conditions d'un équilibre qu'il faut se placer. Résolument tournée vers l'avenir, la sanction des bruits de voisinage doit prendre une nouvelle orientation qui lui permettra de s'intégrer parfaitement et à part entière dans le mouvement général de lutte contre les nuisances sonores. Elle doit devenir un instrument de dissuasion et de prévention des comportements, compensant utilement l'insuffisance des mesures de prévention *stricto sensu*. La création prétorienne de la théorie des troubles anormaux de voisinage, mettant en jeu une responsabilité sans faute pour des troubles sonores néanmoins « anormaux », résulte de l'insuffisance ou de l'inexistence de règles préventives. *« Le juge se trouve investi du pouvoir d'établir lui-même des mesures de prévention pour la situation qui lui est soumise »*[1]. Cette démarche doit se généraliser et inspirer toute sanction prononcée dans ce domaine.

2223. L'important est donc la finalité que la jurisprudence veut bien assigner à la sanction des bruits de voisinage. En tant qu'élément des politiques de lutte, elle présente un fort potentiel d'orientation des comportements tournée vers la prévention des nuisances sonores et le rétablissement de l'équilibre au sein du voisinage.

---

majorations, malheureusement trop rares : *« les juges d'appel ont pu, à bon droit, compte tenu du préjudice résultant de la persistance des troubles depuis le prononcé du jugement, élever le montant des dommages et intérêts »*.

[1] M. BLOCAILLE-BOUTELET, Le voisinage - Etude comparée en droit privé et en droit public, préc., p. 660.

CONCLUSION

2224. La lutte contre les bruits de voisinage fait l'objet d'une lente évolution en raison de sa faible priorité politique et de ses objectifs flous. Le bruit apparaît encore comme *« le parent pauvre de l'environnement »*[1]. Aux yeux des pouvoirs publics, il n'atteint pas la dimension nationale, voire mondiale, d'une catastrophe naturelle due au naufrage de pétroliers ou aux accidents nucléaires largement médiatisés. Contrairement aux pollutions de l'eau ou de l'air, les nuisances sonores n'entraînent pas la mort. Elles ne s'accompagnent pas de ces effets spectaculaires dont les médias sont si friands. Hormis les drames ponctuels liés à l'exaspération qui conduit tel individu gêné par le bruit à user de violence envers autrui, les effets de cette nuisance ne sont pas toujours directement et immédiatement perceptibles, d'autant qu'ils sont ressentis différemment d'une personne à une autre, selon l'endroit et le moment. Diffuses et insaisissables, les nuisances sonores sont parmi les plus insidieuses. Elles sont par conséquent d'autant plus dangereuses et imposent que l'on mobilise tous les moyens pour les combattre.

2225. La place du bruit dans les politiques publiques n'est pourtant pas à la mesure de cette nécessité, devenue impérieuse compte tenu de la dégradation constante de notre environnement sonore. Les différents décideurs, à quelque niveau qu'ils se trouvent, témoignent d'un manque d'intérêt certain à l'égard de ce problème ou encore d'une timidité voire même d'une défiance difficilement compréhensibles. L'État ne remplit pas son rôle de coordinateur des actions à intégrer dans le cadre d'une politique globale et à mettre en œuvre sur le terrain. Le ministère chargé de l'environnement, et donc de la lutte contre les nuisances sonores, se trouve souvent en position de concurrence, si ce n'est d'opposition, avec les autres ministères « pollueurs », alors même qu'ils devraient travailler de concert dans ce domaine. A l'échelon décentralisé, la « préoccupation bruit » au stade de l'élaboration des politiques, suivie du « réflexe bruit » dans les actions menées sur le terrain, ne constituent toujours pas des automatismes de la part des collectivités locales. Les nombreux fonctionnaires amenés à intervenir en la matière ne considèrent pas plus le bruit comme faisant partie de leurs priorités.

2226. Dans un monde où tout est monnayable, y compris les ressources les plus rares de notre environnement, où le facteur déclenchant de toute intervention d'envergure est bien souvent l'enjeu économique et pécuniaire qui en résulte, quel est alors le prix du silence, de la tranquillité ? Quelle est la valeur réelle accordée à la lutte contre les bruits de voisinage dans les politiques publiques et quels sont les efforts que l'on est prêt à consentir pour la mettre en œuvre ? Le prix du silence est d'abord celui des pouvoirs publics au stade de la prévention et celui des juges au stade de la sanction. Ce prix, si l'on considère la faiblesse des moyens mobilisés, la prudence exacerbée dont font preuve les acteurs publics pour initier de véritables politiques et user des pouvoirs que leur confèrent leurs fonctions respectives, ne répond pas aux attentes de la population. La demande sociale qui, depuis quelques années, se fait plus forte et plus exigeante en matière de confort acoustique, *« ne semble pas trouver un écho suffisant dans les politiques publiques »*[2].

---

[1] J.-P. GUALEZZI, « Le bruit dans la ville », Rapport du Conseil économique et social, préc., p. II-261.

[2] J.-P. GUALEZZI, « Le bruit dans la ville », Rapport du Conseil économique et social, préc., p. II-262.

2227. La place qui est réservée au bruit dans les politiques publiques n'est pas celle qu'il occupe dans l'opinion publique. Il existe un important décalage entre les attentes des citoyens et les réponses que leur donnent les pouvoirs publics en matière de lutte contre les nuisances sonores. Alors que le bruit tend à ne plus être considéré comme une fatalité mais comme un fléau qu'il faut combattre, un tel décalage n'est pas acceptable. Notre pays dispose aujourd'hui des moyens pour répondre aux attentes légitimes de la population et permettre le développement de politiques efficaces : arsenal juridique, institutions, moyens techniques abondent et continuent de se développer ! Le droit n'est qu'une partie de ce dispositif de lutte. Il ne peut régler tous les aspects du problème dont les dimensions scientifiques, techniques, économiques et humaines sont tout aussi importantes. Chacune de ces dimensions, avec les solutions qu'elle apporte, comporte ses atouts, mais également ses limites. C'est leur combinaison au sein de politiques volontaristes et intégrées qui seule inversera la progression des nuisances acoustiques.

2228. Mais le droit est d'une importance capitale dans la lutte contre les bruits de voisinage, dans la mesure où il en fixe le cadre et les principes directeurs. L'institution d'une loi spéciale sur le bruit fut l'occasion d'insuffler une nouvelle dynamique en la matière, d'introduire une certaine cohérence et une unité au sein de l'inextricable masse textuelle applicable dans ce domaine. Plus de dix ans après, l'état de notre droit contre le bruit pose la question de savoir si l'intervention du législateur ne fut pas une occasion manquée. Certes, le dispositif contenu dans la loi n° 92-1444 du 31 décembre 1992 a le mérite de combler les lacunes du droit préexistant et de prendre en compte l'ensemble des sources sonores rencontrées dans le voisinage. Cependant, la loi cadre ne réalise pas l'unification annoncée et nécessaire des textes épars qui constituent le droit du bruit. Aussi, la question : y a-t-il un « avant » et un « après loi 1992 » mérite-t-elle d'être soulevée et quelle réponse lui donner ?

2229. L'un des principaux intérêts de la loi spéciale sur le bruit est d'exister en tant que telle, car il n'est pas concevable qu'un droit de l'environnement moderne ne consacre pas une loi aux nuisances sonores. Il fallut pourtant attendre les années quatre-vingt dix pour donner un cadre législatif à la lutte contre le bruit. L'arsenal juridique qui en découle aujourd'hui est très important quantitativement, mais souffre de nombreuses insuffisances et inadéquations qui portent atteinte à sa crédibilité et à son efficacité. Le législateur n'a pas su modeler un droit contre le bruit cohérent et harmonieux. La loi cadre vient simplement s'ajouter aux dispositions légales et réglementaires préexistantes, qui demeurent, sans lien logique entre elles, éparpillées dans divers codes et lois. Les disparités subsistent, confortées par l'entrée en vigueur de la loi n° 92-1444 du 31 décembre 1992 et de ses textes d'application. Les pouvoirs de contrôle diffèrent d'une loi à l'autre, les sanctions pénales manquent de cohérence et les enchevêtrements de plusieurs textes applicables à une même situation n'ont pas été mis à jour et résolus.

2230. Le droit du bruit est un droit hétéroclite, dont l'application se révèle particulièrement malaisée. La principale difficulté pour ceux qui sont chargés de sa rédaction et de sa mise en œuvre est d'« objectiver » la nuisance afin d'édicter des normes universelles de prévention et d'établir la responsabilité des personnes auxquelles le bruit illicite sera imputé en vue du prononcé d'une sanction. La science est venue au service du droit en lui fournissant des critères objectifs : valeurs d'émergence, niveaux moyens de pression acoustique, niveaux de crête, et autres mesures acoustiques propres à normaliser les émissions sonores. Il en résulte à la fois une « technicisation » d'un phénomène de société et du droit et une sectorisation de la réglementation. La règle de droit s'accompagne désormais d'un code de mesures complexe. Elle devient de plus en plus technique, difficile à comprendre et à mettre en œuvre.

2231. Si la technique a apporté une nouvelle dimension au droit de l'environnement, lui permettant d'appréhender les phénomènes physiques, mesurables et quantifiables, des pollutions et nuisances, le droit ne doit pas en être trop dépendant, au risque de devenir trop compliqué pour les praticiens que sont les agents de contrôle, les avocats ou les magistrats. En outre, la « normalisation » du droit contre les nuisances sonores n'intègre pas un des aspects fondamentaux du problème qu'est la dimension humaine et sociologique du « phénomène bruit ». Les règles générales et impersonnelles se heurtent au caractère intrinsèquement subjectif et variable des nuisances sonores. Ces dernières ne constituent pas une réalité absolue et immuable. Elles existent en fonction du moment où elles apparaissent, de l'endroit dans lequel elles se produisent et selon la réceptivité propre à la personne qui les subit. Si le bruit est un phénomène scientifiquement quantifiable, la mesure qui en est faite ne traduit aucunement la gêne ressentie qui le transforme en nuisance. Or, c'est bien la nuisance sonore qu'il s'agit de combattre et non le bruit dans sa totalité.

2232. La lutte contre les nuisances acoustiques ne se résume donc pas à des niveaux sonores qu'il ne faut pas dépasser. La fixation de normes objectives se conçoit parfaitement -et les réglementations abondent sur ce point- pour des bruits émanant de machines, engins, véhicules, appareils et autres objets bruyants par nature. Lorsque la source sonore est une « chose », vecteur de la nuisance, l'action doit se faire en priorité à la « source », par une diminution du niveau émis ou une amélioration des performances acoustiques de ladite chose. Mais l'utilisation de ces objets ou matériels par l'homme introduit un paramètre que les normes ne prennent pas en considération. Indépendamment du respect des valeurs légales fixées en décibels, l'objet réglementé est susceptible de créer une nuisance sonore dans le voisinage, non seulement parce que les normes n'empêchent pas toute gêne, mais aussi parce que les conditions d'utilisation de la chose peuvent être déterminantes.

2233. Le facteur humain doit, par conséquent, être pris en compte à côté de la réglementation purement technique. Il est rare qu'il n'intervienne pas dans la production du bruit, celle-ci étant subordonnée au fonctionnement de la chose supposant l'intervention de l'homme qui en est le gardien. Plus encore, la dimension humaine du bruit prend toute sa mesure et devient exclusive lorsque le trouble sonore émane uniquement de comportements, de gestes simples de la vie quotidienne. Or, ces derniers ne peuvent être encadrés par des normes ou des obligations précises, parce qu'ils ressortent de la vie privée et de la liberté individuelle. C'est alors la notion de gêne qui sert de critère à la règle de droit amenée à apporter des « garde-fous » aux relations de voisinage. Mais les difficultés pratiques à constater cette gêne témoignant de la nuisance sonore, à l'évaluer et à la transcrire en termes juridiques sont le reflet de l'inaptitude du droit à pondérer la dimension humaine des problèmes rencontrés concrètement. Elles aboutissent alors bien souvent à la tolérance de certaines nuisances acoustiques, voire à la reconnaissance d'un véritable droit de nuire légitimé par l'utilité sociale.

2234. L'arsenal juridique existant en matière de bruit présente ainsi de nombreuses défectuosités -tant au niveau de sa conception que de sa mise en œuvre-, qui ne sont néanmoins pas irrémédiables. Le droit, tout comme les sciences et techniques, est évolutif et perfectible. Dans le domaine du bruit, nombre d'améliorations peuvent être apportées. En premier lieu, des modifications ou adjonctions textuelles apparaissent souhaitables et, pour certaines, incontournables. La mise en place d'une loi cadre sur le bruit est certes louable -même si elle paraît quelque peu tardive-, mais bien peu utile en l'absence de ses textes d'application : décrets et arrêtés, pour la rendre effective dans toutes ses dispositions. Le dispositif législatif mis en place par le législateur, le 31 décembre 1992, est à ce jour encore incomplet.

2235. Plus de dix ans après la promulgation de la loi, peut-on encore espérer la publication des différents décrets nécessaires à la mise en œuvre de la police administrative des activités bruyantes prévue à l'article 6 de ladite loi, des pouvoirs de contrôle prévus par l'article 22 au profit de certains agents habilités, des conditions de trafic imposées aux hélicoptères en application de l'article 7 ? Le législateur de 1992 a fait le choix de subordonner l'application de la loi sur le bruit à l'entrée en vigueur de nombreux textes réglementaires. Mais faute d'avoir imposé une date butoir au pouvoir réglementaire chargé d'élaborer ces textes, ce choix aboutit à faire de la loi *« une belle au bruit dormant que nul n'a encore su arracher au sommeil »*[1]. L'élaboration des textes réglementaires exigés par le législateur est non seulement urgente, mais impérative. Le ministre chargé de l'environnement qui, faut-il le rappeler, a présenté la lutte contre les nuisances sonores comme une des priorités de son action, devrait commencer par combler sans plus tarder ce vide juridique inacceptable.

2236. Compte tenu des caractères à la fois objectifs et subjectifs du bruit, le travail normatif se révèle alors particulièrement délicat. Il nécessite de la précision et du pragmatisme, dont la plupart des textes existants manquent malheureusement. La complexité de certains règlements qui imposent des normes acoustiques et fixent les modalités de mesure des niveaux sonores constitue un obstacle au contrôle et à l'application des réglementations. Un effort de vulgarisation de ces prescriptions techniques -pour autant que la matière s'y prête- doit être consenti. Il devra s'accompagner d'une information et d'une formation de l'ensemble des acteurs amenés à mettre en œuvre la législation, à savoir aussi bien les agents de contrôle agissant sur le terrain (agents spécialisés et police « traditionnelle ») que les magistrats et avocats qui, pour appliquer et « dire » le droit, doivent d'abord le connaître et le comprendre.

2237. La complexité du droit vient également de son manque d'unité. Les différentes législations spéciales intervenant dans la lutte contre les nuisances sonores contiennent chacune leur dispositif répressif propre. Compétences et pouvoirs des agents de contrôle varient selon la loi qui s'applique dans chaque cas d'espèce. La Cour de cassation n'ayant pas cru devoir soumettre l'activité de ces fonctionnaires spécialement habilités aux règles générales du Code de procédure pénale, il en résulte un *« extrême désordre »*[2]. Sur le terrain, les modalités de visite, de saisies ou de transmission des procès-verbaux au procureur de la République diffèrent selon l'agent -spécialisé ou de police « traditionnelle »- qui intervient et selon la loi -spéciale ou droit commun- qu'il met en œuvre. Or, non seulement de telles disparités conduisent à ne pas accorder les mêmes garanties aux justiciables, mais elles sont sources d'erreurs en pratique, généralement sanctionnées de nullité. C'est alors le principe de l'égalité des citoyens devant la loi et l'efficacité de la répression des infractions qui sont en cause.

2238. Une uniformisation des procédures de recherche et de constatation des infractions s'impose donc et pourrait s'inscrire dans le cadre plus général du droit de l'environnement. L'élaboration du Code de l'environnement constituait l'occasion d'apporter cohérence et unité aux règles qu'il contient. Malheureusement, le code n'a pas cette ambition. Il se contente d'opérer une codification à droit constant, c'est-à-dire sans changements majeurs des textes législatifs existants. L'harmonisation des différentes

---

[1] E. G. SLEDZIEWSKI, Touche pas à mon bruit..., Les Dernières Nouvelles d'Alsace, 13 mai 1998.

[2] J.-H. ROBERT, Dispositions pénales de la loi n° 95-101 du 2 février 1995, Droit de l'environnement n° 29, Février-Mars 1995, p. 3.

dispositions législatives et réglementaires, pourtant particulièrement nécessaire dans ce domaine, n'a pas été envisagée. De surcroît, le Code de l'environnement ne regroupe pas l'intégralité des règles éparses applicables en matière de bruit.

2239. Or, le respect du droit contre les nuisances sonores suppose que les règles soient claires et accessibles. Pour plus de lisibilité et parce qu'il s'inscrit dans le cadre de politiques globales de l'environnement, le dispositif juridique existant en matière de bruit aurait dû faire l'objet d'un regroupement exhaustif au sein du Code de l'environnement, qui serait devenu le réceptacle commun de la totalité des dispositions légales applicables. Cette nouvelle présentation matérielle, ordonnée et facile d'accès, se serait accompagnée d'une « restauration » du contenu des textes, souvent élaborés sans lien logique entre eux parce que provenant d'époques et d'origines différentes. Pour plus de cohérence et d'efficacité, les différentes dispositions sont à harmoniser, afin d'éviter les chevauchements, les différences de régimes et autres incohérences. Elles sont, en outre, à mettre en conformité avec les dispositions nouvelles du Code pénal, dont certaines avancées, notamment la reconnaissance de la responsabilité pénale des personnes morales, sont à intégrer et à généraliser.

2240. Le droit du bruit nécessite donc d'être entièrement repensé, tant dans sa présentation matérielle que sur le fond. Sa compréhension et sa mise en œuvre en seraient grandement facilitées. C'est alors, et en second lieu, sur la mobilisation des divers acteurs amenés à agir ou à réagir contre les nuisances sonores qu'il convient de se pencher. En effet, il ne suffit pas d'avoir de bons outils juridiques, encore faut-il la volonté de les employer ! Or, cette volonté de participer activement à la lutte contre les nuisances sonores a pour le moins besoin d'être galvanisée et coordonnée. La lutte doit, en effet, être menée sur tous les fronts et à tous les niveaux, selon les compétences et moyens de chacun. Les pouvoirs publics qui en sont les initiateurs et les coordinateurs ont l'obligation, aussi bien légale que morale, de montrer l'exemple et d'intervenir de manière bien plus dynamique et concrète qu'ils ne le font jusqu'à présent.

2241. La volonté politique apparaît comme le fer de lance des actions à développer. Elle doit se manifester notamment à l'échelon local qui est le niveau d'intervention le plus efficace, car le plus proche des problèmes concrets, et le plus légitime, parce que le maire est le garant de la tranquillité de ses administrés et qu'il réunit en sa personne les différents moyens d'action propres à orchestrer une véritable politique du bruit dans la ville. Réglementation renforcée et adaptée aux circonstances locales, aménagement du territoire et organisation des activités guidés par un souci de confort acoustique, planification et coordination des actions, information et formation des divers intervenants, y compris des citoyens, concertation et médiation, sont les maîtres mots d'une politique locale efficace et moderne. Les actions sporadiques aux conséquences éphémères ne sont plus de mise. La lutte contre les nuisances sonores doit s'inscrire dans le cadre de politiques globales, engagées sur le long terme tout en mettant en œuvre très rapidement des actions concrètes consenties par tous.

2242. Il reste, toutefois, que si la lutte contre le bruit est surtout une question de volonté, rien de décisif ne pourra se faire sans ressources monétaires. Toute politique publique nécessite un financement à la hauteur des objectifs qu'elle pose. Or, le bruit, à l'exception de la taxe perçue au décollage des avions, ne bénéficie pas de financements propres. L'absence de budget spécifiquement affecté à ce secteur est lourde de conséquences dans la pratique. Elle retarde la résorption des « points noirs » du bruit qui implique des aménagements (isolation acoustique des bâtiments situés à proximité des grands aéroports, construction d'écrans antibruit le long des autoroutes...) extrêmement coûteux. Elle explique aussi l'inertie de certaines communes qui, faute de moyens financiers, ne s'engagent pas dans l'élaboration de politiques spéciales de lutte contre le bruit. L'enjeu est une fois de plus politique. Chacune des mesures imposées ou préconisées a son coût qu'il faut consentir à payer, sous peine de paralyser toute action.

2243. Par conséquent, il est impératif de débloquer des fonds et de les affecter, spécialement et de manière continue, au financement des politiques de lutte contre les nuisances sonores. D'une part, l'État doit accepter de consacrer un budget plus important à ce qui est ressenti par les Français comme la nuisance numéro un dans leur vie de tous les jours. D'autre part, des mécanismes de soutien financier aux diverses actions planifiées sont à imaginer et à mettre en place. A l'image du système d'aide fonctionnant à partir de la taxe due par les grands aéroports, un fonds commun qui prendrait en compte toutes les sources sonores sans distinction pourrait être envisagé. Il réunirait l'ensemble des ressources « récoltées » et financerait les différents volets des politiques mises en place, ainsi que toutes les initiatives, publiques ou privées, prises dans ce domaine.

2244. Cette solution nécessite, toutefois, une profonde réflexion sur les modalités de gestion et, surtout, d'alimentation de cet instrument financier. En matière de bruit, le principe « pollueur-payeur » n'est pas applicable en tant que tel, dans la mesure où toute personne est à la fois un « pollué » : la victime de bruits de voisinage, et un « pollueur », c'est-à-dire le « bruiteur ». Le citadin exposé dans son logement au bruit du trafic routier participe lui-même à la production de cette nuisance s'il possède un véhicule à moteur. Il n'est donc pas possible de taxer les usagers, car, contrairement au secteur de l'aéronautique, la majorité de la population serait « ponctionnée ». Mais le recours plus général à l'appareil fiscal ne doit pas pour autant être abandonné. Une taxation correctement ciblée pourrait avoir un double effet bénéfique. Elle constituerait non seulement un moyen sûr de recueillir des fonds, mais pourrait également jouer un rôle de prévention des nuisances sonores.

2245. Ainsi, le paiement d'une redevance au moment de l'achat de tout véhicule ou objet par nature sonore, qui serait d'autant plus élevée que le produit est bruyant, répondrait à ce double objectif. Il inciterait les consommateurs à privilégier les produits plus silencieux parce que les moins chers et les fabricants à améliorer leurs performances acoustiques afin de rester compétitifs sur le marché où la concurrence porterait sur la qualité sonore. Les conséquences économiques d'un tel système ne sont donc pas négligeables. Dans la même optique, on pourrait songer à instituer une taxe, modulable selon le niveau de décibels atteint, sur les activités industrielles les plus bruyantes. En tout état de cause, il faudra veiller à ce que le paiement de cette redevance ne revienne pas à acheter un permis de nuire, mais à en faire un mécanisme financier solide, aux vertus incitatives et préventives.

2246. Les comportements individuels et collectifs sont donc déterminants dans la lutte contre les nuisances sonores. Ce sont eux qui concrétisent les nombreuses voies d'action ouvertes par le dispositif juridique et qui comblent les limites et insuffisances du droit en la matière. En 1985, au terme de travaux de réflexion menés sur le problème du bruit et sur les politiques à mettre en œuvre, l'O.C.D.E. en arrivait à une conclusion pleine de bon sens : *« afficher des objectifs clairs et précis, agir sur les comportements de manière souple mais réelle, susciter des initiatives locales tout en restant vigilant sur le plan national et international, prévoir un autofinancement continu des politiques au moyen d'instruments économiques, paraissent les voies de l'avenir pour obtenir un environnement sonore satisfaisant, composante essentielle de la qualité de la vie »*[1].

---

[1] « Lutter contre le bruit dans les années 90 », O.C.D.E., Paris 1991, préc., p. 52.

Vingt ans se sont écoulés et ces principes directeurs restent d'actualité, attendant toujours d'être concrétisés. Peu de progrès décisifs semblent avoir été réalisés, en dépit de la promulgation, plus symbolique qu'effective, d'une loi cadre sur le bruit.

2247. Les innovations et améliorations contenues dans le texte de cette loi recèlent, pour les premières, des malfaçons indiscutables et s'accompagnent, pour les secondes, de nombreux blocages. Ce constat s'étend à l'ensemble des dispositions législatives et réglementaires applicables en la matière. Il est le bilan général du droit contre le bruit, que viennent entériner les ambiances sonores dans lesquelles nous vivons au quotidien. L'approche juridique de la problématique posée par les nuisances sonores ne semble pas adéquate. Jusqu'à présent, la législation sur le bruit a emprunté au droit commun, aux techniques classiques mises en œuvre dans d'autres domaines mais qui se sont révélées inadaptées au problème spécifique des nuisances acoustiques. L'insuffisance des résultats obtenus met en lumière la nécessité d'une nouvelle orientation du droit contre le bruit, d'un renouveau juridique fondé sur une conception rénovée de la question sonore et des principes et règles édictés pour la gérer.

2248. Dans cette perspective, le droit contre le bruit doit être un droit négocié et de négociation. La lutte contre les nuisances sonores fait intervenir un nombre considérable d'acteurs, venant de tous les milieux : public comme privé, aux compétences les plus diverses : techniques, scientifiques, juridiques, économiques... Chaque citoyen, qu'il agisse dans sa vie privée ou à titre professionnel, peut apporter sa contribution à l'amélioration des ambiances sonores dans le voisinage. Par conséquent, il est normal que les règles fixées en la matière le soient dans le cadre d'une démocratie participative, garantissant la représentation et l'intervention de chaque catégorie sociale, concernée de la même façon par l'évolution de l'environnement sonore. La participation des citoyens à la construction du droit contre le bruit facilite la compréhension et l'acceptation des mesures contraignantes qui en découlent et est un gage de sa mise en œuvre. Le contenu de ces règles doit tout autant refléter l'objectif de conciliation qui a présidé à son élaboration concertée.

2249. Source de conflits entre individus ou entre groupes socio-économiques, le bruit met en jeu des intérêts contradictoires, opposant impératifs économiques et qualité de la vie, respect des libertés individuelles ou du commerce et de l'industrie et droit à la tranquillité. Chacun de ces intérêts est pourtant légitime. Aucun ne saurait être totalement sacrifié au profit des autres. Le droit contre le bruit a par conséquent pour fonction particulière, et combien délicate, de concilier les différentes activités et personnes se trouvant dans le même voisinage. L'éradication du bruit n'est pas le but ; elle n'est d'ailleurs ni possible ni souhaitable. Seules les manifestations négatives du phénomène : les nuisances sonores, sont à supprimer ou, du moins, à diminuer. L'enjeu est alors de parvenir à un équilibre satisfaisant pour tous, aboutissant à rétablir ou à créer un environnement sonore harmonieux. Le dispositif juridique mis en place en matière de bruit doit donc être l'expression et le vecteur de ce « droit à un environnement sain et paisible », c'est-à-dire exempt de nuisances sonores.

2250. Mais la recherche de cet équilibre ne dépend pas uniquement du respect de la réglementation. Elle suppose également du bon sens, de la tolérance et un respect mutuel entre « voisins ». Le bruit est au coeur de débat et enjeu humains, déterminant des conditions de vie. Au sein du voisinage, il est bien souvent un simple problème de comportement parce que l'homme entend uniquement les bruits de ses voisins, oubliant ceux qu'il produit lui-même. A la fois gêneur et gêné, le citoyen doit apprendre à écouter les sonorités qui l'entourent et à les gérer. La lutte contre les nuisances sonores passe, avant tout, par une éducation à la « préoccupation bruit » pour qu'un « réflexe bruit » se développe et devienne une règle de vie pour tous. L'école a sur ce point un rôle fondamental à jouer car *« c'est une véritable éducation à l'oreille qu'il faut promouvoir dans un souci de prévention »*[1]. Or, comme le souligne le docteur Causse, membre du Conseil national du bruit, *« l'expérience montre combien les enfants peuvent être réceptifs aux informations intelligemment dispensées sur ce thème »*[2].

2251. Le renouveau de la législation portant sur le bruit doit s'accompagner d'une renaissance du comportement civique, à inculquer le plus tôt possible. Les conflits nés de bruits de voisinage sont, pour la plupart, des conflits de personnes qui ont oublié les « règles de bon voisinage ». Tranquillité et qualité de la vie nécessitent un nouvel apprentissage de la vie en société. A l'*« exaltation totalitaire de l'individualisme »*[3], arrivée au point de supprimer toute contrainte sociale, tout sens du devoir et des responsabilités vis-à-vis des autres, doivent se substituer les anciennes valeurs de savoir-vivre et de respect d'autrui. Le règlement amiable des litiges, par la voie du dialogue et de la médiation, est à privilégier, faisant des procédures contentieuses l'ultime recours lorsqu'aucune autre solution n'a pu être trouvée. Paradoxalement, le bruit, qui oppose les voisins, éloigne les individus et dégrade les relations humaines au sein du voisinage, peut être l'occasion de rapprocher ces mêmes personnes, d'ouvrir le dialogue et de renouer des rapports plus sains et plus directs.

2252. Le prix du silence est finalement celui que chaque citoyen, quelles que soient sa position et sa fonction sociales, veut bien lui reconnaître et est prêt à payer, à chaque instant, dans sa vie quotidienne. Il n'est cependant pas celui de *sa* tranquillité mais de l'*environnement* sonore dans son ensemble. Du terrain individualiste sur lequel il est habituellement traité, à savoir celui des querelles de voisinage posant un problème individuel et ponctuel, le bruit doit être placé dans une perspective beaucoup plus large et durable. Il est véritablement une question d'environnement, car c'est la qualité de la vie de tous les citoyens qui est en jeu. Rétabli dans sa vraie dimension, c'est dans un mouvement collectif et solidaire, tourné vers l'avenir, qu'il s'inscrira. La lutte contre les nuisances sonores doit ainsi être promue au rang des grandes causes environnementales et civiques, d'enjeu national, voire européen.

2253. Au-delà des concepts de tranquillité publique ou de santé publique, le droit à un environnement sonore sain et paisible doit devenir un droit fondamental de la personne humaine, au même titre que d'autres libertés essentielles. A l'instar du droit au repos qui figure dans le Préambule de la Constitution de 1946, auquel renvoie la Constitution du 4 octobre 1958, le droit à la protection contre le bruit n'a-t-il pas sa place parmi les Droits de l'Homme de valeur constitutionnelle ? Une telle consécration, qui avait été proposée il y a vingt-cinq ans par M. Lamarque[4], orienterait les décisions jurisprudentielles vers un plus grand souci de favoriser la lutte contre les nuisances sonores, pour une meilleure qualité de la vie. Elle aurait le mérite de reconnaître solennellement, au niveau national, l'existence d'un droit pour tous les citoyens à être protégé contre le bruit et du devoir de tout homme d'améliorer son environnement sonore pour les générations présentes et futures. Cette reconnaissance constituerait alors le fondement juridique d'une nouvelle dynamique de lutte contre les nuisances sonores.

2254. Néanmoins, la mise en œuvre de cette dynamique dépendra toujours de la volonté plus ou moins marquée des acteurs sociaux, de leurs aspirations et

[1] J.-P. GUALEZZI, « Le bruit dans la ville », Rapport du Conseil économique et social, préc., p. II-265

[2] Cité dans le Rapport du Conseil économique et social sur « Le bruit dans la ville », préc., p. II-265.

[3] P. SAINT-MARC, L'environnement est malade de notre économie barbare, Combat Nature n° 114, août 1996, p. 10.

[4] J. LAMARQUE, Le droit contre le bruit, L.G.D.J., 1975.

préoccupations du moment. Le bruit est en définitive un choix, à la fois politique, économique et social, parce qu'il n'y a pas de fatalité à la dégradation de notre qualité de vie. Si le choix de notre environnement sonore actuel n'est guère satisfaisant, c'est que les responsables, administrations et société civile, n'ont pas perçu tout le potentiel que présente la mise en place d'une véritable stratégie de lutte contre les nuisances sonores. Contrairement aux idées reçues, une politique menée sur le long terme n'est ni un gouffre financier ni un frein à l'activité économique. La lutte contre le bruit peut être un stimulant pour la recherche, un facteur de développement lorsqu'elle fait appel à l'invention et à l'utilisation de nouveaux matériaux, produits et technologies. Plus encore, le bruit est créateur d'emplois, car les diverses actions à mener nécessitent de mobiliser des personnes qui soient spécialisées dans la prévention et le contrôle des bruits ou encore dans la résolution des conflits.

2255. La lutte contre les bruits de voisinage ouvre donc de larges perspectives, dont l'objectif final est de construire ensemble un cadre de vie harmonieux où la notion de qualité de la vie a encore un sens. Le tout est de s'en convaincre, puis de développer et d'utiliser les moyens et instruments propres à remplir cet objectif. Pour cela, l'homme doit d'abord apprendre à écouter, à tendre l'oreille vers l'avenir et à faire preuve d'initiative et d'imagination. La lutte contre les nuisances sonores est une œuvre de longue haleine, à laquelle le droit contribue de façon décisive. Elle est déterminante de ce que nous entendrons dans le monde du futur, modelé par l'homme.

BIBLIOGRAPHIE

I. TRAITÉS ET OUVRAGES GÉNÉRAUX

BACHELET M., L'ingérence écologique, Frison-Roche, Paris, 1995.

BARBERGER C., Droit pénal, Repères, La Découverte et Syros, Paris, 1997.

BAUCOMONT M. et GOUSSET P., Traité de droit des installations classées, Technique et Documentation, Lavoisier, 1994.

BENABENT A., Droit civil, Les obligations, Domat Droit Privé, 7e édition, Montchrestien, Paris, 1999.

BOIVIN J.-P., Droit des installations classées, Collection L'actualité juridique, Le Moniteur, Paris, 1994.

CHAPUS R., Droit administratif général, 8e édition, Montchrestien, Tome 1.

CODE PERMANENT ENVIRONNEMENT ET NUISANCES, spécialement les rubriques « Bruit », « Installations classées », « Protection de la nature », éditions législatives et administratives.

COLLART DUTILLEUL F. et DELEBECQUE P., Contrats civils et commerciaux, Précis Dalloz, 1991.

CONTE P. et MAISTRE DU CHAMBON P., Procédure pénale, 2e édition, Armand Colin, Paris, 1998.

DALLOZ ACTION, *Urbanisme*, Ouvrage collectif rédigé sous la direction de Yves JEGOUZO, Dalloz, 1997.

DESPORTES F. et LE GUNEHEC F., Droit pénal général, 9e édition, Economica, Collection Corpus Droit privé, 2002.

DICTIONNAIRE PERMANENT, *Construction*, éditions législatives.

FROMAGEAU J. et GUTTINGER P., Droit de l'environnement, Eyrolles, 1993.

GATTEGNO P., Droit pénal spécial, 2e édition, Dalloz, 1997.

GUIHAL D. Droit Répressif de l'Environnement, Economica, 1997.

INSTITUT FRANCAIS DE L'ENVIRONNEMENT, L'Environnement en France, La Découverte, 1999.

LARGUIER J. et A.-M., Droit pénal spécial, 10e édition, Mémentos Dalloz, 1998.

LASCOUMES P., Un droit de l'environnement négocié, volet discret d'une politique publique, Piren, C.N.R.S., 1990.

MARTIN G., Le droit à l'environnement : de la responsabilité civile pour faits de pollution au droit de l'environnement, P.P.S., 1978.

MAZEAUD H. et L., MAZEAUD J. et CHABAS F., Leçons de droit civil, Tome II, Premier volume : Obligations, *Théorie générale,* 9e édition par François CHABAS, Montchrestien, 1998.

MERLE R. et VITU A., Traité de droit criminel, Tome II : Procédure pénale, 4e édition, Cujas, Paris, 1989.

— Traité de droit criminel, Droit pénal spécial par A. VITU, Tome III, Cujas, 1982.

— Traité de droit criminel, Droit pénal général, Tome I, Cujas, 1997.

PRADEL J. et DANTI-JUAN M., Droit pénal spécial, Cujas, à jour au 1er octobre 1995.

PRADEL J. et VARINARD A., Les grands arrêts du droit criminel, Tome 1 : Les sources du droit pénal - L'infraction, 2e édition, Dalloz, 1997.

— Les grands arrêts du droit criminel, Tome 2 : Le procès - La sanction, 2e édition, Dalloz, 1998.

PRIEUR M., Droit de l'environnement, 5e édition, Précis Dalloz, 2004.

RASSAT M.-L., Droit pénal spécial, Infractions des et contre les particuliers, 2e édition, Précis Dalloz, 1999.

ROMI R., Droit et Administration de l'Environnement, Précis Domat Droit Public, 2e édition, Montchrestien, 1997.

ROUJOU DE BOUBEE G., BOULOC B., FRANCILLON J. et MAYAUD Y., Code pénal commenté (Livres I à IV), Dalloz, 1996.

SALVAGE P., Droit pénal général, 4e édition, P.U.G., 1998.

STARCK B., ROLAND H., BOYER L., Obligations, 1. Responsabilité délictuelle, 5e édition, Litec, 1996.

STEFANI G., LEVASSEUR G., BOULOC B., Droit pénal général, 16e édition, Précis Dalloz, 1997.

VERON M., Droit pénal spécial, 7e édition, Armand Colin, mise à jour janvier 1999.

II. MONOGRAPHIES ET OUVRAGES SPECIAUX

ALEXANDRE A. et BARDE J.-P., Le temps du bruit, Flammarion, 1973.

BARRAQUE B., La lutte contre le bruit, La Documentation française, N° 734, 9 septembre 1994.

CABALLERO F., Essai sur la notion juridique de nuisance, L.G.D.J., Paris, 1981.

CIATTONI J.-P., Le bruit, Les Classiques Santé, Privat, 1997.

CLAIR V., La lutte contre le bruit en droit communautaire, Publications du Centre de Recherches Européennes (C.E.D.R.E.), Apogée, 1997.

DEFFERRE G., Le maire et le bruit, Publications du Moniteur, juillet 1982.

DELSOL C., La fin du ciel bleu - Les supersoniques, Fayard, Les Amis de la Terre, 1972.

DEOUX S. et P., L'écologie c'est la santé - L'impact des nuisances de l'environnement sur la santé, Frison-Roche, 1995.

F.R.A.P.N.A. (Fédération Rhône-Alpes de Protection de la Nature), Des outils pour l'environnement - Un guide pratique à l'usage des responsables, Terre Vivante, juin 1995.

GAUDIN J.-P., La négociation des politiques contractuelles, L'Harmattan, 1996.

GOUNELLE DE PONTANEL H. et GIUDICELLI P., Protection de la santé - Hygiène et Environnement, Frison-Roche, 1993.

HENRIOT G.-C., Le dommage anormal, L.G.D.J., 1960.

JOURNAL OFFICIEL DE LA REPUBLIQUE FRANCAISE, Les compétences juridiques du Préfet - Patrimoine et Environnement, Ministère de l'Intérieur, Tome V, novembre 1995.

LAMARQUE J., Le Droit contre le bruit, L.G.D.J., Paris, 1975.

LAMBERT-PIERI M.-C., Construction immobilière et dommages aux voisins, Economica, 1982.

LASCOUMES P. et LE BOURHIS J.-P., L'environnement ou l'administration des possibles : la création des Directions Régionales de l'Environnement, L'Harmattan, 1997.

LECOURT B., Nuisances de voisinage : comment y faire face ?, Puits Fleuri, 1994.

— Servitudes et mitoyenneté : Rapport de voisinage, Encyclopédie DELMAS pour la vie des affaires, 4e édition, Collection française, 1990.

MINISTERE DES AFFAIRES SOCIALES, DE LA SANTE ET DE LA VILLE, Les effets du bruit sur la santé, 1995.

PAULZE D'IVOY Y. et JACOB J.-M., Les nuisances sonores : Recueil de jurisprudence commentée, Conseil National du Bruit, 1992.

PREEL B., La ville à venir : Habitat, Technologie, Environnement, Descartes et Cie, Paris, 1994.

REMOND-GOUILLOUD M., Du droit de détruire - Essai sur le droit de l'environnement, P.U.F., « Les voies du droit », 1989.

ROBERT A., Les relations de voisinage, Immobilier : droit et gestion, Sirey, 1991.

RYLANDER R. et MEGEVAND I., Introduction à la médecine de l'environnement, Frison-Roche, 1993.

TOBELEM-ZANIN C., La qualité de la vie dans les villes françaises, Publications de l'Université de Rouen, 1995.

III. RAPPORTS, MEMOIRES, THESES

BLOCAILLE-BOUTELET M., Le voisinage - Etude comparée en droit privé et en droit public, Thèse Dijon, mai 1981, Tomes I et II.

CONGRES REGIONAL D'ACOUSTIQUE PRATIQUE, Bruit et Environnement - Bruit dans l'habitat : confort acoustique dans le neuf et en réhabilitation, Strasbourg, 4 et 5 décembre 1991.

GASCHY N., Le tapage nocturne, Mémoire Strasbourg, septembre 1994.

GUALEZZI J.-P., Le bruit dans la ville, Rapport du Conseil Economique et Social, éditions des Journaux Officiels, 1998.

HAAG M., Le maire et le bruit, Mémoire Strasbourg, octobre 1992.

HARPILLARD J.-P., Les inconvénients du voisinage, Thèse, Paris, 1975.

HUGO B., Rapport sur le projet de loi relatif à la lutte contre le bruit, Doc. Sénat, n° 75, Séance du 2 décembre 1992.

LERON R., Rapport sur le projet de loi relatif à la lutte contre le bruit, Ass. Nat., Doc. Annexe, n° 3133, Séance du 11 décembre 1992.

LEYAT P., La responsabilité dans les rapports de voisinage, Thèse, 1936.

MAILLET V., L'environnement aux abords des aéroports : l'aéroport international de Strasbourg-Entzheim, Mémoire Strasbourg, septembre 1992.

MINISTERE DE L'ENVIRONNEMENT, Rapport d'activité du Conseil national du bruit, 1993-1995, juin 1995.

O.C.D.E., Le bruit dû à la circulation urbaine - Une stratégie pour l'amélioration de l'environnement, Rapport établi par le Groupe Consultatif sur la Recherche en matière de transports, Paris, 1971.

O.C.D.E., Lutter contre le bruit dans les années 90, Paris, 1991.

SALIOU C., Les installations fixes de transport et les troubles de voisinage liés au bruit : le cas Heppner, Mémoire Strasbourg, septembre 1996.

IV. ARTICLES, CHRONIQUES

ACCOMANDO G. et GUERY C., Le délit de risque causé à autrui ou de la malencontre à l'article 223-1 du nouveau code pénal, Rev. sc. crim. 1994, p. 681-701.

ALEXANDRE A. et BARDE J.-P., Le bruit : une pollution sans écho, L'Observatoire de l'O.C.D.E., Paris n° 167, décembre 1990 - janvier 1991, p. 23-26.

ANTONINI J.-C., Les maires placés devant leur responsabilité, Echo Bruit n° 46, décembre 1990, p. 1-2.

AUZILLEAU S., Acoustique des lieux musicaux : présentation du décret du 15 décembre 1998, Echo Bruit n° 90, septembre 1990, p. 9-11.

AUZOU S., Normalisation et acoustique du bâtiment, Echo Bruit, Rubrique du spécialiste n° 24, mai 1987.

BAILLE P. et CHEMIN J.-L., Etudes d'impact sur l'environnement - Réflexions sur la pratique française, Aménagement et Nature n° 102, « Les études d'impact : constats et perspectives », été 1991, p. 12.

BAUCOMONT M., Recours contre le bruit et la pollution de l'air, Combat Nature n° 91, novembre 1990, p. 49.

BILLAUDOT F., Les mutations administratives de l'environnement (Aspects de l'application du plan national pour l'environnement), R.J.E. 3-1991, p. 333-353.

BLAEVOET M., L'anormal devant les hautes juridictions civiles et administratives, J.C.P. 1946, I, 560.

BLAISE J.-B., Responsabilité et obligations coutumières dans les rapports de voisinage, R.T.D.C. 1965, p. 261-297.

BLANC G., La médiation pénale (commentaire de l'article 6 de la loi n° 93-2 du 4 janvier 1993 portant réforme de la procédure pénale), J.C.P. 1994, éd. G., I, 3760.

BOULAN F., Infractions contre la qualité de la vie - construction et urbanisme, Rev. sc. crim. 1986, p. 119-121.

BOUTELET-BLOCAILLE Marguerite, La poule, le juge et les bruits de voisinage, Les Petites Affiches n° 4, 8 janvier 1996, p.16-17.

— Le bailleur peut-il se décharger de son obligation de voisinage sur son locataire ?, Les Petites Affiches n° 6, 13 janvier 1997, p. 16.

BOUVIER M., La prise en compte du bruit à Annecy, Echo Bruit n° 80-81, numéro spécial : Colloque régional « La commune et le bruit », avril-mai 1997, p. 13-15.

BOUYSSOU F., Le bruit dans le droit de l'urbanisme, Droit et Ville n° 10, 1980, Colloque « Le bruit et la ville », Toulouse, 14 et 15 octobre 1980, p. 51-66.

BOUZELY S.C., Droit administratif - La lutte contre le bruit : aspects juridiques, Les Petites Affiches n° 55, 12 mai 1990, p. 11-14.

BREDIN J.-D., Jurisprudence en matière de droit civil, R.T.D.C. 1963, p. 122.

BRETT Y.-B., Bruit, élus locaux vous n'êtes plus seuls..., L'Environnement Magazine n° 1536, avril 1995, p. 46.

— Le bruit : la nuisance suprême, L'Environnement Magazine n° 1538, juin 1995, p. 31-36

BRICOUT J., L'enjeu : construction et santé de l'homme, Droit et Ville n° 39, 1995, Neuvièmes Assises « Justice - Construction » sur Construction, Nuisances et Cadre de vie, jeudi 24 novembre 1994, p. 9.

BURET J., Mesures de bruit de voisinage : attention à la rédaction des procès-verbaux, Echo Bruit, Chronique juridique, fiche n° 30.

CARMES J. et BECHU G., Bruits de voisinage : le nouveau dispositif réglementaire, Echo Bruit n° 42, février 1990, p. 3-4.

CHABANNE-POUZYNIN L., Nouvel arrêté « Bruit », Droit de l'environnement n° 48, mai 1997, p. 5.

CHAMBAULT J.-F., Les études d'impact et la Communauté européenne, R.J.E. 4-1985, p. 401-441.

CHARBONNEAU S., Quels recours contre les nuisances ?, Combat Nature n° 85, mai 1989, p. 60.

CHAUGNY M., L'éco-audit - La proposition de règlement communautaire : objectifs et aperçu de ses principaux aspects, Aménagement et Nature n° 104, « Les audits de l'environnement », hiver 1991-1992, p. 3-5.

CHOQUET Y., De 1975 à 1995 - Retour du tramway, Combat Nature n° 115, novembre 1996, p. 13-16.

— Essor du tramway, transport de l'an 2000, Combat Nature n° 117, mai 1997, p. 39-42.

COLSON J.-P., La réforme des enquêtes publiques en France, R.J.E. 2-1993, p. 223-230.

COMBALDIEU R., Bruits, tapages ou attroupements injurieux ou nocturnes, Rubrique « Contraventions », Encyclopédie Dalloz, Répertoire de droit pénal et de procédure pénale, n° 358 et s.

CONSEIL G., DEPORCQ D., VIANES A., Environnement : conséquences de la loi antibruit, Moniteur des travaux publics et du bâtiment, Paris, n° 4653, 29 janvier 1993, p. 30-32.

CONSOLI A., Bruits des engins de chantier - La nouvelle réglementation, Echo Bruit, Rubrique du spécialiste n° 21, novembre 1986.

COULET W., Qualité de la ville et qualité de la vie, Droit et ville n° 35, 1993, Colloque « Un droit à la ville », Toulouse, 28 et 29 septembre 1993, p. 103-125.

CROS A., La formation des personnels des collectivités territoriales, Echo Bruit n° 20-21, mars 1986, p. 3-4.

CUILLANDRE F., Le maire et le bruit : compétences, actions et responsabilités, R.J.E. 1-2/1996, p. 67-81.

DANTONEL-COR N., Le juge judiciaire répressif et l'acte administratif unilatéral depuis la réforme du code pénal, Rev. sc. crim. 1999, p. 17-34.

DE TANNENBERG P., Sondage « Qu'est devenu l'environnement dans l'esprit des Français ? », L'Environnement Magazine n° 1543, décembre 1995, p. 8-12.

DEBIEVRE A., Mieux analyser le bruit pour mieux intervenir, L'Environnement Magazine n° 1527, mai 1994, p. 40-41

DESPAX M., La loi n° 95-101 du 2 février 1995 relative au renforcement de la protection de l'environnement, in « Les hommes et l'environnement », Etudes en hommage à A. Kiss, Frison-Roche, Paris, 1998, p. 391-407.

DHON B., La lutte contre le bruit : de l'action en miette à l'action globale, Echo Bruit n° 22, mai 1986, p. 5-6.

DUISIT R., Des campagnes d'information, pourquoi ?, Echo Bruit n° 20-21, mars 1986, p. 2.

DUMONT J., Risques causés à autrui, Juris-Classeur Pénal, art. R223-1, 1998, mise à jour 2 000.

DURRY G., L'autonomie et le fondement de la responsabilité pour troubles de voisinage, R.T.D.C. 1974, p. 609-611.

— La responsabilité pour troubles de voisinage est-elle distincte et de la responsabilité délictuelle et de la responsabilité contractuelle ?, R.T.D.C. 1977, p. 133.

ESMENJAUD M., P.O.S. et permis de construire : des outils de prévention des nuisances sonores, Echo Bruit n° 80-81, avril-mai 1997, dossier « La commune et le bruit », p. 17.

FABERON J.-Y., L'agence de l'environnement et de la maîtrise de l'énergie, R.J.E. 2-1991, p. 153-170.

FALQUE M., Les études d'impact programmatiques aux États-Unis, Aménagement et Nature n° 102, « Les études d'impact : constats et perspectives », été 1991, p. 22-25.

FONTAINE D., Les moyens juridiques de la lutte contre le bruit, Les Petites Affiches n° 30, 11 mars 1991, p. 8-10.

FOSSIER T., Les astreintes prononcées par les juridictions pénales : occasions manquées, J.C.P. 1998, I, 126.

FREMAU O., Aides financières nationales, Juris-Classeur Environnement, Fascicule 232, 1998.

GAMBA R. et SUNER B., La performance intégrée, Echo Bruit n° 65-66, novembre 1994, p. 54.

GARNIER C., Etudes d'impact : le second souffle, Aménagement et Nature n° 102, « Les études d'impact : constats et perspectives », été 1991, p. 2-3.

GOLIARD F., Le juge administratif et le contentieux du bruit provoqué par la puissance publique, Droit et ville n° 40, 1995, p. 55-104.

— Le juge administratif et le contentieux de la puissance publique contre le bruit, R.J.E. 3-1996, p. 261-292.

GOUTAGNEUX G., Le rôle du chargé du bruit et le schéma départemental d'accueil et de traitement des plaintes, Echo Bruit, fiche technique « Qui fait quoi ? », n° 22, mars 1987.

GOY R., Les nuisances acoustiques dues à la circulation automobile en milieu urbain, Droit et Ville n° 4, 1977, Colloque « La détermination des responsables dans le contentieux de la construction », Toulouse, 5 et 6 octobre 1976, p. 209-247.

— L'action des communautés européennes contre le bruit, R.J.E. 1-1978, p. 3-15.

— Les pouvoirs de police du maire et la réglementation du bruit de la circulation, Droit et ville, n° 10, 1980, Colloque « Le bruit et la ville », Toulouse, 14 et 15 octobre 1980, p. 7-35.

— Le bruit des aéronefs devant la Commission et la Cour européennes des Droits de l'Homme, R.J.E. 4-1987, p. 475-484.

GUIHAL D., Répression et réparation des atteintes à l'environnement, Gazette du Palais 1993, doctr. p. 123-127.

HELIN J.-C., La loi Barnier et la participation du public : ajustements et innovation, R.J.E. 2-1995, p. 219-233.

HERTZOG R., Le régime financier de la lutte contre le bruit autour des aéroports : condamnation provisoire ou disparition définitive ?, R.J.E. 2-1988, p. 149-151.

— La taxe générale sur les activités polluantes (TGAP) : un revirement dans la fiscalité de l'environnement ?, Droit et Ville n° 47, 1999, Colloque « Entreprise et environnement », Toulouse, 17 mai 1999, p. 105-131.

HUGLO C., Etudes d'impact écologiques - Introduction générale, Juris-Classeur Environnement, Editions Techniques, Fascicule 190, 1992, mise à jour 1998.

JACOB J.-M., Action des associations contre le bruit, Aspects du droit de l'environnement, Extraits de la session de formation continue du 30 janvier au 3 février 1994, sous la direction de M. DOUMENQ, premier semestre 1995, p. 7-12

— Bruits de voisinage - Application des textes et procédures, Echo Bruit n° 83-84, novembre 1997, p. 38-44.

JEGOUZO Y., Réflexions sur le statut juridique de l'étude d'impact, Aménagement et Nature n° 102, « Les études d'impact : constats et perspectives », été 1991, p. 16-19.

JOSSERAND P., Aspects techniques et stratégies de la lutte contre le bruit en milieu urbain, Droit et ville n° 10, 1980, Colloque « Le bruit et la ville », Toulouse, 14 et 15 octobre 1980, p. 91-105.

KARILA de VAN J., Le droit de nuire, R.T.D.C. 1995, p. 533-558.

LAFONT J., Nouveaux outils, nouvelles méthodes, Aménagement et Nature n° 110, « Aménagement du Territoire et gestion de l'Environnement », été 1993, p. 5.

LAGIER C., Etablissements publics et environnement, Juris-Classeur Environnement, Fascicule 151, 1997.

LAMARQUE J., La police municipale et la réglementation des activités et manifestations bruyantes, Droit et ville n° 10, 1980, Colloque « Le bruit et la ville », Toulouse, 14 et 15 octobre 1980, p. 37-50.

— De quelques suggestions pour un arrêté municipal de lutte contre le bruit, Echo Bruit, Chronique juridique n° 12, août 1984.

— Le bruit des avions : la responsabilité des organismes gestionnaires des aérodromes, des compagnies aériennes et des aéro-clubs, Echo Bruit, Chronique juridique n° 17, septembre 1985.

LAMBERT J., État de l'exposition au bruit en France : constat et prévisions, Echo Bruit, Rubrique du spécialiste n° 18, novembre 1985.

LAMURE C., Gestion de la circulation et aménagement, Echo Bruit n° 53-54, juin-juillet 1992, p. 12.

LASCOUMES P., La justice de l'environnement industriel : une place à prendre et à inventer, Justice n° 122, novembre 1988, p. 30 et s.

LE BORGNE B., Quelques réflexions d'un praticien en D.R.A.E., Aménagement et Nature n° 102, « Les études d'impact : constats et perspectives », été 1991, p. 10-11.

LE DOSSEUR A., La réglementation du bruit des installations classées pour la protection de l'environnement soumises à autorisation conformément à l'arrêté ministériel du 23 janvier 1997, Echo Bruit n° 86, juin 1998, p. 38-42.

LE LOUARN P., Les chartes de l'environnement entre décentralisation et déconcentration, conception et mise en œuvre d'une politique publique de l'environnement, R.J.E. 1-1995, p. 27-41.

LEBLOIS-HAPPE J., La médiation pénale comme mode de réponse à la petite délinquance : état des lieux et perspectives, Rev. sc. crim. 1994, p. 525-536.

— De la transaction pénale à la composition pénale - Loi n° 99-515 du 23 juin 1999, J.C.P. 2000, éd. G., doctr. I, 198.

LEOST R., L'agrément des associations de protection de l'environnement, R.J.E. 2-1995, p. 265-285.

LEPAGE A., Le voisinage, Répertoire Defrénois, n° 5-1999, Doctrine et jurisprudence, art. 36943, p. 257-279.

LEPAGE JESSUA C., Audits d'environnement : perspectives, Juris-Classeur Environnement, Editions Techniques, Fascicule 194, 1997, actualisé par Frédérique FERRAND, mise à jour 1999.

— Protection contre le bruit - Régime général, Jurisclasseur Environnement, Editions Techniques, Fascicule 710, 1992, mise à jour 1999.

— Le bruit des transports, Juris-Classeur Environnement, Editions Techniques, Fascicule 720, 1992, mise à jour 1999.

— Le bruit et la santé, Profils médico-sociaux n° 1586, 3 décembre 1998, p. 3 et s.

LEVASSEUR G., Chronique juridique : tapage nocturne, Rev. sc. crim. 1990, p. 791.

LEYRIT C., Le domaine routier : objectifs de la nouvelle réglementation sur le bruit, Echo Bruit n° 76-77, septembre 1996, p. 41.

LITTMANN-MARTIN M.-J., Le nouveau régime répressif des installations classées, R.J.E. 1-1987, p. 25-58.

— Droit pénal de l'environnement : apparence redoutable et efficacité douteuse, Justice n° 122, syndicat de la magistrature, novembre 1988, p. 24 et s.

— Le droit pénal français de l'environnement et la prise en compte de la notion d'irréversibilité, R.J.E. 1998, n° spécial : « L'irréversibilité », p. 143-158.

— Les infractions relatives à l'environnement et la remise en état des lieux ordonnées par le juge pénal, in « Les hommes et l'environnement », Etudes en hommage à A. Kiss, Frison-Roche, Paris, 1998, p. 431-450.

LOUIS-LUCAS P., Soixante années de planification urbaine : 1919-1979, Droit et Ville n° 9, 1980, p. 77-105.

LUNVEN T., L'acoustique dans le l'habitat existant : un marché potentiel à conquérir, Echo Bruit n° 63, avril 1994, p. 20-21.

MALABAT V., Le délit dit de « mise en danger » - La lettre et l'esprit, J.C.P. 2000, éd. G., doctr. I, 208.

MARILLIA G.-D., Le Maire et le Bruit - 1° partie : Les conditions de l'intervention du maire, La Vie Communale et Départementale, N° 807, février 1996, p. 43-48.

— Le Maire et le Bruit - 2° partie : Les modalités de l'intervention du maire, La vie Communale et Départementale, N° 808, mars 1996, p. 73-77.

— Le Maire et le Bruit - 3° partie : Les limites de l'intervention du maire, La Vie Communale et Départementale, N° 809, avril 1996, p. 103-109.

— Le Maire, le Préfet et le Bruit, Les éditions de La Vie Communale et Départementale, n° 5.

MARTIN G., Chronique de la jurisprudence civile de la Cour de Cassation en matière d'environnement, R.J.E. 2-1979, p. 112-118.

— Droit civil de l'environnement, R.J.E. 1-1982, p. 46-51.

— Droit civil de l'environnement, R.J.E. 1-1985, p. 37-43.

MAURY Y., La négociation des contrats de ville, dans La négociation des politiques contractuelles, textes réunis et présentés par Jean-Pierre GAUDIN, L'Harmattan, 1996, p. 51-86.

MAYAUD Y., Des risques causés à autrui - Applications et implications, ou de la naissance d'une jurisprudence, Rev. sc. crim. 1995, p. 575-581.

— De la nature « particulière » de l'obligation violée de mise en danger, obs. sous Cass. crim., 25 juin 1996, Rev. sc. crim. 1997, p. 106-108.

MEVOUNGOU NSANA, Le préjudice causé par un ouvrage immobilier : réparation en nature ou par équivalent ?, R.T.D.C. 1995, p. 733-781.

MILHOMME O., Du bruit autour du logement, Presse Environnement n° 419, 1er septembre 1994, p. 1.

MINDU P., Les installations classées pour la protection de l'environnement, Aspects du Droit de l'environnement, Extraits de la cession de formation continue du 30 janvier au 3 février 1994, sous la direction de M. DOUMENQ, premier semestre 1995, p. 13-24.

— Plan d'occupation des sols et environnement, R.J.E. 4-1995, p. 537-557.

MODERNE F., Les dommages causés aux tiers en droit public et droit privé par les nuisances sonores urbaines, Droit et ville n° 10, 1980, Colloque « Le bruit et la ville », Toulouse, 14 et 15 octobre 1980, p. 107-150.

MOTTARD G., Réglementation relative aux bruits émis par les installations classées, Echo Bruit n° 40-41, novembre 1989, p. 23-25.

N.,

— Acoucité pour combattre les bruits urbains, Presse Environnement n° 410, 9 juin 1994, p. 4.

— Aéroport : l'Alsace refuse l'activité nocturne de DHL, Presse Environnement n° 512, 19 septembre 1996, p. 2.

— Aéroport de Roissy : un code de bonne conduite entre État et compagnies, Echo Bruit n° 87, octobre 1998, p. 21.

— Alpes Maritimes : les Antibois retrouvent le silence, Presse Environnement n° 452, 11 mai 1995, p .2.

— Audit acoustique d'une ville, Echo Bruit n° 60, septembre 1993, p. 8.

— Autoroutes et environnement : de la concession à l'ouverture - Une politique exemplaire de lutte contre le bruit, L'Environnement Magazine n° 1528, juin 1994, p. 42.

— Autour du bruit, rompre le silence, Echo Bruit n° 76-77, septembre 1996, p. 14.

— Bilan de la campagne nationale d'information : « Couché le bruit ! », Echo Bruit, Cas concret n° 16, juillet 1988.

— Bruit routier : près de 90 % des routes franciliennes produisent une gêne sonore, Echo Bruit n° 86, juin 1998, p. 14.

— Bruits de chantier : l'information du voisinage, Echo Bruit n° 87, octobre 1998, p. 3-5.

— Bruits de voisinage : le nouveau dispositif réglementaire, Echo Bruit n° 42, février 1990, p. 3-4.

— Cartographie d'une ville, Echo Bruit n° 20-21, mars 1986, p. 10.

— 100 lieux pour la musique, Echo Bruit n° 64, juillet 1994, p. 10-12.

— Chronique juridique : nuisances sonores, Combat Nature n° 98, août 1992, p. 54.

— Compteur de bruit pour conteneur à verre - Mairie de Paris, L'Environnement Magazine n° 1545, mars 1996, p. 31-34.

— Condamné pour arrosage tapageur : Cass. crim. 17 janv. 1990, Droit pénal n° 224, Droit de l'environnement n° 4, septembre 1990, p. 54-55.

— De la nécessaire réglementation des activités bruyantes, CE, 14 février 1996, Association motocross de Bosville, Droit de l'environnement n° 39, juin 1996, p. 6.

— Dépollution sonore : interview de Jean-Claude Antonini..., L'Environnement Magazine n° 1516, avril 1993, p. 46-47.

— Des pilules anti-bruit, L'Environnement Magazine n° 1523, décembre 1993, p. 50.

— Deux roues : beaucoup de bruit pour rien (JO, AN, 20 septembre 1993, question n° 4471 du 02-08-93), Droit de l'environnement n° 21, octobre-novembre 1993, p. 100.

— 2 roues bruyants : répression ou prévention ?, Echo Bruit n° 72-73, janvier 1996, p. 12.

— 10 millions de francs pour l'insonorisation de 100 lieux musicaux, Presse Environnement n° 412, 23 juin 1994, p. 6.

— Dix nouveaux quartiers tranquilles, Echo Bruit n° 83-84, novembre 1997, p. 20.

— Dossier « Bruit des avions », Echo Bruit n° 74-75, juin 1996, numéro spécial.

— Dossier « Bruits de voisinage », Echo Bruit n° 82, septembre 1997, p. 28.

— Dossier « 2èmes assises nationales de la qualité de l'environnement sonore, bruit des transports, Echo Bruit n° 88, décembre-janvier 1999, p. 3-43.

— Dossier « Habitat », Echo Bruit n° 58, avril 1993, p. 8-10.

— Dossier « L'acoustique, un thème majeur de Batimat 95 », Echo Bruit n° 70-71, novembre 1995, p. 18-33.

— Dossier « La commune et le bruit », Echo Bruit n° 68-69, juin 1995, p. 32.

— Dossier « La loi cadre antibruit », Echo Bruit n° 57, décembre-janvier 1993, p. 10-17.

— Dossier « Les décibels d'or : Département de la Savoie - Des compétences contre le bruit », Echo Bruit n° 67, janvier 1995, p. 12-13.

— Dossier « Les services de l'État : vers une meilleure coordination », Echo Bruit n° 68-69, juin 1995, p. 25.

— Dossier « N.R.A. », Echo Bruit n° 65-66, novembre 1994, p. 10-58.

— Dossier spécial « Décibel d'Or », Echo Bruit n° 85, mars 1998, p. 13-14.

— Echo des villes : un réseau pour échanger et s'informer, Echo Bruit n° 76-77, septembre 1996, p. 16.

— En ville sans ma voiture ?, Echo Bruit n° 86, juin 1998, p. 19.

— En ville sans ma voiture ?, Echo Bruit n° 87, octobre 1998, p. 28-29.

— Etendre le système de la médiation, Echo Bruit n° 85, mars 1998, p. 20.

— Fondation Nicolas Hulot : un dossier didactique sur le bruit pour les jeunes et les enseignants, Echo Bruit n° 78-79, Spécial décibel d'Or 96, décembre 1996-janvier 1997, p. 11.

— Formalisation des engagements de l'État sur les nuisances sonores, Echo Bruit n° 86, juin 1998, p. 15-17.

— Givors : comment piéger les nuisances de l'A47 ?, Presse Environnement n° 416, 28 juillet 1994, p. 6.

— L'écran acoustique Acial affronte le périphérique, Presse Environnement n° 420, 8 septembre 1994, p. 6.

— L'environnement dans les D.R.I.R.E., L'Environnement Magazine n° 1555, mars 1997, p. 6-7.

— La « sonomobile » traque les bruits à Lyon, Echo Bruit n° 83-84, novembre 1997, p. 20-21.

— La charte d'écologie urbaine du Grand Lyon, Presse Environnement n° 551, 31 juillet 1997, p. 10.

— La commission nationale de débat public, Echo Bruit n° 86, juin 1998, p. 43.

— La prévention des bruits de voisinage à Paris, Echo Bruit n° 86, juin 1998, p. 22-23.

— La tournée européenne de Bruël et Kjaer, Echo Bruit n° 87, octobre 1998, p. 24.

— Label Qualitel 96 : plus exigeant en acoustique, Echo Bruit n° 76-77, septembre 1996, p. 10.

— Lancement des chartes d'écologie urbaines, Presse Environnement n° 339, 12 novembre 1992, p. 3.

— Le bruit en chiffres, Echo Bruit n° 55-56, octobre 1992, p. 23.

— Le Gouvernement veut amplifier les actions contre le bruit, Echo Bruit n° 85, mars 1998, p. 19.

— Le juge judiciaire en matière de bruit : « la patience est nécessaire », CA Paris, 23 novembre 1993, Commune de Longjumeau c/ Air France et Pan American World Airwais, Droit de l'environnement n° 23, février-mars 1994, p. 5-8.

— Le POS antibruit à Besançon, L'Environnement Magazine n° 1547, mai 1996, p. 17.

— Le pouvoir d'appréciation des préfets en matière de délivrance de permis de construire et le bruit..., Droit de l'environnement n° 3, juin 1990, p. 41.

— Le prix du bruit, Echo Bruit n° 64, juillet 1994, p. 9.

— Le rôle du chargé du bruit et le schéma départemental d'accueil et de traitement des plaintes, Echo Bruit, Qui fait quoi ?, fiche n° 22, mars 1987.

— Le TGV et le bruit, Presse Environnement n° 381, 21 octobre 1993, p. 2.

— Les bruits de voisinage : deux décrets qui vont élargir les interventions des agents communaux et simplifier les procédures, Echo Bruit n° 68-69, juin 1995, p. 21-22.

— Les chiens et le voisinage (J.O.A.N., 21-3-1994), Droit de l'environnement n° 24, avril-mai 1994, p. 26.

— Les pistes de financement de lutte contre le bruit, Presse Environnement n° 584, 23 avril 1998, p. 8.

— Les plans municipaux d'environnement, Presse Environnement n° 306, 20 février 1992, p. 8.

— Les services locaux de l'État face au bruit, Echo Bruit n° 76-77, septembre 1996, p. 23.

— Les voies du silence, Echo Bruit n° 72-73, janvier 1996, p. 13.

— Le « tribunal » des nuisances sonores de l'aviation installé, Presse Environnement n° 581, 26 mars 1998.

— Médiation en Essonne, Echo Bruit n° 64, juillet 1994, p. 8.

— Menton fait la guerre au bruit des deux roues, Presse Environnement n° 416, 28 juillet 1994, p. 2.

— Modèles de procès-verbaux de contravention, Echo Bruit, Chronique juridique, Fiche n° 31, février 1992.

— Moins de bruit à l'école, Echo Bruit n° 67, janvier 1995, p. 2-3.

— Mulhouse analyse son environnement sonore, Echo Bruit n° 70-71, novembre 1995, p. 12.

— Mulhouse part en campagne contre l'incivisme avec Achille Talon, Echo Bruit n° 83-84, novembre 1997, p. 21.

— Mulhouse réalise une cartographie des bruits urbains, Presse Environnement n° 450, 27 avril 1995, p. 7.

— Mulhouse, mode d'emploi, L'Environnement Magazine n° 1508, juin-juillet 1992, p. 37.

— Nantes diminue la vitesse pour diminuer le bruit, Echo Bruit n° 86, juin 1998, p. 18.

— Nice : un plan environnement pour l'aéroport, Presse Environnement n° 514, 3 octobre 1996, p. 5.

— Nouvelle réglementation de Nantes, Presse Environnement n° 388, 16 décembre 1993, p. 2.

— Nuisances et nouvelles pistes de Roissy : Gayssot s'engage, Presse Environnement n° 557, 25 septembre 1997, p. 4.

— Paris : manifestations bruyantes des chanteurs ambulants réglementées, Echo Bruit n° 80-81, avril-mai 1997, p. 45.

— Pour collecter sans faire de bruit, L'Environnement Magazine n° 1526, avril 1994, p. 57.

— Premier observatoire de l'environnement à Metz, Presse Environnement n° 536, 2 avril 1997, p. 4.

— Qualité acoustique : de nouvelles exigences, Echo Bruit n° 48, mai 1991, p. 1.

— Rapport de Bernard Serrou sur le financement des travaux de protection acoustiques..., Presse Environnement n° 451, 4 mai 1995, p. 4

— Région Ile-de-France : des programmes locaux de lutte contre le bruit, Echo Bruit n° 86, juin 1998, p.19-20, Echo Bruit n° 87, octobre 1998, p. 30.

— Roissy, le Gouvernement s'engage, Echo Bruit n° 83-84, novembre 1997, p. 14-16.

— Saint-Ouen signe une convention d'environnement urbain, Echo Bruit n° 86, juin 1998, p. 22.

— Ségolène Royal ne veut pas faire de bruit, L'Environnement Magazine n° 1514, janvier-février 1993, p. 18.

— Sept européens sur dix subissent trop de bruit, Echo Bruit n° 82, Dossier « Bruits de voisinage », septembre 1997, p. 2.

— Strasbourg à vélo, Echo et Bruit n° 64, juillet 1994, p. 8-9.

— Strasbourg met le tapage nocturne en sourdine, La Vie Publique, supplément septembre 1995, p. 10.

— Strasbourg se dote d'une réglementation antibruit, Echo Bruit n° 87, octobre 1998, p. 24-25.

— Strasbourg-Cronenbourg - L'Ophlm Cus habitat recrute des gardiens médiateurs, Echo Bruit n° 70-71, novembre 1995, p. 12.

— Toulouse : planche à roulette interdite, Echo Bruit n° 76-77, septembre 1996, p. 14.

— 3 MF pour la charte d'écologie urbaine de Vannes, Presse Environnement n° 538, 17 avril 1997, p. 2.

— Un an de médiation à Biarritz, Echo Bruit n° 76-77, septembre 1996, p. 17.

— Un chantier vert à Villeurbanne, Echo Bruit n° 67, janvier 1995, p. 29.

— Un Comité de la prévention et de la précaution, Presse Environnement n° 509, 29 août 1996, p. 5.

— Un nouvel outil pour les collectivités locales : le plan municipal pour l'environnement, Echo Bruit n° 47, mars 1991, p. 7.

— Un projet de loi qui déçoit, Echo Bruit n° 47, février-mars 1991, p. 5-6.

— Une charte d'écologie urbaine et rurale pour le District d'Arras, Echo Bruit n° 72-73, janvier 1996, p. 12.

— Une charte de qualité pour que la fête continue, Echo Bruit n° 86, juin 1998, p. 22.

— Une journée sur la caractérisation et la modélisation du bruit des transports organisée par l'INRETS, Echo Bruit n° 86, juin 1998, p. 10.

— Une malette pédagogique pour promouvoir les zones 30, Echo Bruit n° 87, octobre 1998, p. 18.

— Une nouvelle mesure fiscale pour encourager la lutte contre le bruit, Echo Bruit n° 55-56, octobre 1992, p. 18.

NICOLAS M.-F., La protection du voisinage, R.T.D.C. 1976, p. 675-699.

OSWEILLER C., Les conséquences du changement d'indices sur la réglementation acoustique, Echo Bruit n° 89, juin 1999, p. 15-16.

PAQUES M., L'impossible théâtre, la norme et la sanction, Aménagement-Environnement 1995, numéro spécial « Urbanisme et environnement : réparation et sanctions », janvier 1996, p. 65-71.

PRALUS M., Le délit de risques causés à autrui dans ses rapports avec les infractions voisines, J.C.P. 1995, I, 3830.

PRIEUR M., Le bruit et les installations industrielles, Droit et ville n° 10, 1980, Colloque « Le bruit et la ville », Toulouse, 14 et 15 octobre 1980, p. 67-89.

— Chronique « Droit des pollutions », R.J.E. 1-1982, p. 38-45.

— La maîtrise de l'urbanisation autour des installations industrielles, R.J.E. 3-1988, p. 281-305.

— Le droit à l'environnement et les citoyens : la participation, R.J.E. 4-1988, p. 397-417.

— Les études d'impact et le contrôle du juge administratif en France, R.J.E. 1-1991, p. 23-37.

— Plans municipaux et chartes pour l'environnement, Droit et ville n° 41, Colloque « Les problèmes environnementaux urbains - Rôle des collectivités territoriales », Toulouse, 7 et 8 mars 1996, p. 89-107.

PUECH M., De la mise en danger d'autrui, D. 1994, chron. p. 153-157.

PUGNIERE R., Bruits ou tapages injurieux ou nocturnes, Juris-Classeur Pénal, Nouveau Code, Editions Techniques, art. R623-2, 1994, mise à jour 1998.

RENAUDIERE P., L'Agence européenne de l'environnement, Aménagement-Environnement 4-1990, p. 186-188.

ROBERT J.-H. et HERNANDEZ-ZAKINE C., Contentieux répressifs, Juris-Classeur Environnement, Fascicule 1020, 1998.

ROBERT J.-H., Les investigations des fonctionnaires investis de certaines fonctions de police judiciaire, in Droit pénal contemporain, Mélanges en l'honneur d'A. Vitu, Cujas, 1989, p. 431 et s.

— Infractions contre la qualité de la vie : environnement, Rev. sc. crim. 1992, p. 334-338.

— Dispositions pénales de la loi n° 95-101 du 2 février 1995, Droit de l'environnement n° 29, février-mars 1995, p 3-6.

— Infractions contre la qualité de la vie, Rev. sc. crim. 1995, p. 356-360.

—Pollution atmosphérique, Rev. sc. crim. 1997, p. 390-392.

— Chronique de jurisprudence, « Urbanisme », Rev. sc. crim. 1998, p. 332-335.

ROMI R., La responsabilité pour carence des autorités de police administrative, Les Cahiers du droit et de la jurisprudence, 1986, p. 64.

— Les nuisances et le droit : les nuisances sonores, Droit de l'environnement n° 9, octobre 1991, p. 70-72.

— Instauration d'une protection générale contre le bruit - Commentaire de la loi du 31 décembre 1992 relative à la lutte contre le bruit, Droit de l'environnement n° 18, mars-avril 1993, p. 26-31.

— Compétences et actions de la commune pour la protection de l'environnement, Juris-Classeur Environnement, Fascicule 163, 1999.

ROUYERE A., La répartition des pouvoirs locaux - Les approches nationales : la France, Droit et ville n° 42, Colloque « Les problèmes environnementaux urbains - Rôle des collectivités territoriales », Toulouse, 7 et 8 mars 1996, p. 63-109.

SAGET T., L'heure de la détermination, Echo Bruit n° 49, juin-juillet 1991, p.8, Echo Bruit n° 50, octobre 1991, p. 7.

SAINT-MARC P., l'homme est malade de son environnement, Combat Nature n° 113, mai 1993, p. 4-5.

— L'environnement est malade de notre économie barbare, Combat Nature n° 114, août 1996, p. 10-11.

SCHOLTEN J.J., Le contrôle des études d'impact aux Pays-Bas, Aménagement et Nature n° 102, « Les études d'impact : constats et perspectives », été 1991, p. 26.

SMETS H., Examen critique du principe pollueur-payeur, in « Les hommes et l'environnement », Etudes en hommage à A. Kiss, Frison-Roche, Paris, 1998, p. 79-95.

SOULAGE D. et SOULE K., Le classement des infrastructures de transports terrestres, Echo Bruit n° 76-77, septembre 1996, p. 50.

SOULAGE D., Classement sonore des infrastructures de transports terrestres : où en sommes-nous ?, Echo Bruit n° 85, mars 1998, p. 29.

STARCK B., Domaine et fondement de la responsabilité sans faute, R.T.D.C. 1958, p. 486.

THERON J.-P., Responsabilité pour trouble anormal de voisinage en droit public et en droit privé, J.C.P. 1976, éd. G., I, 2802.

THUNIS X. et de SADELEER N., Le principe du pollueur-payeur : idéal régulateur ou règle de droit positif ?, Aménagement-Environnement 1995, numéro spécial : « Urbanisme et environnement : réparations et sanctions », janvier 1996, p. 3-5.

TOMASIN D., La responsabilité des constructeurs en matière d'isolation phonique, Droit et ville, n° 12, 1981, p. 35-54.

TREHIN C., Les labels Qualitel et Qualitel confort acoustique, Echo Bruit, Rubrique « Qui fait quoi » n° 26, mai 1991.

TURLIN M. et LILIN C., Les études d'impact sur l'environnement : l'expérience française, Aménagement et Nature n° 102, « Les études d'impact : constats et perspectives », été 1991, p. 4-7.

ULLMANN G., La loi du 19 juillet 1976 sur les installations classées, Combat Nature n° 118, août 1997, p. 56-57.

VALARIE P. et DJOULEM M., Les politiques publiques d'environnement : de la science militante à l'écologie urbaine, dans La négociation des politiques contractuelles, textes réunis et présentés par Jean-Pierre GAUDIN, L'Harmattan, 1996, p. 87-131.

VALETTE C., La prise en compte du bruit à Saint Etienne, Echo Bruit n° 80-81, avril-mai 1997, p. 10-12.

VARET J., L'I.F.E.N., un nouveau partenaire pour les collectivités territoriales : le rôle de l'Institut français de l'environnement dans le dispositif public national et européen, Les Cahiers du C.N.F.P.T., avril 1993, n° 38, p. 27.

VERON M., Bruits ou tapages injurieux ou nocturnes - De l'ancien au nouveau Code pénal, Droit pénal, novembre 1993, chronique n° 58, p.1-2.

VIOUT J.-O., Urbanisme et action publique, Aspects du Droit de l'environnement, Extraits de la cession de formation continue du 30 janvier au 3 février 1994, sous la direction de M. DOUMENQ, premier semestre 1995, p.25-31.

VIROLE C., Acoustique et nouvelle réglementation, un enjeu pour les professionnels du bâtiment, Echo Bruit n° 70-71, novembre 1995, p. 20.

WERTENSCHLAG B., Permis d'exploiter, permis de polluer ?, L'Environnement Magazine n° 1534, janvier-février 1995, p. 57-58.

WIEDERKEHR G., Dommage écologique et responsabilité civile, in « Les hommes et l'environnement », Etudes en hommage à A. Kiss, Frison-Roche, Paris, 1998, p. 513-525.

WOEHRLING J.-M., Matières régies par le droit public alsacien-mosellan, Juris-Classeur Alsace-Moselle, Editions Techniques, Fascicule 210, 1991.

— Droit communal d'Alsace-Moselle - Questions générales, Juris-Classeur Alsace-Moselle, Editions Techniques, Fascicule 220, 1993.

V. ARTICLES DE PRESSE, DOCUMENTS DIVERS

BOURGEOIS V., Peut-on se fier aux labels construction ?, Que Choisir n° 367, janvier 2000, p. 14-19.

DECAENS Y., Des oreilles pour écouter vivre Nantes, Le Monde, 27-28 février 1994.

DESAVIE P., Les atouts de la médiation directe, Le Monde, 27-28 mars 1994.

DUFAY P., Psychodrame à l'alsacienne, Le Point n° 1254, 28 septembre 1996, p. 64.

FERRE-LEMAIRE I., Angers abat le mur du son, Grandes Lignes n° 2, Janvier 1993, p. 40-44.

GISSY M., Quels remèdes contre la « sonomanie » ?, Les Dernières Nouvelles d'Alsace, février 2000.

GRUHIER F., Le bruit, ennemi public numéro un, Le Nouvel Observateur, 16-22 avril 1998, p. 104-105.

LORENTZ J.-M., Le bruit, une planète oubliée, Les Dernières Nouvelles d'Alsace, 25 juin 1993.

MANIERE P. et PEGARD C., Spécial Strasbourg - L'affaire D.H.L., Le Point n° 1254, 28 septembre 1996, p. 61-66.

N.,

— CHARTE DE L'ENVIRONNEMENT de la Communauté Urbaine et de la ville de Strasbourg.

— Des arrêtés qui font du bruit, L'Alsace, 7 octobre 1998.

— 1976, année de relance ?, Le Monde, 28 décembre 1976.

— Guide de référence des opérations réussies de protection phonique en zone urbaine et périurbaine, gérer et construire l'environnement sonore en ville, C.S.T.B., 1996.

— La dépense contre le bruit, Les données de l'Environnement, I.F.E.N., n° 42, janvier - février 1999.

— Lutte contre le bruit : création d'un pôle de compétence, L'Alsace, 29 juillet 1995.

— Lutte contre les nuisances sonores : la nuit, moins de bruit !, Strasbourg Magazine n° 67, juin 1996, p. 20.

— Lutter contre le bruit, Que Choisir spécial, n° 35, mars 1998.

— Plaquette du Ministère de l'Environnement réalisée par l'ADEME pour la campagne contre le bruit « Nos oreilles ne sont pas des poubelles à décibels ! ».

— Propreté et cadre de vie, Les Dernières Nouvelles d'Alsace n° 6, 8 janvier 2000, p. 5.

— Un arrêté qui fait du bruit, L'Alsace, 15 et 16 août 1998.

— Une taxe contre le bruit, L'Alsace, 30 janvier 1997.

— Urbanisme sonore, L'Alsace, 26 avril 1998.

NAEGELEN L., Le bruit, une « manière d'être » ?, L'Alsace, 13 octobre 1995.

SLEDZIEWSKI E.G., Touche pas à mon bruit, Les Dernières Nouvelles d'Alsace, 13 mai 1998.

INDEX ALPHABÉTIQUE

(Les chiffres renvoient aux numéros des pages)

A

B

C

D

E

F

G

H

I

K

L

M

N

O

P

R

S

T

V

TABLE DES MATIÈRES

Bibliothèque de droit de l'urbanisme et de l'environnement

Tome 1. - INSERGUET-BRISSET (V.) : *Propriété publique et environnement.* Avant-propos de J. Morand-Deviller et G. Martin, préface de M. Prieur, 1994.
Tome 2. - PRIET (F.) : *La décentralisation de l'Urbanisme, essai sur la réforme de 1983-1985.* 1995.
Tome 3. - POLI (J.-F.) : *La protection des biens culturels meubles.* 1996.
Tome 4. – GODFRIN (G.) : *Les actions d'aménagement en secteur bâti.* 1999.
Tome 5. – GRABOY-GROBESCO (A.) : *Droit de l'urbanisme commercial.* 1999.
Tome 6. – GONTARD (R.) : *L'affichage exterieur et le droit.* 1999.
Tome 7. – MAKOWIAK (J.) : *Esthétique et droit.* 2004.
Tome 8.– JAWORSKI (V.) : *Les bruits de voisinage.* 2004

L.G.D.J. – E.J.A.
31, rue Falguière, 75741 Paris Cedex 15
N° éditeur : 3831
Dépôt légal : avril 2004

Achevé d'imprimer par Corlet Numérique - 14110 Condé-sur-Noireau
N° d'Imprimeur : 16816 - *Imprimé en France*